2021 TAIAN YEARBOOK

泰安年鉴

中石题

中共泰安市委党史研究院
泰安市地方史志研究院 编

方志出版社
Publishing House of Local Records

图书在版编目（CIP）数据

泰安年鉴.2021 / 中共泰安市委党史研究院，泰安市地方史志研究院编.-- 北京：方志出版社，2021.11

ISBN 978-7-5144-5012-5

Ⅰ.①泰… Ⅱ.①中… ②泰… Ⅲ.①泰安—2021—年鉴 Ⅳ.①Z525.23

中国版本图书馆 CIP 数据核字 (2021) 第 275592 号

泰安年鉴（2021）

编　　者： 中共泰安市委党史研究院
泰安市地方史志研究院

责任编辑： 李晓晓

出 版 者： 方志出版社
地　址：北京市朝阳区潘家园东里9号（国家方志馆4层）
邮　编：100021
网　址：http://www.zgfzcb.cn

发　　行： 方志出版社图书经销中心
电话（010）67110500

经　　销： 各地新华书店

印　　制： 济南世同华印印刷有限责任公司

开　　本： 889mm × 1194mm　1/16

印　　张： 33.5

字　　数： 1032 千字

版　　次： 2021 年 11 月第 1 版　2021 年 11 月第 1 次印刷

印　　数： 0001~2000 册

ISBN 978-7-5144-5012-5　**定价：** 320.00 元

《泰安年鉴（2021）》
编审人员

主　　审　刘泮英　唐传营

主　　编　李洪洲

副 主 编　周美广（常务）　戚淑娟

编　　辑　戚淑娟　刘　凯　刘小笋　吴　楠

数据审核　戴冰心　杨晓妍　周　伟　孔令蕙

《泰安年鉴（2021）》单位审稿人名单

于文龙　于学军　于海涛　马久虎　马德芳　尹　红　尹燕青　亓顺民　亓爱收　亓慧亭　王　宁
王　军　王　华　王　峰　王　骞　王万福　王玉坚　王亚超　王希娟　王国强　王明昌　王林琳
王建伦　王鲁生　王敬泽　车传祥　冯云渐　冯遂杰　玄冬梅　田　华　田　霄　甘连涛　白常顺
石　斌　乔　鹏　乔国荣　任伟建　刘　华　刘　安　刘　泽　刘　博　刘文明　刘月永　刘西峰
刘培亭　刘彬奎　吕怀玉　孙百启　孙建修　安　丽　朱大鹏　朱元柱　毕研坤　许　伟　许文卿
许立波　边晓冬　吴国庆　宋巧霞　张　杰　张　哲　张　斌　张　群　张书祥　张京洲　张延龙
张建国　张洪洲　张英泽　张朝晖　张鲁玉　张德臣　李　民　李　强　李千弘　李卫国　李向影
李成涛　李志泰　李学军　李明耀　李琳琳　李德明　杜晋生　杨化军　杨国庆　步衍金　辛俊峰
周　晓　和　娟　孟凡玲　孟利利　陈云峰　陈晓娜　陈雪飞　侯红岩　姚广庆　姚红秋　姜鲁荣
柳　菁　洪　勇　娄本亮　赵　峰　赵文和　赵同健　郑爱华　项　颖　唐衍刚　徐五通　徐方全
徐兆兵　徐宗明　贾代常　郝　燕　崔　健　曹　函　曹玉楼　梁国华　梁国言　梁晨阳　盛尊涛
郭　青　郭庆民　郭振芳　陶　磊　章来方　鹿道新　程乐宁　谢清忠　黄　磊　楚远远　葛宝文
雷建民　靳　新　蔚承祥　薛俊增　鞠允平

《泰安年鉴（2021）》单位中心撰稿人名单

丁　中　丁　婧　丁兆秀　于　钺　马　琳　亓　鑫　方　政　方雯彦　王　帅　王　兵　王　昆
王　勇　王　健　王　敏　王　博　王　磊　王　聪　王亚楠　王传其　王先琪　王成华　王成柏
王成磊　王现波　王建波　王玲玲　王荣凤　王琳琳　王馨蕾　韦　芹　丛绍芬　史　超　叶　松
田　野　田云龙　白　帆　白宇辰　石亚男　任珮珮　任逸群　刘　钊　刘　晓　刘　超　刘　鹏
刘仁航　刘自永　刘含赟　刘性泉　刘钦兴　刘梦冉　刘淑利　刘德良　刘德超　孙　天　孙小珺
孙启峰　孙宏杰　孙珺富　庄惠丽　朱　玲　朱　玲　朱玉祥　朱建华　米士伟　许　兵　许　利
许　栋　许桂芸　许维国　闫　超　吴　昊　吴　楠　宋　伟　宋礼鹏　宋洪孟　张　文　张　军
张　成　张　健　张　斌　张　静　张　聪　张天宇　张国伟　张淑蕾　张景浦　张嘉楠　李　川
李　帅　李　明　李　波　李　勇　李　乾　李　铮　李　皓　李　慧　李　燕　李　璐　李一鸣
李大伟　李文欣　李先虎　李先锋　李向福　李启明　李姗姗　李临涛　李建树　李朝阳　李德龙
李慧星　杜　坤　杜荣立　杨　宁　杨　扬　杨　虎　杨　春　杨　柳　杨广海　沈孝强　谷国安
辛承振　单美菁　周　言　周　岩　周　雪　周长坤　和沐雯　庞文涛　林　营　武珍祯　武晓亮
苏　南　邵　振　邵　辉　金延臻　陈　栋　陈　超　陈　曦　陈乃鹏　陈传奇　陈来明　陈国超
陈现来　陈显良　侯春云　侯胜男　姚　娟　姚　韵　封　强　施国一　胡春龙　范盛有　赵　松
赵　强　赵　越　赵　潇　赵冉冉　赵春明　郑旭光　郑爱华　夏　昭　徐　莹　徐珊珊　徐睿超
祝　捷　耿春燕　贾秀梅　郝　航　高　玲　高　雷　高　磊　商西鹏　常　晨　戚桂状　曹丙珂
梁　波　郭　建　郭　浩　彭　建　焦裕斌　程建民　韩　冰　韩　念　韩合东　韩玲燕　葛宗泰
董合新　靳立超　靳晓东　鲍海涛　臧　建　颜大龙　魏　群

泰安市地图

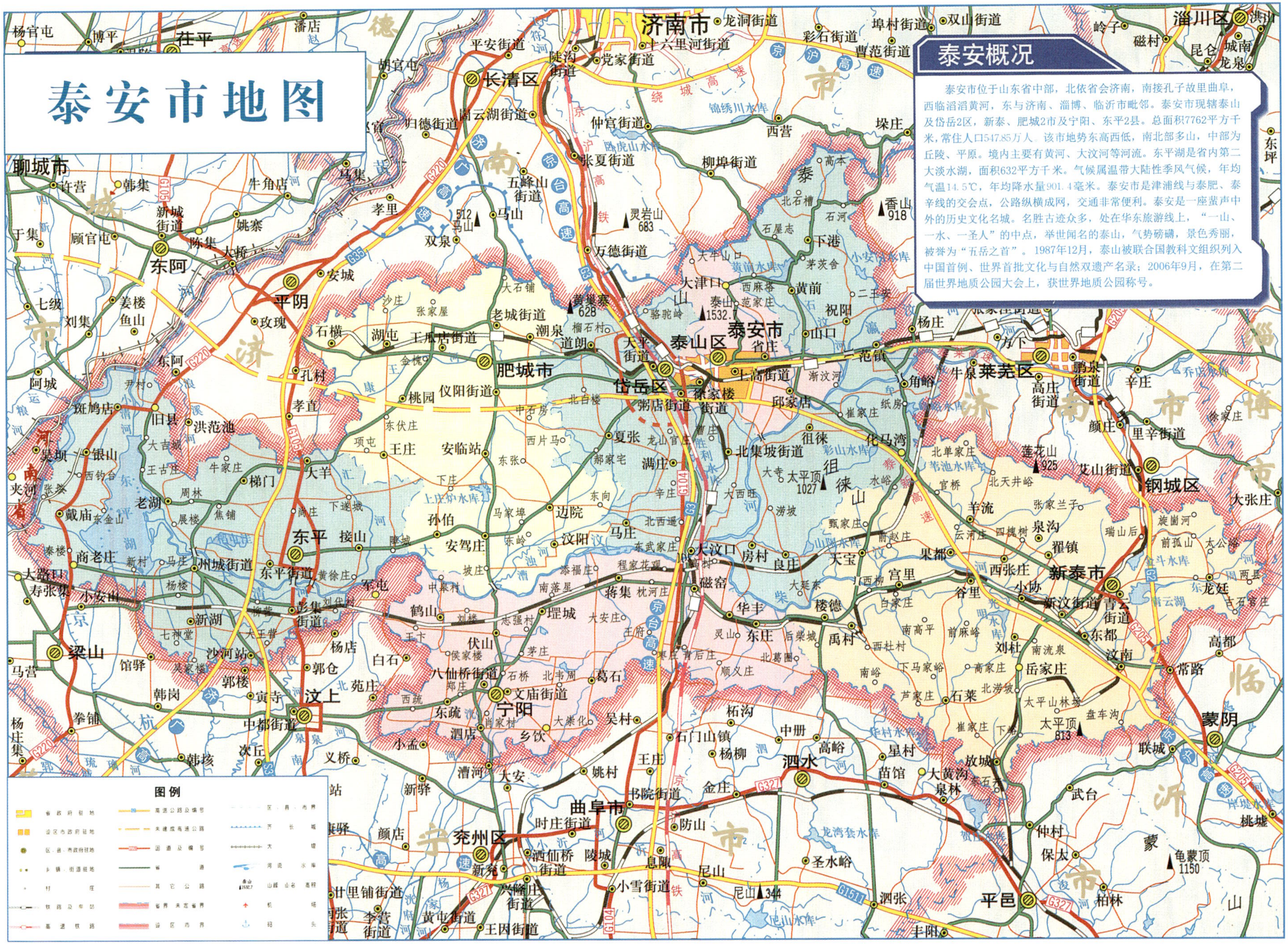

泰安概况

泰安市位于山东省中部，北依省会济南，南接孔子故里曲阜，西临滔滔黄河，东与济南、淄博、临沂市毗邻。泰安市现辖泰山及岱岳2区，新泰、肥城2市及宁阳、东平2县。总面积7762平方千米，常住人口547.85万人。该市地势东高西低，南北部多山，中部为丘陵、平原。境内主要有黄河、大汶河等河流。东平湖是省内第二大淡水湖，面积632平方千米。气候属温带大陆性季风气候，年均气温14.5℃，年均降水量901.4毫米。泰安市是津浦线与泰肥、泰辛线的交会点，公路纵横成网，交通非常便利。泰安是一座蜚声中外的历史文化名城。名胜古迹众多，处在华东旅游线上，“一山、一水、一圣人”的中点，举世闻名的泰山，气势磅礴，景色秀丽，被誉为“五岳之首”。1987年12月，泰山被联合国教科文组织列入中国首例、世界首批文化与自然双遗产名录；2006年9月，在第二届世界地质公园大会上，获世界地质公园称号。

审图号：鲁SG（2019）034号

山东省地图院编制　2019年4月

全市地区生产总值及增速　（单位：亿元、%）

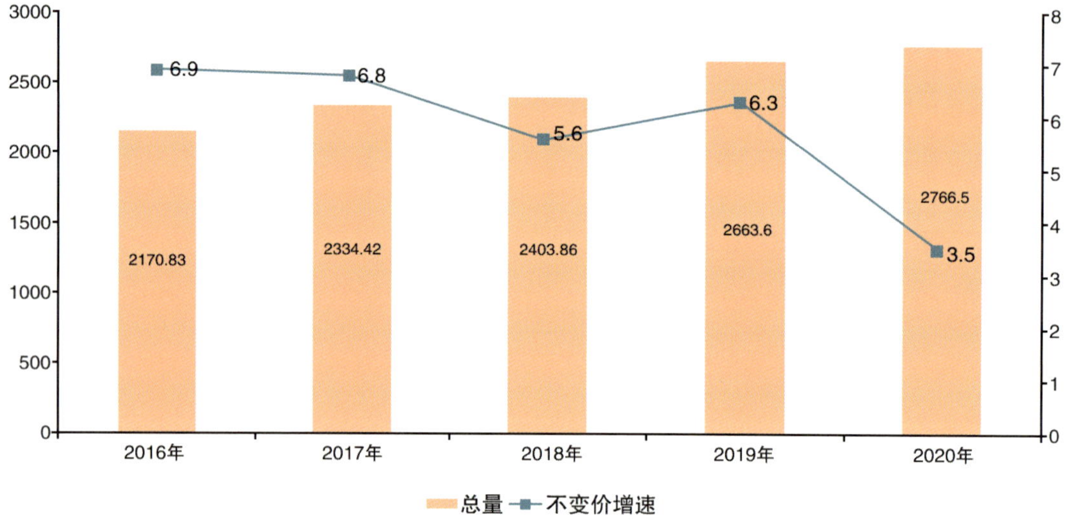

一般公共预算收入　（单位：亿元）

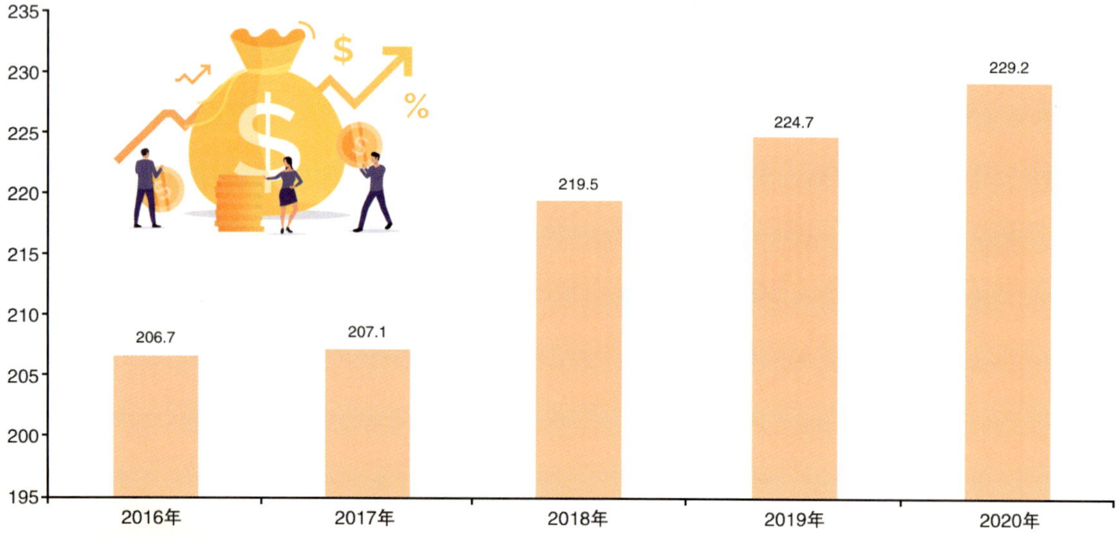

社会消费品零售总额　（单位：亿元）

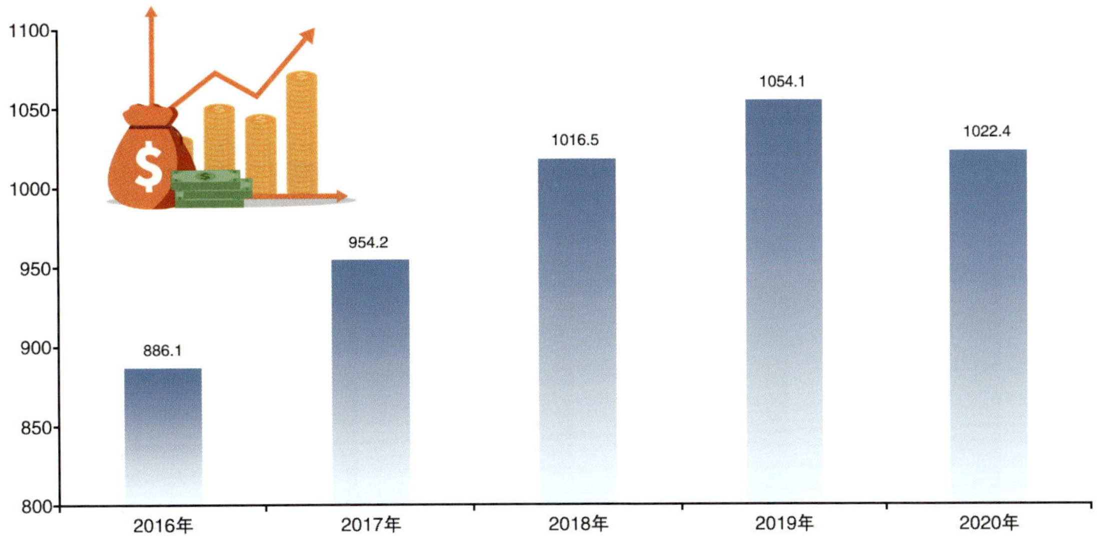

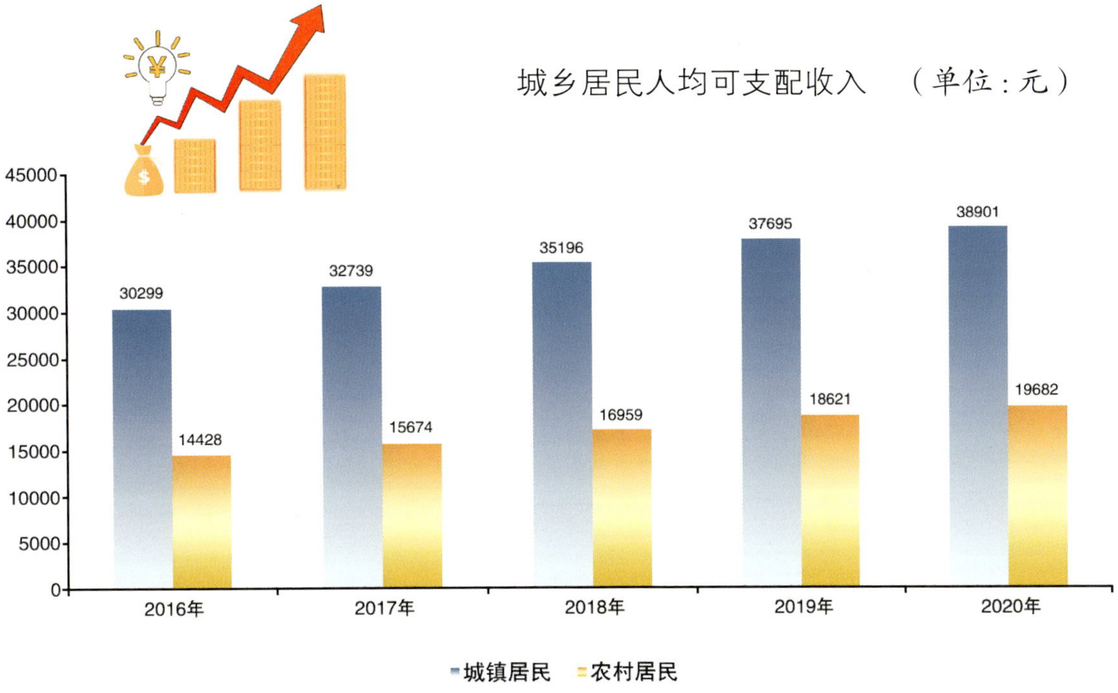

城乡居民储蓄余额　（单位：亿元）

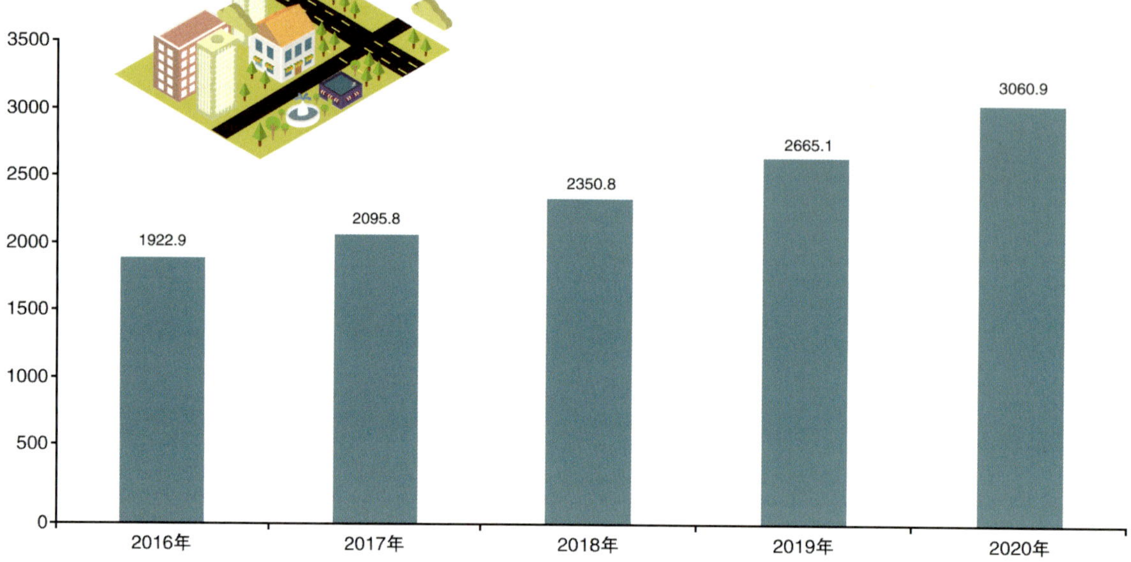

农林牧渔业总产值　（单位：亿元）

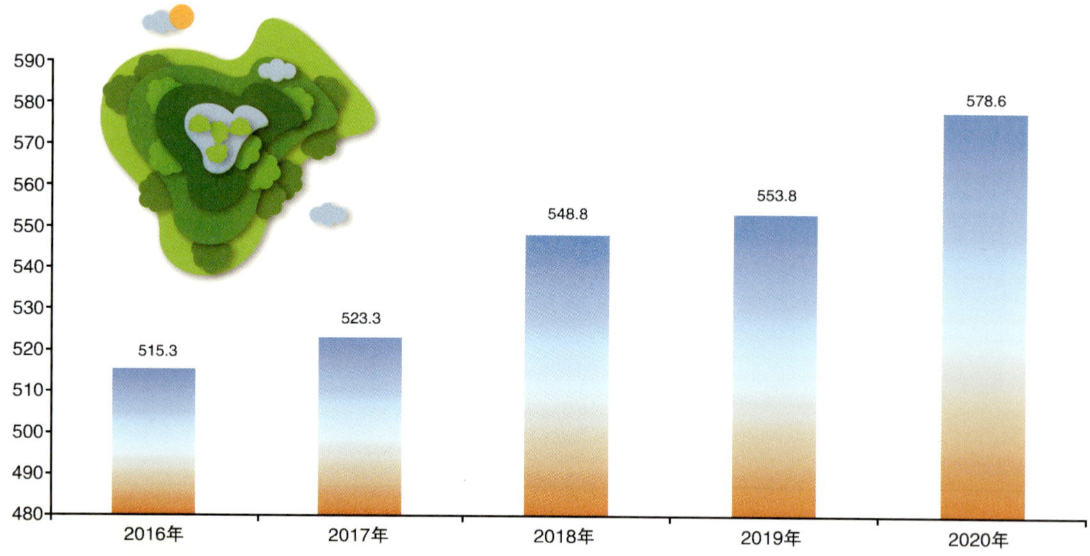

全市在岗职工平均工资 （单位：元）

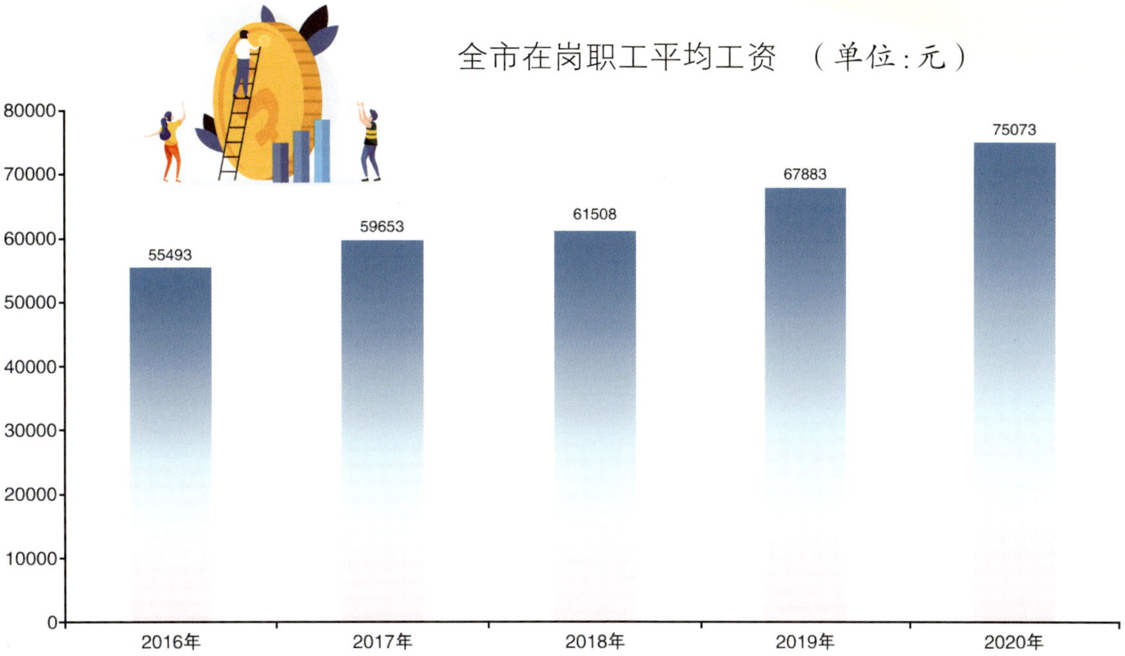

卫生机构数 （单位：个）

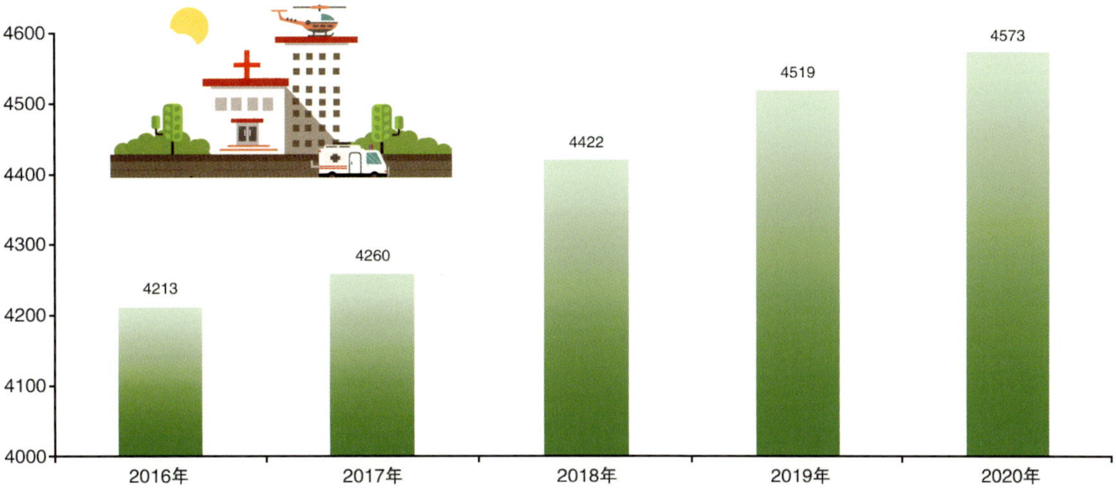

幸福泰安

◎ 国家首批对外开放城市
◎ 国家历史文化名城
◎ 国家卫生城市
◎ 国家园林城市
◎ 国家森林城市
◎ 国家节水型城市
◎ 国家首批新能源示范城市
◎ 国家分布式光伏发电应用示范区
◎ 全国文明城市
◎ 全国外贸竞争力百强城市
◎ 全国科技进步考核先进市
◎ 全国无偿献血先进城市
◎ 全国创业先进城市
◎ 全国双拥模范城
◎ 全国民族团结进步模范集体
◎ 全国文化体制改革工作先进地区
◎ 全国基层中医药工作先进单位
◎ 全国人口和计划生育综合改革示范市
◎ 全国婚育新风进万家活动示范市
◎ 全国资源综合利用“双百工程”示范基地
◎ 全国首批社会组织建设创新示范区
◎ 全国水生态文明城市
◎ 全国家庭急救模范城市
◎ 中国优秀旅游城市
◎ 中国特色魅力城市
◎ 中国宜居城市
◎ 中国人居环境奖
◎ 中国城市综合创新力50强
◎ 中国商帮推荐投资城市
◎ 中国投资环境百佳城市
◎ 中国企业营商环境十佳城市
◎ 中国最具生态竞争力城市
◎ 中国城市公益百强榜
◎ 中国自驾车旅游品牌十大目的地
◎ 十大国内自助游目的地

中华泰山

◎ 世界文化与自然遗产
◎ 世界地质公园
◎ 首例“世界摄影基地”
◎ 全国文明风景旅游区
◎ 全国首批“中国森林氧吧”
◎ 全国旅游服务质量标杆单位
◎ 全国“旅游服务最佳景区”
◎ 全国首批“港澳青少年游学基地”
◎ 全国首批“十大游学景区”
◎ 国家地质公园
◎ 国家森林公园
◎ 国家首批重点风景名胜区
◎ 国家AAAAA级旅游景区
◎ 国家级风景名胜区综合整治十佳单位
◎ 国家级服务标准化示范单位
◎ 国家级全民健身登山基地
◎ 国家级海峡两岸交流基地
◎ 国家级摄影创作基地
◎ 中华十大名山
◎ 中国书法名山
◎ 中国楹联名山
◎ 中国最美的十大名山
◎ 中国旅游品牌十大景区
◎ 中国最令人向往的地方
◎ 中国民间文化遗产旅游示范区
◎ 中国最值得外国人去的50个地方
◎ 中国自驾车旅游品牌十大景区
◎ 顾客十大满意风景名胜区
◎ 最佳资源保护十大风景名胜区
◎ 欧洲人最喜爱的中国十大景区

岱顶全景图　（陈　阳　摄）

泰 安 2020

◎ 总面积：7762平方千米

◎ 年末常住人口：547.85万人

◎ 生产总值：2766.5亿元

第一产业：299.7亿元

第二产业：1080.4亿元

工业：670.8亿元

第三产业：1386.4亿元

◎ 三次产业构成：10.8 ：39.1 ：50.1

◎ 人均地区生产总值：50555元

◎ 地方财政收入：229.2亿元

◎ 地方财政支出：434.8亿元

◎ 金融机构人民币存款余额：4559.6亿元

城乡居民储蓄存款余额：3060.9亿元

◎ 金融机构人民币贷款余额：3136.3亿元

◎ 外贸进出口总值：211.9亿元

出口总值：145.89亿元

进口总值：66.01亿元

◎ 实际利用外资：68251 万美元

◎ 旅游总人数：5040.0万人次

◎ 旅游总收入：482.1亿元

◎ 发明专利授权数：500件

◎ 普通高等学校：15所

◎ 普通高等学校在校生：19.27万人

◎ 中等职业学校：14所

◎ 中等职业学校在校生：3.8万人

◎ 技工学校：8所

◎ 技工学校在校生：2.3万人

◎ 普通中学：211所

◎ 普通中学在校生：30.7万人

◎ 小学：504所

◎ 小学在校生：30.8万人

◎ 卫生机构数：4573个

◎ 卫生机构床位：34030张

◎ 卫生技术人员：41328人

◎ 全社会用电量：215.4亿千瓦时

◎ 城区供水综合生产能力：27万立方米/日

◎ 城市道路面积：3096万平方米

◎ 城镇居民人均可支配收入：38901元/人

◎ 城镇居民人均消费支出：22995元/人

◎ 农村居民人均可支配收入：19682元/人

◎ 农村居民人均消费支出：12393元/人

◎ 泰山脚下大汶河 （周长征 摄）

编辑说明

一、《泰安年鉴（2021）》是由中共泰安市委、泰安市人民政府主办，中共泰安市委党史研究院、泰安市地方史志研究院编纂的年度资料性文献，旨在全面、系统、准确地记述泰安市自然、政治、经济、文化、社会和生态建设方面的综合情况。自1991年起逐年编纂并公开出版，一年一卷，本卷为第31卷。

二、《泰安年鉴（2021）》以马克思列宁主义、毛泽东思想、邓小平理论、“三个代表”重要思想、科学发展观、习近平新时代中国特色社会主义思想为指导，坚持辩证唯物主义和历史唯物主义的立场、观点、方法，紧紧围绕市委、市政府中心工作，全面客观地反映各级各单位的主要工作和取得的重大成就，力求观点正确、框架科学、资料翔实、记述准确、编写规范、特色鲜明。

三、《泰安年鉴（2021）》着重反映2020年度泰安市经济社会发展的基本情况。记述时限为2020年1月1日至2020年12月31日，部分内容根据实际情况，时限适当上溯或下延。

四、《泰安年鉴（2021）》行文使用规范语体文、记述体。数字用法、标点符号、计量单位分别执行国家标准《出版物上数字用法》（GB/T 15835—2011）、《标点符号用法》（GB/T 15834—2011）、《国际单位制及其应用》（GB 3100—1993）和《有关量、单位、符号的一般原则》（GB 3101—1993）。

五、《泰安年鉴（2021）》采用分类编辑法，以类目、分目、条目组成框架结构的主体部分，部分分目增设子分目层次。以条目为基本记载单元。全书条目标题统一用黑体加【 】表示。

六、《泰安年鉴（2021）》框架在保持相对稳定的基础上，类目作了适当调整，单设法治、军事、招商·合作、建筑业、信息化·数字化、开放型经济、旅游业、房地产业、金融业、文化、应急管理类目；部分分目归属也作了适当调整。共设37个类目：特载、专记、大事记、市情概览、中国共产党泰安市委员会、泰安市人民代表大会、泰安市人民政府、中国人民政治协商会议泰安市委员会、纪检·监察、民主党派·工商联、人民团体、法治、军事、经济管理、招商·合作、农业·水利、工业、建筑业、信息化·数字化、交通·邮政、开放型经济、商贸服务业、旅游业、房地产业、金融业、城乡建设与管理、资源·环境、科学、教育、文化、卫生·体育、社会生活、应急管理、景区·园区、县市区、人物·荣誉、附录。

七、为方便文字记述，文中以市、县（市、区）、乡镇（街道）、村（居）来体现记述范围，以“年内”指2020年、“上年”指2019年、“年末”指2020年年末。正文中副市级以上负责人署名，且职务冠名前，职称缀名后。一般使用法定计量单位，但在记述农业用地时亦可用亩。数字一般记至万以上，小数点后一般保留两位小数，但在记述人均可支配收入、人均生活支出和在岗职工平均工资时，可记述至个位。大事记中“△”代表“同日”。

八、入鉴资料均由市直部门、各县（市、区）及有关单位提供，并经主要负责人审核。全市综合性数据由市统计局提供或审定。增加值、绝对数均按当年价格，增长速度按可比价格计算。与上年数据的比较一般省略“同比”字样。

九、全书前有详细目录和英文要目，后有索引，具有比较完善的检索系统。

◎ 5月1日，市委书记崔洪刚（右一）陪同省委书记刘家义（右二）调研假日期间疫情防控和节日生产等工作，看望慰问坚守一线的干部职工 （司 刚 摄）

◎ 6月22日，市委书记崔洪刚（左一）调研泰山区域山水林田湖草生态保护修复工程城区项目（王国梁 摄）

◎ 9月25日，市委副书记、市长张涛（前排左一）到灵山大街东段以及泰山区省庄镇后省庄村，对《问政山东》反馈有关问题进行现场督导（赵文文 供）

◎ 10月21日，市委副书记、东平县委书记曲锋（左四）到瑞星集团股份有限公司调研（赵文文 供）

◎ 9月24日，市人大常委会主任唐福泉（中）到肥城市开展“走基层、进家站、惠民意，集中联系代表月”活动。图为实地走访代表所在单位山东富世康工贸集团有限公司　（王馨蕾　供）

◎ 6月22日，市政协主席周桂萍（中）到岱岳区粥店街道实地督导文明城市创建工作　（李建树　供）

◎ 1月12日，泰安市“不忘初心、牢记使命”主题教育总结大会召开　（司 刚　摄）

◎ 3月20日，全市“重点工作攻坚年”暨加快工业经济发展动员大会召开　（司 刚　摄）

◎ 8月14日，泰安市创建全国文明城市工作推进会议召开　　（司 刚　摄）

◎ 10月11日，全市乡村振兴暨脱贫攻坚工作会议召开　　（司 刚　摄）

◎ 9月6日，第三十四届泰山国际登山节暨2020中国泰安投资合作洽谈会开幕式举行。图为项目集中签约仪式现场 （司 刚 摄）

◎ 9月6日，第三十四届泰山国际登山比赛暨第二十五届全国全民健身登泰山徒步活动起跑仪式在岱庙广场举行 （司 刚 摄）

◎ 10月28—30日，2020山东（泰安）应急装备展览会暨应急产业发展论坛在泰山国际会展中心举办。图为开幕式现场 （司 刚 摄）

◎ 8月20—23日，第三届中国粮油泰山论坛暨第十五届全国粮油产销企业订货会在泰山国际会展中心举办。图为订货会开幕式现场 （司 刚 摄）

2020年，市委、市政府分别于7月13—15日、12月28—30日，对各县（市、区）、功能区重点项目建设情况进行实地观摩评议，现场检阅各县（市、区）、功能区抓项目、兴产业、促发展的成果。

◎ 7月13日，与会人员实地观摩评议泰安高新区项目建设　（司　刚　摄）

◎ 12月29日，与会人员实地观摩评议泰山景区项目建设　（司　刚　摄）

◎ 7月15日，与会人员实地观摩评议泰安旅游经济开发区项目建设　　（司 刚　摄）

◎ 7月13日，与会人员实地观摩评议徂汶景区项目建设　　（司 刚　摄）

◎12月30日，与会人员实地观摩评议泰山区项目建设（司 刚 摄）

◎7月15日，与会人员实地观摩评议岱岳区项目建设（司 刚 摄）

◎7月14日，与会人员实地观摩评议新泰市项目建设（司 刚 摄）

◎ 12月29日，与会人员实地观摩评议肥城市项目建设

（司 刚 摄）

◎ 7月15日，与会人员实地观摩评议宁阳县项目建设

（司 刚 摄）

◎ 7月14日，与会人员实地观摩评议东平县项目建设

（司 刚 摄）

◎ 2月19日，泰安市2020年春季重点建设项目开工仪式举行，泰安国家高新区设主会场，各县（市、区）、功能区设分会场。图为主会场　　（司　刚　摄）

◎ 3月27日，泰安智慧健康产业园项目开工仪式举行　　（司　刚　摄）

◎ 12月12日，泰安特种用钢产能置换一期项目投产。图为投产仪式现场　　（司　刚　摄）

◎ 5月17日，全省通过视频连线方式，举行重大项目集中开工活动。泰安分会场设在国泰大成新材料科技产业园项目开工现场　　（司　刚　摄）

◎ 10月24日，全省通过视频连线方式，举行第二次重大项目集中开工活动。泰安分会场设在鼎梁智能应急装备产业园项目开工现场　　（司　刚　摄）

◎ 6月6日，正威泰安新材料项目在泰安高新区开工建设。图为开工奠基仪式现场　　（司　刚　摄）

11月24日，擂鼓石大街东段、灵山大街东段、北上高大街、省庄互通立交、黄前西干渠路和青年路南段6条道路主车道正式通车。同日，灵山大街跨辛泰铁路桥工程正式开工，泰安市城市道路基础设施建设开启新征程。

◎ 11月24日，擂鼓石大街东段等6条道路主车道通车仪式现场（司刚 摄）

◎ 11月24日，擂鼓石大街东段（司刚 摄）

◎ 11月24日，北上高大街（司刚 摄）

◎ 11月24日，泰安市灵山大街跨辛泰铁路桥工程开工活动现场（司刚 摄）

◎10月31日，董家口至梁山（鲁豫界）高速公路新泰至宁阳段、宁阳至梁山段正式建成通车

（司 刚　摄）

◎12月18日，青（岛）兰（州）高速公路莱芜至泰安段改扩建项目竣工通车　（司 刚　摄）

◎10月27日，全长约56千米、设计时速120千米的济（南）泰（安）高速通车，济南到泰安高速公路通行时间缩短到半小时

（司 刚　摄）

新型冠状病毒肺炎疫情发生后，泰安市于1月26日24时起，实施突发公共卫生事件Ⅰ级响应措施。1月25日，派出8名医护人员加入山东省首批医疗队，赶赴湖北疫情防控一线。至2月20日，共派出9批、77名医护队员逆行出征驰援湖北、支援黄冈。

◎ 1月28日，市委副书记、市长张涛（前排左一）为第二批援鄂医护队员送行
（司 刚 摄）

◎ 2月5日，市委书记崔洪刚（前排左二）为新一批援鄂医护队员送行 （司 刚 摄）

◎ 2月13日，泰安市新一批援鄂医护队20名队员集合赶赴湖北，共同抗击新冠肺炎疫情。图为市领导为医护队员送行
（司 刚 摄）

3月中旬以后，泰安市援助湖北医护队员陆续返回山东，在结束为期14天的隔离休整后，返回工作岗位。至4月中旬，全市77名援助湖北医护队员全部平安凯旋。

◎ 4月1日，市领导与第一批返回泰安的19名医护队员合影　（司　刚　摄）

◎ 4月5日，市领导与第二批返回泰安的43名医护队员合影　（司　刚　摄）

◎ 4月14日，市领导与第三批返回泰安的15名医护队员合影　（司　刚　摄）

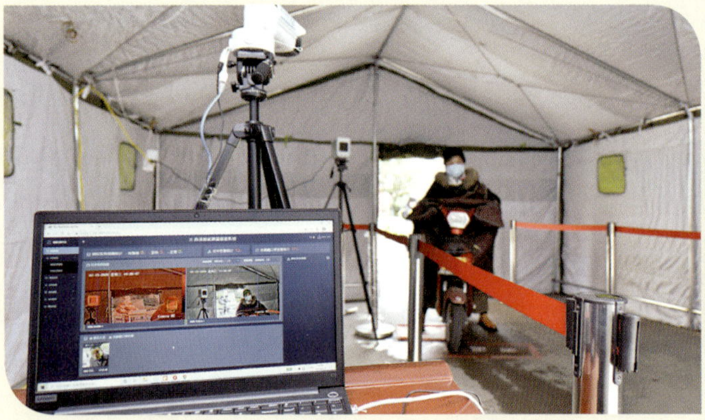

◎ 2月19日，“戴口罩人脸识别+测温”AI智慧防疫系统——“AI无感测温”技术在泰安旅游经济开发区智园社区投入使用，泰安市成为全省首个使用戴口罩人脸识别智能防疫系统的地区（司　刚　摄）

◎ 2月5日，疫情期间，配送员分区域给网上下单的市民送货（赵文文　供）

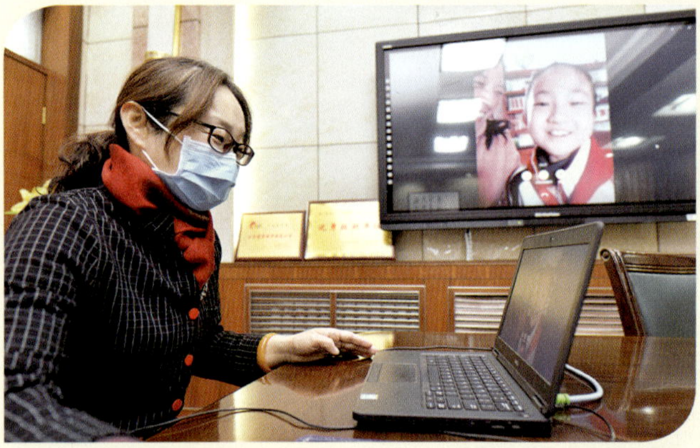

◎ 停课不停教、停课不停学。3月6日，疫情期间，老师与学生们每日进行视频连线，时刻关注他们在家中学习和生活的状况（司　刚　摄）

◎ 5月6日，全市初中毕业年级学生开学复课（司　刚　摄）

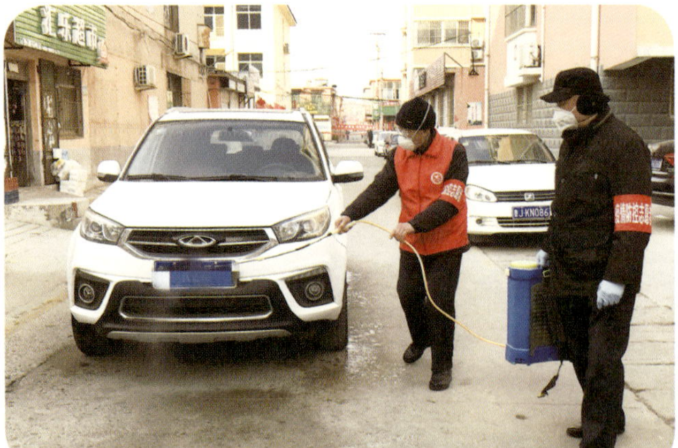

◎ 2月27日，志愿者对进出小区的车辆喷洒消毒液（司　刚　摄）

◎ 2月15日，社区工作人员坚守在岗位（隋　翔　摄）

◎ 在新型冠状病毒肺炎疫情防控期间，时任泰安市公安局泰山分局网络安全保卫大队侦查中队指导员李弦突发脑出血，经抢救无效不幸牺牲，年仅37岁。图为3月1日，全市举行民警李弦遗体送别仪式 （司 刚 摄）

◎ 4月4日上午，全市各界干部群众同全国人民一道，参加全国性哀悼活动，表达对抗击新冠肺炎疫情斗争牺牲烈士和逝世同胞的深切悼念。8时，在泰安市市政大楼楼前广场，鲜艳的五星红旗冉冉升起，国旗升至杆顶短暂定格后，又降半旗，用最沉重的方式志哀 （司 刚 摄）

◎ 2月25日，忙碌的外卖小哥 （陈 阳 摄）

◎ 1月27日，工作人员为驾乘人员测体温 （陈 阳 摄）

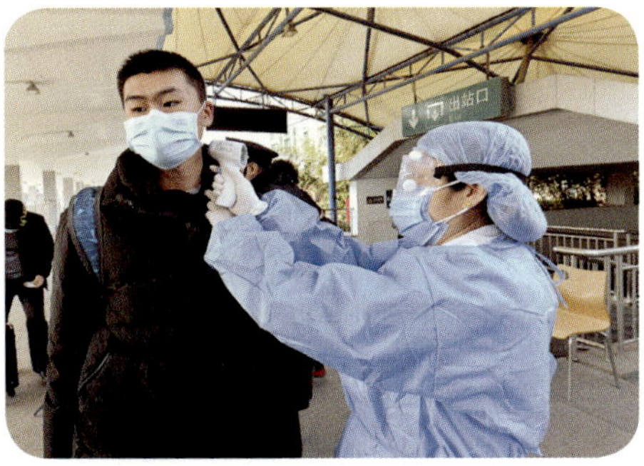

◎ 1月30日，泰山火车站出站口，工作人员为旅客测体温（司 刚 摄）

◎ 6月1日，泰山区叶家庄村茶叶种植产业园生机盎然。该村大力发展茶叶种植产业，成立那一叶女儿茶种植农民专业合作社，打造泰山茶叶“三姊妹”——绿茶、白茶和黄茶，村集体收入不断增加，贫困户通过项目分红获得更多实惠 （赵文文　供）

◎ 10月26日，新泰市长兴农业产业园无土立体栽培基地，工人在车间劳作 （司　刚　摄）

◎ 3月9日，肥城市汶阳镇李店村菠菜种植基地里，村民在进行菠菜田间管理

（司 刚　摄）

◎ 宁阳县磁窑镇南王家庄村发展特色产业，带领群众脱贫致富。图为6月29日，该村猕猴桃种植基　（司 刚　摄）

◎ 岱岳区道朗镇扶贫产业项目乐惠农业将农产品线下采摘模式转变为线上销售。图为6月11日，乐惠农业生产基地

（陈 阳　摄）

◎ 8月29日，“乡村振兴　产业兴农”——山东宁阳首届“美丽乡村”黑果花楸采摘节在磁窑镇茂义村开幕

（司　刚　摄）

◎ 5月29日，泰山区村民在种植基地当“工人”

（隋　翔　摄）

◎ 6月27日，宁阳县磁窑镇南王家庄村村民在猕猴桃种植基地里劳作

（司　刚　摄）

◎ 泰山区邱家店镇王林坡村将昔日的臭水湾打造成一千米的“泉乡玉带”。图为12月11日，该村建成的泰安城区东部首个乡村“音乐喷泉”

（隋　翔　摄）

◎ 11月23日，东平县东平街道史楼村建筑风格独特、路通景美　　（司　刚　摄）

◎ 全市完成农村道路“三通”工程。图为11月19日，肥城市蔡家颜子村　　（司　刚　摄）

◎ 徂汶景区樱桃大丰收，基层党支部书记直播代言。图为5月10日，徂徕镇徂徕村直播现场　　（司　刚　摄）

◎ 10月25日，泰安市爱为宝贝食品有限公司通过直播方式销售特色农产品　　（赵文文　供）

◎ 10月16日，参加全国城市基层党建示范市建设现场推进会议的人员，现场观摩万达商圈　（司　刚　摄）

◎ 10月16日，泰安市全国城市基层党建示范市建设现场推进会议召开　（司　刚　摄）

◎ 10月14日，岱东社区红色党建服务品牌守护居民幸福生活　（司　刚　摄）

◎ 10月14日，万达商圈党群服务中心　（司　刚　摄）

◎ 6月9日，社区居民在社区工作人员帮助下，下载“泰好办”自助服务终端办理业务　（司　刚　摄）

◎ 10月14日，长城社区打造“同城一家亲”党建品牌　（司　刚　摄）

◎ 6月13日，泰安市召开新时代泰山“挑山工”表扬大会，表扬新时代泰山“挑山工”先进集体、先进个人。图为大会现场　　（司　刚　摄）

◎ 12月13日，中央党校主题党日研究工作坊揭牌暨《新时代主题党日活动的理论与实践》签约仪式在泰安主题党日活动中心举行（司　刚　摄）

◎ 12月17日，泰安市市直机关第二批党员干部党性教育点在新泰市掌平洼村揭牌
（侯春云　供）

◎7月7日，市委书记崔洪刚（左一）带头参加创城“泰安小美”志愿服务行动。图为部分机关干部在黄前西干渠路，清除积存垃圾　（司 刚　摄）

◎7月22日，市委副书记、市长张涛（前排右二）深入泰安城区部分城中村、老旧小区、城市道路和背街小巷等，督导全国文明城市创建工作　（赵文文　供）

◎9月3日，提升改造后的泰山广场　（司 刚　摄）

◎ 5月27日，泰安市第三批“新时代好少年”发布会暨2020泰安市幼、少儿春晚颁奖典礼举行，为16名新时代有为少年颁奖 （李 明 供）

◎ 2月14日，疫情防控期间，“泰安小美”志愿者在泰山景区下港镇杨家庄村开展生活物资配送志愿服务 （李 明 供）

◎ 7月9日，泰安市“倡导绿色环保理念 培育健康生活方式”系列活动——全民健康生活方式普及文明实践志愿服务活动在泰山国际会展中心举行 （司 刚 摄）

◎ 9月15日，“泰安小美”志愿者整治社区环境 （陈 阳 摄）

◎ 9月16日，岱岳区天平街道南黄社区15分钟生活圈示意图 （陈 阳 摄）

◎ 5月4日，志愿者在路口开展“文明出行”志愿服务活动 （李 明 供）

◎ 1月1日，泰山景区推出“天下泰安——五岳巡游送福展演”活动，弘扬泰山文化，祈福、送福，为市民游客献上一场文化盛宴 （隋 翔 摄）

◎ 5月1日，泰山西湖景区开园 （赵文文 供）

◎ 4月8日，2020年“全民阅读·书香泰安”活动启动。图为新华书店望山书舍 （司 刚 摄）

◎ 泰山区文化路小学新校区于2020年9月正式投入使用。图为10月12日，学生们在操场上参加体育活动 （赵文文 供）

◎ 1月19日，少年儿童在泰山创业工场学剪纸、做糖葫芦、制作红灯笼，开展民俗迎新春活动 （司 刚 摄）

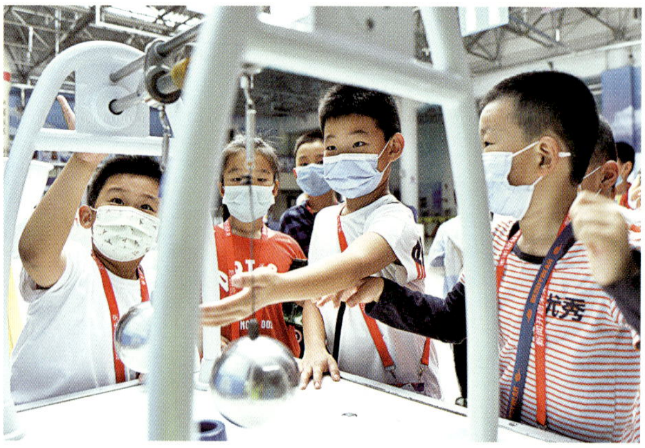

◎ 7月12日，少年儿童在市科技馆体验科技魅力 （司 刚 摄）

◎ 5月13日，市民在泰安老街游玩休憩（陈　阳　摄）

◎ 10月15日，新建成的徂汶景区北许村文化广场（赵文文　供）

◎ 4月22日，宁阳县蒋集镇小胡村村内道路整洁通畅（赵文文　供）

◎ 10月22日，市民选择共享单车出行（司　刚　摄）

◎ 11月30日，岱岳区粥店街道老王府社区的暖心食堂里，饭菜飘香，60多位老人在此吃午饭、聊家常。当日，日间照料中心暖心食堂开业（隋　翔　摄）

◎ 9月16日，市民在泰山广场休息（陈　阳　摄）

◎ 9月25日，泰山南麓芝田河生态保护修复工程　　（张　健　供）

◎ 5月8日，大汶河支流——柴汶河流域采煤塌陷地治理　　（张　健　供）

◎ 9月17日，徂汶景区天泽湖人工湿地水质净化工程　　（张　健　供）

◎ 5月19日，大汶河流域肥城片区农用地整治工程　　（张 健 供）

◎ 7月4日，东平县湿地生态保护修复工程　　（张 健 供）

◎ 9月17日，宁阳县月牙河水库生态保护修复工程　　（张 健 供）

◎ 8月16日，泰安城区鸟瞰

（陈阳　摄）

◎ 9月1日，整修一新的红门路岱宗坊段　　（司 刚　摄）

目　录

特　载

专　记

大事记

市情概览

中国共产党泰安市委员会

泰安市人民代表大会

泰安市人民政府

中国人民政治协商会议泰安市委员会

纪检·监察

民主党派·工商联

人民团体

法　治

军　事

经济管理

招商·合作

农业·水利

工　业

建筑业

信息化·数字化

交通·邮政

开放型经济

商贸服务业

旅游业

房地产业

金融业

城乡建设与管理

资源·环境

科　学

教　育

文　化

卫生·体育

社会生活

应急管理

县市区

人物·荣誉

附　录

索　引

Contents

Special Features

Special Records

Record of Major Events

Overview of Tai'an

Tai'an Municipal Committee of the CPC

Tai'an Municipal People's Congress

Tai'an Municipal People's Government

Tai'an Municipal Committee of Chinese People's Political Consultative Conference

Discipline Inspection and Supervision

Democratic Parties & Federation of Industry and Commerce

People's Organizations

Rule of Law

Military Affairs

Economic Management

Investment Attraction and Cooperation

Agriculture & Water Conservancy

Industry

Construction Industry

Informatization & Digitalization

Transportation & Postal Service

Open Economy

Commerce and Trade Service

Tourism

Real Estate

Finance

Urban and Rural Construction and Administration

Resources & Environment

Science

Education

Culture

Health & Sports

Social life

Emergency Management

Scenic Zones & Parks

Counties, County-level Cities and Districts

Personages & Honors

Appendix

Index

全市领导干部会议召开

本报2021年8月29日讯（最泰安全媒体记者 张隆德）今天，市委召开全市领导干部会议，宣布省委关于泰安市委主要负责同志调整的决定：杨洪涛同志任中共泰安市委委员、常委、书记；因年龄原因，崔洪刚同志不再担任中共泰安市委书记、常委、委员职务。

省委组织部负责同志宣布省委决定并讲话。崔洪刚主持会议并发言。杨洪涛、张涛发言。

崔洪刚在发言中说，完全拥护、坚决服从省委决定。这次市委主要负责同志调整，充分体现了省委对泰安市委班子建设的高度重视，对泰安发展的关心期望。坚信在中央和省委的坚强领导下，以杨洪涛同志为班长的市委，一定能够带领广大干部群众持续奋斗，开创泰安新时代现代化强市建设新局面。

崔洪刚说，到泰安工作三年多来，在习近平新时代中国特色社会主义思想的科学指引下，在省委的正确领导下，我与市委班子的同志们一道，团结带领全市党员干部群众，围绕“七个走在前列”、建成“五个名地”奋斗目标，攻坚克难、真抓实干，各项事业不断发展。这些成绩的取得，是以习近平同志为核心的党中央坚强领导的结果，是省委、省政府关心支持的结果，是全市上下同心同德干事业、攻坚克难抓落实的结果。我深切感受到，泰安这座城市有着得天独厚的优势、蕴含着巨大的发展潜力，泰安人民忠厚善良、勤劳朴实，泰安的各级干部有执行力、战斗力、创造力，市几大班子政治坚定、团结有力。泰安的山山水水、一草一木，泰安的干部群众、父老乡亲，让我感动、令我眷恋。今后将永远心系泰安，衷心祝愿泰安人民幸福安康，泰安的明天更加美好。

杨洪涛表示完全拥护、坚决服从省委决定。他说，省委决定我担任泰安市委书记，是省委对我的信任和重托，深感使命神圣光荣、责任重于泰山。我将坚持以习近平新时代中国特色社会主义思想为指导，在省委坚强领导下，在泰安历届班子打下的坚实基础上，传承弘扬好新时代泰山“挑山工”的优秀品格，以功成不必在我的境界、功成必定有我的担当，一张蓝图绘到底，慎终如始抓落实，不断开创泰安高质量发展的新局面。一是坚决做到“两个维护”，始终保持对党忠诚。深入学习贯彻习近平总书记“七一”重要讲话精神，树牢“四个意识”、坚定“四个自信”、做到“两个维护”、牢记“国之大者”，不断提高政治判断力、政治领悟力、政治执行力，自觉在思想上政治上行动上同以习近平同志为核心的党中央保持高度一致。二是坚定贯彻新发展理念，始终推动高质量发展。聚焦第一要务、抢抓重大战略、用好重大政策、主攻重点领域，积极服务和融入新发展格局，在区域协同发展的大战略、大视野下精准定位、借势借力、推动发展。三是坚持以人民为中心的发展思想，始终推进共同富裕。坚持人民至上、坚守人民情怀、站稳人民立场，紧紧围绕就业、教育、医疗、养老等民生领域，聚焦群众“急难愁盼”，不断提升群众的获得感、幸福感、安全感。四是强化务实担当精神，始终锤炼过硬本领。带头学习调研、带头真抓实干，增强创新意识，树立有解思维，强化法治思维，增强系统观念，推动各项工作向着实里走、朝着目标奔。五是坚持全面从严治党，始终扛牢政治责任。把抓好党建作为最大政绩，坚决扛起全面从严治党第一责任人的责任，认真落实“一岗双责”，推动全面从严治党向纵深发展。自觉把纪律和规矩挺在前面，规规矩矩用权、干干净净做事、清清白白做人，始终保持清正廉洁的政治本色。

市委副书记、市长张涛对省委决定表示坚决拥护，对崔洪刚同志为泰安改革发展作出的贡献表示敬意。他表示，将和市政府班子成员一道，在以杨洪涛同志为班长的市委坚强领导下，精诚团结，凝神聚力，攻坚克难，真抓实干，不折不扣贯彻中央和省委重大决策部署，全力以赴落实市委各项工作要求，努力推动“七个走在前列”、建成“五个名地”和新时代现代化强市建设不断开创新局面。

现职市级领导干部，正市级老同志和上届以来退下来的副市级老同志，市纪委监委领导成员，县（市、区）党政正职，市直部门单位主要负责人，市委组织部副部长，部分省属以上驻泰单位主要负责人参加会议。

（摘自2021年8月30日《泰安日报》）

2021年8月31日，市委书记杨洪涛（前排右三）查看火车站铁路桥桥洞和泰玻大街与龙潭路路口两处城市积水易涝点积水防涝情况，并前往彩石溪、黄前水库调研防汛工作　（张隆德　摄）

2021年9月1日，市委书记杨洪涛（前排右二）到泰山区调研经济社会发展情况　（张隆德　摄）

2021年9月1日，市委书记杨洪涛（前排右二）到岱岳区调研经济社会发展情况　（张隆德　摄）

2021年9月2日，市委书记杨洪涛（前排中）到新泰市调研经济社会发展情况　（张隆德　摄）

在泰安市新时代泰山“挑山工”表扬大会上的讲话（摘要）

（2020 年 6 月 13 日）

市委书记 崔洪刚

2018 年 6 月，习近平总书记视察山东，6 月 14 日发表重要讲话，要求山东广大干部群众以永不懈怠的精神状态和一往无前的奋斗姿态，真抓实干，埋头苦干，做新时代泰山“挑山工”。总书记的重要讲话，深情似海，厚望如山，激荡人心，催人奋进。省委迅速部署安排，刘家义书记召开会议、发表讲话和署名文章，对勇做新时代泰山“挑山工”提出明确要求，两年四次到泰安进行调研指导。省委、省政府有关领导同志也多次到泰安实地调研，对我们做新时代泰山“挑山工”进行具体指导。

作为泰山挑山工的发源地，我们倍感振奋自豪、备受激励鞭策，同时深感责任重大、责无旁贷。两年来，我们始终把深入学习贯彻习近平总书记号召作为重要政治任务，深刻学习领悟新时代泰山“挑山工”蕴含的优秀品格，出台《关于勇做新时代泰山“挑山工”的意见》，在全市深入开展勇做新时代泰山“挑山工”主题实践活动，组织广大党员干部以新时代泰山“挑山工”为镜，查问题、增动力、比实干、赛实绩。

通过持续抓学习、抓践行、抓弘扬，我们越来越认识到，做新时代泰山“挑山工”，是总书记对新时代干部群众的新期望、新要求，作为泰安干部群众，带头做新时代泰山“挑山工”，必须作为一种时代责任来担当；越来越认识到，做新时代泰山“挑山工”，是催人奋进的精神坐标，是照亮前行的时代火炬，树起了党员干部不忘初心、践行使命的精神旗帜，必须作为一种理想信念来坚守；越来越认识到，做新时代泰山“挑山工”，对于推动工作、指导实践有着极强的针对性现实性，为新时代应对挑战、攻坚克难提供了有力武器，必须作为一种制胜法宝来运用；越来越认识到，做新时代泰山“挑山工”，蕴含着我们党实事求是、躬身实践的优良传统，为广大党员干部立起了真抓实干、埋头苦干的作风追求和永不懈怠、一往无前的精神标杆，必须作为一种过硬作风来锤炼；越来越认识到，做新时代泰山“挑山工”，彰显了中华民族知重负重、坚韧不拔的民族气节，激发了实现中华民族伟大复兴中国梦的责任感使命感紧迫感，必须作为一种先进文化来传承。

两年来，我们用挑山工心无旁骛的定力坚定理想信念。结合开展“不忘初心、牢记使命”主题教育，把勇做新时代泰山“挑山工”作为实践载体，深度融合、一体推进。把学习教育放在首位，组织党员干部读原著、学原文、悟原理，推动学习贯彻习近平新时代中国特色社会主义思想往深里走、往心里走、往实里走。各级党组织围绕什么是“挑山工”、为什么做“挑山工”、怎样做“挑山工”开展深入研讨，对照做新时代泰山“挑山工”的标准要求，开展初心使命“六问六查”，邀请不同时期“挑山工”式干部代表讲述初心使命生动实践，推动做新时代泰山“挑山工”不断深入。创作拍摄的政论片《泰山“挑山工”》，在山东卫视播出，省委纳入主题教育学习内容，中组部党建读物出版社面向全国公开出版。高标准筹建“挑山工”教育实践基地，打造精品课程，举办勇做新时代泰山“挑山工”演讲比赛和唱响泰山“挑山工”文艺晚会，发出了勇做新时代泰山“挑山工”的时代强音。

两年来，我们用挑山工一往无前的品质攻坚克难。以“决不把历史问题再留给历史”的担当，办成了一批多年想办而没有办成的难事，解决了一批多年想解决而没有解决的难题。一是啃下了多年的“硬骨头”。擂鼓石大街中段 1.9 公里“断头路”“卡脖子路”，动议了多年，群众期盼了多年。去年，市委横下一条心，再难也要啃下来。多方协调山东科技大学、山东农业大学拆迁 7.24 万平方米，还建 9.39 万平方米，经中央军委批复拆迁两处干休所等 4 处部队营房，干部群众齐心奋战 400 多个日夜，今年“五一”正式通车，多年的“堵心路”如今变成了“连心路”。拿出 2400 亩土地置换了部队位于城区的 10 多处、470 亩零散营房，创造了军地双方土地置换的成功范例，实现了军地双赢。二是破解了历史“老大难”。针对岱庙周边这一影响泰安旅游形象的“老大难”

问题，我们强力攻坚，完成拆迁 10.21 万平方米，腾出土地 146 亩，2019 年 9 月建成岱庙广场。抓好户外广告牌匾提升，拆除各类违规户外广告牌 52.8 万平方米。三是解开了多年的“死疙瘩”。市委将群众反映强烈的房地产开发遗留问题纳入“不忘初心、牢记使命”主题教育专项整治，成立“7·9”专班，分类攻坚。目前，已确定 816 万平方米具备发证条件，惠及 7.2 万户、20 多万群众。

两年来，我们用挑山工真抓实干的执着为民造福。坚持把为民造福作为最重要的政绩，用心用情用力解决群众关心的实际问题。一是坚持“经济账”服从“民生账”。将市场估值几十亿元的黄金地段用于民生事业，建成了生态绿地健身公园、市政中心生态停车场等，仅生态停车场、岱庙南北停车场、红门停车场就新增停车位 1600 个。虽然失去了一时的财政收入，但收获了城市的未来和市民的赞许，为高质量发展奠定了基础。新改扩建冯玉祥小学、山东农业大学新校区、山东科技大学泰山科技学院新校区等学校 35 处，教育资源实现了提质扩容。二是补齐“民生短板”解民忧。大力推进村村通、巷巷通、户户通“三通”工程，去年完成了 1294 个行政村、3921.3 公里建设任务，今年将实现全市行政村的通户道路全部硬化；实施交通组织换乘、停车场提升、特色餐饮小吃、旅游公厕提升“四大工程”，旅游公厕全部达到 3A+ 水平；对泰安城区 113 平方公里范围内道路、河道、小区排水管网进行普查检测，实施雨污分流改造。三是办好“关键小事”暖民心。改造提升 12 处农贸市场，让群众买菜告别“脏乱差”；实施农村敬老院“四改一定”工程，提高了老人生活幸福指数；为老旧小区安装玻璃 19.8 万平方米，装了一层玻璃，暖了万千民心。这些实实在在的“硬活”，补齐了民生短板，干到了百姓的心坎上。

两年来，我们用挑山工永不懈怠的毅力谋划长远。以功成不必在我的胸怀和建功必定有我的担当，从一件件打基础利长远的事抓起，咬定青山不放松，把成效体现在推动泰安高质量、可持续发展上。一是奋力抓好改革攻坚。在全省率先成立市级行政审批服务局，被列为我省庆祝改革开放 40 周年最具影响力事件。全力打造“泰好办”服务品牌。全面完成 8 个开发区、3 个市直功能区的体制机制改革，让开发区真正成为招商引资的主平台、科技创新的主阵地、新旧动能转换的主战场。二是筑牢产业发展根基。聚焦新旧动能转换十大产业，出台民营经济“20 条”、人才“金十条”、工业经济发展“十二条”等一系列能感知、有温度、见效果的政策措施，设立 100 亿元的重点企业财源建设基金，培育壮大“双 50 强”企业。总投资 148 亿元的石横特种建筑用钢产业集群项目加快推进，年内可望投产。坚定不移实施创新驱动战略，支持康平纳集团创建国家先进印染技术创新中心，6 月 3 日，国家工业和信息化部正式批复。三是坚决守好绿水青山。抓住省委将泰安战略规划纳入全省层面进行统筹谋划的历史机遇，编制《城乡一体空间发展战略规划》，以人大立法的形式加强泰山、徂徕山、大汶河、东平湖等重要生态及功能重点区域的规划管理，严控“山体线”“水岸线”“天际线”。全力推进总投资 166 亿元的山水林田湖草生态保护修复工程。高标准编制东平湖生态保护和高质量发展专项规划，强力实施东平湖环境综合治理九大行动，拆迁村庄 63 个、813 万平方米，清除建筑物 447 处，清理网箱网围水面 12.6 万亩，清理菹草及水面漂浮物 3 万吨，取缔沿湖餐饮场所 79 家，建设长 17.03 公里的生态隔离带。全面加强泰山石保护，彻底关闭取缔各类泰山石交易市场 236 处，集中存放大型奇石 11556 块，建设泰山石敢当文化园。投资 1 亿元实施泰山景区引水上山污水下山工程，彻底解决景区冬季生活用水、森林防火、冬春抗旱和污水治理等难题。推进城区 6 条河道整治提升和全流域水系治理，泰安城区污水将全部经过生态湿地净化流入大汶河。四是大力提升文明形象。把争创全国文明城市融入城市规划建设管理的方方面面，把泰安城区当作家里的客厅来精心打造，以“挑山工”的担当整治不文明环境和不文明行为，以“泰安小美”换取城市大美。实干赢得认可，实事赢得民心，人民群众幸福感满意度明显增强，在全国文明城市测评中，群众满意度从 2017 年的 70.1% 提升到 2019 年的 98.6%。

两年来，我们用挑山工担当实干的标准锤炼干部队伍。坚持“人在事上练、刀在石上磨”，把攻坚一线、急难险重、吃劲岗位，作为“练兵场”和“磨刀石”，让干部经受大战大考，砥砺实干作风。一是领导干部冲在前。实施“5+2”重点任务推进机制，成立 5 个重点任务工作小组和山水林田湖草生态保护修复工程城区、农村 2 个项目指挥部，由市级领导牵头挂帅，挂图作战、标旗推进，“插红旗”考核。面对疫情，市委第一时间发出“到一线·肩并肩·战疫情”号召，市级干部带头到社区值守，全市党员干部纷纷跟进，一级应急响应期间参与疫情防控党员达 260 多万人次。

二是“四个擂台”赛实绩。设置重点工作、县市区功能区、市直部门单位、党员干部“四个擂台”，开展“七赛七比”，推进寻标对标争先进位行动。自去年开始，每年分别比选表扬100名新时代泰山“挑山工”先进集体、先进个人，今年将比选表扬范围从党内扩大到党外、从党员延伸到群众，大张旗鼓奖优奖勤奖担当。三是持之以恒正风气。落实新时期好干部标准，注重在疫情防控和经济社会发展一线考察识别干部，一批“李云龙”“挑山工”式干部得到提拔重用。落实“基层减负年”要求，对各县市区做到“周一无来人、二三无会议”，让县市区集中精力抓工作落实。旗帜鲜明为担当者担当，营造风清气正的干事创业环境。

两年来的实践证明，勇做新时代泰山“挑山工”，是统领干部队伍作风建设、提振精神、担当作为、爬坡过坎、奋力攻坚的强大精神力量。广大干部群众比学赶超、争先进位的意识强了，攻坚克难、担当实干的劲头足了，想干事、能干事、干成事的本领高了，党群干群关系更加紧密融洽，党风政风带动社风民风进一步好转，人民群众的幸福指数不断提升，全市上下呈现出同心同德干事业、攻坚克难抓落实的浓厚氛围。今天大会表扬的新时代泰山“挑山工”先进集体、先进个人，就是其中的优秀代表。今年我们评选了3个新时代泰山“挑山工”特别奖。泰安援鄂医疗队，在疫情最危急的时刻，77名医疗队员积极响应号召，白衣执甲、逆行出征，在抗疫一线用生命守护生命，以大爱诠释仁心，以实际行动彰显了新时代泰山“挑山工”的初心使命，向党和人民呈上了一份胜利的战报。康平纳集团创建国家先进印染技术创新中心工作专班，市工信局、泰山区坚持一线指挥、一线协调、一线服务，4支院士团队共同进入开展课题研究，群策群力，苦练内功，成功创建了山东省首家国家制造业创新中心，也是先进印染技术领域唯一的国家制造业创新中心。擂鼓石大街中段建设工程指挥部，加班加点、争分夺秒地跑单位抓协调，千方百计、千言万语入户做工作，开足马力、连轴运转抢工期，仅用四个月就完成了10万平方米的征收任务，赶在今年“五一”全线通车，这就是泰山“挑山工”滚石上山、爬坡过坎的生动体现。在表扬的“十面红旗”中，泰安市中心医院，作为全省新型冠状病毒肺炎医疗救治首批定点医院，大年初一就取消休假，全面复工，立即投身到抗击疫情工作。全院所有共产党员都签下了承诺书，654名同志写下请战书，三批医疗队12人赴湖北参加疫情防控工作。640余名同志坚守防治一线，为我市疫情防控和人民健康作出了积极贡献。泰安城区排水管网雨污分流改造工程指挥部，冒着危险、顶着异味，全面排查地下管网，在雨污分流任务上打了硬仗、打了胜仗。岱庙广场建设工程指挥部，主动担当起这个十年前就启动的拆迁任务，不断挑战“不可能”，倒排工期、盯紧靠实、齐心协力，最后用不到两个月的时间，硬是赶在去年登山节前基本完成了建设任务。在表扬的20名标兵中，新泰市翟镇兴隆屯村党支部书记冯德庆，是市财政局的一名副县级党员干部，选派到村任职两年来，抓班子带队伍，为村里跑资金、跑项目，争取各级帮扶资金830多万元，大力发展光伏大棚产业，实现了村集体收入由不足5万元到突破30万元，成为了群众心目中的“挑山工”。“7·9”工作专班的马鑫，作为一名女同志，舍小家、为大家，在房地产开发历史遗留问题专项整治工作中，没白没黑、深入调研，在论证起草《建议方案》，创新推行

3月19日，市委农村工作会议召开　　（司　刚　摄）

市区共治、集中会审、证缴分离等实战规程中发挥了重要作用，彰显了新时代泰山“挑山工”的执着和担当。山东农业大学农学院院长、特聘教授孔令让，经过20年潜心研究、持续攻关，带领科研团队首次克隆了小麦抗赤霉病基因，这一研究为解决小麦赤霉病世界性难题找到了“金钥匙”，为农业生产插上了科技的翅膀。这次表扬的先进集体、先进个人，都是在我市改革发展的火热实践中干出来的，是在急难险重任务中拼出来的。在他们身上，集中体现了新时代泰山“挑山工”信念坚定、心无旁骛的执着追求，勇挑重担、敢于担当的坚韧品格，脚踏实地、永不懈怠的顽强作风，一往无前、勇攀高峰的卓越情怀。全市各级党组织和广大干部群众，要以典型为标杆，以先进为榜样，勇做新时代泰山“挑山工”，为加快推动泰安高质量发展再谱新篇、再立新功。

看到成绩的同时，也要清醒地认识到，对照习近平总书记的殷切期望和人民群众的热切期盼，对照做新时代泰山“挑山工”的要求，还存在不小差距和不足：有的政治站位不高，艰苦奋斗的思想树得不牢，担当意识和能力不强，形式主义、官僚主义时有表现，破解难题的本领还有短板，等等。这些问题，我们要认真地检视，在今后的工作实践中努力加以克服和解决。

做新时代泰山“挑山工”永远在路上。今年是省委确定的“重点工作攻坚年”。市委提出，要击鼓再奋战、整装再出发，奋力开创泰安高质量发展的新局面！以什么样的姿态再奋战，以什么样的作风再出发？市委认为，泰安党员干部的姿态和作风应该是，牢记习近平总书记嘱托，做新时代泰山“挑山工”，埋头苦干、勇挑重担，永不懈怠、一往无前，勇攀新时代高质量发展的高峰。具体来讲，就是要做到“挑担不畏难、登山不畏险、坦途不歇脚、重压不歇肩”。

越是改革攻坚，越要挑担不畏难。挑山工再重的担子也敢挑，再难走的道路也能走，再苦的活也要干，从不拈轻怕重，从不挑肥拣瘦，一个坡一个坡地爬，一道坎一道坎地过。回顾两年来的实践，我们一直都在攻坚克难中前进，每一步都走得不容易，今后也不可能是敲锣打鼓、轻轻松松就能完成好各项任务。无论多么艰难，广大干部群众都要像挑山工那样，困难面前敢担当，越是艰难越向前。一要难中求奋进。今年全国“两会”没有提出全年经济增速具体指标，但不等于没有发展目标。5月28日，国务院总理李克强在出席记者会并回答中外记者提问时指出，“六保”和经济增长有直接关系，实现了“六保”，特别是前“三保”，就会实现今年中国经济正增长，而且要力争有一定的幅度，推动中国经济稳定前行。现在，上半年马上过去了，我市经济增长压力很大，必须排除万难，奋发进取，头拱地、向前冲，把时间抢回来、把损失补回来，努力完成好今年的目标任务。二要难中求突破。对省委部署开展的九大改革攻坚行动，要盯紧靠牢，确保取得实质性成效。特别是围绕工业攻坚求突破，横下一条心、立下一个志，不把工业项目抓好誓不罢休，尽快把工业这个短板弱项补起来。要认真落实好《加快工业经济发展十二条意见》及9个实施细则，发挥好“泰安政企直通车”政策服务平台的作用，加强政策整合，主动送政策上门，发挥好政策效力。要继续实施好“双50强”企业培育工程，以百项重大技改项目和百项智能化技改项目为重点，集中力量抓好总投资852亿元的262个工业技改项目。石横特钢集团有限公司、泰山石膏有限公司等骨干企业技改项目要抓进度、抓投产、抓达产。要进一步加大金融财税支持力度，用好重点企业财源建设、招才引智等现有基金和基金小镇的基金，积极设立新的基金，引导更多资本投向实体经济、工业企业。6月10日召开的全市金融辅导队进企辅导暨便捷获得信贷工作推进会，目的是支持企业共渡难关，金融单位要抓好落实。对受疫情冲击较大的文旅产业，要加大扶持力度。要加快发展城市夜间经济，满足群众多元消费需求，进一步拉动和刺激消费。三要难中增后劲。在疫情防控常态化的大形势下，拉动经济增长的“三驾马车”中，投资尤为重要。要进一步加大投资力度，增强发展后劲。国务院总理李克强在今年政府工作报告中明确提出，中央财政赤字规模比去年增加1万亿元，同时发行1万亿元抗疫特别国债，这2万亿元全部直达市县基层。这是扩投资的好机会，要积极做好项目策划和对上争取工作。要进一步加大项目推进力度，特别是已奠基开工的项目要搞好督查通报，促进项目开工建设，确保尽早建成、尽快达产。坚决不能奠基热闹一阵子，过后涛声依旧，仍然没有推进。对列入省计划的重点项目一定要紧抓不放，及时协调解决问题。不论哪个部门贻误战机，都要倒查责任，严肃问责。要有针对性地加大招商引资力度，按照“四个一批”要求，重点抓好对央企的合作争取，继续加强线上招商、线上洽谈、线上签约。要实施好重大投资项目“绿卡”制度，对库内项目要成立服务专班，实行专人负责，

5月11日，全省重点外商投资项目集中签约仪式举行。图为泰安分会场
（司　刚　摄）

领导随时调度，促进项目落实落地。重大基础设施以及农村水利工程、农村饮水安全工程、农村道路“三通”、城中村改造等，也都是投资的重要方向，必须抓紧抓实抓到位，确保完成年度投资计划，能提前的要尽量提前。四要难中保稳定。越是困难时期，越要着力抓好统筹，确保稳定方面不出问题。关于疫情防控，省里有明确规定和具体要求，要认真把握好，严格组织实施。一旦出了问题，出在哪个环节，就追究哪个环节的责任。疫情防控，军令如山，一定要高度重视。要确保粮食和能源安全，在收好小麦的基础上抓好夏种夏管，确保秋粮丰收。要抓好民生保障、耕地保护、生态环保、安全生产、信访等各项工作。今年是全面完成脱贫攻坚任务的收官之年、决胜之年，各级要瞄准突出问题和薄弱环节，全面解决排查整改不全面不彻底、行业扶贫政策落实不到位不精准、个别户存在返贫风险、资金管理使用不规范、项目建设营运效率不高等问题，全面提升脱贫攻坚质量。要巩固提升脱贫成果，保持现有政策总体稳定，推进全面脱贫与乡村振兴战略有效衔接。

越是改革攻坚，越要登山不畏险。泰山挑山工挑担上山，面对坡陡路滑，面对十八盘的艰难险阻，总能咬紧牙关，握牢扁担，沉稳有力，直至山顶。我们抓工作也要如此。面对艰险，一要坚定信心。今年4月1日，习近平总书记在浙江考察时指出，危和机总是同生并存的，克服了危即是机。5月23日，在参加全国政协经济界联组会时强调，要坚持用全面、辩证、长远的眼光分析当前经济形势，努力在危机中育新机，于变局中开新局。我们要深刻领会和把握总书记的重要指示要求，树立危中寻机的意识，积极引导全社会特别是各类市场主体增强信心，善于从眼前的危机、眼前的困难中捕捉和创造机遇，巩固全市经济稳中向好、长期向好的基本趋势。二要下定决心。今年除了主要经济指标、三大攻坚战这些硬任务要完成好之外，还有几个“硬骨头”要坚决啃下来：东平湖的问题，要抓住国家编制黄河流域生态保护和高质量发展规划的重大机遇，切实把东平湖规划完善好、落实好。同时，要把当前能够实施的项目先干起来。金山坝抬高加固工程，是我们整个泰安防汛的心头大患，金山坝比其他坝体矮了3米，坝后41平方公里有接近4万群众。无论多么难，今年下半年都要争取开工。山水林田湖草生态保护修复工程，要千方百计抢时间、赶进度、保质量，确保今年下半年全面完成建设任务，迎接好国家验收，交上一份合格的答卷。基础设施建设，要抓好环山路、擂鼓石大街、北上高大街、灵山大街四条道路东延，迎胜路南延等城建重点工程，还有济泰高速、青兰高速、京台高速等重大基础设施工程，要盯上靠上破解难题，全力以赴加快进度。全国文明城市创建，这项工作历时三年，各级付出了很多艰辛和汗水，今年是决战之年，还有几个月就要验收了，要确保决战决胜。三要细致用心。越是形势严峻，越要保持定力，细致分析研究，把该办的事办好。比如，党中央、国务院提出“六保”任务，很简单的两个字，到了泰安怎么落实？要一项一项专门研究。围绕“六保”，市委常委会召开专题会议作了研究，拿出了具体方案和措施。涉及的相关部门单位、各个县市区，要认真抓好任务落实。

越是改革攻坚，越要坦途不歇脚。泰山挑山工面对“快活三里”，从不敢逗留，因为深知久歇无久力。近年来，我们办了一批大事、要事、实事、难事，人民群众也比较满意，有些同志觉得可以歇歇脚、喘口气了，这些想法都是要不得的。必须清醒地认识到，改革已经到了深水区，剩下的全是急流险滩，没有什么风平浪静，决不能沾沾自喜、松劲懈怠。一要政治上永不懈怠。要增强“四个意识”、坚定“四个自信”、做到“两个维护”，把旗帜鲜明讲政治全面贯彻到谋划工作、制定政策、部署任务、推动落实的各个环节、各个方面，确保中央的各项决策部署、省委的各项工作要求不折不扣地在泰安落地见效。二要思想上永不懈怠。面对经济下行压力加大的挑战，面对制约和阻碍泰安发展的体制机制障碍，因循守旧、按部就班不行，畏缩不前、坐等靠要更不行，要进一步解放思想、转变观念，摒弃惯性思维、经验主义，打破条条框框，大踏步往前迈，真正以思想的解放到位、观念的转换到位，赢得先机、赢得主动、赢得优势。三要行动上永不懈怠。要明知山有虎、偏向虎山行，敢于跟问题较真，敢于向困难叫板，敢攻别人攻不下的山头。要勇向潮头立、敢为天下先，深入开展寻标对标争先进位行动，力争在全省甚至全国争创一流。要打好擂台赛、比武论英雄，持续用好“四个擂台”，深入开展“七赛七比”，切实比出压力、比出动力、赛出实绩。

越是改革攻坚，越要重压不歇肩。当前的改革攻坚，好比是“一山放出一山拦”。无论任何时候、任何情况，我们都要像挑山工那样，担子始终在肩上，脚步始终在路上，目标始终在山顶。一要率先垂范抓落实。领导干部要继续发扬优良作风，带头挑最重的担子，既督战也参战，既挂帅也出征，当好“施工队长”“突击队长”。要继续用好“5+2”重点任务推进机制，各个小组和指挥部要铆足劲、拼上干、往前赶，确保各项重点任务都能如期插旗。二要奖优罚劣增动力。不断完善经济社会发展综合考核体系，突出重点指标和牵动全局发展的关键指标，大张旗鼓地奖，旗帜鲜明地罚，奖章要挂在具体人胸前，奖金要发到具体人手里，板子要打在具体人身上。要把“考”与“用”结合起来，对那些主动担当作为、敢于攻坚克难、解决实际问题的干部，要给荣誉、给平台、给位子；对那些不敢担当、不抓落实、不愿攻坚的干部，不负责就问责，不担当就挪位，不作为就撤职。勇做新时代泰山“挑山工”，身上要有股正气，行动坦坦荡荡，真正把泰安老百姓关注的事情办好，把经济发展好。市委、市政府全力营造心无旁骛干事业的环境，鼓励大家头拱地、往前冲，在全社会营造同心同德干事业、攻坚克难抓落实的浓厚氛围。三要关爱基层聚合力。要认真落实中央、省委关于为基层减压减负的有关要求，加大对基层的关心关爱力度，给予基层干部更多理解和支持，主动为基层松绑、为基层担当。四要典型引领增斗志。充分发挥典型的示范引领作用，特别是对今天表扬的新时代泰山“挑山工”先进集体和先进个人，要加大宣传力度，用榜样力量鼓舞人，以典型事迹激励人，凝聚起共抬大架、共克时艰、共保发展的强大力量。

政府工作报告（摘要）

（2021 年 1 月 25 日）

——在泰安市第十七届人民代表大会第六次会议上

市 长 张 涛

一、“十三五”时期及 2020 年工作回顾

“十三五”时期，面对错综复杂的国内外形势、艰巨繁重的改革发展稳定任务，特别是新冠肺炎疫情严重冲击，全市上下在中共泰安市委的坚强领导下，坚持以习近平新时代中国特色社会主义思想为指导，勇做新时代泰山“挑山工”，统筹推进“五位一体”总体布局，协调推进“四个全面”战略布局，牢牢把握稳中求进工作总基调，紧紧依靠全市人民，挑担不畏难、登山不畏险，坦途不歇脚、重压不歇肩，圆满完成了“十三五”规划主要目标任务。

这是综合实力稳步提升、发展后劲不断增强的五年。“十三五”末，全市地区生产总值达到 2766.5 亿元，年均增长 5.8%，按可比价格计算，比 2010 年翻一番；一般公共预算收入达到 229.2 亿元，年均增长 2.2%；实现社会消费品零售总额 1022.4 亿元，年均增长 4.4%；金融机构存贷款余额分别达到 4559.6 亿元、3136.3 亿元，年均分别增长 13.7%、14.8%；城乡居民人均可支配收入达到 30937 元，比 2010 年翻一番。粮食总产连续 6 年稳定在 50.4 亿斤以上。

这是新旧动能加速转换、产业结构持续优化的五年。三次产业比例由 13.3 ∶ 41.7 ∶ 45.0 调整为 10.8 ∶ 39.1 ∶ 50.1。“十三五”期间，全市规模以上工业增加值年均增长 5.9%。服务业增加值规模持续扩大，年均增速 7.7%，贡献率达到 61.4%。科研投入占生产总值比重由 2.23% 提高到 2.42%。“四新”经济占生产总值比重由 2017 年的 19.6% 提高到 26%。国家级高新技术企业总数达到 369 家，是“十二五”末的 3.2 倍。山东康平纳集团有限公司“筒子纱智能染色工业示范项目”荣获第五届中国工业大奖。石横特钢集团有限公司特种建筑用钢产业集群被列为全省四大钢铁产业集群之一。文化旅游产业不断壮大，累计接待游客 3.2 亿人次，泰山作为中国山岳旅游“第一名片”地位不断巩固。

这是基础设施实现突破、城乡一体统筹发展的五年。编制实施《泰安市城乡一体空间发展战略规划》。综合交通运输体系取得重大突破，交通基础设施累计投资 443.3 亿元，是“十二五”的 4.8 倍；高速公路通车里程达到 475 公里，是“十二五”末的 2 倍；京杭运河东平湖区段航道具备通航条件，千吨级货船经泰安港可直达江浙沪。建设改造万官大街、博阳路、环山路东延等城市主干道，新建续建道路 25 条、71.6 公里。将黄金地段建成泰安城区最大生态绿地健身公园，泰安老街、岱庙广场等成为网红新景点。完成老旧小区改造 4.71 万户。建成 5G 基站 3279 个、公用充电桩 1915 个。乡村振兴战略深入实施，九女峰先行区获中国文旅融合示范奖。创建齐鲁样板省级示范区 3 家。开展农村人居环境整治三年行动，城乡垃圾治理一体化实现全覆盖，农村无害化厕所覆盖率达到 90.7%。实施农村饮水安全攻坚，集中供水率达到 98% 以上。完成 286 座中小型水库除险加固。投资 83.3 亿元，新改建“四好农村路”3700 余公里，2785 个行政村实现农村道路“三通”。新改建农村电网 3535 公里。

这是重点领域改革扎实推进、对外开放不断深入的五年。机构改革顺利实施，“放管服”改革取得突破，财税体制、投融资体制、国有企业、供销合作社、“亩均效益”评价等改革提速加力。成立全省首家市级行政审批服务局，被列入全省庆祝改革开放 40 周年最具影响力事件。“贴心代办、一次办好”改革不断深化，推出“带方案出让用地”审批服务新模式，工业新增用地项目实现“拿地即开工”，打响“泰好办”服务品牌，获评中国投资环境百佳城市、中国企业营商环境十佳城市。全面完成国有企业“三供一业”分离移交。全市实有市场主体达到 49.3 万户，比 2015 年增长 81.4%。与 170 个国家和地区建立贸易往来。“十三五”时期，完

成进出口总值 833.9 亿元，年均增长 8.4%；招商引资项目到位市外资金 1842.3 亿元；实际利用外资 30 亿美元，年均增长 14.2%。

这是生态建设不断加强、美丽泰安加速凸显的五年。泰山区域山水林田湖草生态保护修复工程成功入选全国试点，完成投资 144.8 亿元。空气质量综合指数达到 4.95，优良天数比例较“十二五”末改善 17.4%。全面推行河长制、湖长制、林长制，国控以上重点河流水质优良比例达到 100%；建设国家、省湿地公园 7 处；大力实施“绿满泰安”行动，森林覆盖率达到 25.8%。全面加强泰山石保护，彻底关闭取缔各类大型石头交易市场 236 处。顺利完成土壤环境管理重点目标任务。累计治理“散乱污”企业 4200 余家。万元 GDP 能耗累计下降 21.9%。荣获“全国水生态文明城市”称号。

这是民生福祉持续增进、社会事业繁荣发展的五年。民生支出累计达到 1510.6 亿元，占比稳定在 80% 左右。顺利完成一批群众关心关注的民生实事。累计实现城镇新增就业 27.7 万人，期末城镇登记失业率 2.08%。教育经费提高到 110 亿元，较“十二五”末增长 45.5%，累计建设中小学校、幼儿园 1111 处，增长 55.6%，泰安一中新校区、市特教中心建成投用，义务教育“大班额”全面消除。市属高校年度教育经费提高到 4.2 亿元，较“十二五”末增长 101.7%。集中整治房地产开发历史遗留问题，惠及 22 万人。基本药物制度实现全覆盖。建成全国首家慢病互联网医院。在全省率先实现互联网医保线上支付，被确定为全国城市医联体建设试点市。成功举办首届泰山国际文化论坛。泰山国际登山比赛、泰山国际马拉松获评中国体育旅游精品赛事。

各位代表！过去的一年，我们面对突如其来的新冠肺炎疫情，在市委坚强领导下，坚决贯彻习近平总书记关于统筹疫情防控和经济社会发展重要指示精神，同心同德干事业、攻坚克难抓落实，应对了前所未有的挑战，克服了前所未有的困难。

一年来，我们坚决打好疫情防控阻击战，全力做好“六稳”“六保”工作。一手抓疫情防控，一手抓经济社会发展。坚持人民至上、生命至上，全市各级各部门闻令而动、守土尽责；广大医务工作者舍生忘死、义无反顾，9 批 77 名医疗救援队员逆行出征、驰援湖北，105 名医护人员支援青岛；机关党员干部、公安干警、社区工作者、广大志愿者联防联控、日夜值守。全市人民众志成城、共克时艰，彰显了风雨同舟、大爱大义的家国情怀，展现出坚韧不拔、顽强不屈的昂扬斗志，铸就了抗击疫情、保护生命的强大防线。截至 2021 年 1 月 24 日 24 时，已连续 329 天无新增本土确诊病例。克服疫情带来的不利影响，全力抓好“六稳”“六保”工作，大力推进企业复工复产。开发“泰安政企直通车”服务平台，梳理惠企政策 246 项，精准推送到企业。对受冲击较大的外贸企业、文旅企业、食品加工企业和民办幼儿园，一企一策重点帮扶。在省内率先开展“战疫情、保发展，金融支持在行动”，为 148 家企业授信 189.2 亿元，帮助 3408 家企业融资 1066.6 亿元；获得省政策性农业担保和政府性融资担保授信 150 亿元，推动全市小微企业、“三农”担保规模快速增长；成立 84 支金融辅导队，结对帮扶 1148 家中小微企业。新增减税 16 亿元，累计落实各项税收优惠 143.6 亿元。重点企业财源建设基金投放 31.3 亿元，累计达到 74.6 亿元；投放 1000 万元消费券，有效激活拉动消费。全市经济全面恢复、稳步回升、逐渐向好，主要指标实现正增长。2020 年，地区生产总值增长 3.5%；一般公共预算收入增长 2%；固定资产投资增长 2.9%；规模以上工业企业实现营业收入 2137.1 亿元，同比增长 1.4%；存贷款余额分别增长 11.4%、16.3%；进出口总值增长 24.8%，实际利用外资增长 109.9%。

一年来，我们推进产业高质量发展，加快构筑现代产业体系。工业短板加快补齐，成立工业经济发展指挥部和 11 个攻坚组，出台“十二条意见”，集中优势资源，打好工业经济发展攻坚战。高新技术企业新增 97 家，国家级制造业单项冠军和绿色工厂分别达到 15 家、19 家。工业领军企业 50 强实现营业收入增长 7.7%；科技创新型企业 50 强实现营业收入 34.43 亿元，其中，13 家增长超过 50%，6 家超过 100%。工业技改、制造业技改投资分别增长 30.6%、32.1%，居全省前列。大力推进项目建设，7 个省重大项目、26 个省新旧动能转换优选项目、12 个双招双引重点签约项目、111 个市重点项目，分别完成年度投资的 177.7%、126.3%、116.8%、107.6%。石横特钢产能置换一期、泰开智能制造、泰山玻纤七线八线、泰山石膏护面纸、恒信高科能源等一批重大产业项目建成投产，国泰大成、正威新材料、钜成集团 LCoS 芯片、泰山政法大数据产业园等一批项目落地建设。全省首家、行业唯一的国家级先进制造业技术创新中心——先进印染技术创新中心花落泰安；成功入选“科创中国”全国首批试点。山东润德生物科技有限公司获中国工业大奖表彰奖。现代服务业提档升级，在

12月10日，泰安市泰山区域山水林田湖草生态保护修复工程现场推进会议召开。图为与会人员现场检查项目 （司 刚 摄）

元。引进培育产业领军人才100余人，培养实用技能人才6320人，新增来泰安就业高校毕业生1.7万余人。组织线上线下展会46个，引导企业开拓国际市场。设立1亿元“泰山贷”贸易融资风险补偿专项资金。引进新华锦集团有限公司、深圳市蓝海供应链股份有限公司等企业，打造外贸发展新平台。实际到位外资9.6亿美元，完成进出口总值211.9亿元。

一年来，我们全力打好三大攻坚战，夯实建成小康社会基石。脱贫攻坚圆满收官，7.2万户、14.5万名建档立卡贫困人口全部实现稳定脱贫；354个省级贫困村、251个市级贫困村全部摘帽退出；东平移民避险解困、易地扶贫搬迁、黄河滩区迁建“三大工程”取得决定性进展，易地扶贫搬迁全部实现回迁入住，黄河滩区居民迁建工程提前完成。援疆、与巫溪县对口扶贫协作工作取得明显成效。三年污染防治攻坚战圆满收官，空气质量优良天数比例达到64.2%，同比提升12.4%；7条美丽示范河湖创建全部通过省级验收，6个省控以上河流断面水质均达到水环境功能区要求，3个国控断面均达到III类水质标准；污染地块安全利用率达到100%。编制实施《东平湖生态保护和高质量发展专项规划》，东平湖环境综合治理攻坚行动取得明显成效。泰山景区“引水上山污水下山”工程竣工投用，“天眼护山”火情监测预警系统上线运行。通过“国家森林城市”复审。获评“2020中国最具生态竞争力城市”。实施金融风险化解攻坚，深入开展“增信贷、降不良、打逃债、树诚信”专项行动，超前化解重点骨干工业企业和逾期欠息企业资金链风险，金融机构不良贷款、不良贷款率连续实现“双下降”。

一年来，我们聚焦基础设施建设，着力提升城市品质。济泰高速、青兰高速、董梁高速等6个高速公路项目建成通车，新增通车里程190.6公里。济枣高铁（泰安段）完成项目选址及核准。泰安二期抽水蓄能电站顺利开工。中俄天然气管道东线泰安段全面启动。着力疏通城市堵点，打通擂鼓石大街、灵山大街、北上高大街、青年路南段等“断头路”“卡脖子路”，建成首条高架路——迎胜路南延工程，城市路网体系日益完善。泰山西湖、红门广场、虎山公园等成为休闲旅游新去处，爱

线教育、远程办公、电商经济等新兴服务业逆势增长，新一代信息技术服务业营业收入增长5.9%；演艺秀都、泰山佑国际生态旅游度假区、泰山金谷等项目加快建设。中国免疫力经济论坛永久会址落地泰安。农业特色产业不断壮大，泰山茶、泰山板栗、肥城桃、有机蔬菜等十大优势产业总产值达到147亿元。地理标志商标达到54件。吸引工商资本下乡395亿元，新增规模以上农业龙头企业6家、达到331家，其中，国家级农业龙头企业有4家。

一年来，我们坚持深化改革开放，全面激发动力活力。精准对接黄河流域生态保护和高质量发展重大国家战略，泰山、大汶河、东平湖等6处泰安元素写入国家规划纲要。与济南市签订一体化发展战略合作协议，携手谋划推进“633工程”，共同推动《省会经济圈一体化发展“369”方案》落地实施。在全省率先铺开并全面完成开发区体制机制改革创新，11家开发区功能区全部实行“党工委（管委会）+公司”体制。升级开展“一业一证”改革试点，承担20个试点行业中的19个，试点占比全省第一。11万余名国企退休人员社会化移交工作圆满完成。成功举办第三十四届泰山国际登山节暨2020中国泰安投资合作洽谈会、参加“山东省与世界500强连线”等活动20场次，签约项目139个，其中过10亿元项目64个。落地境内重点产业项目220个，合同引资额1143.4亿元。实行重大投资项目“绿卡”制度，大幅压减审批事项。深入落实人才“金十条”，累计兑现各类奖补资金2.36亿

琴海购物公园成为休闲购物新热点。新增停车位 1.3 万个。高标准新建改造农贸市场 36 处。为老旧小区免费安装玻璃 29.4 万平方米，粉刷墙面 1536.8 万平方米，整修路面 37.6 万平方米，整理架空线 600 多公里。实施雨污分流改造工程，新建管网 62.5 公里，老旧管线非开挖清淤 318 公里；泮河等河道综合整治成效明显，城区黑臭水体基本消除。泰安城区污水日处理能力达到 32 万吨。中心城区生活垃圾分类试点工作顺利完成。供水、供热、供电等保障能力明显提升。这些工作为创建全国文明城市打下了坚实基础，经过三年不懈努力，广大市民、志愿者、党员干部团结一心、奋力拼搏，以优异成绩荣膺第六届全国文明城市，群众满意度由 70% 上升到 98% 以上。

一年来，我们坚持为民惠民利民，不断加强民生保障和社会治理。民生实事顺利推进，冯玉祥小学新校区、科大新幼儿园正式启用，市直机关幼儿园完成建设。泰山科技学院成功转设为独立设置的本科高校。34 块社会足球场投入使用，农村体育健身工程实现全覆盖。社会保障不断夯实，新增就业 4.64 万人，参加职工、居民养老保险人数分别达到 147.1 万人、276.5 万人，增发基础养老金 1.38 亿元；实行“两免两减半”“先诊疗后付费”政策，惠及贫困人口 19.5 万人次；低保、特困等困难群众救助保障标准提高 22%，全面落实 16.3 万特殊困难群体保障救助政策，增发保障金 1.02 亿元。在全省率先实现国家卫生城市（县城）全覆盖。平安泰安、法治泰安深入推进，加快创建国家级市域社会治理现代化试点市，实施“六大工程”，社会治理能力不断提升，社会大局保持和谐稳定。强化安全生产风险防控，安全生产形势持续平稳。军地土地置换经验做法成为双拥共建典范，第七次获评“全国双拥模范城”。食品药品安全、国防动员、人民防空、退役军人、民族宗教、残疾人、工会、共青团、妇女儿童等事业取得新成绩。

各位代表！过去的一年，我们不断加强政府自身建设。在市委的坚强领导下，巩固拓展“不忘初心、牢记使命”主题教育成果，政府系统党的建设全面加强。持续推进政务公开，12345 政务服务热线受理群众有效投诉 84.96 万件，按期办结率达到 99.7%。深入开展法治政府建设示范创建。办理人大代表建议 111 件、政协提案 265 件，答复率均达 100%。切实加强政府廉政建设，严格落实中央八项规定精神，大力整治形式主义官僚主义，文件、会议进一步精简，“三公”经费同比压减 34.9%，政风行风持续好转。

各位代表！以上成绩的取得，是我们深入贯彻落实习近平新时代中国特色社会主义思想的结果，是市委坚强领导的结果，是市人大、市政协及社会各界有效监督和大力支持的结果，是全市人民解放思想、团结拼搏的结果，也是驻泰安各单位和各界人士全力支持、自觉融入泰安经济社会发展的结果。在此，我代表市人民政府，向全市广大干部群众、各民主党派、工商联、无党派人士，向驻泰安人民解放军、武警官兵和中央、省驻泰安单位，向关心支持泰安发展的港澳台同胞、海外侨胞及海内外朋友，向在这次伟大的抗疫斗争中，作出突出贡献的广大医务工作者和党员干部群众，向在创建全国文明城市中，作出积极贡献的泰安城区市民、广大志愿者和各行各业的干部职工，表示崇高敬意和衷心感谢！

在肯定成绩的同时，必须清醒地看到，当前疫情变化和外部环境存在诸多不确定性，我市经济恢复基础尚不牢固，还存在诸多困难和问题：对照先进地市，经济总量偏小、综合实力偏弱的市情还没有得到根本改变；对照高质量发展任务，“传统产业转型慢、新兴产业支撑弱”的产业现状还没有得到根本改变；对照全面深化改革目标，源头创新能力不强、服务效能不高、开放程度不深等方面问题还没有得到根本改变；对照“六保三促”要求，破解瓶颈制约力度不够问题还没有得到根本改变；对照人民期望要求，公共服务、基础设施等领域还存在短板弱项；民生保障和社会治理有待进一步加强；营商环境还需进一步优化；落实中央八项规定精神和干部队伍建设还有差距，等等。对此，我们一定高度重视，采取有效措施，认真加以解决。

二、“十四五”时期经济社会发展主要目标任务

根据中共泰安市委《关于制定泰安市国民经济和社会发展第十四个五年规划和二〇三五年远景目标的建议》，市政府编制了“十四五”规划纲要（草案），提请大会一并审议。

“十四五”时期，是我国开启全面建设社会主义现代化国家新征程、向第二个百年奋斗目标进军的第一个五年，是全省加快新时代现代化强省建设的关键时期，也是泰安跨越赶超、加快发展的攻坚时期。我们要：高举中国特色社会主义思想伟大旗帜，深入贯彻党的十九大和十九届二中、三中、四中、五中全会精神，坚持以习近平新时代中国特色社会主义思想为指导，统筹推进“五位一体”总体布局，协调推进“四个全面”战略布局，坚定不移贯彻创新、协调、绿色、开放、共享的新发展理念，坚持稳中求进工作总基调，以推动高质量发

展为主题，以深化供给侧结构性改革为主线，以改革创新为根本动力，以满足人民日益增长的美好生活需要为根本目的，主动融入新发展格局，加快培育现代产业体系，深入推进治理体系和治理能力现代化，勇做新时代泰山“挑山工”，为全面建设新时代现代化强市开好局、起好步。

“十四五”时期，我市经济社会发展目标是：经过五年不懈奋斗，新时代现代化强市建设取得突破性进展。综合实力显著增强、发展质效大幅提升、发展活力充分释放、改革开放持续深化、生态环境更加优美、治理效能明显提高、人民生活更加富足，在新材料和装备制造、生态建设、文化旅游、高端康养、科技教育、区域交通、治理效能等方面走在全省前列，努力建成产业高地、生态绿地、文旅胜地、康养福地、科创名地。

——努力构建产业高地。地区生产总值迈上新台阶，“十四五”期间年均增长5.5%，产业结构进一步优化，实体经济和先进制造业加快发展，农业基础更加稳固，服务业迈向更高水平，高新技术产业产值占比明显提高。产业基础高级化、产业链现代化水平显著提高，高端装备和智能制造、新材料、新一代信息技术、新能源、高端化工等制造业集群竞争力进入全省第一方阵，形成一批百亿级企业，五百亿级、千亿级产业集群，经济发展的质量效益大幅提高。

——率先建成生态绿地。全面落实《泰安市城乡一体空间发展战略规划》《东平湖生态保护和高质量发展专项规划》，国土空间开发保护格局不断优化，山水林田湖草系统治理水平全面提升，生产生活方式绿色转型取得显著成效，能源资源利用效率大幅提高，主要污染物排放总量持续减少，垃圾分类水平进一步提升，生态环境持续改善，山水生态城市建设取得明显成效，基本建成生态优先绿色发展的泰安样板。

——优化提升文旅胜地。做大泰山金字招牌，文化自信充分彰显，文化形象更加鲜明，文明程度显著提升。“山水圣人”中华文化枢轴、大泰山文化旅游圈等文旅协同合作取得重大进展，“山城一体、全域布局、文旅相长、宜融尽融”的文旅深度融合格局基本形成，高品质公共文化产品和服务供给能力明显增强，打造彰显泰山魅力的国际文旅胜地。

——着力打造康养福地。城乡公共卫生医疗体系更加健全，医疗机构布局更加完善，重大疾病和传染病防治能力显著提升，居民健康素质和健康水平稳步提高。医疗康复、养老养生、休闲健身为主体功能的健康产业链基本形成，生物医药、医疗器械、康体运动、保健疗养等大健康产业加快发展，基本构建起覆盖全生命周期的医养健康产业体系。“养老泰安·养生泰山”服务品牌影响力持续提升，成为省内一流、国内有一定影响力的医养健康基地。

——积极培育科创名地。创新在现代化建设全局中的核心地位进一步巩固，创新型人才队伍建设、体制机制改革、高能级创新平台打造、创新主体培育取得重大突破，基本建成多层次实验室体系、区域协同创新体系、企业技术创新体系，科教产融合深入推进，创新活力充分激发，自主创新和协同创新能力显著增强，“科创中国”试点市建设取得积极成效，基本建成创新型城市。

各位代表！做好“十四五”工作，实现上述预期目标，我们要在市委的坚强领导下，坚持好“五个原则”，不断提升促进发展的能力和水平。一是必须坚持党的全面领导。在思想上政治上行动上同以习近平同志为核心的党中央保持高度一致，坚决维护党中央权威和集中统一领导，为实现高质量发展提供根本保证。二是必须坚持以人民为中心。始终做到发展为了人民、发展依靠人民、发展成果由人民共享，持续实施民心工程，不断增进民生福祉；密切联系群众，紧紧依靠群众，最广泛地动员和组织广大群众参与经济社会发展。三是必须坚持贯彻新发展理念。始终把创新、协调、绿色、开放、共享的新发展理念贯穿发展全过程和各领域，坚定产业兴市战略，加快新旧动能转换，实现更高质量、更有效率、更可持续、更为安全的发展。四是必须坚持深化改革开放。不断加强治理体系和治理能力现代化建设，破除影响高质量发展、高品质生活的体制机制障碍，持续增强发展动力和活力；大力推进高水平对外开放，发展更高层次的开放型经济，积极融入以国内大循环为主体、国内国际双循环相互促进的新发展格局。五是必须坚持系统观念。加强对各领域发展的前瞻性思考、全局性谋划、战略性布局、整体性推进，盯住关键环节，聚焦突出问题，固根基、扬优势、补短板、强弱项，实现经济社会发展各方面互促共进。

各位代表！美好蓝图已绘就，开拓奋进正当时。只要我们坚定信心不动摇、锚定目标不放松，凝心聚力、砥砺前行，就一定能够在新征程上书写更加绚丽辉煌的时代篇章！

三、2021年政府重点工作

今年是“十四五”规划开局之年，是“两个百年”

6月18日，泰安市人民政府与山东省港口集团战略合作签约仪式举行
（司　刚　摄）

目标交汇与转换之年，是我市开启新时代现代化强市建设新征程的关键一年，做好今年工作意义重大。我们要按照市委十一届十二次全体会议部署，围绕“七个走在前列”、建成“五个名地”奋斗目标，统筹抓好疫情防控和经济社会发展，继续做好“六稳”工作、落实“六保”任务，努力保持经济运行在合理区间，确保“十四五”开好局、起好步。

主要预期目标是：地区生产总值增长6%左右；一般公共预算收入增长5%左右；规模以上工业增加值增长6%左右；固定资产投资增长3%左右；社会消费品零售总额增长4%左右；外贸进出口总值增幅达到全省平均水平；城镇居民、农村居民人均可支配收入分别增长6%左右、6.5%左右；城镇新增就业4.3万人，城镇登记失业率控制在4.5%以内；居民消费价格指数涨幅控制在3.5%左右。节能减排降碳和环境改善任务全面完成。为实现上述目标，我们将重点做好以下八个方面工作。

（一）聚力聚焦打造科创名地，在激发创新创业活力上求突破、开新局

推进高能级平台建设。全力建设泰山创新谷、智慧谷、东部大学城、国家先进印染技术创新中心“两谷一城一中心”，大力推进创新型县（市）建设，推动泰安高新区加快创建国家创新型特色园区。扎实推进“科创中国”试点市建设，加快布局建设一批高端产业创新中心、技术创新中心、新兴学科重点实验室（工作站）。大力推进山东省智慧康养创新创业共同体、中科院科创中心、中关村信息谷建设。构建济南——泰安区域科技协同创新中心，建设泰安市技术交易中心，支持建设科技成果转化中试基地。充分发挥泰山智能制造研究院、泰安市产业技术创新研究院作用，加速集聚产业发展新动能。

做强企业创新主体。实施科技企业梯次培育工程，突出抓好科技创新型企业50强培植，持续推动科技型中小企业发展壮大，新培育瞪羚企业10家、“专精特新”企业20家，新增高新技术企业30家。实施一批重点科技项目，市级科技投入增长10%。布局建设离岸人才创新创业基地、海外协同创新中心、国家级海智计划工作基地。实施质量强市战略、品牌战略、标准化战略，加强知识产权创造、保护和运用。

加强校企校地合作。推动与北京大学、山东大学、东华大学、青岛大学、济南大学等高水平大学的产业协同创新，推进北航泰山科创园建设，实现高校产学研平台落户在泰安、成果转化在泰安的常态化。支持山东农业大学现代农业科技园、山东科技大学高端矿山装备科技园、山东第一医科大学生物医药产业科技园、泰山学院智慧文旅产业研究院等建设，助力驻泰安高校内涵式发展，放大对全市高质量发展的智力支撑作用。推进市属高校、科研院所对外合作与改革发展。用好人才“金十条”，全面放开城镇落户限制，引进高校、科研院所、高水平创新创业团队30个，开工建设人才保障性租赁型住房5000套。深化“优才回引”，吸引泰安籍高校毕业生回乡就业创业。

（二）聚力聚焦打造产业高地，在构建特色现代产业体系上求突破、开新局

做优做强产业链条。实施“雁阵形”产业集群培育工程，加快培育十二大优势产业集群。支持骨干企业做大做强，实施“链长制”，大力培植具有“链主”地位的领军企业。持续加大对“双50强”企业支持力度，工业领军企业50强营业收入增幅高于规模以上工业企业平均水平5%，科技创新型企业50强营业收入同比增长15%。实施中小微企业优选培育工程，组建企业经理人“泰山学堂”，加强对民营企业全方位服务，对中小企业全要素赋能。推进“个转企”“小升规”“规改股”“股

上市”，年内净增规模以上工业企业100家，做好山东泰鹏环保材料股份有限公司、山东新巨丰科技包装股份有限公司、山东宝来利来生物工程股份有限公司等拟上市企业定向扶持、精准辅导，力争实现突破。

提升产业发展动能。深入实施“智能化技改”“技改+”工程，加快传统产业改造提升。突出抓好478个工业技改项目，开发一批具有泰安特色的工业互联网应用场景。发挥华为（肥城）工业互联网创新中心辐射带动作用，推进产业数字化升级。新建5G基站3000个。大力发展现代物流、电子商务、现代金融等生产性服务业，建设好基金小镇。加快新会展中心建设，打响泰山特色国际会展品牌。坚持向科技要效益，推动4个省级化工园区提档升级。

突出抓好项目建设。健全完善“四个一批”调度制度，坚持清单化推进、目标化管理，加快建设石横特钢二期、正威泰安金属新材料产业园、泰安二期抽水蓄能电站、恒信高科能源二期、国泰大成新材料、泰山玻纤深加工等省、市重点项目；提升国家级新能源示范城市建设水平，推进国家级盐穴储气储能产业基地、省级液化天然气储备基地、华硕能源、华能泰安燃机热电等重大项目取得突破。落实好重大投资项目“绿卡”制度，争取更多项目纳入新动能重大项目可视化督导服务平台，推动更多符合条件的项目列入国家盘子。

加大要素支撑力度。深化“要素跟着项目走”，落实差异化要素配置政策，加强要素配置市域内统筹。强化政银企对接，推动“信易贷”平台建设，投放4亿元破解企业融资难题。发挥政府性融资担保作用，为小微企业、“三农”等提供更多融资担保支持。积极争取发行地方政府债、企业债，用足用好重点企业财源建设、工业发展、风险投资、股权投资等各类基金。精准配置新增建设用地指标，盘活利用闲置厂房、土地，全面推行“亩均效益”评价改革。推动用能权、用水权、排污权等市场化交易。

各位代表！只要我们坚定“产业兴市”不动摇，坚定不移发展实体经济，坚决打好工业攻坚战，久久为功、坚持不懈，就一定能推动全市工业经济向更高水平迈进，就一定能挺起泰安高质量发展的脊梁！

（三）聚力聚焦文旅深度融合，在打响“文旅胜地”“康养福地”上求突破、开新局

大力弘扬优秀传统文化。加强与济南、济宁等地文化旅游协同合作，实施一批重大文旅项目，打造“山水圣人”中华文化枢轴。实施泰山文化保护传承工程，编制泰山世界文化遗产保护规划，加强“非遗”文化传承创新。加大各类文物保护力度，加快泰山—曲阜国家文物保护利用示范区建设。推进泰山博物馆和大汶口国家考古遗址公园建设。继续办好泰山国际文化论坛，提高泰山文化传播力、影响力。

着力培育壮大文旅产业。做大做强文化创意、精品旅游两大产业集群，打造文化旅游融合发展示范区。推动泰山景区“二次创业”，抓好旅游集团产业运营。加快泰山新闻出版小镇、华录文化大数据产业城、泰山石敢当文化园、泰山冰雪文体中心、演艺秀都等建设。高水平策划实施东平湖旅游度假区工程项目。持续推进九女峰片区、东部新城、徂汶景区等文化旅游新片区发展。加快智慧文旅平台建设，做到“一部手机游泰安”。推进游客集散中心建设，实现交通枢纽与主要景区“零换乘”。大力发展研学游、夜间游、民俗游、会展游、体育游、康养游等新业态，不断提升泰安旅游吸引力。

努力做强医养健康产业。充分发挥产业、医疗、生态优势，大力发展生物医药、医疗器械、康体运动、保健疗养等大健康产业。依托山东泰邦生物制品有限公司、山东京卫制药有限公司、山东健通生物科技有限公司等，推进医药制造业快速发展。加快实施海天智能康复产业园、泰安城区东部医学生物科创综合体、山东财金大健康产业园、徂汶景区温泉小镇等一批特色颐养产业项目。启动泰山医养中心二期建设。推进泰山山泉水（矿泉水）综合开发利用，擦亮泰安“好山好水”品牌。抓住“中国免疫力经济论坛”永久落户泰安契机，构建“免疫力经济”产业链条，在康养福地建设上迈出新步伐。

（四）聚力聚焦乡村全面振兴，在农业农村现代化发展上求突破、开新局

发展好农业特色产业。严格粮食安全责任，落实“田长制”，严守耕地保护红线。实施“藏粮于地、藏粮于技”战略，深入开展“十统一”社会化服务，确保粮食产量稳定在252万吨以上。生猪生产恢复到正常年份水平。大力发展泰山茶、泰山板栗、肥城桃、有机蔬菜等十大农业优势特色产业，总产值达到155亿元。发挥山东农业大学、省果科所、市农科院研发优势，抓好良种研究培育和推广，加快泰山百合、泰山黄精、新泰黄瓜和甘薯等特色种质资源产业发展。建设一批5G农业应用示范基地和生态智慧农场。推进农机农艺融合发展。完成引黄灌区农业节水工程，建设高标准农田23万亩。

培育好新型农业经营主体。吸引工商资本下乡，支持北京新农创、首农集团等在泰安投资兴业。新增市

级以上现代农业产业园5家。实施农业龙头企业培育工程，规模以上农业龙头企业达到335家以上，年销售收入达到480亿元；新增市级以上合作社示范社60家、家庭农场示范场40家。以有机蔬菜、板栗等产业为重点，建设农产品出口基地，培育出口农业龙头企业集群。

规划建设好美丽乡村。充分尊重和顺应群众意愿，因地制宜、分类施策，加快回迁安置建设速度，稳步推进美丽宜居乡村建设。新创建省级美丽乡村25个、市级美丽乡村示范村60个，美丽乡村示范村覆盖率达到25%以上。实施新一轮农村人居环境整治行动，深化农村“七改”工程，推动农村改厕规范升级；完成65%以上行政村生活污水治理；实施“路长制”，改革农村公路、“三通”道路管理养护体制，新改建“四好农村路”400公里以上，推动“三通”工程向自然村延伸。

（五）聚力聚焦打造生态绿地，在生态环境治理与保护上求突破、开新局

精准抓好污染防治。推进“蓝天、碧水、净土”攻坚，加强大气污染防治系统治理和联防联控，抓好秋冬季大气污染综合治理。全面淘汰35蒸吨以下燃煤锅炉，有序淘汰国Ⅲ及以下排放标准营运柴油货车，完成清洁取暖散煤替代任务。发挥河长制、湖长制作用，实施河道整治提升工程，抓好雨污分流“回头看”，确保省控以上重点河流断面水质稳定达标。深化农业投入品减量增效提质行动，畜禽粪污资源化、肥料化利用率达到95%以上。全力推进动物无疫区建设。抓好危险废物和医疗废物收集处理。

加强生态保护修复。以黄河流域生态保护和高质量发展重大国家战略为统领，统筹推进山水林田湖草系统治理，加快实施泰山生态区和大汶河、柴汶河生态区保护修复工程；推进水土保持小流域综合治理和农村水系综合整治，治理水土流失75平方公里。深入开展全域土地综合整治试点和示范镇建设。完善林长制，实施国土绿化攻坚行动，完成新造林1万亩。加强山体生态修复，推进绿色矿山建设，鼓励建设矿山公园；严厉打击砂石资源私采滥采违规开采；全力保护好泰山石资源。落实《东平湖生态保护和高质量发展专项规划》，统筹推进东平湖综合治理。发挥好“引水上山污水下山”工程作用，实施好“天眼护山”二期工程，守护好泰山、徂徕山生态安全。

推动绿色低碳发展。持续推进能耗双控和煤炭消费压减，制定碳排放达峰行动方案，培育一批循环化改造示范园区，推动泰山景区、徂汶景区建设近零碳排放示范区。深入推进“四减四增”，配合做好“陇电入鲁”工程。强化单位能耗产出效益评价结果运用，倒逼低效企业整合出清。加大新能源汽车推广力度，新建公用充电桩285个。推进垃圾分类和减量化、资源化，建设国家级大宗固体废弃物综合利用基地。大力推动绿色建造，加快装配式建筑和数字技术推广应用。

（六）聚力聚焦融入新发展格局，在改革攻坚促进开放上求突破、开新局

持续深化改革攻坚。大力推进要素市场化配置、资源规范化开发利用、市属经营性国有资产集中统一监管及国资国企、供销合作社等重点领域改革，深化财税体制、投融资体制、开发区体制机制改革。启动产业投资、金融控股、城市建设、文化旅游、公用事业等领域功能性国资平台建设、优化与整合。大力支持民营资本参与混合所有制改革。不断深化“放管服”改革，全面实行政府权责清单制度；加快行政审批服务流程再造，实施“互联网＋政务服务”行动，擦亮“泰好办”高效政务服务品牌。严格落实公平竞争审查制度，强化反不正当竞争执法。加快构建以信用为基础的新型监管机制。大力弘扬企业家精神，构建亲清新型政商关系，支持企业家以恒心办恒业。

全面扩大对外开放。深化与“一带一路”沿线国家和地区的经贸合作，加快优势产能和装备走出去。积极培育跨境电商等外贸新业态，大力发展服务外包，打响“泰山服务”品牌。充分发挥新华锦集团有限公司、深圳市蓝海供应链股份有限公司等企业外贸平台作用，支持岱银等企业建设公共海外仓，带动进出口增长。鼓励有条件的企业开展国际并购、资产重组、品牌合作、技术合作，加快企业国际化进程。全力推进泰山内陆港、泰安综合保税物流中心（B型）、国际氨糖产业基地和高新区国际合作园区建设。支持肥城建安产业走出去，大力开拓国际市场。

加大双招双引力度。围绕优势产业，搞好项目策划储备，强化产业项目外资引进。创新招商方式，发挥“双50强”企业双招双引、经济转型升级主力军作用，吸引更多大项目、好项目落户泰安。积极参加中国国际进口博览会，办好泰山国际登山节投资合作洽谈会等展会活动，努力引进“双500强”企业和产业链引擎项目。抓住济泰一体化发展有利契机，加快自贸试验区协同创新区建设。

（七）聚力聚焦城市品质提升，在现代化精品城市建设上求突破、开新局

优化城市发展格局。强化规划引领作用，加快建

立国土空间规划体系，按照“先规划后建设、先地下后地上、先路网后开发、先环境后发展”的原则，统筹城市规划建设管理，转变城市发展方式和运营模式。实施泰安城区“东拓、西兴、南展、北控、中优”城市空间发展战略，进一步拉开城市框架，优化功能布局，着力构建“两山相映、一河镶嵌”的城市发展格局。

加快融入省会经济圈。落实省会经济圈一体化发展规划，实施“633工程”，加强与济南文化旅游、医养健康、智能制造等产业对接，联合打造一批经济实力强、辐射带动强的特色产业集群。推进泰山景区与济南南部山区协作发展，加强生态环境共保联治，打造“大美泰山”生态文化共同体，高水平谋划建设济泰一体化发展先行示范区。加强基础设施互联互通，加快推进S103东岳胜境旅游公路示范工程，抓好济枣高铁泰安东站、宁阳东站建设，推进济枣高铁、泰安港东平港区、大清河航道工程、徂徕山和肥城通用机场建设，推动莲花山机场军民融合发展。京台高速泰安至枣庄段建成通车，开工建设京台高速济南至泰安段改扩建、泰安至东平高速公路，积极配合做好鲁中、滨临、济济等铁路项目前期工作。

完善城市交通路网。持续抓好灵山大街东段跨辛泰铁路桥、谢过城大街、环山路东延二期、双龙路等优化提升项目，实施明堂路北段、迎胜路北段、长城路北段、青年路中段、繁荣大街等道路建设工程。打通虎山东路南段等“瓶颈路”和“断头路”。推进立交桥论证规划，加快城市快速通道建设。抓好泰楼路改造工程建设，年内实现通车。优化红绿灯设置，加快智慧交通和道路渠化建设，提升城市通行能力，缓解交通拥堵。加大城乡公交一体化发展力度。改造提升泰安城区老汽车站。

改善市民居住环境。坚持“房子是用来住的不是用来炒的”，推进土地收储市场化运作，完善长租房政策，扩大租赁住房补贴发放范围；探索利用集体建设用地和企事业单位自有闲置土地建设租赁住房，增加租赁资源，逐步实现“租购同权”。加速老旧小区改造，年内改造老旧小区59个、开工改造棚户区2148套。全面整治房地产开发历史遗留问题，建立科学严格的监管机制，促进房地产市场平稳健康发展。

提升城市管理水平。加快智慧城市建设，促进城市治理现代化。推进城市防洪排涝薄弱环节工程建设，统筹抓好雨污分流、截污清淤、园林绿化、生态补水等工作。实施引黄入泰工程，保障水资源供给安全。加快徂汶净水厂、山口净水厂、西部热源项目建设，启动东部热源项目工程。打好全域垃圾分类、城市功能配套提升攻坚战。坚持“文化润城”，积极实施古城区保护，推进文化街区更新，更好留住泰安“文化基因”。巩固全国文明城市创建成果，全力迎接国家卫生城市复审。

（八）聚力聚焦民生福祉改善，在为群众办实事解难题上求突破、开新局

抓好就业这个最大民生。建立失业风险防控预警和快速响应机制，全力落实稳岗返还、创业担保贷款等政策。加强就业创业服务平台载体建设，抓好高校毕业生、农民工等重点人员就业创业。加强退役军人、困难人员就业援助，实现零就业家庭动态清零。深入开展职业技能提升行动，不断提高全市劳动者技能素质。

推动教育公平优质发展。实施学前教育优质普惠行动，新改扩建幼儿园17处，增加学前教育学位2800个。优化城区公办教育资源布局，完善分级办学体制。实施乡村教育振兴计划，加强乡村小规模学校和乡镇寄宿制学校建设，建设农村教师周转房378套。发挥优质学校辐射作用，探索集团化办学模式，积极稳妥发展高水平民办基础教育。深化高中招生考试和评价制度改革，强化体育、美育、劳动实践等教育。加大困难家庭子女、进城务工人员子女、残疾儿童少年等群体平等教育保障力度。

健全完善社会保障体系。落实低保、特困标准自然增长机制，做好社会救助兜底，各类困难群体救助保障标准再提高10%左右，居民养老保险保障水平再提高5%左右。加快街道综合养老服务中心、社区居家养老服务站、社区（村）老年幸福食堂建设。深化医疗保障制度改革，积极推进按病种分值付费国家试点工作。健全退役军人服务体系，提升服务保障能力。持续推进灾害民生综合保险。巩固拓展脱贫攻坚成果，强化异地搬迁后续扶持，坚决防止发生规模性返贫。

提升医疗卫生服务能力。加强疾控中心标准化建设，健全完善重大传染病监测预警体系、传染病防控队伍和联动机制。加快推进市疾控中心能力提升改造项目、市中心医院分院（市传染病医院）扩建项目和市残疾人康复中心二期工程建设，启用市中心医院高新区院区。启动建设市中医医院二期（市中医药传承创新中心）。采取政府购买服务等方式，提高农村地区群众“家门口就医”服务水平。加强母婴健康关爱呵护，全面开展农村适龄妇女“两癌”免费筛查。加大智力、精神和重度肢体残疾人托养服务力度。

繁荣发展文化体育事业。开展好建党100周年重大主题活动。推进文化惠民工程，提升图书馆、博物馆、文化站、文体服务中心建设管理服务水平；建设城乡书房，打造“书香泰安”。大力促进新闻出版、广播影视和文艺事业繁荣发展，办好第30届全国图书交易博览会、泰山国际新闻出版合作大会。办好泰山国际登山节、省第十一届全民健身运动会等体育赛事，持续开展“中华泰山成人礼”登泰山活动；完成新体育中心“一场三馆”土建工程，加快老体育中心提升改造。认真做好民生社会事业，继续办好一批民生实事，让发展成果惠及更多群众。

各位代表！当前和今后一个时期，是我国各类矛盾和风险易发期，各种可以预见和难以预见的风险因素明显增多。我们要坚持底线思维，全力抓好各类风险隐患排查化解，以更大力度筑牢安全发展底线。我们要全力抓好常态化疫情防控。坚定不移践行“人民至上、生命至上”理念，严格落实“外防输入、内防反弹”各项措施，坚持“人”“物”同防，重点人群“应检尽检”。加强学校、医院等重点部位疫情防控，加快推进疫苗接种，坚决守住来之不易的防控稳定局面。我们要坚决筑牢安全生产底线。创建全省安全发展示范城市，按照“四个不能省”的工作要求，深入开展安全生产专项整治三年行动，深化风险隐患双重预防体系建设，提高应急处置能力，坚决遏制重特大事故发生。统筹抓好灾害普查、防汛抗旱、森林防火、综合减灾等工作。深化“放心消费在泰安”创建。加强食品药品安全、特种设备安全监管。我们要努力防范化解金融风险。强化重点企业、行业和重点区域经济安全风险监测预警。分类推进政府融资平台市场化转型，积极推进建制县隐性债务风险化解试点工作。深化“金安工程”和“金融风险化解攻坚行动”，持续深入开展“增信贷、降不良、打逃债、树诚信”专项行动。我们要着力营造更加和谐的社会环境。高水平建设平安泰安、法治泰安，深入实施社会治理“六大工程”，加快创建国家级市域社会治理现代化试点。深入践行新时代“枫桥经验”，推进信访积案和突出问题化解攻坚，新增信访事项一次性化解率达到90%以上。常态化推进扫黑除恶，严厉打击各类违法犯罪行为。强化少数民族帮扶，维护宗教和谐和民族团结。

各位代表！新征程、新形势、新任务，对政府工作提出了新的更高要求。我们一定要提高政治站位，提升忠诚履职能力。切实增强“四个意识”、坚定“四个自信”、做到“两个维护”，自觉同以习近平同志为核心的党中央保持高度一致，坚决服从和服务大局，确保中央决策部署和省、市委工作要求不折不扣落地落实。我们一定要树牢法治思维，提升依法行政能力。深入贯彻落实习近平法治思想，自觉运用法治思维、法治方式解决问题、化解矛盾、推动工作。大力推进法治政府示范创建，开展年终述法工作。主动接受人大法律监督、政协民主监督和社会舆论监督，认真听取民主党派、工商联、无党派人士和人民团体的意见。我们一定要坚持改革创新，提升破解难题能力。紧紧围绕社会各界和广大人民群众关心关注的难点、堵点、痛点，加大改革攻坚力度，着力在优化结构、增强动力、化解矛盾、补齐短板上狠下功夫，坚决破除制约发展的思想障碍、体制机制瓶颈。我们一定要改进工作作风，提升担当干事能力。健全完善正向激励、容错纠错等工作机制，为敢担当、勇担当，能干事、干成事的干部搭建舞台、撑腰鼓劲。持之以恒纠“四风”、转作风，力戒形式主义官僚主义，大力精简文件、会议，落实好“周一无来人、二三无会议”制度，持续为基层减负松绑。大兴调查研究之风，察实情、出实招、办实事。我们一定要强化廉洁自律，提升为民服务能力。坚定不移落实全面从严治党主体责任，强化政府系统党风廉政建设，严格履行“一岗双责”。支持配合组织监督、巡察监督，强化政务督查，加强审计监督。坚决压缩一般性支出，严控“三公”经费。进一步提升“12345”政务服务热线能力和水平，打造优质高效的市民服务热线平台，畅通政府与群众互动渠道。严肃查处各类违纪违法行为和群众身边不正之风。

编辑　校对　　刘　凯

泰安市创建全国文明城市纪实

【概况】 2018年以后，全市上下同心勠力、持续攻坚，2020年，在全国113个地级提名城市中，泰安市以第8名的成绩成功入选第六届全国文明城市。

【加强顶层设计】 印发《2020年度泰安市创建全国文明城市实施方案》，调整创城领导小组和专项创建指导组，成立7个创城工作专班，继续实施市领导包保网格工作，建立市委统一领导、市文明城市创建办统筹协调、党政群齐抓共管、纪委监督执纪问责、全社会积极参与的领导体制，形成上下贯通、整体联动、合理推进的工作局面。为文明城市创建在领导力量、指标任务落实、问题处置、经费保障、动态管理、考核奖惩等方面进行刚性约束，提供制度保障。继续实行市领导包保网格制度，由相关市领导对泰山区、岱岳区的9个重点街道（镇）和泰安高新区、泰山景区2个管理中心的全国文明城市创建工作实行全面包保，督促指导各包保单位和网格，严格依据《全国文明城市测评体系》标准进行创建，确保各项指标全面达到测评体系标准要求。

【明确任务分工】 制定《泰安市创建全国文明城市工作手册》，完善考核标准，印发3个清单，即任务清单、标准清单、问题清单，做到各级各单位任务明确、标准明确、问题明确，明明白白搞创建。坚持“谁主管谁负责”“谁丢分谁担责”原则，对推诿扯皮、影响整体创建工作的单位和个人，依据有关规定严肃追责问责。

【实施网格化创建】 将泰山区、岱岳区、泰安高新区、泰山景区、徂汶景区所属27个街道、乡镇辖区（含行政村）划分为27个网格，分别创建督导考核。在原有27个街道、乡镇的基础上，再划细划小，细化网格分工到小区、背街小巷的每个角落，细化计量到每个平方米、每个楼栋单元、每个家庭，细化责任到人，建立轮流值日制度，实现人人创建、全民共治共建共享。

【示范推广】 高位谋划、科学策划、精准施划，找准提升创建水平的着力点和结合点，建立达标示范认证制度，在全市选取不同行业类型，分类分批打造创城示范点，强化指导分类推进，按照确定的工作任务和完成时限，对标对表，抓达标抓落实，及时总结经验亮点，形成可复制推广的创建模式。推进创城工作全面提档升级，为全市创建全国文明城市工作提供样板和经验，不断提升文明城市创建整体水平。

【强化创建督导】 市文明城市创建办和市直、区、乡镇（街道）、社区（行政村）文明城市创建办工作人员混合编组，采取“四不两直”“一竿子插到底”的原则直奔一线现场搞创建，抓督导，没有中间环节，提高创建质量和效率。实现无遗漏、无盲点、无缝隙的领导主体责任全覆盖。采取约谈、会议表态、文明单位称号警告等方式督促整改，全市考核处理宽严适度的做法受到中央文明办肯定。

【实施动态管理考核】 每月委托第三方对泰安城区分区级、街道、乡镇、市直及省属以上驻泰安单位（37个承担主要任务的A类指标单位）6个序列考核并通报；组织5个单项考核，每月对最容易失分的农贸市场周边101个社区小区及27条背街小巷、9条街道“门前五包”、24个交通路口秩序、337 个小区物业服务、18 个乡镇驻地周边和城乡接合部环境卫生秩序开展 5 项专项调查并通报；每季度对承担重要任务的 58 个 B 类指标单位考核并通报；每半年对承担一般任务的 28 个 C 类指标单位考核并通报。每月召开一次全市文明城市创建工作点评会议。连续落后或情节严重的文明单位、文明村镇、文明社区，撤销其荣誉称号；情节特别严重的，作为"不担当、不作为线索"移交纪委。

【开展专项整治活动】 对农贸市场周边社区小区及背街小巷、"门前五包"、交通路口秩序、不文明养犬、小区物业服务、市民文明行为、乡镇驻地周边和城乡接合部环境卫生秩序 7 项重点问题开展专项整治。实施"门前五包"邻户结对共建制度、居民楼单元楼层住户轮值、背街小巷街巷长负责和日查日清日评制度。开展万达商圈、银座金街等重点场所的文明秩序专项整治，提升旅游城市的文明风貌。加大对道德领域突出问题和城市治理顽疾难点的处置和惩治力度。用好技术手段，建好"不文明行为曝光台""文明泰安随手拍"，更加有效倡导文明风尚。

【加强宣传教育】 2020 年，在新闻媒体刊发创城稿件 800 篇。市、区两级电视台开设"曝光台"，曝光不文明现象 2600 起。泰安文明网发布创城信息稿件 130 篇。文明泰安、最泰安等微信公众号发布、转发创城类信息稿件 230 篇。组织新闻媒体对市直各责任单位开展"创城大家谈"采访活动。编发创城简报 55 期。发放明白纸 10 万份，新制作公益广告 4000 幅，推广普及"泰安时光"公益广告品牌，营造创城氛围，提升市民群众知晓率、满意率。

（赵 越）

新型冠状病毒肺炎疫情防控

【概况】 年初，湖北省武汉市发生新型冠状病毒肺炎疫情后，泰安市于 1 月 26 日 24 时起，实施突发公共卫生事件Ⅰ级响应措施。1 月 27 日，全市确认首例确诊病例；2 月 20 日，全市疑似病例清零；3 月 1 日，在医院治疗的本土确诊病例清零，泰安市成为全省首批本土确诊病人清零的城市；3 月 10 日，全市全域调整为低风险区。在国家及省、市总结表彰（扬）中，被党中央、国务院、中央军委表彰为全国抗击新冠肺炎疫情先进个人 1 名；被省委、省政府表彰为全省抗击新冠肺炎疫情先进个人 38 名、先进集体 16 个、优秀共产党员 6 名、先进基层党组织 5 个；被市委、市政府授予全市抗击新冠肺炎疫情特别贡献奖 1 名，表扬为全市抗击新冠肺炎疫情先进个人 179 名、先进集体 79 个、优秀共产党员 23 名、先进基层党组织 23 个。

【组织领导】 第一时间成立市委疫情处置工作领导小组（指挥部），转入常态化防控以后，成立市委统筹疫情防控和经济运行工作领导小组（指挥部），成立市委重大疾病和传染病防治工作领导小组，健全公共卫生应急管理体系。组建"1・31""2・5""2・21""3・1""3・28""11・9"等工作专班精准防控。组织 213 个市直机关企事业单位党组织开展"到一线・肩并肩・战疫情"专项行动；选派 450 名干部组成 90 个工作组，开展进企业、进项目、进乡村、进社区"四进"攻坚行动。

【医疗救治】 确定定点医院 7 家、备用医院 2 家，落实"四早""四集中"要求强化医疗救治。组织 77 名医疗队员驰援湖北、支援黄冈，109 名医护人员支援北京、新疆和青岛等地，2800 名医护人员参与一线工作。在全市 33 家二级以上医疗机构建立发热门诊，实行网格化管理。疫情期间在全省率先开展线上诊疗服务，服务群众 20 万人次。

【联防联控】 在火车站、汽车站等交通场站开设专门通道，设立 14 个集中服务点。全市划分为大网格 88 个、社区小网格 1639 个，在 3753 个社区（村居）设立防控点 6830 个，实行全覆盖、全过程网格化管理。推送核查重点人员信息 300 万条，摸排随访重点人员 10.76 万人。累计检查车辆 58.9 万辆、人员 95.3 万人。

【外防输入】 组成济南、青岛、北京、南昌、海口 5 个一线工作组，24 小时值守待命，严密接转分流、闭环管控，累计摸排境外返回泰安人员1.1万人，累计摸排国内疫情重点地区返回泰安人员3.3万人，实现登记报到、核酸检测、血清抗体检测“3个100%”。落实“人物同防”，建成2000平方米、库容4000吨的进口冷链食品集中监管专仓，累计检测消杀进口冷链食品149.53吨；累计对6377件进口货物开展进口高风险非冷链集装箱货物检测和预防性消毒。

【内防反弹】　实施核酸检测能力倍增计划，全市日单采检测能力超9万人份。储备流调、采样、消杀、检测、医疗救治、社区（村）防控“六支队伍”。全市7家疾控机构均建成生物安全二级实验室，全部具备核酸和抗体检测能力。全市网络直报覆盖率100%。19家二级以上医疗机构设置传染性疾病科，31家医疗机构建立发热门诊，依托基层医疗卫生机构建成82个发热哨点诊室。推进市疾控中心整体标准化改造、市中心医院分院（市传染病医院）扩建工程。

【保障措施】　拨付7.2亿元专项资金用于设备物资购置、医疗救治和人员补助等；设立1亿元规模的应急周转资金池；为1.54万家企业减免社会保险费22.1亿元，为4102家企业发放稳岗返还补贴1.38亿元。发放失业补助金3489.15万元，惠及2.9万人。动员纺织服装企业转产，培育15家口罩生产企业，填补全市空白。组织市内企业生产、调拨口罩267.9万只，对上争取医用口罩69.6万只，向市场投放口罩100万只。16个项目被列入医疗物资生产动员能力建设中央支持名单，争取支持资金3163万元。建立2400万元规模的市级政府医疗物资储备。在支付宝平台累计发放消费券1362万元，拉动消费9000万元。

（李先虎　宋洪孟）

泰山区域山水林田湖草生态保护修复工程

【概况】　2020年，泰安市泰山区域山水林田湖草生态保护修复工程，克服新冠肺炎疫情、经济下行融资困难等影响，推进复工复产，千方百计抓融资，凝心聚力促建设，项目安排的主体工程基本完工，国土空间格局更加优化，生态环境显著提升，试点工程确定的绩效目标全部完成。

【整体进展情况】　泰安市山水林田湖草生态保护修复工程安排各类项目67个，涉及子项目326个，总投资166.37亿元。至年底，67个项目、326个子项目主体工程基本完工，其中，已完工项目54个、已完工子项目302个。各级融资进展顺利，完成项目投资144.84亿元，占总计划的87.1%，其中，中央财政资金19.78亿元（山水林田湖草补助资金11.33亿元），省级财政资金13.51亿元（山水林田湖草补助资金3.64亿元），市级财政资金25.30亿元（其中，PPP投入24.35亿元），县级财政资金17.64亿元，企业自筹52.49亿元，其他资金16.12亿元。试点确定的绩效目标全面完成，其中，完成采煤塌陷地治理面积9320.1公顷，占总计划的102.5%；矿山生态修复面积1151.4公顷，占总计划的107.0%；地质灾害防治工程6项13处；地质公园及地质遗迹保护244.9平方千米，占总计划的101.4%；土地整治面积2.70万公顷，占总计划的104.2%；新增耕地面积4485.1公顷，占总计划的168.7%；新增湿地面积659.9公顷，占总计划的104.7%；城市重要集中式饮用水源地水质达标率100%，大汶河流域水生态环境持续改善，东平湖Ⅲ类水质达标稳定性显著提高。

【项目类别进展情况】　地质环境类项目共17个、涉及子项目59个，计划投资17.44亿元；完工项目13个、子项目54个；完成投资15.14亿元，占计划的86.8%。土地整治类项目9个、子项目131个，计划投资15.29亿元；完工项目8个、子项目129个；完成投资21.36亿元，占计划的139.7%。水环境类项目26个、子项目82个，计划投资109.08亿元；完工项目19个、子项目66个；完成投资83.79亿元，占计划的76.8%。生物多样性类项目10个、子项目49个，计划投资24.10亿元；均已完工；完成投资24.05亿元，占计划的99.98%。监管能力建设类项目5个、子项目5个，计划投资0.5亿元；均已完工，完成投资0.50亿元。

【区域划分进展情况】　泰山区4个子项目，总投资8.20亿元；完工子项目2个，完成投资5.14亿元，占计划的62.7%。岱岳区10个

9月17日，宁阳县蟠龙山生态保护修复工程（张 健 供）

项目、23个子项目，总投资8.20亿元；完工项目9个、子项目22个；完成投资8.82亿元，占计划的107.5%。新泰市9个项目、61个子项目，总投资13.55亿元；完工项目7个、子项目59个；完成投资16.90亿元，占计划的124.7%。肥城市16个项目、45个子项目，总投资16.79亿元；均已完工；完成投资16.14亿元。宁阳县11个项目、88个子项目，总投资13.85亿元；均已完工；完成投资14.94亿元。东平县18个项目、61个子项目，总投资32.29亿元；完工项目17个、子项目60个；完成投资32.53亿元，占计划的100.8%。泰安高新区2个子项目，总投资1.55亿元；均已完工，完成投资1.55亿元。泰山景区4个项目、19个子项目，总投资8.03亿元；完工项目3个、子项目18个；完成投资6.37亿元，占计划的79.4%。泰安旅游经济开发区1个子项目，计划投资10.42亿元，完成投资6.2亿元，工程基本完工。徂汶景区5个项目、8个子项目，总投资8.97亿元；完工项目2个、子项目3个；完成投资7.23亿元，占计划的80.6%。市直7个项目、14个子项目，总投资44.52亿元；完工项目2个、子项目3个；完成投资29.02亿元，占计划的65.2%。

【分指挥部进展情况】 山生态保护修复工程指挥部项目28个、子项目192个，计划投资32.99亿元；完工项目23个、子项目185个；完成投资36.77亿元，占计划的111.4%。水生态保护修复工程指挥部项目31个、子项目89个，计划投资121.24亿元；完工项目23个、子项目72个；完成投资95.94亿元，占计划的79.1%。林草生态保护修复工程指挥部项目3个、子项目18个，计划投资7.32亿元，均已完工，完成投资7.19亿元。田生态保护修复工程指挥部项目5个、子项目27个，计划投资4.82亿元，均已完工，完成投资4.95亿元。（张 健）

重点工作专班

【产业经济发展工作小组】 2020年，市产业小组坚决贯彻市委、市政府各项决策部署，落实省委、市委“重点工作攻坚年”要求，紧盯重点工作任务持续攻坚，12项重点插旗任务基本完成既定目标。

统筹疫情防控，推进复工复产。积极稳妥推进企业复工复产和重点项目建设工作，组织召开全市疫情防控期间企业复工复产和重点项目建设工作调度会议，指导各县（市、区）、功能区科学有序推进复工复产工作。2月9日至3月11日，对全市9大行业2900家企业复工复产情况实行日调度通报，印发通知督促有关部门单位制定企业复工复产计划，快速推进复工复产工作。组织开展企业复工复产和重点项目建设疫情防控工作专项督导，牵头成立10个督导工作专班下沉各县（市、区）、功能区，对全市各重点行业企业疫情防控措施落实情况和安全生产情况开展集中专项督导，共督导检查企业672家，发现、整改问题1000余条，保障复工复产工作安全。

聚焦攻坚行动，恢复经济秩序。

立足经济发展综合提升、“双招双引”提质增量、“双50强”企业培植、高新区产业集聚项目突破4项攻坚行动，做好“六稳”工作、落实“六保”任务，带动经济社会秩序全面恢复。全市经济呈现稳步回升、逐渐向好态势，主要指标实现正增长，高质量发展迈出坚实步伐。成功创建国家先进印染技术创新中心。泰安高新区推进园区体制机制改革，主要经济指标均居县（市、区）和功能区前列，新一代信息技术、高端装备、新材料等优势产业加快聚集，成为全市重要的经济增长点。

紧盯重大工程，加快项目建设。坚持统筹兼顾、持续推进，扭住承担的8个全市重点项目不放，实行牵头单位“一把手”负责制，一个项目一个专班，明确1名县级干部专责推进，努力克服新冠肺炎疫情带来的不利影响，扩大有效投资，确保重大工程项目快速推进。泰安特种建筑用钢产业集群项目顺利竣工投产，比预期提前55天。泰山玻纤产业园F07线、F08线顺利竣工投产，年可新增销售收入过10亿元，税收过亿元。钜成5G新能源未来信息技术文化产业园项目初具规模。正威泰安金属新材料产业园项目、国泰大成新材料科技产业园碳纤维项目快速推进，新材料产业集群基础更加坚实。

突出产业发展，打造产业集群。瞄准重点产业持续用力，把项目作为推动产业发展的核心抓手，注重发挥项目集聚带动作用。在小组内部实行十大重点产业内部插旗，统筹考虑省重点项目、市重点项目、补短板强弱项项目，确定95项小组内部插旗任务。建立组长直接调度制度，筛选市委、市政府关注度高、成熟度高，具有较强的示范带动作用的30个重大优质项目、21家重点培育企业，由小组组长直接调度、亲自推动。十大重点产业对照省“四个一批”和省优选项目标准要求，筛选确定“策划招商一批”“建设推进一批”“巩固提升一批”项目清单，构筑起梯次推进的良好态势，为产业集群发展蓄能。

狠抓督导考核，推动工作落实。制定印发市产业小组《重点任务推进工作制度》，明确责任分工、推进方式，组建工作专班，落实项目（企业）包保特派员，健全专题会议、专班周例会及考核奖惩制度，层层传导压力，切实将责任压实到个人，实行“月调度通报、季度标旗、半年观摩、年终考核”，全面掌握项目动态情况，发挥考核“指挥棒”作用。深入项目实地调研，市委常委、常务副市长宋洪银带队先后赴泰山区、岱岳区、新泰市、肥城市、泰安高新区现场办公，在项目一线研究问题、解决问题，全面建立问题台账跟踪督办，对加快项目建设、工作落实起到强有力推动作用。

（刘　鹏）

【城市建设管理工作小组】 2020年，完成投资145.35亿元，城区道路建成通车里程28.74千米，高速公路建成通车里程186千米，年初制定的12项重点任务全部实现“插旗”。以打通“断头路”为目标的“实事工程”建设完成3项，其他项目加速推进。全年拆除各类房屋2740栋、138.6万平方米，拆除宅基地788处，完成年度征拆任务。

全面推进城建各项工作。年内，面对艰巨繁重的城市建设管理工作，市城建工作小组厘清思路，明确重点，顺畅机制，确保规划建设、资金融通、土地运作等工作取得大的进展。谋划年度重点任务。年初，围绕城市功能定位和发展方向，以打通断头路丁字路、提高路网密度、畅通路网体系为目标，认真筛选，反复研究，确定擂鼓石大街、北上高大街、迎胜路南延等12项“重点插旗任务”。制定土地收储计划。克服泰安城区可收储存量土地不断减少、农转用新增计划指标和非财政资金不能用于土地收储等客观困难，协调泰山区、岱岳区及各功能区，制定切实可行的年度收储计划，保证年度城建“重点插旗任务”“实事工程”所需建设资金，确保年度城建管理工作顺利实施。完善运行机制。加强工作小组办公室力量，完善工作小组会议、工作小组办公室例会、责任包保、专题会议、督导检查、考核评价等制度。围绕12项“重点插旗任务”、重点收储地块等工作，科学分解任务，明确责任分工，成立工作专班，严格领导包保，确保工作落实到位，任务落实到底。坚持高标准规划。编制《泰安市城乡一体空间发展战略规划》。组织东部新城国土空间规划编制，形成《东部新城战略规划》初步成果，为东部新城发展建设提供规划依据。协调推进工作。坚持问题导向、目标导向，突出问题解决，定期调度城建重点工程、土地收储、合作项目等工作进展，全面掌握工作进度，通过现场检查、电话联系、召开会议等方式主动协调解决工作推进过程中遇到的困难和问题。年内，召开协调推进会、现场办公会70次，印发会议纪要、会议记录25期，印发情况通报12期。

全力推进城建重点任务。面对新冠肺炎疫情、汛期等带来的诸多不利因素，市城建工作小组始终坚持以人民为中心的发展思想，聚焦群众关切，抓重点、补短板、强弱项，持续加强城市道路等基础设施建设。城区重点道路建设。擂鼓石大街中段建设工程5月1日建成通车，困扰泰安城区市民20年的“断头路”“卡脖子路”被打通，历史遗留问题被彻底解决。擂鼓石大街东段、灵山大街东段、北上高大街、省庄互通立交、黄前西干渠路、青年路南段改造工程11月24日竣工通车，泰安城区东部路网建设实现新跨越。迎胜路南延建设工程12月18日主车道通车，进一步优化泰安市中南区域路网布局，畅通与周边高速路网的互联互通。泮河大街东延立交桥建成，为泮河大街东延建设工程的顺利推进奠定坚实基础。灵山大街东段跨辛泰铁路桥、明堂路北段改造工程加速推进，取得重要进展。民生工程建设。擂鼓石大街中段建设工程回迁项目快速推进，新建幼儿园建设完成并交付山东科技大学幼儿园使用；9栋回迁住宅楼单体工程建设完成。财源街中央商务区完成1600户居民住宅回迁定房工作，首批交房工作完成；小学、幼儿园通过竣工验收。畅通高速路网。济泰高速10月27日竣工通车，在泰安城区设置5个出入口，进一步拉近泰安至济南的距离，为泰安、济南两主城区的经济和旅游发展提供新动力。济泰高速连接线S237章新线邱家店至埠阳庄大桥段改建工程建成通车。青兰高速莱芜至泰安段新改建工程12月18日建成通车，与京沪高速、泰新高速、京台高速、济泰高速相连接，畅通泰安城区东部出入口。泰山西互通立交勘界、清点等工作基本完成并开工建设。泰楼路按照计划顺利推进，完成投资7.15亿元，占年度计划的102%，超额完成年度投资计划。解决“堵点”问题。对重点交通路口、城市出入口进行渠化改造，进一步缓解路口交通高峰期拥堵状况，提高城市道路交通安全和通行能力。对擂鼓石大街沿线14个路口进行渠化改造，完成投资约4600万元，提高既有道路通行能力，畅通城市“微循环”。

全方位拓展城建工作新局面。市城建工作小组各成员单位面对土地、资金等诸多制约因素，主动求变，科学应变，开创城建工作新局面。创新土地收储模式。成立土地收储工作专班，通盘考虑土地收储，突出项目用地，做到应收尽收。合资成立新的平台公司，通过参与竞买公开出让的土地实施融资，盘活批而未供的土地，实现土地收益最大化。科学制定土地收益分配方式，扎实推进土地收储和供应，为城建工作提供土地保障。开展招商引资工作。与国企、央企等实力雄厚的大型集团开展战略合作，利用其资金实力强、技术能力强、资质等级高的优势，通过EPC、施工总承包、工程总承包等模式，参与到泰安市的城市建设中，缓解泰安市城建工作启动资金不足的问题。年内完成的迎胜路南延、擂鼓石大街东段、北上高大街、灵山大街东段4条道路建设工程就是采用EPC模式，特别是迎胜路南延建设工程，作为泰安市城建史上投资最大的工程，仅用5个多月的时间就建成通车，取得良好的社会效益和经济效益。优化营商环境。以工程建设项目审批制度改革为抓手，深化制度创新，加快流程再造，通过规范审批事项，推行“绿卡”“一网通办”等制度的实施，审批时限大幅降低，审批效率不断提升，一大批困扰建设单位的难点、堵点问题得以解决，实现工程建设项目审批提速增效。（亓　鑫）

【文化旅游产业发展工作小组】 2020年是极不平凡的一年，面对新冠肺炎疫情对文旅产业的巨大冲击，市文化旅游产业发展工作小组在市委、市政府的坚强领导和统一部署下，认真贯彻落实中央决策部署和省、市“重点工作攻坚年”“击鼓再奋战，攻坚当先锋”工作要求，统筹推进疫情防控和文旅产业发展，迎难而上、强力攻坚，各项工作取得新进展，全市文旅产业持续健康发展。

重点任务推进顺利。2020年，市文化旅游产业发展工作小组共承担10项重点标旗任务，其中红门广场建设(含虎山公园改造提升工程)、新体育中心建设工程2项任务，也是2020年度市委、市政府承诺为民要办的10件实事项目，其余均为业态融合度高、投资规模大、产业带动能力强的文旅产业项目。面对新冠肺炎疫情影响，坚持“时间不变、任务不减、标准不降”的原则，克服疫情冲击影响，加大协调督导力度，强力攻坚克难，解决开复工晚、人员不足、物资调运不畅等一系列困难问题，确保各项重点任务快速推进。10项标旗项目中，除碧霞湖项目因选址调整及拆迁等原因没有完成年度任务外，其余9项任务全部如期完成并验收标旗。自驾车房车营地和红门广场停车场于“五一”节前率先建成运营，红门游客中心“十一”期间投入使用，新建成的虎山公园重现“瑶池望岳”“虎山览胜”盛景。花样年华——休闲四季项目年内开工建设、年内建成运营，成为山东省规模最大、档次最高的室内冰雪运动场馆。新闻出版小镇项目入选“第二轮全国特色小镇典型经验”精品特色小镇名单，其经验在全国推广，“泰安新闻出版文化创意产业集群”入选第二批山东省“十强”产业文化创意“雁阵形”集群库。泰安秀都项目完成投资10亿元，铁道游击战剧场、泰安府、游客服务中心完成主体建设。新体育中心（泰安市文旅健身中心）完成投资8.4亿元，综合体育馆、游泳跳水馆、全民健身馆完成主体工程40%，超额完成年度建设主体工程30%的任务目标。泰山石敢当文化旅游区完成投资5.2亿元，游客服务中心、盘古开天、石敢当降妖、石林八卦阵完成主体建设。泰山佑·国际生态旅游度假区项目首开区完成投资2亿元，完成土地平整和游客展示中心钢结构安装。泰山·金谷项目完成投资1.7亿元，完成热带植物培育区和火车餐厅轨道、车厢、火车头安装，以及5个基坑基础垫层混凝土浇筑。

项目招引效果明显。牢固树立“没有大项目就没有泰安文旅高质量发展”的理念，把大项目建设作为总抓手，持之以恒地策划招商一批、建设推进一批、巩固提升一批，构建项目压茬推进、长短结合的梯次结构。2020年，共推进“三个一批”项目79个，完成投资79.32亿元。策划招商一批。立足产业优势策划24个招商项目，先后赴北京、江苏等地实施精准招商，取得显著成效。总投资150亿元的泰山佑·国际生态旅游度假区项目、山东高速总投资150亿元的泰山山高·金谷项目、总投资30亿元的泰安秀都项目，先后落地开工，成为全市重点招商引资项目。至年底，策划招商类有9个项目开工建设并纳统。建设推进一批。全年调度推进建设类项目35个，完成投资56.02亿元。泰山西湖、泰安老街、爱琴海购物公园等一批项目建成运营，其中占地面积8.2公顷（123亩），总建筑面积约10万平方米泰安老街营业后，日接待游客4万人次。泰安爱琴海购物公园9月28日正式开放，10月1—8日，泰安老街与爱琴海购物公园累计接待游客120万人次。占地10.5平方千米，总投资44亿元的泰山西湖对外开放以来，日接待游客3万人次，成为泰安新的网红打卡地。巩固提升一批。全年调度推进巩固提升类项目21个，完成投资12.29亿元。三里屯文商旅综合体、泰山云集等一批特色街区招商成效愈加明显；泰山天颐湖、惠美“泰山百合园”、良心谷、茶溪谷等景区基础设施不断完善，旅游业态不断丰富；泮河两岸“1+7+8”酒店群、泰山美墅度假酒店等完成改造提升，全部投入运营；复圣文化旅游区成功创建为国家AAAA级旅游景区；五埠伙大门项目成功申报第二批“全国乡村旅游重点村”、第六批“山东省重点文化产业项目”，顺利通过国家AAAA级旅游景区专家景观质量评审环节。

基础配套水平不断提升。持续深化提升泰安市旅游基础设施建设水平，实施“智慧旅游提升、旅游交通组织提升、城市旅游公厕建设提升、特色街区建设提升”4项基础配套工程。2020年，泰安市被确定为全省智慧文旅试点市。“慧游泰山”智慧平台不断完善功能模块，充实服务内容，实现一部手机游泰安的目标，该平台在全省数字政府培训班上被列入《数字政府建设典型案例》，总访问量突破250万人次，赢得游客和市民称赞；“泰安文旅产业运行监测大数据平台应用研究”入选全省重大课题。交通组织换乘体系不断完善，实现景区景点合理串联和游客便捷换乘，各旅游景点新增停车位1.32万个，高标准建设一批旅游厕所，新建钢结构城市智能公共厕所10座。

工作措施更加有力。精心组织抓落实，市文旅小组办公室将10个项目细化、量化为31项具体任务，倒排工期、挂图作战。坚持一线工作法，落实包保责任，成立工作专班5个，落实专人盯紧盯牢抓落实，确保取得实效。组织召开专题会、协调会、现场会等各类会议20余次，解决项目建设问题30多个。坚持半月一调度、每月一督导、每季一通报工作制度，强化督导调度，对每项重点任务的时间节点、标准要求、困难问题实行全程跟踪，随时协调有关单位研究落实。盯靠项目抓服务，在项目招引、建设、运营过程中，围绕选址、手续办理、政策资金扶持等环节全力靠上服务。

（王现波）

【乡村振兴工作小组】 汇聚振兴之力。加强组织领导。市委、市政府先后召开市委农村工作会议、全市乡村振兴工作推进会议、市乡村振兴工作领导小组暨市委农业农村委员会成员（扩大）会议等一系列会议进行安排部署。市委书记、市长分别主持召开市委常委会会议、市政府常务会议，多次专题研究部署乡村振兴工作。注重先行引领。新建11个市级乡村振兴齐鲁样板先行区，面积2.13万公顷（32万亩），涵盖86个村、13万人。4月22日，省委副书记杨东奇到九女峰先行区调研指导，对泰安工作给予高度评价。宁阳县东疏镇被评为省乡村振兴示范乡镇，宁阳县文庙街道石桥村等9个村被评为省乡村振兴示范村。《新闻联播》等多家中央和省级主流媒体报道泰安做法。加大政策支持。实施乡村振兴“金融护航”行动，组织农业经营主体和金融机构进行融资对接。开展“财政惠农信贷通”试点，累计发放贷款6亿元。市级整合29项涉农资金5.9亿元，争取省以上涉农资金15亿元，合计20.9亿元用于乡村振兴。印发《泰安市乡村振兴重大专项资金管理暂行办法》，提高资金使用绩效。实施农村优秀人才回引计划，引进在外人才2173名，通过投资、技术服务、入股等形式返乡创业、振兴乡村。强化督导考核。围绕改善“规模以上农产品加工企业营业收入”“现代高效农业增加值”等薄弱指标，多次组织专家到企业和合作社、家庭农场，摸情况、查问题、抓整改、促进度。12月11—12日，召开乡村振兴先行区现场观摩会议，对11个先行区打分排名，调动各级各有关部门工作积极性。制定支持农产品加工业快速发展等若干措施，加大奖补力度，强化督导调度，推动各项考核指标取得明显成效。

驱动振兴之核。培强产业集群。将粮食生产“十统一”列入为民要办十件实事，服务47个乡镇、8.67万公顷（130万亩）。实施高标准农田项目43个，建成高标准农田1.67万公顷（25万亩）。全市粮食面积、产量连续两年正增长。全国引领性技术玉米籽粒机收现场观摩会在泰安召开。肥城市被确定为全省农业生产社会化服务规范化建设示范县。大力培植肥城桃、泰山茶、泰山板栗等十大产值过10亿元优势产业，总面积5.6万公顷（84万亩），总产值147亿元。深化三产融合。打响产业品牌，开展区域公用品牌、企业产品品牌“双牌”同创。促进生产标准化，有市级以上农业标准化基地162个，其中省级92个。壮大产业主体，发展市级以上合作社示范社809家，家庭农场示范场267家。各类农业生产性服务组织6189个，其中省级示范组织11个、市级25个。

铸就振兴之魂。推动新时代文明实践中心建设。泰山区、岱岳区、肥城市围绕管理服务、实践活动、工作成效“三个重点”，推进新时代文明实践中心规范化建设，推出“城乡书房”“非遗工坊”等一批典型。成立文明实践志愿服务总队和10支专业队伍，借助线上供需对接平台，与文明创建、社会治理、群众生产生活等有机融合，达到宣传群众、教育群众、关心群众、服务群众的目的。推进移风易俗。开展移风易俗巩固提升专项行动，推出“2020年清明节网络文明祭祀”网络祭扫网页和手机祭扫平台，群众满意度95%以上。加强红白理事会建设，村（居）红白理事会覆盖率达100%。创建文明家庭。组织开展“清风常伴、廉洁齐家”“奋战‘疫’情、文明家庭在行动”“弘扬家国情·礼赞新时代”等系列活动，营造家庭文明新风尚。1户获得“全国抗疫最美家庭”、7户获得“省级最美家庭”，18户入选“省级文明家庭”、100户入选“市级文明家庭”。

塑造振兴之美。推进“厕所革命”，新改造6861户，基本实现农村无害化卫生厕所全覆盖；做好后续管护和规范提升，建设管护服务站103个，增加技术服务人员1066人。实行市级领导包保县（市、区）责任制，推进美丽宜居乡村建设，成立工作专班，制定工作方案，建立工作台账，按照一村一账、一村一组、一村一策“三个一”要求，摸实底、查问题、促整改，推动各项任务落地落实。

夯实振兴之基。抓好农村带头人队伍建设。整顿软弱涣散村党组织。打造过硬基层党组织，市、县两级选派干部333名，与省派干部组建“加强农村基层党组织建设”工作队。开展“三务”公开监督落实专项行动，第一轮210个软弱涣散基层党组织全部整顿完成。建成113个农村区域化党群服务中心，省委书记刘家义在全省乡村振兴座谈会上表扬新泰市北流泉村的工作。发展壮大村集体经济，实施“跨五跃十”行动。深化“百企联百村”行动，评选“十佳联建村企”。鼓励支持村党组织领办合作社。深化农村改革，出台《关于加强和改进乡村治理的实施意见》等系列文件，健全自治、法治、德治相结合的乡村治理体系。全市99.9%的村（居）基本完成农村改革任务，宁阳县、肥城市分别开展集体资产股权质押贷款和有偿退出试点，肥城市被中央农办、农业农村部表彰为农村土地确权颁证典型地区，宁阳县“一约管理、三榜治村”经验在《大众日报》刊发。

（杜　坤）

【党建和人才工作小组】 2020年，党建和人才工作小组聚焦重点任务不放松，打紧节奏系统推进，攻坚克难强力突破，推动目标任务落实落地，为高质量发展提供坚强组织保障和人才支撑。

围绕固根铸魂、激励担当抓攻坚，引导党员干部勇做新时代泰山“挑山工”。贯彻落实习近平总书记关于“做新时代泰山‘挑山工’”的重要指示，弘扬新时代泰山“挑山工”优秀品格，激励党员干部挑担不畏难、登山不畏险、坦途不歇脚、重压不歇肩。弘扬提升，打造鲜明品牌、教育载体。创作主题电影《挑山者》，彰显泰安市党员干部干事创业的奋斗足迹和精神风貌，列为“2020年度山东省全面建成小康社会重要节点重点项目”。拍摄《走近泰山挑山工》体验教学片，获省委组织部“全省优秀党员教育电视片评选特别奖”。以“不忘初心、牢记使命，勇做新时代泰山‘挑山工’”为主题，丰富完善泰山“挑山工”展馆布展大纲，制作视频展示片。编写《勇做新时代泰山“挑山工”》核心教材，在市委党校主体班次发放学习。开辟桃花源步道等三条体验教学路线，结合各类培训班次，组织党员干部现场挑担子、品滋味、悟精神。深入践行，引领攻坚克难、狠抓落实。总结勇做新时代泰山“挑山工”的工作实践和机制做法，以市委名义起草《贯彻落实习近平总书记“做新时代泰山‘挑山工’”重要指示精神的报告》，省委书记刘家义批示，中央办公厅《秘书工作》刊发。组织开展纪念习近平总书记发出“做新时代泰山‘挑山工’”号召两周年系列活动，开展新时代泰山“挑山工”先进集体和先进个人“双百”（表扬100个新时代泰山“挑山工”先进集体和100名新时代泰山“挑山工”先进个人）评选，召开表扬大会，组织巡回宣讲，持续营造奖优奖勤奖担当的浓厚氛围。面对突如其来的疫情，开展“到一线·肩并肩·战疫情”专项行动，市委书记崔洪刚带头到社区值守，带动各级参与防控党员达260多万人次。围绕服务中心工作，先后组织开展“击鼓再奋战、攻坚当先锋”“创城当先锋、勇做‘挑山工’”主题党日活动，引导党员在疫情防控、复工复产、文明城市创建等攻坚一线中当先锋、作表率，凝聚同心同德干事业、攻坚克难抓落实的强大合力。乘势而上，提升品牌层次、影响力度。与中央党校合作，将“新时代泰山‘挑山工’教育实践基地暨泰安主题党日活动中心”案例课题立项研究，全力推进泰安主题党日活动中心创建中央党校实践教学点。先后4次邀请课题组到泰安，实地调研主题党日活动中心、挑山工“发源地”沙岭村等现场，深度开展研讨，达成合作共识。利用中央党校优势资源，在全国层面宣传推广有关经验做法，3篇理论文章入选《中国领导科学》等中央党校主管刊物，泰安市主题党日活动中心和华润医药集团案例纳入中央党校《新时代基层党组织建设调研案例精选》，是唯一入选两个案例的地市。年底，活动中心挂牌“中央党校主题党日研究工作坊”，并与人民出版社共同策划出版《新时代主题党日活动的理论与实践》。省委常委、组织部部长王可对有关做法及挂牌工作给予充分肯定。

围绕支撑产业、服务发展抓攻坚，打造聚才兴才、创新创业“新高地”。树立人才是“第一资源”的理念，聚焦服务泰安经济社会高质量发展，进一步焕发政策集聚效应，大力吸引集聚高端人才、高位平台、高新技术、高创项目，着力打造近悦远来人才发展生态。着眼加快产才融合发展，实施泰山英才“2159”计划（引进培养2个顶尖创新创业人才团队、100个高端产业领军人才团队，培养5000名以上技能实用人才，吸引9000名以上高校毕业生到泰安就业）。围绕大力引进高端创新创业人才和高科技产业项目，举办第二届“才入泰安·势如泰山”国际高层次人才创新创业大赛，评出获奖人选56人，落地创业项目35个。强化省级以上高端产业领军人才引进培育，4人入选国家级人才工程，实现5年间自主培养顶尖人才的新突破；2家企业获得省泰山产业领军人才配额支持，占全省的1/6；1人入选泰山学者青年专家，实现自主培养泰山学者“零”的突破；申报入选10名泰山产业领军人才、3个“外专双百计划”（2017年起在山东省组织实施，利用5年左右的时间，引进100名国际知名的高层次非华裔外国专家和100个高层次外国专家团队）团队，省级以上人才工程入选总量再创新高。引进培育实用人才和青年人才，培养实用技能人才6320人，新增到泰安就业高校毕业生1.73万人。着眼补齐短板弱项，实施人才平台建设跃升计划。谋划实施人才“大平台”开发战略，聚力打造“泰山智慧谷”，作为市委书记人才工作项目，以市委、市政府两办“1号文件”部署实施，全年完成8.3万平方米物理空间建设，引进省级以上高层次人才40人，入选首批“山东省省级创业创新示范综合体”。创建“国家先进印染技术创新中心”，成为全省首家国家制造业创新中心，也是该领域唯一的国家制造业创新中心。推进“双50强”企业“一企一平台”建设，新建产业技术研究院等新型研发机构20家，新增省级以上人才平台载体45家。着眼优势资源共建共享，多维度深化拓展校地合作。推进泰山科技学院二期工程建设，克服疫情影响和高压线改线难题，9月底完成建设并交付使用。与山东产业技术研究院合作建设山东产研复合材料研究院，引进孵化项目5个，落地产业化项目1个，培植复合材料产业发展新动能。

围绕版块突破、全域提升抓攻坚，筑牢全面进步、全面过硬的基层组织。按照农村、城市两大版块集约推进，将每年召开农村、城市党建工作会议固定形成制度，创新搭建党支部建设载体平台，推动基层党建高质量发展。聚焦全国城市基层党建示范市建设，打造城市基层党建联合体。围绕扎实推进市委书记抓基层党建突破项目，在全市选取10个街道，打造实体化运行的城市基层党建联合体，建设7020平方米办公场所，安排工作经费196万元，配备专兼职工作人员83名，吸纳1109家驻地单位为成员，划分为党的建设、红色物业等专业委员会，召开联合体成员大会，健全完善联合体章程，累计实施共驻共建项目453个，合力破解基层治理难题580个。全面取消所有街道招商引资、协税护税职能及相关考核指标，加大履行社会管理和公共服务职能考核权重，引导街道将工作重心转到抓党建、抓治理、抓服务上来。在全省城市基层党建全域提升攻坚重点任务推进会上，省委常委、组织部部长王可对泰安市打造城市基层党建联合体的实践探索给予充分肯定。聚焦抓党建促乡村振兴，实现村集体经济“跨五跃十”（计划2020年年底前基本消除集体经济收入5万元以下村，收入10万元以上的村比2019年增加300个左右，达到总村数的70%以上）。专门研究出台意见，市委召开会议安排部署，发挥乡镇党委“龙头”作用，激励引导乡镇党委抓党建、抓治理、抓服务、促乡村振兴，推动整乡推进、整县提升。把管好用好集体“三资”（农村集体经济中的资金、资产、资源）作为推动村集体增收的“突破口”，专班推进、攻坚突破，全市3551个村全部完成“三资”清理工作，村均直接增加集体收入12.15万元，以后每年可稳定增收4.27万元。推进村党组织领办合作社，出台实施办法，举办专题示范培训班2期，发放“强村贷”3672万元，至年底，有党组织领办合作社的村1639个、占总村数的46.16%，带动村均增收6.9万元，户均增收5500元。对2019年中央财政资金扶持发展壮大村集体经济的108个项目逐一验收评估，2020年扶持的105个村配套资金均落实到位，项目全部开工建设，带动村均增收4.9万元。至年底，全市基本消除村集体收入5万元以下村，10万元以上村达到2676个，完成“跨五跃十”目标。聚焦党支部标准化规范化建设，建成泰安党支部工作指导中心。围绕发展研究、书记培训、建设示范、风采宣传“四大功能”，着眼把握规律、提升能力、优化路径、比选树优，历时7个月，投资1600万元，建成全国首家党支部工作指导中心，已试运行。该中心占地1200平方米，上下4层，总面积4100平方米，设展厅、教学培训区、指导服务区“三大功能区”，配套党性教育、政德教育、实践教育等7大类教育基地、81个现场教学点，开设党支部工作实务类、能力素养提升类等4大类30个专题课程，选聘优秀党支部书记40名、优秀教师100名、领导干部和先模人物27名，形成优质厚实的师资力量，初步构建起与泰安主题党日活动中心“双轮驱动、互促共进”的教育管理新格局，为全面提升泰安市党支部建设质量发挥示范引领作用。（孙　天）

【泰山区域山水林田湖草生态保护修复工程城区项目指挥部】 抓住重点。围绕统筹疫情防控和工程建设这条主线，一手抓防控、一手抓建设。打通复工返岗通道。针对管理施工人员多在外地的实际，提前谋划、及早部署，开辟“复工专线”，施工人员经14天隔离后立即返岗投入工程建设。3月底前，组织施工队伍1300人，实现有序复工。抢抓工期。制定周密的施工进度表，能压茬进行的压茬进行，能连续作业的不间断连续作业。组织施工单位开展“百日大干”劳动竞赛，最多时进场施工人员达3000多人次、机械设备500套。

完善机制。健全高位推动机制。市领导高度关注城区项目建设，将工程列入为民实事工程，亲临现场指导调度。全年召开各类推进会议28次，印发会议纪要10期，形成各类报告23期。强化日常督导机制。建立日报、周报、监理报告、协调调度会“三报一调度”制度。成立工程质量专家组，对工程进度、质量、安全生产、扬尘防治开展巡查。实施包保责任制。把分指挥部、项目公司、施工单位、工程监理4个方面参建力量，落实到具体的标段、工程，明确目标、任务、时限，夯实责任基石。

突破难点。扫清征拆障碍。共需拆迁各类土地461.67公顷、宅基地405户，泰山区、岱岳区坚持公平公正、公开透明的征拆政策，化解矛盾，成功突破征拆的堵点、难点。至年底，城区项目范围内的拆迁工作基本完成。

6月16日，雨污分流改造工程施工人员在狭小的管道空间内施工

（赵文文 供）

攻克雨污分流。雨污分流工程是泰安城区重点工程中战线最长、工程点最广、地下工程最多的项目。施工过程中，雨污分流指挥部深入现场，组织施工人员战高温、忍恶臭、冒危险。为减少工程对市民影响，坚持“能顶管就顶管”的施工方案，白天建设、夜间非开挖清淤，不间断作业。破难题渡“汛”关。2020年汛期长、降水量达上年3倍、短时强降雨多，指挥部倒排工期，在主汛期来临前，突击完成桥梁、堰坝等重要节点工程。把好安全生产关，确保降雨时将人员机械全部撤出河道。在汛期进一步增加设备人员，开足马力，把汛情影响的时间夺回来。

年内，城区指挥部各项目共开挖土方560万立方米、敷设污水管线129千米、挡墙驳岸35千米，总投资达38亿元。其中，芝田河开挖土方99万立方米，修建生态驳岸5400米、敷设截污管道6100米，印月湖成为新的网红打卡地；梳洗河开挖土方110万立方米，修建生态驳岸挡墙8200米，敷设截污管道8120米，求是桥、行知桥等6座桥梁完成主体工程；泮河完成清淤、土方开挖95.2万立方米、驳岸1820米，敷设截污管网2100米，一污湿地、二污湿地基本成型；天平河和岔河完成清淤、土石方开挖78万立方米，敷设截污管网18千米、驳岸挡墙21.5千米、拦水坝10座；雨污分流工程完成非开挖清淤318千米，新建管网62.5千米，初步实现雨水入河、污水进厂，为全市雨污分流一张网打下坚实基础；4个污水处理厂共完成52个单体建设，均已实现达标排放；王家院水库完成土方开挖162万立方米、库底膜下整平145万平方米，供水管道敷设30.1千米，埠前坝、埠阳庄坝、南阳关坝、泵站厂房主体工程全部建成，库底及坝坡7个分部工程完成验收，11月20日开始蓄水。（周 岩）

【泰山区域山水林田湖草生态保护修复工程农村项目指挥部】 2020年，农村指挥部负责协调推进的310个子项目，完成304个，占总任务的98.1%。市委、市政府确定的年度10大插旗任务，全部标旗。其中，徂汶景区天泽湖人工湿地水质净化改造提升项目在全市率先插旗。

抢抓进度。年初，面对突如其来的疫情，指挥部成立新冠疫情督导组，一手抓疫情防控，一手抓项目复工。7月2日，召开全市农村项目建设现场推进会，分析在建项目存在的问题，研究解决办法，切实把工程项目当作一项政治任务，卡死时限，抢赶工期，全力攻坚。指挥部办公室采取一周一调度一通报，协调解决遇到的困难和问题，项目复工、进展情况及时通报到县（市、区）政府、功能区管委会，进一步压实责任，传导压力，最大限度地减少疫情对项目建设的冲击和影响。6月底，农村指挥部实现全市重点任务第一个项目标旗。

破解难题。实行包联制度。指挥部成立包保组，分别包保县（市、区）、功能区，“四促”项目建设，即促项目建设进度、促问题整改落实、促建设质量完善提升、促项目档案资料收集。现场办公。指挥部与相关市直部门负责人，深入县（市、区）、功能区项目建设一线，对存在的7个难点问题，逐个分析症结，现场解决问题；对4个未开工项目，进一步搞清堵点、疏通难点，明确开工时限。调整优化。7月3日、9日，两次到省直3部门对东平县地表水水厂水源地保护工程取水口处在市自然保护区核心区、新泰市禹村镇东沈北村岩溶塌陷搬迁避让工程地质复杂、宁阳县工矿废弃地复垦利用项目土地指标难以落地等影响工程实施的项目汇报争取，7月22日，经专家论证的调整优化方案上报省政府，9月28日，收到省政府批复，确保工程项目实施。

完善档案资料。指挥部坚持问题导向，针对工程项目档案资料存在短板，聘请专业团队对310个子项目逐一梳理，把脉问诊，采取“六看六查”方式，逐项目细查严抠，切实找出、找准档案资料存在的问题，逐项逐问题拉出清单，建立台账。9月29日，召开全市农村项目验收准备培训会议，聘请市直有关部门专家授课，对项目全过程予以政策性讲解。督导县（市、区）、功能区，建立专班，对照专业团队查出项目实施中和档案归集整理中存在的缺项、缺件等问题，制定整改措施，做到早整改、早规范，为迎接省政府的验收提前做好准备。

（高　雷）

脱贫攻坚

【概况】　2020年，全市按照“四个不摘”（摘帽不摘责任、摘帽不摘帮扶、摘帽不摘政策、摘帽不摘监管）要求，坚持领导力量、工作力量、工作劲头、工作责任、扶贫政策五个“不能减”，统筹做好疫情防控和脱贫攻坚工作。全市7.16万户、14.54万名建档立卡贫困人口全部实现稳定脱贫。213个省级贫困村、251个市级贫困村全部摘帽退出。东平县移民避险解困、易地扶贫搬迁、黄河滩区迁建“三大工程”取得决定性进展，易地扶贫搬迁全部实现回迁入住，脱贫攻坚战取得胜利。

【统筹推进疫情防控和脱贫攻坚】　市委、市政府先后召开全市贫困人口疫情防控工作调度视频会、全市决战决胜脱贫攻坚视频会、全市克服疫情灾情影响确保如期全面脱贫会等会议，安排部署脱贫攻坚战。市委成立决战决胜脱贫攻坚督导组赴各县（市、区）、功能区调研指导。研究制定《2020年脱贫攻坚工作要点》《关于做好新冠肺炎疫情防控和脱贫攻坚有关工作的通知》等指导性文件，做到目标任务、责任单位、完成时限、督导问责“四个明确”。3月，1170名驻村干部全部到岗到位，及时掌握贫困人口基本生活状况，帮助解决突出问题和困难。对自身防控能力较弱的贫困家庭，组织镇村干部进行重点消毒清洁，帮助做好个人防护，为贫困群众发放口罩等防护装备10.72万个、医用酒精1万升、消毒液3.44万升、体温计6359个、消杀设备2885个。对行动不便、不能出门的贫困群众，由村干部代买蔬菜、米面；对家中有精神障碍患者的贫困家庭和生活自理能力差的贫困群众提供物质精神双支持，落实照料服务责任；对需要长期服药的慢病患者，家庭医生团队通过电话、视频访问等形式了解身体状况，利用入村防疫机会送医送药上门，累计为贫困群众捐款38万元、捐赠生活物资180万元。为513名县乡扶贫干部每人投保15万元新冠肺炎和意外伤害保险，为各级驻村扶贫干部每人购买20万元的传染病救助责任险。

【扶贫资金项目管理】　市县两级持续加大财政扶贫力度，落实各级财政专项扶贫资金31472万元，其中，市级资金9833万元、县级资金6984万元，分别较上年增长15%和10.5%。新增扶贫小额信贷5847万元，累计发放扶贫小额信贷资金10.3亿元，帮扶贫困人口2.9万人次。加强扶贫资金监管，落实“日监控、旬调度、月通报”和公告公示制度，确保资金投向明确、拨付及时、发挥最大效益。发挥扶贫开发项目库、专家评审委员会和精准扶贫理事会的作用，采取网上审批、视频会议等手段，做好立项、审批、实施、验收等工作，新建的203个产业扶贫项目全部完工。对照《产业扶贫项目检查指引》的要求，对已建成的产业扶贫项目进行全面排查，集中整改。

【重点贫困区域脱贫】　做好东平移民避险解困、易地扶贫搬迁、黄河滩区迁建“三大工程”，分别占全省任务量的49%、39%、16.2%。到年末，需迁建新建的29个社区全部建成，安置群众9.2万人，易地扶贫搬迁全部实现回迁入住，同时完善设施配套、产业就业、社区治理等工作。9月，东平县代表山东省迎接国家发改委易地扶贫评估验收，东平县大羊镇西王社区被评为“十三五”美丽搬迁安置区。

【就业和消费扶贫】　组织网上“春风行动”“招聘服务月”等大型招聘活动，为用工企业和求职贫困群众牵线搭桥，外出务工贫困人口达

2.11万人。开发环卫保洁、防疫消杀、排查巡查、卡点值守等公益岗位，安置2464名贫困群众就近就地就业。帮助扶贫龙头企业和扶贫车间“减负、稳岗、扩就业”，对符合条件的扶贫车间（基地）发放补贴58.8万元，22个省级扶贫龙头企业和50家扶贫车间疫情期间全部复工复产，带动农村劳动力就业1.04万人，其中贫困人口377人。探索建立“行政引导、公司运作、市场对接、物流补贴、电商助力”长效化消费扶贫工作机制，打造线上线下联动的县乡村三级消费扶贫服务物流体系；认定山东省消费扶贫产品140种，实现消费扶贫产品进商超、进高速服务区、进国企、进直播、进电视、进“京东商城泰安扶贫馆”。疫情期间，全市消费扶贫产品销售额达3.2亿元。

【政策兜底保障】 做好“停课不停学”期间贫困家庭学生学业指导工作，对不具备上网学习条件的学生，落实“一生一案”帮扶措施，累计资助建档立卡学生630人，发放资助金13.2万元，减免在线学习费用（含移动终端设备）19.1万元。免除高中段学杂费148万元，发放春季学期各类助学金650万元，受益学生7401人；为2247名贫困学生发放春季雨露计划补助资金344.7万元。完善特惠保险“一站式”结算服务机制，形成“基本医保、大病保险、医疗机构减免、医疗救助、医疗商业补充保险、医疗再救助”的住院六重保障和门诊慢性病“基本医保、大病保险、医疗商业补充保险”三险叠加的“6+3”医疗保障体系；开展贫困群众门诊慢性病医疗保障服务“三个一”（一次家庭医生专项核查随访、出具一张门诊慢性病用药长处方、实施一次门诊慢性病送药上门服务）活动，全市慢病贫困人口签约率、随访率均达100%。对贫困人口住房安全情况进行核查，筹措建设资金，逐户落实改造计划。投入了补贴资金600万元，为9310户贫困重度残疾人实施无障碍设施改造；连续4年提高农村低保和特困供养标准，农村低保标准每年5700元，特困供养标准每年7440元，脱贫享受政策贫困户中享受低保、特困政策共计5.46万人，占全市建档立卡贫困户总数的62%。

【脱贫巩固提升】 按照“一个问题都不能有”的要求，围绕“两不愁三保障”（稳定实现农村贫困人口不愁吃、不愁穿，保障其义务教育、基本医疗和住房安全）和饮水安全等方面，开展问题排查整改。县乡成立脱贫攻坚问题排查整改工作专班，对辖区内所有脱贫享受政策贫困户、脱贫不享受政策贫困户、即时帮扶户和扶贫项目进行排查。在全市扶贫系统开展“抓重点促攻坚大调研大整改”活动，市级成立专项调研组，对全市所有87个有扶贫任务的乡镇（街道）进行调研评估，调研194个村、1595户贫困群众、56个扶贫产业项目，推进问题整改落实，促进脱贫攻坚提质增效。印发《关于建立相对贫困人口即时帮扶和脱贫监测机制的实施细则》《关于做好即时帮扶和防止返贫致贫动态监测工作的通知》等文件，构建即时帮扶和动态监测体系。对319户、931名因疫情、因病、因灾等可能致贫返贫的困难户和收入骤减、支出骤增的边缘户，采取针对性帮扶措施，防止返贫或新致贫。

【扶贫宣传】 在《泰安日报》开设《决胜2020——脱贫攻坚看泰安》影像栏目。山东广播电视台大型纪录片《大迁建》完整记录东平县黄河滩区居民迁建历程。泰安市首部“战疫＋扶贫”微电影《你好！春天》上线。微视频作品《幸福食堂》在全省“脱贫攻坚·我身边的故事”短视频大赛中获优秀奖。扶贫日期间，开展宣传活动160场次，发动1200辆公共交通运输力量播放宣传标语527万轮次，走访慰问贫困群众6.78万人，到130个省市扶贫工作重点村开展义诊。

【督查考核评估】 市扶贫办每月确定重点督导事项，综合采取第三方评估、集中调研、联合行业部门等方式，进村入户督导调研。先后深入707个行政村、8100户贫困户，排查整改问题8大类、3203条。开展市级脱贫攻坚评估验收工作，3个评估验收组检查18个乡镇、63个村、564户建档立卡贫困户，81个扶贫产业项目等，验收结果分县（市、区）、乡镇进行排名。开展遍访核查活动，全市抽调县乡专业人员982人，遍访全市脱贫享受政策户4.39万户、即时帮扶户292户、省市扶贫工作重点村605个、产业扶贫项目1566个。

（闫 超）

乡村振兴

【先行示范】 新建市级乡村振兴齐鲁样板先行区11个，面积2.13万公顷（32万亩），涵盖86个村、13万人。4月22日，省委副书记杨东奇到九女峰先行区调研指导，对泰安工作给予高度评价。宁阳县东疏镇被评为省乡村振兴示范乡镇，宁阳县文庙街道石桥村等9个村被评为省乡村振兴示范村。《新闻联播》等多家中央和省级主流媒体报道泰安做法。

【产业振兴】 全市粮食面积、产量连续两年正增长。全国引领性技术玉米籽粒机收现场观摩会在泰安召开。肥城市被确定为全省农业生产社会化服务规范化建设示范县。十大产值过10亿元优势产业，总产值达147亿元。打造省级以上“一村一品”示范村镇19个，省级田园综合体4家，省级以上休闲农业与乡村旅游示范县5个、示范点12个，省级美丽休闲乡村5个、休闲农业精品园区（农庄）8个，市级以上现代农业产业园36家。注册了2个国家级、4个省级、11个市级区域公用品牌，27个省级、56个市级知名农产品企业产品品牌。“肥城桃”“泰山茶”两个国家级区域公用品牌价值评估分别达19亿元、37.52亿元。新培育规模以上龙头企业6家，总数达到331家，其中国家级4家、省级42家。发展市级以上合作社示范社809家，家庭农场示范场267家。

【人才振兴】 组织开展新型农业技术高中初级职称评审工作，共评审通过中级职称34人，初级职称364人。开展“乡村振兴合伙人”招募活动，全年发放28249.7万元，惠及1626人。东平县职业中等专业学校3个培训项目，被列为山东省专业技术人才知识更新工程2020年度高级研修项目计划，共完成各类专业技术人员培训3597人。东平县宝岛农业科技有限公司等3家单位被评为省级乡村振兴专家服务基地。完成农村转移就业劳动者线上培训1.25万人，线下培训3.91万人。有2名乡村匠人入选2020年度泰安市首席技师。向扶贫重点乡镇和薄弱乡镇卫生院选派“业务院长”16名、“第一科室主任”6名。下派第十四批51人科技特派员，获得总经费90万元的科技特派员项目支持。开展科技下乡活动2900人次，服务指导面积18.07万公顷（271万亩）次。

【文化振兴】 全市成功入选第六届全国文明村镇5个、复查合格全国文明村镇9个、新增省级文明村镇24个、复查合格省级文明村镇177个、新增市级文明村镇147个、复查合格市级文明村784个。新泰市“城乡书房”建设经验在《新华每日电讯》《中国文化报》《大众日报》和山东电视台等多家新闻媒体进行宣传报道。开展移风易俗巩固提升专项行动，推出“2020年清明节网络文明祭祀”网络祭扫网页和手机祭扫平台，群众满意度95%以上。加强红白理事会建设，村（居）红白理事会覆盖率达100%。大力营造家庭文明新风尚，1户获得全国抗疫最美家庭、7户获得省级最美家庭，18户入选省级文明家庭、100户入选市级文明家庭。

【生态振兴】 全市农村人居环境整治三年行动各项任务基本完成。“厕所革命”有序推进，建设管护服务站103个，增加技术服务人员1066人，购置吸粪车487台、便携式吸粪器1.93万个。完成1952个村农村生活污水治理任务，完成率58.46%，超额完成省定目标。完成全市3339个农村黑臭水体排查。农村饮水安全提升工程完成投资14.7亿元，完成率96.28%。全市所有行政村基本实现道路“三通”，新完成1499个行政村道路“三通”工程，累计硬化道路6017千米。实施《泰安市生活垃圾分类管理条例》，成为全省首个对生活垃圾分类进行立法的城市；建立生活垃圾回收利用体系，建设500平方米以上的转运站52座，农村生活垃圾无害化村庄覆盖率继续保持100%。新建美丽乡村示范村202个，其中省级示范村25个。建成“美丽庭院”示范户9.4万户，村村均有“美丽庭院”示范户。开展“绿满齐鲁·美丽山东”国土绿化行动，新造林1.22万公顷（18.3万亩），创建森林乡镇19个、森林村居62个。

【组织振兴】 构建“三抓一促”工作格局，发挥乡镇党委推动乡村组织振兴的“龙头”作用，制定出台专门意见，明确乡镇党委抓党建、抓治理、抓服务、促乡村振兴主责主业。实施农村优秀人才回引计划，年内引进在外优秀人才2173名。深化“五乡”行动和“育苗升级”工程，全市培养“五乡”人才1.9万人，回引大学生2176名，408人进入村居“两委”，208人担任支部书记。面向社会公开选聘100名村党组织书记，新调整村党组织书记235人，平均年龄降低9.4岁，高中以上学历比例提高22.8个百分点，村党组织书记队伍结构明显优化。实施村集体经济“跨五跃十”行动，3551个村全部完成“三资”清理，村均直接增加集体收入12.15万元、每年稳定增收4.27万元。推进村党组织领办合作社，成立1552个，达到总村数的43.71%，带动村均集体增收5.47万元。全市基本消除集体经济收入5万元以下村，10万元以上村比2019年增加459个、占总村数的75.36%。第一轮210个软弱涣散基层党组织全部整顿完成。建成113个农村区域化党群服务中心建设，构建起以区域化党建引领村庄抱团发展的工作格局。

（郭 浩）

第三十四届泰山国际登山节

【概况】 该届登山节按照统筹抓好疫情防控和经济社会发展部署要求，创意策划、组织开展4大板块、20项经贸、文旅、科技和体育活动。《人民日报》、中央电视台、中央人民广播电台、新华社等40家中央、省级重点媒体和重要外宣媒体参与宣传报道，中央电视台《新闻联播》在泰山国际登山比赛当晚播发比赛消息，山东卫视、泰安广播电视台联合直播登山比赛，山东卫视频道、泰安综合频道、泰山网、泰安手机台进行同步直播。中央、省级重点媒体和重要外宣媒体刊播、转发登山节相关报道2000件。

该届登山节主要呈现6个方面的特点。活动创意组织信息化。各活动承办部门和单位积极探索线上办节模式，引入云服务技术，创意策划、组织开展线上博览会、云端峰会、云签约等主题活动，实现线上线下互动、“智慧”办节，提升网络科技在节庆活动服务、管理等方面水平和效率。开幕式和经贸、科技活动集约化。开幕式和系列招商引资、经贸洽谈等活动“捆绑”在一起联合举办、整体推进，集全市之智，举全市之力，抓紧抓实招商引资、招才引智工作，合力打造经济发展新高地，为全市经济社会高质量发展注入新活力。文旅和体育活动品牌化。文旅板块以活动为载体，融入文创产品、现代科技、区域合作、形象宣传等元素，发挥泰山龙头品牌作用，放大门票降价带动效应，多点联动、全域过节，拓展文旅消费，促进文旅产业复苏振兴。体育板块立足实际，巩固提升传统比赛项目，创意策划新锐比赛项目，打造体育旅游、促进体育产业快速发展。登山节安全防护规范化。登山节各活动牵头部门、单位秉承“安全办节”理念，统筹抓好疫情防控和登山节工作。安全保卫组针对登山节外地客商多、到泰安嘉宾多，安保时间跨度长、工作强度大，活动项目多、跨度大，现场地形条件复杂、不可测因素多，疫情防控与安保工作任务叠加等特点，树牢警察意识、问题意识、应急意识，依托立体化防控体系，科学布警、尽锐出战、严密防范、严格管控，确保各项活动和工作的平稳运行。疫情防控组按照“控来人、控规模、控活动”原则，制定落实相应防控措施，全面落实疫情防控责任，确保活动万无一失。登山节宣传推广多元化。宣传组牵头组织各级新闻媒体对登山节进行集中宣传报道，讲好泰安故事，弘扬泰山文化，进一步提升登山节品牌效应和集聚效能，扩大泰安、泰山的知名度和美誉度。泰安日报社发挥《泰安日报》《泰山晚报》、中华泰山网、最泰安新闻客户端、ZAKER泰安、微博、微信等媒体融合优势，做好登山节宣传工作，累计编发稿件300篇。泰安广播电视台调动全媒体力量，全力保障登山节宣传推广工作，累计播发新闻稿件220条，中央电视台《新闻联播》播出登山比赛新闻，山东卫视、泰安广播电视台联合直播登山比赛实况。登山节后勤保障一体化。财政资金审查组积极筹措登山节活动经费，安排财政资金758万元，其中文旅板块300万元、体育板块200万元、科技板块155万元、经贸板块103万元，确保登山节运行。加强财政资金使用监督管理工作，督导各活动承办单位严格执行部门预算，节俭高效办节。邀请接待组按照热情、周到、文明、安全、节俭原则，做好登山节重大活动贵宾的邀请、出席活动安排和接待服务工作。登山节组委会各成员单位按照登山节总体方案要求，发挥部门和单位职能作用，开展配套服务工作。

【开幕式】 9月6日上午，第三十四届泰山国际登山节暨2020中国泰安投资合作洽谈会开幕。全国政协副主席、民革中央常务副主席郑建邦出席活动并宣布大会开幕。全国政协常委、副秘书长、民革中央副主席兼秘书长李惠东，山东省政协副主席赵家军等国家和省有关方面领导出席活动。泰安市委书记崔洪刚出席并致辞，泰安市委副书记、市长张涛主持开幕式。以色列议会外交事务和国防事务委员会主席兹维豪瑟，日本友好城市——八王子市市长石森孝志，韩国友好城市——龙仁市市长白君基、泰安郡郡守贾世鲁，德国商业动力有限公司中国区总裁杰森·怀特，韩国IBK企业银行执行董事兼首席副行长尹相允等外国政要和知名企业家发祝贺视频。商务部投资促进事务局副局长李勇，北京理工大学党委常委、副校长龙腾分别视频连线致辞。德国、日本、韩国等15个国家和地区以及国内的700位嘉宾、客商，通过现场出席和视频连线的方式参加活动。市委副书记、东平县委书记曲锋，市人大常委会主任唐福泉，市政协主席周桂萍等市领导出席。

【经贸活动】 2020中国泰安投资合作洽谈会。21个国家和地区、700名嘉宾通过视频连线方式参会，境内重点客商200人在现场参会，集中签约项目44个，总投资915.3亿元，涉及高端装备制造、高端化工、新材料、新一代信息技术、医养健康、文化旅游等十强产业，其中过10亿元的大项目有27个。民革中央企业家泰安行。泰安市与民革中央企业家联谊会签署战略合作框架协议，举行民革中央企业家联谊会泰安联络处揭牌仪式、“松山古镇国际康养文旅生态区”合作签约仪式。2020台湾工商精英泰山行。台湾工商精英泰山行代表实地考察旅游经济开发区重点项目和济（南）泰（安）高速公路山口互通立交建设情况，调研泰山海峡两岸交流基地，座谈交流泰安市经济社会发展情况、产业发展政策和营商环境。专家研讨会。国家和省、市有关领导、多名专家教授和知名企业家出席活动，探讨“最前沿技术分享、粮油市场形势分析、产业发展趋势及政策解读、宏观经济形势研讨”等内容，促进粮油行业健康有序发展、产业结构优化调整。中国泰山农机线上博览会暨全省秋季农机化作业现场演示会。该博览会吸引26个“一带一路”沿线国家、150家海外采购商、2万名国内专业观众参展，展出2000台大型、智能、高端农机装备产品，达成合作意向72项，单日交易额600万元。首届中国免疫力经济（泰安）论坛暨第二届泰山黄精产业发展国际峰会。签订多项合作协议，启动泰山黄精产业发展国际峰会技术创新平台，发布泰山黄精栽培技术规程地方标准、泰山黄精地理标志证明商标使用管理办法、泰山黄精产业生态整体规划。

9月6日，第三十四届泰山国际登山节暨2020中国泰安投资合作洽谈会举办。图为开幕式现场　（司 刚　摄）

【文旅活动】 2020山东省会经济圈文旅协作暨第四届中国（泰山）全域旅游采购商云端峰会。作为省会经济圈、中华文化枢轴域内城市，泰安市与济南、淄博、东营、济宁、德州、聊城、滨州市文化和旅游局的领导和旅游企业200人参加2020山东省会经济圈文旅协作暨第四届中国（泰山）全域旅游采购商云端峰会，共同发布《泰山宣言》，共同推出了“齐鲁文化”“山水圣人”“牵手泰山行走黄河”“泰安深度游”4大主题、5条旅游线路，共同签署《旅游一体化营销战略合作协议》，举办特色旅游商品、文创产品和非遗产品成果展。峰会期间，泰安市旅游景区、旅行社、自驾游协会等旅游企业与国内合作对象签订合作协议100个，展出20多个门类、近百种文创和旅游商品、“非遗”产

9月5日，泰安市人民政府与民革中央企业家联谊会战略合作框架协议签约仪式举行。图为签约仪式现场

（司 刚 摄）

品。新华网、央视网、腾讯网、今日头条、抖音、《大众日报》《泰安日报》、泰安电视台等80多家媒体对峰会进行宣传报道，通过网络直播、短视频宣传、图文推广等多种形式对外宣传推广，中国移动公司泰安分公司全程提供视频通信、直播技术保障。“天贶杯”中国国际旅游航拍大赛暨中国航拍摄影艺术节。邀请国内6个省份12个城市的12支航拍团队到泰安参加，活动涵盖各功能区和各县（市、区）30多个旅游景区，评选出航拍创作金、银、铜奖作品6件。征集摄影作品2000幅，评选出一等、二等、三等奖200幅。国内80多家媒体对活动进行宣传报道，编发新闻稿件110篇，阅读和点击数量累计突破1500万次，抖音话题、快手话题传播量累计突破6000万次，居国内同类品牌活动榜首。泰山文化艺术节。组织开展地方特色文艺演出、摄影艺术大集、旅游和文创大集、文旅图书大集、精品书画大展以及“非遗赶大集”等系列活动，提升群众文化获得感和文化生活满意度，集中打造泰安市对外高端文旅展示平台和对内惠民亲民节庆品牌。第四届玉雕大赛。有272件作品入围，评选出金奖5件、银奖11件、铜奖25件、最佳创意奖3件、最佳工艺奖94件。第十届泰山石敢当文化节。举办开幕式、泰山石敢当艺术展、民间文艺演出、泰山非遗体验展、“非遗”文创展销、民俗文化摄影大赛、工艺美术博览会以及面塑大赛等主题活动，营造良好投资环境。第三届黄河·泰山旗袍文化节。以旗袍为纽带，促进黄河文化与泰山文化交流。

【科技活动】 “才入泰安·势如泰山”招才引智签约仪式。坚持以用为本的用人理念，聚焦新一代信息技术、高端装备、先进制造和现代高效农业等全市新旧动能转换十大支撑产业急需紧缺人才，集中签约一批高层次科技人才、团队和高水平科技人才项目33项，签约高层次人才33名，其中国家级人才工程专家2人、国家杰出青年1人、高层次人才2人。第三届“泰山论灸”高端论坛暨第二届泰山大健康博览会。邀请中国针灸学会、世界针灸学会联合会、北京中医药大学、安徽省针灸学会等7位针灸界专家到泰安，围绕“激发中医艾灸新活力，构建康养产业新格局”主题，就《针灸干预新冠肺炎的思路、方案与实践》《论艾灸疗法的适应证》《构建产业链，推动艾灸事业进步》等专题进行学术交流和现场演示。泰山大健康产业博览会。集中展示500款大健康、养生消费产品以及终端服务项目，300家参展商参会。中国有色金属矿山绿色开采新技术新装备发展高端论坛。其间，与会专家学者围绕有色金属行业智能制造、智能制造赋能矿业企业数字化转型发展、数据驱动赋能智能矿山建设、

9月12日，泰山文化艺术节举办。图为启动仪式 （司 刚 摄）

智能输送装备服务矿山建设等专题展开学术交流。（姚 韵）

【体育活动】 9月6—19日，举行第三十四届泰山国际登山节各项体育赛事活动，安排赛事活动4项，其中3项为国内最高水平年度赛事。9月6日，举行第三十四届泰山国际登山比赛起跑仪式，全国政协副主席、民革中央常务副主席郑建邦，省政府副省长孙继业，省政协副主席赵家军，国家体育总局登山运动管理中心副主任、中国登山协会秘书长张志坚，省体育局局长李政，国家体育总局、省政府办公厅、省体育局有关领导，以及泰安市4大班子主要领导、分工领导和承办单位领导参加起跑仪式，市委副书记曲锋主持仪式。近3000名登山运动员和登山爱好者参加比赛。山东济南选手桑克浩以1小时2分18秒成绩获得男子组冠军，泰安选手周霞以38分23秒成绩获得女子组冠军。同期策划“2020第三十四届泰山国际登山比赛暨第二十五届全国全民健身登泰山比赛线上比赛”，报名人数达到15万人，满足运动爱好者参赛需求。

登山节期间还策划安排3项赛事活动，分别为2020中国攀岩联赛（山东泰安站）、2020全国竞走锦标赛、首届泰山九女峰自行车暨徒步体验赛。2020中国攀岩联赛（山东泰安站）于9月11—13日，在泰安市体育中心攀岩场地举行，作为2020中国攀岩联赛的揭幕战，设置男女子攀石赛、男女子速度赛4个项目，吸引全国各地的20支代表队参加。2020全国竞走锦标赛于9月19—20日，在泰山西湖景区石腊河路举行，作为国内最高规格的竞走专业赛事，该次比赛共设置男子/女子青年组10千米竞走、男子/女子青年组10千米竞走团体、男子/女子成年组20千米竞走、男子/女子成年组20千米竞走团体、男子青年组30千米竞走、男子成年组50千米竞走10个项目，吸引全国23个省、自治区、直辖市的316名运动员参加。首届泰山九女峰自行车暨徒步体验赛于9月19日，在泰山九女峰乡村度假区举行，吸引160人参加，该次比赛以“山地户外”为切入点，推动山地户外体育文化、体育产业发展，营造交流合作新平台。（靳立超）

编辑 校对 刘 凯

大事记

1 月

2 日 市委副书记、市长张涛主持召开第三十一次市政府常务会议，听取《政府工作报告》起草情况和泰山区域山水林田湖草生态保护修复工程工作情况汇报。

6 日 副省长凌文带领省直有关部门到山东康平纳集团有限公司就国家级创新中心建设进行专题调研。

△ 市十七届人大常委会第二十三次会议召开。经过分组审议，通过或原则通过有关报告，表决人事任免事项。

△ 全国双拥工作领导小组成员兼办公室副主任、中央军委政治工作部群众工作局局长肖安水到泰安市调研全国双拥模范城创建工作。

7 日 市委常委会召开会议，听取市委常委和市人大常委会、市政协、市法院、市检察院党组书记2019年度履行全面从严治党主体责任述职及市人大常委会、市政府、市政协党组，市纪委市监委，市法院、市检察院党组年度工作情况汇报。

8—11 日 中国人民政治协商会议第十三届泰安市委员会第四次会议在泰山国际会展中心召开。市委书记崔洪刚作重要讲话，市政协主席周桂萍代表市政协常委会作工作报告。大会补选杨荣和为政协第十三届泰安市委员会秘书长，补选毕研坤、张勇、郭青为政协第十三届泰安市委员会常务委员。大会一致通过市政协十三届四次会议提案审查情况的报告和市政协十三届四次会议政治决议。

9—12 日 泰安市第十七届人民代表大会第五次会议在泰山国际会展中心召开。全市417名人大代表出席会议。市长张涛代表市政府向大会作政府工作报告，大会选举朱云三为市中级人民法院院长，选举朱杰为市十七届人大常委会秘书长，选举苏伟丽为市十七届人大常委会委员。大会通过市十七届人大五次会议关于政府工作报告的决议、关于泰安市2019年国民经济和社会发展计划执行情况与2020年计划的决议、关于泰安市2019年预算执行情况和2020年预算的决议、关于泰安市人民代表大会常务委员会工作报告的决议、关于泰安市中级人民法院工作报告的决议、关于泰安市人民检察院工作报告的决议等。

11 日 市委理论学习中心组进行集体学习，传达学习习近平总书记在中央“不忘初心、牢记使命”主题教育总结大会上的重要讲话精神。

12 日 泰安市“不忘初心、牢记使命”主题教育总结大会召开。市委书记崔洪刚、省委主题教育第五巡回指导组组长孙松青出席大会并讲话，市委副书记、市长张涛主持，省委主题教育第五巡回指导组副组长岳富常等出席。

△ 市十七届人大常委会第二十四次会议召开。会议决定接受张红旗辞去市人民政府副市长职务的请求，报泰安市人民代表大会备案。

13 日 市委副书记、市长张涛主持召开第三十二次市政府常务会议，听取《关于支持泰山基金小镇发展的若干政策意见》和《关于加快企业上市、挂牌和基金业发展促进新旧动能转换的实施意见》起草情况汇报，听取2019年为民实事落实情况及2020年实事项目征集筛选情况汇报。

15 日 市委常委会召开会议，传达学习习近平总书记在十九届中央纪委四次全会上的重要讲话精神，听取2019年市委、市政府为民实事落实情况及2020年实事项目征集筛选情况汇报，研究各重点任务工作小组（指挥部）2020年度重点任务。

23 日 中共泰安市纪委十一届五次全体会议召开。会议深入学习贯彻十九届中央纪委第四次全体会议精神和省纪委十一届五次全体会议精神等，回顾2019年全市纪检监察工作，部署2020年任务。审议通过市委常委、市纪委书记、市监委主任郝红代表市纪委常委会所作的《强化责任担当、完善监督体系，为泰安全面建成小康社会提供坚强保障》工作报告。

△ 市委常委会召开会议，研究部署新型冠状病毒感染的肺炎疫情防控工作。

25日 泰安市8名医护人员加入山东省首批医疗队，从济南乘飞机驰援武汉，共同抗击新型冠状病毒感染的肺炎疫情。

26日 市委常委会召开扩大会议，传达贯彻中共中央政治局常务委员会会议和省委常委会扩大会议精神，听取全市疫情防控工作汇报，研究部署下一步工作。

30日 省政协常委、省卫健委一级巡视员肖培树到泰安市督导新型冠状病毒感染的肺炎疫情防控工作，并召开反馈会。

2月

3日 市委常委会召开扩大会议，传达贯彻省委书记刘家义在省疫情处置工作领导小组会议上的讲话精神，分析研判泰安市疫情形势，深入查找存在问题，研究制定做好下一步工作的具体措施。

△ 市委副书记、市长张涛主持召开第三十四次市政府常务会议，传达上级关于新型冠状病毒感染的肺炎疫情防控工作有关精神，听取市新型冠状病毒感染的肺炎疫情处置领导小组办公室10个工作组、"1·31"疫情防控工作专班工作情况和存在的困难、问题及建议，安排部署工作。

4日 市委常委会召开扩大会议，传达学习2月3日中央政治局常务委员会会议精神和省委书记刘家义在省疫情处置工作领导小组会议上的讲话，研究贯彻落实意见。

7日 国务院应对新型冠状病毒感染的肺炎疫情联防联控机制工作指导组一行，在指导组组长、人民卫生出版社原董事长、党委书记郝阳带领下，对泰安市疫情防控工作进行指导。

10日 受新冠肺炎疫情影响，开学时间推迟，停课不停学，"网上课堂"开课。

11—12日 省委常委、组织部部长王可率省委督导检查组到泰安市督导检查疫情防控、复工复产、民生保障等工作。

13日 市委常委会召开扩大会议，传达贯彻中共中央政治局常务委员会会议和省委疫情防控督导组反馈会议精神，分析新冠肺炎疫情形势，研究加强疫情防控措施，统筹安排农业、工业生产等工作。

15日 市委常委会召开扩大会议，传达贯彻中央全面深化改革委员会第十二次会议精神，学习省委书记刘家义专题研究农业农村工作时的讲话，研究疫情防控工作和成立市委经济运行应急保障指挥部的有关事宜。

18日 市委、市政府召开"战疫情、保发展，金融支持在行动"银企签约视频会议，为复工复产企业提供金融支撑。签约采取市县分散签约形式，18家银行与173家企业签署协议，达成205亿元签约资金。

△ 市委副书记、市长张涛主持召开第三十五次市政府常务会议，听取《关于疫情防控形势下统筹推进当前经济社会发展工作分工落实方案》和《疫情防控期间招商引资工作措施》起草情况汇报，听取全市疫情防控期间农业农村及脱贫攻坚工作情况汇报，听取市委经济运行应急保障指挥部各组工作方案汇报。

19日 全市举行2020年春季重点项目开工仪式，全市有91个重点项目开工建设，总投资789.1亿元，2020年计划投资200.1亿元。

21日 齐鲁交通发展集团党委书记、董事长周勇到泰安市调研宁（阳）梁（山）高速工程疫情防控及项目复工情况和省庄立交改造情况。

24日 副省长凌文到泰安市调研督导民政服务机构疫情防控工作。

26日 市委常委会召开会议，学习贯彻习近平总书记在统筹推进

2月18日，"战疫情、保发展，金融支持在行动"银企签约视频会议召开（司 刚 摄）

新冠肺炎疫情防控和经济社会发展工作部署会议上的重要讲话，研究部署全市统筹推进疫情防控和经济社会发展工作。

28 日 市委常委会召开会议，研究对城乡需要重点关照的老年人、残疾人、留守儿童等群体进行摸排，切实加强管理服务的工作方案。

△ 市十七届人大常委会第二十五次会议召开。经过分组审议，表决通过有关决定、决议等，表决通过人事任免事项。

3 月

1 日 市委新冠肺炎疫情处置工作领导小组召开会议，学习贯彻省委新冠肺炎疫情处置工作领导小组会议精神，就做好进入泰安人员疫情防控工作进行安排部署。

3 日 市委副书记、市长张涛主持召开第三十六次市政府常务会议，听取《大力推进工程项目网上审批加快重点项目落地建设专项行动方案》《2019 年度法治政府建设情况报告（审议稿）》《法治政府建设示范创建工作实施方案》起草情况汇报。

4 日 省委书记刘家义到泰安市调研疫情防控工作和经济社会发展情况。强调要深入贯彻习近平总书记重要讲话精神和关于疫情防控工作一系列重要指示要求，继续毫不放松抓紧抓实抓细防控工作，积极有序恢复生产生活秩序，奋力实现全年经济社会发展目标任务。

6 日 市委常委会召开扩大会议，传达学习省委书记刘家义到泰安调研时的工作要求和在省委全面深化改革委员会第六次、第七次会议上的讲话精神，研究贯彻落实意见。

11 日 全市决战决胜脱贫攻坚视频会议召开，深入学习贯彻习近平总书记在决战决胜脱贫攻坚座谈会上的重要讲话精神，认真落实省委决战决胜脱贫攻坚座谈会精神，坚决克服新冠肺炎疫情影响，对打赢脱贫攻坚战进行再动员再部署，确保如期完成脱贫攻坚目标任务，确保全面建成小康社会。

△ 市委副书记、市长张涛主持召开第三十七次市政府常务会议，听取 2019 年度安全生产目标责任考核情况和 2020 年生态环境保护重点工作汇报，听取成立泰安市产业技术创新研究院有关情况和科技“创新型 50 强”企业培植工作及动态调整情况汇报。

13 日 市委理论学习中心组进行集体学习，深入学习习近平总书记在决战决胜脱贫攻坚座谈会上的重要讲话，围绕习近平总书记关于推进国家治理体系和治理能力现代化、关于统筹推进新冠肺炎疫情防控和经济社会发展工作、关于决战决胜脱贫攻坚等三个方面的重要论述，紧密联系思想和工作实际开展交流讨论。

18 日 副省长刘强到泰安市调研森林防灭火工作。

△ 全市外资招商项目视频签约仪式举行，深入贯彻落实习近平总书记重要指示精神和党中央决策部署，统筹做好疫情防控和经济社会发展各项工作。

19 日 市委召开农村工作会议，深入学习习近平总书记关于“三农”工作的重要论述，传达贯彻省委农村工作会议、全省扶贫开发工作会议、全省畜牧业工作会议、全省水利工作会议等系列会议精神，安排部署全市农业农村工作。

24 日 省委常委、省军区司令员邱月潮到泰安调研民兵参加企业复工复产、森林防火和境外疫情输入防控等工作。

26 日 市委常委会召开扩大会议，听取房地产开发历史遗留问题专项整治进展情况汇报，研究《关于加快工业经济发展的十二条意见》，部署下一步工作。

30 日 副省长于国安到东平县调研脱贫攻坚、易地扶贫搬迁、黄河滩区迁建、扶贫车间建设等工作。

4 月

1 日 市委、市政府在市政大楼楼前广场举行泰安市援助湖北医疗队首批返回泰安队员凯旋欢迎仪式。

3 日 市委常委会召开会议，传达学习省委办公厅、省政府办公厅《关于贯彻落实习近平总书记重要指示精神做好当前安全生产工作的通知》，研究贯彻落实意见。

7 日 全市教育工作会议召开。

△ 市委副书记、市长张涛主持召开第三十八次市政府常务会议，听取耕地保护督察意见整改、耕地保护违法违规问题全面排查整治和农村乱占耕地建房问题专项整治工作情况汇报，听取《关于建立健全生态文明建设财政奖补机制的实施方案（审议稿）》起草情况汇报，研究学校疫情防控和开学复课准备工作。

8 日 2020 年“全民阅读 · 书香泰安”活动启动。

9 日 市委常委会召开扩大会议，传达贯彻 4 月 3 日省委常委会会议精神和省委书记刘家义在强化耕地保护专题会议上的讲话，听取全市耕地保护督察意见整改、耕地保护违法违规问题全面排查整治和农村乱占耕地建房问题专项整治工作情况汇报，安排部署下一步工作。

11日 “春暖天颐，花开泰安——泰安人游泰安”活动启动。

13日 市委书记崔洪刚，市委副书记、市长张涛会见北京市山东商会会长王兵、江西省山东商会会长董奇、山西省山东商会会长伊纪余、湖南省山东商会会长李涛、河北省山东商会会长闫国华，双方就在泰安建设全国山东商会·泰山联盟企业总部基地进行座谈交流。

15日 市委副书记、市长张涛主持召开第三十九次市政府常务会议，传达全省新冠肺炎疫情防控工作视频会议精神和全国水土保持工作视频会议精神并研究贯彻落实意见。

16日 市委理论学习中心组进行集体学习，围绕深入学习贯彻习近平总书记关于全面从严治党的重要论述和《党委（党组）落实全面从严治党主体责任规定》要求，围绕学习贯彻中央办公厅印发《关于持续解决困扰基层的形式主义问题为决胜全面建成小康社会提供坚强作风保证的通知》，联系思想和工作实际进行交流讨论。

17日 “慧民云医服务平台”建设项目战略合作签约仪式举行。

21日 市委副书记、市长张涛主持召开第四十次市政府常务会议，听取全市一季度经济运行情况汇报，安排部署下一步工作。

22日 省委副书记杨东奇到泰安调研，强调要深入学习贯彻习近平总书记关于统筹抓好疫情防控和经济社会发展的重要论述，认真落实“六稳”“六保”工作要求，按照省委“重点工作攻坚年”部署，抓紧抓实抓细常态化疫情防控，统筹做好脱贫攻坚和乡村振兴工作，为推进经济社会持续健康发展提供有力保障。

23日 泰安市政府与山东高速集团有限公司正式签订战略合作协议，全面深化合作，推动区域经济高质量发展。

24日 市委常委会召开扩大会议，深入学习贯彻习近平总书记在中央政治局会议上的重要讲话精神，认真落实省委常委会会议特别是省委书记刘家义的讲话要求，就统筹做好全市疫情防控和经济社会发展特别是做好“六保”工作，进行研究和安排部署。

△ 商汤科技创始人、香港中文大学教授汤晓鸥到泰安市对接洽谈智慧城市建设合作事宜。

27日 省人大常委会党组副书记、副主任王良带领立法调研组到泰安就《山东省乡镇人民政府工作条例（草案三次修改稿）》进行立法调研。调研组一行到泰山区邱家店镇、岱岳区山口镇、泰山景区黄前镇进行调研，随后召开座谈会听取市相关部门和单位的修改意见和建议。

28日 副省长任爱荣先后赴宁阳县、岱岳区、泰山区，对泰安市重点外经贸企业运行情况和口罩、隔离衣生产企业的情况开展调研。

△ 市十七届人大常委会第二十六次会议召开。经过分组审议，原则通过有关审议意见，表决通过人事任免事项。

5月

1日 省委书记刘家义到泰安市就假日期间疫情防控和节日生产等工作进行调研，看望慰问坚守一线的干部职工，代表省委、省政府向全省广大劳动者致以节日问候。

2日 市领导干部会议召开，传达学习省委书记刘家义5月1日在泰安调研时的讲话精神，研究贯彻落实意见。

8日 市委常委会召开会议，听取2019年创建全国文明城市工作情况和2020年实施方案汇报，研究审议《中共泰安市委党的建设工作领导小组2020年工作要点》。

12日 银企助力泰安市高质量发展战略合作框架协议签署活动举行。

5月1日，泰山西湖景区开园　　（司　刚　摄）

14日 省委书记刘家义，省委副书记、代省长李干杰到东平湖调研并召开座谈会，深入贯彻习近平生态文明思想，贯彻落实习近平总书记关于黄河流域生态保护和高质量发展的重要论述，研究东平湖生态保护和高质量发展规划和措施。

15日 市委副书记、市长张涛主持召开第四十一次市政府常务会议，听取《泰安市关于加快推进城乡融合发展的实施意见（审议稿）》《泰城城区2020年大气污染防治“十大专项行动”工作方案（审议稿）》起草情况汇报。

16日 市委常委会召开会议，传达学习《东平湖生态保护和高质量发展专项规划》专题会议精神，研究贯彻落实意见。

16—24日 以“大美泰山·云上庙会”为主题的首届泰山云上庙会在泰安岱庙举行。

17日 全省通过视频连线方式，举行重大项目集中开工活动，全省16市的796个重大项目集中开工建设。泰安分会场设在国泰大成新材料科技产业园项目开工现场。

28日 市委副书记、市长张涛主持召开第四十二次市政府常务会议，听取《泰安市“六保三促”实施方案（征求意见稿）》起草情况汇报，听取省智慧康养创新创业共同体有关情况汇报。

△ 中国石油泰安60万吨/年LNG装备国产化项目举行首车外运仪式。

6月

2—3日 黄河水利委员会副主任牛玉国到东平县检查汛前黄河水旱灾害防御工作。

4日 省委常委、省纪委书记、省监委主任陈辐宽到东平县调研，强调要深入贯彻落实习近平总书记在决战决胜脱贫攻坚座谈会上的重要讲话精神，扛牢责任、担当实干，把各项工作抓得更紧更实更细，确保如期完成脱贫攻坚目标任务。市委书记崔洪刚等陪同活动。

5日 中国泰山第六届国际高洽会开幕，集中签约项目15个，涉及高端装备制造、新一代信息技术、医养健康、新能源新材料、文化创意、现代物流等多个领域。

9日 市委副书记、市长张涛主持召开第四十三次市政府常务会议，听取营商环境建设工作情况汇报和《数字泰安2020行动方案（审议稿）》《关于泰安市数字基础设施建设的指导意见（审议稿）》起草情况汇报。

△ 市医保局与微医泰山互联网医院正式签署互联网医院医保定点协议，泰安市成为山东省首个由医保部门与互联网医院签署医保服务协议的城市。

10日 全市召开创建全国文明城市工作推进会议，总结上年至6月全国文明城市创建工作进展情况，分析形势，明确任务，落实责任，动员全市上下投身到文明城市创建工作中去，确保实现决战决胜的工作目标。

11日 黄河水利委员会党组书记、主任岳中明到东平县调研黄河防汛等工作。

△ 副省长孙继业到泰安调研联系点企业经济运行情况，并到大汶河（肥城段）调研防汛和美丽河湖建设情况。

12日 市委理论学习中心组进行集体学习，学习贯彻全国巡视工作会议暨十九届中央第五轮巡视动员部署会会议精神，并围绕深入学习宪法和习近平总书记关于依法治国和安全生产两个方面的重要论述，紧密联系思想和工作实际进行研讨。

12—14日 2020第十七届泰山国际车展在泰山国际会展中心亮相，吸引高端、合资、自主在内50多个热销品牌、300余款车型参展。

13日 全市召开新时代泰山“挑山工”表扬大会。

16日 “减少VOCs排放，守护同一片蓝天”错峰加油启动仪式在中石化泰山石油泰安第十加油站举行。泰安市成为全省率先启动加油站错峰减排的城市。

18日 泰安市政府与山东省港口集团战略合作协议签署暨泰山内陆港启动仪式在泰安市举行。

△ 泰安市政府与山东产业技术研究院战略合作协议签约暨泰安市产业技术创新研究院、山东产业技术研究院泰安分院揭牌仪式在泰安市举行。

△ 全省“互联网+医保+医疗+医药”慢病管理创新服务现场会在泰安市召开，总结推广市“互联网+医保+医疗+医药”慢病管理经验，全面推进“互联网+医保+医疗+医药”综合保障体系建设。

22日 市委副书记、市长张涛主持召开第四十四次市政府常务会议，听取全省安全生产电视会议精神及贯彻落实意见汇报，研究推进“市县同权”改革和规范行政审批服务划转事项、开展告知承诺制改革试点、落实《山东省人民政府关于印发支持实体经济高质量发展的若干政策的通知》及有关建设规费缓交等工作。

△ “云走齐鲁·乐享健康”线上万人健步走活动泰安赛区启动（授旗）仪式在泰安市全民健身中

心广场举行。

28日 重庆市巫溪县委书记唐德祥一行到泰安市对接东西扶贫协作工作。

29日 市十七届人大常委会第二十七次会议召开。经过分组审议，原则通过或表决通过有关审议意见、报告等，表决通过人事任免事项。

7 月

3日 “岱下钟鼓”泰安市首届网评大赛在泰安新闻大厦启动。

△ 市委常委会召开会议，学习贯彻省委十一届十一次全体会议和全省安全生产专项整治三年行动动员部署电视会议精神，研究流程再造工作。

8日 副省长汲斌昌到东平县检查东平湖防汛工作，强调要强化责任、消除隐患、加强防御，把各项要求落到实处，牢牢把握防汛工作主动权，全力确保黄河、东平湖安全度汛。

8—10日 市委副书记、市长张涛率团到重庆巫溪县实地考察东西部扶贫协作工作情况，走访贫困群众，看望慰问一线人员，出席泰安市·巫溪县东西部扶贫协作联席会。

9日 省政协副主席、党组副书记吴翠云率省检查组到泰安市检查防汛工作，要求各级时刻紧绷防汛这根弦，筑牢防汛“安全堤”，确保安全平稳度汛，确保人民生命财产安全。

13—15日 全市举行重点项目建设实地观摩评议活动。市领导和有关部门单位负责人对各县（市、区）、功能区上半年重点项目建设情况进行实地观摩评议，动员全市上下进一步提振发展信心，全力做好“六稳”工作，全面落实“六保”任务，为高质量发展积蓄新动能。

16日 中国共产党泰安市第十一届委员会第十一次全体会议在泰安市举行。

△ 省工商联十三届六次常委会议在泰安市召开，全省知名民营企业“泰山行”活动同期举办。

17日 省政协副主席郭爱玲到泰安市就牵头负责的泰山新闻出版小镇重点项目和联系贫困村工作进行调研。

22日 市委副书记、市长张涛主持召开第四十五次市政府常务会议，听取上半年全市经济社会发展情况汇报，研究部署下一步经济社会发展工作。

23日 省政协副主席、党组成员唐洲雁围绕“推进中小学开展民族团结进步教育”到泰安市进行专题调研。

24日 市委理论学习中心组进行集体学习，学习贯彻习近平总书记在中央政治局第二十次、第二十一次集体学习时的重要讲话精神，学习省委向中办报送的《泰安市深入贯彻落实习近平总书记重要指示精神勇做新时代泰山“挑山工”》专报，围绕深入学习习近平总书记关于贯彻落实新时代党的组织路线的重要论述、勇做新时代泰山“挑山工”两个主题，紧密联系思想和工作实际，进行学习研讨。

△ 市委常委会召开会议，听取全市安全生产和防汛救灾工作情况汇报，研究贯彻落实意见。

27日 市委常委会召开扩大会议，学习贯彻省委书记刘家义在省委常委会会议研究上半年全省经济社会发展形势时的讲话精神，分析研究上半年全市经济社会发展形势，安排部署下半年工作任务。

29日 省委书记刘家义到泰安市调研军创企业并召开退役军人代表座谈会，深入贯彻落实习近平总书记关于退役军人工作的重要论述，代表省委、省政府向全省广大退役军人致以亲切慰问和良好祝愿。

△ 副省长、省公安厅厅长范华平到泰安调研公安工作。

30日 市委常委会召开会议，专题研究全面从严治党工作，听取相关情况汇报，提出加强和改进措施。

△ 退役军人事务部党组成员、副部长、全国双拥工作领导小组副组长钱锋率调研组到泰安市专题调研退役军人“基层基础基本建设年”活动和优抚工作开展情况。

8 月

1日 “中国体育彩票”泰安市2020年全民健身日主题活动启动。

6—7日 全国政协常委、副秘书长，民革中央副主席兼秘书长李惠东一行到泰安市就机关建设和企业家联谊会建设工作开展调研。

7日 市委常委会召开会议，传达学习全省领导干部会议精神，研究全市美丽宜居乡村建设工作。

10日 泰安市政府与陕西建工控股集团有限公司签署战略合作协议。

12日 中国科协服务山东创新发展现场交流会在泰安市举行。

△ 市委副书记、市长张涛主持召开第四十六次市政府常务会议，听取第三十四届泰山国际登山节暨2020中国泰安投资合作洽谈会筹备情况汇报和《泰安市人民政府工作规则（审议稿）》起草情况汇报，进行《中华人民共和国民法典》专题讲座。

13 日 市委常委会召开会议，传达学习习近平总书记关于制止餐饮浪费行为的重要指示精神，研究贯彻落实意见，并听取创建全国文明城市工作情况汇报。

△ 土工合成材料协同创新共同体成立仪式暨路用材料关键技术协同创新高端论坛在泰安市举行。

22—23 日 第十五届全国粮油产销企业订货会在泰安市举行。

25 日 市委理论学习中心组学习《习近平谈治国理政》第三卷辅导报告会举行，推动全市广大党员干部进一步学懂、弄通、做实习近平新时代中国特色社会主义思想，进一步加深对党的最新理论成果的政治认同、理论认同、实践认同、情感认同，在武装头脑、指导实践、推动工作上取得新成效。

26—27 日 市十七届人大常委会第二十八次会议召开。经过分组审议，会议表决通过或原则通过有关决议、报告等，表决通过人事任免事项。

26—31 日 市委书记崔洪刚带队南下精准招商，辗转三省四地考察企业，拜会商会、企业家、大学智库，洽谈合作，签订合作协议，推动泰安招商引资再上新台阶。

31 日 2020 中国（泰山）国际矿业装备与技术展览会在泰山国际会展中心开幕。

9 月

4—6 日 2020 中国青贮玉米产业发展大会暨奶业振兴泰山论坛在泰安市举办。

5 日 泰安市人民政府与民革中央企业家联谊会战略合作框架协议签约仪式举行。

△ 第十届泰山石敢当文化节在泰安市开幕。

6 日 第三十四届泰山国际登山节暨 2020 中国泰安投资合作洽谈会在泰安市开幕。德国、日本、韩国等 15 个国家和地区以及国内的 700 余名嘉宾、客商，通过现场出席和视频连线的方式参加活动。

△ 2020 中国泰安投资合作洽谈会重点项目签约仪式在泰安市举行，共签约重点项目 44 个，总投资 915.3 亿元。

△ “中国体育彩票杯”第三十四届泰山国际登山比赛暨第二十五届全国全民健身登泰山徒步活动起跑仪式在岱庙广场举行。作为新冠肺炎疫情发生以后国家体育总局批复的第一个全国群众性赛事，该比赛吸引近 3000 名登山运动员、登山爱好者参加。

△ “玉见泰山·国泰民安”——第四届“泰山玉杯”玉雕大赛系列活动在泰安东岳山庄开幕。

8 日 全市 2020 年教师节庆祝大会召开。

10 日 2020 中国泰山农机线上博览会暨全省秋季农机化作业现场演示会在泰安市举行。

11 日 2020 中国攀岩联赛（山东泰安）在泰安市体育中心攀岩场地开幕。

△ 市委常委会召开会议，传达学习习近平总书记在全国抗击新冠肺炎疫情表彰大会上的讲话，研究贯彻落实意见。

12—13 日 “百艺群芳文旅崇光”2020 泰山文化艺术节在泰安市文化艺术中心举行启动仪式和集中展演展示活动。

14 日 市委常委会召开扩大会议，学习习近平总书记重要批示精神，贯彻落实省委、省政府部署要求，研究推进美丽宜居乡村建设和脱贫攻坚工作。

18 日 市委理论学习中心组举行《中华人民共和国民法典》法治专题讲座，学习贯彻习近平总书记在中共中央政治局第二十次集体学习时的重要讲话精神，加深对《中华人民共和国民法典》的理解把握，提高广大党员领导干部学法用法水平。

19 日 2020 年“海尔斯杯”全国竞走锦标赛在泰安市鸣枪开赛。

△ 第三十四届泰山国际登山节首届泰山九女峰山地自行车、徒步体验活动在岱岳区道朗镇八楼村、九女峰越野营地举行。

19—22 日 市委书记崔洪刚率领泰安党政代表团围绕落实中央和省委、省政府部署要求，到新疆考察援建项目，看望慰问援疆人员，召开泰安市·岳普湖县 2020 年对口支援工作座谈会，扎扎实实完成好援疆任务。

20 日 2020 中国首届工业影视创新发展大会在泰安市召开。

23 日 山东省暨泰安市第十一届“中国统计开放日”暨第七次全国人口普查宣传月启动仪式在泰山国际会展中心举办。

24 日 市委常委会召开扩大会议，针对山东电视台《问政山东》节目指出的泰安市城市道路建设、砂石开采、生态保护、农村供水、村镇幼儿园建设、文物保护、公交卡补办等方面的问题，深入剖析原因，研究整改落实意见，安排部署下一步工作。

26—27 日 福建省政协主席崔玉英带领住闽全国政协委员，到泰安市考察传统文化保护与开发利用情况。崔玉英一行到泰山西湖、泰安老街、灵应宫、泰山道教博物馆、岱庙，实地感受泰安市深厚的文化底蕴、独特的民俗文化，现场听取泰安市传统文化产业建设和发展情况介绍。

27日 副省长于国安到泰安市调研黄精产业发展情况。市委副书记、市长张涛陪同调研。

29日 市委副书记、市长张涛主持召开第四十七次市政府常务会议，听取“12345”政务服务热线工作情况汇报，进行《中华人民共和国大气污染防治法》《中华人民共和国土壤污染防治法》专题解读讲座。

△ 2020首届中国免疫力经济（泰安）论坛暨第二届泰山黄精产业发展国际峰会在泰安市开幕。

30日 泰安市党政军及社会各界到泰安革命烈士陵园参加公祭烈士活动，深切缅怀革命先烈的丰功伟绩，向人民英雄致以崇高敬意。

10月

7—8日 2020全国青少年网球积分排名系列赛之一的YONEX“郑洁杯”青少年网球比赛泰安站在市体育中心举行，来自全国各地的258名选手参赛。

9日 泰山国际马拉松获评“2019中国田径协会金牌赛事”。

10日 全市科技创新大会召开，表彰为全市科技事业发展和现代化建设作出突出贡献的科技工作者。

△ 市委理论学习中心组进行集体学习，学习习近平总书记关于民族宗教工作重要论述、中央关于落实意识形态工作责任制以及宗教团体管理有关文件精神、省委关于力戒形式主义官僚主义有关精神，围绕深入学习贯彻习近平总书记关于力戒形式主义官僚主义的重要论述和抓好意识形态工作两个主题，进行学习研讨。

12日 市政府与省投融资担保集团签订战略合作协议，标志着泰安市正式进入全省政府性融资担保体系。

15日 全省“依法护路、平安山东”爱路护路主题宣传活动在泰安市举办。

△ 2020山东省会经济圈文旅协作暨第四届中国（泰山）全域旅游采购商云端峰会在泰安市召开。

16日 市委常委会召开会议，传达学习省委书记刘家义关于青岛突发疫情有关讲话精神，安排部署全市疫情防控工作。

17日 “唯物史观与新时代中国特色社会主义”理论研讨会暨中国辩证唯物主义研究会第八次代表大会在泰安市召开。

△ 2020泰山智能制造峰会暨泰安市智能制造产业专家委员会成立大会在泰安举行。

18日 “红动齐鲁”泰安市第二届红色故事讲解大赛在泰安广播电视台举办。

22日 市委副书记、市长张涛主持召开第四十九次市政府常务会议，听取全市疫情防控、经济社会发展情况汇报，专题学习中央全面依法治国委员会第三次会议精神。

△ 第三届“泰山论灸”高端论坛暨第二届“泰山大健康产业博览会”在泰安市开幕。

23日 全市统筹疫情防控和经济社会发展形势分析专题会议召开。

△ 市委常委会召开会议，传达学习全国双拥模范城（县）命名暨双拥模范单位和个人表彰大会精神，研究贯彻落实意见，并听取秋冬季大气污染防治工作有关情况汇报。

25—26日 文化和旅游部党组成员王晓峰到泰安市调研非物质文化遗产保护和泰山生态文化建设工作。王晓峰一行先后到九女峰乡村旅游度假区、泰安老街、泰山西湖、岱庙、泰山景区红门游人中心、泰山螭霖鱼博物馆和南天门景区调研。

27日 副省长任爱荣到泰安市调研稳外贸工作。任爱荣一行先后到东平县九鑫集团、中益汇海生产车间和泰安港东平港区老湖作业区，深入了解企业出口产品、生产经营、订单等外贸进出口工作情况和港口

10月31日，董（家口）梁（山）高速公路新泰至宁阳段、宁阳至梁山段通车。图为董梁高速新泰西服务区 （司刚 摄）

运营管理、综合效益等情况。

27—28 日 市十七届人大常委会第二十九次会议召开。经过分组审议，会议表决通过或原则通过有关审议意见等。表决通过人事任免事项。

28 日 2020 山东（泰安）应急装备展览会暨应急产业发展论坛在泰山国际会展中心开幕。

30 日 市委常委会召开扩大会议，传达学习中国共产党第十九届中央委员会第五次全体会议精神，研究贯彻落实意见。

11 月

2 日 2020 年泰安市民营企业 50 强发布会暨民营企业家座谈会召开。市委书记崔洪刚为民营企业 10 强负责人授牌，并作讲话。市委副书记、市长张涛主持会议。

4—6 日 市委副书记、市长张涛赴上海参加第三届进口博览会，同时出席泰安（上海）投资合作洽谈会，开展有关招商活动。

5 日 "体泰心安"全民健身季暨泰安市首届老年人运动会启动仪式在泰安市老年大学举行。

6 日 2020 "渝货进山东"消费扶贫暨巫溪特色农产品展销会在泰山国际会展中心举行。

7 日 2020 泰山国际户外徒步大会暨泰山国际户外挑战赛开幕。

10 日 "山东与世界 500 强连线"日本专场活动举行，采取"主会场 + 分会场 + 视频连线"方式进行，线上推进泰安市日本健康风险管理项目。

12 日 "决胜小康 · 奋斗有我"全国职工主题阅读活动山东专场在泰山国际会展中心举行。

△ 市十七届人大常委会第三十次会议召开。

△ 全国客运索道双重预防体系建设泰山经验推介会在泰安市召开。

16 日 市委常委会召开扩大会议，听取全市农村道路"三通"工程建设有关情况汇报。会议对全市农村道路"三通"工程建设取得的成绩表示充分肯定，对宁阳县在全市率先完成农村道路"三通"工程建设提出表扬，并给予一定物质奖励。

△ 市委理论学习中心组进行集体学习，传达学习习近平总书记在浦东开发开放 30 周年庆祝大会上的重要讲话精神以及中央和省委关于做好中共十九届五中全会精神学习宣传的相关要求，研究贯彻落实意见。

△ 市委副书记、市长张涛主持召开第五十次市政府常务会议，听取安全生产百日攻坚行动有关情况汇报，安排部署"六保三促"和省对市考核工作。

17 日 泰安市学习宣传贯彻中共十九届五中全会精神暨市委宣讲团宣讲动员会召开。

20 日 中央文明委召开全国精神文明建设表彰大会，泰安市荣膺"全国文明城市"称号；县级市和县评选中，新泰市、肥城市获得"全国文明城市"称号。同时，泰安市 5 个村镇获"第六届全国文明村镇"称号、6 个单位获"第六届全国文明单位"称号、1 户家庭获"第二届全国文明家庭"称号、2 个学校获得"第二届全国文明校园"称号、1 人获"第五届全国未成年人思想道德建设工作先进工作者"称号。

△ 省人大常委会党组成员、副主任王云鹏到泰安市为石横特钢股份有限公司干部职工宣讲中共十九届五中全会精神。

21 日 泰安市第一届"市长杯"网球比赛在市体育中心网球馆拉开帷幕。

22 日 市委常委会召开会议，传达全国精神文明建设表彰大会精神，研究贯彻落实意见。

24 日 擂鼓石大街东段、灵山大街东段、北上高大街、省庄互通立交、黄前西干渠路和青年路南段 6 条道路主车道正式通车。

25 日 省委宣讲团中共十九届五中全会精神报告会在泰安市举行。

26 日 泰安市领导干部中共十九届五中全会精神第一期专题学习班开班仪式在市委党校举行。

△ 2020（北京）泰安会展合作交流暨项目推介 · 云上推介会举办。

28 日 首届"泰山论智"讲坛暨智能电力物联网生态产业高峰论坛在泰安市开幕。

30 日 市人大常委会召开新闻发布会，介绍《泰安市供热条例》（以下简称《条例》）有关情况，并就《条例》的贯彻实施进行动员部署。《条例》于 2020 年 10 月 28 日经泰安市第十七届人大常委会第二十九次会议表决通过，于 11 月 27 日经山东省第十三届人大常委会第二十四次会议批准，2021 年 1 月 1 日起正式实施，是泰安市制定出台的第 7 部实体性法规。

12 月

1 日 2020 泰山国际新闻出版合作大会暨泰山新闻出版小镇建设发布会在泰安市举行。

3 日 省委常委、政法委书记林峰海到泰安市宣讲中共十九届五中全会精神，并到东平县调研脱贫攻坚和东平湖环境综合整治等工作。

4 日 市委常委会召开会议，传达省委十一届十二次全体会议精神，研究贯彻落实意见，对《问政山东》节目曝光问题研究整改工作。

△ 泰山冰雪文体中心启用仪式暨山东省“中国体育彩票杯”短道速滑锦标赛开幕式在国家 AAAA 级旅游景区泰山花样年华景区举行。

△ 市委理论学习中心组采取专题讲座的形式，围绕《中华人民共和国宪法》进行法治专题学习。

5 日 “共享阳光——关爱残疾儿童”救助项目总结暨“新的希望”全国脑瘫儿童公益项目启动仪式在泰安市举行，中国健康促进基金会终身荣誉理事长白书忠、市委书记崔洪刚共同为脑瘫儿童救助专项基金揭牌。

7 日 市委副书记、市长张涛主持召开第五十一次市政府常务会议，听取《泰安市推进氢能产业发展实施意见（审议稿）》起草情况汇报。

9 日 “中华泰山成人礼”倡导全市高中学生登泰山活动启动仪式在泰安红门广场举行。

△ 市委副书记、市长张涛主持召开第五十二次市政府常务会议，听取市政府行政规范性文件评估清理工作情况汇报。

11 日 泰安市“‘十三五’成就巡礼”新闻发布会在泰山国际会展中心召开。

14—15 日 中国共产党泰安市第十一届委员会第十二次全体会议在泰安市举行。会议以习近平新时代中国特色社会主义思想为指导，深入学习贯彻中共十九届五中全会和省委十届十二次全会精神，听取和讨论市委书记崔洪刚受市委常委会委托作的工作报告，审议通过《中共泰安市委关于制定泰安市国民经济和社会发展第十四个五年规划和二〇三五年远景目标的建议》。崔洪刚就《建议（讨论稿）》向全会作说明。出席这次全会的有，市委委员 44 人，候补市委委员 4 人。市纪委常委和有关方面负责人列席会议。会议由市委常委会主持。

17 日 水利部副部长叶建春一行到泰安市开展黄河下游调研工作。

△ 市委书记崔洪刚到山东农业大学宣讲中共十九届五中全会精神。

18 日 泰安市建设的首条城区高架快速通道——迎胜路南延工程主车道竣工通车。

19 日 “留学报国·智汇齐鲁”中国·山东（泰安）海归高端人才泰山峰会在泰安市举行。

△ 泰安市欧美同学会（泰安市留学人员联谊会）成立大会举行。

24—25 日 市十七届人大常委会第三十一次会议召开。经过分组审议，会议表决通过有关决议等。表决通过人事任免事项。

28 日 市委常委会召开会议，传达学习中央政治局民主生活会精神，研究贯彻落实意见。

△ 市委副书记、市长张涛主持召开第五十三次市政府常务会议，听取 2021 年全市经济社会发展主要指标预期目标初步建议，听取《泰安市城市建筑垃圾管理办法（审议稿）》起草情况汇报。

28—30 日 全市举行重点项目建设实地观摩评议活动，市领导和有关部门单位负责人对各县（市、区）、功能区 2020 年下半年重点项目建设情况进行实地观摩评议。

31 日 市委经济工作会议举行。会议以习近平新时代中国特色社会主义思想为指导，全面贯彻落实中共十九大和十九届二中、三中、四中、五中全会精神，深入学习贯彻中央经济工作会议、省委经济工作会议精神，总结 2020 年经济工作，研究部署 2021 年经济工作任务。

△ 全市深化事业单位改革试点工作会议召开。会议以习近平新时代中国特色社会主义思想为指导，深入学习贯彻中共十九届五中全会精神和习近平总书记重要指示要求，贯彻落实党中央关于深化事业单位改革试点决策部署和省委工作要求，对全市深化事业单位改革试点工作进行全面动员部署。

编辑 校对 刘小笋

市情概览

自然理理

【位置面积】　泰安市位于山东省中部，处北纬 35° 38' ~ 36° 28'，东经 116° 20' ~ 117° 59'。北以泰山与济南市为界，南与济宁市相连，西隔黄河与聊城市及河南省濮阳市相望，东与济南市、淄博市、临沂市相邻。东西长约 176.6 千米，南北宽约 93.5 千米，面积 7762 平方千米，占全省面积的 4.94%。泰安城为市政府驻地，位于泰山南麓，北距省会济南 66.8 千米，南至孔子故里曲阜 74.6 千米，处于山东省“一水、一山、一圣人”旅游热线的中间。

【地质】　泰山经历漫长的地质演变过程，燕山运动奠定泰山的基础，喜马拉雅山运动构成泰山的雄伟姿态。泰山的高峻受掀斜断块构造控制，断裂活动使泰山隆起，汶河下降，造成南坡拔地通天之势。复杂的泰山地层，大体可分为两部分，其基底为“泰山杂岩”，同位素测定约有 25 亿年历史，是中国最古老的地层之一；其盖层主要是寒武——奥陶系灰岩，泰山西北坡张夏、崮山、炒米店一带的灰岩和砂页岩发育典型，是中国北方寒武系的标准地层剖面。

【地貌】　泰安市境域地势自东北向西南倾斜，有山地、丘陵、平原、洼地、湖泊等地貌类型。山地集中分布在境域北部和东部，占全市面积的 18.3%，其中，泰山雄踞境域北部，其主峰玉皇顶海拔 1545 米，为山东省第一高峰。丘陵主要分布在新泰市西南部、宁阳县东部、岱岳区西北部、肥城盆地边缘及东平县北部，占全市面积的 41.1%，海拔在 120 ~ 400 米之间。平原主要分布在山麓及河流沿岸，占全市面积的 40.6%，海拔在 60 ~ 120 米之间，其中山东省著名四大山麓平原之一的泰（安）莱（芜）肥（城）宁（阳）平原，大部分在泰安市境内。洼地主要分布在东平县“三湖”（老湖、新湖、稻屯洼）周围，占全市面积的 11%，海拔在 38 ~ 60 米之间。湖泊集中在东平县，“三湖”水面 6.35 万公顷（含市外部分），其中东平湖系山东省第二大淡水湖，为古梁山水泊遗存水域。

【气候特征】　泰安市属于暖温带大陆性半湿润季风气候区，四季分明，寒暑适宜，光温同步，雨热同季。春季干燥多风，夏季炎热多雨，秋季晴和气爽，冬季寒冷少雪。2020 年，全市年平均日照时数 2759.1 小时，较常年（2313.3 小时）偏多 445.8 小时；年平均气温 14.5℃，较常年（13.6℃）偏高 0.9 ℃；年平均降水量 901.4 毫米，较常年（664.5 毫米）偏多 35.7%。泰山山顶 2020 年年日照时数 2361.5 小时，较常年（2663.8 小时）偏少 302.3 小时；年平均气温 6.8℃，较常年（5.9℃）偏高 0.9℃；年降水量 1293.1 毫米，较常年（1046.2 毫米）偏多 23.6%。

【土地资源】　全市有土地 77.62 万公顷。其中，农用地 58.12 万公顷（耕地 36.44 万公顷、园地 3.92 万公顷、林地 10.81 万公顷，其他农用地 6.95 万公顷），建设用地 13.35 万公顷，未利用地 6.14 万公顷。全市人均占有耕地 0.07 公顷（1.05 亩），农民人均占有耕地 0.18 公顷（2.7 亩）。

【矿产资源】　境内地下矿产资源丰富，种类齐全，分布较广，具有优质矿产多、资源储量大特点。已发现矿产 63 种，探明资源储量的矿产地 101 处。探明资源储量居全省第一位的矿产有自然硫、石膏、岩盐、钾盐、蛇纹岩和玉石，第二位的有铝土矿，第三位的有铁矿，第四位的有煤矿。耐火黏土、水泥用灰岩、制碱用灰岩等也占有重要地位。铁主要分布在东平县和岱岳区角峪一带，保有资源储量 5.4 亿吨。煤主要分布在新泰市、肥城市、宁阳县、东平县，保有资源储量 20.0 亿吨。自然硫系国内发现唯一的沉积型自然硫矿床，探明资源储量折合纯硫3.2亿吨。石膏主要分布在大汶口和汶东两盆地，保有资源储量380.0亿吨。岩盐矿分布在大汶口盆地中，地跨肥城市、岱岳区两市区，面积约36.4平方千米，氯化钠平均含量86.76%，保有资源储量71.6亿吨。石灰岩除泰山区外，其余5县（市、区）均有分布。花岗石主要分布在岱岳区、新泰市、肥城市等地，品种主要有泰山红、泰山花、泰山青、吉祥绿、龙岗红等。耐火黏土主要分布在岱岳区、肥城市等地。

【水资源】 全市境内有大小河流466条，分属黄河、淮河两大流域。大汶河属黄河流域，为市内第一大河，主流起源于济南市钢城区汶源街道办事处台子村，自东向西流经全市，由下游的大清河流入东平湖注入黄河，境内流域面积6093平方千米，占全市面积的78.5%。新泰市的东汶河及宁阳县的汉马河、洸府河、宁阳沟属淮河流域的泗河、沂河水系，流域面积1305平方千米，占全市面积的16.8%。全市有水面270平方千米，占全市面积的3.5%，主要包括湖泊、水库、坑塘及部分矿区积水洼地，其中水库687座，总库容9.36亿立方米。已发现温泉4处，其中岱岳区桥沟温泉面积8.5万平方米，水深0.5～8米，混合水温在41℃～49℃之间，水质清澈透明，无臭、无味、无毒，属一级水。2020年全市水资源总量为25.54亿立方米，其中，地表水资源量18.59亿立方米，地下水资源量10.82亿立方米，地表水与地下水资源量重复计算量3.86亿立方米。

2020年泰安市人口和自然资源情况表

表1

指　标	单　位	2020年
人　口		
年末人口总数（户籍）	万人	—
人口密度（户籍）	人/平方千米	—
年末人口总数（常住）	万人	547.85
人口密度（常住）	人/平方千米	705.81
土　地		
全市土地面积	平方千米	7762
各类土地面积所占比重		
山　地	%	18.3
丘　陵	%	41.1
平　原	%	40.6
森　林		
森林覆盖率	%	25.8
森林面积	万公顷	20.04
水文、水利		
水资源总量	亿立方米	25.5
地表水资源量	亿立方米	18.6
地下水资源量	亿立方米	10.8
降水量	毫米	897

【生物资源】 全市有野生、栽培及引种成功的高等植物1600余种及变种、亚种、变型，分属191科、775属，陆生脊椎动物4纲300多种，浮游植物8门99种属，浮游动物四大类71种。农作物害虫天敌有3纲39科113种。粮食作物主要有小麦、玉米、红薯（即地瓜）、高粱、大豆、大麦等。经济作物主要有花生、芝麻、棉花、大麻、烟草、蔬菜等。木本植物分属71科、471种（变种）。用材树种主要有黑杨、毛白杨、刺槐、榆树（又称白榆）、泡桐等50余种。经济林树种主要有苹果、樱桃、核桃、桃、板栗、大枣、杏等30余种，其中“肥城桃”“泰山板栗”“新泰苹果”“宁阳大枣”等被批准为国家地理标志证明商标和农业农村部农产品地理标志产品。观赏树种有40余种，主要有雪松、圆柏、银杏、槐树（又称国槐）等。以泰山命名的珍稀树木有泰山花楸、泰山柳、泰山椴、泰山盐肤木等20多种，基本上都属于濒危保护级别。古树名木1.95万株，隶属27科45种，主要有汉柏、唐槐、六朝松等。牧草分属35科、95属、118种，以禾本科最多，菊科次之。全市天然草场年产鲜草约2.5亿千克。中药

材分属110科、448种，有10余种属于道地药材，为具有全国知名度的药材，如泰山灵芝、泰山何首乌、泰山四叶参、泰山黄精、泰山紫草、汶香附、肥城栝楼、穿山龙、白花丹参、徐长卿等。泰山“四大名药”（泰山何首乌、泰山四叶参、泰山黄精、泰山紫草）被列为国家地理标志证明商标。肥城栝楼属地方名优品种。水生植物40种，分属2门、18科、30属，集中分布于东平“三湖”，主要有藕、芡实、菱角、苇、蒲草等。畜禽品种50多个，主要有牛、马、羊、猪、鸡、鸭等，其中东平、宁阳一带的鲁西黄牛为全国四大良种牛之一，役肉兼用。小尾寒羊为稀有品种，主要产地东平县被列为全省小尾寒羊保种基地。水生动物以东平湖、稻屯洼为最多，主要有中华绒螯蟹（毛蟹）、鳖、虾、蚌等。鱼类分属8目、15科、48种，主要有鲫、鲤、鲢、草鱼等，其中泰山赤鳞鱼（又名螭霖鱼）、东平湖大青虾、东平湖鲤鱼为国家地理标志产品，“泰山金螭霖”被列为国家地理标志证明商标。野生动物有两栖动物7种、爬行动物12种、鸟类200多种。珍稀动物有属国家一级保护动物的白鹳、大鸨、梅花鹿（引进品种）等。

建置 区划

【建置沿革】 境内在五万年前已有人类生息繁衍。六千至四千年前，汶河两岸的氏族部落创造了繁盛的“大汶口文化”。此后，历代在此设邑、置郡、建府。周代分属齐、鲁等国。秦属济北郡、薛郡。西汉初（约公元前206），设博阳郡，后改泰山郡，以境内泰山取名，隶属兖州刺史部，郡治始置博县（故城在今泰山区邱家店镇旧县村），汉武帝元封二年（前109），移至新建之奉高县（今岱岳区范镇故县村），北魏时又移至钜平县（今岱岳区大汶口附近）。北齐改为东平郡，郡治博县。隋初废东平郡，分属济北郡、鲁郡、琅琊郡。唐宋时分属兖州、郓州（北宋末改称袭庆府、东平府）。金天会十四年（1136）设泰安军，治岱岳镇（今泰安城），泰安之名由此始。境内分属泰安军（金大定二十二年，即1182年升为州）与东平府，隶山东西路。元明设置泰安州。清雍正二年（1724），改为泰安直隶州。清雍正十三年（1735），升泰安直隶州为泰安府，增置泰安县为附郭，降东平直隶州为散州，泰安府时辖泰安、新泰、莱芜、肥城、东阿、平阴六县及东平一州，隶山东行省。中华民国时期，1913年，北洋政府废州府行道制，泰安地区分属济南、济宁、东临3道；1925年10月，北洋政府设泰安道，治泰安城，1928年撤销。1928年5月，南京国民政府在泰安组建山东省政府，泰安为山东省临时省会，1929年5月，山东省政府由泰安迁至济南；1936年，山东省政府在省内设行政督察区，成立行政督察专员公署，辖区分属第一、第二、第十二行政督察专署；1947年，东平属第二行政督察专署，泰安、莱芜、新泰、宁阳、肥城属第十五行政督察专署，专署机关驻泰安城。

1939年，先后建立各级抗日民主政权。1939年9月，成立泰（安）莱（芜）历（城）章（丘）淄（川）博（山）新（泰）7县行政联合办事处，为临时政权机构；1940年3月31日，在莱芜县西沟崖村成立泰山区行政专员公署；后陆续改称泰山区行政督察专员公署、鲁中区第一行政督察专员公署、鲁中南第一行政督察专员公署；1949年9月，改名为鲁中南泰山区行政督察专员公署，机关驻莱芜县城。1939年10月，泰西行政委员会成立，并建立泰西区行政督察专员公署；后陆续改称鲁西第一行政督察专员公署、冀鲁豫第一专署、晋冀鲁豫边区政府第十六专署、冀鲁豫第一专署、山东省鲁中南第七行政督察专员公署；1949年7月改为鲁中南泰西区行政督察专员公署，机关驻肥城县城。1941年9月建立泰南区行政联合办事处；1943年6月改建为泰南区行政督察专员公署，隶属鲁中区行政办事处，又称鲁中第三专署；1945年10月撤销。

中华人民共和国建立后，1950年5月，泰山、泰西两区合并为泰安专区，成立山东省泰安区行政督察专员公署，机关驻泰安城，辖泰安、莱芜、新泰、泰宁、历城、泗水、肥城、长清、宁阳、东平、平阴、汶上12县；同年12月，改称泰安区专员公署。1955年，改名为山东省泰安专员公署。1958年10月撤销泰安专署，辖县分属济南市和聊城专署。1961年7月，复置泰安专员公署，辖泰安、新汶两市，莱芜、新泰、章丘、宁阳、肥城、长清、东平、平阴8县。1963年5月，泰安市改为泰安县。1967年7月泰安专区改称泰安地区，辖区未变。1978年11月，章丘、长清两县划归济南市，泰安地区辖泰安、新汶两市和莱芜、新泰、宁阳、肥城、东平、平阴6县。1982年3月，泰安县复改为泰安市。1983年，泗水、汶上两县划归泰安地区，新泰、新汶两县（市）合并成立新泰市，莱芜撤县建市。1984年，全区辖泰安、莱芜、新泰3市，宁阳、肥城、东平、平阴、泗水、汶上6县。1985年3月，撤销泰安地区，平阴县划归济南市，泗水、汶上两县划归济宁市，原县级泰安市升格为地级市，实行市管县体制。

【行政区划】 2020年，泰安市辖泰山、岱岳2个区，宁阳、东平2个县，代省管辖新泰、肥城2个市（县级）。全市有乡、镇、街道88个（乡6个、镇62个、街道20个），村（居）民委员会3755个。为方便管理，赋予泰安高新区、泰山景区、徂汶景区管辖乡镇（街道）、村（居）的职能。其中，泰山区辖2个镇、5个街道；岱岳区辖9个镇、2个街道；泰安高新区辖2个镇、1个街道；泰山景区辖1个乡、2个镇；徂汶景区辖1个乡、2个镇；新泰市辖1个乡、16个镇、3个街道；肥城市辖10个镇、4个街道；宁阳县辖1个乡、10个镇、2个街道；东平县辖2个乡、9个镇、3个街道。

人口 民族

【人口状况】 2020年年末，全市有常住人口547.85万人。常住人口中，泰山区80.25万人，岱岳区67.82万人，高新区22.48万人，泰山景区7.95万人，徂汶景区17.01万人，新泰市127.45万人，肥城市89.38万人，宁阳县66.81万人，东平县68.7万人。

【民族】 2020年年末，泰安市有汉族、回族、满族、壮族、蒙古族、朝鲜族、苗族、侗族、藏族、维吾尔族、彝族、布依族、瑶族、白族、土家族、土族、哈尼族、傣族、黎族、傈僳族、畲族、水族、纳西族、达斡尔族、仡佬族、俄罗斯族、仫佬族、撒拉族、毛南族、鄂伦春族、佤族、拉祜族、景颇族、布朗族、锡伯族、阿昌族、怒族、鄂温克族、东乡族、羌族、哈萨克族、德昂族、柯尔克孜族、赫哲族、裕固族45个民族。汉族539.56万人，占全市总人口的98.6%；44个少数民族7.66万人，占全市总人口的1.4%。其中，回族人数为6.93万人，占全市少数民族总人口的90.47%。少数民族人口在全市呈大分散、小集中分布。全市6个县（市、区）88个乡镇（街道）中，少数民族居住较集中的有39个乡镇（街道）的130个村（居）。其中，少数民族人口占全村人口50%以上的民族村（居）51个，少数民族人口1000人以上的乡镇（街道）20个，少数民族人口1万人以上的县（市、区）有泰山区、岱岳区、新泰市、肥城市。

经济和社会发展

【概况】 2020年，全市实现生产总值2766.5亿元，增长3.5%，按可比价格计算，比2010年翻一番。一般公共预算收入达229.2亿元，增长2.2%。实现社会消费品零售总额1022.4亿元，增长-3%。金融机构存贷款余额分别达4559.6亿元、3136.3亿元，分别增长13.7%、14.8%。城乡居民人均可支配收入达30937元，比2010年翻一番。粮食总产连续6年稳定在25.2亿千克以上。

【企业复工复产】 克服新冠肺炎疫情带来的不利影响，做好“六稳”（稳就业、稳金融、稳外贸、稳外资、稳投资、稳预期）、“六保”（保居民就业、保基本民生、保市场主体、保粮食能源安全、保产业链供应链稳定、保基层运转）工作。开发“泰安政企直通车”服务平台，梳理惠企政策246项，并推送到企业。对受冲击较大的外贸企业、文旅企业、食品加工企业和民办幼儿园，一企一策重点帮扶。在省内率先开展“战疫情、保发展，金融支持在行动”活动，为148家企业授信189.2亿元，帮助3408家企业融资1066.6亿元。获省政策性农业担保和政府性融资担保授信150亿元，推动全市小微企业、“三农”担保规模快速增长。成立84支金融辅导队，结对帮扶中小微企业1148家。新增减税16亿元，

3月，泰安市各酒店、宾馆、理发店等服务业在做好疫情防护工作的基础上，有序恢复营业，开启复工复产“加速度”。图为3月23日，泰安宝盛大酒店职工摆餐 （司刚 摄）

累计落实各项税收优惠 143.6 亿元。重点企业财源建设基金投放 31.3 亿元，累计达 74.6 亿元。投放 1000 万元消费券激活拉动消费。

岱岳区角峪镇发展特色农业经济，引导贫困户发展葡萄大棚种植、蚂蚱大棚养殖等，提升自主脱贫致富能力。图为6月9日，村民收货大棚葡萄
（赵文文　供）

【产业发展】 加快补齐工业短板，成立工业经济发展指挥部和 11 个攻坚组，印发《中共泰安市委泰安市人民政府关于加快工业经济发展十二条意见》，集中优势资源，打好工业经济发展攻坚战。新增高新技术企业 97 家，国家级制造业单项冠军和绿色工厂分别达 15 家、19 家。工业领军企业 50 强实现营业收入增长 7.7%；科技创新型企业 50 强实现营业收入 34.43 亿元，其中 13 家增长超过 50%、6 家超过 100%。工业技改、制造业技改投资分别增长 30.6%、32.1%，居全省前列。推进项目建设，省重大项目 7 个、省新旧动能转换优选项目 26 个、双招双引重点签约项目 12 个、市重点项目 111 个，分别完成年度投资的 177.7%、126.3%、116.8%、107.6%。建成投产石横特钢产能置换一期、泰开智能制造、泰山玻纤七线八线、泰山石膏护面纸、恒信高科能源等一批重大产业项目，国泰大成、正威新材料、钜成集团 LCoS 芯片、泰山政法大数据产业园等一批项目落地建设。全省首家、行业唯一的国家级先进制造业技术创新中心——先进印染技术创新中心落地泰安。入选“科创中国”全国首批试点。山东润德生物科技有限公司获中国工业大奖表彰奖。提档升级现代服务业，在线教育、远程办公、电商经济等新兴服务业逆势增长，新一代信息技术服务业营业收入增长 5.9%。加快建设演艺秀都、泰山佑国际生态旅游度假区、泰山金谷等项目。中国免疫力经济论坛永久会址落地泰安。壮大农业特色产业，泰山茶、泰山板栗、肥城桃、有机蔬菜等十大优势产业总产值达 147 亿元。地理标志商标达 54 件。吸引工商资本下乡 395 亿元，新增规模以上农业龙头企业 6 家，达 331 家，其中国家级 4 家。

【释放改革活力】 对接黄河流域生态保护和高质量发展重大国家战略，泰山、大汶河、东平湖等 6 处泰安元素写入国家规划纲要。与济南签订一体化发展战略合作协议，携手谋划推进“633 工程”（“六条通道建设”，即济枣高铁、鲁中高铁、京台高速、济泰高速、国道 G104、省道 S103 建设；“三大产业对接”，即文化旅游产业、医养健康产业、智能制造产业对接；“三大区域协作”，即泰山区域、黄河流域、大汶河流域生态保护与协同发展），共同推动《省会经济圈一体化发展“369”方案》落地实施。在全省率先铺开并完成开发区体制机制改革创新，11 家开发区功能区全部实行“党工委（管委会）+ 公司”体制。升级开展“一业一证”改革试点，承担 20 个试点行业中的 19 个，试点占比全省第一。完成国企退休人员 11 万人的社会化移交工作。举办第三十四届泰山国际登山节暨 2020 中国泰安投资合作洽谈会、参加省与世界 500 强连线等活动 20 场次，签约项目 139 个，其中过 10 亿元项目 64 个。落地境内重点产业项目 220 个，合同引资额 1143.4 亿元。实行重大投资项目“绿卡”制度，压减审批事项。落实人才“金十条”政策，累计兑现各类奖补资金 2.36 亿元。引进培育产业领军人才 100 人，培养实用技能人才 6320 人，新增到泰安就业高校毕业生 1.7 万人。组织线上线下展会 46 个，引导企业开拓国际市场。设立“泰山贷”贸易融资风险补偿专项资金 1 亿元。引进新华锦、蓝海供应链等企业，打造外贸发展新平台。实际到位外资 9.6 亿美元，完成进出口总值 211.9 亿元。

【打好三大攻坚战】 打赢脱贫攻坚战。7.2 万户、14.5 万名建档立卡贫困人口全部实现稳定脱贫；213 个省级贫困村、251个市级贫困村全部摘帽退出；东平移民避险解困、易地扶贫搬迁、黄河滩区迁建“三大工程”取得决定性进展，易地扶贫搬迁全部实现回迁入住，黄河滩区居民迁建工程提前完成。援疆、与巫溪县对口扶贫协作工作取得成效。打赢三年污染防治攻坚战。空气质量优良天数比例达64.2%，同比提升12.4%；7条美丽示范河湖创建全部通过省级验收，6个省控以上河流断面水质均达到水环境功能区要求，3个国控河流断面水质均达到III类水质标准；污染地块安全利用率达100%。编制实施《东平湖生态保护和高质量发展专项规划》，东平湖环境综合治理攻坚行动取得成效。泰山景区“引水上山污水下山”工程竣工投用，“天眼护山”火情监测预警系统上线运行。通过“国家森林城市”复审。获评“2020中国最具生态竞争力城市”。实施金融风险化解攻坚。开展“增信贷、降不良、打逃债、树诚信”专项行动，超前化解重点骨干工业企业和逾期欠息企业资金链风险，金融机构不良贷款、不良贷款率连续实现“双下降”。

9月23日，位于天平湖公园以南的崇信学校，是泰安市2020年新启用的九年一贯制市直公办学校（赵文文　供）

【提升城市品质】 济（南）泰（安）高速、青（岛）兰（州）高速、董（家口）梁（山）高速等6个高速公路项目建成通车，新增通车里程190.6千米。济（南）枣（庄）高铁（泰安段）完成项目选址及核准。泰安二期抽水蓄能电站开工。中俄天然气管道东线泰安段启动。完善城市路网体系，打通擂鼓石大街、灵山大街、北上高大街、青年路南段等“断头路”“卡脖子路”，建成首条高架路——迎胜路南延工程。泰山西湖、红门广场、虎山公园等成为休闲旅游新去处，爱琴海购物公园成为休闲购物新热点。新增停车位1.3万个。高标准新建改造农贸市场36处。为老旧小区免费安装玻璃29.4万平方米，粉刷墙面1536.8万平方米，整修路面37.6万平方米，整理架空线600千米。实施雨污分流改造工程，新建管网62.5千米，老旧管线非开挖清淤318千米。综合整治泮河等河道，城区黑臭水体基本消除。泰安城区污水日处理能力达32万吨。完成中心城区生活垃圾分类试点工作。提升供水、供热、供电等保障能力。获“第六届全国文明城市”称号，群众满意度由70%上升到98%。

【保障和改善民生】 推进民生实事落实，启用冯玉祥小学新校区、崇信学校山东科技大学新幼儿园等，市直机关幼儿园完成建设。泰山科技学院转设为独立设置的本科高校。投入使用社会足球场34块，农村体育健身工程实现全覆盖。夯实社会保障，新增就业4.64万人，参加职工、居民养老保险人数分别达147.1万人、276.5万人，增发基础养老金1.38亿元；实行“两免两减半”“先诊疗后付费”政策，惠及贫困人口19.5万人次；低保、特困等困难群众救助保障标准提高22%，落实16.3万人特殊困难群体保障救助政策，增发保障金1.02亿元。在全省率先实现国家卫生城市（县城）全覆盖。（白　帆）

编辑　校对　　刘小笋

中国共产党泰安市委员会

重要会议

【全市疫情防控工作情况通报视频会议】 1月31日召开。会议传达省疫情防控工作督导反馈会议精神，通报全市疫情防控工作情况，安排部署下一步工作。

会议要求，全市各级各部门要高度重视疫情防控工作，进一步提高政治站位，强化责任担当，切实做到守土有责、守土担责、守土尽责。要落实落细疫情防控各项措施，加强道路管控，强化人员排查，以城市社区为重点，重点加大对武汉等疫区到泰安人员及其亲密接触人员的摸排和管控力度。要强化工作机制，严格做好发热患者预检分诊工作。对密切接触人员要迅速落实留观地点，采取留观措施，坚决防止疫情扩散。对确诊患者，要制定详细细致的诊疗方案，组织最优秀的治疗力量，全力以赴进行救治。要加大急需的医疗设备、防护物资保障力度。各监测点要科学调配力量，配备好防护及检测装备，实行人员轮流上岗，筑牢疫情防控的坚实防线。

【市委农村工作会议】 3月19日召开。会议传达贯彻省委农村工作会议、全省扶贫开发工作会议、全省畜牧业工作会议、全省水利工作会议等系列会议精神，安排部署全市农业农村工作。

会议要求，要在加快补齐“三农”领域短板上狠下功夫，重点在改善农村饮水安全、农村基础设施、农村人居环境等方面集中用力，全力推动农村全面建成小康社会。要强化乡村振兴产业支撑，加快打造具有泰安特色的农业全产业链，努力推进农业产业化高质量发展。要调优产业结构，做强优势特色产业，提升农业品牌效应，促进农民增收。要转变生产模式，鼓励发展规模经营，加大新型经营主体培育力度，健全农业社会化服务体系，不断提升农业组织化程度。要推动工商资本下乡，培优扶强现有农业龙头企业，提升农业龙头企业带动作用，推动全市农产品加工业延伸产业链条，壮大发展规模。

【全市“重点工作攻坚年”暨加快工业经济发展动员大会】 3月20日召开。会议深入贯彻落实全省“重点工作攻坚年”动员大会精神，安排部署全市“重点工作攻坚年”暨加快工业经济发展工作，推动“九大改革攻坚”全面落实落地，奋力开创泰安高质量发展新局面。市委书记崔洪刚出席会议并讲话，市委副书记、市长张涛主持会议。

会议强调，要抓住泰安市经济社会发展的主要矛盾和矛盾的主要方面，在加快工业发展上进行重点攻坚，集中一切资源和力量，推动工业经济加快发展。要实事求是制定攻坚措施，强化考核的指挥棒作用，强化政策的重点支持，强化园区的主责主业，推进工业园区升级进位，强化工业技改和招商引资，突出抓好“双50强”企业培植，进一步优化营商环境，通过导向明确、含金量高、操作性强的务实举措，推进全市工业经济实现重大突破、跨越发展。

【中共泰安市委十一届十一次全体会议】 7月16日举行。市委委员45人、市委候补委员5人出席会议。市纪委常委、市监委委员及有关方面负责人列席会议。全会由市委常委会主持。市委书记崔洪刚作讲话。会议传达中共山东省委十一届十一次全体会议精神，听取和讨论崔洪刚受市委常委会委托所作的工作报告，安排部署下半年及其后一个时期的工作。

会议要求，要统一克服困难抓发展的思想，强化底线思维，全力做好“六稳”工作、落实“六保”任务。要下决心抓好工业经济，持续抓好骨干企业培植，实现“滚雪球”式发展，进一步做大做强做优。要千方百计上新项目，抓好存量提质

（量）扩规（模）增效（益），抓好增量借外力“撑杆跳”。要下决心抓好投资，全面抓好农业、工业、文旅、城建、民生、基础设施等各领域投资。要全力以赴迎接全国文明城市考核测评，严格落实包保责任、属地责任、行业责任，抓实细节、强化整改，提升迎检水平。要千方百计解决好群众关心关注的问题，提高群众的幸福感满意度。要抓好干部队伍建设，坚持严管与厚爱相结合，坚持在重点工作一线考察干部、识别干部、提拔干部。要持续改进作风，坚决克服形式主义和官僚主义，形成真抓实干的良好风尚。要统筹兼顾，切实做好当前常态化疫情防控、改善民生、安全生产、社会稳定等各项工作。

【全市发挥乡镇党委“龙头”作用、抓乡促村推动乡村振兴工作会议】 7月31日召开。会议要求，乡镇党委必须强化使命担当，坚决扛起抓党建、抓治理、抓服务、促乡村振兴的时代重任。要扛起主责抓党建，牢固树立抓好党建是最大政绩理念，持之以恒强自身，聚精会神抓支部，实绩导向带队伍，激活乡村振兴新引擎。要优化路径抓治理，探索符合时代要求、符合当地实际的乡村善治路子，上下联动织密治理网格，聚焦短板破解治理难题，“三治融合”健全治理机制，构建乡村善治新格局。要提升能力抓服务，不断强化服务功能，优化服务资源配置，创新服务供给方式，搞好“全科式”服务、开展“亲情化”服务、提供“全链条”服务，让群众生活更舒心、让人才创业更精彩、让农业生产更高效，打造惠民聚才新模式。要聚合资源促振兴，坚持党建引领工商资本下乡，坚持区域化推动村庄抱团发展，坚持健全群众利益联结机制，推动城乡融合、村企融合、村村融合和产业融合，形成资本、人才、技术、信息等要素顺畅流动的新局面。

【全市科技创新大会】 10月10日召开。会议要求，要抓创新主体培育，持续激发创新内生动力，进一步加大以“创新50强”企业、高新技术企业为代表的科技创新型企业培育力度，不断提高企业发展的内生动力和科技实力。要抓创新平台建设，建设高层次科技创新平台，抓好新型研发机构建设，夯实农业科技创新载体支撑，持续提升科技支撑能力。要抓创新体系构建，着眼全市产业发展总体布局，着力推进山东省智慧康养创新创业共同体和泰安市产业技术创新研究院建设，持续提升区域创新能力。要抓智力资源引育，坚持引进、培育并举，拓宽选才育才途径，加快集聚高层次创新创业人才、团队，构筑开放创新高地。要抓创新创业生态，深化科技领域改革，优化创新创业生态，以更舒适的环境、更有温度的服务激发全市创新创业活力，持续营造良好创新氛围。

【全市乡村振兴暨脱贫攻坚工作会议】 10月11日召开。会议采取以会代训的形式，深入学习贯彻习近平总书记关于“三农”工作的重要论述和关于脱贫攻坚的重要指示精神，传达学习全省乡村振兴座谈会、省扶贫开发领导小组2020年第二次全体（扩大）会议精神，动员全市上下聚焦补齐乡村振兴、脱贫攻坚短板弱项，进一步加大工作力度，谱写乡村振兴齐鲁样板泰安篇章，开创农业农村发展新局面，确保如期高质量打赢脱贫攻坚战。市委书记崔洪刚出席会议并讲话，市委副书记、市长张涛主持会议。

会议要求，要把实施好乡村振兴战略、打赢脱贫攻坚战作为必须完成的硬任务，进一步细化任务目标，明确时间表、路线图、责任状，一项一项抓好落实落地。美丽宜居乡村建设，是乡村振兴战略的重要内容，事关群众切身利益，事关全面建成小康社会，是一项民心工程。要准确把握“时度效”，稳妥有序抓好美丽宜居乡村建设。要牢牢把握正确方向，始终坚持以人民为中心的发展思想，进一步厘清工作思路，强化工作措施，不折不扣把美丽宜居乡村建设各项要求贯彻落实到位。要强化规划控制，以县为基本单元搞好村庄规划，把基础打牢。要坚持分类施策，按照“五个类别”标准，在做好群众工作的基础上，制定相应处置举措，抓好工程项目建设。要完善基础设施，扎实推进农村“七改”工程，持续打好改厕、农村生活污水治理、生活垃圾治理、道路“三通”、村容村貌提升“五大”攻坚战，努力补齐基础设施的短板。要发挥好省、市、县三级工作队作用，帮助派驻村抓好美丽宜居乡村建设。

【中共泰安市委十一届十二次全体会议】 12月14—15日举行。市委委员44人、市委候补委员4人出席会议，市纪委常委和有关方面负责人列席会议。全会由市委常委会主持。全会深入学习贯彻中共十九届五中全会和省委十一届十二次全会精神，听取和讨论崔洪刚受市委常委会委托作的工作报告，审议通过《中共泰安市委关于制定泰安市国民经济和社会发展第十四个五年规划和二〇三五年远景目标的建议》。

12月17日，市委书记崔洪刚到山东农业大学宣讲中共十九届五中全会精神（司 刚 摄）

全会充分肯定一年来市委常委会的工作，高度评价泰安市“十三五”时期取得的新成就，提出“十四五”时期经济社会发展主要目标和二〇三五年基本建成新时代现代化强市的远景目标。

全会提出，要全面推进创新发展，深入实施科教强市战略、人才兴市战略、创新驱动发展战略，加快经济转型升级。要全力推进新旧动能转换，深入实施产业兴市战略，推进产业基础高级化、产业链现代化，加快培育现代产业体系。要坚定不移扩大内需促进开放，积极融入以国内大循环为主体、国内国际双循环相互促进的新发展格局。要持续深化改革攻坚，推动全面深化改革取得突破性、系统性、标志性成果，进一步激发高质量发展新动力。要优化国土空间布局，加快融入国家、省重大区域发展战略，推进区域协调发展。要完善现代基础设施，构建适度超前、功能强大、网络完善、布局合理的基础设施体系。要坚持农业农村优先发展，全面实施乡村振兴战略，加快推进农业农村现代化。要弘扬优秀传统文化，巩固提升全国文明城市创建成果，推进文化旅游深度融合，打响文旅胜地品牌。要推动绿色发展，持续改善生态环境质量，加快生态泰安建设。要改善人民生活品质，扎实办好民生实事，持续增加居民收入，提高社会建设水平。要统筹发展和安全，完善共建共治共享社会治理体系，建设更高水平的平安泰安。（杨广海）

全面深化改革

【概况】 年内，召开深化改革委员会（简称深改委）会议17次，审议重要改革文件方案28个。全市改革案例得到党和国家领导人批示肯定10项，由中央和国家部委召开现场观摩会予以推广30项，分别由国务院通报表彰、中央和国家部委正式文件认可60项，在中央和国家部委会议上作典型发言35次，被省委改革办推荐至中央改革办改革案例3篇。“全力打造山水林田湖草生态保护修复泰山样板”被评为2020年度全省改革试点成果，“新时代泰山‘挑山工’”入选全省改革品牌。全年完成重点任务59项、具体工作123项。

【公共卫生应急管理改革】 县级以上疾控机构全部建成生物安全二级实验室，全市具备核酸检测资质的医疗机构达9家。“中心＋公司”疾控体制改革，得到省委改革办认可并被推荐至中央改革办。乡镇卫生院等级评价机制创新经验分别由国家卫健委和省卫健委推广。以门诊慢病管理为切入点，以信息化建设为手段，建立全国第一家慢病互联网医院，签订全国第一个互联网医院医保服务协议，打造出“互联网＋医保＋医疗＋医药”慢病管理泰安模式。

【流程再造】 政务服务“好差评”改革经验在国务院《政府职能转变和“放管服”改革》刊发推广。承担全省“一业一证”改革20个试点行业中的19个行业攻坚任务，牵头起草《“一业一证”行业综合许可工作指引》省级地方标准。在全省率先创新重大投资项目“绿卡”制度，解决项目推进中要素保障、手续办理、金融支持等问题。市级247项行政许可事项全部调整至县域实施。推动“一件事一链办”，51项主题式服务全部在政务网“主题套餐”模块上线运行。

【人才制度改革】 落实人才政策“金十条”和47个配套细则，6亿元规模招才引智基金发挥作用。落实高层次人才高级职称评审“直通车”制度。实行“泰山人才金卡”直接颁发制度。宁阳县《激活农民工人才资源的山东“鹤山经验”》

一文，得到省委、省政府主要领导批示肯定。

【科教改革】 改革科研资金管理机制，试点实行财政科研项目经费使用“包干制”。组建泰安市产业技术创新研究院（山东产业技术研究院泰安分院）。建成首家省外双创中心。国家先进印染技术创新中心获工信部批复落户泰安，成为全国批准建设的17个国家制造业创新中心之一、全省第一家国家级制造业创新中心。全市6个学科专业纳入省职业院校现代学徒制试点，8所院校开展教育部“1+X”证书制度试点。

【财税金融改革】 在全省率先建立金融服务“五个直通车”、企业金融专项服务“绿色通道”，创新助游贷、助幼贷等产品，支持文旅企业和民办幼儿园共度时艰。组建运营100亿元的财源建设基金，引导更多资本投向实体经济、工业经济。实施“金融辅导员”制度，争取银行贷款金额3100亿元，比年初增长17%。开展“增信贷、降不良、打逃债、树诚信”专项行动，不良贷款率在全省处于较低水平。

【资源环境领域改革】 完成《东平湖生态保护和高质量发展专项规划（2020—2035年）》编制，省委常委会审议通过。泰山、东平湖、大汶河等重点生态区域纳入《黄河流域生态保护和高质量发展规划纲要》。打造山水林田湖草生态保护修复“泰山样板”，入选省委组织部“贯彻落实习近平新时代中国特色社会主义思想改革攻坚教学案例”，“项目＋基金”筹资模式得到财政部和自然资源部肯定。深化“亩产效益”评价改革，出台资源要素差别化政策，用市场化手段倒逼企业转方式调结构。

【企业改革】 在泰安东平县召开全省工业企业智能化绿色化技改现场会。出台《加快工业经济发展十二条意见》，实施工业领军和科技创新“双50强”企业培育工程。提前完成国有企业退休人员社会化管理改革任务。与中国建筑集团、浙江中科院应用技术研究院联合策划推进重点项目20个。在全省率先开发上线“泰安市政企直通车”平台，实现企业按需“订餐”和点对点“送餐”。

【开放倒逼改革】 创新推出面向全市所有进口企业的“泰山贷”贸易融资模式。宁阳县商务系统开拓市场抓订单的经验做法在全省推广。率先完成开发区体制机制改革，《山东新闻联播》《大众日报》相继报道泰安“管委会＋公司”改革先进经验。中日韩国际合作产业园项目获省商务厅组织的专家评审第5名。

【优化法治环境】 推行“免罚”“轻罚”机制，开展柔性执法改革经验做法，得到国务院总理李克强圈阅。在全省率先成立企业重大法务风险防控服务中心，由民商事、行政、执行法官组成法律咨询服务队，为企业提供法律咨询服务。印发《轻微违法行为不予行政处罚和一般违法行为减轻行政处罚事项清单》，提升依法治市能力。

（刘自永）

综合协调服务

【概况】 2020年，市委办公室紧扣市委中心大局，认真履行“三服务”职能，较好完成各项任务。先后获评“全省抗击新冠肺炎疫情先进集体”“山东省保密系统先进集体”等称号。

【市委办公室机关建设】 领导班子建设。抓实理论武装，开展理论学习中心组集体学习12次、专题辅导2次。严格落实全面从严治党主体责任，制定实施方案和《2020年工作要点》，推动主体责任落实落地。落实民主集中制，召开室务会34次，研究“三重一大”事项。干部队伍建设。强化日常监督教育管理，建立对科室（单位）和科级及以下工作人员考核机制，抽调10名干部分组到泰山景区、泰前街道开展创建全国文明城市专项督导。选派3名干部分别参加民营经济高质量发展服务队、乡村振兴发展服务队、推进建强农村基层党组织工作队。选派2名干部到村、工业园区担任“第一书记”，以干代训、以干促学，不断提升综合素质。深化机关党建。开展“争创模范机关、深化党组织规范化标准化建设”活动，打造让市委放心、干部群众满意的模范机关。组织开展“抗击疫情、巾帼建功”“体验挑山工精神，勇做新时代泰山‘挑山工’”“‘泰安小美’文明实践志愿服务”等系列主题党日活动17次，各党支部开展志愿服务活动30余次。

【疫情防控】 成立应急联动“6+3”工作机构，即设立综合协调、督导落实、政策法规、信息值班、机要通信、后勤保障6个工作组和抗疫应急物资筹备、重点项目推进、离退休干部服务3个专班，全力服务市委做好疫情防控等工作。开通党政专用涉密会议系统和市县小型视频会商系统，在全省率先开展市县

12月31日，全市深化事业单位改革试点工作会议召开　　（司　刚　摄）

视频会议联调联试，先后保障市委召开各类视频会议130余次，其中保障疫情期间市级领导连夜开会25次。制发市委防控疫情紧急文电57件、临时性紧急通知5件。强化值班值守，从大年初一开始，市委主要领导带头，市委常委、秘书长和市委副秘书长、办公室主任全天靠上，办公室其他班子成员和县级干部24小时轮流带班值守。第一时间做好重点项目疫情防控指导，春节期间用3天时间排查全市75个重点建设项目外来务工人员，特别是湖北籍农民工情况，落实防控措施。组织开展“到一线·肩并肩·战疫情”专项行动，市委主要领导带头以普通党员身份到社区报到，带头参与疫情防控，市委办公室全员参与，轮流到社区值班值守。牵头抓好应急物资联络协调工作，及时将海外爱国同胞筹集捐赠的2批近3000件医用防护服等物资送至抗疫一线的医护人员手中。选派5人参与全市“四进”攻坚专项行动。全力做好复工复产等工作，服务市委主要领导开展复工复产及“六保”“六稳”等现场调研70余次。

【会务服务】 组织服务市委经济工作会议等会议200余次，组织市委常委会会议、各类专题会议90余次，其中疫情期间连夜开会、连夜起草印发会议纪要25次；组织市委全会、民主生活会、项目观摩会、理论中心组集体学习等20余次；组织服务市委主要领导深入定点收治医院、集中隔离场所、重要交通卡口等现场检查疫情防控，开展复工复产等现场调研80余次；组织服务省级以上领导人到泰安视察调研23次。

【信息值守】 依托《泰安信息》《领导参阅》等载体，编发《泰安信息》90期、400余条。探索实行“1+N”微调研工作模式，形成调研报告30余篇，市委、市政府领导人批示各类信息刊物29件次。上报省委信息1200余条，一批有分量的信息被中共中央办公厅、中共山东省委办公厅采用。高效做好值班值守工作，共办理来电、来文、来函4200余件，办理各类请假报备980余人次。推进以文辅政，总结典型经验，勇做新时代泰山“挑山工”做法在中共中央办公厅《秘书工作》刊发；推动房地产开发历史遗留问题、军地土地置换做法，作为全市改革典型案例上报省委改革办。

【公文处理】 以信息化平台为支撑，依托市机关综合办公系统，非涉密公文全部实现网上推送、网上办理，共网上审签文件2100余件。全年办理领导批示件及拟办意见件610余件，传阅办理中央、省委文件720余件，收发传递各类公文材料14万份。清退2019年度中央及省委、市委密级文件4.6万份，清退率100%。集中做好2017—2019年度文书档案整理工作，共整理文件材料3800余件。严格落实党内法规有关要求，拟定《关于持续解决形式主义问题切实减轻基层负担的十项措施》等制度性文件28件，起草审核一般性文件电报213件。及时向省委报备规范性文件，做好县（市、区）、功能区和市委部门文件审查，推进市委、市政府党政一体法律顾问工作。制定《中共泰安市委向中共山东省委、山东省人民政府请示报告重大事项清单》，全年向省委报告重大事项52次。

【督查落实】 着力抓好省、市委领导批示指示事项的办理和重点、难点工作的督导调度，以及市委重要会议及常委会确定事项的督办落实。制定《关于落实“重点工作攻坚年”重点任务的具体措施及分工方案》，细化重点任务59项，夯实各方责任。跟踪督办市委常委会会议决定事项32项，开展专项督查13次，推动重点工作落实落地。对形式主义、官僚主义问题开展专项整治，年内市级会议、文件、“督检考”数量分别压减14.9%、43.1%、54.5%。统筹抓好全市重点任务工作小组协调推进办公室有关工作，围绕确定的75项重点任务，加强调度督促，现场督导调度40余次，年内69项重点任务完成年度目标。

【主体责任】 制定市委《贯彻落实〈党委（党组）落实全面从严治党主体责任规定〉实施意见》、市委常委会及其成员责任清单、2020年度主体责任工作任务安排。持续深化市委落实全面从严治党主体责任“1+5”工作体系，探索实施明责、定责、述责、考责、问责“五责闭环工作法”，相关做法在中办《秘书工作》刊发。统筹协调全市落实全面从严治党主体责任考核、述职评议会议，以及市委常委会听取全面从严治党工作情况汇报会议，做好迎接全省考核协调服务，督促各有关方面抓好责任落实。做好上级巡视巡察、市委第三巡察组巡察市委办公室等有关工作。

【服务保障】 公务接待。严格落实公务接待有关要求，做好国务院疫情联防联控机制工作指导组、全国创建文明城市检查组、中国科协服务山东创新发展现场交流会、第三十四届泰山国际登山节等全市重要活动接待服务工作，完成副部级以上领导到泰安视察调研接待服务40余批次，省以上部门和重要客商等到泰安接待任务280余批次。后勤服务。严格按照市委厉行节约、压减一般性支出相关要求，全年压缩预算开支120万元，会议费、差旅费等整体压缩近40%。做好市委常委会议室智能语音转写系统升级维护工作，实现会议智能语音识别，有效提升工作效率。档案管理。梳理编制档案政务服务事项实施清单，实现省、市、县档案政务服务事项基础要素“三级十同”。严格依法治档，强化档案执法和监督检查，全年累计录入市互联网＋监管系统执法检查行为23次，实现执法事项全覆盖。开展业务建设评价工作，向省推荐报送示范、先进和规范单位共41家。高质量完成全市326个部门的档案年报数据汇总统计工作。离退休干部和群团等工作。落实老干部政治、生活“两个待遇”，全方位做好疫情期间离退休干部服务工作，保障各项生活服务不断线。做好工青妇工作，结合“三八”“五一”“七一”等节点节日，组织开展一系列群众性活动。做好“万名干部下基层”服务队、包村驻村，以及招商引资、招才引智等工作，完成既定任务目标。推进机要密码、电子政务内网、党政专用通信等工作。（杨广海）

组织工作

【党组织】 全市有基层党组织1.61万个。其中，党委859个，总支部1142个，党支部1.41万个。全市有各级党组311个，地方党委派出工委67个。全市企业中有党组织4836个，事业单位中有党组织3756个，机关中有党组织2279个，建制村中有党组织3712个。

【党员队伍】 至年底，全市有党员38.24万名，比上年增加860名。党员总数中，预备党员8496名，占2.22%；女党员7.92万名，占20.71%；少数民族党员3499名，占0.91%。从党员的入党时间看，1937年7月7日至1945年9月2日入党65名，占0.02%；1945年9月3日至1949年9月入党568名，占0.15%；1949年10月至1966年4月入党1.82万名，占4.75%；1966年5月至1976年10月入党4.73万名，占12.37%；1976年11月至2002年10月入党17.15万名，占44.85%；2002年11月至2012年10月入党8.89万名，占23.25%；2012年11月及以后入党5.59万名，占14.61%。从党员的年龄看，35岁及以下5.38万名，占14.07%；36岁至45岁6.43万名，占16.82%；46岁至60岁12.72万名，占33.26%；61岁及以上13.71万名，占35.84%。从党员的学历看，研究生8336名，占2.18%；大学本科7.46万名，占19.50%；大学专科6.79万名，占17.75%；中专3.87万名，占10.12%；高中、中技7.88万名，占20.60%；初中及以下11.42万名，占29.85%。从党员的职业看，在岗职工13.68万名，占35.77%（其中，公有制单位11.13万名，非公有制单位2.54万名）；农牧渔民13.31万名，占34.80%；学生5392名，占1.41%；离、退休人员9.20万名，占24.06%；其他1.52万名，占3.96%。全市发展新党员8444名。新党员中，女党员3667名，占43.43%；少数民族党员81名，占0.96%。从新党员的年龄看，35岁及以下的5776名，占68.40%；36岁至60岁的2651名，占31.40%；61岁及以上的17名，占0.20%。从新党员的学历看，研究生188名，占2.23%；大学本科2191名，占25.95%；大学专科1309名，占15.50%；中专595名，占7.05%；高中、中技3601名，占42.65%；初中及以下560名，占6.63%。从新党员的职业看，在岗职工3391名，占40.16%（其中，公有制单位2574名，非公有制单位817名）；农牧渔民1771名，占20.97%；学生3128名，占37.04%；离、退休人员1名，占0.01%；其他153名，占1.81%。

新发展党员中，在生产、工作第一线的5315名，占62.94%（其中，企业生产第一线2065名，农村生产第一线1771名，教学、科研第一线318名，机关第一线229名）；企事业、社会组织专业技术人员466名，占5.52%；乡（镇）、建制村2320名，占27.48%；共青团员3319名，占39.31%。

【巩固拓展“不忘初心、牢记使命”主题教育成果】 坚持把“不忘初心、牢记使命”作为加强党的建设的永恒课题和全体党员、干部的终身课题，健全强化理论武装、查改问题、党员定期检视初心使命、干事创业推进高质量发展等制度机制。以正视问题的勇气和刀刃向内的自觉推进问题整改，主题教育总结大会后，坚持标准不降、力度不减，加强对问题整改的调度指导，强化整改结果评估，所有整改事项均达到预期效果。实施习近平新时代中国特色社会主义思想教育培训工程，举办市委理论学习中心组读书班和中共十九届五中全会精神专题学习班，分层分类把科级以上干部轮训一遍。整合各类党员教育资源，打造并用好泰山文化精神脉、红色基因传承带、党校阵地核心轴、时代改革先锋线、党性锤炼e中心“5+e”新时代党员教育体系，发挥“灯塔——泰山先锋”网络平台作用，抓好全体党员教育培训，推动习近平新时代中国特色社会主义思想走深走心走实。

【打响新时代泰山“挑山工”品牌】 全市各级各单位干部职工牢记习近平总书记嘱托，在各自工作岗位上担当作为、积极进取，勇做新时代泰山“挑山工”。6月13日，市委召开泰安市新时代泰山“挑山工”表扬大会，表扬100个先进集体和100名先进个人，并为新时代泰山“挑山工”特别奖、十面红旗和标兵代表颁奖，持续营造学习“挑山工”、对标“挑山工”、争做“挑山工”的浓厚氛围。围绕建设富有泰安特色、全国知名的党性教育培训新阵地，编写布展大纲和《泰山“挑山工”资料汇编》；开辟红门到经石峪、桃花源步道、中天门到南天门3条体验教学路线；拍摄电影《挑山者》，影片被列为“2020年度山东省全面建成小康社会重要节点重点项目”；“新时代泰山‘挑山工’教育实践基地暨泰安主题党日活动中心”案例被纳入中央党校课题进行立项研究。总结两年间激励干部勇做新时代泰山“挑山工”的经验，以市委名义向省委提报《贯彻落实习近平总书记“做新时代泰山‘挑山工’”重要指示精神的报告》，省委书记刘家义批示肯定。泰安市激励党员干部勇做新时代泰山“挑山工”的做法，在中共中央办公厅《秘书工作》刊发。

【为疫情防控和复工复产提供组织保证】 面对突如其来的新冠肺炎疫情，开展“到一线·肩并肩·战疫情”专项行动，组织213个市直机关企事业单位党组织到社区报到，参与疫情防控党员达260万人次；下拨专项党费100万元，动员全市30.8万名党员捐款2449万元。推进“四进”攻坚行动，选派450名干部组成90个工作组，帮助基层解决实际困难762个。注重在疫情防控和复工复产一线考察识别干部，大胆提拔使用一批表现突出、堪当重任的干部，坚决调整一批不胜任现职、难以有效履行职责的干部；有27人在抗疫一线光荣加入中国共产党，其中“火线”入党3人；5名党员和5个党组织分别被授予“山东省优秀共产党员”“山东省先进基层党组织”称号；1人被授予“全国抗击新冠肺炎疫情先进个人”称号。

【干部队伍建设】 强化政治素质考察把关。研究制定加强干部政治素质考察实施意见和领导干部“五力”考察评价评估办法，建立干部政治素质档案，加强干部落实力、创新力、攻坚力、专业能力和应对风险能力的考察评估，注重在急难险重任务和基层一线考察识别干部，大力选拔使用“李云龙”式、“挑山工”式干部，选拔使用改革攻坚的促进派、实干家。年内，深入9大改革攻坚行动、全国文明城市创建等重点任务一线，对360名干部开展融入式考察，86名政治强、敢担当、实绩好的干部受到提拔重用或晋升职级；对政治能力弱，特别是专业能力和应对风险能力与岗位不匹配的，给予组织处理或相应问责处理。泰安市《地方领导班子和领导干部政治素质考察研究》被中央党建工作领导小组秘书处《党建要报》刊发，省委书记刘家义批示肯定。提升干部治理能力专业能力。着眼提高领导干部“八种本领”和“七种能力”，推进“思想淬炼、政治历练、实践锻炼、专业训练”贯通培养模式，增强教育培养系统性。围绕干部治理能力、专业能力提升，强化针对性培训，聚焦贯彻新发展理念、9大改革攻坚行动等设置班次，举办各类培训班161个，培训干部1万人次。发挥网络教育优势，用好“灯塔——山东干部网络学院”，搭建“泰山云学堂”，邀请高层次专家学者在线授课，提升干部培训实效。统筹做好疫情防控和干部教育培训，确保教育培训安全、有序、高质量。加强干部管理监督。坚持严在平时、管在日常，健全单位、个人、家庭、社会“四位一体”动态监督模式，对洞察的苗头问题，及时提醒帮助。突出政治监督，强化履职监督，深化选人用人监督，持续开展干部不担当不作为问题专项整治和选人用人专项检查、“一报告两评议”工作，深化档案遗留问题专项清理“回头看”，巩固选人用人问题专项整治成果。做实做细日常监督，认真执行领导干部个人有关事项抽查核实、经济责任审计、重大事项请示报告等制度，加大信访举报查核处理力度，完善抓早抓小、防微杜渐的长效机制。年内，开展市管干部任前档案审核和信息确认430人次，查核领导干部个人有关事项报告350人次。

【激励干部担当作为】 健全完善正向激励机制，综合运用政治激励、精神鼓励、物质奖励等方式，激励党员干部勇做新时代泰山“挑山工”。健全考察识别、精心培育和搭建舞台“三个一线”工作机制，推动干部加强一线历练、提高治理能力，有关做法在《中国组织人事报》刊发。改进经济社会发展综合考核，研究起草《县市区、省级以上开发区和市直机关考核办法》，出台《加快工业经济发展考核奖励实施细则》，树牢大抓工业鲜明导向。强化考核结果运用，对贡献突出的市直单位和考核优秀的县（市、区）、开发区，真金白银兑现物质奖励，适当上调考核优秀等次比例，在职级职数统筹上适当倾斜；对考核排名靠后的单位，约谈单位主要负责人，适当降低考核优秀等次比例。坚持“三个区分开来”，完善容错纠错、澄清保护机制，激励广大干部心无旁骛干事业、放开手脚抓落实。

【年轻干部培养】 着眼县、乡领导班子换届，实施年轻干部两年突破提升计划，召开全市党政领导班子建设和年轻干部工作座谈会，印发《培养选拔优秀年轻干部2020年度工作指导计划》，建立起分析预警、督促提醒、专项预审、目标考核等机制。开展领导班子和干部队伍调研统计，组织各县（市、区）、市直部门单位对年轻干部进行摸底，逐人进行“画像式”评价，分层分类掌握一批优秀年轻干部。健全激励干部“到基层去”机制，深入推进“万名干部下基层”，选派364名年轻干部到重点工作、企业项目、工作专班、县乡基层、对口援派“五个一线”实践锻炼，推动年轻干部在一线经风雨、见世面、长才干。召开全市选调生工作座谈会，评选表扬30名市级优秀选调生，其中5人被评为省“百名优秀选调生”。

【基层组织建设】 树立大抓基层导向，市委书记崔洪刚点题并召开“全市发挥乡镇党委‘龙头’作用、抓乡促村推动乡村振兴工作会议”“全国城市基层党建示范市建设现场推进会”，统筹推进农村、城市区域党建，持续增强基层党组织政治功能和组织力。围绕推动乡村全面振兴抓攻坚。聚焦强化乡村振兴的组织保障，全面加强农村基层党组织建设。在区域统筹上，深化拓展“莱西会议”经验，制定发挥乡镇党委“龙头”作用抓乡促村推动乡村振兴的意见，市委专门召开会议部署推进，形成整乡推进、整县提升的生动局面。在乡才引育上，深化“五乡”（举荐1万名新乡才植乡治理；实施“育苗升级”工程，引进5000名大学生返乡创新创业；回请1万名经济能人归乡兴业；每2年选派1000名第一书记驻乡帮扶；遴选1万名实用技术人员跨乡服务）行动和村党组织书记“育苗升级”工程，加大从“五乡”人才中递进培养党组织书记力度，全市培养“五乡”人才1.9万人，公开选聘100名村党组织书记。在集体增收上，一方面抓“清底”，开展“三资”清理专项行动，3551个村全部完成，村均直接增加集体收入12.35万元，其后每年可稳定增收4.28万元。另一方面抓“促收”，实施村集体经济“跨五跃十”行动，全市基本消除集体经济收入5万元以下的村，10万元以上村2676个、占75.4%，实现“跨五跃十”目标。在帮带帮扶上，深化“百企联百村”行动，组织126家企业与152个村结对联建，开展十佳联建村企评选，激发村企联建活力。有关做法在《中国组织人事报》刊发。做好“加强农村基层党组织建设”工作队工作，组织市县333名干部参加工作队。在资金支持上，推进村党组织领办合作社，引导村党组织申报“强村贷”等贷款项目。至年底，全市共有党支部领办合作社1639个，占46.16%；“强村贷”业务投放贷款4600万元。做好中央财政资金扶持发展壮大村集体经济工作，确定105个村作为集中扶持对象，配套资金全部落实到位，78个项目全部开工建设。围绕建设全国城市基层党建示范市抓攻坚。突出转职能优机制，贯彻推进街道职能转变要求，全市20个街道全面取消招商引资、协税护税职能及相关考核指标。深化城市基层党建联合体建设，选取10个街道高标准打造，建设7020平方米联合体办公场所，落实经费196万元，吸纳1109家驻地单位为成员，实施共建项目453个，做强城市基层治理枢纽。突出建体系织网格，全面推行社区党委—网格党总支—小区党支部“金字塔”型党组织架构，将引领治理的最小单元落到小区。坚持党建引领网格治理，调整优化网格1063个，实现多网合一、一网治理，配备专兼职网格员1850名，建立党群服务驿站469个。推行“三位一体”社区治理体系，所有城市社区全部建立社区工作站、全通岗，配备“泰好办”自助终端，打造“全科＋自助”公共服务新模式。突出强能力破难题，召开抓物业企业党建联建提升城市基层治理水平试点工作会议，实施“红色物业·宜居泰安”暖心工程，全面推行物业领域党建联建，让党的工作融入柴米油盐、万家灯火。加强社区专职工作者职业体系建设，按照每350户1人标准加大社区工作者配备力度，落实“3岗18级”薪酬待遇。举办全市示范培训班，培训城市基层党建工作人员150人。出台社区工作服务用房配建移交办法，提升开发商交房积极性，至年底，移交工作服务用房11处。围绕软弱涣散基层党组织整顿抓攻坚。着眼解决软弱涣散党组织“瘫了整、整了瘫”这一难题，印发深化过硬党支部建设实施党支部层级跨越行动的意见，全面落实靶向对标、3年培树、红旗帮带、梯次带动等措施，推动支部建设从规范化做起，逐级向过硬支部、先锋支部迈进。高标准打造4100平方米的党支部工作指导中心，搭建集指导培训、交流展示、党性教育等功能于一体的工作平台，孵化带动全市党支部规范提升。按照每两年一个轮次要求，对软弱涣散党组织整顿情况进行检视，至年底，全市第一轮210个软弱涣散基层党组织全部整顿完成。探索党员分类管理，创新提升发展党员质量，新培养入党积极分子8125人，采取定向投放计划、专人联系包保等措施，消除3年内未发展党员的村655个。建立镇街党（工）委书记抓基层党建问题督办和约谈制度，把党委（党组）书记和领导干部抓基层党建工作纳入领导班子、领导干部年度考核和干部考察，推动压力传导一贯到底。深化抓基层党建述职评议考核，完善基层党建考核机制，采取平时调研和集中考核相结合、定性评价和定量考核相结合、线上调度和线下督导相结合的方式，进行差异化考核，推动考出责任、考出压力、考出实效。（刘　超）

宣传工作

【概况】 全市宣传思想工作取得新进展新成效，泰安市在全国文明城市提名城市年度测评中，成绩列全国113个地级提名城市第8位，被评为第六届全国文明城市。理论武装不断加强，全市党委中心组学习经验被省委常委、宣传部部长于杰批示肯定。成功推荐了“山东好人”37名、“山东好人之星”5名、“中国好人”2名、“泰安好人”69名。推出“齐鲁节约之星”（集体）国网新泰供电公司，山东省“优秀兵支书”耿进平，“齐鲁教书育人楷模”史岩、李华泉等全省典型。统筹做好疫情防控和经济社会发展宣传，市委宣传部获得“全省抗击新冠肺炎疫情先进集体”称号。年内，推选未成年人思想道德建设工作全国先进工作者1人，省级先进县（市、区）2个、先进单位5个、先进个人8人，市级先进单位50个、先进个人100人。泰安市获得“第六届全省未成年代思想道德建设工作先进城市”称号。全市实名注册志愿者104万人，注册志愿服务团队1.2万个。评选市级抗击疫情“泰安小美”最美志愿者200名、最佳志愿服务组织50个，推选省级抗击疫情优秀志愿者18名、优秀志愿服务组织12个。累计评选志愿服务先进典型全国级4个、省级145个、市级1174个。《“泰安小美”打造成就居民美好生活的文明实践志愿服务模式》入选山东宣传思想文化工作案例。年内，泰山新闻出版小镇入选国家发改委2020年“第二轮全国特色小镇典型经验案例”。泰安市2个项目、2个企业入选山东省第六批重点文化产业项目、企业，入选数量居全省前列。获得首届中国国际文化旅游博览会优秀组织奖、优秀展示奖。

【意识形态工作】 协调召开市委常委会专题会议2次、市委意识形态和宣传思想工作领导小组会2次，组织召开联席会议2次等，从严推动责任落地。贯彻落实《党委（党组）意识形态工作责任制实施办法》，制定具体措施。建立“1+4”工作责任落实体系，完善责任提示单制度，在市委巡察中对26个部门单位党委（党组）开展专项检查，推动责任落实。中宣部采用泰安市信息243篇、省委宣传部采用1565篇，市委宣传部被评为“全省舆情信息工作先进单位”。强化阵地管理，把意识形态内容纳入市委党校主体班次，加强党员干部教育培训。推进“扫黄打非”专项行动和打击侵权盗版专项整治，加强报刊审读和文化行业监管，持续净化文化市场环境。抓实学校思想政治工作，巩固学校意识形态阵地。强化反邪教斗争，严防境外宗教渗透。

【理论学习】 制定市委干部理论学习委员会工作规则、学习委员会办公室工作细则，服务市委中心组开展学习研讨15次，省委常委、宣传部部长于杰对泰安市市委中心组“示范引领做表率、知行并举促发展”学习经验作出批示，给予充分肯定。印发党委理论学习安排意见，开展学习情况专题调研，推动理论学习走深走实。推选表彰省级先进县级党委（党组）理论学习中心组3个、理论教育工作先进单位4个、优秀理论教育工作者5名；市级先进县级党委（党组）理论学习中心组14个、先进基层党委（党组）理论学习中心组30个、理论教育工作先进单位27个、优秀理论教育工作者56名，山东省“学习强国”优秀管理员3人、优秀供稿员1人。

【理论宣讲】 推动中共十九届五中全会精神落地生根，组织做好市、县收听收看中央宣讲团报告会，省委宣讲团成员到泰安宣讲安排。组织市委常委带头到驻泰安高校宣讲全会精神，作思想政治辅导报告。成立市委宣讲团，召开宣讲动员会，举办专题培训班，开展集中宣讲1100场次，受众达30万人。推荐20人入选省“双百结对联动”活动专家库，选拔60人建立市级基层宣讲专家库，新选聘7人加入市理论宣讲志愿服务支队，打造省级理论宣讲基地4个、确定市级31个，组织开展疫情防控和复工复产宣讲、《习近平谈治国理政》第三卷基层理论宣讲、“中国梦·新时代·话小康”百姓宣讲暨理论宣讲等活动200场次，受众达3万人。

【社会科学研究与普及】 结项哲学社会科学规划研究成果126项，评选优秀成果29项，报送省级成果名录17项；新设立规划研究专项3项，评审立项162项，确定重点项目72项。举办山东省暨泰安市第十七届社会科学普及周、全市社科理论界学习中共十九届五中全会精神座谈会，审核哲学社会科学报告会等活动17项。加强“学习强国”平台推广使用，至年底，全市用户注册数达到75.7万人，占党员数比例为198.6%，平均用户活跃度居全省前列。

【新闻宣传】 加强疫情防控宣传，制作新冠肺炎疫情防控公益宣传标语，发放公益广告海报1万张，发布各类公告通告150篇，在全市地标建筑开展“致敬最美逆行者”灯光秀宣传活动3次。组织各级媒体开设专题专栏，报道中央和省市疫情防控举措与成效，组织新闻单位播发宣传报道15万件（条），制作疫情防控短视频、公益专题片等100余件。大力宣传疫情防控一线医护人员、社区工作者、志愿者等群体感人事迹，重点宣传李弦、贾庆臣等一批先进典型。市委宣传部获得“山东省抗击新冠肺炎疫情先进集体”称号。市内宣传紧扣重点，打通全媒体传播平台，深入宣传贯彻落实中共十九届五中全会精神、加快工业经济发展、创建全国文明城市、双招双引、“四进”攻坚行动等重点工作，刊播稿件4.6万件。聚焦全面建成小康社会、习近平总书记发出“做新时代泰山‘挑山工’”号召两周年、第三十四届泰山国际登山节、擂鼓石大街贯通通车、“五一”黄金周等主题，集中力量开展对上宣传，累计在省级以上主流媒体刊播重头稿件510篇（条），其中央视《新闻联播》播发15条，《人民日报》引用泰安市典型案例4个，《大众日报》刊发重头稿件54篇。市委书记崔洪刚对全市新闻宣传报道工作给予批示肯定。配合央视完成《直播黄河》“山东篇”“坐着高铁看中国”泰安站等主题拍摄。组织新闻媒体办好《工作落实面对面》《直通“12345”》《民生调查》等新闻监督栏目，累计发布督办线索1.2万条，督促工作落实，促进作风转变。

【社会主义核心价值观建设】 开展善行义举四德榜“榜上有名”先模人物评选，开展“扣好人生第一粒扣子”主题教育实践活动，举办“新时代好少年”评选、“泰山国学小名士”经典诵读电视大赛，推动乡村少年宫和小记者实践基地建设。推选“泰安最美护林员”20名、“泰安最美退役军人”30名、“泰安最美教师”20名、“泰山最美职工”10人。推选“山东战‘疫’”最美系列人物（群体）6个。推选市级新时代好少年41名、省级新时代好少年3名。承办“红动齐鲁”山东省第二届红色故事讲解大赛启动仪式，举办全市第二届红色故事讲解大赛，完善爱国主义教育基地建设。组织全市政工专业职务申报资格考试，开展企业思想政治工作“五优”评先活动。设计制作“泰安时光”公益广告宣传模板200幅，发放《2020年市民文明手册》等宣传册8万册。

【创建全国文明城市】 年内，在中央文明办组织的全国文明城市提

9月26日，“红动齐鲁”山东省第二届红色故事讲解大赛启动仪式在泰安举行（司 刚 摄）

名城市年度测评中，泰安市文明城市测评成绩列全国113个地级提名城市第8位，被评为第六届全国文明城市。抓实创建任务落实，成立工作专班，细化网格分工，加强骨干培训，对农贸市场周边社区、背街小巷等7项重点问题开展专项整治，对易失分点位开展专项调查，开设“曝光台”，引导市民文明出行，提高参与度、满意度，组织第三方测评，组建迎检指挥组织系统，顺利完成中央文明办年度测评。开展文明创建活动，制定落实《泰安市文明行为促进条例》，组织开展“礼仪泰安、诚信泰安、美丽泰安”“我最反感的十大不文明行为”评议等文明实践活动。推动“红黑榜”制度落实，加强诚信体系建设。加强“泰安小美”文明实践志愿服务品牌建设，印发《关于开展“泰安小美”文明实践志愿服务活动的实施意见》，召开全市新时代文明实践暨学雷锋志愿服务工作座谈会，完成市志愿服务联合会换届，全市注册志愿者超过104万人。推进新时代文明实践中心规范化建设，开展“美丽家园”“绿满泰安”等活动，成立“泰安小美”疫情防控志愿服务队1.3万支，发动30万名志愿者投入疫情防控，组织50万人次参与全国文明城市创建。开展典型评选宣传，落实奖补资金，志愿服务激励机制更加完善。

【文化事业】 推进重点文艺作品创作生产，组织文艺工作者围绕抗击新冠肺炎疫情、全面建成小康社会、勇做新时代泰山“挑山工”、建党100周年等主题开展创作。长篇纪实文学《武汉·泰安》在《时代文学》刊发，反映“齐鲁时代楷模”苏庆亮事迹的长篇报告文学《泰山脊梁》出版发行，创作完成电影《你的青春在哪里》《挑山者》《挑山》、歌曲《百年礼赞》《泰山请你来》、长篇小说《往生》《血性》、广播剧《信念》等文艺作品，歌曲《挑山颂》、舞剧《挑山》被省委宣传部列为重点打造推广作品。制定加快乡村文化振兴助力决胜脱贫攻坚工作方案，推进乡村文化振兴。持续抓好基层综合性文化服务中心建设，完善市、县、乡、村4级公共文化服务体系设施网络，开展“我们的中国梦——文化进万家”“送戏下乡”“公益电影放映”等基层文化活动2万场次。组织市直文化文艺单位开展形式多样文化活动，助力全国文明城市创建。开展重大工程考古调查勘探、西城遗址考古发掘、泰山封禅文化路线调查，加强大运河（东平段）和齐长城（泰安段）国家文化公园建设保护规划编制及革命文物保护。制定出台《泰山文化保护传承工作方案》，推动泰山文化挖掘阐发和传承保护，出版发行《泰山故事》《泰山石敢当》，利用全媒体宣传推广泰山文化。全年着力推进文旅项目建设79个，完成投资79.32亿元，文旅产业加快复苏回升。完成全市5家广播电视台有线电视网络股权归集，推进省、市、县3级联合购买文化惠民演出。落实文化产业扶持政策，推动五埠岭乡愁记忆特色小镇等2个项目、山东龙岳创业投资有限公司等2个企业入选第六批省重点文化产业项目和重点文化企业，动漫作品《记者笔记》列入中央宣传部2020年“原动力”中国原创动漫出版扶持计划，组织参加首届中国国际文化旅游博览会。推进演艺秀都、泰山新闻出版小镇、泰山石敢当文化旅游区等10个重点插旗文旅项目建设。

【对外宣传工作】 在国家级外宣媒体和境外媒体刊播各类稿件750件。与央视《见证》栏目合作摄制大型电视外宣纪录片《见证·生态泰山》上下集，推出图书《泰山封禅之路》，策划网络视频《天下泰安》系列映像，制作外宣杂志《走向世界·泰安特刊》，“魅力泰山杂技秀”文化项目被中宣部列入“2020年春节文化走出去重点项目”“2020年文艺院团海外巡演项目”。

【新闻发布】 提升山东泰安英文网建设水平，加强“泰安发布”微博微信、今日头条·泰安之声客户端、泰安新闻发布网“两微一端一网”政务平台品牌建设。以市委、市政府两办名义制定印发《关于进一步加强和改进新闻发布工作的若干措施》。组织全市新闻发言人专题培训，围绕新冠肺炎疫情防控、加快全市工业经济发展、“十三五”成就巡礼等主题，举办新闻发布活动46场。 （李　川）

统一战线工作

【概况】 年内，全市统战工作坚持以习近平新时代中国特色社会主义思想为指导，按照“1256N”（即牢固树立习近平新时代中国特色社会主义思想特别是习近平总书记关于加强和改进统一战线工作的重要思想这一根本指导思想，紧紧围绕党和国家的大事业以及地方党委、政府的中心工作“2条主线”谋划开展工作，聚焦聚力画大“同心圆”、搞好参政议政、服务经济高质量发展、做好民族宗教工作、加强统战基础性工作“5项重点任务”，正确处理好大和小、远和近、快和慢、敬和亲、亲和清、守和创“6个关系”，着眼建机制、搭平台、搞活动策划抓好“N个工作载体”）的总体思路，创新开拓、扎实作为，各领域工作不断取得新成效。全市统战系统有3项工作被副国级领导批示肯定、2项工作被部级领导批示肯定，有1篇研究成果被评为“全国统战理论政策研究创新成果二等奖”“山东省特等奖”。获得“全省统战理论政策研究先进单位”“全省统战宣传工作先进单位”称号，继续保持“省级文明单位”称号。

【助力疫情防控和经济社会发展】 全市统一战线开展同心抗疫行动，参加疫情防控，累计捐款捐物1.2亿元。组织机关干部参与“到一线·肩并肩·战疫情”专项行动和“四进”（进企业、进项目、进乡村、进社区）工作。牵头组建疫情防控专班，做好海外侨胞回国健康信息预申报工作。协助市委召开党外人士座谈会，统一思想认识，听取统筹疫情防控和经济社会发展意见建议。克服疫情不利影响，实施联谊交友助力发展“121”（以10项左右联谊活动为载体，对接联系200名左右市外高层次人才，招引100亿左右投资合作项目）行动，签约鲁商·泰山联盟总部基地、台湾乾隆集团慧民云医服务平台、清华大学新型高压胶管研发生产、松山古镇国际康养文旅生态区、苏宁环球泰安齐鲁高级中学等34个项目，合同投资额达349亿元。

4月17日，全市统战部长会议召开 （王　勇　摄）

【多党合作事业】 支持加强参政党建设，制定市委《关于加强中国特色社会主义参政党建设的实施意见》《泰安市民主党派代表人士队伍建设规划（2020—2027年）》。举办党外代表人士共识教育培训班。做好民主党派市级层面代表人士推荐、调研和遴选工作。开展政党协商监督活动，年内开展协商监督活动17次，其中，市委书记、市长出席7次。各民主党派围绕中心工作撰写专题调研报告17篇、专项监督报告11篇、《建言专报》12篇，其中39篇被市委书记批示。推动全市16家单位聘任80名党外特约人员，组织特约人员参加各单位考察调研等活动30次，为履行特约监督作用创造条件。开展党外知识分子工作，制定落实《关于加强和改进新时代党外知识分子思想政治工作的实施方案》。加强党外知识分子之家建设，打造实践基地。开展对接联谊工作，邀请全国政协副主席、民革中央常务副主席郑建邦出席登山节有关活动，市政府与民革中央企业家联谊会签订战略合作框架协议，挂牌建立民革中央企业家联谊会泰安联络处。举办“民革企业家泰安行”活动，促成多个合作项目。对接民建中央助力新泰创建“国家级电子商务进

12月8日，泰安市召开民主党派重点调研课题反馈座谈会，就各民主党派市委重点调研课题采纳落实情况进行反馈，并听取意见建议。市委副书记、市长张涛（左三）出席会议并讲话　　（张中乾　摄）

农村综合示范市”，获得扶持资金2000万元。

【民营经济和新的社会阶层人士统战工作】推进民营经济统战工作，构建“亲清”政商关系，建立了党政领导干部联系服务民营经济组织制度，推动每名市级领导干部联系2家民营企业、1个重点项目、1家行业协会商会，定期走访调研，开展谈心活动，助企纾忧解困。召开民营企业50强发布会暨民营企业家座谈会，激发民营企业干劲。服务民营企业发展，开展“四进”专项行动，提高中小民营企业复工复产率。编发《支持民营经济发展政策汇编》1000册。重视支持商会发挥作用，市委书记带队走访深圳市齐鲁商会、湖南山东商会。成立重庆市泰安商会。在19家异地山东（泰安）商会建立“泰安市双招双引工作站”。组织开展“全省知名民营企业泰山行”“情系家乡·共赢未来”泰安籍企业家座谈会。推动“鲁商·泰山联盟总部基地”项目建设。引导民营企业投身脱贫攻坚和乡村振兴，持续推进“百企帮百村”脱贫攻坚行动和“百企助百村”乡村振兴行动。创新开展新的社会阶层人士统战工作。发挥好党建引领作用，成立市新的社会阶层人士联谊会党支部，开展“新阶层·党旗红”品牌创建活动。推动新的社会阶层人士统战工作实践创新基地建设。开展财税大讲堂、直播带货助力乡村振兴、银企对接助力复工复产等社会服务活动，打造“泰山新智汇”工作品牌。召开全市网络人士统战工作会议，制定印发《关于加强全市网络人士统战工作的实施方案》，努力构建网上网下最大同心圆。

【港澳侨海外统战工作】召开市海外联谊会三届二次理事会，改选部分领导成员。加强与中国香港有关方面人士的对接联系，筹备成立香港泰安联谊会。成立市欧美同学会，承办“留学报国智汇齐鲁”海归高端人才泰山峰会，在泰山智慧谷挂牌建立省海归创新创业基地。

【统战机关和党外代表人士队伍建设】壮大统战工作机构，增加机关内设科室1个、行政编制3名；新批副县级事业单位1个；在部研究室加挂市社会主义学院工作办公室牌子。与省社会主义学院联合打造3处全省共识教育现场教学点。更新全市科级以上党外干部数据库，调整市领导联系党外代表人士安排。年内，提拔党外正县级干部1名、副县级干部1名，交流党外副县级1名，1名党外正县级干部担任市文化和旅游局局长。　　（王　勇）

政策研究

【概况】年内，政策研究工作始终把政治建设摆在首位，持续深化“不忘初心、牢记使命”主题教育和勇做新时代泰山“挑山工”主题实践活动成果，围绕市委中心工作，聚焦主业、发挥职能、当好参谋，较好完成市委交办的各项任务。连续12年被表彰为“省级文明单位”。

【文稿起草】高质量完成市委全会、经济工作会、新时代泰山“挑山工”表扬大会、教师节庆祝大会、民营企业家座谈会等重要会议、重大活动，以及各类专业会议活动的讲话、主持、致辞等，完成好市委领导参加上级组织的各类会议活动的发言、汇报等各类文稿，做好署名文章、新闻稿起草把关等市委交办的各项工作任务。全年完成各类综合文稿350篇，起草效率、服务质量得到市委主要领导充分肯定。

【调查研究】加强和改进调研工作，大力改进文风和调查研究之风，围绕全市工业经济发展重点攻坚行动，确定一批调研课题，灵活采取陪同调研、座谈调研、专题调研、联合调研、蹲点调研等多种方式，加大调查研究力度，为市委谋划和部署工作提供决策依据。《泰安市实施工业发展攻坚行动，助推经济高质量发展调研报告》被山东省委党史研究院《新时代现代化强省实录（2020卷）》刊发；针对新冠肺炎疫情影响，组织力量对民办幼儿园、文旅企业、房屋租赁进行专题调研，研究阶段性帮扶措施，市委主要负责人阅后，安排3名常委分别牵头制定扶持政策；对慢病管理"泰安模式"进行专题调研，调研报告以典型案例形式报省委改革办。

【载体建设】 编发《泰安工作》12期，创新内容编排和版面设计，策划推出勇做新时代泰山"挑山工"、重点工作攻坚年、全面深化改革、学思践悟、民营之道等专栏，为全市经济社会高质量发展提供决策参考，为各级交流互鉴提供更好平台。

（邵　辉）

机构编制

【概况】 2020年，推进机构编制各项改革任务落实落地，开发区体制机制改革在全省率先完成，深化事业单位改革试点工作部署启动，疾病预防控制、中医药发展、应急管理以及非公有制经济等重点领域体制机制改革顺利推进，乡镇（街道）行政管理体制改革持续深化，为统筹疫情防控和经济社会发展提供坚实体制机制保障。在全省机构编制工作绩效管理评价中，泰安市连续两年获得优秀等次。在2020年度全市经济社会发展综合考核和工业经济发展考核中获得优秀等次，位列执法监督类单位第一名。

【开发区体制机制改革】 在上年工作基础上，对全市开发区、功能区体制机制改革进行深化提升。泰安市在全省率先完成改革任务。10月30日，市委常委会会议研究审议泰安市开发区改革工作，市委书记崔洪刚给予"改革参谋当得好、实施方案定得好、组织实施推得好、总结完善搞得好、宣传推广做得好""五个好"肯定。省委改革办《改革与制度创新》、省政府《山东政务信息》先后刊发专报信息介绍泰安市有关改革做法。

【事业单位改革】 7月，市委成立深化事业单位改革试点工作专班，抽调相关部门34人集中办公。通过深入开展调研、广泛征求意见、分类研究测算、科学搭建改革框架，精心拟定全市改革方案。12月14日，市委编委第四次会议和市委常委会会议审议通过泰安市改革方案，上报省委编委审批。12月26日，省委编委批复泰安市改革试点方案。12月28日，市委办公室、市政府办公室印发市级深化事业单位改革实施方案。12月31日，召开全市深化事业单位改革试点工作动员部署会议，标志着泰安市全面深化事业单位改革试点工作全面铺开。

【统筹推进重点领域体制机制创新】 完善重大疾病传染病防治、中医药发展、非公有制经济发展体制机制。将市突发传染病联防联控工作领导小组和市中医药工作领导小组分别进行更名调整，同步指导各县（市、区）组建相应领导协调机构。整合组建市民营经济发展服务中心。完成议事协调机构清理规范。对全市议事协调机构进行梳理，并根据实际提出拟保留机构，压缩比例达到41.5%。做好市级权责清单动态调整。市直39个部门共动态调整权责事项137项、6个县（市、区）共调整1783项。

【深化乡镇（街道）行政管理体制改革】 推进规范"属地管理"工作。调整完善"属地管理"主体责任和配合责任事项清单，调整后，清单扩大到22个领域142项属地管理事项。对乡镇（街道）和部门派驻机构进行科学整合，构建了综治工作、市场监管、综合执法、便民服务4个功能性工作平台，有效解决基层管理服务跨部门、跨层级运转不协同等问题。完成街道转职能试点。以建设全国城市基层党建示范市为契机，全面取消全市20个街道招商引资、协税护税职能，赋予街道公共事务综合管理权、街道规划参与权，强化街道对涉及区域内人民群众利益的重大决策、重大项目和公共服务设施空间布局的参与权和建议权，增强街道在基层治理中的轴心作用。

【机构编制管理】 研究制定工业企业高层次人才专项事业编制管理办法，在全市范围内追加事业单位进人计划500名用于"双一流"高校毕业生引进。创新事业机构管理，批复设立泰山"挑山工"教育实践基地服务中心、泰安市崇仁学校等事业单位。机构编制信息化建设取得阶段性成果，在全省率先建成"泰山智慧"机构编制科学决策平台并投入运行。

（陈　栋）

对台工作

【助力台资企业复工复产】 加强防控指导，确保安全复工复产。3月2日，市委常委、统战部部长张红旗到泰山区、岱岳区督导台资企业复工复产和疫情防控工作，要求有关部门主动靠前服务，帮助台胞和台资企业解决生产生活中的实际问题，统筹推进复工复产和疫情防控工作两不误。全市台资企业普遍享受到社保缓交、医保缴费比例降低1%的扶持以及相关税费减免。帮助受疫情影响较大的台资企业，依法依规减免或延期缴纳税费、租金。安排专人对接台商、台企，主动帮助台企解决在复工复产过程中遇到的用工保障、原料供应、交通物流、发展资金等困难。全市台企直接或间接享受各类优惠政策金额200余万元。5月底，全市24家台资企业全部实现复工复产。

【对台经贸】 “双招双引”（招商引资、招才引智）工作实现突破，新签项目3个，合同金额25亿元人民币。其中，“慧民云医服务平台”项目，从项目双方谈判到签约落地仅用15天时间；鲁台产业园运营管理（山东）有限公司项目，合同金额达20亿元人民币；台湾生物科技果干果脯加工项目，该项目是全省重点台资项目，由台湾光阳食品公司独家投资，合同金额3000万美元。组织388家在泰安企业参加第二十六届鲁台经贸洽谈会云展览和云洽谈。组织5家台资企业参加台企拓内销活动。9月3—4日，组织开展“台湾工商精英泰山行”活动，邀请中山台商协会到泰安实地考察泰安市旅游经济开发区重点项目和

9月16—17日，2020“海峡两岸·情重泰山”——华东台商子女学校学生中华泰山成人礼活动举办 （高　丹　供）

济（南）泰（安）高速公路山口互通立交建设情况，参观调研泰山海峡两岸交流基地，并就泰安市经济社会发展情况、泰安市产业发展政策和营商环境等进行座谈交流。

【对台交流】 牢牢把握“两岸一家亲”对台工作理念，发挥泰山文化资源优势，依托泰山海峡两岸交流基地，打造“海峡两岸·情重泰山”工作品牌。承办“海峡两岸敬天祈福”“台湾青年学生中华泰山成人礼”2项国务院台湾事务办公室（简称国台办）对台交流重点项目，以及“台湾工商精英泰山行”省台港澳办对台交流重点项目。其中，中央电视台综合频道《晚间新闻》栏目对“2020海峡两岸敬天祈福”活动的举行进行关注报道，央视网、中国新闻网、《人民日报》网站、《人民日报》海外网、山东卫视、山东电视台公共频道、今日头条、闪电新闻等30余家主流媒体、专业媒体也全方位、多角度对“2020海峡两岸敬天祈福”活动进行报道。编发的2020“海峡两岸·情重泰山”——华东台商子女学校学生中华泰山成人礼活动举办简报，刊登于国台办简报第130期。“海峡两岸敬天祈福”活动及“中华泰山成人礼”活动被列入2020年山东涉台港澳十大新闻，在《大众日报》进行刊登。

【推进泰山海峡两岸交流基地建设】 与泰山风景名胜区管委会联系对接，召开海峡两岸交流基地工作座谈会，落实基地管理机构、办公室场所、人员、资金、牌匾悬挂等事宜，并就基地长远规划建设、建立泰（安）台（湾）交流合作长效机制等进行交流。8月上旬，市台办和泰山管委组成考察组，赴江西省鹰潭市、福建省莆田市考察学习海峡两岸交流基地工作建设、管理和开展两岸交流合作等方面的成功经验和做法。

（高　丹）

机关党建

【概况】 年内，市直机关党建工作学习贯彻落实习近平总书记关于

“建设让党中央放心、让人民群众满意的模范机关”重要指示精神，围绕市委“重点工作攻坚年”安排部署，以勇做新时代泰山“挑山工”机关走前列活动为实践载体，开展“争创模范机关、深化党组织规范化标准化建设”主题活动，持续完善健全“一岗双责四级联评”机制。开展理论学习宣传工作，开展一系列精神文明建设活动，为统筹推进疫情防控和奋力开创泰安高质量发展新局面提供政治保障。获得“省级文明单位”等称号。

7月23日，全市“争创模范机关、深化党组织规范化标准化建设”推进会议召开（侯春云　供）

【思想建设】　组织成立市直机关学习中共十九届五中全会精神宣讲团，组织宣讲报告会150场。发挥理论中心组学习引领作用，规范市直各部门单位理论中心组学习格式，组织统一印制、发放市直机关党委（党组）理论中心组学习记录本2000本。组织工委理论学习中心组开展学习讨论12次。坚持把学习贯彻习近平新时代中国特色社会主义思想与巩固拓展“不忘初心、牢记使命”主题教育成果相结合。面对疫情防控新形势，联合泰安日报社通过线上直播的方式，组织开展宣讲活动，市直机关近3万名党员干部接受教育。持续拓展机关基层党组织活动阵地，征集考察党性教育点、爱国主义教育点（基地）30个，拟挂牌教育点（基地）8个。组织开展“我来讲党课”活动和市直机关第二届“微党课”大赛。把2019年市直机关“微党课”大赛优秀成果18篇编辑成册，发放至市直机关学习交流。

【组织建设】　深化规范化标准化建设。开展市直“争创模范机关、深化党组织规范化标准化建设”主题活动。按照“5月份对标自查，6—9月份集中整改，12月份达标验收”3个阶段，督促指导1500个机关党支部的规范化标准化建设。相继组织召开机关党建示范单位座谈会、全市“争创模范机关、深化党组织规范化标准化建设”推进会等，持续推动主题活动向纵深发展。制定《关于指导督促市直部门单位党组（党委）履行机关党建主体责任的意见（试行）》，修订《党组（党委）抓机关党建“十条”基本规范》。下拨自管党费30多万元，支持基层党组织党建活动室、机关文化长廊等硬件建设。通过深耕基层，大抓支部，不断增强新时代机关基层党组织的组织力。压实四级责任机制。压紧各部门单位党组（党委）书记履行党建与业务融合抓第一责任。强化机关党委书记对本系统党支部分档定级、达标提升的督促检查，抓好协调推进。创新党支部书记“双职双责双考核”机制，加大符合要求的中层科长同时担任基层党支部书记参加党政两个考核的力度。按照中央“四讲四有”合格党员标准，推动市直机关党员在党建和业务各项工作中发挥先锋模范作用。持续优化主题党日活动备案评优机制。市直机关各级党组织以“击鼓再奋战、攻坚当先锋”为主题主线，围绕疫情防控、复工复产、“重点工作攻坚年”等中心工作，组织实施主题党日活动2000余次，评选出优秀主题党日活动349个。印发集锦，精选2019年度“勇做新时代泰山‘挑山工’”党日活动典型案例102个、争创格言41条、创新案例23个，供市直机关党组织相互学习借鉴。

【宣传工作】　拓宽宣传渠道，在中华泰山网网站和“最泰安”App手机客户端开设“机关党建频道”，与《泰安日报》开办的《机关党建》栏目互为补充，实现党报、网站、手机客户端3个机关党建宣传阵地，同步刊登宣传党建信息176篇。组织刊发《泰山公仆》杂志4期，发行1.2万册。机关党建微信公众号发布信息37条，泰安机关党建网发布信息51条，出刊宣传展板4期。继续开展“泰安市机关党建好新闻”评选活动，共评选出70篇。报送约稿信息10篇。编制印发“学习强国”学习情况通报12次，召开交流推进会3次，组织参与率和活跃度靠后的20家单位进行分析培训会。对“学习强国”学习平台10个先进集体、20个优秀个人典型事迹进行集中宣传展播。市直机关107个党组织加入“学习强国”学习平台，注册用户3万多人，学习总排名、活跃度年内一直在市各功能区、市直各牵头单位中位居前列。泰安市直机关加强作风建设的经验《勇做新时代泰山“挑山工”》被中央和国家机关工委《旗帜》杂志发表并作为优秀案例推广。

【作风建设】 全面落实从严治党主体责任，加强党风廉政建设，组织召开工委领导班子专题会议2次，传达学习上级有关文件精神，专题研究落实市直机关层面和工委自身的党风廉政建设工作，抓好巡察反馈问题的整改落实。通过集中学习、收看警示教育片、专题讲座、廉政谈话提醒等多种形式开展廉政教育。抓好机关纪委书记业务培训，开展专题业务辅导，编印学习资料。审理市纪委监委派驻纪检监察组移送科级党员干部违纪违法案件19件，受理市直机关科级以下干部违纪事项6起，审核市直部门单位机关纪委备案案件2件。

【精神文明创建】 持续加强文明单位规范管理，严格审查文明单位申报条件，按照平时工作与考核结果相结合的方式，对128家单位文明创建工作进行考评。开展37家市直申报升市级文明单位的考评工作，参与市文明办对归市直机关工委管理的37家市级申报升省级的文明单位考评工作。完成2019年度文明奖的审核发放工作。表扬市直文明单位39个。

【群团组织建设】 组织第十三届“市直机关十大杰出青年”评选表扬工作，表扬“市直机关十大杰出青年”10名、“市直机关优秀青年”20名、“市直机关青年服务先锋队”10个。组织开展“关爱职工·夏送清凉”一线慰问活动。组织市直机关42名长期工作在基层一线的职工赴威海开展疗休养活动，推荐3名省部级劳模参加省劳模疗休养活动，组织市直机关9名女职工参加一线女职工疗休养活动。开展创建“五好家庭”、寻找“最美家庭”活动。做好群团推优，完成群团组织的调整换届。结合市直机关实际，做好困难职工帮扶工作。

【“全国文明城市”创建】 完成工委担负的9项个性指标，6项共性指标任务和市直部门单位创城材料的调度上报。组织开展习近平新时代中国特色社会主义思想宣讲活动3次。开展第二届“清风常伴廉洁齐家”家庭助廉寄语活动。举办党员干部学习《中华人民共和国宪法》心得交流会等文明创建活动。组织督导246个文明单位开展结对共建志愿服务活动，包保路口37个、路段13个、小区182个，开展“迎新春·净家园”“市直机关泰安小美文明实践志愿活动”“泰安市文明交通、文明劝导”等党员志愿服务活动2000次。在创城迎检重要时间节点，进行全时、全员督导检查，及时发现问题，迅速查漏补缺。印发督查快讯12期、汇总通报文明单位结对共建工作考核打分情况并进行公示，发挥各级文明单位的示范带动作用。完成2018年、2019年、2020年度市直机关承担的各项创城档案材料整理。

【寻标对标】 对标基层党组织建设，通过实施基层党组织建设提升工程，持续推进基层党组织规范化标准化建设的先进经验做法，提升机关党组织组织力。推进党员教育，组织开展市直机关第二届微党课大赛，市直机关各部门单位先后组织40场普通党员微党课轮讲比赛，最终评选出47堂优秀微党课和27家优秀组织单位。推进服务品牌创建，不断创新完善品牌建设工作举措，提升服务品牌影响力。开展“一单位一品牌”创建活动，评选出示范性服务品牌16个、优质服务品牌16个、示范性服务窗口5个、优秀服务窗口20个。

【疫情防控工作】 把培养勇挑重担、埋头苦干的过硬作风贯穿始终，引领市直机关各级党组织和广大党员在急难险重任务面前冲锋在前，发挥先锋表率作用。疫情防控期间，在泰安机关党建网开辟专栏，第一时间发出“致市直机关全体党员的倡议书”，及时审核发布抗击疫情信息121篇，形成良好的舆论宣传效应。督促指导257个市直机关党组织开展“到一线·肩并肩·战疫情”专项行动，引领市直机关各级党组织和广大党员在疫情防控工作中发挥战斗堡垒和先锋模范作用。市委书记崔洪刚带头值守防控点，2.24万名党员干部在社区参与排查消杀，动员3万名市直机关党员捐款累计1000万元。 （陈来明 侯春云）

精神文明建设

【概况】 2020年，全市精神文明战线推进全国文明城市创建、市民素质提升、群众性精神文明创建、

7月31日，“文明泰安随手拍”活动启动仪式举行　　（赵文文　摄）

志愿服务、未成年人思想道德建设等重点工作，公民素养和社会文明程度不断提升。在中央文明办组织的全国文明城市提名城市年度测评中，泰安市文明城市测评成绩在全国113个地级提名城市中列第8位，泰安市获第六届“全国文明城市”称号。推荐成功“山东好人”37名、“山东好人之星”5名、“中国好人”2名、“泰安好人”69名。推选出市级新时代好少年41人、省级新时代好少年3人。

【全国文明城市创建】 印发《2020年度泰安市创建全国文明城市实施方案》，调整创城领导小组和专项创建指导组，成立7个创城工作专班，继续实施市领导包保网格工作，将城中五区所属27个街道、乡镇辖区（含行政村）划分为27个网格，分别创建督导考核。制定《泰安市创建全国文明城市工作手册》，完善考核标准，建立达标示范认证制度，在全市选取不同行业类型，打造创城示范点推广复制。市文明城市创建办和市直、区、乡镇（街道）、社区（行政村）文明城市创建办工作人员混合编组进行督导，每月委托第三方对39个承担主要任务的指标单位考核并通报。对农贸市场周边社区小区及背街小巷、“门前五包”等7项重点问题开展专项整治。年内，在新闻媒体刊发创城稿件800篇，编发创城简报55期，新制作公益广告4000幅，发放明白纸10万份，曝光不文明现象2600起。“一制二品四法”（“一制”，即新官理旧账解民忧工作机制，“二品”，即“泰安时光”公益广告品牌和“泰安小美”文明实践志愿服务品牌，“四法”，即市级领导包保网格、双联动达标督导、测评双方面对面、文明奖考核奖惩工作法）创新工作举措获山东省委、省政府表彰“勇于创新奖”。

【乡村文化振兴】 印发《关于加快乡村文化振兴助力决胜脱贫攻坚的工作方案》，明确全市乡村文化振兴的目标任务、工作重点和推进措施。调研督导各县（市、区）、功能区的乡村文化振兴工作，并调度汇总各项重点工作，编写信息向省文明办和市乡村振兴办公室报送。根据省下发的涉农资金任务清单，印发全市涉农资金重点任务落实方案，并与市财政局对接资金落实相关事项。根据省明确的乡村文化振兴考核指标要求，安排部署全市乡村文化振兴考核指标任务落实相关工作。开展全市乡村文化振兴第三方摸底调查工作，采取第三方测评的形式，分10个组对全市75个乡镇（街道）进行为期一周的摸底测评。

【市民素质提升工程】 制定全年工作方案，起草印发《2020年泰安市市民素质提升工程工作方案》，在全社会营造全民全域全时“争做文明市民　共创文明城市”氛围，解决市民在公众场所“不讲礼仪、不讲公德、不讲秩序、不讲诚信”等问题。开展泰安市“我最反感的十大不文明行为”评议活动，通过泰安文明网以及泰安传媒集团、泰安广播电视台所属网站、微信公众号等渠道征集市民群众意见和建议，全市参加投票16.8万人次，总票数108.12万票，综合评议出“我最反感的十大不文明行为”。开展“全民阅读·书香泰安”活动，向全市发出倡议书，推出推荐阅读书目和系列优惠活动，在现场向泰安市援鄂医疗队成员代表赠送专属新华书店贵宾卡，向“泰安小美”优秀志愿者代表赠送图书。

【新时代文明实践】 加强新时代文明实践中心（所、站）的规范化建设，印发《关于进一步加强新时代文明实践中心规范化建设的通知》《关于新时代文明实践中心建设当前需要注意把握问题的通知》。指导新时代文明实践中心试点建设工作，重点指导泰山区、岱岳区、肥城市3个全省、全国试点市（区）在加强规范化建设的同时，提炼工

建设最美校园。图为9月24日，文化路小学的学生在阅览室内上阅读课
（陈 阳 摄）

作经验做法，指导其他县（市、区）和乡镇（街道）及村（社区）推进试点建设工作。召开泰安市新时代文明实践中心建设暨“泰安小美”文明实践志愿服务推进会，组织开展联合调研督导。开展“携手文明共同抗‘疫’——文明实践在行动”主题活动和“泰安小美”疫情防控文明实践志愿服务活动，发挥新时代文明实践中心（所、站）作用，加强群众疫情防控宣传教育引导。开展“礼仪泰安、诚信泰安、美丽泰安”文明实践活动和“讲文明讲卫生、改陋习树新风”文明实践活动。梳理《新泰市城乡书房建设激活源头活水》、肥城市孙伯镇五埠村《文明实践非工坊助推“三业”振兴发展》等做法，向省文明办及上级媒体宣传推介，新时代文明实践工作信息在《山东宣传工作》刊发3篇，入选全省第三届乡村文明行动好新闻优秀作品9篇，移风易俗公益广告获全省专项类一等奖。

【公益广告】 做好专题公益广告宣传设计，围绕“文明健康、有你有我”“抵制餐饮浪费”“文明行为促进条例”“疫情防控”等主题，设计制作“泰安时光”公益广告宣传模板200幅，在全市主次干道、公共广场、路铭牌、电子显示屏、公交站亭等公共场所宣传刊播。做好公共场所公益广告的设置安装，新安装大型景观小品10处，小型景观小品800个，设计社区公益广告宣传栏6000平方米，更换主次干道两侧景观小品画面3000个，实现公交站亭全覆盖。做好创城应知应会知识印刷品的设计发放，收集资料设计《2020年市民文明手册》，在全市印发3万册，设计印发《创城知识宣传小知识》折页5万份，配合入户调查在各社区小区发放。制作“文明餐桌”及“使用公筷公勺”的公益广告宣传桌牌3万个，在全市宾馆饭店及五小门店摆放。针对公益广告破损的情况，与市城管局市容科建立公益广告维护联动机制，对发现的问题及时反馈，立即维修复原，保证公益广告宣传的质量和效果。

【未成年人思想道德建设】 2020年全国未成年人思想道德建设工作测评成绩在全国名列前茅。推选市级新时代好少年41人、省级新时代好少年3人。6月1日，“泰安市新时代好少年网上展馆”开馆。开展“传承红色基因”系列活动，参与中小学生60万人。举办“2020泰山国学小名士”经典诵读电视大赛，评选出市级国学小名士10人，进入省决赛1人。开展学雷锋月主题教育，受教育学生

7月13日，泰安市开展凌乱架空线整治工作，告别空中“蜘蛛网”，小区环境更清爽。图为施工人员整理线路
（隋 翔 摄）

30万人。开展“致敬抗疫英雄”学雷锋志愿服务活动，参与师生13万人。开展各类劳动实践比赛200次，评出劳动小能手1800人。学校心理健康教育服务学生5.1万人次，疫情防控心理健康教育活动受益学生25万人次。复查市级以上文明校园126所，新增全国文明校园2所。建成中央级乡村学校少年宫项目4个，对上争取资金227.9万元，累计建成中央级50个、省级57个、市级9个，共投入资金2444.75万元。小记者在册2万人。推选未成年人思想道德建设工作全国先进工作者1人，省级先进县（市、区）2个、先进单位5个、先进个人8人，市级先进单位50个、先进个人100人。泰安市被评为第六届全省未成年人思想道德建设工作先进城市。

【志愿服务】　全国志愿服务信息系统实名注册志愿者104万人，占全市常住人口19%，注册志愿服务团队1.2万个，发布项目1.1万个，全年参与志愿服务人数超过100万人次。完成市志愿服务联合会换届。《“泰安小美”：打造成就居民美好生活的文明实践志愿服务模式》入选《山东宣传思想文化工作案例选编》。建成城市社区志愿服务站点或新时代文明实践站178个，覆盖率97.8%；建成农村志愿服务站点2279个，覆盖率63.7%。成立“泰安小美”疫情防控志愿服务队伍1.32万支，参与疫情防控“泰安小美”志愿者达30万人。553个文明单位常态化包保创城点位1126个，助力文明城市创建志愿者5万人。组织全市293个文明单位包保社区小区，开展文明实践志愿服务活动。推荐2019年度省级“四个100”（100名最美志愿者、100个最佳志愿服务项目、100个最佳志愿服务组织、100个最美志愿服务社区）先进典型23个，市级志愿服务先进典型190个。评选出市级抗击疫情“泰安小美”最美志愿者200人、最佳志愿服务组织50个，推选省级抗击疫情优秀志愿者18人、优秀志愿服务组织12个。累计评选志愿服务先进典型全国级4个、省级145个、市级1174个。

8月16日，在高温烈日下，“泰安小美”志愿者在捡拾马路上的垃圾
（司　刚　摄）

【公民思想道德建设】　深化文明出行专项行动，印发《关于深化开展文明出行专项行动的实施方案》，明确工作任务和责任单位，成立全市专项行动领导小组和2个督导检查组。发动全市300家文明单位数万名志愿者开展路口执勤等志愿服务活动。推进诚信制度化建设，协调市发改委及成员单位，推进全市行业部门建立互联互通、信息交互共享的诚信信息平台。开展“身边好人”评选推荐活动。年内累计评选“泰安好人”69名，推荐成功“山东好人”37名，“山东好人之星”5名，“中国好人”2名。印发《泰安市关于开展2020年度文明行业创建活动的实施方案》，督促各行业、窗口单位开展文明创建工作。

【网络文明建设】　实现泰安文明网信息工作管理制度化，设计制作“网上祭英烈”“文明校园劳动美”等专题网页6个，开展“晒出你的年夜饭”“我最反感的十大不文明行为”等网络文明传播活动。泰安市志愿服务网、“志愿泰安”微信公众号设立“泰安小美在行动”专题，发布365期，其中疫情期间刊发“疫情防控——泰安小美在行动”专题135期。

【文明单位、村镇、社区、家庭、校园创建】　全市新增加全国文明单位5个、全国文明村镇5个、全国文明家庭1个、全国文明校园2所，省级文明单位24个、省级文明村镇24个、省级文明社区7个、省级文明家庭18个，市级文明单位84个、市级文明村镇147个、市级文明社区18个、市级文明家庭100个。在各县（市、区）开展“奋战‘疫’情　文明家庭在行动”主题活动、“弘扬家国情，礼赞新时代”泰安市创建文明家庭经验交流会等活动。与市直机关工委联合开展第二届“清风常伴廉洁齐家”家庭助廉寄语活动，22条寄语获优秀寄语奖。

（李　明）

老干部服务

【概况】　年内，全市老干部服务工作落实“一化带两化促三性”（以信息化建设为突破口，通过信息化建设带动精准化、规范化建设，推动老干部工作更好体现时代性、突出针对性、增强有效性）工作要求，一体推进离退休干部党建引领、作用发挥、服务保障、文化养老，推动老干部工作高质量转型发展。继续保持“省级文明单位”称号，被评为“全省离休退休干部信息统计工作先进单位”“全省老干部工作部门调研信息工作先进单位”。

【离退休干部思想政治建设和组织建设】　组织离退休干部学习宣传中共十九届四中、五中全会精神，组织收看中共中央组织部老干部局、省委老干部局举办的网上专题报告会5场。开展老干部助力脱贫攻坚、助力工业发展、助力社会治理“三助力”专题宣传、“我看新成就，展望新发展”主题征文寄语等主题活动，举办“老干部社区课堂”。推行干部荣誉退休制度，印发专门文件推进全市干部荣休工作制度化常态化，各级各部门开展荣休仪式60场次。印发《关于开展向刘欣同志学习活动的意见》，在全市离退休干部党组织和党员中开展学习刘欣先进事迹活动，评选表扬20个全市离退休干部“红旗党支部”和60名全市优秀离退休干部党员。推进离退休干部党建融入城市基层党建大局，出台《关于加强社区离退休干部党建工作助力城市基层治理的指导意见》《关于推行离退休干部党支部“五化”提升星级管理的实施意见》，全国城市基层党建示范市建设现场推进会观摩离退休干部党建助力基层治理工作现场，经验做法在省委老干部局《情况反映》《工作通报》上刊登，在全省进行推广。

10月15日，泰安市老年大学与泰山职业技术学院、山东服装职业学院、泰山护理职业学院、泰安技师学院4所职业院校合作办学启动仪式举行

（周　雪　供）

【离退休干部服务】　落实政治生活待遇，组织市级老干部参观全市经济社会发展成果、定期健康疗养。建立实施离休干部“一对一”联系关怀机制，开通老干部网上互动交流平台，打造老干部网上留言互动平台“云端会客厅”。落实老干部集中走访慰问、困难帮扶等工作制度，做好纪念抗日战争胜利75周年慰问金发放、抗美援朝胜利70周年纪念章发放等工作。做好国有企业退休人员社会化管理工作中老干部的服务工作、移交地方老干部工作部门管理的军休干部服务工作。解决老干部关注的热点焦点问题，对市直离休干部医药费联网结算报销制度进行调整完善，妥善解决离休干部医药费报销等问题。

【离退休干部发挥余热】　开展离退休干部向援鄂医务工作者捐赠书画作品活动，征集作品200幅。开展“共建文明家园”活动，对85名优秀老干部志愿者和36个优秀志愿服务组织的先进事迹进行集中宣传。开展“讲红色故事，做时代新人”主题活动，开展宣讲300场。组织老干部编撰《泰安英烈故事》，参加省“齐鲁英烈文化创作大赛”，获“组织奖”。做好关心下一代工作，为新增3000名“五老”志愿者发放证书，新增补16名宣讲团成员，新增授牌25处市级关心下一代教育基地。东平县关心下一代工作委员会获得“全国关心下一代工作先进集体”称号，3人获得“全国关心下一代工作先进工作者”称号。11户家庭被省关工委、省妇联授予“省五老志愿者传承好家风最美家庭”称号。

【离退休干部文化生活】 做好疫情防控常态化下的文化养老工作，推进文化养老云平台建设，开办老年大学“空中课堂”，开通“泰安老年电视大学”。组织老干部参加山东省老年大学线上文艺展演城市赛、首届国际老年大学线上艺术比赛等活动，举办“同心筑梦促发展·绘就美丽新泰安”老干部网上摄影展，被中国老年大学协会授予“2020年战疫教学荣誉证书”。深化老年大学合作办学机制，在全省率先建立老年大学与高职院校合作办学机制，市老年大学与泰山职业技术学院等4所职业院校签订合作协议，在职业院校内挂牌设立“老年大学分校”，工作经验在《大众日报》要闻版刊发，获得全省老年大学工作创新案例评选一等奖。

（周　雪）

党史地方志研究

【概况】 2020年，全市党史方志部门和工作者围绕中心、服务大局，以史鉴今、资政育人，完成各项目标任务。市委党史研究院继续保持“省级文明单位”称号。在第七届全国地方志优秀成果评选中，《泰安年鉴（2019）》获市级综合年鉴类一等奖、《肥城年鉴（2019）》获县级综合年鉴类三等奖。

【党史征集研究】 编辑、出版专题书籍。突出地方党史研究，编辑出版《中国共产党泰安市历史大事记（2007.03—2019.12）》，共31万字，留存丰富史料，客观记录在中国共产党领导下泰安的发展历程。采访县、市、区委书记58位，查阅档案1300宗，形成采访素材100万余字，完成《改革开放以来泰安市、县委书记口述历史》。深入研究泰西武装起义历史，编纂修订《泰西抗日武装起义》专题书，完成初稿组稿工作。参与制作党员教育片。与市委组织部等单位联合摄制泰安党史文献节目《红色记忆——中共泰安纪事》，全面客观地反映中国共产党在泰安的成长、壮大历程。参与评审市委组织部53部党员教育电视片复审工作，从专业的角度丰富视频内容，增强教育效果。助力新冠疫情防控。为真实记录泰安市委、市政府领导全市人民统筹推进疫情防控和经济社会发展的生动实践，讲好泰安抗疫故事，搜集整理市委、市政府关于疫情防控的各类通知、公告、新闻等信息300条，照片200幅，为编写《泰安战“疫”大事记》做好前期准备工作。6个县（市、区）也都抽调精干力量，同步开展本地“战疫”相关信息资料的整理编纂。

11月8—9日，中国地方志指导小组办公室党组书记、方志出版社社长高京斋（右五）对泰安地方志工作进行调研。省委党史研究院（省地方史志研究院）院长赵国卿（右三）等陪同调研（吴　楠　供）

【《中国共产党泰安市历史大事记（2007.03—2019.12）》出版发行】 该书是前三卷的续编，主要记述中国共产党泰安市第九次代表大会以后（2007年3月至2019年12月），中共泰安各级组织带领全市人民进行经济建设、政治建设、文化建设、社会建设、生态文明建设和党的建设等方面的内容，实事求是地反映中共泰安各级组织，贯彻执行党的路线方针政策的重要决策、重要举措、重要事件、重要成果、重要经验。该书编写以《关于建国以来党的若干历史问题的决议》和十一届三中全会以后党的历次重要会议精神为遵循，坚持辩证唯物主义和历史唯物主义的立场观点方法，实事求是地记载该期间中共泰安历史上发生的重要事件，力求全面、客观、准确、科学。编纂体例主要采用编年体和记事本末体相结合的记述方法，每一个时期的大事均按年、月、日编排，基本上采取一事一记。对于时间跨度较长、内容较多的事件，则依照历史进程分条记述。该书依据的资料，包括泰安市报刊、档案、文献资料，泰安市各有关部门、单位提供的大事记资料及网站所记载的资料。

【志书编纂】 基层志编纂。加强对基层志编纂的宣传、督促和业务指导，发动有条件的乡镇（街道）、村（居）、部门（单位）、行业编修志书，年内，《边院镇志》《石横镇志（1988—2017）》《五埠村志》《尚庄村志》《北辛庄村志》《边院初级中学志》等基层志书出版发行。1月，全省党史史志优秀科研成果评审结果公示，《泰安市民政志（1986—2015）》《泰安市财政志》《柳下惠志》《新泰市工商行政管理志》《东平县教育志（1904—2017）》《肥城市民政志》《张庄社区志》7部志书获优秀基层（专门）志称号。名镇名村志编纂。年内，对宁阳县《蒋集镇志》、新泰市《前上庄村志》进行指导，并推进参加齐鲁名镇名村志文化工程评选。中国名山志《泰山志》的编纂。指导《泰山志》文稿修改，通过多种方式征求意见建议，进行再修改再完善，征集图片300余幅，年末形成《泰山志（评审稿）》，共计37万字。方志理论研究。全市共报送方志理论文章27篇，参加中国地方志指导小组理论研讨会、首届全国方志论坛、省方志理论研讨会等，多篇文章在省志理论研讨会获奖。完成对上供稿任务。完成《山东省对口支援新疆志》资料的补充、《山东省二轮修志纪实》供稿和中国地方志指导小组“讲述黄河故事、传承黄河文化”故事征编工作。

【年鉴编辑】 3月，《泰安年鉴（2020・袖珍本）》出版发行。全书26.1万字，收录2019年度“大事记”“经济和社会发展”资料以及重点工作专班、各部门（单位）年度主要工作等内容，其中“重点工作专班”专门记述市委“5+2”工作体制（产业经济发展、城市建设管理、文化旅游产业发展、乡村振兴、党建和人才5个工作小组，泰山区域山水林田湖草生态保护修复工程城区项目、农村项目2个指挥部）运行情况，以及在全市重点工作任务推动方面所取得的成绩。10月，《泰安年鉴（2020）》编辑出版发行，是连续出版发行的第30卷。完成2020卷《山东年鉴》《中共山东年鉴》供稿和代组稿工作。6个县（市、区）均出版发行综合性年鉴。

【《泰安年鉴（2020）》出版发行】 10月，由方志出版社出版。全书设栏目29个、分目（子分目）240个，收录条目1510个、图片307幅、示意图表54个，总计100.9万字。该卷栏目设置在保持框架相对稳定的基础上，将“财政・税务”“金融”合并为“财税・金融”，将“泰山景区”“开发区”合并为“景区・园区”，栏目个数由2019卷的31个调整为29个。“图说2019”图片专版，选用图片105幅，分“调查研究”“会议会展”“项目检查”“重点项目”“重点工作专班”“泰山国际登山节”“文化旅游”“机关党建”“文明创建”“城市风光”十大版块，收录年度内大事要闻，直观反映全市经济建设、政治建设、文化建设、社会建设、生态文明建设方面的发展成就。其中，“重点工作专班”收录图片48幅，集中反映5个工作小组和2个指挥部在重点工作任务推动方面取得的突出成绩。封面以国画“中华泰山”作封面，庄重大气，突出泰山之美的同时，彰显泰安浓郁的地方特色。

【党史地方志宣传教育】 宣传党史文化，将原泰安党史网和原泰安市情网整合升级为泰安党史方志网，版面布置、内容设计更加丰富。加强技术支持，提升检索、查询等服务功能，网站窗口作用进一步增强。年内，网站发布信息60条，上报省情网发布信息34条。新建党史资料库，补充整理《徂徕山抗日武装起义》《改革开放实录》等主要党史电子版资料，基本实现重要资料数字化信息化。《泰汶春秋》期刊出版发行4期，刊载文章40篇、28万字，发行近5000册。同步指导提升县（市、区）信息化建设工作，肥城市信息工作列全省第一，在全省党史史志信息化建设工作会议上作典型发言。组织系列活动，协助完成“红动齐鲁”山东省第二届红色故事讲解大赛启动仪式，完成“红动齐鲁”泰安市第二届红色故事讲解大赛，3人参加省讲解大赛决赛。与《齐鲁晚报》泰安融媒体合作，策划完成《聆听抗战老兵讲述烽火往事》栏目。8月，组织开展“讲述黄河故事、传承黄河文化”系列活动采风组到泰安交流拍摄，征集黄河故事稿件22篇、6万字。完成山东省第四批党史教育基地申报和泰安市第四批党史教育基地命名工作，其中泰安市命名1个、申报省级3个。

【方志馆建设】 按照国家和省级部门要求，推进市级及各县（市、区）方志馆建设。年内，6个县（市、区）方志馆都在规划、建设中。丰富方志馆馆藏资料，加大购买、交换馆藏资料力度，利用多种方式促进方志资料利用，满足人民群众需求。

（吴　楠）

党校教育

【承办市委重大活动】 先后承办市委理论学习中心组读书班、乡村振兴

11月26日至12月9日，全市领导干部中共十九届五中全会精神专题学习班在市委党校举办，市委书记崔洪刚作动员讲话并宣讲全会精神，学习班分3期，参训学员1400人（张　凡　摄）

读书班和领导干部中共十九届五中全会精神学习班等班次5期，培训轮训县级以上领导干部1600人次。10月17—18日，承办中国辩证唯物主义研究会、中共中央党校（国家行政学院）哲学教研部、中国社会科学院哲学研究所、中共山东省委党校（山东行政学院）、中共泰安市委联合发起的“唯物史观与新时代中国特色社会主义”理论研讨会。

【抓好主责主业主课】 全年共举办各类主体班次14期，培训学员2400人次；举办社会培训班次36期，培训学员4000人次。借力上海交通大学优质资源打造高端线上培训平台，开设“泰山云学堂”系列网上直播课4期。开展网络宣讲，中共十九届五中全会精神系列专题讲座广受好评。创新案例教学、现场教学等互动式教学，完善“红绿+”现场教学体系；开展集体备课，完善教学内容；开展年轻教师教学基本功演练活动，年轻教师的精品课占60%以上。组织11名教研人员编写“勇做新时代泰山‘挑山工’”核心教材，在主体班次设置“勇做新时代泰山‘挑山工’”版块；打造体验式教学，开辟泰山桃花源管理区、红门到经石峪、中天门到南天门十八盘3条现场体验式教学线路；开展社会宣讲，扩大教学覆盖面，核心课程勇做新时代泰山“挑山工”，校内宣讲35次，校外宣讲100次，包括市外宣讲10次，中共中央组织部全国培训班次宣讲2次。各级党报党刊发表理论文章110篇，其中核心期刊3篇；完成各级各类课题62项，其中省级课题12项、市级课题26项。有25项成果获市级以上领导批示，其中7项被市委、市政府主要领导签批。市委党校教师与中青班学员联合进行的14项调研成果，市领导25批次给予签批，其中市委书记崔洪刚签批2项、市长张涛签批3项。

【基础设施建设】 建成新学员公寓，配套建设自动化立体地下停车场和校园道路，学员床位增加1倍，地下停车位增加2倍。落实“定岗定责定任务，抓述抓评抓考核”“教研质量聚力提升”、党校与社会相结合的服务保障三大工作机制。推进学员入校学习生活流程再造，学员满意率大幅提升。立足疫情防控新情况，业余研究生教学网上教学听课率稳定在95%以上，达到预期教学效果。

【县级党校分类建设和乡镇（街道）党校建设】 将泰山区、岱岳区乡科级干部进修班、中青年干部培训班纳入市委党校主体班次教学体系，实现教学资源统筹。全市88个乡镇（街道），已建党校85个，占比达96.6%，基层党员干部教育培训覆盖面扩大。新建市委党校高新区分校、电信公司分校，重视对已有8个市直分校的支持指导。提升全市党校系统“两群一库”（全市党校工作群、全市党校教学群，全市党校教学资源库）覆盖范围，助力省委党校“2+1”牵手计划落实见效。

（祝　捷）

编辑　校对　　刘　凯

泰安市人民代表大会

综 述

【概况】 2020年，市人大常委会坚持党的领导、人民当家作主、依法治国有机统一，统筹疫情防控和经济社会发展工作部署，依法履职，担当作为，全年召开常委会会议8次，制定和修改地方性法规3件，听取和审议专项工作报告24项，组织专题询问1次，开展执法检查、视察、调研34次，作出决议决定5项，圆满完成市十七届人大五次会议确定的各项任务。

【重大决定】 2020年2月28日，泰安市第十七届人民代表大会常务委员会第二十五次会议通过市人大常委会关于贯彻落实《山东省人民代表大会常务委员会关于依法加强新型冠状病毒肺炎疫情防控工作的决定》的决议。决议要求全市各级各部门和各级人大代表要坚决服从党中央和省委、市委的统一指挥、统一协调、统一调度，按照“坚定信心、同舟共济、科学防治、精准施策”的总要求，把疫情防控工作作为工作的重中之重，依法依规、有力有效开展防控工作。

【自身建设】 提升履职能力。注重全员业务能力建设，组织常委会组成人员专题学习《习近平谈治国理政》第三卷、十九届五中全会等内容，提升政治素质。注重发挥专家和智库作用，建立人大履职专家顾问制度。发挥专门委员会联系广泛、专业突出的特点和优势，在研究审议相关专业领域法规草案、议案和专项报告，组织开展执法检查、专题调研和跟踪监督上，主动作为，履职尽责。重视常委会工作机构建设，新设立的监察和司法工作委员会、社会建设工作委员会，充实力量，顺利运转。制定机关年轻干部培养选拔工作实施意见，健全完善选拔、培养、管理、使用工作机制。完善机关工作人员年度考核办法、平时考核实施方案。强化作风纪律。认真执行到基层视察、调研、执法检查等工作纪律，力戒形式主义、官僚主义。全力支持派驻市人大机关纪检监察组开展工作，抓实市委巡察反馈问题整改，推进机关党风廉政建设。组织机关干部参与脱贫攻坚、产业发展、乡村振兴、“四进”攻坚行动等全市重点工作。注重宣传研究。坚持正确舆论导向，提高《泰安人大》办刊质量。在《泰安新闻》开设《人大代表风采展》专栏13期。加大宣传力度，在省以上媒体刊登人大新闻稿40余件，其中2件作品分别获中国人大新闻奖三等奖和山东人大新闻奖一等奖；加强人大制度理论

11月3日，市人大常委会主任唐福泉（左一）到新泰实地查看代表“家”“站”建设工作 （王馨蕾 供）

研究，形成一批高质量的调研成果，8篇被评为全省人大优秀调研论文。

【人事任免】 2020年，市人大常委会依法行使人事任免权，任免国家机关工作人员71人次。

1月6日，市十七届人大常委会第二十三次会议。任命朱云三为市中级人民法院副院长、审判委员会委员、审判员，吴国庆为市交通运输局局长、蔡丽霞为市政府国有资产监督管理委员会主任，孙卫连为市人大社会建设委员会副主任委员。决定朱云三为市中级人民法院代理院长。决定免去季春秋市交通运输局局长职务，王立军市应急管理局局长职务，刘太荣市政府国有资产监督管理委员会主任职务。免去张亮、杨振国、刘运兵、张伟方、刘晓枫、孙世民、黄勇、王阳、殷娟、周妙逸、毛尚纯、王福平、张军建、马波、高化涛、张汶庆、张玲市检察院检察员职务，乔秀杨、岳涛、王灿仑、张黎明、李海霞、张勤勇泰安高新区检察院检察员职务。决定接受孔凡洪辞去市人大常委会委员职务的请求，朱旭光辞去市中级人民法院院长职务的请求，报市人民代表大会备案。

1月12日，市十七届人大常委会第二十四次会议。决定接受张红旗辞去市政府副市长职务的请求，报市人民代表大会备案。

2月28日，市十七届人大常委会第二十五次会议。决定任命戴冰为市教育局局长，李华民为市生态环境局局长。任命陈师彦为泰安高新区人民法院审判员。决定免去梁久军市教育局局长职务，戴冰市生态环境局局长职务，李华民市文化和旅游局局长职务。免去吴新安、张永勤、吴卫东、张英波市中级人民法院审判员职务。

4月28日，市十七届人大常委会第二十六次会议。任命于瑞波为市监察委员会副主任。决定于瑞波为市监察委员会代理主任。决定任命苏雪峰为市文化和旅游局局长。决定接受郝红辞去市监察委员会主任职务的请求，报市人民代表大会备案。

6月29日，市十七届人大常委会第二十七次会议。决定任命常绪扩为市政府副市长，张培峰为市司法局局长。任命宋长亨为市人大常委会人事选举代表工作室副主任，孔妍为市人大常委会法制工作委员会副主任，郭建华为市人大常委会农村经济工作委员会副主任。决定免去高建明市司法局局长职务。

8月27日，市十七届人大常委会第二十八次会议。决定任命杨传文为市人大监察和司法委员会副主任委员，吕华、刘国锋为市中级人民法院审判委员会委员、审判员。免去王树杰市中级人民法院审判委员会委员、审判员职务，王金文、崔晓东市中级人民法院审判员职务，刘学刚市人民检察院副检察长、检察委员会委员、检察员职务，公维剑市人民检察院检察委员会委员、检察员职务，马明、杨清忠、许东岳市人民检察院检察员职务。批准尚晓兵辞去宁阳县人民检察院检察长职务。

10月28日，市十七届人大常委会第二十九次会议。决定任命乔国荣为市行政审批服务局局长。免去刘焕民市人大常委会副秘书长职务。决定免去宋鸿鹏市行政审批服务局局长职务。

11月12日，市十七届人大常委会第三十次会议。决定接受隋阳辞去市十七届人大常委会委员职务的请求，报市人民代表大会备案。

12月25日，市十七届人大常委会第三十一次会议。决定任命宋宪春为市自然资源和规划局局长。决定免去陈锦勇市自然资源和规划局局长职务。（张国伟）

12月24日，市人大常委会组成人员视察虎山公园改造提升工程

（王馨蕾　摄）

重要会议

【市十七届人大五次会议】 1月9—12日召开。该次大会通过市十七届人大五次会议关于政府工作报告

的决议、关于泰安市2019年国民经济和社会发展计划执行情况与2020年计划的决议、关于泰安市2019年预算执行情况和2020年预算的决议、关于泰安市人民代表大会常务委员会工作报告的决议、关于泰安市中级人民法院工作报告的决议、关于泰安市人民检察院工作报告的决议。大会选举朱云三为市中级人民法院院长，选举朱杰为市十七届人大常委会秘书长，选举苏伟丽为市十七届人大常委会委员。

1月9—12日，泰安市第十七届人民代表大会第五次会议在泰山国际会展中心召开（王馨蕾　供）

【市十七届人大常委会会议】 年内，市十七届人大常委会举行会议8次。

市十七届人大常委会第二十三次会议。1月6日召开。会议首先举行第一次全体会议，听取关于市十七届人大五次会议筹备工作情况的报告；听取泰安市人大常委会工作报告（稿）；听取市人大常委会代表资格审查委员会关于补选市十七届人大代表的代表资格的审查报告；听取主任会议关于提请补选张涛为省十三届人民代表大会代表的报告；听取市政府关于提请任免政府组成人员职务的议案；听取市中级人民法院关于提请任命审判人员职务的报告；听取市人民检察院关于提请免去检察人员职务的报告；听取拟任职人员发言；表决有关人事任免事项；通过市人大常委会代表资格审查委员会关于补选市十七届人大代表的代表资格的审查报告。经过分组审议，会议举行第二次全体会议，听取主任会议关于提请决定朱云三为泰安市中级人民法院代理院长的报告；听取主任会议关于提请任命市人大专门委员会组成人员的报告；原则通过市人大常委会工作报告（讨论稿）；原则通过市十七届人大五次会议主席团、秘书长名单（草案）；补选山东省第十三届人民代表大会代表。会议表决人事任免事项，向被任命人员颁发任命书，并举行宪法宣誓仪式。

市十七届人大常委会第二十四次会议。1月12日召开。会议听取审议并表决通过人事任免事项，会议决定接受张红旗辞去泰安市人民政府副市长职务的请求，报泰安市人民代表大会备案。

市十七届人大常委会第二十五次会议。2月28日召开。会议传达学习习近平总书记在统筹推进新冠肺炎疫情防控和经济社会发展工作部署会议上的重要讲话精神，并提出贯彻落实意见。会议听取关于泰安市人大常委会2020年工作要点（草案）起草情况的说明；听取关于《泰安市城市绿化条例修正案（草案）》的说明；听取市政府关于提请任免市政府组成人员职务的议案；听取市中级人民法院关于提请任免审判人员职务的报告。经过分组审议，会议表决通过泰安市人大常委会2020年工作要点；表决通过泰安市人大常委会关于修改《泰安市城市绿化条例》的决定；表决通过市人大常委会关于贯彻落实《山东省人民代表大会常务委员会关于依法加强新型冠状病毒肺炎疫情防控工作的决定》的决议。会议表决通过人事任免事项，向被任命人员颁发任命书，并举行宪法宣誓仪式。

市十七届人大常委会第二十六次会议。4月28日召开。会议听取市政府关于全市环境状况和环境保护目标完成情况的报告；听取市政府关于落实安全生产审议意见情况的报告；听取市人大法制委员会关于《泰安市生活垃圾分类管理条例（草案）》审议结果的报告；听取市政府关于提请任命政府组成人员职务的议案；听取市监察委关于提请任命市监察委员会组成人员职务的议案；听取拟任职人员发言；表决通过有关人事任免事项；听取主任会议关于提请决定于瑞波为泰安市监察委员会代理主任的报告。经过分组审议，会议原则通过市人大常委会对市政府关于全市环境状况和环境保护目标完成情况的报告的审议意见。会议表决通过人事任免事项，向被任命人员颁发任命书，并举行宪法宣誓仪式。

市十七届人大常委会第二十七次会议。6月29日召开。会议听取市政府关于全市刑事侦查工作情况的报告；听取市政府关于全市现代畜牧业发展情况的报告；听取市人大法制委员会关于《泰安市生活垃圾分类管理条例（草案修改稿）》审议结果的报告；听取市人大常委会代表资格审查委员会关于个别代表的代表资格变动情况的报告；听取主任会议关于提请任命市人大常委会工作人员职务的报告；听取市政府关于提请任免政府组成人员职务的议案；听取拟任职人员发言。经过分组审议，会议原则通过相关报告的审议意见；表决通过《泰安市生活垃圾分类管理条例》；表决通过市人大常委会代表资格审查委员会关于个别代表的代表资格变动情况的报告。会议表决通过人事任免事项，并举行宪法宣誓仪式。唐福泉就学习贯彻落实好《中华人民共和国民法典》作讲话。

市十七届人大常委会第二十八次会议。8月26—27日召开。会议听取市政府关于《泰安市供热条例（草案）》的说明；听取市政府贯彻落实关于严格依法加强国土空间规划管理工作的决议工作情况的报告；听取市政府关于泰安市2020年上半年国民经济和社会发展计划执行情况的报告；听取市政府关于泰安市2019年财政决算和2020年上半年预算执行情况的报告；听取市政府关于泰安市2019年度市级预算执行和其他财政收支的审计工作报告；听取市人民检察院关于全市刑事检察工作情况的报告；听取市人大常委会代表资格审查委员会关于个别代表的代表资格变动情况的报告；听取主任会议关于提请任命市人大专门委员会组成人员职务的报告；听取市中级人民法院关于提请任免人民法院审判人员职务的报告；听取市人民检察院关于提请免去人民检察院检察人员职务的报告。经过分组审议，会议表决通过泰安市人大常委会关于批准泰安市2019年市级财政决算的决议；表决通过泰安市人大常委会关于泰安市2019年市级预算执行和其他财政收支审计工作报告的决议；原则通过市人大常委会关于2020年上半年全市国民经济和社会发展计划执行情况的审议意见；原则通过市人大常委会关于2020年上半年全市财政预算执行情况的审议意见；原则通过市人大常委会对市政府贯彻落实关于严格依法加强国土空间规划管理工作的决议工作情况的报告的审议意见；原则通过市人大常委会对市人民检察院关于全市刑事检察工作情况的报告的审议意见；表决通过市人大常委会代表资格审查委员会关于个别代表的代表资格变动情况的报告。会议表决通过人事任免事项，向被任命人员颁发任命书，并举行宪法宣誓仪式。会议期间，市人大常委会机关举行财政预算知识讲座。市人大常委会组成人员视察市政府关于严格依法加强国土空间规划管理工作的决议工作情况和泰安城区生活垃圾分类管理工作情况。副市长赵德健陪同视察活动。

市十七届人大常委会第二十九次会议。10月27—28日召开。会议听取市人大法制委员会关于《泰安市供热条例（草案）》审议结果的报告；听取市政府关于全市优化营商环境工作的报告；听取市政府关于2019年度全市企业国有资产（不含金融企业）管理情况的专项报告；听取市政府关于2019年度全市金融企业国有资产管理情况的专项报告；听取市政府关于2020年全市新增政府债务限额、特别国债和特殊转移支付资金分配以及市级预算调整方案（草案）的报告；听取市政府关于全市旅游项目建设情况的报告；听取市政府关于全市学前教育工作情况的报告；听取市政府关于城市管理工作情况的报告；听取市中级

10月28日，泰安市第十七届人民代表大会常务委员会第二十九次会议举行联组会议，就全市优化营商环境工作进行专题询问　（赵文文　摄）

人民法院关于全市刑事审判工作情况的报告；听取市人大常委会执法检查组关于检查水污染防治“一法一条例”贯彻执行情况的报告；听取主任会议关于提请免去市人大常委会工作人员职务的报告；听取市政府关于提请任免市政府组成人员职务的议案；听取拟任职人员发言。会议召开联组会议，对全市优化营商环境工作进行专题询问。经过分组审议，会议表决通过《泰安市供热条例（草案表决稿）》；原则通过市人大常委会关于《全市优化营商环境工作的报告》的审议意见；原则通过市人大常委会关于2019年度全市国有资产管理情况报告的审议意见；表决通过泰安市人民代表大会常务委员会关于批准2020年泰安市新增政府债务限额及市级预算调整方案的决议；原则通过市人大常委会关于《全市旅游项目建设情况的报告》的审议意见；原则通过市人大常委会关于《全市学前教育工作情况的报告》的审议意见；原则通过市人大常委会对市政府《城市管理工作情况的报告》的审议意见；原则通过市人大常委会关于《全市刑事审判工作情况的报告》的审议意见；原则通过市人大常委会关于检查水污染防治“一法一条例”贯彻执行情况的报告的审议意见。会议表决通过人事任免事项，向被任命人员颁发任命书，并举行宪法宣誓仪式。

市十七届人大常委会第三十次会议。11月12日召开。会议传达学习中共十九届五中全会精神，表决通过市人大常委会关于接受隋阳辞去市人大常委会委员职务请求的决定。

【市十七届人大常委会主任会议】 年内，市十七届人大常委会召开主任会议11次，共提请常委会会议审议方案和决议、决定草案等35项，听取审议“一府一委两院”及其部门有关报告、意见等21项，研究学习有关报告、事项、会议或文件精神27项。

（张国伟）

地方立法与法律监督

（参见“法治”类目）

工作监督

【助推高质量发展】 高度重视“十三五”规划的落地落细，强化对审查批准中期评估、实施过程等关键节点的监督，助推“十三五”圆满收官。贯彻落实市委十一届十二次全会精神，组织开展“十四五”规划编制调研，听取审议“十四五”规划和二〇三五年远景目标纲要草案，依法作出审议意见。听取审议国民经济和社会发展计划执行情况，促进市委确定的重大项目、民生工程加快实施。突出民营经济高质量发展，开展优化营商环境专题询问，把调查发现的150多个问题，呈现给31个应询部门和单位，有关职能部门主要负责人作出答复承诺，解决一批影响和阻碍营商环境的难点、痛点、堵点问题。开展全市安全生产“一法一条例”执法检查和专题询问跟踪监督，听取审议意见和专题询问问题整改情况报告，针对存在的问题，提出整改建议。专题调研全市科技创新型企业50强，视察全市旅游项目建设工作，督促有关部门统筹疫情防控和经济社会发展“两不误”。

【关注民生福祉】 聚焦为民办实事，推进政府为民承诺事项落实到位，听取审议为民要办10件实事落实情况的报告，及时转办审议意见，加强跟踪问效。视察全市学前教育工作，听取市政府专题报告和有关部门工作汇报，督促扩大资源有效供给，推动全市学前教育普惠优质发展。专题调研全市养老服务体系建设，推动养老服务多元化发展，打响“养生泰山、养老泰安”品牌。关注残疾人权益、退役军人服务保障、农村妇女权益保障等，开展调查研究，提出意见建议，推动权益落实。

【助力生态改善】 对《关于严格依法加强国土空间规划管理工作决议》的落实情况进行专题视察，进一步强化统一国土空间用途管制、建设项目规划许可和监督，坚决守住生态保护的底线。针对泰安城区“山城一体”的实际，持续跟踪《泰山风景名胜区生态保护条例》实施情况，坚决把金山银山、绿水青山守护好；持续推动城市管理工作，听取审议有关工作报告，督促加强园林绿化管理、工地扬尘管理以及餐饮油烟治理等工作，做到城市发展和泰山生态保护互融共生。对泰山区域山水林田湖草生态修复治理、黄河流域生态保护、泰安城区饮用水水源地保护、城区部分黑臭水体治理、医疗废物集中无害化处置等情况进行专题调研检查，听取审议生态环境保护工作情况年度报告，强化跟踪督办，常态化推进生态建设，保障生态环境安全和人民群众生命健康。

【强化财政、国资监督】 聚焦预决算审查监督，依法听取审议上半年预算执行情况，审查批准财政决算、预算调整和政府债务限额，强化市级部门预算备案审查和监督管理，推动财政资金绩效评价全覆盖，确保特殊时期有限的财力发挥更大的作用。听取审议市政府审计查出问题整改情况报告，督促完善预算审查制度，规范落实“六保”“六稳”资金使用，提高财政资金使用效益。听取审议市政府关于全市企业、金融企业国有资产管理情况专项报告和全市国有资产管理情况综合报告，摸清全市国有资产底数，督促健全国有资产报告和监督制度，实现国有资产保值增值。

【推动“三农”发展】 围绕脱贫攻坚决战决胜年的任务目标，市人大常委会领导班子成员带头深入扶贫一线，落实全市重点包保帮扶工作。组织各级人大代表和代表小组与扶贫工作重点村或相对薄弱村建立联系点，助力脱贫攻坚。加强扶贫领域监督，围绕扶贫政策实施、资金使用、议案建议办理等进行重点监督，推动政策措施落地见效。听取审议全市现代畜牧业发展情况的报告，建议积极应对疫情冲击，加大现代畜牧业扶持力度。受省人大常委会委托，对乡村振兴实施路径、农村饮水安全、泰山野生动物保护与开发利用情况进行专题调研，多项意见建议被省人大常委会采纳。

（张国伟）

代表履职

【夯实代表履职基础】 举办全市人大代表履职学习班，开展履职经验交流。健全完善代表工作制度，研究制定《关于加强和改进市人大代表工作的意见》《人大代表履职评价办法》，修订完善《代表活动经费管理使用办法》，为闭会期间代表活动提供制度保障。拓宽代表知情渠道，邀请驻泰安全国和省、市人大代表参加调研视察、执法检查等活动 112 人次，组织代表参加“一府一委两院”有关活动 86 人次。

【加强“家”“站”规范化建设】 丰富代表活动载体和平台，在“家”“站”建设上用心用力，推动“双联系”工作走深走实。在市、县两级人大常委会机关探索建立“人大代表之家”，为各级人大代表、代表小组、专委会委员提供活动场所，为各级代表与政府部门提供互动交流平台，构建“一家多用”的“人大代表之家”“1+N”模式。在县、乡两级创新“人大代表联络站”建设，建成与“村（居）党群服务中心、管理片区（选区）、专业代表小组活动室、产业链、市级立法联系点”相结合的“人大代表联络站”461 个，实现五级人大代表进“家”入“站”全覆盖。在线上建立“人大代表网上联络站”，利用信息化手段缩短代表与群众的距离，让数据多跑路，让群众少跑腿。

【推进代表议案建议办理】 市十七届人大五次会议期间，经大会主席团审议确定 2 件代表议案，由有关专门委员会审议办理，审议结果的报告已印发大会。继续实行重点建议督办制度，确定的 8 件重点督办建议，采取常委会领导领衔督办、专委会分工领办、代表全过程参与等形式，加大督办力度，推动建议办理工作落到实处。市十七届人大五次会议以后，收到代表建议 114 件，其中所提问题得到解决或者列入规划逐步解决的占 89.47%。探索开展代表建议办理“回头看”工作，首次听取市政府上一年度人大代表建议办理“回头看”情况工作报告，对列入规划逐步解决的建议进行跟踪落实，全国人大有关方面给予肯定推广。

【增强代表活动实效】 开展“走基层、进家站、汇民意，集中联系代表月”活动，深化“创新创业、履职履责”主题实践活动，常态化发挥代表闭会期间的作用。向各级代表发出倡议，带头制止餐饮浪费行为，培养勤俭节约习惯。助力全市“重点工作攻坚年”，组织开展“担当勇作为、攻坚当先锋”活动。围绕城市基础设施建设、东平湖生态保护和高质量发展等重点工作，组织各级代表开展专题调研和集中视察，提出意见建议 357 条，推进工作提质增效。开展代表述职评议，组织 37 名驻泰安省人大代表和 257 名市人大代表分别在市、县两级人大常委会报告履职情况，接受集中评议，增强代表履职自觉性。

（张国伟）

编辑　校对　吴　楠

泰安市人民政府

综　述

【重要决策、决定】 1月1日，市政府印发《泰安市政府信息公开管理办法》，共有总则、公开的主体和范围、主动公开、依申请公开、监督和保障、附则6章57条，进一步保障公民、法人和其他组织依法获取政府信息，提高政府工作透明度，建设法治政府，发挥政府信息对人民群众生产、生活和经济社会活动的服务作用。

1月17日，市政府印发《关于废止部分市政府行政规范性文件的决定》《关于修改部分市政府行政规范性文件的决定》，在对2019年5月31日前制定发布的市政府行政规范性文件集中清理的基础上，决定废止市政府行政规范性文件59件，修改市政府行政规范性文件63件。

1月23日，市政府印发《泰安市网络预约出租汽车经营服务管理暂行办法》，对网约车经营许可、车辆和驾驶员准入条件以及经营服务管理等事项进行明确，规范泰安市网络预约出租汽车经营服务行为，保障运营安全和乘客合法权益。《暂行办法》共6章41条，自2020年2月1日起施行，有效期至2022年1月31日。

1月23日，市政府印发《实施健康泰安行动加快推进健康泰安建设工作方案》，明确全方位干预健康影响因素、维护全生命周期健康、防控重大疾病等工作任务，力争到2030年基本普及健康生活方式，全市城乡居民健康素养水平大幅提升，主要健康指标达到省级水平，部分指标达到国家水平。

2月4日，市政府办公室印发《关于应对新型冠状病毒感染的肺炎疫情支持中小企业渡难关稳发展的实施意见》，聚焦疫情期间中小企业面临的突出困难问题，制定强化财政支持、加大金融支持、减轻企业负担、支持企业复工生产、优化企业服务等12条具体措施，减轻疫情对中小企业生产经营的冲击，支持帮助疫情防控期间生产经营遇到困难的中小企业渡难关、稳发展。

2月12日，市政府办公室印发《关于切实做好企业复工复产和重点项目建设疫情防控工作的通知》，根据市疫情防控和经济社会发展的实际需要和不同行业特点，坚持分类指导原则制定《泰安市企业复工复产和重点项目建设疫情防控工作细则》（《工业企业有序复工复产防疫工作细则》《商贸流通企业复工复产防疫工作细则》《建筑工地开复工防疫工作细则》《交通运输企业复工复产防疫工作细则》《农副产品加工企业复工复产防疫工作细则》《煤矿复工复产防疫工作细则》《金融业机构复工防疫工作细则》《畜牧兽医企业复工复产防疫工作细则》《重点建设项目复工开工疫情防控工作细则》），在做好疫情防控工作前提下，全力抓好企业复工复产和重点项目建设。

2月15日，市政府办公室印发《关于公布关心关爱疫情防控一线医护人员十项措施的通知》，制定做好后勤保障、强化配备防控力量、积极解决后顾之忧、优化服务确保健康、保障工伤医疗待遇、认真落实补助政策、提高考核奖励比例、享受子女就学照顾、实施职称评聘倾斜激励政策、加大科研成果申报支持力度等10项措施，加强对疫情防控一线医护人员的关心关爱，激励其勇于担当作为。

2月18日，市政府办公室印发《关于认真落实鲁政办字〔2020〕17号文件精神加快外商投资企业复工复产推进外商投资的通知》，从强化企业复工复产服务保障、落实企业复工复产扶持政策、大力推动利用外资量质齐升等方面作出部署，统筹抓好疫情防控和外商投资企业复工复产，大力推进外商投资。

2月19日，市政府办公室印发《关于做好疫情防控期间招商引资工作的通知》，从做好招商谋划工作、大力推行远程招商、积极推进签约项目进档升级和强化措施保障等方面进行部署，做好泰安市疫情防控期间的招商引资工作。

2月28日，市政府印发《关于积极应对新冠肺炎疫情做好稳就业工作的实施意见》，从精准聚焦发力、全力保障企业用工需求，精准援企稳岗、全力帮助企业共渡难关，精准帮扶施策、全力确保就业局势稳定，精准技能提升、全力强化职业技能培训，精准创业创新、全力促进创业带动就业，精准研判形势、全力防范规模失业风险，精准落实落地、全力完成就业目标任务等7个方面，提出32项具体措施，对做好疫情期间稳就业工作，保持全市就业形势总体稳定、就业质量持续提高产生积极的影响。

2月28日，市政府办公室印发《关于支持文化和旅游企业应对新冠肺炎疫情共渡难关的通知》，从加大资金扶持力度、减轻企业运营压力、恢复振兴文化和旅游市场等方面，制定涵盖财政、金融、社保、税收、夜间经济等相关领域的10条政策措施，支持文化旅游企业应对因疫情造成的生产经营困难，促进全市文化旅游产业健康有序发展。

3月4日，市政府办公室印发《泰安市大力推进工程项目网上审批加快重点项目落地建设专项行动方案的通知》，推广应用泰安市工程建设项目审批管理系统，全面推行项目审批"网上办"、流程再造"优化办"、提升服务"快速办"，确保重点项目、银企对接签约项目、"双招双引"项目等尽快落地开工建设。

3月5日，市政府办公室印发《关于全力做好疫情防控期间金融服务保障强力支持企业持续稳定发展的通知》，明确全力为疫情防控提供金融支持、全力为复工企业提供融资支持、全力为受疫情影响企业金融纾困、深化政银企合作增进银企互信、大力降低融资成本、建立金融支持企业复工和项目建设协调机制等6个方面的内容，进一步做好疫情防控期间金融服务工作，更好发挥金融对实体经济的支持作用，强力支持企业持续稳定发展。

3月5日，市政府办公室印发《关于应对新冠肺炎疫情支持消费品批发零售业住宿餐饮业健康发展的实施意见》，从强化财税支持、加强政策引导、降低要素成本、优化金融服务等4个方面作出部署，支持全市消费品批发零售业、住宿餐饮业积极应对疫情带来的损失，帮助企业渡难关促发展。

3月10日，市政府印发《关于切实做好第七次全国人口普查的通知》，明确普查工作任务、普查对象、普查内容和标准时点，并从机构、人员、经费保障等方面提出具体要求，确保第七次全国人口普查工作顺利推进。

3月12日，市政府办公室印发《关于公布泰安市人民政府2020年立法工作计划的通知》，明确2020年确保完成2件政府规章项目（《泰安市城市建筑垃圾管理办法》《泰安市养犬管理办法》）的立法，完成调研2件政府规章项目（《泰安市水资源管理办法》《泰安市应急避难场所管理办法》）。

3月16日，市政府办公室印发《关于加强全市森林消防专业队伍建设的实施意见》，明确建设目标，队员招录方式、条件及待遇，推进步骤、保障机制等内容，进一步推动森林消防专业队伍专业化、职业化、规范化，提升泰安市森林火灾和其他自然灾害综合应急救援能力。

3月23日，市政府办公室印发《关于明确大力拓展消费市场加快塑造内需驱动型经济新优势重点任务细化落实工作分工的通知》，提出大力拓展消费市场的重点任务，明确具体措施、牵头单位和完成时限，进一步抢抓市场需求持续扩大重要机遇，加快培育消费市场新动能。

3月27日，市政府办公室印发《关于推进全市自然资源资产产权制度改革的实施意见》，确定以自然资源统一调查监测和确权登记为重要抓手，着力加强自然资源资产保护和监督管理，加快推进全市自然资源资产产权制度改革，到2020年年底，全市基本建立自然资源资产产权制度；到2025年，全面构建归属清晰、权责明确、流转顺畅、保护严格、监管有效的自然资源资产产权制度体系，自然资源开发利用效率和保护力度明显提升。

4月10日，市政府办公室印发《泰安市进一步促进外贸稳定增长政策措施》，从推动对外贸易提质增效、加大政策扶持力度、优化跨境贸易营商环境等方面提出16项具体措施，鼓励企业积极开拓多元化国际市场，大力发展外贸新业态，促进泰安市外贸转型升级，激发外贸发展新的动力源，努力实现外贸指标止跌回升，不断扩大泰安市进出口规模。

4月13日，市政府办公室印发《建立健全生态文明建设财政奖补机制实施方案》，制定《泰安市主要污染物排放调节资金收缴暂行办法》《泰安市节能减排奖惩暂行办法》《泰安市环境空气质量生态补偿暂行办法》《泰安市地表水环境质量生态补偿暂行办法》等4项生态文明建设方面的具体财政奖补机制，发挥财政政策引导作用，激发各县（市、区）及功能区打好污染防治攻坚战的主动性，强化生态环保主体责任，加快推动新旧动能转换和经济高质量发展。

4 月 17 日，市政府办公室印发《关于开展“春暖花开 · 畅享泰安”促进消费活动的通知》，明确自 4 月下旬至 6 月 30 日，在全市开展“美食”“畅游”“乐购”“爱家”系列消费活动和机关干部、企事业单位职工带头消费等活动，计划向市场投放 1000 万元消费券，促进消费加快回补、消费潜力有效释放，提振全市消费信心，推动服务业健康发展。

4 月 22 日，市政府印发《泰安市养犬管理办法》，自 2020 年 7 月 1 日起施行，对泰安市行政区域内犬只的免疫、登记、饲养、收容、领养、经营及相关管理活动作出规范，进一步加强养犬管理，规范养犬行为，保障公民人身安全和健康，维护社会公共秩序和市容环境卫生。

4 月 26 日，市政府印发《关于支持养老服务发展的实施意见》，明确全市养老服务发展的总体要求和工作目标，部署完善社区养老服务设施、提升养老服务能力、加大养老服务扶持力度、推动养老服务业发展等重点工作任务，推动全市养老服务发展。

4 月 27 日，市政府办公室印发《关于做好新冠肺炎疫情防控期间支持民办幼儿园平稳健康发展的通知》，明确提前拨付上半年学前教育生均公用经费、鼓励支持减免房屋租金、社会保险减免扶持、提供贷款贴息及融资担保支持、提供过桥还款和基金支持、贷款付息延期安排、统筹做好防疫物资供应工作等措施，有力支持民办幼儿园在疫情防控期间平稳健康发展。

5 月 8 日，市政府办公室印发《关于加快推进 5G 产业发展的实施意见》，坚持以网络建设为基础、以

9月25日，市委副书记、市长张涛（前排中）到灵山大街东段施工现场调研工作 （司 刚 摄）

应用带动为突破口、以产业发展为主攻方向，加快 5G 基础网络建设，全力推进 5G 融合应用，努力构建具有泰安特色的 5G 产业生态体系，为推进全市经济高质量发展提供有力支撑。明确到 2020 年年底，全市建设 5G 基站 3000 个，形成一批可复制可推广的 5G 应用场景和产业创新发展试点；到 2022 年年底，全市建设 5G 基站 1 万个，5G 技术、产品、服务在智能制造、文化旅游、城市治理、公共服务等领域广泛应用，培育 5G 产业链优势企业 5 家以上、5G 产业试点示范项目 20 个以上，形成一批 5G 应用创新成果，5G 产业生态体系逐步完善。

5 月 15 日，市政府办公室印发《泰安市城市品质提升三年行动实施方案》，要求按照“一年打基础、起势头，两年重攻坚、有看头，三年建长效、争一流”的工作思路，精致建设、精细管理、精美呈现，强力推进 8 个方面的 28 个重点工作，到 2022 年 6 月底前，实现城市市容整洁有序，环境质量大幅改善，生活交通便利安全，特色魅力充分彰显，城市生活品质、环境品质、人文品质不断提高，群众获得感、幸福感、安全感持续增强。

5 月 25 日，市政府印发《关于实施市级财政资金股权投资改革试点的通知》，明确市级股权投资资金来源和投资范围，行业主管部门、财政部门和股权投资管理公司的具体职责，股权投资实施的具体程序、实施要点、实施步骤和要求等，进一步创新财政资金投入方式，提高财政资金的使用效益，引导产业高质量发展。

5 月 29 日，市政府办公室印发《泰安市建设综合农事服务中心推进粮食生产“十统一”实施方案》，着眼主体建设、功能拓展、路径选择、管理运行 4 个层面，明确以农机专业合作社等新型经营主体为依托，高标准打造 50 家综合农事服务中心，辐射带动 100 个粮食生产“十统一”示范区，实现粮食作物耕、种、管、收、粮食烘干、秸秆处理等生产环节全程作业，农资供应、农产品加工销售等综合服务协同开展，到 2021 年，构建起配套齐全、全程作业、服务全面、便捷高效的

农业社会化服务体系，基本实现“综合农事”服务和粮食生产“十统一”全覆盖，有效促进农业增效、农民增收、农村发展。

5月30日，市政府办公室印发《泰山和谐使者选拔管理办法》，加快推进泰安市社会工作专业人才队伍建设，提高社会工作的认知度和影响力，为社会工作专业人才成长发展创造良好的社会环境，更好地服务泰安市社会治理体系和治理能力现代化建设。《办法》共分总则、选拔范围和条件、选拔方法和程序、待遇与政策扶持、管理、附则等6章19条，自2020年7月1日起施行，有效期至2025年6月30日。

6月5日，市政府办公室印发《关于优化城市管理采取“五允许、四规范、三到位”措施助力经济发展的通知》，明确允许开办文旅夜市、市场，允许在划线区域内设置临时占道摊点摊区，允许临街店铺临时越门经营，允许商超店外促销，允许流动经营者在划线区域内贩卖经营，规范经营区域，规范经营时间，规范经营范围，规范经营行为，确保疫情防控到位，确保安全保障到位，确保服务管理到位等12项阶段性措施，促进泰安城区“小店经济”“夜间经济”发展，进一步拉动和刺激消费，创造更多灵活就业岗位，打造泰安旅游、经济、就业发展“升级版”。

6月15日，市政府办公室印发《泰安市政府顾问工作实施细则》，明确工作方式、组织实施、服务与管理等内容，进一步规范市政府顾问工作运行机制，有效服务政府科学决策、民主决策、依法决策。

6月15日，市政府印发《关于推进全市职业教育创新发展的实施意见》，明确总体思路和工作目标，并提出21条具体措施及《泰安市职业教育提质培优高质量发展三年行动计划（2020—2022年）》，进一步推进全市职业教育创新发展，更好地服务泰安市经济社会发展。

6月24日，市政府印发《泰安市加强政务诚信建设实施方案》，进一步加强诚信政府建设，不断提升政府公信力和执行力，努力打造一流营商环境；印发《泰安市加快推进社会信用体系建设构建以信用为基础的新型监管机制实施方案》，进一步发挥信用评价在创新监管机制、提高监管能力方面的基础性作用，更好地规范市场秩序，激发市场活力，推动经济社会高质量发展。

6月24日，市政府办公室印发《关于开展告知承诺制改革试点工作的通知》，明确全市范围内，除直接涉及国家安全、公共安全、生态安全、意识形态安全和直接关系公民人身、重大财产安全以及行政许可决定不可撤销的事项外，其他能够通过事中事后监管纠正，且风险可控的依申请政务服务事项，均可纳入告知承诺制改革试点，进一步深化“一窗受理·一次办好”改革，不断简化办事手续，降低办事成本。

6月28日，市政府印发《关于规范行政审批服务划转事项工作的通知》，明确科学划转行政审批服务事项，进一步深化相对集中行政许可权改革，着力构建简约高效便民的行政审批体制机制，加快实现“一枚印章管审批”。

6月28日，市政府印发《关于扎实推进行政许可“市县同权”改革有关工作的通知》，明确实行“市县同权”事项，并提出妥善做好事项承接工作、加强审管联动和动态调整等要求，持续深化“放管服”改革，进一步激发市场活力、提高企业群众办事便利度。

6月30日，市政府办公室印发《数字泰安2020行动方案》《加快推进数字基础设施建设实施方案》，对数字政府、数字经济、数字社会和数字基础设施建设等领域建设作出部署，进一步推进数字泰安建设，推动泰安经济社会高质量发展。

7月17日，市政府办公室印发《泰安市全面推进基层政务公开标准化规范化工作实施方案》，按照启动、编制、落实3个阶段，重点推进高标准编制试点领域标准指引、优化完善基层政务公开制度体系、加快基层政务公开平台规范化建设等3项工作，全面提升泰安市基层政务公开标准化规范化工作水平。

7月17日，市政府办公室印发《关于提高城乡居民最低生活保障标准和特困人员救助供养标准的通知》，确定自2020年7月1日起，提高全市城乡居民最低生活保障标准和特困人员救助供养标准，切实保障城乡低保对象和特困人员基本生活。

7月23日，市政府办公室印发《泰安市深入推进城镇老旧小区改造实施方案》，明确到“十四五”末，在确保完成2000年前建成的老旧小区改造任务的基础上，力争基本完成2005年前建成的老旧小区改造任务，补齐城市配套设施和人居环境短板，提升社区管理和服务水平，打造宜居整洁、安全绿色、设施完善、服务便民、和谐共享的“美好住区”。

7月24日，市政府办公室印发《泰安市建立政务服务“好差评”制度工作方案》，从评价渠道、评价指标体系、评价规则、差评处置等4个方面对“好差评”工作作出部署，全面建立政务服务绩效由企业和群众评判的线上线下一体化政务服务“好差评”制度体系，持续提升泰安市政务服务水平，不断增强企业群众获得感和满意度，进一步优化营商环境。

7月27日，市政府印发《关于统筹完善社会救助体系的实施意见》，通过统筹政策制度、整合资源力量、健全体制机制、强化服务管理等措施，加快构建“资源统筹、部门联动、社会参与、平台支撑、数据共享”的社会救助体系，努力实现合力救助、精准救助、及时救助、公正救助，不断增强困难群众的获得感、幸福感和安全感。

7月29日，市政府办公室印发《关于推进城镇低效用地再开发的实施意见》，从明确城镇低效用地范围、加强规划引领管控、规范开发改造模式、加强项目实施监管、完善政策措施、加强组织领导等方面作出部署，推进泰安市城镇低效用地再开发，促进土地节约集约利用。

7月31日，市政府印发《关于推进山东省智慧康养创新创业共同体建设的实施意见》，以山东省智慧康养创新创业共同体建设为契机，发挥政府引领作用，集聚人才、技术、资金、基地等创新资源，搭建创新要素紧密交融、创新能力支撑有力、经费来源持续稳定、产业结构提质升级的发展平台，促进“政产学研金服用”有机融合，推动全市智慧康养产业高质量发展。

7月31日，市政府办公室印发《关于健全完善医疗卫生行业综合监管制度的通知》，确定建立职责明确、分工协作、科学有效的综合监管制度，健全机构自治、行业自律、政府监管、社会监督相结合的多元化综合监管体系，实现医疗卫生行业综合监管法治化、规范化、常态化、信息化，为加快建设“健康城市·幸福泰安”提供有力支撑。

8月24日，市政府印发《泰安市人民政府工作规则》，对2014年制定的《泰安市人民政府工作规则》进行全面修订。新规则在严格遵循上级政府工作规则的最新要求、学习借鉴部分兄弟地市的先进经验和做法的基础上，在结构布局、条目内容等方面进行较大修改，篇幅由原来的12章79条扩充为14章96条。在政府职能部分增加贯彻新发展理念，打好三大攻坚战，“五位一体”总体布局和“四个全面”战略布局等内容；在依法行政中体现依法治市的有关要求，增加地方性规章修订、市政府规范性文件制定等有关内容；科学民主决策部分完善重大行政决策程序，规范重大行政决策向市委、市人大及其常委会报告等环节；廉政和作风建设部分体现党中央关于从严治政、廉洁从政等方面的新要求。为全面正确履行政府职能、进一步规范市政府工作提供遵循。

8月24日，市政府印发《第三十四届泰山国际登山节暨2020中国泰安投资合作洽谈会总体方案》，确定9月6—12日组织开展四大板块20项主题鲜明、内容翔实、成效明显、影响深远的节庆活动，全面展示泰安经济社会发展新成就，进一步拓宽经贸合作领域，强力推动全市经济社会高质量发展。

8月26日，市政府办公室印发《关于进一步加强全市中小学和幼儿园食堂管理的通知》，部署完善学校供餐模式、健全食堂管理机制、全面提升膳食营养、加强食品安全教育、做好课后服务工作等主要任务，进一步加强全市中小学和幼儿园食堂管理，推进学校食品安全治理体系和治理能力现代化，逐步实现学校食堂管理规范化、规模化、标准化、品牌化，确保校园食品安全、师生身体健康。

8月26日，市政府办公室印发《泰安市行政调解办法》，明确行政调解的范围和行政调解机关，规范行政调解程序和协议。该办法共6章32条，自2020年10月1日起施行，有效期至2025年9月30日。

8月27日，市政府印发《泰安市自然资源统一确权登记工作方案》，明确从2020年8月开始，全面铺开、分阶段推进全市自然资源确权登记工作，2023年年底基本完成全市重点区域自然资源确权登记，2023年以后启动其他区域自然资源确权登记工作，最终实现全覆盖。

9月2日，市政府印发《关于加快推进农业机械化和农机装备产业转型升级的实施意见》，从工作目标、机械化生产、装备产业发展、组织保障等4个方面作出部署，确定到2025年全市农机化发展思路、目标以及具体措施，完善研发创新、示范推广、购置补贴、作业补助、技术培训、报废更新和服务体系建设、基础设施建设等农业机械化发展全链条。

9月23日，市政府印发《泰安市推进省会经济圈一体化发展分工方案》，明确泰安市在省会经济圈中的任务目标和发展定位，提出了9大重点任务，并逐项明确责任单位，为加快实施区域协调发展战略，推进泰安市更好地融入黄河流域生态保护和高质量发展示范区建设提供实现路径。

10月26日，市政府办公室印发《关于开展第一次全国自然灾害综合风险普查的通知》，明确以2020年12月31日为普查标准时点，按照“试点先行、压茬进行、全面推进”的工作思路，划分前期准备、全面普查、评估区划与成果应用3个阶段，开展自然灾害综合风险普查工作。摸清泰安市自然灾害风险隐患底数，查明重点地区抗灾能力，客观认识泰安市自然灾害综合风险水平，为各级人民政府有效开展自然灾害防治工作、切实保障经济社会可持续发展提供权威的灾害风险信息和科学决策依据。

11月2日，市政府办公室印发《泰安市重污染天气应急预案（2020年修订）》，分总则、组织机构及职责、预警预报、应急响应、信息发布、应急演练、预案管理、附则等内容，进一步规范重污染天气应急处置工作，为有效应对重污染天气，保护人民群众身体健康提供坚实基础。

11月11日，市政府办公室印发《关于全市退役军人免费乘坐市内公交车和免门票费游览旅游景区的通知》，明确户籍在泰安市行政区域内、且经退役军人事务部门完成信息采集的退役军人，可办理“泰安拥军卡”，持卡人可免费乘坐市内公交车（不包括城乡公交），免收泰安市范围内部分A级旅游景区入园门票。

11月16日，市政府印发《泰安市科学技术奖励办法》，明确市科学技术奖由市政府设立、每年度评审一次，分为市青年科技创新奖、市科学技术进步奖；明确评审程序和其他要求。该办法共17条，自2021年1月1日起施行，有效期至2025年12月31日。

12月14日，市政府印发《关于公布市政府行政规范性文件清理结果的决定》，对即将到期的市政府行政规范性文件进行评估，并对《中华人民共和国民法典》涉及的市政府行政规范性文件和有违公平的市政府行政规范性文件进行专项清理，决定保留市政府行政规范性文件46件，废止17件，修改6件。

12月15日，市政府办公室印发《泰安市燃气管理办法》，共总则、燃气规划与工程建设、经营与服务、燃气使用、设施保护、安全事故预防与处理、附则等7章44条，对燃气经营企业安全事故应急预案制定、企业安全制度管理、燃气用户用气情况安全检查等方面作出规定，进一步加强燃气管理，保障公民生命财产安全和公共安全，维护燃气经营企业和用户的合法权益。该办法自2021年2月1日起施行，有效期至2026年1月31日。

12月22日，市政府印发《泰安市水资源管理办法》，自2021年2月1日起施行，对泰安市行政区域内从事水资源规划、开发、利用、节约、保护等活动作出规范，进一步加强水资源管理，发挥水资源综合效益，促进水生态文明建设，推动经济社会高质量发展。

12月28日，市政府办公室印发《关于推进市级财政科技创新资金整合的实施意见》，通过推进市级财政科技创新资金整合，加快建立“统一集中、统一决策、统一分配、统一管理、统一考核”的资金项目管理新模式，以资金整合带动政策集成，以流程再造提高管理效能，有效破解部门分割、结构固化、投向分散、效率不高等突出问题，推动创新资源布局优化和体制运行效率提升，促进科技与经济深度融合，为高质量发展提供科技支撑。

12月29日，市政府办公室印发《医疗卫生领域市与县财政事权和支出责任划分改革实施方案》，对公共卫生、医疗保障、计划生育、能力建设等方面的市与县（市、区）、功能区财政事权和支出责任予以明确。

12月29日，市政府办公室印发《泰安市市级国有资本经营预算管理办法》，共10章46条，以进一步加强和规范市级国有资本经营预算管理，推动国有资本合理配置，增强政府综合调控能力。

12月29日，市政府办公室印发《关于加快推进氢能产业发展的实施意见》，确定到2023年、2025年、2030年加氢站建设、燃料电池汽车推广的量化目标，“十四五”氢能产业技术创新、装备发展和经济指标的量化目标，通过推进壮大骨干企业、建设重点项目、加强技术开发、培育创新体系、推广应用示范、推进产业集聚等措施，加快推进新旧动能转换重大工程，全面提升发展质量和效益，实现产业高质量发展。

12月31日，市政府办公室印发《泰安市国有建设用地使用权二级市场交易管理办法》，对国有建设用地使用权转让、出租、抵押等土地二级市场相关交易及管理作出规定，进一步规范国有建设用地使用权二级市场秩序，优化土地资源配置，促进土地节约集约利用。

12月31日，市政府印发《泰安市城市建筑垃圾管理办法》，自2021年4月1日起施行，对泰安市城市规划区内建筑垃圾的产生、运输、中转、消纳、利用等处置及相关管理活动作出规范，加强城市建筑垃圾管理，推进城市建筑垃圾综合利用，保护和改善生态环境。

（臧　建）

2020年度市政府常务会议情况表

表2

会议次数	时 间	主持人	会议内容
第三十一次	1月2日	张 涛	研究《政府工作报告（讨论稿）》《关于泰安市2019年国民经济和社会发展计划执行情况与2020年计划（草案）的报告（汇报稿）》《关于泰安市2019年预算执行情况和2020年预算草案的报告》、市政府行政规范性文件清理情况、泰山区域山水林田湖草生态保护修复工程工作情况，传达全省畜牧业工作会议、全省恢复生猪生产保障市场供应工作会议精神并研究贯彻落实意见
第三十二次	1月13日	张 涛	研究《关于支持泰山基金小镇发展的若干政策意见》《关于加快企业上市、挂牌和基金业发展促进新旧动能转换的实施意见》《泰安市人民政府2020年立法工作计划（草案）》、2019年为民实事落实情况及2020年实事项目征集筛选情况，传达省委农村工作会议、全省扶贫开发工作会议精神、国务院安委会安全生产集中整治督查反馈会议精神、全省国有企业退休人员社会化管理工作电视电话会议精神并研究贯彻落实意见
第三十三次	1月23日	张 涛	研究第四次经济普查核算数据有关情况
第三十四次	2月3日	张 涛	研究新型冠状病毒感染的肺炎疫情防控工作。会议传达中共中央政治局常委会会议、省委常委会扩大会议及市委常委会扩大会议有关疫情防控工作精神，听取10个工作组、“1·31”工作专班有关情况汇报，并就做好当前工作进行研究部署
第三十五次	2月18日	张 涛	研究《关于疫情防控形势下统筹推进当前经济社会发展工作分工落实方案》、市委经济运行应急保障指挥部10个工作组牵头单位工作方案、《泰安市新冠肺炎疫情防控资金管理暂行办法》、疫情防控应急资金管理使用情况、全市疫情防控慈善捐赠工作情况、市红十字会接收新冠肺炎疫情捐赠款使用管理情况、全市安全生产工作情况、全市疫情防控期间农业农村及脱贫攻坚工作情况、《疫情防控期间招商引资工作措施》《泰安市党政机关办公用房管理办法（送审稿）》《泰安市党政机关公务用车管理办法（送审稿）》。学习《关于深化统计管理体制改革提高统计数据真实性的意见》《统计违纪违法责任人处分处理建议办法》《防范和惩治统计造假、弄虚作假督察工作规定》。传达全省松材线虫病防治暨省林业和草原有害生物防控指挥部会议精神并研究贯彻落实意见
第三十六次	3月3日	张 涛	研究《大力推进工程项目网上审批加快重点项目落地建设专项行动方案（审议稿）》、全市农村饮水安全情况、《2019年度法治政府建设情况报告（审议稿）》《泰安市法治政府建设示范创建工作实施方案（审议稿）》
第三十七次	3月11日	张 涛	研究2019年度安全生产目标责任考核情况、2020年生态环境保护重点工作情况、成品油市场监管工作情况、《泰山基金小镇管理办法（试行）》（审议稿）、成立泰安市产业技术创新研究院（山东产业技术研究院泰安分院）、科技创新型50强企业培植工作及动态调整情况、《关于加强全市森林消防专业队伍建设的实施意见（审议稿）》、2019年省对市级人民政府履行教育职责评价反馈情况及整改意见
第三十八次	4月7日	张 涛	研究耕地保护督察意见整改、耕地保护违法违规问题全面排查整治、农村乱占耕地建房问题专项整治工作情况、旅游经济开发区道路命名更名工作情况、学校疫情防控和开学准备工作情况、《泰安市烂尾工程及闲置厂房专项整治三年行动方案（审议稿）》《关于建立健全生态文明建设财政奖补机制的实施方案（审议稿）》《“3·1”疫情防控工作专班专项资金使用管理办法（审议稿）》《泰安市养犬管理办法（草案）》，传达全省信访工作视频会议主要精神并研究贯彻落实意见
第三十九次	4月15日	张 涛	传达全省新冠肺炎疫情防控工作视频会议精神、全国水土保持工作视频会议精神并研究贯彻落实意见

续表 2

会议次数	时　间	主持人	会议内容
第四十次	4月21日	张　涛	研究全市一季度经济运行情况、《5G通信基础设施建设实施方案（审议稿）》《加快推进5G产业发展的实施意见（审议稿）》《泰安市“数聚赋能”2020专项行动方案（审议稿）》、泰山—曲阜国家文物保护利用示范区创建请示情况、《泰安市人民政府关于支持养老服务业发展的意见（审议稿）》《泰安市残疾人联合会改革实施方案（审议稿）》《泰安市人民政府关于实施财政资金股权投资改革试点的通知（审议稿）》，传达全省“公路服务品质提升年”活动动员部署会议精神并研究贯彻落实意见
第四十一次	5月15日	张　涛	研究泰安市信访积案化解有关情况、《泰安市关于加快推进城乡融合发展的实施意见（审议稿）》《泰安城区2020年大气污染防治“十大专项行动”工作方案（审议稿）》、全市对口支援和扶贫协作工作情况、“一窗受理·一次办好”改革第三方评估有关情况、天然气政府应急储气能力租赁工作、《关于建设“综合农事服务中心”推进粮食生产“十统一”实施方案（审议稿）》《泰山和谐使者选拔管理办法（审议稿）》
第四十二次	5月28日	张　涛	研究《泰安市“六保三促”实施方案（审议稿）》、山东省智慧康养创新创业共同体有关情况、第22届中国科协年会泰安分会场筹备情况
第四十三次	6月9日	张　涛	研究《数字泰安2020行动方案（审议稿）》《关于泰安市数字基础设施建设的指导意见（审议稿）》、推进营商环境建设工作情况、市政府顾问工作开展情况、《泰安市市属企业违规经营投资责任追究实施办法（审议稿）》、全市社会信用体系建设情况、《泰安市“泰山贷”贸易融资业务实施方案（试行）》（审议稿）《关于推进全市职业教育创新发展的实施意见（审议稿）》
第四十四次	6月22日	张　涛	传达全省安全生产电视会议精神并研究贯彻落实意见，研究2019年全国、全省公共服务质量监测结果及泰安市公共服务质量情况、推进“市县同权”改革和规范行政审批服务划转事项情况等问题、《关于深化改革推进城镇低效用地再开发的实施意见（审议稿）》、成立泰安市医疗发展集团有关情况
第四十五次	7月22日	张　涛	研究上半年全市经济社会发展情况、安全生产、安全发展城市建设和防汛救灾工作情况、2020年上半年环境空气质量情况、污染防治攻坚战目标任务完成情况、《关于贯彻落实〈山东省20项重点民生实事2020年度工作方案〉的通知（审议稿）》《泰安市推进省会经济圈一体化发展工作分工方案（审议稿）》《泰安市人民政府关于统筹完善社会救助体系的实施意见（审议稿）》、泰安城区部分道路命名更名工作情况，传达全省“僵尸企业”处置工作电视会议精神、全省科技创新大会主要精神并研究贯彻落实意见
第四十六次	8月12日	张　涛	专题学习《中华人民共和国民法典》，研究《泰安市人民政府工作规则（审议稿）》《泰安市政府2020年重大行政决策事项目录（草案）》《泰安市行政调解办法（草案）》《泰安市供热条例（草案）》、第三十四届泰山国际登山节暨2020中国泰安投资合作洽谈会筹备情况、《关于支持泰安高新区建设国家创新型特色园区的意见（审议稿）》、山东泰山社会福利中心（泰山医养中心）二期项目建设情况
第四十七次	9月29日	张　涛	专题学习《中华人民共和国大气污染防治法》《中华人民共和国土壤污染防治法》，研究“12345”政务服务热线工作情况、《泰安市科学技术奖励办法（审议稿）》、全市土壤污染防治工作情况、智能制造产业专家委员会建设情况，传达全国全省禁毒工作会议精神、全省2020年土地例行督察进驻动员会议精神、全省十大领域信访突出问题专项治理动员部署会议精神并研究贯彻落实意见
第四十八次	10月12日	张　涛	研究外资外贸指标完成情况、2020山东（泰安）应急装备展览会暨应急产业发展论坛筹备情况、2020年度全市防汛工作情况、《水泊梁山风景名胜区东平湖景区总体规划（2020—2035年）（送审稿）》、政府规章年度计划完成情况

续表 2

会议次数	时　间	主持人	会议内容
第四十九次	10 月 22 日	张　涛	传达中央全面依法治国委员会第三次会议精神、全省河长制湖长制工作现场推进会议精神并研究贯彻落实意见，研究全市疫情防控工作情况、前三季度全市经济社会发展情况、《泰安市重污染天气应急预案（审议稿）》《关于加快跨境电子商务发展的实施意见（审议稿）》、秋冬季大气污染防治工作情况
第五十次	11 月 16 日	张　涛	专题学习《中华人民共和国基本医疗卫生与健康促进法》，研究安全生产百日攻坚行动有关情况、《中共山东省委关于完善压力传导机制推动责任落实的实施意见》、当前信访三项重点工作推进情况，传达全省食品安全委员会全体会议精神并研究贯彻落实意见
第五十一次	12 月 7 日	张　涛	专题学习《生产安全事故应急条例》（国务院令第 708 号），研究《泰安市推进氢能产业发展实施意见（审议稿）》《泰安市打造“国际体育休闲名城”行动计划（2021—2025 年）（审议稿）》、国三营运柴油货车淘汰工作情况，传达全国煤矿智能化建设现场推进会精神并研究贯彻落实意见
第五十二次	12 月 9 日	张　涛	专题学习《中华人民共和国农产品质量安全法》，研究《泰安市水资源管理办法（审议稿）》、市政府行政规范性文件评估清理工作情况、《市政府 2020 年重大行政决策事项目录》调整情况、《泰安市燃气管理办法（草案）》
第五十三次	12 月 28 日	张　涛	研究 2021 年全市经济社会发展主要指标预期目标初步建议、《泰安市国有建设用地使用权二级市场交易管理办法（草案）》《泰安市城市建筑垃圾管理办法（审议稿）》、申请设立市属国有企业退休人员社会化管理财政补助专项资金情况

（陈　超）

综合协调服务

【概况】 市政府办公室坚持以习近平新时代中国特色社会主义思想为指导，紧紧围绕中心、服务大局，勇做新时代泰山“挑山工”，统筹做好疫情防控和经济社会发展服务工作，在参谋辅政、办文办会、政务服务、综合协调、督促落实等方面取得明显成效。获得“国家级文明单位”称号。组织党员干部 400 余人次到社区参加疫情防控，组织 1000 余人次到社区参加志愿活动，为创建全国文明城市和文明单位作出重要贡献。（王子卿）

【政务值班工作】 着眼常态化疫情防控时期新形势、新任务，完善政务值班制度。重新梳理《市级领导带班工作制度》《市政府政务值班工作实用手册》等制度规范，研究印发《关于做好 2020 年节假日期间值班工作的通知》。加强与市委统筹疫情防控和经济运行工作领导小组（指挥部）办公室的联系，及时处理疫情防控有关文电事项。参与联合维稳值班，完成全国“两会”期间的安保维稳任务。落实市政府领导防汛带班工作制度，确保主汛期防汛突发事件及时有效处理。强化信息报告，妥善协调处置突发事件信息，妥善协调处置新泰市羊流镇山火险情、京台高速泰安段交通事故等突发事件信息，全年接报各类突发事件信息 26 件，向省政府总值班室核报、上报了突发事件信息 9 件。推进视频会议系统升级改造，依托视联网建立视频调度系统，与省政府总值班室实现互联互通，每 2 周参加 1 次全省政府值班视频点名，保障省政府领导与市政府领导视频对话 3 次。加强对各县（市、区）值班工作的指导，重大活动、节假日期间对县（市、区）值班工作提前安排部署，保障政府系统值班工作优质高效运行。全年接听各类来电 1.6 万件，接收办理各类邀请函等函件 200 余件，编发《市政府领导工作安排》248 期，办理政府系统领导干部请假报备 400 余人次。

（武　杰）

【会议活动服务】 接收和办理省、市各类会议活动通知 200 余个，组织省、市会议会务工作 100 余次，组织市政府常务会议 23 次，专题会议 92 次，起草会议纪要 115 期，研究议题 134 项。对市委、市政府重要会议室进行更换升级，修订完善会务服务实施细则，提升会务服务标准和水平。完成第三届全国重点商会会长及精英人士泰山行、2020 泰山智能制造峰会、中国泰山第六届国际高洽会、全

6月23日，泰安市人民政府与中国华融资产管理股份有限公司山东省分公司战略合作签约仪式举行。图为仪式现场　　　　（司　刚　摄）

省重点项目集中开工仪式（泰安会场）、招商引资项目视频签约仪式、“双50强”企业银企签约仪式、第三十四届泰山国际登山节、2020全国竞走锦标赛活动、2020泰山国际新闻出版合作大会、2020泰山冰雪文体中心启用仪式暨山东省“中国体育彩票杯”短道速滑锦标赛开幕仪式、与山东高速集团战略合作协议签约仪式活动、与山东省地质矿产勘查开发局战略合作框架协议签约仪式、上级领导到泰参加第一届应急装备展活动、山东与世界500强连线系列活动、2020中国（泰山）国际矿业装备与技术展览会暨煤炭行业及煤矿智能化技术装备发展高峰论坛活动、中国泰山农机博览会等政务活动585次，承接调研、督导、考察、招商引资等活动170批次。

（李　军）

【公文处理】　全年制发各类文电556件，办理接收文件7701件，纳入公文确定事项督办台账事项658项、按时办结率达到90%以上，提升公文运转质效。编制、发放《市政府公报》6期、2.4万册，提供市政府、市政府办公室用印服务5000余次，收发信函文电2万件。在《泰安工作》上发表《以公文处理“小切口”做好行政效能提升“大文章”》的工作经验，在全省政府系统公文处理培训班上作典型发言。严控发文数量，加强对46家纳入统计范围的市政府工作部门、直属单位的公文制发数量调度督导，实现统计口径内市直机关发文数量较2019年压减1/3的目标。按照确有必要、务实精简的原则，对议事机构设置和调整程序进行全面规范，严格控制新成立议事机构数量和规格，全年共调整、规范、公布议事协调机构35个。狠抓制度建设，强化工作规范，修订完善《泰安市政府工作规则》，制发《部分约束性政策规定汇编》《泰安市人民政府办公室关于进一步规范公文处理工作的通知》《公文处理工作规范》《泰安市人民政府办公室档案管理办法》等文件。全面系统整理近几年档案资料，编制1985年以后市政府及市政府办公室组织机构沿革等资料，提高档案整理规范化水平。举办全市政府系统公文处理工作培训班，邀请省政府办公厅文电处、市委保密办的专业人员就公文处理和保密等方面工作作系统培训，提升政府系统公文处理工作水平。开展保密安全检查，对办公室的155台电脑进行“错峰”检查并组织整改；制发《办公室工作秘密事项清单》，建立保密管理长效机制。

（臧　建）

【政务信息处理】　采编信息1.02万条，增长61.34%，编发《政务信息专报》等122期，市领导批示33件次，增长5.3倍；推送的《外畅高速内优格局精准治堵绿色出行——关于改进泰安城区交通的建议》等信息得到市长张涛等市政府领导批示。上报省政府办公厅信息1123篇，增长16.98%；省政府办公厅累计采用政务信息426篇，增长25.66%，省政府领导批示16篇；国务院办公厅采用72篇，增长60%；国务院领导批示27篇，增长145.5%；继续保持全省政务信息报送先进位次。通过委托调研、专题调研等形式上报的《社区工作者在疫情防控工作中面临六方面困难问题》等信息被国务院办公厅采用并得到总理批示。完善市政府顾问运行制度，起草《泰安市人民政府顾问工作实施细则》，完成17名市政府顾问聘任工作。

（王润庆）

【政务督查】　年内，市政府督查室围绕市委、市政府工作重心，紧盯疫情防控和复工复产、“六保”“六稳”等大事、要事、为民办实事和《问政山东》等群众关心的热点、难点问题，强化督查抓落实、勇挑重任解难题，确保全年各项目标任务落地见效。及时将《政府工作报告》确定的161项重点目标任务分解至54个部门单位，采取定期调度、现场督查、跟踪督办相结合的方式持续督促发力。全程参与市领导专题会议、活动调研，着力加强市政府领导批示事项督查落实，组织开展秸秆禁烧、砂石资源专项整治、防汛抗涝、5G基建等各项专题督查工作。全年转办市领导批示128件，形成督查专报140余期，做到“件件有着落、事事有回音”。全力抓好市委、市政府为民要办的10件实事督查落实，推动10件民生实事按节点进度全面完成。全面做好《问政山东》曝光问题和国务院“互联网+督查”涉泰安事项的跟踪督办落实，上级转办的110多项问题均纳入督查工作台账，坚持专人专办、实行周报月结，挂账销号。将“市委、市政府为民办实事”“老旧小区改造”“六保六稳中脱贫攻坚工作”3项任务落实纳入年度第三方评估，经验做法在《大众日报》发表。加强同市人大、市政协沟通对接，办理人大代表建议111件、政协提案265件，满意率为100%。

（姜润泽）

【政务公开工作】 坚持把公开透明作为政府工作的基本制度，推进行政权力运行全过程“五公开”（决策公开、管理公开、执行公开、服务公开、结果公开），做好信息发布、政策解读、平台建设、制度保障、业务培训等工作，打造阳光透明政府。优化政务公开平台建设，重新调整公开目录，统一版面设计，增加决策意见征集等10余个专题页面，提升公开质量。年内，在市政府门户网站发布政府信息2.04万条，公布市政府或市政府办公室文件92件，发布图文、视频、动漫等多形式解读材料207篇。推进基层政务公开标准化、规范化建设，在市政府门户网站开设专题页面，发布工作动态和各级人民政府政务公开事项标准目录。开展政务公开专区创建，在市、县两级政务服务大厅和镇（街）便民服务中心设立政务公开专区，为群众提供政府信息查询和咨询服务，基本实现基层政务公开专区全覆盖。

（吴锡斌）

【反走私工作】 研究出台《2020年泰安市反走私综合治理工作要点》，确定全年目标和重点。根据工作需要和人员变化，调整充实市打击走私综合治理领导小组。制定《泰安市打击走私综合治理领导小组工作规则》《泰安市打击走私综合治理领导小组办公室工作细则》，明确和规范领导小组及领导小组办公室主要职责、工作机制、各成员单位任务分工。召开反走私工作座谈会议和培训会议，对全年工作及阶段性重点工作进行部署。聚焦全市经济社会发展大局，围绕疫情防控等重点工作，组织打击走私野生动物及其产品专项行动、“国门利剑2020”联合行动、冻库整治行动，针对流通领域、运输和寄递渠道等关键环节，开展“洋垃圾”、野生动物及其产品、冻品、成品油、涉枪涉毒等走私综合治理，全市未发生重大走私案件。强化学习培训，注重标本兼治。举办反走私培训班，学习中共十九届五中全会精神，拓展反走私业务知识。服务“六稳”“六保”，组织开展政策宣讲培训，为64家进出口企业负责人讲解进出口企业信用管理办法、信用企业认证标准等业务知识，引导企业开展认证工作，加强信用管理，进一步推动反走私诚信体系建设。协调各成员单位开展调查研究，完成调研报告2篇。加强打击走私（简称打私，下同）信息报送工作，上报省打击走私综合治理领导小组办公室（简称打私办，下同）打私信息53篇，其中38篇被省打私办采用，得到省打私办表扬，1人获得泰安市“最美退役军人”。及时完成缉私经费分配，提高资金使用效率，为工作开展提供有力保障。拓宽宣传渠道，营造良好氛围。借助“6·26”国际禁毒日等时机，通过新闻媒体、微信、标语、展板、LED显示屏等渠道，加大宣传力度，提高全社会反走私防范意识，营造良好社会氛围。泰安市反走私工作在全省反走私综合考评中被通报表扬。

（焦彦鹏）

【政务服务热线管理】 全年通过电话、微信、微博、市长信箱、政府网站等渠道受理群众有效诉求84.96万件，热线接通率96.70%，群众满意率97.24%。围绕打造“省内领先、国内一流”“12345”民生服务平台建设目标，全面做好新平台装修改造、信息化系统建设、人员管理运营等各项工作，提升服务能力。1—3月份，日均受理涉疫诉求1000余件，针对重大紧急事项及时形成专报供领导决策，其中市长张涛批示6次，对政务热线工作予以肯定；新华社先后3次进行专题报道。坚持“全快实准严”标准，深化流程再造，梳理完善受理、转办、办理、回访、督办等主要工作环节，制定《群众诉求办理流程》《紧急事项快速处理流程》等制度，推行“首接负责制”“属地负责制”，工作机制更加完善。每月印发《考核通报》，并将热线办理情况纳入经济社会发展综合考核，以考核为抓手倒逼承办单位做好落实。加强大数据分析，针对群众反映强烈的突出问题，形成“一周热点”专呈有关市领导及所有承办单位主要负责人，推动多项民生热点问题解决。全年组织“服务民生面对面”热线接听活动54期，解决群众诉求近600项。组织“工作落实面对面”电视问政活动21期，曝光问题200余件。《直通“12345”》电视栏目录制299期，《直播“12345”》广播栏目播出396期。推进企业诉求“接诉即办”，处理诉求350余件，满意率为93%。配合做好“一窗受理·一次办好”、各类线索提供、闪电新闻客户端网友留言回复、全国文明城市创建、全国文明机关创建等重点工作。（周小龙）

【驻外办事处工作】 驻北京办事处在疫情防控工作中先后从首都机场转运海外华侨向家乡捐赠的医用物资4批次、252箱，组织166名在京流动党员捐款49.49万元；对由北京口岸入境到泰安人员进行分流转送，累计转运241人。招商引资工作成效明显，龙佑医学年内完成专利投资8732万元；与东华健康合作投资3000万元的“全国慢病健康管理中心”签约落地。上海联络处协调组织各类经济合作洽谈及招商推进会5次，组织客商到泰安考察3次，邀请20余名企业参加泰安市2020年上海经济洽谈暨招商活动，先后拜访企业30余家。加强与上海党政机关、政府驻沪机构、社会组织的联系，发挥市政府对外平台联络作用，扩大泰安在沪的知晓度；积极宣传人才引进优惠政策，先后与8家驻沪商协会、人才机构组织建立合作联系，推进“上海市泰山人才引荐中心”建设。全年接待完成泰安市到沪公务活动80余次，配合完成泰安市参加第三届中国国际进口博览会的服务保障工作。

（周　燕　祁振亚）

【优化营商环境】 年内，市政府办公室牵头承担做好全市持续推进优化营商环境工作。成立了综合协调推进组、政务服务推进组、市场服务推进组、职能转变推进组、督导检查推进组、考核评价推进组6个工作推进组，由3名副县级干部担任组长，周调度、月推进，强力推进各项工作。印发《关于持续深入优化营商环境的实施意见》，对省考核指标进行细化分解，压实部门责任，提出政策举措19条，其中，不动产登记+税务“一网通办”“绿卡”制度作为泰安市营商环境先进典型在省简报通报表扬，并呈送省领导。加强对各指标承担部门及各县（市、区）、功能区的督导检查，年内，开展专项检查10余次、全面检查4次，累计梳理并整改完成10余类98项问题，形成督查专报4期，市领导批示3期。列入省考核的18项一级指标、87项二级指标，以及2019年度省考核评价中反馈的42项问题，全部整改或落实到位。接受省、市人大常委会对优化营商环境工作情况专题询问，并对市人大专题询问反馈的7大类、112项问题进行责任分解，确保各项意见建议落到实处。编制《营商环境评价手册》，明确各指标牵头部门、责任部门以及指标内容、评价指标、评价要求、填报要领等。协调解决资金难题，邀请专业第三方机构对指标填报工作进行集中辅导，组织开展各级各类培训30余次，参培人员达1000余人次，组织开展营商环境模拟评价2次，帮助填报部门积累考试技巧，验证佐证材料库梳理情况，提高迎评参评水平。做好后勤保障，12月10—15日，组织各指标填报部门参加省营商环境评价集中填报工作，并及时向省考核部门提供营商环境评价核验材料。

（武　杰）

4月18日，泰安市人民政府与乾隆国际控股集团“惠民云医服务平台”建设项目战略合作签约仪式举行。图为市长张涛致辞　（司　刚　摄）

决策服务

【概况】 年内，市政府决策服务工作围绕市委、市政府中心工作，以创建市政府的“发展研究中心、决策服务智囊、政策解读平台、信息服务枢纽”为目标，取得积极成效。全年完成各类综合文字材料300余篇、重点调研课题11项，为政府决策发挥参谋助手作用。

【文稿起草】 年内，组织起草《政府工作报告》，完成各类综合文字材料300余篇，有效文字量超过200万字，总结全市年度重点工作，形成的5篇经验类文稿在《山东经济战略研究》等省级以上刊物刊发。

【调查研究】 着眼全市经济社会高质量发展突出问题，牵头制定《2020年度全市政府系统重点调研课题分工》，确定重点调研课题11项，主动承担市委、市政府交办的重大调研题目，形成一批指导性、操作性兼具的高质量调研成果进入党委政府决策，择优推选12篇参加全省政府系统优秀调研成果评选。延伸调查研究工作主线，制定《调研基地联系制度》，从加快推进新旧动能转换、培育优化“少高优强”营商环境等7个层面，精选调研基地45个，对经济社会发展重点、热点、难点问题进行长期观察和跟踪研究，提高调查研究的前瞻性和针对性。按照分类管理、专班负责、专题推进原则，优化《政府系统调查研究工作流程》，理顺调研工作程序，提高调研效率和成果水平，增强决策服务实效。

【决策咨询】 紧扣市委、市政府攻坚目标，聚焦全市工业经济弱项短板，发挥参谋助手作用，主持起草了《关于加快工业经济发展十二条意见》，审核把关配套实施细则9个，编发《决策参阅》15期，为市政府决策提供信息服务，多次得到市委、市政府领导的肯定性批示。坚持“开门写报告”，通过全面跟踪调研、定期对接督查、强化部门协作等，掌握年度重点工作推进情况，开展“开门写报告·我来献一策”建言征集活动，为2021年政府工作报告的起草积累第一手信息社情民意。

（白　帆）

人事人才

【概况】 围绕服务全市重大战略、重大任务、重大项目，做好人才引育、平台创建、人才服务、环境优化等工作，打响“才入泰安·势如泰山”品牌，广泛集聚推动高质量发展的优秀人才。以服务高质量发展为中心，以推动政策突破、带动人才突破、助力产业突破“三个突破”为引领，实施人才筑峰、人才筑巢、人才筑基、人才筑魂“四筑工程”，采取政策直通产业和企业、服务直通企业和人才的“双通”模式，不断完善人才引进、培养、使用、激励机制，激发人才创新创业创造活力。

【公务员队伍建设】 印发《泰安市公务员平时考核实施细则（试行）》，从考核内容、操作流程上进行细化和规范，全面推行公务员平时考核工作。深入推进公务员职务与职级并行制度实施，建立职级晋升“月调度”工作机制，推动职级晋升工作有序开展。深化公务员分类改革，做好法院、检察院等单位职级套转、职数核定工作，完成对司法行政、法官检察官助理、司法警察3类人员职级套转；做好行政执法类公务员分类改革工作，对市场监管、生态环保、文化市场等领域有关情况开展摸底统计，提前做好有关准备工作。

【打造“泰山智慧谷”】 围绕打造全市高层次人才集聚“高地”、科技成果转化“宝地”、弘扬爱国奋斗精神“圣地”，谋划实施人才“大平台”开发战略，聚力打造“泰山智慧谷”，吸引聚集高端人才、高位平台、高新技术、高创项目。打造“泰山智慧谷”智慧服务平台——“大观号”和目标管控平台——“经纬号”，线上开展人才培训、招才引智等活动，对5大类、49个重点项目，在线做好项目申报、审批、调度等工作。年内，“泰山智慧谷”完成8.3万平方米的物理空间建设，吸引集聚一批顶尖人才，引进科技创新及服务型企业62家。

【实施泰山英才“2159”计划】 该计划着力引进培养2个顶尖创新创业人才团队、100个高端产业领军人才团队，培养5000名以上技能实用人才，吸引9000名以上高校毕业生到泰安就业。支持“十强产业”“双50强”企业靶向引才，落实人才政策“金十条”和47项配套细则，兑现各类奖励补助资金3826.6万元。围绕引进高端创新创业人才和高科技产业项目，举办第二届“才入泰安·势如泰山”国际高层次人才创新创业大赛，征集海内外人才项目1035个，落地创业项目22个。推进“泰汶专才”计划，年内培养实用技能人才6320人。组织参加“山东——名校人才直通车”、“双一流”高校毕业生专场招聘等行动，至年底，新增到泰安就业高校毕业生1.73万人，其中“双一流”高校毕业生452人。强化省级及以上人才引育，4人入选国家级人才工程；争取全省重点产业领军人才配额2名；1名人才入选泰山学者青年专家初步人选，实现自主培养泰山学者“零”的突破；8名泰山产业领军人才、3个“外专双百计划”团队完成现场考察。

【实施人才平台建设跃升计划】 开展“双50强”企业“一企一平台”建设，推动人才平台载体提档升级，新建产业技术研究院等新型研发机构20家，争创省级以上人才平台载体40家。制定《创建“国家先进印染技术创新中心”人才支持政策》，“国家先进印染技术制造业创新中心”获工业和信息化部批复在泰安市组建，填补山东省国家级制造业创新中心的空白，也是全国在印染领域唯一的国家级制造业创新中心；泰安市高性能复合土工材料制造业创新中心入选2020年度“山东省制造业创新中心”。围绕服务“政产学研金服用”一体化发展，深化校地合作，组织县（市、区）、功能区积极与高校院所联系对接，推进联合共建产业技术研究院；泰安市产业技术创新研究院、山东产研复合材料研究院挂牌成立；泰山科技学院二期工程交付使用。

【深化人才发展体制机制改革】 制定《关于实施“人才兴鲁”行动打造新时代人才聚集高地的若干措施》落实清单，细化分解50项重点任务，逐项抓好推进落实。印发《泰安市落实“人才兴鲁”行动实施方案》，组织实施6大工程、20个具体计划，大力吸引集聚高精尖缺人才、海外人才、青年人才等重点人才。出台《泰安市高层次人才全周期服务流程再造实施方案》，对编制管理、职称评审、科研服务、子女入学、“泰山人才金卡”核发等服务流程优化升级。推进人才安居工程，抓好市级专家人才公寓管理运营，推动各县（市、区）、功能区高标准规划建设专家人才公寓，多渠道满足各类人才居住需求，市级100套专家人才公寓全部完成建设装修。

（刘　超）

【补贴政策落实】 完善人才引进培养政策，对新引进的符合条件的“双一流”和全球TOP200高校毕业生给予高层次人才专项事业编制，对工业企业引进的符合条件的毕业生给予每人每月200元的人才津贴。为448人发放“金十条”技师、高级技师职业资格培训补助119.65万元。为1404名重点高校本科以上毕业生申领租房和生活补贴1362.92万元，为294名工业企业引进的重点高校本科以上毕业生申领21.72万元人才津贴。

【人才招引】 落实“人才兴鲁”和促进“双一流”高校毕业生到山东就业要求，优化引才方式、精简引才流程、强化政策引导，吸引人才到泰安创业、留泰安就业。实施“优才回引”计划，吸引集聚高素质专业化人才回归泰安、奉献泰安，165人通过初审。引进“双一流”高校毕业生612人，其中，机关事业单位引进410人、企业引进202人。开展“才入泰安”高校行线上引才、网络招聘会等线上招聘活动，400多家企事业单位发布岗位需求信息1200条，吸引2470名高校毕业生参加。组织泰开集团、泰山玻纤等221家企事业单位参加“山东——名校人才直通车”网络专场招聘（实习）活动，以及北京大学、清华大学等重点高校人才直通车活动15场次。组织泰开集团有限公司、特变电工山东鲁能泰山电缆有限公司等90家企事业单位参加四川大学、电子科技大学、重庆大学、吉林大学、哈尔滨工业大学等“泰安——名校人才直通车”活动7场次。举办以“才入泰安·势如泰山”为主题的泰安市第三届全国大学生创业大赛，吸引国内高校145个团队项目参赛，“木糖康养”“中泰智舟”等项目落地泰安。

【高层次人才】 印发《关于进一步落实事业单位高层次人才收入分配激励机制完善绩效工资管理实施办法》，充分激发高校、科研院所等事业单位高层次人才创新活力和干事创业热情。提升高层次人才服务水平，累计104人获得山东“惠才卡”、211人获得“泰山人才金卡”，1926人获得高层次人才认定证书。为山东润德生物科技有限公司等3家单位申请省级院士科研活动经费和生活津贴37万元。山东康平纳集团有限公司被确定为博士后科研工作站。11家博士后科研工作站新招录博士后研究人员14人，为符合条件的6名企业博士后科研工作站在站“双一流”人员发放生活补贴18万元。获批省博士后创新项目三等资助1项。新增国务院特殊津贴专家3名，省级专家服务基地2家、省级乡村振兴专家服务基地3家、泰山产业领军人才（产业技能类）1名。采取“点对点视频连线”的形式，开展线上专家服务基层活动。稳步推进职称制度改革，全年共评审通过8718人。

2010年以后评审的中高级职称资格证书实现线上查询。

【专业培训】 开展专业技术人员继续教育培训11.6万人，其中7.9万人完成公需科目培训、3.7万人完成专业科目培训。对因机构改革发生职能转变的市场监管局、自然资源规划局等部门所属45个事业单位的岗位设置方案予以核准，对中小学幼儿园等教育系统岗位设置进行优化。

【技能培训】 印发《泰安市职业技能提升行动（2019—2021年）专账资金管理使用办法》《关于进一步做好职业技能培训合格证书使用管理工作的通知》，指导企业和各培训机构规范开展职业技能培训。探索打通职业技能培训和技能人才自主评价全链条，形成有泰安特色、企业特点的"双融双促""四+"攻坚新模式，即深化企业技能人才培训与自主评价相融合、政策引领与服务指导相融合，推动人才技能提升与企业增效发展"双促进"，通过"互联网+职业技能培训""实体平台+职业技能培训""岗位实践+职业技能培训""引领行动+职业技能培训"，推动职业技能提升行动向纵深发展。全市63家企业成立职工培训中心、53家企业被认定为技能人才自主评价机构，2.6万名职工参加培训，9198名职工取得职业技能等级证书，2.07万人进行专项职业能力考核，发放补贴1700万元。全市技能人才自主评价备案企业数和发放技能等级证书数居全省第二位，培训任务完成率居全省第二位，专账资金支出率居全省第一位，以工代训资金支出数居全省第二位。新华社客户端、《中国劳动保障报》《工人日报》《大众日报》等媒体报道相关做法和成效，省人力资源社会保障厅在泰安召开现场会进行推广。针对农村转移劳动者，组织开展母婴生活护理、花样馒头、中式面点等"特色技能"培训3.8万人，开展专项职业能力考核2万人。肥城高级技工学院升格为山东泰山技师学院。全市新增高技能人才5563人、齐鲁首席技师5名、齐鲁技能大师特色工作站1家。在企业设立特级技师岗位，泰安如意科技时尚有限公司王文革成为全市首位"特级技师"。落实以工代训补贴政策，为全市846家企业5.47万名职工拨付补贴6628.25万元。推行新型学徒制，培训2023人次。举办"技能兴泰"职业技能大赛，设置竞赛项目43个，参赛人数2300人。举办第二届乡村振兴分赛，开设赛事6项，培养乡村技能人才。

8月28日，全省专项职业能力考核工作会议在泰安新泰召开。图为与会人员考察专项职业能力比赛现场 （陈琛 摄）

【人事代理】 代管人事档案2.19万份，当年新增816份；代理单位893家，新增21家。为16人办理退休手续，出具各类证明材料1536份。户口迁出4人。为事改企单位调整工资456人次。为代理人员申报职称349人，其中初级职称116人、中级职称141人、高级职称92人。为2665名流动人员办理流动手续，其中流入905人、流出1760人。做好流动人才党员组织关系接转及登记工作，接转党组织关系204人次，其中转入1人、转出203人。

【事业单位人事管理】 坚持"公平公正，公开透明"，严格按照网上报名、笔试、资格审查、面试、考察、体检、公示、聘用工作程序，全市招聘事业单位工作人员2703人，其中综合类536人、教育类1437人、卫生类609人。为市疾控中心招聘急需人才13人。做好事业单位工作人员年度考核，严格把关优秀档次比例和考核结果，考核事业单位工作人员和机关工勤人员9.13万人，其中1.56万人考核结果被确定为优秀等次。全市事业单位嘉奖奖励6611人、记功奖励456人，其中市直事业单位嘉奖奖励2680人、记功奖励171人。为456名事业单位人员办理调配手续，为483人办理解除聘用合同备案手续。坚持“凡提必审、凡转必审、凡进必审”原则，对市直干部1700多卷人事档案不断分类和入档。帮助市直各部门、单位查阅干部人事档案970卷次，转递干部档案及审核调动人员档案630卷次。

【人事考试】 全年完成各类考试报名30项，组织实施考试19项，累计动用考点80个，考场2700个；试卷保密封闭19次70天。全年办理各类人事考试证书5500本，受理各项证书补办申请200人次。做好人事考试指挥平台改造升级，实现省人力资源社会保障厅对泰安市标准化考点考场监控资源的实时调用。

【表彰奖励】 及时发现、表扬在新冠肺炎疫情防控工作表现突出的集体和个人，会同市委新型冠状病毒肺炎疫情处置工作领导小组（指挥部）办公室、市委组织部、市卫生健康委员会通报表扬“一线战疫先锋”100名，会同市委新型冠状病毒肺炎疫情处置工作领导小组（指挥部）办公室、市委组织部通报表扬“基层防控标兵”先进集体60个、“基层防控标兵”先进个人100名。受市委、市政府表彰的“泰安市抗击新冠肺炎疫情特别贡献奖”1人、“泰安市抗击新冠肺炎疫情先进个人”179人、“泰安市抗击新冠肺炎疫情先进集体”79个。以市委、市政府名义表彰“泰安市脱贫攻坚工作先进个人”100人，“泰安市脱贫攻坚工作先进集体”50个。做好省级工作部门及以上表彰项目评选推荐工作，共推荐104个先进集体、230名先进个人为省级工作部门及以上表彰候选对象，其中1人被中共中央、国务院、中央军委表彰为“全国抗击新冠肺炎疫情先进个人”，38人被省委、省政府表彰为“山东省抗击新冠肺炎疫情先进个人”，16个集体被省委、省政府表彰为“山东省抗击新冠肺炎疫情先进集体”，68人被省委组织部、省人力资源社会保障厅、省卫生健康委员会表彰为“全省抗击新冠肺炎疫情先进个人”，39个集体被省委组织部、省人力资源社会保障厅、省卫生健康委员会表彰为“全省抗击新冠肺炎疫情先进集体”。在全省率先制定印发《市级评比达标表彰项目申报实施操作规程（试行）》《省级工作部门及以上评比达标表彰评选推荐操作规程（试行）》，规范表彰奖励活动操作规程。做好省部级表彰奖励获得者待遇落实工作，为126名市直机关事业单位省部级表彰奖励获得者每人发放春节慰问金1000元。做好违规开展涉企评比达标表彰和创建示范活动排查整治工作。办理市政府提请市人大常委会决定任免工作人员事项6项、市政府任免工作人员事项27项，涉及219人次。

（米士伟）

外事工作

【疫情防控】 严格外防输入，牵头成立“3·1”专班，抽调专人全程参与、全域协调，专门负责入境人员疫情防控工作。在外防输入阶段性工作期间，累计交接转运入境人员1.16万人次，累计集中隔离1.12万人次，累计居家隔离436人次。加强内部管理，与市卫生健康委员会、市公安局、市教育局等部门联动，对在泰安外籍人员实行网格化管理。建立“泰安市涉外疫情工作群”“驻泰安高校工作群”，开通24小时英语、日语、韩语等外语热线服务电话。开展疫情防控国际合作，日本友城八王子市、爱尔兰迈科珍生物有限公司、南非警民合作中心为泰安市捐赠防疫物资，泰安市积极筹备医用口罩捐赠给疫情严重的韩国和意大利友城。

【对外交流与合作】 转变对外交往交流模式，启动“云外事”模式。联合市教育局召开泰安—韩国龙仁国际教育合作视频交流会议。邀请日本八王子市、韩国泰安郡通过视频连线参加第三十四届泰山国际登山节。应邀以视频方式参加俄罗斯罗布尼亚市第五十九届国际城市节。联合新闻媒体，在外国专家、留学生、外资企业中有针对性开展战疫视频采集，传播泰安市抗疫的正能量。通过线上线下相结合，年内，接待韩国驻青岛总领事朴镇雄、泰国万浦集团、瑞典鼎峰集团等到泰安商务考察团。

【涉外管理】 开展“外事联百企”“互联网+外事”活动，成立“四进”（进企业、进项目、进乡村、进社区）工作组，服务企业复工复产。落实“外事惠乡村”，申报乡村振兴齐鲁样板对外推介精品项目15个，县（市、区）对外合作需求6个，泰安市外籍农业专家信息4人。用实用好“快捷通道”，线上为企业申办APEC商务旅行卡10批、24张，为企业办理涉外邀请函6批、8人次。强化领事保护，快速稳妥处置涉外案（事）件12起。

【国际友城工作】 年内，泰安市与菲律宾达沃市达成建立友好合作关系意向。至年底，泰安市与15个国家的21个城市建立友城关系或友好合作关系，与16个国家的55个

1月9日，市委书记崔洪刚（左二）会见芬兰罗凡涅米市考察团。图为崔洪刚向芬兰客人赠送泰山图册（司 刚 摄）

社团、院校、医院等建立基层友好关系，缔结国际友好山关系4个。

（韩玲燕）

信 访

【概况】 市信访局连续8年保持"省级文明单位"称号。被省委、省政府表彰为全省"攻坚克难奖"先进集体，被省人社厅、省信访局表彰为山东省信访工作先进集体，被省信访局评为全省信访系统"人民满意窗口"单位。在全省信访工作考核中被评为优秀等次，列第二名。

【攻坚化解信访积案】 市级领导带头包案，率先垂范"为民服务解难题"；县级领导研办，攻坚克难化解"骨头案"；市信访局全力做好案件梳理、调度研判、协调服务等工作，为市领导决策当好参谋、为承办单位提供服务。省级领导包保泰安市的12件信访积案，9月底前全部实体性化解，省政协主席付志方、省检察院检察长陈勇对泰安市工作给予批示肯定。29名市级领导包案的174件信访积案，已全部化解。十大领域信访突出问题专项治理和集中治理重复信访专项工作超额完成省委确定的目标任务。《山东信访动态》编发专刊，推广泰安市房地产开发历史遗留问题专项整治经验。

【信访服务保障】 全国"两会"、中共十九届五中全会等重大活动期间，全市未发生有影响的信访问题。疫情防控紧要时期，用好"网上信访"，服务群众"不断档"。市接访中心暂时关闭期间，受理和转办督办网上信访、电话访等1074件，及时受理率和按期办理率均为100%。

【解决信访问题】 "搭襻躬身挑重担，倾情倾力解民难"，推进信访事项"一次办好、群众满意"。年内，全市纳入满意度评价的信访事项，群众对信访部门满意率98.92%、对责任单位满意率99.14%，居全省前列。

【信访工作改革创新】 探索实践新时代"枫桥经验"泰安信访系统新模式。培树典型，协调指导肥城市仪阳街道试点先行"信访问题面对面，干群关系心连心"工作机制。9月29日，召开全市信访系统践行新时代"枫桥经验"现场会进行总结推广。11月23日，在全省信访工作基层基础建设经验交流暨工作推进会上，交流推广泰安市"夯基础、抓基层，信访问题不上行"经验做法。

（叶 松）

机关事务

【概况】 年内，市机关事务服务中心围绕中心工作，服务保障大局，划清工作底线，突出靶向攻坚，重点工作稳步推进，部分难点得到突破，亮点工作初见成效。

【办公用房管理】 厘清职责边界，强化职能建设，推动《泰安市党政机关办公用房管理办法》印发施行，建立全市办公用房权属管理、配置管理、使用管理、维修管理等"六统一"管理体制。健全审批制度，严把审批关口，健全完善办公用房审批管理制度，研究起草泰安市办公用房出租及维修办法等制度，有序开展办公用房管理出租、维修、处置等审批工作。全年开展审批业务18起，涉及办公面积11.2万平方米。从严检查督导，确保合法用房，配合市纪委监委、市委督查室等部门，开展办公用房集中督导检查抽查，重点针对超标准使用问题，采取"腾退""大调小""合署办公"等方式进行清查整改。

【公车管理使用】 突出法治建设，夯实政策基础，推动《泰安市党政机关公务用车管理办法》印发施行，建立贯穿公务用车“全生命”周期的集中统一管理体制。升级信息平台，再造派车流程，建成启用无单自动派车系统，按照保留公车、统管车辆、租赁车辆顺序调度派遣车辆，用车单位履行用车审批主体责任，消除错位、越位、缺位审批问题，大幅盘活保留公车。优化软件配套，实现“60秒”派车，开发应用手机App“泰安公务用车”，与智能化信息管理平台终端实时联动，达到“一键自助派车”“60秒反馈”派车效果，提升派车效率。创新管理模式，优化公车配置，探索统管车辆“公务舱”管理模式，在未动用财政购车资金的情况下，集中为16个单位统筹调剂公务用车，保障公务出行。延伸服务链条，拓展保障范围，将41个有车部门纳入车管平台保障范围，部门自有车辆无法满足出行需要时，可在平台申请车辆。年内，共保障公务出行2500台次，安全行驶里程35万千米，与上年相比，公务出行保障部门数量增加140%，派车次数增加69%，保障里程增加55%。

【公共机构节能】 强化节能宣传，贯彻市委关于“厉行节约”部署要求，指导全市各级公共机构开展“四节”（节水、节电、节气、节油）活动，注重发挥“地球一小时”“世界水日”“节能宣传周”等主题活动的规模化效应，营造“厉行节约、从我做起”良好氛围。突出示范带动，指导全市各级421家单位争创节约型机关，9家单位争创国家级和省级节约型公共机构示范单位，探索公共机构合同能源管理新模式。推进垃圾分类，结合创建全国文明城市工作，依托全市公共机构生活垃圾分类“46城万人志愿者”队伍，开展垃圾分类志愿者进社区、进学校、进医院、进机关“四进活动”，为垃圾分类宣传造势。

【生活服务保障】 厉行勤俭节约，制止餐饮浪费，开展“舌尖上的节约”专项行动，以“精细化”管理为导向，严抓餐饮生产链条，提高资源利用率和集约化程度，餐厨垃圾减少约40%。完善基础设施，提升硬件水平，更新消毒设备，安装净水设备，建立食品安全检测室，大幅提升食堂基础设施建设水平。健全监管机制，完善工作标准，严格落实食品安全管理制度，保障43万人次就餐食品安全。

【物业管理服务】 带头厉行节约，落实市委关于厉行节约要求，组织开展专项行动，全方位节约能源资源。年内，市政中心共节电136万千瓦时，节约电费65万元，节水1.46万立方米，节约水费近7万元。落实重点项目，按照垃圾分类相关要求，组织建设市政中心垃圾分类中转站，大幅提升市政中心垃圾分类处理能力。提升保障水平，按照精细化、标准化管理要求，有序开展市政中心卫生保洁、会务保障、绿化美化等工作，加强动力设备及公共设施维保，落实消防巡查制度，确保市政中心有序平稳运转。

【财务结算】 收紧核算关口，严格执行财经法规，严格结算操作程序，严格监管经费支出，及时反馈各结算单位支出问题，全程跟踪督导，保证经济业务合理合规。深化流程再造，调整报账流程，大幅提升账面数据与资金支付同步性，实现财资结算“今日事、今日毕”，打造即时高效服务。推动数据跑腿，紧跟财务管理平台升级换代，开发应用新模块、新系统，支付数据操作效率提高300%，提升数据跑腿“加速度”。全年为51个结算单位办理结算业务3.7万笔，核算自有资金9.5亿元，审核国库授权支付资金14.8亿元；纠正和退回不合理、不合规原始会计资料21笔，减少30%；为各部门提供办公用品400余种，价值50万元。 （周长坤）

编辑　校对　　刘　凯

中国人民政治协商会议泰安市委员会

综 述

【概况】 2020年，市政协召开常委会议5次、主席会议7次，开展协商活动11次、专项视察5次，立案的287件提案集中转交承办单位办理。围绕加快老旧小区改造等重点工作开展调研，提出的意见建议得到重视采纳。市政协机关继续保持“省级文明单位”称号。

【履职尽责服务大局】 同心协力战疫情。发出战“疫”倡议，领导班子成员多次到联系社区实地调研督导。3月5日，市政协主席周桂萍带领部分机关干部，到市政协第一书记包村点岱岳区道朗镇东西门村走访慰问，调研督导疫情防控和复工复产工作，捐赠防疫物资。抽调10名机关干部参与“四进”（进企业、进项目、进乡村、进社区）攻坚，68名机关干部参与“到一线·肩并肩·战疫情”专项行动。3月18日，市政协领导到岱岳区督导调研“四进”攻坚工作情况，实地查看了疫情防控、企业复工复产情况。广大委员累计捐赠款物2700万元，1名委员被评为“全国抗击新冠肺炎疫情先进个人”。聚焦“六稳”“六保”献良策。围绕加快老旧小区改造、培植壮大农业龙头企业、建设重大疫情防控体制机制开展专题协商，提出的意见建议得到市委、市政府主要领导的批示肯定。参与双招双引，超额完成年度招商引资任务。抓好市委交办任务落实。积极参与文明城市创建，班子成员多次到包保街道实地调研督导，机关干部全天候、全时段参与志愿服务。6月22日，市政协主席周桂萍到岱岳区粥店街道督导文明城市创建工作。着力化解信访积案，领导班子成员领衔包保的34件信访积案全部如期化解。助力脱贫攻坚，举办“情系泰山、助力脱贫”四级政协委员书画义捐活动，筹集善款40余万元，资助贫困学生100名；扶持包保贫困村发展旅游项目、兴建水利设施等，所包贫困村如期脱贫摘帽。由市政协机关干部带队的驻泰山区乡村振兴服务队组织实施15个帮扶项目，建成一批惠民工程。

【团结联谊凝心聚力】 市各民主党派、工商联提交大会发言20篇，提出提案107件，报送社情民意信息71篇。组织各界别组开展结对帮扶，帮扶困难村20个、贫困户320余户，争取项目资金、捐赠款物累计1180万元。搜集、布展图片645幅、史料210册，创建泰安市政协文史馆。编辑《风雨同舟·共筑辉煌》系列丛书。9月25日，市政协开展“书画文化下基层、翰墨飘香委员情”走进岱岳区粥店社区文化下乡书画笔会活动。

【发挥专门协商机构作用】 完善协商议政机制。组织开展各类协商活动11项，“进一步加快文化旅游项目建设”的建议，得到市委、市政府领导批示肯定。促进协商式监督。突出抓好市委、市政府主要领导批示的11件重点提案的督办，推动立案的287件提案全部办复。提高提案办理协商实效。推选160多名委员参与电视问政、政风行风评议、担任部门监督员。向市委报送社情民意信息216篇，向省政协报送信息518篇。

【自身建设】 加强委员服务管理。创建委员群英论坛、手机微管家等平台，对委员开展经常性培训；修订委员履职考核办法，创建委员履职信息管理系统，完善委员激励约束机制，对70名履职先进委员进行通报表扬，对6名履职落后的委员进行书面告知提醒，进一步激发委员履职干事的积极性。完善工作机制。坚持创新引领，对政协党建、专委会履职、界别联络、政协宣传、反映社情民意、机关保障等方面的工作，制定制度规范12项，完善专委会对口联系政府部门办法，制定加强和改进专委会工作的意见，推动专委会基础作用得到更好发挥。精选15名学者教授作为特聘专家，打造“三农”智库团队，进一步提高民主协商的质量和效果。强化市政协机关建设。组织文明实践志愿服务专项行动，4月25日，市政协组织机关干部开展以“清洁家园、文明劝导”为主要内容的“美丽泰安”文明实践志愿服务专项行动。开展勇做新时代泰山“挑山工”机关走前列、“创城当先锋、攻坚作表率”等实践活动60次，2名机关干部分别获“市直机关十大杰出青年”和“泰山‘挑山工’先进个人”称号。组织开展主题党日活动，5月28日，市政协机关党委组织全体机关干部赴徂徕山党性教育基地接受革命传统教育，市政协党组书记、主席周桂萍参加活动。10月22日，举行“庆九九重阳节　看泰安新变化”主题党日活动，市政协主席周桂萍出席活动并讲话，高儒林、唐家品等市政协离退休老领导出席活动。上专题党课，12月7日，市政协党组书记、主席周桂萍到所在的机关第一党支部上专题党课，围绕学习贯彻中共十九届五中全会精神进行宣讲。坚持抓宣传促文明单位创建。全年在中央、省级新闻媒体发表稿件120余篇，山东电视台、《联合日报》、学习强国等主流媒体平台，先后对泰安市政协工作典型经验进行宣传报道。（李建树）

3月18日，市政协主席周桂萍（左四）到泰山区市政协机关“四进”攻坚工作组所在地，就疫情防控、复工复产和项目建设推进等工作进行实地督导（李建树　供）

重要会议

【全体委员会议】 1月8—11日，政协第十三届泰安市委员会第四次会议在泰山国际会展中心泰山会堂举行，应出席委员417名，实到393名，符合政协章程有关规定。会议听取和讨论市委书记崔洪刚在开幕会上的讲话，审议批准周桂萍代表市政协十三届常委会所作的工作报告和姚霆所作的提案工作报告。委员们列席市十七届人大五次会议，听取并赞同市长张涛所作的政府工作报告及其他有关报告。大会收到提案358件、大会发言材料72份，10名委员作大会现场发言，41名委员作书面发言。会议期间，委员们围绕推进泰安改革发展中的重大问题和群众关心的热点难点问题，深入协商议政，积极建言献策，充分发挥专门协商机构的作用。大会补选杨荣和为政协第十三届泰安市委员会秘书长，补选毕研坤、张勇、郭青为政协第十三届泰安市委员会常务委员。审议通过市政协十三届四次会议决议和提案审查情况的报告。市政协主席周桂萍在闭幕会上讲话。

【市政协常委会会议】 2020年，市政协召开常委会会议5次。

十三届十六次会议。1月6日召开，市政协主席周桂萍，市委常委、常务副市长宋洪银，市人大常委会副主任刘学保，市政协副主席徐恩虎、张庆明、刘君、王昌元、姚霆、马纯勇、程明、孙岱峰，秘书长魏武出席会议。会议传达学习中共十九届四中全会精神，中央和省委、市委政协工作会议精神；传达学习中共泰安市委第十一届十次全体会议精神和市委经济工作会议精神；听取宋洪银关于《政府工作报告》起草情况和基本概况的通报；听取关于政府系统2019年提案办理情况的通报；审议通过市政协《关于推进济泰协同发展，打造省会城市群先行发展区的建议案》；审议通过关于召开市政协十三届四次会议的决定；审议通过市政协十三届四次会议议程（草案）、日程及有关事项；审议通过政协第十三届泰安市委员会常务委员会工作报告并推定报告人；审议通过政协第十三届泰安市委员会常务委员会提案工作报

1月8日，政协第十三届泰安市委员会第四次会议开幕　（司　刚　摄）

告并推定报告人；表彰2019年度政协履职工作先进委员；审议通过关于部分人员辞去十三届市政协常委或委员职务的决定；审议通过政协第十三届泰安市委员会增补委员协商名单。会议决定，市政协十三届四次会议于1月8日至1月11日上午在泰安城区召开。

十三届十七次会议。1月9日召开，市政协主席周桂萍主持会议。市委组织部负责人就有关人事选举事项作说明；协商审议政协第十三届泰安市委员会第四次会议选举办法（草案）；协商审议有关人事选举事项；协商审议政协第十三届泰安市委员会第四次会议选举总监票人、监票人名单（草案）；协商审议政协第十三届泰安市委员会第四次会议提案审查情况的报告（草案）；协商审议政协第十三届泰安市委员会第四次会议决议（草案）等内容。

十三届十八次会议。1月9日召开，市政协主席周桂萍主持会议。大会组织组负责人汇报有关人事选举事项讨论酝酿情况；审议通过政协第十三届泰安市委员会第四次会议选举办法（草案）；审议通过有关人事选举事项；审议通过政协第十三届泰安市委员会第四次会议选举总监票人、监票人名单（草案）；审议通过政协第十三届泰安市委员会第四次会议提案审查情况的报告（草案）；审议通过政协第十三届泰安市委员会第四次会议决议（草案）。

十三届十九次会议。7月24日召开，市政协主席周桂萍出席会议并讲话。市人大常委会副主任曹步山，市政府副市长常绪扩应邀出席会议。会议听取常绪扩关于上半年全市经济社会发展情况的通报；传达学习习近平总书记在中央政治局第二十次、二十一次会议集体学习时的讲话精神，全国“两会”精神，中共泰安市委十一届十一次全体会议精神；通报全市政协系统参加新冠肺炎疫情防控工作情况。审议通过《市政协关于扩大有效投资，加快老旧小区改造的建议案》，部分人员辞去市政协委员职务的决定和有关人事事项。

十三届二十次会议。9月24日召开，市政协主席周桂萍出席会议并讲话。市人大常委会副主任张书盈，市政府副市长赵德健应邀出席会议。会议传达学习习近平总书记在全国抗击新冠肺炎疫情表彰大会上的重要讲话精神、全国和全省政协工作经验交流会议精神，听取市政府关于2020年提案办理情况的通报、市发展改革委关于济枣高铁项目推进情况的通报，审议通过《关于重大疫情防控体制机制建设的调研报告》《关于推进工商资本下乡，培植壮大农业龙头企业的调研报告》及有关人事事项。

【主席会议】　十三届二十八次会议。1月6日召开，市政协主席周桂萍主持会议。会议传达学习中共泰安市委第十一届十次全体会议精神和市委经济工作会议精神；审议通过关于召开市政协十三届十六次常委会议的有关事项；审议通过关于召开政协第十三届泰安市委员会第四次会议的决定（草案）；审议通过政协第十三届泰安市委员会第四次会议议程（草案）、日程（草案）及有关事项；审议通过关于部分人员辞去十三届市政协常委或委员职务的决定（草案）；审议通过政协第十三届泰安市委员会增补委员协商名单。

十三届二十九次会议。1月9日召开，市政协主席周桂萍主持会议。会上研究召开政协第十三届泰安市委员会常务委员会第十七次会议的有关事项；市委组织部负责人就有关人事选举事项作说明；协商审议政协第十三届泰安市委员会第四次会议选举办法（草案）；协商审议有关人事选举事项；协商审议政协第十三届泰安市委员会第四次会议选举总监票人、监票人名单（草案）；协商审议政协第十三届泰安市委员会第四次会议提案审查情况的报告（草案）；协商审议政协第十三届泰安市委员会第四次会议决议（草案）。

十三届三十次会议。1月10日召开，市政协主席周桂萍主持会议。会议研究召开政协第十三届泰安市委员会常务委员会第十八次会议的有关事项；大会组织组负责人汇报委员讨论组有关人事选举事项讨论酝酿情况；审议通过政协第十三届泰安市委员会第四次会议选举办法（草案）；审议通过有关人事选举事项；审议通过政协第十三届泰安市委员会第四次会议选举总监票人、监票人名单（草案）；审议通过政协第十三届泰安市委员会第四次会议提案审查情况的报告（草案）；审议通过政协第十三届泰安市委员会第四次会议决议（草案）。

十三届三十一次会议。3月18日召开，市政协主席周桂萍主持会议并讲话。会议传达学习中央和省委、市委统筹推进新冠肺炎疫情防控和经济社会发展工作部署会议精神，学习中央和省委决战决胜脱贫攻坚座谈会和省政协十二届三次会议精神；审议通过《政协泰安市委员会2020年工作要点（讨论稿）》《政协泰安市委员会2020年协商工作计划（讨论稿）》、市政协《关于我市编制“十四五”规划重点课题调研实施方案（讨论稿）》《市政协十三届四次会议重点提案及办理意见（讨论稿）》《市政协反映社情民意信息评选表彰办法（讨论稿）》《市政协主席会议成员、常委联系委员名单（讨论稿）》，审议通过关于部分人员辞去十三届市政协委员职务的决定（草案）。会议决定，将协商审议的部分内容提交市政协十三届十九次常委会议讨论。

十三届三十二次会议。6月8日召开，市政协主席周桂萍主持会议并讲话。会议传达学习全国“两会”和省政协十二届十二次常委会议精神；通报全市政协系统参加新冠肺炎疫情防控工作情况；审议通过《市政协委员履职考核办法（讨论稿）》《市政协委员界别联络组调整名单（讨论稿）》；审议通过关于部分人员辞去十三届市政协委员职务的决定（草案）。

十三届三十三次会议。7月24日召开，市政协主席周桂萍主持会议并讲话。会议传达学习中共泰安市委十一届十一次全体会议精神，审议通过关于召开市政协十三届常委会第十九次会议的有关事项；审议通过市政协《关于扩大有效投资，加快老旧小区改造的建议案（讨论稿）》；审议通过市政协农业和农村委员会工作职责及工作室职责；审议通过政协第十三届泰安市委员会任免职名单（草案）。会议决定，将协商审议的有关内容提交市政协十三届常委会第十九次会议审议。

十三届三十四次会议。9月22日召开，市政协主席周桂萍主持会议并讲话。会议传达学习习近平总书记在全国抗击新冠肺炎疫情表彰大会上的重要讲话精神；传达学习全国地方政协工作经验交流会精神和全省市县政协工作经验交流会精神；审议通过关于召开市政协十三届常委会第二十次会议的有关事项、《关于重大疫情防控体制机制建设的调研报告》《关于推进工商资本下乡，培植壮大农业龙头企业的调研报告》《市政协农业和农村委员会特聘专家名单》《政协第十三届泰安市委员会增补委员协商名单》及有关人事事项。

（李建树）

协商议政

【协商民主】 构建“政协搭台、委员唱戏、各方参与”的协商机制，完善以专题协商为重点，以对口协商、界别协商、网上协商为常态的协商议政格局，打造“有事多商量”的协商品牌。市委转发《政协泰安市委员会2020年协商工作计划》，确定开展重点协商活动11项，其中专题协商1项、对口协商4项、界别协商4项、重点提案办理协商2项。

【专题协商】 6月，市政协组成专题组，围绕全市重大疫情防控体制机制建设进行专题协商。专题组到肥城市及部分乡镇有关医疗卫生单位实地调研，召开市卫健委、市发展改革委、市财政局、市公安局、市应急管理局、市医保局等多部门参加的专题协商会议，多方听取情况汇报、征求意见，总结泰安疫情防控的经验做法，学习借鉴外地疫情防控经验，形成《关于重大疫情防控体制机制建设的调研报告》，经市政协十三届二十次常委会议审议通过后报市委，得到市委、市政府主要领导的肯定，批示有关部门研究吸纳政协的意见建议。

【对口协商】 10月28日，市政协教科卫体委员会召开对口协商会议，组织部分委员，与市发展改革委、市教育局、市财政局、市人力资源社会保障局等单位，围绕“中小学课后服务工作”进行协商交流。市政协副主席徐恩虎出席并讲话。会后，与会人员到泰安师范附属学校对课后服务现场进行考察。10月29日，市政协人口资源环境委员会组织部分住泰安城区政协委员和有关部门负责人，就泰安土地综合整理工作开展调研协商活动。调研协商小组先后到岱岳区道朗镇实地考察工矿废弃地复垦项目、泰肥一级路及省道330线两侧损毁山体修复工程。委员们对泰安保护生态环境和土地资源工作给予评价，提出意见和建议。

【重点提案办理协商】　完善主席会议成员领衔督办重点提案制度，实行政协领导牵头委室包保重点提案。将“企业新旧动能转换、推进智能制造、科技创新驱动，加快企业高质量发展”和“进一步完善泰城交通网络”列入年度重点提案办理协商计划，由市政协提案委牵头，市工业和信息化局以及市住建局、市交通运输局、市公安局分别承担两个课题的主要协商任务。经过协商，实行先确定提案办理措施，后办理提案的办法，提高提案办理质效。市工业和信息化局出台《泰安市高端装备和智能制造产业发展规划》，制定《关于实施“双百工程”加快推进工业技改工作的实施意见》《加快工业企业智能化技术改造的实施意见》等。市住建局、市交通运输局、市公安局就完善泰安城区交通网络作出新的部署安排，并组织实施。

【调查研究】　年内，市政协将开展调查研究作为协商议政的重要抓手，开展专题调研活动2次，形成专题调研报告2篇，部分建议被市委、市政府采纳。开展“扩大有效投资、加快老旧小区改造”专题调研活动。6—7月，市政协经济委牵头组成专题调研组，围绕“扩大有效投资、加快老旧小区改造”开展专题调研活动。调研组学习上级有关文件精神，召开有关部门单位参加的座谈会，全面了解全市投资进展情况，深入部分小区走访调研。通过网络学习湖北宜昌、北京劲松小区、滨州、济宁等外地先进经验，结合泰安实际，形成《关于扩大有效投资、加快老旧小区改造的建议案》，经市政协十三届十九次常委会审议通过后报市委，得到市委、市政府主要领导的肯定批示，部分建议得到采纳。开展“推进工商资本下乡，培植壮大农业龙头企业”专题调研活动。7—9月，市政协农业和农村委牵头组成专题调研组，围绕推动工商资本下乡、培植壮大农业龙头企业、激活乡村振兴新动能，会同市农业农村局等有关部门进行专题调研。调研组学习全国和省市有关会议、文件精神，与县（市、区）政协联动，通过召开不同层面座谈会，利用网络调研、问卷调查等形式进行调研，征求专家学者、相关界别委员的意见，形成《关于推进工商资本下乡，培植壮大农业龙头企业的调研报告》，经市政协十三届二十次常委会审议通过后报市委，得到市委、市政府主要领导的肯定批示。市政协调研乡村振兴工作。7月2日，市政协主席周桂萍带队到泰山区邱家店镇开展“决胜脱贫攻坚、助力乡村振兴”调研活动，看望慰问乡村振兴服务队员。周桂萍一行先后到邱家店镇埠阳庄村、中王庄村、北王庄村、侯家店村，对村内党员活动中心、便民服务中心、文化广场、农村道路等基础设施建设情况，以及乡村振兴示范工程、农村安全饮水工程进行现场调研，现场听取相关工作情况汇报。市政协调研文旅项目建设情况。7月23日，市政协对全市文旅项目建设情况进行调研。市政协副主席徐恩虎参加活动。徐恩虎一行先后对新闻出版小镇、开元盛世文旅城、泰山西湖、房车营地4个文旅项目进行调研。召开座谈会，听取文旅项目建设情况汇报，部分政协委员作发言，提出意见建议。市政协调研全市老年体育工作。8月14日，市政协副主席徐恩虎带领教科卫体委部分成员对全市老年体育工作进行调研。调研组先后到岱庙社区、花园社区的老年体育活动场所进行调研，听取市体育局和社区相关负责人有关工作情况介绍，对下一步工作提出建议。（李建树）

民主监督

【提案监督】　市政协委员及各参加单位聚焦泰安经济社会发展的重大问题、聚焦深化改革的瓶颈问题、聚焦群众关心的热点问题，通过提案履职尽责。市政协十三届四次会议以后，收到提案367件，经审查立案287件，其中团体提案112件。立案提案中，经济建设方面提案64件，占立案总数的22.3%；政治建设方面提案1件，占立案总数的0.3%；文化建设方面提案27件，占立案总数的9.4%；社会建设方面提案176件，占立案总数的61.3%；生态文明建设提案19件，占立案总数的6.6%。截至2020年10月底，所有交办提案全部办复，办复率100%。

【视察监督】　年内，市政协组织视察活动3次。住泰安省政协委员开展贫困帮扶活动并视察项目建设。7月31日，住泰安省政协委员和部分市政协委员开展定点贫困帮扶活动，并视察泰安相关项目建设。委员们到岱岳区道朗镇东西门村走访

10月30日，市政协召开反映社情民意特邀信息员聘任暨培训工作会议
（李建树　供）

慰问贫困户，视察贫困村帮扶项目进展以及复工复产、经济发展情况。到泰安旅游经济开发区视察泰安文旅健身中心项目建设情况以及“泰安老街”经济发展情况。市政协主席周桂萍、市政协副主席程明参加活动。市政协视察泰安海关跨境电商发展工作。9月16日，市政协组织部分委员对泰安海关跨境电商发展工作进行视察。市政协副主席徐恩虎参加活动。委员们实地考察新泰开发区泰安陆港通跨境电商海关监管仓库，听取泰安海关及监管仓库负责人的情况介绍，就跨境电商发展工作提出意见建议。市政协领导视察全市重点工作。11月5日，市政协主席周桂萍到泰安旅游经济开发区，就全市重点建设项目、民生工程建设等重点工作进行现场视察督导。在泰安文旅健身中心项目、泰安市立医院二期工程现场，周桂萍听取有关情况汇报，详细了解体育场馆和医院病房楼的设计、施工进度和建设情况，对项目组克服施工难度大、科学调配力量、高效推进项目取得的成效给予充分肯定。

【社会监督】　市政协组织100名委员参加全市政风行风评议活动，32名市政协委员担任市纪委、考核办、人社局、团委、法院等部门监督员或评委。推荐19名委员参加电视台《工作落实面对面》9期节目录制工作。

【反映社情民意】　10月30日，市政协召开反映社情民意特邀信息员聘任暨培训工作会议。选聘42名委员担任社情民意信息员，拓宽社情民意信息征集渠道。印发的社情民意信息征集题目，涵盖党政工作的重点、经济转型升级的难点、民生领域的热点、社会治理的矛盾点。全年向省政协报送社情民意信息518条，采用141条。（李建树）

编辑　校对　吴　楠

纪检·监察

综述

【概况】 2020年，全市纪检监察机关主动担当、忠实履职，攻坚克难、提质增效，勇做新时代泰山“挑山工”，发挥监督保障执行、促进完善发展作用，推动全面从严治党不断向纵深发展，全市纪检监察工作稳中有进，为全市经济社会高质量发展提供坚强保证。获山东省抗击新冠肺炎疫情先进集体、山东省五一劳动奖状等称号。

【做到“两个维护”】 强化思想政治引领。坚持不懈学懂弄通做实习近平新时代中国特色社会主义思想，贯通学习《习近平谈治国理政》第一、二、三卷，跟进学习习近平总书记系列重要讲话精神、重要指示批示精神，学习领会中共十九届四中、五中全会精神，学思践悟、把准方向。学习贯彻十九届中央纪委四次全会、省纪委十一届五次全会部署，细化8个方面46项措施，确定11项重点课题，把握规律特点，聚力破解难题。持续深化政治监督。牢牢把握“两个维护”根本政治任务，聚焦贯彻落实习近平总书记对山东工作的重要指示要求，党中央重大决策部署和省委、市委重要工作安排，加强对贯彻新发展理念、打好三大攻坚战、文明城市创建、重点项目落实等情况的监督检查。开展人防系统腐败问题、农村乱占耕地违规建房问题专项治理，在冒名顶替上大学问题专项清查、美丽宜居乡村建设问题整改、违建别墅问题清查整治和大棚房整治“回头看”中加强监督执纪执法，开展供销合作社系统腐败问题重点整治。严明政治纪律和政治规矩，加强对意识形态工作情况的监督检查。全市纪检监察机关立案审查违反政治纪律案件15件，处分16人。监督保障抗疫斗争。围绕党中央统筹推进疫情防控和经济社会发展决策部署，对做好“六稳”工作、落实“六保”任务科学精准、稳慎有效监督，紧盯联防联控、患者集中救治、医疗物资生产、群众生活保障等关键环节，强化监督检查。督促整改问题6000余个，提出建议300余条，查处问题9起57人。

【队伍建设】 强化政治建设。加强市纪委常委会自身建设，持续深入学习习近平新时代中国特色社会主义思想，及时跟进学习习近平总书记系列重要讲话精神、重要指示批示精神，认真落实民主集中制、意识形态工作责任制，严格请示报告制度。加强党支部规范化建设，在监督检查、审查调查、巡察工作一线建立19个临时党支部，实现党建工作全覆盖。提升能力素质。严

1月7日，县市区委书记全面从严治党述职评议会议召开（司 刚　摄）

1月23日，中共泰安市纪委十一届五次全体会议召开　（王　哲　供）

把选人用人关口，严格程序标准，选优配强纪检监察干部队伍。创新培训方式方法，坚持线上线下结合，通过以考促学、一线挂职、轮岗交流、实战练兵等形式，抓实全员培训，强化实践锻炼。从严监督约束。严格依规依纪依法开展工作，严格落实纪检监察干部“十严禁”，设立内部监督员，开展系统内专项检查“回头看”，坚决防止“灯下黑”。全市谈话函询纪检监察干部6人，处理13人。　（许　栋）

重要会议

【市纪委十一届五次全会】 1月23日召开。会议以习近平新时代中国特色社会主义思想为指导，深入贯彻中共十九大和十九届二中、三中、四中全会精神，认真贯彻落实习近平总书记在十九届中央纪委四次全会上的重要讲话精神、中央纪委和省纪委全会部署，研究安排全面从严治党相关工作。市委书记崔洪刚出席会议并讲话，市委常委、市纪委书记、市监委主任郝红代表市纪委常委会作题为《强化责任担当，完善监督体系，为泰安全面建成小康社会提供坚强保障》的工作报告。报告从“深学笃行习近平新时代中国特色社会主义思想，在践行初心使命中做到‘两个维护’；牢固树立以人民为中心的发展理念，集中整治群众反映强烈的突出问题；持续深化纪检监察体制改革，推动健全完善监督体系；发挥专责监督作用，加强对权力运行的制约和监督；精准有力整治‘四风’，推动化风成俗；强化巡察政治监督作用，促进巡察与其他监督贯通融合；一体推进不敢腐、不能腐、不想腐，进一步巩固和发展反腐败斗争压倒性胜利；聚焦高素质专业化，打造忠诚干净担当的纪检监察铁军”8个方面，对2020年工作任务作出部署。

【党外人士情况通报会】 3月30日召开。市委常委、市纪委书记、市监委主任郝红代表市委向市各民主党派、工商联和无党派人士代表通报2019年度全市党风廉政建设和反腐败工作情况。市委常委、统战部部长张红旗主持会议。会议要求，各民主党派、工商联和无党派人士要继续关心支持全市党风廉政建设和反腐败工作，以高度的政治使命感和责任感，进一步发挥民主监督作用，聚焦突出问题，深入调查研究，积极建言献策。要充分发挥政治优势、组织优势和智力优势，深化自身建设，积极服务市委中心工作，为决胜全面建成小康社会、加快泰安经济社会高质量发展，作出新的更大贡献。

12月11日，市纪委监委机关学习贯彻中共十九届五中全会精神宣讲报告会举办　（王　哲　供）

【全市纪检监察工作重点任务推进落实视频会议】 4月30日召开。市委常委、市纪委书记、市监委代理主任于瑞波出席会议并讲话。会议强调，把准政治监督方向，在做实做细政治监督上聚力攻坚；进一步把监督挺在前面，在制约和监督权力运行上聚力攻坚；坚持重点突破、标本兼治，在持之以恒纠治“四风”上聚力攻坚；深化政治巡察，在巡察高质量全覆盖上聚力攻坚；把“严”的主基调长期坚持下去，在巩固发展反腐败斗争压倒性胜利上聚力攻坚；深化改革，配套完善制度，在提升纪检监察体制改革效能上聚力攻坚；精准规范问责，在树立鲜明导向上聚力攻坚，落实好“三个区分开来”（把干部在推进改革中因缺乏经验、先行先试出现的失误和错误，同明知故犯的违纪违法行为区分开来；把上级尚无明确限制的探索性试验中的失误和错误，同上级明令禁止后依然我行我素的违纪违法行为区分开来；把为推动发展的无意过失，同为谋取私利的违纪违法行为区分开来）要求，严管厚爱结合、激励约束并重，最大限度激发党员干部干事创业热情。把加强自身建设作为永恒课题，一体推进政治、作风、能力、纪律“四个建设”，讲政治忠诚坚定，强作风担当作为，提能力履职尽责，严纪律强化监督，把队伍建强、让干部过硬，抓落实、求实效、争进位，建设模范机关，打造忠诚干净担当的纪检监察铁军。

【十一届市委第七轮巡察工作动员部署会议】 5月14日召开。市委常委、市纪委书记、市委巡察工作领导小组组长于瑞波出席会议并讲话。会议强调，坚持以习近平新时代中国特色社会主义思想为指导，紧扣“两个维护”根本任务，扭住被巡察党组织职责使命，突出“四个落实”（落实重大决策部署情况、落实全面从严治党“两个责任”情况、落实党建工作责任情况、落实各类监督检查指出问题整改情况）监督重点，持续深化政治巡察；紧扣高质量发展要求，创新手段方法，坚持实事求是、依规依纪依法，推动巡察工作提质增效；健全完善巡察整改机制，压实巡察整改责任，扎实做好巡察“后半篇文章”；从严教育管理监督，打造政治坚定、作风过硬、业务精湛、纪律严明的巡察干部队伍。

9月28日，全市纪检监察工作重点任务推进座谈会召开　（王　哲　供）

【全市纪检监察工作重点任务推进座谈会】 9月28日召开。市委常委、市纪委书记、市监委代理主任于瑞波出席会议并讲话。会议强调，全市各级纪检监察机关和部门单位进一步增强危机感、紧迫感、责任感，坚持问题导向、目标导向、结果导向，优化作风、攻坚克难，统筹兼顾、突出重点，自我加压、狠抓落实，保持稳中求进，实现提质增效；狠抓办案工作，强化斗争精神，精准运用“四种形态”，持续保持高压态势；开展信访积案化解攻坚，压责任、严标准、强推进，控增量、减存量、补短板、防风险；提升监督实效，找准靶心，建立完善衔接联动、成果共用、信息共享、系统集成的工作机制，发挥纪律监督、监察监督、派驻监督、巡察监督各自优势，实现监督全覆盖；开展形式主义官僚主义、扫黑除恶、脱贫攻坚、耕地保护等专项治理，持续释放强烈信号；一体推进不敢腐、不能腐、不想腐，坚持严惩腐败、以案促改、深化教育，提高治理腐败效能；坚持打铁还须自身硬，从严从实加强干部队伍建设，以上率下、示范带动，弘扬严实作风，勇做新时代泰山“挑山工”，不断把全面从严治党推向纵深。

【全市巡察工作会议暨十一届市委第八轮巡察动员部署会议】 10月12日召开。市委常委、市纪委书记、市委巡察工作领导小组组长于瑞波出席会议并讲话。会议强调，深入学习贯彻习近平总书记关于巡视巡察工作的重要论述，认真落实全国全省巡视巡察工作会议精神，在深化政治巡察上持续用力，更加精准客观发现问题、推动解决问题，以高质量巡察督促各级党组织和广大党员干部不断增强“四个意识”、坚定“四个自信”、做到“两个维护”。扎实开展市委第八轮巡察工作，聚焦重点、精准规范、提升质效，进一步推进政治监督落实落地，督促被巡察党组织更好地履行职责使命，有效发挥巡察监督保障执行、促进完善发展作用。

【县市区（功能区）党（工）委书记和部分市直部门单位党组（党委）书记向市纪委全会述责述廉会议】 12月18日召开。会议强调，更加突出政治建设，在强化理论武装上持续用力，在做到“两个维护”上持续用力，在提高政治站位上持续用力，把全面从严治党政治任务牢记在心，融入工作，抓在日常。坚决扛起主体责任，在压力传导上下功夫，在强化监督管理上下功夫，在一体推进“三不”上下功夫，营造良好政治生态。以身作则当好表率，做敬畏权力的表率，做遵纪守法的表率，做攻坚克难的表率，为不折不扣落实“十四五”规划、加快新时代现代化强市建设作出更大贡献。 （许　栋）

监督首责

【坚守政治巡察定位】 开展市委第七轮、第八轮巡察，覆盖率达90.11%。把常规巡察、专项巡察和“回头看”贯通起来、穿插使用，配合省委巡视组开展“对口式”巡视巡察联动。市、县巡察发现一般性问题6901个、问题线索709件。根据巡察移交问题线索立案88件，给予党纪政务处分79人。创新监督方式，纪委监委、组织部门参加巡察反馈，督促被巡察党组织整改落实。向市县党委提交专题报告32份，向职能部门提出意见建议348条，督促开展专项治理。加强与组织、宣传、审计、信访、财税、扶贫等部门的协作联动，共享信息、资源、监督成果，推动巡察监督与其他监督贯通融合。

12月18日，2020年度县市区（功能区）党（工）委书记和市直部门单位党组（党委）书记向市纪委全会述责述廉会议召开 （王　哲　供）

【做实做细日常监督】 贯彻《党委（党组）落实全面从严治党主体责任规定》，出台《关于提示县级党（工）委（党组）落实全面从严治党主体责任工作办法（试行）》，与22名县处级党政正职廉政谈话，20名党委书记向市纪委全会述责述廉。紧盯“关键少数”、权力运行，探索加强对县处级“一把手”的监督措施。全市纪检监察机关约谈被监督单位领导班子成员、重要岗位人员1452人次，查处乡科级及以上“一把手”49人，市纪委监委回复党风廉政意见560人次。加快检举举报平台建设，实行领导干部公开接访，包保督办化解积案，5年以上积案全部化解清零，5年以下化解率94.7%。坚持抓早抓小，全市纪检监察机关运用“四种形态”批评教育帮助和处理4870人次。

【健全完善监督体系】 出台《加强日常监督工作实施办法（试行）》，深化派驻机构改革，探索开展驻点、专项监督，对77个部门单位监督全覆盖。制定派驻机构、派驻纪检监察组组长考核办法，推动派驻监督从“有形覆盖”迈向“有效覆盖”。市纪委监委派驻机构立案数、处分人数分别增长10.5%、25%。完善市管干部谈话函询、派驻机构问题线索办理等工作规程，建立常态化案件质量评查机制。完善审查调查工作和疫情防控安全制度，落实抽查检查和问题通报机制。完善与公安机关协作机制，与执法、司法机关会商机制，促进纪法贯通、法法衔接。 （许　栋）

8月14日，全市持续深入推进人防系统腐败问题专项治理工作会议召开
（王 哲 供）

正风肃纪反腐

【纠“四风”树新风】 坚决破除形式主义和官僚主义。坚持问题导向，深入治理贯彻党中央决策部署只表态不落实、弄虚作假，维护群众利益不担当、不作为，困扰基层的形式主义、官僚主义突出问题。建立“直通车”机制，突出8个方面45项整治重点，持续为基层松绑减负。全市查处形式主义、官僚主义问题402个，给予党纪政务处分244人，通报曝光172起223人。严防享乐主义、奢靡之风反弹回潮。贯彻习近平总书记关于坚决制止餐饮浪费行为重要指示精神，强化监督检查。聚焦隐形变异，紧盯薄弱环节，坚持节点与日常结合、市县乡三级联动，开展常态化、不间断明察暗访、交叉互查，充分利用大数据平台，重点防范和查处一桌餐、私车公养等突出问题。全市查处享乐奢靡问题193个，给予党纪政务处分147人，通报曝光67起88人。激励干部担当作为。坚持严管厚爱结合、激励约束并重，全市精准问责党组织203个，问责党员干部、监察对象852人；严格落实“三个区分开来”要求，为23名干部容错纠错、为35名干部澄清正名。注重关怀帮扶工作，跟踪回访受处分人员266人。推动构建亲清政商关系，查处损害政商关系问题22个，处理33人。

【惩治腐败】 保持高压态势，聚焦重点对象、领域和关键环节，全市纪检监察机关处置问题线索3732件，立案2200件，给予党纪政务处分2091人。采取留置措施20人，移送检察机关19人，追回境内潜逃人员2人。加大审查调查力度，严肃查处展某、石某银、王某鹏等典型案件。在强大震慑和政策感召下，39人主动投案，44人主动交代问题。深化标本兼治。坚持以案促改，全市纪检监察机关制发纪检监察建议275份。强化警示教育，制作并组织观看警示片，发布审查调查信息，通报曝光典型案例，持续保持震慑效应。推进“廉洁泰安”建设，培树“岱下清风”廉洁文化品牌。加强党性、政德和纪法教育，筑牢拒腐防变思想防线。

【维护群众利益】 全力保障脱贫攻坚胜利收官。突出责任、作风、腐败三类重点问题，强化对脱贫工作绩效、脱贫政策连续性稳定性的监督检查。全面排查信访举报线索，筛选24件实行领导包案、重点督办。全市查处扶贫领域问题383个，批评教育帮助和处理708人，其中给

6月22日，全市优化营商环境暨社会信用体系建设工作推进会议召开
（司 刚 摄）

近年间，泰安市社会各界积极营造勇做新时代泰山“挑山工”的社会氛围。图为9月3日，泰山广场一角　（司　刚　摄）

予党纪政务处分 92 人。深化脱贫攻坚常态化监督，中央电视台予以报道。坚决整治群众身边腐败和作风问题。坚持以人民为中心，紧盯漠视侵害群众利益问题，“一县一领域”“一领域一重点”，督促推进教育、医疗、社保、生态环保、食品药品安全等 13 个领域突出问题专项治理，靶向监督、重点发力，解决群众反映强烈的痛点难点堵点。全市查处民生领域问题 1356 个，批评教育帮助和处理 1894 人，其中给予党纪政务处分 758 人。攻坚克难惩腐打“伞”。开展“伞网清除”攻坚行动，完善领导包保督导、部门联合作战、逐案回溯深挖、质量评审评查、分级签字背书等工作机制，深挖彻查涉黑涉恶腐败和“保护伞”。专项斗争中，全市查处相关问题 206 个，批评教育帮助和处理 504 人，其中给予党纪政务处分 316 人，涉黑打伞率 100%。

（许　栋）

巡视巡察

【概况】　2020 年，泰安市委巡察机构坚守巡察政治定位，牢牢把握“两个维护”根本政治任务，围绕“三个聚焦”（聚焦党的理论路线方针政策和党中央决策部署在基层贯彻落实情况，聚焦群众身边腐败问题和不正之风，聚焦基层党组织领导班子和干部队伍建设）开展巡察监督，有效发挥监督保障执行、促进完善发展作用。全年发现问题线索 709 件，立案 88 件，给予党纪政务处分 79 人。

【加强组织领导】　市委将巡察工作列入常委会 2020 年度工作要点，召开市委常委会 6 次、书记专题会 2 次，听取巡察汇报、研究巡察工作。

【突出监督重点】　组织市委第七轮、第八轮巡察，对 26 个部门单位党组织开展常规巡察，市级巡察覆盖率 90.11%，县级巡察覆盖率 93.03%，其中村居巡察覆盖率 95.83%。制定“三个聚焦”监督重点细化清单，列出 149 条问题表现形式。市、县巡察发现一般性问题 6901 个。

【强化贯通融合】　配合省委第十二巡视组开展“对口式”巡视巡察联动，对市、县民政、农业、扶贫部门开展脱贫攻坚专项巡察“回头看”。纪检监察、组织、审计等部门向巡察组通报情况、提供材料 30 余份次。制定《关于结合巡察开展意识形态工作责任制专项检查的工作机制》，探索建立巡审联动制度机制。

【做实“后半篇文章”】　市、县巡察向党委提交专题报告 32 份，向市、县党政领导通报巡察情况 14 次，向相关部门提出改进工作意见建议 348 条，督促整改一般性问题 5422 个。

【推动队伍建设】　组织 23 名市、县巡察干部参加省级以上培训，选派 24 名干部参加市委巡察、7 名干部参加省委巡视，组织拍摄的巡察情景剧用于全省巡察干部培训班教学。制定市委巡察组工作考核办法，落实巡察机构各项规定，锻造忠诚干净担当、敢于善于斗争的巡察队伍。

（陈国超）

编辑　校对　　吴　楠

民主党派·工商联

中国国民党革命委员会泰安市委员会

【概况】 简称民革泰安市委会，设基层委员会1个、支部12个、小组1个。年内，新发展党员16名，平均年龄37岁，党员人数达329人。民革泰安市委会获得“参政议政先进集体”“民革全省抗击新冠肺炎疫情先进集体”称号；2名党员被评为“2019—2020年度为民革山东省委参政议政工作作出贡献的先进个人”；1名党员被评为民革中央“全国抗击新冠肺炎疫情先进个人”；1名党员企业被评为“山东省抗击新冠肺炎疫情先进集体”；2名党员被评为“民革全省抗击新冠肺炎疫情先进个人”；1名党员被评为“全国优秀纺织企业家”；4名党员分别获得2019年度泰安市科技进步一等、二等、三等奖。

【思想建设】 组织全市民革党员开展学习贯彻中共十九大及十九届历次全会精神，推进“不忘合作初心，继续携手前进”主题教育，增强共识，统一思想。市委会定期召开全委扩大会议，学习中共十九大精神、习近平新时代中国特色社会主义思想。领导班子成员参加市委统战部举办的“共识教育培训班”。

9月5日，泰安市人民政府与民革中央企业家联谊会战略合作框架协议签约仪式举行（司刚 摄）

【组织建设】 按照民革中央“组织建设年”部署要求，加强市委会领导班子建设和基层支部建设，在建立3个支部党员之家基础上，新建“民革岱岳区支部党员之家”。继续开展领导班子及成员年度述职和评议。按照各民主党派中央《关于组织工作座谈会纪要》要求，新发展党员16名。做好民革中央副主席兼秘书长李惠东到泰安开展“机关建设调研”活动相关服务工作。抓好党员教育培训工作，召开骨干党员参政议政培训班暨反映社情民意工作座谈会。做好宣传工作，建立微信公众号，推送信息12条。向民革省委、市政协、市委统战部报送宣传信息32条。

【参政议政】 向民革省委报送提案素材2件，均以集体提案形式报省政协会议。向市政协会议提交集体提案9件、个人提案30件，向民革省委、市政协、市委统战部报送反映社情民意信息53件。组织31名党员参加民革省委举办的社情民意信息视频会。筛选调研课题，组织调研组开展调研活动，先后到岱岳区、徂汶景区开展实地调研，形成专题调研报告《优化营商环境，仍需持续加力》和监督调研报告《加强各教育阶段的职业素养培育，提高大学生就业能力》呈报中共泰安市委，均得到市委书记崔洪刚签批。协助民革省委到岱岳区开展课题调研工作。

【社会服务】　协助市委统战部完成“民革中央企业家泰安行活动”，民革中央企业家联谊会与泰安市政府签署“战略合作框架协议”。搭建社会服务新平台，在宁阳县磁窑镇刘家洼村建立“泰安民革科技服务基地”，支持党员发展“泰山茶”产业。抗击新冠肺炎疫情，通过电话办公会，专题研究疫情防控工作，及时发出“倡议书”，做好宣传动员工作，50多名医卫界别的党员坚守在疫情阻击战的前沿阵地，全市民革党员通过不同渠道捐款捐物，总价值达347万元，其中现金16万元、抗疫物资价值331万元。110名民革党员通过单位、社区参加志愿服务活动。（王　磊）

中国民主同盟泰安市委员会

【概况】　简称民盟泰安市委会，有盟员698名，设总支1个、基层委员会1个、支部17个、学习小组1个。年内，民盟泰安市委会被民盟中央表彰为“民盟思想政治建设和宣传工作先进集体”，1名盟员被民盟中央表彰为“民盟思想政治建设和宣传工作先进个人”；新泰基层委员会被民盟中央评为“盟务工作先进基层组织”；民盟泰安市委会被表彰为“民盟山东省委抗击新冠肺炎疫情先进集体”，4名盟员被表彰为“民盟山东省委抗击新冠肺炎疫情先进个人”；5个基层组织被表彰为“民盟山东省委先进集体”，1名盟员获得“民盟山东省委思想宣传突出贡献奖”，25名盟员和个人被表彰为“民盟山东省委先进个人”，2名盟员的抗疫事迹被民盟山东省委选编入《担当——山东盟员抗击新冠肺炎疫情先进事迹》。

【思想建设】　召开民盟泰安八届九次市委（扩大）会和“不忘合作初心，继续携手前进”主题教育总结会，传达学习中共泰安市委十一届十次全体会议精神和泰安市委经济工作会议精神。年内，参加市委、市政府召开的座谈会，提出意见建议。盟市委办公室编撰《风雨同舟　共铸辉煌》一书，纪念改革开放四十周年。新型冠状病毒肺炎疫情发生后，民盟泰安市委会发出倡议，260人次累计捐款捐物价值30万元。上报社情民意信息50篇，其中11条被省政协采用、1篇被推荐民盟中央“十四五”规划建议。向盟中央、盟省委上报工作信息40条，其中7条被盟中央采纳、24条被盟省委采纳。

【组织建设】　新发展盟员25名。其中，高优人才6名，副高级以上职称3人、中级职称11人，博士1人、硕士4人。协助市委统战部对50名党外代表人士进行考察了解。在民盟省委十届十一次常委扩大会议中，民盟泰安市委作“五大建设”工作情况交流发言，新泰基层委员会作典型交流发言。年内，民盟市委会按照市委统战部要求承办民主党派秘书长和办公室主任第二次联席会议。赴枣庄民盟开展“五大建设”工作情况及盟务工作学习交流。民盟泰安市委会在泰安市委党校举办新盟员培训班，两年间新入盟盟员50人参加培训。各支部开展专题调研、盟员代表大会等活动，成立民盟泰山职业技术学院支部、民盟山东服装职业学院支部。

【参政议政】　向泰安市政协十三届四次会议提交提案34件，其中集体提案14件、个人提案20件。提交大会书面发言材料4篇。《关于突发疫情如何实现2020年全面脱贫目标的几点建议》被市委统战部《建言专报》采用，得到市委主要领导批示。完成调研课题3个。撰写完善5万字《齐鲁乡村调研》一书。开展专题调研并协助盟省委专项调研。

【社会服务】　盟市委机关工作人员按照市委统战部统一部署参加文明创建志愿者活动。春节期间，民盟泰安市委领导走访慰问老盟员、老同志。各支部也都以不同方式对帮扶对象和老盟员进行走访慰问。年内，民盟泰安市委会和各支部开展走访慰问、文艺演出、文化活动、健康义诊、疫情防控、亲子活动等社会服务，并为困难家庭捐款捐物。（王玲玲）

中国民主建国会泰安市委员会

【概况】　简称民建泰安市委会，设总支部1个、基层支部15个、专委会8个。全年新发展会员14人，至年底，全市有会员296人。其中，女会员95人，占32.1%；经济界会员及相关专家学者256人，占86.5%；大学本科以上学历201人，占67.9%；中级以上职称181人，占61.1%。年内，被民建山东省委表彰为“民建全省先进集体”“民建全省理论宣传调研工作先进单位”。

【思想建设】　6月29日，召开全面加强作风建设动员部署会议，印发《民建市委关于开展全面加强作风建设活动的实施方案》，对作风建设活动进行全面安排部署。把“不忘合作初心，继续携手前进”主题教育作为加强民建市委自身建设的永恒课题和终身课题，8月11日，在新泰泰茶良心谷生态示范园举行教育实践基地揭牌仪式，省政协副主席、民建省委主委郭爱玲和市委常委、统战部部长张红旗共同为基地揭牌。9月4日，组织市委委员和基层组织负责人赴泰安市廉政教育展厅（市委党校）开展“警示教育”活动。

【组织建设】 年内，推荐16名会员担任公安局、教育局等13个政府部门的特约人员，强化履职能力提升；全年新发展会员14人，会员人数达到296人。11月初，在肥城市委党校举办民建市委骨干会员培训班，全市基层组织中的40名骨干会员参加培训，强化思想政治引导和履职能力提升。年内，1名会员被表彰为民建全国优秀会员，6名会员被表彰为民建全省优秀会员，1名会员被省政府授予“有突出贡献的中青年专家”称号。加强基层组织建设，推进规范化支部和会员之家建设，至年底，全市建成并投入使用的会员之家有6个。引导基层组织在疫情防控常态化形势下健全制度、创新思想、开展活动，打造各具特色的活动品牌。民建泰山区支部获得“民建全国先进集体”称号；民建新泰总支“123”工作法，被民建中央作为典型在《民建工作交流》刊发并得到民建中央领导签批，被民建省委表彰为“民建全省先进集体”。

【参政议政】 全年领导班子成员参加市委、市政府组织的各类协商会、征求意见会、党外人士座谈会等10次，在高层会议上提出的相关建议，得到党政领导充分肯定。在省政协全会上，3位省政协委员提交提案10件，均被立案。在市政协十三届四次会议上，提报集体提案13件、委员提案35件，均被立案，其中《关于擦亮泰城“养老泰安，养生泰山”新名片的建议》《关于加强高校与企业合作，共建产业联盟的建议》被市政协列为重点提案，5人在市政协全会上作大会发言或书面交流。年内，先后开展泰安东部新城规划建设发展、农村道路“三通”、城乡公交优化提升等调研活动，形成相关调研成果并得到市委主要领导签批。推进社情民意信息工作，全年编辑上报34篇，其中，2篇被省政协转报全国政协，3篇被省政协作为专报单篇采用，12篇被民建省委采用，3篇社情民意信息被民建省委表彰为“民建全省优秀参政议政成果”。

【社会服务】 引导各基层组织和会员及会员企业参与脱贫攻坚，会员企业山东泰茶农业发展有限公司、鲁普耐特集团有限公司、山东世外潮泉文化旅游开发有限公司继续通过流转土地、吸纳贫困人口务工、订单委托外加工等形式增加贫困户收入，助力脱贫。助力疫情防控，泰安民建会员及会员企业共向防疫一线捐款122.3万元，捐赠医药防控物资价值56.5万元，上报社情民意信息12件。民建泰安市委获得“民建全省助力新冠肺炎疫情防控工作先进集体”称号，1人被授予“民建全国抗击新冠肺炎疫情先进个人”称号，10人被授予“民建全省助力新冠肺炎疫情防控工作先进个人”称号。疫情期间，会员企业山东综艺联创包装股份有限公司为岱岳区天平街道449名贫困群众发放扶贫资金58.5万元。开展“民建之光——点亮儿童微心愿”品牌活动，1月2日，高新区支部承办第七期圆梦活动，帮助120名孩子达成“微心愿”。泰山区支部“民建律师大讲堂”“民建法律书屋”“幸福夕阳”活动，新泰总支“捐资助学”“助残济困”活动，泰汽支部、妇女工作委员会“爱心助学接力”活动，泰西支部、泰山支部“爱心敬老”活动，东岳支部“泰山文化校园宣讲”活动，中心医院“健康知识讲座”“健康行义诊”活动等均形成各自的社会服务品牌。

（杜荣立）

中国民主促进会泰安市委员会

【概况】 简称民进泰安市委会，设支部10个。年内，新发展会员12人，年末会员总数261人。民进泰安市委被民进山东省委表彰为“自身建设工作先进单位”；民进泰安市法律支部、民进泰安市教育支部、民进泰安市经济支部被民进山东省委表彰为“先进基层组织”；1名会员被民进中央表彰为“参政议政先进个人”，1名会员被山东省人民政府表彰为“2019年度有突出贡献的中青年专家”；25名会员被民进山东省委表彰为“优秀会员”；2名民进会员主持完成的科研项目分获2019年度泰安市科学技术进步一等、三等奖。

【思想建设】 召开主委办公会议5次，学习中共十九届四中、五中全会精神、民进省委文件。加强疫情期间的舆论引导，通过微信群转

11月6—7日，民进泰安市委会在东平昆山党性教育基地举办骨干会员培训班 （王传其　供）

发民进省委“关于积极做好新型冠状病毒肺炎疫情工作的倡议书”，要求全市民进会员落实防控要求，做好预防工作。结合庆祝中国民主促进会中央委员会成立75周年，向民进省委提交纪念冰心诞辰120周年征文13篇，均被收录到民进山东省委编写的《爱跨越百年》一书，有3篇在《山东民进》发表。完成民进中央“提升基层治理效能，促进社会和谐稳定”年度重点考察调研问卷的网上调查和“履职能力建设主题年”摸底网上问卷调查。

【组织建设】　11月6—7日，赴东平昆山党性教育基地举办由基层组织骨干会员参加的“骨干会员培训班”。11月20日，举办由市委会领导班子成员、基层组织负责人和2018年下半年以后入会的新会员参加的“履职能力提升培训班”。各支部开展形式多样的支部联谊、学习交流和社会服务等活动，增强基层组织的凝聚力、向心力和组织活力。市委统战部微信公众号刊文分别宣传泰山区支部和岱岳区支部的建设经验。

【参政议政】　年内，民进市委有省、市、县（市）三级人大代表、政协委员39人，其中，省级3人、市级20人、县级16人。向市政协十三届四次会议提交提案45件（集体提案13件、个人提案32件），提交大会发言材料2篇；2篇社情民意信息被省政协采用，4篇社情民意信息被市委统战部《议政建言专报》采用，并得到中共泰安市委主要领导批示。开展社情调研，围绕《关于加快泰安市红色旅游发展的建议》调研课题，开展调研并召开座谈会；围绕民进济南市委到泰安关于“济泰一体化发展”开展调研并召开座谈会，收集意见建议。向中共泰安市委提交调研报告1篇、专项监督报告2篇，3篇报告均得到中共泰安市委主要领导批示。市委会领导班子成员先后13次参加政府工作报告征求意见会、市“两会”人选征求意见会等座谈会。围绕泰安市文化旅游业发展、经济、农业、城市互联互通、公安工作、科技工作等建言献计。1名会员参加“民进中央——省级组织教育委员会主任联席会议”，2名会员参加“民进中央基础教育改革座谈会”。

【社会服务】　助力疫情防控，会员通过个人、单位捐款捐物价值10万元。4名医疗卫生界的民进会员，战斗在抗疫一线。市委会继续开展“春联万家”活动，书写春联200幅，为赶集的群众送上新春的祝福。

（王传其）

中国农工民主党泰安市委员会

【概况】　简称农工党泰安市委会，设基层委员会1个、总支1个、支部19个，有党员401人。年内，农工党泰安市委被农工党省委评为“庆祝中国农工民主党成立90周年机关建设工作优秀市级组织和宣传思想工作优秀市级组织”。新泰市基层委员会被农工党中央评为“组织建设先进基层组织”，被农工党省委评为“抗击新冠肺炎疫情先进集体”。岱岳区支部、疾病预防控制中心支部、市直二支部和泰山区支部4个支部被农工党省委评为“庆祝中国农工民主党成立90周年优秀基层组织”，7名党员被评为优秀党员，有1人被评为优秀党务工作者。先后有15名党员被农工省委评为“抗击新冠肺炎疫情优秀农工党党员”。

【思想建设】　新型冠状病毒肺炎疫情发生后，市委会引导各基层组织和广大党员坚定政治站位，确保全市党员步调一致，以实际行动增强“四个意识”、坚定“四个自信”、做到“两个维护”。组织党员参与农工党省委和市委统战部组织的“筑梦新时代 同心奔小康”主题宣传活动；参与农工党省委举办的《抗“疫”纪实》文字、摄影作品网上征集活动。以农工党成立90周年和市委会建立30周年为契机，开展农工党党史、中国共产党领导的多党合作史和新型政党制度学习活动，赴菏泽开展共识教育考察活动。

【组织建设】 召开主委办公会、全委会4次，就全国“两会”精神、党的统一战线政策等进行学习。领导班子成员参加农工党省委举办的全省领导干部综合能力提升培训班和市委统战部举办的党外代表人士共识教育培训班。加强对基层组织分类指导。各基层组织结合自身实际开展集中学习、志愿服务等活动。积极稳妥发展党员，新发展党员17名，其中博士研究生1名、硕士研究生5名。举行颁发入党批准通知书仪式。

【参政议政】 在市政协十三届四次会议上，市委会提交集体提案15件、个人提案28件。组织党员撰写社情民意信息，报送社情民意信息40条。《关于建立文明城市创建长效机制的建议》被市委统战部《建言专报》采用。开展专题调研，完成《关于进一步完善公共卫生体系 提升卫生服务水平的调研》。完成《构建泰安市突发重大公共卫生事件应急体系的研究报告》《黄河流域生态环境保护与高质量发展调研》并报农工省委。

【社会服务】 新型冠状病毒肺炎疫情发生后，市委会引导、支持医药卫生界别的农工党员医务工作者、企业经营者和爱心志愿者，响应国家号召，履行岗位职责，投身抗击疫情斗争，20名党员奋战在抗疫第一线。积极捐款捐物，全市党员累计捐款12.11万元，捐物价值34.1万元。年内，开展社会服务，提高社会服务工作能力和社会效益。6月5日，市委会在长城一品社区开展2020年环境与健康宣传周义诊活动，组织15名专家为群众进行义诊，发放新冠肺炎预防、风湿免疫疾病、皮肤护理等健康宣传资料800份，为群众普及保健知识、卫生常识、科学用药等。新泰市基层委员会一院支部、泰山护理职业学院支部等组织分别开展扶贫义诊、健康宣传等活动。 （丁 婧）

中国致公党泰安市委员会

【概况】 简称致公党泰安市委会，设支部13个，有党员192人。致公党党员侨海关系覆盖美国、日本、英国、新西兰、澳大利亚等多个国家和地区。鼓励有海外联系的党员通过考察、访问、探亲等时机，加强联谊对接，宣传泰安泰山，促进交流合作。年内，市直二支部被致公党省委会评为“创先争优参政议政工作先进集体”，山东农业大学支部和新泰支部被评为“创先争优社会服务工作先进集体”，市委会有18名党员被评为“创先争优·优秀党员”。

【思想建设】 开展“不忘合作初心，继续携手前进”主题教育，组织党员深入学习习近平新时代中国特色社会主义思想，学习中共十九大和历次全会精神，做到旗帜鲜明讲政治。通过互联网平台，以网络形式组织党员学习全国“两会”和致公党中央常委会议精神，进一步强化政治素质、增进政治共识。参加市委统战部举办的党外代表人士共识教育培训班，就推进泰安市高质量发展作会议发言。肥城支部开展“民主党派是什么，加入党派干什么”读书讨论活动，市委会参与活动并与党员座谈交流。

【组织建设】 推进组织建设，规范支部工作开展。巩固泰山区支部全省第一批示范支部成果，推进新泰、肥城支部规范化建设；到新泰调研支部建设情况2次，就支部规范化建设、致公党员之家等进行座谈；组织部分党员到肥城参观党员企业山东征途信息科技股份有限公司，与肥城支部就推进支部工作规范进行座谈交流；发动各支部参与省委会“筑梦新时代 同心奔小康”活动、市委统战部“风采·民主党派基层组织”活动，收集报送典型材料6篇。协助市委统战部开展民主党派代表人士队伍建设调研，按照要求做好党内代表人士队伍有关工作，参与做好有关代表人士考察工作；结合代表人士队伍建设调研，对党内年轻党员情况进行梳理，调整充实后备干部队伍名单。抓好机关建设，市委会机关干部工作能力、服务意识进一步增强。

【参政议政】 围绕市委、市政府中心工作和群众关心关切的热点问题，开展调查研究，提出意见建议。注重抓好重点调研课题工作，完成课题成果3篇，市委书记崔洪刚均作出批示。与省委会一起，对基层公共卫生建设情况进行调研，形成调研成果《关于全市基层公共卫生建设情况的调研报告》；由主委带队，就推进放管服改革、创建“泰好办”

品牌进行调研，形成《关于我市营商环境情况的调研报告》；与泰山区支部一起，结合疫情期间承担的工作任务，到相关社区就社区养老问题开展调研，形成《关于我市社区养老服务发展情况的调研报告》。抓好各级人大建议、政协提案提报工作，提交提案建议62件，其中市政协大会发言4件。报送社情民意信息27条，其中12条被省委会、市政协、市委统战部采用。疫情期间，组织党员征集群众意见建议，为抗击疫情建言献策，共提交建言信息20条，其中6条信息被省政协采用、1条建议被市委统战部编成建言专报。担任各级司法机关和政府部门特约人员的致公党员，参加有关活动，履行监督职责。

【社会服务】 坚持扶危济困和服务发展并重，开展各类社会服务活动30次，受益群众1200人次。业已形成品牌的茶产业科技服务、济困助残、音乐支教项目继续推进，年内开展活动9次，捐赠资金10万元，促进农民增收、社会稳定。党员在做好本职工作、参与疫情防控的同时，积极踊跃为抗击疫情捐款捐物，共捐款12万元，物资价值10万元。泰山区支部注重推进社会服务经常性实效性，有5项针对困难家庭、困难学生、残疾人群、老龄群体的服务活动实现常态化开展。（张淑蕾）

九三学社泰安市委员会

【概况】 简称九三学社泰安市委会，设基层委员会4个、支社28个、小组1个，有社员685名。年内，九三学社泰安市委山东农业大学基层委员会被九三学社中央表彰为“2016—2020年度社会服务先进集体”；泰安市中医医院支社被九三学社山东省委表彰为“优秀基层组织”；1人获得九三学社中央“社会服务工作先进个人”称号；1人被九三学社中央表彰为“抗击新冠肺炎疫情先进个人”；2人被九三学社山东省委表彰为“抗击新冠肺炎疫情先进个人”；社市委办公室1人被九三学社山东省委表彰为“组织工作先进个人”。

【思想建设】 年内，召开全委会议2次。11月，九三学社泰安市委员会召开学习贯彻中共十九届五中全会精神培训班，专题传达学习中共十九届五中全会精神。纪念五四运动成立101周年，利用现代新媒体技术，举办“重温五四精神九三传承向党”在线直播活动，全市九三社员积极参与在线直播，并踊跃在互动平台点赞，约4500人次在线观看直播。

【组织建设】 全年发展社员34人，高层次比例77%，主体界别比例67%，平均年龄39岁。领导班子建设更加规范化，注重发挥班子成员的作用，重视后备干部培养。探索创新组织生活形式，开展“特色支社、人人献策”活动，为基层、市、省、中央提供高质量的参政议政素材；围绕当地经济、社会发展形势，开展调研活动，提高社组织的影响力和凝聚力；采取“走出去”和“请进来”相结合的方式，对标先进地市，研究制定机关建设规范；利用网络平台及时收集各基层组织对社市委的工作情况反馈，提升为基层服务水平。

【参政议政】 向泰安市政协十三届四次会议提交提案38件，其中重点提案3件。开展课题调研，承担和参与九三学社山东省委员会重点课题1项。“关于公共卫生服务体系建设的思考和建议”获九三学社山东省委立项。开展课题调研与民主监督，提报的4篇建言得到市委书记崔洪刚批示。12月，向中共泰安市委提交调研报告5篇。全年有9名社员加入九三学社山东省委所属专委会。

【社会服务】 开展社会服务活动23次，捐献物资价值80万元。新型冠状病毒肺炎疫情发生后，九三学社泰安市委员会在第一时间发出“九三学社泰安市委致全体社员的倡议书”，动员社员为疫情防控捐款捐物。举办庆祝九三学社泰安市委会成立35周年纪念大会暨学习贯彻中共十九届五中全会精神培训班，赴重庆开展“不忘初心　追根溯源”活动。

（王建波）

泰安市工商业联合会

【概况】 简称市工商联。年内，市工商联把握“两个健康”（非公有制经济健康发展和非公有制经济人士健康成长）工作主题，为推动全市经济社会高质量发展作出贡献。全国政协副主席、全国工商联主席高云龙对市工商联工作作出肯定批示。泰安市委、市政府主要领导先后6次全程参加市工商联组织的活动，并对市工商联“百企帮百村”扶贫攻坚工作作出重要批示。泰安市工商联被全国工商联、国务院扶贫办等单位联合表彰为“全国‘万企帮万村’精准扶贫行动组织工作先进集体”，连续3年保持“省级文明单位”称号。

【思想政治工作】 深入学习贯彻习近平新时代中国特色社会主义思

7月16日，全省知名民营企业"泰山行"活动招商推介会召开（司 刚 摄）

想，组织举办"泰山企业家大讲堂""年轻一代企业家"专题培训等各类报告会、座谈会、培训班10次，累计培训2500人。9月14—16日，全国工商联党组成员、副主席李兆前带队到泰安市就"民营经济人士思想状况"进行专题调研，对泰安市在促进民营经济高质量发展方面所取得的成绩给予充分肯定，对市工商联及民营经济人士思想工作给予高度评价。新型冠状病毒肺炎疫情期间，市工商联第一时间成立抗击疫情专项工作领导小组，第一时间严格落实值班制度，第一时间发出疫情防控倡议，组织动员所属商会和广大民营企业迅速集结形成战疫民企方阵。疫情防控"一线"民营企业克服困难，严格落实各项防控措施。积极复工复产，全力以赴保障城市运行和群众生活。民营企业及商会组织主动捐款捐物、减免租金，全市共有500家民营企业和商会组织为疫情防控累计捐款捐物1.1亿元。

【承办省工商联十三届六次常委会】 7月16—17日，泰安市承办省工商联十三届六次常委会，并举办山东省知名民营企业"泰山行"活动，全省16个地市的100位省工商联企业家副主席、省总商会副会长和省工商联常委参加活动。该活动是新型冠状病毒肺炎疫情发生后，泰安市首次现场举办的重大经贸活动，市委书记崔洪刚，市委副书记、市长张涛等市领导全程陪同活动，与会领导和企业家分别实地考察泰安东部新区规划、山东康平纳集团有限公司、泰山西湖、泰安老街等项目；招商推介会上共签约项目20个，总投资193.3亿元。

【双招双引】 市工商联以强化"外联"为突破口，发挥组织联络优势，深化与全国各地山东商会、泰安商会和友好商会的联系与合作，招商引资助力经济发展。在上年举办全国重点区域山东商会会长"泰山行"活动的基础上，经过反复对接协商，4月13日，北京、河北、山西、湖南、江西等14家山东商会联合与市政府签订战略合作协议，决定在泰安建设"全国山东商会·泰山联盟企业总部基地"，着力打造由百家商会、千家企业参与的千亿级产业集群。至年底，该项目完成选址和商会联盟的登记注册。探索在外地商会建立泰安市"双招双引"工作站，8月30日，全市首家"双招双引"工作站在湖南省山东商会成立，市委书记崔洪刚亲临湖南省山东商会并为"泰安市工商联双招双引工作站"揭牌。年内，全市工商联系统引进项目7个，其中，总投资3000万美元的台湾生物科技果干果脯加工项目，在全省重点外资项目集中签约仪式上正式"云签约"。

【破解企业发展难题】 搭建政策服务平台。创新"送政策上门精准对接"服务民营企业活动方式，联合税务、财政、市场监管、地方金融监管、司法等部门，采用线上直播方式，解读惠企政策，讲授经济知识，年内，举办9期，参与人员达1800人。搭建金融服务平台。针对疫情下民营企业面临的融资难题，协调开展银企对接，联合工商银行、建设银行、中国银行、交通银行等金融机构，征集企业融资需求，开设绿色审批通道，强化信贷支持，创新推出线上抵押贷、税融通、协会项目制等新的服务模式，帮助企业渡过难关。至年底，为58家小微企业协调发放创业担保贷款1.6亿元，发放一次性创业补贴118户，共计200万元。搭建法律服务平台。与市司法局联合印发《关于建立和推行律师行业服务中小微企业"法律服务代理机制"的实施意见》，与市检察院联合开展服务"六稳""六保"护航民企发展活动，组织开展"仲裁调解进百家商会"活动，邀请法学专家为300位企业家讲授《中华人民共和国民法典》，为民营企业发展提供全方位法律服务。

11月12日，2020年泰安市民营企业50强发布会暨民营企业家座谈会召开
（司　刚　摄）

【民营企业50强发布活动】　举办2020年泰安市民营企业50强发布活动，市委书记崔洪刚，市委副书记、市长张涛参加会议并为50强企业负责人授牌。泰安市50强企业营业收入入围门槛达10.2亿元，较上年增加3.5亿元，增长52%；企业营业收入总额达到2187亿元，增长19%；纳税总额从81.92亿元提高到94.7亿元，增长15.6%，在全市国内税收收入总额中占比达32.8%。民营企业50强榜单自2019年发布以后，展示全市优秀民营企业、龙头企业在经济社会发展中的贡献，分享民营企业高质量发展成功经验，在社会上引起强烈反响。

【脱贫攻坚】　推进“百企帮百村”脱贫攻坚行动和“百企助百村”乡村振兴行动。至年底，全市有149家民营企业与328个贫困村结成帮扶对子，投入资金4.63亿元，帮扶贫困群众9094人。市委、市政府主要领导对市工商联工作给予充分肯定并提出明确要求。泰安市的做法先后被《中华工商时报》《泰安日报》等新闻媒体宣传报道，市工商联被全国工商联、国务院扶贫办等单位联合表彰为“全国‘万企帮万村’精准扶贫行动组织工作先进集体”。

【组织建设】　组织开展县级工商联“一个设立、五个有”［设立工商联党组，有工作气力（指工商联机构、人员）、有运转经费、有办公场所、有必要的办公装备、有丰富的活动内容］回头看，巩固提升“五好”（领导班子好、会员发展好、商会建设好、作用发挥好、工作保障好）县级工商联建设，县级工商联全部达到省“五好”标准。在全市工商联系统开展“商会建设年”活动，新成立商会组织10家，全市工商联系统商会组织达到185家。新发展会员1211个，会员总数达到1.59万个，其中企业会员1.11万个，年增长率超过8%。继续实施非公经济组织党建三年行动计划，开展“双强六好”（发展强、党建强，生产经营好、企业文化好、劳动关系好、党组织班子好、党员队伍好、社会评价好）党组织创建活动，会员企业党组织组建率达到100%。巩固深化“不忘初心、牢记使命”主题教育成果，强化党风廉政建设，常态化开展干部教育培训，持之以恒反“四风”、转作风。严格按照市委“重点工作攻坚年”要求，开展对标提升争先进位行动，参与全国文明城市创建，加快“网上工商联”建设，提高工作效能。　（王亚楠）

编辑　校对　　刘　凯

人民团体

泰安市总工会

【概况】 泰安市总工会辖6个县（市、区）总工会，新汶、肥城两个矿业集团公司工会，泰安高新区、泰安旅游经济开发区、泰山景区、徂汶景区4个功能区工会，市属48个产业（局、公司）工会。年内，获全省“网聚职工正能量 争做中国好网民”主题活动优秀组织单位、“省级文明单位”称号；推荐选树全国劳动模范4人、全国先进工作者2人、齐鲁大工匠1人、齐鲁工匠1人，命名表扬首届“泰山最美职工”10人、第三届“泰山工匠”10人。

【职工竞赛】 劳动竞赛。开展“十强”产业争先创优劳动竞赛，开展以“质如泰山”“才聚泰山”“安如泰山”“印象泰山”为主要内容的“深植发展、势如泰山”新时代劳动竞赛，1个竞赛项目被纳入省级“十强”产业“重点项目类”争先创优劳动竞赛项目名单，获评2019—2020年度全省工会工作创新奖。实施企业全员创新工程。获评首批省级全员创新企业2家，培育首批市级全员创新企业9家。1个工作室获评省级示范性劳模和工匠人才创新工作室，培育选树市级劳模和工匠人才创新工作室10个。评选市级职工优秀技术创新成果28项、创新型班组10个、职工创新能手10人，1项创新成果获省级职工优秀技术创新成果三等奖。技能比武。全市各级工会开展技能比武、技能练兵、技能竞赛等活动，全年在电焊、餐饮、建筑等10个行业开展比武竞赛活动63次，参与职工1200人。继续开展“安康杯”安全知识竞赛活动，提升职工安全素质。

【法律援助】 创新打造“泰会帮”维权工作品牌，市县两级总工会全部建成工会法律援助实体化机构。建立专业化的律师维权队伍和由工会干部、社会化工作者组成的志愿者队伍，为职工提供专业化和公益性维权服务。全市各级工会接受法律咨询884次，参与诉前调解126件，办理法律援助案件674件。加强劳动关系发展态势监测，开展集体协商质效提升行动，举办集体协商和劳动关系监测培训班，开展集体协商集中要约行动。维护职工安全权益，开展“查保促”活动，有1家企业、1个班组分别获评全国“安康杯”竞赛优胜单位、优胜班组。

【困难帮扶】 坚持特惠和普惠相结合，做好走访慰问、农民工关爱、会员服务系列活动。开展“双节”（元旦、春节）送温暖活动，慰问困难职工和困难劳模2894人次，发放救助

6月9日，全市“深植发展　势如泰山”争先创优劳动竞赛暨泰山区域山水林田湖草生态保护修复工程建设攻坚行动劳动竞赛启动仪式举行

（陈　超　供）

金和生活用品折款476.5万元；联合邮政公司开展“情满旅途”为农民工送票活动，160名农民工受益；持续开展金秋助学活动，筹集助学金27.4万元，资助困难职工和困难农民工子女99人；实施职工医疗互助保障计划，实施“泰山情·职工大病医疗补助”，为142名患病职工发放补助金163.91万元；开展一线职工疗休养工作，13批次1495名一线职工参加疗休养。

【职工家园建设】 实施“5+2”工作机制，推进工人文化宫整治提升，泰安市职工服务中心获评“山东省模范职工服务中心”，4个县（市、区）职工服务中心、2个开发区职工服务中心达到省级规范化建设标准；新建户外劳动者驿站26个，8个户外劳动者驿站获评省级示范站；深化“女职工心灵关爱”工程，补助职工子女寒暑假“爱心托管驿站”20个，建成“妈妈小屋”337个，4个“妈妈小屋”获评省级示范点，9个“妈妈小屋”获评全国总工会“职工书屋便利阅读点”；“缘结泰山——单身职工联谊会”婚恋“云相亲”活动服务职工680人次。

【宣传教育】 开展“弘扬三种精神·共圆百年梦想”主题教育，市总工会获全省“网聚职工正能量 争做中国好网民”主题活动优秀组织奖，1名职工获全省“时代新人说——争做新时代的奋斗者”职工网络演讲比赛决赛银奖，2名全国劳模在全市“中国梦·新时代·话小康”百姓宣讲暨理论宣讲比赛中分获故事类一等奖和三等奖。开展“培育好家风——女职工在行动”主题实践活动，市总工会获全国第八届“书香三八”读书活动优秀组织奖，3篇作品在中国工会女职工工作网刊发。开展“泰安文明，职工先行”活动，为泰安创建全国文明城市助力。做好疫情防控，发放疫情补贴31.3万元，开设《防疫知识》专栏，举办网上招聘会，开展网促消费活动，助力企业复工复产。

【助力乡村振兴】 实施助力乡村振兴“工友创业园培育提升”计划，打造“园区＋企业”“园区＋科研院所”等1+1捆绑式结对帮扶模式，《山东新闻联播》介绍经验。选树市级工友创业园15家、农民工培训基地4家、农民工之星13人、工友创业先进个人5人，其中5家工友创业园、4名农民工之星、1名创业先进个人获省级称号。组织12个项目参加全市工友创业选拔赛，3名创业工友和1名创业导师参加全省工友创业大赛决赛。举办泰安市第三届农民丰收节慰问活动，组织山东农业大学、泰安市农科院技术专家现场为企业提供技术指导。

【基层工会组织】 实施农民工集中入会行动，持续加大“小三级”工会建设力度，加强产业工会建设，年内，新增农民工会员5.74万人，完成目标任务210.62%，获省总工会以奖代补资金60万元。推进厂务公开民主管理，开展“燃热情 汇众智 促企业高质量发展”主题活动，《山东省总工会工作通报》介绍经验，2家企业分别获评全国厂务公开民主管理示范单位、先进单位。加强“职工之家”建设，开展“双争”（争创模范职工之家、争做职工信赖娘家人）活动，全市培树“双十佳”典型59个、表扬市级“双十佳”各20个、获评全国模范职工之家2个、全国模范职工小家2个、全国优秀工会工作者2名、“山东省十佳职工信赖的职工之家”1个、山东省模范职工之家4个、山东省模范职工小家3个、山东省优秀工会工作者4名，省市两级工会奖补资金各50万元。1名职工获评全国热爱企业优秀员工，并作为山东省代表介绍经验。

【全国职工主题阅读活动】 11月12日，由全国工会职工书屋建设领导小组、全国总工会宣传教育部、中国工人出版社指导，山东省总工会主办的“决胜小康·奋斗有我”全

9月23日，泰安市总工会农民丰收节慰问农民工活动启动仪式举行
（司刚 摄）

国职工主题阅读活动山东专场在泰安市举行。中华全国总工会副主席、中国航天科技集团有限公司第一研究院首席技能专家、全国劳动模范、大国工匠高凤林出席活动，并作题为《从工人到工匠》的讲话。全国工会职工书屋建设领导小组副组长、中国工人出版社社长王娇萍，省总工会副主席魏勇，市人大常委会副主任、市总工会主席张书盈出席活动并致辞。活动现场发布中国工人出版社与泰安市总工会战略合作计划。

【“齐鲁工惠·泰安e站”获评“全国互联网+工会最具影响力平台”】 加快推进智慧工会建设，推动工会主要数据上网、业务工作上网、各项活动上网，至年末，实名采集基层工会3608个、职工46.9万人、认证35.5万人、农民工14.4万人。实现入会转会、法律援助、心理疏导、就业帮扶、技能提升等线上全覆盖、全天候办理，打造出“泰会帮”“码上办”服务新品牌。联合358家商家开展普惠服务647场次，惠及职工80万人次，带动消费2300万元。开设“文心苑”企业文化职工文化专栏，开辟线上思想引领新阵地。中央网信办、全国总工会“网聚职工正能量、争做中国好网民”互联网+普惠服务优秀平台申报活动开启后，“齐鲁工惠·泰安e站”以网络投票第一名成绩跻身专家评审，获评“全国互联网+工会最具影响力平台”。 （陈　超）

中国共产主义青年团泰安市委员会

【概况】 年末，全市有共青团员19.8万人，团总支300个，团支部1.07万个，团干部2.23万人。全年获得省级以上荣誉50项（人），其中有2人获中国青年五四奖章、1人获全国优秀少先队辅导员、1人获全国优秀共青团员。

1月21日，“青鸟计划”泰安籍在外优秀青年人才座谈会召开（毕建军　摄）

【宣传引导】 开展学做新时代泰山“挑山工”选树宣传活动和市级示范主题团日活动，凡客微传单传递活动倡议书18.5万次。市县两级青年讲师团成员达94人，组织宣讲90场，覆盖青年团员67万人次。每周组织10万+团员进行网上“青年大学习”，经验在全省新媒体工作会上推广。“青春泰安”粉丝量达20万+，宣传600次，制作原创产品60个，传播达135万次。承办全国街舞青年泰山创研活动，向全国新兴青年群体宣传弘扬泰山文化和新时代泰山“挑山工”精神品格，形成一批“挑山工”主题作品，团中央微博、中青在线、青春山东等主流媒体对活动进行直播和互动。“小个子　大战‘疫’”“今天，我想对你说”“红领巾小楼长”线上传播超百万人次，留言2.2万条。

【服务发展】 做好鲁青基准贷宣传推荐工作，累计向金融机构推荐创业企业222家，申请贷款金额2.91亿元。借力山东省青企峰会，推荐泰安市中欧校友产业中心项目、泰山光电科技产业项目进行展示，并举办中国航天文旅生态城项目洽谈暨泰安市研学游学工作研讨会。持续开展“青鸟计划”招聘直播。举办“双50强”企业直播招聘活动20期，推送岗位3434个，观看超过380万人次，收到简历1561份，签约上岗113人。

【基层组织建设】 专题召开乡镇青工委转型升级工作推进会，明确市抓乡镇、县（市、区）统筹、乡镇青工委全面转型升级的工作思路。开展“村村都有好青年”选树工作，市级好青年及提名奖50人。依托党建格局推进非公团建，填补团建工作空白点，发挥大企业团建带动作用，推进行业团建。做好青年典型培树工作，被追授中国青年五四奖章2人，被授予山东青年五四奖章3人。

【学校少先队工作】 实施“市少先队能力提升工程”，建立属地负责、归口管理、协同处置、上下联动的部门长效联合工作机制，结合线上、线下多种方式，打造辅导员培训班、辅导员技能大赛、辅导员工作室和少先队工作互观互学4个工作项目。开展“小手拉大手·红领巾小楼长”创城行动，红领巾小楼长优秀代表在泰安市全国文明城市创建工作表彰大会上受到表彰，宣传海报入选泰安市创城系列公益广告。开展“习爷爷教导记心中”“我是小小追梦人”“红领巾看全会”等活动。推动实施“分批入队”试点工作，工作经验被《山东少先队》《中国少年报》刊发，2节队课在全省推广。

【青年志愿者工作】 做好疫情防控期间志愿服务工作，印发《关于开展“泰安小美”疫情防控应急志愿服务工作的通知》《青年参与社区联防联控指南》，成立团市委疫情防控应急志愿领导小组和应急志愿者服务队，引导青年志愿者按照《关于青年志愿者组织和志愿者开展疫情防控应急志愿服务的工作指引》要求，依法有序参与志愿服务。按照疫情防控整体部署，坚持本地化、社区化、组织化、“安全第一”原则，就近就便开展志愿服务，落实在岗志愿者的防护措施，科学设置志愿者岗位，严格控制志愿者数量，合理设置志愿者服务时长，所有志愿服务不搞主题活动，不搞集中仪式，注重正面引导，发布《战“疫”，有你有我有他（三）》《你很美，请照顾好自己》等微信文章。开展大中专学生志愿者暑期文化科技卫生“三下乡”社会实践活动，发挥“三下乡”社会实践活动的育人作用。

【青春扶贫工作】 项目化推动“金晖助老”工作，在省领导带队检查泰安市扶贫工作中达标，受助老人满意度100%。深化“五个一”（拉一次家常、整理一次家务、清理一次个人卫生、维修一次家电、送一件过冬用品）助老志愿服务，从活动常态化、帮扶质量、资金使用、台账数据管理等方面做好落实，通过创新服务方式、服务内容等手段，设计开展符合当地需求的特色服务。做好留守儿童关爱帮扶工作，完善台账动态管理，提升服务水平，做好结对工作。在全市推行“希望小屋”关爱项目，创新使用“腾讯一起捐”互联网筹资渠道，建设“希望小屋”419间，《中国共青团》杂志对泰安“希望小屋”工作进行专题报道。（单美菁）

泰安市妇女联合会

【概况】 年末，全市有县（市、区）妇联工作机构6个，功能区妇联工作机构3个，乡镇（街道）妇联工作机构92个，村、社区妇联3756个，市、县两级党政机关事业单位妇委会478个。市妇联机关工作人员14人，县（市、区）妇联机关工作人员共51人，乡镇（街道）妇联主席、副主席217人，村、社区妇联主席3756人。年内获“省级文明单位”称号。

【妇联组织建设】 构建立体化、多层面妇联组织体系，妇联组织和妇女工作向“两新”（新经济和新社会）组织特别是新领域、新业态、新阶层、新群体延伸拓展，全市在“两新”组织建立妇女组织224个，在村民小组、社区网格、楼栋片区等建立“妇女微家”1402个，打造第十批妇女儿童家园项目1个。加强执委履职制度建设，建立基层妇联执委履职制度、基层妇联执委增替补及退出制度等基层妇联执委履职制度，健全发挥基层妇联执委作用长效机制。实施基层妇联组织成员素质提升工程，培训基层妇联组织成员1.08万人。完善妇联干部密切联系群众制度，开展“双报到”“学习身边的榜样”活动。

【疫情防控】 参与基层疫情防控工作。开展助力疫情防控关爱服务活动，全市妇联干部、爱心女企业家、三八红旗手、妇联执委及社会爱心组织捐款捐物价值214.4万元。开展关爱援助湖北医护人员活动，为9批77名驰援湖北医护人员或家属赠送总保额420万元的女性安康保险。实施“加油！抗疫天使”公益项目，为援鄂医护家庭赠送“关爱包”、暖心菜和慰问信。

【组织妇女参与经济建设】 助力脱贫攻坚。实施“巾帼脱贫五送行动”（送技能、送岗位、送健康、送关爱、送服务），为8534名贫困妇女儿童筹集爱心资金78.71万元，为“两癌”（宫颈癌、乳腺癌）贫困妇女发放专项救助金175万元，为市派第一书记帮包村的2000名贫困妇女捐赠价值6000万元保额的女性安康保险。培训贫困妇女，扶持巾帼居家创业就业脱贫行动项目，指导2个“大姐工坊”获省专项扶持资金4万元，组织市女企业家协会为对口支援地区重庆市巫溪县捐款3万元。助力乡村振兴。在微信公众号开通“乡村振兴巾帼行动”E课堂，助力妇女复工复产。组织各类技术培训班703场次，培训妇女6.5万人次。承办省妇联“藏汉一家亲”结对联谊活动，接待日喀则市妇联考察团观摩学习泰安市妇女创业就业、巾帼技能培训、巾

11月18—20日，泰安市基层妇联干部素质提升暨“新农村 新生活”培训班举办（贾秀梅 摄）

帼脱贫行动现场。助力妇女创业就业。组织庆“三八”妇女专场网络招聘会，在微信公众号“她岗位”专栏持续发布女性就业信息，提供女性就业岗位1万个。为16名创业妇女协调“鲁担巾帼贷”“巾帼信用贷”共705万元。举办优化女企业家营商环境考察座谈会，搭建政企沟通平台。深化巾帼建功活动。开展“巾帼文明岗网上行”活动，开展“技能兴泰”职业技能大赛、工会财务人员业务技能竞赛、退役军人创业创新大赛、金融微笑天使评选等各类技能竞赛，13人获市“巾帼建功标兵”称号。

【维护妇女儿童合法权益】 进行普法宣传。开通“抗击疫情·关爱相助”妇女心理援助服务热线，在微信公众号设立《律师讲法》《律师一对一维权咨询服务热线》专栏，举办“婚姻家事普法云讲堂”在线直播，全市开展线上“三八”维权周及系列普法宣传活动58场次。开展《中华人民共和国民法典》宣传。开展婚姻家庭辅导。全市243名婚姻家庭辅导志愿者共开展离婚辅导5638件，其中4038件取消或暂缓离婚。开展婚姻家庭风险隐患大排查活动，探访重点妇女儿童2600次。畅通信访渠道。畅通“12338”妇女维权服务热线，全市接待妇女到信到访424件，处结率100%。各级反家暴公益维权服务站、妇女法律援助工作站共受理反家暴法律咨询133件，承办妇女法律援助案件368件。提供维权服务。创新建立由市委政法委、网信办、法院、检察院、公安、教育、民政、司法、残联、妇联十部门组成的维护妇女儿童合法权益和舆情处置工作部门联动机制，提供维权服务平台和协作体系，联合处理多起舆情案件。

【组织妇女参与精神文明建设】 成立“巾帼故事汇宣讲团”，开展“巾帼百姓宣讲”活动。开展“中国梦·新时代·话小康”“巾帼心向党礼赞新中国”等系列活动。开展“争做巾帼好网民”“致敬最美家庭”“最美泰山巾帼战‘疫’故事”展播等网络宣传活动。常态化开展“美丽泰安”文明实践志愿服务进社区、“邻里守望·姐妹相助”巾帼送温暖献爱心活动。做好“双拥共建”工作，举办“相约军营 缘定泰山”联谊会。全市开展“新农村新生活”培训1799场次，培训妇女10.6万人。

【推进家庭文明创建】 常态化开展寻找“最美家庭”、创建“五好家庭”等家庭文明创建活动，新命名市“五好家庭”30户、“最美家庭”60户。建有“双百工程”基地和队伍各60个（支），全市开展各类家庭教育活动752场次，参与4.8万人次。优化“母亲公益讲堂”“儿童悦读会”等家教课堂品牌，开展家教活动32场次。开展“建特色家庭·助疫情防控”“美丽的家·美丽的人”千家万户共话家庭日、迎端午话家风、走进《中华人民共和国民法典》、送你一缕书香等系列活动，助力家庭文明建设，19万户家庭参与活动。壮大“爱心妈妈”关爱志愿服务队伍，通过看望慰问、日常关爱、情感呵护，为困难儿童解决实际问题。全市关爱帮扶困难儿童2458人，捐赠物资价值54万元。开展“恒爱行动”，编织220件爱心衣帽赠送给新疆岳普湖县儿童。

【“美丽庭院·泰山人家”创建】 围绕2020年全市农村15%常住庭院建成“美丽庭院”示范户，村村建有“美丽庭院”示范户的任务目标，打造“三净两美一和”（居室净、庭院净、房前屋后净，家美、人美，家和万事兴）的“美丽庭院·泰山人家”。通过村村响、“舞前十分钟”、入户宣讲等方式加大宣传力度，探索打造“乡风家风茶话会”“巾帼信用超市”等平台载体，推进创建工作。

5月22日，泰安市妇联举办"凝聚社会力量 助力'美丽庭院'创建"捐赠仪式 （贾秀梅 摄）

全市已建成"美丽庭院"示范户9.17万户，建成率17.09%，村村建有"美丽庭院"示范户。命名市级"美丽庭院"示范村9个、市级"美丽庭院"示范户1000户。

【优化妇女儿童发展环境】 建立法规政策性别平等评估机制，从源头维护妇女合法权益，确保法规政策在制定过程中始终体现性别平等原则。开展男女平等基本国策宣传，推进男女平等国策宣讲进党校工作和性别平等教育进中小学项目。完成省市"两个规划"（《泰安市妇女发展"十三五"规划》《泰安市儿童发展"十三五"规划》）终期监测评估工作。开展"十四五"妇女儿童发展规划编制调研，征集新规划编制的意见建议。完成年内为妇女儿童要办的8件实事项目。（贾秀梅）

泰安市科学技术协会

【概况】 泰安市科学技术协会（简称市科协）助力科技经济融合发展，现代科普建设分别入选为中国科协、山东省科协改革试点项目。推进基层科协组织建设，岱岳区、新泰市、东平县完成县级科协换届，宁阳县科协在全省科协组织现场会上介绍经验。新建市级学会3个，市级学会总数达到50个；成立产业技术研究院民办非企业单位2个，与市检验检测学会联合建立的泰安市科技社团党员活动中心成为新社会组织党建工作的典范。年末，市科协管理市级学会50个、企业科协141个、高校科协10个、农技协200个、老年科协248个，会员20万人。年内，泰安市入选中国科协"科创中国"首批试点，中国科协服务山东创新发展现场交流会在泰安市召开，泰安市被批准设立中国科协海智计划工作基地。泰安市科技馆连续4年成为全国免费开放试点单位，市科协连续8年获"全国科普日活动优秀组织单位"称号。

【服务创新发展】 由中国科协和省政府主办的第二十二届中国科协年会在泰安市设立分会场，举办中国科协服务山东创新发展现场交流会，中国科协、省政府及全省16市分管领导、科协主要负责人及30家全国学会、全省学会参加会议，并实地参观泰安创新服务现场；泰安市与全国学会签约落地项目13个，会前征集的129项技术需求有100项找到合作联系渠道及专家，解决一批企业难题；泰安市在会上作典型发言。与中国公路学会、中国有色金属学会等49家全国学会建立联系，成立路用材料关键技术协同创新共同体、智慧水务研究院、有色金属产业协同创新联合体等实体化服务平台34个。连续3年获批中国科协创新驱动助力工程示范项目。6个县（市、区）成功创建省科协创新驱动助力工程示范区，全省学会助力县域创新发展成为常态。

【"科创中国"试点市建设】 6月，泰安市入选"科创中国"首批试点。市委、市政府分别召开市委常委会、市政府常务会专题研究试点方案，听取试点工作汇报，成立由市政府主要负责人任组长的工作领导小组，将"科创中国"试点市建设纳入全市"十四五"规划，并成为泰安"五个名地"（产业高地、生态绿地、文旅胜地、康养福地、科创名地）建设之"科创名地"的总抓手。市委办公室、市政府办公室联合印发《关于实施"双百双千"行动 加快建设"科创中国"创新枢纽城市的意见》，明确"一年出亮点、两年见成效、三年铸品牌"的工作思路，力争到2022年与100家国家级（省级）学会建立合作关系，联合建立100家创新创业平台，1000家企业应用中国科协及所属学会创新资源，推广转化1000项科技成果，形成全面覆盖、协同高效的科技经济融合组织体系。试点工

8月12日，中国科协服务山东创新发展现场交流会在泰安市举行
（孙宏杰　摄）

作开始后，全国学会与泰安企业举办高端论坛、对接会等活动20场次。中国科协创新资源服务企业715家，培训一线工程师3600人次，综合经济效益40亿元。泰安市在中国科协“科创中国”试点城市建设现场交流会上作经验介绍，中国科协党组认为泰安蹚出一条科协组织服务地方创新发展的新路子，走在全国前列。

【服务科技工作者】 中国科协批准在泰安市设立海智计划工作基地，拓宽海内外科技人才交流渠道。成立泰安市青年科学家协会，搭建起青年科技人才学习交流平台。组织“岱下科技论坛”11期，一批知名院士专家与泰安市结对共建。开展“全国科技工作者日”系列活动，走访慰问一线科研人员，宣传表扬泰安市青年科技人才标兵50人、优秀科技工作者50人。支持科技中介服务机构发展，泰安市人才经费列支100万元对首批认定的8个科技中介服务机构进行支持。

【提升全民科学素质】 组织科普志愿服务“双百行”活动、“全国科普日”、订单式科普培训、青少年科技赛事等品牌活动。其中，“全国科普日”策划十大板块147项重点活动，志愿服务“双百行”活动纳入省科协科技助力精准扶贫工作重点项目库，全年开展125项活动，受益人群4万人。提升科普设施，市科技馆连续4年被中国科协、中宣部、财政部确定为全国免费开放试点单位。新泰市科技馆建成投入使用，并纳入全国免费开放试点单位。省级科普教育基地总数达25个，市级科普教育基地总数达103个，争取国家级、省级扶持资金253万元。受到市级基层科普行动计划表彰奖励单位20个。开展疫情防控科普宣传，各县（市、区）科协、高校科协、市属学会等单位成立志愿者队伍、开通服务热线、捐款捐物、印制科普挂图、开设电视专栏抗击疫情。“十三五”末，泰安市公民具备科学素质的比例为11.5%，超过全国10.56%、全省11.47%的总体水平，完成“十三五”10.5%的预期目标。（孙宏杰）

泰安市归国华侨联合会

【概况】 年内，泰安市归国华侨联合会（简称市侨联）积极履行服务经济发展、依法维护侨益、拓展海外联谊、积极参政议政、弘扬中华文化、参与社会建设等职能。继续保持“市级文明单位”称号。1名归侨获第八届“中国侨界贡献奖”二等奖。

【服务经济建设】 年内，助力侨企复工复产，开展后疫情阶段侨资企业情况调研活动，完善《泰安籍海外人才信息库》。促成投资5000万元的山东鑫景誉新型建材项目落户肥城。总投资1.2亿元的山东岱佑医药科技有限公司主动式干粉吸入制剂及装置生产项目投入使用。推荐泰安侨资侨企参加第二届儒商大会、中国泰安投资合作洽谈会等经贸交流活动。更新泰安市2家侨商企业成为中国侨联创新创业联盟理事单位的信息，协助完成《中国侨联新侨创新创业联盟成员信息汇编》。

【服务社会事业】 发挥“中国泰山华侨（华商）慈善基金会”作用，协助海外慈善机构、华侨华人联合国内专家教授和志愿者开展慈善公益活动。抗疫期间，累计收到海内外社团及侨胞个人捐款（物）共计24.24万元，组织协调向海外捐赠口罩5万只、捐款2.4万元。安排人员专职包保社区和联系村，帮助联系点做好消毒排查、站岗执勤等工作。接续举办美国高永琪“919”慈善专款捐赠活动，组织侨界爱心人士扶贫济困、帮弱助残5批60人次。2名侨胞被山东省侨联《齐鲁乡情》杂志“乡村振兴中的侨界力量”专

12月17日，泰安市侨胞法律事务服务中心揭牌仪式举行（马 琳 供）

题报道。助力创城志愿服务活动，并为社区一线人员送去方便面、矿泉水、毛巾等物品。

【服务对外交流】 开展“第二十一届世界华人学生作文大赛”“2020全球华人·我的抗疫生活线上摄影征集”“追梦中华·侨与脱贫攻坚——网络主题活动成果资料征集”等活动。促成泰国格乐大学与泰安市部分高校合作项目对接洽谈。

【为侨服务】 发布《致泰安市海外侨胞关于做好新冠肺炎疫情防控的温馨提示》，协调有关部门帮助侨界群众解决回国事务、入学就业、侨企发展等多项困难或问题，受理侨界群众到信到访40件次。建立海外侨胞入境健康信息预申报制度，严密防控疫情境外输入。实施“走侨家·送温暖”行动，节日走访慰问贫侨11户，发放慰问品价值2万元。与蓝天律师事务所联合成立“泰安市侨胞法律事务服务中心”。

【参政议政】 年内，组织全市各级侨界政协委员、人大代表先后提交提（议）案20份。侨界政协委员连续3次参加泰安电视台《工作落实面对面》专题栏目。参加市人大民侨外旅委侨务调研。

【外宣外联】 先后与英国山东商会、阿曼儒商会等建立友好关系。推荐1名海外侨领加入中国侨商会，1名侨领被聘为泰安市侨联海外名誉主席，2名海外侨领被聘为海外顾问。在市级以上电视、报纸、杂志、网站等新闻媒体刊载宣传稿件9篇（件）；与40个海外中华会馆、宗（乡）亲会、华人商会、华侨机构建立起定期信息交流关系。

（马 琳）

编辑 校对 刘小笋

法　治

地方立法与法律监督

【维护法治权威】　把学习宣传贯彻习近平法治思想作为一项长期而重大的政治任务，组织市人大常委会组成人员、人大代表和机关干部深入系统学习，增强运用习近平法治思想推动工作的思想自觉和行动自觉。认真学习贯彻《中华人民共和国民法典》，组织《中华人民共和国民法典》专题培训讲座。加强规范性文件备案审查工作，首次听取审议备案审查工作情况报告，全年审查文件、规章13件。对涉及公共卫生安全、突发事件应对等百余件规范性文件进行全面自查、清理，维护法制统一。强化司法监督，听取审议关于刑事侦查工作、刑事检察工作和刑事审判工作情况的报告，促进公正司法，维护社会公平正义。听取审议“七五”普法和依法治市工作情况报告，提升全民法治素养和法治意识，推进依法治理。

【地方立法】　坚持顶层设计，建立和完善地方立法协调联席会议制度，逐步形成“党委领导、人大主导、政府依托、社会参与”的工作格局。坚持制度先行，制定出台地方性法规草案起草、审议办法，创新设立立法专班，“一个专班干到底”，增强立法规范性。坚持借助“外脑”，建立立法咨询员制度，建成立法服务基地1处、立法联系点5处，增强立法专业性。年内，制定出台全省首部专项地方性法规《泰安市生活垃圾分类管理条例》，对生活垃圾利用、投放和监督管理等环节作具体规定，推进生活垃圾减量化、资源化、无害化处理。制定出台《泰安市供热条例》，规范供热用热行为，为保障和改善民生、促进全市供热事业健康发展提供法治保障。修订《泰安市城市绿化条例》，城市绿化管理更加科学。至年底，共出台地方性法规8部。

【推进法规实施】　市人大常委会对事关改革发展稳定大局、群众切身利益和社会普遍关注的法律法规贯彻实施情况，组织执法检查，检视问题整改。年内，就中小企业促进“一法一条例”、水污染防治“一法一条例”和农业机械化促进法进行执法检查，推动法律法规落地落实。完善新颁布法规新闻发布会制度，深度解读新法规立法背景、重要条款、实施要求等，增强法规知晓度和影响力，为法规实施营造良好氛围。　（张国伟）

政法与综合治理

【概况】　2020年，全市政法机关统筹推进疫情防控和经济社会发展大局，深入推进平安泰安、法治泰安建设，为全市经济社会发展营造良好法治环境。年内，全市政法系统受到国家级表彰的先进集体5个、先进个人10人。在全省市域社会治理现代化工作会议上，泰安市作《强化统筹　凝聚合力　努力打造市域社会治理共同体》典型发言。年内，继续保持“省级文明单位”称号。

【平安建设】　在全省率先启动疫情防控网格化，织密疫情防控基层防线。深化严打暴恐专项行动，维护国家政治安全。在全国“两会”、中共十九届中共十九届五中全会等节点，围绕重点领域、重点人群做好源头稳控工作，完成全国“两会”和中共十九届五中全会安保维稳任务。完善平安建设体制机制，成立平安泰安建设领导小组，设立政治安全、社会治安等10个专项工作组，88个乡镇（街道）全部配齐政法委员。新泰市“深化平安协会建设，广泛组织群众参与社会治理”典型案例入选第一批“全省基层社会治理十大品牌案例”。打击严重违法

10月15—16日，市委政法委举办全市乡镇（街道）政法委员培训班

（王帅 供）

犯罪，推进扫黑除恶专项斗争，集中整治治安突出问题，构建立体化、信息化治安防控体系，社会治安环境持续改善。全市“雪亮工程”共接入探头20万个，市、县、乡三级重点行业、领域和重要部位视频监控覆盖率、联网率均达95%以上。全市“盗抢骗”（盗窃、抢劫、诈骗）等侵财案件现案破案率由原来的不足40%上升至70%以上，日均110刑事警情保持在10起的历史低位，刑事案件、八类主要刑事案件呈现“八连降”。

【法治建设】 争创第二批“全国法治政府建设示范市”，打造“法治泰安、国泰民安”法治城市品牌。健全依法决策机制，贯彻落实国务院《重大行政决策程序暂行条例》，对重大行政决策实行目录化、动态化管理。在全省率先增设“法治型干部队伍建设协调小组”，泰安市加强法治型干部队伍建设做法在中央全面依法治国工作简报刊发。加强执法监督工作，开展最优案件、最差案件评查活动，促进严格执法、公正司法。开展法治乡村建设三年行动，推动法制建设向基层延伸，夯实法治泰安建设根基。落实“谁执法谁普法”责任制，开展《中华人民共和国民法典》宣传活动，全市以讲座、网络授课、培训、集中学习等形式举办活动1294场次，集中宣传活动275场次，共发放读本、挂图、宣传册等8万份，市民知法、守法、用法意识增强。落实《关于加强中小学法治副校长配备和管理的意见》，全市中小学“法治校长”覆盖率达100%。

【社会治理】 实施强基、雪亮、网格、和谐、智慧、巡防社会治理“六大工程”，提升治理效能。6个县（市、区）、88个乡镇（街道）全部建立综治中心，村（居）、社区全部建设综治工作站，做到有人员、有场所、有设施、有机制、有经费、有标牌。突出综治中心实战应用，对综治中心机构设置、职能定位、人员配备等进行统筹设计，将社会治安综合治理、网格化服务管理、智慧政法建设、矛盾纠纷排查化解、突发事件应急处置等社会治理功能纳入中心。市里列支3800万元财政预算，在城区高标准规划并施工建设6800平方米的市级综治中心。推进“网格工程”，全市城乡社区（村）覆盖率均达100%。成立泰安市法学会智慧政法研究院，建设全省首家政法大数据产业园。正式运行“一元主导、多元化解”平台，提升矛盾化解工作效能，全年受理矛盾纠纷3.64万件，化解成功3.61万件，化解成功率达99%。结合信访突出问题专项治理行动，加大重点涉法涉诉信访案件督导办理，加强跟案监督，化解重点涉法涉诉信访案件18件。坚持“打防结合、以防促打，专群结合、依靠群众”工作方针，推进巡防队伍职业化、市场化、社会化，建立覆盖城市、农村的大巡防格局。泰安市在全省市域社会治理现代化工作会议上，作题为《强化统筹 凝聚合力 努力打造市域社会治理共同体》的典型发言，典型做法被省委政法委简报、《山东政法》刊发。

【服务社会】 服务新旧动能转换、乡村振兴战略、山水林田湖草生态修复等重大工程，提供政法保障。开展优化法治营商环境攻坚行动，健全完善“接诉即办”“免罚清单”“法律服务代理”三项机制。推行包容审慎监管，推广柔性执法方式，明确267项不再处罚事项和19项减轻处罚事项。深化服务保障工作机制，排查受疫情影响较大的交通运输、住宿餐饮、批发零售、畜牧养殖及外贸出口等行业状况，帮助企业解决治安、矛盾、债务、担保、案件、执行等实际问题300项。组建“四进工作组”，发挥政法职能作用，帮助企业、乡村、社区做好疫情防控和复工复产。市法院开展服务“六稳”“六保”专项行动，依法调节经济关系，审结一审商事案件1.5万件。市检察院在全省率先成立企业重大法务风险防控服务中心，帮助解决重大法务难题70个，妥善办理涉企案件160件。市公安局推进“大服务”机制创新，加强经济金融领域风险防控，破获网络电信诈骗案件627起。市司法局探索柔性执法工作机制，制定印发免罚、轻罚清单，获益市场主体2000家。

（王 帅）

法治政府建设

【示范创建】 市委、市政府把争创第二批“全国法治政府建设示范市”作为泰安市重点攻坚任务，在《大众日报》上向社会公开承诺，写入2020年市政府工作报告，举全市之力创建攻坚，打造“法治泰安·国泰民安”创建品牌。市委办公室、市政府办公室印发《泰安市法治政府建设示范创建工作实施方案》，成立创建办和工作专班，推进示范创建各项指标任务落实。建立市委法治委各协调小组、市政府各分管副市长、创建责任部门、创城办各督察组“四个清单”，压实各级创建责任，推动市县乡“三级同创”。9月，山东省对第一批示范创建城市及项目进行命名公示，肥城市被评为“山东省法治政府建设示范县（市、区）”，新泰市《坚持以政务服务标准化为引领全力优化政务环境》、东平县《强化“四调联动”有效化解社会矛盾纠纷》被评为“山东省法治政府建设示范项目”。

【行政法规实施】 加强重点领域立法，出台《泰安市养犬管理办法》《泰安市水资源管理办法》《泰安市城市建筑垃圾管理办法》。建立政府基层立法联系点制度，拓宽民主立法、科学立法的渠道。

【重大决策事项合法性审核】 对重大行政决策进行目录化管理、动态化调整，对年初确定的10项重大决策事项进行修订调整，对最终发布的9件重大行政决策事项进行合法性审查，防范政府重大行政决策的法律风险。开辟涉企文件合法性审核绿色通道，创新工作机制，增强营商环境政策稳定性和预期性，司法部《司法行政工作交流》专题刊发工作经验。

【行政执法监督】 提升行政执法监督效能，出台疫情期间行政执法工作十条指引，加强对行政处罚和行政强制权力网上运行工作的系统管理和督促指导。对全市重点执法领域行政执法工作情况开展专项监督和案卷评查，对市级30个执法部门行政执法进行专门监督。提高执法监督服务企业能力，对267项违法行为事项不再处罚，对19项违法行为事项减轻处罚，国务院、省政府办公厅、司法部均印发简报推广泰安市经验。编制各级执法部门的证明事项实施清单，审查确认公布市级证明事项实施清单511项，实现清单之外无证明。印发《关于进一步加强行政裁决工作的措施》，保障行政裁决工作规范运行。印发《泰安市关于行政执法领域贯彻实施民法典工作指引》，保障民法典各项要求在行政执法领域落到实处。

【行政复议应诉】 做好行政复议案件办理，全市收到行政复议申请313件，受理308件，当年审结248件（含旧存47件），其中维持110件，撤销11件，责令履行1件，确认违法4件，驳回申请29件，经调解和解撤回申请终止93件。加强涉企行政案件涉案部门负责人出庭应诉工作，两级人民法院受理的涉企行政案件中开庭68件，涉案部门负责人出庭应诉68件，负责人出庭应诉率达100%。通过线上、线下多种方式，推动全市各级行政机关旁听法院庭审，全市累计1100人参加旁听活动。推动全市各级司法行政机关与法院建立行政审判与行政复议应诉联席会议制度，实现行政机关与法院之间沟通协调的制度化、规范化、常态化。（史 超 陈现来）

公 安

【概况】 全市公安机关统筹做好战疫情、护稳定、保安全、促发展各项工作，服务全市疫情防控和经济社会发展工作大局，确保全市社会大局持续平安和谐稳定。年内，市公安局蝉联全国文明单位，连续4年被省公安厅评为“全省优秀市级公安局”，被省委、省政府表彰为“山东省抗击新冠肺炎先进集体”，被省人力资源和社会保障厅、省信访局表彰为“山东省信访工作先进集体”，连续2年被泰安市委评为“落实全面从严治党主体责任考核先进单位”，连续3年列执法监督类部门第一名，被泰安市委、市政府评为“经济社会发展综合考核先进单位”。

【安保维稳】 完成各项安保任务。完成各级“两会”以及清明、五一、国际登山节、国庆节、中共十九届五中全会等47项安保任务。

1月10日，泰安市公安局110集中宣传活动暨快反机动队授旗仪式举行
（吴 昊 供）

强化情报预警。建成情指联勤中心。发挥“传统＋科技”“人力＋科技”工作优势，确保全国“两会”、中共十九届五中全会等重大活动安保任务万无一失。侦破经验做法在公安部专题会议上全国推广。强化源头稳控。坚持和发展新时代“枫桥经验”，推进“枫桥式公安派出所”建设，以“百万警进千万家”活动为契机，开展信访积案“清零见底”专项活动，落实领导公开接访制度，信访事项“即收即录、即接即受、即受即办”。依法打击缠访闹访、恶意越级上访等违法犯罪行为，市公安局被表彰为“山东省信访工作先进集体”“全省公安机关信访积案集中攻坚化解工作成绩突出集体”。

【疫情防控】 战疫情。第一时间成立疫情防控指挥部，上半年，全市公安机关全员停休，先后清洗、比对、研判、推送精准信息310万条，随访排查5.9万人，查验车辆60万车次、90万人次，核查境外、中高风险地区进入泰安或返回泰安人员9200人。全市355名监管民警连续封闭式执勤超过76天，最长连续封闭执勤136天，实现监所疫情防控零事故。落实“1·31”“2·5”“2·21”等专班工作，做好秋冬季突发疫情流调溯源等应急处置准备工作。保稳定。启动高等级疫情防控工作机制，累计出动巡防警力10.1万人次，常态化保障接诊医院、定点发热门诊、集中隔离留观点等重要场所绝对安全。依法打击扰乱疫情防控秩序、利用疫情散布谣言、哄抬物价、制售假冒伪劣防疫物资等违法犯罪活动，累计查处各类案事件652起，处理545人。惠民生。在全省较早推出《全市公安机关服务企业复工复产十六条措施》，推出交通绿色通道、容缺受理审批、延长外国人居留期限制度等措施，保障重要物资快速通行。针对中高考在疫情防控常态化进行的特殊形势，户籍办证上门、到校服务，为考生提供便利。在全市78个考点全部设立公安驻勤服务站，确保师生健康安全。坚持“不落一户，不丢一人”，全面开展重点关注特殊群体摸底排查工作，“一对一”帮扶解决困难群众实际问题1600个。市公安局被省委、省政府表彰为“山东省抗击新冠肺炎先进集体”，4名民警分别被公安部、省委、省政府表彰为“抗击新冠肺炎疫情先进个人”。因公牺牲的李弦被追授“全国公安系统二级英模”“中国青年五四奖章”等称号。

【惩治犯罪】 整治治安突出问题。打赢扫黑除恶收官战，侦办涉黑案件9起、恶势力犯罪集团案件37起、恶势力团伙案件57起，查扣资产资金5.45亿元，移诉率100%。以张某和赵某菊为首的黑社会性质犯罪组织犯罪二审判决，在社会上形成强烈震慑。严打电信网络诈骗等侵财类民生案件，共立“两抢一盗”（抢夺、抢劫，盗窃）案件1722起，实现“六连降”。打击网络犯罪。以“云剑—2020”行动为载体，打击治理电信网络诈骗犯罪，破获电信网络诈骗类案件同比增加413.8%；发布预警5.0万人次，挽回直接经济损失3亿元。紧盯黄赌违法犯罪活动，“泰安金鼎娱乐跨境网络赌博案”被评为全省公安机关侦破的10起跨境犯罪典型案例。新发17起命案全部侦破，连续6年实现命案现案全破。连续抓获5名潜逃10年以上的命案在逃人员，全市在逃人员存量降至119人，是全省最少的地市之一。优化发展环境。打击经济领域违法犯罪，开展“云端2020”专项行动、打击涉税犯罪“百城会战”等专项行动，挽回经济损失、追缴非法所得3.7亿元。破获部督毒品案件4起，获全省“2020天目铲毒”实战比武菏泽战场第一名，在全省三年禁毒人民战争绩效评估B序列排名第一。

【创城迎审】　开展自身创建、小广告整治、交通秩序整治和旅游治安秩序整治等工作。护航城市建设、重大工程改造建设工作，为迎胜路南延、下旺拆迁等全市重点工程提供执法保障。成立旅游经济开发区支队，保障高铁片区文旅等重点项目建设。全警投入文明城市创建，交警部门全员上岗，城区四分局抽调1186人，完成城区65个主要路口和主要干道、背街小巷125处实测点位周边路段行人、非机动车的交通秩序管理工作，为泰安市获评“全国文明城市”提供保障。泰安市公安局和交警支队获“突出贡献奖”。

【社会治理】　治理扰序问题。治理交通、噪声、养犬、广场舞、小广告、烟花爆竹禁放、城市管理等领域扰序问题。开展烟花爆竹禁放巡查防控、集中宣传，烟花爆竹禁放形成全市共识，禁放区域内违规销售、燃放烟花爆竹“零发生”。印发并落实《泰安市养犬管理办法》，先后组织全城集中清查行动7轮次，教育劝阻不文明养犬行为1100起，移交城市管理部门63起，公开曝光67人，完成养犬登记挂牌8400个。开展“炸街”摩托车专项整治行动，固化校园固定勤务机制。治理涉旅违法行为。严查涉旅违法行为，完善“2+2+N”（由副市长、市公安局局长鞠向群和副市长成丽任“双组长”的旅游市场秩序综合整治领导小组，市公安局、市文化和旅游局共同牵头，联合市城管局、市交通运输局、市市场监督管理局、市卫生健康委等涉旅部门开展旅游秩序综合整治，形成“双组长、双牵头、多部门联合”的“2+2+N”旅游秩序综合整治工作格局）旅游秩序联合执法长效机制，发挥“战区工作法”作用，整治黑车野导、欺客宰客、乱收费等问题，查获并移交非法营运嫌疑车辆34辆，公开曝光扰乱旅游秩序违法行为人65人次，营造良好的旅游环境，泰山在全省AAAAA级旅游景区好评度排名中居第一位。加强环境保护。加大泰山资源专项整治力度，推进涉石涉砂违法行为专项治理行动，落实全市482条河流以及352座湖泊水库三级警长责任制，河湖沿线秩序得到优化。加强安全监管。做好安全发展示范城市创建工作，加强对易制爆、易制毒、放射性物品等行业的安全管理，推进散装汽油实名销售系统安装工作，检查重点企业3600家次，发现整改各类隐患632处。强化道路交通秩序整治，全市交通事故起数、死亡人数、受伤人数、财产损失同比分别下降9.5%、14.6%、7.9%、31.2%。针对消防改革转隶后，消防监督责任悬空、工作弱化等问题，创新实施公安、消防联勤工作模式，联合执法、联动共治，共发现并督促整改“九小场所”（餐饮、购物、住宿、公共娱乐、休闲健身、医疗、教学、生产加工、易燃易爆危险品销售储存等场所）火灾隐患12.5万处，未发生“小火亡人”事故。泰山景区分局岱顶派出所被评为“全国119消防先进集体”。

11月28日，泰安市公安局举行“终结诈骗·国泰民安·筑梦警营”反诈骗宣传月启动仪式暨集中宣传活动　（亓景会　摄）

【科技运用】　推进工作科技化。加强警用电磁技术研究应用，建立“警用电磁技术应用联盟”“警用电磁应用精英团队”，推进警务航空技术和队伍建设。市公安局被确定为公安部“物证鉴定中心应用示范基地”，电子物证、理化、DNA、法医4个实验室达到国家重点标准。创新公检衔接配合机制，实现协作配合与监督制约的良性互动。研发首创“1+4+N”（1个市级综合信息汇聚平台，采集人像、车辆、视频、移动信号4项前端信号，拓展防走失、防高空抛物、防火灾隐患等N项服务内容）新型智慧社区建设，建成智慧安防小区70个，居全省前列。

【基层建设】 市看守所、拘留所两所建设进展迅速，8个基层派出所被列为全省“枫桥式公安派出所”重点培育单位，PTU快反机动队、合成作战中心、电子物证实验室等建设任务超前完成。加强队伍建设。组织入警荣休、缅怀英烈、纪念“泰山勇士”授称9周年等仪式。实施年轻干部“789”工程，累计选拔公安英才416人，先后入选齐鲁公安英才库50人，通过法律资格考试民警225名，405名“一所一队一教官”配备到位。举办各类培训班149期，培训民警6300人。推进优抚保障和荣誉评授等工作，受到公安部、省厅表扬奖励集体47个、个人118名。

（吴　昊）

检　察

【概况】 2020年，全市检察机关履行检察职能，为大局服务，为人民司法，各项检察工作取得新成绩。全市有21个集体和17名个人受到省级以上表彰，有7人在全国、全省业务竞赛中获奖，岱岳区检察院被评为“全国文明单位”，宁阳县检察院被评为“全国先进基层检察院”。

【服务社会发展】 依法战“疫”。快捕快诉涉疫刑事犯罪15人，通过视频监控等手段巡查监管场所，提出纠正违法意见12条。制定保障企业复工复产10项措施，组织干警参与一线联防联控1万人次。保障“三大攻坚战”（防范化解重大风险、精准脱贫、污染防治）。打击金融诈骗、破坏金融管理秩序犯罪，批捕24人，起诉88人。依法惩治集资诈骗、非法吸收公众存款等涉众型经济犯罪，批捕22人，起诉84人，追赃挽损1044万元。以“法律扶贫”助推“精准扶贫”，办理司法救助案件194件，发放救助金251万元。严惩破坏环境资源犯罪202人，创新“河长+检察长”治理河湖新模式，成立全省首家驻县河长制办公室检察工作室。打击黑恶势力。扫黑除恶专项斗争中，批捕涉黑涉恶犯罪嫌疑人173人，起诉335人。办理的张某等37人组织领导参加黑社会性质组织案获评全省典型案例。发现移送“保护伞”线索37条，追缴涉案资金2.6亿元。支持企业发展。依托企业重大法务风险防控服务中心，拓展企业帮App服务，建立“求助、响应、会商、处置”长效机制，完善涉企案件专报制度，受案后第一时间报送、第一时间研判、第一时间办理。全年受理企业求助200项，帮助解决重大法务难题70个，妥善办理涉企案件160件。用好宽严相济刑事政策，依法对涉罪企业人员不捕不诉45人。通过公开听证，宣告对6家企业串通投标案，作出不起诉决定。推进全面依法治市。就市场监管、资源保护等领域制发检察建议220件，助推法治政府建设。抓好“3·15小饭桌”案检察建议跟踪问效，督促解决学生就餐安全问题，实现“办理一案、治理一片”的效果。落实“谁执法谁普法”责任制，开展《中华人民共和国民法典》等宣传活动48次，发布法治信息1.2万条。

【依法履职办案】 严惩刑事犯罪。批捕犯罪嫌疑人652人，起诉3000人。批捕故意杀人、抢劫、强奸等暴力犯罪嫌疑人55人，起诉81人；依法惩治网络诈骗、电信诈骗等新型犯罪，批捕71人，起诉246人。严把案件事实关、证据关和法律适用关，对不构成犯罪或证据不足的，不捕210人、不诉116人。贯彻“少捕慎诉慎押”司法理念，对情节轻微、危害不大的83名犯罪嫌疑人作出不批捕决定，对初犯、偶犯及轻微刑事犯罪不起诉483人。办好为民实事。受理群众信访2743件，做到全部按时答复。开展积案化解专项攻坚，落实检察长接访制度，8件信访积案全部办结销号。严惩危害食品安

5月28日，第一届泰安市十佳公诉人暨优秀公诉人业务竞赛（决赛）落幕

（丛　飞　摄）

全犯罪18人，依法打击生产销售假药劣药犯罪30人。针对窨井盖管护问题发出检察建议，督促更换问题井盖800个，安装防坠网1500个。做好职务犯罪检察。强化与监委主动对接、有效衔接，提前介入调查14件，起诉职务犯罪案件21件23人。加强未成年人检察工作。惩治侵害未成年人犯罪，批捕39人，起诉89人。挽救涉罪未成年人，依法不捕不诉69人，封存犯罪记录63人，附条件不起诉38人，其中11人考上大学。建成青少年法治教育基地3个，“一站式”办案服务区2个，组建专业化办案团队7个，打造泰安未成年人检察“新名片”。

【强化法律监督】 落实认罪认罚从宽制度。全年认罪认罚从宽适用率92.42%，量刑建议采纳率99.06%。强化刑事检察监督。刑事检察监督立案79件，监督撤案78件，追捕追诉203人，刑事抗诉21件，纠正各类刑罚执行和监管活动违法193件，审查减刑、假释、暂予监外执行案件1382件，办理羁押必要性审查案件144件。深化“派驻＋巡回”监狱检察模式，开展巡回检察5次，发现问题58个，提出纠正意见19条。强化民事行政检察监督。办理民事行政诉讼监督案件258件，提出抗诉和再审检察建议77件。开展拒不支付农民工劳动报酬专项活动，办理支持起诉案件116件，帮助农民工追索血汗钱770万元。整治虚假诉讼，监督纠正“假官司”“假调解”23件。强化公益诉讼检察。办理公益诉讼诉前程序案件169件，起诉18件。开展“守护农贸市场食品安全”专项活动，督促整改店铺141家。探索拓宽公益诉讼范围，对泰安市文物、古树保护情况进行实地检查，督促相关部门履行保护职责，维护泰安历史文化名城形象。

【优化检察业务】 全年刑事检察“案—件比”为1∶1.25，“件”数同比下降45.8%。出台案件等级化办理制度，平均办案时间缩短5天。制定出台《认罪认罚案件适用不起诉实施办法》，规范起诉裁量权。执行检察官办案职权指导意见，入额院领导办理重大疑难复杂案件382件，两级院检察长列席同级审委会53次。

【构建法律职业共同体】 构建新型检律关系，与市司法局联合出台《构建新型检律关系实施意见》及配套文件，搭建检律“沟通交流、业务互助、素能提升”三大平台，该做法获全省检察机关创新成果奖。构建新型检警关系，肥城市检察院建立检察派驻对接机制，检察官与公安办案单位结对联系，检警共享办案信息，强化捕诉引导，拓宽监督渠道。加强检法协作配合，宁阳县检察院与县法院建立案件信息共享、双向反馈等机制，在检法良性互动中提升办案质效。

【做强智慧检务品牌】 完成全国检察机关统一业务应用系统2.0移动版和检察官业绩考评系统研发，并在全国检察机关推广。泰山检察信息技术研究所与中国电子集团等知名大型企业达成战略合作协议，推动泰山政法大数据产业园项目落地。申报智慧检务领域国家级重点课题，相关理论成果在全国政法论文评选活动中获一等奖，为智慧检务发展和实务应用提供理论支持。

（靳晓东）

法院

【概况】 2020年，全市法院新收案件10.15万件，结案10.72万件，同比分别增长8.7%和11.8%；结案率96.8%，结收比105.6%，均列全省第一名。法官人均办案276件，同比增加30件。中院收结案分别为9297件和9788件，同比分别增长4.7%和7.9%。肥城市法院被表彰为“全国扫黑除恶专项斗争先进集体”，东平县法院宿城法庭获“全国法院先进集体”称号。

【平安泰安建设】 审结一审刑事案件2336件3326人。审结严重暴力犯罪和多发性侵财犯罪251件333人。依法从重从快审理妨害疫情防控案件9起。审结涉毒犯罪案件32件。中院被表彰为“全市禁毒人民战争成效突出集体”。审结涉众型经济犯罪案件135件。审结危害食品药品安全犯罪案件20件40人。审结贪污贿赂、渎职犯罪案件17件。依法审理涉黑恶案件37件332人，涉黑恶案件财产执行到位2亿元。向纪委监委移送案件线索56条，审理涉保护伞案件6件。向有关部门提出司法建议32条。参与“无讼”乡村（社区）创建，全市一审民商事案件收案数量同比下降1.7个百分点。推进涉诉信访实质性化解，涉诉赴省进京访同比下降86.3%和52%。办结减刑假释案件985件，裁决不予减刑假释8人。

【优化法治化营商环境】 审结一审商事案件1.5万件，标的额216亿元。开展清理查封土地专项行动，盘活土地资源19宗73.33公顷。审

6月5日，东平县法院环境资源法庭揭牌暨院校合作签约仪式举行

（林 营 供）

结金融借款等金融纠纷4551件。专题调研分析民营经济50强企业涉诉情况，提出对策建议11条。审理破产案件31件，化解不良资产23.9亿元，熔断担保债务18.4亿元，释放土地资源15公顷。受理“执转破”案件20件，标的27.4亿元。审结一审知识产权案件725件。审结一审行政诉讼案件1120件。妥善化解城建拆迁等纠纷案件183件。行政负责人出庭应诉率达94.2%。

【增强人民群众司法获得感】 审结一审民事案件3.07万件。其中，审结家事纠纷案件8279件；审结劳动争议等纠纷案件1490件，为群众追缴欠薪1.05亿元。服务保障脱贫攻坚，依法审理涉“三农”案件536件。审结国家赔偿案件39件，决定赔偿213万元，发放救助金272万元。加大执行力度，执结案件3.99万件，执行到位金额112.9亿元。开展各类专项执行活动60次，执行到位涉民生案件2.8亿元。办结违法占用耕地类行政非诉执行案件97件。执结涉党政机关案件50件，到位金额1.62亿元。发布失信被执行人名单4.98万例，对8.95万人次在高消费等方面予以限制。审结一审环境资源案件1371件，审结环境公益诉讼案件6件，审结破坏环境犯罪案件53件131人。7个基层法院均成立环境资源法庭，建立生态环境司法修复基地4处。

【推动司法改革】 加强与人民调解组织等非诉解纷机构协作配合，完善对接机制，邀请31家社会调解组织、139名调解员入驻两级法院诉讼服务中心，分流调解案件2.07万件，调解成功8563件。建立民事调解速裁团队33个，结案1.57万件；速裁法官人均结案522件，平均办案天数为4.3天。打造诉讼服务大厅、诉讼服务网、移动微法院、“12368”诉讼服务热线“四位一体”的诉讼服务体系，实现一站通办、一网通办、一次办结，中院诉讼服务建设2020年度综合指标位居全省中院第一，在全国410家中级人民法院中列第15名。加大智慧法院建设应用力度，全年受理网上立案申请10.6万件，20%的在工作日以外完成。送达转变为一键送达。

【加强队伍建设】 开展虚报冒领补助和司法作风问题专项整治，组织司法巡查、审务督察等活动5次。对直系亲属从事律师职业的6名干警进行岗位调整。做好巡察反馈整改工作，建立整改清单48项，已整改落实43项。增聘执法执纪监督员15人。举办各类培训班41期，培训570人次。组织庭审观摩等活动30次。制定审判业务指导文件15个，发布参考案例19个。增选员额法官7人，补充司法辅助人员31人。 （林 营）

司法行政

【概况】 2020年，市司法局推进全面依法治市，做好政府立法、行政执法、刑罚执行和公共法律服务等各项工作，司法行政多项业务实现新突破。全年受理矛盾纠纷3.64万件，全市司法鉴定机构共办理各类司法鉴定案件6505件，全市公证机构办理公证业务2.08万件，全市律师共办理各类案件3.54万件。

【统筹谋划】 学习贯彻习近平法治思想，邀请中国政法大学王雷副教授为全市领导干部宣讲《中华人民共和国民法典》。在全省第一个制定出台《关于依法防控新型冠状病毒肺炎疫情 切实保障人民群众生命健康安全的实施意见》，指导推进全市依法防控和复工复产工作。推动召开市委法治委工作会议3次、市委依法治市办工作会议4次、各协调小组工作会议10次，组织召开

7月1日，"法援惠民生，扶贫奔小康"宣传活动举行　　（史　超　供）

全市法治政府建设示范创建动员会议、全市优化法治营商环境动员部署会议。梳理制定市委法治委各协调小组及成员单位工作细则、职责任务、2020年工作要点任务清单，推进全市法治建设年度任务落实。推动全市88个乡镇（街道）全部按照"一委一办三组"设立法治建设领导机构和办事机构。推进述法试点工作，研究制定《全市党政主要负责人年终述法工作方案》，确定年度考核述职述法、向法治委会议述法、向人大述法、向全委会述法4种形式，推动党政主要负责人履行推进法治建设第一责任人职责落实。开展法治乡村建设，研究制定《泰安市法治乡村建设三年行动方案》，以推进涉农重点领域立法、规范涉农行政执法行为、加强涉农重点领域执法和执法监督检查、推进完善自治、法治、德治"三治融合"乡村治理模式等建设内容为牵引，打造法治乡村建设泰安新模式。

【法治调研】　组织编写《法治泰安建设规划（2021—2025年）》《泰安市法治政府建设实施纲要（2021—2025年）》《泰安市法治社会建设纲要（2021—2025年）》。出台《泰安市法治型干部队伍建设工作暂行规定》，打造学法、普法、考法、用法、述法"泰安样板"，中央依法治国办《全面依法治国工作简报》予以刊发推广。在全市率先出台"优化营商环境十二条措施"，助力营造法治化营商环境。参与2020年度全市政府系统重点调研课题，先后赴6个县（市、区）开展法治政府建设实地调研，邀请市委党校专家教授参与起草工作，完成调研课题《泰安市法治政府建设的成效、问题及对策》。

【法治督察】　出台《泰安市法治督察暂行办法》，印发《关于规范开展法治督察工作的通知》，加强法治督察制度保障和工作规范。将党政主要负责人履行推进法治建设第一责任人职责情况纳入督察、考核内容，压实法治建设责任。成立8个法治督察组，由市级领导带队，对县（市、区）和泰安高新区、泰山景区法治建设工作情况进行现场督察。迎接中央依法治国办法治督察，各项工作得到督察组好评。中央依法治国办对泰安市依法保护泰山石的做法给予肯定。12月31日，中央电视台《社会与法》频道专题报道泰安市依法保护泰山生态的做法。

【普法与依法治理】　开展"防控疫情·法治同行"专题法治宣传活动，开展《中华人民共和国民法典》普法宣传。印发《泰安市人民政府常务会议学法制度》，带动全市公职人员自觉学法，全市10.75万人进行网上法治能力测试，合格率100%。在青少年中开展"法治进校园"活动，组织30万名学生参加2020年度"宪法小卫士"学习问答，举办第五届泰安市学生"学宪法讲宪法"比赛。深化"谁执法谁普法"普法责任制落实，印发《泰安市国家机关"谁执法谁普法"普法责任制工作台账》，落实"七五"普法各项工作。完成"七五"普法全面验收，组织8个督查组对全市落实"七五"普法工作任务情况进行督查。深化民主法治示范村创建，推荐上报国家级民主法治示范村4个、省级民主法治示范村9个。

【人民调解】　推进市级品牌调解室建设，30家单位被命名为市级品牌调解室；以创建品牌调解室为抓手，整合优质资源，提升全市调解员队伍的专业化行业化水平。打造网上调解指挥平台，组织各调解室和调解专家运用平台，重点为法院、行政单位、企业提供专业化化解工作。打造涉诉调解对接平台，加强人民调解与司法调解衔接配合，建立完善诉调对接机制。推进行政调解工作，先后召开专班会议5次集中讨论

12月31日，泰安市《中华人民共和国民法典》实施启动仪式举行
（史 超 供）

研究，在借鉴外地成功经验做法的基础上，在全省率先出台并实施《泰安市行政调解办法》，打造网上调解平台，设立案件受理端口，整合专业化行业化调解资源，为行政单位提供优质服务。

【公证业务】 拓展公证法律服务，在泰安公证处、岱宗公证处分别揭牌成立泰安市老年人公证法律服务工作站、泰安市不动产登记公证联办处。推动公证参与司法辅助事务试点工作，岱宗公证处、泰安公证处先后在市中院、岱岳区、泰山区、泰安旅游经济开发区法院开展司法辅助业务，其中速裁团队承办法院超过66%的民商事案件，案件调解结案率提高10%，调解案件审理周期压缩到平均1天。

【司法鉴定】 抓好司法鉴定机构标准化建设，全市11家鉴定机构标准化通过率达82%，其中省级标准化3家、市级6家。服务深化营商环境，安装启用泰安市司法鉴定行业智能视频会议系统，实现市司法局、市司法鉴定协会与各鉴定机构之间互联互通，是全省第一个实现智能会议系统在鉴定机构全覆盖的市。全年司法鉴定机构办理各类司法鉴定案件6505件，比2019年增加666件。

【律师业务】 修订《泰安市政府法律顾问管理办法》。成立“中小投资者权益保护法律顾问团”“高层次人才律师服务团”“泰安市破产管理人协会”，推进全市律师服务中小微企业“法律服务代理机制”攻坚任务落实，印发“法律服务代理机制”关联文件4份，开展“千名律师联千企”“支持实体经济，点燃小微星火”法治服务活动。为各类中小微企业提供保姆式法律服务，部署律所到中小微企业开展各类宣传700次，在律师网、人民网、法制网、《大众日报》宣传推介泰安“法律帮办、代理”经验11次。

【社区矫正】 部署落实《中华人民共和国社区矫正法》，印发《关于深入贯彻〈社区矫正法〉提升社区矫正基础建设工作实施方案》，推进工作进展。开展春节和“两会”等重点敏感时段矫正对象安全隐患排查和整治工作，完成矫正对象安全防疫任务。推进刑罚执行一体化建设，对接12名监狱警察派驻工作，承办“省社区矫正监管指挥平台运行验收和调研”现场会议。省政府《山东政务信息》刊文介绍宁阳县葛石镇司法所创新“自治委员会＋积分制”的社区矫正监管帮扶工作模式。全市社区矫正对象重新犯罪率在全省保持较低水平。

【公共法律服务】 开展大排查、大调处活动，全市受理矛盾纠纷3.64万件，化解成功3.61万件，化解成功率为99.07%。全市公证机构共办理公证业务2.08万件，实现业务收费1006.67万元。全市3707个村实现村（社区）法律顾问全覆盖，952名律师、1600名基层法律服务工作者担任3707个村（社区）的法律顾问，为社区村居提供法律意见1.5万件次，为群众提供法律咨询、法律援助3.44万件次。全市司法鉴定机构共办理各类司法鉴定案件6505件，实现业务收费968万元。律师为3400家中小微企业提供“法治体检”等各类法律服务1.1万件次，代理企业生产经营涉诉纠纷诉讼700件次，为企业挽回经济损失3亿元。全市律师共办理各类案件3.54万件，实现业务收费2.3亿元；共办理法律援助案件1万件，同比增长49.74%。

【法律援助】 建立定向服务机制，对“农、青、妇、老、残、退役军人”等重点群体，开展专项法律援助服务。深化“减证便民”，将实施法律援助事项纳入全市政务服务告知承诺制改革试点，对6类特定群体适用承诺制，实施承诺制申请材料替代率30%，环节压缩率50%。推进刑事见证法律援助工作，联合市检察院出台《关于刑事案件认罪认罚法律援助工作的实施意见》，加强法院和法律援助机构密切配合，建立刑事辩护法律援助律师人才库，加强办案力量。出台《开展“法援惠民生扶贫奔小康”品牌活动实施方案》，加大对农民工、老年人、精准贫困户等特殊群众法律援助工作力度。

【法律职业资格考试】　审核报名人员2100人，实际通过人数1344人。在山东农业大学和泰山职业技术学院设立考点2个、考场40个，主、客观考试共历时3天，审核发放合格证232件，其中社会合格人员168人、应届毕业生64人。

（史　超　陈现来）

仲　裁

【概况】　全年受理仲裁案件1512件（全省第4位），标的额14亿元，收取仲裁费650万元，同比分别增长103%、34%和21%；案件审限结案率、调解和解率分别达96%和70%。被评为“全省仲裁工作先进单位”，连续3年保持“省级文明单位”称号。

【宣传推行】　借力微信公众号、网站、报纸、电视台四大宣传推介平台，强化宣传推行，打造“公信如泰山”的仲裁服务品牌。全年在《泰安日报》《泰山晚报》刊发5个整版、仲裁专栏48期，宣传仲裁法律热点和典型案例；微信公众号每天发布2篇与仲裁法律知识有关的文章，不定期发布各项活动信息；网站发布53篇仲裁工作报道；每晚在泰安电视台播送《泰安仲裁》宣传片；开展第四届功勋仲裁员和优秀仲裁员评选活动，扩大仲裁社会影响力。建立以案释法工作机制，充分发掘案例宣教功能，提高全社会的仲裁法律意识，3件仲裁案例入选司法部仲裁百优案例库。“学习强国”平台先后播发《泰安仲裁委多元化解纠纷促进社会治理》《“仲裁确认”化解房地产领域历史遗留问题》等通讯报道4篇。

【服务中心工作】　助力疫情防控和企业运行，制定出台《关于疫情防控期间为企业提供仲裁法律服务的意见》，梳理形成新冠疫情防控法律政策汇编指引（企业篇）；联合市工商联开展“泰安企业复工复产法律云讲堂”活动3期，参与直播线上学习交流2万人次，为企业提供仲裁法律服务，实现疫情防控和复工复产“两不误”。助力法治化营商环境建设，多元化解知识产权纠纷。制定《关于发挥仲裁优势多元化解知识产权纠纷方案》，出台5项措施服务知识产权领域治理。联合市市场监管局成立泰安市知识产权仲裁调解中心。在各县（市、区）市场监管局、所或品牌指导站设立知识产权民事纠纷仲调对接受理点，负责受理当事人提出的仲裁调解申请。启用知识产权仲裁庭，开通知识产权纠纷案件绿色通道，对简易案件适用“流动仲裁庭”制度，全年办理知识产权纠纷5件，调解结案4件，促进法治化营商环境建设和知识产权保护，相关经验做法被“学习强国”平台播发。

【网络服务体系建设】　推进仲裁融入基层社会治理，开展“十百千万”［即创十佳分会（中心）、联百家商（协）会、进千家企业、发展万名仲裁联络员队伍］服务工程，解决仲裁在基层承接载体建设和有人干事的问题，打通仲裁服务企业、服务群众的难点、卡点。各仲裁分会主动融入法治政府建设、融入多元化解纠纷机制，参与乡村、街道、

10月22日，泰安仲裁委员会“十百千万”服务工程工作推进会议召开

（张天宇　供）

社区治理，实现仲裁工作向基层延伸，为县（市、区）化解矛盾纠纷、优化营商环境搭建新的平台。年内，各分会共立案 285 件，标的额 8.1 亿元，《泰安仲裁委扎实推进“十百千万”服务工程 展现新时代使命担当》报道被《法治日报》、司法部官方网站和《大众日报》分别予以刊发。

【金融仲裁工作】 构建银仲对接机制，抓好金融专业仲裁中心，依托行业协会推行金融仲裁工作，每个班子成员联系 1 家金融单位，深入金融机构推介仲裁制度。对接中国人民银行泰安分行和市金融消费权益保护协会，成立金融纠纷仲裁调解中心，建立工作联席会议制度和“投诉 + 调解 + 仲裁”一站式快速调解纠纷机制，为处理金融纠纷和维护金融消费者权益打下基础。全年受理金融仲裁案件 1205 件，标的额 10 亿元。

【仲裁业务】 加强与司法行政部门联系，将仲裁工作纳入全市法治政府建设考核评价体系；加强与市中级人民法院联系，落实省高院、省司法厅《关于建立诉讼与仲裁衔接工作机制的指导意见》，召开工作联席会议，就诉前调解、财产保全、仲裁案件执行、仲裁司法审查等工作进行交流，促进多元化矛盾纠纷解决。实施“行政调解 + 仲裁确认”的矛盾纠纷解决机制，实现政府行政执法、仲裁、调解之间的多元联动，共同促进社会治理。

【规范化建设】 优化仲裁服务流程，运用“互联网 +”和大数据资源，简化立案程序，深化“一次办好”改革，实施“e 键”立案和“e 键”缴费，启用新版“仲裁专递”，当事人足不出户，即可完成立案申请、缴纳仲裁费、接收案件受理通知书，整个立案环节实现闭环管理，仲裁服务得到提速。完善和落实办案制度，市仲裁办先后出台《领导干部干预仲裁裁决、插手具体案件处理的记录、通报和责任追究规定》《仲裁案件过错责任追究办法》《仲裁案件指定审理办法》《办案秘书绩效考核暂行办法》4 项制度办法，强化对仲裁员和办案秘书的管理考核，确保仲裁公平公正，维护当事人合法权益。加强仲裁文化建设，在立案、审理场所，增设泰安仲裁委版面和仲裁文化标识，通过制度上墙、张贴会标、增设座椅、环境美化等措施，提升仲裁形象。

（张天宇）

编辑 校对 刘小笋

军　事

泰安军分区

【政治工作】 开展“传承红色基因、担当强军重任”主题教育。开展“学原文悟初心、读原著担使命”群众性读书活动。泰山区人武部利用“和美泰山”等新媒体开展民兵思想政治教育，岱岳区人武部开设广播教育系统播放有声版学习内容，增强教育吸引力感染力。实施泰安革命传统资源挖掘工程，完成办公楼政治文化建设，组织庆祝建军系列活动，浓厚文化氛围。开展国防教育“六进六强”（国防法规进机关强国防观念、国防课程进党校强领导力量、功臣事迹进媒体强宣传阵地、红色图书进社区强群众基础、英模挂像进校园强教育阵地、青年学生进军营强尚武精神）活动，《中国国防报》头版头条予以刊发。组织“爱我国防”主题演讲比赛，获全省个人第一名。

【军事工作】 强化练兵备战，制定完善战备方案。根据防区实际，突出防火、防汛2项重点，加强民兵森林防火力量体系建设，首次提出民兵森林防灭火“六队”职能定位，完成省军区民兵森林防灭火规范化集训任务。东平县人武部建强防汛专业队伍，组织抗洪演练，提高防汛能力。组织首长机关封闭集训、应战业务训练和课题训练，开展群众性岗位练兵比武，组织民兵重点分队干部集训和民兵教练员集训，协调现役预编预备役人员返岗复训，落实基干民兵训练任务。做好军事职业教育、学生军训等工作。

【国防动员】 组织全市疫情防控专项潜力、新质潜力和重点潜力核查，配套完善运行机制，充实完善国防动员潜力。深化民兵调整改革，优化民兵力量结构布局，加大民兵应急分队建设投入。根据民兵军地“双重身份”特点，新泰市、肥城市开展发挥“八个作用”（党管武装的维护作用、国防动员的基础作用、社会稳定的卫士作用、基层党建的促进作用、基层政权的支撑作用、服务群众的表率作用、精神文明的引领作用、乡村振兴的带头作用）试点探索。将民兵调整改革和征兵工作纳入全市综合性督导检查考评，组织新任专武干部集训和资格认证，开展基层武装部和民兵基层规范化建设活动，全面加强基层武装工作。开展征兵工作，组织全市体检政考业务网络培训，制定廉洁征兵十条措施，严密组织体检抽复检、学历审查及集中封闭隔离，完成年度征兵任务。宁阳县人武部主要领导分别带队与“双合格”（体检合格、政审合格）人员面试谈话、摸清底数，实现连续3年零退兵。

1月8日，泰安市党管武装第一书记述职会议召开　　（刘德超　供）

9月25日，组织山东省民兵森林防灭火规范化集训　（刘德超　供）

【基层建设】　学习贯彻《军队基层建设纲要》，组织《军队基层建设纲要》学习月活动，梳理节点性、规律性、经常性工作清单，狠抓规范落实，基层建设更加正规，岱岳区人武部、新泰市人武部、干休三所被省军区表彰为“基层建设先进单位”。落实联系帮抓机制，组织现场检查督导5次，为基层办理4个方面24件实事，投资40万元实施路面维护、公寓楼整修等暖心工程，提升官兵获得感。开展“条令条例学习月”和“百日安全”活动，常态落实每周昼巡夜查、每季安全检查制度，加强人员教育管理，实施安全保密检查、枪爆物品排查、私家车驾驶审查、网络安全清理整治等活动。

【综合保障】　按时完成“十四五”规划草案编制上报工作。协调推进擂鼓石大街中段建设，并按时通车；干休一所、干休二所抓好营院恢复性建设，实现军地互促共赢。做好老干部服务保障，干休二所建成日间照看中心，干休三所常态开展为老干部配餐送菜活动，干休一所为老干部办理经济适用房产权证。

（刘德超）

武警泰安支队

【军事工作】　开展执勤安全教育整顿和隐患排查治理，达标完成“智慧磐石”工程建设，组织勤训轮换，举办比武竞赛，参加总队各类比武考核均名列前茅。完成反恐街区、综合训练馆、指挥训练室和信息保障站等建设，教导队被武警部队评为一级教导队。严格战备值班和拉动演练，细化编携配装，完成武装押解、联勤武装巡逻和景区执勤等任务。深化“条令年”学习效果和《共同条令（试行）》贯彻落实，以“安全领域专项整治”“暑期百日安全竞赛”“安全大联动”为载体，开展安全员网上培训、安全交叉检查和网上队列会操，支队被武警部队表彰为“暑期百日安全竞赛活动”优胜单位。开展“四不两直”督查检查60次，解决日常管理、涉网用网、疫情防控等问题230个，消除隐患160处。

【政治工作】　加强理论学习，推进主题教育，利用“双百微课”（习近平强军、兴军100句重要论述，习近平新时代中国特色社会主义思想100句重要论述）、“士兵课堂”等载体，成效明显，被武警部队表彰为“优秀政治教员”1人，被总队分别表彰为“十佳”“优秀”政治教员2人。开展重温入党誓词、重走革命烽火路等活动，受总队表

4月5日，武警干警在岱顶执勤　（常　晨　供）

7月31日，武警泰安支队第二届“强军标兵”暨“十佳好军嫂”颁奖典礼举行
（常 晨 供）

彰党支部2个、党员2人、党务工作者1人。推进军史长廊和荣誉墙建设，开展大谈心和心理服务等活动。完善《按纲指导和蹲点帮建计划》，全年安排19批次党委机关蹲点帮建，解决困扰基层发展难题6类25项。做好精准帮扶，连续5年末跨先的中队“摘帽脱贫”，3个中队被支队表彰为“四铁”（铁一般信念，铁一般信仰，铁一般纪律，铁一般担当）先进单位。深化《军队基层建设纲要》培训学习，组织业务培训，解决组织功能不强、落实制度不严、党管干部不力等问题。开展军地鹊桥会活动，为34名适龄官兵婚恋牵线搭桥。组织第二届“强军标兵、好军嫂”评比表彰。把贯彻民主集中制摆在首位，开展政治领域官僚主义清除纠治。

【保障工作】 严格经费审批、物资采购和工程立项管控，完成招标采购业务75笔，节约开支35万元。强化编携配装，签署军地应急保障协议，举办业务集训班，组织实弹射击43次“零差错”，安全行车10.5万千米无事故。完成教导队淋浴室装修、机动中队院墙安防、警勤中队楼顶防水等惠兵项目。与泰安市疾控中心等建立对口协作机制，列支专项防疫资金为基层配齐防疫器材，实现“不输入、零感染”防疫目标。

（常 晨）

退役军人事务

【概况】 年内，全市退役军人系统统筹做好疫情防控和重大任务，围绕“重点工作攻坚年”“思想政治工作年”和“基层基础基本建设年”开展系列活动，推进各项工作。省委书记刘家义、退役军人部副部长钱锋等领导先后到泰安调研退役军人工作。泰安市第七次获评“全国双拥模范城”。该局获山东省信访工作先进集体、省级文明单位等称号。评选表扬“全市最美退役军人”30名、“优秀兵支书”20名。徂徕山抗日武装起义纪念馆被命名为“山东省退役军人思想政治教育基地”，泰安兵峰模拟军营文化有限公司被命名为“山东省退役军人思想政治工作示范点”。

【服务体系建设】 建成市、县退役军人服务中心7个、乡村服务站3836个，专（兼）职工作人员8036人。89个服务中心（站）通过全国示范性创建验收，乡镇服务站创建达标

9月30日，泰安市党政军及社会各界公祭烈士仪式在泰山烈士陵园举行
（司 刚 摄）

1月6日，全国双拥办副主任、中央军委政治工作部群众工作局局长肖安水（前排右二）到泰安调研指导工作　　（丁兆秀　供）

率93.26%。建成泰山兵峰、泰山安保、泰山南天门等拓展类退役军人服务站56家，成立就业创业协会、三色旗志愿服务中心、应急救援大队等服务机构，开展“关爱困难老兵”“致敬最美英雄”“我替烈士看爹娘”等系列关心关爱、志愿服务活动。

【保险接续】　以全省第二名成绩完成部分退役士兵社会保险接续任务，经初审、核查，补交费用，实现“确保稳定、确保精准、确保顺畅、确保满意”目标。

【移交安置】　接收政府安置军转干部、自主择业军转干部、军转干部随调家属。接收自主就业退役士兵，对符合政府安排工作条件退役士兵进行适岗安置。接收军队离退休干部、残疾士兵，安置任务圆满完成。

【优抚褒扬】　“烈士纪念日”举行泰安市党政军及社会各界公祭烈士仪式，实施烈士纪念设施提质改造“五年行动”，制定《关于加强全市烈士纪念设施建设管理的意见》。组织颁发“中国人民志愿军抗美援朝出国作战70周年”纪念章。全市退役军人免费乘坐公交、免门票费游览政府投资兴办的公园景点。

【双拥共建】　市委、市政府同驻泰安某部队土地置换项目，成为全军海南试点后军用土地整合置换地块数量最多、规模最大的项目，习近平主席亲自签发批复，7月18日正式签约。录制“书记话双拥”推介泰安。“泰安舰”入列、“宁阳艇”获批。帮助协调军人子女入学。泰安旅游经济开发区、泰山区退役军人事务局、岱岳区粥店街道办事处被评为山东省爱国拥军拥政爱民模范单位，市退役军人事务局有1人被评为山东省爱国拥军模范，4人被评为省双拥工作先进个人，3人被评为省社会化拥军先进个人。

【就业创业】　在全省率先成立退役军人就业创业协会，会员单位246家；举办全市退役军人创业创新大赛，开展网上专场招聘3次，提供就业岗位3000多个，达成就业意向1000余人。7月，省委书记刘家义到泰安调研并主持召开全省退役军人创业座谈会。9月，在退役军人事务部市级退役军人事务局长培训班上，泰安围绕退役军人就业创业工作作典型发言。

【军休服务】　市直军休干部全部纳入地方医疗保险。市军队离退休

10月16日，市委副书记、市长张涛（中）慰问抗美援朝出国作战志愿军老战士　　（赵文文　供）

干部服务中心与泰安中心医院签订共建合作协议，共同打造“泰山军休医养基地”。

【疫情防控】 选派干部参加“四进”（进企业、进项目、进乡村、进社区）攻坚行动，党组织、党员到社区“双报到”，支持帮助军创企业复工复产。全市退役军人，主动请缨、投身抗疫一线。组织编印《初心永不忘》抗击疫情纪实。　　（丁兆秀）

人民防空

【概况】 2020年，全市深化人防军民融合发展，抓好人防指挥通信体系建设、人防训练演练和防护工程体系建设。完成基于大数据的智能化人口疏散掩蔽系统开发建设应用工作，被评定为国家人防科技成果。人防领域“放管服”改革、防空地下室建设全程动态精准管理、人口疏散掩蔽综合演习经验做法被省人防办发文推广。在全省人防工作视频会议上作典型发言。连续5年获得“省级文明单位”称号。

【科技创新】 做好人防大数据建设试点和基于大数据的智能化人口疏散掩蔽系统建设试点工作。完善市级人防战备数据中心建设，采集接入政务、军队、社会、现场环境和人防自有数据，构建人防指挥等9个专题数据库。通过第三方检测和实战演练，完善基于大数据的智能化人口疏散掩蔽信息系统功能，全面应用态势生成等功能模块、子功能模块，实现与原有人防指挥通信系统高效融合。通过国家人防办竣工验收、试点验收和国家人防科技成果鉴定。

【“放管服”改革】 优化审批流程，将修建防空地下室审批、防空地下室易地建设审批调整至规划许可之前办理；将人防工程审图并入“泰安市建设工程施工图联合审查系统”，实现多审合一；将防空地下室竣工测量、人防工程竣工验收纳入“多测合一”“联合验收”。实施“市县同权”改革，人防行政许可等69项权责事项下放（委托）至县级人防部门实施，实现“县级的事县级办”。人防依申请政务服务事项全部划转行政审批服务局办理，实现“大厅之外无审批”。在全省人防系统率先对人防领域首次违法建设项目实施“首次不罚”“首次轻罚”，省人防办推广经验做法。

【训练演练】 以市人防训练领导小组名义印发《2020年全市人民防空训练工作计划》，下达人防训练任务书和开训令。按照实战化、实案化要求，组织市本级和岱岳区人防指挥部、部分市直机关部门单位、重要经济目标单位、人防专业队伍、在校学生、社区居民等20个单位、600人参加综合演习，省人防办主要负责人等现场观摩指导并发文推广经验做法。组织人防机关、人防志愿者应急大队开展共同科目训练，组织8类训练对象开展训练演练，结合“九一八”防空警报试鸣，组织重要经济目标单位、社区居民、学校师生开展防空疏散演练。

【防空地下室管理】 结建防空地下室审批与防空地下室易地建设费征缴。创新实施防空地下室建设全程动态精准管理，及时发现解决防空地下室批而不建、建而不竣、竣而不验、验而不备等问题，省人防办推广创新做法。全市批准修建防空地下室面积、征缴防空地下室易地建设费分别完成年度目标任务的206.5%、135.1%。

【工程建设和质量监督】 印发《关于认真贯彻落实〈山东省人民防空工程管理办法〉有关问题的通知》，就人防工程建设规划编制、人防工程建设审批、防空地下室联合测绘

10月30日，市人防办组织“泰山之盾2020”人口疏散掩蔽检验性综合演习　　（曾湘莲　摄）

8月2日，市人防办依托泰山救援中心组建泰安市人防志愿者应急大队
（曾湘莲　摄）

联合验收、人防工程维护管理等作出部署，协调规划、住建、行政审批等部门共同落实。单建人防工程竣工验收，1项工程完成改造施工并投入使用，自建单建人防工程总量保持全省前列。建立健全人防工程质监台账，及时掌握在建工程质量状况和施工进度，抓好在建人防工程节点质量监督和竣工验收。推行人防工程建设质量第三方技术检测，提升质监水平；组织质量监督巡查抽查150次。全市新增防空地下室竣工面积完成年度目标任务的100.3%。

【人防系统安全生产】　落实地方党政领导干部安全生产责任制规定，逐级签订安全生产目标责任承诺书，落实安全生产责任制，排查整治各类隐患。开展安全生产月、单建人防工程安全生产集中整治、汛期单建人防工程安全生产检查、全市人防系统安全生产专项整治三年行动等活动，保持人防系统安全生产形势持续稳定。

【工程维护管理和开发利用】　对人防工程开展常态化安全监督检查，督促落实维护管理责任。抓好市级人防工程使用管理，及时足额收取使用费。新增防空地下室开发利用面积完成年度目标任务的110.9%。

【法治建设】　落实执法全过程记录、执法公示和重大法制决定审核制度，完善人防行政处罚工作实施流程、防空地下室易地建设费追缴工作实施流程，实施处罚项目6个，处罚6万元。对城区人防执法实施网格化管理，组织执法巡查60次，现场检查新开工项目20个；对欠缴易地建设费项目，严格按时间节点落实执法措施。组织“双随机、一公开”随机抽查11次，检查单位50家，发现问题14个，责令其限期整改到位。

【宣传教育】　推进人防宣传教育进机关、进学校、进企业、进社区、进网络，利用《泰安日报》20处户外阅报栏定期进行专题宣传，为初中学校免费发放《人防知识》教材和人防宣传教育挂图，组织全市60所初中施教学校2万名学生进行人防知识教育网上理论考试，参考率、及格率均在95%以上。开展庆祝新中国人民防空创立70周年系列宣传活动，拍摄《走进山东人防泰安篇》专题片，在山东卫视播出。利用“5·12”防灾减灾日、“九一八”防空警报试鸣日，开展人防宣传教育活动。完成人防宣教场馆布展大纲和效果图设计，展开施工图设计。
（梁　波）

编辑　校对　　刘小笋

经济管理

宏观经济管理

【概况】 全市实现地区生产总值2766.5亿元，增长3.5%，三次产业比例10.8：39.1：50.1。规模以上工业增加值增长5.4%。固定资产投资增长2.9%，社会消费品零售总额下降3.0%，进出口总值增长24.8%。完成一般公共预算收入229.2亿元，增长2.0%；一般公共预算支出434.8亿元，增长4.9%。完成国内税收289.9亿元，增长0.5%。新增就业4.64万人，城镇登记失业率2.08%。城镇、农村居民人均可支配收入38901元、19682元。市发展和改革委员会（简称市发展改革委）被省委、省政府表彰为“攻坚克难奖”先进集体，获得“全国易地扶贫搬迁担当有为先进集体”“全国价格监测先进单位”“全省抗击新冠肺炎疫情先进集体”等称号，继续保持省级文明单位称号。

【经济运行应急保障】 建立9大行业复工复产推进机制，2900家企业、1000多个项目全部按期复工复产。答复解决企业及群众各类诉求问题9000条。争取52家企业纳入全国疫情防控重点保障企业名单、获批信贷资金2.55亿元。争取53家企业纳入全省疫情防控重点保障物资生产企业名单、享受税收优惠。落实防疫物资生产企业日调度制度，全力保障煤电油气运供应。研究起草《落实“六保”任务实施意见》等一系列文件。落实省“四进”（进企业、进项目、进乡村、进社区）攻坚任务，成立市级重点任务督导服务专班，完成三批督导服务，督导重点项目252个，协调解决问题91个。

【重大项目推进】 成立投资攻坚专班，推行“四个一批”（竣工一批、开工一批、储备一批、谋划一批）机制，按月通报全市开工固定资产投资项目纳统情况、省市重点项目进展情况，协助开展两次全市大项目观摩。7个建设类省重大项目完成投资142亿元，超年度计划77.7个百分点。26个省优选项目完成投资51.4亿元，超年度计划26.3个百分点。12个省“双招双引”重点签约项目完成投资39.8亿元，超年度计划16.8个百分点。111个市重点建设项目完成投资295.6亿元，超年度计划7.6个百分点。投资136亿元的济（南）枣（庄）高铁（泰安段），完成线路走向、车站位置、站场规模确定等事项。投资101.9亿元的山东泰安二期抽水蓄能电站项目，解决移民规划安置报告变更、耕地开垦费缴纳等重大问题。12月23日，国家电网召开全国抽水蓄能电站项目集中开工动员大会，宣告山东泰安二期抽水蓄能电站项目开工。全年争取91个项目获批中央和

12月23日，山东泰安二期抽水蓄能电站项目集中开工动员大会召开

（葛宗泰　供）

省预算内无偿资金9.14亿元。产业经济工作小组12项重点任务全面插旗。

【新旧动能转换】 完善“11+4”（新一代信息技术产业、高端装备和智能制造产业、新材料产业、新能源和节能环保产业、医养健康产业、现代高效农业、高端化工产业、纺织服装产业、现代物流产业、文化旅游产业、现代金融服务业，制度环境、人才智力、基础设施、绿色发展）专班推进机制，建立产业经济监测、税收数据直报、专班工作通报等制度，研究编制《泰安市产业发展战略研究和空间布局规划》。建材新材料、新能源、精品旅游、新闻出版文化创意4个产业集群以及泰山玻璃纤维有限公司、泰开集团有限公司、石横特钢集团有限公司、泰安鲁普耐特塑料有限公司4家企业列入全省“十强”产业“雁阵形”集群库和领军企业库。争取29个项目入选2020年省新旧动能转换优选项目、12个项目入选省“双招双引”重点签约项目、7个项目在省儒商大会集中签约。争取4个项目入选省新旧动能转换重大课题攻关项目，获批补助资金1000万元。协调4个省优选项目获批土地指标25公顷（375.07亩）。“乐康智造股权投资基金”首批到位6亿元。新动能可视化督导服务平台实名认证企业达到1946家，入库项目700个，安装视频项目123个，平台累计发布惠企政策等2700条。全省“十强”产业“雁阵形”集群中部现场会在泰安举行，市发展改革委在会上作典型发言。

【乡村振兴】 突出抓好农村产业融合发展，新泰良心谷农村产业融合发展示范园被认定为第二批国家农村产业融合发展示范园。开展全省乡村振兴“十百千”（30个示范县，300个示范乡，3000个示范村）示范创建，新泰市和汶阳镇等5个镇、东孙村等54个村被认定为首批山东省乡村振兴示范点。肥城市和邱家店镇等4个镇、徐家塘村等60个村被列入第二批乡村振兴示范点创建名单。争取涉农无偿资金3.44亿元（其中，中央投资1.47亿元、省级投资1.97亿元）。第一批争取8个项目纳入全省乡村振兴重大项目库，获批贷款金额41亿元。第二批争取8个项目入库，拟贷款总额度39.6亿元。

泰安市精准对接黄河流域生态保护和高质量发展战略。图为9月15日，大汶河流域湿地生态保护与综合利用工程 （葛宗泰 供）

【脱贫攻坚】 “十三五”易地扶贫搬迁实现圆满收官，五年间累计投入资金14.6亿元，建成集中安置区9个、安置住房4855套，1.5万名群众乔迁新居，3272名建档立卡贫困群众全部实现稳定脱贫，东平县西王社区获得“全国‘十三五’美丽搬迁安置区”称号，作为典型案例在全国推广。黄河滩区居民迁建提前完成，累计投入资金26.8亿元，争取上级补助12.02亿元，8个新建社区全部搬迁入住，5个村旧村台、27条83千米临时撤离道路完成改造提升，中央电视台等多家媒体报道泰安市黄河滩区居民迁建工作10次，山东政务信息刊发东平县黄河滩区脱贫迁建社区管理经验做法。

【重大区域战略】 精准对接黄河流域生态保护和高质量发展战略，紧扣生态保护和高质量发展两个关键，会同有关部门研究提出事关全局和长远的重大工程和重要事项200项，梳理报送跨省合作事项29项，筛选提报重大项目120个，优选推荐41个项目申报国家项目库储备项目，为顶层设计和战略筹划提供基础支撑。抢抓黄河规划编制重要窗口期，成功争取泰安市大汶河、东平湖生态保护修复等6处泰安元素写入国家规划纲要。“山东省东平县黄河流域生态保护建设项目”纳入“我国利用欧洲投资银行贷款2020—2022年项目规划”备选项目。

统筹谋划和协调推进省会经济圈一体化工作，印发《泰安市推进省会经济圈一体化发展分工方案》。谋划“十四五”一体化发展重大事项、重大工程80项。召开济南泰安合作推进会，签署《济泰一体化发展战略合作协议》，举办2020济泰一体化高质量发展座谈会，与济南市在空间、交通和产业3个方面集中突破，携手谋划推进“633”（济枣高铁、鲁中高铁、京台高速、济泰高速、国道G104、省道S103等6条通道建设，文化旅游产业、医养健康产业、智能制造产业3大产业对接，泰山区域、黄河流域、大汶河流域3大区域协作）工程。

【能耗“双控”和煤炭消费压减】 加强能耗在线监测、能耗综合评价，推动资源节约集约利用，提高能源利用效率，提前一年超额完成“十三五”能源消费、能耗强度控制目标。千方百计化解煤炭消费压减重大难题，统筹推进“产能调控压减”“能效比压减”“兰炭替代”等措施，争取省收储煤炭消费指标306万吨，省定任务全面完成。推动医疗废弃物、塑料污染治理，制定《进一步加强塑料污染治理工作实施方案》，争取医废项目资金补助1500万元。推进资源枯竭城市转型发展、采煤沉陷区综合治理、独立工矿区改造提升，全年争取生活垃圾、污水处理、管网改造等基础设施中央预算内投资4.25亿元。

【“僵尸企业”处置和债券风险防范】 出台《泰安市“僵尸企业”处置工作任务落实分工方案》，建立“僵尸企业”处置协调推进和定期调度通报机制，推动21家“僵尸企业”处置任务按时完成。加强企业债券兑付风险排查，对6支存续期企业债券进行专项检查，全年本息兑付任务按时足额完成。新泰市统筹城乡发展集团获批发行4亿元小微企业增信集合债券。筛选确定30家中小微企业纳入国家中小微企业融资监控长效机制，助推小微企业缓解融资困难。全面排查政府出资产业投资基金运行风险，督导全市7只基金全部完成信用信息登记工作。

【推广“信用预警＋信用修复”模式】 印发《加强政务诚信建设实施方案和泰安市加快推进社会信用体系建设构建以信用为基础的新型监管机制实施方案》等系列文件，政府及政府机构列为失信被执行人案件全面清零。优化市级公共信用信息平台及“信用中国（山东泰安）”网站，加强数据归集处理和质量控制、统计分析，拓展数据采集交换渠道，累计归集有效信用信息1.7亿条。加快建立以信用为基础的新型监管机制，探索审批替代型、行业自律型、信用修复型、主动公示型信用承诺，归集公示各类信用承诺书6.8万条。探索“信用预警＋信用修复”服务模式，组织开展市场主体行政处罚失信信息信用修复集中行动月活动，“信用预警＋信用修复”模式在信用中国网站推广。举办首次信用“红黑名单”新闻发布会。全国261个地级市综合信用指数排名，泰安市稳居前50位。全市“信易贷”注册企业995家，入驻金融机构32个、发布金融产品132个，居全国第5位；197家企业发布融资需求232笔、8.7亿元；成功授信14笔，授信金额2111万元，对接116笔。

【重点改革和创新驱动】 印发《泰安市加快完善市场主体退出制度改革工作计划》。落实市场准入负面清单制度，行业协会商会与行政机关脱钩改革成效显著，全市300家行业协会商会全部完成脱钩改革任务。公共资源交易平台整合共享制度体系建设取得新成效。新认定泰开成套电器等10家省级工程实验室、汉威集团等13家省级企业技术中心，总数分别达到40家、133家。新认定市级工程实验室28家、企业技术中心27家，总数分别达到111家、136家。争取1人入选泰山产业领军人才，获批扶持资金400万元；1人入选省服务业专业人才，获批扶持资金30万元。5个重点区域急需紧缺人才项目，获得补助资金700万元。

【县市区特色发展】 争取新泰市、宁阳县列入国家县城新型城镇化建设示范名单；泰山新闻出版小镇项目入选国家发展改革委第二轮全国特色小镇典型经验。加快县域经济高质量发展，县域经济呈现总体平稳、质效双升良好态势。岱岳区、新泰市获得“山东省2019年度县域经济高质量发展进步县（市、区）”称号。

【社会民生项目建设】 12个社会民生领域项目列入中央预算内投资计划，争取到位无偿资金5927万元，其中4个公共卫生体系项目获中央预算内投资2263万元。14个项目纳入省社会事业领域储备项目库。山东农大肥业科技有限公司等9家企业列入全省第一批产教融合型企业。超额完成省下达的社会足球场建设任务。做好民生保供保暖综合协调工作。

（葛宗泰）

财 政

【概况】 按现行财政体制，全市一般公共预算收入，加税收返还和转移支付收入154.9亿元，动用预算稳定调节基金9.3亿元，调入资金81.6亿元，政府债务转贷收入51.4亿元（含再融资债券50.5亿元）、上年结转收入11.6亿元，全市一般公共预算总收入538亿元。全市一般公共预算支出，加债务还本支出51.8亿元（含再融资债券还本50.5亿元），上解支出34.6亿元，补充预算稳定调节基金5.9亿元，全市一般公共预算总支出527.1亿元。收支相抵，结转下年支出10.9亿元。

【财政收支】 全市一般公共预算收入完成229.2亿元，增长2%，完成调整预算的100%。税收收入中，增值税75.5亿元、增长1.8%，企业所得税19亿元、增长14.7%，个人所

2020年泰安市一般公共预算收入情况表

表3 单位：万元

预算科目	调整预算	累计完成	占预算%	比上年增长%
收入合计	2291357	2291859	100.0	2.0
税收收入	1643444	1650578	100.4	0.5
增值税	754924	755465	100.1	1.8
国内增值税	380607	380794	100.0	-2.9
改征增值税	374317	374671	100.1	7.1
企业所得税	188889	189535	100.3	14.7
个人所得税	56622	57357	101.3	27.7
资源税	58468	58472	100.0	0.9
城市维护建设税	108313	107372	99.1	3.3
房产税	50281	49914	99.3	14.8
印花税	25444	25507	100.2	12.1
城镇土地使用税	83723	84125	100.5	-6.3
土地增值税	97016	98449	101.5	-7.1
车船税	27583	27594	100.0	-5.6
耕地占用税	16595	16720	100.8	-36.7
契　税	172296	176756	102.6	-13.9
环境保护税	3243	3261	100.6	-33.3
其他税收收入	47	51	—	—
非税收入	647913	641281	99.0	5.9
专项收入	106706	105857	99.2	3.3
行政事业性收费收入	168088	159651	95.0	3.1
罚没收入	67261	65697	97.7	-18.0
国有资本经营收入	313	313	100.0	—
国有资源有偿使用收入	277096	281161	101.5	15.6
捐赠收入	7709	6561	85.1	208.8
政府住房基金收入	18548	18611	100.3	30.0
其他收入	2192	3430	156.5	-58.2

2020 年泰安市一般公共预算支出情况表

表 4　　　　单位：万元

预算科目	调整预算	累计完成	占预算 %	比上年增长 %
支出合计	4262889	4347911	102.0	4.9
一般公共服务支出	385649	393516	102.0	8.4
国防支出	12286	12971	105.6	-5.4
公共安全支出	209155	210783	100.8	1.3
教育支出	865891	870466	100.5	6.2
科学技术支出	31017	35202	113.5	-18.0
文化旅游体育与传媒支出	52313	57501	109.9	-5.2
社会保障和就业支出	816683	840625	102.9	31.1
卫生健康支出	484592	500044	103.2	9.3
节能环保支出	83810	84697	101.1	-5.3
城乡社区支出	265895	279224	105.0	10.1
农林水支出	426806	457299	107.1	-6.6
交通运输支出	115220	116766	101.3	9.1
资源勘探信息等支出	74221	68807	92.7	-10.9
商业服务业等支出	32790	49197	150.0	-2.7
金融支出	2009	2161	107.6	14.6
援助其他地区支出	4171	5697	136.6	35.9
自然资源海洋气象等支出	62535	67174	107.4	-36.7
住房保障支出	75720	82609	109.1	-47.6
粮油物资储备支出	10622	13603	128.1	3.1
灾害防治及应急管理支出	43285	33968	78.5	14.0
债务付息支出	127737	128023	100.2	1.2
其他支出	80482	37578	46.7	16.1

得税 5.7 亿元、增长 27.7%，其他税收收入 64.8 亿元、下降 6%；非税收入 64.1 亿元，增长 5.9%。全市一般公共预算支出 434.8 亿元，增长 4.9%。其中，一般公共服务 39.4 亿元、增长 8.4%，公共安全 21.1 亿元、增长 1.3%，教育 87 亿元、增长 6.2%，科学技术 3.5 亿元、下降 18%，文化旅游体育与传媒 5.8 亿元、下降 5.2%，社会保障和就业 84.1 亿元、增长 31.1%，卫生健康 50 亿元、增长 9.3%，节能环保 8.5 亿元、下降 5.3%，城乡社区 27.9 亿元、增长 10.1%，农林水 45.7 亿元、下降 6.6%，交通运输 11.7 亿元、增长 9.1%，资源勘探信息等 6.9 亿元、下降 10.9%，商业服务业等 4.9 亿元、下降 2.7%，金融 2161 万元、增长 14.6%，援助其他地区 5697 万元、增长 35.9%，自然资源海洋气象等 6.7 亿元、下降 36.7%，住房保障 8.3 亿元、下降 47.6%，粮油物资储备 1.4 亿元、增长 3.1%，灾害防治及应急管理 3.4 亿元、增长 14%，债务付息 12.8 亿元、增长 1.2%，其他支出 3.8 亿元、增长 16.1%。

【财源支出】 用好惠企政策。落实减税降费，全市共减免税费 143.6 亿元，其中新增减免 16 亿元；落实援企稳岗等阶段性政策，为全市 1.5 万家企业减免养老、工伤、失业 3 项社保缴费 22.1 亿元，为 929 户符合条件的市场主体减免租金 2586 万

市财政部门大力支持山水林田湖草生态保护修复工程。图为8月16日，大汶河湿地　（高磊 供）

元，助力企业减负纾困、稳住经济基本盘。用好产业基金。聚焦工业特别是“双50强”企业培植发展，重点企业财源建设基金完成投资31.3亿元，支持21家企业、23个项目；市级招才引智基金完成投放6700万元，支持人才“金十条”落实。市级出资3.95亿元，吸引社会资本19.05亿元，分别设立了规模10亿元的康平纳乐康智造基金、10亿元的福瑞达医药并购基金、3亿元的健通生物基金，定向支持重点产业发展；组建10亿元的创新引领基金，用于支持科技型企业项目。用好金融工具。市财金集团通过融资租赁、融资担保、应急转贷等方式，帮助企业融集资金165.8亿元，缓解企业融资难、融资贵问题。

【重点支出】　疫情防控。全市拨付资金7.2亿元，专项用于抗疫设备物资购置、医疗救治、人员补助及市传染病医院扩建、市疾控中心能力提升等，确保不因资金问题而影响医疗救治和疫情防控；第一时间开启国库集中支付快速通道、政府采购绿色通道，确保抗疫一线资金使用和物资采购快捷便利。脱贫攻坚。全市落实财政专项扶贫资金3.1亿元，支持脱贫攻坚战；同时，统筹整合涉农资金29.3亿元，保障美丽乡村、“四好农村路”（建好、管好、护好、运营好农村公路）、高标准农田、乡村振兴先行区、农村饮水安全等重点项目推进。污染防治。全市筹集资金10.7亿元，支持推进“四减四增”行动，打赢“蓝天、碧水、净土”保卫战。风险防控。健全政府债务管理考核机制，加大隐性债务压减力度，并将化债成效与新增债务限额、对下转移支付等挂钩。全市政府综合债务率控制在省核定目标值之内，低于上年4.9个百分点，确保风险可防可控。

【保障民生】　年内，全市民生支出达339.2亿元，占一般公共预算支出的78%。兜牢“三保”（保工资、保运转、保基本民生）底线，坚持财力下移，市财政共落实各类对下转移支付135.7亿元，帮助基层缓解收支矛盾，做好“三保”和经济社会发展工作。支持实事建设，通过市场化融资、预算安排等，全市筹集资金59亿元，保障农村道路“三通”（村村通、巷巷通、户户通）、泰安城区河道治理、城乡体育惠民等“十件实事”实施。支持居民就业，市财政拨付资金2.6亿元，落实职业技能、社会保险、就业创业等补贴政策；发放稳岗补贴1.1亿元、失业保险金1.2亿元，稳定就业和保障失业人员基本生活。支持城市建设，市级筹集资金35亿元，支持迎胜路南延、擂鼓石大街东段、灵山大街东段、北上高大街等重点项目建设及泰城绿化工程；筹集资金13.9亿元，支持53个棚改项目实施；采取PPP模式，撬动社会资本10.4亿元，用于泰安城区西部热源项目建设。支持生态保护，泰山区域山水林田湖草生态保护修复工程累计完成投资144.8亿元，完成工程绩效目标值。压减一般性支出，全市一般性支出比上年压减4.8亿元、下降10.2%，其中“三公”经费压减5859.2万元、下降34.9%。

【财税改革】　推进财税金融改革攻坚行动。强化专项资金统筹，梳理市级产业、环保、教育和科技领域的全部既有专项资金，整合设立产业发展、环境保护、教育发展、科技创新四大专项资金，推行“大专项＋任务清单”管理模式。推进股权投资改革，聚焦新旧动能转换重点产业及领域，推行改革试点，探索变“奖补”为“股权”，变财政“口粮”为发展“种子”。深化财政体制改革，健全财政管理体制，设立旅游经济开发区和徂汶景区国库，调整理顺相关区之间的财政体制。加快市县事权和支出责任划分改革，制定教育、科技、医疗卫生领域的改革意见。实施预算绩效管理，对列入市级2020年预算的1149个项目，编制年度绩效目标，预算资金规模47.7亿元；推进绩效评价，2019年市直项目支出绩效实现自评全覆盖，并对61个项目开展重点评价；推进信息公开，在门户网站开设专栏，推进预算绩效信息的依法公开、完整公开。加强国有资产管理，印发市级国有资本经营预算、国有资产绩效评价及处置等管理办法，提升资产管理水平。深化国库集中支付改革，扩大市直国库集中支付范围，将地方政府债券付息纳入，确保付息资金及时到位。年末，全市所有县（市、区）、功能区及所属乡镇全部纳入国库集中支付范围。推进财政电子票据管理改革，创新方式方法，完成改革工作。全市在线应用模式上线1324家、系统对接模式上线133家，发放电子票据737万份，实现全过程无纸化、电子化和便民化。

【财政管理】 强化支出管理，执行国库集中支付、公务卡、政府采购、财政投资评审等各项规定，提高财政资金使用效益。其中，通过政府采购，全市完成采购额112.6亿元，节约资金2.5亿元；通过财政投资评审，市直共评审项目216个，评审额73.8亿元，审减额8.5亿元，审减率11.5%。强化监督检查，市直全年共主导、配合和迎接各类检查、督查、调研工作12次，开展财政领域漠视侵害群众利益问题、全市财政财务管理专项整治，以及预决算公开、会计信息质量、会计和资产评估行业、财政直达资金和政府专项债券等检查，维护财经纪律、规范财经秩序。强化会计管理，抓好第四批领军人才培养，举办能力提升研修班，市级会计领军人才达203名；做好行政事业单位内部控制报告编报、会计专业技术人员继续教育、资格考试等工作，加强对代理记账机构的年度备案和检查。强化国有资本经营预算收入管理，市级入库国有资本经营收入2.9亿元，增长132.4%；开展资产管理和盘活利用工作，完善市直公物仓管理制度，启动市直公物仓管理信息平台建设，提升资产配置效率和使用效益。强化基层财政管理，加快全市农业保险发展，纳入省级财政以上补贴的农业保险险种达16个；拨付保费补贴资金1.1亿元，确保各项农业保险政策落实；严格耕地地力保护补贴发放管理，全市共发放3.2亿元，确保广大种粮农民直接受益；推动基层数字财政信息化建设安全运行，为实现乡镇财政业务的电算化操作及财政信息的互动、互联、共享打下基础。

（高　磊）

税　务

【概况】 至年末，全市登记纳税人16.43万户，其中企业8.67万户、个体7.76万户。国家税务总局泰安市税务局被省税务局表彰为“全省税务系统绩效管理先进单位”。

【税费收入】 年内，全市完成各项收入364.96亿元。其中，税收收入完成293.8亿元，同比增长0.8%，增收2.37亿元。扣除海关代征增值税消费税后，全市税务部门完成国内税收收入289.94亿元，同比增长0.6%，增收1.58亿元。市以下地方级税收收入完成169.47亿元，同比增长3.2%，增收5.27亿元；社会保险收入完成61.42亿元，同比增长34%；非税收入完成9.39亿元，同比增长4.1%。

【税收法治】 落实税务行政执法制度，推进执法音像信息管理平台、税收执法公示平台上线运行，完成市县分局三级60个单位权责清单编

11月26日，市税务局主要负责人参加“12345”热线接听暨“服务民生面对面”活动　（曹丙珂　供）

2020 年泰安市税收收入、社保费收入和非税收入分项目分级次完成情况表

表 5

单位：万元

项　目	累计收入			
	税　额	上年同期	比上年增长 %	比上年增减额
各项收入总计	3649638	3465788	5.30	183850
税收收入合计	2938035	2914294	0.81	23741
国内税收收入	2899391	2883633	0.55	15758
其中：中央级	1263670	1230066	2.73	33604
省　级	–58973	11539	–611.08	–70512
市及以下级	1694694	1642028	3.21	52666
国内增值税	1479858	1507458	–1.83	–27600
国内消费税	58806	69282	–15.12	–10476
营业税	—	—	—	—
企业所得税	473837	413107	14.70	60730
个人所得税	145123	112309	29.22	32814
资源税	58473	57950	0.90	523
城镇土地使用税	84127	89739	–6.25	–5612
城市维护建设税	107372	103979	3.26	3393
印花税	25506	22760	12.07	2746
土地增值税	98450	106009	–7.13	–7559
房产税	49915	43484	14.79	6431
车船税	27593	29222	–5.57	–1629
车辆购置税	93492	91801	1.84	1691
耕地占用税	16720	26417	–36.71	–9697
契　税	176756	205217	–13.87	–28461
环境保护税	3262	4892	–33.32	–1630
其他税收	101	7	1342.86	94
海关代征进口增值税消费税	38644	30661	26.04	7983
社会保险费收入合计	614269	458256	34.04	156013
非税收入合计	93947	90220	4.13	3727
其他收入合计	3387	3018	12.23	369
出口退税	–213446	–177998	19.91	–35448

2020 年泰安市国内税收收入、社保费收入和非税收入分县（市、区）完成情况表

表 6　　单位：万元

单　位	2020 年累计收入			
	税　额	上年同期	比上年增长 %	比上年增减额
全市合计	3610994	3435127	5.12	175867
泰山区	770817	746149	3.31	24668
岱岳区	476651	439659	8.41	36992
高新区	384027	372519	3.09	11508
徂汶景区	4500	—	—	4500
泰山景区	41700	36801	13.31	4899
旅游开发区	95890	97205	–1.35	–1315
新泰市	519053	525371	–1.20	–6318
肥城市	795182	725864	9.55	69318
宁阳县	266958	258772	3.16	8186
东平县	256216	232787	10.06	23429

制。依托内部控制监督平台，开展税收执法、行政管理风险识别，整改问题 4173 条，落实执法过错责任追究 13 人次。创新公益诉讼制度，与市检察院签订联席会议制度。开展增值税发票虚开专项整治，在 232 个加油站安装 1539 个税控装置，打造成品油行业全链条税收监管机制。探索特殊重组企业所得税风险防控制度，下发股权转让疑点企业 403 户，入库税款 2.53 亿元。创新非住宅存量房交易评估办法，实现交易评估一体化。

【纳税服务】 集成推广“网上办、线上办、码上办、掌上办”，深化服务模式，升级支付宝办税费系统，落地非接触式服务事项 232 项，网上申报率保持在 99.9% 以上。压减厅内窗口 64 个，比例达 31.37%。推出“便民办税春风行动”特色措施 16 条，制定“12360”导税服务制度。推行无纸化申报，占比达 94.59%，平均用时 1.5 个工作日，办理出口退免税 21.35 亿元，同比增长 19.95%，均创历史新高。在省税务局委托第三方开展的纳税人满意度调查中排名第三。

【税收服务地方经济发展】 统筹推进疫情防控与经济社会发展。制定疫情管控规定 20 项，开展拉网式排查 20 次，落实值班值守、清洁消毒、出入登记等举措。500 名党员干部参与“到一线·肩并肩·战疫情”行动，2 次捐款共计 90.23 万元。开展“优惠政策落实周”“政策落实改进月”活动，编印支持疫情防控、出口退免税、新旧动能转换等《政策指引》1 万册，建立钉钉群 139 个，在线服务纳税人 7 万户。遴选税收专家顾问 123 名，为 43 户企业提供“一户一策”税收解决方案，解决问题 200 件。完成复工复产、政策效应、税收分析 30 篇，研究助力“九大改革攻坚行动”措施 25 条，制定加快工业经济发展计划 11 条，为地方提供综合税政服务 207 次，帮助 50 户企业打通供产销链条，为 10 个招商项目提供税收参考。

【队伍建设】 做好 21 人次省局管理干部职级晋升，开展 19 名临近退休人员职级晋升，完成系统首轮 485 人职级晋升，其中市局管理干部 317 人、县（市、区）局管理干部 168 人。完成线上培训项目 29 个，执法资格考试达标率 100%。开展“岗位大练兵、业务大比武”活动，出口退税专业取得全省团体第一名和个人第一名，信息安全专业取得全省团体第 7 名和个人第 4 名，稽查专业取得全省个人第二名。

【创新工作】 推动不动产“一网通办”，构建线上申请、后台审核、网上纳税、即时取证的业务办理新模式，在全省推广应用。开发智能报表系统，对金三核心征管、社保费、发票管理等数据加工分析，满足各级数据应用和决策支撑需求。落实个税改革要求，完成首次个税汇算工作。创新泰安城区居民社保费“区银通”征缴模式，完成机关事业单位和城乡居民社会保险费征缴、企业和灵活就业人员社会保险费职责以及部分非税收入划转工作。

【年度税收分析】 税收收入平稳增长。全市税收收入增速高出全省平均增速6个百分点，增速居全省第二位。市以下地方级收入占税收收入之比57.69%，居全省第2位，较上年提高1.35个百分点，高于全省平均10.19个百分点，增速居全省第5位，高出全省平均增速2.53个百分点。减税降费规模扩大。落实各项税收优惠政策和减税降费143.39亿元，其中全市新增减税16.01亿元、办理既有减免税金88.83亿元、出口免抵退税21.35亿元、办理增值税增量留抵退税17.2亿元。收入质量逐步提升。耕地占用税、契税收入分别下降36.7%、13.9%，较上年同期分别减少0.97亿元和2.85亿元。主体税收（增值税、企业所得税、个人所得税）完成209.88亿元，占税收收入比重72.39%，居全省第二位，较上年同期提高1.9个百分点。社会保险费和其他非税收入征管顺利承接。继机关事业单位社保、城乡居民养老和医疗保险之后，11月，企业职工社保纳入税务部门征管范围。年内，共征缴各项社会保险费收入61.43亿元，较上年增长34%，增收15.6亿元。其中，机关事业单位基本养老保险费征缴21.06亿元，职工基本医疗保险费征缴13.8亿元，失业、工伤、生育三项保险费征缴1.27亿元，城乡居民养老和医疗保险分别征缴4.96亿元、11.52亿元，企业职工养老保险征缴8.6亿元。

（曹丙珂）

国有资产监督管理

【概况】 全市国有资产监管工作围绕“树国企形象、创国资速度”工作目标，实施重点工作攻坚、重大项目突破、能力作风提升“三大行动”，国企退休人员社会化管理、国资在线监管平台建设两项工作列全省第一，省国企改革领导小组发文推广。国企线上招商、发展免疫力经济、国有资产统计、国企党建品牌等工作走在全省前列，获得“省国有资产统计工作优秀单位”等称号。年初，首次组织所属14家驻泰安央企和市属国企书记现场述职评议；年末，首次组织11家纳入考核的国企负责人现场述职；创新开展国企党建“双强双争”主题活动，编撰《泰安国企党建规范化手册》《泰安国资“双强双争”党建创新案例选编》，举办首届党建案例发布会，活动情况得到《山东新闻联播》报道。

【市属国有企业经济运行】 参控股企业资产总额917.3亿元，净资产330.1亿元，分别增长13.4%、18.8%。累计实现营业收入306.5亿元、利润总额29.4亿元，分别增长16.1%、4.3%。固定资产投资额36.3亿元，增长11.1%。国有资产保值增值率达到112%，比上年度提高9个百分点。

【项目建设】 2月，率先开展国企云招商，3月，推动7个项目全市视频签约。年内，策划实施重点项目19个，招商签约12个，完成投资10亿元，4个产业经济小组内部插旗项目按期完成标旗。抓实工业经济，水工产业园、玻璃科技产业园、金源矿业等工业项目加快推进。拓展大健康产业，在全国率先提出发展免疫力经济，高层次举办2020中国免疫力经济（泰安）论坛

9月27日，首届中国免疫力经济（泰安）论坛暨第二届泰山黄精产业发展国际峰会在泰安举行
（司 刚 摄）

暨第二届泰山黄精产业发展国际峰会，中国免疫力经济论坛永久会址落地泰安，泰安国资免疫力经济大健康产业链初步形成。

【改革攻坚】 全省率先完成11万名国企退休人员社会化移交，任务量占全省11.6%，质量速度全省最好，省国企改革领导小组发文推广。强力推进“六保三促”（保居民就业、保基本民生、保市场主体、保粮食能源安全、保产业链供应链稳定、保基层运转，扩投资、拉消费、稳外贸外资）任务落实，为160户中小微企业、个体工商户等减免租金1094万元。金控集团制定《应对疫情破解中小企业融资难题十条意见》，为22家企业减免费用637万元。粮食集团扛牢粮油储备重任，全市供应平稳。

【国有资产监管】 制定完善国资监管制度6个，事前定清单、事中优流程、事后强监管的国资监管制度体系进一步完善。在全省率先建成国资在线监管平台，第一个与省国资委平台完成对接，市级信息化国资监管大格局初步形成，省国资委通报推广。（商西鹏）

审 计

【概况】 全年审计机关共审计项目241个，查出违规问题金额6622万元，移送司法机关、纪检监察机关和有关部门处理事项7件。市审计局继续保持“省级文明单位”称号。

【疫情防控资金和捐赠款物专项审计】 重点关注疫情防控政策措施落实、财政专项资金、捐赠款物、重点保障企业贴息贷款的分配管理使用情况，促进疫情防控资金物资规范管理、高效使用。抽查市级疫情专项资金1480万元、各类捐赠资金4186万元、捐赠物资12.95万件（套），促进税务机关为59家符合条件的企业办理延期缴纳税款2784万元，推动15家市属国有企业减免177家中小企业房产租金859万元。

【政策措施跟踪审计】 把重大政策措施落实跟踪审计作为政治任务，组织开展优化营商环境审计，高度关注全市深化“一次办好”改革和减税降费政策落实情况，改善营商环境。持续开展三大攻坚战、清理拖欠民营和中小企业账款等重要举措跟踪审计，促进省、市部署要求落实到位。

【财政资金审计】 审计预算执行部门单位114个，重点关注财政资金的安全和使用效益，揭示财政资金在管理、分配、使用等方面存在的突出问题，审计工作报告得到同级人大肯定和好评。通过整改，增加财政收入7126万元，收回资金9480万元，盘活存量资金847万元，促进资金拨付3.37亿元。

【经济责任审计】 对127名领导干部开展经济责任审计，任中审计占60%以上，把落实中央八项规定精神、厉行节约反对浪费相关要求贯穿始终，推行融合式、嵌入式、“1+N”等组织方式，提升审计成效。与市委组织部联合印发《关于认真做好经济责任审计发现问题整改落实工作的通知》，合力推进审计整改。

【民生项目资金审计】 聚焦普惠性、基础性、兜底性民生政策落实，把群众“急难愁盼”问题作为审计监督重点，开展保障性安居工程、乡村振兴、社会救助、促进就业、养老保险、医保和社保基金审计。抽查财政专项扶贫和乡村振兴资金2.94亿元，加大对脱贫攻坚工作中的形式主义、官僚主义和违纪违法问题的揭示力度，保障人民群众住有所居、病有所医。

【政府投资审计】 开展泰山区域山水林田湖草生态保护修复工程、公益项目和省级重点水利工程审计调查，实施泰山石保护和擂鼓石大街工程跟踪审计。重点揭示项目立项审批手续不全、资金管理和使用不规范、建设进度慢等共性问题，及时向市委、市政府提出审计建议，推动重点建设项目顺利实施。

【内部审计】 全市有内审机构215个，内审人员463人，完成审计项目1029个，提出意见建议被采纳392条，促进增收节支3.34亿元。

（杨 宁）

统 计

【概况】 全市统计工作以服务高质量发展为导向，以提高数据质量为中心，以改革创新为动力，真实准确反映经济社会发展成果，为服务和推动泰安高质量发展提供坚实统计支撑。继续保持“省级文明单位”称号，获得“第二次全国污染源普查先进集体”称号，在全省统计工作综合考核中被评为先进市统计局。

【第七次全国人口普查】 将第七次全国人口普查工作列入年内市政

9月23日，山东第十一届“中国统计开放日”暨第七次全国人口普查宣传月启动仪式在泰安国际会展中心举办　（孙珺富　供）

府“十百千”工程，各级成立第七次全国人口普查领导小组及办公室，县（市、区）政府一把手任组长，乡镇（街道）实行党委、政府主要负责人“双组长”制，人财物上全力保障人口普查工作。承接并完成省级人口普查综合试点工作，得到省人口普查办公室充分肯定。选聘2.6万名“两员”高素质队伍，多频次、分阶段开展高质量培训。与公安部门建立户口整顿联席机制，国家数据管理中心充分听取泰安市户口整顿工作情况。完成2.8万个普查小区、97.1万个建筑物的绘制和标注工作，为正式普查奠定坚实基础。在泰安电视台《工作落实面对面》栏目中，统计局局长就人口普查有关内容进行现场解答。举办山东省、泰安市第十一届“中国统计开放日”暨第七次全国人口普查宣传月启动仪式。市委书记崔洪刚、市长张涛分别参加现场登记，发表电视讲话，常务副市长宋洪银入户指导登记，发表署名文章，为摸底和登记工作奠定入户基础。开展摸底登记，严格按照普查方案要求和质量控制及验收标准，严格100%入户、全区域覆盖，进行包保实地一线集中督导，市政府召开人口普查工作推进会，促进工作进度与质量，确保高质量完成人口普查工作。

【统计改革创新】　推动国民经济统一核算改革工作落实落地。市政府发文建立国民经济核算工作部门联席会议制度，由常务副市长宋洪银任总召集人，多次召集会议，全面强化成员单位统计职责，形成“统一制度、部门分工、各负其责、集中核算”的统一核算工作体系。系统、反复学习研究季度统一核算方案，邀请省统计局核算处处长，面向市、县、乡三级政府及有关部门分工负责人，开展生产总值统一核算知识培训。多次召开全市统计局局长座谈会，市统计局局长与各县（市、区）统计局局长（功能区经济发展部部长）、市局各专业分管局长及科长一对一、面对面座谈交流，针对各专业指标和统计工作情况，提出指导意见，做好统一核算基础工作。创新构建统计监控平台。构建泰安经济运行监控平台，将全市主要经济运行指标、生产总值统一核算基础指标纳入平台跟踪监测，强化经济运行监测时效，参照全省平均水平设置指标合理运行区间，对数据异常波动即时预警，辅助各行业领域决策。在宁阳县试点建立固定资产投资项目动态管理平台，助力基层统计人员集中管理投资项目，实现依法依规、应统尽统、全程留痕。推行规模以下企业调查和样本村辅助调查员制度。选聘辅助调查员131名，强化规模以下样本企业统计台账管理和数据审核上报工作，随机抽取部分单位开展实地核查，召开全市限额以下贸易数据采集制度规范化建设现场会，推进全市规模以下抽样调查工作上台阶。

【升规纳统工作】　纳统意识全面增强。在全市统计工作会议上，对与会人员进行入库纳统培训。编印《泰安市“四上”企业和投资项目纳统工作操作手册》，并以“口袋书”的形式发放到各级统计人员和有关部门纳统工作人员手中。在泰安电视台《泰安新闻》栏目播放、《泰安日报》专刊刊登入库纳统宣传资料，提高各级和企业主动纳统意识。实施入库纳统攻坚行动。印发《“入库纳统”攻坚行动实施方案》，强化企业和项目入库纳统工作。牵头做好“准四上”（未达到“四上”企业的规模标准，但具备较好的成长性、未来一段时期能达到规模标准的企业。具体标准为：年主营业务收入1500万元以上的工业法人单位；年主营业务收入1500万元以上的批发业法人单位及非批发和零售业法人单位附营的批发业产业活动单位；年主营业务收入400万元以上的零售业法人单位及非批发和零售业法人单位附营的零售业产业活动单位；年主营业务收入150万元以上的住宿和餐饮业法人单位及非住宿和餐饮业法人单位附营的住宿和餐饮业产业活动单位；年营业收入1500万元及以上的交通运输、仓储和邮政业，信息传输、软件和信息技术服务业，租赁和商务服务业，科学研究和技术服务业，水利、环境和公共设施管理业，教育，卫生业法人单位，或者年营业收入800万元及以上的物业管理、房地产中介服务、自有房地产经营活动和其他房地产业法人单位，或者年营业收入400万元及以上的社会工作、居民服务、修理和其他服务业，文化、体育和娱乐业法人单位；具有已审批、核准或备案等5000万元以上项目的法人单位）企业储备库的工作组织协调和业务指导，定期与税务部门对接，共分析比对数据50万条，筛选出“准四上”企业全部发送有关部门和基层统计机构，逐一进行摸排落实。市政府办公室印发《关于做好“准四上”企业纳统情况核实工作的通知》，对全市近千家“准四上”企业基本情况全部进行实地核实，围绕纳统事项开展精准指导，盯紧靠上做好跟踪监测。至年底，有600多家企业纳入“四上”企业库。开展固定资产投资项目集中纳统行动，统计、发改、商务等12个部门联合实时监控、靶向发力、挂账销号，项目入库数量和质量明显提高。建立纳入统计工作通报制度。市委督查室每月向市领导通报市级领导分工工作领域固定资产投资情况。市统计局每月向市领导、有关部门和县（市、区）、功能区通报“四上”企业和投资项目“入库纳统”情况。联合发改委每月向县（市、区）、功能区及有关市直部门通报全市开工固定资产投资项目纳入统计和“四上”企业情况。

【统计法治建设】 抓好统计普法宣传。2月18日召开市政府常务会、2月20日召开市委常委会专题学习统计重要文件精神。编印面向统计执法人员的《知识读本》，开展统计法律“六进”行动，扩大普法宣传覆盖面，增强支持统计、配合统计、依法统计意识。做好统计督察准备工作。市政府办公室印发《关于进一步加强和规范统计工作的通知》，就做好迎接统计督察准备工作作出总体部署。市统计局成立工作专班，统筹谋划统计造假专项整治和迎接统计督察准备具体工作任务。根据《统计法治重点工作事项清单》，将涉及部门统计的10项重点工作任务、20多条具体要求印发给部门，组成专门工作组对部分市直部门单位落实情况进行抽查验收，提升统计法治工作水平。加大统计执法力度。全市完成双随机执法174件，立案查处7件，实现消灭县（市、区）“执法空白”和“零立案”的目标。与市市场监管局、人社局、公安局、农业农村局等部门协作开展跨部门联合执法，检查企业48家，检查结果及时录入“双随机一公开”监管平台和“互联网+监管”平台，震慑统计违法行为。

【基层基础工作】 将统计基层基础建设作为全系统重点工作，坚持“四轮驱动”，着力在持续巩固乡镇统计站建设成果、稳定基层统计队伍、推动企业统计和部门统计标准化规范化建设4个方面实现新突破，提出全市双基建设“两个100”（乡镇统计站规范化创建100%达标，在全市培树100家统计规范化建设示范企业）工作目标。各县（市、区）确定不低于“四上”企业总数的5%作为企业统计规范化建设重点对象，打造企业统计规范化省级示范标杆。召开全市统计基层基础建设考核观摩会议，现场观摩检验规范化创建成果并实地评分，提炼总结经验做法，提升全市统计基层基础规范化建设水平。在实施全市基层统计人才培育工程的基础上，县（市、区）、功能区全部印发县级基层统计人才培育工程实施办法，明确选拔人数和津贴标准，每人每月400～500元，首期评选如期完成，市属3个功能区基层统计人才培育工作正式发文，实现基层统计人才培育工程全覆盖。

【统计服务】 服务基层。修订《泰安市统计数据管理体系（2020）》，加强企业联网直报工作和数据审核评估力度，实现统计数据质量核查全域全覆盖。开展“统计服务千企百乡”专项行动，与企业建立长效沟通联系机制，定期主动上门服务，促进和加强企业统计工作。服务决策。开创“事前预警预判—事中全面分析—事后深入剖析”的“三段式”分析研判模式，打造《统计快报》《统计专报》《数说发展》75期，编辑发行由市政府主办的《泰安发展景气报告》4期。牵头全市包容普惠创新指标填报，强化组织保障与跟踪督导，首创“三审二模”（三轮交叉互审、两轮模拟考试）工作法，完成现场填报工作。围绕经济运行状况，组织调研41项，聚焦“六稳”“六保”及“工业振兴”、乡村振兴等重大战略部署，开展有观点、有深度的专题分析和课题研究，分析、信息被国家局采用量居全省各市第二位，省统计局采用量居全省各市第一位，市政府采用量居市直A类部门第2位。服务公众。每月在泰安电视台《泰安新闻》推出《统计之窗》专题栏目2～3期，依托《中国信息报》《泰安日报》等刊发统计稿件70篇次，发布“泰安统计”微信、微博、头条号信息100条，加强数据解读的深度广度精度，正向引导社会预期。接收“12345”政府办公热线30条，做到条条有反馈，咨询者对回复均表示“满意”。及时、足额完成社情民意调查，完成成功样本2万多份，成为市委、市政府听民声、尊民意、纳民智的重要渠道。（孙珺富）

8月21日，第二届山东国家调查队无人机遥感测量技能竞赛在泰安举办（张媛媛 供）

调查统计

【概况】 统计调查工作聚焦发展重点、改革难点、社会热点开展各类调查业务，推进依法统计、依法治统，实现调查方法的科学性、调查工作的专业性、调查队伍的职业性、调查数据的权威性。国家统计局泰安调查队充分发挥“轻骑兵”优势，为国调查、为民服务，为服务和推动经济社会发展提供可靠统计调查保障。

【常规调查】 城乡住户一体化调查。组织召开推进样本轮换工作培训会6次，并按照总队要求于11月开始试记账；数据质量检查实现各县（市、区）全覆盖，推进分市、县住户调查电子记账；党建业务融合，设立党员先锋岗，为辅助调查员购买意外伤害险。采购经理调查。连续3年采用“双随机”执法检查加数据质量核查的“双查”模式，夯实调查数据质量，举办采购经理调查培训班，对全市79家采购经理调查样本企业开展现场集中培训。劳动力调查。加强调查员培训，每月逐户逐人逐指标核查，确保数据真实准确。专项调查。加强组织领导，注重部门协作，强化人员和设备保障，严格按照方案要求优质高效完成调查工作。农作物对地调查。完成全市5个县（市、区）、100个样本村的夏播、秋冬播面积调查和夏粮、秋粮预实产调查。各县（市、区）作物样本全部回收至样本集中存放点，统一保管，提高管理水平。畜禽监测调查。完善省级畜禽监测调查、县级监测调查、生猪大县调查3项调查业务的样本库，结合摸底表梳理全市3755个村（居）委会的养殖情况，做到心中有数，重点突出。对全市样本名录库进行统一管理，建立规模以上大型养殖户和规模以下样本村的联络库，不定期进行电话抽查，开展检查13次，实地调研9次，电话访户近200人次，夯实基础，全面保障数据质量。价格调查。做好辅助调查员的选调、调整和培训工作，工作中逐个点进行走访核实，确保基础工作扎实可靠。（金延臻）

【畜牧业统计调查归口管理】 按照上级要求，国家统计局泰安调查队于2019年12月31日与泰安市统计局完成工作交接。从1月1日起，泰安市畜牧业统计调查工作统一由国家统计局泰安调查队负责。7月10日，与泰安市统计局联合印发《关于加强归口管理后的畜牧业统计调查工作的通知》，进一步落实归口管理工作要求，规范调查工作流程，提升调查数据质量。（张媛媛）

【工业生产者价格、流通消费价格调查业务移交】 按照《国家统计局山东调查总队、山东省统计局工作协调会议纪要》要求，国家统计局泰安调查队于7月1日与泰安市统计局完成工作交接。从7月1日起，泰安市流通消费价格、工业生产者价格调查工作统一由国家统计局泰安调查队负责。6月10日，与泰安市统计局联合印发《关于举办工业生产者价格工作交接暨权数调查部署培训班的通知》并组织培训，完善价格调查统计工作，规范调查工作流程。（赵　超）

【住户收支与生活状况调查样本轮换】 按照《国家统计局关于做好2020年住户调查样本轮换工作的通知》《2020年山东省住户调查样本轮换工作方案》要求，2020年开展住户调查样本轮换工作，落实确定2021—2022年的住户调查样本。2020年下半年，泰安地区完成全市840户新户开户工作，并按照总队要求于11月开始试记账。（赵　松）

【举办全省第二届无人机遥感技能竞赛】 8月，山东调查总队在泰安举办全省第二届无人机遥感技能竞赛，泰安国家调查队在无人机遥感技能竞赛中获得全省三等奖。泰安地区国家调查队有无人机2台，价值10万元，年飞行面积超过300万平方米，年飞行时间达35小时。从2016年起，每年联合泰安各县（市、区）统计局开展农作物对地调查工作，直接提高调查效率30%以上，在低成本投入的基础上获得较显著的社会效益，获取更加精准的泰安分县（市、区）夏粮、秋粮调查数据，为泰安经济形势分析提供依据。（张媛媛）

【统计服务】 优化提升调查服务水平。立足调查业务，加强数据分析解读，形成研究报告47篇，解读社会经济发展态势，传递统计战线主旋律。发挥“轻骑兵”优势，主动做好统计监测，快速高效完成30项有关疫情的调研任务，撰写相关调研分析24篇，为党委、政府抗击疫情提供优质统计调查服务。联合泰安市统计局举办山东省第十一届“中国统计开放日”暨第七次全国人口普查宣传月活动。助力疫情防控。新冠疫情期间，泰安调查队迅速成立泰安国家调查队新型冠状病毒感染的肺炎疫情防控工作领导小组；党支部把疫情防控工作作为最重要的工作抓紧抓实，主动了解“双报到”社区需求，组织开展“到一线·肩并肩·战疫情”专项行动，先后赴“双报到”小堰堤、长城一品等定点社区参加社区轮班值守；开展“战疫情·献爱心”网络主题党日活动，全队共募集爱心捐款1.38万元。参加文明城市创建工作。参与泰安市文明城市创建工作，并获得“创建全国文明城市突出贡献单位”称号，另有2人记二等功、8人获得“嘉奖”奖励。（金延臻）

物价管理

【政策落实】 落实国家及省、市出台的阶段性降低电价、气价政策、水电气“欠费不停供”等各项政策，疫情期间减免企业用电成本1.39亿元。降低8个国有景区门票价格，核定“济泰同城　畅游泰山”优惠年卡收费标准。降低泰安城区非居民用水价格，每立方米下调0.39元，为工商企业每年减少用水成本561万元，机关团体年减少水费支出216万元。降低国家能源泰安热电有限公司工业蒸汽含税销售价格，由每吨237元调整为基准价格每吨208元，上浮不超过10%。

【规范涉企收费】 成立工作专班，发布涉企收费专项清理整治调查公告和调查问卷，核实整改各类问题5个。发布《泰安市行政事业性收费标准目录清单》《泰安市市级政府定价涉企经营服务性收费目录清单》，公开收费部门、收费依据、收费标准等。

6月10日，全市转供电环节电价政策提醒告诫暨清理规范加价行为专项行动工作会议召开　（葛宗泰　供）

【规范转供电行为】　制定2020年清理规范转供电加价专项行动实施方案，成立工作专班，召开政策提醒告诫暨清理规范加价行为专项行动工作会议，集中对5G工程、居民小区、商业综合体、农业生产等转供电单位进行清理整治，对745个5G基站电价进行政策性电费压降或“转供改直供”改造。

【重点领域价格改革】　按照天然气上下游价格联动办法，调整非居民销售价格，减轻企业用气成本800万元。推进农业供水价格、引黄灌区水价改革，6个县（市、区）均制定农业用水终端指导价格。核查全市新增14处电动公交车充电设施位置、数量、功率等情况，全市12家公交企业的74处充电设施享受电量奖励政策。组织核实垃圾焚烧、污泥掺烧和生物质发电企业有关材料，为生物质发电企业申请上网电价补贴。

【完善民生价格政策】　公开停车场收费标准备案情况，调整停车场备案有效期。对幼儿园、中小学收费管理权限及相关政策作出规定，核定4所中学、幼儿园收费标准；合理制定养犬管理服务费标准，支持城市养犬行为管理工作。

【农产品目标价格保险】　贯彻落实特色农产品目标价格保险补贴政策，泰安市马铃薯和大蒜目标价格保险分别获中央、省补贴45.2万元、307.8万元。推进大白菜目标价格保险工作。

【社会救助和保障标准与物价上涨挂钩联动机制】　全面落实社会救助和保障标准与物价上涨挂钩联动机制，按规定向享受补贴的人员及时足额发放价格临时补贴。1—9月，连续启动社会救助和保障标准与物价上涨挂钩联动机制，累计发放价格临时补贴1.42亿元，惠及困难群众137万人次。

【价格公共服务】　完成各类价格认定案件25件，认定总金额1180.27万元。其中，涉及行政事项案件2件，认定金额179万元；纪检监察案件12件，认定金额940.77万元；其他案件3件；完成复核认定案件8件，复核维持率80%。

（赵上上）

行政审批服务

【概况】　行政审批和政务服务工作坚持以人民为中心，树立“审批至简·服务至善”理念，深化创建“泰好办”政务服务品牌，实现市民办事“泰（太）好找”“泰（太）省事”“泰（太）快捷”“泰（太）满意”。年内，累计办理各类审批服务事项57万件，按时办结率达100%，群众满意率达99%以上。市行政审批服务局获得“2020年度政务服务改革创新奖”“省级文明单位”等称号。

【严格疫情防控】　疫情期间，创新推行“零障碍”特情特办、“零接触”勘验评审、“零间隔”全程通办、“零跑腿”全程网办、“零等待”预约派单、“零距离”帮代服务的“六零”审批模式，助力复工复产，实现疫情防控和服务为民两不误。

【制度创新】　“三减一并”（减材料、减环节、减时限，并程序）简化办，采取“能减则减、能缓则缓、能容缺则容缺、能承诺代替则承诺代替”的“减缓容诺”综合措施，精简申报材料172个，减少审批环节65个、审批时限427个工作日。“市县同权”就近办，247项行政许可中42项下放至县级办理，205项纳入“市县同权”调整范围，全省第一个市实现市县同权。告知承诺快捷办，编制完成市、县两级142项告知承诺事项清单，替代材料376项，减少办事环节34个。

10月27日，泰安市行政审批服务局服务专员为“绿卡”项目企业送上服务专员联系卡和服务手册“政策包”（张肖锦绣　摄）

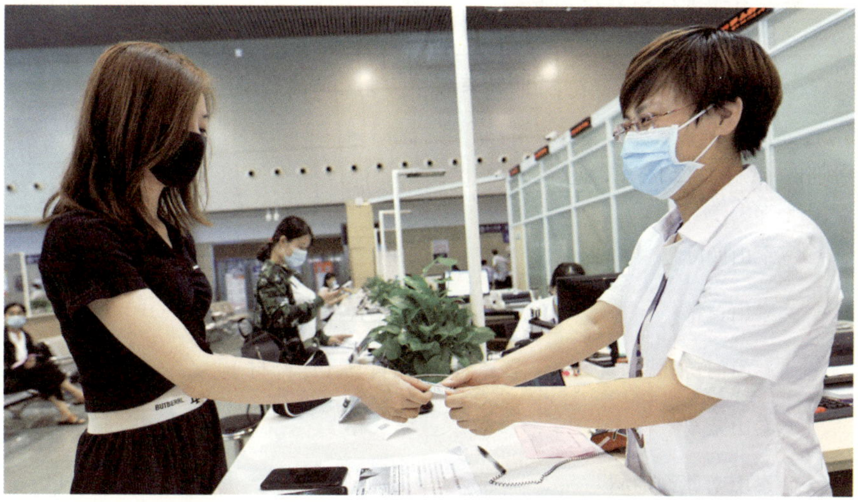

6月8日，泰安市政务服务中心工作人员业务办理完成后，向市民“双手递证”，提供温情服务　（司　刚　摄）

【创新审批模式】　八大审批领域推出创新点161个。推进“一业一证”改革，全省第一个将“一业一证”改革扩展至20个行业，牵头开发8个行业网办系统，主导起草山东省地方标准，事项办理环节、申报材料、审批时间平均压减70%。重大投资项目提供“绿卡”服务，推出“数据复用+告知承诺+容缺受理”审批新模式，让部门围着项目转、要素跟着“绿卡”走，58个“绿卡”项目完成立项55个。扩展应用“带方案出让用地”制度，将此项制度扩展运用至回迁工程、市政公用等30个划拨用地项目。探索实行模拟审批，对符合条件的5类投资建设项目开展模拟审批，审批时间平均缩短30天。

【“四个一”工程】　“一门集中”方面，全市依申请政务服务事项进驻政务服务中心事项996项，进驻率达100%。“一窗受理”方面，分领域设置综合受理窗口，平均等待时间由21分钟缩短至7分钟，平均服务时间由14分钟缩短至6分钟。“一链办理”方面，抢抓试点良机，梳理28个与群众生活密切相关的“一件事”主题式服务，省级首批30个主题服务事项完成政务服务网前端展示页面开发并上线试运行。“一网通办”方面，持续打造网上端、移动端、自助终端“三端融合”体系，在政务服务网开发4类功能模块，梳理上网事项15.51万项，50项高频事项实现网上申报，在全市范围内部署“泰好办”自助服务终端430台，同步打造“全科+自助”社区服务新模式，形成10分钟自助服务圈。

【强化立体监督】　开展政务服务“好差评”，入选国家标准三级联动试点，构建“线上+线下”“厅内+厅外”“内部+外部”相结合的立体式评价机制。建立“吐槽找茬”体系，建立健全线上线下一体化政务服务“吐槽找茬”收集体系和协调联动处置机制，实行全链条闭环工作流程，“吐槽找茬”答复率100%。推行“窗口无否决权”机制，明确“只说行”“不说不行”具体要求，建立健全首接负责制、否决报备机制、协同联动机制、帮办代办服务机制，倒逼服务质量提升，营造良好的政务服务环境。（于　铖）

市场监督管理

【概况】　2020年，市市场监管局被授予“山东省抗击新冠肺炎疫情先进集体”，获得“全国文明单位”称号。全国部分省市商品交易市场监管现场观摩经验交流会、全国客运索道双重预防体系建设泰山经验研讨推介会、全国散装食品监管工作座谈会、中国个体劳动者协会工作联系点现场经验交流会在泰安召开。在第十二届中国国际商标品牌节上介绍保护老字号商标品牌的经验。

【疫情防控和支持复工复产】　坚决扛好疫情防控政治责任，下沉一线驻点值守、督导检查，严查野生动物违法违规交易，全力打好保供稳价攻坚战。在全省率先出台《疫情防控用医疗器械应急备案实施方案》，帮助18家企业转产医用隔离衣，帮扶5家企业取得医用口罩产品注册证和医疗器械生产许可证，指导鲁普耐特公司制定《口罩用耳带》标准，帮扶4家企业办理商品条码。发布价格提醒告诫函1.3万份，从快处置涉及防疫用品的投诉举报2200件，办结率100%。严查野生动物违法违规交易。建成启用进口冷链食品集中监管专仓，应用“山东冷链”，严密落实人物同防、源头管控、彻检彻控、全链追溯等机制。出台《抗击疫情保稳定促发展十项举措》，开展个体工商户复工复产专项跟踪调查，召开餐饮等服务业复工复产工作座谈会。泰安被国家知识产权局确定为商标业务受理窗口，列为全省知识产权质押登记电子化办理窗口。

泰安市地理标志商标情况表

表 7

单位名称	商标名称	商品类别	商品名称	所属区县
泰安市岱岳区泰安煎饼协会	泰安煎饼	30	煎　饼	开发区
泰安市传统食品协会	泰安豆腐	29	豆　腐	岱岳区
泰安市泰山林业科学研究院	泰山四叶参	5	四叶参（中药材）	景　区
泰安市泰山林业科学研究院	泰山黄精	5	黄精（中药材）	景　区
泰安市泰山林业科学研究院	泰山何首乌	5	何首乌（中药材）	景　区
泰安市泰山林业科学研究院	泰山紫草	5	紫　草	景　区
泰安市葡萄酒协会	泰山南麓葡萄酒	33	葡萄酒	岱岳区
山东省肥城桃开发总公司	肥　城	31	桃	肥　城
肥城市王庄粉皮协会	孔庄粉皮	30	粉　皮	肥　城
肥城市桃木雕刻协会	肥城桃木雕刻	20	桃木工艺品	肥　城
肥城市汶阳镇河岔口鸭蛋产销协会	河岔口鸭蛋	29	鸭　蛋	肥　城
肥城市边院镇农业综合服务中心	雨山核桃	31	核桃（新鲜水果）	肥　城
肥城市边院镇农业综合服务中心	大王樱桃	31	樱　桃	肥　城
肥城市边院镇农业综合服务中心	韩庄头豆腐皮	29	豆腐皮（豆腐制品）	肥　城
宁阳县林果协会	宁阳大枣	29	干　枣	宁　阳
宁阳县泗店镇蟋蟀产业协会	宁阳蟋蟀	31	蟋蟀（活的）	宁　阳
宁阳县泗店镇蔬菜协会	宁阳桥白	31	大白菜	宁　阳
宁阳县泗店镇蔬菜协会	许家桥大白菜	31	大白菜	宁　阳
泰安市水产研究所	泰山赤鳞鱼	31	活　鱼	泰山区
泰安市岱岳区下港乡特色农产品产业协会	泰山板栗	31	新鲜栗子	景　区
泰安市岱岳区化马湾乡大樱桃协会	化马湾大樱桃	31	樱　桃	开发区
东平县安山大米行业协会	安山大米	30	大　米	东　平
东平县核桃发展协会	大羊薄皮核桃	31	核桃（坚果）	东　平
东平县彭集街道花生产业协会	彭集花生	31	新鲜花生	东　平
新泰市农村合作经济组织联合会	新泰芹菜	31	新鲜芹菜	新　泰
新泰市楼德镇煎饼协会	楼德煎饼	30	煎　饼	新　泰
新泰市楼德镇煎饼协会	楼德煎饼	30	煎　饼	新　泰
新泰市唯特果树研究所	新泰苹果	31	苹　果	新　泰

续表 7

单位名称	商标名称	商品类别	商品名称	所属区县
新泰市黄山红山羊研究所	新泰红毛山羊	31	活　羊	新　泰
新泰市草猪养殖协会	新泰草猪	31	活　猪	新　泰
泰安市岱岳区徂徕镇果树农民经济协会	徂徕黄金梨	31	梨	开发区
泰安市岱岳区岱绿特蔬菜协会	泰安黄芽白菜	31	大白菜（新鲜蔬菜）	岱岳区
泰安市岱岳区岱绿特蔬菜协会	泰安大白菜	31	大白菜（新鲜蔬菜）	岱岳区
泰安市岱岳区泰山玉产业协会	泰山墨玉石雕	14	玉雕艺术品；玉雕首饰	岱岳区
泰安市岱岳区夏张镇夏张红农产品协会	泰安红心萝卜	31	萝卜（新鲜的）	岱岳区
泰安市岱岳区良庄镇瓜菜专业技术研究会	泰安红根菠菜	31	新鲜菠菜	开发区
泰安市岱岳区良庄镇瓜菜专业技术研究会	泰安红根韭菜	31	新鲜韭菜	开发区
泰安市葡萄酒协会	泰山南麓葡萄酒	33	葡萄酒	岱岳区
新泰市刘杜镇甜红子山楂协会	新泰甜山楂	31	山楂（新鲜的）	新　泰
新泰市横山丝研究所	新泰横山丝	22	生　丝	新　泰
新泰市放城镇马家寨香椿协会	马家寨子香椿芽	31	香椿芽（新鲜的）	新　泰
新泰市石井特色农产品研究所	梅鹿山小米	30	小　米	新　泰
东平县大羊土安西瓜协会	土安西瓜	31	西瓜（新鲜的）	东　平
新泰市青云街道外峪珍珠油杏研究所	新泰珍珠油杏	31	新鲜杏	新　泰
新泰市宫里镇宫北村养鸭协会	新泰麻鸭蛋	29	麻鸭蛋（蛋）	新　泰
肥城市马铃薯产业协会	肥城土豆	31	新鲜土豆	肥　城
肥城市孙伯镇农产品产销协会	肥城绞瓜	31	新鲜绞瓜	肥　城
泰安市泰山茶叶协会	泰山茶	30	绿　茶	泰山区
新泰市石井特色农产品研究所	梅鹿山小米	30	小　米	新　泰
新泰市石井特色农产品研究所	新泰大花生	29	加工过的花生	新　泰
肥城市王庄镇农业综合服务中心	肥城白菜	31	新鲜白菜	肥　城
宁阳县乡饮乡南赵村粉皮协会	乡饮大粉皮	30	粉　皮	宁　阳
宁阳县磁窑镇新燕农副产品服务中心	宁阳黄姜	31	新鲜黄姜	宁　阳
肥城市汶阳镇农业综合服务中心	汶阳香附	5	药用香附	肥　城
新泰市龙廷镇丹参种植服务中心	龙廷丹参 LONGTINGDANSHEN	5	药用丹参	新　泰

泰安市 2020 年度“泰山品质”认证、山东省优质产品基地、高端品牌培育企业、优质品牌、知名品牌情况表

表 8

项　目	企业名称	行政区域
“泰山品质”认证	泰安路德工程材料有限公司	高新区
山东省优质产品基地	山东省优质建筑安装服务基地（肥城市建筑安装业发展中心）	肥城市
山东省高端品牌培育企业	山东泰开成套电器有限公司	高新区
	山东康平纳集团有限公司	泰山区
	鲁普耐特集团有限公司	泰山区
	泰安路德工程材料有限公司	高新区
	山东泰鹏环保材料股份有限公司	肥城市
	山东鲁普科技有限公司	泰山区
	山东瑞福锂业有限公司	肥城市
	山东省联合农药工业有限公司	岱岳区
	山东润德生物科技有限公司	新泰市
	力博重工科技股份有限公司	高新区
	肥城金塔机械有限公司	肥城市
	山东德鲁克起重机集团有限公司	新泰市
	石横特钢集团有限公司	肥城市
	泰石岩棉股份有限公司	岱岳区
	泰安汉威集团有限公司	岱岳区
	山东三和维信生物科技有限公司	新泰市
	山东海燕医用材料制造有限公司	新泰市
	山东大禹水处理有限公司	岱岳区
	山东泰安交通运输集团有限公司	泰山区
	泰安市大家园家政服务有限公司	新泰市
山东优质品牌	鲁普耐特集团有限公司	泰山区
	山东泰鹏环保材料股份有限公司	肥城市
	山东泰鹏智能家居股份有限公司	肥城市
	山东鲁普科技有限公司	泰山区
	泰安市恒昌劳动防护用品有限公司	宁阳县
	山东傲饰服饰有限公司	肥城市
	泰安东升服装有限公司	泰山区
	山东农大肥业科技有限公司	肥城市

续表 8

项　目	企业名称	行政区域
山东优质品牌	山东一滕新材料有限公司	肥城市
	泰安瑞泰纤维素有限公司	肥城市
	山东肥城精制盐厂有限公司	肥城市
	新东岳集团有限公司	东平县
	山东省联合农药工业有限公司	岱岳区
	鲁变电工股份有限公司	肥城市
	山东泰开成套电器有限公司	高新区
	山东泰开电力电子有限公司	泰山区
	特变电工山东鲁能泰山电缆有限公司	新泰市
	山东赛特电工股份有限公司	新泰市
	肥城金塔酒精化工设备有限公司	肥城市
	肥城金塔机械有限公司	肥城市
	肥城金塔机械科技有限公司	肥城市
	山东鲁泰建材科技集团有限公司	肥城市
	肥城联谊工程塑料有限公司	肥城市
	山东路德新材料股份有限公司	高新区
	中国电建集团山东电力管道工程有限公司	新泰市
	山东鲁珠水泥有限公司	宁阳县
	山东森宇精工科技有限公司	新泰市
	山东新合源热传输科技有限公司	宁阳县
	山东大唐宅配家居有限公司	泰山区
	泰安益升康生物科技股份有限公司	泰山区
	山东亚奥特乳业有限公司	泰山区
	山东润德生物科技有限公司	新泰市
	山东宝来利来生物工程股份有限公司	泰山区
	山东宝来利来生物工程股份有限公司	泰山区
	山东碧蓝生物科技有限公司	宁阳县
	山东肥城精制盐厂有限公司	肥城市
	山东索力得焊材股份有限公司	肥城市
	山东彩山铝业有限公司	宁阳县
	山东舜世高科实业有限公司	岱岳区

续表 8

项　目	企业名称	行政区域
山东优质品牌	石横特钢集团有限公司	肥城市
	山东海天智能工程有限公司	泰山区
	泰安市天正检测中心有限公司	泰山区
	山东金舆达检验检测有限公司	泰山区
	泰安兴润检测有限公司	肥城市
	山东大禹水处理有限公司	岱岳区
	山东泰安交通运输集团有限公司	泰山区
	泰安友邦现代农业科技有限公司	宁阳县
	山东泰山新合作商贸连锁有限公司	肥城市
	山东泰盈科技有限公司	高新区
	新泰众成科技有限公司	新泰市
	泰安市泰山区图书馆	泰山区
	山东东晨物业管理有限公司	肥城市
山东知名品牌	山东农大肥业科技有限公司	肥城市
	石横特钢集团有限公司	肥城市
	山东碧蓝生物科技有限公司	宁阳县
	山东康平纳集团有限公司	泰山区
	山东索力得焊材股份有限公司	肥城市
	山东路德新材料股份有限公司	岱岳区
	山东润德生物科技有限公司	新泰市
	鲁普耐特集团有限公司	泰山区
	山东泰开高压开关有限公司	岱岳区
	山东瑞福锂业有限公司	肥城市
	山东华兴纺织集团有限公司	宁阳县
	山东欧瑞安电气有限公司	岱岳区
	山东泰鹏环保材料股份有限公司	肥城市
	山东森宇精工科技有限公司	新泰市
	山东泰开成套电器有限公司	泰山区
	山东鲁泰建材科技集团有限公司	肥城市
	山东肥城精制盐厂有限公司	肥城市

续表 8

项　目	企业名称	行政区域
山东知名品牌	山东塔高矿业机械装备制造有限公司	宁阳县
	山东鲁普科技有限公司	泰山区
	山东金塔机械集团有限公司	肥城市
	泰安市恒昌劳动防护用品有限公司	宁阳县
	山东泰之源食品有限公司	肥城市
	山东征途信息科技股份有限公司	肥城市
	山东爱客多热能科技有限公司	岱岳区
	山东傲饰服饰有限公司	肥城市
	山东一滕新材料股份有限公司	肥城市
	山东富世康制粉有限公司	肥城市
	山东健源生物科技有限公司	泰山区
	新泰市鸿福源农业发展有限责任公司	新泰市
	山东龙辉起重机械有限公司	新泰市
	肥城康王酒业有限公司	肥城市
	山东同创汽车散热装置股份有限公司	宁阳县
	山东腾飞机电科技有限公司	宁阳县
	肥城市宇通机械有限公司	肥城市
	肥城林原高分子材料有限公司	肥城市
	山东博新新材料有限公司	肥城市
	肥城恒丰塑业有限公司	肥城市
	山东又工机械工具有限公司	肥城市
	肥城鸿熹桃木文化用品有限公司	肥城市
	泰安绿森纸业有限公司	宁阳县
	泰安市龙藏深泉商贸有限公司	肥城市
	中稀依诺威（山东）磁性材料有限公司	肥城市
	鲁变电工股份有限公司	肥城市
	山东惠尔制革集团有限公司	宁阳县
	山东锐驰机械有限公司	岱岳区
	山东施密特热能设备有限公司	肥城市

泰安市获得中国驰名商标企业情况表

表 9

企业名称	商标名称	商品名称	所属区县
泰山玻璃纤维有限公司	CTG 及图	非纺织用玻璃纤维线、非绝缘非纺织用玻璃纤维	岱　岳
山东东岳橡胶制品有限公司	东岳及图	自行车内外胎、力车内外胎	东　平
山东光明起重机械集团有限公司	金斗山及图	起重机	新　泰
山东泰安山锅集团有限公司	第 714344 号图形	锅　炉	岱　岳
山东泰鹏实业有限公司	安琪尔	床罩、被子、被罩	肥　城
泰山集团泰安市普瑞特机械制造有限公司	普瑞特	金属容器	泰　山
泰安泰山工程机械股份有限公司	岱峰 DaiFeng 及图	移动吊车、升降设备、起重装置	泰　山
泰山石膏股份有限公司	泰山及图	石膏板	岱　岳
山东正方轮胎有限公司	正　喜	车辆轮胎	宁　阳
泰山集团股份有限公司	TAISHAN 及图	锅炉（非机器零件）	高新区
山东春潮色母料有限公司	春潮 chunchao 及图	塑料着色母料、电缆母料	新　泰
瑞星集团有限公司	东平湖	尿　素	东　平
山东银宝食品有限公司	银宝 YINBAO 及图	猪肉、猪肉食品、非活家禽	肥　城
肥城富世康工贸有限公司	富世康及图	面　粉	肥　城
肥城金塔机械有限公司	金字及图	蒸馏塔	肥　城
山东九鑫机械工具有限公司	泰山 TS 及图	扳手（手工具）	东　平
泰安华鲁锻压机床有限公司	华　鲁	弯曲机；金属加工机械；液压机；压力机	高新区
山东光大日月油脂股份有限公司	ZY ZHIYU 智育及图	食用油；食用油脂	东　平
山东索力得焊材有限公司	索力得 SOLID 及图	金属焊丝	肥　城
山东亚奥特乳业有限公司	亚奥特 YAT	牛奶制品	泰　山
山东云宇机械集团有限公司	云宇及图	汽车配件	肥　城
泰开电气集团有限公司	泰开及图	高压断路器	高新区
山东省肥城桃开发总公司	肥　城	桃	肥　城
山东三和化工有限公司	阳和及图	三聚氰胺、未加工人造树脂	新　泰
山东东顺集团有限公司	顺清柔及图	卫生纸、纸手帕、纸餐巾、纸巾	东　平
山东同创汽车散热装置股份有限公司	TCAC 及图	马达和发动机冷却器	宁　阳
山东一滕新材料股份有限公司	一滕及图	纤维素、工业化学品	肥　城

续表 9

企业名称	商标名称	商品名称	所属区县
泰安安能电气集团有限公司	安能 信锐及图	变压器、电开关、高低压开头板	高新区
泰安市泰山索道运营中心	第 5139629 号图形	空中运输、旅客运输（游客）、观光旅游	景　区
山东九鑫日用化工有限公司	满　婷	肥皂、化妆品、洗发剂、洗涤剂、洗面奶	东　平
山东傲饰服饰有限公司	傲饰及图	服　装	肥　城
肥城阿斯德化工有限公司	阿斯德	甲　酸	肥　城
山东新轮轮胎有限公司	新轮 XIN LUN 及图	车辆轮胎、自行车车胎、三轮车车胎	肥　城
山东华泰电缆有限公司	华泰及图	电源材料（电线、电缆）	新　泰
山东康平纳集团有限公司	第 3752835 号图形	呢绒、布、毛织品、棉织品、纺织纤维织物	泰　山
山东亚奥特乳业有限公司	亚奥特 YAT	牛奶制品	泰　山
兴润建设集团有限公司	兴润建设 XING RUN 及图	建筑服务	肥　城
泰安路德工程材料有限公司	路　德	非金属栅栏、非金属搁栏、土隔膜	高新区
泰石岩棉有限公司	泰　石	非金属耐火建筑材料	岱　岳
山东泰丰钢业有限公司	青云山	油井金属套管、金属套管	新　泰
山东泰山轮胎有限公司	泰山及图	汽车轮胎、拖拉机轮胎	肥　城
鲁普耐特集团有限公司	鲁普耐特及图	绳索、非金属缆、捆扎用非金属线	泰　山
泰安仕全兴涂料有限公司	名士达 MINGSHIDA 及图	木材涂料（油漆）、清漆、漆	岱　岳
山东龙成消防科技股份有限公司	薪薪及图	灭火器	新　泰
山东肥城精制盐厂	鲁祥 Luxiang 及图	盐	肥　城
泰安瑞泰纤维素有限公司	瑞泰 RUI TAI	羟丙基甲基纤维素	肥　城
山东宝来利来生物工程股份有限公司	宝来利来及图	非医用饲料添加剂	泰　山
泰安市雅邦工贸有限公司	雅邦斯诺尔	涂　料	新　泰
泰山酒业集团股份有限公司	泰山及图	酒	泰　山
山东润通齿轮集团有限公司	中润通 ZHONGRUNTONG	陆地车辆传动齿轮	新　泰
山东润德生物科技有限公司	润　德	食品工业用葡萄糖	新　泰
新东岳集团有限公司	速至 SUZHI 及图	车辆轮胎，自行车、三轮车内胎	东　平
山东农大肥业科技有限公司	农大 SDAU 及图	肥料，化学肥料，植物肥料	肥　城

10月22日，全国部分省市商品交易市场监管现场观摩经验交流会在泰安召开（张　雷　摄）

【质量安全监管】 严格规范食品、药品、特种设备和产品质量“四大安全”，出台市委常委、市政府领导成员食品安全工作责任清单、部门食品安全事权清单，市政府调整设立市食品药品安全委员会。建立食品安全网格1.11万个，配备网格员1.11万名。628家食品生产企业、10家保健食品生产企业、3.4万家食品销售者、2659家药品零售店实行分级分类监管。8家农贸市场创建为省级规范化农贸市场。开展食品药品领域深化漠视侵害群众利益问题专项整治、防疫物资产品质量和市场秩序专项整治等行动，检查食品、药械、化妆品、各类食堂、网络订餐商家2.2万家次。特种设备定检率100%，1.8万台在用电梯全部纳入“96333”应急处置服务平台管理，在用电梯投保率95.52%。

【集成服务攻坚】 建立52项集成服务事项清单，20家企业入选山东省高端品牌培育企业，51个产品、服务被评为“山东优质品牌”。1家企业获得“泰山品质”认证。中联水泥有限公司入选全国“重点用能行业能效‘领跑者’”名单。泰安康平纳机械有限公司入选“全国重点能源资源计量服务示范项目”。2个项目列入第十批国家农业标准化示范区建设计划，4个项目列入省级标准化建设计划。6家企业获省级以上专利奖。累计拥有中国驰名商标53件、地理标志商标54件、马德里国际商标84件。建立“个小专”党组织1787个，培育非公有制经济党建联系点、示范点292个。全年新登记市场主体7.6万户，增长4.14%。山东省个体私营企业党建工作先进典型宣讲暨现场观摩会在泰安召开。

【公平竞争环境】 全面推行“双随机、一公开”监管、包容审慎监管，企业年报率95.53%，居全省前列。评选出文明诚信经营一条街、示范店和民营企业创建示范单位577个。加强网络、泰山石、广告、成品油等重要市场监管，开展“长江禁捕、打非断链”、知识产权执法“铁拳”、扫黑除恶等行动。出台公平竞争审查抽查和投诉举报处理办法。知识产权行政保护绩效考核列全省第二名，受到国家知识产权局表扬。

【放心消费创建】 放心消费创建参与单位达到1万家，501家企业开通消费维权直通车，60家企业被授予“省级放心消费创建示范单位”。组织100家商超、420家知名餐饮商家开展放心消费创建推进行动。举行“3·15”网上纪念大会，公布消费维权典型案例，开展“法律云课堂”直播活动。深化投诉举报24小时回应机制，做到“接诉即办”“三快四心”（快回应、快处理、快反馈，精心研判分转好、耐心倾听沟通好、尽心办理解决好、诚心回访反馈好），涉及政务服务热线考核的“群众合理诉求满意率、回复群众率、按期答复率”3项指标均为100%。联合国内7个地市消费者协会和7个韩国城市，成立中韩跨境旅游重点城市消费维权协作联盟。“全国融媒体放心消费齐鲁行”走进泰安。在全省消费环境建设工作会议上作典型发言。

【法治建设】 在全省系统首个出台《依法履职尽职免责办法》。反映平抑疫情物价的《利剑守护》，入选全国市场监管部门“七五”普法巡礼十大法治创新案例。1件行政处罚案件获评“全国市场监管系统优秀案卷”。1人入选2020年度法治人物候选。（张　军）

编辑　校对　刘　凯

招商·合作

招商引资

【概况】 利用云视讯、ZOOM、微信等网络平台，开展云招商，确保疫情期间项目洽谈不见面、项目签约不断链、项目服务不断线。年内，举办线上招商推介会、视频签约等活动30次，新签约项目139个，其中过10亿元项目64个，超全年计划24个。全市境内招商引资到位资金306.27亿元，其中十强产业到位资金156.3亿元，涉及新信息、新材料、生物医药等领域。推出标准地371.48公顷（5572.18亩），完成年度任务的105.7%；建成标准厂房219.3万平方米，完成年度任务的103.9%。项目结构不断优化，签约落地率逐年提升，先后引进投资90亿元的正威集团泰安产业基地、投资60亿元的国际智慧康养、投资50亿元的政法大数据产业园、投资40亿元的新城吾悦广场、投资35亿元的钜成未来信息技术、投资27.4亿元的国泰大成碳纤维等一批大项目。12月，省发展改革委通报全省内资招商情况，明确指出“泰安、淄博等市工作扎实，成效明显”。

【云招商】 有效利用移动云视讯系统，举办项目视频对接会11次，先后对接上海优势资本、百川株式会社等20个企业和项目。利用省商务厅选择山东云平台，举办泰安专场推介会（全省第2场）；与香港山东商会博士分会合作，举办科研项目线上路演会。在省、市各2次视频签约活动和儒商大会、登山节、山东省与世界500强连线系列活动、上海进博会招商活动等重点活动中，泰安市共签约项目139个，总投资2081亿元，拟利用外资6.38亿美元。

11月26日，2020（北京）泰安会展合作交流暨项目推介·云上推介会召开
（韩合东　供）

【工业招商引资】 根据市委、市政府“产业兴市、工业强市”决策部署，围绕落实《关于加快工业经济发展十二条意见》，制定《招商引资攻坚组攻坚工作实施方案》《关于强化园区平台建设抓好工业招商引资的实施细则》，全力推动泰安工业招商引资工作有序开展。在全年开展的招商活动中，签约工业项目80个，占全年签约139个项目的57.5%。

【2020中国泰安投资合作洽谈会】 9月6日，第三十四届泰山国际登山节暨2020中国泰安投资合作洽谈会开幕式举行。德国、日本、韩国等15个国家和地区以及国内的700位嘉宾、客商，通过现场出席和视频连线的方式参加活动。共签约重点项目44个，总投资915.3亿元。同期，采取“线上＋线下”模式举办泰安市重点工业项目推介会，重点

11月5日，市政府在上海举办2020泰安（上海）投资合作洽谈会

（和沐雯 供）

推介工业项目13个，涉及高端装备制造、高端化工、新材料、新能源、医养健康、文化旅游等十大产业。

【2020泰安（上海）投资合作洽谈会】 11月5日，市委副书记、市长张涛带队赴上海参加第三届中国国际进口博览会并举办2020泰安（上海）投资合作洽谈会。该次洽谈会集中签约一批投资额度大、科技含量高、市场前景好的新项目。活动期间，张涛一行先后到江苏数字鹰科技股份有限公司、钜成企业管理集团有限公司、上海宁圣企业管理集团有限公司、上海韵达货运有限公司、中国电子科技集团有限公司等企业对接洽谈项目，并走进第三届中国国际进口博览会实地调研泰安市企业展览采购情况，参加山东省与世界500强产业链高质量合作发展对话活动。 （和沐雯）

重点项目建设

【概况】 年内，泰安市13个项目列入省重大项目，其中建设类项目7个，总投资203.08亿元，年度计划投资79.9亿元；完成投资142亿元，占年度计划投资的177.72%。全市111个市级重点建设项目，总投资1285.9亿元，年度计划完成投资274.7亿元；实际完成投资295.6亿元，完成年度计划的107.6%。

【石横特钢泰安特种建筑用钢项目】 总投资148亿元，主要依托石横特钢集团有限公司对子公司鑫华特钢实施内部资源优化，实施石横特钢铁、钢、材装备升级及流程优化改造。项目按照“国内一流、国际先进”标准建设，通过与德国巴登钢厂对接，实现数字化、网络化、智能化工厂建设目标，采用国际先进的生产工艺和设备，低成本高效率生产高质量、高性能、高精度的产品。竣工投产后，石横特钢生产工艺、装备水平、能耗排放均达到国内一流水平，人均钢产量达到每年2500吨以上，实现“绿色工厂”“智能制造”，成为国内最具竞争力的特种建筑用钢产业基地。

【泰山玻纤产业园配套生产项目】 总投资11亿元，占地20公顷（300亩）。主要建设2号经编车间、玻纤综合利用及包材、增强热塑性托盘、湿法毡、水性新材料5个配套生产项目，总建筑面积19万平方米。2号经编车间年产经编织物2.3万吨。玻纤综合利用及包材项目年产针刺毡3000吨、改性短纤6000吨及包装材料。增强热塑性托盘项目年产35万个塑料托盘。湿法毡项目年产湿法毡及涂层毡2.13亿平方米。水性新

9月26日，石横特钢集团有限公司厂区鸟瞰 （李慧星 供）

材料项目年产水性新材料2.25万吨。项目借鉴公司先进成熟的工艺技术和设备，对公司延伸产业链，优化产品结构，创造新的利润增长点，实施多元化发展具有重要意义。

【路德新材料高性能碳纤维土工格栅及高性能复合材料项目】 总投资5.2亿元，占地8.21公顷（123.2亩），建筑面积7.64万平方米，计容面积11.05万平方米。新上高性能碳纤维土工格栅生产线2条、高强塑料格栅生产线5条、聚丙烯长丝纺粘无纺布生产线2条。年产高性能碳纤维土工格栅及高性能复合材料8000万平方米。该项目为产学研合作研发，通过项目实施，突破碳纤维土工格栅及高性能复合材料产业化关键技术，实现产品国产化，打破国外垄断，替代进口，满足国家重大基础设施建设项目需求。

【九女峰乡村度假区项目】 总投资24.3亿元，占地1780公顷（2.67万亩），总建筑面积124万平方米。该项目由国内著名规划设计团队田园袈蓝整体规划设计。总体定位为：以新型城镇化为背景，以乡村振兴为抓手，以三产融合为内核，立足济南城市群客源市场，聚焦产、学、养、游四大核心产业，按照"一轴、一带、两心、两区、三组团、多节点"（城乡融合发展轴，三产融合示范带，道朗镇副中心、山地度假副中心，山地度假片区、田园综合体片区，乐活田园、农创田园、养心田园，文旅综合服务示范点、山地度假示范点、田园康养示范点、田园游乐示范点、社区生活示范点、现代农业示范点）规划结构和"六进村、六能、七变"（通过银座幼儿园进村、福瑞达健康养老进村、智慧零售进村、精品旅游进村、职业学校进村和国家农产品中心进村，打造能吃、能住、能玩、能购、能让群众富起来、能让村集体有收入的发展新模式，实现农村变景区、农民变股民、农舍变客舍、劳动变体验、劳力变人才、资源变资本、产品变商品的目标）发展模式，打造集田园休闲、亲子度假、研学游学、健康康养度假、高效示范农业等多种功能于一体的国家级农村产业融合发展示范园，环泰山乡村度假中心乡村振兴齐鲁样板，山东省生态旅游示范区。

市财政部门大力支持乡村振兴。图为9月12日，九女峰乡村度假区
（高　磊　供）

【青云国际冷链智慧物流园项目】 总投资12亿元，占地26公顷（390亩），总建筑面积22万平方米，主要建设商业配套服务区、农副产品和百货交易区、大宗商品交易中心。项目建立完善的配套设施，整合供应链资源，运用现代化物流技术、电子商务系统打造信息化交易平台，提高流通效率，降低农产品物流成本，保证食品的品质和安全，打造菜篮子工程。

【泰山百合谷田园综合体建设项目】 总投资5亿元，占地1733.33公顷（2.6万亩）。新建百合种植基地333.33公顷（5000亩）、藜麦200公顷（3000亩）。建设厂房仓库、展销中心等2.8万平方米。建设智能温室大棚3万平方米。园区获得"国家一、二、三产业融合示范区""国家林下经济示范基地""国家创新创业示范基地""山东省农业产业化重点龙头企业""山东省农业'新六产'示范主体""山东省休闲农业与乡村旅游示范点""山东省农业标准化生产基地"等称号。

（侯　波）

扶贫协作

【概况】 根据省委、省政府安排，泰安市对重庆市巫溪县开展扶贫协作。年内，泰安市主要领导分别主持召开市委常委会、市政府常务会和市对口支援和扶贫协作工作领导小组

6月28日，泰安·巫溪东西部扶贫协作联席会议在泰安举行
（韩 冰 供）

会，专题研究东西部扶贫协作各项工作；召开联席会3次、座谈会1次，对接扶贫协作和携手奔小康工作。全年筹集财政援助资金5049.4万元（其中泰安市及县市区拨付2914.4万元），安排建设项目24个。至年底，完工扶贫协作项目13个。其中，向深度贫困乡镇、定点攻坚村安排资金2250万元，占援助资金45%；产业扶贫、就业扶贫资金4113万元，占比83%。到年末，项目投资完成率达95%，拨付资金4276万元，资金拨付率达85%。已完成的产业项目受益贫困户达1205人。

2020年年初，巫溪县通过贫困县退出市级评估检查验收。2月22日，重庆市政府宣布巫溪县退出国家扶贫开发工作重点县。

【人才交流】 人才互派交流。泰安市选派3名党政干部、31名教师、33名医生、12名农业技术人员到重庆巫溪县挂职交流；巫溪县选派4名党政干部、7名教师、3名专业技术人员、10名医生赴泰安市挂职学习。人才提升培训。组织巫溪县309名党政干部到山东省烟台市培训，组织培训巫溪县专业技术人才320名，其中农业技术人员246人、教师49人、医生25人。

【产业合作】 企业新增投资4202万元，带动贫困人口就业682人，其中吸纳贫困人口就业108人、通过利益联结机制带动贫困人口574人。促续建项目投产。做好山东农大肥业科技有限公司与巫溪明申肥业有限公司深度合作后续服务工作，该项目新增投资900万元，年内已投产运营；龙庭湖疗休养基地产业合作项目新增投资789万元。促新增项目投资。山东云农公社现代农业有限公司与重庆滕展家禽养殖有限公司合作完成养殖加工项目投资1860万元；山东海福神生物科技有限公司与巫溪县梓源归农业开发有限公司合作投资金银花种植项目120万元；浙江省香菇种植大户潜瑛与巫溪县天元乡人民政府投资香菇种植项目533万元。促扶贫车间开工复工。利用援助资金180万元，新建扶贫车间5个；梳理扶贫车间经营状况，点对点解决企业防疫物资供应、复工复产审批、上岗人员健康监测等问题，确保援建车间全部复工达产，就近就地安置就业316人，其中贫困户183人。

【消费扶贫】 国务院扶贫办认定巫溪县扶贫产品487款、总金额10.74亿元，巫溪县销售已认定扶贫产品23268万元，其中向山东市场销售食用菌、畜禽肉蛋等认定扶贫产品1912万元。开展消费扶贫带动贫困人数6万人，其中销售到山东扶贫产品带动贫困人数673人。推行定点收集东部消费需求、订单打造产品生产加工基地、定向开通专供专销渠道的“三定”消费扶贫方式，签订销售协议53份，出台消费环节物流补贴政策，扶持建设深度贫困乡镇电商集配中心。《探索东西部消费扶贫长效机制》入选全国东西部扶贫协作案例选编。

【劳务协作】 做好就业服务指导。泰安市帮助联系用工企业150家，收集整理发布就业岗位2200个，通过巫溪网、巫溪党政App、手机短信等平台发送定向招工信息1万条。组织招聘会1场次。制定就业扶持政策。出台疫情防控期间贫困户到山东稳岗就业优惠政策，对就业服务机构统一组织赴山东务工的，实行专车送达，对贫困劳动力赴山东务工稳岗3个月以上的给予每月生活补贴1000元、一次性求职补贴800元和一次往返交通费补助。至年底，通过劳务机构输送、致富带头人带动等方式，向山东输送贫困劳动力108名。开展就业培训。开展劳动力就业技能培训，255人全部实现就近就地就业。组织9名贫困学生到山东职业院校读书，实现就业1人。

【社会帮扶】 动员泰安市结对单位、各类企业、社团募集社会捐款捐物金额600万元，超额完成捐赠任务。利用泰安市募集资金72万元，认领未脱贫户“微心愿”918个，对接贫困户物品和资金需求210条。巩固6个镇村结对、8个村企结对、17个学校结对和4家医院结对帮扶工作，在专业技术、产业指导等方面给予帮扶。新增企业帮扶下堡镇宁桥村、中梁乡星溪村2个市级定点攻坚村，分别投入帮扶资金5万元改善村基础设施建设。完成致富带头人培训工作，组织培训农村致富带头人374名，创业成功73人，带动贫困人口569人。助力残疾帮扶，安排援助资金250万元，用于集中供养贫困残疾人、培育残疾人产业基地、实施残疾人家庭无障碍改造等项目。深化两地企业交流，立足巫溪丰富的木材、石材等资源，借助山东企业的品牌、市场、技术、影响力等优势，推进巫溪龙凤木梳、腾展家禽有限公司、同利中药材与泰安肥城鸿熹桃木文化用品有限公司、济宁邦尔中药饮片有限公司、泰安云农集团等企业结对子、促合作，实现互利共赢。新冠肺炎疫情防控期间，第一时间派出中心医院重症医学科主治医师支援巫溪县抗疫，捐赠口罩51万只，为巫溪乡镇卫生院新增配救护车6辆。

（韩　冰）

对口支援

【概况】 根据省委、省政府安排，泰安市对口支援新疆维吾尔自治区喀什地区岳普湖县。2020年，泰安援疆指挥部结合岳普湖县实际，提出“135”（围绕社会稳定和长治久安这一总目标，突出社会稳定、脱贫攻坚、民族团结三项重点，聚焦人才支撑、民生改善、稳定脱贫、产业发展、交往交流五大攻坚战）工作思路，成立5个工作专班，逐项明确牵头领导、责任部门、完成时限，全面推动援疆工作开展。安排援疆资金2.3亿元，其中投入扶贫领域资金19016.7万元，占比82.6%，助推岳普湖脱贫退出工作通过国家普查验收。年内，泰安市对口援建的15个项目均完成年度建设任务。山东省党政代表团到喀什调研期间，省委书记刘家义考察岳普湖县九间棚新疆公司金银花项目、妃尝香果产品深加工项目、结对包帮乡村振兴示范村项目，对泰安产业援疆助力脱贫攻坚工作给予充分肯定。

【帮扶工作】 结对帮扶。10名援疆干部对受援乡镇所有行政村全覆盖调研，联系包保贫困村和贫困户。投入资金800万元建设基层社会治理平台，提升社会公共服务能力。投入资金930万元，提升整治边缘户庭院1863户，发展庭院经济，提升生活环境。投入资金321万元，改造107个村（社区）的养老、托幼和卫生场所，提升服务能力。教育扶贫。新设立教书育人专项奖励资金，按照学生每人1000元、教师每人2000元的标准，评选表彰品学兼优的学生和优秀教师。拨付专项资金214.5万元，补助优秀贫困大学生433名，帮助农村孩子实现“大学梦”。健康扶贫。实施结核病防治项目，营养早餐覆盖率达100%，报告发病率下降至198.26/10万。组织开展“光明行”活动，76名患者重见光明。投入107万元，组织村级卫生员进行培训。社会扶贫。动员山东企业和社会团体开展帮扶，捐助优质果苗16万株，发放10万元的“爱心书包”和国学文化光盘，累计捐款捐物折合近400万元。联系协调泰安市总工会、国资委、妇联等党政机关，新矿集团、泰安农业银行、鲁怡制衣等企业签订采购协议，累计采购农特产品2100吨，金额2500万元。

【产业援疆】 深化消费带动。投入援疆资金1500万元，建成3家“喀

6月19日，喀什地区、岳普湖县招商引资暨消费扶贫推介会在泰安举行

（韩　冰　供）

10月1日，“喀什好味道”新疆特产泰安专卖店外景　（宁　娟　供）

什好味道”专卖店和“大仓东移”泰安分中心。投入援疆资金570万元，建设“仓储前置”“商贸平台”项目。先后举办喀什地区、岳普湖县招商引资暨消费扶贫推介会，联合省、市供销社在岳普湖县召开农副产品产销对接会，助推新疆特色农副产品销售。发挥岳普湖县全国电商示范县优势，培植京东云仓、蜜心果业干线物流等电商物流龙头企业，打造线上线下货源整合供应中心。全年累计销售农特产品3500吨，销售金额4100万元。搭建平台招项目。与岳普湖县建立联合招商工作机制，双方共建招商平台，合署办公，联合进行组团式招商。通过全员招商、小分队招商、以商招商等措施，全年收集有效项目信息180条，签约项目30个，合同总额37.97亿元。其中，投资1.2亿元的方豪木业生产加工等12个项目已竣工投产。紧盯重点领域促增收。投入资金1800万元，帮助扩大“三果一花”（红枣、无花果、新梅，金银花）特色高效种植项目规模。全县参与种植金银花的农户4879户，其中贫困户2384户，种植户年均收益1.5万元以上。年内，新建泰岳农产品加工孵化园，引进妃尝香、蜜心果业、郑疆果业等农产品深加工企业，新开发就业岗位1301个，其中建档立卡贫困户425人。培育扶持强项目。投入援疆资金2000多万元，扶持正伦纺织、蜜心果业、九间棚等企业，初步形成以九间棚、正伦实业、卡士达电子等为代表的农副产品加工、纺织服装为支柱，轻工建材为特色的三大优势产业集群。

【人才援疆】　建立“柔性人才工作站”，按照“岳普湖所需、泰安所能、作用明显”的原则，从全市教育、医疗、农业、宣传、旅游、纪检监察等行业选派各类专业技术人才78人到岳普湖县开展援疆工作。创新实施“泰岳彩虹”云联工程，借助空中课堂、班班通和远程会诊、远程培训等互联网信息平台，实现两地优质教育医疗资源共享；策划启动“春风”工程，组建岳普湖县妇幼健康服务中心，购置部分专业医疗器械，开展唐氏筛查、产后康复等新业务，为1766名适龄青年开展免费婚前检查，补助600多名农村妇女开展“两癌”（宫颈癌、乳腺癌）筛查；开展“青蓝同辉”工程，援疆人才发挥“传帮带”的作用，签订“师带徒”协议92份，通过一对一、一对多的辅导帮助，提高同学科、同领域的专业人才业务水平。

【助力民族融合】　投入援疆资金300多万元支持全县疫情防控，筹措医用口罩30万个、核酸检测试剂10万份等防疫物资。“泰岳连心”医疗服务队下乡送医送药活动惠及群众1000人次。投入援疆资金4400万元新建岳普湖四中（岳普湖泰山中学）。投入援疆资金1000万元，建设集爱国主义教育、民族团结教育、传统文化教育、现代文明教育于一体的综合性教育实践基地。投入资金852万元，用于全县4588名农村党员干部的培训以及106所农牧民夜校培训。投入260万元，做好“一抓双促”（抓党建工作、促脱贫攻坚、促乡村振兴）示范村工作，打造泰安援疆“民族团结+”特色品牌。开展“民族团结一家亲”“手拉手”活动，30名汉族援疆人士同45户维吾尔族群众结成对子，开展收麦子、拾棉花、捐物品、义诊、联欢等活动，增进了解，融洽感情。

（韩　冰）

编辑　校对　刘　凯

农业·水利

农业综述

【概况】 2020年，全市农业增加值299.7亿元，按可比价计算，增长2.3%；农村居民人均可支配收入19682元，增长5.7%。全年粮食播种面积557.62万亩，粮食总产257.07万吨。

【产业融合发展】 推进“农业+加工、农业+旅游”等融合发展模式，以园区建设引领农业产业化发展，新评审认定市级现代农业产业园13个，至年底，全市有市级以上产业园36个，其中国家级现代农业产业园1个、省级4个。发展农业产业强镇，4个乡镇获中央资金4200万元，承建强镇建设项目。推动休闲农业发展，全市有国家级休闲农业与乡村旅游示范县2个、示范点2个，省级示范县3个、示范点10个；山东省美丽休闲乡村5个；山东省休闲农业精品园区（农庄）8个。全国“一村一品”示范村镇新增2个，总数11个；全省“一村一品”示范村镇8个。

【优化产业结构】 提升粮食综合产能，确保粮食安全。全市粮食播种面积557.62万亩，增加0.45万亩；亩产461.02千克，增长1.8%；粮食总产257.07万吨，增长1.9%。2020年，市委、市政府把粮食生产“十统一”［统一机收、统一秸秆还田、统一深耕（松）、统一旋耕、统一供种、统一播种、统一施肥、统一镇压、统一病虫防治、统一保险］列入为民要办的十件实事，全市累计投入资金1.4亿元，社会化服务面积130万亩，机收、机播、秸秆还田率100%，粮食生产专业化、组织化、现代化水平得到提升。肥城市被确定为全省农业生产社会化服务规范化建设示范县，“村集体嵌入式”生产托管服务模式入选省社会化服务组织典型案例，全国引领性技术玉米籽粒机收现场观摩会议在泰安市召开。培植泰山茶、泰山板栗、有机蔬菜、生态奶业等十大产值过10亿元的优势产业集群，总面积84万亩，总产值147亿元。泰山茶种植面积5.02万亩，干茶产量1665.74吨，产值10.84亿元，位列全省第三。有机蔬菜面积10.6万亩，产量31.4万吨，产值10.28亿元。东平湖水产品产量5.6万吨，产值13.4亿元。肥城市边院镇被评为全国农业产业强镇，泰山景区下港镇、肥城市王庄镇被评为全国“一村一品”示范镇，宁阳县乡饮乡南赵村被评为全国特色产业亿元村。

【质量品牌引领】 健全完善农产品质量安全标准化体系，5项农业

6月8日，市委书记崔洪刚（前排中）到肥城调研“三夏”生产工作
（李临涛　供）

6月5日，汶阳田麦田金黄　　（陈 阳　摄）

领域地方标准获省级立项、5项规程被列为省级农业地方规程，发布市级农业地方规范3项、农业团体标准3项，市级以上农业地方规范突破100项。打造一批省级、市级农业标准化基地，市级以上农业标准化基地总数162个，其中省级92个。扩大农产品质量安全监测覆盖范围，完成部、省级监督抽查7次，例行监测4次，合格率稳定在98.5%以上。开展区域公用品牌、企业产品品牌“双牌”同创，全市有1个区域公用品牌、4个企业产品品牌入选山东省第五批知名农产品区域公用品牌和企业产品品牌。组织开展第三批市级农产品品牌评选，创建国家级和省级知名农产品品牌，市级以上知名农产品品牌100个，其中国家级2个、省级31个，“泰山茶”“肥城桃”两个国家级区域公用品牌价值评估分别达37.52亿元、19亿元。

【农村改革创新】　全市99.9%的村（居）基本完成农村改革任务，确认成员423万人，量化资产117亿元。开展集体经济“跨五跃十”行动，至年底，全市基本消除5万元以下的村，10万元以上的村达70%。以合同整治为切入口，加强集体资产管理，排查集体经济合同11.55万份，其中问题合同1.91万份，涉及问题合同金额14.27亿元，增加集体收入2.36亿元。宁阳县、肥城市分别开展集体资产股权质押贷款和有偿退出试点，发放农村集体资产股权质押贷款76笔、472万元。坚持农村土地“三权”（所有权、承包权、经营权）分置，发展多种形式适度规模经营。引导农户采取转包、出租、转让等方式流转承包地，鼓励农民以承包地入股组建土地股份合作组织，发展多种类型的股份合作。至年底，全市农村土地经营权流转面积185万亩，占土地确权面积的45%，高于全省平均水平。肥城市被中央农村工作领导小组办公室、农业农村部表彰为农村土地确权颁证典型地区，并代表全省参加颁奖仪式。做大做强农业龙头企业，推动农产品加工企业“上规纳统”，促进规模化、集团化、品牌化发展。2020年，全市规模以上龙头企业新增5家，总数330家，其中国家级4家、省级42家。开展农民合作社示范社、家庭农场示范场创建，全市市级以上合作社示范社909家，家庭农场示范场327家；合作社总数1.02万家，家庭农场总数6704家。加快推进农业社会化服务组织提档升级，全市各类农业生产性服务组织6189个，其中省级示范组织11个、市级25个；从业人员13万人，各类新型农业经营主体成为推动全市乡村产业振兴的中坚力量。

【农田设施建设】　建设集中连片、旱涝保收、稳产高产、生态友好的高标准农田，组织实施各类高标准农田建设项目43个，建成高标准农田25万亩，总投资3.8亿元。至年底，全市累计实施高标准农田建设项目402个，建成高标准农田430万亩，总投资44.89亿元。发展节水型农业，灌溉水有效利用系数0.66，高于全省平均水平。开展化肥农药减量增效行动，推进农作物秸秆多渠道综合利用。全市农药利用率提高至40%，测土配方施肥完成310万亩，新增水肥一体化面积4.8万亩，总面积36.8万亩，秸秆利用率92%，农膜回收率84.5%。

【人居环境提升】　坚持先行引领、连片打造的工作理念，2020年投资45.34亿元，新创建市级先行区11个、面积32万亩，涵盖86个村、13万人。新增省乡村振兴示范乡镇4个、示范村60个，总数分别达9个、114个。加强环境整治，全市实现城乡垃圾治理一体化全覆盖、农村生活垃圾无害化处理村庄全覆盖；累计完成农村无害化厕所改造57万户，无害化厕所普及率90.9%；1684个村完成生活污水治理任务，任务完成进度全省第一；新改建“四好农村路”2377千米，2700个行政村基本实现农村道路“户户通”；建成“美丽庭院”示范户9.5万户，2908个村建有“美丽庭院”示范户；完成新造林面积18.3万亩，创建森林乡镇19个、森林村居62个；全市国家级卫生县城比例100%，卫生乡镇比例10%以上，省级卫生村比例达40%以上。实施省“四五乡村建设行动计划”，推动农村人居环境整治与美丽乡村建设融合发展。2020年，新建设美丽乡村示范村202个，其中省级示范村25个；累计创建省、市、县三级美丽乡村示范村712个，总投资2.5亿元，全市美丽乡村示范村覆盖率23%以上。（李临涛）

种植业

【概况】 全市粮食播种面积557.62万亩，总产257.07万吨，亩产461.02千克；油料作物面积69.24万亩，总产19.66万吨，亩产283.9千克；棉花面积5.51万亩，总产0.47万吨，亩产85.0千克；烟叶面积89亩，总产14.1吨，亩产158.4千克；药材类面积7.90万亩；蔬菜及食用菌面积153.10万亩，总产575.08万吨，亩产3756.2千克；瓜果类面积2.57万亩，总产8.31万吨，亩产3238.5千克；其他农作物面积2.78万亩。

【植物检疫】 搞好检疫性有害生物和重大植物疫情的调查防控。重点对苹果蠹蛾、果蔬害虫、甘薯茎线虫、甘薯小象甲等检疫性有害生物调查。严格产地检疫和调运检疫。对小麦、黄瓜、大葱等制种田进行产地检疫，产地检疫面积12.5万亩，签发产地检疫合格证334份；签发植物检疫证书356份；新办理和换发检疫登记证12家。做好农药监督管理工作，推进农药经营许可证核发工作，全市发放农药经营许可证2151份；取得限制使用农药经营许可证48份。完成农药产品抽样112个，肥城市10家农药经营店获得全国农药经营标准化门店称号。

【病虫害防治】 全年病虫草害发生2679.88万亩次，比上年减少125.41万亩次，防治2563.64万亩次，减少112.13万亩次，防治面积占发生面积的95.66%。其中，病害发生638.76万亩次，比上年减少3.46万亩次；虫害发生1371.46万亩次，比上年减少99.65万亩次；杂草发生635.66万亩次，比上年减少22.3万亩次；飞蝗发生19万亩次；农田鼠害发生15万亩次。通过防治，全市挽回粮食损失33.8万吨、棉花910.64吨、油料2.39万吨、水果6.71万吨、蔬菜112.82万吨。加强病虫草害监测预警。贯彻落实《泰安市农业有害生物监测预警办法》，完善县级有害生物监测预警与控制区域站和乡村基层测报点相结合的监测预警网络，提升农业有害生物监测预警能力。做好重大病虫防控工

2020年泰安市粮棉油菜生产情况表

表10　　　　单位：万亩、千克/亩、吨

名称	粮食			棉花			花生			蔬菜及食用菌		
	面积	单产	总产	面积	单产	总产	面积	单产	总产	面积	单产	总产
合计	557.62	461.0	2570744	5.5117	85.0	4684	67.60	286.0	193353	153.10	3756.2	5750758
泰山区	3.16	484.1	15307	—	—	—	0.0003	450.0	1.35	0.38	2751.3	10447
岱岳区	92.05	494.2	454936	0.2778	75.5	210	3.14	226.3	7107	30.44	3437.5	1046365
高新区	—	—	—	0.0003	80.0	0.24	3.16	276.4	8730	16.52	3880.6	641131
泰山景区	—	—	—	0.0190	57.3	11	0.40	172.6	694	0.35	2125.8	7528
徂汶景区	—	—	—	0.0229	97.0	22	4.06	277.0	11271	8.28	3484.0	288526
新泰市	78.26	487.2	381247	0.3483	76.9	268	29.09	271.6	79014	26.92	4004.5	1077895
肥城市	106.44	460.7	490334	1.1749	78.1	918	3.08	266.0	8181	31.84	3683.1	1172731
宁阳县	127.88	471.7	603175	0.0915	93.1	85	19.14	320.2	61291	21.98	4060.9	892454
东平县	149.83	417.6	625745	3.5770	88.6	3170	5.53	308.6	17064	16.39	3744.4	613681

说明：文中粮食数据均为国家统计局山东调查总队公布数字，合计数包含高新区、泰山景区、徂汶景区

10月10日，全国引领性技术玉米籽粒机收现场观摩交流会暨农技推广补助项目管理交流活动在泰安市召开 （李临涛　供）

作。对小麦条锈病、黄化叶病毒病、赤霉病、东亚飞蝗等对农作物产量影响极大的重大病虫，及早部署防控工作。印发《关于抓好小麦重大病虫防控力保夏粮安全生产的通知》《泰安市2020年小麦重大病虫防控技术意见》等各类病虫草防控技术意见16次。举办植保技术培训班48期，培训人员7350人次，发放培训资料7.8万份，广播电视报纸等宣传15次、网络宣传134次。开展专业化统防统治。推广小麦“冬前杂草化除、返青拔节期病虫综防和穗期一喷三防”统防技术、玉米“苗前苗后化除和苗期病虫综防”统防统治。至年末，全市有专业化防治服务组织180支（其中在农业部门登记注册107支，6家专业化统防统治组织被评为第二批全国统防统治星级服务组织），从业人员3208人，拥有无人机495台，大、中型喷药器械425台，小型喷药器械近1544台（套），日作业能力超过23.6万亩，共计完成小麦、玉米、水稻统防统治面积568.1万亩次，其中飞防面积510.1万亩次，占防治面积的90%。开展化肥农药减量增效行动。推进农作物秸秆多渠道综合利用，全市农药利用率提高至40%；测土配方施肥完成310万亩，新增水肥一体化面积4.8万亩，总面积36.8万亩，秸秆利用率92%，农膜回收率84.5%。

（李临涛）

茶与蔬菜产业

【概况】　将泰山茶列为乡村振兴十大优势产业之一进行重点培育，实施品牌提升、品质提升、规模提升、服务提升四大工程，提高泰山茶种植标准、加工工艺、产品品质，增强泰山茶企品牌意识，泰山茶成为最具活力的特色产业之一。2020年，全市茶园面积5.02万亩，干茶产量1665.74吨，产值10.84亿元。围绕提升蔬菜品质和保障蔬菜质量安全，推广蔬菜安全高效生产技术，重点抓好设施类蔬菜生产管理，蔬菜产业呈现良好发展态势。2020年，全市蔬菜播种面积196万亩，蔬菜产量765万吨。

【茶产业发展】　全市引进推广福鼎大白、安吉白茶、中茶108、黄金芽、金萱等优良品种20个，无性系良种率35%以上。茶叶外形由原来单一的卷曲形发展成扁条形、针形、颗粒形等新茶形。2020年，山东泰山茶溪谷农业发展有限公司和泰安市农业科学研究院联合完成“山东珍特茶树品种创制与栽培关键技术集成”成果，选育出泰山御芽、碧霞春、岱鼎御丰、岱鼎御岫4个品质优良、抗寒、抗病虫性较强的茶树新品种。按照“政府主导、企业主体、协会运作、双牌经营”的思路，合力推进泰山茶区域公用品牌建设，形成以“泰山茶”区域公用品牌为“母品牌”，以企业整合的“泰山女儿茶”“泰古岩茶”“泰山九曲白茶”“泰山君子茶”等为“子品牌”的“1+N”品牌体系。“泰山茶”获国家区域公用品牌和地理标志产品证明商标，23家茶企使用泰山茶区域公用品牌，茶企产品品牌80个。探索适合泰山茶产业发展的运行机制，形成以种植、加工、销售为一体的产业链。至年底，全市茶叶种植加工企业100家，其中省级龙头企业2家、市级20家、SC认证企业43家。坚持“以茶为媒、茶旅联姻”发展模式，做好泰山茶与泰山旅游、泰山文化结合文章，推动茶旅产业融合发展，形成以旅促茶、以茶带旅、三产联动的发展格局，涌现出泰山茶苑、良心谷、茶溪谷等一批优秀茶旅庄园，建设茶文化交易市场2处，打造茶旅融合发展示范区10处、面积5000亩。

【蔬菜生产】　蔬菜种植在全市均有分布，相对集中在新泰市、肥城市、宁阳县、泰安高新区等县

（市、区）、功能区，常年种植的品种有叶菜类、瓜类、茄果类、根茎类、葱蒜类、豆类等12个大类30个主导品种。相继出现房村镇、良庄镇、华丰镇、楼德镇、边院镇、王庄镇、天宝镇等以蔬菜种植为特色的特色小镇。加大蔬菜产业转型升级的政策引导和设施农业种植模式的推广，通过采用新型棚膜、新材料棚体、新型专用机械对原有大棚进行升级改造；推广“五位一体”（养殖、种植、生态、环保、能源利用）、光伏大棚和四膜棚等新型种植模式，推进设施蔬菜产业的发展和转型升级。重点推广西红柿标准化栽培技术、大蒜绿色高效生产关键技术、生姜高产栽培技术、设施蔬菜连作障碍综合防控关键技术、黄芽白菜高产栽培技术，全面推广“膜下暗灌、喷灌滴灌”等现代肥水一体管理技术、增施有机肥、生物技术防治病虫等生物物理病虫害防治技术，引进推广高产、抗病、耐低温、适宜设施栽培和露地生产新优品种50个。泰山西红柿产业依托山东农业大学和泰安农科院的科研成果，在宁阳县华丰镇西红柿种植区建设新技术、新品种示范区，带动泰山西红柿主产区产业化发展和品牌化销售。

（李临涛）

林业产业

【概况】 2020年，新发展特色经济林2.6万亩，总面积173万亩，林果总产量100万吨；新增高档苗木花卉8000亩，总面积44.1万亩，面积规模继续保持全省领先。中药材总面积8.2万亩，其中泰山黄精种植面积1.5万亩。培植壮大林业龙头企业，国家级林业龙头企业2家，省级林业龙头企业36家。做好林果标准化生产、品牌化培育工作，国家级核桃示范基地2处，省级标准化示范园29处、全省十佳旅游观光果园10处；“齐鲁放心果品”品牌23个，绿色、有机果品认证面积85万亩。完成食用林产品质量安全检测638个批次，抽检合格率100%。“肥城桃”入选“中国特色农产品优势区”，“新泰樱桃”被评为“全国经济林产业区域特色品牌”。“肥城桃”“泰山板栗”“东平核桃”先后获评“山东省知名农产品区域公用品牌”。

【经济林生产】 加快实施《泰安市特色经济林产业振兴计划》《泰安市苗木花卉产业振兴计划》《泰安市中药材产业振兴计划》和《泰安市现代高效农业专项规划（2018—2022年）》，培强肥城桃、大樱桃、核桃、板栗、苗木花卉、泰山黄精等优势产业，做精泰山鲁丽苹果、宁阳大枣、珍珠油杏、甜红子山楂等特色果品。全年新发展特色经济林2.6万亩，林果总产量100万吨。新增高档苗木花卉8000亩，泰山黄精种植面积达1.5万亩。10月，举办第十六届泰山苗木花卉交易会。“泰山四大名药”分获国家地理标志证明商标。肥城市、泰山区被评为全国首批“互联网+经济林产品营销模式示范单位”。

【食用林产品质量安全监管】 年初，印发《2020年“守护舌尖安全”食用林产品专项行动实施方案》《关于进一步加强食用林产品质量安全监管工作的通知》《2020年食用林产品质量安全监督抽检实施方案》等文件，从有效监管抓起，从源头上消除安全隐患，确保食用林产品质量安全，保障人民群众身体健康和生命安全。做好食用林产品质量安全监督抽检和风险监测工作。全年完成检测638个批次，抽检合格率100%。

（石亚男）

渔业

【概况】 2020年，全市水产品产量8.29万吨，产值17.44亿元。主要养殖鱼类品种有青鱼、草鱼、鲢鱼、鳙鱼、鲤鱼、鲫鱼、泰山螭霖鱼、乌鳢、罗非鱼等，甲壳类有青虾、克氏原螯虾、中华绒螯蟹等。

【渔业资源养护】 年内，全市累计放流优质鱼种1295万尾。其中，东平湖放流鲢鱼、鳙鱼、草鱼等1219万尾，泰山螭霖鱼保护区放流螭霖鱼13.9万尾，肥城尚庄炉水库放流鲢鱼、鳙鱼39万尾，岱岳区角峪水库测水配方项目放流鲢鱼、鳙鱼22万尾。

【水产品质量安全】 成立泰安水生动物疫病防控中心，制定2020年水产品质量安全监督抽查和风险监测方案，完成12个省级水生动物疫病监测任务和省级水产品质量监测153个样品，抽检合格率100%。

【渔业安全生产】 加强对渔业安全生产工作的监督管理，印发《全市渔业安全生产专项整治三年行动实施方案》等文件，强化对汛期等重点时段的渔业安全管理。全年开展安全生产专项检查92次，排查治理安全隐患40处，全市渔业生产安全秩序持续稳定。

【水产养殖业绿色发展】 出台《泰安市加快推进水产养殖业绿色发展的实施意见》，制定《水产健康养殖五大行动工作方案》，遴选 10 家养殖企业，试点开展养殖尾水治理、用药减量，配合饲料替代幼杂鱼等五大养殖行动，示范带动效果明显。开展国家级、省级水产健康养殖示范创建，全市水产健康养殖示范场达 18 家（部级 13 家、省级 5 家）。（李临涛）

6月11日，在道朗镇东西门村，村民在鸽舍忙碌着。该村民仅肉鸽养殖一项，年收入达2万元以上（赵文文 供）

畜牧业

【概况】 2020 年，全市生猪、牛、羊、禽存栏量分别为 97.76 万头、10.75 万头、63.33 万只、3318.8 万羽，下降 0.5%、14.7%、26.8%、10.3%；出栏量分别为 122.5 万头、6.06 万头、96.34 万只、11628.6 万羽，下降 44%、38.8%、34.7%、12.9%。肉蛋奶总产量 70.45 万吨，下降 8.1%。泰安市畜牧兽医事业服务中心被农业农村部评为“全国粪污资源化利用先进单位”，被省畜牧兽医局评为全省畜牧生产发展等工作先进单位、全省动物卫生有关工作表扬单位，继续保持“省级文明单位”称号。动物疫病预防控制中心被评为全省布病净化工作先进单位。

【疫情防控】 新冠肺炎疫情初期，全系统紧急捐赠医用防护服 7500 套、KN95 口罩 4700 个、其他物资 450 台（套）。截至 2 月 17 日，全市 20 家屠宰、95 家饲料企业全部复工复产。协调乳品企业原价收购鲜奶 0.5 万吨，未发生倒奶现象。

【畜牧产业化】 全市市级产业化重点畜牧龙头企业 101 家、省级 12 家、国家级 3 家。全市畜牧合作社 1050 家，其中国家级示范社 8 家、省级 27 家、市级 61 家。益客产业园、新泰惠美农生态循环、东平汉世伟循环农业产业园、宁阳温氏产业园、天信农牧肉鸭养殖产业园等畜牧园区已形成。重点打造生态奶业和生猪生产两个优势产业，生态奶业产值 49.35 亿元，完成全年任务的 164.5%；生猪生产产值 64.16 亿元，完成全年任务的 335.9%，其中生猪生产出栏量完成全年任务的 114%。

【对上争取和招商引资】 全年争取中央资金到位 8089.2 万元，其中生猪调出大县 1023 万元、粮改饲项目 1305 万元、非整县推进规模场粪污资源化利用项目 1180 万元。争取招商到位资金 21 亿元，通过招商引会，于 9 月 4—6 日举办中国青贮玉米发展大会，向全国征集适合在黄淮海地区种植的青贮玉米品种 40 余个，参会人员近 500 人。

【重大动物疫病防控】 加强牲畜口蹄疫、禽流感、非洲猪瘟等重大动物疫病防控。6 月底，在全省率先完成村级动物防疫员改革，建成无害化处理中心 4 处、病死畜禽收集体系 5 个，无疫区建设稳步推进。肥城市被列为全国首批无纸化动物检疫合格证明试点县。完成春秋两季重大动物疫病强制免疫工作，应免畜禽免疫密度均达 100%，免疫牲畜挂标率 100%，抗体检测水平全部达到国家标准，全年未发生非洲猪瘟等重大动物疫病。

【畜禽养殖废弃物资源化利用】 全市 1441 家畜禽规模养殖场，粪污处理设施配建率均达 100%，畜禽粪污综合处理利用率 94.7%，超额完成年度目标任务。

【畜产品安全】 加大禽蛋质量安全监督抽检力度，配合农业农村部和省畜牧兽医局完成畜产品质量安全监测工作事项，完成饲料质量安全抽检 32 批次、兽药质量抽检 54 批次、养殖环节“瘦肉精”监督抽检 80 批次，均未发现问题。

【智慧畜牧业】 全市智慧畜牧业基地累计5家，推荐宁阳县西岭家庭农场、山东肥山正园农牧科技有限公司、新泰大宝养殖加工有限责任公司为智慧供应链建设试点企业，泰安市金兰乳业有限公司1名员工被评为第一届“齐鲁畜牧”畜产品公用品牌宣传推广大使。

【饲料和兽药】 全市有饲料生产企业95家，共备案生产许可证102个，饲料总产量260万吨，产值51亿元。全市14家兽药生产企业、141家经营企业全部完成赋码、网上注册及数据上传工作，实现“信息数据化、监管实时化、服务网络化”。兽药生产、经营企业实现100%追溯。对全市饲料企业和兽药企业分级评定，其中年度评价优秀饲料生产企业（A级），占总数的31%；年度评价优秀兽药生产企业（A级），占总数的21%。（谷国安）

农业机械化

【概况】 2020年，全市农机总动力541万千瓦。拖拉机保有量9.16万台，增长0.87%；联合收获机2.17万台，其中玉米联合收获机8280台。农作物耕种收综合机械化率89.5%。落实农机购置补贴资金4612万元，补贴农户3955户。全市农机合作社新增市级以上示范社40家，总数170家。打造综合农事服务中心50家，加快农机合作社转型升级、扩规增效。推进9个产业招商项目落地，到位资金7.45亿元。举办“2020中国泰山农机线上博览会”。成功创建全省“平安农机”示范市。在2020年全省“技能兴鲁”职业技能大赛中获优胜奖。获“省级文明单位”称号。

【农机科技推广】 聚焦农机装备产业发展，市政府在全省率先出台农业机械化和农机装备产业转型升级规划。承办全省秋季农机化作业现场演示会，13类、100台（套）现代农业机械展现泰安市全程、全面机械化水平。各县（市）结合实际，以玉米分层施肥播种、花生覆膜播种、小型园林机械等为推广重点，组织举办各类演示会、观摩会、培训班30场次。精量小麦播种、水肥一体化智能施肥等新技术广泛推广应用。全市推广使用大中型拖拉机2.5万台，配套机具16.5万台（套）。

【农机深松整地作业】 新增80马力以上大型拖拉机455台，总数7403台；深松机3030台；新增耕整机226台，总数1.78万台。至年底，全市完成土地深松整地作业5.07万公顷（76万亩），其中作业补助项目2.55万公顷（38.27万亩），落实补助资金1148万元。

【农机科教培训及修配管理】 开展科技下乡活动60次，开办农机化实用技术、新型职业农民、农机手等各类培训班80期，培训8000人次。加强农机维修和质量监管，组织检修各类农机具6.9万台（套）。

【农机安全监理】 开展“农机安全生产月”等活动，办理农机注册登记1083台，发放农机驾驶证535个，年检年审拖拉机、联合收割机2280台。全年创建市级“平安农机”示范乡镇10个、“平安农机”农业经营服务组织6个、农机安全监理示范岗位标兵13个。

（刘含赟）

农业科研

【概况】 泰安市农业科学研究院（以下简称市农科院）是全市唯一一所综合性农业科研单位，前身为1958年创建的泰安地区农业科学研究所，2003年更名为泰安市农业科学研究院。经过60余年发展，成为专业齐全、成果显著、科研优势较为突出的科研机构，科研实力稳居全省地市级农业科研院所前三名。全院设小麦、玉米、土壤肥料、植物保护、蔬菜、甘薯、食用菌、生物工程、小杂粮、果茶等专业研究所10个。在职科研人员123名。其中，研究员11名、高级农艺师44名，博士17名、硕士40名，享受国务院特殊津贴专家3名，山东省有突出贡献中青年专家2名，泰安市科技最高奖1人，泰安市专业技术拔尖人才11人。有国家现代产业技术体系小麦、食用菌和绿肥试验站3个，农业农村部试验资质中心5个，山东省现代产业技术体系小麦、玉米、食用菌和蔬菜专家岗位4个，花生、杂粮、甘薯和茶叶试验站4个，省级创新平台1个和市级工程中心6个。2020年，该院围绕科技助力脱贫攻坚和乡村振兴等工作重点，开展科技创新和科技服务，为全市现代农业发展和乡村振兴提供科技支撑。

【对上争取】 2020年，全院新上纵向项目19项，其中国家级项目3项、省级10项、市级6项；承担各类试验项目100项。全年到账经费769.93万元。

【科技成果争取】 全年组织验收评价科技成果26项。主持完成的“泰山赤灵芝新品种培育及产业化开发”获山东省科技进步三等奖、“山东

6月29日，市农科院专家团到“三棵树家庭农场”开展“泰安农科先锋，助力乡村振兴”科技下乡活动（焦 娟 摄）

茶树新种质筛选创制与栽培关键技术集成”获淮海科学技术奖三等奖。1人获泰安市五一劳动奖章奖励，2人获泰安市优秀科技工作者称号，4人获泰安市青年科技人才标兵称号，1人获泰安青年学做新时代泰山“挑山工”先进个人称号。

【育种工作】 全年有10个农作物新品种获国家、省级审定（登记）。其中，小麦新品种‘泰科麦34’、玉米新品种‘泰青饲6号’、茶树新品种‘碧霞春’等6个品种通过山东省审定，‘泰薯15’和‘泰紫薯1号’2个甘薯新品种通过国家非主要农作物品种登记。‘泰科麦36’和‘泰科麦44’等2个小麦新品种进入国家初审公示阶段。

【知识产权】 授权国家专利8项。其中，“一种以活体黄粉虫幼虫为寄主培育蛹虫草的方法”等2项技术获国家发明专利，6项技术获实用新型专利。‘泰科麦31’和‘泰科麦33’2个小麦品种获植物新品种权。制定国家农业行业标准1项、山东省地方标准13项。5项技术被列为山东省农业主推技术，8项技术被列为泰安市农业主推技术。全年发表学术论文40篇，其中SCI论文4篇；参编著作5部。

【科技扶贫】 启动“泰安农科先锋 助力乡村振兴”活动，根据基层需求，组织科技人员开展科技帮扶。全院59名科技人员被选派为省、市科技特派员，对接帮扶全市200个扶贫工作重点村以及农业企业、合作社等，帮扶的扶贫工作重点村实现全部脱贫。7人外派参与援疆、援渝以及第一书记和乡村振兴工作队工作。市农科院被评为科技特派员工作优秀集体，7名科技特派员被评为优秀科技特派员。全年组织科技指导、培训4000人次，发放技术“明白纸”6000份。

【成果推广】 对接地方发展农业产业需求，在全市建设20处规范高效、科技含量高、示范带动能力强、影响力大的科技示范基地，促进技术成果的集成熟化和转化落地。6月21日，全省茶产业特色创新发展与乡村振兴研讨会暨茶叶提质增效观摩会在市农科院茶溪谷科技示范基地举办，全省40人参加。

【农技培训】 承办山东省专业技术人才知识更新工程“现代高效农业引领乡村产业振兴”高级研修班项目，培训省内8个地市从事农业科研和管理的专业技术人员60名。依托泰安市基层农技人员培训基地平台，承担泰安市基层农技人员培训任务，培训全市6个县（市、区）的县乡两级农技推广人员405名。

【人才建设】 2020年，2人取得正高级农艺师资格，4人取得高级农艺师资格，2人取得助理农艺师资格，推荐5人参加正高级农艺师申报。为15名专业技术人员办理高一级专业技术职务聘任。引进专业发展所需的硕士研究生7人。

【制度建设】 制定《泰安市农业科学研究院绩效考核评价办法（试行）》，实现对研究所和管理服务科室的分类考核评价。完善《泰安市农业科学研究院知识产权申报管理办法》，规范知识产权和成果奖励申报的审批和公示流程，规范论文论著、专利标准等知识产权的申报管理工作。（武晓亮）

水 利

【概况】 年内，全市完成3.73万公顷（56万亩）农业水价综合改革任务，完成91.2平方千米水土流失防治。市水利局继续保持“省级文明单位”“全国水利系统文明单位”称号，被评为“全省脱贫攻坚先进集体”。

【重点水利工程建设】 制定《泰安市重点水利工程建设实施方案》，实施总投资19.09亿元的26项重点水利工程，完成17座小型病险水库除险加固、5条重要河道治理，完成汶口坝拦河闸除险加固、堽城坝拦河闸除险加固工程主体，推进大汶河防洪治理工程。其中，省调度重点工程始终处于全省前列，是全省首批完成汛前建设任务的市之一；宁阳县堽城坝拦河闸加固工程、肥城市汇河（康王河）中鲁至金槐段治理工程代表山东省迎接水利部质量考核，获得A级等次。加快编制《泰安市水利发展“十四五”规划》，做好规划投资291.09亿元的供水保障、防洪排涝、水生态保护与修复、智慧水利以及水利移民项目前期工作。超目标完成招商引资、对上争取任务，王家院水库向泰安城区供水工程在山水林田湖草子项目中率先复工、率先插旗。2020年9月，中国铁工集团在王家院水库举办全国工程建设现场观摩会。

【农村饮水安全】 完成农村饮水安全两年攻坚目标任务，通过省级两年攻坚评估验收。总投资15.49亿元实施农村饮水安全水平提升工程，解决贫困村、贫困户饮水安全问题，基本完成规模化供水率、供水方便程度、供水水质、供水工程管护水平“四个显著提高”目标任务，县级供水公司实现全覆盖，农村饮水安全状况实现历史性转变，被省水利厅、省扶贫开发办通报表扬。

【农村水利建设】 完成总投资3.63亿元的肥城、东平引黄灌区农业节水工程年度建设任务；完成总投资0.55亿元的堽城坝灌区、二十里铺引湖灌区、刘口灌区、引汶灌区续建配套与节水改造建设任务，推动灌区改造升级，增强农业生产、粮食安全水利保障。

【水旱灾害防御】 成立水利防汛抗旱指挥部和办公室，落实651座水库防汛行政、技术、巡查“三个责任人”、633个村山洪灾害防御三级责任人，调整公布市级专家委员会和专家库，培训防汛责任人、技术骨干2200人次，促进责任人从“有名”“有实”再到“有能”。编制修订2020年水利工程防御洪水方案、超标准洪水防御预案、山洪地质灾害防御预案，开展调度演练170场次，参加人员3000人，补充更新应急抢险物资，提升应急处置能力。完成山洪灾害防治建设提标升级，推进小型水库除险加固两年攻坚行动，完成204座小型水库安全鉴定，建设管理房60座。成立8个包保工作组到县（市、区）、功能区开展隐患排查整治，严格做好监测预警和24小时值班制度，强化水库、闸坝联合调度，成功应对3次强降雨，水库、河道安全度汛。2020年是2004以后全市降雨量最多的一年，汛末全市水库蓄水5.4亿立方米，实现防洪减灾、蓄水兴利的双赢。

【水资源管理】 推进取用水管理专项行动，排查取用水单位4107个、录入取水口信息3.65万个。严格用水计划管理和取水许可监管，水资源税征收连续两年突破亿元大关。在全省率先实现县域节水型社会达标建设全覆盖。市水利局节水机关、节水宣传教育基地顺利通过省水利厅评估验收。黄前水库和金斗水库通过全国重要饮用水水源地达标建设复审。《黄前水库供水预警方案与管理信息系统研究》获泰安市科学技术进步三等奖。

【河湖管理与保护】 市总河长先后签发3期总河长令，高规格召开全市总河长会议。编发河长制湖长制文件汇编3900份，累计开展河

6月2日，肥城市汇河（康王河）河道治理工程 （赵春明 供）

4月8日，市委副书记、市长张涛在全国水土保持工作视频会议上作典型发言
（赵春明　供）

湖巡查20万次。完成406条（段）农村河湖划界任务，完成84条（段）县级及以上河湖岸线利用管理规划编制批复，顺利通过省级验收。出台《泰安市河长制湖长制监督检查办法（试行）》，在全国率先研发并投入使用河道湖泊警长信息系统，完成7条省级美丽示范河湖创建，将22条河流（河段）日常保洁管护委托专业环卫机构，完成水利部督查、省河长办督查等反馈问题整改，促进河湖"清四乱"常态化、规范化。加强砂资源日常监督管理，抓好"一河（湖）一策"实施、"一河（湖）一档"完善、河湖长公示牌更新维护等，夯实河长制湖长制工作基础。

【水土保持】　核查疑似违法违规图斑1195个，水土保持监管基本实现全覆盖无死角。提前完成总投资3028万元的4个国家重点水土保持治理工程，全市新增治理水土流失面积91.2平方千米，征收水土保持补偿费4463万元，均创历史新高。市委副书记、市长张涛代表泰安市在全国水土保持工作视频会议上作典型发言。水利部副部长陆桂华到泰安专题调研水土保持生态建设工作。山东省泰安市水土保持强监管"四轮驱动"被评为2020年全国基层治水十大经验。完成市科技发展计划《东平湖区上游水土资源安全防控体系研究》等课题，《生态清洁小流域综合治理关键技术应用推广》省级项目扎实推进。

【行业扶贫和移民后扶】　对贫困村贫困户饮水安全情况开展7轮核查，全市农村饮水安全通过省级脱贫攻坚验收。检查2016年度、2017年度的272个移民扶贫项目，推动项目长效运行、长期发挥效益。做好移民后扶基金管理使用，推进三峡移民后扶项目实施，在省水利厅的绩效评价中被评为优秀等次。集中资金3700万元建设23个美丽移民村，打造乡村振兴样板示范。东平湖库区移民避险解困工程圆满收官，中央电视台《中国新闻》节目对泰安市移民避险解困工作进行专题宣传报道。

【水利改革】　制定《泰安市水利监督管理办法（试行）》，成立水利监督工作领导小组，构建水利"大监管"工作格局。在全省地市级第一个以政府规章名义出台《泰安市水资源管理办法》，也是泰安市有立法权以后第一部水利规章、第二部政府规章，在全省水利法治工作会议上作典型发言。在全省率先出台《水影响评价报告审批管理规定》，水影响评价综合审查时间节省三分之二，人民日报客户端、《山东新闻联播》宣传推广；在全省率先出台《关于政务事项"一窗受理""一网通办"的实施意见》，加强和规范全局25项政务服务事项受理、审批和监管等各环节管理。制定出台泰安市取水许可、水土保持方案审批、防洪影响评价3项审批的区域评估实施细则。小水库管理体制改革补助资金落实率100%。完成3.73万公顷（56万亩）农业水价综合改革任务。光明水库、安家林水库、大汶河堤防肥城段均达到水利工程标准化管理试点标准，其中光明水库被评为山东省水利工程标准化管理试点示范工程。

【行业监管】　开展河道非法采砂、城区非法取水自备井等执法检查活动，查处水事违法行为200起，其中立案处罚41起。开展小水库安全运行专项检查，对全市635座小水库全覆盖明察暗访。对2008年以后各级财政投资建设的七大类民生水利项目大排查大起底大整改，市级核查项目1915个，各县（市、区）、功能区同时开展排查整改，在全市水利项目督查历史上尚属首次。启动全市水利行业安全生产专项整治三年行动，开展安全生产月专项检查、安全生产百日攻坚等活动，全市24个在建重点水利工程网上打卡率连续5个月达100%。制定出台《泰安市水利行业诚信“红黑名单”管理实施细则》。公布“12314”水利监督热线。水利局被省内部审计师协会评为“全省内部审计工作先进单位”。

【南水北调】 配合做好南水北调东线二期工程现场调研、资料收集、勘探测量等工作，配合水利部、省水利厅做好南水北调工程防汛检查，推进南水北调一期斑鸠店镇魏河排涝影响处理工程建设，促进国家战略在泰安落实落地。（赵春明）

黄河河务

【概况】 全市黄河河务工作践行“水利工程补短板、水利行业强监管”总基调和“规范管理、加快发展”总要求，统筹新冠肺炎疫情防控和黄河、东平湖及大汶河下游的防汛、工程建设与管理、水政执法等重点工作开展，各项工作任务全面完成。战胜4次大汶河洪水，东平湖老湖超警戒水位运行11天，最高水位42.35米；防御2次黄河下游大流量洪水过程；完成防御黄河大洪水实战演练，孙口站每秒5020立方米洪峰流量顺利通过所辖河段。配合完成黄河生态保护与高质量发展、引黄涵闸改建工程可行性研究、黄河生态廊道建设等规划编制。构建河湖监管联勤联动、联防共治、长效监管机制。联合华北水利水电大学成立“东平湖水沙资源研究实践基地”。“黄河东银铁路文化展馆”创建黄河水利委员会（简称黄委）“治黄工程与黄河文化融合示范点”、水利部“水工程与水文化融合示范点”。

【生态保护和高质量发展】 年内，召开党组理论中心组扩大学习会议4次、局务会议2次，围绕东平湖重大问题开展专题研讨。按照山东黄河“五大体系”建设部署，立足东平湖“防洪关键区、黄长汶枢纽、供水调配空间、经济发展引擎、文化传承基地”5个科学定位，制定印发《东平湖治理保护综合提升工作方案》。配合上级完成《黄河流域生态保护和高质量发展水利专项规划》，配合推进省、市政府关于黄河东平湖综合治理规划编制。研究出台《东平湖管理局幸福单位建设实施方案》《东平湖管理局黄河文化体系建设工作意见》。

【防汛工作】 完善防汛调度指挥体系，济南、泰安两市气象部门首次纳入山东省防汛抗旱指挥部成员单位。主动适应防汛抗旱指挥部办事机构调整新形势，纳入泰安市抢险救援联调联战工作体系，合作共建应急抢险救援大队。制定防御超标准洪水预案，落实38个涉河项目度汛方案。开展工程风险隐患排查，及早研究东平湖泄洪北排不畅问题，完成30万平方米泄洪河道清障。推进防汛抢险指挥专家培养，落实群防队伍9.16万人、企业抢险队500人、武警黄河抢险突击队100人。配合地方开展防汛抢险和迁安救护演练18次2288人次。战胜4次大汶河洪水，老湖超警戒水位运行11天，最高水位42.35米，累计入湖洪水10亿立方米、泄洪7.5亿立方米。防御2次黄河下游大流量洪水过程，山东黄河启动防汛III、Ⅳ级应急响应。完成防御黄河大洪水实战演练，孙口站每秒5020立方米洪峰流量顺利通过所辖河段。抢修维护3处工程7道坝7次险情，累计抢险用石2671立方米，投资87.1万元。

【防洪工程建设与管理】 2020年，东平湖管理局所辖东平湖蓄滞洪区防洪工程及黄河下游防洪工程通过单位工程、合同工程、投入使用等53项验收，以及水保、环保、移民、档案等4个专项验收。配合完成黄河生态保护与高质量发展、引黄涵闸改建工程可行性研究、黄河生态廊道建设

6月29日，东平湖管理局组织黄河专业机动抢险队开展防汛抢险演练
（刘性泉　供）

8月14日，大汶河戴村坝洪峰情况　　（刘性泉　供）

等规划编制；完成黄河下游防洪工程“十四五”可行性研究永久占地确认函等前置工作。推行工程管理量化考核制度，开展东平河务局工程标准化管理试点。推进“清四乱”常态化规范化，各类工程、淤区保持良好面貌。实施水管单位“亮点工程”打造，汶上堤防、国那里险工、石洼闸、黑虎庙庭院等亮点工程发挥示范带动作用，八里湾闸成功创建“黄委示范工程”。完成维修养护土方6.2万立方米、石方0.49万立方米，总投资2918.91万元。梁山河务局获评黄委工程管理先进单位、汶上管理局工程管理科获评先进集体、2人获评先进个人；汶上管理局获评山东黄河工程管理先进单位、梁山管理局任庄管理段获评先进集体、2人获评先进个人。

【水政】　严格落实依法治河管河，加强河道巡查，累计巡查800次、8.6万千米，制止查处违法行为52起。构建河湖监管联勤联动、联防共治、长效监管机制，泰安、济宁两市河长办印发《黄河流域河湖监管长效保护工作方案》；东平县建立“五机制一平台”［联席会议机制、联审联批机制、联防联控机制、河湖管护机制、河（湖）长述职机制，河长制信息化平台］，设立黄河、东平湖生态环境巡回法庭和生态环境司法修复基地，中央直管河湖许可事项委托进驻东平县政务服务中心；东平河务局河湖长效监管试点经验被山东河务局推广。强化涉河湖建设项目监管，开展服务型行政执法建设。规范8座黄河浮桥管理。加强执法队伍建设，东平河务局水政监察大队获评“黄委星级示范水政监察队伍”，3人获评“黄委星级执法标兵”。“七五”普法顺利通过黄委验收，戴村坝人水法文化苑、梁山黄河明珠广场获评黄委首批“法治文化示范基地”。

【黄河文化建设】　年内，对黄河东银铁路文化展馆实施提升建设，完成外部环境提升、展厅建设等7个项目，创建黄委“治黄工程与黄河文化融合示范点”、水利部“水工程与水文化融合示范点”。研究制订《东平湖管理局黄河文化传承保护体系建设工作意见》《东平湖黄河文化标识高地建设规划》，严格审核修订38篇《山东黄河水文化遗产辑录》文稿，搜集保护重要黄河文化遗产“段氏治黄功德碑”，梁山黄河明珠广场被评为“山东黄河文化建设示范点”。（刘性泉）

编辑　校对　　戚淑娟

工　业

综 述

【概况】 2020年，以“六稳”“六保”和工业经济发展攻坚为主线，践行新时代泰山“挑山工”精神，全面落实中央、省、市决策部署，战疫情、抓生产、强攻坚，全市工业经济向高质量发展转变取得显著成效。全市规模以上工业增加值同比增长5.4%，全市规模以上工业企业累计实现营业收入2136.1亿元，增长1.3%，累计实现利润95.8亿元。

【疫情防控和复工复产】 建立驻守和联络防疫企业制度，及时为企业解决紧缺原材料、资质、准入等问题140批次。帮助5家口罩企业和1家防护服生产企业获得二类医疗器械生产资质，医用口罩、医用隔离衣、医用防护服日产能分别达到320万只、58万件、6万套，实现资质防疫物资生产从无到有。向全国疫情防控贡献泰安力量，累计提供静注人免疫球蛋白56.4万瓶（其中为湖北提供17.2万瓶）、醋酸泼尼松片5792万片（其中为湖北提供60万片），配合省完成空气消毒机等物资调拨任务。为企业争取各类复工复产奖补资金870万元，配销口罩154.2万只、手持测温仪1092个。截至3月3日，921家规模以上工业企业中有920家复工复产（1家企业于6月份复工）。

【工业经济发展】 出台《泰安市加快工业经济发展十二条意见》及9个实施细则，确立加快工业发展“中天门”“南天门”两步走目标，到2025年工业在GDP中占比达到28%以上，实现“中天门”目标，再奋斗3年努力使工业在GDP中的比重达到全省平均水平，实现“南天门”目标，建立起工业经济发展的政策框架体系。成立泰安市工业经济发展攻坚指挥部，设立11个攻坚组，明确工作职责，确定工作措施，建立起完善的组织推进体系，推动实现工业经济加快复苏，向好发展基本面不断巩固。全市规模以上工业增加值4月份实现单月由负转正，7月，实现整体由负转正，全年规模以上工业增加值增长5.4%。12月4日，山东省工业运行指挥部向泰安市工业和信息化局发来“感谢信”。

【政策服务】 以提高政策“知晓率”“落地率”为目标，以解决涉企政策落实中的痛点、难点、堵点为抓手，在全省率先开发上线政策发布、政策宣贯、政策解读、政策兑现、企业诉求、互动交流、办理反馈、信息推送、监督评价和效能分析“十位一体”功能的“泰安市政企直通车”平台，进行“红黄绿”标色分类，实现企业按需“订餐”和点对点“送餐”的结合；平台累计注册企业近1300家，上传涉企政策信息700项，回应企业诉求90项。开展政策宣讲会、“进园区、进企业、进项目”活动等6次，将《泰安工业经济发展政策手册》送达全部规模以上企业。搭建“泰安市政企直通车”服务平台，开展政策宣讲活动，全力打通政策落实“最后一公里”，释放政策红利，强力推动工业经济高质量发展。建立党组（委）主要负责人抓落实机制，完善市长直通、部门联动、服务承诺、调度考评4项制度，利用“泰安市政企直通车”平台，及时解决涉企政策落实中存在的问题，定期召开由市领导参加的政策协调会，重点解决政策落实中存在的共性问题和突出问题。

【企业家培训】 实施企业家素质提升计划、民企接班人培训3年行动计划，开展“五大产业特色专题培训班”和泰安市中青年企业家培训班，建立“双50强”企业经营管理“雏鹰”人才库。打造企业家个性化培训服务平台，开展“网上大练兵”活动，共推广推介网上课堂50余次，参与人员1万人次。启动泰安市企业人才梯次培育工程试点工作，采用“1+N”政企共建，构

6月8日，全省工业互联网专题讲座举办。图为泰安市分会场
（司　刚　摄）

建“企业家双场景学习云平台”，实现“大屏+小屏”双场景教学模式，培训企业高级经营管理人员500人次。新泰市工业App创新中心、润通齿轮FB智能化管控案例分享由工信部授权分别在工业互联网专家讲堂和工信部中小企业平台在线直播。建立企业家队伍建设联席会议制度和市级领导、主管部门负责人对口联系制度等，为企业家成长提供零距离、一站式服务，打造优质高效的服务环境。提高优秀企业家政治和社会地位，在“评先树优”方面向优秀企业家倾斜，让优秀企业家优先参加享受政府特殊津贴评选、劳模评选、职称评审、省管专家、泰山英才评选。关爱优秀企业家，对作出重大贡献的企业家，每年进行一次免费健康查体。

（徐珊珊　朱玉祥）

·行业管理·

【改革改制】　按照“全面推进、重点突破、因企施策、妥善处置”工作思路，推进鲁中煤矿设备物资供应中心改制工作，召开专题会议研究解决措施，督促企业查证补充完善依据，确保资产评估正常进行。推进行办系统房产遗留问题处置，完成原商业集团总公司职工集资建房遗留问题处置。推动原五金站、原物贸公司宿舍危楼改造工作。做好国有企业退休人员社会化管理专项工作，推进53家破产改制企事业单位的退休人员社会化管理移交，移交退休人员1925人。

【行业协会】　根据疫情防控需要，向各行业协会发出“关于防控新型冠状病毒肺炎疫情的倡议书”，号召全市行业协会坚决贯彻落实市政府防控疫情蔓延的决策部署，为打赢疫情防控攻坚战贡献协会力量。各行业协会积极响应，市饭店烹饪协会指导会员单位在外卖平台上开通线上送餐服务，降低疫情对餐饮行业影响。市家政行业工会联合会坚持把职工生命健康权益放在首位，开展“疫情期间关爱女职工活动”。市网商协会、市戏曲家协会、市起重配件协会等协会组织会员单位向抗击疫情一线单位、社区及武汉疫区捐款捐物。开展诚信行业创建活动，推进行业信用体系建设。与市文明办、市信用办等部门单位组织开展2020年泰安市“诚信单位”“诚信行业”评选活动。提高全社会信用水平，树立“诚信泰安”品牌，营造优良营商环境。指导行业协会、企业开展捐资助学、公益培训、新春送温暖等活动。（邵　振）

工业运行监测

【概况】　全市规模以上工业增加值增长5.4%，高于全省平均0.4个百分点，完成年初目标，列全省第10位。全市全部工业增加值增长3.6%，工业占GDP比重24.2%，较上年提高0.1个百分点。工业用电持续提升，全市工业用电量145.6亿千瓦时，增长6%，列全省第6位。

【工业运行分析】　重点行业持续支撑，金属制品业，电气机械和器材制造业，电力、热力生产和供应业，汽车制造业，食品制造业增加值分别增长82.3%、9.6%、10.8%、35.0%、22.1%，合计拉动全市规模以上工业增加值增速5个百分点。全市38个在统大类行业中有20个行业增加值增速增长，增长面为52.6%。从县（市、区）、功能区看，全市9个县（市、区）、功能区全都实现工业增加值增速回正。2020年，全市规模以上工业企业累计实现营业收入2136.1亿元，增长1.3%；累计实现利润95.8亿元，下降9.1%；全市实现工业税收103.9

亿元，下降1%，较年初均大幅收窄。从县（市、区）看，2020年，9个县（市、区）、功能区中，有7个县（市、区）、功能区营业收入同比实现正增长，增长面为77.8%。

（徐珊珊　朱玉祥）

工业技术改造

【概况】　全市工业技改投资增长30.6%，高于全省平均增速13个百分点，居全省第6位。其中制造业技改投资增长32.1%，高于全省平均增速12.3个百分点，居全省第6位。

【技改“双百工程”】　实施技改“双百工程”，实施重大技改项目145项、智能化改造提升项目148项，突出抓项目、抓融资、抓提升、抓服务，全力推进企业实施技术改造，制造业投资增势突出。新泰市“135”智能制造“金字塔”模型在全国推广，带动一大批高质量智能化技改项目启动实施。肥城市与华为技术有限公司合作，成立工业互联网创新中心，每年安排3060万元专项资金，为企业进行数字化转型定制服务。

【重点项目建设】　建立“5+2”专班推进机制，49个产业插旗项目完成投资191.7亿元，是年度计划的1.8倍。3个市级插旗项目完成投资113.6亿元，其中，泰安特种建筑用钢产业集群项目一期两条1460高炉点火投产，泰山玻纤产业园项目F07线、F08线已达产，国泰大成碳纤维项目完成全年目标任务。泰山政法大数据产业园项目网络视频签约，泰山玻璃纤维有限公司水性新材料项目总投资3.3亿元，实现到位资金1.5亿元。

（徐珊珊　朱玉祥）

工业创新驱动

【概况】　新认定省级技术创新示范企业7家，列全省第二位；省级工业设计中心4家、省级制造业创新中心1家、省级工业企业“一企一技术”研发中心12家。推荐10家企业和13个系列产品入选省首台（套）技术装备和关键核心零部件及生产企业名单。为7家企业成功申报省首台（套）技术装备及关键核心零部件保险补偿财政扶持资金1188.5万元。泰安市1家企业成为全省新认定10家智能制造标杆企业之一；1家企业入选原标杆企业新带动企业6项项目之一。

【国家先进印染技术创新中心落户泰安】　6月，国家先进印染技术创新中心（简称“国创中心”）获工业和信息化部批复组建，正式落户泰安，这是全国纺织印染领域唯一的国家制造业创新中心，也是山东首个、全国第17个国家制造业创新中心。国创中心由山东康平纳集团有限公司和东华大学双牵头，联合15家科研院校和龙头企业，采取“公司＋联盟”的组织运行模式，聘请20名专家担任技术带头人，拥有院士团队4支、科技人员102人。“国创中心”研发大楼已投入使用，12大实验室、4大试验平台、5万平方米的中试验证基地建设有序推进，4个院士团队已进驻。至年底，牵头或参与制定标准9项，其中国际标准2项、国家标准2项、行业标准3项。

【技术创新】　出台《泰安市制造业创新中心建设工作指南》《泰安市工业企业“一企一技术”研发中心培育认定工作指南》，发挥企业主体作用加大研发中心建设。山东征途信息科技股份有限公司2项产品列入省应对新型冠状病毒肺炎疫情人工智能产品和解决方案，受到工业和信息化部表彰，成为全省抗疫表现突出的12家人工智能企业之一。7家企业入选2020年山东省技术创新示范企业公示名单，入选数列全省第二位。山东润德生物科技有限公司获中国工业大奖表彰奖。山东中玻节能环保发展有限公司被评为2020年度山东省服务型制造“1+N”示范企业，获得资金奖励30万元。加快构建“五位一体”智能制造工作推进格局，成立泰山智能制造专家委员会和产业联盟，聘任专家47位，成功召开泰山智能制造峰会。　（徐珊珊　朱玉祥）

两化融合

【概况】　成立市长任组长的泰安市移动通信基础设施建设工作领导小组，出台泰安市《5G基础设施建设实施方案》，建设并开通5G基站3300个。山东博达光电有限公司等6家公司列入省“5G产业试点示范企业及项目”。2家企业作为联合体成员单位中标工业和信息化部建筑材料行业应用服务平台项目。新一代信息技术产业整体受疫情影响逐步减弱，持续向好，14个软件产品入选山东省首版次高端软件名单，5 个项目列入省软件产业高质量发展重点项目。

【5G 基站建设】 泰安市移动通信基础设施建设工作领导小组设工作组 7 个，出台泰安市《5G 基础设施建设实施方案》，建立健全联络沟通、联合办公、督查通报、常态化调度等机制，各县（市、区）、功能区均成立工作机构、严格落实属地责任，上下联动，保障工作开展。明确绿地、路灯杆等社会公共资源向 5G 建设全面免费开放，开展智慧灯杆双向开放试点，建立基站用电“转改直”绿色通道。

【落实“个十百”产业互联网平台培育工程】 建立工业互联网平台培育库，打造一批区域级、行业级、企业级工业互联网平台。泰安市企业建设工业互联网平台 16 个，省级以上两化融合贯标试点企业 26 家，通过省平台上云企业 1500 余家。

【试点示范】 “中国包装全产业链共享公共服务平台”“土工合成材料生产制造协同创新平台”被列为国家级制造业“双创”平台试点示范项目，“智能康复机器人产业化及医联体康复中心示范综合体项目”入选国家制造业与互联网融合发展试点示范。2020 年，特变电工山东鲁能泰山电缆有限公司等 3 个项目入围省级产业互联网平台示范项目公示名单。肥城市创建省级“信息消费试点市”，成为全省首个与华为技术有限公司建立县域工业互联网创新中心，并开展 5G 产业应用试点的县级市。山东华兴纺织集团有限公司通过技术创新，实现全流程自动化率 100%，通过“云指挥”系统，产品订单交付周期缩短 30%，不良品率降低 25%，利润率提升 50%，工业互联网模式初步形成。

（徐珊珊　朱玉祥）

企业培育

【概况】 工业领军企业 50 强稳步提升，50 强企业（按照证监部门业绩披露规定，泰山石膏有限公司上报的是泰安当地数据）实现营业收入 1377.5 亿元，增长 8.5%，高于全市规模以上工业营业收入增幅 7.2 个百分点，29 家企业收入过 10 亿元。将 494 家“小升规”企业纳入培育库和年度培训规划，帮助解决融资诉求和问题 34 条，“小升规”超额完成净增 100 家的目标任务。摸排确定“瞪羚”培育企业 34 家，将泰安市峰松电子科技有限公司作为“独角兽”企业培育对象，建立制造业单项冠军企业培育库，新认定国家级单项冠军（产品）5 家、绿色工厂 2 家、省“瞪羚”企业 16 家、专精特新企业 46 家。

【清欠工作】 开展清理拖欠民营企业、中小企业账款专项行动，全面摸查、建立台账，成立清欠工作专班，组织召开全市清欠工作会议，制定公布《泰安市清理拖欠民营企业中小企业账款挂牌督办工作方案》，公布“清欠”投诉电话，畅通诉求反馈渠道，有序推进工作进程，无分歧账款全部清零。重点抓好严防新增拖欠的长效机制建立健全工作，坚决防止边清欠、边拖欠。对政府投资类项目，严格审核，严禁未批先建、先开工后立项行为，严禁要求企业带资承包政府工程项目，坚决杜绝“打白条”行为；没有明确资金来源和制定资金平衡方案的，一律不得审批，一律不得开工建设；加强社会信用体系建设，从源头预防新增拖欠发生。

【“亩产效益”评价改革】 以县（市、区）、功能区为主体，召开全市“亩产效益”评价改革工作推进会，加快工业经济转型升级。通过“亩产效益”评价改革，把抽象的概念变为直观的数据，评出“高产田”和“低洼地”，出台用电、用水、用气、用地、信贷等资源要素差异化政策，通过市场化手段倒逼企业发展方式转变和产业结构优化。共评价规模以上工业企业 664 家，其中 A 类 138 家。（徐珊珊　朱玉祥）

煤炭工业

【概况】 2020 年，规模以上工业企业中采矿业企业 35 户；实现营业收入 187.8 亿元，下降 27.4%，占规模以上工业企业的 86.8%；利润 −5.1 亿元。（颜大龙）

【煤炭生产经营】 年内，市内 18 处煤矿核定年生产能力 1300 万吨，累计生产原煤 1191.81 万吨，其中 13 处市内地方煤矿生产原煤 576.87 万吨，实现销售收入 26.53 亿元、利税 3.4 亿元。省外 10 处权属煤矿生产原煤 249.64 万吨，增长 4.4%。

【煤炭去产能】 5 处煤矿（羊泉、石桥、新查庄、新陶阳、兴杨）核减产能每年 60 万，购买省外煤炭产能每年 245 万吨，完成去产能任务每年 305 万吨。关闭退出煤矿 1 处（华恒矿业），退出产能每年 96 万吨。全面完成“十三五”期间每年 709 万吨去产能任务。

2月27日，泰安市月督导（煤矿安全）工作会议在新泰市召开（朱建华　供）

【煤矿智能化】　全市煤矿采煤机械化程度达到95.39%，掘进装载机械化程度达到98.41%，煤矿装备进一步升级。6处矿井实现智能化开采，智能化采煤工作面10个、掘进工作面6个，冲击地压矿井全部实现智能化开采。

【煤矿安全监管】　探索提出安全生产全员主体责任观，组织开展煤矿安全集中整治、煤矿安全专项整治三年行动、推进双重预防机制建设，全市煤矿共辨识管控安全风险5.12万项，其中重大风险494项。全年共进行执法检查79矿次，查出问题隐患321条，停止采掘工作面作业2处，约谈煤矿企业2处，行政罚款20万元。（朱建华）

·山东能源新汶矿业集团·

【概况】　该集团总部位于新泰市境内，是一家以煤炭、煤化工、物流贸易、现代服务业为主体产业的大型企业集团，前身为新汶矿务局，1998年注册成立新汶矿业集团有限责任公司，2011年划归原山东能源集团。2020年7月13日，原兖矿集团与原山东能源集团联合重组成立新山东能源集团，新矿集团成为其权属企业。2020年，集团公司全体员工坚定信心、振奋精神，排难奋进、负重前行，发展战略持续落地，重点工作有序突破，质量效益稳步提升，企业发展步入良性循环运行轨道。

【安全管控】　坚持把安全放在一切工作首位，持续深化安全评价、整治提升、灾害防治等工作，安全生产形势持续好转。开展安全评价。组织内外专家，按照先急后缓原则，逐矿从头到面、到采区到系统，进行全面诊断，挖掘深层次问题。开展整治提升。以专项整治“三年行动”为主线，按照时间服从质量原则，完成对所有矿井的全面剖析检查，问题整改由安监局和专业部室“双落实、双备案”。夯实安全基础。注重朴素的安全生产标准化，创新工作面验收管理和非标件应用，持续开展精品采区创建、文明生产整治，现场环境面貌显著改善。做好灾害防治。针对冲击地压、水、火、瓦斯等治灾难点，聘请业内顶级专家、国内顶尖机构，进行立项研究、联合攻关。

【区域发展】　老区矿井通过找煤扩量和村庄搬迁，主要矿井服务年限平均可再延长10～15年，保障当前稳定和未来发展。新巨龙公司坚持“应搬尽搬、早搬快搬”原则，强力推进搬迁工作。新疆基地手续办理全部清零，千万吨矿井伊犁一矿建成投产，新天煤化全年产气量达到19.02亿立方米。内蒙古区域崛起担当，鲁新煤矿取得采矿许可证；恒坤焦化二期取得2×130万吨建设指标；西部铁路项目完成所有开工手续。

【智能建设】　成立智能化建设专题工作组，“一矿一策”制定智能化建设三年规划。推进智能升级，全力保障影响生产效率的关键设备投入，全年建成智能化（电液控）工作面35个，远程遥控掘进头14个。其中，智能工作面平均月单产12.3万吨，比综采工作面提高1.6倍。全集团主排水、主运输、计量检测系统全部实现集中控制，省内权属矿井三项系统建设全部完善。保障设备效能，本着“让专业人干专业事”理念，对采掘主要装备实行统一管理；深化设备管理模式，与6家设备供货商达成战略合作，1501台电气设备、1205架液压支架得到原厂维修、质量保证。

【矿井优化】　规划实施16项重点课题和188项矿井项目，推动安全高效生产。把好设计源头。实行大接续管理，变工作面管控为采区管控，组织专家团队，每季度进行接续对接，逐矿进行开拓布局和开采

6月2日，山东能源新矿集团2020年“安全生产月”活动启动仪式举行
（王 腾 供）

设计优化。实施循环优化。分水平、分煤层对生产布局、开采设计、生产流程、劳动组织，进行持续优化、循环优化，推动老区矿安全经济高效开采。严控接续管理。开展“保接续、稳发展”掘进会战活动，根据巷道断面、倾角大小、掘进距离、顶板情况等因素，分类打造快速掘进作业线。

【经营创效】 集团公司发挥内部资源优势，实现内部市场协同创效。供销公司，落实物资统购、仓库统管要求，科学调剂处置库存物资，实现集采降本。煤研中心、洗煤分公司，放大“统管＋协同”优势，完成23项专家会诊技改项目，全集团精煤产率达到68.22%。泰兴物业创新商业模式，在内部托管41家食堂及龙美生态园的基础上，与京东集团、中粮集团、鲁商集团等业内龙头企业签订战略合作协议29项，各类服务项目由3个拓展到167个，实现扭亏为盈。电厂分公司探索兰炭掺烧模式，优化指标管控，机组实现安全经济运行。持续深化经营创效，争取疫情期间社保政策、各类环保政策资金和税费减免，全面实施资金、税收等财务创效措施。通过转让、顶账、调剂等方式，加大资产盘活力度，持续提高企业经济运行质量。

（苏 南）

装备制造产业

【概况】 2020年，装备制造产业350户，实现营业收入663.8亿元，增长11.5%；实现利润25.7亿元，增长77.7%。主要产品中，起重设备17.3万吨，增长16.9%；建筑工程用机械1861台，下降15.5%；电力电缆11.3万千米，增长17.7%；变压器3744.6万千伏安，下降51.2%。

（颜大龙）

【对上争取】 推荐泰山集团股份有限公司“大容量高效节能超低排放工业锅炉”等10家企业和13个系列产品入选省首台（套）技术装备和关键核心零部件及生产企业名单。为山东鲁普耐特机械有限公司等7家企业成功申报省首台（套）技术装备及关键核心零部件保险补偿财政扶持资金1188.5万元。

【提升智能制造水平】 泰安市山东路德新材料股份有限公司成为全省新认定10家智能制造标杆企业之一；泰安康平纳机械有限公司年内新带动提升郓城康平纳智能染色有限公司，入选原标杆企业新带动企业6项项目之一。

（徐珊珊 朱玉祥）

【泰开集团有限公司】 该公司是开发和生产1000千伏及以下电压等级输变电电器成套设备的大型骨干企业，是国内外知名的一站式输变电产品供应商，产品线覆盖低压、中压、高压、超高压、特高压全电压等级，涵盖开关、变压器、开关柜、电站自动控制、电线电缆等全系列产品，致力于为用户提供设备制造、工程总包、运维服务的整体解决方案。企业综合经济指标居全国同行业前5名、山东省同行业首位。1980年，泰安县高压开关厂与泰安县机床电器厂合并组建泰安县电器开关厂。1984年，开发研制出DW2-35型多油断路器，DW2-35高压油断路器生产能力在全国同行业居第二位。1997年，组建泰安高压开关集团，并通过ISO 9001国际质量体系认证。1998年6月，加入山东泰山国际电缆电器公司。1999年，更名为鲁能泰山开关集团，生产的LW30-126户外高压SF6断路器，被评为1999年国家级新产品，获得国家实用新型专利；主要产品LW8-35 SF6断路器获国家科技进步三等奖、国家火炬计划证书，产品销往全国各地，并出口苏丹、尼泊尔等国，国内市场占有率80%。

7月13日，山东泰开电力开关有限公司职工在智能化组合电器研发项目工作现场　（赵文文　供）

2002年后，改制更名为泰开集团有限公司。集团占地面积300万平方米，建筑面积150万平方米，参与制定国家和行业标准上百项，拥有专利900项，其中发明专利60项，百万伏电压等级的组合电器、变压器、互感器、隔离开关等产品达到国际先进水平。集团先后被评为国家火炬计划重点高新技术企业、全国五一劳动奖状、全国守合同重信用企业、中国制造业企业500强等称号，“泰开”商标被评为“中国驰名商标”。

【山东能源重型装备制造集团有限责任公司】 该公司是世界500强——山东能源集团的权属二级单位。成立于2014年12月，注册资本29.08亿元，是一家以装备制造、再制造、融资租赁和生产服务为主导产业的装备制造企业，权属二级单位14户，合并报表范围内的独立法人单位34户，经过多年发展，形成省内新汶、宁阳、泰安、枣庄、莱芜5个工业园区和省外新疆、内蒙古2个工业园区。主要生产销售采掘、支护、运输、提升、洗选、装卸全系列煤机装备及其再制造、工程机械等产品，主导产品出口俄罗斯、韩国、印度、印度尼西亚、土耳其、越南、马来西亚、澳大利亚等国家和地区。公司有高新技术企业6家、博士后工作站1家、省级企业技术中心9家，省级工业设计中心1家，石化装备再制造创新实验室1家，山东省技术创新示范企业2家。拥有核心知识产权574项。企业获得各类奖项97项，完成科技成果鉴定73项。2019年11月，企业自主研发制造的无人值守智能装车系统，属于国内首创，整体技术达到国际先进水平。2020年9月，加入泰安市泰山智能制造产业联盟，并当选理事长单位。2020年11月，与国内知名盾构机企业实施战略合作，共同生产制造高端盾构机产品，填补泰安市产业空白，实现技术变革和产业升级。该公司是泰安市工业领军“50强”企业、泰安市泰山智能制造产业联盟理事长单位；山东省高端装备制造领军企业、山东省新材料领军企业、山东省高新技术企业、山东省新型工业化产业示范基地、山东省数字化装备制造中心；千万吨工作面设备选型标准制定单位、机械产品再制造国家工程研究中心建设单位、中国循环经济协会再制造专委会理事长单位、中国煤机协会副理事长单位、中国煤炭机械工业优秀企业，连续多年位列中国煤机行业50强第二位。

【泰山集团股份有限公司】 该公司是国家级高新技术企业，中国锅炉与锅炉水处理协会副理事长单位、中国电器工业协会工业锅炉分会副理事长单位、中国城镇供热协会会员，国家级制造业单项冠军示范企业、山东省制造业高端品牌培育企业、山东省高端装备制造业领军（培育）企业，山东省产学研创新突出贡献企业。公司具有A级锅炉制造资质，A1、A2级压力容器制造资格和1级锅炉安装资质以及机电总承包三级资质和环保工程专业承包三级资质，是一家具备设计、制造工业锅炉、电站锅炉、锅炉辅机、锅炉安装运输、压力容器、变压器、高压开关、电线电缆、电车线、余热制冷机组等产品研发、制造、销售与技术服务为一体的国家大型企业。

【泰安华鲁锻压机床有限公司】 该公司是国家级高新技术企业，承担国家“高档数控机床与基础制造装备”科技重大专项，是中国机床工具工业协会锻压机械分会常务理事单位，连续多年被评为“中国机床工具行业30强企业”。2018年公司引入战略投资者石横特钢控股集团有限公司和上海天绩冶金工程技术有限公司，实施增资扩股、实现强强联合；注册资本2亿元，产品拓展到锻压设备、冶金设备两大板块。

4月17日，泰安华鲁锻压机床有限公司职工检查产品质量（司 刚 摄）

其中锻压设备作为公司主营产品，涵盖数控卷板机、板料矫平机、开卷生产线、坡口成型机、剪折设备等系列化板料成形装备，产品呈现智能化、专业化、个性化发展格局，拥有完全自主知识产权，部分技术达到国际先进水平，多项产品为国内首创，堪称“国之重器”。产品在船舶制造、军工装备、海工装备、风电核电、航空航天、桥梁钢构、汽车机车、有色金属、压力容器、煤炭机械、钢铁冶炼等领域广泛应用。公司坚持创新驱动发展战略，在引进、消化、吸收欧洲先进制造技术的基础上，与山东大学、南京理工大学、合肥工业大学、太原科技大学等知名高校深入开展合作，进行前瞻性、关键性课题研究。公司先后建立山东省大型数控成形机床示范工程技术研究中心、山东省省级企业技术中心、山东省工业设计中心等多个科技创新平台。公司先后引进外国专家、泰山产业领军人才、享受国务院津贴专家等11人，攻克高强度钢板、爆炸复合板、各种有色金属等材料的成形加工技术难题，得到市场充分认可，为客户创造最大价值。公司拥有专利119项，其中，发明专利22项；计算机软件著作权20项；起草制定国家标准4项、行业标准19项、团体标准1项；已经取得ISO 9001、ISO 14001、OHSAS 18001、国家知识产权贯标4个体系认证。公司先后获得“国家知识产权优势企业”“中国产学研合作创新成果奖”“中国产学研合作军民融合奖”“山东省制造业单项冠军”“山东省专精特新企业”“中国专利山东明星企业”“山东省重点领域首台套重大技术装备”“山东省企业技术创新奖”等称号。

【中国重汽集团泰安五岳专用汽车有限公司】 该公司是中国重型汽车集团有限公司的全资子公司，是一家拥有自卸车、特种车、消防车、挂车及其他产品等四大类产品的国有企业。该公司为始建于1950年10月的泰安农具铁工厂。1965年4月，更名为泰安汽车制配厂。2002年12月，成立中国重型汽车集团泰安五岳专用汽车有限公司。2015年3月，成为中国重汽集团独立出资的有限责任公司。该公司具备较强的专用车研发设计能力和生产制造水平，是集团公司最大的专用车生产企业之一，国内较早研发、生产自卸车的企业。致力于打造成为集团公司半挂车出口基地，各类半挂车、全挂车产品型谱全、质量高。是国内较早的特种车底盘生产企业，具备深厚的汽车起重机底盘和油田修井机专用底盘生产底蕴，形成驱动型式从4×2到14×10全系列的设计生产能力；2017年，获批消防车生产资质，开始进入消防车市场。先后获得国家级守合同重信用企业、中国专利山东明星企业、山东省富民兴鲁劳动奖状、山东省优质产品生产基地龙头骨干企业等称号、奖项。1人获得齐鲁工匠、3人获得山东省首席技师、10人获得泰安市首席技师和振兴泰安劳动奖章等荣誉。

【山东厚丰集团】 亦称泰安鲁美汽车散热器有限公司。始建于1972年，是一家车用散热器研制开发、生产制造与销售服务的专业化公司。公司拥有400台（套）国内外先进的自动化设备，12条现代化生产流水线，年产能力达150万台（套）车用散热器、20万台（套）汽车空调器及空调两器（蒸发器和冷凝器）。公司拥有省级技术开发中心、省级散热器产品质量检验站，年产销量100万台（套）。产品有八大系列1000种型号，包括铝质汽车散热器（全铝、铝塑）、铜质汽车散热器、工程机散热器、汽车空调器、空调两器、汽车暖风机、内置式钢管和铝质板翅式机油散热器、中冷器、工程塑料水室、塑料导风罩等。公司在全国行业内率先通过ISO 9001：2000质量体系、QS 9000质量体系认证及ISO/TS 16949:2002标准，产品获山东省名牌产品、山东省标志产品称号，“鲁美”“东岳”商标获“山东省著名商标”称号。

【山东九鑫集团有限公司】 该公司是一家以五金工具、医药日化为核心，多元化、多品牌发展的现代企业集团。五金工具板块。主要集中在子公司山东九鑫机械工具有限公司、山东东平九鑫精工公司，东平九鑫五金工具有限公司，其中山东九鑫机械工具有限公司前身是东平县工具总厂，以手动扳手为主，主导产品包括精品三扳系列，棘轮扳手系列，活扳手系列，敲击扳手系列等，共有800个规格品种，具有年产2亿件的生产能力。集设计、开发、生产、销售于一体，公司产品迈入国内顶级品牌的行列，覆盖国内各个省市，一直是中国一汽、二汽、重汽、五征、长城、时风、宇通重工、三一重工、徐工、中石油、国电的定点入网配套企业，并远销欧美，东南亚，港澳台等30多个国家和地区。产品表面处理花色品种齐全，产品样式多、规格多、系列全，居国内首位，“泰山”牌商标为中国驰名商标。日化板块。主要集中在山东九鑫日用化工有限公司，东平九鑫生物化学有限公司。日化公司不断探索新的营销方法，利用互联网搭建线上营销平台、微信营销群体，推出“中华神皂”“中华神水”“青花椒除螨组合”产品，“满婷”商标为中国驰名商标。

【山东润通齿轮集团有限公司】 公司成立于2006年10月，专业研发、制造重型卡车各类齿轮及差速器壳，产品主要面向中国重汽、一汽、二汽、陕汽、福田以及北方奔驰。公司通过ISO/TS 16949:2009国际汽车行业质量管理体系认证、ISO 14001:2004国际环境管理体系认证、OHSAS 18001:2007职业健康安全管理体系认证和国家安全生产标准化企业认证。获得“国家级高新技术企业”“国家级守合同重信用企业”“国家级绿色工厂”“瞪羚企业”“制造业单项冠军企业”，入选“山东省高端装备制造业领军（培育）企业”。“精密齿轮智能制造项目”被确定为山东省新旧动能转换重大项目库第一批优选项目，“多向智能精密成型项目”被确定为泰安市新旧动能转换优选项目，获“中国驰名商标”“山东名牌”认证，是泰安市双50强、新泰市双20强企业，达到年产10万吨锻件、2000万件各类齿轮的生产能力，两获中国重汽集团金牌供应商，自动化、智能化、产品质量保证能力和节能环保程度均达到国内同行业领先水平。该公司申报发明专利3项，获得企业标准备案1项，通过科学技术成果鉴定1项，取得国家实用新型专利技术21项、国家软件著作权12项。

【山东索力得焊材股份有限公司】 前身为肥城矿务局南高余煤矿，1995年3月关井转产；1997年10月，气保焊丝项目投产；2003年8月，实施民营化改制，成立山东索力得焊材有限公司。2014年8月，变更为山东索力得焊材股份有限公司。2015年5月，公司股票在全国中小企业股份转让系统（新三板）正式挂牌，公司证券简称索力得，证券代码832398。公司主要产品包括气保焊丝和埋弧焊丝两大类，产品广泛应用于汽车、动车、船舶、工程机械、压力容器、煤矿机械、桥梁建筑、电力设备等制造行业的多个领域。公司注册商标“索力得”（SOLID），被认定为中国驰名商标，通过国际马德里商标认证。

化工产业

【概况】 2020年，化学工业企业69户，实现营业收入199.7亿元，增长7.4%；实现利润−1.5亿元。主要产品中，化肥（折纯）89.7万吨，下降14.0%；化学农药原药（折有效成分100%）1.8万吨，增长20.0%。

（颜大龙）

【化工产业转型升级】 全面完成省政府确定的化工园区内村庄、学校等敏感点搬迁工作，搬迁新泰市、肥城市、宁阳县共5个村庄、1所学校，涉及1610户，4854人。71家化工企业进区入园，入园率达到53%，超过30%的目标任务。为新泰正大焦化有限公司、山东恒信高科能源有限公司、石横特钢集团有限公司3家焦化企业争取生产资质，减少投资损失近百亿元，避免关停带来的各项风险。与北京大学化学与分子工程学院、山东产业技术研究院确立通过三方合作模式，在宁阳化工产业园共同建设北大（泰安）协同创新中心。加快已认定园区问题整改。园区认定中发现的66项问题，年内完成整改48项，整改完成率73%。强力推动化工企业关闭退出，17家企业已全部停产，15家企业拆除相关设备，12家企业完成许可手续注销变更。

【安全生产】 加强对化工园区和化工企业安全生产工作的督促检查，严格按照园区和企业先自查、县（市、区）互查和市化工专项行动办聘请专家进行抽查的步骤，认真对照法律法规和相关的要求标准开展督导落实，对化工产业安全生产工作中发现的问题，限期整改。结合化工园区认定问题整改工作，举一反三，进一步压实各方面各环节责任，确保责任到位，整改到位，坚决遏制安全事故发生。开展道路危化品运输企业规范化提升工程，建立健全规范、完善的道路危险化学品运输安全治理体系和保障体系，实现企业运行管理智慧化，全面提高本质安全水平，推动道路危险化学品运输行业安全生产转型升级。为彻底消除安全隐患，提升规范管理和本质安全水平，自2019年9月开始，开展加快化工园区道路改道等基础设施问题自查自纠整改工作，对泰安市4个化工园区存在问题进行梳理整改。

（徐珊珊　朱玉祥）

【禁化武履约管理】 按照省履行禁止化学武器（简称“禁化武”）公约事务办公室工作要求，做好禁化武履约管理工作。完成对全市禁化武履约企业，监控化学品2019年年度数据宣布、2020年年度数据预宣的审核上报工作。组织开展对禁化武履约企业的新建、扩建的管理工作。会同省禁化武办专家，完成对新泰兰和化工有限公司新（扩、改）建第三类监控化学品和第四类监控化学品中含磷、硫、氟的特定有机化学品生产设施的考核工作。完成对泰安市亚荣生物科技有限公司所生产的三氯化磷、三氯氧磷等产品的现场审查，以及相关材料上报工作。

（邵　振）

【瑞星集团股份有限公司】 该公司是集肥料生产与销售、粮食收储与加工、土地流转、金融服务、科技研发、国际贸易于一体的大型现代化农业集团公司，总资产150亿元。是中国化工企业500强、中国制造业企业500强、中国民营企业500强、中国肥料制造业排名第7位、中国石油和化工企业100强。公司主要产品为合成氨、尿素、甲醇、淀粉、葡萄糖等，建有世界先进的粉煤气化装置和化肥生产装置。旗下拥有山东润银生物化工股份有限公司、山东祥瑞药业有限公司等子公司。企业建有完善的质量、职业健康安全、环境和能源管理体系，是国家级重点高新技术企业，山东省重点骨干民营企业。先后建成国家粉煤气化技术工程研究中心试验基地、山东省企业技术中心、山东省重点实验室，设立院士工作站、博士后科研工作站，与中国科学院、北京化工大学、南京工业大学、航天长征化学工程公司等多家科研机构建立长期稳定的协作关系，为企业发展奠定坚实的技术支撑。公司承担多项国家“863”计划项目和技术创新重点项目，获得省、市科技进步奖10项。被省政府授予节能突出贡献企业、智能制造试点示范企业、科技创新示范企业、两化融合贯标试点企业、制造业单项冠军培育企业称号。公司生产系统运行稳定高效，主产品尿素、葡萄糖产能、效益均居全国同行业前列。2019年，被工业和信息化部评为绿色工厂。2020年实现营业收入113亿元，纳税7382万元，企业总资产达到166亿，全年生产尿素204万吨、甘油4.5万吨、淀粉19万吨、葡萄糖13.7万吨。

【山东农大肥业科技有限公司】 该公司创立于1995年，坚持走“产品领先、产学研合作”发展道路，为全国腐植酸肥单项冠军示范企业，“农大”品牌为中国驰名商标。企业建有国家企业技术中心、土肥资源国家工程实验室、国家博士后科研工作站、农业农村部腐植酸类肥料重点实验室等8个省部级以上重点研发平台，并与中国科学院、中国农科院、中国农业大学、山东农业大学等多家科研院校建立良好的合作关系。企业承担省部级科研项目40多项，自主研发的腐植酸活化技术、控释包膜技术、土壤调理技术填补国内空白，与山东农大、南京农大等共同开发的功能菌生防技术水平国内领先。企业拥有4项国际领先核心技术，累计申请专利100项，授权42项，起草制定国家标准4项、行业标准6项，地方或团体标准22项，获得山东省科技进步奖、中国专利优秀奖等省级以上奖励12项，为全国腐植酸肥料领军企业。

【山东华阳农药化工集团有限公司】 该公司始建于1966年，注册资金2.01亿元，占地面积86.7公顷（1300亩），是以化学农药、化工为主导，集科工贸于一体的国有大型企业集团。2020年，实现销售收入11.44亿元，实现利润1.08亿元。该公司有员工1350人。拥有省级企业重点实验室、省级化学农药工程技术研究中心、省级企业技术开发中心、国家博士后科研工作站，是中国农药工业协会常务理事单位、高新技术企业，先后被评为中国农化行业十大质量品牌企业、山东省重点培育和发展的出口名牌企业。农药是该公司的核心产业，拥有杀虫剂、杀菌剂、除草剂、种衣剂4大系列，其中，基础化工产品主要有氯碱、氯磺酸、硫酸，精细化工产品主要有光气、氯乙酸、氯甲酸乙酯等。围绕农药化工、基础化工、精细化工三大产业，建设年产3000吨二甲戊乐灵、2000吨灭多威、2000吨克百威、1000吨涕灭威等农药生产装置和年产6万吨离子膜烧碱、1万吨光气、3000吨三氯化磷、5000吨氯甲酸酯类产品等化工中间体及精细化工产品生产项目。“华阳农药”在国内外享有较高的知名度和美誉度，是中国驰名商标，拥有1个中国名牌、5个山东名牌、2个山东省著名商标；建立覆盖全国28个省、市、自治区的产品推广、销售网络；向欧美、东南亚等30多个国家和地区进行产品输出。

新材料产业

【概况】 2020年年末，全市新材料产业有规模以上企业141家，实现营业收入542.0亿元，下降0.9%，实现利润总额41.7亿元，增长1.0%。主要产品中，表面活性剂2.4万吨，增长29.7%；石墨及碳素制品28.5万吨，增长7.1%；初级形态塑料10.2万吨，增长61.9%。

（颜大龙）

【落实支持政策】 推进新材料产品首批次应用保险补偿工作开展。加大对接协调力度，争取政策支持，2020年，落实新材料首批次保险补偿资金1489.56万元。组织新材料企业申报2020年度山东省新材料首批次应用保险补偿项目，共计申请资金1023.12万元。

【建材新材料“雁阵型”产业集群】 泰安市建材新材料产业集群已纳入省“十强”产业“雁阵型”集群库入库产业集群名单（第一批）。

（徐珊珊　朱玉祥）

【山东路德新材料股份有限公司】 该公司主要生产经营基础设施建设专用新材料，包括土工格栅、土工格室、三维土工网垫、土工布、复合土工膜等土工合成材料，年生产能力2亿平方米以上，装备及技术水平在同行业中位居前列。产品主要应用于铁路、高速公路的路基增强加筋，水利堤坝除险加固，隧道、地铁等工程领域，远销30多个国家和地区，市场占有率稳居同行业前列，受到工程界专家和广大用户的普遍好评。公司系国家级制造业单项冠军示范企业、国家高新技术企业、国家级守合同重信用企业、国家高新技术产业标准化试点单位、国家知识产权优势企业、中国产学研合作创新示范企业、全国建材行业先进集体，山东省优秀企业、山东省瞪羚标杆企业、山东省新材料十强企业（第四名）、山东省硬科技品牌TOP50榜企业、山东省技术创新示范企业、山东省建材新材料产业集群龙头骨干企业，被列入泰安市工业领军企业50强。公司通过质量管理体系认证、环境管理体系认证、知识产权管理体系认证、职业健康安全管理体系认证、能源管理体系认证、两化融合管理体系认证、碳排放核查认证，是国家级智能工厂、绿色工厂。产品通过铁路产品（CRCC）认证、矿用产品安全标志认证、欧盟CE认证，“路德”商标被评为中国驰名商标，并通过马德里体系境外商标注册。该公司有行业科研平台2个、省级科研平台5个、省级院士工作站1个、国际科技合作基地1个，有科技部创新人才推进计划科技创新创业人才1人、享受国务院特殊津贴专家1人、山东省泰山产业领军人才2人、泰山英才领军人才4人。申请国家专利120项，获得省级以上科技成果奖20项，起草或修订各类标准40项。公司被省政府评为“山东省百家制造业高端品牌培育企业”“百年品牌培育企业”。

【泰山石膏有限公司】 该公司是以生产纸面石膏板为核心业务的新型建材企业，中国建材集团旗下的新型建筑材料生产企业、中国建材百强企业、中国最大的纸面石膏板生产企业、世界同行业第7名。在全国20个省（市、自治区）建立30条纸面石膏板生产线，拥有资产30亿元，主导产品纸面石膏板年生产能力达到8亿平方米，是亚洲最大的纸面石膏板生产企业。公司生产各种规格的纸面石膏板、装饰石膏板、护面纸、水泥缓凝剂、轻钢龙骨及相关配套产品5大类60多个品种。主导产品“泰山”牌系列纸面石膏板及系统产品作为新型轻质建筑材料，用作隔墙、吊顶，充分满足现代建筑要求，具有防火、隔音、保温、抗震、保健等功能，广泛应用于工商业及民用建筑。公司通过ISO 9001质量保证体系认证和ISO 14001环境管理体系认证，并成为国家倡导的“双绿色之星”企业。“泰山”牌系列石膏板产品获得“中国环境标志认证产品”“中国绿色建材名优品牌”“中国建筑装饰协会信得过推荐产品”“国家康居示范工程选用产品”称号。“泰山”牌纸面石膏板获评“中国名牌产品”，“泰山”牌商标被认定为“中国驰名商标”。泰山石膏的系列开发，拥有自主知识产权和专利技术与装备。公司的工艺技术、装备水平、产品能耗均达到国际先进水平，拥有专利486项，其中发明专利44项、实用新型专利396项、外观设计专利46项。

【泰山玻璃纤维有限公司】 1994年11月建，主要产品为无碱玻纤毡、方格布、无捻粗纱等。1997年3月，中国首条万吨无碱玻璃纤维池窑拉丝生产线投产。1999年11月，更名为泰安泰山复合材料厂。2001年7月，改制组建为泰安泰山复合材料有限公司；12月实现债转股后，更名为泰山玻璃纤维股份有限公司。该公司隶属于中国建材集团有限公司，是国家专业从事玻璃纤维及复合材料制品研发、生产、销售的国有大型企业。年末，总规模达到95万吨/年，是全球3大玻璃纤维制造企业之一。主导产品无捻粗纱、短切毡、方格布、多轴向经编织物、热塑性纤维、细纱（电子细纱及工业纱）及制品、耐碱玻璃纤维等系列产品，应用于建材、交通运输、电子电器、化工、新能源等国民经济各个领域，远销北美、中东、欧洲、亚太等70多个国家和地区。公司是高新技术企业，拥有玻纤行业国家级企业技术中心、博士后科研工作站等研发平台，拥有国家认可实验室（CNAS）、DNV-GL认证检测中心、博士后工作站等创新平台，拥有自主产权的节能环保玻璃配方及高性能玻璃配方、大型池窑设计及建造、纯氧燃烧节能技术、大漏板弥散技术、全自动物流输送、大卷装拉丝与络纱工艺技术、废丝回收利用等核心技术。自主研发新技术、新产品400项，其中承担国家“863计划”3项、国家科技支撑计划1项、国际合作3项；拥有有效专利技术177项，其中发明专利17项；获得省部级科技进步奖17项，其中“高TEX数无捻粗纱的研制”获得国家科技进步二等奖。2013年被工业和信息化部、财政部认定为“国家技术创新示范企业”，2015年被工业和信息化部认定为全国首批“智能制造示范企业”。

【泰安鲁普耐特塑料有限公司】 该公司成立于2002年4月，是国家级高新技术企业、国家科技进步二等奖获奖单位、山东省“制造业单项冠军”企业，主要生产航空航天、军事装备、海洋工程、船舶舰艇、安全防护、消防救援、体育户外、交通运输、日用五金等36个领域所用各种材料的高端“绳、网、线、带”产品，产品畅销美国、加拿大、日本、澳大利亚等全球110个国家和地区，是集绳网研发、生产制造、机械装备研制、国际贸易、技术服务、绳网艺术及文化为一体的综合性集团公司。公司拥有“综合院士工作站”、省级“认定企业技术中心”、省级“新材料绳网工程技术研发中心”、省级“绳网产业技术创新战略联盟”、省级“工业设计中心”、“中国绳网研发基地”。公司先后获得“国家知识产权优势企业”“中国专利优秀奖”“中国纺织行业专利金奖”；参与制定国家标准6项，牵头制定纺织行业标准14项；获授权发明专利21项，实用新型专利91项；公司通过三体系认证、知识产权管理体系认证；先后取得CCS、CE、CCC、ABS、装备承制资格等多个国内国际产品和体系认证，成为国内绳网行业高端市场的引领者。

【泰安现代塑料有限公司】 该公司成立于1998年，是专业从事塑料土工合成材料研发生产的科技创新型企业。主要生产塑料土工格栅、长丝土工布、土工格室、工程纤维等新型土工合成材料，服务于公路、铁路、水利、环境治理等工程领域的软基础处理。产品市场遍布国内各省、市和自治区，并销往世界50多个国家和地区。2017年，TMP美国公司格栅生产线正式投产，实现中国土工格栅产品在美国本土制造

泰山玻璃纤维有限公司进行厂房搬迁改造，左图为摄于9月27日的新窑炉，右图为老旧窑炉 （司 刚 摄）

销售。公司通过 ISO 9001 质量管理体系认证；产品通过中铁 CRCC 认证、欧盟 CE 认证；公司产品获得欧美第三方专业检测机构（TRI、SGI、BTTG）认可。公司是中国土工合成材料协会常务理事单位，被认定为山东省高新技术企业、省级企业技术中心。公司获得专利 20 多项、计算机软件著作权 6 项，其中发明专利 2 项，实用新型专利 19 项，拥有产品商标 3 个。公司获得“山东省科学技术进步奖”等称号。

食品药品业

【概况】 2020 年，食品加工制造、饮料业 21 户，实现营业收入 83.8 亿元，增长 14.8%；实现利润 6.2 亿元，增长 29.7%。主要产品中，白酒 1.2 万千升，下降 20.0%；小麦粉 9.9 万吨，下降 8.3%；乳制品 35.1 万吨，增长 12.9%；软饮料 9.5 万吨，下降 3.1%。

（颜大龙）

【蒙牛乳业泰安有限责任公司】 该公司是内蒙古蒙牛乳业（集团）股份有限公司在山东投资的分公司，2003 年 11 月注册成立，拥有 3 大生产车间 50 条生产线，乳制品日生产能力达 2100 吨，是集生产冰激凌、常温牛奶、酸奶于一体的综合性生产基地。生产三大系列 160 多个品项的产品。主要产品有绿色心情系列雪糕、蒂兰圣雪系列冰淇凌、中国第一款专业儿童牛奶——未来星儿童牛奶、自主研发的零脂肪发酵乳饮料——优益 C、早餐奶、纯牛奶等，先后通过质量管理体系 ISO 9001 : 2000、职业健康安全管理体系 OHSAS 18001 : 1999、环境管理体系 ISO 14001 : 2004、食品安全管理体系 HACCP 认证。公司先后被评为“2006 年度全国优秀外商投资企业”“山东省消费者满意单位”“山东省放心消费示范单位”“省级守合同重信用企业”“山东省热心慈善事业先进单位”“山东省首批履行社会责任达标企业”“山东省轻工行业安全生产先进单位”“泰安市十大农业龙头企业”“泰安市管理创新十佳企业”等称号。

【山东泰山生力源集团股份有限公司】 该公司是泰山酒业集团投资建立的股份制企业集团，有控股公司 5 个、参股公司 3 个。公司致力于生物发酵技术产品的研发与生产，技术及生产水平国内领先，先后建成国内发酵饲料行业最先进液态发酵、固态好氧与厌氧发酵生产线，年生产能力达到 20 万吨，通过 ISO 9001 质量管理体系认证。年内，相继通过 ISO 14001 环境管理体系、ISO 45001 职业健康安全管理体系和 ISO 50001 能源管理体系的认证。担任山东省饲料行业协会常务理事单位，泰安市饲料工业协会副会长单位。公司为国家级高新技术企业、山东省“专精特新”中小企业、山东省瞪羚企业。该公司先后与中国海洋大学、天津科技大学、江南大学、山东大学、山东农业大学、齐鲁工业大学等高校联合组建省级企业技术中心、泰安市固态发酵产业技术研究院等研发平台；公司技术中心多次承担国家“863 计划”项目、国家发改委农业循环经济项目、农业农村部农副资源利用项目、国家火炬计划项目、省科技重大专项等科研课题，拥有国家发明专利 7 项、实用新型专利 4 项。经过多年研发与工艺改进，先后开发畜禽微生态系列产品、酿酒酵母培养物、发酵豆粕、功能性小肽及膳食纤维等产品，为现代畜牧业的可持续发展、生态环保和食品安全贡献力量。

【山东泰山啤酒有限公司】 1979 年，泰安酒厂以啤酒生产车间为主筹建泰安啤酒厂。1988 年，啤酒生产能力 2 万吨。1997 年，啤酒生产能力 15 万吨，产品销量 12 万吨，“克利策牌”啤酒被授予省名牌产品称号。1998 年 10 月，通过 ISO 9002 国际质量体系认证。2000 年，改制为泰山生力源集团啤酒有限公司。公司引进全套德国克朗斯生产线，年产能力达 20 万吨。凭借先进、完备的工业设施和优美的景观规划，形成集生产、旅游、餐饮为一体的啤酒工业园区。公司主营业务为啤酒的研发、生产、销售，主打“泰山”“克利策”“泰山原浆”3 大系列近 20 种的啤酒产品。公司不断加大研发力度，成功开发泰山原浆系列（德式艾尔）和 IPA 系列特色产品，2018 年，特色啤酒占 70% 以上。公司设有省级企业技术中心，拥有山东省技师工作站、泰安市技师工作站两大平台。先后与山东农业大学、中国食品发酵研究院等单位，建立长期技术战略联盟。每年投入大量科研经费用于新品研发和啤酒酿造新技术的研究，技术革新与科技进步位于全国同行业前列。

【山东泰邦生物制品有限公司】 该公司前身为山东省生物制品研究所，是 2002 年重组成立的合资企业，系国家定点的以血液制品为主，集科研、生产、经营一体化的国家级高新技术企业。公司有人血白蛋白、静注人免疫球蛋白、人凝血因子Ⅷ、人纤维蛋白原等在内的 10

个品种、25个规格产品，是行业内产品品种最为齐全的企业之一，优质的产品赢得市场的广泛青睐，品牌实力名列行业前三。公司先后承担多项国家“863”项目、国家重大新药创制专项及省级科技攻关项目，拥有专利技术60项。其中，2018年上市的世界首创新一代人纤维蛋白原，拥有速溶即用的特效，为抢救大出血患者赢得宝贵时间。2020年上市的人凝血因子Ⅸ填补国内市场空白，为乙型血友病患者治疗提供保障。公司于2018年投资25亿元建成占地面积17.3公顷（260亩）的泰邦生物科技园，全面实现生产过程的“自动化、信息化、智能化”，是亚洲规模最大、设备技术领先的血液制品生产基地。被列为国家卫健委和科技部重大新药创制及产业化项目，省新旧动能转换生物医药示范项目。在原料血浆保障充足情况下，园区实现1500吨血浆产能，供应15个品种、30个规格市场急需血液制品，实现年销售收入60亿元，创税10亿元。

【山东宝来利来生物工程股份有限公司】 该公司成立于1996年8月，是中国最早专业研究和生产动物微生态制剂的企业。动物微生态制剂是一种天然的生物活性制剂，无毒副作用、无耐药性、无药残，广泛应用于饲料厂、畜禽养殖企业，可有效替代饲用抗生素，有效解决因饲用抗生素滥用、化学兽药过量使用而导致大量多重耐药细菌产生、畜禽疫病暴发和食品安全等问题。该公司是国家高新技术企业、省技术创新示范企业、省“专精特新”中小企业、省农业产业化重点龙头企业、中国专利山东明星企业。相继通过ISO 9001质量管理体系、ISO 22000食品安全管理体系和知识产权管理体系认证，获得中国驰名商标、山东名牌、山东优质品牌、山东知名品牌等称号，产品销售覆盖全国30多个省、市、自治区并出口东南亚多个国家，连续多年产销量位居国内同行业首位。

【山东润德生物科技有限公司】 2014年成立，以生物制品的研发、生产、营销、国际贸易、技术服务为核心业务，主营氨基葡萄糖系列产品。企业获得国家高新技术企业、国家制造业单项冠军示范企业、中国轻工业科技百强企业、国家级绿色工厂、国家知识产权优势企业、中国发酵产业十强企业等称号。公司拥有年产1万吨氨基葡萄糖生产线，实现氨基葡萄糖全产业链的绿色生产，产品质量达到欧美日国际标准。相关技术被中国轻工业联合会鉴定为“国际领先水平”，并获得中国轻工联合会科学技术发明一等奖。

纺织服装产业

【概况】 2020年，纺织、服装业74户，实现营业收入98.9亿元，下降16.5%；实现利润1.8亿元，下降45.8%。主要产品中，服装9424.6万件，增长32.1%；布2592.1万米，下降14.1%；纱8.7万吨，下降39.2%。（颜大龙）

【推动产业高质量发展】 围绕产业高质量发展，推动新模式新技术研发应用和品牌推广，引导企业入围省和国家产业链发展盘子。泰安市5项新技术入选全省纺织服装行业新技术名单（山东省共50项）；2项新模式成功入选全省纺织服装行业新模式名单（全省共13项）；山东岱银纺织服装集团、山东康平纳集团有限公司2家企业入选全省重点培育品牌企业名单（全省制造业品牌企业共21家）。

【推广新模式在全省纺织服装行业应用】 6月19日，邀请聊城市40家纺织企业就泰安市“筒子纱智能染色共享工厂新模式”“小微再造模式”，分别到山东康平纳集团有限公司、山东华兴纺织集团有限公司进行现场观摩交流。4月9日、4月13日，菏泽郓城、枣庄高新区与山东康平纳集团有限公司正式签订筒子纱智能染色工厂建设协议，菏泽郓城筒子纱智能染色工厂项目于5月13日开工建设，枣庄筒子纱智能染色工厂项目协商办理建设前各项手续。全省印染行业“1+7”（在全省建设1个印染行业云平台和7个分布式印染共享工厂）区域性共享工厂体系建设框架基本形成。

（徐珊珊　朱玉祥）

【山东康平纳集团有限公司】 该公司始建于1998年，是生产高档毛纺面料和现代纺织染整装备的综合性企业，下属纺纱、织布、染色、整理4家分公司和泰安康平纳机械有限公司。公司主要生产高档粗纺呢绒、半精纺呢绒、精纺呢绒，羊绒、多组分纱线及各种纱线的染色加工，12个系列上千个品种。染整系列设备有自动化染色成套设备、多功能湿整设备、数控化后整理设备等。该公司是国家高新技术企业、国家技术创新示范企业、山东省创新百强企业、山东省智能制造标杆企业等。拥有国家认定企业技术中心等国家省部级

10月12日，康平纳集团有限公司纺纱技工向学员传授经验技术

（司 刚 摄）

研发机构，先后承担完成国家“863计划”、科技支撑计划、智能制造专项等国家省部级科研项目86项，获得国家省部级科技进步奖11项。公司以自主研发的国家科技进步一等奖成果——筒子纱数字化自动染色成套技术与装备，先后被列入国家首批智能制造试点示范项目、《中国制造2025》2017年度重大标志性项目、山东省新旧动能转换重点项目，“筒子纱智能染色工业示范项目”获得2018年中国工业大奖。

【山东岱银纺织服装集团】 该集团是一家集纺织、服装、进出口贸易、跨国生产经营于一体的大型综合性企业。系全国棉纺织行业竞争力排名前20强企业、全国服装双百强企业、中国优秀民营企业、山东省重点工业企业集团。相继通过ISO 9001国际质量标准体系认证、ISO 14001国际环境管理体系认证、OHSAS 18000职业健康安全管理体系认证和“国家AAAA级标准化良好行业”确认。各种系列的纱、布、毛呢、服装产品远销日本、韩国、美国等国家和地区，在国内、国际市场上享有很高的声誉。集团培植发展的名牌产品“雷诺”服饰先后获“中国驰名商标”“中国国际服装服饰博览会金奖”“国家免检产品”“山东省名牌产品”等称号，销售网络遍布全国各大中城市。

【山东泰鹏集团有限公司】 1985年建，原名肥城县毛巾厂。1992年，与香港客商合资成立肥城市第一家外商投资企业——肥城泰鹏纺织有限公司，引进喷胶棉生产线1条，所产喷胶棉产品获“国家级新产品”称号。1996年，企业获得自营进出口权。1997年，组建山东泰鹏集团。集团下设子公司5个，其中新三板挂牌公司2个、国家级高新技术企业3个。主要生产环保滤材、智能家居、生态家纺三大系列产品。“安琪尔”家纺商标为“中国驰名商标”，拥有省级名牌产品2个、省著名商标1个。获得国家专利100多项，其中发明专利11项。为中国非织造布10强企业，山东省制造业单项冠军企业、山东省隐形冠军企业、中国产业用纺织品行业竞争力20强，山东省科技创新示范企业、泰安市工业领军50强。

【海斯摩尔生物科技有限公司】 该公司始建于2012年，位于宁阳县环城科技产业园金阳大街1299号，注册资金7800万元，占地面积14.67公顷（220亩），其产品主要为壳聚糖纤维、非织造布、医用护理巾等，是集海洋生物新材料、各式功能性纺织品及生物医卫纺织品等产业用纺织品的研发设计、加工生产、内外贸销售于一体的综合性企业集团。2020

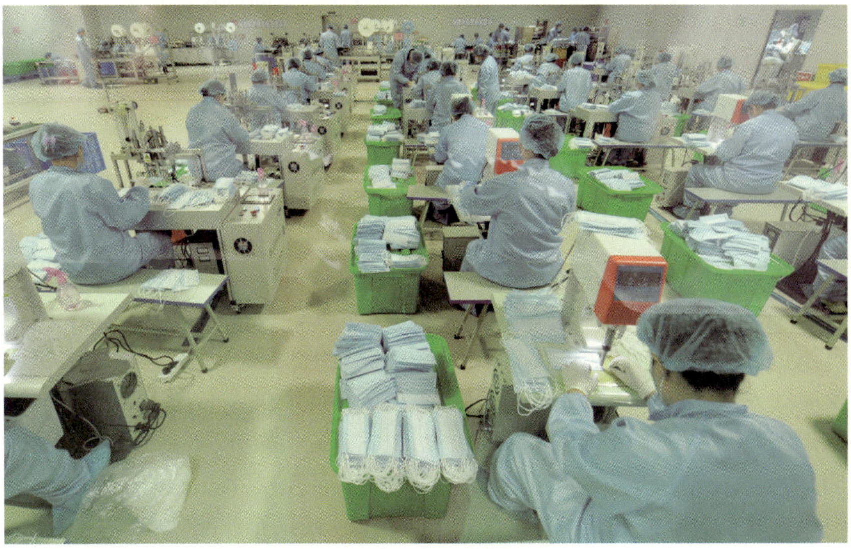

5月18日，海斯摩尔生物科技有限公司生产车间 （司 刚 摄）

年，实现销售收入2.74亿元、净利润1722万元、税收88万元、出口收入106万元；壳聚糖纤维生产440吨、无纺布生产1690吨、卫生巾生产820万盒，增幅分别为-2.8%、14%、-23%；有员工58人，其中专业技术人员26人。该公司已拥有专利120项，其中2020年新申报专利6项。被认定为国家高新技术企业，拥有山东省院士工作站、山东省企业技术中心、山东省壳聚糖工程技术研究中心、山东省多糖生物质工程实验室，是9项国家标准和行业标准的起草单位。先后获2013年中国纺织工业联合会科技进步一等奖、2015年中国纺织工业联合会科技进步一等奖、中国专利银奖、山东省科技进步二等奖等奖项及“全国纺织工业劳动模范先进集体”“全国青年文明号”“山东省新材料领军企业50强”“山东省瞪羚标杆企业”等称号。

钢铁产业

【概况】 2020年，钢铁产业8户，实现营业收入223.1亿元，下降6.7%；实现利润23.4亿元，下降37.5%。主要产品中，生铁363.5万吨，增长0.8%；钢材497.9万吨，增长2.0%；粗钢421.7万吨，增长1.3%。

（颜大龙）

【石横特钢集团有限公司】 简称石横特钢，地处山东省泰安市肥城市境内。经过50年的发展，逐步发展壮大形成以钢铁为主业，延伸至化工、金融等领域的产业格局，拥有新疆昆玉钢铁有限公司、山东阿斯德科技有限公司、山东鑫华特钢集团有限公司、泰安华鲁锻压机床有限公司等10多家子公司和控股公司，连续多年跨入中国企业500强之列。钢材产品主要有建筑钢筋、锚杆钢筋、精轧螺纹、圆钢、电力角钢等，形成以建筑钢材为主打，以矿用支护用钢、电力角钢等专业领域产品为特色，以高强度合金钢、耐蚀钢、耐低温钢等产品为发展方向的产品体系，是国内优质的精品钢生产基地。2020年，企业位居2020中国企业500强第435位、2020中国制造业企业500强第203位。

4月28日，华为山东代表处到石横特钢进行战略合作交流　（李慧星　供）

生产经营。2020年，面对新冠肺炎疫情全球大流行、局部大爆发严峻形势，石横特钢克服疫情冲击、市场波动、项目建设、停限产等政策调整带来的巨大压力与挑战，较好完成全年生产经营目标。全年实现营业收入395亿元，实现利润32亿元，其中集团本部实现营业收入270亿元，实现利润26.4亿元。企业品牌价值充分彰显，第5次获评中国钢铁企业A级竞争力特强企业，先后获得“山东省制造业高端品牌培育企业”“重大工程建设榜样”“中国卓越钢铁企业品牌”“中国钢材市场优秀品牌（线螺类）”等称号。钢筋混凝土用热轧钢筋获得2020年度山东知名品牌称号，并入选2021年重点工程建筑钢材推荐品牌。

企业管理。石横特钢把2020年确定为“学习华为年”，学习华为先进经验，提升自身管理水平。年初，发布《关于进一步推进学习华为经验的通知》，编制印发《华为基本法》单行本，邀请华为大学金牌讲师、公司高管层开展管理论坛10次，通过广播、电视、微信等平台进行华为管理经验宣传贯彻。以《华为经验学习简报》为载体，组织科级及中级以上管理人员聚焦企业当下及未来的发展方向和目标，找差距，补短板，定措施，撰写管理论文500篇。借鉴《华为基本法》经验，12月完成《石特基本法》编纂。全年系统梳理企业各项制度，确定包括《石特基本法》在内的29项重大规章制度体系。

工程建设。12月12日，石横特钢举行泰安特种建筑用钢产能置换一期项目投产仪式。该项目为山东省2020—2025年钢铁规划建成的第一条长流程转型升级项目，是石横特钢史上投资额度最高、建设规模最大、参建人数最多的工程，项目建成投产是企业发展史上的里程碑，对山东省优化钢铁产业布局，实现集约、绿色、高效生产，促进传统动能转换，具有重大意义。石横特钢全年完成 20 项大修、项修及 120 项计划检修，并实现检修事故为零、检修安全事故为零。信息化建设取得多项阶段性成果，成为山东省省级两化融合管理体系贯标试点企业。与华为公司共同研究发力钢铁工业互联网应用，将数字化、智能化融入企业工艺流程，助力企业推动生产控制管理过程优化，提高生产效率，降低工艺消耗。以管理信息需求为导向开展信息化工作，整理提报需求 900 项，有效转化 300 项，完成 260 项，完成率 83.6%。

技术创新。提升科技创新能力，年产品研发经费占主营业务收入比重不低于 3.5%，提高技术创新投入回报率和社会效益贡献率。与东北大学王国栋院士合作的“热轧角钢超快冷技术”属国内首创，填补国际空白，被工业和信息化部列为 2016—2020 年钢铁工业调整升级规划的重点关键技术。7 月通过 2020 年实验室体系认证（CNAS），获评泰安市高强度钢铁材料生产技术重点实验室，12 月再次被科技部评为高新技术企业。创建独具特色的经济技术指标体系，在具有可比性的重点指标 71 项次中，达到先进平均水平的 56 项次、先进水平 47 项次、领先水平 36 项次，达到率分别为 80%、65%、51%。鉴定验收 2019 年度公司级技术创新成果 71 项；12 个项目通过山东省冶金工业总公司组织的科技成果鉴定验收，其中 3 个项目被鉴定为国际先进水平，6 个项目鉴定为国内领先水平，3 个项目鉴定为国内先进水平。全年获授权专利 53 项，其中发明专利 5 项、实用新型专利 48 项。

人才培养。坚持外引 + 内培的方式加大高素质人才培养。2020 年招聘本科及以上大学生 95 人，其中 211/985 以及重点冶金院校 19 人；引进中高级专业技术人才 5 人，人才引进数量、结构、素质均创新高。推动领导干部岗位交流，提升干部队伍综合素质，通过轮岗培养中层领导干部 18 人。对部分职位实施双通道发展，破格聘任中高级专业技术人员 86 人，技师类技能人员 69 人。设立大学生两年培养计划，科学设计大学生一线实践的技能目标，促进专业知识在实际工作中的应用。多元化开展特种钢项目人员培养。确定 18 项外出对标培训项目，派出 200 人先后到中国宝武钢铁集团有限公司、中天钢铁集团有限公司等企业跟班实操实训。邀请项目建设单位、装备厂家，开展新装备、新工艺的技术培训，涉及项目 10 项，培训业务骨干 410 人。集中开展特种作业理论、实操培训及模拟考试、验证，组织考评 998 人次。校企合作有突破，按照合作协议组织辽宁科技大学表彰会和招聘会，与辽宁科技大学、东北大学就深化校企合作进行探讨，在项目攻关、在职员工送培等领域深化合作。继续深度开展和肥城技校的校企合作，2018 级特钢班毕业前导入维检技能实训内容，达到前置性技能培养，毕业后可较快进入工作状态。

循环经济。坚定不移地走低资源耗用、低污染排放的新型工业化道路，大力发展循环经济，坚持“绿色、创新、低碳、节能”发展主题。加大对各类煤气、余热蒸汽、水资源进行综合回收利用，循环水利用

8月28日，以“钢铁脊梁”为主题的庆祝石横特钢建厂50周年大型文艺晚会举行　（李慧星　供）

率、吨钢耗新水等指标保持行业领先水平，焦炉、转炉煤气实现零放散，高炉煤气利用率达到99%以上，烧结工序能耗、高炉工序能耗、转炉工序能耗、轧钢工序能耗等均处于国内同行业领先水平。重点进行料场扬尘综合治理，实现无组织排放的有“组织”管理。投资1.17亿元率先在全省实施烧结、球团脱硝新工艺，成为全省第一家实现超低排放的钢铁企业。对标先进企业，推动绿色工厂、旅游工厂建设步伐。2020年，新增绿化面积3.6万平方米，打造绿化景点8处，投资约600万元。

企业文化。2020年是石横特钢建厂50周年，8月25日，召开创新暨科技大会，对科技和创新的优秀人才、突出团队、典范项目给予表彰，其中创新特等奖个人5名、创新团队3个、创新典范项目46个，覆盖面之广、奖励力度之大，为50年来之最。8月27日，举行建厂50周年庆典暨表彰大会，对在重点指标突破、专业管理提升、管理与技术创新、重大项目建设等方面做出突出贡献和取得突出成果者，在企业重大转折、重大决策、重要技术革新中做出贡献的功勋、专家，予以表彰并颁发奖牌，其中功勋奖牌19人、金牌91人、银牌170人。策划制作专题纪录片《足迹》，全面展示企业发展壮大的艰辛历程和成功经验。向在职员工、离退休人员统一发放厂庆纪念装，并发放厂庆奖金828万元。2020年，员工人均收入达7.91万元，较2019年提升5.2%。在肥城市除特钢小区、特钢东区外，又开发特钢西区项目，累计签房1200套。优化住宿条件，启动单身宿舍楼升级改造，安装空调365台，惠及近千名员工。满足员工子女就学需求，投资1170万元在特钢学校新建初中部4层教学楼，总建筑面积4233平方米，初中部招生83人。开展走访慰问和帮扶救助活动，全年慰问、帮扶救助员工709人，发放慈善资助金、困难救助金、探视慰问金、抚慰金等共计192万元。（李慧星）

【山东盛德大业新材料科技有限公司】 该公司成立于2015年7月，注册资金1.51亿元，是一家专业从事有机涂层板的生产及深加工研发制造的高科技企业。公司以0.1毫米超薄级高精度金属板材制造为主导产品，产品广泛应用于航空、机车、精密仪器仪表、汽车制造、电气产品等多个行业领域。获得“泰安市50强企业”“山东省两化融合优秀企业”“山东省制造业单项冠军”等称号。

新能源产业

【概况】 2020年，市能源局获得“2020年度山东省新能源产业创先争优劳动竞赛优化营商环境二等奖”。突出龙头带动，培育壮大以泰开电气为龙头的新能源输变电产业集群。年内，84家规模以上企业营业收入实现331.2亿元，增长11.8%，增加值增速3.3%，利润实现20.3亿元，同比扭亏为盈。重点推进项目10个，涵盖光伏、风电、生物质和产业园项目，年内完成投资20.07亿元。推动华能朝辉新泰西张庄10万千瓦光伏竞价上网项目、新泰正大热电异址搬迁项目、华能新泰禹村100兆瓦风电场项目、国电电力新泰石莱风电项目、惠普电厂技改项目、润和新能源东平30兆瓦生物质热电联产项目、岱岳区绿色建材产业园19.8兆瓦分布式屋顶光伏项目和旭德科技产业园等8个项目完成投产。编制《泰安市人民政府办公室关于加快推进氢能产业发展的实施意见》，为氢能产业未来发展指明路径方向。泰安二期抽水蓄能电站项目和国内首座压缩空气储能电站开工建设，推动大型盐穴储气库工程进入可行性研究阶段。

【新能源发电】 可再生能源发电装机达到313.04万千瓦，增长18.56%，占电力装机比重44.5%，高于全省15.5个百分点。其中，光伏发电装机144.84万千瓦，风电装机49.3万千瓦，农林生物质和垃圾发电装机18.9万千瓦，抽水蓄能装机100万千瓦。全市可再生能源发电量达到39.08亿千瓦时，增长20%，占发电量比重24.19%。其中，光伏发电14.74亿千瓦时，增长8.58%；风力发电6.91亿千瓦时，增长24.31%；生物质和垃圾发电9.55亿千瓦时，增长9.52%；抽水蓄能发电7.88亿千瓦时，增长68.12%；非水可再生能源消纳责任权重16.91%，超额完成省下达的激励性指标。（朱建华）

【特变电工山东鲁能泰山电缆有限公司】 该公司始建于1950年，前身为山东电缆厂，2003年由特变电工和山东鲁能联合组建，是特变电工输变电产业的核心骨干企业，山东省百年品牌重点培育企业，国家级高新技术企业，国家制造业单项冠军示范企业。该公司是国内大型电线电缆研发制造出口基地、电线电缆行业的标杆企业，具备750千伏及以下电力电缆、电缆附件、特种电缆、民用布电线、±1100千伏特高压交直流大截面导线等全系列电线电缆产品的研发、制造和试验

9月26日，华能新泰翟镇100兆瓦光伏发电平价上网项目开工
（朱建华　供）

能力。是国内较早从事110千伏、220千伏及500千伏高压、超高压电缆产品研制的企业，110千伏产品率先通过产品技术鉴定，220千伏产品较早实现挂网运行，330千伏产品一体化施工填补国家电网大长度运行的空白，可提供500千伏及以下电缆+附件+施工运维的系统集成服务。公司拥有国家专利43项、核心发明专利5项，先后参与制定国家标准、行业标准22项，获得中国机械工业联合会科技一等奖等大奖，被评为中国线缆行业最具竞争力企业10强企业之一。"特变电工"品牌获得中国驰名商标、中国名牌产品、山东省著名商标等称号。

【山东超威电源有限公司】 该公司建设于2005年，是一家自然人投资的法人独资企业，注册资金1亿元，占地面积33.33公顷（500亩），有子公司山东超威磁窑电源有限公司。该公司具有年产电动助力车用阀控式铅酸蓄电池866万千伏安时和新能源动力电池120万千伏安时的生产能力，产品涵盖6大系列100多个品种。至年底，有员工1209人，专职研发人员102人，实验室建设面积1500余平方米，拥有各类研发设备300多台套。建设有省级、市级企业技术中心平台，市级产业技术研究院，省级、市级工程实验室5个平台。被工信部认定为"绿色工厂"，4个系列产品被工信部认定为"绿色设计产品"，是"中国绿色发展联盟"理事单位、国家级"两化"融合试点企业。

【力博重工科技股份有限公司】 该公司成立于2005年，是国家重点高新技术企业、国家绿色工厂，是专一从事各类矿山、水泥厂、电厂、港口、码头等相关行业设备及配套产品开发与应用的专业化国际公司，是全国矿山输送装备行业领军企业。主营大型带式输送机、永磁同步变频电动机、矿用隔爆型三相永磁同步电动滚筒、带式输送机用逆止器、盘式制动装置等产品。主导产品"长距离大运力带式输送机"获2019年国家科技进步二等奖，产品技术水平达到国际领先，国内市场占有率61%，居国内行业第一位。公司拥有体制机制灵活的新型研发机构——力博工业技术研究院（山东）有限公司，拥有中澳散料输送联合研发中心、山东省企业技术中心、山东省带式输送机电工程技术研究中心、泰安市智能化散料连续输送产业工程实验室等科技平台。共申请专利300项，登记计算机软件著作权30项，登记作品9件，注册国内国际商标30项，制订国家行业标准8项，承担国家技术项目7项、省科技项目30项，获得国家级、省部级科学技术奖20项。

水电气生产与供应业

【概况】 年末，全市电力、燃气、自来水的生产和供应企业有规模以上工业企业68户，实现营业收入94.4亿元，下降4.1%，实现利润0.7亿元，下降76.1%。（颜大龙）

【城市供水】 （参见"城乡建设与管理"类目）

【电力供应】 电力供应保障。年内，完成全社会用电量215.4亿千瓦时，增长5.2%。其中，第一产业用电量2.98亿千瓦时，增长19.19%；第二产业用电量148.18亿千瓦时，增长6.02%；第三产业用电量30.79亿千瓦时，增长2.48%。

充电基础设施。至年底，全市建成电动汽车充电桩1915台，创建充电基础设施建设示范居民小区5个，充电基础设施建设工作有序推进。

简化获得电力。再造获得电力行政审批流程，提高服务水平，在全省率先实现9大项13类政务信息实时共享，率先实现全部营业厅刷脸办电，领先完成扫描二维码实现

"房产＋用电"联合过户。

煤电机组关停。结合民生取暖、工业用气需求，有序推动落后机组淘汰关停。"十三五"期间，完成肥城华美热电等5户企业、10台机组的关停任务，关停容量8.55万千瓦。

【农村洁净取暖】 年内，全市共推广洁净煤13.04万吨、节能环保炉具1.01万台，打造洁净煤示范片区11个。抽检煤炭样品400个，全部达到清洁煤标准，巩固全市范围内劣质散煤"清零"成果。举办晋城优质无烟煤推介会，签订《优质无烟煤供需战略合作框架协议》，建立"线上＋线下"清洁煤保障供应服务平台，打造散煤治理"泰安模式"。因地制宜选取4个村镇和单位、450户农户进行试点，推广"生物质燃料＋专用炉具"分散取暖模式，深化农村农业废弃物资源化利用，对美丽乡村建设起到重要促进作用。

【天然气供应】 （参见"商贸服务"类目）

（朱建华）

【国网新源山东泰山抽水蓄能电站有限责任公司】 该公司于1999年7月注册成立。一期电站位于泰安市西郊、京沪铁路北侧，总投资43.26亿元，分为上水库系统、厂房系统、水道系统和下水库系统，上水库为樱桃沟上游扩挖、填筑土石方而成，总库容1128万立方米。安装4台25万千瓦立轴单级混流可逆式水泵水轮机组，2006年投产运行，有效利用山东电网460多万千瓦的夜间用电低谷电能，增强调峰、填谷、调频、调相和事故备用功能，每年节约标准煤43.4万吨、燃油25.5万吨。电站工程先后通过竣工验收和工程审计，获得中国建筑行业"鲁班奖"（国家优质工程）。2020年发电量达到7.88亿千瓦时，增长68%。二期电站位于泰安市东南方向的徂徕镇，距泰安市20千米，距济南市70千米，为一等大（1）型工程。设计总装机容量为180万千瓦，安装6台30万千瓦立轴单级混流可逆式水泵水轮机组，设计年发电量18亿千瓦时，设计年抽水电量24亿千瓦时。项目于2020年12月由国家电网公司宣布开工，概算总投资101.9亿元，总工期75个月（不含筹建期）。

（庞文涛）

【国家能源集团山东石横热电有限公司】 该公司始建于1962年，占地240.87公顷（3613亩），担负为泰安、聊城、济南等地区供电任务。石横公司原隶属于山东电力集团公司；2006年4月26日，更名为"国电石横发电有限公司"；2019年3月，更名为"国家能源集团山东石横热电有限公司"。2020年，在山东公司经营业绩考核中获得A级评价。至年底，有职工1238人。全年完成发电量58.24亿千瓦时，售热量272.07万吉焦，上缴利税1.65亿元。

安全管理。开展季节性安全大检查、防洪防汛、危化品、"两票"执行等专项检查。组织安全生产月、事故反思周和安全咨询日活动，进行安全征文、"链工宝"App答题、"安全生产大家谈"云课堂等活动。开展事故演练18次。完成春节、全国"两会"等重要节点保电任务。加大现场监督管理力度，将外委队伍纳入双重预防体系，通过进场前培训、播放事故警示视频、发放安全管理明白纸等形式进行多样化安全教育，确保施工安全。职业健康管理更加完善，完成职业危害因素年度定期检测和控制效果评价，劳动者个人健康监护档案建档率100%，职业卫生培训率98%。全年未发生重大设备损坏事故、人身轻伤及以上事故、负主要责任的供电供热中断等事故，较好地实现年度安全目标。

生产环保。坚持科技攻关，狠抓日常维护和技术改造过程监督，生产管理不断得到加强。抓严检修技改管理。完成3号机组B修以及2号、4号、6号机组C修工作，完成检修项目4874项。重点完成锅炉受热面检查、除尘器滤袋更换等工作，消除4号机顶轴油油压低等重大隐患。加强供热系统缺陷管理和巡回检查，供暖期间系统运行平稳。有序实施年度技改计划，完成6号汽轮机通流改造，修后性能试验高压缸效率优于设计值；翻车机项目完成2～5号转运站主体建设，尿素制氨系统完成5台机组接入，燃料智能化项目顺利投运。抓细科技创新攻关，获得4项实用新型发明专利，12项专利进入审批。投入研发费用149.5万元，完成科技创新项目2项。积极开展专题攻关，全模式下一次调频功能优化项目显著提升不同工况下的系统性能；治理3号机中低压缸联通管结合面漏真空问题，提升真空严密性。抓实生态环保治理，加强环保设施运行维护，二氧化硫、烟尘、氮氧化物等达标排放率99.8%以上。加大环保设施改造力度，全封闭灰渣场、石子料场、脱硫废水处理系统投入使用。加大节水减排力度，深入分析用水结构，优化工业水用户，实施一、二期工业水系统改造。

经营管理。基础管理更加精细，印发《创建一流企业行动方案》，开展"开源节流、增收节支"活动，推动管理职能优化和经营绩效提升。建立月度经营业绩指标监测评价机制，分析指标异常原因，统筹优化经营指标。实施管理创新专项奖励，取得创新成果20项，涵盖设备管理、节能降耗等方面。开展“制度建设年”活动，推动流程简捷化、管理规范化。按政策要求开展退休人员社会化移交工作，完成人事档案和党员组织关系转接。57项制度通过合规性审查。探索合同全业务周期管理，跟踪前期立项、中期审查、后期执行等各个环节，各主体合同履行正常。信息、档案、保密管理持续加强，未发生失泄密事件。内控体系更加完善。强化风险体系建设，明确日常评价内容18项，防范措施更加精细。细化公司采委会议事规则，强化采购全过程管理。加大翻车机项目等重点工程监督力度，开展招标询价专项审计、工程结算审计等活动。组织经营活动审计，提出审计建议，建议采纳和落实率100%。

市场营销。发挥全员营销、智慧营销作用，基数电量计划在省内对标企业中排在第三位。2020年与82家电力用户签订代理协议，签约电量20.4亿千瓦时。鼓励职工参与大用户直供电交易，12人次介绍签约4.17亿千瓦时，折合边际利润5421万元。发挥值长在线营销作用，免考电量3400万千瓦时。严格执行并网运行和辅助服务管理细则，AGC调节水平有效提升，“两个细则”（并网发电厂辅助服务管理实施细则、发电厂并网运行管理实施细则）净收入1216.26万元。配合电网公司开展上网电量核查工作，减少电量追偿7174万千瓦时。开拓热力市场，发展供暖管网沿途社区用户，增加供暖面积10万平方米；提升供暖可靠性，成功替代其他热源，增加供暖面积45万平方米。调整营销方式，副产品销售启用订单模式，实现粉煤灰收入4736.77万元，增加284.77万元。加强煤炭市场走势研判，持续优化进煤结构，入炉综合标煤单价完成646.95元/吨，降低46.93元/吨，折合燃料费4378.72万元。优化库存结构，合理支出相关管理费用，厂内费用发生896.36万元，降低152.77万元。七项费用发生230.39万元，压降28.8%；争取疫情期间社保相关优惠措施，政策性减免1132万元。推动固定资产折旧政策调整工作有效落地，年折旧额减少1.1亿元。（许桂芸）

【国家能源泰安热电有限公司】 该公司成立于2013年12月，由国家能源集团山东电力有限公司（51%）、山东能源肥城矿业集团有限责任公司（42%）、泰安泰山控股有限公司（7%）合资建设。位于泰安高新区，占地面积46.71公顷，装机容量70万千瓦，2台35万千瓦超临界热电联产机组于2015年投产发电。年内，统筹推进疫情防控和生产经营工作，完成年度目标任务，多项主要经营指标创历史新高，获得集团公司安全环保一级企业，山东公司经营业绩考核A级单位，山东省电力行业党建工作创新示范单位等称号。

企业发展。公司布局发展工作“三步走”。启动二期项目前期工作，二期工程规划建设2台21万千瓦超临界一次再热燃煤抽汽背压式机组，配装2×1150吨/小时超临界燃煤变压直流锅炉，项目列入泰安市热电联产“十四五”规划，并报山东省能源局。启动一期机组工业蒸汽增容可行性研究，可以实现每小时180吨的工业蒸汽，进行满庄工业园工业蒸汽管道建设可行性研究。全力寻找新能源资源，与4家单位签订合作框架协议，可利用厂房建筑面积12万平方米。

安全生产环保。公司安全生产环保形势平稳。落实安全生产环保责任制，开展安全生产集中整治，拉网式隐患排查，安全生产专项整治三年行动等专项活动。进行夏、冬季安全培训，组织安全培训、事故警示教育等20次。开展应急能力评估和11次应急演练，提升应急响应能力。加强外委队伍及承包商安全管理，抓实安全风险“源头”管控。高标准完成1号机组C修、2号机组A修和2次机组临修，进行1号机组汽轮机高背压两次低压缸转子互换。环保达标排放，环保设施健康运行，严格控制无组织排放，实施全厂水分级综合利用改造，逐步实现水的分级循环利用和末端废水处理，严格执行重污染天气防控措施，全年未发生环保部门通报、考核和环境污染事件。省、市环保部门多次检查均给予高度评价，被泰安市政府评为超低排放、保障民生的示范企业。连续3年获得山东省电力技术监督先进单位，获得山东省电力企业环保先进单位等称号。

经营管理。迅速、从严部署疫情防控工作，成立疫情防控办公室，每周召开疫情防控专题会议，层层压实疫情防控责任，做好消毒消杀、核查及测温登记工作，确保零感染。疫情来袭时，恰逢春节供暖关键时期，全体员工众志成城，以高度的社会责任感，全力做好保电、民生供暖工作。推进全员营销模式，积极回访增加老客户黏度，新增6家大用户。供暖面积超2000万平方米，与城区热力做好调度配合、参数调整，与直管用户做好上门消缺服务，制定专项应急预案并与政府供热应急预案相衔接，保障供暖安全稳定。新增2家工业蒸

8月29日，国家能源泰安热电有限公司厂区　（刘淑利　供）

汽用户，最大供汽量达每小时 50 吨。

企业治理。进行普法宣传，开展《中华人民共和国民法典》普法讲座，提高全员法律意识。完善制度体系，进行 15 项制度“立、改、废”工作。发挥计划引领作用，制定《创建世界一流企业行动方案》等。高度重视煤炭压减工作，完成政府下达的煤炭压减目标。推进科技创新，获得实用新型专利 2 项，新申请发明专利 3 项、实用新型专利 4 项，在国家级刊物上发表论文 13 篇，获山东公司科技进步奖 2 项。

（刘淑利）

·国网泰安供电公司·

【概况】 2020 年，泰安全市全社会用电量 215.4 亿千瓦时，增长 5.2%。公司完成电网基建投资 7.58 亿元。至年底，实现连续安全生产 8143 天。

【安全生产】 开展安全生产专项整治三年行动，修编发布市县公司 314 个机构、2521 个岗位安全责任清单。建成泰山景区智慧供电服务平台，建立 8 个林区、52 条输配电线路设备台账和地理分布图，山火防控进一步加强。深化 15 条直流近区线路“网格化”防护体系建设，输电线路跳闸率、配电线路故障停运率分别下降 21.56%、34.69%；输配线路外破跳闸率分别下降 50%、52.87%；用户平均停电时间下降 18.6%。开展全市高危及重要客户用电安全隐患梳理排查，建立防汛、重要客户供电隐患“两本账”，建立四级应急响应机制，保障汛期全市客户可靠供电。高标准完成高中考、泰山国际登山节等重大保电任务。

【电网发展】 完成“十四五”电网规划编制，助力陇东——山东特高压直流工程成为国家同意的首个“十四五”跨区输电项目。编制泰山景区电网专项规划。投运 220 千伏蒋集等输变电工程 19 项，开工 110 千伏财源等工程 14 项，建成全省首座 220 千伏智慧变电站。服务并网风电场 2 座、光伏电站 1 座、分布式光伏 8251 项，并网容量 49 万千瓦。完成电力迁改工程 23 项，改造输配电线路 254 条次、105 千米，助力 6 条高速、11 条城市道路顺利通车。新建中低压配电线路 532 千米，新增及改造配变 307 台，公用配变过载率下降 53.66%，户均容量提升至 2.86 千伏安。

【优质服务】 开展“同舟度时艰、四进送服务”活动，细化制定“抗疫情、保供电、泰好办、为人民”12 项护航措施，严格执行电价优惠政策，减免企业电费成本 3 亿元。推进“网格化”营配合一调整，成立泰山景区（旅游经济开发区）供电中心。打造“泰好办”业扩报装快响中心，完成省市重点、“绿卡”项目送电 128 项，容量 114.75 万千伏安。全省首家通过微信扫码方式实现“房产 + 用电”联合过户，“网上办、零证办、一链办”应用比例超过 90%，高压平均接电时长缩短 28.7%。投资 4671 万元，新建充电站 19 座、充电桩 108 台，初步建成城区 3 千米电动汽车充电服务圈，实时充电量居国家电网车联网平台前十名。完成乡村电气化惠农富民项目 9 项。

【企业建设】 开展“学全会精神、当奋进标兵”等系列主题活动，在 9 个专业开展“党建 + 全能型供电所建设”实践。开展警示教育 21 次，教育培训 2692 人次，启动“家风助廉洁·清风满家园”家庭助廉行动。建成“挑山工”主题教育馆。市、县公司全部建成诉求服务中心。9 项管理创新成果获省部级奖项，获发明专利 15 项。2 人获评“山东好人”，1 人获评“山东好人之星”。

（刘　钊）

编辑　校对　　刘　凯

建筑业

勘察设计管理

【概况】 2020年，全市有勘察设计单位93家（其中建筑工程甲级设计单位4家、乙级5家、丙级5家），新增设计企业20家。印发《关于转发〈关于推行房屋建筑和市政工程勘察设计责任保险制度的指导意见〉的通知》，推行勘察设计行业保险制度，鼓励勘察设计单位通过购买勘察设计责任保险等方式，增强抗风险能力。

【施工图审查】 印发《关于印发〈泰安市施工图设计文件数字化联审实施方案〉的通知》，将水（供、排）电气暖信等纳入施工图设计文件审查，实现施工图数字化多图联审。指导图审机构通过联合体、资质增项等方式，提高综合审查能力，泰安市两家施工图审查机构均与人防审查资质单位形成联合体。全年全市建筑工程设计文件审查620项，建筑面积2052万平方米（不含装修类）。印发《关于取消社会投资简易低风险建设项目施工图审查的实施意见》，取消社会投资低风险项目审批流程中施工图设计文件审查环节，实行告知承诺制、施工图质量抽查制和设计人员终身负责制。

【施工图设计】 全市县城及以上城市规划区绿色建筑设计标准和新建建筑节能强制性标准执行率均达100%；全年全市建成绿色建筑689.36万平方米、节能建筑928.78万平方米。城镇100米以下居住建筑和集中供应热水的建筑全面实行太阳能一体化设计，太阳能光热一体化新增286.68万平方米，空气源热泵技术应用8.67万平方米。印发《关于组织开展“三下乡”“五服务”活动的通知》，组织建筑师、设计师开展村庄建筑设计、历史文化保护、标准规范编制、宣传教育咨询等服务活动，助力美丽乡村建设。鼓励勘察设计企业创新争优，泰安市建筑设计院有限责任公司作品《BIM技术在泰山岱庙古建筑研究测绘保护复原中的应用》获第九届“龙图杯”全国BIM大赛设计组二等奖。

【建设领域节能减排】 推进既有居住建筑、公共建筑节能改造及可再生能源利用，完成既有居住建筑改造10.6万平方米、既有公共建筑改造6.33万平方米。泰安鲁商中心G7号楼被动式超低能耗示范项目、新泰市新汶街道张庄社区幼儿园被动式能耗项目已完工。严格建筑节能技术产品认定工作，实行县（市、区）初审、市级审批模式，全年核发墙材类建筑节能技术产品应用认定证书30份。

（李　燕）

2月17日，建筑工地安全生产及疫情防控督导检查　（李　燕　供）

房屋建筑施工管理

2月13日，施工现场严格落实各项防疫措施　　（李　燕　供）

【概况】　在做好疫情防控的基础上，围绕建筑工地复工复产、建筑业转型升级等工作重点，建立领导干部联系企业制度，服务企业发展。全市建筑业总产值1056亿元，实现建筑业增加值411.7亿元，缴纳税金43.19亿元，分别增长6.2%、4.07%、14.7%；建筑业总产值列全省第四位，是“十二五”末的1.6倍，建筑业增加值占全市GDP比重为14.88%。

【建筑市场秩序】　以整顿和规范建筑市场为目的，强化措施，建立健全体制机制，确保建筑市场规范运行。开展工程建设行业专项整治，安排骨干力量摸排市区所辖工程，排查整治范围内工程97个（市直8个，县市区、功能区89个），未发现涉及7类问题的有关线索及其他违反招投标法律法规的问题。依法履行工程开、评标活动全程监督职责，通过“双随机、一公开”和日常检查等形式，严格监督管理市直房屋建筑和市政工程招投标活动，全年监管招投标活动64次，监督重新复核开标2次，涉及控制价总额61.93亿元。9月，集中检查抽查建筑业、工程监理和工程造价企业资质合规情况，招标代理机构依法依规从业情况等24项内容，对发现的问题责令相关负责人进行改正；开展建筑市场综合执法检查，维护建筑市场严肃性。

【建筑工程质量监督】　印发《关于开展房屋建筑和市政工程施工质量保证保险工作的通知》《关于开展房屋建筑工程质量潜在缺陷保险试点工作的通知》等文件，推广实施房屋建筑和市政工程施工质量保险制度，从根本上减轻企业经济负担，保障工程建设各方主体合法权益。印发《泰安市住房和城乡建设局关于持续深入优化营商环境的实施方案》，明确项目安全质量关键人员应具备的工程相关专业学历、应取得的国家专业注册资格和实践要求，提升建设工程人员专业素养。贯彻落实《山东省房屋建筑和市政工程质量监督管理办法》，强化工程质量监督措施，加大现场抽检、复查力度。全年受理市区（不含高新区）新注册监督工程712项，建筑面积541.61万平方米，工程造价119.7亿元，工程质量监督覆盖率100%，竣工验收合格率100%。市建设工程质量监督服务站全年累计抽查（巡查）工程现场2800次，发出整改通知书1700份。完善工程质量监督机制，开展“双随机、一公开”检查、工程实体“回头看”“扫马路”复核检查和“预拌混凝土质量专项整治”活动，消除重大质量隐患，提高主体机构监管水平和工程建设质量水平。

6月24日，泰安市住建系统2020年“安全生产月”应急救援演练举行，完成施工安全、防疫及防汛、消防应急救援内容　　（李　燕　供）

5月6日，新泰市新汶街道张庄幼儿园被动式建筑完工　　（李　燕　供）

【建筑工程招标投标管理】　加强工程项目日常招投标活动监督，全年监管工程64次，控制价总额61.93亿元，其中公开招标60次、邀请招标4次。印发《关于公布全市房屋建筑和市政工程投诉、举报联系方式的通知》等文件，规范招投标投诉处理工作。运用网络信息新技术，丰富监管手段。依托政务外网和云智监管平台，实现招投标活动开、评标全程视频网络监督的功能，保障疫情期间的开、评标活动正常进行。对投诉调查、违法违规行为处理全过程录音录像，实现办案过程全程循迹留痕。强化招标代理行为监管，对管辖范围内部分工程项目进行“双随机”抽查，发现问题项目7个，列出整改清单，限时整改。对2020年12月31日专家资格到期的全市67名评标专家开展资格复审工作，初审合格55人。加大指导服务力度，出台《关于规范报送房屋建筑和市政工程招标投标情况书面报告制度的通知》文件，对市区必须招标工程项目实行招标投标情况报告电子化备案，实现数据多跑路、群众少跑腿。出台《关于进一步加强房屋建筑和市政工程履约保证保险工作的意见》，指导招投标各方主体开展履约保证保险，为建筑业企业减轻负担。

【工程建设标准造价管理】　全年发布《泰安工程造价信息》6期。针对疫情原因造成施工现场成本增高的问题，2月，调整施工现场人工费每人每天增加40元，保障施工企业的复工复产；8月，开始调研2020年新开工项目，测算施工企业实际市场用工费用；12月，发布《关于调整我市建设工程人工定额指导单价的通知》。做好国家数据监测平台日常管理工作，全年收集整理2019年1月至2020年11月的建设工程造价数据2655个。其中，房屋建筑工程2236个，投资额占比84.24%；市政工程343个，投资额占比12.93%；园林绿化工程72个，投资额占比2.74%。做好工程造价咨询企业资质日常管理工作，年度内5家企业晋升甲级。做好工程造价咨询企业信用等级评价，公布泰安市2017—2020年度工程造价咨询企业信用评价结果，A、B、C、D级企业分别为2家、5家、22家和4家。推进工程造价咨询企业开展全过程工程咨询服务，当年度开展项目3个。按照《泰安市造价咨询市场“双随机、一公开”监督工作方案》，抽查企业的资信、执业质量、成果文件等情况，促进市场健康稳定发展。

【教育培训】　做好建筑业常规安全教育和考核工作，全年开展特种作业人员培训4期、7981人次；组

9月21日，建筑业安全体验式教育培训举行　　（李　燕　供）

织全省建筑施工企业安全生产管理人员网络考试 4971 人。落实全市住建领域现场专业人员证书管理，疫情期间实施网上办公，受理证书审核 410 件。组织 2020 年度山东省二级建造师（泰安考区）执业资格报名及考务工作，首次采用网上信息核验和现场资格审核相结合的方式，全市通过审核 6702 人，全市设 3 个考点，2 天共组织 1.55 万人次参加考试。二级建造师注册资格认定工作进入市政务审批服务中心，全年受理注册业务 2600 件，实现“一窗受理·一次办好”。举办泰安市工程造价行业安装工程造价职业技能竞赛，提高工程造价行业职业技能水平。

（李　燕）

4月11日，泰安市装配式建筑推广应用现场会召开　（李　燕　供）

建筑产业化

【概况】　将建筑产业化作为建筑业、房地产业转型升级的重要举措，明确“政府投资项目、新建公共租赁住房、棚户区改造、旧村改造及地下管廊等项目全面实施装配式建造；新供地房地产开发项目，装配式建筑面积占该项目地上总建筑面积的比例应不低于 30% 并逐年提高；装配式建筑装配率不低于 50%”的推进目标。全市建设装配式产业基地 6 个，累计开工装配式项目 24 个、建筑面积 182.12 万平方米。

【装配式建筑推广应用】　4 月 11 日，全市装配式建筑推广应用现场会召开。其间，与会人员参观山东科技大学西校学生公寓项目和水泉社区五期、六期回迁项目施工现场、联强远大住宅工业有限公司生产基地。5 月 16 日，市住房城乡建设局、泰山区住房城乡建设局装配式建筑推广应用现场会召开，推进装配式建筑发展。7 月 22 日，山东科技大学、市住房城乡建设局、联强远大住宅工业有限公司联合签订“泰安市装配式建筑产学研全面战略合作协议”，成立全市首个装配式建筑产学研战略合作基地。

7月22日，泰安市首个装配式建筑产学研战略合作基地正式揭牌　（李　燕　供）

【参加装配式建筑职业技能竞赛】　组织参加 2020 年全国行业职业技能竞赛“中国建设杯”第三届全国装配式建筑职业技能竞赛装配式建筑施工员（职工组）总决赛，泰安市联强远大住宅工业有限公司获全国“预制构件套筒灌浆”团体第二名；泰安市联强远大住宅工业有限公司 1 名职工获全国“预制构件套筒灌浆”个人第二名。

（李　燕）

编辑　校对　　戚淑娟

信息化·数字化

网络安全和信息化管理

【概况】 年内，网络安全和信息化管理工作坚持"正能量是总要求、管得住是硬道理、用得好是真本领"，打造网络清朗空间，推进全市网络安全和信息化建设，为全市经济社会发展营造良好的网络生态环境。肥城市被中央网信办、农业农村部等单位确定为"全国数字乡村建设试点地区"。

【网上宣传阵地建设】 成立泰安市新媒体联盟，为全市新媒体从业人员搭建交流经验、共享资源、推送内容的平台，提高全市自媒体人自我管理、自我服务的能力和水平。开通运营"网信泰安"微信公众号，粉丝量迅速突破8万人次。6月，位居全国网信类公众号第26名。开展《抗击疫情，我们需要你的声音》网络文化作品征集活动，征集刊播作品400件。开展"守护天使行动"网络公益活动，118家爱心商家参加，为泰安市医护人员提供优惠服务。启动"岱下钟鼓"首届网评大赛，征集全国各地的作品231件。推进网络文明建设，开展争做"中国好网民"活动，泰安市7名网民入选"好网民在山东"榜样人物。

【网络生态综合治理】 开展网络信息内容生态治理行动、网络恶意营销账号专项整治行动、2020"清朗"专项行动、"清朗"未成年人暑期网络环境专项整治行动、网络直播行业专项整治和规范管理专项行动、涉未成年人网课平台专项整治等行动，持续开展好利用信息网络实施涉黑涉恶等有组织违法犯罪专项整治等行动，维护风清气正的网络生态。重点打造"泰安市互联网违法和不良信息举报"微信官方平台，增设"一键举报"模块，强化线索收集。发挥官方微博和微信公众号"泰安辟谣"平台作用，发布辟谣信息。

4月15日，泰安市自媒体联盟成立仪式举办　　（方雯彦　供）

【网络安全工作责任制落实】 成立泰安市网络安全和信息化专家咨询委员会，聘请13位省内知名专家学者为咨询委员会专家，增强决策的科学性。组建泰安市网络安全技术支撑队伍，授予7家网络安全企业为泰安市首批网络安全应急服务支撑单位，提升全市网络安全保障和应急服务支撑能力。开展全市网络安全威胁专项整治，及时发布网络安全防护指导性文件和相关风险提示，协调推广洽谈玄武盾云端防御，对全市7.18万台Win7系统的办公电脑安装补丁。完成泰安市互联网应急指挥中心建设，通过流量监测引擎和云端实时监测，发挥全市重点领域网络安全监测功能。

（方雯彦）

大数据

【概况】 2020年，泰安市大数据工作围绕数据“聚·通·用”深度融合，聚焦打造便捷高效数字政府、提升智慧城市建设品质和构建数字经济建设新高地3个方向，以数据赋能泰安市经济社会高质量发展。新冠肺炎疫情防控期间，大数据中心利用技术优势迅速开发“泰安通”防疫管控追溯系统，为全市打赢疫情防控阻击战提供技术支持。推进全市业务系统上云，全市完成57个部门单位、201个业务系统的上云工作，实现“应上尽上”。推进全市村居（社区）电子政务外网接入，实现市、县、乡、村4级全覆盖，完成市、县、乡3级视频会议系统建设。公共数据资源网开放数据目录6313个，开放数据3430万条。依托省电子签章系统，完成13个单位24个电子印章的制发。泰安市电子证照系统归集电子证照201类175万条数据。推进共享应用，形成“数据共享助推市不动产登记‘一链办结’”“数聚赋能服务民生义务教育招生实施‘一网通办’”等典型应用案例。提高“爱山东”App泰安分厅质量，2020年接入政务服务事项300余项，注册人数183.8万人。全市35个自建系统与全省统一身份认证系统完成对接，实现网上办事“一号登录，一号申办”。4家园区入选省级数字经济园区，2个平台入选2020年度省数字经济平台。

【数字基础设施】 规范和加强泰安市政务云平台管理，提升政务云服务能力和应用水平，制定《泰安市政务云平台管理暂行办法》。推进全市业务系统上云，全市完成57个部门单位、201个业务系统的上云工作，实现“应上尽上”。优化全市骨干网络架构，推进全市村居（社区）电子政务外网公共服务域的接入工作，实现市、县、乡、村4级网络全覆盖，完成全市电子政务“一张网络”的布局工作。

【新型智慧城市建设】 制订《数字泰安2020行动方案和加快推进数字基础设施建设实施方案》，推动城市品质提升、数字基础设施建设，加快城市智慧化进程。开展省级新型智慧城市申报工作，泰安市入选2021年四星级新型智慧城市建设预试点名单，宁阳县入选县级新型智慧城市试点。完成泰安AI视觉开放平台部署和赋能、训练、演示中心建设，实现算力赋能，依托AI开放平台开展“泰安老街”刷脸一条街、“AI泰山”等智慧城市项目建设。

【数字经济】 推进数字经济园区建设，宁阳经济开发区中京数字产业园入选省级示范园区，泰安省级农业高新技术产业示范区入选省级成长型园区，肥城高新技术产业园区、肥城市化工产业园区入选省级入库园区。组织数字经济平台参与申报2020年度山东省数字经济平台（试点），山东众志电子有限公司的“慧游泰山”智慧旅游云平台入选2020年度山东省二星数字经济平台（试点），山东岱银纺织集团股份有限公司的雷诺西装智能制造及国际化高级定制平台入选2020年度山东省一星数字经济平台（试点）。

【数聚赋能】 推动基础库、主题库、专题库和通用业务库“四库一体”政务数据资源体系建设。至年底，大数据平台对接全市53个部门的948个业务目录，归集数据总量7.56亿条，631个业务目录实现实时更新。人口库梳理、注册标准资源目录66个；法人库梳理、注册标准资源目录51个；宏观经济库梳理、注册标准资源目录124个；电子证照库梳理建设工程施工许可证、建设用地规划许可证等124类

2月18日，“戴口罩人脸识别+测温”AI智慧防疫系统——“AI无感测温”技术在泰安旅游经济开发区智园社区投入使用，这是山东省首例将AI检测技术应用于社区疫情防控的实例 （司 刚 摄）

电子证照，对接献血证、职业资格证等数据 160 万条。提升数据资源共享开放平台服务能力，利用市级数据资源，协调申请国家、省级数据资源，初步实现跨地区、跨层级、跨部门的政务信息资源共享。扩大公共数据开放范围，为社会提供数据开放服务，泰安市公共数据资源网开放数据目录 6313 个，开放数据量 3430 万条。深化数据融合应用，依托电子证照平台，完成市级建筑施工许可证、建设工程项目规划许可证等建设工程项目领域及工商营业证、结婚证、泰安市常住人口身份证、社保缴纳证明等高频证照照面数据归集，实现电子身份证、电子营业执照、电子结婚证、电子社保卡等 182 类电子证照应用。围绕公众关心的政务服务、经济发展、社会治理等领域，用需求倒逼部门间数据共享，形成“构建一体化监测体系 精准管控大气环境”“建设智慧文旅体系提升服务效能”“互联网＋医保＋医疗＋医药慢病管理”等典型应用场景，2 个案例入选《数字政府建设典型案例汇编》。在全市开展网上办公示范行动，推进网上办公向基层延伸。2020 年，网上办公系统实现公文流转 5.96 万件，传输公文 1.69 万件，较上年度分别提高 10% 和 21%。

【专业培训】 组织实施大数据专业素养提升工程，举办全市数字政府工作培训班，依托“灯塔—党建在线”平台，开展全市大数据专业素养网络培训，完成全市 3 万余人、34 万学时培训。遴选大数据培训基地，借助社会力量开展培训工作，2 个单位入选省大数据人才培训示范基地，3 个单位入选省大数据人才实践基地。

（王　博）

无线电管理

【概况】 根据省、市委编办文件和省工业和信息化厅工作部署，泰安市工业和信息化局加挂山东省工业和信息化厅泰安无线电管理办公室牌子，承接省工信厅无线电管理行政许可、行政处罚、行政强制、行政征收、行政检查及其他行政权力授权事项 29 项。自 10 月份正式开展业务以后，共办理行政许可 33 件、行政征收 4 件、行政检查 5 次。

【业余无线电台操作技术能力验证考试】 组织全市业余无线电台操作技术能力验证考试，有 63 人报名，27 人考试合格，其中 A 类 21 人、B 类 6 人。为考试合格人员制发业余无线电台操作证书。

【无线电宣传】 开展“无线电知识竞答”微信有奖答题活动，答题人数累计达 2909 人次。

【无线电监测】 执行专项监测 6 次，常规监测频段 23 个，全年监测时长为 6 万余小时。撰写监测月报 12 份，完成年度频谱监测统计计划。

【考试无线电保障】 参与各类国家及省、市统一考试 23 场。在年度考试保障活动中，派出人员 168 人次、车辆 26 车次，启用各类监测设备 52 套次，累计监测时间 302 小时，排查分析信号 46 个，维护各类考试的正常秩序。

【无线电干扰查处】 及时处理无线电干扰事件，保障用户合法的用频安全。全年共协助查找航空干扰 1 起、排查广电系统的卫星接收天线干扰 3 起，公众通信基站干扰 5 起，中央广播电视总台竞走比赛直播频率干扰 1 起。查处干扰，保证合法设台单位各项无线电业务正常开展。

【查处“黑广播”】 根据国家及省、市的相关通知要求，继续加强“黑广播”专项监测。年内，根据监测结果和投诉线索，定位“黑广播”12 个，为执法部门打击“黑广播”提供技术支持，有效维护空中电波秩序。

【技术设施维护】 完成 2020 年度技术设施建设与维护工作。配合维护固定站 13 座、移动监测车 2 辆、可搬移站 1 套、管制设备 2 套、便携式监测设备 3 台次、台式监测仪表 3 台、其他设备 2 台。通过巡检维护，解决各类软硬件故障 19 个，提升技术装备的可靠性，为无线电管理各项业务的开展奠定良好基础。

（徐珊珊　朱玉祥）

新一代信息技术产业

【概况】 2020 年年末，全市新一代信息技术产业有规模以上企业 32 家，实现营业收入 148.3 亿元，增长 5.8%；实现利润总额 12.8 亿元，增长 46.3%。分行业看，新一代信息技术制造业 15 家，实现营业收入 86.0 亿元，增长 5.8%；实现利润 3.8 亿元，增长 100.3%；新一代信息技术服务业 17 家，实现营业收入 62.3 亿元，增长 5.9%；实现利润 9.0 亿元，增长 31.1%。

（颜大龙）

【泰山政法大数据产业园项目建设】 发挥项目建设工作专班办公室职能作用，加强调度服务，强化统筹协

6月18日，泰山政法大数据产业园项目视频签约仪式举行。图为视频连线签约 （司 刚 摄）

调，围绕项目落地，开展项目策划，推进合作洽谈，推动项目选址，做好协调服务。岱岳区政府、岱岳经济开发区管委会、中电泰山数字科技有限公司、泰山检察信息技术研究所4方就项目一期签订正式合作协议，项目立项备案手续办理完成，园区一期地块完成场平工作，中电泰山数字科技有限公司、泰山胜软（山东）科技有限责任公司完成注册，中电泰山数字科技有限公司入驻岱岳经济开发区临时办公楼，其他骨干合资企业的注册工作陆续完成。

【企业产品竞争力提升】 推进首版次高端软件培育认定、保险补偿等工作，推荐泰山信息科技有限公司等8家企业的9个软件产品入选第四批山东省首版次高端软件名单，居全省第4位；推荐泰安思科赛德电子科技有限公司等11家企业的产品获得省首版次高端软件保险补偿资金1252万元，居全省第二位；联合市民政局、市卫生健康委员会推荐山东海天智能工程有限公司的“下肢外骨骼康复机器人”“手功能康复机器人”2种产品列入工信部、民政部、国家卫生健康委员会3部委《智慧健康养老产品及服务推广目录（2020年版）》。

（徐珊珊　朱玉祥）

【山东众志电子有限公司】 该公司位于泰安高新区，是国家级高新技术企业，信息化综合解决方案提供商、云计算运营服务商和智慧城市建设运营商。公司通过ISO 9001国际质量管理体系认证，取得涉密信息系统集成和运维及软件开发乙级资质、山东省安全技术防范工程设计施工一级资质，国家信息技术服务标准认证（ITSS）二级资质，获得ISP和IDC运营资质，是山东省首批工信部认证的“两化融合”管理体系贯标咨询服务机构、山东省企业上云行业云平台服务商。

2013年，公司承建运营的泰安市云计算中心上线运营，至2020年年底，运营包括“慧游泰山”智慧旅游官方云平台、智慧物价云平台、智慧金融安全云管理平台等20多个云平台，服务范围辐射10余个省、市的300余家单位、企业等。2019年，华为泰安云计算数据中心落地泰安市云计算中心。2020年，泰安市云计算中心被批准设立泰安云计算平台应用创新产业技术研究院。

2015年，公司联合泰安高新技术产业开发区、上海市数据科学重点实验室、山东农业大学建设泰山神农智谷大数据产业园，共同打造国家级农业大数据产业园区和高端信息中心。2019年，园区被列入山东省成长型数字经济园区。

泰安市信息安全与网络应急支援中心在公司设立，负责为全市企事业和科研等单位提供网络信息安全应急支援等工作。公司成立一支50余人组成的专业运营服务团队，为泰安市300余家政府和企事业单位提供专业外包服务。

公司与高等院校加强“产、学、研、用”合作，山东农业大学、山东第一医科大学、泰山职业技术学院在公司设立“教学科研与实践就业基地”。公司拥有软件著作权136项，软件产品登记7项，发明专利3项，实用新型专利64项。公司承担的各类国家及省、市级科技创新成果转化项目13项。被评为山东省软件工程技术中心、山东省大数据重点骨干企业、山东省企业上云优秀体验中心、山东省物联网产业重点企业、山东省诚信企业等，是山东省信息化协会会员单位、中国云计算市场与应用联盟副秘书长单位、中国电子工业标准化技术协会信息技术服务分会会员单位、全国信息技术标准化技术委员会大数据标准工作组成员单位、农业大数据产业技术创新战略联盟副理事长兼秘书长单位。

【泰安轻松表计有限公司】 该公司成立于2003年，注册资金6000万元，专业从事计量表具的研发、生产、销售和服务，主要生产一卡通系列智能预付费水表、电表、燃气表等产品，其中无线远程抄表系列热量表、水表、电表、燃气表有较高市场占有率。承担山东省技术创新项目计划3项，通过山东省企业技术中心、泰安市智能计量仪表产业技术研究院等创新平台认定。公司通过了ISO 9001∶2008质量认证体系认证，电能表产品均通过国家CCC认证等各类相关资格认证。公司与山东科技大学、山东农业大学建立良好的产学研合作机制，走“产学研合作、科技创新发展”道路。拥有专利19件，其中发明专利1件、实用新型专利17件、外观设计专利1件。公司被认定为国家级高新技术企业。

【宇祺（山东）智能装备有限公司】 该公司隶属北京富华宇祺信息技术有限公司，成立于2017年，注册资金3000万元，是专业从事智慧矿山解决方案与工业网络通信产品研发的国家级高新技术企业。产品覆盖矿山通信、矿山安全监测、精确定位、矿山安全数据中心、矿用智能终端、工业交换机、无线通信等领域，主要产品有井下“一站式”综合通信系统、工业万兆环网系统、工业PON网络系统等。获得实用新型专利14件，实质审查发明专利2件，软件著作权3件。制定企业标准5项，与太原理工大学共同承担煤矿应急通信与煤矿信息化的部级课题，与辽宁工程大学联合创建智慧矿山信息学院，并建有针对煤炭企业客户的培训基地。公司完成5G无线通信技术与多功能光网络综合接入技术在井下矿山的应用，2020年12月，5G智能矿山专网建设示范应用项目入选2020年山东省5G试点示范项目。

【山东科德电子有限公司】 该公司成立于2007年，注册资金1亿元，是集产品研发、生产、销售、教学实习为一体的国家级高新技术企业、国家高新区“瞪羚”企业、省级“瞪羚”企业、省级“专精特新”企业。致力于物联网智能水、电、气、暖民用四表及智慧城市、智慧水务、智慧电力、智能家居行业的深度研发。拥有智能水表、智能电表、超声波热能表、智能电力仪表等系列智能仪表产品及基于物联网的智能化管理系统与平台。推出的基于云平台的物联网智能通信数据终端及智慧水务管理系统及平台，应用于全国各地水务集团、自来水公司、热力公司等单位；推出的能耗监测管理系统，实现水、电、气、暖、物业等项目统一管理。公司组建研发中心，先后与山东农业大学、山东科技大学、泰山职业技术学院、岱岳区职教中心签订产学研协议。公司先后通过质量体系认证、环境管理体系认证、职业健康安全管理体系认证等各类相关资格认证。

在山东能源重装集团塔高公司的车间里，机器人成为主力焊工。公司引进的国内首条连杆机器人焊接生产线，自动完成焊接、预热、工件转运等工序，实现批量焊接自动化流水线作业，焊接生产线开启智能化时代。图为4月19日，山能重装集团塔高公司智能化焊接生产车间　（司　刚　摄）

通信业

【中国移动通信集团泰安分公司】 2020年，公司连续19年保持“省级文明单位”称号，获得“山东省五四红旗团组织”等称号。

市场经营。全年收入和净利润实现双增长，收入完成率100%，收入增幅4.66%，超行业增幅、超全年目标、超全省平均，保持“三超”良好态势。发挥行业主力军作用，实施5G+计划，将5G与人工智能、物联网、云、大数据、边缘计算等技术融合，打造高质量5G行业应用，推动5G与各行业尤其是十强产业的融合发展，发挥5G产业带动效应，助力全市新旧动能转换。2020年打造5G智慧泰山、5G智慧东平

8月4日，市委副书记、市长张涛（右四）会见到访的中国移动通信集团山东有限公司董事长张轩（右五）一行　（司　刚　摄）

湖、新泰光伏5G智慧农业、农行5G VR实景直播、新矿集团5G智慧矿井等一批特色示范项目，其中，5G智慧东平湖渔业管理平台项目、新泰光伏农业5G大数据平台项目、农行5G VR实景直播项目被评为省级5G重点项目；新泰光伏农业5G大数据平台项目获得第三届绽放杯5G应用征集大赛智慧园区三等奖。

网络建设。承担全市一半以上5G基站建设任务，2020年对上争取投资2.5亿元，累计开通5G站点1678处。基站总数达到1.17万个，实现城区深度覆盖、98%以上行政村有效覆盖及泰山景区、高速高铁沿线连续覆盖；光纤宽带全面普及，光纤到户覆盖增加11.6万户，实现千兆接入、百兆全面普及。建成中国移动（泰安）数据中心机房，规划机架总量超过220个，机房面积1000平方米，出口带宽200G，直连国家主干网，提升当地大数据和云服务能力。

社会责任。落实提速降费、携号转网、电信普遍服务工作要求，在全市354个建档立卡贫困村实现4G和有线宽带100%覆盖，为1.6万建档立卡贫困户推出五折“扶贫套餐”，选派1名党员担任农村基层党组织建设工作队队员，选派2名党员担任“第一书记”，帮助2个贫困村整体脱贫。加强网络信息安全，建立可疑用户监控预警机制，高压整治高频骚扰、诈骗电话，严格落实断卡行动。全力做好疫情防控保障，累计发布公益短信3亿条，提供疫情大数据分析，助力全市20场重大招商项目视频签约仪式如期举行，为300家企业远程办公提供条件，始终保持通信畅通、服务不停、支撑有力，为各行各业复工复产和社会正常运转保驾护航。（许　利）

【中国联合网络通信有限公司泰安市分公司】 2020年，公司继续保持“省级文明单位”称号。

网络运营。落实“新基建”，累计投资近3亿元，打造技术先进、覆盖广、速度快、体验优、效能高的5G精品网络，实现泰安城区和县城、景区连续覆盖，下载速率达到2.5G；光纤宽带网络全面升级，实现社区和村庄100%覆盖，加快推进200兆起步向1000兆接入演进；建成海量贴近用户的资源节点，用户访问常用网站节点小于3跳，时延达到毫秒级；综合联通大数据中心的品牌、区位、电力保障、带宽出口等独特优势，建成业内顶尖IDC服务，机架总量超过500个，出口带宽达到1400G；独家与华为合作建成泰安本地混合云资源池，为当地企业客户提供更安全、更可靠、更优惠的当地上云服务。

助推地方数字化转型发展。加快推进工业化和信息化融合，发挥5G产业带动效应，将5G与人工智能、物联网、云、大数据、边缘计算、区块链等技术融合，助推5G智慧旅游、远程示证、智能制造、智慧配电、智慧园区、智慧医疗、智慧产融等行业。年内建成“5G+智慧泰山”项目，通过中国联通集团大数据公司自主研发的“5G智慧泰山数字化管理平台”，实现泰山景区管理方式和运营模式数字化、网络化、智能化；项目获得2020世界数字经济大会暨第十届智慧城市与智能经济博览会“5G应用创新优秀项目奖”，获奖信息在央视《新闻联播》栏目播出。“5G+智慧产融”项目是中国联通独家承建全国首个智慧产融大数据平台项目。搭建起金融机构与中小企业融资的高效平台，有效降低融资成本、提升融资效率，为深入推进地方产融结合打下坚实基础。

提升服务能力。全年以“我为党旗添光彩”系列党建活动为抓手，聚焦全市近500万各类客户对高品质信息通信服务需求，紧抓客户感知，全力开展全量客户高品质服务提质活动。在工信部组织的网络质量和服务行业测评中，客户满意度持续保持高位。

践行社会责任。以大数据和防疫信息化应用为依托，助力高效战疫。疫情初期，开通疫情防控专用短信发送平台，发送短信3亿条；紧急为市、县两级防控指挥机构开通防疫专用电路、电话和宽带等500条，全力保障各类防疫视频会议100场次；向全社会提供热成像人体测温设备近200套，实现密集区域人员快速检测；自主研发“新泰通”疫情防控平台，支撑保障地方精准防控；为全市中小学提供钉钉在线云课堂，全力支撑停课不停学；进入常态化防控阶段，充分发挥信息通信综合能力，助力地方落实“六稳”“六保”任务。全面完成脱贫攻坚任务，选派“第一书记”2人，投入扶贫和消费资金近80万元，4个定点扶贫村全部实现整体脱贫；落实“互联网+”扶贫，投资22万元建设岱岳区大汶口镇岳家庄数字大棚，为定点贫困户优惠通信资费33万元。助力文明城市建设，投资500万元，完成全市244个老旧小区架空线路整治工作，改迁整治主干光缆线路1080条千米；改造整治城区营业场所12处；参加交通值守等各类志愿者活动累计达3000人次。落实网络信息安全责任，严厉打击电信诈骗、骚扰电话、垃圾短信彩信，完成全年各类通信抢险和重大事项重点通信保障任务。（丛绍芬）

【中国电信股份有限公司泰安分公司】 政治理论学习和作风建设。全面落实习近平总书记关于国有企业改革发展和党的建设的重要论述。围绕“如何贯彻落实五中全会精神，激发人才创新活力，推动云改数转，实现公司高质量发展”等核心问题，进行充分研讨。推进“作风建设年”，印发《关于开展“作风建设年”活动的通知》，明确任务、夯实责任，为“作风建设年”提供制度保障。开展“大讨论、大调研、大落实”，19个单位查摆突出作风问题41条，亮出新风承诺49条；建立大调研、大落实台账，党委明确重点工作项目清单52个，各单位认领重点项目49个，对账销号。

8月27日，中国联通5G+智慧泰山联合实验室首期成果发布仪式举行

（姜甲龙 摄）

完成集团巡视巡察整改。针对4个方面11类主要问题，明确整改任务102项，落地省公司文件、制度46项，制定、完善当地方案、措施及清单内容57项，落实整改措施238条。针对省公司党委巡察组的整改意见，制定整改任务54项、整改措施123项，均完成整改并通过评估验收；根据党委第七轮巡察专项治理工作要求，对党建、人力资源、业务、采购领域问题举一反三，共梳理问题5项，制定整改措施10项，10月底全部完成整改。印发《关于巩固巡察整改成果，构建长效机制的通知》，形成巡察整改的长效机制。

市场经营。全业务收入累计完成率103.4%，收入份额年度增长全省排名第三位，收入增长全省排名第一位。贯彻落实省公司要求，着力构建“大”客户服务体系，以“降投诉、建机制、强能力、提价值”为抓手，聚焦问题源头治理、完善服务管理长效机制、强化服务触点能力提升，申诉率持续下降。

网络建设。挖掘影响网络质量和运行安全的隐患，重点针对汇聚交换机同路由、OLT单路由等网络薄弱地带开展专项优化。针对排查出的隐患落实清单责任制整改，网络质量和运行稳定性得到不断提高；借助资源挖潜等手段进行网络优化，提升承载网络成环率。（封 强）

【中国铁塔泰安市分公司】 公司全面抗击新冠肺炎疫情，全力推进5G通信基础设施建设，加快推动“一体两翼”战略落地和转型发展。获得山东铁塔优秀服务团队、电费管控先进单位、工会先进集体、青年文明号、五四青年突击队、安全生

年内，建设启用泰山景区“天眼护山”火情监测预警系统。上图为12月17日，泰山景区“天眼护山”火情监测预警系统启用仪式。下图为岱顶其中一个摄像头实时画面截屏 （郭 建 供）

产月活动优秀组织单位等称号。

政府支持。市政府印发5G通信基础设施建设实施方案和加快推进5G产业发展实施意见，成立移动通信基础设施规划建设工作领导小组，召开全市5G建设工作推进视频会议，部署5G建设，赋能全市经济社会高质量发展。建设启用泰山景区“天眼护山”火情监测预警系统。“天眼护山”工程和5G网络基础设施建设列入泰安市十四个五年规划和二〇三五远景目标。

5G建设。建设完成5G站点3279处，覆盖主城区和县（市、区）核心地段，1200处基站完成提前部署改造。打造泰山5G精品网络，在泰山景区建设完成5G基站113个。打造覆盖完善、群众满意的5G网络，开启泰安“数字经济”“智慧生活”新篇章，赋能推动全市经济社会高质量发展。

社会共享。打造推广无感远程红外体温检测系统应用，助力政府疫情防控。推进建设国有林场及重点林区森林防火预警系统，建设发改委省重点项目督导服务平台。推广“扬尘哨兵”，建设大气净化能力站，推进环保综合解决方案，助力政府蓝天保卫战。推广备发换充电，服务民生。

网络运维。代表泰安市应急救援通信网络大队接受市政府授旗，构建新时代信息化应急通信保障体系。开展防汛应急演练，完成新冠肺炎疫情防控、泰山国际登山节、环泰山T60健步走、重要节假日和强降雨恶劣天气应急通信保障。30个小时完成东平沙河站卫生院“小汤山”移动信号覆盖保障工程，完成泰安市中心医院、泰安市传染病医院等定点医院疫情防控通信重保。

基础管理。加强组织、制度、队伍、文化、内控体系建设和资产运营管理，提升管理规范化、工作制度化、流程标准化、运营专业化、发展高效化水平，推动“一体两翼”战略落地和两型企业建设。深化落实“一岗双责”安全生产主体责任，安全形势保持稳定。 （郭 建）

编辑 校对 刘 凯

交通·邮政

交通综述

【概况】 全市交通运输系统围绕市委、市政府工作部署，贯彻“重点工作攻坚年”要求，开展“项目扛指标、服务树品牌、落实用真劲”主题实践活动，统筹推进疫情防控和事业发展，加快交通基础设施建设，优化交通运输结构，提升运输服务水平，“十三五”规划实施圆满收官。年内，全系统建成省级文明单位13个、市级文明单位14个，市交通运输局被人社部和交通运输部联合表彰为“全国交通运输系统先进集体”。

【交通基础设施建设】 全年完成交通建设投资154.36亿元，占年度目标的118%，其中公路建设完成投资152.16亿元、港航建设完成投资2.2亿元，是泰安市交通建设历史上投资最多的一年。实施国省干线公路升级改造，完成普通国省道新改建项目3个、90.4千米，大中修项目2个、35.2千米，完成投资15.2亿元。加快农村公路建设，新建和改建农村公路667千米，完成大中修工程1047.2千米，改造危桥10座，完成投资7.27亿元，全市农村公路通车里程达到1.5万千米，行政村通油（水泥）路率达100%。年末，全市公路里程1.67万千米，比上年增加727.8千米；公路密度每百平方千米215.2千米，居全省第三。其中，国道583千米，省道885.6千米；高速公路10条、475千米，一级公路411千米。

【运输情况】 年末，全市有道路旅客运输经营业户20家、道路货物运输业户4702家，客运营运线路242条，年平均日发681班次；全市客运车辆保有量836辆，货物营运车辆3.89万辆，大型以上载货汽车比例达到65%。拥有跨省运输经营国内水路运输企业3家，船舶79艘，运力5.67万载重吨；拥有市内水上旅游企业5家、976客位；浮桥企业7家；无船承运企业1家。全市公路水路运输完成客运量1157.6万人次、旅客周转量6.4亿人千米；完成货运量7391.9万吨；货物周转量162亿吨千米。全市铁路完成客运量469.9万人次，货运量747.8万吨。城市公交、客运出租汽车客运量达到1.68亿人次。完成春节假期运输和重大节假日运输保障及应急运输任务。

【依法行政】 推进法治政府建设，落实党政负责人法治建设第一责任人责任，推行行政执法“三项制度”（行政执法公示制度、执法全过程记录制度、重大执法决定法制审核制度），主动公开行政执法主体、执法依据、执法程序、执法

4月24日，泰安市人民政府与山东高速集团战略合作签约仪式举行
（司 刚 摄）

10月22日，济（南）泰（安）高速公路与环山路东段互通立交
（陈阳 摄）

结果、执法承诺和监督办法，推进执法信息化建设，建成行政执法全记录信息化系统。落实行政许可与行政处罚“双公示”制度。深化“放管服”改革，推进简政放权和流程再造，持续推进“一网通办”和“全程网办”。落实“互联网+监管”和“双随机、一公开”制度，行政检查基本实现网上动态监管。落实公平竞争审查制度，健全完善信用评价体系，实施守信联合激励和失信联合惩戒，逐步实施信用监管。年内，市行政审批中心交通窗口办理审批服务事项 9.01 万件（含公交等服务事项），事项办结率、群众满意率均达到 100%。开展旅游客运市场、客运出租市场、普通货运市场专项整治，完善投诉举报快速反应机制，认真办理行政复议应诉案件，规范道路水路运输市场秩序。推进道路货运车辆检验检测改革，加强检测企业“三检合一”（货车年审、年检和尾气排放检验）和综检联网系统建设。推进驾培服务“先学后付、计时收费”，全市所有驾校实现先培后付。依法加强路政、运政、航政管理，检查营运车辆 23 万辆次，查处违章违规车辆 1.05 万辆次。加强治超站点规范化建设，完善路面监控网络，控制干线公路车辆超限超载率。依法加强交通建设市场管理，强化工程质量监督，规范建设市场秩序。（张文）

公路

【概况】 至年底，全市公路总里程达到 1.67 万千米，公路密度达到每百平方千米 215.2 千米。按行政等级划分，国道 583 千米，省道 885.6 千米，县道 1630.5 千米，乡道 2310.4 千米，村道 1.13 万千米，专用公路 23.1 千米；按技术等级划分，高速公路 10 条、475 千米，一级公路 411 千米，二级公路 1719 千米，三级公路 2062.2 千米，四级公路 1.20 万千米。

【高速公路建设】 加快推进高速公路项目建设，全市高速公路在建项目 7 个，总里程 283.4 千米，6 个项目年内建成通车，其中济（南）泰（安）高速，于 10 月 27 日建成通车；董（家口）梁（山）高速新泰至宁阳段、宁阳至梁山段，于 10 月 31 日建成通车；（北）京沪（上海）高速改扩建工程，于 11 月 26 日建成通车；青（岛）兰（州）高速莱芜至泰安段、新（泰）台（儿庄）高速，于 12 月 18 日建成通车；（北）京台（北）高速泰安至枣庄段改扩建工程完成投资 18.26 亿元，占年度计划的 150.9%。

【济南至泰安高速公路】 济南至泰安高速公路是山东省高速公路规划网的“纵六”并行线，起点位于济南市绕城高速公路与二环东路南延交叉处，终点位于徂徕镇东北部，设置徂徕枢纽与泰（安）新（泰）高速公路相衔接，主线全长 55.9 千米，设计行车速度 120 千米/小时，双向六车道，概算总投资 112.94 亿元。其中，泰安段全长 32.8 千米，自泰山景区黄前长城岭隧道进入泰安境内，设置泰山北、泰山东、邱家店、徂徕北 4 个收费站，在省庄东与泰（安）莱（芜）高速设置互通立交，利用泰（安）莱（芜）高速收费站进出；设置服务区 1 处、隧道 2 座、特大桥 1 座、大桥 23 座、中桥 44 座、概算投资 57.5 亿元。项目采用 BOT 投资模式运作，由中国葛洲坝集团股份有限公司投资，山东葛洲坝济（南）泰（安）高速公路有限公司负责实施。项目泰安段 2016 年 12 月开工，2017 年 8 月省交通运输厅批复设计图纸，2018 年 7 月征迁全部完成，2019 年主线路基和隧道全部贯通，2020 年 6 月环山路以北主线贯通，9 月全线贯通，10 月通过交工验收，10 月 27 日建成通车。

2020 年全市公路通车里程一览表

表 11 单位：千米

技术等级 / 行政等级	合 计	高速公路	一级公路	二级公路	三级公路	四级公路
小 计	16702.4	475.0	411.0	1719.0	2062.2	12035.2
国 道	583.0	203.8	212.0	167.1	—	—
省 道	885.6	271.2	85.8	436.6	92.0	—
县 道	1630.5	—	71.4	667.1	696.2	195.8
乡 道	2310.4	—	24.1	162.6	589.7	1534.0
专用公路	23.1	—	—	—	23.1	—
村 道	11269.8	—	17.6	285.6	661.2	10305.4

【董（家口）梁（山）高速新泰至宁阳、宁阳至梁山段】 董（家口）梁（山）高速公路是山东省规划建设的一条全新的东西大通道，是山东省“九纵五横一环七连”高速公路网中“横四”线的一部分，东起青岛董家口港，向西依次穿越半岛蓝色经济区、济南省会城市群经济圈、山东西部经济隆起带，在济宁梁山与中原经济区相连。董梁高速公路新泰至宁阳、宁阳至梁山段首尾相连，途经泰安新泰、宁阳、东平和济宁汶上、梁山 5 个县（市、区），西接河南省台（前）辉（县）高速公路。主线全长 170.0 千米，概算总投资 158.6 亿元，双向四车道，由山东高速集团投资建设。其中：泰安段全长 130.2 千米，概算投资 120.4 亿元，特大桥 2 座（东平湖滞洪区特大桥为中国陆上最长公路旱桥，大桥全长 21.59 千米；上跨京沪铁路转体桥跨度 128 米、宽 30.7 米、重约 1.3 万吨），互通立交 10 处，宁阳至梁山段 2017 年 11 月开工，新泰至宁阳段 2019 年 1 月开工，2020 年 11 月 1 日建成通车。

【青（岛）兰（州）高速莱芜至泰安段】 青（岛）兰（州）高速莱芜至泰安段是山东省高速公路网“九纵五横一环七射多连”高速公路网中“横三”线的重要组成部分，是全省高速公路重点项目，主线全长 63.86 千米，概算总投资 91 亿元，起于济南市钢城区北京—上海高速公路，向西途经济南市钢城区，泰安市角峪镇、邱家店镇、徂徕镇、北集坡街道、徐家楼街道，止于（北）京台（北）高速泰山枢纽立交。起点至徂徕新建段长 43.1 千米，采用双向六车道；徂徕至终点段改扩建段长 20.76 千米，采用双向八车道。泰安段全长 39.87 千米，概算投资 58 亿元，设计行车速度 120 千米 / 小时。项目在穿泰安城区路段设置两处约 10 千米的高架桥。其中，泰安高架由迎胜路至唐訾路，长 4.69 千米，覆盖迎胜路、龙潭路、温泉路、唐訾路等 18 条既有及规划道路；泰安东高架由科技中路至崇文路，长 5.37

10月31日，董（家口）梁（山）高速新泰至梁山段通车仪式

（司刚 摄）

千米，覆盖科技中路、博阳路、牟汶路、崇文路等17条既有及规划道路。

【新泰至台儿庄（鲁苏界）高速】 新泰至台儿庄（鲁苏界）高速是山东省“九纵五横一环七射多连”高速公路网规划中“纵五”的重要组成部分，也是介于京沪、京台高速间的重要省际通道。项目全长157.6千米，概算投资154.52亿元，沿线途经泰安新泰市、临沂蒙阴县、平邑县和枣庄山亭区、市中区、峄城区、台儿庄区等3市7个县（市、区），其中泰安段全长6.3千米，概算投资5.4亿元。12月18日正式通车。

【普通国省道建设】 全年完成普通干线公路建设投资15.2亿元，实施普通国、省道新改建项目3个、90.4千米，大中修项目2个、35.2千米，涉航桥梁改造项目1个。省道S104济（南）微（山）线济南泰安界至肥城仪阳段改建工程、省道S243泰（安）梁（山）线肥城桃园至东平大羊段改建工程、省道S243泰（安）梁（山）线岱岳区京福立交桥至肥城市鸡山桥段大中修工程、国道G342日（照）凤（县）线宁阳吴家桥至宁阳汶上界段大修工程、国道G105（北）京澳（门）线流泽大桥涉航桥梁改造工程建成通车。市插旗项目省道S103济（南）枣（庄）线泰新高速立交桥至新泰泗水界段改建工程，年内，完成投资7.46亿元，超额完成插旗目标。省道S103东岳胜境旅游公路示范工程规划方案通过省厅审查备案。

【普通国省道养护】 加强预防性养护和精细化养护，全市普通干线公路优良路率达95.58%。加强桥梁管护，维修省道S241临（邑）徐（州）线小港桥4类危桥1座。加强公路驿站运营管理，新建国道G220东（营）深（圳）线银山公路驿站1处，全市已运营公路驿站11处。

【路政管理】 依法维护路产路权，加强对高速公路两侧建筑区管理，维持公路养护作业现场秩序，维护高速公路安全畅通，依法查处各种违反路政管理法律、法规、规章案件，全年完成路政巡查31.25万千米，处理路赔事案142起，案件出勤率和查处率均达到100%；加强高速公路施工现场管理，对施工现场下达安全隐患整改45次。加强高速公路沿线桥下桥梁、涵洞安全监管，进行安全检查350次，清除安全隐患104起。参与重大涉路工程现场勘察和方案审查，公路工程交竣工验收，协助办理涉路工程安全施工审批5件，加强对审批事项的事中事后监管。参与路域环境综合整治，对全线违法建筑展开综合治理，推进路域环境整治工作常态化，基本消除路域环境治理难点。

11月9日，泰（安）楼（德）路施工现场　　（司　刚　摄）

【农村公路建设管理】 推进“四好（建好、管好、护好、运营好）农村路”建设，加快实施农村公路“三年集中攻坚”专项行动，实施路网提档升级、自然村庄通达、路面状况改善、运输服务提升“四大工程”。年内，完成投资7.72亿元，完成新建改建农村公路667千米；完成大中修工程1047.2千米，危桥改造10座。推进交通精准扶贫工作，帮扶13个扶贫重点村、第一书记帮扶村建设扶贫道路20.6千米。全市所有贫困村达到“道路通畅”扶贫标准，具备条件的贫困村全部通公交车或客车。

【农村道路“三通”工程建设】 年内，全市1501个行政村完成“三通”（村村通、巷巷通、户户通）工程，累计完成道路硬化6017.1千米、1947万平方米，完成投资21.1亿元。2019—2020年，累计完成2787个行政村“三通”建设任务，基本实现行政村通户道路硬化全覆盖，为打造新时代美丽、生态、宜居、幸福村庄提供有力交通保障。（张　文）

公共交通

【概况】 年末，泰安城区拥有公交线路147条，公交车2597辆，完成公交客运量4277.8万人次。其中，市公共交通公司拥有公交线路74条，公交车2160辆，纯电动、混合动力等环保型占公交车辆总数的100%；市第二公共交通公司拥有公交线路73条，公交车327辆，纯电动、混合动力等环保型占公交车辆总数的100%。

【公共交通管理】 实施城乡公交品质提升工程，加快公交车辆增新扩容，优化公交线网布局，推进公交线路向居民小区、旅游景区、学校及泰安城区周边乡镇(街道)延伸，提升公交服务承载能力。年内，泰安城区新增公交车200辆，新开通公交线路5条，优化调整公交线路21条。实行公交延时服务，城市公交线路普遍延长运行时间1～2小时，缩短运行间隔2～5分钟。实施“公共交通一小时免费·优惠换乘”，残疾人、65岁以上老年人、军人免费乘车等惠民利民措施，发挥泰安城区公共交通主导作用，提升公交服务品质和社会效益。开展“一分钱乘公交”“全年乘公交享八折”“五折乘公交”等惠民活动，方便乘客乘车，降低乘客出行成本。公交车辆实现移动支付乘车，每月使用电子公交卡人数突破137万人次。推进全国“交通联合一卡通”互联互通拓展和省会都市圈公交卡发行工作，泰安城区公交线路全部实现交通一卡通。

【公交场站建设】 完善城市公交基础设施，山口镇公交枢纽停车场完成前期规划手续；高铁南部公交枢纽站完成土石方工程、平整场地；高铁公交枢纽站推进土地组件上报工作；万达公交枢纽站、夏张公交枢纽站启动前期工作。推进公交场站充电基础设施建设，建设完成货场路停车场充电桩、方特停车场充电桩、池子崖首末站充电桩、水泉停车场充电桩并投入使用。年内，建成城内公交首末站1个、乡镇村公交首末站4个。 （张　文）

水　运

【概况】 年末，全市航道通航里程145.95千米，拥有跨省运输经营的国内水路运输企业3家，船舶79艘，运力5.67万载重吨；拥有市内水上旅游企业5家、976客位；浮桥企业7家；无船承运企业1家。

【港航基础设施规划建设】 港航建设完成投资2.2亿元，统筹推进京杭运河大清河航道、港口作业区等项目建设，泰安港东平港区老湖作业区一期工程完成交工验收，具备开港运营条件。京杭运河大清河航道工程开工建设，基本完成临时晾晒区清表土和施工便道修筑。推进兖矿泰安港公铁水联运物流园前期工作。

【水上运输行业管理】 规范水上运输市场秩序，严格落实市场准入制度，开展水路运输企业经营资质核查，核查水运企业17家，通过核查15家、注销2家（东平水浒旅游开发有限责任公司、山东辽阔物流有限公司）。通过核查货船77艘，共计2.73万总吨，5.58万载重吨；旅游客船44艘，940客位。推行海事管理规范服务，办理海事业务365件。做好水上交通安全生产技术支持和服务保障工作，开展安全生产评估检查、节日安全督导10次，检查企业30家次、船舶38艘次，发现整改不安全问题48项，保障全市水上交通安全生产形势持续稳定。 （张　文）

行业管理

【客运管理】 加快行业转型升级，促进新业态高质量发展。发展个性化运输服务，投入车辆49部，开通泰安至东平、新泰、莱芜、肥城、宁阳及济南机场定制客运班线。落实“放管服”改革要求，放宽经营限制，取消“车线”捆绑政策，投放车辆实行备案制，扩大客运企业经营自主权。优化管理服务，激发市场活力，承接省级下放的省、市际班线许可事项，年内，下达行政许可12个。坚持交通先行，推进乡村振兴，完成贫困村通车任务，全市86个乡镇、3576个建制村全部通客车，其中3479个村通公交车，公交化比例占97.3%。

【货运管理】 推进货运公司化改造，发展新型货运组织方式，培育道路货运龙头企业，加快物流企业功能整合，推进传统道路货运向现代物流转型。加快运力结构调整，鼓励企业发展厢式、冷藏、罐式、集装箱等标准化货车车型，推广甩挂运输。开展危险货物运输行业安全生产专项整治行动，开展“五统一”（统一产权关系、统一建立劳动关系、统一运输生产组织、统一财务管理、统一管理责任）整治行动。开展质量信誉考核工作，评定AAA级危险货物运输企业10家。提高车辆安全技术性能，推行智能视频监控和防碰撞技术，鼓励在用危险货物运输车辆安装智能视频监控报警装置，安装防碰撞装置289台。推动危险化学品运输车辆源头监管，至年底，有400部营运车辆使用电子运单系统。

【客运出租管理】 开展出租汽车行业侵害群众利益问题专项整治活动和客运出租行业服务质量提升活动，加强客运出租市场秩序整治，严厉打击出租汽车违法违规运营行为。加大网约车监管力度，规范发展网络预约出租汽车新兴业态，泰安城区网约车企业发展到33家，车辆1530辆。加大出租车违规投诉处理力度，对投诉属实违规出租车，按照相关法律法规进行处罚，将其违规行为录入“电子诚信档案”，实行电子档案跟踪处理。开展“泰山文明号”服务评比活动，引导出租汽车公司建设“爱心车队”“雷锋车队”“和谐车队”等品牌车队。开展“爱心送考”“关爱孤寡老人”等社会公益活动，提升出租汽车行业形象。

【机动车维修】 落实《中华人民共和国道路运输条例》《机动车维修管理规定》要求，推进道路运输车辆“三检合一”（道路货运车辆年检、尾气检测、年审综合性能检测）改革任务落实，引导机动车检验检测机构加快技术改造升级，接入道路运输车辆综合性能检测联网系统。引导检测企业切实落实“交钥匙工程”，推广预约检测服务和自助打印检测报告等便民服务举措，提高业务办理效率，改进车主服务体验。加强车辆技术等级评定检测管理，完成技术等级评定2.44万辆次。落实《道路运输达标车辆核查工作规范》，新许可车辆达标车型核查合格车辆5596辆。年末，全市有各类汽车维修业户710家，综合性能检测企业13家。全市清洁能源、新能源汽车保有量7745辆，占全市营运车辆的25%。

【机动车驾驶员培训】 规范机动车驾驶员培训管理，实行教练车动态监控机制，建立教练员“黑名单”制度，对违规教练员实行系统禁用，提升培训质量。严格“培训记录”审核、签章程序，对培训学时达到要求的予以签章，达不到要求的不予签章。加强与公安机关交通管理部门的配合，加快驾驶培训与考试信息共享，实行培训考试一体化监管服务。加快人工智能在驾培行业的应用，全市4所驾校20辆教练车安装使用“机器人教练”。开展驾校质量信誉考核，评定AAA级驾校20所、AA级驾校30所、A级驾校2所。加强道路运输驾驶员从业资格管理，核发证件2877个。开展道路运输驾驶员诚信考核和继续教育工作，考核道路运输驾驶员5.4万人次，继续教育培训1.56万人次。

【车辆超限治理】 巩固联合执法常态化制度化机制，联合公安交警部门开展联合执法。依托超限检测站实行固定检测、流动巡查执法，对全市超限超载违法运输行为严管重罚。推进科技治超，104国道“不停车检测系统”共检测货运车辆246万辆次，其中检测超限10%以上车辆2.79万辆次，寄送省内车辆超限告知书1429份。加强执法人员培训教育，提升执法人员业务素养，规范路面执法行为。年内，全市累计出动交通行政执法人员7.3万人次，执法车辆1.8万辆次，检查客、货运输车辆13万辆次，查处违章车辆1.05万辆次。其中，查处超限超载车辆8396辆，卸载货物8.4万吨，严格落实“一超四罚”制度，全年抄告超限信息906条。

【平安交通建设】 以“平安交通”建设为主线，制定交通运输《安全生产责任制规定》《党政领导干部安全生产责任制清单》，健全完善安全生产监管体系。围绕道路危险货物运输、道路水路客运、城市客运、公路运营和交通工程建设等领域，开展安全生产三年专项整治行动，推进分级分类安全监管工作，对30家市属生产经营单位开展分级分类评估和安全检查。牵头开展公路限高限宽设施“再排查、严整治”集中整治，累计拆除512处公路限高限宽设施，营造安全顺畅公路通行环境。加强应急队伍建设和物资储备，开展公路抢险、道路运输应急救援、水上应急演练等活动，增强交通应急处置能力。开展“坚守公路水运工程质量安全红线”专项行动，全市交通建设项目监督覆盖率、工程验收合格率均为100%。

【交通文明行业创建】 推进“争创模范机关、深化党组织规范化标准化建设”工作，全系统管党治党基础更加扎实。落实党风廉政建设责任制，强化警示教育，深化风险防控，正风肃纪成效明显。加强新闻宣传工作，全方位宣传交通运输发展成效，营造内和外顺的发展环境。围绕创建全国文明城市，开展“为文明城市做贡献、为旅游城市添光彩、为人民群众送温暖”服务提质活动，提升行业文明程度和服务质量，市交通运输局被评为“创建全国文明城市突出贡献单位”。

（张　文）

铁　路

【概况】 境内有铁路6条，营运里程316.25千米。其中，京沪线北起界首入境，南到宁阳县南驿站前石桥村出境，营运里程58.51千米，为国家Ⅰ级干线双线电气化铁路；泰（山）肥（城）支线起点为京沪线泰山站，终点为肥城湖屯站，营运里程49.34千米，为单线铁路；磁（窑）莱（芜）线西起京沪线磁窑站，东至新泰北师店出境，营运里程84千米，为国家Ⅰ级单线铁路；辛（店）泰（山）线由岱岳区范镇站入境，在泰山站与京沪线接轨，营运里程27.2千米，为国家Ⅰ级单线铁路；东（都）平（邑）铁路起点为磁莱线东都站，在新泰放城站出境，营运里程45千米；京沪高速铁路泰安市境内长52.2千米。泰安市境内形成以京沪线和京沪高铁为主干线，辛泰线、磁莱线、泰肥支线和东平线分布东西两侧的铁路网。

2月22日，市委副书记、市长张涛（右四）调研泰山火车站疫情防控情况　　（赵文文　供）

【泰山火车站】　该站位于泰山脚下，地处京沪干线中段，车站中心里程京沪线555千米+864米处，是泰（安）肥（城）支线的起点，辛（店）泰（山）线的终点。北端衔接大河站，西端衔接天平店站，南端衔接洪沟站，东端衔接上高站，是济南铁路局集团有限公司管内的一等中间站，办理客货运输业务，是泰安市的重要窗口单位。年末，设3个车间和综合技术室，有职工313人（各级管理人员29人），其中运转车间113人、客运车间146人、货运车间37人、综合后勤人员11人、站级管理人员6人。泰山火车站4个方向接发列车，日均接发列车337列，其中货物列车201列、旅客列车136列（办理客运业务86列，其中上行43列、下行43列）。车站行车设备为K5B计算机联锁，设正线3条，到发线10条，货物线5条。固定调车机1台（东风7型）。车站有旅客候车室2座，建筑面积6420平方米。售票大厅1处，面积1125平方米。行包房1处，面积1200平方米。旅客站台3座，一站台（基本站台）长520米、宽14米、高1.25米，二站台长642米、宽8.3米、高0.5米，三站台长550米、宽8.2米、高1.25米。天桥1座，长84.8米、宽6米。地下通道1座，长37.3米、宽4米、高2.6米。设自动扶梯7部，垂直电梯1部。有货物仓库4座，总面积5128平方米，货物站台2座。

全年旅客发送量为173.40万人次，日均4750人次，旅游旺季最高日发送旅客达1.38万人次（10月4日），年旅客到达量为165.2万人次。货物装车4637车，日均装车13车。年发送货物19.17万吨，日均发送货物525吨；年货物卸车1.37万车、61.84万吨。　　（孙启峰）

【京沪高铁泰安站注重品牌文化建设】　该车站系隶属于济南铁路局济南站的一等车站，中心里程为465千米+768米，北距高铁济南西站58千米+660米，南距高铁曲阜东站70千米+388米。站房位于线路东侧，面向城市。设正线2条，到发线4条，到发线有效长度为650米。站区南北长1.93千米，设450×12×1.25米岛式中间站台2座，站台间设12米宽旅客地道2座。车站总建筑面积1.36万平方米，其中候车室面积7800平方米、售票厅380平方米、出站通道1200平方米。共设有4个站台、13个售票窗口（含1个爱心服务售票窗口、9个自动售票窗口）、5台自动取票机、16台进站检票闸机、6台出站检票闸机、8台自动扶梯、4台自动垂梯。2020年，发送旅客人数为277.5万人次，到达旅客人数为268万人次。该车站依托和汲取泰山文化的丰富内涵，结合泰山特色将“泰山挑山工坚韧不拔、奋发向上的攀登精神”“泰山松百折不挠、自强不息的拼搏精神”“泰山厚重沉稳、胸怀博大的包容精神”“泰山石敢当一身正气、乐于助人的担当精神”进行提炼，融入车站文化品牌中，培育“高铁泰安、品质如山”文化品牌，全力打造“安全责任重如泰山、卫生环境美如泰山、职工队伍稳如泰山”的管理理念，

用品牌文化引领职工、凝聚队伍，不断提升车站服务质量和整体工作水平。（朱　玲）

邮 政

【概况】　全市有邮政普遍服务营业网点138处，快递许可企业42家，快递分支机构220家，备案快递末端网点1397处，实现乡镇全覆盖。全年邮政行业业务收入（不包括邮政储蓄银行直接营业收入）累计完成15.73亿元，增长18.29%；邮政行业业务总量累计完成30.57亿元，增长27.79%。全市邮政寄递服务业务量累计完成6216.47万件，邮政寄递服务业务收入累计完成0.83亿元。全市快递服务企业业务量累计完成1.13亿件（首次突破1亿件），增长33%。其中，同城业务量累计完成679.61万件，下降15.62%；异地业务量累计完成1.06亿件，增长38.23%；国际及港澳台业务量累计完成15.86万件，下降13.29%。全市快递服务企业业务收入累计完成8.85亿元，增长31.16%。其中，同城业务收入累计完成0.4亿元，下降17.54%；异地业务收入累计完成5.89亿元，增长36.45%；国际及港澳台业务收入累计完成0.12亿元，下降3.27%。

【优化政策环境】　联合市商务局出台《关于开展电子商务与快递物流协同发展进农村试点工作的意见》，确定把肥城市作为“快递进村”试点，肥城市政府拨付2000万元专项资金用于推进电子商务与快递物流协同发展，其中快递进村政策资金达700万元；肥城市农业农村局拨款60万元专项资金用于农产品上行；新泰市商务局拨付2300万元专项资金用于推进电子商务与快递物流协同发展，其中800万元为快递分拣场地和设备专项资金，带动社会资金1200万元用于土地购买和厂房建设。联合市人社局印发《泰安市快递行业职业技能提升行动工作实施方案》，将快递员、快件处理员等职业纳入政府补贴培训目录。

【服务乡村振兴】　服务乡村振兴战略和新旧动能转换重大工程，增强与上下游协同发展能力。立足农产品资源优势，发展“快递＋农特产品”寄递业务，在稳固既有快递“金银铜”项目基础上，肥桃、柿饼、樱桃、地瓜、东平香油等产品寄递量超百万件，被省邮政管理局评为快递服务农业铜牌项目。全市主要农产品快件总量超2200万件，支撑农产品网络零售额4.8亿元，为乡村振兴打通活力通道。与制造业协同发展加快探索，联合工信部门印发《关于加快推进快递业与制造业深度融合发展的实施方案》，整合优势资源深化产业协同发展。

【邮政快递服务网络建设】　建立城乡均等、普惠均衡的快递服务网络体系，发挥行业打通大动脉、畅通微循环的作用。深化“邮快合作”，邮政公司积极开放农村基础网络，与12家主要快递品牌签订合作协议，实现“邮快合作”县域全覆盖。推进“交快合作”，山口镇、黄前镇设立快递运营中心及村级试点4处。全市建制村3548个，快递企业通过多种合作模式在农村共设置网点372处，实现直投的村655个，服务覆盖3093个村，服务覆盖率达到87.1%，为近200万名农村居民提供便利的用邮服务。

【邮政服务】　坚持以人民为中心发展思想，着力提升服务质量。结合《问政山东》曝光问题整改，狠抓文明用语使用，聚焦“不按址投递”等突出问题，消费者申诉满意率位居全省系统前列。拓展警邮、税邮、政邮合作范围，合作网点150处，驻市政务大

8月8日，省邮政管理局党组书记、局长杜继涛（右二）一行，到泰安调研指导寄递安全主体责任落实和服务质量整治提升工作（沙　娜　供）

厅数量1处，入驻县（市、区）政务大厅数量6处，市及县（市、区）覆盖率达到100%。加强快递基础设施建设，形成宅递、箱递、站递为主体的多种配送格局，全市共同配送末端服务站155家，智能快件柜布置600组，格口超过5.1万个，提高快递“最后100米”服务能力。2家企业筹建全自动分拣设备3套，提升智能化能力。联合市快递协会、《齐鲁晚报》开展寄递企业服务之星评选活动，提升从业人员服务意识，树立行业标兵新形象。

【行业治理】 聚焦“收寄验视”这一痛点进行靶向治疗，以网格化管理为抓手，采取流动红旗评比、网格微信群日常交流等措施，推动形成“网里有格，格里有点，点里有人，人有其责”的寄递安全主体责任落实长效机制。健全完善企业主体责任落实清单，指导企业抓实抓细试寄抽查、奖惩通报、内部整改3个制度落实。全年彻底验视率稳定保持在91%以上。市局全年共检查企业210家次，停业整顿15家，作出行政处罚、责令改正各36个，约谈企业20家次，其中省级总部3家次。加强许可实地核查工作规范化、标准化建设，全年依法做好许可延续21家，开展实地核查141家，办理新增分支21家、新增末端网点413家。持续强化建制村投递信息化监管工作，全年实地投递打卡率基本维持在99%以上，建制村通邮率达到100%。

【绿色发展】 树立生态文明思想，联合市生态环境局印发《关于协同推进邮政快递业生态环境保护工作的实施意见》，泰安市承担的“9792”（全国邮政业“瘦身胶带”封装比例达90%，电商快件不再二次包装率达70%，循环中转袋使用率达90%，新增2万个设置标准包装废弃物回收装置的邮政快递网点）工程建设全面达标，主要快递企业实现电子运单使用率超过98.56%，电商快件不再二次包装比例超过90%，循环中转袋使用率达到95.11%，已设置包装废弃物回收装置的邮政快递网点186个，新能源或清洁能源汽车保有量65辆。

【民生实事】 加大关心关爱快递员工作力度，借助齐鲁网、大众网、闪电新闻等媒体为快递小哥群体发声，发布关心关爱快递小哥倡议书，营造良好舆论氛围。联合团市委慰问一线快递小哥。联合市交警支队举办“交通安全、文明出行”专题培训班。组织2020年度快递工程专业技术人员职称资格考试，全市快递工程专业技术初中级职称申报人数位居全省前三；快递高级职称评审通过人数占全省1/6。承担“泰山步班邮路”投递任务的市邮政分公司1名投递员被授予“全国劳动模范”称号，市邮政管理局和泰安市速比通商贸有限公司被人力资源和社会保障部、国家邮政局表彰为“全国邮政行业先进集体”。

（王　兵）

【中国邮政集团有限公司泰安市分公司】 年内，该公司通过省级文明单位复审，被市委、市政府评为“创建全国文明城市先进单位”；1人获得“全国劳动模范”称号，1人获得“泰安市五一劳动奖章”。

党建引领。履行全面从严治党主体责任，开展模范机关建设，落实意识形态工作责任制。党建基础不断夯实，严格执行“三个第一时间”学习机制，利用“中邮先锋”对全体党员开展中共十九届四中全会培训、常态化培训。提升基层党组织凝聚力，泰山鸿雁党支部被评为“全国邮政先进基层党组织”，新泰分公司党委、泰山鸿雁党支部被评为“全省邮政先进基层党组织”，1名投递员获“全国邮政优秀共产党员”称号。新发展党员26人。做好巡视巡察整改“后半篇文章”，配合完成省分公司巡察“回头看”工作及对各基层党组织落实巡视巡察整改工作的监督检查。加大执纪监督力度，开展党风廉政警示教育1次、专题培训1次，完成67人次的领导干部廉政知识考试。

责任担当。推进全市邮政疫情防控工作；开通医疗物资运输绿色通道；协助市应急管理局义务运输各类防疫物资；与蔬菜基地合作，解决疫情期间群众买菜难问题，带动商户销售产品40万元。提升服务水平，全市投诉回复及时率100%，客户满意率100%，机要通信继续保持质量全红。推进邮政电商扶贫，借助邮政“919电商节”，打造5款万单扶贫农产品，实现销售额近50万元，带动小包4万个。全面开展安全生产专项整治三年行动，网点安防一体化试点建设项目获得省分公司高度认可，完成全国“两会”“第三届中国国际进口博览会”等重大活动期间的安全保障工作。推进绿色邮政建设。

邮政经营。全市累计完成原始金融总量48.4亿元，增幅41%，居全省第6位；点均年增总量4099万元。全年新增市场占有率7.6%，提升1.8个百分点。新泰楼德支局金融标准总量年增过亿元。寄递市场占有率10.4%，开发防护服寄递、防疫捐赠物资寄递项目；电动车牌、大樱桃、中秋月饼销售及礼仪寄递

5月20—22日，泰安邮政公司开展“520樱味邮你”直播活动。图为直播现场
（姚 娟 供）

项目居全省前列；在全省率先与烟草公司达成合作。渠道大单品业务实现规模翻番，“919电商节”点爆日自营批销额完成省分公司计划的162.8%，居全省第二位；中国邮政集团有限公司宁阳县分公司和泰安市营业局入选全国邮政“919电商节”批销“双50县”名单；警邮合作业务开通22个代办网点，网点活跃度居全省第一位。完成2021年报刊大收订和贺卡送福工作；创新开展直播获客活动，全年开展直播26场，实现收入50万元。

改革创新。寄递改革纵深推进，整合电商、政务、商企、国际经营机构，理顺业务流程，突出专业优势；实施物流市场化运营，加强特快队伍建设，加快末端经营模式创新，“经营端”全市共7个经营单元推行合伙经营。综合营销体系组织架构搭建完毕，客户营销中心人员配备率116%，专职营销人员配备率137%。创新开展条线团队长营销管理模式，推进网格化营销，全市专职客户经理收入贡献2.5亿元，产生2个及以上专业收入的人员有153人，占比53.9%。经营创新实现新进展，与中国石化山东泰山石油股份有限公司、中国电信股份有限公司泰安分公司签订战略合作协议，与泰山区人民医院开展“警医邮”项目合作；文化惠民项目线上交易额突破200万元，累计申领政府补贴资金99万元；推进“社交＋电商”，累计实现线上营销额2505万元；新增抖音粉丝7.7万人，实现收入388万元；6个转型网点全部完成网点转型。

企业管理。加强人力资源管理，强化县分公司选人用人指导，简化程序、减负放权，激发基层活力；健全干部人才储备机制，建设四级干部和支局经理人才储备库，实行分级管理、跟踪培养、动态调整；选派4人进行市、县双向交流；完成2批次、311人次的职业技能鉴定考试。加强财务管理，打造全面预算管理体系，实现“横向到部门、纵向到单位”条块结合的管理模式；聚焦关键节点和重点领域，稳步推进寄递降本增效，促进寄递各环节指标提升；开展专项、经济责任及工程审计，全市零星维修项目结算审计完成申报项目32个，审减金额98万元。加强能力建设，启动网点改造项目19处，提升竞争力；完成市邮件处理中心带设备外包切换，提升邮件处理能力；通过流程优化，节省各县分拣封发及参与集包人员约43人，提升一频出口邮车装载率，延长前端揽收时间约1小时；灵活组织区内运输，全市组开委办邮路使用全里程全车型方式算，全年压降运输成本60万元。（姚 娟）

编辑 校对 刘 凯

开放型经济

货物贸易

【概况】 2020年，泰安市货物贸易突破200亿元大关，累计进出口总额211.9亿元，增长24.8%，高于全省17.3个百分点，进出口增幅列全省第3位。

【进口】 全年实现进口66亿元，增长75.5%，进口增幅列全省第二位。进口商品来自84个国家（地区）。从10大主要进口来源进口50.92亿元，占进口总额的77.1%。

【出口】 全年实现出口145.9亿元，增长10.4%，出口增幅列全省第12位，占全市生产总值的4.9%、全省出口总值的0.18%。出口商品销往185个国家（地区）。对十大主要市场出口84.21亿元，占出口总额的57.7%。

【跨境电子商务】 推动新泰“9610”陆港跨境直购海关监管场站完善平台系统，建立起泰安外贸转型升级的试验区，该平台业务量占全省“9610”跨境直购业务规模的三分之二。引导传统外贸和制造业企业上线，鼓励山东岱银纺织服装集团、山东泰鹏集团有限公司等重点外贸企业扩大“9710”“9810”出口规模，拉动泰安跨境电商B2B出口。精准扶持中小微企业上线跨境电商平台“开店”，累计培训跨境电商人才500余人次，培育有业绩跨境电商主体队伍200余家。

【贸易政策】 6月，市商务局联合市财政局出台以进口业务融资为主的《泰安市“泰山贷”贸易融资业务实施方案》，创新建立“政府+银行+企业+出口信保+担保公司”合作和风险共担机制，有效缓解外贸企业融资难题，加快企业业绩回流。全年为企业解决授信5亿多元，有效拉动进口增长。全年进口增长75.5%，在全省进口占比提高0.2个百分点。

【泰安市首届纺织服装行业（德国）云展会】 12月1日，以线上形式举办。该届展会由德国不莱梅商会支持、泰安市商务局主办，泰安市及德国的参展商50余人参加，共组织涉及泰安市纺织服装、医疗物资等行业的一对一展示洽谈会40余场。展会采用先进的线上视讯技术手段，搭建中德企业精准的展示对接平台，为疫情常态下外贸企业开拓国际市场探索新途径。

（和沐雯）

服务贸易

【概况】 泰安市实现服务进出口234085万元，下降19.4%（统计口径调整），其中服务进口155672万元、服务出口78413万元。

【业务领域】 泰安市服务贸易涉及旅游、建设、其他商业服务、加工服务、文化和娱乐服务等领域，其中，旅游、建设、其他商业服务、加工服务等为主要出口业务领域。

【出口市场】 泰安市服务贸易主要出口市场为阿尔及利亚、印度尼西亚、老挝、科威特等国家和地区。

（和沐雯）

吸收外资及港澳台资

【概况】 泰安市引进外国及中国港澳台地区投资项目80个，签约额278825万美元，实际使用外资68251万美元。

【投资产业】 第一产业项目1个，签约额797万美元；第二产业项目9个，签约额54917万美元，实际投资额14670万美元；第三产业项目

泰安市2020年货物贸易情况表

表12

项　目	进出口（万元）		出口（万元）		进口（万元）	
	金　额	同比增长%	金　额	同比增长%	金　额	同比增长%
合　计	2119043.89	24.8	1458913.76	10.4	660130.13	75.5
按贸易方式划分						
一般贸易	1848384.75	17.7	1314724.70	7.5	533660.04	53.8
加工贸易	58657.93	–32.9	46076.90	–34.3	12581.03	–27.3
其他贸易	212001.21	421.2	98112.15	240.2	113889.06	862.4
按企业性质划分，其中						
国有企业	286218.85	–9.8	151337.53	–18.1	134881.32	1.9
外资企业	132331.69	–19.9	78240.26	–28.4	54091.43	–3.4
私营企业	929638.83	8.8	831056.22	3.1	98582.62	104.8
按大类商品划分，其中						
高新技术产品	249640.53	149.0	146380.70	77.8	103259.83	476.4
化工产品	210939.67	7.3	171564.85	4.1	39374.82	24.2
机电产品	679119.28	45.9	499458.36	22.2	179660.92	216.3
纺织服装	515750.19	–5.9	454290.07	–3.1	61460.11	–22.6
农产品	144005.94	10.1	119253.06	5.7	24752.88	37.6

泰安市2020年主要出口商品情况表

表13

出口商品名称	金额（万元）	同比增长%	占总额比重%
纺织纱线、织物及制品	265744	–1.8	18.2
服装及衣着附件	188083	–4.9	12.9
运输工具	138954	11.1	9.5
机械设备	106506	–14.7	7.3
蔬菜及制品	80736	4.0	5.5
电器及电子产品	73699	–10.9	5.1
金属制品	69767	34.5	4.8
钢　材	46677	3.6	3.2
医药品	24042	19.0	1.6
塑料制品	22669	26.1	1.6

70 个，签约额 223111 万美元，实际投资额 53581 万美元。

【投资来源】 有 23 个国家（地区）在泰安市投资，投资额列前 5 位的是加拿大、新加坡、英国及中国香港、中国澳门，合计投资项目 62 个，签约额 257264 万美元，实际投资额 67462 万美元。（和沐雯）

对外国及中国港澳台地区经济技术合作

【概况】 泰安市新设境外企业 7 家，总投资 12151.32 万美元，中方投资 11401.32 万美元。主要投资对象为纺织、进出口贸易等，主要投资项目包括在中国香港新设的泰山财经国际投资有限公司、在新加坡设立的新巨丰科技包装有限公司、在墨西哥新设的常铝墨西哥实业有限公司、在沙特阿拉伯设立的国际锻件公司等。

【承包工程】 签订对外承包工程合同 13 个，累计新签合同额 13588 万美元，累计完成营业额 16097 万美元。新签约项目涉及建筑、安装、电力建设等行业，主要分布在印度、沙特、阿联酋、阿尔及利亚等国家和地区。

【融入“一带一路”】 泰安市积极融入“一带一路”倡议，加大“一带一路”沿线国家产能合作力度。全市境外项目带动进出口共计 10396.76 万美元，其中“一带一路”沿线境外项目带动进出口 7996.72 万美元，占比 76.9%。全年完成“一带一路”沿线国家实际投资额 5237.5 万美元，占全部境外实际投资额的 95%。其中山东岱银纺织服装集团马来西亚纺织工业园项目增加石横特钢控股集团有限公司为新股东，在前两期 2.7 亿美元的基础上增资 1 亿美元。

【劳务合作】 泰安市签订对外劳务合作合同 39 个，累计新签合同 470.45 万美元，累计派出各类劳务人员 224 名，年末在外 592 人。主要派遣国家和地区是日本、新加坡等。（和沐雯）

开发区建设

【概况】 泰安市 7 个省级以上经济开发区累计完成固定资产投资 628.58 亿元，下降 5%。实际到账外资及港澳台资金 5.72 亿美元，增长 145%。实现进口额 7.9 亿美元，出口额 15.9 亿美元，进出口总额 23.8 亿美元，分别增长 155%、21%、47%。累计新注册企业 2523 个；批准入区项目合同总额 1237 亿元，下降 20%。

【园区建设】 8 月 27 日，出台《关于进一步深化开发区体制机制创新的实施意见》，推进各项改革任务落实落地。10 月，《山东政务信息》专题报道《泰安市扎实开展开发区体制机制改革》，宣传泰安市开发区改革经验做法。11 月 16 日，《关于全省开发区体制机制改革进展情况的通报》明确指出“东营、烟台、潍坊、济宁、泰安等 5 市已基本完成改革任务”。

【泰安高新技术产业开发区】 2020 年，该开发区实现公共预算收入 17.94 亿元，下降 19%。固定资产投资总额 92 亿元，增长 21%。实现规模以上工业主营业务收入 342 亿元，增长 5%。实现进出口总额 3.84 亿美元，增长 111%。实际到账外资及港澳台资金 6538 万美元，下降 35%。

【泰山经济开发区】 2020 年，该开发区实现公共预算收入 11.09 亿元，增长 4%。固定资产投资总额 114.55 亿元，增长 8%。实现规模以上工业主营业务收入 125.58 亿元，增长 5%。实现进出口总额 6.11 亿美元，增长 12%。实际到账外资及港澳台资金 1.42 亿美元，增长 132%。1 个项目列入国家级重点工程，5 个项目列入省级重点工程，11 个项目列入市级重点工程。其中，国家级先进印染技术创新中心成功创建，是山东省首个国家制造业创新中心，也是全国印染技术领域唯一的国家制造业创新中心；创客信息科技服务平台、大唐智能家居 2 个项目被列为 2020 年山东省新旧动能转换重大项目库优选项目，泰山 Office 研发及产业化等 2 个项目被列为山东省“双招双引”重点签约项目，中国北方教育装备产业基地等 4 个项目列入泰安市“绿卡”项目。

【岱岳经济开发区】 2020 年，该开发区实现公共预算收入 19.24 亿元，增长 18%。固定资产投资总额 73.11 亿元，下降 36%。实现规模以上工业主营业务收入 167.24 亿元，增长 45%。实现进出口总额 5.09 亿美元，增长 62%。实际到账外资及港澳台资金 1.06 亿美元，增长 606%。泰安汉威集团有限公司等 3 家企业被列为全省制造业高端品牌培育企业，泰安鼎鑫冷却器有限公司等 18 家企业通过全省高新技术企业认定，山东润德复合材料有限公司、山东铁鹰建设工程有限公司被推荐为第二批国家专精特新“小巨人”企业。

【新泰经济开发区】 2020年，该开发区实现公共预算收入25.05亿元。固定资产投资总额173.49亿元，增长16%。实现规模以上工业主营业务收入270.19亿元，增长14%。实现进出口总额4.56亿美元，增长36%。实际到账外资及港澳台资金1.05亿美元，增长403%。4月27日，山东省委全面深化改革委员会办公室《改革与制度创新》（第12期）专门刊发《新泰市深化开发区改革 激活“一池春水”》文章，并向中央全面深化改革委员会办公室作情况汇报。

【肥城经济开发区】 2020年，该开发区实现公共预算收入8.16亿元，增长53%。固定资产投资总额24.15亿元，下降4%。实现规模以上工业主营业务收入48.22亿元，增长31%。实现进出口总额1.31亿美元，增长222%。实际到账外资及港澳台资金5091万美元，增长1376%。全年新增2家高新技术企业，增长66.7%，总数达5家；新引进全职国内外高端人才18人，增长163.64%，总数达29人；新增发明专利5个，增长83.3%，总数达11个。全区规模以上企业主营业务收入72.9亿元，产业集聚度达71.78%；“十强”产业固定资产投资额15.5亿元，占比64%。

【宁阳经济开发区】 2020年，该开发区实现公共预算收入7.72亿元，下降34%。固定资产投资总额113.42亿元，下降29%。实现规模以上工业主营业务收入162亿元，下降7%。实现进出口总额1.95亿美元，增长37%。实际到账外资及港澳台资金3629万美元，增长286%。开发区实现招商引资到位资金34.9亿元，省外“十强产业”到位资金12亿元，占全县到位资金总和的50%以上。

【东平经济开发区】 2020年，该开发区实现公共预算收入3.21亿元，增长211%。固定资产投资总额37.85亿元，增长30%。实现规模以上工业主营业务收入84.34亿元，下降13%。实现进出口总额9339万美元，增长52%。实际到账外资及港澳台资金6589万美元，增长185%。

（和沐雯）

海关

【概况】 2020年，泰安海关审结报关单1.97万票，监管货运量241.5万吨，税收入库4.5亿元，检验检疫进出境货物1.08万批、货值32.2亿元。继续保持“省级文明单位”“省级青年文明号”称号，泰安海关党总支获评“2019年度全国海关基层党建培育品牌单位”。

【严防疫情输入扩散】 选派2人参加省口岸防疫工作专班，参与排查人员3000人次。组织进口冷链食品及包装检测采样作业培训及演练，做好进口高风险非冷链集装箱货物检测和预防性消毒工作，严密防范新冠肺炎疫情输入风险。做好疫情内部防控工作，实现干部职工“零感染”。

【服务外贸】 出台《泰安海关帮扶企业防控疫情复工复产二十条措施》。继续巩固压缩整体通关时间成效，进口、出口整体通关时间分别压缩至3.9小时和1.9小时。全面实行企业注册备案网上受理、在线审批，为388家企业快速办理注册登记、资质备案等手续。出具检验检疫证单1.21万份，出证时间压缩50%。支持农产品企业扩大出口，助力辖区特色产品冷冻蔬菜、板栗出口量分别增长13.2%和25%，实现逆势上扬。助推泰安陆港跨境电商

3月18日，泰安海关关员到辖区出口蔬菜种植基地进行调研宣讲，帮扶企业复工复产 （张成 供）

2020 年泰安市进出口情况表

表 14

指　标	进出口		出　口		进　口	
	总值（亿元）	同比增长 %	总值（亿元）	同比增长 %	总值（亿元）	同比增长 %
进出口总值	211.9	25.0	145.9	10.4	66	76.2
其中：泰山区	44.8	−10.4	33.0	−10.9	11.8	−8.9
肥城市	29.0	7.3	15.9	2.7	13.0	13.4
新泰市	22.2	9.3	13.1	−7.7	9.1	48.8
岱岳区	19.3	12.8	18.3	17.1	1.0	−32.6
泰安高新区	15.4	−30.1	11.5	−39.2	3.8	27.9
宁阳县	13.2	49.1	12.9	51.6	0.3	−11.5
东平县	2.5	−34.7	2.2	−17.6	0.3	−72.5
其中：一般贸易	185.1	17.9	131.5	7.5	7.5	54.5
进料加工贸易	5.3	−27.2	4.2	−29.7	0.2	−16.3
来料加工贸易	0.6	−61.7	0.4	−59.7	0.004	−67.7
其中：对美国贸易	30.5	9.8	281.8	8.2	2.4	32.8
对东盟贸易	28.4	33.7	202.6	56.3	8.2	−1.6
对欧盟贸易	24.1	19.7	186.5	11.1	5.5	63.3
对日本贸易	19.3	54.9	141.2	47.8	5.2	77.8
对澳大利亚贸易	14.9	30.7	46.6	11.2	10.2	42.1
对非洲贸易	10.7	−2.0	76.9	−11.3	3.0	34.5
其中：民营企业	163.6	34.6	120.3	17.1	43.3	130.5
国有企业	30.7	−3.1	16.0	−13.3	14.7	11.1
外商投资企业	17.8	7.7	9.5	−12.9	8.3	47.9

2月10日，泰安海关关员现场验核进口捐赠防疫物资　（张　成　供）

直购进口监管仓库在全国同类场站中率先复工复产，快速验放跨境电商清单3.9万份、货值2102万元。

【释放政策红利】　为3家企业办理关税保证保险备案13笔，节省保证金2962.5万元。落实结构性减税政策，审批减免税款1346.7万元。切实减轻中小企业负担，为加工贸易企业减免风险类保证金730万元。签发原产地证书1.28万份，助力企业享受出口目的国关税减免9100万元。提报税政调研报告19篇，获国务院关税税则委员会采纳1篇，每年可为辖区企业节省成本2500万元以上。指导1家企业通过高级认证复认，尽享海关便利政策。

【检验检疫】　严格进境粮谷后续监管，监管进口大豆和饲用粮59批、31万吨，分别增长3.7倍、1.2倍。严把进出口食品农产品质量安全关，进出口食品抽样检验及风险监测工作完成率和出口食品合格率保持100%，实现出口食品农产品国外零通报。严防重大烈性传染病传入传出，完成出入境劳务人员体检4047人次、预防接种3609人次，检出艾滋病3例。加强进出口防疫物资、医疗器械、旧机电产品等重点敏感商品检验监管，实施检验鉴定6205批，检出不合格商品57批，销毁2批。

【强化监管坚守国门】　做好属地纳税人管理，深化综合治税，税收入库4.5亿元，增长31.7%。加强风险管理，提报税收风险参数27条，采纳率居关区前列。开展稽查、核查作业52起，追补税款193.6万元。开展打击走私“国门利剑2020”行动，参与反走私综合治理，向缉私部门移交线索3起。查扣、退运跨境电商渠道进口非正面清单产品及夹藏夹带物品55单。　（张　成）

编辑　校对　　刘　凯

商贸服务业

服务业综述

【概况】 2020年，全市服务业实现增加值1386.42亿元、增长3.6%，其中现代服务业增加值实现713.5亿元、增长6.57%，占服务业增加值比重为51.5%；服务业对国民经济增长的贡献率达到51.6%。服务业投资增长0.9%，占全部投资比重为64.1%。完成服务业税收146.5亿元，占全部税收比重达到49.9%。全市服务业中，有规模以上企业152家，实现营业收入134.0亿元，增长3.4%，实现利润总额11.8亿元，增长39.5%。

【复工复产】 制定印发《关于抓好服务业疫情防控和有序开业复工的若干意见》，从分类有序组织复工、狠抓惠民惠企工作落实等5方面出发，加快服务业复工复产复市。摸清服务业企业疫情防控生活物资生产、市场供应等方面存在的问题，加大服务业企业防疫物资保供力度，为服务业企业复工复产提供精准保障。贯彻落实“保市场主体”重点工作、目标任务和责任分工，全力推进规模以上服务业企业高质量增长，推动服务业企业可持续发展。

【载体建设】 筛选确定泰安六星汽车小镇等12个市级服务业特色小镇；泰山云谷互联网产业园等10个市级服务业重点集聚区；泰安山东海天智能工程公司等33个市级服务业重点企业名单和春雨软件园建设项目等30个市级服务业重点项目。强化省服务业载体项目调度管理，有9个省级载体项目累计完成投资19.28亿元，完成年度投资12.18亿元，占年度投资计划的85%。争取宁阳亿丰时代广场被确定为2020年度省现代服务业集聚示范区单位，泰山桃花源、百合小镇2个特色小镇成功入选省级服务业特色小镇，总数分别达到3个、9个。争取诺莱医学干细胞精准治疗糖尿病科技创新中心项目入选2020年度省级服务业创新中心，总数达到3家。

【人才建设】 争取山东海天智能有限公司万芪入选泰山产业领军人才，获得人才和项目专项资金共计400万元。争取泰安市山东华坤地质工程有限公司1人入选2020年山东省服务业专业人才人选，获省服务业引导资金奖励30万元。至年底，争取4人入选山东省服务业专业人才。参与产业创新类医养健康和旅游文创领域创新创业大赛，推荐产业创新类项目27个，获评一等奖1人、二等奖2人、三等奖2人。做好泰山英才答辩评审，组织专家现场考察，推荐提名3人为泰山英才人选。组织2019年度现代服务业及社会民生产业创新类泰山产业领军人才参加泰山产业领军人才培训班等活动。 （张　晶）

商贸流通

【概况】 泰安市社会消费品零售总额1022.4亿元。按地域分，城镇848.2亿元，乡村174.1亿元。按行业分，批发和零售贸易业922.2亿元，住宿和餐饮业100亿元。年内，建立24家商贸流通重点企业应急物资储备日调度制度，累计投放各类口罩111.3万只，向全市应急生活物资运输企业发放“抗疫情保畅通”运输通行证926个。鼓励企业开展“无接触配送”“无接触消费”，对全市48.9万单配送业务以奖代补100万元。实施“春暖花开·畅享泰安”促消费活动，累计发放消费券900万元。全年实现网络零售额89.82亿元、增长9.6%，其中实现农村网零额31.81亿元、增长12.1%；全市电商企业达到3264家、网商店铺数量6.24万家。开展成品油市场专项整治行动，累计取缔黑加油站性质站点27处。

【疫情防控】 制定《市场消费与生活物资保障组工作方案》，明确18个成员单位的职责分工，建立周

市商务局疫情防控督导组检查商贸流通领域安全生产和疫情防控常态化工作。图为12月16日，督导组到商场超市检查疫情防控工作　（和沐雯　供）

汇总、问题会商和应急处置、政策措施落实督导三项制度，重点加强大型农贸市场等经营场所外环境的全方位检测，并落实“零报告”制度。要求经营冷藏冷冻肉类、水产品冷链物流企业每日上报纳入核酸检测人员，确保疫情不通过冷链传播。建立24家商贸流通重点企业应急物资储备日调度制度，确保全市生活物资保障充足；全力保障口罩供应，累计投放各类口罩111.3万只；向全市应急生活物资运输企业发放“抗疫情保畅通”运输通行证926个，畅通生活必需品流通渠道。

【市场消费】　印发《关于应对新冠肺炎疫情支持消费品批发零售业住宿餐饮业健康发展的实施意见》，支持企业克服疫情影响，鼓励开展“无接触配送”“无接触消费”，对全市符合标准的24家企业48.9万单配送业务以奖代补100万元。实施“春暖花开·畅享泰安”促消费活动，在全市开展美食、畅游、乐购、爱家四大活动，以阿里巴巴支付宝为平台，累计发放消费券900万元，拉动消费近8000万元，促进全市消费市场复苏回暖。

【泰安老字号】　挖掘“老字号”企业潜力，推动“老字号”经营模式创新，开展好“互联网+”行动，借助抖音、快手等直播平台开展品牌直播活动扩大销售。完成“泰安老字号”形象标识（logo）征集评选工作，组织并认定2020年度“泰安老字号”企业10家。加强获评“山东老字号”企业动态管理，实行诚信黑名单制度，2020年推荐上报“泰山茶溪谷”“城子寨”2家企业品牌申请“泰安老字号”。推动老字号企业“走出去”，先后组织17家“山东老字号”“泰安老字号”企业和名优产品企业参加“山东消费年”系列活动和中华老字号（山东）博览会、2020第十四届中华老字号（上海）博览会等一系列展销活动，促进泰安市品牌影响力。

【家政服务业】　印发《泰安市家政服务业信用体系建设实施方案》，利用中央家政服务业资金，支持家政服务企业为家政服务员建立信用档案，加大家政诚信信用平台的宣传推广力度，促进家政服务员信用体系建设。到年末，泰安市家政服务业信用平台累计录入家政服务员5874人。　（和沐雯）

贸易促进

【概况】　全市贸易促进工作落实中央和省、市统筹推进疫情防控和经济社会发展安排部署，努力克服疫情影响，立足服务、拓展渠道，探索创新对外贸易服务模式，完善商会建设和会员发展工作，加大招展引会工作力度，强化商事法律服务保障，放大贸促会功能作用，推动贸促事业发展。

【开展调查研究】　到企业、商协会开展调研，掌握企业资源和需求，详细了解企业面临的困境和难题。在疫情初期，通过电话、微信等方式与泰安市康宇医疗器械有限公司、山东泰开电力建设工程有限公司、山东新特机械设备有限公司等复工复产企业联系对接，汇总企业复工复产中面临人员、物资、资金等方面问题。疫情稳定后又与45家外经外贸企业、商协会调研座谈，了解企业复工复产、产业链、供应链需求及对外贸易等方面的问题，及时向市外经贸运行工作组报告协调解决。完成企业赴海外参加展会情况调查问卷的收集和信息整理工作，汇总外展企业信息245条，及时将省百展、市五十展计划及年内的市场开拓计划向企业发布。

【联络合作】　对接中国国际商会驻哈萨克斯坦办事处、驻新加坡办事处，成功加入共建“一带一路”沿线城市贸促会合作联盟。走访亚洲金融协会、亚洲经济发展协会，邀请驻外大使、参赞、驻华金融机构参与泰安主办或举办的会展活动。加强与国家、省贸促会的对接，就对外贸易促进、境外展览、企业服务等具体业务和资源进行探讨。加强与无锡、嘉兴、扬州、岳阳、深圳、宝鸡等地贸促会的沟通联络，借鉴学习对外贸易投资促进、组织参加境外展（博）览会及共建“一带一路”工作开展的经验做法。加强与浙江米奥兰特商务会展股份有限公司的合作，双方就举办泰安共建“一带一路”国际贸易云展会（中东站—农产品及食品专场）达成初步合作意向。

【外贸服务】 推动防疫产品对外出口，筛选9家疫情防控物资生产企业向省贸促会推荐，先后有山东海斯摩尔医疗器械公司等7家企业入选省贸促会第一、二批防疫产品出口促进名单。收集因疫情导致出口受阻或减少的电子、汽车、农产品行业出口龙头企业情况及企业的出口需求，筛选山东嘉意机械有限公司、肥城坤钰制衣有限公司等10家企业的11条供求信息，上报国家、省贸促会，合力促进对外贸易。筹备“对话山东——日本·山东产业合作交流会”，调度汇总在贸易、投资、技术、管理、服务、人才等方面对日本合作需求、合作信息以及日资、中日合资企业和签约项目情况，推荐发布合作信息，线上组织259家企业参与活动。组织32家企业在线参加山东国际儒商会启动仪式暨全球儒商交流会；组织瑞泰化工有限公司等企业参加第六届中日韩产业博览会；组织参展商25家、采购商7家参加首届外贸优品展览会。应对疫情常态化带来的不便，组织相关企业参加2020年中国（深圳）国际医疗防疫物资展览会、青海生态（产业）博览会暨藏毯展、中国西部（西安）国际采购展览会、第三届中国国际进口博览会、第17届中国—东盟博览会等，帮助企业拓宽对外合作渠道。通过省贸促会“贸易通”平台，参与中国对斯里兰卡、保加利亚、意大利、越南、日本、埃塞俄比亚、阿联酋、巴基斯坦、韩国、俄罗斯等国家的商务洽谈会，组织肥城坤钰制衣有限公司、泰安恒源林包装科技有限公司、山东雷诺服饰有限公司、新泰旺牛进出口有限公司、泰安立上利行贸易有限公司等参加网上展洽会，帮助企业拓展海外市场。

【国际商会建设】 打造服务企业平台。有针对性地建立对接交流、经贸信息、预警信息、投资贸易合作平台，发挥贸促会亦官亦民、代言工商的作用。密切会员企业联系。加快会员企业发展步伐，新增泰安国际商会会员企业55家，累计达到146家。走访调研外贸企业40家。发挥会员企业之间的桥梁纽带作用，实现资源和信息共享，推动阿里巴巴跨境电商泰安服务中心和山东岱青律师事务所建立合作关系，为阿里巴巴跨境电商泰安服务中心和泰安现代塑料有限公司搭建合作平台，为锐眸（泰安）企业管理咨询有限公司和泰安新东华健康产业有限公司搭建合作平台，为极创机器人科技有限公司和山东巴夫巴夫食品有限公司搭建合作平台。创建市贸促会服务会员企业工作群，动态掌握企业动向，协调帮助企业解决困难问题。及时更新网站和微信公众号信息，扩大贸促工作和经贸动态宣传，帮助企业有效获取经贸信息。加强营商环境监测。先后向全市50家外贸企业发放调查问卷，将情况汇总上报省贸促会。确定30家外贸企业作为营商环境监测服务点上报省贸促会。组织2家外资企业和3家外贸企业线上参加优化营商环境线上政企对话会（山东专场）。确定10家外贸企业作为省贸促会双稳工作联系点，并在“山东智慧贸促服务平台”上免费

11月5日，泰山茶亮相中国进口博览会 （和沐雯 供）

对14家企业及其主导产品进行宣传和推介，推荐12家企业入选《名品山东》宣传画册。加大业务培训力度。举办2020年“中小企业开拓国际市场直通车”网上政策宣讲会、“疫情下的外贸及国际会展之路”线上公益培训会、2020跨境电商线上培训（山东专场）、中欧班列推介及共建“一带一路”韩国、印度尼西亚市场开拓培训会、泰安市出口信用风险管理及马德里国际商标注册与保护培训会等培训9次，分别就不可抗力事实性证明等商事法律服务内容、新冠疫情作为不可抗力范畴、企业通过申请相关不可抗力事实性证明规避汇兑风险、疫情下的外贸何去何从、如何做好跨境电商、避出口风险、保海外订单、拓国际市场等方面进行讲解，提高外资外贸企业风险应对水平。组织相关企业参加中美经贸关系与对美贸易合规讲座、2020外贸企业出海论坛、工业互联网专题报告会等培训8次，提升企业对外经贸合作水平。助力会员企业爱心捐赠。疫情期间，14家会员企业进行爱心捐赠。其中，山东晨晖电子科技有限公司募集口罩、防护服、一次性手套等价值200万美元的防疫物资进行海外捐赠；山东巴夫巴夫食品科技有限公司为泰山职业技术学院捐赠消杀剂，并开展专业消杀。

【出证认证工作】 抗击疫情期间，泰安市贸促会秉承“责任”和“担当”理念与企业同心同向同行，发挥贸促工作优势，加大法律服务力度，根据疫情情况，调整服务方式和理念，推出服务企业“四不两快”（企业办理不可抗力事实性证明“不见面”“不跑路”、办理出证认证“不收费”、商事法律服务“不间断”，法律业务政策咨询“反馈快”、助力抗击疫情“响应快”）工作法，开通绿色渠道，提高服务效能。年内，签发涉及100个国家的一般原产地证3022份，优惠原产地证329份，商事证明书477份，使馆认证165份。根据企业需求，及时出具不可抗力相关证明，帮助企业有效应对因疫情无法如期履行或不能履行国际贸易合同的违约情况。接到不可抗力事实性证明咨询电话106次，出具不可抗力事实性证明书10份，涉及合同金额5.6亿元，维护企业合法权益。

【2020（北京）泰安会展合作交流暨项目推介·云上推介会】 11月26日，通过线上线下相结合的方式举办。推介会由泰安市人民政府主办，泰安市贸促会承办，保利国际展览有限公司协办。推介会以“共享新经济时代、共谋新泰安会展、共建新会展名城”为主题，国内外700家会展企业、有关商协会通过线上方式参会，中国粮油学会、保利国际展览有限公司、法兰克福展览集团、中外会展杂志社等20家会展公司、行业协会、专业媒体负责人现场参会交流。

【与“疫”而战，逆行向上——“疫情下的外贸及国际会展之路”线上公益培训会】 3月26日，由泰安市贸促会联合山东5地市贸促会联合举办，山东云速会展有限公司承办。培训会开通钉钉和小鹅通2个在线直播平台，聊城、临沂、潍坊、东营等地市的外贸企业和相关部门近800人在线观看学习，泰安市126家外贸企业161人参加培训。培训会上，山东云速会展有限公司董事长、CEO郁万玲围绕“外贸整合营销应对全球疫情蔓延”主题，从海外疫情对中国外贸出口的影响以及每个地市的代表性产业入手，大数据分析国际市场和海外买家的实际采买情况，与企业直面探讨疫情下的外贸何去何从。会展事业部总经理就海外会展的选择，从国际会展该做哪些工作和规划进行讲解和分析，活动最后还进行现场交流互动等。该次培训会是在新冠肺炎疫情下，山东省6地市贸促会创新工作思路和培训方式的一项举措，是首次共同服务外贸企业的一次成功尝试。

【2020跨境电商线上培训（山东专场）】 5月28日，由山东省贸促会、泰安市贸促会（中国贸促会山东泰安培训基地）联合中国贸促会信息中心共同举办。全国近700家企业及贸促系统工作人员，共计800余人参加培训。培训由山东省贸促会贸投部部长主持，以“科学备展首次线上广交会，协助企业通过跨境电商方式拓展国际市场”为主题，邀请专家分别围绕“如何备展首次线上广交会”“跨境电商的选品与店铺运营技巧”“工业企业跨境电商出口的方法及实施逻辑”3个课题进行授课。

【“新机遇、新营销、新场景”线上展会跨境直播培训】 7月17日，市贸促会联合会员企业阿里巴巴跨境电商（泰安）服务中心开展“新机遇、新营销、新场景”线上展会跨境直播培训活动，邀请专业讲师为50家外贸企业从如何快速获客角度，全方位讲解直播流程，以及如何做直播引流、精准曝光、快速转换目标客户，清晰传递外贸直播的全链路流程，提升泰安外贸企业线上营销能力。

【“助企发展”公益普法大讲堂】 7月22日，在泰安市举办。活动由泰安市贸促会联合山东岱青律师事务所共同举办，山东宝来利来生物工程股份有限公司等20家泰安市贸促会会员企业代表参会。岱青律师事务所律师以“买卖合同签订注意事项”为主题，围绕合同形式、合同主体、违约责任等常见的法律问题，采用真实案例与理论实际相结合的方式进行详细讲解，为企业提供专业法律指导。部分企业代表针对公司自身法律问题与授课老师进行交流互动。

【“携手阿里 跨境启航”专场推介会】 8月18日，在泰安举办。活动由泰安市贸促会联合阿里巴巴跨境电商（泰安）服务中心共同举办。全市近百家企业、百余人参加会议。推介会邀请阿里巴巴国际站运营专家等3位行业代表分别围绕“金品王牌班之流量篇”“中灿外贸从0到N的崛起”“泰安跨境服务体系”3个课题进行授课。该次推介会是泰安市贸促会全面贯彻落实中央和省、市关于“稳外贸稳外资”相关部署，应对疫情冲击，针对泰安市外贸企业难点和痛点而策划的一次全新尝试。阿里巴巴跨境电商平台可为外贸企业提供建站、发品、营销、物流、金融、人才培训等服务，帮助企业实现跨境电商出口。

【“公益普法暨企业再造与顶层设计”私董会】 9月14日，市贸促会联合岱青律师事务所、硅谷兄弟泰安分公司举办“公益普法暨企业再造与顶层设计”私董会，普及法律知识和企业管理问题。活动邀请山东岱青律师事务所律师为参会人员讲解“与公司密切相关的法律知识”，邀请硅谷兄弟（中国）企业管理咨询有限公司人员为企业讲授“企业再造与顶层设计”课程。

【企业节税与风险管控培训】 10月22日，市贸促会联合山东扁鹊财院和锐眸（泰安）企业管理咨询有限公司为近40家会员企业举办企业节税与风险管控培训。培训内容包括企业如何进行税务风险管理、控制税务风险、提升税务价值，以及企业纳税筹划和防范降低纳税筹划风险与企业自查等相关知识，使企业负责人系统掌握企业节税及风险管控等财税方面的专业知识。

【2020年中欧班列推介及“一带一路”韩国、印尼市场开拓培训会】 11月17日，通过线上方式举办。会议由中国贸促会信息中心和山东省贸促会主办，泰安市贸促会（中国贸促会山东泰安培训基地）承办。山东省有关企业及贸促系统工作人员共计400人参加培训。培训由山东省贸促会贸投部部长主持，活动特别邀请北京市盈科律师事务所高级合伙人（盈科韩国分所负责人）、华夏幸福国际印度尼西亚区域负责人和广州市傲航国际货运代理总公司山东分公司铁路产品运营总监3位专家分别围绕“韩国经贸投资环境及涉韩经贸纠纷防范”“印尼投资环境及中资企业注意事项”“一带一路上的国际贸易——中欧班列介绍”3个主题授课。（韩合东）

粮食物资流通

【粮食安全】 落实粮食安全责任制，完成省考核27项粮食安全责任考核工作任务，在考核中获优秀等次，名列全省第4名。自实施粮食安全责任考核以后，泰安市均为优秀等级并位居前列。泰安市在全省落实粮食安全责任工作视频会议上作典型发言。国家粮食安全省长责任制考核工作组简报刊发泰安市抓粮食安全工作经验做法，市发展改革委被评为全国粮食和物资储备系统抗击新冠疫情先进集体。

2月15日，超市选购员核对网上顾客下单的商品，逐一进行选购

（赵文文 供）

【夏粮收购】 召开全市夏粮收购工作电视会议，印发《关于切实做好2020年夏粮收购工作的通知》。腾空仓容量42.16万吨，配备机械通风、微机测温和环流熏蒸3项科学储粮新技术。加强对夏粮市场价格的跟踪监测，做好按规定程序启动小麦最低收购价执行预案，支持、鼓励、引导和规范具有资质的各类市场主体积极入市收购。强化夏粮收购监督检查，印发《2020年全市夏粮收购监管实施方案》，对夏粮收购政策执行情况进行巡回检查。

【粮油优惠政策】 落实储备粮油补贴政策和信贷资金政策，其中落实粮油储备补贴资金1226.35万元。强化财政专项资金的监管，做好财政资金的绩效评价。对2019年优质粮食工程4个项目进行绩效自评，指导项目单位做好验收，撰写上报《泰安市2019年“优质粮食工程”绩效评价自评报告》。

【储备粮油管理】 加强储备粮油管理，全面完成1.3万吨市级储备粮轮换任务。实施储粮智能化升级工程，地方储备粮全面实现信息化监管。推广应用科学储粮新技术，环流熏蒸、粮情检测、机械通风3项储粮新技术应用比例进一步提高。

【优质粮食工程】 推进“中国好粮油”示范县和示范企业建设，项目全部建设完成，并通过市、县验收。推进粮食安全监测体系建设，完成投资375万元，其中245万元招标购买仪器设备，130万元建设质检大楼，正式投入使用。

【粮油泰山论坛】 举办第三届中国粮油泰山论坛和全国粮油产销订货会，交易额达到18亿元，带动全市相关产业增加收入6000万元。

（刘明湖　李荣典）

电子商务

【概况】 实现网络零售额89.82亿元，增长9.6%，其中实现农村网零额31.81亿元，增长12.1%。全市电商企业达到3264家，网商店铺数量6.24万家，同比均有较大增长。有4个乡镇被阿里巴巴评为中国“淘宝镇”，11个村被评为中国“淘宝村”。肥城市入选“全国电子商务进农村综合示范县”。

【电商扶贫】 制定《2020年全市电商扶贫工作方案》，从专项资金中拨出200万元用于精准扶贫，推进完成服务站点建设、农产品上行、品牌培育、促进就业等扶贫项目26个，举办线上线下电商扶贫培训48期，培训人员1450人次，吸纳贫困人员就业上千人。岱岳区乐惠农业配套投资300万元，建设扶贫果蔬大棚、社区实体店，提升电商平台功能和物流配送体系，覆盖8个贫困村、带动70户贫困户增收。绿地头公司建设5处乡镇服务网点，搭建“农产品进城”网销物流平台，带动200户贫困户增收。新泰市佳禾公司藜麦扶贫项目被央视网报道。宁阳玉女湖煎饼、诚昱农场、老韩头鞋业等带动贫困村、户融入电商产业，60人增收。东平水泊食品公司与10余个村签订收购合同，覆盖贫困户110户。开展全市电商扶贫项目督导检查、跟踪问效工作，对自2016年以后实施的89个电商扶贫项目进行全面检查，并对存在的问题督导整改，确保扶贫资金合法合规使用。

【电商物流】 完善农村物流配送体系建设，联合市邮政管理局出台《关于开展电子商务与快递物流协同发展进农村试点工作的意见》，实施“互联网＋流通”行动计划，健全县、乡、村快递物流体系，推动电子商务与快递物流深度融合、协同发展，建立“电子商务＋仓配一体化＋共同配送”高效运行的新模式，在肥城市开展试点工作。

（和沐雯）

12月30日，泰安市首届网红直播大赛颁奖典礼举办　（和沐雯　供）

特殊行业管理

【概况】 完成2020年度特殊行业监管、全市拍卖行业年审工作，加强报废汽车管理、再生资源管理、成品油流通监管、散装水泥管理等工作。在拍卖、年审、直销行业开展非法集资风险排查活动，均未发现违法现象。

【拍卖企业经营】 拍卖行业稳步发展，完成泰安市新设立拍卖企业的报批工作和2020年度全市拍卖行的年审工作。全市有拍卖企业23家，全年举办拍卖会251场，拍卖总成交额8.59亿元，获取佣金1022.95万元；全市拍卖企业从业人员151人，其中拍卖师38人。开展拍卖行业非法集资风险排查活动，未发现非法集资现象。

【报废汽车回收管理】 印发《泰安市报废机动车回收拆解行业专项整治工作实施方案》，开展报废机动车回收拆解行业专项整治工作。整治活动期间，印发张贴通告200份，出动执法车辆30辆次、机械设备24台次，人员110人次，扣押废旧轮胎、轮毂、零部件8车，清理拆车市场业主60户。

【成品油流通监管】 承担市成品油监管领导小组牵头单位的职责，印发《成品油市场监管重点整治任务分工》等一系列制度措施，强化成品油市场流通监督管理，构建成品油监管长效机制。严厉打击“自流黑”，开展成品油市场专项整治行动，全市累计取缔查封黑加油站性质站点27处，拆除自备罐装置设施109个，查处流动加油车23辆。泰安市相关经验做法被中央环保督察第七督战队予以肯定并发文推广。

【散装水泥管理】 全年完成散装水泥推广量621万吨，比上年增加近80万吨，超额完成计划；水泥散装率71%，高于全省平均水平。全年节约包装、水泥损失等折合标准煤14.2万吨，减少粉尘排放6.2万吨、二氧化碳排放37.1万吨、二氧化硫排放1210吨，仅节能一项实现综合经济效益2.77亿元。在全国散装水泥发展年会上，泰安市有6家企业被评为“全国预拌砂浆绿色产业先进企业”，居全省各市之首。泰安市做好散装水泥宣传工作的做法在全省推广。 （和沐雯）

现代物流业

【概况】 泰安市现代物流产业专班克服疫情影响，突出现代物流业插旗项目工作重点，创新举措，较好地完成各项工作。年末，全市规模以上现代物流企业65家，实现营业收入43.1亿元。

【现代物流业插旗项目】 印发《泰安市商务局现代物流业插旗项目包保工作方案》，对现代物流业插旗项目提出包保时间、具体包保人员、明确包保要求、强化包保责任，市商务局领导班子每人包保一个项目，及时调度、解决插旗项目建设过程中遇到的困难和问题，确保完成插旗项目年度目标。至年末，10个插旗项目完成年度投资任务。

【银企对接】 为解决部分企业和在建项目因新冠肺炎疫情出现的缺乏启动资金、经营资金运转困难、流动性资金不足等问题，3月11日，举办银企对接会，组织泰安银行、泰山农商银行、农业银行泰安分行、光大银行泰安分行等10家金融机构和泰安嘉和物流、中国物流等18家企业参加对接会，达成贷款金额4.09亿元，促进企业复工复产。

【新签约物流项目】 6月18日，与山东港口集团签署战略合作协议，加快海公铁水多式联运、港产城一体化融合，泰山内陆港正式运营。7月17日，招引青岛山东供塑供应链科技有限公司塑化产合物流基地项目落户岱岳区，以此为依托，建设塑化产业综合物流基地暨互联网服务平台项目。 （和沐雯）

供销合作

【概况】 市供销社连续5年保持“省级文明单位”称号，被评选为2020年喀什地区协作扶贫先进单位，是山东省唯一一个获奖后方协作单位。

【粮食生产“十统一”社会化服务】 市供销社将粮食生产“十统一”［统一机收、统一秸秆还田、统一深耕（松）、统一旋耕、统一供种、统一播种、统一施肥、统一镇压、统一病虫防治、统一保险］作为服务党委中心工作，完善以县级农业服务公司为服务龙头、以乡镇为农服务中心为综合平台、以土地托管服务为主要形式的供销社为农服务体系，强化智能配肥、粮食烘干、冷藏储存、农资供应、农机作业等服务功能。县级供销社农业服务公司实现全覆盖，建设集智能配肥、农资直供、农机服务、烘干仓储（或冷藏加工）、统防统治、农民培训、综合服务窗口于一体为农服务中心47处，自购智能配肥机、粮食烘干塔、植保飞机以及各类大型农机1000台（套），整合社会大型农机装备2000台（套），年均开展土地托管服务面积近6.67万公顷（100万亩）次。全市系统开展智能配肥、精准施肥、统防统治、深耕深松、机收机播、秸秆还田等“十统一”服务12.13万公顷（182万亩）次。肥城市供销社投资1300万元建设的汶阳田农高区为农服务中心，集高端农机装备和先进信息技术于一体，被确定为肥城市粮食生产“十统一”总平台。

【创新探索市场援疆模式】 市供销社发挥农产品流通服务优势，成立泰供农产品销售公司，搭建起门店经营、电子商务、冷藏储存、物流配送“四位一体”的覆盖泰安、辐射周边的援疆农产品销售服务网络，打造“供销援疆·喀什好味道”援疆农产品销售品牌，省供销社在全省供销社系统推广泰安的做法。创新探索的“1+1+N”（搭建一个平台，健全一个网络，丰富多种营销手段）市场援疆模式在《中华合作时报》头版头条报道。至年底，“喀什好味道”累计发展实体店10家、大型商超店中店4家、社区授权店36家、援疆农产品物流仓储中心1处，累计销售新疆特色农产品2100吨、货值2500万元，助力喀什地区4000户农民群众增收。

【联合合作】 9月9日，省供销社与东平县政府签订战略合作协议，双方在土地托管、“三农”人才培养、智慧农业、特色产业项目等方面开展全方位、深层次战略合作。省供销社、市供销社、东平县政府共同组建省供销社控股的现代农业服务公司，推广“支部领办＋土地入股＋整建制托管＋农业保险＋保底分红”“五位一体”的土地股份合作托管模式，在试点的沙河站镇65个村全部组建村党组织领办的土地股份合作社，将农户入股土地整建制委托合资公司托管，建起小农户与大市场的利益联结机制，有效服务泰安市现代农业与乡村振兴。至年底，有20个村组建土地股份合作社，首期试点入股土地236.67公顷（3550亩）交由供销社开展全环节托管服务。同时，对其他45个村的3233.33公顷（4.85万亩）土地实施“菜单式”托管。

5月13日，飞防植保无人机准备作业　（宁娟　摄）

【构建农村流通“一张网”】 采取建基地、育主体、强设施、补“线上”等措施，加快布局从生产基地、加工储藏、物流配送到终端销售的田间到餐桌的农产品流通全产业链，解决农产品销售难问题。培育特色种养基地17个、冷链仓储及配送基地4处、中央厨房2家，其中总投资1.6亿元、占地4.33公顷（65亩）、建设面积3.77万平方米的肥城泰山新合作物流配送中心暨中央厨房项目年内试营业。改造提升县级配送中心、乡镇直营店、农村综合服务社三级连锁经营网络，构建上下贯通、物畅其流的农村现代流通“一张网”。至年底，有县级配送中心9处、乡镇商超76家、村级综合服务社1543家，县级电商运营中心5个。成立全省系统首家农产品产销协会——泰安市农产品产销行业协会暨泰安市农产品产销联盟，在拓展泰安特色农产品销售渠道方面发挥积极作用，泰安市农产品生产、流通、服务等领域的75家优秀企业、农民合作社成为首批会员。

【村社共建融合发展】 抢抓全市村集体经济“跨五跃十”（2020年年底前，基本消除集体经济收入5万元以下的村，收入10万元以上的村比2019年增加300个左右，达到总村数的70%以上）行动机遇，提升村社共建融合水平。全市供销社系统66家社有企业或基层社与420个行政村开展合作共建，组建联合党支部56个，实施干部兼职127人，共建特色产业项目600个。对接助力帮扶全市61个乡镇175个村的1691户3184名贫困群众脱贫，在全市25个省扶贫工作重点村延伸流通服务网点，方便群众生产生活，帮助群众节支增收。

【基层组织体系】 落实省委组织部、省供销社等关于村党组织领办合作社的工作要求，发展土地股份合作社28家，分别新增国家级示范社2家、省级7家、市级10家。新改造提升基层社12家，新增总社基层社标杆社4家，组建村级供销社23家。新泰市供销社再次被评为全国百强县级社。 （王　昆）

9月14日，省烟草专卖局（公司）办公室党支部联合市烟草专卖局（公司）机关党支部、泰山区烟草专卖局（营销部）党支部开展支部共建活动，帮扶残疾人零售客户 （张　萍　摄）

烟草专卖

【概况】 泰安市烟草专卖局（公司）辖泰山、岱岳、新泰、肥城、宁阳、东平6个县级烟草专卖局（营销部）、卷烟物流配送中心和泰安泰山壹伍叁贰物联商贸有限公司，服务卷烟零售户1.9万户。年内，全市共销售卷烟15.23万箱，单箱销售额2.5万元；实现税金6.59亿元，增加467万元。

【卷烟营销】 统筹推进精育品牌、精耕市场、精细服务，鲁产烟销量增长3400箱，增量占比排名全省第一位。与泰山景区、山东中烟签订《泰山旅游市场开发战略合作协议》，开发旅游市场，推进文明吸烟环境建设，实现多方共赢。开发微信小程序商城，发展消费者会员18.5万人，交易金额近百万元，提升零售户盈利水平。推动零售终端提质升级，标准店以上城镇提升面达到85%，农村达到72%。

【专卖管理】 由市委政法委牵头，相关职能部门密切配合，开展“齐鲁利剑”（2020）专项行动。全年查获案件3401起，查扣卷烟1570万支，案值973万元；拘留39人，逮捕11人，判刑25人；破获国标网络案件4起。搭建智能执法监督平台，规范执法行为。落实“放管服”改革要求，研发并运用许可证办理App，实现许可办理“零跑腿”，最快可“当天申请、当天核查、当天许可”。

【企业管理】 深化全员、全过程、全方位精益管理，发布QC成果37项，获市质协一等奖4项，获省局(公司）一等奖、三等奖各1项，两项QC成果在行业发布会获一等奖、二等奖各1项。建立“泰精益”管理创新平台，实现创新知识、成果和人才“线上”共享，在行业现场会上展示。持续推进流程建设，在3个领域分获省级十佳流程，在全省系统督导考核中排名全省前列。

【履行社会责任】 参加“到一线、肩并肩、战疫情”专项行动，组织党员志愿者分批到单位办公场所和“双报到”社区开展联防联控工作，累计值守584人次，捐款17.66万元。结合派驻“第一书记”“万名干部下基层”等帮扶工作，参与城乡共建，投入30万元资金用于新农村基础设施建设。参与文明城市创建，组织志愿服务活动，累计开展交通执勤159次，被评为“文明城市创建先进集体”。 （范盛有）

丝　绸

【概况】 全市桑蚕业以基地建设、大户培育、设施改造、新技术推广为突破口，以提高单产、助农增收为切入点，精心组织，统筹安排，突出重点，狠抓落实，完成全年各项工作任务。全市有桑园面积1383公顷，生产收购鲜茧2535吨，全年蚕茧收购均价每千克41.61元，蚕农茧款收入1.05亿元，成龄桑园亩桑产茧平均收入5086元，户均收入1.13万元。

【典型培育】 针对劳动力短缺和蚕农老龄化趋势，重点突出“省力化、高效益”这个核心，推广机械化和轻简化系列技术和设施，重视先进典型的树立和挖掘，鼓励并指导蚕农把桑园和土地向养蚕大户、重点户流转，着重培育1公顷以上、年收入10万元以上的养蚕大户，以典型示范引导蚕农进行高效省力化生产，走专业大户、专业村的发展路子，实现规模经营和集约经营。

【抗冻救灾】 春季气温异常，桑园遭受两次严重的晚霜冻害。4月3日，80%以上桑园受冻，桑芽冻死；4月23—24日，桑园复发芽后又遭受全面更为严重的冻害，凌晨桑园内实测气温低至−5.5℃，桑树新梢和二次新发的桑芽全部冻死干枯，受害桑园面积达98%以上且参差不齐。冻害发生后，各地组织乡镇蚕茧站迅速摸清受灾情况，发动蚕农进行抗灾自救，印发具体的抗灾技术指导意见，对冻害桑园采取剪枝、施肥、浇水和划锄措施。针对各乡镇、村、户桑园冻害的不同程度，因地制宜调整养蚕时间与批次，考虑到各地“飞防”的要求，动员蚕农适当退养蚕种，退养比例20%～80%不等，少养蚕种5000张以上。合理做好户、村及乡镇之间桑叶的调剂，推广使用蚕用营养饲料，最大限度降低蚕农损失。

【科技推广】 丝绸公司以服务“三农”、实现蚕农增产增收为目标，组织实施“蚕业科技下乡”活动、“蚕桑科技入户”工程，通过各种形式对蚕农开展技术培训。各乡镇蚕茧站技术员针对桑蚕季节性强的特点，实行集中培训与田间、农户、大棚现场指导的办法，向蚕农传授桑蚕科技知识，提高蚕农的劳动技能和生产技术水平。

【增产增效】 全年应用抗血液型脓病家蚕新品种“华康3号”，蚕体健壮无病，蚕茧稳产高产，尤其夏蚕气候适宜，喜获丰收，除中毒的乡镇外，5个蚕茧站张产在40千克以上，其中3个蚕茧站超过45千克，产量最高的蚕茧站达到48千克，过百斤村、户较多，桑蚕生产普遍取得丰产丰收，产量质量创同期历史上最好水平。各公司从促进蚕农增收、保护蚕农生产积极性、稳定桑资源的角度出发，通过内部节能降耗、节本挖潜，尽最大努力提高蚕茧收购价格，全年收购均价每千克41.61元，均高于全国各主产区收购价，实现增产增效。

（王荣凤）

石油天然气

【天然气供应】 编制“压非保民应急预案”，做到保民生、保公用、保重点，完成省政府下达泰安市的650万立方米政府储气能力建设任务。协调推进中俄东线天然气管道、山东环网西干线泰安段的建设工作。争取“冷冬”期间天然气供应指标，输入管道天然气量累计达6.84亿立方米，保障群众温暖过冬。

（朱建华）

【中国石化山东泰山石油股份有限公司】 简称泰山石油，秉承“诚信、规范、标准、安全、环保、绿色”发展理念，坚持“一手抓疫情防控、一手抓稳定经营”，以“百日攻坚”“持续攻坚”创效行动、“服务窗口管理服务提升”活动和“提升服务，为美好生活加油”服务竞赛为抓手，持续提升客户满意度和品牌认同感。全市在营加油（气）站170座、油库1座，年吞吐量70万吨，总存储量5万立方米。年末，公司实现成品油销售36万吨，其中零售26.25万吨、直分销9.75万吨。

【社会服务】 落实地方政府防疫工作要求，基层党组织成立突击队7个，进社区值守。落实“油品不断供、商品不涨价、服务不打烊”服务承诺，发挥网络优势，全力保障疫情防控用油。推广“一键加油”“免下车服务”，打造放心消费环境。响应泰安市“减少VOCs排放，守护一片蓝天”错峰加油活动，践行“绿水青山就是金山银山”发展理念，开展夜间营销活动，引导公众夜间错峰加油，进一步减少挥发有机物的产生，保护环境。

【泰山石油市场经营】 抓实精准营销，多元经营增效，深挖终端客户油品需求潜力，推进“石化油你”数字营销。发挥电子钱包优势，开展社区营销、夜间错峰、92号客户回流、新站开业等一系列差异化营销活动，“持卡＋钱包”综合占比提升至54%。选择32座骨干站打造“司机之家”，满足货车司机多样化服务需求，全力打造司机的生活驿站，从细节服务上提升客户满意度。抓住复工复产时机，综合运用差异化营销策略，“一户一策”做好终端客户开发，增强客户消费黏性和品牌忠诚度。探索跨界合作，与中国铁塔、中国邮政等签署战略合作协议，加入政府“慧游泰山”智能平台。配合政府开展成品油市场整顿，改善市场环境。统筹线上线下，实现门店增收，利用网点优势，开发生鲜配送业务，结合赖茅内购、酒饮节活动开展线上直播，联合泰安移动、海信电器、华为驻泰安办事处、三源家电等开展合作。加快数字化建设，推广电子钱包，提高客户服务体验，全年注册电子钱包客户22.49万名，18座加油站开通“一键到车”业务。

【泰山石油企业管理】 坚持不懈抓安全，夯实风险防控底线。秉承绿色环保发展理念，贯彻“奉献清洁能源、践行绿色发展”要求，推动“绿企创建”，2020年泰山石油被授予“泰安市绿色发展示范企业”等称号，通过集团公司绿色企业现场验收。加强风险防控与隐患治理，彻底整治“低、老、坏”问题，提升安全管理水平。严控全过程数质量风险，数质量工作实现零事故，各级部门油气质量抽检100%合格，泰山石油宁阳公司被评为“2020年山东省放心消费示范单位”。举办公众开放日“云开放”泰安站活动，通过网络形式全面展示企业发展、管理和一流服务，彰显企业形象。强化企地合作，与东平县政府建立合作关系，依托合资公司开展成品油零售及LNG加气站销售。至年底，建设加油站3座，落实宁阳油库闲置土地置换3宗加油站事宜，对新泰油库土地置换项目进行初步洽谈。

（高　玲）

会展业

【概况】 推动全市会展业复工复产。年内，面对新冠肺炎疫情暴发并蔓延的严峻形势，主动协调有关部门，采取系列应对措施，科学制定会展活动疫情应急预案，印发《关于加强会展活动新冠肺炎疫情常态化防控工作的通告》，泰安市会展业在全国全省率先有序启动复工复产，相继举办2020中国（泰山）国际矿业装备与技术展览会、2020山东（泰安）应急装备展览会暨应急产业发展论坛、第十六届泰山苗木花卉交易会、第十五届全国粮油产销企业订货会等展会活动，全年举办会展活动128场，其中大型展览活动30场，展览面积34.8万平方米，规模以上会议、论坛等活动98场。发挥会展扶持资金的杠杆作用。帮助市内会展单位度过疫情难关，主动联系对接有关部门单位，通过网络上报会展活动申报材料，加快申报资料的搜集、整理和审核进度，对30个会展项目给予295万元资金扶持，减轻疫情对全市会展业发展影响。探索培育展览新业态。探索举办线上展览活动，策划实施中国泰山艺术品博览会线上展、2020中国泰山农机线上博览会，搭建产品展示、直播互动、贸易洽谈、线上交易四位一体的展销平台。探索举办线上推介活动，举办2020（北京）泰安会展合作交流暨项目推介·云上推介会，以“共享新经济时代、共谋新泰安会展、共建新会展名城”为主题，通过线上线下相结合的方式，国内外700家会展企业、有关商协会线上参会，中国粮油学会、保利国际展览公司、法兰克福展览集团、中外会展杂志社等20家会展机构现场参会，达成部分合作意向。加大会展招引和培育力度。加强与中国粮油学会、中国煤炭工业协会、保利国际会展公司、米奥兰特会展公司等国内外商协会、会展公司合作，推介泰安会展环境及优惠政策，策划举办展会活动。连续举办3届中国粮油泰山论坛暨全国粮油产销企业订货会，参展人数、经销商数量均破万。与保利国际会展公司达成联手打造泰山国际特种车辆装备展览会的合作意向。策划泰山教育装备新技术新产品展览会、泰山（肥城）国际有机农产品博览会、泰山国际农业机械博览会等。

【2020中国（泰山）国际矿业装备与技术展览会】 泰安市加强与各主承办单位联系对接，做好合作办展的前期准备工作。按照商务部要求，全国第一家完成矿业类展会报备工作。8月31日至9月2日，在泰山国际会展中心举办。该展会由中国煤炭机械工业协会主办，泰安市人民政府、山东省贸促会、山东省能源局、山东能源集团、山东科技大学联合承办，泰安市贸促会、山东智博会展有限公司执行承办。该展会是年内矿业装备行业的第一场线下会展活动，在展示大型设备数量、展览面积、参展商数量方面均列全国第一，在国内很多展会纷纷延期或取消的情况下，展会如期举办，充分彰显地方政府的担当和作为，展示泰安市统筹疫情防控与经济社会发展、实施“产业兴市”战略、实现全年各项经济发展任务目标的坚定信心。展会的主题是“智慧矿业聚集泰山、科技智造引领未来”，突出高新技术、绿色环保、节能减排、循环经济等最新科技成果在矿业装备制造及矿业管理领域的应用与推广，吸引全国25个省（市、自治区）的357家企业参展，包括山东科技大学、山东能源重装集团、徐工集团、中煤科工集团上海公司、兖矿东华重工集团、山东矿机集团、沈阳北方交通重工集团、

8月31日，2020中国（泰山）国际矿业装备与技术展览会举办。图为室外参展商品 （韩合东 供）

西山煤电集团、久益国际投资等业内知名大型企业，展会面积3万平方米，集中展示业内最新的9大类2000多个品种的矿业类技术装备，其中智能化产品占比达到80%以上。参观人数4万多人，签订意向合同金额19.53亿元。除现场展览展示以外，同期举办“煤炭行业暨煤矿智能化技术装备发展高峰论坛”，邀请中国科学院院士何满潮，中国工程院院士王国法、李术才，分别以《5GN00工法装备与5G通讯技术的融合——智能化矿井建设思考》《煤矿智能装备支撑煤矿智能化发展》《巷道全断面掘进机施工智能化控制》为题作主题报告。展览会期间还配套举办“企业家恳谈会暨山东科技大学煤炭装备科技创新联盟”成立启动仪式、山东省煤炭机械装备制造业10大科技成果发布会、煤矿设备检修服务（再制造）业高质量发展论坛、重点项目签约仪式以及山东能源重装集团技术产品交流发布会、山东能源临沂矿业集团演讲会、世界首台“黑金刚级”超高可靠性岩巷掘进机及智能化掘进系统报告会、伊金霍洛旗煤炭企业矿用设备产销对接会暨招商引资推介会等活动。

【第十六届泰山苗木花卉交易会】 10月17日，在泰山区邱家店镇泰山国际花木城举行开幕式。该交易会由泰安市人民政府、山东农业大学、山东省农业科学院主办，泰山区人民政府、泰安市林业局承办。会期3天。展会以“培育苗木花卉产业，推动乡村振兴战略”为主题，设计展位500个，有园林园艺、盆景、机械、经济苗木、室外综合、室外桂花6个展区，展区面积达2万平方米，吸引上海、广东、浙江、江苏、河北等20多个省（市、自治区）的500家园林、苗木企业参展参会，现场展出众多获奖盆景、优质苗木花卉、先进的园林机械和优美的园林景观。开幕式上同时进行苗木花卉行业、展商评选授牌活动，对经过评选产生的获奖企业、参展商及个人进行授牌。展会期间还举行2020山东（泰安）互联网＋园林行业交流会、2020中国园林产业高质量发展高峰论坛暨2019年度全国城市园林绿化企业50强颁奖盛典。

【第三届中国粮油泰山论坛暨第十五届全国粮油产销企业订货会】 8月20—23日，在泰山国际会展中心举办。该展会由中国粮油学会指导，中国粮油学会粮油营销技术分会主办，泰安市人民政府、中国粮油发展网、易口粮粮油产销服务平台承办，中国粮油学会面条制品分会、中国粮油学会油脂分会、中国粮油学会发酵面食分会支持，泰安市粮食局、中和坤谷粮油科技（北京）有限公司、泰安市泰山国际会展中心管理有限公司执行举办。作为全国规模最大、影响最广、效果最佳的订货会之一，全国粮油产销企业订货会已在泰安市举办3届。该届展会展览面积超过2.5万平方米，多家知名企业参展，参展产品达1000种。该展会以“最前沿技术分享、粮油市场形势分析、产业发展政策解读、宏观经济形势研讨”为主题内容，邀请专家教授以及相关职能部门的领导和知名企业家深入解读全国粮食产业发展现状及发展趋势，介绍最前沿的粮食加工新技术新工艺等。

【第三届“泰山论灸”高端论坛暨第二届泰山大健康产业博览会】 10月21—26日，在泰安市泰山医养中心（泰安市中心医院碧霞湖院区）、泰安银座佳悦酒店同时开幕。该博览会由中国针灸学会、山东省科协、泰安市人民政府、山东中医药大学主办，山东针灸学会、泰安市科学技术协会、泰安市养生保健康复学会承办，泰安市中心医院、泰安市中医医院、泰安市泰山医养中心协办。作为第三十四届泰山国际登山节科技板块主题活动，该论坛及博览会融合医疗卫生、健康保健、中医养生、智慧医疗、健康食品、理疗康复、大型义诊、太极拳大赛等内容，采取“论坛＋展览”的模式，3场平行论坛分别以“大健康产业贸易与开放”“大健康产业贸易与创新”“大健康产业贸易与投资”为议题。除艾灸、医疗新成就、院长论坛等主论坛外，另策划举办40场分论坛。博览会通过招商引资、高端展示、消费购物、文化交流、健康互动等形式，培育本土健康养生品牌，整合健康养生品牌，倡导健康养生文化。该博览会有参展商300家，集中展示500款大健康、养生消费产品及终端服务项目。开辟“扶贫工作展区”“第一书记展区”，集中展示泰安市5年间的扶贫工作成果。在“脱贫攻坚”论坛上，省级扶贫龙头企业以及优秀第一书记代表分享扶贫工作经验，交流工作心得，谋划巩固脱贫攻坚成果方略。该届博览会活动内容丰富，进一步融合科技创新、健康旅游、养生保健、医养结合和道地中药等内容，多方位、多角度展示泰安市大健康产业发展成效、扶贫攻坚成果和抗疫成就。

【2020“渝货进山东”消费扶贫暨巫溪特色农产品展销会】 11月6—8日，在泰山国际会展中心举办。该展销会由泰安市和巫溪县人民政府主办，泰安市商务局、巫溪县商务委、巫溪县市场监督管理局、巫溪县供销社承办，在决战脱贫攻坚、决胜全面小康的收官之年举办该展销会，旨在落实中央和山东省委、省政府及重庆市委、市政府关于东西部扶贫协作工作部署，加强鲁渝消费扶贫协作，推进农特产品产销对接，提高巫溪农产品知名度，拓展销售市场，促进贫困户脱贫增收。展销会上，巫溪县20余家企业展出生鲜果蔬、休闲食品、茶类饮品、风味腌制品、手工艺品等巫溪特色产品。

【2020中国泰山农机线上博览会暨山东省秋季农机化作业现场演示会】 9月10日开幕。该届博览会由泰安市人民政府、山东省农业农村厅主办，泰安市农业机械发展中心、岱岳区人民政府承办，被列入第三十四届泰山国际登山节系列经贸活动。该届博览会以“服务‘六稳’‘六保’、推动转型升级”为主题，采用线上展览交易、线下实战观摩的方式进行，全面展示农机装备水平、技术创新成果，推动泰安加快农机化科技创新。260家农机企业、2000台大型、智能、高端农机装备产品，全面展现国内乃至世界农机发展水平。参展企业通过平台图片、视频、直播等功能，多维度展示机具性能，全方位呈现海量农机新品。线上展厅支撑上百万洽谈室24小时在线洽谈，70%在线观众通过手机客户端扫码快速进入网站，产品信息精准高效地在需求方面前呈现。26个共建“一带一路”沿线国家，150家海外采购商，2万名国内专业观众，通过智能导购、云端洽谈、直播互动等把握价格行情、获取行业资讯、实现商贸交易，单日交易额6000万元。疫情防控常态化形势下网上展会开辟出农机装备业界交流、产品推广、品牌打造和合作交易的新渠道，实现展会在场不到场、空场不冷场、离场不散场，打造推动泰安经济高质量发展的新模式。

【2020山东（泰安）应急装备展览会暨应急产业发展论坛】 10月28—30日，在泰山国际会展中心举办。该届展会由泰安市人民政府和省应急管理厅、省工业和信息化厅、省商务厅共同主办，泰安日报社（泰安传媒集团）与市应急管理局组织承办。该展会是山东省举办的第一届应急领域综合性展览会，以“智慧应急、护佑生命”为主题，设开幕式、应急装备展览展示、应急产

11月6日，2020“渝货进山东”消费扶贫暨巫溪特色农产品展销会举办
（郑旭光　供）

12月25日，2020中国泰山艺术品博览会举办　　（郑旭光　供）

业发展（泰山）论坛及主题研讨会、应急产业项目推介4项内容。参展企业400家、展位800多个，邀请业内精英1000人，展览面积3万平方米。展会设置智慧救援、专业化救援、应急通信、劳动防护用品、医疗救护装备、大型救援装备、科普体验七大展区，展品涵盖人工智能技术、应急信息化平台、应急通信、消防救援、地震和地质灾害救援、危险化学品救援等十大类、数千个品种，邀请参展企业及观摩人员达1.5万人次，物流、搭建、食宿、旅游等项目为泰安市带来直接经济收入9000多万元。展会期间，现场及意向成交额约16亿元，实现产业发展与理念更新共促、社会效益和经济效益并举，打造出山东应急的金字招牌。该届展会筹备时间紧、任务重，创造出国内同类型展会准备时间最短、规模最大的纪录。同期举办应急产业发展（泰山）论坛及主题研讨会、城市安全发展研讨会、化工园区安全精细化管理研讨会等。展会还特别设有应急产业项目推介会环节，相关参展企业可进行项目推介，精准聚焦应急产业领域，凝聚产业力量。

【2020中国泰山艺术品博览会】 12月25日，在泰山国际会展中心开幕。该博览会由泰安日报社、泰安传媒集团、东营市琼玉生辉文化传播有限公司、山东平静文化创意有限公司联合主办，泰山国际会展中心、东营光辉画馆等8家机构承办。57位北派山水艺术中心画家的300幅精品巨幅山水画集中亮相。该次艺术博览会展出面积达1.5万平方米，活动设置北派山水展区、望岳展区、泰安市书法家协会展区、儿童书画展区4大主题艺术展区，同步开设进出口名优特色商品展，涵盖紫砂茶叶、红木家居、珠宝玉石等6大特色产品展示交易区。

（郑旭光）

编辑　校对　　刘　凯

旅游业

旅游管理与服务

【概况】 2020 年，全市接待国内外游客 5040.0 万人次，实现旅游总收入 482.1 亿元，分别恢复到上年同期的 61% 和 53.2%。泰安市被中国互联网新闻中心评为 2021 美丽中国首选旅游目的地，泰山国际登山节被评为中国最具特色旅游节庆。岱岳区里峪村、东西门村和肥城市五埠村成功入选全国乡村旅游重点村名录，岱岳区里峪村、岱岳区道朗镇东西门村、肥城市孙伯镇五埠村、新泰市掌平洼村入选全省乡村旅游重点村（精品旅游特色村）。岱岳区天颐湖休闲小镇、九女峰休闲度假小镇、肥城市潮泉生态康养小镇被评为山东省精品文旅小镇。泰安市建设国家级旅游服务综合标准化示范市的经验在全省推广。

【旅行社管理】 先后印发、转发《关于恢复旅行社及在线旅游企业部分经营活动的通知》《旅行社业疫情防控与复工复产指南》等文件，督促做好疫情防控工作。结合“双随机、一公开”检查、创城督导检查、“安全生产月”活动、假日联合督导等活动开展常态化检查。推动企业复工营业，4 月上旬，在新泰市长兴农业生态园召开“泰安市旅行社行业复工营业推进会议”，并组织各旅行社负责人实地踩线；7 月 6 日，组织市内重点旅行社参加文旅部“旅行社企业开展省域内旅游经营活动经验交流”电视电话会议，提振企业复工复产信心。开展质保金暂退工作，先后为全市 163 家旅行社办理提取业务，共计 1532 万元，缓解旅行社企业现金流的压力。加强线上线下监管，指导全市各旅行社签订《旅行社文明诚信安全生产承诺书》170 份，督促企业完善安全规章制度、加强文明诚信经营、做好安全培训。依托“全国旅游监管服务平台”的统计上报、信用管理、业务审批、安全管理模块，实现对旅行社的全时线上监管，泰安市各项模块覆盖率均居省内前列。

【旅游饭店管理】 印发《泰安市新冠肺炎疫情期间旅游住宿业防控工作指导手册》《泰安市旅游住宿业复工营业防疫工作指南》，开展“送政策、促复工”活动，发放“政策工具包”，指导企业合理申报各项政策，协助丽景广场酒店、铭座三泰宾馆、华泰大酒店减免房租 100 万元。做好宁阳复圣酒店四星级饭店申报、肥城一滕开元名都酒店五星级初评整改。3 家星级民宿通过山东省旅游饭店评定委员会专家组评定检查，其中“故乡的云”“八楼氧心谷”2 家民宿获评山东省首批五星级旅游民宿、“桃花海唐乡”获评山东省首批三星级旅游民宿。完成肥城宝盛大酒店、杞都宾馆等 8 家星级饭店复核工作。推荐企业参加第三届山东省旅游饭店行业职业技能竞赛，获二等奖 1 项、三等奖 3 项。指导督促全市各星级饭店、旅行社完成季报、月报和年报填报及审核工作。做好星级饭店、旅行社及文化经营场所复工情况的统计报送工作。

【旅游行业安全】 及时向文旅企业传达省、市有关疫情防控、假日旅游、开放管理和汛期安全生产工作等方面的要求，并督导落实，确保为游客提供放心、安心、舒心的游览环境。做好重要时间节点安全工作，在清明、“五一”、国庆等重要节假日前，发挥市旅游市场秩序综合整治领导小组办公室职能作用，联合市公安局、市交通运输局、市市场监管局、市城市管理局、市卫健委等部门成立“文旅市场秩序联合检查组”，督导检查旅行社、星级饭店、景区景点及文化娱乐场所。开展行业安全生产集中整治、安全生产专项整治三年行动和“安全生产月”活动，先后 15 次调度县（市、区）及相关单位，各级文旅主管部门先后派出检查组 153 个，

泰安市主要旅行社名录

表 15

旅行社名称	地　址	电　话
泰山中国国际旅行社有限责任公司	岱宗大街 210 号（泰山大酒店迎宾楼）	0538–8256538
泰安市泰山瀛泰国际旅行社有限公司	迎胜路 52 号（华泰大酒店南邻）	0538–6267158
泰安市海峡国际旅行社有限公司	新泰市青云街道办事处对面	0538–7226528
山东吉程国际旅行社有限公司	升平街 32 号（双龙池东南侧德克士二楼）	0538–5555001
泰安美景假日国际旅游有限公司	银座广场 A 座 1 单元 801 室	0538–8267128
泰安市众城国际旅行社有限公司	长城路北首圣地国际公寓 A 楼 2202 户	0538–8217088
泰安泰山天马旅行社	温泉路北段（旅游汽车公司北侧）	0538–8200033
泰安市泰山园林旅行社有限公司	火车站东中南财源门繁华里一号楼 2 单元 101 室	0538–8888613
泰安市泰山文化国际旅行社	岱庙南门广场西侧	0538–8215299
泰安市泰山新华旅行社有限公司	望岳东路 A 区 2 号营业房（泰山文化中心东侧）	0538–8205871
泰安泰山顺达国际旅行社有限公司	东岳大街 356 号（大润发对面）	0538–8236661
泰安市浪漫假期国际旅行社	万达广场 8 号楼 1716 号	0538–8299108
泰安市泰山明珠旅游有限公司泰山明珠旅行社	龙潭路 7–7 号（如家快捷酒店）	0538–8266885
泰安市华之旅旅行社有限公司	长城路北首圣地大厦 A 座 877 室	0538–8295329
山东风华国际旅行社有限公司	银座城市广场 3 号楼 1 单元 604 室	0538–8520789
泰安市泰山青年旅行社有限公司	东岳大街 147 号太平洋宾馆	0538–6308087
泰安市海天国际旅行社有限公司	东岳大街财富中心 1 单元 704 室	0538–8222704
泰安市泰山春秋国际旅行社有限公司	宝龙城市广场横店影视城	0538–8263817
泰安市泰山环球国际旅行社有限公司	银座广场 A2–2 楼	0538–8206368
泰安远东国际旅行社有限公司	火车站旅游咨询中心	0538–8782555

泰安市四星级以上酒店一览表

表 16

名　称	地　址	星　级	电　话
泰安东尊华美达大酒店	迎胜东路 16 号	五星级	0538–8368888
泰安市御座宾馆	岱庙北路 50 号	四星级	0538–8269999
泰安市正元名饮国际酒店	东岳大街西段	四星级	0538–8588999
丽景广场酒店	泰山广场东邻	四星级	0538–6986666
泰安市岱岳区美若山水酒店管理有限公司	泰安市岱岳区长城路北首路西（地矿大厦）	四星级	13854681599
泰安铭座三泰宾馆	泰安市岱岳区东岳大街 554 号	四星级	18615561217
肥城宝盛大酒店	肥城龙山路 20 号	四星级	0538–3237888

检查企业1185家次，发现并整改安全隐患118处，针对排查发现的安全隐患，建立整治台账，实现清单治理。开展生产经营单位分级分类监管工作，制定《泰安市旅行社安全生产等级评定标准》，将全市170家旅行社安全生产状态分为“绿色”“黄色”“红色”3个类别，至年底，等级评定工作基本完成。

【旅游市场监管】 制定《关于在文化旅游市场监管领域全面推行部门联合“双随机、一公开”监管工作的实施意见》，拟制抽查计划，实现全市文化旅游市场监管领域“双随机、一公开”监管工作常态化和全覆盖。第一、二季度发起部门内抽查全市15家旅行社、1家文物销售单位、4家文物保护工程施工资质单位，第三季度联合市公安局、市交通运输局、市市场监管局和市税务局等5部门发起46项任务，第四季度部门内“双随机”抽查工作发起24项任务。完成省政府“双随机、一公开”监管平台涉及泰安市的35项检查任务。在省工作平台上，文化旅游市场抽查事项计12项。其中，全市有监管对象的事项11项、没有监管对象的事项1项（网络游戏经营单位）。按照检查对象比例不少于5%的要求，全市旅行社175家，抽查41家，完成23%；星级饭店28家，抽查7家，完成25%；A级旅游景区64家，抽查10家，完成16%；文物拍卖、文物购销单位1家，抽查1家，完成100%；文物保护工程资质单位4家，抽查4家，完成100%；文博单位44家，抽查了8家，完成18%；娱乐场所经营单位84家，抽查15家，完成18%；艺术品经营单位10家，抽查2家，完成20%；互联网文化经营单位8家，抽查2家，完成25%；营业性演出单位12家，抽查5家，完成42%；互联网上网服务营业场所194家，抽查31家，完成16%。抽查工作方案和检查结果情况通报均在局网站、省监管平台发布公示。做好市文旅局监管事项认领工作，认领文旅部、省文旅厅、省新闻出版局、省电影局、省版权局、省广播电视局等上级部门监管事项258项，梳理监管事项子项533项；协助各县（市、区）完成该项工作。做好“互联网+监管”平台监管行为事项录入及覆盖率工作。根据监管事项认领情况，完成2015年以后各类监管数据的汇聚录入，并逐条落实事项录入覆盖情况。至年底，完成录入事项191项，录入数据478条，完成率100%，认领事项数量和事项数据覆盖率居全市前列。11月9日，召开“互联网+监管”工作推进会议。市文旅局监管数据录入的及时率提升至100%。做好“互联网+监管”“双公示”（行政许可和行政处罚公示）工作。召开“双公示”工作推进会；在局网站建立“双公示”专栏，发布行政许可、行政处罚公示信息及“双公示”目录；迎接市“2019—2020年度第三方评估”，局全年度7项行政许可、1项行政处罚均按要求在信用中国（山东泰安）及局网站公示，“应公示尽公示”“应归集尽归集”率100%。做好2020年文化市场统计直报工作的督促和复核工作。

【旅游服务】 对城区各星级饭店及部分旅行社实施覆盖式检查，先后检查企业130家次，对检查中存在的问题建立台账，并督促相关单位对账销号。做好档案材料上报工作，先后完成《II-17推进诚信建设制度化：III-32诚信奖惩制度》等文件13份。为御座宾馆制作景观小品并通过市创城办审核。在国家测评组实地测评过程中，御座宾馆、丽景广场酒店等受检单位均未失分。会同市文明办召开2020年度全市文明旅游工作联席会议，部署全市文明旅游工作。印发《泰安市文明旅游工作专项小组工作规则及办公室工作细则》。联合市旅游饭店协会印发“公勺公筷双筷制倡议书”，会同市文明办、市市场监管局及饭店协会开展“分餐制、公勺公筷双筷制”推进工作。开展文明出行引领、“泰山小美”文明旅游志愿服务等系列活动。泰安高铁旅游咨询中心及旅游咨询站点发挥服务窗口作用，积极应对疫情影响，开拓线上服务模式，开展假日旅游志愿活动，为游客提供公益咨询服务。

【导游员管理培训】 开展疫情期间导游人员网上培训，连续举办31期，抖音直播、电台直播9期，参训人次累计过万。组织开展精品导游培训，组织全国导游资格考试考务工作，开展了“精品导游”“十大金牌导游”评选活动，1名导游入选文旅部“金牌导游”培养项目；1名导游被市委组织部、团市委、泰安市青年联合会授予泰安青年学做新时代泰山“挑山工”先进个人；1名导游在“好网民·在山东”活动中被评为“巾帼好网民”榜样人物。该次评选活动全市有7人上榜，在全省居于前列。（姚　韵）

旅游开发

【全域旅游发展】 推进全域旅游示范区创建工作，组织到县（市、区）实地调研，帮助解决实际问题。协助泰山区报请市政府召开创建国家全域旅游示范区工作协调推进会议，安排部署300多项工作任务，配合完成市直19个涉及部门相关材料的收集和整理工作。组织专家审核指导岱岳区、东平县的省级全域旅游示范区创建工作，完善整理相关材料。强化政策和资金扶持，筹集专项资金用于全域旅游工作，补助泰山区35万元完善基础设施建设。将国家AAAA级旅游景区创建指标向条件成熟的肥城市倾斜，逐步消除全域旅游示范区创建瓶颈。

【旅游规划编制】 加快推进《泰安市文化和旅游发展规划》编制工作，与规划编制组沟通协调，先后5次提出书面修改意见，5月完成初稿。编制完成《泰安市湖泊旅游保护规划》，6月中旬通过专家组评审，按要求上报市河长制办公室。

【景区和度假区管理】 出台《泰安市A级旅游景区质量提升行动方案》，推动全市景区转型升级和提质增效。推进景区、度假区暗访常态化。组织专家暗访检查泰山景区、花样年华景区、徂徕山汶河景区以及泰安旅游经济开发区、碧霞湖度假区，并逐一形成报告，及时反馈问题，督促整改，提升管理服务水平。指导景区防疫和有序开放。年内，全市73家景区积极响应，自疫情结束恢复运营起一年内，对全国医务工作者实行门票免费优惠政策。印发《关于切实做好A级旅游景区疫情防控和有序开放工作的通知》《关于加强A级旅游景区新冠肺炎疫情常态化防控工作的通告》等文件，强化景区疫情防控意识，确保有序开放和疫情防控两手抓、两不误。推动景区预约平台建设。5月，贯彻省文旅厅《关于做好旅游景区分时预约工作的通知》，市文旅局确定借助市级“慧游泰山”平台统一对接省级平台并拨付专项资金进行奖补。至年底，全市12家重点景区中，完成上线景区11家，上线完成率91.7%。其中，国家AAAA级旅游景区完成上线10家，上线完成率91%。指导A级旅游景区创建。安排部署各县（市、区）、功能区组织符合条件的单位开展A级旅游景区申报工作，完成国家AAA级及以下旅游景区评定和复核工作，13家景区通过评定。其中，通过评定的国家AAA级旅游景区11家、国家AA级旅游景区2家，取消国家AAA级旅游景区资质1家、国家AA级旅游景区资质2家。肥城五埠“伙大门”景区、东平昆仑山景区通过省文旅厅组织的国家AAAA级旅游景区景观质量评审。督导景区创城工作。配合做好景区向退伍军人免门票政策。本着广泛发动、自愿参与和优中选优的原则，向全市各A级旅游景区征求意见，确定徂徕山国家森林公园等10家景区作为第一批政策实施景区。

【产业发展】 开展第四届泰安文化惠民消费季，拉动文旅消费5093.65万元。引导泰安旅游经济开发区举办特色主题活动，累计提供惠民消费资金100万元，泰安旅游经济开发区配套资金550万元，在泰安老街举办“泰安老街抽万元大奖”“第三届泰山美食节”活动。

【文化和旅游商品开发】 8月，协助组织在肥城召开的2020全国桃木旅游商品创新设计大赛暨全国桃文化旅游商品评展活动，吸引全国20多个省市6000多件作品参赛，评出特别大奖1个、金奖10个、银奖17个、铜奖30个。10月，组织参加在四川乐山举办的2020中国特色旅游商品大赛，泰安市获金

5月12日，五月岱顶，海棠花开，成为泰山初夏季节的一大景观 （隋 翔 摄）

奖 2 个、铜奖 1 个。筹备组织“平安泰山礼遇泰安”2020 年度泰安十大伴手礼评选活动，11 月启动，经发布公告、重点寻访、集中报名等环节，征集参评作品近 200 件。11 月，组织参加在浙江义乌举办的 2020 中国旅游商品大赛，泰安市获铜奖 2 个。12 月，组织参加在潍坊举办的第二届山东省文化和旅游商品创新设计大赛，泰安市获全省唯一一个特别大奖，同时获金奖 1 个、银奖 2 个、铜奖 2 个。组织全市文旅商品企业参加进景区、全省文化和旅游商品展等活动，组织 10 家企业先后到济南、青州等地开展活动。

【旅游厕所建设】 年初，组织专家检查各县（市、区）、功能区 2020 年度新建改建的旅游厕所，及时发现问题，督促整改。全年完成新建改建各类旅游厕所 189 座，完成率 240%，全部通过省文旅厅复核验收。全国厕所管理系统电子地图上线工作完成率 99.88%，位列全省第 4 位。（姚　韵）

旅游新业态

【旅游 + 金融】 联合人民银行泰安市中心支行等单位，创新推出“泰安文旅六保贷”金融支持文旅企业系列产品，将全市 21 家单位及金融机构的 41 款金融产品汇编成册。通过“慧游泰山”官方平台，开辟“泰安文旅六保贷”特色功能模块进行宣传推广。先后组织召开文旅行业政银企对接交流洽谈会、“中国银行泰安分行・泰安市旅行社协会融资对接会”“政府牵手・银企联手——金融帮扶文旅企业暨‘泰安文旅六保贷’系列产品说明会”，开展银企对接合作。至年底，在文旅市场消费下降 40% 的情况下，文化旅游业贷款余额 132 亿元，增长 31.5%，金融支持文旅行业稳企业保就业取得成效。省文旅厅在全省推广泰安市经验做法，并向文旅部推送。帮助项目企业申请贴息贷款，指导帮助 5 家企业做好全省文化旅游重点项目贷款贴息资金申报工作，太阳部落史前文化营地项目纳入全省贴息支持名单，获批贴息贷款 57 万元。推进“好客山东”文化旅游主题信用卡发行工作，组织县（市、区）加强动员指导，将更多国家 AAA 级以上旅游景区及周边资源纳入文旅主题信用卡的优惠范畴，推动景区及周边文化体验、餐饮住宿等二次消费，实现“门票经济”向“产业经济”的跨越发展。至年底，11 家景区参与活动，8 家景区在协商中。

【旅游 + 科技】 2019 年年初，泰安市启动“慧游泰山”智慧文旅平台建设，形成“1+3+N”（一个大数据中心，监管、服务、营销三大平台，多个功能模块）基本架构。智慧文旅建设走在全省前列，泰安市被确定为全省智慧文旅试点城市。“慧游泰山”智慧文旅平台列入《数字政府建设典型案例汇编 2020》，承担的“泰安市文旅产业运行监测大数据平台应用研究”项目入选省重大课题攻关项目，为省精品旅游产业重点扶持的 3 个项目之一。2020 年，启动与阿里公司的合作，“慧游泰山”智慧文旅平台五一前夕上线支付宝首页。“慧游泰山”小程序入驻支付宝，利用支付宝强大的“中心化流量”宣传推广泰安文旅。

【研学旅游】 以泰山为支撑，集聚全市自然、文化资源，提出“建设国山、国学、国医研学旅行基地”的目标，培育山东泰山研学教育有限公司、山东力明艺术宫等一批研学旅行机构，策划推出对话泰山“挑山工”、“中华泰山成人礼”、国学之道研学之旅、“弘扬泰山文化、争作敢当少年”游学之旅、儒风齐鲁少年行等一批研学产品。其中，中华泰山成人礼被团中央列为“中华成人仪式主题活动”内容，成为全国研学旅游示范活动。

【体育旅游】 连续多年举办泰山国际登山比赛、泰山国际马拉松赛、环泰山 60 千米徒步行等大型体育赛事活动，举办各类赛事 200 余场次。其中，作为泰山国际登山节固定体育项目的泰山国际登山比赛已连续举办 33 年，被评为国家体育旅游精品赛事。

【乡村旅游】 乡村旅游重点村创建。岱岳区东西门村、肥城市五埠村入选第二批全国乡村旅游重点村，连同 2019 年入选的岱岳区里峪村，全市有全国乡村旅游重点村 3 处。岱岳区东西门村、里峪村，肥城市五埠村和新泰市掌平洼村被命名为全省乡村旅游重点村（精品旅游特色村）。乡村旅游精品镇（村）品牌创建。岱岳区天颐湖休闲小镇、九女峰休闲度假小镇、肥城市潮泉生态康养小镇被评为首批省精品文旅小镇，泰山区省庄镇安家村等 18 个村被评为首批省景区化村庄。组织开展山东省工业旅游示范基地评选。宁阳金彩山酒文化园和泰安高新区蒙牛乳业工业旅游园区入选。组织乡村旅游精准交流。组织 12 个镇、村负责人到浙江进行精准交流。

【红色旅游】 配合民进市委开展红色旅游发展情况调研，并形成调研报告。组织全市红色旅游景区讲解员参加全国红色旅游“五好”（政治思想好、知识储备好、讲解服务好、示范带头好、社会影响好）讲解员评选活动和全市红色故事讲解大赛。以徂徕山为例，形成《关于加快泰安红色旅游发展的调研报告》，为市委、市政府决策提供依据。

【新业态品牌】 泰山温泉城入选第六批全国森林康养基地试点建设单位、首批山东省康养旅游示范基地。山东金彩山酒业有限公司、蒙牛乳业泰安有限责任公司入选山东省第二批工业旅游示范基地；鲁普耐特集团有限公司入选山东省第三批工业旅游示范基地。泰山国际马拉松获得2020中国体育旅游十佳精品赛事，泰山国际登山比赛及全国全民健身登泰山比赛获得2020中国体育旅游精品赛事，泰山天颐湖户外运动旅游线路入选“2020年十一黄金周山东体育旅游10条精品线路”。泰安青青家庭农场有限公司、太阳部落史前文化研学实践教育基地入选山东省第二批中小学生研学基地；泰安青青农场研学实践教育基地推荐的“我与蔬菜交朋友”课程，入选第二批省级优秀研学旅行课程。

（杨　柳）

节庆活动

【泰山国际登山节】 （参见“专记·泰山国际登山节”）

【第十届泰山石敢当文化节】 泰山石敢当文化节是泰山国际登山节和泰山艺术节的一项重要文化活动，自2011年开始举办。2020年9月5日，第十届泰山石敢当文化节开幕式在泰安地下龙宫景区举行。该届文化节为期3天，以“弘扬泰山石敢当文化，祈福国泰民安大中华”为主题，以泰山石敢当文化为主线，以旅游为载体，通过整合相关民俗旅游文化资源，开展民俗旅游文化活动。文化节设置泰山石敢当文化展、民间文艺汇演、泰山“非遗”体验展、“非遗”文创展销活动、民俗文化摄影大赛、工艺美术博览会、面塑艺术大赛等常项活动形式。其间增设的“全国名家画泰山”线上线下展、敢当直播间、首届泰山网红大赛等系列活动，通过直播的形式，为游客和观众朋友带来全新体验。

【乡村好时节】 3月20日，好客山东“乡村好时节”（春分）主题游暨龙廷赏花季掌平洼杏梅花开系列活动在新泰市龙廷镇掌平洼村启幕。该项活动是省文旅厅重点打造的“乡村好时节”主题游活动之一，充分融合春分节气的文化内涵和掌平洼村独有的地域特色，策划开展“杏梅花开”文艺演出、书画摄影采风活动、“醉美山水，红色龙廷”骑行游等系列活动。其间还举办龙廷镇电商特色文旅产品展销会、“杏梅树下”少儿围棋课堂等文旅活动。

【全国桃木旅游商品创新设计大赛】 8月24日，以“文旅融合、协同创新”为主题的2020全国桃木旅游商品创新设计大赛暨全国桃文化旅游商品评展活动颁奖典礼在肥城市举行。其中，创新设计大赛以“文旅融合、协同创新”为主题，突出文化性、工艺性、实用性、创新性和市场性，突出创意创新，促进成果转化。全国20多个省市的6000余件作品参赛，最终评选出特别大奖1个、金奖10个、银奖17个、铜奖30个、优秀奖80个、最佳网络人气奖12个。

（杨　柳）

旅游资源

【概况】 全市有国家A级旅游景区81家（国家AAAAA级旅游景区1家、国家AAAA级旅游景区13家），省级旅游度假区4家，星级饭店29家（5星级1家、4星级6家），旅行社178家，星级民宿3家。全国乡村旅游重点村3家，省乡村旅游重点村（精品旅游特色村）4家。

泰安市旅游资源丰富，重要景区景点有120多处。除泰山之外，在自然遗产方面，还有国家森林公园徂徕山、腊山、金牛山，省级森林公园莲花山、神童山，省级风景名胜区八百里梁山泊水域以及被列入《吉尼斯世界纪录大全》的肥城十万亩桃园、被誉为“天下斗蟋第一虫”的宁阳蟋蟀园等。在文化遗产方面，有全国重点文物保护单位大汶口遗址、岱庙、冯玉祥墓、白佛山隋唐石窟造像、泰山齐长城、泰山古建筑群等；省级重点文物保护单位有徂徕山映佛岩《般若波罗蜜经》刻石、山西会馆、明代三朝元老萧大亨墓、徂徕山抗日武装起义革命遗址、宁阳颜庙颜林、东平司里山等24处；省级优秀历史建筑有宁阳禹王庙、和圣柳下惠墓、史圣左丘明墓、商圣范蠡墓、黄巢兵败退守遗址黄巢寨及衣冠冢黄巢墓、穆桂英生长地穆柯寨、大字鼻祖洪顶山高僧安道一摩崖经刻及全国民俗旅游定点村埠阳庄等。

全市旅游资源分布主要以市区为中心，呈放射型分布。北为泰山，城区主要有岱庙、蒿里山、灵应宫等名胜古迹；泰山区主要有汉明堂遗址、老县衙旅游文化街、泰山方特欢乐世界、花样年华景区、宝泰隆旅游景区、啤酒生肖乐园、埠阳庄民俗旅游村、白马石民俗村、泰山文化广场、叶家庄旅游特色村、泰山国际花木城等；岱岳区主要有太阳部落景区、泰山温泉城、天乐城、天颐湖、徂徕山滑雪场、大汶口国家考古遗址公园、萧大亨墓、文姜城遗址、黄巢寨、无梁殿、上泉古泉群、蒙牛乳业泰安工业园、齐长城民俗文化区等；新泰市主要有莲花山、青云山、青云湖、金斗山、金斗水库、光明水库、白马寺、长兴百汇庄园、泰山百合和园、见子山、良心谷、黄牛山、清音公园、羊祜公园、峙山、和圣园、朝阳洞、九顶皇山、墨石山、太平山、掌平洼、上豹峪、东石井、前上庄、高崖头、酒台、毛泽东文献博物馆、新泰革命史纪念馆、新泰县第一次党代会会址、八蜡庙、老寨山革命遗址、大协炮楼、老瓜峪、正觉寺等；肥城市主要有陶山、范蠡墓、十万亩桃园、左丘明墓、云蒙山、鶇云山、牛山、春秋古城、望鲁湖等；宁阳县主要有神童山、千顷枣林、蟋蟀园、文庙、颜庙、颜林、堽城坝、复圣文化旅游区等；东平县主要有东平湖、腊山、白佛山、司里山、戴村坝、稻屯洼、月岩寺、黄石崖、洪顶山经刻等。

【泰山风景名胜】 主要分布在南起泰安古城南门（包括蒿里山、灵应宫），东南、西南以环山路为界，总面积 171 平方千米范围内，主景区面积 125 平方千米。景区内有山峰 112 座、崖岭 98 座、溪谷 102 条、潭池瀑布 64 处。泰山自然风光优美、壮观，其景观特点以“雄”为主，兼有“奇、险、秀、幽、奥、妙”的特点。泰山游览区分岱麓游览区（丽区）、中路游览区（幽区）、西路游览区（旷区）、岱顶游览区（妙区）、后石坞游览区（奥区）、桃花峪游览区（秀区）。

岱庙。又名东岳庙、泰岳庙、岱岳庙，俗称泰庙，是古代祭岱的主要场所。位于泰山南麓泰安城区红门路南端，是泰山中路登山起点。庙内有古建筑和仿古建筑 186 间，碑碣 184 块，汉画像石 48 块，古桧、侧柏 212 株，观赏植物 292 种。中华人民共和国成立后，曾为泰山管理机构驻地，后为泰安市博物馆。1988 年被列为全国重点文物保护单位。主要景点有遥参亭、正阳门、天贶殿、汉柏院、东御座、唐槐院、后花园等。

10月1日，游客在岱顶参加升国旗仪式　（司刚　摄）

灵应宫。碧霞元君的下庙，原名天仙祠。位于市区灵山大街北侧。创建年代无考，明万历年间奉敕拓建，赐额此名。2002 年重修。蒿里山位于泰山之阳，汉代以前，蒿里山被称作“高里山”，《汉书》有汉武帝“亲禅高里”的记载。魏晋时期，始有“蒿里”之称。古代，人们视蒿里为死后灵魂的归宿之处，故汉魏间即有名为“蒿里行”的丧歌。蒿里山为泰山（泰安）地府—人间—天堂“三大空间”的地府所在。蒿里山曾建有蒿里山神祠，又名森罗殿，创建年代无考。1992 年，被国务院批准列入泰山总体规划开发景点。

丽区。即岱麓游览区，指的是泰山南麓东起王母池、西至樱桃园一带清幽明丽的游览区域。岱麓地处山城结合部，依山临市，环山公路贯通东西，环境优美，风景秀丽，气候宜人。主要景点有岱宗坊、王母池、范明枢墓、普照寺、烈士祠、五贤祠、三阳观、冯玉祥墓、樱桃园等。

幽区。即中路游览区，是泰山主景区。登山道路是在唐玄宗登封泰山古御道的基础上拓建而成的，自泰山山门岱宗坊始，至岱顶南天门，全长 8.5 千米。石阶七千，峰回路转，林荫夹道，溪瀑争流，亭台楼阁，风景幽深。沿途两侧碑碣题刻触目皆是，风景名胜最为集中。主要景点有关帝庙、红门宫、万仙楼、革命烈士纪念碑、斗母宫、经石峪、中天门、朝阳洞、十八盘、南天门等。

旷区。即西路游览区，是指自西溪谷口大众桥至中天门的游览区域。西路游览区峰峦起伏，群峰耸立，谷深峪长，潭静瀑飞，林木繁茂，景色旷秀。主要景点有天外村广场、黑龙潭、扇子崖、元始天尊庙等。

妙区。即岱顶游览区，是自南天门至玉皇顶面积约0.6平方千米的游览区域。攀越十八盘，登上南天门，就算进入“天府仙界”。此处，“日近云低”，“只有天在上，更无山与齐”。虚无缥缈的月观峰，金碧辉煌的碧霞祠，直插云天的玉皇顶，扑朔迷离的无字碑，都使人感到神秘莫测，妙不可言。岱顶集中泰山自然风光与名胜古迹的精华，是游览泰山的高潮所在。主要景点有天街、碧霞祠、唐摩崖、玉皇庙、孔子庙、日观峰、东天门、探海石、仙人桥、月观峰、西天门。

奥区。即后石坞游览区，是以岱阴后石坞为中心的游览区域，南起玉皇顶，北至元君庙，东起天烛峰，西至北天门，面积约5.5平方千米。后石坞自古即被称作岱阴第一洞天。奇峰耸秀，怪石嶙峋，峰险谷深，旷远清幽。步行道“独足盘”环绕其间，为明万历年间所辟。沿“独足盘”攀登，行愈远，路愈险，山愈奇，景愈胜。主要景点有丈人峰、北天门、独足盘、八仙洞、后石坞、元君庙、九龙岗、天烛峰、谷山玉泉寺、周明堂遗址、锦绣谷、齐长城。

秀区。即桃花峪游览区，位于泰山西麓，因旧时桃林满谷而得名，分上下两段，上段称桃花源，下段为桃花峪。这里奇峰垒列，林深涧曲，豁达空旷。峪底公路，逶迤10千米。沿途千潭叠瀑，万壑汇川，丹英饰涧，纷飞如雨。主要景点有桃花源、猛虎沟、彩石溪、后寨门、吴道人庵、桃花峪谷口。

【《中华泰山·封禅大典》大型实景演出项目】 2008年11月筹建，2009年5月开工建设，2010年4月27日首场演出。该项目由东岳泰山旅游集团和阳朔帅元旅游文化策划有限公司合作建设，总投资2.6亿元，总建筑面积1.7万平方米，其中剧场1.34万平方米、综合服务设施3600平方米，剧场舞台1.08万平方米、观众席2600平方米，日常容纳观众2200人，最多容纳观众2700人。配套建设小型停车场1000平方米，大型停车场8000平方米。演出以泰山帝王文化、封禅文化为主题，再现历代帝王封禅场景，展示泰山的“国山”价值与内涵。演出总策划由中国大型山水实景演出创始人之一的梅帅元担纲，集国内知名的创作、编导、舞美、音乐、灯光设计人才及先进元素，演出阵容由506名演员组成。2018年央视春晚在泰安设置分会场，封禅大典天地剧场作为表演场地，对其演出设施设备进行全面升级改造。在舞台外围两侧及后方增加景观假山包围舞台周边，使舞台与周边山景浑然一体；开合舞台改造为阶梯式舞台，升级LED电子显示屏、灯光音响、舞台设备，完善舞台功能，传递最佳声、光、电效果；增加3倍灯光覆盖，实现周边山体全部打亮，舞台呈现在群山环绕中。改版演出内容，唐朝内容全新改版，一改以往单纯舞蹈表演的形式，首次呈现帝后封禅剧情，细腻演绎内心独白；清朝皇家庆隆舞，在大气跳跃的音乐中展现皇家贵族的节日氛围，用虎鹿熊3个图腾崇拜表演来装点和增加节目的娱乐性和可看性；在尾声增加“国泰民安”祈福环节，舞台升降机械升起，观众席90名击鼓演员互动表演，210名灯笼演员流线出场，场面壮观。封禅大典演出项目弥补泰山旅游夜间项目的空白。

【泰山环山路景观大道】 该路是打通泰山东、中、西部的连接线，东起天烛峰，西至桃花峪停车场，全长26千米，是泰山的保护线、重要的旅游线、泰安城区重要的交通线和代表泰安形象的景观线。西接桃花峪景区，东连泰山方特欢乐世界、天烛峰景区，中间连接藏佛寺、抽水蓄能电站、旅游经济开发区、樱桃园景区、市政大楼、天外村、普照寺、红门景区、虎山公园、白马石民俗村等景区景点，串接铭座三泰酒店、东尊华美达大酒店、丽景广场酒店、工行培训中心、泰山宾馆、东岳山庄、宝龙福朋大酒店等大型宾馆。游客既可沿途参观景点，也可欣赏泰安城区、泰山景色以及用餐、休闲等，为游客提供更多选择。环山路景观大道完善泰安城区现代化风景旅游城市的功能，优化城市路网结构，并起到山城分界线的作用，有利于加强对沿山建筑物的控制，强化对泰山的保护。

【徂徕山汶河景区】 位于泰安城区东南部，西临泰山温泉城，总面积471平方千米，景区内徂徕山与大汶河山水相依，生态、历史、文化资源禀赋优良。徂徕山是国家AAAA级旅游景区、国家森林公园、世界地质公园，面积约109平方千米，为山东省第二大林场。主峰太平顶与泰山玉皇顶相距30千米，海拔1028米，植被覆盖率92.4%。大汶河绕徂徕山西北流过，每年径流量约10亿立方米，是黄河下游最大的支流，也是南水北调东线工程重要的水源补给地。经综合治理，景区内形成回水长度20千米、水域面积11平方千米、蓄水量4000万立方米的湿地景观12公顷，2014年被国家林业局评定为国家级湿地公园，2015年被水利部评定为国家级水利风景区。景区内的桥沟温泉，是唐代御封八大温泉之一的“乾封汤”，水温高、水量大、水质好。经初步探明，地下热水面积约16公顷，混合水温可达45℃，含有20多种对人体有益的微量元素和矿物质，达到医疗价值标准和矿泉水命名标准。

大汶河是泰安人民的母亲河，孕育了6000年历史的大汶口文化，是中国古代文明发端的标志，是著名的泰山石敢当文化和碧霞元君信仰的源出地，民俗文化、道教文化、帝王文化具有深度发掘的潜力。2013年10月，汶河北岸的古博城入选山东省第四批省级文物保护单位名单。其始建于春秋，扩在秦汉，盛于隋唐，历经2000余年，一直是泰山周边郡县治（府）所在地，也是历代帝王到泰山封禅时的行宫所在地。徂徕山古迹众多，唐代大诗人李白曾在徂徕山隐居六载，纵酒酣歌，以诗会友，与山东名士孔巢父等6人世称“竹溪六逸”，留下“秋波落泗水，海色明徂徕”等千古佳句，创造文坛上久负盛名的友情文学现象；有千余年历史的徂徕书院，与金山、岳麓、石鼓并称宋初四大书院，其创办人石介是宋代儒家理学的奠基人之一，被誉为新儒学的开拓者和创立者。大寺遗址为国家级文物保护单位，1938年1月1日，在徂徕山大寺举行抗日武装起义，成立八路军山东抗日游击队第四支队。徂徕山抗日武装起义纪念碑和徂徕山革命遗址等，成为开展爱国主义教育的重要场所和红色旅游的经典线路。景区内存寺庙3处、碑碣54块、摩崖刻石113处、古树名木千余株。

【泰山方特欢乐世界】 位于泰安市泰山区东部新区明堂路北段。2008年12月27日开工建设，2010年5月开门纳客。该项目是国内第四代文化产业主题公园，园内主要建有方特乐园、飞越极限、恐龙危机、生命起源、星际航班、未来警察、海螺湾、聊斋等高科技娱乐项目30多个。运用现代计算机、模拟仿真、自动控制、数字影视、光学与声控等高科技手段，向游客展示包括泰山文化在内的中华5000年文化，游客在虚实结合、亦真亦幻、动感交互的世界中，穿越历史、现代与未来三重空间，感受“新时空”带来的全新旅游体验。2010年，被全国旅游景区质量等级评定委员会评为国家AAAA级旅游景区。2020年度接待游客23.43万人次，实现营业收入4832.41万元。

【泰山花样年华景区】 位于泰山区省庄镇，是集娱乐、观光、采摘、餐饮、展销功能于一体的大型农业旅游文化项目，突出兰花产业、休闲旅游和泰山文化主题，主要包括路通花卉、泰安三益、会展大厅、梦幻花都、天合乐园、热带风情、未来田园、欢乐剧场等项目，总占地面积200公顷（3000亩）。其中，未来田园项目，综合运用国内先进的无土栽培技术，通过立体化、园林化和异形化的艺术塑造，集中展示当代中国农业发展水平；梦幻花都项目，采用世界上先进的设计理念和声光电等新科技成果，打造以花卉为主题，集欣赏、娱乐、体验、科普于一体，由绚丽空间、花样童年、幽兰奇域3部分组成的现代科技馆；热带风情项目，集餐饮娱乐、园林艺术、兰艺展示等功能于一体，丰富吃、购、娱旅游要素；天合乐园，主要为室外婚纱摄影主题公园。2010年，被全国旅游景区质量等级评定委员会评为国家AAAA级旅游景区。2020年度接待游客1.96万人次，实现营业收入28.89万元。

【泰山宝泰隆旅游景区】 位于泰山区邱家店镇。景区总占地128万平方米，以地下漂流观光与地上休闲娱乐为主题，有地下裂谷探险、地下溶洞观光、东海龙宫观光、地下溶洞暗河漂流、候鸟放飞观赏、地上湿地观光、地上游乐等游玩项目。配套建设有游客服务中心、生态停车场、自助餐厅、宾馆与酒店等旅游基础服务设施。产品涵盖观光娱乐、休闲度假、餐饮购物、文化体验、特色演出五大模块，是集吃、住、行、游、购、娱于一体的大型综合性绿色环保休闲度假区。2013年9月，景区对外开放。先后被评定为国家AAAA级旅游景区、中国风景名胜区协会会员单位、山东省文化产业示范基地；地下溶洞漂流项目通过大世界基尼斯认证，获“最长的无动力暗河溶洞漂流”称号。2020年度接待游客38.29万人次，实现营业收入3898.87万元。

【埠阳庄民俗村】 位于邱家店镇东南。该地民风淳朴、物产丰富，是典型的中国北方乡村。20世纪80年代，成为泰安市民俗旅游观光点。中外游客到村中吃农家饭、睡农家炕、干农家活，日出而作、日落而息，体验泰山脚下农民的日常生活，其乐融融。1998年，被国家旅游局评定为华夏民俗旅游村。2000年，被省政府评定为民俗旅游村。

【太阳部落景区】 位于泰山南麓、徂徕山西侧、汶河之滨，是大汶口文化的重要发祥地，为国家AAAA级旅游景区。太阳部落以大汶口文化为主线，以情景体验的形式，将史前文化和游乐项目有机融合，使远古文明的场景在游客面前真实展现，是中国首家体验史前文明的特大型文化主题公园。旅游区分时光穿越、梦回大汶口、洪荒探秘、洪荒历险、情定大汶口、金乌古镇六大版块，由时空隧道、文明之光、地心历险、猿古大战、盘古狂叫、女娲补天、共工的愤怒、山洪暴发、洪荒漂流、高空斗牛、水龙王、远古大战、狩猎归来等40个主题项目组成，运用现代化高科技手段，将大汶口文化的精髓融入其中，真实再现大汶口时期的生产生活场景，让游客走进古老的洪荒神话，亲身体验史前文化。2020年度接待游客46.08万人次，实现营业收入2713.28万元。

【泰山温泉城】 位于徂徕镇。占地面积40公顷，规划建筑面积15万平方米，是集温泉养生、商务休闲、生态旅游为一体的国家AAAA级山地森林旅游景区及度假酒店。分温泉区、国际会议接待中心区、温泉度假酒店客房区、十大景观苑区以及综合服务配套区5个功能区。温泉区每天最大接待容量1万人次，主要包括温泉综合服务楼、温泉露天园区和汤屋汤院区。其中，温泉综合服务楼为温泉区的接待中心，主要配置有室内游泳馆、SPA水疗馆以及一系列康体休闲娱乐设施；温泉露天园区以温泉综合服务楼为中心依山而建，山下为动感温泉区，设有海浪池、通天瀑布池、洞府鱼疗池、七彩儿童池等，山上为文化温泉区和养生温泉区，设有岱岳禅汤、独尊神汤、何首乌汤、墨玉泉、石板泉等60多个功能各异的温泉泡池；汤屋汤院区位于温泉露天园区的西侧，设有中式、日式、南洋式等汤屋汤院30幢。泰山温泉城温泉出水温度50℃左右，最大出水量3800立方米/日。2020年度接待游客15.05万人次，实现营业收入1619.6万元。

【天乐城旅游休闲区】 位于满庄镇。占地面积37公顷，是以盐文化、室内水上游乐和休闲养生为主题，与泰山文化及地方民俗特色完美融合，集商务会议、特色餐饮、康体娱乐、生态旅游、休闲度假于一体的大型综合旅游度假中心，国家AAAA级旅游景区。天乐城旅游休闲区主要建设有天乐城水世界、田雨润华国际酒店、盐浴漂浮体验中心和快捷商务酒店。其中，天乐城水世界总建筑面积2.6万平方米，是舒适度极佳的室内四季水上娱乐项目；田雨润华国际酒店是集商务会议、康体娱乐于一体的高端酒店，建筑面积4.2万平方米，设中高档客房222间，拥有大中小型多功能会议室11个；天乐城盐海神汤以盐文化为主题，集盐海漂浮、泥疗、盐疗、温泉养生等多项功能于一体，在这里人们可以自然漂浮在水面上，一年四季尽享“盐海”奇景。2020年度接待游客9.23万人次，实现营业收入1622.98万元。

【天颐湖旅游度假区】 位于泰山南麓、徂徕山西侧、大汶河之滨，毗邻大汶口文化发祥地。景区规划面积16平方千米，水面面积5.2平方千米，是泰安南部最大的水面。2010年12月被评为国家级水利风景区，2017年4月被山东省旅游景区质量等级评定委员会评为国家AAAA级旅游景区。音乐喷泉东西长度160米、南北跨度12米；亲水式沙滩2处、7万平方米；儿童职业体验场馆——梦想小镇，建筑面积1万平方米，主要包括室内职业体验馆、室外职业体验区和外围休闲娱乐区3个组成部分，设有51个职业体验单馆，主要面向3～15岁少年儿童群体；泰山花海项目占地面积133公顷，沿天颐湖东岸线呈带状分布，以花卉观赏、游览为

4月11日，泰安人游泰安活动启动。图为游客在泰山花海景区游玩
（司刚 摄）

主，融入爱情、婚拍元素，集科普、休闲、娱乐、运动于一体；飞行体验馆项目主要包括室内娱乐风洞飞行体验和表演、室内跳伞培训、模拟飞机驾驶娱乐和教学、餐饮娱乐和外场热气球观光等组成，面向 3 ~ 50 岁的游客；婚纱摄影基地位于天颐湖泰山花海景区南侧，主体建筑面积近万平方米；游艇码头 5 个，购置大型游船和小型游船，并配备安全巡逻艇，让游客尽享水上娱乐。2020 年度接待游客 40.67 万人次，实现营业收入 1421.68 万元。

【徂徕山滑雪场】 位于风景秀丽的徂徕山脉，是集滑雪、滑索、拓展、休闲娱乐、餐饮于一体的大型四季旅游景区。有初、中、高级雪道 4 条，高山缆车 1 条，德国进口管式滑道 1 条，托牵缆车 3 条，雪道宽 120 米、长 800 米、最高坡度 30 度，配备国际先进造雪、压雪设备和完备的配套服务设施。雪场内设有雪上飞碟、马拉爬犁等娱乐区，为儿童开设专业的滑雪场地，乘坐高山观光缆车可近距离欣赏梅花鹿，做到赏雪、玩雪、娱雪的全方位功能。景区春、夏、秋三季新上拓展训练、高尔夫练习场，让游客在高山滑行之余尽情体验休闲乐趣。

【大汶口国家考古遗址公园项目】 位于岱岳区大汶口镇。规划面积 390 公顷，涵盖大汶口遗址、大汶口古镇、大汶口明代古石桥等历史文化遗迹。一期工程主要建设“三区”（遗址公园门前服务区、遗址展示区、大汶口古镇区）、“一带”（滨河景观带）、“一节点”（大汶口文化博物馆）。其中，遗址公园门前服务区主要建设门前景石及标志性建筑、主题雕塑、广场及水系，整个广场采用大理石面铺装，水系引入大汶河水、自入口的泰山石叠水而下，最终汇入最南侧的日火山雕塑流进大汶河；遗址展示区总面积 30 公顷，展示自 1959 年后 4 次考古发掘的墓葬 189 座、房址 21 座、灰坑 120 余座、陶器 3000 余件等；大汶口古镇区，主要对大汶口镇山西街等 6 个村进行保护性开发建设，涉及 2676 户、8000 人；滨河景观带主要建设 1100 米防护堤、景观绿化工程及文化墙工程；大汶口文化博物馆，展示、陈列面积 2600 平方米，以文物陈列、图片展示、全息影像、多媒体演示、互动体验等形式，采用声光电结合的表现手法，向公众展示大汶口文化的起源、发展、内涵及其在中华文明史上的重要地位。该工程围绕大汶口考古遗址，重点实施大汶口遗址综合性管理用房配套停车场工程、大汶口遗址北岸保护展示工程、大汶口遗址汶河北岸区域已发掘房屋遗迹保护棚和管理用房工程、考古发掘项目、大汶口遗址风貌改善项目等，加强基础设施建设和文物保护利用。

【鲁商·新甫山景区】 位于新泰市境内，是由鲁商集团经营管理的一处综合型人文生态旅游度假区。新甫山历史悠久，文化底蕴深厚，其山脉东西绵延 15 千米，总面积 100 平方千米，主峰天台峰，海拔 999 米，森林覆盖率 95% 以上。自然景观独具特色，以山秀、石奇、林翠、水美而称誉，拥有世界上唯一纯天然形成的观音石像——天成观音。在新甫山西部发现的 28 亿年前的科马提岩，是地球上最古老的岩石，全世界也只在南非、澳大利亚和加拿大发现有这种岩石，具有特殊的科研价值。新甫山主要景点有子母泉、云谷飞瀑、灵禅瀑布、青龙潭、五云涧、天成观音等。先后建成菩提大道、观音广场、通天河、云谷寺、古盘道、莲花湖、莲花顶八大游览区，配有房车营地、莲花酒店、通天河漂流、索道、悬崖栈道、玻璃栈桥等休闲娱乐项目，是国家森林公园、世界地质公园、国家 AAAA 级旅游景区、省级旅游度假区。2020 年度接待游客 11.11 万人次，实现营业收入 479.4 万元。

【毛泽东文献博物馆】 该博物馆由新泰市委、市政府提供场所和资助，毛泽东著作版本大世界基尼斯纪录获得者柏钦水提供藏品而建立，系收藏、展示和研究毛泽东文献、习近平著作及老一辈革命家著作版本的综合性博物馆，是国家三级博物馆。该馆占地面积约 6000 平方米，主体分“毛泽东著作版本展（藏）馆”和“毛泽东铸铜雕像广场”两部分。毛泽东著作版本展（藏）馆的主体建筑为 3 层，建筑面积 2872 平方米，划分基本陈列室、临时展厅、藏品库房和公共服务空间 4 部分。馆内藏有 100 多年间国内外 4000 多家出版社和单位出版印制的毛泽东著作以及中共历届领导集体成员和世界共产党领袖著作版本。馆内有藏品 10.6 万种 31 万册，藏品中不乏珍品和孤本，仅中华人民共和国成立前出版的毛泽东著作版本就达 1800 余种，其中 160 种早期版本属国内仅存。毛泽东文献博物馆被确定为山东省关心下一代教育基地、山东省社会科学普及教育基地、泰安市党员干部教育基地，是青少年开展红色基因教育的重要阵地。

【和圣园景区】 位于新泰市宫里镇柳里，是柳下惠故里。柳下惠系出展氏，春秋鲁国大夫无骇之后，名获，字禽，又字季，因食邑柳下，死后谥号“惠”，后人称他为柳下惠。柳下惠的道德情操特别是“和”的思想对孔子影响极大，孔子称赞他“言中伦、行中虑”，孟子称赞他是“圣之和者”，把他与伯夷、伊尹、孔子相提并论，故而后世尊他为“和圣”。和圣园北景区1998年筹建，南景区2004年建设。景区以和圣塑像、故居、祠堂、和圣墓为主体，以柳里、宫里和天宝的自然山水为依托，以古文化与现代化农业园林相融合等三大因素进行规划布局，是一处集游览、观光、休闲娱乐、农业发展、品德启发、文化体验为一体的主题公园。

【泰山百合和园】 位于新泰市羊流镇蟠龙山下，2020年被评为国家AAA级旅游景区。总占地1733.33公顷（2.6万亩），核心区1066.67公顷（1.6万亩），总投资6.5亿元。园区做大做强优势百合主导产业，以现代农业园区和农产品加工功能区建设为主要平台，以创建循环农业产业融合发展示范园为载体，打造一、二、三产业发展集群、乡村振兴“齐鲁样板”。

【长兴百汇庄园】 成立于2014年，是一家集有机果、蔬育苗、种植、采摘、农产品深加工、农业观光旅游、技术研发服务于一体的省级农业龙头企业，是国家AAA级旅游景区、山东省农业旅游示范点、省精品采摘园、省十佳观光果园、省旅游服务名牌单位和国家级产业技术体系示范基地和特色产业基地。长兴农业园以生态农业为主线，以实施“农业＋文化＋旅游”为思想，构建长兴百汇庄园旅游综合体。主要建有以“新长征之路”为主题的团建拓展区、以“自然、生态、亲子”为主题的田园民宿区、葡萄酒文化体验区和长兴农业田园综合体等功能区域。

【东石井】 东石井村小三峡是洙水和泗水的汇接处。民间相传大禹在此治水13年，多次过家门而不归。小三峡有“孔子登临处”春秋古道、鲁公洞、康茂才墓、白鼋庙、钓鱼台、铁角寺、神仙府等文物古迹及相关神话传说。《论语》中“子在川上曰”提到的孔子观川处，即在小三峡春秋古道边，俗称“石窟子”。这里是孔子到新泰（今放城）的必经之道，遗址尚存。小三峡两岸峭崖巍巍，峻拔伟岸，重重迭峰，峭壁如削，峡内常年流水，波光粼粼，山水相映。峡中之水滔滔南流，蜿蜒形若长江三峡，故有小三峡美誉。依托东石井村深厚的文化底蕴和旅游资源，打造集山水、民俗、宗教、休闲、度假为一体的综合性旅游目的地。

【春秋古镇】 位于肥城市龙山路77号，为国家AAAA级旅游景区。项目以北方古建筑为载体，融注春秋文化精髓，借鉴苏州园林移步换景的造园手法，精心打造道路景观、滨河景观、广场景观和客栈景观，布设中国最具美学价值的古典园林。项目核心区以春秋文化为主题，分为鲁园、齐园、秦园、晋园、宋园、楚园、吴园七大园区，融合“中国桃都”肥城地域文化，再现春秋时期“百家争鸣”的恢宏场景，呈献中国最具思想高度的文化大观园。项目按照吃、住、行、游、购、娱、闲、养的功能分区，打造文化旅游商业区、文化旅游体验区、特色五星级饭店区、特色地方餐饮区、展示中心、忆古观景客栈区、旅游产品批发区、艺术家工坊、迷你儿童娱乐区、康王河湿地生态休闲区等，将春秋古镇建成“济南—泰山—曲阜”旅游黄金线上的黄金接待站、山东地区最具人气的大型旅游集散地。2020年度接待游客67.35万人次，实现营业收入2814万元。

【五埠伙大门】 位于肥城市孙伯镇五埠村，是国家AAA级旅游景区。先后获全国乡村旅游重点村、第五批“中国传统村落”、山东省服务业特色小镇、山东省旅游特色村、山东省美丽休闲乡村、山东省乡村旅游后备箱工程示范基地、山东省旅游服务名牌等称号。五埠村始建于明洪武十四年（1381年），曾是古泰安州和古东平洲的交界地，有“一鸡鸣五县，一路分两州”的说法。村内古树、古碑、古井等历史文化遗存众多，依山而建的传统民居全部为石头建成，特色鲜明，其中“门中有门，院中有院，巷中有巷”的“伙大门”建筑风格全国罕见，被誉为“山东第一石头村，全国独特伙大门”。2015年，泰安市五埠岭旅游开发有限公司以“乡愁记忆”为主题，以“伙大门”为品牌，对五埠村进行景区化开发。修建进村景观大道，建设完善游客中心、停车场、旅游厕所、旅游标识系统等旅游基础设施及集餐饮会务于一体的五韵山庄综合接待场所。打造老坑湾、十亩荷塘、一路分两州、乡村记忆馆等多个自然文化景观。修缮“伙大门”胡同5条，打造精品民宿37处，引进木雕、剪纸、面塑等非物质文化遗产项目。建设旅游商品展销中心，研发设计鱼子石、千叶草化石等多款手工文创产品和枣花蜜、香椿酱、石磨面条等系列农副产品。在村庄外围规划开发百果园、农耕园、书画写生基地等现代休闲农业景观，实现休闲度假、文化体验、研学教育、旅游商品研发等多业态融合发展。2020年“文化和自然遗产日”之际，“非遗工坊”和“乡村记忆馆”落成营业。

【圣井峪旅游度假村】 位于肥城市安临站镇牛庄村，是国家AAA级旅游景区。牛庄村有600多年历史，2015年5月被评为“山东省传统村落”，是著名油画家张华清的故里，有“多彩画家村”的美誉。村落房屋全部是石质结构，屋顶用石板覆盖，冬暖夏凉。房前屋后石台、石凳、石磨、石碾随处可见，各色石头满目皆是，花鸟雕饰十分精美，栩栩如生，让人叹为观止。村内有药王庙、水月寺、七星泉等多处历史古迹。项目由泰安四方集团投资开发建设，已修复建成特色民宿24套，新建四合院1处，铺设石板游览步道，建设游客接待中心、会务中心、休闲厅堂、景观台、放生池、停车场等配套基础设施。为满足游客游乐需求，增设训练场、游乐场、打靶场、素质拓展区、王马印社、此间花开、共享画室、陶艺制作等多个艺术体验类项目。度假村被肥城市摄影家协会、肥城市美术家协会、泰安书画艺术研究院选定为创作、写生基地。

【刘台桃花源景区】 位于肥城市仪阳街道刘台村，是国家AAA级旅游景区，有“世外桃源，人间仙境”之美誉。先后获全国首批农业旅游示范点、山东旅游下乡工程示范点、中国乡村旅游模范村、山东省旅游特色村等称号。该景区茅茨土阶，用“真山真景真空气”的绿色生态塑造自身的旅游个性，具有浓郁的山野气息。建设完善民俗馆、抗战地道、桃花岛、桃花谷、桃花溪等旅游景点20处，以及游客服务中心、大型停车场、农家乐餐饮等服务设施。作为肥城市桃花旅游的主景区，先后承接十八届桃花节开幕式和十三届金秋品桃节，每年吸引省内外游客60万人次。

【肥子茶园】 位于肥城市老城街道办事处张花峪村，是国家AAA级旅游景区。项目由泰安市东兴农业有限公司投资建设，泰安君子教育科技发展有限公司运营管理，是依托泰山茶种植基地，集茶园观光、茶作体验、田园游乐、民宿度假等休闲旅游于一体的综合性旅游景区。景区自建园开始，就定位“茶旅一体”发展思路，在发展茶产业的同时为旅游配套打好基础。以“一心一环三区”的空间布局进行打造，以入口处游客服务中心为基础，建造茶乡田园风景环线，建设“浓浓茶意”文化茶园体验区、“田园野趣”健康果蔬休闲区、“创意茶乡”特色乡创度假区。景区先后获泰安农业公园、山东省农业旅游示范点、国家AAA级旅游景区等称号。

【左传文化园】 位于肥城市老城街道办事处李庄村，是国家AAA级旅游景区。由山东左传精舍文化传播有限公司投资开发建设和运营。项目以传承发展中国优秀传统史学文化，弘扬史圣左丘明严谨治史精神为内涵，打造独具特色的“中华传统史学文化传习平台”。占地约200公顷（3000亩），总投资2亿元，主要建设春秋左传精舍（中华传统文化传习平台）、春秋谷、教育工坊（陶艺坊、木工坊、纸工坊、书画工坊、科技创客工坊、食艺工坊、园艺工坊等）、长城（齐长城旧址复建长度约4千米）、真草坪操场、场地赛道、越野徒步环线、拓展训练场、开心农场、餐饮区、住宿区等研学教育场地和设施。景区主要为5～18岁青少年和儿童提供全年不间断的“瑶峪营”系列研学课程。

【鱼山桃花海】 位于肥城市仪阳街道鱼山村，是国家AA级旅游景区。鱼山村始建于明朝初年，有600余年历史，村内有石头院落80套。有保存完好的宋氏古寨门、石屋、石碑以及山上的奇石景观、古寨墙、回音洞等古迹。2014年该村被评为第一批“山东省传统村落”，2015年被评为山东省旅游特色村、山东省“乡村记忆”工程文化遗产单位，2019年被评为国家AA级旅游景区。2017年，北京唐乡投资公司、青岛有机有利公司等单位投资鱼山村，开发建设精品民宿、智慧桃园等乡村旅游项目，打造鱼山桃花海景区。重点发展美丽乡村区、风情度假区、农业休闲区、户外运动区、综合商业区等六大区域。至2020年年底，开发完成唐乡精品民宿、般若桃园、电商体验店、鱼山食坊、会务中心、创客之家、鱼山湖、生态采摘园、欢乐农匠、工匠学院、印象鱼山、鱼山会馆、石匠工坊等项目，鱼山景村一体化的旅游格局初步形成。

【吕仙村】 位于肥城市湖屯镇吕仙村，是国家AA级旅游景区，由山东陶山文化旅游发展有限公司建设，是一处依托“黄金屋古村落”、以“吕仙传说”为主题打造的综合性乡村旅游景区。景区总占地面积146.67公顷（2200亩），总投资

5000万元，按照“传统古村落”开发打造，以“黄金屋、石板路”为核心，建有游客服务中心、吕仙村史馆、文化长廊、吕祖庙等特色功能分区，集观光游览、研学旅游、摄影写生、特色农产品等多种产品业态于一体。（姚 韵）

特产名吃

【泰山四大名药】 据近代泰山名医高宗岳编纂的《泰山药物志》记载，泰山有特产药物60余种，“通产”药物500余味，其中泰山何首乌、四叶参、黄精、紫草被中医药界誉为“泰山四大名药”。

泰山何首乌。被称为泰山中草药之冠。何首乌原名白首乌，传因泰山白发何翁食之须发变黑还童，故泰山一带称白首乌为何首乌。何首乌对于养血、益肝，固精益肾，强筋健骨均有疗效，是滋补良药。

泰山四叶参。即泰山参，又名羊乳。个大似胡萝卜，外皮粗糙，色灰黄，野生于泰山深处的岩石缝隙、阴湿山沟、山坡林荫之下。具有补血通乳、养阴润肺、益胃生津之效。

泰山黄精。黄蔓精的简称，又名轮生玉竹，生长在泰山荫坡、石壁、杂草丛中和树下。黄精入药性平而润，味甘而淡，无毒而杀虫；其功能补中益气，定肝胆，润心肺，益脾胃，升清气，降浊气，填精髓，壮筋骨，降风湿，下三火，还可润大便，利小便，使人目明耳聪。

泰山紫草。为紫草科多年生草本植物，块根入药。具有活血、凉血，清热解毒、利尿等功能，主治血热毒盛，疹出不畅、黄疸、丹毒、大便温闭等症，广泛用于治疗小儿麻疹。

【泰安四宝】 泰山玉、泰山茶、肥城桃木、泰山汉麻系泰安本地特色资源，承载着厚重的泰安、泰山文化，为泰安市代表性文化旅游商品，具备较高的知名度和市场占有率，被评为泰安四宝。

泰山玉。泰山玉产于泰安市泰山山麓，形成年代久远，约有25亿年的历史。秦汉以前，泰山玉已闻名华夏，据《山海经》记载：“泰山其上多玉……环水出焉，东流注于河，其中多水玉。”泰山玉依据颜色和质地的不同大致可分为墨玉、翠斑玉、碧玉3种，其色碧绿，深沉似海，绿如夏荷，墨如凝膏。泰山玉依托泰山文化而诞生，泰山文化赋予泰山玉灵魂，成为泰山平安吉祥文化的重要载体之一，历来被称作镇宅玉、辟邪玉、平安玉。

泰山茶。泰山种植茶树的历史久远，唐朝时就有在泰山种茶的探索，拥有深厚的茶文化底蕴。泰山茶区属于中国最北的茶区，独特的水土资源和暖温带半湿润大陆性季风气候，为泰山茶叶的生长营造良好条件，也造就泰山茶香高味浓、叶厚耐泡、汤绿明亮、花香或栗香明显等特有的风味。泰山茶一直以绿茶为主，后又研发出泰山红茶、泰山白茶等新品种，产品种类不断丰富。

肥城桃木。肥城桃木雕刻以境内独有的佛桃木为原材料，木体清香、色泽金黄，花纹呈八卦螺旋形。以传统平面浮雕为基本雕刻技法，包括浅浮雕、深浮雕、高浮雕、多层叠雕等手法。采用散点透视构图、线面结合、保留平面，以构图饱满、层次丰富见长。代表产品有桃木剑、桃木如意、桃印、桃木摆件及各种桃木小饰品。产品获国内多项大奖，具有很高的收藏价值，深受广大游客喜爱，产品畅销全国各地。肥城桃木旅游商品已发展到20个系列、3000个品种，占全国桃木旅游商品市场80%以上的份额，形成“肥城桃木雕刻流派”。

泰山汉麻。汉麻素有“天然纤维之王”美誉，泰安依山傍水的地理条件造就泰山汉麻纤维极佳的品质，由它制成的服装衣饰具有吸湿、透气、舒爽、散热、防霉、抑菌、抗辐射、防紫外线等多种功能。泰山汉麻系列产品由纯麻柔性化处理的天然汉麻纤维纺织而成，经仿棉纤维效果处理，在排汗、防静电、除臭方面效果显著，备受市场青睐。

【泰山灵芝】 泰山的珍贵特产，传说是神农在尝百草中从泰山发现的，故称为“神草”。可治疗耳聋、关节病，保神益精气，坚筋骨，除虚劳，还可治疗神经衰弱、冠心病、高血压、肝炎、慢性支气管炎、哮喘等病。

【泰山板栗】 山东名产之一，以个大色鲜、质细味甘而独享盛誉。泰山地区栽培板栗有3000多年的历史，在金、元、明、清等时期均被定为皇室贡品。民国以后，蜚声国际市场，被誉为“泰山甘栗”。栗子收获季节的糖炒栗子是一年一度的节令佳果，深受男女老幼的青睐。

【泰山红心萝卜】 以岱岳区夏张产的红心萝卜为最好，个头匀称，每个250克左右，青皮白瓤里呈现着清晰的红绿，质地细腻，汁多味甘，清脆爽口。

【泰山三美】 泰安产的白菜、豆腐和泰山泉水被誉为“泰山三美”。泰山白菜口味鲜美、个儿大心实，质细无筋；泰山豆腐浆细质纯，嫩而不老、味道甘美、富有弹性；泰山泉水高氧洁净，清甜爽口，杂质少。用泰山白菜、豆腐、水烹制的菜汤称为“泰山三美汤”，豆腐白、菜叶绿、味汤浓，是一道集美味、营养于一身的菜肴。

【泰山赤鳞鱼】 又名螭霖鱼，产于泰山山涧溪流中，是泰山泉水哺育的珍贵山区淡水鱼，为中国鱼类珍品，成鱼长20厘米左右，肉质鲜嫩，其味鲜美而不腥，为名贵菜馔，亦可药用。

【泰安煎饼】 创制年代无考，明代已成家常便饭。以玉米、高粱、谷子、地瓜干等粗粮为原料，经过粉碎泡糁、磨细成糊、摊于鏊子上边刮边烙，烙熟即成。质地细薄，水分少，耐久储，香酥可口。泰安煎饼分5种：用未发酵糊子制作的为甜煎饼，用发酵糊子制作的为酸煎饼，冷却的煎饼再烙酥为酥煎饼，煎饼加葱油或豆腐、白菜等馅烙制的为油煎饼，小米面加白糖烙制的为糖酥煎饼。新泰楼德镇利用当地资源优势，开发煎饼产品，成为“中国煎饼第一镇”。

【泰安豆腐宴】 泰安神豆腐浆细含水多，质嫩而不流，洁白如雪，味道甘美，富有弹性，久煮不老亦不糊，系泰山周围居民家常菜。烹制方法多样：或制作豆腐乳、臭豆腐、五香豆腐、豆腐干、豆腐皮、辣豆腐、冻豆腐、茶色豆腐；或用来凉拌、热炖、油炸、蜜汁。随季节而变，春有小葱拌豆腐、香椿麻汁豆腐；夏有大蒜麻汁豆腐；秋有青椒炒豆腐、冬瓜豆腐汤；冬有白菜炖豆腐、大葱炒豆腐、辣椒热豆腐、羊肉炖豆腐、豆腐炒鸡蛋。泰安有名的“豆腐筵”，已开发出150多道菜，以“三美豆腐”、豆腐丸子、锅塌豆腐、炒豆腐脑、砂锅豆腐、煲豆腐、奶汤豆腐、软烧豆腐最为著名。

【泰山野菜宴】 泰山野菜食用历史悠久，历代帝王到泰山封禅，均“食素斋，整洁身心”，以示虔诚。寺院倡导素食，民间亦有菜食、菜医习惯。后人将宫廷素食、寺院素食、民间素食集为一体，创制野菜宴，成为中外游客推崇备至的“绿色食品”。泰山野菜宴可分为冷盆类、油炸类、腌制类、汤羹类等，品种50多个，均有丰富的营养价值和医疗保健作用，尤以姜汁荠菜、炸藿香、山鸡扒鹿角、蛋炒鸦葱（又称琉璃嘴）等最为著名。

【泰安酱包瓜】 清咸丰年间创制，与泰安酱磨茄、泰山牙枣并称泰安三宝，清同治年间被定为贡品。采用泰山南麓大白峪村特产的一种黑褐色、未成熟、鲜嫩甜瓜作外衣，将莴苣、黄瓜、花生仁、核桃仁、瓜子仁、杏仁、藕、龙须菜、冰糖、柿饼、青红丝等切块作馅料，用当地自产的甜酱酱制，鲜脆清香，酱味浓郁。

【泰山牙枣】 明末创制，清代定为贡品。该品用精选的鲜长枣经特殊加工制成。枣坯为宁阳县葛石大枣，故有“泰山牙枣宁阳坯”之说。传统的手工制作方法分为选枣、煮枣、脱皮、晾晒、除核、提霜6个步骤。首先要选择个头均匀的鲜红枣，放入锅内煮至五六成熟，脱皮晾成半干，待枣的表面自然生出一种白色物质（俗称“枣霜”）后，除核，拌上适量淀粉，使外皮漂白光滑美观即成，形似饴糖，肉若荔干，香甜可口，别有风味，被称为“干果糕点”。

【山农酥梨】 山农酥梨是山东农业大学陈学森教授团队历经15年时间，采用“果树多种源品质育种法”发明专利技术，以遗传背景复杂、含有‘库尔勒香梨’血缘的‘新梨7号’为母本，以‘砀山酥’梨为父本，杂交育成的新品种，具有品质优、耐贮藏、抗氧化、极晚熟、易丰产等特点。平均单果重460克，果心小，果个大；质地细密、酥脆，可溶性固形物含量14.8%；常温下存放2个月，仍保持酥脆品质；切开后72小时不褐变，抗氧化，生津润燥，止咳化痰，保健价值大；果实发育期180天左右，极晚熟；二年生成品苗定植第二年见果见效，四年丰产高效，早果性强。至年末，该品种在山东泰安、聊城、菏泽、济宁和临沂等地示范推广2000公顷（3万余亩）以上。

【泰安珍珠西红柿】 岱岳区房村镇被誉为“齐鲁番茄第一镇”“番茄之乡”，所产西红柿已注册“泰山珍珠”著名商标。珍珠西红柿呈椭圆形，果实直径在1～3厘米之间，单果重10～30克，每穗可结6～10个果实，每株可结80～100个果实；其外皮为鲜红色，有光泽，果肉皮层厚，为粉红色，种子呈黄绿色；其腔室饱满，汁液较多、味清甜、无核、口感好，耐挤压能力强，便于贮藏和长途运输。

【大樱桃】 徂徕镇、天宝镇、化马湾乡盛产大樱桃，品种有红灯、大紫、先锋、那翁、宾库、雷尼尔、意大利早红、乌梅极等。2013年，化马湾乡成功注册“化马湾大樱桃”国家地理标志，优质大樱桃种植面积1000公顷（1.5万亩）。2019年，天宝樱桃正式获批国家非木质林产品森林认证，成为全省第一个获该项荣誉的樱桃品牌。

【泰山氢泉山泉水】 岱岳区祝阳镇焦家峪村有一泉眼，泉水清澈甘洌，古称清泉，为史载泰山名泉之一。因泉眼中经常冒出气泡和白色雾气，类似氢气飘向天空，故又称氢泉。该泉地处泰山东麓，远古时期由于地壳运动，形成独特的地理环境和地下岩石结构，周边区域植被茂密，无污染，蓄有充沛的覆盖层水分，地下水矿化度小于每升 0.5 克，总硬度 8 ~ 15 德度，属中硬水。泉水水温 18℃，pH 值 7.1 ~ 7.8，为弱碱性水，并富含锌、钾、硒、锶、钠、镁等人体所需微量元素和矿物质，水中负电位（ORP）值高达 –360MV。泰山氢泉山泉水是天然负电位活化水，抗氧化能力强，在地磁作用下，形成小分子团水，具有较强的渗透、溶解、乳化能力，极易被人体完全吸收，长期饮用有益于身体健康。

【徂徕黄金梨】 徂徕镇南靠徂徕山，北依大汶河，常年气温适宜，光照充足，土质肥沃，保水性强，极利黄金梨生长。徂徕镇黄金梨栽培历史悠久，自宋以降，延绵千余年。后经多次品种改良，终培育成“神奇的生命之果”。2013 年，国家质检总局发布公告，徂徕镇黄金梨正式成为“国家地理标志保护产品”。徂徕黄金梨表面呈黄绿色，晶莹透亮，肉质脆嫩，汁多味佳。食之清脆香甜，后味浓香绵长。

【徂徕村秋西红柿】 产于徂徕村东，崆崆山以西的山沟中。由于山中特殊的晚秋气候，温而湿润，很适合秋西红柿的生长。其果实呈橘红色，晶莹剔透，十分诱人。采摘期比一般西红柿晚 2 个月，是晚秋初霜季节少有的果蔬。其特点是面、沙瓤、味醇，入口后回味悠长。秋西红柿无虫害、不打药，是纯天然绿色食品，每到成熟时节，城乡居民争相购买。

【范镇油酥烧饼】 清乾隆年间范镇村民徐畅创制。制作方法是用生面、酵面、老面加“油酥”（用驴油、花生油、面粉制成）、食盐、花椒粉等糅合，然后烤制而成，具有色泽金黄、层次分明、外酥里软等特点。乾隆帝品尝后亲题“徐家烧饼铺”匾额。抗日战争时期，匾额被日伪军焚毁。中华人民共和国成立后，时任中共山东省委书记的舒同到泰安视察工作时，题写“范镇烧饼”，赠给徐氏五代传人徐连功。1965 年，徐氏第六代传人徐太国在山东省供销系统食品表演大赛中，获一等奖和特别荣誉奖。20 世纪 80 年代，越来越多的人开始学做徐家烧饼，范镇烧饼传遍全国数百个大中城市。

【泰山黑猪】 泰安市地方猪种之一，有 6500 余年饲养历史。体型较大，体躯较长，全身被毛黑色，鬃毛长而密，喜爱活动，具有体质强健、抗病力强、繁殖力高、耐粗饲等特点。其肉质鲜美、拉力强、弹性高、口感筋道，富含微量元素，抗氧化物质高，维生素 A、维生素 E 含量高，胆固醇低，有健脾和胃、补虚强身之效，是美味与营养兼具的滋补之品，深受当地人们喜爱。

【泰山驴肉】 泰山周边乡村一直有人工饲养驴的传统。制作泰山驴肉，须挑选绿色养殖 500 天以上、体重 250 千克以上健壮的毛驴，宰杀前空腹 12 小时以上，经过严格工艺流程屠宰分割，入 0℃ ~ 4℃恒温室排酸 24 小时后进行清洗处理。用泰山山脉山泉水，加入天然植物配方煮制 3 小时，再小火慢煮 2 小时，关火焖煮 7 小时后方可出锅晾晒。晾晒后冷藏保存，随时可食用。泰山驴皮可制作保健食品阿胶，也可制作泰山皮影。泰山驴油可制作泰山驴油火烧，已传承上百年。

【果都咸菜】 生产于新泰市果都镇果都村。果都始建于秦代，曰德性庄。汉武帝东巡，更名裹头城。明初更名为果都城，后简称果都。果都地处平原，蔬菜资源丰富，家家户户有生产酱腌菜的历史。早在清末，“果都咸菜”的出品带动当地酱腌菜的发展，以其香味浓厚、质地脆嫩而闻名省内外。1972 年被评为“省优产品”，同年，“果都咸菜”和生产的“海味辣椒”成为进京产品。在 2003 年首届“泰山名优产品”评选活动中，被评为“泰山名优特产”。在 2004 年第二届“家 + 乐杯”泰山名优特产评选中获银奖。2005 年被市消费者协会、市旅游局指定为旅游生产定点产品。“果都咸菜”味道鲜美，清香、脆嫩，能增进食欲，深受大家喜爱。

【羊流豆腐皮】 产于新泰市羊流镇，有 500 年加工历史。相传明太祖朱元璋曾题写“乐陵小枣莱阳梨，不及羊流豆腐皮”，一度成为朝中贡品。羊流豆腐皮制作工艺独特，用料精细。首选上等优质黄豆，去皮进行泡涨（俗称泡黄子）。泡涨后磨成细豆糊，把糊经纱布过滤除渣后放进大锅中加水熬成汁，后舀入大缸中下石膏，下膏后便成豆腐脑。把豆腐脑搅碎，越碎越好，然后舀入事先在模子里铺好的白布中，撇一层豆腐脑，盖一层布，层层弄匀。最后再进行压汁，便成为生豆腐皮，将生豆腐皮放入锅中加盐和水煮，煮熟凉透后，折叠成便于食用的长方块，即成。羊流豆腐皮薄如白纸，清爽、劲道，口感独特，营养丰富，便于携带和食用。

【新泰米廪居清真糕点】 有墓碑记载，唐末回族米氏已在禹村镇定居。早在明洪武年间，米氏家人开始制作清真糕点，到清朝中后期技艺趋于成熟。清咸丰年间，创始人米申太创立米廪居清真糕点。当代传人米云在原配方的基础上，继承传统工艺，推陈出新，严格把控产品原料来源的同时，根据现代人对食物营养健康、美味可口、方便携带等多重追求，融合西方烘烤技巧，研发推出新派糕点，分烤制类、炸制类、蒸煮类等品种。其中，烤制类有长寿糕、桃酥、寿桃、月饼、菊花饼等；炸制类有蜜三刀、炒糖、江米条、芙蓉枣、千层酥、酥角等；蒸煮类有绿豆糕、蒸蛋糕等。米廪居清真糕点可作早点、茶点，也可作席间小吃和礼品。

【肥城桃】 肥城桃是全国著名特产，因产于肥城而得名，又名佛桃、寿桃。其果实肥大、外形美观、肉质细嫩、味美甘甜、营养丰富，被誉为“群桃之冠”，有1100多年栽培历史，为历代皇室贡品。明隆庆六年（1572年）《肥城县志》载：“果亦多品，惟桃最著名。”清雍正年间《山东通志》载：“桃产肥城者佳，临清次之，分销各处。”清光绪三十四年（1908年）《肥城县乡土志》载：“东西洋诸国莫不知有肥桃者。”至清代晚期，肥城桃已驰名国内外。肥城桃作为一个品系，不断引进、培育新品种，已拥有红里、白里、晚桃、柳叶、大尖、香桃、酸桃等品种30多个，其中以白里品质为最佳，红里居多，成熟期约为8月底9月初，成熟后呈米黄色。果重250～300克，最大900克，果肉中含可溶性固形物14%（最高可达24%）、糖量13.6%～18.59%、果酸0.25%～0.43%，每百克果肉中含维生素C10.22～10.44毫克，含有多种人体所需要的蛋白质和微量元素，具有很高的营养和药用价值。1995年肥城被农业部确定为“中国佛桃之乡”，2000年被世界吉尼斯上海总部确定为世上最大的桃园，2001年在国家商标局注册地理标志证明商标，2009年肥城桃地理标志证明商标获山东省著名商标称号，2013年“肥城桃”先后入选“山东省十大地理标志商标”“2013年度全国名特优新农产品目录”，2014年肥城桃地理标志“肥城”商标获中国驰名商标称号，2015年肥城桃地理标志获“中国果品百强品牌”和“中国果品区域公用品牌50强”两项国家级荣誉，入选“全国名优特新农产品”目录。

【演马庄牛肉】 肥城演马庄回民陈氏经销的熟牛肉有260多年的历史，制作工艺讲究：将活牛屠宰后，剔除骨骼，肉分割为块，置木架上晾干后下锅；加水浸过肉约10厘米，点火烧煮，待水开后，用铁勺置火硝约2两，点燃加入锅内，约半小时，漂去白沫及污物；按百斤肉加盐1.5千克，并将配好的佐料（大小茴香、三奈、白芷、砂仁、紫蔻、花椒、丁香、橘皮、边桂等）轧碎装纱布袋放入锅内中层，同时将上次煮肉的老汤注入，继续烧煮约1.5个小时，再改用文火烧煮2～3个小时方可停火，趁热将肉捞出晾至无水汽即可。陈氏加工制作的牛肉微红透亮，味香爽口，咸淡适宜，营养丰富，有色、香、味俱佳的特点。

【孔庄绿豆粉皮】 起源于明朝末年，兴盛于清康熙年间。创始人是孔子第六十一代孙孔宏嗣，他创制绿豆粉皮的加工技艺，并授徒多人，绿豆粉皮的加工由此逐渐兴盛。孔庄粉皮以优质绿豆为原料，采用传统秘方配料，手工制作，天然晾干而成，具有清爽可口、营养丰富、清热解毒、降压利尿、保质期长等特点，属纯绿色食品。被山东省消费者协会评为“消费者信得过产品”，获国家“名牌产品”称号和“金鸡奖”称号，在北京、上海、天津、青岛、深圳等10多个大中城市均设有销售专柜，并远销欧洲及东南亚各国。2012年，孔庄粉皮获国家地理商标认证，实现产地的认证与商标的独享。

【汶阳河岔口鸭蛋】 是肥城汶阳特产。河岔口鸭蛋外壳呈淡绿色，椭圆形，鸭蛋个大，每枚重100克左右，质优、色正、味美。肥城市汶阳镇河岔口村三面环河，河面宽广，常年流水不竭，沿河芦苇满滩，水草丛生，是各种鱼类、蛙类栖息的良好场所。入夏，鱼蛙产卵，无数幼鱼、蝌蚪、草虫浮游水面，蛤螺遍布河底，是鸭类的天然优质饲料。鸭群白天觅食于河滩，傍晚进食用豆饼、麦麸、玉米渣等配制的饲料，一般午夜后产蛋。得天独厚的自然条件，加之精心喂养盛产出独特、味美、质优的河岔口鸭蛋。

【泰山君子茶】 是泰山茶的新品牌，归属泰安市东兴农业有限公司。

茶园的历史可追溯至1950年，拥有在泰安地区最早的试种，有野化的老茶树26.67公顷（400亩），位于肥城市老城街道双峪村。新茶叶基地历时5年，位于泰山西麓的老城街道张花峪、河口、田花峪3个山区村，种植面积93.33公顷（1400亩）。该公司选择空气清新、水质纯净、自然生态环境优美的泰山西麓作为有机茶生产基地，有机化种植、不施化肥、不打农药，确保茶叶质量。泰山君子茶实现茶叶生产的标准化、有机化和产品营销的品牌化，精选茶园一芽一叶茶，采用新工艺精制而成。

【王晋甜瓜】 为历史悠久的土特名产，有1600多年的栽培历史。王晋流域分布着红色沙土，是种植甜瓜的理想土壤，所产甜瓜皮色光亮，外形美观，不易裂果，含糖量高，肉质细腻，甜脆可口，口味郁香，富含多种维生素、氨基酸。清光绪三十四年（1908年）《肥城县乡土志》载："王晋甜瓜品种最优……"。王晋村与山东省农业科学院、山东农业大学等合作，探索实施王晋甜瓜的有机化种植，共同开发出'王晋绿甜'1号、2号、3号，'王晋花甜'1号、2号、4号，'王晋香甜蜜'1号等名优品种。'王晋绿甜'1号、2号早熟，绿白色，果重约500克以上，极甜，品质极佳；3号中熟，绿色带深绿色花纹，甜中带面，瓜重1000～1500克；'王晋花甜1号'，早熟，极甜，果重约400克，品质上乘。王晋甜瓜是馈赠亲朋好友的佳品，已进入大中城市名优水果市场，备受消费者青睐。

【宁阳不老枣】 宁阳大枣在1982年被列为国家保健枣，2000年全国红枣交易会上被评为全国金奖。2000年3月，宁阳县被批准为全国名特优经济林"大枣之乡"。宁阳大枣的生长地为砂质棕壤土，经化验，砂质棕壤土中有效铁、有效铜的平均含量高于普通土壤中含量临界值的10倍以上，有效锌、有效硼、有效钼的平均含量高于普通土壤含量临界值的2～5倍。棕壤土中的微量元素为宁阳大枣优良品质提供丰富的物质来源。棕壤土中有机质、腐殖质及氮、磷、钾含量较高也是促进大枣品质优良的重要因素。鲜枣含糖量44%，干枣含糖量85.5%，含蛋白质3.3%，每百克干枣含维生素C14.2毫克，还含有维生素A、维生素B和维生素P，有"天然维生素丸"之称。宁阳大枣果实硕大、果皮薄、紫红、有光亮，果肉肥厚、细腻扯丝、清甜可口，营养丰富、耐贮运等。宁阳大枣鲜食、熟食、干食皆宜，亦能入药，养胃健脾、益肝壮肾，具有较高的药用价值。

【州城糟鱼】 东平县地方传统名吃。远自清代，在境内各大集镇均有糟鱼上市，誉为佳品。中华人民共和国成立后，糟鱼声誉愈增。特别是州城镇聂、谢两家，世代相传，技艺精湛，久负盛名。所制糟鱼，鱼体完整，骨肉同食，味美，香而不腻。糟鱼制作多选用鲫鱼、鲇鱼、黑鱼等，留腮鳞，去内脏，洗净下锅，首尾相交，上下分层（大者在下），加适量香料、红糖、食盐、老汤、温水等，以木柴文火通夜焖炖，次日即可食用。

【东平湖咸鸭蛋】 以优良的东平湖麻鸭禽蛋为原料，经腌制而成的著名特产。湖里放养的麻鸭以各类小鱼、小虾和浮游动植物为食，不仅产蛋率高，且个头大，蛋质细，黄油多，平均每只重105克左右，比普通鸭蛋超重30克。用湖产麻鸭下的蛋腌制成的咸鸭蛋，油分充足，咸淡适中，煮后切食，味道特美。剖开煮熟的咸鸭蛋，可见蛋白如凝脂白玉，蛋黄似红橘流丹，红白相映，味美诱人。因为蛋心鲜红，所以又称为"红心麻鸭蛋"。

【东平粥】 又名徐家粥，为州城镇桂井子街徐保明家世代经营，清康熙年间创制。东平粥系以上好的黄豆、小米作原料，用石磨将黄豆、小米分别制浆，并过滤去渣，然后按配方熬制而成，豆浆与米浆之比约为2∶1。熬汁时，先将豆浆倒入沸水锅内，烧至沸点，用木勺连续搅动，文火慢熬，熬制约半小时，待沸汁浮沫消净、豆香飘溢时，再将过滤的米汁倒入豆汁锅内，慢火烧沸后，即可熄火出锅。熬出的粥液以"清汁"为上品。若豆汁、米汁同时下锅，则会熬成混汁，即下品。出锅的粥在粥缸内呈液体状态，盛入碗内即凝，表面好像浮着一层油汁。此时，把预先用陶罐焖制好的五香熟豆撒在碗里，与粥同食，喝时便会豆随粥游，入口愈嚼愈香，韵味无穷，振人食欲。东平粥制作选料精、做工细，且做粥的水是用清真寺附近马公祠深水井中的甜水，故熬出的粥滑润爽口，清香甘甜，沁人心脾，有独特的糊香味，喝尽粥，碗如洗，不挂一丝粥迹。（姚 韵）

编辑 校对 戚淑娟

房地产业

土地市场监管

【建设用地供应】 2020年，全市国有建设用地供应2106.09公顷，上升35.4%。从供应方式看，以出让方式供应土地339宗、1102.21公顷，下降2.9%，出让价款224.10亿元，上升5.3%；以划拨方式供应土地304宗、1003.88公顷，上升138.8%。

【房地产用地供应】 2020年，全市房地产用地供应128宗，面积399.15公顷，下降4.2%。其中，招拍挂出让普通商品住房用地327.21公顷，下降3.3%；招拍挂出让价款151.35亿元，下降8%。

【批而未供和闲置土地处置】 截至12月底，处置2009—2017年批而未供土地307公顷（4605亩），处置2018—2020年批而未供土地505公顷（7575亩），处置闲置土地118.37公顷（1775.55亩）。

（田云龙）

房地产市场

【概况】 3月，市政府印发《关于应对新冠肺炎疫情 促进全市房地产市场平稳健康发展的通知》，从调整土地出让合同签订时间、延期缴纳土地出让金、缓交房地产开发项目有关建设规费、降低商品房预售许可条件、调整预售资金监管条件、确保公积金有序投放、合理顺延房屋交付日期、免交或缓交房屋租金、延期房地产企业纳税申报、提供信贷支持10方面提出具体意见，促进全市房地产业复工复产，实现平稳健康发展。至年底，全市房地产开发完成投资264.06亿元，房地产开发施工面积2683.44万平方米，分别增长28.3%、11.8%。

【房地产开发历史遗留问题专项整治】 按照市委决策部署，2019年7月9日，成立工作专班，牵头组织全市房地产开发历史遗留问题专项整治工作。工作中，牢记为民服务解难题初衷，把“给群众办证”放在首位，坚持依法依规、实事求是、创新突破、攻坚克难，取得阶段性成效。到年末，全市集中整治346个、1774栋、75237户、847.58万平方米问题项目。其中，320个项目、786.52万平方米办理不动产初始登记，实现群众办证“想办能办、申请即办”。市房地产开发历史遗留问题“7·9”工作专班获省“攻坚克难奖”先进集体称号。

【房地产市场监管】 坚持“房住不炒”定位，严格执行商品房预售制度，推行商品房买卖合同网签即备案制度，严格执行预售资金监管制度。市区累计批准预售项目285个、459万平方米，商品房预售资金监管项目77个、监管资金142亿元。组织开展中介和评估机构监督检查，保障房地产市场健康稳定。

【不动产登记】 2020年，全市办理不动产登记144803件，颁发不动产权证书56928本，发放不动产登记证明49495份，向公检法及社会公众出具信息查询证明131527份，完成学生入学房产核查30617份，收缴不动产登记费1662.75万元、出让金2202.50万元。回复为民服务热线群众咨询2000余件，应诉行政案件30起。全年解决历史遗留问题小区180个，面积444.03万平方米，40937户；累计解决历史遗留问题小区213个，面积530.34万平方米，48402户。

【住房租赁市场】 推动住房租赁企业多元化培育，6家租赁企业通过代管、租赁、购买等方式筹集房源，开展住房租赁业务1000笔。向财政争取预算，搭建住房租赁服务平台，完成租赁备案1333起。结合全市实际情况，推进“商改租”试点政策出台。

6月30日，天平社区居民拿到期盼已久的不动产证　　（李　燕　供）

【住宅专项维修资金管理】　坚持业主交存、专户储存、业主共有、专款专用、业主决策、政府监督，2020年，市区维修资金累计归集12.5亿元，累计使用4057万元。

（陈传奇）

物业管理

【概况】　2020年，泰安市物业管理工作围绕“强党建、顺体制、建机制、抓规范、广宣传”的思路，以实现物业管理全覆盖为目标，不断满足居民的物业服务需求，推进物业服务行业快速健康发展。至年底，全市有专业化物业管理小区1132个，专业化覆盖率达53%；成立业主委员会532个。

【红色物业创建】　2020年，市委把红色物业工作作为全国城市基层党建示范市建设的重要内容，列为市委书记抓基层党建突破项目，发挥城市基层党建引领作用，提升城市社区物业管理服务水平。至年底，市、县（区）两级均成立行业党委，16个街道成立“红色物业专门委员会”。267家物业企业成立党组织，党组织覆盖率达61%；184个业主委员会成立党支部，全市上下“党建引领、行业主管、基层主抓、上下联动”的工作格局基本形成。

【物业行业管理】　完善以信用为核心的物业服务市场监管体制。组织全市物业主管部门参加省物业服务企业信用信息管理系统培训学习。2020年11月，山东省正式启用物业服务企业信用信息系统。至年底，泰安市有64家物业企业基础信息通过审核。自8月份开始，组织开展物业管理领域“双随机、一公开”监督检查3次，通过查看现场、查阅档案资料，随机抽取检查物业服务企业22家。建立由行业主管部门和社区共同参与的物业行业综合评价机制，将街道社区考核权重提升至60%。2020年，泰安城区考核物业服务企业215家，综合评定出优秀红榜企业13家、黄榜良好企业198家、黑榜不合格企业4家。对于优秀企业给予市级财政资金奖补，市区发放奖补资金500万元。编制“泰安市住宅小区物业服务企业、业主委员会职责清单”，明确物业服务企业和业主委员会在物业服务活动中的职责，解决好物业管理“必须为”的问题。

【提升物业服务品质】　组织开展物业行业文明创建“品牌提升年”活动，培育物业区域品牌，构建物业行业品牌体系。组织开展“大排查、解难题、暖万家”专项行动，梳理物业管理投诉事项1.8万条，排查物业管理领域突出问题，组织力量集中整治。至年底，全市物业服务投诉量下降34%，下降比在全省排名第二。　（任珮珮）

编辑　校对　　戚淑娟

金融业

综述

【概况】　2020年，全市金融机构和地方金融组织193家。其中，银行业机构30家，存款余额4559.6亿元，新增465.8亿元，比年初（下同）增长11.4%；驻泰安银行业机构表内贷款余额3136.3亿元，新增439.9亿元，增长16.3%；保险业机构59家，保费收入142.9亿元，增长6.3%，累计各项赔款39.9亿元，增长10.8%；证券机构13家，累计成交额4921亿元，实现利润9175万元；小额贷款公司13家，融资性担保公司9家，民间资本管理公司18家，民间融资登记服务公司1家，介于现货和期货之间的大宗商品交易市场1家，典当行27家，融资租赁公司16家，商业保理公司6家。

【资金支持】　建立金融专项服务“绿色通道”，建立金融服务“五个直通车”［市地方金融监管局局长与银行行长、与“双五十强”企业董事长、与防疫重点企业董事长、与行业主管部门主要负责人、与县（市、区）线上直接对接的“直通车”］“五个第一时间”［通过微信群，市地方金融监管局局长第一时间直接与行长对接沟通，第一时间直接将企业资金需求推送行长，第一时间直接掌握重点企业资金困难，第一时间直接协调县（市、区）、融资担保、银行破解最棘手融资难题，第一时间调度资金到位］直接对接。年末，贷款余额3136.3亿元，比年初增长16.3%，增幅比全省平均水平高2.4个百分点。实施融资担保、无还本续贷，为企业纾困解难。实行重点项目融资担保“名单制”，应担尽担、能担则担。全市融资担保余额185.6亿元，增长14.7%，担保规模居全省第三位。为381家企业无还本续贷53.9亿元，市场化解决应急周转资金36.2亿元。

3月14日，全市落实金融支持政策、大力保障企业持续发展推进会召开

（刘德良　供）

【支持复工复产】　实行金融监管局局长和银行行长“两个责任制”，推行复工复产重点项目、骨干企业信贷“名单制”和“主办银行制”，现场办公，以最快速度满足市场主体资金需求。累计为3408家企业新增融资1066.6亿元。先后出台18个金融强力支持、定向精准的具体办法，建立金融政策服务指导组，对企业宣讲11次，通过金融服务“直通车”，把汇编金融政策惠及企业，超前破解偿还贷款、利息“两大难”，累计为1241家企业落实延期还本付息及优惠利率政策214.5亿元，平均下浮利率25.4%，节省财务费用3.1亿元。

【政银企合作对接】 实施“政银企合作提升行动”，召开“战疫情、保发展，金融支持在行动”银企签约视频会，连续17次开展政银企深度精准对接，累计为559家企业新增授信366.4亿元。做好金融辅导队入企辅导，开辟定向帮扶企业新路径。组建84支金融辅导队，每月定期联系企业2次，有资金需求随时上门沟通，“一对一”上门帮扶中小微企业1148家，将驻泰安银行金融产品及政策汇编成册发放企业，对810家企业对应制定定向融资方案，为369家企业落实资金141.4亿元。

【优化金融生态环境】 开展“增信贷降不良打逃债树诚信”专项行动，累计收回“打逃债”资金56.9亿元。获得信贷的办贷环节、时间、材料平均减少67%。防范化解重大金融风险，实现保企业、保就业、保发展。在全市超前排查金融风险隐患，化解21家重点企业137亿元风险贷款和273家逾期欠息企业严重资金链风险，处置不良贷款82.9亿元，全市不良贷款和不良贷款率实现“双降”。推进企业上市挂牌，对接资本市场。开展“县域突破”工程，新巨丰报深交所创业板进行二轮反馈；山东宝来利来生物工程股份有限公司等3家企业报山东证监局辅导；泰安淘你欢购物广场有限公司通过美国纳斯达克过会审核；引进1家纳斯达克上市公司落户泰安；对山东泰鹏环保材料股份有限公司等7家“种子”企业建立专班。累计落实奖励政策3938万元。打造泰山基金小镇，引进落户投资管理机构37家，实缴注册资本24.6亿元。建立存贷联动机制，推进驻泰安银行加大对实体经济投放。5个改革创新案例纳入《2020年全省金融创新案例》。 （刘德良）

【泰安金融控股集团有限公司】 2020年，该集团实现营业收入5.87亿元，为986家中小企业及个人提供投融资服务173.7亿元，其中“双50强”企业在保29家42.78亿元，为37家企业减免费用1500万元。

保障实体经济发展。落实疫情防控和“六稳”“六保”任务，制定《十条意见》及配套操作指引，开设绿色通道和线上业务办理，保障工业企业、“双50强”企业及小微企业发展。年内，工业企业、“双50强”企业在保171家，金额98.02亿元，减免费用1500万元；持续推进创业再就业，累计为235户小微企业提供贷款担保6.5亿元，为128户下岗职工提供创业担保贷款2325万元，为28家租户减免房租178.16万元。集团在全省54家纳入金融企业绩效评价中金融控股类取得A级优秀等次，位居全省前列；市融资担保公司在全省192家纳入金融企业绩效评价中取得AA级优秀等次，列全省第一名。

保障资产安全。强化集团统一授信管理，推进数据风控体系建设。落实领导班子成员包保责任，加大对重点项目和风险项目的推进力度。多方协同配合，化解市重点企业债务及互保联保风险。

加强项目建设。依托徂徕山独特的自然和文化资源，建设泰山温泉康养小镇，发展康养产业，该项目已被列入2020年全国森林康养基地试点建设单位，成为全国第六批次山东省20个入选单位中泰安市首个入选试点建设单位。金源矿业项目通过绿色矿山创建验收，完成基础设施建设、水洗生产线建设和皮带运输长廊建设招投标工作。

推进招商引资等重点工作。发挥资本市场主体信用和债项双AA级资质优势，实现资本市场融资额6亿元，并推进集团公司10亿元非公开公司债发行。确定招商引资十大重点项目，与国内优质金融机构对接，重点推进文旅产业开发、项目合作、重点企业融资等洽谈合作。创新发行“资产收益权产品”。联合成立泰安市黄精产业发展投资合伙企业（有限合伙），推进泰安市

12月1日，泰安金融控股集团有限公司召开全面发起总攻冲刺，全力以赴确保完成经营发展全年目标任务工作会议 （徐睿超　供）

黄精产业发展。完成泰安新华锦及东胜文旅公司增资扩股招商引资项目，引进市外资金 5.47 亿元。引进外资实际到位 2000 万美元。

提升经营管理。深化体制机制改革，提升子公司独立运营管理能力，优化机构和法人治理，深化流程再造，修订完善各类制度 40 项。落实省现代企业制度“示范工程”要求和推进措施，坚持问题导向，不断改进提升。（徐睿超）

·中国人民银行泰安市中心支行·

【概况】 中国人民银行泰安市中心支行（简称泰安市中心支行）贯彻中央经济工作会议、人民银行（简称人行，下同）工作会议精神，围绕“六稳”“六保”任务，做好货币政策和实体经济发展的结合文章，发挥央行资金的引领撬动作用，为打赢疫情防控阻击战和实现地方经济高质量发展提供强力支撑。连续 18 年保持“省级文明单位”称号，被授予“山东省打击虚开骗税工作先进单位”，被中国人民银行济南分行评为“全省落实 3000 亿元专项再贷款和 5000 亿元再贷款再贴现专用额度政策优秀集体”。

【金融运行】 年末，全市金融机构人民币各项存款余额 4559.6 亿元，比年初增加 465.8 亿元，比年初增长 11.4%。单位存款较年初增加，增量、增速有所回落，全市单位存款余额 1380.7 亿元，比年初增加 8.8 亿元，比年初增长 0.6%，同比回落 13.2 个百分点。个人存款稳定增长，个人存款余额 3060.9 亿元，比年初增加 395.8 亿元，比年初增长 14.9%，同比提高 1.7 个百分点。

年末，全市金融机构人民币各项贷款余额 3136.3 亿元，比年初增加 439.9 亿元，比年初增长 16.3%，同比提高 2.3 个百分点。短期贷款增长较快，短期贷款余额 1009.2 亿元，比年初增加 120.5 亿元，比年初增长 13.6%，同比提高 12.1 个百分点。中长期贷款稳定增长，全市中长期贷款余额 1922.4 亿元，比年初增加 244.7 亿元。票据融资快速增长，全市票据融资余额 203.6 亿元，比年初增加 73.7 亿元，比年初增长 56.7%，同比提高 19.6 个百分点。

外币存贷款余额一增一降。全市外币存款余额 6.75 亿美元，比年初增加 1.18 亿美元；外币贷款余额 1720 万美元，比年初减少 1453 万美元。

【金融调控】 泰安市中心支行坚持服务实体经济，畅通货币政策传导，通过再贷款再贴现、创新直达实体经济货币政策工具等方式，为全市疫情防控、复工复产和经济平稳运行提供金融支持。

金融支持稳企业保就业。落实 1.8 万亿元央行再贷款再贴现政策，全年累计投放低成本再贷款再贴现资金 53.1 亿元，是 2019 年的 2 倍；引导金融机构累计发放优惠利率贷款 92.2 亿元，是 2019 年的 3 倍，平均利率 4.4%，低于同类机构普惠小微贷款平均利率 2.6 个百分点，直接让利企业 2.5 亿元。4 月 9 日，《人行泰安市中心支行：支持疫情防控和复工复产　跑出金融支持加速度》被泰安电视台报道。

用好央行“两项工具”保市场主体。人民银行创设普惠小微企业贷款延期支持工具和信用贷款支持计划两项直达实体经济的货币政策新工具以后，泰安市中心支行积极响应，通过统筹联动、靶向施策、科技赋能等举措，引导金融机构让利实体经济，助力企业发展。全年引导金融机构累计为 1360 家企业办理延期还本付息业务 136.2 亿元。累计向符合条件的金融机构提供“零利率、零成本”的央行资金 1.26 亿元，引导金融机构加大信用贷款发放力度，直接带动解决 1359 家小微企业担保难问题。12 月 24 日，《统筹联动　靶向施策　科技赋能　人行泰安市中心支行创新推动两项直达工具落地见效》被《大众日报》报道。

推进金融改革创新。8 月 31 日，全国金融科技应用试点项目“央行资金引导的金融支持中小微企业智慧融资服务平台”上线，累计办理再贷款再贴现业务 55 笔，共计 25.9 亿元。完成存量贷款定价基准转换为 LPR 工作，全市新发放企业贷款加权平均利率 4.75%，同比下降 0.25 个百分点，其中新发放小微企业贷款加权平均利率 5.20%，同比下降 0.46 个百分点。

【金融服务】 践行“金融为民”理念，创新基础金融服务，持续增强人民群众的金融服务获得感、幸福感和安全感。

支持外贸经济稳发展。全面简化涉及疫情防控物资进出口、资本项目收入及跨境融资等外汇业务流程。开展贸易外汇收支便利化试点，全年累计办理便利化收支业务 1.24 亿美元。推广应用跨境金融区块链服务平台，办理贸易融资 1096 万美元。全年国际收支总额 44 亿美元，同比增长 31.5%，居全省第二位；跨境人民币结算额 46 亿元，同比增长 83.7%，居全省第一位。2 月 25 日，《外汇局泰安市中心支局优化外汇服务助力防疫复产》被《金融时报》报道。

为企业纾困解难。开展“金融

2020 年泰安市存款类金融机构人民币信贷收支情况表

表 17　　单位：万元

项目名称	当期余额	比年初增减 2020 年	比年初增减 2019 年	项目名称	当期余额	比年初增减 2020 年	比年初增减 2019 年
各项存款	45596418	4658176	4421611	各项贷款	31363163	4398910	3312292
境内存款	45592167	4658165	4421117	境内贷款	31363086	4398885	3312287
住户存款	30609128	3958040	3104652	住户贷款	13555710	1978951	2110709
活期存款	7038745	839840	643304	短期贷款	2862747	657275	457772
定期及其他存款	23570383	3118200	2461348	消费贷款	1093073	73295	198602
非金融企业存款	9540708	293368	1978535	经营贷款	1769674	583980	259170
活期存款	4047028	-310707	775768	中长期贷款	10692963	1321676	1652937
定期及其他存款	5493679	604076	1202767	消费贷款	9530309	1103760	1425232
机关团体存款	4266608	-205093	-308237	经营贷款	1162654	217916	227705
财政性存款	298235	61265	43118	非金融企业及机关团体贷款	17807375	2419934	1231579
非存款类金融机构存款	877488	550584	-396950	短期贷款	7229406	548010	-294535
境外存款	4251	10	494	中长期贷款	8530863	1125439	1179154
金融债券	—	-60025	—	票据融资	2035698	736746	351894
其中：境外发行	—	—	—	融资租赁	—	—	—
卖出回购资产	16700	16700	-10000	各项垫款	11409	9738	-4935
借款及非存款类金融机构拆入	—	—	—	非存款类金融机构贷款	—	—	-30000
联行往来（净）	—	—	—	境外贷款	78	25	5
应付及暂收款	1154908	153544	139917	债券投资	5549568	1404818	700540
各项准备	947459	43403	76749	其中：境外债券	—	—	—
所有者权益	1679477	208141	178165	股权及其他投资	1231794	-157253	82741
其中：实收资本	991612	144500	159457	买入返售资产	10780	-54318	59258
其　他	-1786375	1054238	91872	存放非存款类金融机构款项	1323	398	918
				联行往来（净）	8713953	228507	795505
				其中：境内存放二级准备金	149422	-354771	13094
				金银占款	—	—	—
				中央银行外汇占款	—	—	—
				应收及预付款	400817	230804	-46016
				投资性房地产	251	-29	-29
				固定资产	336937	22338	-6896
资金来源总计	47608587	6074176	4898313	资金运用总计	47608587	6074176	4898313

说明：该表机构包括中国人民银行、银行业存款类金融机构

诊疗”助企行动，全年解决52家困难企业融资问题，给予资金支持12.3亿元。创推“泰安文旅六保贷”，涵盖20家金融机构的34款产品，年末，全市文旅行业贷款余额126亿元，同比增长50.3%。持续推进民营和小微企业“首贷培植”行动，全年推动全市金融机构累计成功培植“首贷”经营主体4524户，发放贷款37亿元。7月28日，《让文旅企业焕发生机——人行泰安市中支金融支持稳企业保就业工作侧记》被《金融时报》报道。

金融支持乡村振兴。开展乡村振兴“金融护航”行动，年末，引导金融机构累计为26户农业龙头企业提供融资8.8亿元，全市农村基础设施建设贷款余额161.2亿元，同比增长32%。3月19日，《人行泰安市中支开展乡村振兴“金融护航”行动助力春耕备播》被《金融时报》报道。

国库业务。履行经理国库职能，增设市旅游经济开发区和徂汶景区2个国家金库支库，实现财政资金迅速拨付。做好新增2万亿财政直达资金拨付，年末，全市收到省级拨付中央财政直达资金31.6亿元，其中市县两级实际资金拨付18.2亿元，保障财政资金足额直达市县基层、直接惠企利民。推行国库支付“零接触”和“容缺”办理机制，实现全市出口退税业务100%电子化。年内，全市办理国库业务295万笔，同比增长6.5%；金额2215亿元，同比增长2.59%。

现金服务。优化现金供应服务，严格人民币消毒管理，保障“放心钱”“干净钱”市场供应。持续做好货币发行工作，《5元纸币换新颜》宣传片被国务院反假办采用。组织金融机构做好贺岁普通纪念币、武夷山普通纪念币的预约兑换工作。

社会信用体系建设。推进自助查询网点建设，设立个人信用报告自助查询网点25家，实现辖内4个县（市）全覆盖，打造泰安主城区“3公里征信查询圈”。年内，办理企业和个人信用报告查询26.63万笔，同比增长3.84%。

【金融管理】 坚持依法从严治行，推进法治央行建设，提升金融管理水平。

5月8日，中国人民银行泰安市中心支行召开2020年泰安市货币政策与金融管理服务工作会议 （高伟 摄）

金融稳定。坚持底线思维，发挥存保差别费率和央行评级的正向激励和风险约束作用，提升全市法人银行机构运行稳健性。落实泰安银行风险化解专班成员职责，帮助泰安银行发行全省第4单15亿元永续债。推动肥城农商行、东平农商行风险处置取得突破性进展，辖区高风险机构和问题机构实现“双清零”。

反洗钱工作。年内，对74家机构实施反洗钱分类监管，其中对10家机构开展跨部门联合监管，对存在严重违规问题的机构落实“双罚制”。与市人民检察院、市公安局建立预防、打击洗钱犯罪银检警合作机制，2起案件以洗钱罪判决，其中1起案件为全省首例抗诉改判的洗钱罪案件。

金融消费权益保护。开展金融消费者教育与金融知识普及活动，开展中小学金融知识普及教育优秀课程评选活动。与泰安仲裁委成立“金融纠纷仲裁调解中心”，建立“调解＋仲裁＋诉讼”一站式金融纠纷解决机制。泰安市金融消费权益保护协会获评市级AAAA级社会组织和四星级党建示范点。 （张景浦）

·中国银行保险监督管理委员会泰安监管分局·

【概况】 年末，全市银行业各项存款余额4568.26亿元，较年初增长11.2%；各项贷款余额3137.44亿元，较年初增长16.26%；不良贷款余额和不良贷款率较年初实现“双降”。全市保险业提供保险保障金额6.33万亿元，同比增长4.80%，累计赔（给）付支出39.84亿元。先后获“省级文明单位、山东省财贸金融系统工会工作先进单位、山东银保监局

2020 年监管技能‘大比武’优秀组织奖、泰安市 2020 年‘安全生产月’活动优秀组织单位”等称号。

【支持地方经济发展】 围绕新旧动能转换、服务民营和小微企业、乡村振兴等重要领域，加大支持力度，引导全市银行保险业在树立行业规范基础上，回归本源、专注主业；指导全市银行保险业做好疫情防控工作，印发文件 10 份，并部署金融支持复工复产和助力决战决胜脱贫攻坚专项督查工作，落实金融服务保障措施。落实惠企政策，鼓励银行对困难企业通过展期、延期和无还本续贷等方式缓释资金链风险，引导保险机构将新冠病毒肺炎纳入意外险、健康险、责任险等保障范围。推动普惠型小微企业贷款完成全年“两增两控”（普惠型小微企业贷款较年初增速不低于各项贷款较年初增速，贷款余额的户数不低于年初水平，贷款质量和综合成本得到有效控制）目标；开展“便捷获得信贷行动”“百行进万企”“金融辅导员”等活动，推动便捷获贷，深化银企对接；持续推进“三农”领域金融服务工作，参与制定“三农”、扶贫领域政策文件 10 份。年末，普惠型涉农贷款余额较年初增加 50.69 亿元，扶贫特惠保险等一批惠及民生的保险险种逐步普及。开展泰安市银行保险机构服务地方经济社会发展现场评选展示活动，被新华社、《中国银行保险报》等媒体报道。

【防范化解金融风险】 督促全市银行业加快推进存量风险处置化解，全年累计处置不良贷款 82.59 亿元。将巩固市场乱象整治作为工作重点，全市银行业机构自查问题整改率 85.19%，保险机构自查问题整改率 96.33%。制定车险综合改革应急预案，开展人身险机构销售误导集中整治工作，清理撤销“三无”（无人员、无场所、无业务）等类型保险中介机构网点 35 个，净化保险市场。部署“行业规范建设深化年暨工作质效提升年”工作，开展大讲堂等活动 21 项，监管督导辖区银行保险机构 15 家次，年末有 14 家机构获评优秀。指导市银行业协会、市保险行业协会与大众网合作推出《高管在线》系列访谈栏目 28 期，加强合规宣传力度。开展全市银行业机构安全保卫自查活动，累计自查营业网点 721 家。组织全市银行保险业参与“守好钱袋子·护好幸福家”非法集资宣传活动，各银行保险机构制作宣传条幅 112 条，开展宣传 2332 场次，发布原创微信文章、抖音作品 655 条，新闻媒体报道 26 次，引导群众自觉抵制和远离非法集资，维护全市金融生态环境。

【银行转型发展】 贯彻全省城商行和农商行重点工作推进会精神，履行属地监管职责，做好法人机构监管。结合公司治理评估工作，印发《泰安银行公司治理提升计划》，推动泰安银行完成全部股权托管工作，发行 15 亿元无固定期限资本债券，优化资本结构。指导农商行化解不良贷款，优化股权结构，持续补充资本金；开展股权托管工作，6 家农商行完成托管。督促村镇银行持续优化各项监管指标，5 家村镇银行完成股权托管，3 家村镇银行移出省级风险银行名单或降低风险等级；引导村镇银行坚持小额分散化经营，加大零售化转型，增强支农支小服务能力。

【深化监管工作】 以“一对一”对接服务机制为桥梁，分局 10 个科室分别联系 1 家产险、1 家寿险公司，实现对产寿险前 10 家大公司的“贴身监管”。以“问政山东”问题整改为契机，开展党委书记讲保险监管专题党课、梳理信访流程、规范答复口径等工作，学习保险知识，补齐监管短板。针对现场检查发现问题，从严监管，加大行政处罚力度，处罚银行保险机构 11 家、个人 11 人次，累计处罚金额 270 万元。现场检查方面，集中优势人力资源，以 EAST 系统为抓手，组建跨部门智能检查团队，探索现场检查新模式。非现场监管方面，加强监管数据分析应用，发挥非现场监测风险的“雷达”作用。全年在中央及省、市各级媒体刊发新闻稿 20 篇。开展“优化金融服务质效　助力实体经济发展”系列宣传报道，在《泰安日报》刊发 12 期；全年累计报送政务信息 380 篇，其中被上级采用 160 篇，信息工作继续在全省系统内保持前列，在全市 29 家 B 类单位中排名第一，并在全市政务信息暨舆情工作会议上作典型发言。参加市政府组织的《服务民生面对面》栏目，现场接听“12345”政务服务热线，回应金融消费者诉求。开展“3·15”金融消费者权益保护教育宣传周、金融知识普及月等活动，线上线下活动相结合，提升金融消费者权益保护意识。（任逸群）

银行业

【中国农业发展银行泰安市分行】 农发行泰安市分行辖市分行营业部和新泰市、肥城市、宁阳县、东平县 4 个支行。全年累计发放各项贷

10月31日，中国农业发展银行泰安市分行宁阳县东疏镇耿庄村“村企共建 砥砺前行”揭牌仪式举行 （魏 群 供）

款40.63亿元，年末各项贷款余额达121.7亿元，较年初增加21.5亿元；各项存款日均余额29.8亿元，较年初时点余额增加2.3亿元；累计办理国际业务950笔，结算量7968万美元；基金投资余额1.47亿元；置换地方债余额47.8亿元。

做好疫情防控。落实疫情防控主体责任，成立疫情防控工作领导小组，先后召开领导小组会议10次，安排部署全行疫情防控工作，保障全行疫情防控的良好态势。逐户对接疫情防控名单企业，用好“应急通道”政策，累计向5家企业发放疫情防控应急贷款8200万元。

保障粮食安全。对接承储企业，掌握年度储备粮轮换和增储计划，提前备足7.3亿元夏粮收购专项资金，确保做到“钱等粮”。累计发放地方增储贷款0.78亿元，支持增储小麦0.26亿千克；发放储备粮轮换贷款4亿元，轮换粮食1.72亿千克。

助力脱贫攻坚。累计投放产业扶贫贷款5.57亿元，完成省行下发任务的279%，扶贫贷款余额10.39亿元。做好易地扶贫搬迁后续扶持工作，发放相关贷款1.44亿元。认定“万企帮万村”扶贫企业14家，较年初增加5家。做好东西部扶贫协作工作，购买贫困县农产品13.98万元，动员员工和企业捐赠3.59万元。

服务区域战略。支持黄河流域生态保护和高质量发展，累计发放贷款13.14亿元，支持水利、生态环保和改善农村人居等5个项目建设；支持农村土地综合整治和规模经营，累计发放贷款14.11亿元，支持新泰、肥城、宁阳土地整治和东平县“山水林田湖草”项目。

支持实体经济。助推民营普惠小微企业发展，累计向10家民营普惠小微企业投放贷款0.43亿元，贷款余额0.57亿元，较年初增加0.25亿元；支持生猪产业发展，累计发放生猪产业相关贷款0.64亿元，较年初增加0.38亿元。

让利于农。提升站位，对疫情防控应急贷款、扶贫贷款、普惠小微贷款等，落实好上级行利率优惠政策，全年累计让利企业2200万元。落实减费让利政策，累计减免结算业务手续费及网银汇划费81.32万元。 （魏 群）

【中国工商银行股份有限公司泰安分行】 至年末，该行实现拨备前利润9.05亿元，同比增长0.31亿元，缴纳各项税金8847万元，全年经营

2020年中国农业发展银行泰安市分行各支行（部）基本情况表

表18 单位：人、万元

支行（部）	职工人数	年末存款		年末贷款	
		金 额	比上年增％	金 额	比上年增％
市分行营业部	35	83609	0.07	182075	21.70
新泰市支行	19	66439	-33.85	275393	24.36
肥城市支行	22	17254	-20.74	274945	22.60
宁阳县支行	18	53877	15.12	32900	0.24
东平县支行	21	38173	5.46	451798	10.23
合 计	115	259352	-6.08	1217111	17.67

绩效考核获全省第 6 名。继续保持“省级文明单位”称号，获“人行综合评级 A 级、执行外汇管理规定 A 类行、反洗钱考核评级 A 级”称号。

存、贷款业务。年末，全部存款（含信用卡）余额 504.2 亿元，较年初增长 47.64 亿元，增幅 10.4%，增量、增幅列全省系统内第 9、第 12。本外币各项贷款（含信用卡）余额 330.26 亿元，较年初增长 36.27 亿元，增幅 12.3%，全省工行系统排名第 6，较全省平均水平高 4 个百分点，同比多增 33.3 亿元。其中，企业贷款增加 22.08 亿元，全省工行系统排名第 4，增幅 17.9%，较全省平均水平高 7 个百分点，同比多增 37.8 亿元，为 520 家复工复产企业提供融资 75 亿元。

普惠金融。推广e抵快贷、科创贷、税务贷等创新产品，为企业提供便捷多样融资渠道。全年累计为各类中小微企业发放普惠贷款 10 亿元。银保监口径普惠贷款余额 17.09 亿元，较年初增长 6.61 亿元，增幅 63.07%，较全省平均增幅高 4.82 个百分点；人行降准口径贷款余额 16.13 亿元，较年初增幅 69.47%，较全省平均增幅高 10.43 个百分点。年末，银保监普惠口径贷款客户总量达 1373 户，较年初净增 639 户。全年累计为 1125 户小微企业、小微企业主、个体工商户等普惠群体发放普惠贷款 3383 笔、贷款金额 18.67 亿元。

渠道建设与服务。新装修网点 7 家，其中原址改造网点 6 家，迁址装修网点 1 家。优化自助设备使用，增配网点新风系统，改善营业网点服务环境。在疫情严重时期协调安排 30% ~ 50% 的网点开门营业，确保疫情期间满足客户的金融需求。

风险管理。全年累计处置不良贷款 6.08 亿元，较上年多处置 0.81 亿元。不良贷款较年初下降 2.66 亿元，不良率较年初下降 1.07 个百分点。

社会责任。全年购买贫困地区农副产品 71.72 万元，帮助销售 852 万元。结对帮扶家庭贫困儿童，投入 3.6 万元援建 3 所“爱心小屋”。助力全国文明城市创建，参与社区服务、路口执勤、城市美化等工作。

（宋　伟）

【中国农业银行股份有限公司泰安分行】 年末，该行各项存款、各项贷款、中间业务收入均保持四大行首位。全年纳税 9815 万元，同比增加 1434 万元。在全省农行综合考评中列第 4 位，保持“第一梯队”。保持“省级文明单位”称号。

主体业务。各项存款余额 665.42 亿元，较年初增加 57.84 亿元。各项贷款余额 464.63 亿元，较年初增加 46.57 亿元，居山东农行第 5 位。存量、增量存贷比分别达 69.82%、80.52%。实现中间业务收入 3.57 亿元，市场份额 34.91%，居山东农行首位。

防疫抗疫。畅通“营业网点 + 线上”服务渠道，快速响应办理防疫资金划拨 400 笔、金额 15 亿元。开辟绿色通道，发放防疫重点保障企业贷款 1.5 亿元。聚焦“六稳”“六

2020 年中国工商银行泰安分行各支行（部）基本情况表

表 19　　单位：人、万元

单　位	职工人数	人民币存款		其中：储蓄存款		人民币贷款		税　金（含个人所得税）	
		余　额	同比增 %	余　额	同比增 %	余　额	同比增 %	余　额	同比增 %
市分行营业部	313	1116263	1.24	515144	16.75	788213	11.99	2599	-7.84
泰山支行	106	689416	16.24	462011	16.85	355684	9.88	1025	6.22
高新支行	57	376002	17.83	228676	23.97	638163	29.53	1419	17.56
岱岳支行	69	360222	15.20	237885	17.81	263720	20.04	685	26.15
新泰支行	147	988470	7.91	737209	17.69	522064	15.52	1370	-12.85
肥城支行	123	909197	12.51	661188	17.70	367802	3.86	864	-11.20
东平支行	47	220504	14.24	175797	19.24	208939	-10.18	467	-30.71
宁阳支行	64	298338	8.58	241761	19.58	156159	7.51	418	21.87
合　计	926	4958411	9.72	3259671	18.07	3300744	12.89	8847	-2.75

8月1日，中国农业银行泰安分行为东平县史楼村授牌，致力打造“金融服务乡村振兴示范村”。图为农业银行服务乡村振兴示范村授牌仪式

（李公泽　摄）

保”，优先保障“双 50 强”企业、银企签约合作对象、重点项目建设等资金需求，全年为水生态治理、泰开新能源等 5 个重点项目授信 70.3 亿元，为济（南）泰（安）高速、华能新能源等 11 个重点项目发放贷款 31.59 亿元。对重点企业贷款余额达 217.78 亿元。

普惠民生。开展金融进企辅导等活动，加强小微金融服务。普惠型小微贷款（监管口径）增加 15.46 亿元，居四行首位。通过提供优惠利率贷款、减免费用、延期还本付息、借新还旧等形式，让利实体。实体贷款利率下降 9 个基点，让利营业收入 3961 万元。办理风险化解贷款 3.26 亿元，办理小微企业延期还本付息 1.29 亿元、借新还旧 2907 万元。

“三农”服务。统筹推进富民生产贷、扶贫小额信贷投放、消费扶贫，扶贫贷款余额达 3.2 亿元，脱贫攻坚专项评价考核居山东农行第二位，被市扶贫领导小组评定为最高等次“好”。开展“金融服务乡村振兴示范村”专项行动，为涉农主体提供村集体经济组织开户、上线“三资”管理平台、农户信息建档、“强村系列贷”等综合服务。全年建成“乡村振兴示范村”76 个，为 797 个农村集体经济组织提供免费账户服务，为 16 个乡镇经管站上线“三资”管理系统，为 2.6 万农户建立金融服务信息档案。“强村系列贷”增加 3.98 亿元，破解涉农融资难题，典型做法被《大众日报》《泰安日报》等媒体刊载。

（许　兵）

【中国银行泰安分行】 该行辖属机构 27 个，泰安城区网点 15 个（分行 1 个、管辖支行 3 个、经营性支

2020 年中国农业银行泰安分行各支行（部）基本情况表

表 20　　单位：人、万元

单　位	职工人数	人民币存款		其中：储蓄存款		人民币贷款		税　金	
		余　额	同比增 %	余　额	同比增 %	余　额	同比增 %	总　额	同比增 %
新泰市支行	231	1457896	12.20	1077509	10.46	997638	8.95	2060.4	1.73
宁阳县支行	139	545687	13.82	398648	21.06	303789	18.00	558.5	32.62
肥城市支行	229	1329528	17.56	849499	16.02	647240	8.06	1180.2	1.30
东平县支行	133	602456	18.72	387740	22.25	440009	18.70	496.3	22.35
泰山支行	225	1073986	8.11	786114	11.16	658913	6.36	1445.8	9.69
岱岳支行	160	880980	8.31	596966	12.22	518407	17.68	1171.1	6.60
市分行营业部	49	488571	–14.82	127391	15.07	338248	0.11	1172.1	9.67
龙泽支行	33	153446	–9.46	81493	20.03	651150	13.67	1520.9	104.98
高新区支行	21	110190	23.82	71779	23.68	90851	35.40	209.4	53.98
市分行直管	228	11458	–41.91	—	—	83	517.23	—	—
合　计	1448	6654198	9.52	4377139	14.29	4646328	11.14	9814.7	17.11

行11个）、各县（市）网点12个（管辖支行4个、经营性支行8个）。连续第十年通过“省级文明单位”复审，连续11年被评为“执行外汇管理规定A级”机构，机构考核列山东中行第二位。

负债业务。本外币各项存款时点余额315.34亿元，首次突破“300亿元”大关，较上年增加45.33亿元，列山东中行系统第4位。其中，公司存款时点余额165.86亿元，较年初增加29.17亿元；个人存款时点余额149.48亿元，较年初增加16.16亿元。

资产业务。支持实体经济，回归银行经营本源，全行人民币贷款余额265.45亿元，较年初新增15.14亿元。全年获批授信项目190个，发放贷款111亿元。制造业企业贷款余额57.35亿元，科技创新和工业领军“双50强”企业贷款余额45.81亿元，民营企业贷款余额43亿元，上述占到公司贷款余额的三分之一以上。

国际业务。累计叙做国际结算11.7亿美元，叙做跨境人民币20.7亿元，市场份额列当地同业第一位。从外汇政策、投资登记、资金使用等方面支持“稳外贸”，累计办理汇入外资资本金业务4.8亿美元。为财金集团发行1.2亿美元海外债，助力“稳外资”，这是全国首笔主体境内外无评级、无募集说明的首发私募美元债，先进经验在全国中行系统内进行推广。结合企业需求，制定专属金融服务方案，企业网银在线保函业务实现泰安地区首发，铜商品保值业务实现山东中行系统首发。

12月12日，中国银行泰安分行作为泰安市唯一金融机构参加2020山东PPP项目融资对接会项目签约仪式（张 聪 供）

科学管理。开展“行业规范建设年”活动。加强制度建设和机制建设，提升治理能力。开展“每周讲堂”、案件警示主题教育、“扫黑除恶宣传月”等活动，增强员工合规意识。实施闭环管理，解决经营管理中的各类问题，继续保持“无

2020年中国银行泰安分行基本情况表

表21　　单位：人、万元

单　位	职工人数	人民币存款		其中：储蓄存款		人民币贷款		税　金	
		余　额	较上年增%	余　额	较上年增%	余　额	较上年增%	余　额	较上年增%
市分行直管	249	944079	29.86	199098	17.08	636110	6.72	3688	36.95
泰山支行	64	206139	11.30	125152	11.47	190243	32.76	1833	23.51
东岳支行	56	187502	12.82	143391	13.29	123734	7.17	1243	37.69
岱岳支行	74	272407	13.65	198313	12.93	231892	11.65	2065	23.29
肥城支行	67	383860	27.70	218917	16.32	346484	14.45	2233	15.38
新泰支行	78	472026	10.83	323353	12.48	397114	10.97	3410	1.27
宁阳支行	47	179974	5.52	102842	9.93	142882	15.80	1211	52.34
东平支行	26	151865	18.91	65842	27.46	181738	4.30	328	−70.31
合　计	661	2797851	19.42	1376907	14.23	2250196	11.35	16011	14.71

案件、无事故”内控目标。被中国银行山东省分行授予“中银卓越集体”称号。

社会责任。防范化解金融风险，累计化解表内不良贷款12.62亿元。不良贷款余额9500万元、不良率0.45%，分别较年初下降0.91亿元、0.43个百分点。助力小微企业，为600户小微企业投放普惠金融贷款15.07亿元，同比增长45.6%，贷款余额较年初新增3.94亿元。统筹各方利益，帮助企业渡过难关，累计为56家企业办理延期还本付息、无还本续贷等业务3.85亿元，为122户小微企业减免各类费用253笔，做到惠企助企活企。全年缴纳税费6202万元。

（张　聪）

【中国建设银行股份有限公司泰安分行】 该行辖县（市、区）支行15个，营业网点44个。年末，一般性存款余额365亿元，比年初新增32亿元；各项贷款余额259亿元，比年初新增25.6亿元。

抗击疫情。开启绿色通道审批疫情防控企业授信额度7.14亿元。成立专班对全市（含县域）79家企业开展现场辅导，提供表内外信贷支持合计8.66亿元，为企业纾困解难。借助金融科技平台助力抗疫，上线泰安市第一个疫情防控系统，纳入1.1万单位用户和3.3万个人用户。开展爱心赠保险服务，为600名社区工作者及环卫工人赠送战疫爱心保险，向乡村服务点业主赠送抗疫保险1759份，向村医业主赠送抗疫保险155份。《金融时报》刊发建行泰安分行支持复工复产和防疫抗疫的典型案例。

综合融资。年末，对公信贷余额114.05亿元，较年初新增7.62亿元。其中，基础设施贷款余额18亿元，较年初新增4.7亿元。制造业贷款余额40亿元。人行口径对公扶贫贷款余额2.37亿元，较年初新增9000万元。国际业务信贷日均余额5.6亿元，增速52.2%。个人贷款余额145.02亿元，比年初新增17.97亿元。助力企业直接融资，协助新汶矿业集团发行公司债券70亿元。

金融科技。手机银行活跃用户28.75万户，同比新增5.36万户，同比增速22.93%；个人网络银行用户占比73.94%。上线行业领先的新泰

2020年中国建设银行股份有限公司泰安分行各支行（部）基本情况表

表22　　　　　　　　　　　　　　　　　　　　　　单位：人、万元

单　位	职工人数	人民币存款		其中：储蓄存款		人民币贷款		税　金	
		余　额	同比增%	余　额	同比增%	余　额	同比增%	余　额	同比增%
分行直属	321	557957	15.59	355903	16.29	242509	19.87	757	41.80
泰山支行	93	272154	21.71	184200	23.51	280668	25.66	624	-3.15
市中支行	95	325708	13.83	260907	22.25	252694	29.61	526	-0.51
新汶支行	76	439734	2.75	351059	17.10	320730	8.69	739	-9.63
新泰支行	93	569947	18.21	322589	25.35	280444	21.97	640	-4.72
肥城支行	120	653988	10.39	407478	21.20	309435	-6.25	624	-18.12
宁阳支行	50	140139	-7.48	110416	27.33	161048	4.28	387	-2.95
东平支行	43	118577	6.57	72098	22.39	228169	-21.81	615	-17.51
青年支行	35	76374	-18.30	41320	29.84	102588	14.24	295	8.06
东岳支行	34	100221	-11.80	67216	14.51	135413	19.28	273	1.24
岱宗支行	27	73693	5.78	36426	6.46	52253	10.12	126	-1.95
农大支行	26	120652	-5.58	82336	14.82	61355	96.58	90	37.94
大河支行	23	61741	18.34	46991	19.61	77624	33.63	134	-17.57
高新支行	19	67179	28.39	37983	35.12	61240	32.61	122	428.39
东城支行	16	52319	21.56	48441	24.74	23710	9.73	—	—
合　计	1071	3630382	9.69	2425364	20.65	2589879	11.16	5952	-4.68

8月26日，中国建设银行股份有限公司泰安分行参加泰山游览证全市发行新闻发布会 （边晓冬　摄）

市全面健康信息化平台项目，上线全省首个高校类“缴费大厅”，打造高新支行智慧政务网点服务样板间。

普惠金融。监管口径普惠金融贷款余额25.18亿元，比年初新增6.51亿元。以裕农通乡村服务点为支点，打通乡村金融“最后一公里”。服务点乡村实际覆盖度81.1%，全量活跃服务点3269户，签约农户2.2万户，乡村振兴裕农通借记卡发卡5221张。裕农通微信公众平台的关注度不断提升，累计吸引用户2.14万人。

住房租赁。与市房产管理服务中心在住房租赁领域合作，共同建设住房租赁交易服务平台，实现房源核验、合同备案、撮合交易等功能，全年完成交易971笔、合计310万元。存房业务实现突破，新增集中式存房45户，上线2个存房企业，达成撮合式存房交易10笔。公租房系统在住房保障中心实质性投入使用，全市8200户公租房住户全部纳入公租房系统管理。

资产质量。从泰安地区实际出发，加快发展风险可控的普惠和个人贷款，壮大基础设施、先进制造业对公贷款。推进大额不良化解，深化智能风控工具应用，加强贷前贷后管理，增强风险缓释。全年处置不良贷款8.5亿元；贷款不良额、不良率同业靠前，其中个人贷款资产质量保持同业最优；实现已核销贷款现金回收1.63亿元。

企业文化。持续擦亮“雷锋·行”企业文化品牌，打造“微·蓝”服务品牌。年内，获“总行级企业文化示范单位”称号，分行学雷锋教育基地被山东省委评为全省第四批学雷锋活动示范点，是山东金融系统首家也是唯一一家省级学雷锋示范点。 （王　聪）

【交通银行泰安分行】 该行辖县（市、区）人工网点9个，自助网点4个（含离行单体2个），在用现金类设备33台，非现金类自助设备38台。年末，交通银行泰安分行存款余额82.81亿元，增幅2.49%；贷款余额81.62亿元，较年初增加10.98亿元，增幅15.54%。存贷比98.12%，较年初上升10.9%，增幅12.49%。实现经营利润4196万元，同比增加1106万元，增幅35.79%。

服务实体经济。围绕泰安市省级及市级重点建设项目、新旧动能转换项目等重点项目名单，对接客户融资需求，增加有效信贷投放，贷款余额较上年年末增长15.54%。摸排企业复工复产金融需求，提供信贷资金支持。开通授信审批绿色通道，通过再融资、调整计息规则等方式救助授信客户。对个人贷款无法按时归还的给予宽限期。

普惠金融。年末，两增口径贷款余额12.95亿元，较年初新增4.87亿元，小微贷款增速60.29%，实行小微企业利率优惠政策，较上年年末利率再降0.62个百分点，完成利率再降0.5个百分点的监管要求。推出线上优贷通、线上税融通、线上抵押贷等线上业务产品，年末，办理线上产品余额较年初增幅529%。

风险管控。规范召开全面风险管理与内部控制委员会会议，发挥全行风险管理决策核心平台的作用。借力智慧风险管控，解决银企信息不对称、人为因素干扰的问题，提升风险排查精度、风险预警敏感度和应急响应速度。开展重点业务及重点客户风险排查，防范系统性区域性风险。年末，较全市银行机构平均不良率低1.14个百分点。

金融消费者权益保护。打造“好客交行”服务品牌，提升金融消费者的自我保护意识和风险意识，为所有网点设计统一的公众教育专区。开展“金融知识万里行”“金融知识进万家”“金融知识普及月”等宣传活动，走进企业、社区、商铺宣传，通过公众教育强化员工的消费者权益保护意识，达到“预防为先，教育为主”的效果。 （刘梦冉）

2020年交通银行泰安分行各支行（部）基本情况表

表23　　　　单位：人、万元

单位	职工人数	年末人民币存款		其中人民币储蓄存款		年末贷款	
		余额	同比增%	余额	同比增%	余额	同比增%
分行营业部	19	266546.67	-6.63	60408.29	5.57	267279.53	49.55
岱岳支行	11	71651.28	-44.47	29040.06	12.72	54723.98	7.77
望山支行	8	65275.20	10.90	33016.13	13.51	12030.20	-0.34
岱北西路支行	9	59723.53	16.55	41600.41	0.39	47080.28	3.50
花园支行	7	32800.77	0.78	27516.91	3.49	13128.69	49.61
文化东路支行	11	27072.22	-39.02	21939.71	16.59	16892.55	29.81
向阳支行	9	65281.12	12.24	42682.74	13.95	24642.86	-8.29
新泰支行	14	120666.05	3.90	28143.85	8.71	284693.88	5.09
肥城支行	13	119054.32	271.12	18384.06	18.71	95721.37	-4.08
合计	101	828071.16	2.49	302732.16	9.00	816193.33	15.54

【泰安银行】 该行在泰安市设有支行74家、营业部1家；在济南市设有分行1家，支行2家。年末，该行资产总额813.87亿元，较年初增加160.89亿元，增幅24.64%；负债总额740.14亿元，较年初增加141.39亿元，增幅23.61%。各项存款余额613.45亿元，较年初增加92.10亿元，增幅17.67%；贷款余额410.16亿元，较年初增加82.50亿元，增幅25.18%。实现拨备前利润13.27亿元，较上年同期增加2.35亿元，增幅21.47%；实现净利润4.90亿元，较上年同期减少0.12亿元，减幅2.45%。

存款业务。年末，该行存款余额613.45亿元，较年初增加92.10亿元，增幅17.67%。其中，储蓄存款349.93亿元，较年初增加55.87亿元，增幅19.00%；对公存款182.96亿元，较年初增加18.46亿元，增幅11.22%；保证金存款80.56亿元，较年初增加17.78亿元，增幅28.32%。

贷款业务。年末，该行贷款余额410.16亿元，较年初增加82.50亿元，增幅25.18%。其中，贷款380.67亿元，较年初增加68.61亿元，增幅21.99%；公司类贷款310.80亿元，较年初增加78.39亿元，增幅33.73%；个人类贷款69.87亿元，较年初减少9.78亿元，降幅12.28%。票据贴现29.50亿元，较年初增加13.89亿元，增幅88.99%。

其他业务。该行银行卡累计发卡量129.45万张，电子银行客户数累计达74.7万户，电子渠道办理业务497.39万笔，交易金额达2827.31亿元，电子银行柜面业务替代率达84.51%。

经营管理。年内，该行坚守地方银行职责，服务地方经济发展。破除制约发展关键因素，完成增资

2月4日，泰安银行年终总结表彰暨安全生产工作会议召开

（戚桂状　摄）

2020 年泰安银行基本情况表

表 24　　　　单位：人、万元

单　位	职工人数	年末存款		其中储蓄存款		年末贷款	
		余　额	同比增 %	余　额	同比增 %	余　额	同比增 %
长城路管辖行	115	742188	9.15	488205	15.35	605251	17.34
市政中心管辖行	102	771178	4.36	461163	9.38	330504	3.70
泰西管辖行	105	613884	2.62	356619	17.47	579164	34.35
岱宗管辖行	113	693605	14.82	411658	15.60	575365	48.46
红门管辖行	99	616149	8.35	406340	12.31	245081	3.85
高新区管辖行	78	314542	28.52	242838	24.27	214703	65.50
新泰管辖行	116	547449	31.93	383755	25.19	230730	37.38
肥城管辖行	99	498945	53.86	310984	26.74	167137	9.74
宁阳管辖行	74	324989	25.23	160778	28.46	166246	83.86
东平管辖行	89	349605	30.36	238209	31.36	434906	–9.48
济南分行	66	340519	78.06	38701	134.95	207530	60.25
合计（含总部机关）	1404	6134494	17.67	3499284	19.00	4101644	25.18

扩股，发行 15 亿元永续债。防范化解重大风险，严守不发生系统性金融风险的底线，不良贷款率降至 1.49%。服务全市新旧动能转换，加强对“双 50 强”、市重点项目支持，为新旧动能转换的 10 个行业、58 家企业提供授信支持 60.7 亿元，为工业领军 50 强企业提供信贷支持 45.8 亿元，为科技创新 50 强企业提供信贷支持 6.5 亿元。推进普惠金融，落实支持小微企业发展各项政策，构建“敢贷、愿贷、能贷”长效机制，提前完成小微企业“两增两控”目标。打破民营企业融资的“玻璃门”“旋转门”和“弹簧门”，民营企业贷款规模达 170.2 亿元，较年初增加 29.6 亿元，在全行贷款总额的占比达 41.5%。完善内控合规管理体系，加强风险管控措施。通过优化服务环境、提升服务技能、创新零售产品等措施，提升市民金融服务获得感。

（戚桂状）

【山东省农村信用社联合社泰安审计中心】 亦称泰安市农村商业银行，辖银行 6 家、营业部 6 家、支行 127 家、分理处 118 家。年末，全市农商银行各项存款余额 1124.9 亿元，各项贷款余额 686.42 亿元。年内，实现拨备前利润 12.02 亿元，实缴税金 3.77 亿元。

存款业务。各项存款余额 1124.9 亿元，较年初增加 105.85 亿元，增长 10.39%，存款市场占有率 24.43%，新增存款市场占有率 22.47%。其中，储蓄存款余额 984.1 亿元，较年初增加 106.3 亿元；单

3月30日，全市农商银行助力乡村振兴系列信贷产品推介新闻发布会召开　（司　刚　摄）

2020 年泰安市农村商业银行基本情况表

表 25　　　　单位：人、万元

单　位	在岗职工人　数	年末存款		其中储蓄存款		年末贷款		税　金	
		余　额	增长 %	余　额	增长 %	余　额	增长 %	总　额	增长 %
泰山农商银行	559	1404262	8.36	1037274	12.11	1023884	16.42	6951	-1.41
岱岳农商银行	663	2687386	10.33	2394444	14.62	1687575	17.60	5436	-33.70
新泰农商银行	682	2257803	11.89	1928803	11.23	1371586	22.57	7250	11.44
肥城农商银行	558	2101507	9.33	1965386	9.81	1245432	9.60	9654	104.42
宁阳农商银行	454	1338484	10.56	1124331	13.87	741168	18.95	4544	24.81
东平农商银行	458	1459540	11.58	1390746	12.62	794602	21.15	3872	-10.37
审计中心	20	—	—	—	—	—	—	67	-4.28
合　计	3394	11248982	10.39	9840984	12.11	6864247	17.36	37774	9.46

位存款余额 103.9 亿元。

贷款业务。各项贷款余额 686.42 亿元，较年初增加 101.55 亿元，同比多增 37.53 亿元，贷款市场占有率 21.89%，新增贷款市场占有率 10.6%。其中，涉农贷款余额 411.93 亿元，较年初增加 33.21 亿元，增幅 8.77%；消费贷款余额 239.24 亿元，较年初增加 53.57 亿元；抵质押贷款新增 23.16 亿元，新增占比 32.71%，抵质押贷款余额达 242.44 亿元，余额占比 41.63%。

中间业务。实现中间业务收入 2622.45 万元；银行卡存量 617.79 万张，卡均存款余额 3905.50 元。其中，发行社保卡 247.07 万张；签约智e通客户 90.22 万户；银联传统 POS 存量 9179 台；聚合支付商户 9.03 万户；布放农金通 2809 台；电子渠道替代率 92.74%；累计实现代理国际业务结算量 1472.80 万美元。

金融服务。年末，普惠小微企业贷款 1.96 万户、余额 101.93 亿元，较年初增加 37.22 亿元；普惠小微企业贷款平均利率 7.02%，较年初下降 1.06 个百分点。以辖内种养殖户和农民专业合作社为重点，根据涉农经营主体生产供应实际需求建立融资专项服务渠道，年内累计支持五类重点企业 201 家，发放贷款 21.35 亿元，纯新增授信贷款 3.06 亿元。做好企业复工复产金融服务保障工作，全年累计为 588 家中小微企业办理贷款延期还本，贷款金额 48.56 亿元；为 71 户中小微企业实施临时性延期付息，对应贷款金额 9 亿元，延期付息金额 0.37 亿元。推广线上申贷、办贷业务，对线上业务实现当天申请、当天审批授信，全年累计为 4.8 万户，发放“信e贷”贷款 63.62 亿元。　　（李　帅）

【中国邮政储蓄银行泰安市分行】 该行辖一级支行 5 个、二级支行 21 个，内设管理机构 13 个。实现业务收入 4.35 亿元，增幅 27.1%；实现利润总额 2.62 亿元，增幅 85.66%；全员劳动生产率 84.51 万元。

负债业务。年末，各类存款余额 410 亿元，较年初增加 40 亿元，同比增长 10.81%。其中，自营个人存款余额 82.05 亿元，年增 7.1 亿元；单位存款余额 22.68 亿元。

资产业务。年末，全行总资产达 439 亿元，同比增长 12%，资产规模居全市各大行第三位。各项贷款余额突破 120 亿元，较年初增加 30.41 亿元，同比增长 34%，增幅居全市各大行第一位。

普惠金融。助力打造乡村振兴齐鲁样板，普惠涉农贷款余额 9.76 亿元，年净增 2.6 亿元，完成省行目标 174%。助力打赢脱贫攻坚战，个人扶贫贷款年增 2.5 亿元，大幅超额完成省行计划，东平县支行被评为“山东省分行脱贫攻坚优秀单位”。支持小微企业复工复产，普惠型小微企业贷款余额 18.83 亿元，年内新增 5.3 亿元，完成监管计划的 157%。落实“六稳”“六保”任务，推进减费让利，各项贷款利率下浮 57BP；通过延期还款、无还本续贷等方式，帮助受疫情影响企业渡过难关。落实绿色发展理念，绿色信贷余额 3.6 亿元，较年初增长 3.2 亿元，增幅列全省第二位。

资产质量。面对疫情等不利影响，全行狠抓短期逾期压降，增强风险防控能力。年末，不良贷款余额 3096 万元，全口径不良率 0.26%，

2020 年中国邮政储蓄银行泰安市分行基本情况表

表 26　　　　　　　　　　　　　　　　　　　　　　　　　　　　　　　　　单位：万元

单　位	个人总资产						对公存款	信贷业务			
	时点余额净　增	理财保有量净增（月日均）	国债销量	基金有效销　量	代理保险销　量	年增合计	年　增	小额年增	消费年增	公司授信	票　据
新泰支行	8362.04	-254.21	1191.22	4216.48	2735.42	16250.95	-4696.94	17055.16	13165.15	40000	69567.6
肥城支行	8496.28	2168.10	1420.26	2856.20	2373.91	17314.76	12230.48	8224.64	-2115.37	—	272529.3
宁阳支行	9706.35	1128.65	908.48	2905.55	1862.11	16511.13	5829.42	12781.88	3479.97	—	1700.0
东平支行	14352.24	917.26	570.07	2202.98	1555.63	19598.17	-5047.10	8955.50	638.54	—	40401.5
郊区支行	25192.39	2359.05	2183.16	6319.49	3794.99	39849.09	8252.20	9475.33	18435.12	150000	9944.5
直属支行	4542.86	-115.32	4103.76	7481.47	2430.52	18443.29	9887.02	4235.73	27981.26	—	22451.9
合　计	70652.15	6203.54	10376.95	25982.18	14752.57	127967.40	26455.08	60728.24	61584.67	190000	416594.9

资产质量居全省邮储银行系统第一位。

业务发展。公司存款以政银合作为着力点，实施“固本提标”行动，时点余额达 22.7 亿元、年日均余额 22.5 亿元；公司贷款时点余额 33.43 亿元，同比增长 11 亿元，完成率 222%；新增授信客户 3 户，新增授信金额 24 亿元，同比增长 40%。同业存单实现零的突破，同业理财年日均及时点均居全省第一位。票据业务全年办理直贴 172 个批次、金额 42 亿元，居全省第二位。资管业务办理全省首笔私募理财资金对接非标业务 2.7 亿元信托贷款，办理全省首笔信用债业务 0.6 亿元。

（杨　虎）

【兴业银行泰安分行】　该行营业机构包括营业部、肥城支行、岱岳支行 3 家传统支行以及光彩大市场社区支行、嘉德现代城社区支行、山景叠院社区支行、普照社区支行、东湖社区支行、岱东社区支行、肥城上海花苑社区支行 7 家社区支行。

负债业务。年末，各项负债总额 109.49 亿元，较年初增加 9.38 亿元，增幅 9.37%；存款余额 9276 亿元，较年初增加 7.18 亿元，增幅 8.39%。其中，单位存款余额 68.76 亿元（含保证金存款），较年初增加 4.92 亿元，增幅 7.71%；个人存款余额 24.00 亿元，较年初增加 2.26 亿元，增幅 10.40%。

资产业务。年末，各项资产总额 110.95 亿元，较年初增加 9.4 亿元，增幅 9.26%；各项贷款余额 105.99 亿元，较年初增加 7.95 亿元，增幅 8.11%。其中个人贷款余额 64.74 亿元，较年初增加 5.42 亿元，增幅 9.14%；单位贷款余额 41.25 亿元，较年初增加 2.54 亿元，增幅 6.56%。

资产质量。年末，不良贷款余额 2.24 亿元，较年初增加 1.60 亿元，不良率 2.11%，较年初上升 1.47 个百分点。

金融服务。与光大证券联合承销泰山城乡首期 10 亿元中期票据。为全市 130 家小微企业投放信贷资金 3.29 亿元。建立综合型支行，对分行营业部、岱岳支行、肥城支行等机构实施智慧型、科技型网点升级改造，增设智能银行服务区，增配 10 套智能综合柜台。成立消费者权益保护委员会，制定消费者权益保护管理办法，在零售金融部设立消保专员岗位，专职负责消费者权益保护工作。发展普惠金融，帮助解决高铁新区刚性住房按揭客户贷款需求的同时，推出兴闪贷、消费贷、经营贷、按揭联动贷等贷款产品，增加产品种类，提高服务水平。

（陈乃鹏）

【莱商银行泰安分行】　该行辖营业网点 7 家（分行营业部、新泰支行、岱岳支行、肥城支行、东平支行、宁阳支行、高新区支行），实现泰安各县（市、区）网点全覆盖。年末，各项存款余额 58.8 亿元，各项贷款余额 40.93 亿元，实现账面利润 1 亿元。

信贷投放。加大对实体企业支持力度。年末，对公贷款余额 36.28 亿元，其中支持民营企业贷款 16.20 亿元，小微企业贷款余额 23.64 亿元；支持泰安市“双 50 强”企业贷款 15.07 亿元。助力企业融资，“信易贷”平台累计授信占全市授信总额一半以上。

普惠金融。年末，双增普惠金融贷款余额9.15亿元，涉及客户282户，涉农贷款18.89亿元，其中新型农业经营主体贷款1.09亿元，普惠型涉农贷款4.63亿元，精准扶贫贷款3750万元，扶持建档立卡贫困户352户，定向降准小微贷款9.79亿元，创业担保贷款5445万元，支持普惠金融。年内，纯信用创新性线上产品税易贷正式上线，全年为191户小微企业授信，授信额度8074万元。

金融服务。利用区块链、云计算、大数据等现代信息技术，推出智慧供应链金融、税易贷、小微信用贷及莱易贷等信用贷款融资平台，提升信贷供给效率。推进网点规范化文明服务，打造“让客户对业务放心、对服务满意”的厅堂服务。构建“智慧”生态金融服务体系，通过莱易付、缴费平台、校园一卡通等产品应用，搭建“共分享、共成长”合作平台，完善“智慧”服务场景，延伸服务深度。（白宇辰）

【济宁银行泰安分行】 年末，该行辖营业部、宁阳支行、泰山支行、肥城支行、新泰支行营业网点5个。

资产业务。年末，各项贷款余额34.88亿元，较年初增加13.64亿元，增幅64.18%，其中公司类贷款余额33.08亿元、零售类贷款余额1.8亿元、表外业务余额11.38亿元。

负债业务。年末，各项存款余额34.67亿元，较年初增加5.93亿元，增幅20.64%，其中储蓄存款14.11亿元、单位存款15.44亿元、保证金存款5.12亿元。

业务发展。疫情期间，开通疫情防控金融服务绿色通道，提高业务办理效率。强化“无纸化”审批工作机制，提高线上审批工作效率。在风险可控的前提下，适度放宽业务办理条件。先后成立5支金融辅导队，对40家企业进行上门辅导，对276家企业进行送金融知识上门，为13家企业办理授信1.38亿元，为15家民营小微企业、3户个人客户办理首贷业务，授信金额合计1.03亿元。（施国一）

【齐鲁银行泰安分行】 该行辖营业部、宁阳支行、新泰支行、肥城支行、岱岳支行5家支行，东平支行正在筹建中。年末，全行总资产72.46亿元，各项存款68.88亿元；各项贷款62.92亿元。实现净利润1.6亿元，纳税总额3000万元。

业务发展。通过供应链金融、现金管理、重点项目的持续推广，以点带面，广开路、降成本，优化配套金融服务，对接核心企业，完善跨境服务，强化科技赋能，打造出“供应链生态圈”开发上线资产池系统，创新金融产品，构建高效、便利、精准的融资环境，年内共发放供应链2.82亿元。开通电票线上平台服务产品“融易资产池”业务，助力企业复工复产，降低企业综合融资成本。年末，银行承兑汇票余额30.45亿元，其中电子银行承兑汇票30.1亿元，占比98.8%。分行累计为13家小微企业发放疫情贴息贷金额590万元，为22家企业发放优惠利率贷款1.58亿元，贯彻落实延期还本付息政策要求，涉及48家企业，本金4.53亿元，帮助困难企业渡过疫情难关。

公益活动。开展“帮助困难群众过好冬过好年”“送爱到家，温暖重阳”等公益性活动，走访慰问困难群众30户。（孙小珺）

【天津银行泰安分行】 年末，该行各项存款余额18.7亿元，各项贷款余额34.9亿元，为180家企业提供信贷支持，开立对公和个人结算账户1.6万户。

复工复产。主动对接受疫情影响较大的企业，适当延长还款期限，调整还款计划，帮助企业渡过难关，共涉及企业7家，金额合计4.2亿元。

业务拓展。搭建“银担”综合服务平台，准入担保公司担保户数18户，在保余额2.48亿元。支持文旅产业发展，贷款余额4500万元。完善外汇支付服务方式，支持外贸出口企业畅通支付渠道，外贸出口授信金额1100万元。

普惠金融。加大对普惠型小微企业支持力度，加快审批效率，优化放款环节，提高信贷获得便捷性。新增普惠小微线下信用贷款金额7400万元；普惠金融1000万以下小微企业贷款户数571户，余额2.88亿元；推进“商超e贷”“银税e贷”线上自营贷款产品，累计发放贷款581笔，余额1.56亿元。（周　言）

【中国民生银行股份有限公司泰安分行】 该行辖营业网点4家，包括全功能综合网点1家（营业部）、社区网点3家（丽景花园社区支行、高新社区支行、宝龙广场社区支行）。

存款业务。吸收各项存款余额57.25亿元，较年初增加3.30亿元，增幅6.12%。其中，储蓄存款余额7.81亿元，较年初增加0.29亿元；对公存款余额42.75亿元，较年初增加0.58亿元；保证金存款6.67亿元。

贷款业务。各类资产投放余额61.44亿元，较年初增加4.47亿元。其中，各项贷款余额39.32亿元。从贷款期限来看，短期贷款余额17.11亿元，占比43.52%；中长期贷款余额19.92亿元，占比50.66%。从贷款企业规模来看，大型企业贷款余额15.43亿元，占比45.4%；中型企业贷款余额8.41亿元，占比24.74%；小型企业贷款余额5.66亿元，占比16.67%；个人经营性贷款4.48亿元，占比13.19%。

表外业务。银行承兑汇票余额20.45亿元，较年初减少3万元；保函余额2.51亿元，较年初增加0.06亿元；信用证余额10.55亿元，较年初增加5.4亿元。

盈利情况。全年实现净利润1.86亿元，较上年同期增加8942.88万元。其中，利息净收入1218.58万元，较上年同期减少5531.21万元；中间业务收入1444.84万元，较上年同期增加118.72万元；其他业务收入7879.93万元，较上年同期增加2802.25万元。

纳税情况。全年纳税总额1315万元，较上年增加136万元，增幅11.5%。（张嘉楠）

【上海浦东发展银行泰安分行】 该行设置营业网点2处。年末，资产规模30亿元，年实缴税款1005.44万元。

负债业务。年末，实现各项存款日均余额33.69亿元，较年初下降6.37亿元。

资产业务。年末，各项贷款余额22.30亿元，较年初下降20.89亿元。

信贷投放。落实金融支持政策，依托创新产品，相继推出银税贷、小微客户银票在线秒贴商票闪贴等在线融资新产品。加大对普惠金融、精准扶贫、绿色信贷、科技金融等领域的扶持力度，支持新旧动能转换和实体经济发展。年内，实现对公及金融市场中间业务收入首次突破3000万元，较上年新增超过35%，票据业务首次突破30亿元。

复工复产。制定5类小微企业融资应急方案，分类施策，进行差异化扶持。累计支持企业复工复产信贷投放51.79亿元，支持企业户数44户，发放疫情专项贷款1户，金额2500万元。

金融服务。该行个人手机银行业内率先推出SWIFT GPI境外汇款业务、“浦发个人贷款”小程序，为客户提供多样化、场景化、个性化的金融服务，构建开放共享、互惠共赢的金融生态圈。优化房屋预售资金监管、“房屋E售”等现金管理业务和“e企付”、集团资金管理、结算性融资、在线账款管理等单位金融产品和“普发宝”“同享盈”等储蓄和理财产品。（夏 昭）

【中国光大银行泰安分行】 年末，该行存款65.07亿元，贷款18.11亿元，资产完好率和收息率100%，主要经营指标保持良好发展。

对公业务。优化投融资服务，重点支持抗击疫情、制造业、民营企业、普惠客户等领域。先后为石横特钢集团有限公司、泰安航天特种车有限公司等单位投放流贷3.99亿元，贴现6.17亿元，信用证4.15亿元，承兑17.1亿元。为山东鲁能奥特科技有限公司办理1000万元普惠业务无还本续贷，以低于市场利率为山东鲁普科技有限公司等制造业企业办理承兑贴现。宣传金融惠企政策，帮助客户争取政策优惠和融资申请，全年累计批复项目25个，金额26.33亿元，其中首次授信8户、金额5.43亿元。

零售业务。当年零售客户较年初新增1.39万人。年末，对私存款余额达6.5亿元；对私存款日均5.44亿元，较年初新增1.10亿元；9项资产余额近13.52亿元，较年初增加4.08亿元；个人贷款投放918笔、投放金额4.6亿元。

普惠金融。全年普惠余额2.65亿元，新增0.48亿元，超额完成监管计划；居民房贷按揭以低于同业利率并践行5日内放款，余额净新增3.86亿元。办理首笔农民工工资保函业务，延伸开发对接农民工工资代发专项平台，成为首批农民工工资代发银行，全年累计代发6户、1.8万人次、9200万元。推进电子银行优化和应用，通过光大云缴费实现水、电、暖等民生线上缴费，推出e餐贷、e微贷、e抵贷、银税互动等线上产品，为居民搭建线上融资平台。（宋礼鹏）

保险业

【概况】 年末，市级保险机构59家，其中财产险公司27家、人身险公司32家。县级以下分支机构319家，其中财产险公司141家、人身险公司178家。保险专业中介法人机构4家，中介分支机构126家。全市保险从业人员5.43万人。年内，全市保险业保费收入142.89亿元，同比增长6.32%；累计各项赔款和给付支出39.87亿元，同比增长10.82%。全市保险机构通过将新冠肺炎纳入意外险、健康险、责任险等扩充保险责任方式，累计提供保险保障金额855.3亿元；累计向支援湖北及当地医护和抗疫人员提供免费保险产品保额26.92亿元，参保人数8624人；累计捐款35.55万元；对受疫情影响较大的企业延长保险期限保单共210个，保险金额10.46亿元；延期收取保费保单109个，保险金额10亿元。

（刘德良）

2020 年 12 月泰安市财产保险业务情况表

表 27 单位：万元

单位	险种	承保数量/户/辆/笔		保险金额（万元）		保费收入（万元）		同比增长%	市场份额%	赔款件数		赔款金额（万元）		赔付率%
		当期	累计	当期	累计	当期	累计			当期	累计	当期	累计	
全市总计	企财险	106	2017	216146.21	6695566.06	145.71	4912.23	0.22		30	378	113.47	1687.37	34.35
	机动车交强险	106327	931978	2136219.80	14649763.01	8475.94	73689.54	6.63		9457	76182	6148.53	42212.65	57.28
	机动车商业险	86245	863722	10388305.70	82893117.90	10703.15	140073.96	–2.54		9453	75232	10605.85	81023.36	57.84
	家财险	3569	70225	132858.31	12461042.34	40.57	2275.65	12.98		186	3220	38.51	531.50	23.36
	责任险	5094	90982	3291924.68	44429178.59	476.78	15163.68	1.41		490	5173	826.30	6393.11	42.16
	保证险	481	5775	7278.81	168245.81	815.53	8976.45	18.78	100	48	821	163.01	3379.42	37.65
	工程险	9	162	304.94	618342.17	–0.15	832.64	30.44		8	26	4.17	174.14	20.91
	货运险	1739	16823	244959.22	2983804.42	64.03	935.16	29.13		16	89	13.56	200.49	21.44
	意外险	60307	589681	20412746.75	83669106.01	895.48	11351.65	45.31		1121	4934	370.38	2680.69	23.61
	健康险	12340	162892	1556364.68	161565353.80	–6010.39	30627.19	79.82		49803	300380	3227.99	27604.01	90.13
	农业险	580	615135	27370.87	630295.89	558.80	22996.84	15.80		4923	30979	4592.01	13156.21	57.21
	其他险	8	216	1030.58	36021.42	7.01	152.80	–67.22		2	29	3.67	202.14	132.29
	小计	276805	3349608	38415510.55	410799837.42	16172.46	311987.79	8.03		75537	497443	26107.45	179245.09	57.45

2020 年 12 月泰安市人身保险业务情况表

表 28 单位：万元

单位	项目	保险种类	保费收入（当月）			保费收入（累计）			同比增长%	市场份额%	退保支出（累计）	赔款支出（累计）				
			首期	续期	小计	首期	续期	小计				满期给付	死伤给付	医疗给付	年金支付	赔款支付
全市合计	团体业务	人寿保险	40.14	796.72	836.86	3273.33	11002.67	14278.28	5.93		404.55	43.67	295.59	89.97	2401.72	60.00
		意外保险	525.22	2.35	527.57	10386.61	35.86	10419.94	12.84		1.25	—	0.27	63.62	5.84	2671.68
		健康保险	299.75	362.87	662.62	33930.45	3448.63	37379.12	27.18		41.17	6.75	384.21	57.77	3.89	26607.73
		分红保险	29.88	53.94	83.82	385.97	1550.01	1935.99	–34.27		87.96	269.18	0.32	—	36.14	—
		小计	894.99	1215.88	2110.87	47976.36	16037.17	64013.33	16.28		534.93	319.60	680.39	211.36	2447.59	28936.37
	个人业务	人寿保险	2968.77	10987.80	13956.57	71722.58	238626.91	310363.23	6.86		10036.64	11546.76	8097.69	9324.49	16053.09	2211.71
		意外保险	202.06	559.07	761.13	4424.92	6531.54	10941.60	1.11		279.39	312.77	350.38	286.01	30.62	1124.16
		健康保险	2256.48	8358.24	10614.72	53104.23	152487.50	205592.95	17.73	100	2604.08	1177.00	6098.49	17732.88	56.81	9374.29
		分红保险	344.16	10405.31	10749.47	12754.97	226069.25	238824.33	4.64		16560.17	18482.89	3250.36	1694.26	13997.44	174.46
		小计	5771.47	30310.42	36081.89	142006.70	623715.20	765722.11	8.75		29480.28	31519.42	17796.92	29037.64	30137.96	12822.22
	银行业务	人寿保险	16857.13	4692.35	21549.48	83132.12	83665.95	166746.09	56.04		62358.70	6476.09	346.45	682.56	4987.78	134.98
		意外保险	12.66	1.66	14.32	551.91	31.68	583.50	–46.04		13.70	—	—	—	—	165.82
		健康保险	35.64	104.65	140.29	810.89	2025.37	2835.63	–60.05		173.92	42.69	187.81	209.93	—	342.45
		分红保险	17067.65	553.74	17621.39	81687.10	25631.40	107371.19	–22.55		18265.30	42236.71	287.82	181.88	2360.43	31.42
		小计	33973.08	5352.40	39325.48	166182.02	111354.40	277536.41	9.40		80811.62	48755.49	822.08	1074.37	7348.21	674.67
	合计		40639.54	36878.70	77518.24	356165.08	751106.77	1107271.85	9.32		110826.83	80594.51	19299.39	30323.37	39933.76	42433.26

【行业发展】 全市保险业保费收入142.89亿元，居全省第8位，同比增长6.32%。其中财产险公司实现保费收入30.91亿元，同比增长5.46%；人身险公司实现保费收入111.98亿元，同比增长6.57%。全年累计各项赔款和给付支出39.87亿元，同比增长10.82%。其中，财产险赔款支出18.53亿元，增长15.52%；人身险赔付支出21.34亿元，同比增长7.04%。

【行业自律】 协会制定《泰安市车险市场报行合一自律检查方案》，对违反方案的公司进行督查，违反方案的公司自行停止使用商业车险条款7～30天。采取保险公司自查自评和协会现场检查相结合的方式，做好机动车辆理赔服务规范测评工作。配合银保监分局做好车险综合改革工作。开展人身险公司销售从业人员负面清单测试工作，全市参加测试营销员4万人，通过率超过98%。开展人身保险产品说明会自律检查，促进行业健康发展。

【宣传培训】 疫情期间，各保险机构利用线上平台、手机App等互联网形式开展宣传工作。在今日头条、齐鲁壹点、大众网、中华泰山网等网络媒体以及ZAKER泰安、最泰安、中投生态圈等手机App上刊载文章40篇。参加“3·15我们有力量”新媒体平台纪念宣传活动，并就2019年维护保险消费者权益情况进行发言。做好“7·8”保险公众宣传日活动的组织宣传工作。协助泰安日报社开展第五届泰安金融微笑天使评选暨2020金融服务技能大比武活动。与市银行业协会组织开展泰安市银行保险机构《高管在线》视频系列访谈活动，14家保险公司总经理参与访谈活动。

【服务会员】 通过“12378”“12345”及协会公开的投诉电话等渠道接受保险消费者咨询投诉，年末，接到保险消费者投诉1080件，同比增长114.29%。通过工单访调对接系统，接收监管投诉转调解件139件，结案139件，结案率100%。通过各种机制调解案件326件，调解成功案件156件，涉案金额538万元，调解成功金额351万元。与市中级人民法院就推动“诉调对接”建立“内外联动”工作机制进行座谈交流，并对保险合同案件审理过程中发现的问题进行研讨。参加市中级人民法院组织的“道路交通事故损害赔偿纠纷数据一体化处理”座谈交流会。参加泰山区人民法院“道交事故损害赔偿纠纷一体化处理”工作推进会。牵头会员单位治理和化解“恶意投诉”问题。 （赵 强）

【中国人民财产保险股份有限公司泰安市分公司】 年末，该公司累计实现保费收入11.41亿元，支付赔款7.26亿元，上缴各类税金9915万元。

助力抗疫。向市卫健委捐赠“疫情救治人员及其直系亲属专项保险”，将全市新型冠状病毒肺炎医疗救治定点医疗机构参与防控救治的医护人员、参与省外医疗援助的医护人员以及他们的家庭成员确定为保障对象，每人保障金额50万元，累计保障限额1000万元。推出“法定传染病保险”，为医护人员和家属、从事防疫工作的服务人员及志愿者、企业员工和个人客户提供风险保障。推出不同保障额度、不同保险期限的“复工保”系列疫情专属保障方案，支持企业复工复产。为因疫情不能正常营业导致资金周转出现问题的住宿餐饮、批发零售等小微企业，提供贷款保证保险，为食品、家具、化工纺织、机械制造等行业提供出口信用保险，帮助企业加强出口风险管理，发挥保险的补偿和支持作用。联合市文化和旅游局向泰安旅游经济开发区内的浪潮软件、爱琴海购物公园、市立医院、北航泰山科技园赠送防护口罩8000个和消毒液40箱；向泰山玻璃纤维有限公司等7家企业赠送口罩2万个、免洗消毒液480瓶，助力企业复工复产。

开拓社会治理领域保险保障。公司以40%份额首席中标全市灾害

11月24日，泰安市保险行业协会七届五次理事会召开 （赵 强 摄）

民生综合保险项目，及时赔付受疫情、冰雹、暴雨等灾害天气影响造成的损失，分担政府压力，让民生工程惠及百姓。为企业提供“安责险＋科技＋服务”管理模式，打造服务线上化、数据化、可视化管控平台，建立生产安全双重预防体系，做好风险减量管理。

落实惠民保险政策。提高农险保障能力，公司全面承接种植险、养殖险和林木保险，分散农业生产过程中的自然和收入风险。年内，承办20个农业险种，为全市55万户农户提供近30亿元风险保障。推广“农e贷”项目，支持养殖户扩大规模，稳定生猪生产和保障市场供应。向市扶贫办递交《保险业助力泰安市扶贫领域治理体系和治理能力现代化建设的请示》，提出承办“产业保”与“收益宝”双保险业务的建议，保障产业扶贫项目的资产安全和收益稳定。参与社会医疗保障体系建设，构建大病保险为主，基本医保意外伤害险、长期护理保险、扶贫特惠保险、医疗救助保险和优抚对象医疗保险等全面发展的医疗保障体系，并建立一支72人的专业服务团队。

创新保险服务方式。公司在疫情期间正常开展签单，做到疫情期间不见面，服务质量不下降。推出线上化理赔服务，引导客户通过“山东人保财险”微信公众号进行在线报案，使用远程视频查勘、自助上传照片进行快捷定损赔付，提高理赔服务效率。丰富客户服务项目，提供集代为送检、优惠审车、优惠保养、车辆安全检测、免检标志申领、车辆故障救援等车用类增值服务10项，在做好客户养车用车类服务的同时，加强与客户生活类服务商的合作，提供涵盖旅游出行、影音视听、健康体检等生活类优惠服务6项，满足客户多样化服务需求。（李　乾）

9月28日，人保财险泰安市分公司在泰安市中医二院开展“您为人民奉献，人民保险为您服务”暖心活动　（李　乾　供）

【中国人寿保险股份有限公司泰安分公司】 简称中国人寿泰安分公司，该公司在市级本部设有11个部室，辖县（市、区）支公司6个，城区营业单位2个，乡镇和街道营销服务部64个。年末，公司实现总保费收入20.01亿元，同比增长10.21%；市场份额18.07%，居泰安保险行业首位。

理赔服务。年内，公司累计给付总金额4.16亿元，其中寿险理赔案件2038件、赔付金额6415.74万元，短期险理赔案件3.40万件、赔付金额1.40亿元，满期及年金给付金额2.13亿元。推进服务模式向“线上办、不见面”转变，推广“一次办好”项目，强化全流程服务时效管控，理赔申请支付平均时效1.08天，小额理赔平均时效0.12天，客户服务能力和服务质效不断提升。

特色业务。开办城镇职工大病保险、职工长期护理保险、教育系统学生平安保险、卫健系统“银龄安康”工程、计生系统计划生育保险及失独家庭护理保险、政法系统“泰山平安卫士”综治人员意外险、妇联系统“关爱女性安康工程”等创新型特色业务，构建多层次的保险保障体系，提升参保居民保险保障水平。

服务社会发展。助力疫情防控，向全市1010名医护和疾控人员捐赠风险保额达10.10亿元，为在疫情一线因公牺牲的市公安局泰山分局干警快速理赔52万元，组织338人次员工慈善捐款共计5.56万元，组织市、县两级公司为属地企事业单位捐赠消毒酒精、口罩等防疫物资。服务脱贫攻坚，向全市“重点贫困村”2000名妇女捐赠“两癌”公益保险保费10万元，保额6000万元。参与各类社会活动，协助市委宣传部、市教工委组织“中华泰山诗文大会”，传承泰山文化，协助市教育局主办“同心战疫、为爱发声”全市中小学生征文大赛活动、“中华泰山成人礼”全市高中学生登泰山活动，协助市卫健委组织“关爱老人送健康进社区”活动，参加银保监分局举办的泰安市银行保险机构服务地方经济社会发展“金点子”“好项目”活动并获三等奖。

（李朝阳）

证券业

【概况】 年末，全市有证券营业机构13家，分别为中泰证券股份有限公司泰安分公司、海通证券泰安岱宗大街营业部、太平洋证券泰安虎山东路营业部、中信证券（山东）泰安长城路营业部、国海证券股份泰安擂鼓石大街营业部、中国银河证券泰安长城路营业部、安信证券泰安营业部、华安证券泰安泰山大街营业部、华林证券泰安长城路营业部、长江证券泰安环山路营业部、国都证券泰安长城西路营业部、东方财富证券泰安擂鼓石大街营业部、方正证券泰安灵山大街证券营业部。其中，中泰证券泰安分公司下辖8个营业部，海通证券有2个营业部，全市证券营业部共21个，实现县（市、区）全覆盖。驻泰安证券行业整体信用质量稳定。全市13家驻泰安证券营业机构累计成交额4921亿元，比上年同期增加1704亿元，增长53%；累计收入2.10亿元，比上年同期增加5483万元，增长35.2%；累计实现利润9175万元，比上年同期增加3906万元，增长74.1%；累计开户数3.25万户，比上年同期增加1.47万户，增长82.2%。 （刘德良）

【中泰证券泰安分公司】 该公司辖区内有9家营业网点，其中市区5家、县（市、区）4家，分布在泰山区、高新区、新泰、肥城、宁阳、东平。年末有正式在岗员工99人，全部具备证券从业资格，其中70人具备证券投资咨询从业资格。母公司中泰证券于2020年6月3日在上海证券交易所主板挂牌上市，股票代码600918。

经济效益。实现营业利润5918.99万元，全年缴纳增值税及附加等各项税款总额874.63万元，缴纳企业所得税税款总额410.25万元，合计缴纳税款1284.88万元。

通道业务。全年分公司各营业部共完成A股、基金交易总量2220.1亿元，实现佣金收入1.35亿元。各营业部客户资产总值134.11亿元，市场份额0.0516%。全年两融业务净收入0.71亿元，日均两融余额6.92亿元，新增两融账户353户。

非通道业务。全年销售公募基金5.27亿元，私募产品3300万元，产品类资产保有量10.06亿元。

机构业务。年内，推荐山东明星金属科技股份有限公司在全国中小企业股份转让系统挂牌，中泰证券在泰安地区推荐挂牌成功的新三板企业累计达到7家，泰安地区市场占比始终保持在30%以上。协助山东索力德焊材股份有限公司、山东宝来利来生物工程股份有限公司、山东赛特电工股份有限公司3家挂牌企业通过定向增发实现再融资，累计达1.2亿元。

推进金融科技战略。中泰证券泰安分公司借助数据化、智能化、协同化的管理平台工具，通过客户多维度信息分析、360度客户视图、动态业务提示、MOT指标设置等手段，把握客户需求和潜在业务动向，利用展业平台（掌e通）和交易软件（齐富通App），实现移动办公和智能营销，持续关注客户体验度和满意度，为客户打造全新服务理念和应用工具。先后获金融消费权益保护工作先进单位、金融机构综合评价A级单位等称号。

（郑爱华　李　慧）

【海通证券泰安营业部】 年内，泰安营业部作为公司区域级旗舰营业部，实现净利润2199.12万元，缴纳各项税款总额444.06万元。

通道业务。全年完成A股、基金交易量854.83亿元，实现佣金及手续费收入3523.56万元。年末，托管客户资产总值106.37亿元，市场份额0.0276%。

非通道业务。全年完成股票质押金额1.5亿元；两融业务实现净息费收入579.62万元，两融余额2.53亿元，新增两融账户139户；IB业务收入7.4万元；销售各类公募基金3.2亿元，私募销售及引入金额14.3亿元，销售理财产品35亿元。

机构业务。完成机构户股票质押1单，解决企业资金短缺困难，为企业发展提供保障。开展债券融资业务，在企业债、公司债、中票、短融等品种方面协助企业融资，推动企业发展。推进IPO项目开展，与当地企业沟通对接创业板上市业务。推进网下打新和转融通出借业务，根据企业需要提供相应服务方案。开展纾困基金业务，服务实体经济，支持民营企业发展。（王琳琳）

编辑　校对　　刘小笋

城乡建设与管理

城乡规划

【概况】 年内，泰安市推进国土空间规划编制工作，规划评估、“双评价”（资源环境承载能力与国土空间开发适宜性评价）、专题研究等规划成果通过省自然资源厅验收。7月，原城市规划委员会更名为国土空间规划委员会，全年召开市国土空间规划委员会会议6次，审议村庄规划2项、专项规划2项、控制性详细规划（简称控规，下同）80项和1个高度控制意见、1项发展战略及城市设计。组织完成文化旅游、产业布局等35项专题研究，构建“多规合一”的国土空间规划体系。编制完成《东平湖生态保护和高质量发展专项规划》《泰安市东部新城战略规划》。落实市人大《关于严格依法加强国土空间规划管理工作的决议》，严控建筑高度和退线距离，保护“山体线、水岸线、天际线”，对规划设计方案充分论证、严格把关、加快审批。全年完成项目选址和规划意见60项，办理规划许可50项，审查规划设计方案193项，办理竣工规划核实项目297个。统筹平衡各领域空间需求，研究制定8大类64项空间类专项规划编制目录清单。

【《东平湖生态保护和高质量发展专项规划》编制完成】 该规划明确东平湖为黄河流域重要蓄滞洪区、南水北调东线工程的输水通道、山东省生态安全的重要节点、山水圣人文化体验地、绿色发展的样板区5大战略定位，构建“一湖、一洼、两带、多山、多链”的湖区生态安全格局，塑造湖光山色的美丽湖区风貌。按照专家评审要求进行修改完善，并提报省委常委会议、省政府常务会议研究审议。

【《东部新城战略规划》编制完成】 该规划依托泰安东部的生态、文化、区位优势，坚持生态优先、绿色发展、以人为本，明确新城的战略定位、空间结构、产业布局、交通体系等内容，提出发展策略。年内通过市国土空间规划委员会审议。

【市政工程规划审查】 年内，对拟建道路布设非机动车道、人行道，道路交叉口渠化，配套地下管线、公交站点、无障碍等配套设施，进行严格审查。对拟建供热、供水、排水、污水等地下管线项目，与周边现状建（构）筑物、地下管线的安全距离，覆土厚度是否符合规范要求，进行认真把关。全年办理完成37项市政类项目规划选址、12项规划方案审查，完成迎胜路南延、灵山大街东延、擂鼓石大街东段等重点交通运输项目的用地预审与选址意见。 （王　健）

城镇化建设

【概况】 坚持以人的城镇化为核心，以城区和中心镇建设为重点，推进新型城镇化和城乡融合发展。市委、市政府出台《关于加快推进城乡融合发展的实施意见》，从促进城乡各类要素合理配置、促进城乡基本公共服务普惠共享、促进城乡基础设施一体化发展、促进城乡经济多元化融合发展4方面明确城乡融合发展的路子及任务。泰安市城镇化暨城乡融合发展工作领导小组办公室印发《泰安市新型城镇化和城乡融合发展重点任务》等文件，市住房城乡建设局联合市发展改革委、农业农村局、教育局、财政局等18个部门印发《关于印发〈泰安市城乡融合发展试验区创建方案〉的通知》等，全面启动泰安市城乡融合发展试验区创建工作。2020年8月，山东省城镇化暨城乡融合发展工作领导小组办公室印发《关于公布首批省级城乡融合发展试验区名单的通知》，新泰市被列为首批省级城乡融合发展试验区。

【人口市民化】 把人口市民化列入重要议事日程，分解工作责任，提升城镇综合承载能力。通过深化户籍制度改革，全面放宽城镇落户政策，简政便民、优化服务，方便外来人口落户城镇；通过完善农业转移人口就业服务，实施就业优先政策，支持规模以上企业或吸纳农民工较多企业开展岗前培训；通过提高农业转移人口公共服务水平，在随迁子女入学、公共卫生服务、基本医疗、住房租赁补贴等方面加大政策支持。2020 年，实现 9.87 万名农业转移人口市民化，全市常住人口城镇化率 63.92%。

5月15日，市住房城乡建设局举办"聚焦重点工程　争当模范机关"主题党日活动　（李　燕　供）

【中小城市发展】 把实施中小城市试点和全市中小城市发展作为统筹城乡发展的新举措、推进城镇化建设的新载体，推进试点各项工作，肥城市、宁阳县等中小城市建设稳步推进。2020 年，省级委托第三方对全省大城市、中等城市和 I 型小城市培育 2019 年试点情况进行年度评估，山东省城镇化暨城乡融合发展工作领导小组办公室印发《关于 2019 年度全省新的中小城市培育试点评估情况的通报》，通报泰安市大城市试点达到大城市人口规模标准，肥城市中等城市试点任务进展顺利，宁阳县 I 型小城市试点任务符合预期。　（李　燕）

城市建设综述

【概况】 2020 年，住房城乡建设工作统筹疫情防控和住建事业发展，先后打通擂鼓石大街、迎胜路南延等城市"断头路"，改造提升灵山大街、北上高大街等城市道路，全年实施城市道路工程 13 项、49.9 千米。完成市中心医院呼吸病诊疗中心、泰安市民兵训练基地项目建设。顺利通过 2019 年度城市品质提升考核。持续推进山水林田湖草明堂河、梳洗河、泮河等生态治理修复工程。全市房地产开发完成投资 264.06 亿元、村镇建设完成投资 112.58 亿元。建筑业总产值 1056 亿元。市住房城乡建设局党组被省委、省政府评为"攻坚克难奖"先进集体。

【依法行政】 落实权责清单制度，在建设信息网公示"行政执法事项清单""行政执法主体资格清单"等执法信息，建立《市住房城乡建设局行政执法举报投诉制度》，形成多元化监督体系。适应信息化发展大趋势，抓好"互联网 + 政务服务""互联网 + 监管"在住建部门的深化应用。推行"双随机、一公开"监管，在"双随机、一公开"监管平台发起部门联合抽查 3 项、部门内部抽查 24 项，检查企业（项目）112 个，实现监管全覆盖。落实好住建部门优化营商环境职责任务。制定《泰安市进一步深入简化泰城水气暖报装实施方案》，建成省内首个水气热线上集成报装平台。印发《关于全力做好应对疫情期间水气暖供应保障及支持企业发展需求的通知》，实行"欠费不停供"。出台《进一步加强房屋建筑和市政工程履约保证保险工作的意见》等政策性文件，推行以保险替代涉企保证金，减轻企业压力，激发市场活力。2020 年 10 月 28 日，《泰安市供热条例》经市人大常委会表决通过，11 月 27 日经省人大常委会批准，2021 年 1 月 1 日起正式实施。落实"谁执法、谁普法"责任制，围绕打造"法治住建・和谐城乡"行业法治品牌，制定《2020 年普法教育工作计划》，健全"普法责任人清单""普法责任清单"，通过党组书记讲法治课、送法进工地、专题讲座、集中学习、旁听庭审、网上测试等形式，学习《中华人民共和国民法典》、习近平新时代法治思想和住建行业法律法规，推动住建系统法治型干部队伍建设。

【行业安全】 周密部署安全生产三年治理行动，开展安全隐患拉网式大排查、起重机械专项整治行动、建筑施工企业安全生产许可证动态核查；安排部署各县（市、区）、功能区开展农村地区“煤改气”安全隐患排查。出台《关于全面加强我市既有公共建筑装饰装修工程施工许可管理的通知》，解决既有公共建筑装饰装修工程办证难问题。推进房屋市政施工攻坚百日行动，对 244 个危险性较大的分部分项工程开展隐患排查整治，开展检查 64 次，检查工程 249 项，发现整改问题 1209 项，停工项目 48 个，信用惩戒 3 家。开展分级分类监管工作，制定建筑施工、城镇燃气、供热、供水 4 项监管标准，各级住建部门对所属行业领域内生产经营单位进行排查，按照“一企一档”建立监管工作台账，对生产经营单位进行评级分类、动态考核管理。加强城市危旧住房排查防护，组织进行房屋安全排查，检查房屋 3.53 万栋、4520.7 万平方米，其中危险及疑似危险房屋计 362 栋、88.4 万平方米；对于存在安全隐患的房屋立即书面通知房屋产权人、使用人进行房屋安全鉴定，并按照鉴定意见进行解危；对于短时间内解危有难度的房屋，加强日常安全监测，明确房屋安全监测责任人。全年住建系统安全生产形势持续平稳。

【城建档案】 泰安市城市建设档案馆成立于 1987 年。至年底，有馆库及办公面积 1500 平方米，馆藏档案 13 万卷。全年签订《山东省建设工程档案移交责任书》107 份，签署《山东省建设工程档案预验收意见书》126 份，发放“山东省建设工程档案合格证”141 份。做好建设工程档案竣工验收工作，全年验收单体工程 800 个。认真审核接收档案，全年接收工程档案 2.4 万卷。面向社会发放《地下管线移交程序》130 份，向市民宣传地下管线的重要性；跟踪指导 114 个地下管线工程项目；归档整理新入馆地下管线档案 136 卷；复审入馆档案，复审率 90% 以上。加强档案管理与保护工作，做好档案的统计分析，按时编制上报年度报表；落实安全生产目标管理责任制，加大档案库房“九防”（防火、防盗、防潮、防光、防鼠、防虫、防尘、防污染、防高温）工作；严格落实值班制度、门岗保卫制度、档案出入口登记制度，坚决杜绝盗窃、火灾事件的发生，确保馆藏档案万无一失。全年接待现场查询档案利用人员 456 人次，调卷 645 卷次。

6月26日，泰安市住建系统2020年“安全生产月”应急救援演练举行（李 燕 供）

【城市国有土地房屋征收】 指导各县（市、区）、功能区属地政府做好城市国有土地房屋征收工作，全年累计实施房屋征收约 2 万平方米。督促落实房屋拆除安全举措，把房屋拆除安全生产和扬尘治理纳入重要议事日程，先后监督巡查财源新村城中村改造、魏家庄、下旺村等“在拆”“待拆”的拆除工地现场 30 处，及时发现安全隐患问题，督促落实施工安全措施，全年未发生拆除安全事故。参与市中心医院呼吸病诊疗中心、迎胜路南延、北上高大街、擂鼓石大街东段、灵山大街东段、泮河大街东延（互通立交）改造等重点工程建设，先后完成泮河大街东延、环山路东延二期、灵山大街东段跨铁路立交桥、长城路—泰玻大街立交桥、温泉路、长城路北段、体育场北路、青年路中段等多条道路的实地调查测算，摸清基本情况，估算房屋征收成本，为市委、市政府确定实施 2021 年道路建设提供科学依据。加强信访隐患排查，全年接待群众到访 26 起 49 人次，受理申办单 28 份，开具交税证明 124 件。

【市中心医院呼吸病诊疗中心改造项目】 根据市委疫情防控工作专题会议部署，市住房城乡建设局会同市中心医院将原市人才交流中心办公场所改造成为呼吸病诊疗中心。2 月 8 日下午，市住房城乡建设局组织市人社局、市中心医院、省建筑设计院、市建筑设计院、泰安建工集团、普惠建工集团和泰安建业工程咨询公司等进行现场勘查，确定采用装配式改造方案，现场成立改造项目指挥部，设置项目防疫组、综合协调组、施工管理组和技术保障组，做好施工方案、材料采购、疫情防控以及协调用工人员等开工前的筹备工作。2月9日8：30，副市长赵德健主持召开专题会议，明确项目设计、施工、监理等责任主体，确定初步设计方案和施工方案；16：00，指挥部组织医疗专家召开设计方案论证会，论证审查项目改造施工图纸、技术方案、材料方案以及污水垃圾处理方案，确保符合传染病医院防护要求；23：00，市人社局腾空办公场所，指挥部人员进驻项目现场。经过专家论证和5次会商，确定施工图纸和技术方案；两家施工单位完成重要设施材料订购，施工务工人员集结到位。2月10日，项目正式开工，经过470名施工人员7天昼夜奋战，2月16日下午竣工验收并交付使用。项目占地面积3600平方米，建筑面积5190平方米（北楼1960平方米、南楼3230平方米），按照传染病房的标准，改造建设留观室、治疗室、抢救室等16种功能房间204间。

【泰安市民兵训练基地升级改造项目】 该项目被列为2020年度全市军民共建的重要任务。5月7日，市住房城乡建设局接到建设任务，5月8日成立项目建设工作专班，多次组织专家论证会，讨论工程建设实施方案，组织专业人员到济宁、莱芜等地考察学习。8月1日，工程正式开工，12月30日，交付泰安军分区。主要改造提升驻训综合楼、会议中心、多媒体中心、餐饮中心4栋楼，改建基地大门，修建室外绿化、道路、排水等设施，购置空调、桌椅、训练器材等设备。

（李　燕）

城区道路工程

【概况】 2020年，泰安城区实施道路工程13项，总长度49.9千米。擂鼓石大街中段5月1日全线贯通，擂鼓石大街东段、灵山大街东段，北上高大街、黄前西干渠路、博阳路与莱（芜）泰（安）高速省庄互通立交、青年路南段6条道路主车道11月24日正式通车，迎胜路南延工程、泮河大街东延下穿青（岛）兰（州）—莱（芜）泰（安）高速公路连接线主桥工程12月18日正式通车，灵山大街东段跨辛泰铁路立交桥、明堂路开工建设，双龙路、环山路东延二期、谢过城大街3条道路按计划推进。

【擂鼓石大街中段、东段主车道通车】 擂鼓石大街中段西起普照寺路，东至虎山东路，全长1900米，是泰安城区典型的“断头路”“卡脖子路”。2019年，市委、市政府下决心打通擂鼓石大街中段。道路规划红线宽30米，2019年7月开工建设，2020年5月1日主车道通车。同时新建山东农业大学、山东科技大学教学设施9.4万平方米，2020年9月1日正式投入使用；建设回迁居民楼、幼儿园6.17万平方米，幼儿园于2020年9月19日正式交付山东科技大学使用，回迁楼项目2020年年底竣工验收。

擂鼓石大街东段建设工程是2020年泰安城区重点建设工程，是市委、市政府确定为民要办的实事工程。分两个路段实施：一是花园路至凤台路段，工程西起花园路，东至凤台路，道路红线宽36米，全长约370米，双向四车道。设计内容主要包括市政道路、桥梁箱涵（跨唐庄河箱涵）、给排水、交通设施、照明工程、电力改迁土建、绿化配套等。2019年10月开工，2020年11月24日实现主车道通车。二是凤台路至博阳路段，工程西起凤台路，经双龙路、双龙河、佛光路、天烛峰路、明堂路、明堂河、科技西路、科技中路，东至博阳路，道路红线宽36～40米，全长约4.1千米，双向四车道。工程为旧道路改造提升工程，设计内容主要包括市政道路、桥梁（明堂河桥两侧加宽）、给排水、交通设施、照明工程、电力改迁土建、绿化配套等。2020年9月28日开工，2020年11月24日实现主车道通车。

【灵山大街东段主车道通车】 灵山大街东段建设工程是2020年泰安城区重点建设工程，是市委、市政府确定为民要办的实事工程。工程西起温泉路，经梳洗河、花园路、唐庄河、唐訾路、双龙河，东至天烛峰路，全长2200米，道路红线宽60米，为双向八车道，设计时速60千米。主要施工内容包括道路工程、桥梁工程、绿化工程、管线综合、排水工程、照明工程、电力土建和交通工程。2020年11月24日实现主车道通车。

【北上高大街主车道通车】 北上高大街建设工程是2020年泰安城区重点建设工程，是市委、市政府确定为民要办的实事工程。工程西起白凤路，向东连接双龙路、佛光路、天烛峰路、明堂路、科技中路，跨越双龙河、明堂河，直至博阳路，全长 4.2 千米，道路红线宽 40 米，中间为双向六车道，两侧是非机动车道和人行道，设计时速 50 千米。主要施工内容包括道路工程、桥梁工程、综合管线、照明工程、电力迁建、交通工程和绿化工程等。2020 年 11 月 24 实现主车道通车。

【黄前西干渠主车道通车】 黄前西干渠路建设工程是市政府完善城区路网工程的重点项目。该项目东起白凤路，西至温泉路，全长 830 米，宽 20 米，为城市支路。主要建设内容包括铺设沥青混凝土路面、拆除旧路、完善交通、环卫、消防设施及给水、雨污水、照明工程等市政设施，改造电力线路、燃气管道及国防电缆迁移。2020 年 11 月 24 日实现主车道通车。

【迎胜路南延工程主车道通车】 该工程是 2020 年泰安城区重点建设工程，是市委、市政府确定为民要办的实事工程，也是 2020 年市政府“十百千”工程 100 件挂图作战工程。工程北起灵山大街，南联青（岛）兰（州）高速和高新区龙泉路，东接龙潭路，全长 8.2 千米，采用高架桥加地面辅道的方案建设，高架桥全长 6 千米，由北向南依次越过泮河大街、泮河、岱阳大街、万官大街，连接到泰安南收费站。该工程是近年间城市道路投资最大的项目，是泰安城区首座高架桥，工作量大、战线长，工期紧、任务重，市住房城乡建设局 2800 名建设者，24 小时不间断施工，参建单位协同作战，工程进展迅速，2020 年 12 月 18 日高架桥主车道通车。

【博阳路与莱（芜）泰（安）高速省庄互通立交主车道通车】 该工程是 2020 年泰安城区重点建设工程，是市委、市政府确定为民要办的实事工程。工程西起冯家庄河桥，东至百灵学校，采用全苜蓿叶形互通立交，与冯家庄互通及收费站之间均设置辅助车道连接，形成双向六车道。项目主线 1.3 千米，匝道 1.96 千米。2020 年 11 月 24 日实现主车道通车。

12月18日，迎胜路南延工程主车道建成通车　（陈　阳　摄）

【青年路南段通车】 该工程是 2020 年泰安城区重点建设工程，是市委、市政府确定为民要办的实事工程。道路北起泮河大街，南至万官大街，包含青年路、泮河大桥、玉带河中桥项目，全长约 1772 米。其中，青年路宽 30 米，双向 4 车道；桥宽 36 米，双向 6 车道。2019 年 10 月 23 日开工，2020 年 11 月 24 日通车。

【泮河大街东延下穿青（岛）兰（州）—莱（芜）泰（安）高速公路连接线主桥工程主车道通车】 该项目是市委、市政府年内为民要办的 10 件实事之一，也是市政府“十百千”工程 100 件挂图作战工程。泮河大街东延（互通立交桥）工程西起泮河大街与万官大街平交口，向东与省道 S26 莱泰高速（泰安东连接线）设置互通立交 1 处。为充分利用青兰高速泰安东连接线建设施工窗口期，保障莱泰高速年底顺利通车，年内实施莱泰高速公路分离立交改造工程，长度约 1.17 千米。2020 年 12 月 18 日实现主车道通车。　（李　燕）

城区环境

【概况】 年内，泰安市通过 2019 年度城市品质提升考核，泰山区岱北片区在全省城市品质提升行动暨试点片区建设视频会议上作典型发言。山水林田湖草明堂河、梳洗河、泮河、芝田河、第二污水处理厂配套湿地建设工程进度均完成 90% 以上。城中村改造工作顺利实施。清洁取暖工作完成年度任务。

【梳洗河生态修复工程】 该项目是泰山区域山水林田湖草生态保护修复工程重要组成部分，总河长 23

千米，包括梳洗河干流（环山路至入泮河河口，长约10.4千米），梳洗河支流唐庄河（长约4.2千米）、双龙河（长约8.4千米），总投资5.63亿元。至年底，完成总工程量的91.12%，累计完成土方开挖112万立方米，清淤7.9万立方米，污水井216座，敷设管网10千米、挡墙4362米。

【明堂河生态修复工程】 该项目是泰山区域山水林田湖草生态保护修复工程重要组成部分，治理范围为明堂河流域，北起安家林水库，南至泮河，河道长度为15.8千米。该工程因地制宜实施河道治污工程，主要内容为截污治污、清淤、驳岸、筑坝、溢流堰和绿化等。其中，碧霞湖至老泰莱路以北段，打造汉明湾、夹谷会盟、明堂湖、胜利湖4处生态活动空间，新增湿地水面19.93公顷（299亩）、绿地19.2公顷（288亩）；老泰莱路以南段主要做好清淤、污水管网铺设等工作。至年底，拆迁工作已完成，共计完成土方开挖145万立方米、河道清淤11.6万立方米、生态驳岸及河岸挡墙建设6207米、截污管线敷设7331米、引水管线5635米、溢流堰5座、坝体2座、桥梁8座。

【泮河生态修复工程】 该项目是泰山区域山水林田湖草生态保护修复工程重要组成部分，西起长城路，东至青（岛）兰（州）高速，全长约7.6千米，治理范围为河道两侧蓝线外各15米之间的区域。主要建设内容包括河道拓宽及清淤、截污、蓄水、生态驳岸、构筑物及管线迁移改造等。至年底，清淤工程除涉铁路段外基本完成，累计清淤22.03万立方米。河道拓宽、截污、驳岸、蓄水工程实施1号坝以西部分，完成总工程量的90%，完成土方开挖100.99万立方米，污水管道铺设1700米，尾水管道848米，1号坝主体建设完成。

【第二污水处理厂配套湿地建设项目】 该项目位于万官大街与泮河东西两岸交汇处，其中西岸湿地位于万官大街以北、泮河以西、王家店村以东区域，东岸湿地位于泮河以东、宅子村以南位置，泵站位于万官大街以南夏家庄村。采用复合垂直流湿地工艺对泰安市第二污水处理厂每日12万吨的尾水进行湿地深度净化，将Ⅳ类尾水提升至Ⅲ类地表水作为泮河补水，同时建成一处生态景观休闲区。项目占地面积约20万平方米，设计处理能力每日12万立方米，有68个湿地单元，主要建设东区、西区湿地工程，并配套建设生态景观工程。至年底，完成63个单元池体的混凝土浇筑及滤料填充，累计完成土石方21.7万立方米，浇筑混凝土1.49万立方米，池体填料22.32万立方米，完成投资19950万元，完成进度95%。

【海绵城市建设】 迎接海绵城市建设项目资金核查，根据省住房城乡建设厅安排，对环山路东延、泰山大街提标改造项目涉及的2019年度海绵城市补助资金进行第三方核查。经核查，海绵城市专项资金使用合理规范。推进海绵城市建设工作，将海绵城市建设情况纳入月度工作考核体系，实行年度目标考核。协调对接项目建设主管单位，分解落实年度建设任务，指导做好海绵城市建设工作。至年底，全市累计建成海绵城市面积71.17平方千米，其中泰安城区52.7平方千米、新泰市11.4平方千米、肥城市4.08平方千米、宁阳县2.19平方千米、东平县0.8平方千米。

【地下综合管廊建设】 落实“一周一调度、一月一上报、年终一考核”工作机制，定期调度数据，强化监督考核。协调项目建设主管单位，分解落实年度建设任务。至年底，全市累计开工建设地下管廊项目11个，项目长度34.07千米，形成廊体30.24千米。

【清洁供暖工作】 至2020年12月底，城市（县城）新增清洁取暖面积336.16万平方米（泰安城区210万平方米、新泰市19万平方米、肥城市19.2万平方米、宁阳县8.86万平方米、东平县35.18万平方米、泰安高新区43.92万平方米），任务完成率110.95%；农村地区清洁取暖完成4.53万户（泰山区360户、岱岳区1400户、新泰市3.31万户、肥城市4608户、宁阳县2456户、东平县3008户、泰山景区245户、徂汶景区100户），任务完成率100.77%。完成省下达的年度建设任务。

【城中村改造】 全年实施28个社区（村）的改造。其中，26个社区（村）的控制性详细规划编制完成；财源新村、灵山等11个社区（村）的拆迁工作启动实施；下梨园、海洼等4个村回迁工程开工建设，实现开工面积42.3万平方米；拆迁和回迁工程建设完成投资18.5亿元。

（李　燕）

城区市政公用设施

【概况】 2020年，城市供水量5192万立方米，水质综合合格率100%；泰安城区燃气供气量约4亿立方米，调峰储气量2128.7万立方米；圆满完成2019—2020年采暖季供暖任务，集中供热入网面积3469万平方米，实际集中供热面积1902万平方米，分别比上个采暖季新增340万平方米、141万平方米，热源总供热能力2740万平方米。《泰安市城镇燃气管理办法》研究通过，《泰安市供热条例》施行，编制出台《泰安市燃气专项规划（2019—2035年）》，城市保障工作实现有章可循、有据可查、有规可依。受理群众有效诉求25万件，增长0.72%，其中建议投诉类占比仅为1%，在全市政务服务热线办理工作考核的25家“公共服务单位类”承办单位中，水、气、热的考核成绩分别排名第1、3、5位，群众合理诉求满意率98%以上，回复群众率、按期答复率均为100%。全年进行安全检查51次，排查治理问题和隐患3413项，落实安全治理资金3795万元，组织各企业举办应急演练活动72次，2600人次参加。水气热专营企业完成营业收入16.29亿元，实现利润总额1.04亿元。年内，中心连续8年被评为“省级文明单位”，被授予“省住建系统先进集体”称号。

【城市供水】 泰安城区日均供水量14.22万立方米，供水覆盖面积200平方千米，服务人口100万人，供水水质综合合格率100%。新敷设黄前水库至三合水厂输水管线1.2千米，完成投资约700万元。城市供水GIS系统启动运行，应用服务器已接入外网；C/S系统（数据管理系统）、B/S系统和巡检维修系统投入使用，泰安城区智慧水务服务水平和供水调度应急保障能力得到提高。

【城市供气】 推动《泰安市燃气管理办法》出台，强化燃气安全管理，补足燃气管理中的短板和不足。按照省里下达的城燃企业5%储气调峰任务要求，采用租赁和合作方式，超额完成128.7万立方米的调峰储气任务目标。与蚂蚁能服开展合作，建成燃气集团范镇调峰储气站一期工程，实现新增120万立方米储气能力。重启范镇LNG项目复产工作，为全市增加1800万立方米调峰能力。

【城市供热】 投资2500万元完成国电2号机组低压缸零出力改造，新增200万平方米供热能力，国电总供热能力达2060万平方米。实施梳洗河西路、青年路南段、博阳路北段、西部热源出厂供热管线等主要道路供热管道敷设，扩大中心城区集中供热管网覆盖范围。完成《泰安市供热条例》立法工作，实现当年立项、当年表决通过。11月3日，泰安城区提前七天开栓供热，建立冬季供暖保障办公室24小时值班制度，及时处置供热突发事件。加快推进西部热源项目建设，年内全面开工。

【徂汶净水厂】 该项目位于泰安市博阳路以东，泰楼路以北，工程占地约3公顷（45亩），供水规模每日3万立方米。建设内容主要包括常规处理车间、清水池、供水泵房等生产性构筑物，敷设彩山水库至徂汶净水厂直径800毫米球墨铸铁原水管道约19千米。年内，完成原水管道敷设和水厂主体工程，进入工艺管道及设备安装阶段。

【山口净水厂】 该项目位于泰安市环山路东延段以南、小马庄村以西、黄前西干渠以北，工程占地约4.67公顷（70亩），供水规模5万每日立方米。建设内容主要包括常规处理车间、清水池、供水泵房等生产性构筑物。年内，完成规划、土地、招标和施工许可证等工程建设手续，10月26日正式开工建设。

【西部热源项目】 该项目位于岱岳经济开发区九女山街以南、晶华路以西、五龙山路以东、天平大街以北，项目占地19.45公顷，概算投资10.8亿元。建设2台400吨高温高压循环流化床锅炉，配2台

10月13日，泰安市泰山城区热力有限公司供热企业调度指挥中心
（李璐供）

5万千瓦背压汽轮发电机组，同时配套建设跨季节地下储能场，实现1000万平方米供热能力。上半年，完成PPP项目入库、社会资本方招采、合同签署及项目公司组建等工作，并规范配备项目监理、审计和绩效评价等第三方机构。8月，启动进场建设，取得工程建设“四证”（不动产权证、用地规划许可证、工程规划许可证、工程施工许可证），全面开工建设。

【深化水气热报装改革】 全面推行实施水气热报装“三零”（零跑腿、零材料、零审批）服务，打造完成省内首个市级水气热线上集成报装平台，并与全市工程建设项目审批管理系统互联互通，水气热全流程实现“一网通办”。依托线上网上报装平台的互联互通，精减优化报装申请材料，提前获取用户报装需求，实现“零材料”报装。开展“贴心全程代办”，指导专营企业建立“保姆式”服务专员，提供全流程报装跟踪服务，实现“零跑腿”。

（李　璐）

城市管理

【概况】 2020年，城市管理工作围绕管理、执法、服务“三位一体”工作格局，打好创建全国文明城市、雨污分流改造、蓝天保卫、城市功能配套提升“四大攻坚战”，城市管理工作迈上新台阶。11月1日，《生活垃圾分类管理条例》实施，泰安市成为全省首个对生活垃圾分类进行立法的城市。市城市管理局获全省高铁沿线环境综合治理工作先进单位称号。

【城区容貌整治】 开展户外广告整治，拆除各类违规户外广告2.7万处、40多万平方米，楼顶广告、立柱广告全部清除。对市管道路临街建筑物外立面，喷刷乳胶漆3.6万平方米。粉刷老旧小区墙面2.4万平方米，维修道路1.4万平方米。

【环卫保洁】 作为全国第一批生活垃圾分类示范城市和全国强制分类城市之一，创新推行垃圾分类收运与再生资源回收“两网融合”系统，通过建立“专业+职业”回收渠道，“区中转+资源中心集中收集”转运形式，推进生活垃圾再生资源回收利用，中心城区垃圾分类试点工作顺利完成。成立由市长任组长的泰安市全域垃圾分类项目工作专班，提出“全域覆盖、城乡统筹，争创全国一流”的工作目标，进入实施阶段。11月1日，《泰安市生活垃圾分类管理条例》正式实施，是山东省第一部生活垃圾分类地方性立法。全市88个乡镇全部实现城乡环卫一体化，集中式生活垃圾处理覆盖率和垃圾无害化处理率均为100%。全市300户以上自然村公厕及涉农户厕改造建设工作超额完成任务。

【智慧城市】 提升智慧城市品质，改造升级数字化城市管理平台，研发城市内涝预警管理、渣土运输管理等7个业务子系统。与公安“天网”共享视频监控资源，处置和督导各类事项70多万件，案件转办率100%、处置率92%以上。

【园林绿化】 开展增绿补绿行动，栽植各类乔木6881株、各类灌木91.2万株，地被、模纹11.5万平方米，地栽、地摆、组摆各类花卉28万株，治理消除裸露土地6.1万平方米，治理超高土6530米，整理下沉式树穴1000个；健全建成区152株古树名木档案，实行属地管理，落实古树名木“树长制”，手机扫描保护牌二维码即可掌握相关信息；对市管文化路等14条道路7695株行道树法桐喷洒“悬铃散”2遍，对市管公游园、绿地雌株杨柳4556株注射“杨柳净”。

4月14日，城管队员到金山公园宣传《泰安市文明行为促进条例》

（赵冉冉　供）

【市政设施】 修补路面、道板48.5万平方米，桥梁刷漆及人行天桥维修3100平方米。换装路灯51基，维修路灯4900盏次，亮灯率99%以上。排水设施清淤5400立方米，疏通管线2400米，维修更换雨水篦子2400套，维修更换检查井盖800套，抢修管沟塌陷点3处，清理泮河垃圾2000立方米。加快推进第一、二、四污水处理厂提标改造及第四污水处理厂扩建工程建设，推动泰安城区污水处理提质增效，泰安城区污水日处理能力32万吨。2020年，处理污水约6600万吨。牵头开展城市建成区黑臭水体整治，系统推进整治工作，城区黑臭水体消除比例显著提高。

【城市防灾】 抓好金山、蒿里山两山防火工作，整改火灾隐患10处。做好城市防汛工作，督促属地清理整治河道内的建筑物、林木等，重点改造提升城区易涝点，对金山塘坝除险加固。

【城市广场】 常态化开展疫情防控，每天4次对广场内公用设施进行消毒杀菌，设置1米线200组。在泰山广场新建城管服务驿站1处、爱心母婴室1处，新增无线Wi-Fi设备4台、监控摄像头15处，升级改造下沉商场公共卫生间。高铁广场改造便民通道4处，园林绿化补植1300平方米。泰山火车站广场维修破损路面260平方米。

【城市管理执法】 坚持早六晚九错时延时执法、文明执法，坚持集中整治与分散管理相结合，支队每月集中7个大队执法人员以泮河为界，分城东、城西2个片区，开展拉网式内部联合整治行动，联合街道办事处对市级主干道沿街商户环境“脏乱差”问题进行综合治理，加强店外经营、占道经营、市场外溢等现象劝诫疏导和查处取缔，清理乱摆乱放、乱扔乱倒、乱贴乱画等“城市六乱”现象。出台《泰安市生活垃圾分类管理条例》《泰安市城市建筑垃圾管理办法》，修正《泰安市城市绿化条例》。一般程序立案686件，结案645件。

【城市管理服务】 实施“微城管”微信公众平台，全年接收微信举报案件8607件。审批服务窗口秉持“一次办好、一链办结”的理念，推进“流程再造”，优化营商环境，推行贴心代办、“不见面”办理和“容缺后补”等服务，市城市管理局进驻服务窗口被评为“最美服务窗口”。探索城市治理新途径，以“党务、业务、服务”有机融合为目标，建成城管服务驿站23处，服务基层党员、市民游客80万人次。推行大件垃圾免费收运、可回收垃圾上门收运等服务，方便群众生活。开展城市管理“六进”（进学校、进社区、进店铺、进机关、进工地、进企业）志愿服务活动1100次，进店铺宣传1.2万家，营造人人参与、支持城市管理的氛围。

【大气污染防治】 严格落实扬尘防治“10个100%”（施工现场100%围挡；施工现场100%洒水清扫，全程湿法作业；驶出车辆100%冲洗；施工道路100%硬化；裸露场地、土堆及物料100%覆盖；渣土车辆100%密闭运输；扬尘在线自动监测设施100%安装；远程视频监控系统100%安装；施工现场物业保洁100%；建筑单体外立面和主体每楼层内外积尘100%冲洗洁净后，撤除遮挡防护网），对159个在建房屋建筑施工项目、23个市政工程项目、14个外立面装饰装修工程项目加强管理。巡查工地1.7万处次，送达限期整改通知书810份，督促整改600处。依法查处各类违规违法运输行为490起，各类渣土车、半挂车700辆，查处501件，罚款219万元。破解餐饮油烟污染治理难题，招标3家企业对市级管理的448家进行采样检测，共检测430家、481个点位。按照首次免罚原则，立案查处16家，罚款7.5

4月28日，市民享受到安装好的便民遮阳棚　　（赵冉冉　供）

万元，及时整改后均免于处罚。各区、功能区823家，共检测292家，查处9家。

【雨污分流改造】 市城市管理局组建排水管网雨污分流改造工程指挥部，出动人员3500人次，动用智能探测机器人等先进设备1100台次，2个多月完成136条主次干道、1700个庭院单位、10条河道及支流排水管网普查。把原先新建管网628千米优化成70千米，老旧管线非开挖清淤维修利用386千米。至年底，管网主体工程新建管网62.5千米，管线非开挖清淤主体工程完成清淤318千米，均完成年度重点项目标旗任务计划。

【创建全国文明城市】 对承担的10个项目、44项内容、144个指标的创城任务逐项梳理，逐一明确责任人、完成时限。迎审期间全局上下全员上岗，确保无死角、全覆盖，为泰安市成功入选第六届全国文明城市贡献力量。

【城市功能配套提升】 参与道路工程建设，维修红门路、虎山路（岱宗大街至灵山大街）、环山路西段（桃花源路至长城北路）、渿河西路（龙潭路至岱宗大街）等道路，改造提升龙潭路（东岳大街至灵山大街）、泰山大街（龙潭路至迎胜路）人行道及无障碍设施，改造岱宗大街、温泉路（东岳大街至泮河大街）、泰山大街（迎胜路至京台高速）、东岳大街（长城路至大官庄）人行道。新建、改造旅游公厕25座、公交港湾5处，在天外村地下通道加装自动扶梯。 （赵冉冉）

美丽乡村建设

【概况】 全市村镇建设总投资完成112.58亿元，完成农村危房改造904户，完成农村无害化卫生厕所改造6861户（含涉农街道2141户）。全市5个村庄成功申报山东省第三批美丽村居建设省级试点。

【农村危房改造】 将农村危房改造工作与精准扶贫工作相结合，按照“先急后缓、分步实施”的原则，会同财政、扶贫、民政、残联等部门制定《2020年泰安市农村贫困人口住房安全保障攻坚行动方案》。全年完成农村危房改造904户，完成投资1348万元。

【农村无害化厕所改造】 2020年，细化管护方式实施清单，提升农村厕所建设标准，做好建管衔接，主要在后续管护和规范提升上下功夫。至年底，完成建设管护服务站213个；配备技术服务人员1066名；购置吸粪车487台，便携式吸粪器1.93万个。2020年，新增改造6861户（含涉农街道2141户），10月底前全部改造完成。

【美丽村居】 按照省住房城乡建设厅部署，启动美丽村居建设工作，打造乡村振兴齐鲁样板。2020年，泰安市泰山区邱家店镇王林坡村、岱岳区道朗镇北张村、新泰市放城镇东石井村、肥城市仪阳街道三环村、肥城市湖屯镇吕仙村5个村庄成功申报山东省第三批美丽村居建设省级试点。根据山东省美丽村居建设省级试点评估办法，组织对第一批、第二批试点村庄进行县级自查、市级核查与省级考查，确保建设成效。 （李　燕）

编辑　校对　　戚淑娟

资源·环境

自然资源管理综述

【概况】 年内，自然资源和规划工作按照“重点工作攻坚年”要求，聚焦聚力自然资源和规划重点任务，开展国土空间总体规划编制试点，编制完成《东平湖生态保护和高质量发展专项规划》，保障省市重点项目、民生工程、基础设施用地需求，完成省政府对泰安市耕地保护及责任目标考核，各项重点任务圆满完成。市自然资源和规划局通过“全国文明单位”复审，被省自然资源厅表彰为“山东省自然资源系统先进集体”。

【泰山区域山水林田湖草生态保护修复国土类项目的组织实施】 年内，泰山区域山水林田湖草生态保护修复国土类项目完工 179 个，完成采煤塌陷地治理 9320 公顷、矿山生态修复 1119 公顷、地质公园及地质遗迹保护 245 平方千米、土地整治新增耕地 4454 公顷。

【执法监察与信访】 组织开展“大棚房”回头看、违建别墅清查、耕地保护督察意见整改、土地例行督察、卫片执法检查等专项行动，限期整改到位的全部整改完成。加强农村乱占耕地建房问题整治，发现新增乱占耕地建房 39 宗，占地面积 3.2 公顷（48 亩），责令拆除 16 宗，部分拆除 2 宗。加强违法案件查处工作，查处土地类违法案件 128 件、矿产类违法案件 75 件、规划类违法案件 65 件。受理信访到访 185 件，处置和化解信访积案 5 件，有效保障群众合法权益。

【重点工程】 推进财源街中央商务区回迁工程建设，10 栋回迁住宅楼、小学、幼儿园基本完工，顺利完成 1600 余户的分房工作。财源街两条主干道路实现通车，完成回迁区内的市政道路、管线、景观绿化等配套工程。市民之家完成主体验收，10 号楼外幕墙完成 80%，室外管网完成 70%。岱庙广场完成广场水景和夜间照明提升工程，项目整体完工。

【测绘管理】 至年底，全市有测绘资质单位 55 家，其中甲级 2 家、乙级 10 家、丙级 19 家、丁级 24 家，专业范围涵盖测绘航空摄影、地理信息系统工程、工程测量、不动产测绘等方面。强化基础地理信息资源建设，完成中心城区 100 平方千米、规划区 250 平方千米的地理信息公共服务平台框架数据和地名地址数据更新。

12月7—8日，自然资源部用途管制司副司长高建华（前排右二）到泰安调研农村村民住宅建设用地工作，市委副书记曲锋（前排右三）陪同活动

（王 健 供）

【土地市场与房产核查系统改革】 推进“标准地”供给改革，12部门联合印发《关于开展“标准地”改革的实施意见》，在宁阳县开展“标准地”改革试点工作，成功挂牌出让2宗土地，做到企业拿地即开工，保障项目以最快速度落地建设。推动土地二级市场建设，市政府出台《泰安市国有建设用地使用权二级市场交易管理办法》，建立线下线上相融合的交易模式和覆盖全市土地交易市场体系。改进“中小学生入学房产信息核查系统”，完成学生入学房产核查工作。完成营商环境评价工作，做好分类优化财产登记，对外抓好协调配合，对内精简事项、优化流程，保障各项考核指标落地落实。（王 健）

11月8日，东平县旧县乡狼窝山矿山生态修复项目。通过恢复地形地貌景观、清除废渣对环境的污染和破坏等，复绿矿山约66.67公顷（1000亩）（王 健 供）

土地资源管理

【保障经济社会发展用地】 按照“土地要素跟着项目走”的要求，通过对上争取，将泰安市42个项目纳入全省重点基础设施项目名单，列入国家土地指标保障的范围。全年处置批而未供和闲置土地1840公顷，核算奖励指标480公顷，争取国家和省指标1427公顷，挖潜土地指标387公顷，全市报批建设用地2293公顷。推进土地储备经营工作，泰安城区储备土地282公顷，出让经营性土地40宗、面积203公顷，出让金84.87亿元。推进精准扶贫、移民社区和黄河滩区迁建三大工程用地保障工作，2020年报批扶贫项目建设用地19.20公顷（287.96亩）、乡村振兴项目用地37.42公顷（561.25亩）。

【严守耕地保护红线】 顺利完成省政府对泰安市耕地保护及责任目标考核工作，全市耕地保有量36.50万公顷，永久基本农田保护面积30.39万公顷，超额完成省政府下达的目标任务。健全“田长制”管理机制，成立工作专班，印发实施细则，构建覆盖全市、责任到人、监管到位的自然资源动态监管网络。

【土地整治】 实施土地综合整治，落实耕地保护各项制度和措施，全市占补平衡项目新增耕地1693.33公顷（2.54万亩），完成任务量的254%；工矿废弃地项目新增耕地219.8公顷（3297亩），完成任务量的183%。

【调查监测与不动产登记】 推进第三次全国国土调查工作，完成调查面积7762平方千米，调查图斑58.98万个，统一时点更新图斑19.91万个，调查成果全部通过上级核查。实施农村房地一体不动产登记，完成外业测量102万宗、权属调查90万宗。推进不动产登记、交易和缴税“一网通办”，构建“外网申请、内网审核、当面核验、即时领证”的新机制，50种登记类型线上申请、异地可办，实现交房即领证。开展不动产登记历史遗留问题专项整治，创新“证缴分离”“按照现状规划核测”“办证与违建相分离”等措施，细化22条“历史遗留共性问题处理意见”，实行容缺办理，分类推进，集中整治346个、1774栋、7.52万户、847.58万平方米的问题项目。（王 健）

矿产资源管理

【概况】 全市矿产资源种类较多，储量丰富，已发现矿产63种（含亚矿种），查明资源储量31种。优势矿种有石膏、岩盐、煤、铁矿等。至年底，全市有各类矿山99个，从业人员2.79万人，年产矿石量5567.91万吨，工业总产值86.87亿元。

【矿山治理】 加快山石矿山的退出和整合进度，验收完成21家山石开采企业，19家矿山恢复生产。推进绿色矿山建设，全市52家矿山创建为绿色矿山，其中国家级绿色矿山7家。完成中央环保督察反馈矿山地质环境治理恢复问题整改，全市完成33处矿山复绿项目、39处“2013年以来关停露天开采矿山”，以及121处“三区两线”（省级以上自然保护区，省级以上风景名胜区，县级以上城市规划区等重要居民集中区周边；高速铁路、高速公路、国道、省道等重要交通干线，海岸线直观可视范围）可视范围内历史遗留废弃矿山的治理恢复，并通过省自然资源厅现场复核。

【泰山石保护】 坚决贯彻省委关于加强泰山石保护工作的指示精神，按照市委、市政府“先急后缓、先大后小、先室外后室内”的思路，全链条管控、全方位治理。依法依规划定泰山石保护区，将泰山石保护工作纳入法制化轨道。设立禁采标识牌42块，安装无线监控探头1058个，开展执法巡查63次。全市未发生禁采范围内盗采泰山石行为。全市236户室外大型石头存放和交易场所全部关闭取缔，1.16万块大型石头全部就地封存、集中回收；关闭小型奇石经营实体店铺920户，清理整治玉石经营户455家，整治宾馆、饭店1130家，与商户签订“承诺书”186份；整治清理销售泰山石网店522家，下架“泰山石”相关商品4500件。利用收缴奇石，建设以奇石为主题的石敢当文化公园，安置奇石3000余块。

【地质灾害防治】 开展地质灾害隐患排查巡查，排查隐患点46处，采取避让措施的隐患点36处，转移受地质灾害威胁的群众964人。开展突发性地质灾害气象风险预警预报，发布预警信息3次，发送预警短信2000条，有效提高全市地质灾害防治工作的针对性。 （王 健）

泰山玉保护与发展

【概况】 年内，统筹推进疫情防控和泰山玉产业发展管理工作，泰山玉作品累计获行业奖项319个，泰山玉经营企业（户）及加工户950家，各类门店、摊位2200个，龙头企业35家，加工经营人员1.1万人，玉石交易额4.6亿元。继续保持“省级文明单位”称号。

【资源管控】 坚持管好用好资源，加强电子监管和安保配置，保护珍贵的玉石资源。坚持绿色发展理念，制定绿色矿山建设方案，开展绿色矿山建设。推进泰安矿区、济南矿区两矿权整合工作，采取视频会议的方式通过济南矿区采矿权延续评审。指导矿山公司调整销售思路，拓宽增收渠道，将疫情带来的不利影响降到最低，保障公司正常运转，保持职工队伍稳定。

【品牌创建】 加强与中国珠宝玉石首饰行业协会的战略合作，组织企业（业户）参加北京国际珠宝展、世界珍珠大会等行业会展和“天工奖”“陆子冈杯”等业内评选活动，泰山玉作品先后斩获“天工奖”奖项3个、“陆子冈杯”奖项15个、“玉龙奖”奖项29个。

【第四届“泰山玉杯”玉雕大赛系列活动】 9月6—8日在泰安举办。该活动是中国珠宝玉石首饰行业协会与泰安市泰山玉开发管理领导小组共同举办的全国性赛事，包括第四届“泰山玉杯”玉雕大赛评选、泰山文化特色玉雕作品网络评选、泰山玉文化与泰山玉雕主题直播等活动内容。其中，玉雕大赛评选出金奖5件、银奖11件、铜奖25件、最佳工艺奖4件、最佳创意奖3件、优秀奖224件。

【宣传推介】 组织企业（业户）参加第三届中国国际进口博览会、首

9月6日，市委常委、副市长宋洪银（前排左一）参观第四届“泰山玉杯”玉雕大赛展区 （李 勇 供）

届中国文旅博览会、2020 第十二届中国（山东）工艺美术博览会、山东泰山旅游商品与装备博览会等大型展会，并设置泰山玉专区，泰山玉作为国家非物质文化遗产引起关注。注册开通官方抖音账号，拍摄大型宣传片在各大展会循环播放，策划短视频《玉质石敢当》，在今日头条、微博、抖音等平台推广播放 100 万次。

【人才引培】 成立“双招双引”工作专班，通过线上线下相结合的方式联系对接经营企业（业户），了解掌握企业需求，向国内相关玉雕人才基地定向推送用工信息，协助企业（业户）开展人才招聘和引进活动。组织龙头企业（业户）到河南南阳、苏州、扬州等地开展招商对接，吸引省级以上玉雕大师 300 人到泰安工作，各泰山玉龙头企业（业户）也与当地企业达成加工需求对接。联合举办国家贵金属与宝玉石检测员职业资格证书暨中国轻工 CIC 珠宝鉴定师培训班，培训当地学员 120 名。岱岳区职业教育中心、市工商中等专业学校被中国轻工珠宝首饰中心授牌为“中国轻工珠宝首饰行业职业技能培训基地”。1 名青年玉雕师被评为 2020 年度“泰山工匠”“首席技师”称号。泰山职业技术学院玉雕专业招生突破 100 人。

【市场培育】 坚持市场调研，掌握市场动向。制定《关于疫情防控期间统筹推进泰山玉产业高质量发展的实施方案》，引导帮助企业（业户）有序复工复产。在天外村、红门文化市场、泰安老街等地先行启动泰山玉线下交易市场。发挥泰安市泰山矿产资源开发投资有限公司、泰安市泰山玉研发有限公司、泰安遇石记玉石制品有限公司等龙头企业示范作用，优先扶持电商直播典型，投资 20 万元建立直播销售平台供企业（业户）使用，引导开拓“线下打烊、线上开播”的新运营模式。5 月东岳云上庙会期间，开展直播销售，线上线下引起强烈反响。

（李　勇）

林业资源管理

【概况】 2020 年，全市林业系统以全面落实林长制为抓手，继续实施“绿满泰安”行动，加快推进造林绿化，发展绿色富民产业，加强森林资源保护，深化林业改革创新，全市林业改革发展保护各项工作取得明显成效。年内，全市完成造林作业面积 6133.33 公顷（9.2 万亩）；新增高档苗木花卉 533.33 公顷（8000 亩），总面积 2.94 万公顷（44.1 万亩）。泰安市顺利通过“国家森林城市”复查复审，获“2020 中国最具生态竞争力城市”称号。

【林长制体系全面建立】 至年底，全市市、县、乡、村四级林长制体系全面建立，市委书记兼任泰安境内市级林长的泰山区域林长制体系率先建立。全市设立市级林长 7 名、县级林长 69 名、乡级林长 371 名、村级林长 3987 名；在泰山、徂徕山、莲花山、牛山、蟠龙山、腊山、九女峰 7 个重要生态区域设立市级林长，落实省市级林长标准公示牌 60 块。12 月 4 日，市委、市政府召开市总林长会议，研究部署林长制重点工作。印发实施《泰安市林长制市级会议制度》《泰安市林长制工作信息管理制度》《泰安市林长制工作巡查制度》《泰安市林长制绩效评价办法》《泰安市关于加强护林员、防灭火巡查员和森林消防专业队伍建设的实施意见》等制度、文件，公布《泰安市林长制办公室组成人员名单》。全年市级以上林长巡查 26 次，现场解决森林防火、林业有害生物防控、林业生态修复等问题 42 件。

【林业生态建设】 全市各级坚持山水林田湖草系统治理和生态修复，加快实施“绿满泰安”行动，集中开展荒山绿化、特色经济林基地建设、绿色廊道建设、农田防护林建设、城乡绿化美化、森林质量精准提升“六大林业生态工程”，组织开展森林县市、森林乡镇、森林村居“三级联创”，提升城乡绿化的整体水平。2020 年，全市完成造林作业面积 6133.33 公顷（9.2 万亩），其中荒山造林 1466.67 公顷（2.2 万亩）；新建完善绿色廊道 425.5 千米；建设高标准农田林网 4266.67 公顷（6.4 万亩）。至年底，全市有 33 个乡镇、238 个村居创建为市级以上“森林镇村”，其中 14 个乡镇、100 个村居创建为“省级森林镇村”，20 个村居被评为“全国森林乡村”。5 月，顺利通过“国家森林城市”复查复审。9 月，泰安市作为全国 5 个城市之一，获“2020 中国最具生态竞争力城市”称号。

【森林防火工作】 始终把森林防灭火工作作为“天”字号工程来抓，从严落实各级各层面森林防火责任制，高强度开展森林防火督导巡查、明察暗访和夜查。推进以“引水上山”“天眼护山”工程为重点的“六网”（水源网、道路网、阻隔网、电力网、监控网、管护网）防火基础设施建设，提升森林防灭火的综合防控能力。树立“群众过节、自己过关”的思想，全员上岗，抓好元旦、春节、元宵节、清明节等重要节假日和关键时段的严防死守，保持全市森林防火形势的总体平稳。泰安市森林防火工作跨入全国先进行列。泰山景区“天眼护山”火情监测预警系统正式启动运行。11月，在全省森林草原防灭火工作电视会议上，副市长常绪扩作典型发言。

【林业有害生物防控】 完成美国白蛾、春尺蠖、日本松干蚧等林业重大食叶害虫飞机防控近26.67万公顷（400万亩）次，实现有虫不成灾目标。推进松材线虫病疫情除治和整体防控，泰山疫情除治取得阶段性成效。7月底，在全国松材线虫病防治电视电话会议上，副市长常绪扩作典型发言。

【自然保护地和野生动植物监管】 全市各级投入资金700万元，先后完成自然保护地本底和空缺调查、自然保护地调查评估工作，经调整，形成全市自然保护地整合优化预案。全市拟保留自然保护地22处（包括新建5处），其中自然保护区3处、风景名胜区2处、森林自然公园10处、湿地自然公园5处、地质自然公园2处；自然保护地整合优化后总面积7.99万公顷（119.8万亩），占市域面积的10.29%。推进中央和省环保督察“回头看”涉及市级自然保护区反馈问题整改。中央和省环保督察“回头看”涉林6个问题全部整改到位，列入省自然保护区问题专项整治工作专班台账管理的623个问题，全部批准销号。加强野生动植物保护管理，分类处置全市81家野生动物繁育展演单位。8月底，泰安市在全省率先完成在养禁食野生动物的

3月19日，泰安市春季造林绿化现场推进会在东平县召开。图为与会人员在东平湖生态防护林建设项目现场观摩 （石亚男 供）

后续处置工作。加大湿地保护修复力度，肥城康王河、泰安汶河、东平湖3处国家湿地公园通过国家评估验收。加强古树名木保护，6株古树入选全国古树名木抢救复壮第一批试点，入选株数位居全省首位。

【森林资源执法管理】 坚持依法治林，紧盯省考市涉林资源保护指标，严格林木采伐限额管理，加强林地监管保护和重点工程占用林地许可服务。梳理市林业局权责清单161项，纳入“互联网＋监督”系统行政检查21项。处理市政府“12345”便民热线13起，答复满意率100%。做好行刑有机衔接，加强与公安部门联动执法，依法查处和严厉打击涉林违法行为。2020年，全市查处涉林行政和刑事案件134件，处罚135人次。

【林业改革】 推进全市集体林权制度改革，开展林权抵押贷款和政策性森林保险，新泰市全国集体林权综合改革试验区的做法在全国推广。全市林权抵押贷款面积2060公顷（3.09万亩），政策性森林保险投保面积7.56万公顷（113.4万亩）。全市林业专业合作社总数2131家，其中国家级示范社5家、省级73家、市级125家；林业专业合作社入社农户9.74万户，总经营林地面积3.75万公顷（56.26万亩）。发展民营林场102家，总经营面积8000公顷（12万亩）。巩固提升国有林场改革成果，实施基础设施建设、森林景观改造提升、森林生态旅游等重点工程，加快建设现代化新型国有林场。泰安市国有林场改革创造的“泰安经验”在全国推广。全市有“中国森林氧吧”4处（泰山、徂徕山、新泰莲花山、肥城牛山）。

【科技创新】 实施新型职业林农培训工程，全年完成新型职业林农培训41场，培训林果农1930人次，发放材料3000份，赠送林业科技图书、宣传资料500册。引进推广林果新品种、新技术，提高科技成果转化率，全年引进优良品种24个，推广新成果、新技术23项，创建现

代林业科技示范园区 10 处。优化营商环境，推进知识产权保护，全市有效林业植物新品种达 12 项。6 月，全省林业科技下乡活动启动仪式在东平县举行。9 月，欧李产业国家创新联盟成立大会在泰安市举办，全市有林业和草原国家创新联盟 2 家。

【双招双引】 年内，引进“双一流”人才 6 人；发挥北京林业大学泰安协同创新基地平台载体作用，深化与北京林业大学、山东农业大学、山东省果树研究所等高校院所的科技合作，推进协同创新。加大对上争取和产业招商力度，2020 年，在省级农口资金全面整合的情况下，全市落实到位省级以上专项资金 8871 万元，产业招商到位资金 13.6 亿元，其中中央财政林业改革发展资金 2698 万元；争取国家林业和草原局的泰安市森林火灾高火险区综合治理工程建设四期项目，总投资 2630 万元；争取泰山林场松材线虫病防治项目，总投资 1798 万元；争取黄河流域生态保护补偿资金 790 万元，专项用于东平湖国家湿地公园生态修复和保护。

【泰安市通过“国家森林城市”复审】 国家森林城市是评价城市生态文明建设、衡量城市综合竞争力的重要标志，是国家在林业生态建设方面的最高荣誉和“金字招牌”。2013 年，泰安市确立创建“国家森林城市”的战略目标。2015 年 11 月，被国家林业和草原局批准授予“国家森林城市”称号。国家对森林城市实行动态管理，定期进行复审。2019 年，包括泰安在内的全国 38 个城市共同接受国家复审，泰安市迎接授牌后的首次“大考”。经国家林业和草原局专家组综合审评，认定泰安市复审结果合格。5 月，国家林业和草原局公布 2019 年“国家森林城市”复审结果，泰安市顺利通过“国家森林城市”复审。

（石亚男）

环境保护综述

【概况】 2020 年，推进生态环境系统垂直管理制度改革、综合执法改革、事业单位改革，8 个县级、功能区分局挂牌运行，生态环境综合执法机构实现机构、人员、装备“三到位”，整合市污染物排放总量控制中心、市环境保护科学研究所等 4 个事业单位，组建成立正县级公益一类事业单位泰安市生态环境保护控制中心。

2020 年度优良天数比例同比增加 12.4 个百分点，$PM_{2.5}$ 平均浓度同比改善 12.3%，大气环境质量为泰安有监测记录以后历史最好水平。省控以上地表水断面全部达到水质管控目标并消除劣 V 类水体，国考断面优良率 100%，全年水环境质量指数及改善率分别位列全省第一位和第三位。完成重点行业企业用地土壤污染状况调查，全市污染地块安全利用率 100%。化学需氧量、氨氮、二氧化硫、氮氧化物 4 项主要污染物分别较 2015 年削减 13.4%、16.8%、23.8%、24.9%，超额完成“十三五”减排目标任务。

【污染防治攻坚行动】 强化市生态环境保护委员会作用，健全工作运行机制，定期召开协调调度会议，加强集中统一领导和组织协调，强化压力传导，夯实各方环保职责。出台污染防治攻坚部门督战办法，成立 10 个督战队，由市直牵头部门督战工作开展情况。严格执行《泰安市打好污染防治攻坚战量化问责规定（暂行）》，对整改工作不力及虚假整改、敷衍整改、表面整改的，严格追究相关人员责任，形成调度、督导、通报、约谈、问责闭环式管理，发放督办单 70 份，约谈提醒 50 人次。

【“四减四增”行动计划】 把“四减四增”（增加新的增长动能，减少落后和过剩产能；增加清洁能源使用，减少煤炭消费；增加铁路运输量，减少公路运输量；增加有机肥使用量，减少化肥农药使用量）、总量减排作为改善环境质量、加快新旧动能转换、推进经济高质量发展的重要任务，“四减四增”工作涉及全市重点任务 117 项，完成 115 项，完成率 98.29%。总量减排任务全面完成，满足重点项目环境容量需求。泰安市区域空间生态环境评价暨“三线一单”（生态保护红线、环境质量底线、资源利用上线和生态环境准入清单）编制成果通过省级审查验收。

（彭 建）

环境治理

【大气环境】 紧盯工业源、移动源、扬尘源、高污染燃料等关键领域，开展“VOCs 专项治理”“秋冬季攻坚”等专项行动，建立“五级联动”机制，采取领导班子包保县（市、区），重点区域盯靠，晨查、昼查、夜查全时段覆盖，严督重管，解决制约空气质量持续改善的难点问题。市委、市政府高度重视大气污染防治工作，书记、市长定期召开市委常委会议、政府常务会议，分管市长每月主持召开调度会、动员会，研究、部署蓝天保卫战工作，每天必争、每微克必争。实施《泰安市空气质量考核奖惩办法》，对各县（市、区）、功能区和乡镇（街道）环境空气质量综合指数同比改善率进行考核奖惩，每半月考核奖惩1次，全年考核奖惩27次。制定《泰安市大气污染防治条例》，调整完善《泰安市环境空气质量生态补偿暂行办法》《泰安市环境空气质量考核奖惩办法》，建立常态稳定、奖罚分明的保障机制。

【水环境】 实施山水林田湖草生态保护修复试点工程，提升辖区水环境治理水平，新建60.59千米污水收集管网、3座污水处理厂，新增污水日处理能力10.5万吨，对泰安城区4座污水处理厂实施提标改造，在污水处理厂下游建设6处人工湿地水质净化工程，新增湿地面积659.9公顷。强化入河排污口管理，排查全市186条河流及东平湖的入河排污口，每月监督监测72个重点排污口，确保废水达标排放。成立黑臭水体专班，推进雨污分流和老旧管网改造。

【土壤环境】 完成全省土壤污染修复示范项目，修复效果评估达到安全利用要求。开展焦化厂地块土壤污染修复样板示范项目，争创国家土壤污染防治试点城市。实施危险废物全链条管理，组织对全市117家重点涉危险废物企业进行规范化管理评估，现场抽查合格率97.6%。建成16处危险废物处置设施，基本实现辖区危险废物境内处置。重金属减排达到国家考核要求。推进地下水污染防治工作，初步摸清全市地下水型饮用水水源地补给区环境质量状况。 （彭　建）

8月16日，泰安市生态绿地健身公园 （陈　阳　摄）

生态保护

【自然保护区生态保护】 打好自然保护区污染防治攻坚战，开展绿盾自然保护区专项行动，240个违法违规问题全部整治完成，东平湖自然保护区3家铁矿企业矿业权退出问题整改完成。

【农村环保】 推进农村环境综合整治和农村生活污水治理。全市农村环境综合整治完成率119.7%，列全省第一位；农村生活污水治理完成率62.17%，列全省第二位。推进环保行业扶贫工作，237个贫困村饮用水源地全部建设完成。探索“绿水青山就是金山银山”的有效转化路径，新泰市岳家庄乡被评为第一批省级“绿水青山就是金山银山”实践创新基地。

【生态环保督察整改】 中央、省环保督察及“回头看”反馈的85项问题，整改完成80项，完成率94.1%，其他5项为长期任务，在积极推进。新泰霖润新能源科技有限公司废矿物油再生利用项目主体工程建成，东平县矿山复绿项目通过省级验收。开展漠视侵害群众利益生态环境领域专项整治，先后开展饮用水水源地环境保护、工业企业无组织排放扬尘、钢铁行业超低排放等专项整治行动120次。做好《问政山东》、泰安市《工作落实面对面》电视问政反映问题整改工作。累计办结群众反映环境信访问题452件，群众满意度100%。

（彭　建）

环境监管

【环境执法】 开展生态环境损害赔偿工作，加快建立生态环境损害赔偿制度，全年启动生态环境损害赔偿案件127件，结案54件，案值2.69亿元，在全省排名第8位。泰安市获得环境执法优秀集体第二名，1人获环境执法单项成绩第一名。

【固废管理】 实施危险废物全链条管理，组织对全市117家重点涉危险废物企业进行规范化管理评估，现场抽查合格率97.6%。建成16处危险废物处置设施，基本实现辖区

6月28日，泮河（天泽湖）人工湿地　　（司　刚　摄）

危险废物境内处置。重金属减排达到国家考核要求。

【环境影响评价】　成立重点项目推进工作小组，缩短审批时限，促进项目快速落地。全市审批建设项目833个，其中报告表项目789个、报告书项目44个。出台并落实好疫情防控期间建设项目环境影响评价应急服务保障措施，对医疗卫生、物质生产、研究实验3类项目暂时豁免环评手续。严格落实两个审批“正面清单”，全年有208个项目采取告知承诺制直接审批，对300个项目豁免登记表手续。制定出台减轻和免除行政处罚的实施意见，全市各级环境执法机构减免行政处罚12件。

【环境应急】　制定出台疫情防控期间医疗废物处置应急预案和管理措施，建立完善疫情防控环境应急管理体系。督查指导医疗废物收集、贮存、转运、处置、污水处理设施运行以及危险废物暂存情况，确保疫情防控措施落到实处。全年累计产生涉疫情医疗废物77.39吨，全部按要求进行集中收集、转运、无害化处理，保障疫情期间环境安全。9月，全省生态环境应急实兵演练暨生态环境监管技术比武竞赛在泰安举行，山东省泰安环境应急物资储备库、泰安市环境应急物资储备库同时举行揭牌仪式。该次比武竞赛活动是“十三五”期间泰安市承办的生态环境领域最重要的活动，省生态环境厅专门给泰安市发感谢信予以表扬。

【生态环境宣传教育】　做好第49个“六五”世界环境日宣传教育活动，以线上线下结合的方式，举办纪念“六五”世界环境日主题实践活动暨环保摄影作品展。围绕污染防治攻坚典型做法、典型人物、先进事迹以及取得的成效等主题，强化宣传力度，提升“泰安环境”微信公众平台、微博发稿量和影响力，全年微信发稿1047篇，微博发稿近1.1万条，微博粉丝16万人。（彭　建）

编辑　校对　　戚淑娟

科　学

综述

【概况】 2020年，全市R&D经费64.40亿元，研发投入强度为2.42%，高于全省平均水平0.32个百分点。全市规模以上工业企业实现高新技术产业产值占规模以上工业总产值的比重达51.12%，超过全省平均水平6.01个百分点，居全省第6位。净增高新技术企业96家，总数达368家。市科技局被省人社厅、省科技厅授予“山东省科技管理系统先进集体”称号。

【区域科技创新体系】 泰山创新谷服务功能日趋完善，科技金融服务中心正式启用，科技创投综合服务平台上线运行，中试基地一期建成使用，引进高水平研发团队54个，建设产业技术创新研发机构19家，实现产业化项目21项，注册成立公司81家，实现产值1.2亿元。加快建设山东省智慧康养创新创业共同体，聚集首都医科大学、英特尔中国研究院等37家单位，加盟企业28家，开展产业“卡脖子”技术突破攻关项目6项。泰安市产业技术创新研究院（山东产业技术研究院泰安分院）揭牌，注册成立泰安市产业技术创新研究院。

【科技计划与科技成果】 2个项目被科技部列入“科技助力经济2020”重点专项；2个项目获中央引导地方科技专项支持；5个项目列入山东省重大科技创新工程，获支持资金9481万元。设立市级疫情防控专项科技计划，共支持项目5个。修订印发《泰安市科学技术奖励办法》；召开全市科技创新大会，3人获泰安市青年科技创新奖，100项成果获泰安市科技进步奖，其中一等奖10项、二等奖30项、三等奖60项。

【科技创新主体培育】 加大“创新50强”企业培育力度，13家企业营业收入增幅超过50%，其中6家超过100%。2家企业入选“科创板”培育库，9家企业成长为国家高新技术企业，10家企业获市财源建设投资基金5.92亿元投资。16家企业获批第九届中国创新创业大赛（山东赛区）暨2020年山东省中小微企业创新竞技行动计划优胜企业。426家企业入库国家科技型中小企业。净增高新技术企业96家，总量达368家，再创历史新高。全市高新技术产业产值占比达51.12%，与全省平均水平相比，由“十二五”末低于全省5.66个百分点，到2019年首次超过全省平均水平，再到2020年超过全省6.01个百分点，实现全市高新技术产业发展“三级跳”，占比稳居全省第6位。

10月10日，全市科技创新大会召开　　（司　刚　摄）

泰安市2020年度省级科学技术奖励情况一览表

表29

序号	奖励类别	成果名称	完成单位	等级
1	省自然科学奖	植物干细胞重塑和维持的调控机理	山东农业大学	一等
2	省自然科学奖	分数阶方程与浅水坡方程的若干研究	山东科技大学	二等
3	省自然科学奖	植物雌雄配子体发育的分子调控机制	山东农业大学	二等
4	省自然科学奖	乙型肝炎病毒S基因突变对隐匿性乙型病毒感染血清学检测的影响	中国人民解放军联勤保障部队第九六〇医院	三等
5	省科技进步奖	山花9号等抗旱高产花生新品种培育及推广应用	山东农业大学	一等
6	省科技进步奖	鸭坦布苏病毒致病机制研究及疫苗研制	山东农业大学、中国农业大学、齐鲁动物保健品有限公司、福建省农业科学院畜牧兽医研究所	一等
7	省科技进步奖	改性植物源材料薄膜缓控释肥的创制及应用	山东农业大学、山东农大肥业科技有限公司、金正大生态工程集团股份有限公司	一等
8	省科技进步奖	50KW ~ 5000KW全系列变频调速一体机关键技术开发与应用	青岛中加特电气股份有限公司、天地科技股份有限公司、山东科技大学、兖矿集团有限公司、上海理工大学、烟台杰瑞石油装备技术有限公司、淄博矿业集团有限责任公司	一等
9	省科技进步奖	小麦玉米周年丰产肥水高效关键技术创新与应用	山东省农业科学院玉米研究所、山东省农业科学院作物研究所、青岛农业大学、山东农业大学、中国农业大学、山东省农业技术推广总站、施可丰化工股份有限公司	一等
10	省科技进步奖	大蒜机械化播种与收获关键技术及装备	山东农业大学、山东省农业机械技术推广站、济南华庆农业机械科技有限公司、临沂市建领模具机械有限公司、德州春明农业机械有限公司	二等
11	省科技进步奖	高挥发分煤热解油气提质净化技术开发与应用	山东科技大学、青岛华世洁环保科技有限公司、山东天安环境科技有限公司	二等
12	省科技进步奖	陆海过渡带三维信息一体化获取关键技术研究与应用示范	山东科技大学、山东省国土测绘院、青岛秀山移动测量有限公司	二等
13	省科技进步奖	面向大电网运行的火电机组性能评价与控制优化关键技术研究及应用	山东科技大学、山东电力研究院、山东中实易通集团有限公司、山东鲁能软件技术有限公司	二等
14	省科技进步奖	山东省3个主栽树种良种选育和高效培育关键技术创新及应用	山东省林业科学研究院、山东农业大学、费县国有大青山林场、宁阳县国有高桥林场、山东鳌龙农业科技有限公司	二等
15	省科技进步奖	黄河三角洲盐碱地防护林体系构建技术	山东省林业科学研究院、滨州学院、山东农业大学	二等
16	省科技进步奖	主栽食用菌菌种技术及标准化高效生产体系创建	山东省农业技术推广总站、山东省农业科学院农业资源与环境研究所、山东农业大学、山东福禾菌业科技股份有限公司、上海市农业科学院、山东七河生物科技股份有限公司、临沂瑞泽生物科技股份有限公司	二等

续表 29

序号	奖励类别	成果名称	完成单位	等级
17	省科技进步奖	花生连作障碍消减和高产增效关键技术创建及应用	山东省农业科学院农业资源与环境研究所、山东省农业科学院生物技术研究中心、史丹利农业集团股份有限公司、山东省花生研究所、山东省农业科学院原子能农业应用研究所、山东农业大学、山东省农业科学院作物研究所	二等
18	省科技进步奖	不锈钢窄流道封闭式叶轮近净成型精密制造技术研究与应用	山东森宇精工科技有限公司	三等
19	省科技进步奖	高速在线啤酒成品检测设备	山东明佳科技有限公司	三等
20	省科技进步奖	泰山赤灵芝新品中培育及产业化开发	泰安市农业科学研究院	三等
21	省科技进步奖	无线充电器用电磁线的技术开发	山东赛特电工股份有限公司	三等
22	省科技进步奖	功能性海藻纤维面料产业化	泰安市金飞虹织造有限公司	三等
23	省科技进步奖	基于双粗和双精塔的酒精制备装置的研发与推广应用	肥城金塔机械有限公司	三等
24	省科技进步奖	新型高效阻燃剂苯基次磷酸盐的合成及在塑料、橡胶中的产业化应用	青岛富斯林化工科技有限公司、山东科技大学	三等

【科技招才引智】 开展西安交通大学—泰安科技合作对接交流活动，15 家企业到西安交通大学对接 20 个优秀科研成果。举办“才入泰安·势如泰山”科技招才引智签约仪式，现场签约人才合作项目 33 个。全市科技系统培育国家级人才工程人选入选 3 人，入选数量居全省第三位；培育入选省级以上人才工程 12 人，引进外国高端人才和专业人才 62 人；获“齐鲁友谊奖”1 人。

【企业研发补助】 全市 429 家企业获研究开发省、市、县三级财政补助资金 1.26 亿元，其中省级补助 6386.85 万元；获补助企业数、金额同比增长 72.98%、36.65%，带动企业研发投入 24.74 亿元，推动企业创新能力和核心竞争力快速提升。

【科技金融】 全市办理省科技成果转化贷款 143 笔，同比增长 57.14%；银行授信 9.34 亿元，同比增长 72.96%；发放贷款 6.90 亿元，同比增长 84.49%；备案金额 6.50 亿元，同比增长 94.03%；位居全省第 6 位。

（李向福）

9月8日，泰安市才入泰安·势如泰山科技招才引智签约仪式举行

（李向福 供）

社会科学

【概况】 2020年，泰安市社科联在社科普及、社科研究、社团管理等工作中，创新工作方法，提升服务水平，开展首届泰安市社会科学普及优秀作品评选工作，优秀作品获奖总数列全省首位。6个县（市、区）全部被评为省级社科普及示范县（市、区），处全省领先水平。继续保持“省级文明单位”称号。

【社科普及】 开展社科普及周活动。6月19日，在新泰市龙廷镇掌平洼村举办山东省暨泰安市第十七届社会科学普及周活动启动仪式，现场开展社科普及志愿服务。各县（市、区）、驻泰安高校社科普及

泰安市第三十四次社会科学优秀成果一等奖获奖情况一览表
（同等次排序不分先后）

表30

类 别	成果名称	作 者	成果形式	发表刊物、结项单位或出版单位	推荐单位
著作类	中国医疗事业发展研究	郁 辉	著作	华中科技大学出版社	山东第一医科大学（泰安校区）
	文化产业创意与策划研究	林 琳	著作	北京工业大学出版社	泰山学院社科联
	元朝东平学派	颜建国	著作	团结出版社	东平县社科联
文章·课题·研究报告类	基于多方法融合空间统计分析的区域生态经济效益评价研究	周 洋 沈传河 郭秀荣 辛宝贵 丁黎黎 主父海英 吴言忠 周伟杰	课题	全国哲学社会科学工作办公室	山东科技大学泰安校区社科联
	基于新结构经济学视角的山东乡村振兴产业驱动机制研究	崔丙群 陈盛伟 周玉玺 付才辉 孟光辉 张新洁 丰军辉	课题	山东省人文社会科学课题管理办公室	山东农业大学社科联
	农业品牌建设问题研究——以山东省泰安市为例	何传新 时海燕	文章	《农业经济》	中共泰安市委党校
	农户借贷行为及潜在需求的实证分析——基于762份山东省农户的调查问卷	张晓琳 董继刚	文章	《农业经济问题》	山东农业大学社科联
	山东省特色小镇建设对策研究	赵庆海 彭淑贞 王庆菊 魏云刚 王晓琳 许红梅	课题	山东省软科学办公室	泰山学院社科联
	人口老龄化背景下康养服务业发展研究——以泰安市为例	刘庚常 葛安乐 孙海燕 佟向杰 李晨光 石礼华 吴 燕 孙奎立 高良荃	课题	泰安市社会科学界联合会	山东第一医科大学（泰安校区）
	产业转型期煤矿区生态效率评价研究	宗 科 袁 媛 周 洋 刘庆志 张振华 曹 静	课题	教育部社会科学司	山东科技大学泰安校区社科联

续表 30

类　别	成果名称	作　者	成果形式	发表刊物、结项单位或出版单位	推荐单位
文章·课题·研究报告类	新时代高校领导干部政德教育体系研究	孙　强　李　真 宋永刚　孟庆建 翟承强　华　波 齐　清	课题	山东省哲学社会科学工作办公室	山东第一医科大学（泰安校区）
	客户重要性、会计师事务所声誉与财务重述	杨永森　杨慧燕	文章	《山东社会科学》	山东农业大学社科联
	恰达耶夫命题与19世纪俄国哲学的发展	刘　超　刁科梅 侯静娜　景剑峰 张　伟　袁丽霞	课题	教育部社会科学司	山东第一医科大学（泰安校区）
	基于系统论整体思想的中华民族精神内涵探析	王凤兰　刘明敏	文章	《社会科学》	泰山职业技术学院社科联
	新时代泰山"挑山工"品牌建设研究	曲淑敏　徐　玫 牛兰金　汪玉新 刘玉博	课题	泰安市社会科学界联合会	山东农业大学社科联
	城镇化背景下的强镇扩权改革研究	陈国申　李媛媛 孙琼欢　聂玉霞 刘光俊　罗　丹 安琳琳	课题	全国哲学社会科学工作办公室	山东农业大学社科联
	宪法监督程序的实在法逻辑及其展开	汪　栋	文章	《深圳大学学报（人文社会科学版）》	山东农业大学社科联
	山东泰安：全力打造"四位一体"全面从严治党新格局	刘　斌	文章	《中国财政》	泰安市财政局
	中共十八大以来加强国史教育的考察	张　峰	文章	《当代中国史研究》	山东第一医科大学（泰安校区）
	金代山东文士研究	聂立申　曹建刚 周绍华　蒋铁生	课题	山东省社会科学规划管理办公室	泰山学院社科联
	泰安市中小学研学旅行市本课程的开发与应用研究	张　晗　周　郢 许　欣　陶　莉 刘丽华	课题	泰安市社会科学界联合会	泰山学院社科联
	中国现代小说风景修辞感知机制	郭晓平	文章	《东岳论丛》	泰山学院社科联
	基于自然会话语料库的医患沟通语用策略研究	卢星辰　武清宇 唐　霞　薛　红 赵　颖　卢海威 赵德会　纪伟伟	课题	山东省哲学社会科学工作办公室	山东第一医科大学（泰安校区）
	泰山经学文献整理与研究——以泰安历代志书为中心的考察	邵　妍　秦存钢 于亚楠　李雯竺	课题	泰安市社科联	泰山学院社科联

周活动同步开展，全年共开展咨询服务、宣传展览等社科普及活动50场次。打造网上社科普及平台。举办“学习中共十九届五中全会精神”等12期“东岳大讲坛”。制作讲座视频，策划推出“东岳大讲坛——线上讲坛”，开展线上线下相结合的社科普及新形式，《高考临近，家长应该怎么做》点击人数过万，“抗战壮歌”“泰山文化系列讲座”等5期讲座被“学习强国”转发，《读懂“社会生活的百科全书”学好用好民法典》在《齐鲁晚报·齐鲁壹点》转载发布，被省社科联评为“创新提升优秀案例”。提升社科普及应用读物的普及推广力度。开展首届泰安市社会科学普及优秀作品评选工作，评选优秀作品9项；《泰山文化社会科学普及读物丛书》和《泰山封禅之路》分获山东省社科普及与应用优秀作品著作类和视频类优秀奖，获奖总数列全省首位。加强社科普及示范体系建设。年内，新命名市级社科普及教育基地14处，新增省级基地2处、省级社科普及示范乡镇(街道)5个、示范村(社区)30个。年末，全市有市级社科普及教育基地135处、省级社科普及教育基地11处、省级社科普及示范单位124家，6个县（市、区）全部被评为省级社科普及示范县（市、区）。

6月19日，山东省暨泰安市第十七届社会科学普及周启动仪式举行

（武珍祯　供）

【社科研究】　社科课题研究。2019年度社科课题结项233项，2020年度社科课题立项245项，其中重大课题4项、重点课题59项、一般课题182项。加大成果转化应用力度，编送《社科要报》12期，编送《勇做新时代泰山“挑山工”》和《新时代文明实践活动中心》课题研究专辑，为相关部门提供决策参考。完成泰安市第三十四次社科优秀成果奖评审工作。共获奖120项，其中一等奖24项、二等奖36项、三等奖60项。在全省社科优秀成果评选中，泰安市获二等奖1项、三等奖2项。社科专家库建设。年内，新聘社科专家35人，续聘社科专家52人，年末有入库社科专家234人。

【基层组织建设】　提升社科类社会组织管理服务水平，修订完善《泰安市社会科学界联合会市属社科类社会组织管理办法（试行）》，明确职责任务，规范工作流程，做到有章可循、有法可依。10月20日，泰安市徂汶景区社科联成立，是全省功能区社科联建设首例。

【社科宣传】　编辑出版《泰安论坛》6期，刊发各类文章67篇，免费向全国相关城市社科联和全市范围内党政机关、驻泰安高校等单位发放交流。利用网站和微信公众号，发布各类社科信息200条，不断宣传泰安市社科工作建设新成效。

（武珍祯）

知识产权

【概况】　2020年，泰安被国家知识产权局确定为商标业务受理窗口，成为全省6个商标受理窗口之一；被列为全省首批知识产权质押登记电子化办理城市。在第十二届中国国际商标品牌节上介绍保护老字号商标品牌的经验。

【知识产权创造】　全市共申请国内专利1.07万件，其中发明专利申请2063件，同比增长10.38%。全市共授权国内专利6723件，其中发明专利授权500件，同比增长22.85%。年末，全市国内有效发明专利拥有量2482件，同比增长15.17%。每万人有效发明专利拥有量4.40件。全市PCT国际专利申请18件。全市有效注册商标总量达4.8万件，同比增长19.8%。累计拥有中国驰名商标53件、地理标志商标54件，马德里商标国际注册有效量84件。

【知识产权运用】　全市知识产权质押融资10.75亿元，其中专利权质押融资额7.62亿元、商标权质押融资额3.14亿元。1家企业获第二十届中国专利优秀奖1项，5家企业获第三届山东省专利奖，其中一等奖1项、二等奖1项、三等奖3项。2项专利项目入围第一批“2020年山东省专利导航暨专利信息利用项目”。

【知识产权保护】 开展知识产权保护直通车服务，强化知识产权执法办案力度。成立知识产权人民调解委员会、泰安市知识产权仲裁调解中心，推进建立专利侵权案件行政调处前置制度、诉中委托调解制度和专利纠纷行政调解协议司法确认制度。知识产权行政保护绩效考核列全省第二位，受到国家知识产权局表扬。（张 军）

气 象

【概况】 市气象局辖新泰、肥城、宁阳、东平4个县级气象局及泰山气象站、泰安农业气象试验站2个业务台站，市气象台、市气象灾害防御中心、市气象科技服务中心、市气象局技术装备与信息网络保障中心、市气象局财务结算中心5个直属单位；与泰山区、岱岳区政府共建泰山区、岱岳区气象局，分别挂靠在市气象科技服务中心、泰安农业气象试验站；市政府人工增雨防雹办公室（市突发事件预警信息发布中心）为市气象局管理的地方编制机构。年内，市气象局和新泰、宁阳、东平3个县级气象局以及泰山气象站继续保持“省级文明单位”称号；获全省重大气象服务先进集体、气象宣传工作先进单位等称号；市气象科技服务中心获全省气象声讯电话服务优秀单位、全省气象短信服务优秀单位等称号。泰山气象站党支部被中国气象局党组表彰为“全国气象部门先进基层党组织”，肥城市气象局党支部被省气象局命名为全省气象部门第一批党建示范点。

【气象防灾减灾】 完善气象防灾减灾体系，召开全市气象灾害防御工作联席会；对接应急管理、自然资源与规划、水利等部门，完善气象灾害防御联动机制；完善国家突发事件预警信息发布系统突发事件的发布工作，生态环境、应急、水利等13个部门可直连国家预警信息发布系统发布预警信息；建立全市气象灾害防御工作微信群，重要天气预报等服务信息通过微信、电子邮件、传真等方式实时发送至各相关部门。针对东平湖、大汶河防汛和泰山、徂徕山防火任务，提前部署汛期气象服务工作，开展全市气象业务汛前检查，召开汛期气象服务动员会2次，市、县两级派员427人次61天24小时不间断参与应急局联合值班，主汛期共发布预警信号38期、重要天气预报52期，提供雨情、大风等实况服务58次，发布雨情短信163次57.05万条，有效应对汛期16次强降雨过程，主要灾害性天气预警提前量平均值达77.9分钟。针对新泰山林灭火工作提供跟踪服务，防火期每日发布森林火险气象等级预报和森林防火形势，并提出预警意见报市森林防火指挥部。

【公共气象服务】 为“红动齐鲁”山东省第二届红色故事讲解大赛启动仪式、2020中国（泰山）国际矿业装备与技术展览会、第三十四届泰山国际登山节暨2020年中国泰安投资合作洽谈会等重大活动提供气象服务。参加2020年大汶河防汛抢险应急救援演练、泰安市突发环境事件应急演练等活动并提供精细化服务。围绕生态修复、乡村振兴、森林防火等开展增雨作业50次。继续在东平湖开展人工增雨随机化外场试验。每天与市环境监控中心开展重污染天气预报会商，全年发布重污染天气预警13期。为泰安电业公司、蓄能电站、科诚嘉禾农业、电建集团华东勘测设计研究院等提供定制化产品共享服务。发布春节、春运、中高考等专项天气预报59期，春播、麦收等农业气象服务专报88期。

【气象现代化建设】 完成泰山气象站综合改善及文化建设目标任务。泰安农业气象试验基地全国独创性的差分直称式大型土壤蒸渗仪投入业务试运行，建设完成农田智能灌溉系统和物联网系统，依托农试基地建设形成专利7项、计算机软件著作2项，通过对上或者联合等方式开展试验或项目研究5项。泰安农业气象试验站总结的覆膜套种花生、甘薯适用技术入选中国气象局适用技术汇编印发推广。泰山双偏振多普勒天气雷达试运行。推进市气象台综合改造、市气象科技服务中心融媒体建设项目。人工影响天气火箭弹实现第三方规范储运。成立由年轻业务骨干担纲的泰安气象微信公众号开发、泰山旅游气象服务系统应用、省市县一体化业务平台二次开发3个研究型业务团队，完成开发任务。宁阳气象局新址建成融气象文化、气象科普与园林景观于一体的特色气象台站。完成新泰全省气象风险普查试点工作。肥城肥桃气象服务点获批山东省生态农业特色气象服务示范点。完成气象观测质量管理体系建设，开展地面气象观测自动化改革业务运行工作。与中国气象局气象探测中心联

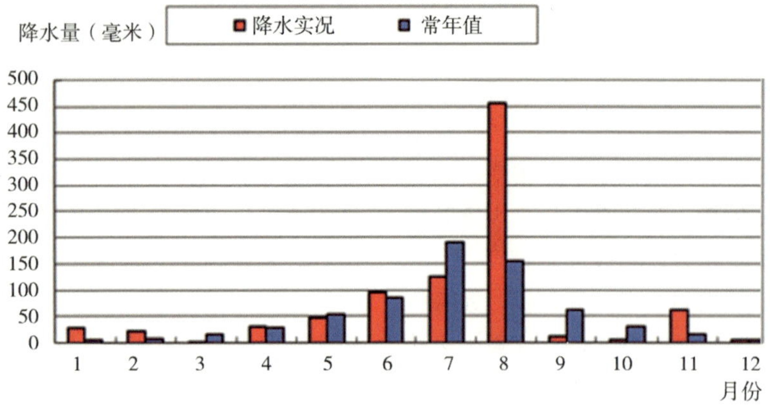

图1　2020年1—12月泰安市逐月降水量示意图

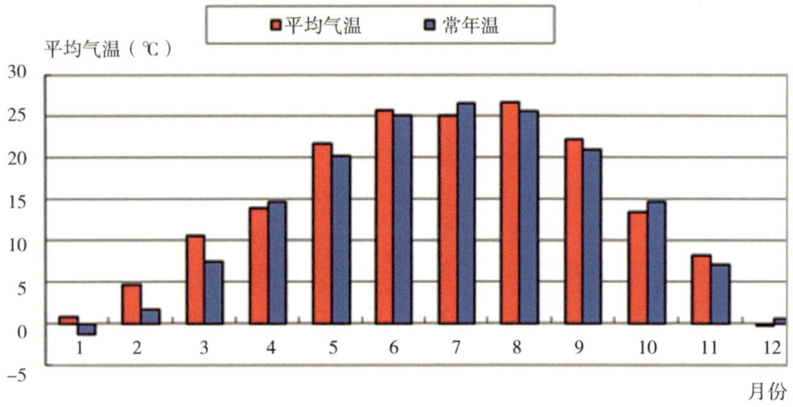

图2　2020年1—12月泰安市逐月平均气温示意图

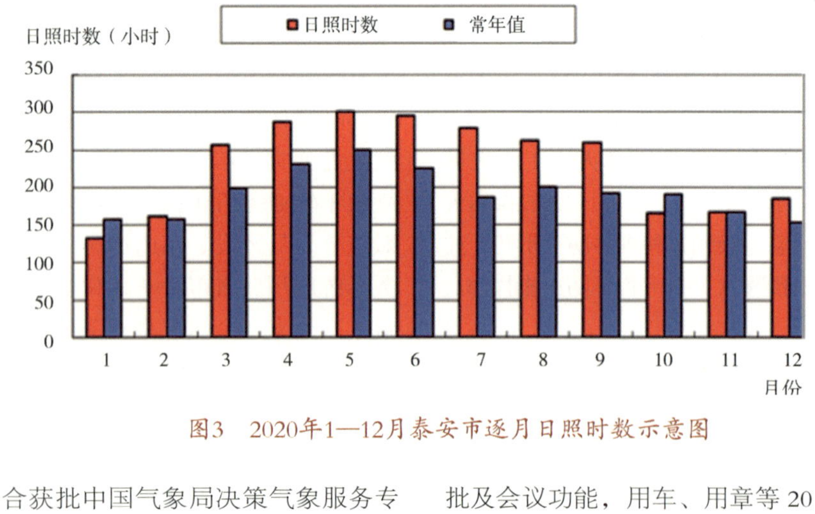

图3　2020年1—12月泰安市逐月日照时数示意图

合获批中国气象局决策气象服务专项重点项目1项，在研省局课题5项，在研市局课题26项。

【气象改革创新】　推进行政、财务管理创新，启用钉钉软件中的审批及会议功能，用车、用章等20余项行政事务通过钉钉办理。经省气象局计财处同意，推进财务管理“市代县”试点工作，搭建以市局财务结算中心为主、县局站为辅的财务管理架构。提升气象社会治理能力，检查全市防雷重点单位350家、防雷检测机构6家；完成市、县局所属防雷公司清理；更新泰安市防雷安全重点单位信息库；巡查施放气球活动66次；行政审批提交材料压缩率达45%。

【气候特点】　泰安市天气气候主要特点为降水偏多，气温偏高，日照偏多。

降水量。全市平均降水量901.4毫米，较常年（664.5毫米）偏多35.7%，属降水偏多年份。降水量时空分布不均，1月、2月、4月、6月、8月、11月份降水量多于常年同期，其中1月较常年同期偏多401.8%，2月较常年同期偏多156.5%，8月较常年同期偏多194.6%，11月较常年同期偏多280.7%，均属降水异常偏多月份。3月、5月、7月、9月、10月、12月份降水量少于常年，其中3月较常年同期偏少87.5%，9月较常年同期偏少81.3%，属降水异常偏少月份（图1）。新泰年降水量1134.7毫米，较常年偏多55.4%，为全市最多；东平年降水量757.9毫米，较常年偏多23.4%，为全市最少。泰安1035.3毫米，较常年偏多51.0%；宁阳810.6毫米，较常年偏多25.3%；肥城768.4毫米，较常年偏多19.0%。

平均气温。全市平均气温14.5℃，较常年（13.6℃）偏高0.9℃，属气温偏高年份。4月、7月、10月、12月份平均气温低于常年，其他月份均高于常年（图2）。年极端最高气温40.4℃，6月4日出现在东平；年极端最低气温-15.2℃，12月31日出现在肥城。泰安大雾16天；大风3天；高温8天，其中6月份7天，8月份1天；轻度干热风天气5天；重度干热风天气3天，出现在6月初，

5月12日，市气象局工作人员在泰山区恒基都市森林小区门前开展气象防灾减灾科普宣传活动　　（张　静　供）

大部地区小麦已进入成熟期，对产量影响不大；终雪结束于4月10日，初雪开始于11月21日。

日照时数。全市平均日照时数2759.1小时，较常年（2313.3小时）偏多445.8小时，属日照时数偏多年份。其中10月份日照时数比常年偏少，其他月份均多于常年同期（图3）。日照时数最多的是泰安3247.9小时，较常年同期（2453.5小时）偏多794.4小时；最少的是宁阳2108.0小时，较常年同期（2272.7小时）偏少164.7小时。

【主要天气气候事件】 日照。全年日照充足，为历史同期第四位多值。全年平均日照时数2759.1小时，较常年偏多445.8小时，为1951年以后第四位多值，仅次于1955年的2848.3小时、1956年的2840.5小时、1965年的2774.1小时。全年除10月份，其他月份日照时数均比常年偏多。年末出现浓雾和重度霾。12月10—12日、27—28日，全市大部地区出现能见度低于200米的浓雾天气，局部地区能见度不足50米，多地出现重度霾，交通运输等行业受到影响。

降水。全年降水明显偏多，多月份降水异常偏多。全年降水量为2004年以后最多值，为1951年以后第五位多值。年初雨雪天气多，极端性强、影响大。1—2月出现7次雨雪天气过程，其中1月5—8日全市平均降水量28.4毫米，超过冬季的常年降水量（22.0毫米）。春末夏初强对流多发，风雹灾害严重。5—6月全市出现6次雷雨大风、冰雹等强对流天气，次数多、范围广、强度大，多年罕见，其中6月1日下午出现冰雹、8～10级雷雨大风天气，泰安、新泰及泰山国家气象观测站均出现冰雹，最大直径约3厘米，造成较大灾情。夏季暴雨时段集中，降水屡创历史极值。夏季全市平均降水量679.8毫米，较常年同期（431.2毫米）偏多57.7%，属降水显著偏多季节，为历史同期第四位多值，仅次于1964年825.6毫米、1990年721.5毫米、2004年691.7毫米。8月全市连续出现4次暴雨天气过程。其中，1—2日，全省过程最大降水量出现在泰安徐家楼，为239.8毫米；2日，肥城（218.6毫米）、泰安（195.1毫米）、新泰（140毫米）出现大暴雨，宁阳（77.6毫米）出现暴雨，肥城、泰安两站日降水量突破该站历史极值。秋末出现罕见暴雨。11月17—18日泰安出现暴雨，过程降水量全市平均59.3毫米，降水量为1951年以后历史同期最多值。

气温。春季霜冻天气频繁，作物遭受冻害。4月平均气温14.0℃，比常年（14.7℃）偏低0.7℃。4月3—10日，受强冷空气影响，全市出现大风降温天气，3日早晨部分地区最低气温降到0℃以下，大部分地区最低气温降到5℃以下，泰安国家站达−0.5℃，部分地区的苹果、大樱桃等果树受冻。仲夏酷暑天气少，7月平均气温25.1℃，较常年（26.6℃）偏低1.5℃，为1994年以后历史同期最低值。　　（张　静）

水文监测

【概况】 市水文局辖东平、肥城、城区、新泰4个县级水文中心（水文局）。连续15年保持“全省水利系统文明单位”称号，连续11年被评为“全省水文系统先进单位”，继续保持“省级文明单位”称号，获全省水文系统绩效考核第二名。

【站点设置】 设有北望、大汶口、戴村坝、黄前水库、东周水库、楼德、光明水库、白楼8处国家基本水文站。在全市境内建有包括水文站、水位站、降水量站、辅助站、报汛站、地下水监测站、水质监测站、水土保持监测站在内的500处水文监测站点。建有防汛抗旱预警信息及视频会商系统，拥有国家计量认证的水环境监测实验室，形成种类齐全、功能完备、代表性高、覆盖面广、信息及时可靠的水文监测网络系统。

【基层水文建设】 岱岳区人民政府印发《泰安市岱岳区水文管理办法》，肥城市人民政府印发《肥城市水文管理办法》，全市4部县级水文管理办法已全部出台。泰安市人大法制委员会就《新泰市水文管理办法》《东平县水文管理办法》管理运行情况进行调研，对县域水文事业法制化建设取得的成效给予肯定。新泰市人民政府召开新泰水文事业服务县域经济社会发展新闻发布会，泰山区大津口乡人民政府和新泰市新甫街道办事处印发《关于进一步加强水文工作的意见》，推进乡镇水文事业发展。

【水文测报】 编制《2020年泰安市超标准洪水水文应急监测方案》，开展防汛水文测报应急集中演练。汛期处理各类雨水情信息33.4万条，发布洪水预报成果31次，向地方及水利部门提供水库调度建议8次，预报精度均在良好以上，编写水文快报2次、水情月报5期、旱情分析2期，为防汛抗旱提供数据支撑。编制《区域用水总量监测报告》《年度区域水功能区水质监测报告》《泰安市用水统计调查基本到位名录审核报告》《泰安市水资源公报》《泰安市水土保持公报》《泰安市水文简报》等。完成2019年度地表水、地下水、水环境、水土保持监测工作的资料整编，提升水文服务质量。

【管理与科研】 在全省水文系统率先开展精细化管理工作，编印市局和县级水文中心《精细化管理工作手册》，修订市局和县级水文中心《管理制度汇编》。完成“1+2+2”（采用1名业务骨干带2名青年职工，计划利用2年时间培养优秀水文人才）人才培养计划阶段考核，组织政府购买服务人员开展职称评聘工作。完成县级水文中心干部选配、中层干部调整、科室岗位交流工作。举办泰安市第一届水质监测技能竞赛，建设水文业务在线学习考试平台，开展“水文测验、整编规范学习年”活动，举办水文测验整编规范知识竞赛。获山东省水利职工技术协会优秀论文一等奖1篇，获国家知识产权局实用新型专利6项，软件著作权5项。修订《泰安市水文局科技工作考核管理办法》，制定科技管理工作计划。与山东农业大学联合成立水文科学研究中心，建立科学研究的融合发展机制。

5月10日，泰安市水文局2020年防汛测报演练举行　（方　政　供）

【信息化建设】 完成黄前水库水文站现代化示范站建设，开发水文监测集控信息平台，建成水质在线监测系统并投入运行。完成白楼水文站缆道升级改造，实现水文缆道远程自动化控制测流。完成东周坡面径流场和下港坡面径流场改造，提升水土保持自动化监测水平。完成楼德水文站在线雷达测速系统建设，国家基本水文站全部实现在线自动监测。优选采购无人机测流系统、智能遥控船等设备和应急水位、流速监测系统、水文监测图传系统，提升应急监测水平。购置低本底总α、β测定仪、气质色谱质谱联用仪、电感耦合等离子发射质谱仪等水质检测先进仪器设备，拓展水环境实验室监测能力。自主开发泰安水文信息综合展示平台，展示泰安水文综合管理、党建工作、水文业务等工作。

【工程建设】 完成2020年度山东省水文设施建设工程泰安市水文测站工程建设，安装雨水情设备、侧扫雷达、二线能坡、在线流量监测等设备。建设完成徂徕山水土保持综合观测站，实现水土保持监测项目全要素自动化监测，成为全省首个现代化、智能化、数字化的综合性小流域自然坡面径流水保观测站。

（方　政）

编辑　校对　　刘小笋

教　育

综　述

【概况】　全市有各级各类学校2162所，在校生99.34万人，教职工8.48万人，其中专任教师7.19万人。全部解决普通中小学56人及以上大班额问题。普惠性幼儿园覆盖率达88.53%，残疾儿童少年义务教育入学率达96%以上。在全省职业院校技能大赛中，获金牌3枚、银牌8枚、铜牌14枚。获评山东省教书育人楷模2人。市教育局评选出教育发展优秀单位5个、泰安市人民满意的教师50人、泰安市人民满意的校长10人、泰安市教书育人楷模20人、泰安最美教师20人。市教育局连续18年保持“省级文明单位”称号。

【经费保障】　全市教育经费总投入112.05亿元，比上年提高8.32%；公共财政预算安排教育经费95.71亿元，比上年提高7.57%。按照幼儿园710元、小学710元、初中910元、义务段学校寄宿生增加200元、特教学校8000元、高中学校不低于900元、中等职业学校（含技工学校）2800～4500元不等（按专业类别确定生均公用经费拨款基本标准）、公办高职院校不低于1.2万元的标准落实生均公用经费。按照1000元和1250元标准落实小学、初中学校家庭困难寄宿生生活费补助，享受补助的学生占寄宿学生的比例为30%。按照每生每年小学500元、初中625元的标准为家庭经济困难非寄宿生发放生活费补助，比例为在校非寄宿生数的8%。

【教师荣休暨入职仪式】　10月15日，泰安市教育系统2020年教师荣休暨入职仪式在市广播电视台一号演播大厅举行。荣休教师代表12人和入职教师代表50人参加。

【教师队伍】　年内，全市招聘补充事业编制1515人。完成2批次教师资格认定工作，完成教师资格认定2052人。经过笔试、面试、选岗等工作，安置首批省属公费师范生到泰安农村学校就业146人。2020年省属公费师范生（定向泰安）录取197人，委培师范生完成报名、面试等工作，录取304人。4.69万人参与“互联网＋教师专业发展”工程。入选山东省“互联网＋教师专业发展”工程“创新培育项目”项目学校5所，入选数量居全省第4位。

【教师培训】　年内，完成市级及以上教师培训20项，培训教师5.69万人次。利用山东教师教育网和教师继续教育管理系统，采用直播与录播相结合的方式，组织开展远程

10月15日，教师荣休暨入职仪式上，新入职教师宣誓　　（李　皓　供）

培训，共培训骨干教师8247人。在泰山学院省级教师教育基地（市师资培训基地）组织开展市直中小学2018—2020年新任职教师集中培训，共培训新教师93人。组织1191名教师校长参加国家级和省级培训项目。在山东省“互联网+教师专业发展”工程省级教师工作坊主持人高研班暨教师培训项目设计与管理培训班上，泰安市作典型发言。

【挂职交流】 做好第十四批新疆喀什地区岳普湖县36名骨干教师到泰安挂职培训工作，时长74天，安排在泰安理工中等专业学校、龙池中学、龙池小学。做好广西柳州市教育局到泰安市考察交流工作。承接鲁渝扶贫协作第六批中小学校长高级研修班部分培训任务，接收10名重庆校长到泰安市齐鲁名校长所在学校挂职。

【教育扶贫】 1.23万名建档立卡儿童全部在读或已初中毕业，辍学现象实现清零，全市教育扶贫目标任务完成。先后通过市脱贫攻坚检查评估、五年脱贫攻坚评估验收、省对市年度考核、市对部门年度考核。市教育局在市考核中被评为“好”等次，被市委、市政府表彰为“全市脱贫攻坚先进集体”。

【学生资助】 全年发放各类学生资助资金2.04亿元，受助学生20.27万人次。除义务教育全部免学费外，免除学前教育、普通高中、中等职业教育、高等教育建档立卡学生学费815.35万元、受助学生4318人次，发放各学段建档立卡学生助学金（生活费补助）929万元、受助学生1.34万人次。年内，为7609名大学生申请办理助学贷款，贷款金额6308.9万元。全年募集爱心一日捐资金434万元、其他捐资助学定向捐赠700万元。

【教育科研】 组织申报省规划办“疫情与教育”专项课题，7项课题通过评审被立项并通过省级结题鉴定。组织全国教育科学“十三五”规划2020年度课题组织申报工作，全市共申报12项，其中1项被省规划办推荐到全国规划办。撰写泰安市“十四五”教科研发展规划报告并上报省规划办。组织省规划办立项课题的结题工作，全年全市有15项省规划课题申报结题并通过省级审核，予以结题。组织全市申报“山东省教育科学‘十三五’2020年度规划课题的申报”工作，全市申报117项，确定申报省课题50项，16项课题通过省级评审，其中立项省重点课题2项、一般课题14项。组织全市2020年课题结题工作，全市共申报结题课题273项，通过结题239项。组织全市2020年度课题立项评审，共立项市级课题300项。

12月10日，山东省学校安全应急演练暨专题研讨培训班开班（李 皓 供）

【教育信息化】 完善网络基础设施建设，投入10484.43万元用于新增及更新班班通、学生用机、教师用机、录播系统与提升网络出口带宽，实现中小学（含教学点）100%接入宽带与拥有多媒体教室。多媒体教室数占全部教室数比例达97%以上、数字校园建设覆盖率达90%以上，完成教育督导重点工作任务。云平台网络总出口带宽由千兆扩容至万兆，新上传优质资源1.8万件。对全市38所试点学校进行验收，完成山东省第二批教育信息化试点验收工作。召开全市教育信息化研讨会，推动全市教育信息化迈上新台阶。

【疫情防控】 在全省率先实现中小学复学，省委开学复课工作组信息专报中，有5期报道泰安市经验做法。形成从疫情突发到常态化防控形势下对6个县（市、区）、4个功能区、10所市直学校和驻泰安各高校的全面长期管控，保证全市师生员工的健康安全。摸排教育系统外地返回泰安人员2.29万人，其中重点人群累计572人。印发《关于开展“春风行动”做好一线疫情防控医务工作者子女关爱工作的通知》，对74名援鄂人员子女，557名一线医护人员子女进行课业辅导和一对一心理指导。开展同心战“疫”心理护航活动，做好心理健康疏导工作，帮助师生尽快实现心理“复位”。出台关爱细则，做好援驰湖北医护人员子女就学安排。制定《对一线医护人员子女就学照顾的细则》，保障支援湖北医疗队的一线医务工作者子女就近入园、就近入学，中考享受现役军人子女待遇。

【学校安全】　健全校园治安防控措施，实现中小学、城市和城镇幼儿园专职保安员配备率100%、一键式紧急报警和视频监控系统建设达100%；中小学、城市幼儿园全部封闭化管理。开展校舍安全排查，全市39个问题隐患校舍已整改。完成全省校园消防安全专项整治工作，全市各级各类学校的2404栋问题单体建筑已整改销号，整治工作进度排名列全省前4名。37所学校被命名为泰安市首批“平安校园”建设示范学校，9所学校被省教育厅公布为全省首批“平安校园”建设示范学校。

【各类考试】　完成标准化考点升级改造，全市投入2854万元，完成38个考点、2634个考场和7个考试指挥中心、7个智能保密室升级改造工作。完成招生、自考、学考共19次考试，全年累计考生数达47万人、科次数达150万科次。

【语言文字】　加强语言文字规范使用的管理指导，全市各级各类学校达标创建率为100%。印发《泰安市教育局关于举办2020年泰安市中华经典诵读系列活动的通知》，在省级比赛中，获一等奖1名、二等奖7名、三等奖10名，市教育局获优秀组织奖。1所学校获“省甲骨文特色学校”称号。开展“双随机、一公开”工作，共抽查全市各级各类学校300处。举办第二十三届全国推广普通话宣传周活动，年内组织2次普通话测试，测试人数分别为2499人和2102人，其中在校生399人。

【对外及对港澳台交流】　应对新冠疫情，成立入境人员疫情防控工作组，做好全市教育系统对外开放交流工作。泰安市30所大中小学参与共建“一带一路”中泰（山东）教育国际合作与发展对话活动、教育部中外人文交流中心“中外人文交流项目信息说明会”“相约上合”中俄（山东）教育国际合作联盟成立大会暨中俄教育交流合作对话会等对外交流活动，与国外新建立友好合作关系9个。泰山中学与澳门蔡高中学交流活动入选教育部港澳中小学姊妹学校平台建设优秀案例。

（李　皓　李一鸣）

基础教育

【概况】　年内，全市有普通中小学（含幼儿园）2134所，在校生81.79万人，教职工6.98万人，专任教师6.25万人。其中，幼儿园1419所，在园幼儿20.23万人，教职工2.05万人，专任教师1.53万人；小学504所，在校生30.84万人，教职工2.13万人，专任教师2.08万人；初中171所，在校生20.35万人，教职工1.84万人，专任教师1.75万人；普通高中40所，在校生10.37万人，教职工9709人，专任教师8981人。特殊教育学校5所，在校生1148人，教职工286人，专任教师261人。

【校舍建设】　新建和改扩建幼儿园80处，治理城镇居住区配套幼儿园27处，总投资3.88亿元，新增学位1.5万个。泰山区桑家疃学校小学部新建项目、岱岳区粥店司家庄小学改扩建项目、泰安旅游经济开发区泰安市崇仁学校、泰安市崇信学校新建项目竣工并投入使用，泰山区兴隆学校小学部完成主体建设和设备招标，新增学位9750个，新增校舍建筑面积15.88万平方米，新增用地17.39万平方米，完成投资4.03亿元。城区大班额问题全部化解。

【“三个清零”项目】　中小学56人及以上大班额全部清零。年内，继续推进化解大班额项目建设，全市新建、改扩建11所学校，完成投资3.8亿元，竣工面积14.88万平方米，新增学位1.53万个。义务教育学校失学辍学现象全面实现清零。会同公安、民政、扶贫办、残联等11个部门联合印发《泰安市加强义务教育控辍保学工作实施方案》，建立起控辍保学长效机制。全市6～15岁建档立卡1.09万名儿童全部进行教育安置。居住区配套幼儿园整治任务实现“清零”。年内，全面完成27处城镇居住区配套幼儿园整治任务。

【“两个”计划】　完成第三期学前教育行动计划各项指标任务。全市有幼儿园1419所，在园幼儿20.23万人，学前三年毛入园率96.54%；公办幼儿园在园幼儿11.33万人，占比56%；普惠性幼儿园在园幼儿6.34万人，普惠性幼儿园

2020 年泰安市幼儿园基本情况表

表 31

单位	园数	离园人数		入园人数		在园人数		教职工（人）		办园条件			
		合计	其中，女	合计	其中，女	合计	其中，女	合计	专任教师	占地面积（万平方米）	建筑面积（万平方米）	图书（万册）	电子图书（万册）
合计	1419	57957	27060	73533	34929	202307	94379	20493	15331	375.08	179.61	238.39	20.06
泰山区	233	10518	4945	11925	5673	34903	16425	3867	2743	47.59	27.95	34.69	5.86
岱岳区	180	6057	2957	9737	4674	23358	11028	2344	1870	49.84	24.24	30.42	5.58
新泰市	374	13042	5668	15658	7359	49927	22449	4977	3698	93.55	43.51	56.22	4.13
肥城市	155	8846	4344	11427	5470	30334	14691	2914	2399	60.27	29.93	39.59	1.06
宁阳县	105	6828	3256	10859	5154	24044	11257	2587	1702	46.09	19.76	38.50	0.95
东平县	218	8843	4023	7971	3680	24661	11312	2226	1755	43.59	20.42	22.29	0.13
泰安高新区	76	2329	1144	3923	1934	9448	4538	1042	739	19.14	8.31	9.92	1.39
泰山景区	18	409	203	522	252	1423	688	147	136	3.25	1.79	1.21	0.17
徂汶景区	60	1085	520	1511	733	4209	1991	389	289	11.77	3.69	5.55	0.79

2020 年泰安市普通小学基本情况表

表 32

单位	小学（所）	教学点（个）	毕业生数	招生数	在校生数	教职工（人）		占地面积（万平方米）	建筑面积（万平方米）	图书（万册）	计算机（台）	校园网（所）	电子图书（万册）
						合计	专任教师						
合计	504	112	60852	61289	308421	21266	20768	981.21	277.94	991.23	60359	500	22.5
泰山区	54	3	8229	11029	50852	2510	2428	63.53	27.54	123.77	7091	54	2.7
岱岳区	60	14	4662	6611	30777	2500	2481	120.18	42.08	99.33	7247	59	0.3
新泰市	138	31	13973	16266	79219	5265	5132	279.36	66.4	287.65	16175	137	4.7
肥城市	61	5	16346	8506	47578	3720	3598	144.72	41.42	156.33	9625	61	9.4
宁阳县	68	9	7413	6883	39534	3310	3181	147.49	45.16	148.95	8331	68	3.9
东平县	64	16	7001	8136	41753	2480	2468	108.30	28.94	99.25	5976	64	0.1
泰安高新区	24	4	1649	2492	11110	740	739	59.17	14.48	35.59	2824	22	0.2
泰山景区	10	14	413	360	2018	250	250	15.97	3.88	10.44	956	10	0.8
徂汶景区	25	16	1166	1006	5580	491	491	42.48	7.96	29.91	2134	25	0.4

2020年泰安市普通初中基本情况表

表33

单 位	校数	毕业生数	招生数	在校生数	教职工（人）		占地面积（万平方米）	建筑面积（万平方米）	图 书（万册）	计算机（台）	校园网（所）	电子图书（万册）
					合 计	专任教师						
合 计	171	61572	60543	203479	18352	17452	836.88	348.29	1052.59	49572	165	44.7
泰山区	24	9892	8874	33849	2867	2710	102.11	45.76	184.18	8479	24	11.6
岱岳区	28	6788	5485	20906	2067	1996	131.29	57.19	127.73	7202	28	3.8
新泰市	31	14907	13653	55454	4478	4346	168.92	70.47	263.95	10185	25	1.9
肥城市	32	10656	15993	30827	3088	2808	137.45	55.57	176.59	9495	32	21.1
宁阳县	18	7717	6996	24459	2417	2134	108.21	52.76	126.71	5473	18	5.7
东平县	24	7148	6926	26788	2235	2280	109.55	44.77	103.47	5573	24	—
泰安高新区	6	2201	1490	5867	611	594	41.69	10.18	31.53	1519	6	0.1
泰山景区	3	794	342	1539	189	189	10.16	4.31	10.26	533	3	0.5
徂汶景区	5	1469	784	3790	400	395	27.43	7.27	28.18	1113	5	0.1

2020年泰安市普通高中基本情况表

表34

单 位	校数	毕业生数	招生数	在校生数	教职工（人）		占地面积（万平方米）	建筑面积（万平方米）	图 书（万册）	计算机（台）	校园网（所）	电子图书（万册）
					合 计	专任教师						
合 计	40	35879	33803	103677	9709	8981	381.65	207.36	512.61	23020	40	14.9
泰山区	6	6400	6215	18862	1872	1749	59.02	41.65	85.74	5468	6	6.2
岱岳区	4	4525	4104	12624	1082	1057	39.14	30.69	70.42	2497	4	0.4
新泰市	9	8049	8368	23966	2139	2073	99.93	47.31	118.25	4844	9	1.9
肥城市	10	6838	6016	19029	1907	1634	70.71	30.43	115.42	4875	10	4.3
宁阳县	5	4681	4244	13976	1180	1144	65.16	35.49	86.3	2827	5	1.2
东平县	4	4828	3996	13074	1335	1151	37.79	16.41	21.89	2199	4	0.7
泰安高新区	1	131	370	958	108	90	6.50	2.88	9.60	100	1	0.2
徂汶景区	1	427	490	1188	86	83	3.40	2.50	4.98	210	1	0.1

12月14日，泰安市高中学生登泰山活动启动仪式举行　　（李　皓　供）

覆盖率为88.53%。共新建、改扩建幼儿园240所，认定普惠性民办幼儿园353所，治理无证幼儿园294所，各县（市、区）均落实710元的省定标准学前教育生均公用经费。

完成第二期特殊教育三年行动计划各项指标任务。残疾儿童少年义务教育入学率达96%以上，建成特教资源中心6所、特殊教育资源教室119所。10月，批复泰安市福利院设立特教班，与特教中心合作，为福利院儿童开展日常教学工作。学前三年入园和接受康复教育训练率达90%以上；高中阶段教育规模扩大。提高残疾学生资助水平，实施15年免费教育，"三免一补"（免杂费、住宿费、书本费，补助生活费）政策已全部落实。

【"中华泰山成人礼"活动】 印发《全市高中学生登泰山活动方案》，明确从2020年12月以后，在每年的3—12月期间，开展"中华泰山成人礼"全市高中学生登泰山活动，鼓励泰安学子从泰山出发，胸怀家乡，走向世界，报效家国。

【招生考试改革】 全市普通高中继续实行"分数+等级"录取，语文、数学、外语3科采用分数表达，物理、化学、生物、思想品德（道德与法制）、历史、地理、体育与健康7科用等级表达。扩大高中招生自主权，实行综合录取、特长录取和推荐录取等多种方式，推进普通高中育人方式改革，促进学生全面发展。鼓励高中特色办学，开展自主招生、艺体特长招生、中外合作办学和高中与高校合作办学等。统一职业类院校招生录取网络平台，高职院校招生实现平行志愿。

【教育提升】 印发《泰安市空中大课堂疑问解答》《关于进一步提高普通中小学线上教学质量的意见》等文件，教科院制作市级课时资源，上传泰安智慧教育云平台等7家媒体网站教学资源1万件，累计访问量达1657万人次。设计包含从小学到高中各个学科的《学习方法指导与建议》，由泰安日报社推出。3月19日，ZAKER携手泰安市教育局、《泰安日报》上线"空中大课堂"。中国教育新闻网、《中国教育报》、山东省教育厅网站、齐鲁晚报·齐鲁壹点等先后报道泰安市经验做法。

【特殊教育】 全市有特殊教育学校5所，其中市直1所（泰安市特殊教育中心），新泰市、肥城市、宁阳县、东平县各1所。全市特教学校有在校生1148人，送教上门和随班就读残疾儿童1153人，有教职工

10月17日，举行泰安市市直中小学校2018—2020年新任职教师2020年度集中培训　　（李　皓　供）

10月20日，全市高中课程与教学工作会议召开　　（李　皓　供）

286 人。特殊教育学生全部实现“三免一补”（免课本费、免杂费、免文具费、补助住校生生活费），肥城市、宁阳县的特教学校实现全免费教育，义务段特殊教育生均公用经费执行每生每年 8000 元的标准。各县（市、区）特殊教育学校从听障、培智一体全部转型为培智学校。

【体育教育】 举办山东省第三届校园足球联赛泰安市选拔赛并参加省赛，女子组获省第 6 名；评选市级校园足球特色幼儿园 60 所，获批全国足球特色幼儿园 18 所，被教育部认定为首批全国足球特色幼儿园示范园 3 所。

【卫生教育】 开展中小学“爱耳日”“爱眼日”、第 25 个世界防治结核病日、第 32 个爱国卫生月等活动。与市卫健委成立联合工作专班，对 746 处学校幼儿园进行以结核病为主的排查，累计排查留校学生 2.83 万名，排查率 100%，与市卫健委等部门组织学生参加全省艾滋病主题创意大赛活动、城区学校艾滋病防治联谊会议。组织全市心理健康教师 3180 人次参加“省中小学开学复课心理调适”在线研讨活动，加强全市学生心理辅导。

【课后服务】 全市各学校按照《关于全面推进小学课后服务工作的实施意见》，结合学生需求，统一组织安排课后服务工作。年内，全市 579 所小学、教学点开展课后服务工作，17.27 万名小学生参与课后服务，做到所有小学全覆盖，有需求的学生全满足。

【家庭教育】 成立市级家庭教育专家委员会，有家庭教育宣讲专家 20 人和志愿者 82 人，举办不同专题的家庭教育讲座 50 场。探索实施“互联网 + 家校协同育人”App 公益平台试点，走出一条互联网时代疫情背景下家校协同育人新路径。承办全省家庭教育工作会议，岱岳区教体局在全省基础教育综合改革工作会议上作“构建 1234 新机制，打造家校社协同育人”的典型发言。开展“我的家教好故事”征集暨“智慧家长”评选活动，其中 5 名家长获省级“智慧家长”称号。

【研学旅行】 打造市级研学基地 28 个、省级研学基地 5 个，校外实践基地 230 家、乡村少年宫 80 家。市人大对全市研学旅行工作进行视察，市研学基地及课程建设获视察组高度评价。　（李　皓　李一鸣）

中等职业教育与成人教育

【概况】 年内，全市有职业院校 21 所（含省属驻泰安院校和技工院校），其中高等职业院校 10 所，独立设置的中等职业学校 11 所，职业教育在校生 10.9 万人。

【职业教育创新发展高地建设】 贯彻落实部省共建职业教育创新发展高地意见，先后出台《泰安市人民政府关于推进全市职业教育创新发展的实施意见》《关于办好新时代全市职业教育的实施意见》《关于进一步优化职业院校人事管理制度有关问题的通知》等文件，制定泰安市职业教育提质培优高质量发展三年行动计划（2020—2022 年），推进全市职业教育创新发展高地建设。坚持地方产业结构和发展需求为导向，启动全市职业院校专业布局调整，年内，全市新增工业机器人技术应用、增材制造技术应用（3D 打印）、软件与信息服务等地方经济社会发展急需专业点 14 个，撤销落后专业点 18 个，确保职业教育人才培养与区域经济、行业产业结构有效对接。完善校企合作、工学结合的人才培养体系，全市职业院校与企业联合建设专业 47 个，“订单”培养 3600 人。泰山职业技术学院入选国家现代学徒制试点院校，全市 6 个专业被列入省职业院校现代学

9月10日，2020泰安市职业技术院校技能大赛数控综合应用技术项目比赛举行　（李　皓　供）

徒制试点项目，8所院校启动教育部“1+X”证书制度试点，总培养规模4350人，泰安市初步形成“产教深度融合，校企一体化育人”的校企合作机制。

【职业院校技能大赛】 年内，在全省职业院校技能大赛中获奖牌25枚，其中金牌3枚、银牌8枚、铜牌14枚；省级及以上行业赛共获奖牌29枚，其中金牌3枚、银牌13枚、铜牌13枚。举办2020年泰安市职业院校技能大赛决赛，决赛设专业类别8个、比赛项目35个，共有11个代表队、368名选手参加比赛，比赛产生个人一等奖36个、二等奖46个、三等奖57个，团体一等奖1个、二等奖2个、三等奖3个，优秀组织奖6个。

【提升职业教育教学质量】 完成第二期教学质量提升计划建设项目，46项“德技并修”优秀人才培养方案进入形成和实施建设阶段。全市75%的专任教师完成教师教学能力达标任务，教研室完成10%的抽验工作。开展“匠心育人”特色课堂系列活动，完成70节特色示范课堂、特色技能课堂、特色信息化课堂的在线评选工作。开展全市职业院校精品资源共享课和微课联盟的网评及现场答辩工作。完成81门精品资

2020年泰安市中等职业学校基本情况表

表35

单　位	校　数	毕业生数	招生数	在校生数	教职工（人）		占地面积（万平方米）	建筑面积（万平方米）	图　书（万册）	计算机（台）	电子图书（册）
					合　计	专任教师					
合　计	14	13473	14741	38066	2846	2334	162.95	79.18	119.17	10493	8007
泰山区	5	2932	3262	8091	769	615	31.31	23.09	23.48	3145	230
岱岳区	1	2026	1434	4404	348	307	23.90	11.84	20.15	1561	2
新泰市	3	2412	3189	7680	568	453	20.14	10.65	33.35	1915	1402
肥城市	1	1561	1878	3828	420	379	23.13	12.81	19.11	1050	13
宁阳县	1	1540	1648	4692	336	288	37.73	6.46	5.46	1229	100
东平县	2	1224	1695	4580	241	218	13.33	7.19	9.62	993	5480
泰安高新区	1	1778	1635	4791	164	74	13.40	7.14	8.00	600	780

源共享课和29个微课联盟的立项建设工作。（李　皓　李一鸣）

民办教育

【概况】　全市有各级各类民办教育学校640所，在校生14.8万人，教职工1.5万人，专职教师1.1万人。其中，民办高校1所，在校生0.7万人；普通高中6所，在校生0.6万人；职业中专3所，在校生0.4万人；12年一贯制学校3所，在校生0.5万人；义务阶段教育学校32所，在校生3.4万人；幼儿园595所，在园幼儿9.2万人。

【发展优质民办教育】　完善民办学校的年度检查、日常监管等制度，加强民办学校安全管理，促进民办学校健康发展。全市民办中小学新增3所，达到44所，全年招生人数达1.58万人，在校生达5.0万人。

【校外培训机构规范治理】　落实《泰安市人民政府办公室关于贯彻落实鲁政办字〔2019〕49号文件精神进一步规范校外培训机构发展的通知》，对校外培训机构，严格“网格化”管理机制，明确设置标准，实施“黑白名单”制度，强化联合执法。累计整改问题2167件，取缔不合格机构186家，合格的2108家机构实行网上平台管理，全国校外培训机构管理平台录入率达100%。（李　皓　李一鸣）

高等教育

【概况】　市内有高校15所，在校生19.27万人，教职工1.18万人。其中山东农业大学、山东科技大学泰安校区、山东第一医科大学泰安校区、泰山学院、山东科技大学泰山科技学院、山东财经大学东方学院、山东医药技师学院、山东外贸职业学院泰安校区、山东交通职业学院泰安校区、山东电力高等专科学校泰安校区10所为省属高校，泰山职业技术学院、泰山护理职业学院、山东服装职业学院、泰安技师学院4所为市政府直属事业单位。山东力明科技职业学院为民办高校。（李　皓　李一鸣）

【山东农业大学】　学校校园占地面积343公顷，建筑面积114万平方米，教学科研仪器设备总值9.36亿元，图书馆藏书282万册，电子图书178万册。在职教职工2483人，教师中有教授、副教授1122人，中国科学院院士1人，中国工程院院士3人，国家有突出贡献的中青年专家7人，国家杰出青年科学基金获得者7人，国家优秀青年科学基金获得者2人，有国家级教学名师4人；创新团队2个，国家级教学团队3个；泰山系列工程专家60人，其中泰山学者优势特色学科人才团队1个，泰山学者攀登计划专家5人、泰山学者特聘专家22人，泰山学者青年专家14人；泰山产业领军人才工程专家18人。学校设有农学院等21个学院。拥有博士后科研流动站12个，一级学科博士点12个，一级学科硕士点24个、专业学位授权类别12个；国家重点学科2个，农业农村部重点学科2个，省级重点学科21个；省“高峰学科”1个，省“优势特色学科”4个，省培育学科1个；省一流学科“高峰计划”建设学科1个，省一流及培育学科4个，农林学科连续5年入选QS世界大学学科排行榜400强，4个学科进入ESI全球排名前1%。有国家重点实验室1个，国家工程实验室2个，国家工程技术研究中心2个；农业农村部综合性重点实验室1个，农业农村部专业性（区域性）重点实验室2个，农业农村部农业科学观测实验站2个，国家农产品加工技术研发专业中心1个，国家小麦改良分中心1个，农业农村部农产品质量安全监督检验测试中心1个，全国农业农村信息化示范基地1个，科技部、教育部新农村发展研究院1个，国家小麦育种栽培技术创新基地1个，黄淮海区域玉米技术创新中心1个，国家林业和草原局定位观测研究站1个，国家林业和草原局重点实验室1个；省级协同创新中心5个，省级重点实验室11个，省级工程技术研究中心15个，省技术创新中心2个，省级国际合作研究中心4个，省级工程实验室2个，省级人文社科研究基地1个，省级新型智库2个，省级科教基地1个。学校有本科专业94个，国家级特色专业9个，国家一流本科专业建设点12个，省级一流本科专业建设点8个；国家级精品课程5门，国家级一流本科课程10门，省级一流本科课程32门，国家级双语示范课程2门，国家级精品资源共享课5门；国家级人才培养模式创新实验区2个，国家级实验教学示范中心3个，国家级虚拟仿真实验教学示范中心1个，国家虚拟仿真实验教学项目1个，国家大学生校外实践教育基地1个，全国高校实践育人暨创新创业基地1个，省级大学生创业孵化示范基地1个。年内，招收本科生7190人、硕士研究生1855人、博士研究生143人；毕业本科生8056人、硕士研究生1247人、

博士研究生128人；在校学生34533人，其中本科生29878人，博士、硕士研究生4655人。（胡春龙）

【山东科技大学泰安校区】 山东科技大学在青岛、泰安、济南三地办学，总占地面积253公顷，建筑面积146万平方米，其中泰安校区占地面积50公顷、校舍面积38万平方米。设资源学院、智能装备学院、财经学院、公共课教学部、继续教育学院等教学单位5个，设采矿工程研究院、煤矿充填开采国家工程实验室等科研机构2个，与重庆翔美教育投资有限公司联合举办山东科技大学泰山科技学院，本科专业30个。在职教职工630人，高级职称人员170人，博士生导师和硕士生导师60人。国家级、省级实验室（中心）6个，“煤矿充填开采国家工程实验室”是国家发展和改革委员会批准建设的国家级实验室，“矿业工程综合实训中心”为省级实验教学示范中心，“矿业工程实验中心”和“矿山机电工程实验中心”为山东省骨干学科实验室，“先进自动化技术实验中心”为中央与地方共建特色优势学科实验室，校内教学模拟矿井被原煤炭部命名为华东煤炭院校泰安实习中心。有国家级精品课程1门，山东省特色专业建设点3个、在建山东省高水平应用型专业2个，山东省一流课程1门、精品课程29门、在线开放课程平台上线课程7门，山东省教学团队2个，山东省教学名师2人，全国煤炭教学名师1人。校区教师在教学比赛中，获国家级一等奖1项，省级奖励7项。2016—2020年年末，泰安校区承担国家自然科学基金、国家社会科学基金等国家级项目20项，山东省自然科学基金、山东省重点研发计划、山东省社科规划研究等省部级项目24项。获省部级以上科研奖励30项，授权专利146项，科研合同经费年均超3000万元。先后成立“泰安市岩土工程研究院”“泰山复合材料研究院”“泰安市地质与环境工程(技术)研究院”等科研创新平台。2020年，山东科技大学泰安校区招收1614人，毕业1245人，在校生6410人。

（刘钦兴）

10月2日，中国工程院院士、山东第一医科大学（山东省医学科学院）名誉校（院）长、附属肿瘤医院院长于金明以“不忘初心，播种梦想”为题，为2020级新生讲授开学第一课 （李启明 供）

【山东第一医科大学泰安校区】 山东第一医科大学（山东省医学科学院）泰安校区占地200公顷，校舍面积82万平方米。有基础医学院、放射学院、护理学院、药学院、口腔医学院、公共卫生学院等17个教学院部，设有临床医学、口腔医学、护理学、医学影像学、药学、预防医学等44个本科专业和专业方向，是健康山东输送全科医生、医养健康和卫生管理等医药卫生行业急需的高技能专门人才的重要基地。2020年，泰安校区在校本、专科生1.75万人、硕士研究生949人；招收本科生4991人、硕士研究生196人；毕业本、专科生5363人、硕士研究生317人。（李启明）

【泰山学院】 学校建有南、北两个校区，占地面积91.87公顷，建筑面积54万平方米，建有原党和国家主要领导人设在高校的第一座图书馆——万里图书馆。有二级学院15个，设本科专业66个，涵盖文学、理学、工学、历史学、教育学、管理学等9大学科门类。有国家级一流本科专业建设点3个，省级一流本科专业建设点7个。有专任教师1003人，其中博士286人，硕士580人，教授、副教授411人，兼职教授300人。有省级及以上各类专业技术拔尖人才33人，省级优秀教学团队5个，省青年创新团队6个，省高校黄大年式教师团队1个。学校有教育部综合改革试点专业1个，全国第三批大学英语教学改革示范点项目1个，山东省人才培养模拟创新试验区1个，省级卓越工程师教育培养计划项目3个，省级高水平应用型立项建设专业（群）4个。省级精品课程39门，省级一流课程8门，思政“金课”2门，国家级大学生校外实践教育基地1个，23门课程获批全省联盟线上课程。制定实施服务泰安行动计划，开展应用型研究和产学研合作，在区域旅游规划、基础教育师资培养、旅游管理人才培养、中小企业管理人员培训、中小学实习支教、环境监测及分析等方面做出成绩。建有省级重点学科、重点实验室等省级科研创新平台10个，院士工作站1个，产业学院4个。新增重点建设硕士学位授权点2个，确定5个硕士学位建设授权点。取得各类科研成果599项、各类获奖成果41项，其中SSCI收录8篇、CSSCI收录15篇，SCI、EI收录130篇，获山东省社会科学优秀成果奖二、三等奖各1项，山东省高等学校优秀成果奖一等奖1项。获批纵向项目228项，其中国家级项目7项、省部级项目37项。获第八届山东省师范类高校学生从业技能大赛一等奖6人，获山东省第七届高校青年教师教学竞赛一等奖2人，2项山东省首批特级教师工作坊获批立项，加入中俄(山东)教育国际合作联盟。遴选第三批重大科研项目及标志性成果培育对象20项。举办“旅游发展历程回顾与展望研讨会”等学术会议及讲座58场次。创建泰山文献中心。成立泰山学院教育发展基金会。与宁阳县人民政府加深全面战略合作，与肥城市5家单位签订全面合作框架协议，与山东天和纸业有限公司等三方共建农业秸秆绿色炼制产学研创新研究院。科技成果转化2项，社科类成果被市级以上政府部门采用3项。选派10支优秀团队入驻泰山创新谷。先后和英国、加拿大、马来西亚、泰国、美国、俄罗斯等10个国家的20所高校建立合作关系或合作意向。2020年，招收全日制新生4501人，毕业5932人，在校生1.91万人。（王成磊）

【泰山职业技术学院】 学院占地63公顷，建筑面积22.6万平方米，教学仪器设备总值9016万元。馆藏图书79万册，固定资产4.6亿元。建有泰安创业大学、泰安市第一公共实训中心、泰安市逆向工程与三维技术研究院、泰安市现代职教研究院、泰安市工艺美术学会、泰安市增材制造协会、泰安市机电职教集团、泰山书院。有国家实训基地4个、省“十三五”高等学校科研创新平台1个、省高等学校应用技术优质协同创新中心1个、省职业教育技艺技能传承创新平台4个。设有专业46个，其中国控专业、教育部财政部重点支持建设专业、省品牌专业群、省级特色专业、省名校重点建设专业、省现代学徒制试点专业、省“3+2”专本贯通培养专业20个，年内新增招生专业3个、职业教育技艺技能传承创新平台2个、山东省高等学校应用技术优质协同创新中心1个；新增9个“学历证书+若干职业技能等级证书(1+X)”试点项目，试点规模1760人；省级精品课程、资源共享课35门。新立项各类课题90项，其中省厅级课题15项、市级课题18项，结题市级以上科研项目52项，其中省级课题28项、市级课题24项。获省市科研成果奖12项、授权实用新型专利11项、发表学术论文72篇。承担完成市科技智库重点项目1项，市社科与市哲学社会科学规划项目12项。有国家专利发明76项。承办山东省职业院校技能大赛高职组“电子商务技能”比赛，召开“3+2”专本贯通人才培养质量提升研讨会，通过全国第三批数字校园实验校验收。有教职工543人，专任教师453人，其中副高以上职称89人，省职业教育名师工作室3个、省级教学团队3个，全国人大代表、省十佳杰出青年、全国农业职业教育教学名师、省级教学名师、省先进教育工作者、省优秀教师、省科普专家库专家等33人，市拔尖人才、市功勋教师、市首席技师、市优秀教师、市社科优

5月19日，泰山职业技术学院迎接山东省督察组春季返校核验

（杨春　供）

秀人才等59人，其中新增山东产教融合智库中心专家2人、泰安市社科专家2人、泰安市优秀科技工作者3人。2020年，全日制在校学生1.3万人；录取新生4751人，高出本科线76人，其中单独招生录取1916人，定向培养士官4个专业录取310人；毕业生3846人。先后获全国社科组织先进单位、省级文明校园、省教育新闻宣传先进单位、省无偿献血先进高校、省征兵工作先进单位、省社科普及工作先进单位、省大中专学生暑期“三下乡”社会实践活动优秀组织单位等称号。

（杨　春　李文欣）

【泰山护理职业学院】　学院占地面积35.33公顷，分新校、老校2个校区，举办高中起点普通高职、中职起点对口高职等高职医护类教育，是泰安市医药卫生大类国办高职院校、山东省医护人才培养基地、全国第二家国际护士培训基地。有教职工417人，专任教师265人，其中博士学位者6人、硕士学位者144人，教授32人、副高级69人，双师素质教师131人。馆藏纸质图书31.5万册，教学科研仪器总价值4644.56万元。学院有6个系、2个教学部，开设护理、助产、医学影像技术、康复治疗技术、药学、眼视光技术、健康管理、中医康复技术、中药学、婴幼儿托育服务与管理10个招生专业，涉外护理、中医护理、老年护理、社区护理、口腔护理、校企合作民航方向与科研方向7个专业方向，护理专业、助产专业被评为全国职业院校骨干专业，护理系“失智老人照护”、助产系“母婴护理”获批全国“1+X”证书制度试点。加强与医疗卫生机构、大型医药企业的合作，建立泰安市妇幼保健院、泰安市立医院2家非直属附属医院，在泰安市中心医院、泰安市中医医院、泰安市肿瘤防治院、山东省泰山疗养院、山东省煤炭泰山疗养院等5家医院设立教学医院，在北京解放军总医院、上海海军军医大附属长海医院、山东省立医院等省内外63家综合性医院及大型药企建立实习基地，先后与中航东星、泰智医学、山东九州通等企业集团建立稳定的校企合作关系。2020年，学院有在校生1.1万人，录取学生3753人，其中普通专科3046人，普通类专业完成招生计划，2020届毕业生总体就业率93.88%，比上年增长10.17个百分点；专升本率81.24%，比上年增长416%；毕业生护士执业资格考试通过率达90%以上。先后获山东省首批高等职业学校学分制改革试点单位、山东省首家钉钉未来校园、山东省青年志愿服务先进集体等称号，学院连续20年保持国家级青年文明号、省级文明单位称号。

（董合新）

【山东服装职业学院】　学院占地面积40公顷，建筑面积23万平方米，在校生1.23万人。有普通高职、“3+2”本科对口贯通培养、五年制大专、试点自考本科等办学层次。设有服装工程与管理系、服装设计与表演系、国际贸易系、信息工程系等9个教学机构。开设服装与服饰设计、服装设计与工艺、服装陈列与展示设计、民族服装与服饰、视觉传播设计与制作、服装表演、会计、旅游管理、酒店管理、机电一体化技术、计算机应用技术、物联网应用技术、智能控制技术、虚拟现实应用技术等41个专业。陆续建成一批中央财政重点建设专业和省级特色专业。新增教育部“1+X”证书制度试点专业2个，新增省职业教育技能传承创新平台1个，省级名师工作室和技艺传承创新平台2个项目获专项经费扶持。承担山东省、泰安市公共实训基地建设项目，先后建设多处大型实训室。先后承接省市机关单位、社会团体、企业等培训35次，培训人数4700人。完成泰安高新区千人培训和第二批退伍军人培训等培训项目。参与“创建文明城市”“创建文明校园”等志愿服务活动，参与人数达2000人次。在全国高等职业院校英语写作

11月19日，山东服装职业学院举办教职工健步走活动　（毕研兴　摄）

大赛、全国英语演讲大赛、全国大学生沙盘模拟经营大赛、全国大学生跨境电商职业能力等大赛中，获一等奖3项、二等奖7项、三等奖5项。在全省职业院校技能大赛、泰安市职业技能大赛中获奖项5项。在CUBA中国大学生篮球联赛中获全省四强。完成课题结项24项，申报全国、省、市级课题24项，申报省市级优秀成果10项。学院首次成为山东省文化艺术科学协会会员。成功申报省级社会职业技能认定试点单位，设立成人专科高等教育函授站。举办多场网络招聘会，提供就业岗位2万个。年内，学院录取新生4928人，毕业生2491人，总体就业率达95%，实现毕业生较高质量就业。先后获全国职业教育管理创新学校、全国纺织服装教育先进单位、全省职业教育先进单位、省级文明单位、山东最具办学特色高职院校、最受企业欢迎的山东职业技术院校、全省最具就业竞争力高职院校、山东省艺术职业教育先进单位、山东省纺织服装职业教育先进单位、省级文明校园等称号。

（耿春燕）

11月12日，泰安技师学院举行2020年职业教育活动周“人人出彩　技能强国”大合唱比赛　（李　乾　供）

【泰安技师学院】　学院占地面积9.53公顷，建筑面积7万平方米，资产1.76亿元，办学层次以中级班、高级班、技师班三位一体。在校生8000人。设有汽车工程、机械工程、商务管理、数控技术、电气工程、信息工程6个系和基础部，开设汽车制造与装配、焊接加工、机电一体化技术、会计、烹饪、数控加工、工程造价、电气自动化设备安装与维修、计算机应用与维修、电子商务等专业（工种）。其中，焊接加工是省级重点名牌专业，电气自动化设备安装与维修是省级重点名牌专业、省技工院校百强专业、省级示范专业群建设项目，数控加工专业是泰安市名优专业。年内，学院、系（部）2个层面共举办教学研讨、基本功、优质课、思政课比赛140场次。全年36名师生在省市各级各类大赛中获一等奖11个、二等奖11个、三等奖10个。其中，机械工程系学生在2020年山东省职业院校技能大赛中职组机械装配技术比赛中获一等奖。做好科研管理基础工作和科研孵化工作，完善《泰安技师学院教职工科研档案》，出台《泰安技师学院院级课题管理办法》，建立学院科研项目评审专家库。新增省、市、院级立项课题26项，其中省级重点课题1项。开展暑期集训，举办“人人出彩　技能强国”职业教育活动周。提升职业技能，举办冠名班和新型学徒制班。与山东泰开电力电子有限公司、山东泰安交通运输有限公司等10家企业合作开设冠名班16个，与泰安市中正东城供热有限公司、山东厚丰汽车散热器有限公司等4家企业进行合作开展企业新型学徒制培训。推动“金蓝领”“新技师”品牌项目培训，开展创业讲师培训，开展各种教育培训1532人次。助力疫情防控工作，先后选派1600名学生到泰开集团有限公司、泰安峰松电子科技有限公司、山东宇航智能研究有限公司、上汽通用五菱青岛分公司、海信集团等企业顶岗实习，支持企业复工复产。年内，录取新生3122人，毕业生1876人，就业人数1869人，就业率99.6%。学院先后获全国职业教育先进单位、全国职工教育培训示范点、山东省职业教育先进单位、山东省技工学校教学质量优秀单位、山东省教育系统先进集体、省级文明单位、全省技工教育通报表扬集体等称号。　（张　斌　李　乾）

【山东财经大学东方学院】　学院占地面积35.46公顷，校舍面积15.68万平方米。有教职工421人，其中专任教师316人，包括教授47人、副教授79人。固定资产总值1.05亿元，其中教学、科研仪器设备资产值2876万元。图书馆建筑面积1.35万平方米，藏书45万册。拥有计算机1181台。信息化设备资产2113.22万元,网络信息点数1096个,校园网出品总带宽1000 M bps,电子邮件系统用户1200户,上网课程75门,数字资源量1200GB,管理信息系统数据总量39.09GB。设置二级学院8个、特色学院4个。开设34个本专科专业及覆盖5个学科,新增人工智能、金融科技和网络与新媒体3个专业,具有一级学科8个,专业学位授权点17个。"VBSE跨专业综合实训""市场营销学""创新创业实践"3门课程获批山东省一流本科课程建设点,"泰山与中国文化""英语国家文化漫谈""微分困惑,积分明朗——微积分(1)""微分困惑,积分明朗——微积分(2)""基础会计""金融学""小世界大营销——国际市场营销学"7门课程获山东省高等学校在线开放课程平台第一批上线课程运行资格。山东省本科教学改革研究项目立项2项,山东省艺术重点课题立项3项,山东省金融协会课题立项1项,山东省本科教学改革研究项目立项2项,泰安市哲学社会科学课题立项1项,泰安市社科课题立项11项,其中重点课题3项,一般课题8项。CSSCI收录高水平论文2篇,被中文核心期刊收录的高水平论文3篇。推进"产教融合、校企合作",新增与山东中兴教育咨询有限公司合作共建金融管理专业,校企合作专业达9个;与完美世界教育科技(北京)有限公司合作共建数字媒体艺术专业,有在校生90人,建成数媒专业实验室2个,大师工作室1个。获山东省第六届"互联网+"创新创业大赛银奖1项,第十二届"挑战杯"·华夏天信山东省大学生创业计划竞赛银奖1项,国家级大学生创新创业训练计划项目2项,省级大学生创新创业训练项目2项,正大杯第十届全国大学生市场调查与分析大赛山东省一等奖1项、全国三等奖1项,第十届全国大学生电子商务"创新、创意及创业"挑战赛山东省赛一等奖1项,全国大学生数学建模竞赛山东省赛一等奖1项、三等奖1项。年内,学院在校生8489人,其中本科生6273人、专科生2216人,本科毕业生1821人,就业率为93.14%。（刘　晓）

【山东科技大学泰山科技学院】 该校位于泰安市岱岳区山口镇,校园占地面积53.6公顷,建筑面积13.47万平方米,教学仪器设备价值9175.73万元,图书馆藏书37万册。有专任教师284人,其中正高级职称21人、副高级职称65人,兼职教师84人。设淬炼商学院、大数据学院、行政管理学院、智能工程学院、通信工程学院、建筑工程学院、艺术传媒学院7个学院。有省级实验教学示范中心1个、省级本科特色专业3个、省级精品课程29门、省级一流课程2门、省级教学成果奖4项。获批"物联网工程""大数据管理与应用""数据科学与大数据技术"3个本科专业。完成计算机科学与技术、电气工程及其自动化2个专业认证准备工作。成立国际商学院,为申报中德合作办学项目做准备。"土木工程概论"和"概率论与数理统计"2门课程获批2019年山东省一流本科课程。有全国煤炭系统教学名师1人、省级教学名师2人、省级教学团队2个,11名教师在省教学基本功竞赛和微课比赛中获奖。学生获全国高校公共管理与财政学决策大赛全国总决赛一等奖、山东省大学生合唱艺术节三等奖、山东省大学生创业计划竞赛省级铜奖等10项国家及省级奖项。开设"移动商务时代的品牌与营销管理""人力资源管理""财务管理"等课程,任课教师用理论穿插案例的教学方法,调动学生积极主动性,彰显出学校本科层次MBA的人才培养特色。申报2020年度山东省教育科学研究项目及专项课题"应用型高校'通识教育+'课程体系的探索与实践"和泰安市2020年度哲学社会科学规划研究项目《"非遗"视角下泰山石敢当文化旅游活化研究》。与泰山石敢当文博馆签约合作,与书院部合作成立泰山石文化研究室,构建校内学生实践、研究基地。开展国际教育合作,与哥伦比亚大学、美国加州大学伯克利分校、德国北黑森应用技术大学、德国埃森经济管理应用技术大学等高校建立合作关系,为学生提供多元化国际教育资源,培养具有国际视野的应用型人才。2020年,在校生6848人,其中本科生5446人、专科生1402人,招收本科生760人、专升本2063人、专科生1012人,毕业本科生1213人、专科生11人。年内,学院获山东最佳社会声誉高校、山东最具行业影响力本科院校、创业就业典范高校等称号。（王　敏）

编辑　校对　　刘小笋

文 化

公共文化

【概况】 年内，对大型山东梆子现代戏《泰山挑山工》进行再次加工提炼，七一期间举办“庆祝建党99周年山东梆子现代戏《泰山挑山工》文艺展演活动”。修改大型山东梆子现代戏《泰山人》，9月进行重新编排。国庆期间举办“庆祝新中国成立71周年暨第三十四届泰山国际登山节惠民展演活动”。深化文旅融合，编排山东梆子戏歌《擂鼓石大街战鼓鸣》及《天下泰安、五岳祈福》旅游演艺活动。创作排演戏曲综艺节目，举办“纪念反法西斯抗日战争胜利75周年”主题晚会。以徂徕山抗日武装起义为题材，新创作大型山东梆子现代戏《徂徕儿女》，组织省内专家多次进行认证，并进行汇报演出，为庆祝建党100周年献礼。电影《情暖童年》获山东省“五个一”精品工程奖。组织全市广大文艺工作者创作宣传、落实中共十九届五中全会的文艺作品，全市上报省文化和旅游厅30件。泰安市美术馆专业画家创作的作品全部入选《“盛世儒风·天下泉城”——中国大城市专业画院优秀作品联展》和济南市美术馆（济南画院）“大河奔腾”主题创作展“第九届全省画院作品联展”。全市组织开展基层文化演出和送戏下乡活动1.5万场次、公益电影放映5.7万场次。

【公共文化设施】 完善市、县、镇、村四级公共文化服务体系建设，各县（市、区）图书馆、文化馆和乡镇（街道）文化站、村（社区）综合文化服务中心均已建成，推进建设县级文化馆分馆80个、图书馆分馆91个。完善各类文化基础设施，改造提升全市文化站、文体小广场，推进公共文化资源共建共享和服务效能提升。结合全国文化馆评估定级工作，组织市文化馆、县级各文化馆参加省厅培训，做好申报材料上报，对全市各级文化馆开展全面评估调研，以评促建，提高全市文化馆建设、管理和服务水平。

【公共文化云平台建设】 贯彻落实文旅部、省政府关于公共文化云平台建设的部署要求，与省文旅厅就公共文化云平台建设的工作要求、服务内容构成、平台注册搭建、技术标准等进行对接联系，及时完成市级公共文化子云注册。召开会议部署公共文化云平台建设任务，安排技术人员上门指导市图书馆、市文化馆、市美术馆完成用户注册，督促各县（市、区）文旅局和各直属市级公共文化场馆，安排专人负责所在机构的信息填报和文化资讯、

9月12日，“百艺群芳 文旅崇光”2020泰山文化艺术节正式启动

（杨 柳 供）

文化活动等资料上传工作。至年底，市公共文化云平台与山东省公共文化云平台、国家公共文化云平台实现互联互通。

【文化惠民活动】 推进“群众文化生活满意度提升攻坚年”工作，组织实施文化惠民“五抓”（抓队伍、抓活动、抓阵地、抓宣传、抓管理）攻坚行动，引导全局党员干部下沉基层当好“四员”（指导员、服务员、联络员、宣传员），满足群众文化生活获得感、幸福感。全市开展群众文化演出活动1.5万场次、公益电影放映5.7万场次。“文旅崇光 百艺群芳”泰山文化艺术节、“百姓大舞台 欢乐社区（乡村）行”广场舞及才艺大赛、“中国梦 泰山情 心连心”冬春文化惠民季、戏曲进乡村巡回展演、泰山文艺小分队下基层、“慧游泰山 天下泰安”文旅采风“大家拍”、“青未了 情未了”大型摄影展等各类群众文化活动覆盖全市88个乡镇（街道）和3700多个村（社区）。策划举办2020—2021年度泰安市冬春文化惠民季，12月19日，“中国梦·泰山情·心连心”2020—2021年度泰安市冬春文化惠民季启动仪式暨泰安高新区房村专场文艺演出在房村镇举行。该届惠民季确定文化活动160项，包括党的政策宣传、场馆免费开放、文化下乡、全民阅读、“非遗”传承等各类内容，采取市县乡村四级联动、全面铺开的方式，利用培训、展演、会演等形式，加大文化惠民力度，强化基层文化阵地和队伍建设。活动共历时3个月。（杨 柳）

文学艺术

【概况】 2020年，全市有2部作品获山东省泰山文艺奖（文学创作奖）；2人被省人社厅、省文联表彰为省文联系统先进个人。《泰山国际摄影艺术周》（画册）由中国摄影出版社出版发行。电影《最后一次审判》在新泰开机。岱岳区、肥城市作为全国文明实践活动试点单位（文联），取得扎实成效。整合成立文联服务中心（文艺创作研究室）。推动招商引资和对上争取工作，策划洽谈新上1个中（中国）外（新加坡）合资食品出口工业企业（酵素），引进到位外资50万美元；对上争取资金70万元。开展乡村振兴服务队工作，在肥城桃园镇开展退役军人义诊活动，为东三村捐赠图书1000册。市文联继续保持“省级文明单位”称号。

【抗击疫情文艺创作】 发挥文艺作品在抗击疫情中的精神激励作用，集中开展抗击疫情文艺创作和线上线下活动，创作抗击疫情主题文学、书画、音乐、曲艺等作品4000件，在中央及省、市各级各类媒体发表、转发作品1000篇次。《大众日报》刊发《文艺战士当好疫情防控“助攻手”》。国画《在路上》、剪纸作品《与疫情决战到底》等登陆“学习强国”平台；快板《疫中情》《莫信偏方》等登陆中国曲协公众号、大众日报客户端等平台；歌曲《天使姑娘》MV由山东大学齐鲁医院发送到武汉抗疫一线；抗疫书画作品《坚守》《丰碑》等在大众日报客户端、《美术报》公众号、中国文化传媒网展示。市书法家协会、市摄影家协会、市民间文艺家协会、东岳印社等多名文艺家，参加“‘文艺进万家·健康你我他’山东网络文艺志愿服务行”活动，通过抖音、快手等网络直播平台，教授面塑、木塑、书法、篆刻、音乐、摄影等艺术门类，部分工艺品出口创汇。市音乐家协会举办抗疫优秀歌曲网络音乐会，市民间文艺家协会举办民间文艺抗疫作品成果展。

【文学艺术创作】 全年编辑出版《泰山文艺》6期、72万字。在《泰

6月10日，泰山百合园文化艺术交流中心揭牌仪式暨助力乡村振兴艺术采风活动举行（文 秀 供）

山晚报》开辟文学专版《文青》，新设《瞻鲁晒经》专栏，展示作家精品力作。《翁丁记》(黛安)被《新华文摘》选载，小说《还债记》(王宗坤)被《小说月报》选载。儿童文学《稻草人和蝴蝶》(黛安)、诗集《孙子》(马晓康)获省委、省政府第五届泰山文艺奖(文学创作奖)。创新性开展“用文学艺术形式讲好基层党建故事项目”，出版发行长篇报告文学《泰山脊梁》(齐欣)。推出美术品牌“泰山三工绘泰山”(泰山画)、“泰山祥和图”(荷画)、“泰山平安图”(竹画)。启动元曲发源研究。泰山文化、黄河文化、大运河文化研究发展势头好。

【《泰山脊梁》出版发行】 3月，该作品由人民日报出版社出版发行。全书根据全国劳动模范、齐鲁时代楷模、全国脱贫攻坚奖贡献奖获得者苏庆亮的事迹进行创作，成功塑造苏庆亮不忘初心、牢记使命、勇于担当、无私奉献的新时代泰山“挑山工”形象。作品选取荒山绿化、修路架桥、建立苗圃、种植茶园、发展旅游等主要事件，突出“绿水青山就是金山银山”和“乡村振兴”主题。《泰山脊梁》获山东省作家协会重大题材文学创作选题扶持、山东文学社泰山“挑山工”文学艺术形象征集金奖。《齐鲁晚报》、大众网、山东作家网等媒体予以报道。

【文艺协会发展】 年内，全市中国美术家协会会员突破50人，中国书法家协会会员突破60人。市民间文艺家协会武术专业委员会成立。市模特协会推荐培养空乘人员。

【第六届泰山艺术节系列活动】 配合泰山国际登山节，举办石敢当文化节专项活动。9月5日，第十届泰山石敢当文化节开幕式在宝泰隆景区举行。该届文化节设有泰山石敢当艺术展、泰山非遗体验展等项目，增加线上直播间、首届泰山网红大赛等网络活动。邀请省内220人参加该届文化节的文化大集活动，展位100个，为新人新作搭建民间文艺交流的舞台，打造弘扬泰山石敢当、宣传泰安泰山的文化品牌。11月28—29日，举办第六届泰安文学周活动，包括开幕式、签约作家作品讲评暨文学讲座、企业家走进文学讲堂、第十届春华秋实笔会获奖作品颁奖暨讲评、2020年度泰安市签约作家完成任务情况评审、市作协四届三次扩大会议等六大版块，为作家搭建学习、交流、提高的平台。活动期间，《当代》杂志编辑石一枫，《百家评论》副主编赵月斌分别对6名签约作家创作的部分小说、散文、诗歌进行讲评。举办第十届“春秋笔会”，评出小说、散文、诗歌优秀作品和优秀入围作品各6件，优秀抗疫作品7件。举办京剧演唱会，京剧艺术家李保良到泰安演出。

【服务重点项目建设】 围绕全市重点项目开展文艺活动，组织各文艺家协会创作反映擂鼓石大街建设的文艺作品。其中，市书法家协会联合市诗词学会创作诗词楹联书法作品40幅；市音乐家协会创作《幸福相伴擂鼓石》《幸福之路》歌曲；市作家协会创作散文小小说《回家》、散文《风雨无阻幸福路》等文学作品10篇；岱宗诗社创作诗歌20首；市摄影家协会开展一线建设工地拍摄活动，创作摄影作品30幅。与泰安电视台联合举办擂鼓石大街开通系列专题片展播活动，MV《挑山颂》和《擂鼓通天》，在泰安科教频道播出。

【助力美丽乡村建设和乡村振兴】 培育文学艺术创作基地10个，组织市作家协会、市书法家协会、市美术家协会、市摄影家协会依托泰山百合园田园综合体，开展现场采风及笔会活动，集中创作体现乡村文明建设成果的“百首诗、百幅画、百幅字、百幅像”。在泰山百合园、掌平洼、泰山茶溪谷、大官庄等创作基地(中心)开展系列文艺活动基础上，到泰山茶旅小镇、楼德长兴文旅、芝田河文学艺术交流中心开展戏曲、曲艺、摄影、美术和文学创作活动，宣传乡村振兴工作成效。市花卉盆景根艺奇石艺术家协会的泰山区红豆杉繁育推广中心，向泰山区徐家楼街道大官庄社区捐赠1.8米高红豆杉树苗5000棵。

【开展“廉洁泰安”文化作品创作活动】 号召全市文艺家创作廉政题材文学作品，以文学形式涵养风清气正政治生态。11月，廉洁文化作品集《岱下清风》出版发行，全书收录古体诗歌、楹联、现代诗歌等作品120件。

【文艺志愿服务】 开展“美丽泰安”文明实践志愿服务专项行动。指导43家市属文艺家协会组成“泰安小美”志愿者服务队，开展环境卫生整治、文明劝导等活动，在全年创建工作检查中获得满分成绩。在全省率先注册成立市文艺志愿者协会，到泰山区大官庄社区、岱岳区天平街道板大山村开展“文艺进万家，健康你我他”文明实践文艺志愿服务活动。春节、重阳节之际，为社区90岁以上老人开展慰问演出。组织糖画、剪纸、面塑、葫芦雕刻、书法、绘画等手工制作现场教学，受到少年儿童喜爱。 (陈 曦)

文化遗产保护

【非物质文化遗产保护】 组织开展第九批市级非物质文化遗产（以下简称“非遗”）代表性名录项目和第四批“非遗”代表性传承人申报工作，6个县（市、区）文旅局、高新区宣传文化中心、泰山景区文化旅游发展部和市直有关单位积极申报，经评审，最终列入市级第九批“非遗”代表性项目公示名录84项，列入市级第四批“非遗”代表性传承人公示名单89人。

【非物质文化遗产传承】 年内，联合山东艺术学院在泰安成立“非遗”研培基地泰安工作站，举办多期培训班，由面塑、剪纸、糖画、葫芦雕刻等泰安市“非遗”项目传承人以及各地市的艺术家、传承人给学员们分期进行集中培训，促进优秀传统文化传播，保护传承泰安“非遗”项目。

【非遗赶大集】 9月26日，第三十四届泰山国际登山节“助力泰安文化和旅游·‘非遗’赶大集”活动在市文化艺术中心举办。活动以“非遗”项目的展演、展销、美食品鉴为主要形式，精选全市100项“非遗”项目，采取展板介绍、实物陈列、传承人制作技艺展示、表演讲解、传统美食品鉴、观众制作体验等方式，展现“非遗”项目独特魅力，“非遗”衍生品、“非遗”创新产品、“非遗”旅游商品的开发成果。其间，设置线上直播间，联合国内知名电商平台进行线上推广，为泰安“非遗”产品拓宽输出渠道，提升场外观众的参与感和体验感。 （杨　柳）

文　物

【概况】 泰安文物资源丰富，有世界文化遗产3处，数量居全省首位。不可移动文物2422处，其中全国重点文物保护单位15处、省级77处、市级144处、县级222处。博物馆44家，其中9家国有博物馆藏品14.68万件、35家非国有博物馆藏品44.89万件。

6月13日，泰安市2020年“文化和自然遗产日”活动暨五埠岭乡村记忆馆、非遗工坊示范基地揭牌仪式举行 （杨　柳　供）

【文物保护基础工作】 开展国保单位保护范围和建设控制地带勘定工作及违法建设专项整治工作。完成不可移动文物保护管理基础信息录入工作。配合开展石窟寺及石刻资源普查，强化对石窟寺、石刻本体的维护。9月，泰安市在全省石窟寺及石刻保护利用工作座谈会上作典型发言。配合开展沿黄地区生态保护和高质量发展普查调研。配合开展泰山封禅文化路线调查，实地调查汉明堂、云亭山等文物点30处。贯彻落实“市县同权”改革工作，对涉及文物的3项行政许可拟定收件工作标准、制定工作规程，做好省级委托9项权利事项的承接工作。

【革命文物保护】 推荐泰安革命烈士陵园等16处革命文物补充申报第六批省级文物保护单位。组织申报全国第二批革命文物保护利用片区，岱岳区、肥城市、宁阳县、东平县被列入冀鲁豫片区，新泰市被列入山东片区。全市82处（件）文物列入全省第一批革命文物名录。组织参加全省革命文物保护利用示范典型宣传推介活动，泰安市陆房红色教育基地《发挥基地综合效能探索教育提升》入选2020全省革命文物保护利用十大典型案例。组织开展革命纪念馆专项调查，全市有革命纪念馆16家，均完成基础数据填报工作。

【重点文物保护】 2020年，获批省级以上文物保护项目计划3项。获批省级以上文物保护修缮方案14项，其中国保4项、省保3项、可移动文物保护方案7项。审核通过市级文物修缮保护方案15项。争取到位资金1718万元，其中国家

泰安市省级以上非物质文化遗产代表性项目名录

表 36

序号	类 别	项目名称	保护单位	级 别	公布时间
1	民间文学	泰山传说	泰山风景名胜区管理委员会	国家级	2011
2		宁阳大禹治水的传说	宁阳县文化馆	省 级	2009
3		范蠡与陶山的故事	肥城市非物质文化遗产保护协会	省 级	2009
4		水浒传说	东平县非物质文化遗产保护中心	省 级	2013
5		肥桃的传说	肥城市非物质文化遗产保护协会	省 级	2016
6		和圣柳下惠的传说	新泰市文化馆	省 级	2013
7	传统音乐	泰山道教音乐	泰安市道教协会	国家级	2008
8		腊山道教音乐	东平县非物质文化遗产保护中心	国家级	2008
9		东平硪号子	东平县非物质文化遗产保护中心	省 级	2009
10	传统舞蹈	独杆跷	新泰市文化馆	国家级	2008
11		百兽图	新泰市文化馆	省 级	2006
12		逛荡灯	新泰市文化馆	省 级	2006
13	传统戏剧	泰山皮影戏	泰安市泰山皮影艺术保护研究中心	国家级	2008
14		山东梆子	泰安市山东梆子艺术研究院	国家级	2008
15		宁阳木偶戏	宁阳县文化馆	省 级	2006
16		四音戏	东平县文化馆	省 级	2006
17	曲 艺	端鼓腔	东平县非物质文化遗产保护中心	国家级	2011
18	传统体育、游艺与杂技	中华子午门功夫	东平县非物质文化遗产保护中心	省 级	2009
19		徐家拳	新泰市泰山徐家拳研究院	国家级	2014
20	传统美术	泥塑（泰山泥塑）	岱岳区文化馆	省 级	2009
21		泰山水陆画	泰安市画像研究院	省 级	2016
22	传统技艺	泰安豆腐制作技艺	泰山区文化馆	省 级	2013
23		泰山火烧制作技艺	泰安市传统食品协会	省 级	2013
24		泰山酒传统酿造技艺	泰山酒业集团股份有限公司	省 级	2013
25		尚氏锔艺	肥城市非物质文化遗产保护协会	省 级	2016
26		泰山石刻碑拓技艺	泰安市非物质文化遗产博物馆	省 级	2013
27		泰山香传统制作技艺	泰山会展研究中心	省 级	2016
28	传统医药	安驾庄梁氏正骨疗法	肥城市安驾庄梁氏骨科医院	省 级	2009
29		王氏正骨	泰安市王氏正骨研究所	省 级	2016
30		孟氏正骨	新泰孟氏医院	国家级	2014
31		孟氏接骨膏制作技艺	新泰孟氏医院	省 级	2016
32	民 俗	泰山石敢当习俗	泰山风景名胜区管理委员会	国家级	2006
33		泰山东岳庙会习俗	泰安市旅游协会	国家级	2008
34		泰山封禅与祭祀习俗	泰山风景名胜区管理委员会	省 级	2006
35		桃木雕刻民俗	肥城市非物质文化遗产保护协会	省 级	2006
36		宁阳彩粽及送彩粽习俗	宁阳县文化馆	省 级	2006
37		宁阳斗蟋	宁阳县文化馆	省 级	2009
38		东岳大帝与碧霞元君信俗	泰安市艺术馆	省 级	2013
39		泰山豆腐宴食俗（豆腐传统制作技艺）	泰安市泰山东岳豆腐宴研究院	国家级	2021
40		泰山封禅御宴	泰安市泰山行宫御宴文化研究院	省 级	2016
41		泰山祭祀习俗	泰安市艺术馆	省 级	2016
42		泰山玉习俗	岱岳区文化馆	省 级	2016

全国重点文物保护单位一览表

表 37

序 号	名 称	地 点	时 代	类 别	公布时间	批 次
1	大汶口遗址	岱岳区大汶口镇、宁阳县堡头村	新石器时代	古遗址	1982 年 2 月	2
2	岱 庙	泰山区朝阳街 7 号	宋至清	古建筑	1988 年 1 月	3
3	冯玉祥墓	泰山区泰山南麓	1953 年	近现代重要史迹及代表性建筑	1988 年 1 月	3
4	齐长城遗址	泰山景区、岱岳区、肥城市	春秋、战国	古建筑	2001 年 6 月	5
5	泰山石刻（包括：经石峪、唐摩崖处、纪泰山铭摩崖石刻）	泰山红门景区	北齐至唐	石窟寺及石刻	2001 年 6 月	5
6	白佛山石窟造像	东平县东平镇焦村白佛山	隋、唐	石窟寺及石刻	2001 年 6 月	5
7	泰山古建筑群	泰山景区	明至清	古建筑	2006 年 5 月	6
8	洪顶山摩崖	东平县旧县镇屯村铺村	南北朝	石窟寺及石刻	2006 年 5 月	6
9	大运河	东平县彭集镇、宁阳县堽城镇堽城里村	春秋至清	古建筑	2006 年 5 月	6
10	大汶口古石桥	岱岳区大汶口镇西南门外大汶河上	明	古建筑	2013 年 3 月	7
11	萧大亨墓地石刻	岱岳区满庄镇东萧家林村	明	石窟寺及石刻	2013 年 3 月	7
12	颜子庙和颜林	宁阳县鹤山乡泗皋村	元、清	古建筑	2013 年 3 月	7
13	棘梁山石刻	东平县戴庙镇棘梁山	北朝至宋	石窟寺及石刻	2013 年 3 月	7
14	徂徕山抗日武装起义旧址	徂汶景区房村镇黑石埠村，在徂徕山大寺	抗日战争时期	近现代重要史迹及代表性建筑	2013 年 3 月	7
15	陶山朝阳洞石刻造像	肥城市湖屯镇陶山主峰西北侧山崖	宋至中华民国	石窟寺及石刻	2019 年 10 月	8

省级重点文物保护单位一览表

表 38

序 号	名 称	地 点	时 代	类 别	公布时间	批 次
1	泰山盘路古建筑群（包括：无极庙、元始天尊庙、老君堂）	泰山景区	唐、清、民国	古建筑	1992 年 6 月	2
2	范明枢墓	泰山南麓普照寺南	1950 年	近现代重要史迹及代表性建筑	1992 年 6 月	2
3	周明堂遗址	泰山景区大津口乡沙岭村明家滩	周	古遗址	2013 年 10 月	4
4	藏峰寺遗址	泰山景区曹家庄村	元	古遗址	2013 年 10 月	4
5	中天门二虎庙	泰山景区中天门管理区	明清	古建筑	2013 年 10 月	4
6	泰山玉泉寺	泰山景区玉泉寺管理区	北魏	古建筑	2013 年 10 月	4
7	桃花峪元君庙	泰山景区桃花峪管理区	清	古建筑	2013 年 10 月	4
8	竹林寺	泰山景区竹林寺管理区	唐	古建筑	2013 年 10 月	4
9	总理奉安纪念碑	泰山景区红门管理区	1929 年	近现代重要史迹及代表性建筑	2013 年 10 月	4
10	乐善桥	泰山景区竹林寺管理区	1936 年	近现代重要史迹及代表性建筑	2013 年 10 月	4
11	泰山革命烈士纪念碑	泰山景区红门管理区	1953 年	近现代重要史迹及代表性建筑	2015 年 6 月	5

续表 38

序 号	名 称	地 点	时 代	类 别	公布时间	批 次
12	泰山区清真西大寺（泰安城区清真寺）	泰山区财源街道清真寺街	明清	古建筑	2013 年 10 月	4
13	杨家庄七圣堂	泰山区上高街道杨家庄村	明清	古建筑	2013 年 10 月	4
14	省庄清真寺	泰山区省庄镇（东孙家庄村、二十里埠村、芝田村、岗上村、岳庄村、刘家庄村）	明至中华民国	古建筑	2013 年 10 月	4
15	萃英中学建筑群	泰山区岱庙街道青年路	清、中华民国	近现代重要史迹及代表性建筑	2013 年 10 月	4
16	泰安火车站站房（泰安府站钟楼）	泰山区财源街道龙潭路	1909 年	近现代重要史迹及代表性建筑	2013 年 10 月	4
17	汉明堂遗址	泰山区泰前街道	西汉	古遗址	2015 年 6 月	5
18	上高施氏牌坊	泰山区上高街道	清	古建筑	2015 年 6 月	5
19	泰安侵华日军司令部旧址（育英中学旧址）	泰山区岱庙街道	中华民国	抗战遗址、纪念设施	2015 年 6 月	5
20	山西会馆	岱岳区大汶口镇会馆街	明	古建筑	2006 年 12 月	3
21	无梁殿	岱岳区夏张镇梨园村	明	古建筑	2006 年 12 月	3
22	西界清真寺	岱岳区马庄镇前营村	明清	古建筑	2013 年 10 月	4
23	下旺清真寺	岱岳区粥店街道下旺村	清	古建筑	2013 年 10 月	4
24	中淳于瓷窑址	岱岳区满庄镇西北，西近中淳于村	隋唐至明	古遗址	2015 年 6 月	5
25	文姜城遗址	岱岳区大汶口镇和平街东北 500 米处	东周至汉	古遗址	2015 年 6 月	5
26	山西街村建筑群	岱岳区大汶口镇山西街村	明清、中华民国	古建筑	2015 年 6 月	5
27	泰安抗日烈士公墓	岱岳区祝阳镇陈良村	1946 年	抗战遗址、纪念设施	2015 年 6 月	5
28	夏张抗日武装起义纪念碑	岱岳区夏张镇夏北村北	1998 年	抗战遗址、纪念设施	2015 年 6 月	5
29	泰西抗日武装起义旧址	岱岳区道朗镇、肥城市仪阳镇	1938 年	抗战遗址、纪念设施	2015 年 6 月	5
30	新泰智人化石地点	新泰市东都镇乌珠台村西南	旧石器时代	古遗址	1992 年 6 月	2
31	新泰市周家庄东周墓群	新泰市青云街道办事处周家庄村	东周	古墓葬	2006 年 12 月	3
32	徐琛墓	新泰市羊流镇徐家庄村东南	元	古墓葬	2013 年 10 月	4
33	东街清真寺	新泰市放城镇东街村	明至中华民国	古建筑	2013 年 10 月	4
34	光明东村正觉寺	新泰市刘杜镇光明东村	明至中华民国	古建筑	2013 年 10 月	4
35	莲花山云谷寺	新泰市泉沟镇莲花山风景区	明清	古建筑	2013 年 10 月	4
36	青云山三官庙	新泰市汶南镇青云山村	清	古建筑	2013 年 10 月	4
37	阁老顶观音造像	新泰市放城镇郗家峪村南	宋、金	石窟寺及石刻	2013 年 10 月	4
38	大协炮楼	新泰市小协镇大协村	1938 年	近现代重要史迹及代表性建筑	2013 年 10 月	4
39	抬头寺遗址	新泰市汶南镇果庄村北	新石器时代至东周	古遗址	2015 年 6 月	5
40	新泰羊氏墓地	新泰市羊流镇沟西村、徂汶景区天宝镇颜前村	东汉至隋	古墓葬	2015 年 6 月	5
41	陆房战斗遗址	肥城市安临站镇东陆房村东北 500 米处	抗日战争时期	近现代重要史迹及代表性建筑	1977 年 12 月	1
42	泰山显灵宫	肥城市石横镇石横四村内	明	古建筑	2006 年 12 月	3

续表 38

序号	名称	地点	时代	类别	公布时间	批次
43	护鲁山泰山行宫	肥城市孙伯镇大石桥村	明清	古建筑	2013 年 10 月	4
44	圭山石刻	肥城市王瓜店街道印山子村	明	石窟寺及石刻	2013 年 10 月	4
45	东向北阁	肥城市边院镇东向北村	明清	古建筑	2015 年 6 月	5
46	小中泉天主教堂	肥城市湖屯镇小中泉居委会中心街北	1910 年	近现代重要史迹及代表性建筑	2015 年 6 月	5
47	新城群力放水洞	肥城市新城街道东尚里村北	1960 年	近现代重要史迹及代表性建筑	2015 年 6 月	5
48	古磁窑址	宁阳县华丰镇西部、磁窑火车站东 3 千米处	宋、元	古遗址	1977 年 12 月	1
49	潘茂汉墓	宁阳县东疏镇潘家黄茂村北	汉	古墓葬	1977 年 12 月	1
50	宁阳文庙	宁阳县县城东街 313 号	元至清	古建筑	2006 年 12 月	3
51	宁阳禹王庙	宁阳县伏山镇堽城坝村北	明	古建筑	2006 年 12 月	3
52	宁阳灵山寺	宁阳县华丰镇灵山	唐至清	古建筑	2006 年 12 月	3
53	西太平窑址	宁阳县磁窑镇西太平村	唐、宋	古遗址	2013 年 10 月	4
54	义和寨寨墙	宁阳县磁窑镇贺家庄村	清	古遗址	2013 年 10 月	4
55	南陈村北窑址	宁阳县东庄镇南陈村	隋、唐、宋	古遗址	2013 年 10 月	4
56	神童山观音庵	宁阳县葛石镇黑石村	明清	古建筑	2013 年 10 月	4
57	神童山摩崖石刻	宁阳县葛石镇刘家庄村	北朝、五代	石窟寺及石刻	2013 年 10 月	4
58	堽城坝（闸）遗址	宁阳县堽城镇堽城里村	元	其他（大运河）	2013 年 10 月	4
59	郕城故城	宁阳县东庄镇南故城新村	东周至汉	古遗址	2015 年 6 月	5
60	关圣帝君庙碑	宁阳县东疏镇马庙村	明清	石窟寺及石刻	2015 年 6 月	5
61	大孔扬水站	宁阳县堽城镇大孔家庄村	1978 年	近现代重要史迹及代表性建筑	2015 年 6 月	5
62	东平故城	东平街道宿城村附近	汉至唐	古遗址	1977 年 12 月	1
63	北桥墓群	东平县老湖镇北桥村	汉	古墓葬	1977 年 12 月	1
64	梁氏墓群	东平县老湖镇梁林村	宋	古墓葬	1977 年 12 月	1
65	理明窝摩崖造像	东平县斑鸠店镇六工山	唐	石窟寺及石刻	1992 年 6 月	2
66	尚书林	东平县梯门镇西梯门村	明	古墓葬	2013 年 10 月	4
67	常庄民居	东平县接山镇常庄村	明清、中华民国	古建筑	2013 年 10 月	4
68	前山西屯大队部	东平县梯门镇前山西屯村	1975 年	近现代重要史迹及代表性建筑	2013 年 10 月	4
69	东平安山闸	东平县商老庄乡大安山村	明	其他（大运河）	2013 年 10 月	4
70	东平戴庙闸	东平县戴庙镇戴庙村	明	其他（大运河）	2013 年 10 月	4
71	阳谷邑故城	东平县旧县乡王古店村东	周、汉	古遗址	2015 年 6 月	5
72	峗山汉墓群	东平县东平街道焦村北白佛山前东侧	汉	古墓葬	2015 年 6 月	5
73	蓆　桥	东平县接山镇蓆桥村	金、明	古建筑	2015 年 6 月	5
74	银山石刻	东平县银山镇前银山村北	北朝、宋、清	石窟寺及石刻	2015 年 6 月	5
75	徂徕山摩崖石刻	徂汶景区天宝镇后寺庄村北	北齐、唐	石窟寺及石刻	1992 年 6 月	2
76	博城故城	徂汶景区滨河片区后旧县村	东周至宋	古遗址	2013 年 10 月	4
77	山东省委旧址暨八路军山东抗日游击第四支队司令部旧址（光化寺）	徂汶景区天宝镇后寺庄村西北	1938 年	抗战遗址、纪念设施	2015 年 6 月	5

文物保护经费1405万元、省级文物保护经费40万元、博物馆免费开放经费273万元。落实市级文物保护资金230万元。推进实施文物保护百项工程，启动文物保护修缮工程10项。对1项文物保护工程进行初步验收，对3项工程进行最终验收并全部验收合格。做好文保项目资金使用情况调度工作，印发《关于加快全市文物保护工程实施进度的通知》《关于转发省文化和旅游厅2016年—2019年国家和省级文物保护专项资金预算执行情况通报的通知》等，加快文保工程实施进度。

【文博事业】 开展博物馆定级评估申报工作，全市有3家博物馆入选第四批国家三级博物馆单位。山东金彩山鲁酒文化博物馆等5家博物馆获省厅备案确认，全市非国有博物馆数量增加至35家。联合市民政局开展非国有博物馆登记备案检查工作，督导2家单位完成民办非企业单位证书登记，1家完成设立备案。组织开展“5·18”国际博物馆日活动，参与“文物山东·岱海同天”国际博物馆日直播联动活动，市博物馆推出的《一眼千年——岱庙名碑掠影》，引起媒体关注。开展“建党一百周年革命文物征集”和“社会发展变迁物证征藏”工作，在报纸、网站等多个平台发布征集公告，征集文物、实物和历史资料等。

【文物安全】 印发《泰安市文物火灾隐患整治和消防能力提升三年行动工作方案》，在全市文物系统部署开展三年行动。印发《关于加强汛期文物安全工作的紧急通知》《关于进一步做好汛期文物安全工作的通知》等文件，做好文物防汛安全工作。印发《全市文物安全百日攻坚集中行动总体实施方案》等文件，部署开展文物安全百日攻坚集中行动。对全市市级以上文物保护单位、博物馆等开展安全大检查。配合开展全省文物消防安全交叉检查工作，派员到临沂市检查文博单位6处；迎接济南检查组到泰安市检查文博单位7处。配合市消防安全委员会，对24家文博单位开展消防安全标准化管理达标创建考核验收。开展文博领域“双随机、一公开”监管工作。

【考古调查勘探】 印发《泰安市开发区、工业园区区域性建设项目文物影响评估工作实施细则》，规范建设工程考古及文物影响评估工作。对济（南）枣（庄）高速铁路泰安段建设工程等3个项目提出初步选址意见。完成考古调查勘探报批5项。完成考古调查勘探发掘项目8项。联合省水下考古研究中心，历时2个月完成西城村遗址考古发掘，发掘面积1200平方米。 （杨 柳）

文化市场管理与综合执法

【文化执法】 年内，市文化市场综合执法支队被人力资源和社会保障部、国家广播电视总局、国家新闻出版署表彰为全国新闻出版广播影视系统先进集体。围绕元旦、春节、全国及省市“两会”、“五一”“十一”等重要时间节点，联合相关部门，开展旅游市场秩序综合整治行动，严查不合理低价游、拦车揽客、尾随兜售、欺客宰客、强迫交易和“保健”市场虚假广告宣传、消费欺诈等扰乱旅游市场秩序的违法行为。在涉旅违法行为整治工作中，公安机关刑事拘留14人，行政拘留43人，行政罚款、警告620人次。查处违法违规车辆256辆次，其中非法营运“黑出租”213辆（黑巡游车121辆、黑网约车92辆）；违法违规出租车36辆；违法违规客车6辆。开展文化和旅游市场秩序安全工作专项检查，结合“双随机、一抽查”开展旅游市场秩序、扫黑除恶专项斗争和旅游安全生产、疫情防控、不合理低价游等专项检查治理活动。检查旅行社（含分社）、门市部（网点）150家次，下架涉嫌违规旅游宣传品700份。对检查中发现的证照悬挂不合规、旅行社档案管理不规范、服务网点未及时备案、广告宣传不规范、未足额缴纳旅行社责任险以及摆放涉嫌不合理低价游产品线路宣传品等违规行为，出具责令改正通知书3份，约谈旅行社负责人3名。检查星级饭店60家，A级旅游景区60家次，提出整改意见30条。开展网吧、娱乐场所专项整治行动，重点检查网吧、娱乐场所是否违规接纳未成年人进入，是否按照规定对消费者身份证等有效证件进行登记，是否非法连接境外曲库、表演节目，是否含有禁止内容等。开展文化文物市场安全隐患排查整治，加强对从业人员安全生产知识的宣传教育。全年出动执法人员1300人次，检查文化市场经营单位1200家次，检查县（市、区）、泰山景区等文物保护单位110家。查处网络科技有限公司违法行为2起，依法责成立即整改。查处游戏娱乐场所违规接纳未成年人行为1起，依法给予两万元的行政处罚。查处网吧违规接纳未成年人、在规定时间外营业、未按规定核对和登记上网消费者的有效证件、擅自停止经营管理技术措施等违法违规行为14起，罚款1.1万元，吊销许可证1家，警告8家。

【扫黄打非】 市“扫黄”办开展“护苗”“净网”“秋风”“清源”“固边”5个专项行动，聚焦网上网下，严厉打击网上有害信息和非法出版物，在完善“扫黄打非”成员单位协作机制的基础上，加强与行政执法、公安、市场监督等职能部门的沟通配合，确保第一时间核查案件线索，第一时间立案侦办。其中，“e梦影视网”涉嫌侵犯他人著作权案、“秘密花园网”涉嫌网上传播淫秽色情信息案、利用QQ用户涉嫌以假冒《中外医药研究》等期刊名义敲诈案已立案侦查，实现网上有害信息得到有效遏制、网下有害出版传播活动得到有力管控的目标。市文化市场综合执法支队被评为全省“扫黄打非”工作先进集体。

【创城工作】 对辖区网吧及文化经营场所实施网格化管理，划分为5个片区，每个片区2人，实行划片包干。集中清查各类文化市场经营场所1100家次。印制并发放社会主义核心价值观、行业规范等各类宣传材料1200份，购置配发口罩1万个，解决广大经营业户困难。重点整治问题较多、屡次整改不到位的经营场所，责令现场整改网吧21家。市文化市场综合执法支队被省精神文明建设委员会表彰为第五届全省未成年人思想道德建设工作先进单位。 （杨 柳）

新闻出版广播影视

【新闻出版行业】 全市网上填报印刷企业390家，其中出版物印刷（出版物专项、数字印刷、内部资料出版物印刷）企业48家、包装装潢印刷品和其他印刷品印刷企业342家、复制企业1家。全市印刷业资产总额49.76亿元、销售收入33.84亿元、利润总额2.46亿元、工业总产值35.84亿元。年印刷总产值5000万元以上的印刷企业11家，从业人员8000人，研发投入0.26亿元。出版物发行批发单位通过网上填报25家，出版物零售单位519家通过年检。全市出版物发行单位资产总额61717.62万元、销售收入24978.29万元、利润总额2686.12万元，从业人员2783人。

【新闻出版会展】 筹备第四届国际新闻出版合作大会并取得圆满成功。泰山新闻出版小镇高起点规划，主抓“产业、资金、经营”3个关键点，本着“招商一批、落地一批、建设一批、运营一批、储备一批”的原则推进小镇建设，项目进展顺利。泰山新闻出版小镇被国家版权局评为全国版权示范园区（基地）。举办第三届“国际新闻出版合作大会”、第七届全国出版物馆配馆建交易会等大型会议，在国内外新闻出版界产生较大影响。

【广播影视行业】 通过推进县级广播电视台改革发展、评估定级、“回头看”等工作，先后争取财政资金5000多万元，改造升级广播电视基础设施，提升广播电视的传播力、影响力和公共服务力。广播全年优

12月1日，2020泰山国际新闻出版合作大会暨泰山新闻出版小镇建设发布会在泰安市举行。图为项目签约仪式现场
（杨 柳 供）

质播出 2.77 万小时，电视全年安全优质播出 2.31 万小时。多件广播电视节目作品获一等、二等、三等奖，3 家广播电视台获国家、省优秀传播机构称号。微电影《我的三奶奶》获中宣部“社会主义核心价值观主题微电影”一等奖，并在央视老故事频道播出；电视剧《少林问道》作为全市首部登陆央视播出的电视剧，被评为山东省优秀电视剧。电影《情暖童年》获全省“五个一”精品工程奖。60 多篇关于“战疫情”工作的先进经验在央视、山东卫视播出，总播出量位居全省第四位。年内，市文化和旅游局（市新闻出版广电局）被国家广播电视总局评为基层广播电视统计工作优秀集体。

（杨　柳）

·泰安市广播电视台·

【概况】　市广播电视台设广播、电视新闻、电视社教、电视文体、广播电视技术和电视党建 6 大中心，开设新闻、旅游、交通 3 个广播频率和综合、公共、教科 3 个电视频道，拥有泰山网、泰安新闻网、泰安手机台、“泰安之声”头条号矩阵、楼宇电视等新媒体。《泰安广播电视报·泰安周刊》每周 1 期，全彩印刷。有不同规格的电视演播室 5 个、演播大厅 2 个、广播直播室 4 个、流动电台直播车和大型电视转播车各 1 辆、流动文艺演出车 2 辆。至年底，全台有职工 760 人，其中在职职工 583 人；所属电影公司工作人员 51 人，其中在职职工 46 人。资产总额 3.30 亿元，其中固定资产 1.31 亿元，全年收入 1.02 亿元。泰安市广播电视台被山东省广播电视局评为 2020 年度统一供片先进单位，获全省优秀传播机构称号；省级以上各类获奖作品超过 50 件。

【新闻宣传】　年内，围绕市委、市政府重大决策部署和全市经济社会发展大局，加强主题宣传、正确引导，先后开设“聚力重点工作大攻坚 推动工业经济大发展”“决胜全面小康 决战脱贫攻坚”“创文明城市 倡文明新风”“泰山区域山水林田湖草生态保护修复工程纵深行”等新闻专栏，为全市经济社会高质量发展和全国文明城市创建作出积极贡献。新冠肺炎疫情期间，围绕市委、市政府疫情防控工作重点，发挥主流媒体的社会传播力、引导力、影响力、公信力，及时发声，向群众传达准确信息，正确引领舆论导向。《泰安新闻》时长从日常的 15 分钟扩展到 20 分钟，广播主持人 24 小时全天候值守，播发新闻 3000 多条，录制、播发应急广播等 700 多条次，超过 6000 多分钟，突出抗疫宣传，反映复工复产。创作、联合推出《深夜，我们启程》《奉上爱心一片》《武汉——我是泰山》《信念》《一身白衣，一抹红》等 20 首抗疫歌曲，创作、播出《敬礼》微广播剧以及大量微视频、公益广告等，为打赢疫情防控战营造浓厚氛围。

【对外宣传】　围绕建设新泰山、新泰安主题，加大对上报道力度，增加重头稿件发稿数量。全年在中央电视台播发稿件近百条，专题 60 多分钟。其中，央视《新闻联播》播出 15 条；山东卫视《新闻联播》播出 267 条；另有 70 多篇“战疫情”工作先进经验在央视、山东卫视播出，总播出量居全省第四位。在中央人民广播电台发稿 36 条，其中央广《新闻和报纸摘要》12 条；在山东人民广播电台发稿 528 条，其中《山东新闻》《山东新闻联播》272 条。向“学习强国”泰安通讯站供稿 1352 篇，签发通过 934 篇，全国平台采用 32 篇。与中央电视台联合拍摄外宣纪录片《见证·生态泰安》，为全国实施山水林田湖草生态保护修复提供可借鉴、可复制、可推广的“泰山经验”。摄制完成《中国影像方志·山东卷·宁阳篇》。完成《中国泰安》（4 种语言、3 个版本）城市形象展示片的出版。大型

9月28日，电影《挑山者》杀青。图为创作人员合影　（刘建新　摄）

9月23日，泰安市广播电视台与央视联合拍摄《见证·生态泰安》
（刘建新　摄）

电视外宣系列片《泰山封禅之路》，填补泰山文化学术研究和泰安电视外宣两项空白，获山东省第六届社会科学普及与应用优秀作品奖。配合中央电视台和山东电视台，完成《九曲黄河 水润齐鲁》（泰安篇）、《坐着高铁看中国》大型直播活动。

【文艺创作】　与市委组织部、市委宣传部、泰安旅游经济开发区管委会（市文旅集团）联合拍摄的电影《挑山者》，完成前期拍摄，进入后期制作阶段。电影《红色徂徕》剧本完成，筹拍工作进展顺利。成功承办《泰安市2020年春节晚会》《山东省青年歌手大赛颁奖晚会》《山东省“红动齐鲁”第二届红色故事讲解大赛启动仪式》《第三届黄河泰山旗袍文化节》《2020泰安市十大孝子颁奖典礼》《2020中国国际模特大赛山东总决赛》等大型晚会和演出活动110多场次。

【公共文化服务】　连续第七年开展“我们的中国梦——文艺进万家”文化下乡惠民活动，走进36个行政村，演出36场次，观众2万人次。组织开展“泰安市文化满意度攻坚年”公益电影主题放映活动和社区广场电影放映活动，农村公益电影放映4.12万场次，观众500万人次。开展“网络公益行”直播活动，丰富基层群众精神文化生活。作为国家惠民工程，地面数字电视（DTMB）转播中央电视台、山东卫视和泰安电视台25套电视节目以及中国之声和山东人民广播电台9套广播节目，全年为广大受众免费提供电视广播节目近23万小时。

【抗疫与志愿服务】　在各媒体平台开设抗疫专栏专版，制作播出各类防疫专题片、公益广告和文艺作品，发布各类疫情防控信息，对疫情防控进行全时段、立体式宣传。在办公区域新安装11个高清摄像头和照明系统，大厅设置门禁闸机系统，门岗增设高清车辆号牌识别系统，严格管控人员出入，重点保障演播大厅等人员密集场所安全，对参加节目录制人员测量体温51场次、1.38万人次，定期消毒123场次。先后派出400人次到英雄山社区协助抗疫，安排375人次参与认领路口交通志愿者执勤。

【安全生产与优质播出】　落实安全生产责任制，开展“安全生产月”活动，排查治理安全隐患，媒体平台开设专栏专版，加强安全生产宣传。分7批组织659人次开展灭火应急疏散实战演练。加强技术人员培训和老旧设备设施升级改造，做好技术服务保障工作，提升安全优质播出水平。广播全年优质播出2.77万小时，电视全年安全优质播出2.31万小时。　（许维国）

·泰安日报社·

【概况】　泰安日报社（泰安传媒集团）旗下拥有《泰安日报》《泰山晚报》、中华泰山网、“最泰安”客户端、ZAKER泰安、“看泰安”音视频平台等媒体10多个，融合组建“最泰安”中央厨房指挥中心，中华泰山网和“最泰安”客户端具有国家一类新闻资质。2020年，面对突如其来的新冠肺炎疫情，报社（集团）从农历大年初一开始坚守岗位，保防控、保宣传、保生存、保发展。及时调整顶层设计，打破经营危机，推进全媒体深度改革，全面加强党的建设，做好党媒宣传。全年获市级及以上奖项21件次，个人获市级及以上荣誉150人次；媒体矩阵收获5.6亿点击量，用户数量突破900万人次；实现报业收入1.52亿元（不含房地产销售收入），报社（集团）资产总额11.26亿元。

【新闻宣传】　2020年，报社（集团）围绕中央及省委、市委中心工作，履行党的新闻舆论工作职责，正确把握舆论导向，强化市内宣传、对上报道工作力度；把民生摆在最高位置，打造民生平台，畅通民意渠道，做好民生报道；发力短视频制作、视频直播、宣传片制作及建设“看泰安”音视频矩阵，推进媒体融合，构建“六位一体”媒体格局，打造党媒核心竞争力；严格规范采编报道以及审核流程，依法进行客观、公正、有效的新闻报道和舆论引导。年度圆满完成脱贫攻坚、民生工程建设、疫情防控、创建全国文明城市、“学习强国”供稿等重大宣传任务，全媒体矩阵收获5.6亿点击量，用户数量突破900万人次；在中央级纸媒及新媒体刊发对上报道54件。报社记者执笔撰写的《山清水秀 林茂湖美——山东泰安推进泰山区域生态保护修复》稿件在《人民日报》刊发；第一时间独家挖掘发布的战“疫”英雄贾庆臣事迹，被《人民日报》等国家级媒体接力转载。

【战“疫”报道与主题宣传】 新冠肺炎疫情发生后，报社所有记者编辑取消休假、分组排班，全部投入疫情防控阻击战宣传报道中，刊发相关稿件2万篇，1名记者被省委、省政府表彰为山东省抗击新冠肺炎疫情先进个人。在新闻层面，聚焦疫情防控关键环节，深挖战“疫”典型人物。第一时间独家挖掘发布的战“疫”英雄贾庆臣事迹，引发强烈社会共鸣。“最泰安”全媒体中心被市委宣传部评为疫情防控宣传先进集体，16人获“泰安战‘疫’最美新闻工作者”称号。在主题宣传方面，围绕市委、市政府中心工作，找准工作切入点和着力点，强策划、深采访。全年各端口开设《深入践行总书记号召》《勇做新时代泰山“挑山工”》《决胜2020脱贫攻坚看泰安》等专栏100个。在民生工程建设方面，完成擂鼓石大街、财源大街、济（南）泰（安）高速、迎胜路南延、“农村三通路建设”等报道。《泰安日报》3个版面重点刊登《擂鼓攻坚奏强音——记打通擂鼓石大街的“挑山工”》长篇通讯，全景式记录擂鼓石大街从动议、征收到建设的全过程。在创建全国文明城市的宣传报道方面，紧抓节点，主动策划，完成“创城为民”等系列报道，推出《民生工程“加码” 幸福指数提升》《文明城市靠人民 共画创建同心圆》，展现创建成果。深挖领导活动报道“富矿”，推出《省十三届人大三次会议泰安代表团代表热议高质量发展：奋力蹚出一条高质量发展路子来》等一批立意高远、采访扎实、文风清新的优秀作品。

【对上对外与评论监督报道】 打造对上报道精品稿件，全年在新华社、《经济日报》、人民日报客户端、《大众日报》《支部生活》《走向世界》等国家级、省级重点媒体、重要版面刊发有较大影响力的典型亮点报道54件。针对全市房产遗留问题的解决，记者提前搜集素材，深入采访，撰写《房产红本凸显历史大担当》在人民日报客户端刊发。《“开路先锋”创造“泰安速度”》《“不把历史问题再留给历史”的担当，让泰安的城市“血管”更通畅》先后在《支部生活》、人民日报客户端、“学习强国”刊发、转载。调研采写的《立足“新闻”+“出版”拉长壮大产业链 泰山脚下的新闻出版特色小镇》，在《经济日报》以近二分之一的版面重头刊发。强化评论建设，“抗击新冠肺炎疫情”“深入学习贯彻党的十九届五中全会精神”等系列评论，密集发声，引导舆论。开设的《岱下新语》专栏，取得党报言论品牌创建效果。开设的《不文明曝光台》等监督栏目，取得舆论监督效果。内参稿件《泰安非遗如何在传承和发扬中走得更远》受到市委领导批示表扬。

【视频直播】 打造提升短视频制作、视频直播、宣传片制作以及“看泰安”音视频矩阵，《西部新城》《玉

11月13日，市公安局交警支队主要负责人到《服务民生面对面》栏目，现场接听“12345”政务服务热线　　（赵文文　摄）

泉胜景》《济泰高速》等短视频，在人民视频、央视频、今日头条等新媒体平台上刊播。完成“基层党支部书记代言农产品”等各类网络直播150场次；实现“泰山晚报”抖音号发布视频1600条，总阅读量2.2亿人次。

【产业经营】 在统筹抓好党的建设、疫情防控、新闻宣传工作前提下，加快恢复生产经营。策划承办基层党支部书记代言农产品、2020山东（泰安）应急装备展览会暨应急产业发展论坛、2020泰山国际马拉松线上赛等活动，完成“服务民生面对面”活动，全年累计实现报业年度收入1.52亿元。

【会展运营】 2020年，受新冠肺炎疫情影响，泰山国际会展中心封馆4个多月。6月13日，泰安市新时代泰山“挑山工”表扬大会在会展中心召开并取得圆满成功，会展中心以此为契机，积极运营展会展览，相继承办2020山东（泰安）应急装备展览会暨应急产业发展论坛、第十五届全国粮油产销企业订货会、2020中国（泰山）国际矿业装备与技术展览会、2020年第三届中国喷码标识年会、“渝货进山东”消费扶贫暨巫溪特色农产品展销会等省级、国家级大型展览。赛事方面，泰山国际马拉松获评“中国田径协会金牌赛事”称号。6月，举办2020泰山国际马拉松线上预热跑活动，线上13万名跑友报名参赛。9月，承办第三十四届泰山国际登山比赛暨全国全民健身登山徒步行活动。与市人社局对接，取得泰安市人才市场和泰安市劳务市场的独家运营权，为探索会展场地综合利用进行有效尝试。全年举办展会168场，其中展览27场、会议41场、演出15场、活动17场、培训6场、劳务市场62场。

【泰山国际马拉松线上赛】 在疫情防控常态化背景下，2020泰山国际马拉松赛由线下赛事转为线上形式举办。相对传统的线下赛事，线上赛打破由参赛城市唯一、比赛场地有限所带来的地域及人数限制，最大限度吸引跑步爱好者参与到赛事活动中，跑者只要在赛事当天，按照活动要求，在任何地点完成报名项目，并用相关App进行记录，即可获得奖牌与完赛证书。线上比赛时间、方式灵活、便利，全国各地跑友纷纷参与打卡，共有42万名跑友报名参赛。

（陈显良　李　铮）

·新华书店·

【概况】 山东新华书店集团有限公司泰安分公司辖新泰、肥城、宁阳、东平4个县（市）分公司，是全市规模最大的图书发行单位、全市图书发行的主渠道。2020年，全市新华书店系统资产总额4.49亿元，其中流动资产3亿元、非流动资产1.49亿元。全年实现销售收入3.97亿元、利税4045.55万元。年内，泰安、肥城、宁阳、东平4个分公司通过“省级文明单位”复查验收，新泰分公司通过“市级文明单位”复查验收。教材发行工作获山东出版传媒股份有限公司“市场营销特殊贡献奖”和“市场营销稳定奖”。泰山书城被山东省妇联确定为“亲子阅读活动基地”。泰山书城“妈妈小屋”先后被评为省级、市级“妈妈小屋”示范点，被中华全国总工会授予“职工书屋便利阅读点”。新建山东农业大学校园书店，在由中国书刊发行业协会主办的第四届“新时代杯”2020时代出版·中国书店年度致敬活动中，获“年度校园书店”致敬称号。

【图书销售】 2020年，全市新华书店系统发行各类图书3147.4万册，实现销售码洋4.13亿元。其中，发行中小学教材教辅2741.59万册，销售码洋3.11亿元；发行一般图书

9月12日，泰山文化艺术节期间，举行新华书店优质图书展销活动

（韦　芹　供）

10月26日，新建的山东农业大学校园书店　　　　（韦　芹　供）

369.25万册，销售码洋6901.58万元。全年代发图书码洋3.78亿元。年内，做好党的政治理论读物的发行工作，各县（市）新华书店在中心门店设立图书陈列专架，组织开展上门征订、送书上门等服务，累计发行《习近平谈治国理政》第三卷8.3万册，码洋665万元；发行中共十九届五中全会文件1.8万册，码洋49万元。顺利完成泰山区和徂汶景区258家"农家书屋"用书发行任务，图书发行码洋52.6万元。

【发行网点】　全市有营业网点22处，总营业面积1.4万平方米。其中，泰安分公司设有图书发行网点6处，图书、电子音像制品经营面积6000平方米。年内，配合建设校园图书馆（校园书店）6家，总数82家。新建山东农业大学南校区校园书店，营业面积228平方米，图书品种4800种，可同时容纳100人开展文化活动，服务在校师生3万人次。新华书店图书物流中心占地2公顷，主要承担山东新华书店集团图书代发任务。年内，投资750万元升级改造物流中心，仓储面积增加到6000平方米，年图书代发能力6亿元，运能提升50%。

【经营管理】　年内，制定《企业社会效益考核评价办法》《加强农村网点建设的意见》，把社会效益考核评价工作纳入日常工作范围，推动新华书店社会效益不断提升。开展"书香新华"党建服务品牌建设，加强企业执行力文化建设，推进书店转型升级发展。疫情期间，在门店推出线上直播业务，实行线上线下相结合，做好中小学教材发行任务，保证全市中小学正常的教学秩序。

【转型升级】　坚持融合创新，重塑泰安新华书店发展新业态，实施实体书店自主发展"四年攻坚计划"，坚持"平台+"文化发展理论，强化图书与多元业态融合创新。年内，投资1100万元升级改造泰山书城一至三楼，打造"一窗、六馆、三十五个专区"（泰山书城橱窗文化景观，时尚生活馆、研学培训馆、泰山人文馆、休闲阅读馆、少儿成长馆和文化教育馆，图书、研学、培训、生活用品、数码科技、文创产品、书吧等陈列专区），增加自助付款通道和自助核验设备，将泰山书城打造成以图书阅读服务为主体、多元融合发展的文化商业综合体。

【文化活动】　组织著名书画家书画助学活动、著名作家读者见面会等文化交流活动，开展送书进机关、社区、部队、学校，到乡村、医院、厂矿、企业等活动。泰山书城"助力复工复产 走进机关社区拓展店外服务"活动在集团评比中获"全省营销金案"奖。打造"悦读悦精彩"文化品牌，每周组织小读者开展特色活动；春节、国庆节、中秋节、寒暑假等节假日组织开展各类阅读文化活动，年开展活动100场次。疫情期间，与市委宣传部联合开展"书香战'疫'"行动，向读者推荐阅读书目，实行网上订购、送书上门。配合市委、市政府举办"全民阅读·书香泰安"活动启动仪式，向援鄂医疗队成员和"泰安小美"志愿者赠送新华书店贵宾卡和精品图书。参与承办"书香泰安·全民爱阅读"活动，发放图书专项惠民优惠券60万元。推选优质图书参展2020泰山文化艺术节。举办"书香齐鲁 阅享小康"2020齐鲁书香节暨山东书展，泰山书城作为分会场，推出丰富的文化活动和优质图书。开展新时代文明实践结对共建活动，向岱岳区山口镇油坊村捐赠书架、图书和办公电脑，提升"农家书屋"

阅读条件；开展“践行新理念、书香进灵岩”文明共建活动，为林区职工捐赠图书。第十一届著名书画家书画助学活动资助贫困中小学生20名，累计资助贫困学生222名，捐助图书及助学金80万元。

（韦　芹）

档案

【概况】　全市拥有档案馆8个，其中国家综合性档案馆7个、专门档案馆1个，建筑面积1.1万平方米；馆藏档案1331个全宗；馆藏档案资料总量152万卷（件）。全年提供查档服务1.40万人次，提供利用档案资料3.30万件次，开展跨馆查阅服务20次。2020年，顺利通过省档案馆业务建设现场评价，成为全省首批达到“业务建设规范”最高等次的市级综合档案馆。连续四年被省文明委表彰为“省级文明单位”。连续三年被省档案馆评为“全省档案宣传工作先进集体”，2人被评为“全省档案宣传工作先进个人”。

【基础业务】　档案资源建设。新接收进馆档案8个全宗1.15万卷（件），修复特藏资料4500页，数字化扫描馆藏档案7.2万页，质检扫描数据86万页。开展特色档案征集活动，征集反映泰安泰山历史文化、民生民情等书籍资料以及谱牒、拓片、照片档案等共71册（件），为民众研究泰安、泰山文化提供翔实的史料；征集新冠肺炎疫情防控相关的照片、声像、艺术等档案资料239件，为开展防疫抗疫工作提供参考。档案解密划控。开展档案开放鉴定项目建设和解密试点工作，鉴定审查102个全宗3.8万卷14万件档案，开放标注5.8万件，完成两个单位的进馆档案解密工作。基础设施建设。将机房消防报警及启动控制联入市政大楼中控室，完成档案库房动态环境监测管理系统项目建设，完成档案保全系统项目建设，进一步保障档案实体和信息安全。

【业务指导】　作为全市国有企业退休人员社会化管理工作专班成员单位，配合市国资委推进社会化管理人员档案移交接收和管理的指导工作。截至9月底，纳入整体移交计划的11万名国企退休人员100%签订移交协议并完成实质性移交，提前1个月完成省里要求。加强对农村集体产权制度改革档案工作的指导检查和综合评估，形成农村集体产权制度改革档案问题清单，提报农业农村局按照问题清单进行督促整改。开展深化市级事业单位改革试点档案工作。起草《关于在深化市级事业单位改革试点中加强档案工作的通知》，对涉改单位的档案业务加强监管，进行实地指导。加强对县级综合档案馆建设的调研督导工作。通过制定建设任务分解表、开展奖补资金绩效考核等方式，推进县级国家综合档案馆新馆建设工作。至年底，6个县（市、区）中，有3个新馆完成主体建设，1个新馆在进行改扩建工程，2个新馆主体在建设中。

【档案编研】　制作档案故事短视频《巍巍泰山埋忠骨》，报送国家档案局参加中国共产党成立100周年微视频征集展播活动。整理编辑红色保密故事《忠魂留泰山，英名传千古——忆革命烈士江衍红》，报省保密局参与《中国红色保密故事大全》（山东卷）编辑工作。《泰安市档案馆藏抗战档案选编》获泰安市优秀社科普及作品。编辑出版《泰安市大事记（2019）》，收录大事1366条、21万字，图片20幅。筛选编辑2020年泰安市大事记初稿1000条、10万字。编印《档案资政参考》4期。

【宣传教育】　围绕“档案见证小康路、聚焦扶贫决胜期”主题，开展国际档案日宣传活动。申报山东省档案学优秀成果12项，获一等奖1项、二等奖2项、三等奖9项。在泰安档案信息网站开设网上展厅，举办“庆祝中国共产党成立99周年档案系列展”，采用图片、视频、文字等形式，向民众展示抗日战争、抗美援朝、中华人民共和国成立后等不同时期的珍贵史料。配合省档案馆开展全省“依法做好脱贫攻坚档案工作，服务全面建成小康社会”高级研修班培训工作，与市委办（市档案局）联合举办“新修订档案法公益大讲堂”培训班。组织开展2020年度全市档案系列专业技术职称评审工作，11人获初级职称。爱国主义教育基地接待机关、团体、企事业单位、学校参观者以及社会公众230人次。

（李大伟）

编辑　校对　　戚淑娟

卫生·体育

卫生综述

【概况】 年末，全市有各级各类医疗卫生机构4564家，拥有病床3.4万张，卫生人员5.42万人。全市有医院108家，其中综合医院69家、中医医院9家、专科医院26家、护理院4家；基层医疗卫生机构4410家，其中社区卫生服务中心（站）186家、卫生院67家、村卫生室2984家、门诊部54家、诊所（卫生所和医务室）1119家；专业公共卫生机构46家，其中疾病预防控制机构8家、专科疾病防治院（所、站）5家、妇幼保健院（所、站）7家、采供血机构2家、卫生监督所（中心）3家、计划生育技术服务机构21家；其他卫生机构9家，其中疗养院2家、其他7家。全市人均期望寿命79.38岁，孕产妇死亡率、婴儿死亡率和5岁以下儿童死亡率分别为10.66/10万、2.62‰和3.87‰。泰安市连续25年保持“国家卫生城市”称号，连续13届获“全国无偿献血先进市”称号。市卫生健康委被省委、省政府表彰为“山东省抗击新冠肺炎疫情先进集体”，被省人社厅、省信访局表彰为“山东省信访工作先进集体”，连续18年保持“省级文明单位”称号，连续8年被市委、市政府表彰为“经济社会发展综合考核先进单位”。

【新冠肺炎疫情防控工作】 应急响应。疫情发生后，第一时间实施重大突发公共卫生事件Ⅰ级响应措施，实行专班化运作、专业化指导，严格落实“四早”（早发现、早报告、早隔离、早治疗）“四集中”（集中患者、集中专家、集中资源、集中救治），在最短时间内遏制疫情扩散蔓延，巩固疫情防控向好态势。医疗救治防治。组织16名中医药专家组成新冠病毒肺炎中医防治专家组，建立会诊联系人制度。为目标人群及全市隔离留观人员提供中医药预防方剂。组织9批77名医护人员驰援湖北，组派2人支援北京、2人支援新疆、105人支援青岛。抓实“应检尽检”。制定核酸检测能力倍增计划，42家医疗卫生机构日单采检测能力达10.33万人份；对重点人群扩围加密检测，完成全市14轮133.8万人次的“应检尽检”工作。强化重点人员管控。1.41万名入境返回泰安人员、3.3万名疫情重点地区到泰安人员全部纳入防控体系，落实登记报到、核酸检测、血清抗体检测等管控措施。建强应急处置队伍。分类组建流调、采样、消杀、检测、医疗救治、社区（村）防控6支队伍；成立市级突发急性传染病疫情防控专家队和中医药专家组，强化实战演练，做好应对准备。强化基层“哨点”建设。在基层医疗卫生机构建成发热门诊（哨点诊室）87个、预检分诊点3121个，筑牢基层防控网底。做好全员核酸检测准备。制定完善预案体系，开展全市全员核酸检测应急演练，加快推进信息预登记，做好各项准备工作。加快推进疫苗接种。制定免疫接种、异常反应监测、医疗救治、严重异常反应补偿等9个工作方案，做好重点人群疫苗接种工作。强化疫情防控卫生监督。全市卫生健康监督机构开展疫情防控专项监督检查13轮次，出动监督执法人员2万人次，督导检查各级各类医疗机构、企业、公共场所等1.82万家次，下达卫生监督意见书2454份，查办违法违规案件368件，移送公安机关6件，吊销乡村医生资格证案件1件，罚款金额71.77万元。全市卫生健康系统24名个人、8个集体受到省委、省政府表彰；4名优秀共产党员、2个先进基层党组织受到省委表彰；44名个人、16个集体受到省委组织部、省人社厅、省卫生健康委联合表彰；10个集体、99名个人受到市委、市政府表彰。

【公共卫生应急管理改革】 落实“重点工作攻坚年”行动，成立公共卫生应急管理改革专班，出台《泰安市公共卫生应急管理改革攻坚行动实施方案》。市委、市政府成立

2020年泰安市医疗卫生机构、人员和床位情况表

表39

机构分类	机构（家）	实有床位数（张）	在岗职工（人）												
			合计	卫生技术人员									其他技术人员	管理人员	工勤技能人员
				小计	执业（助理）医师	执业医师	注册护士	药师（士）	技师（士）	检验师（士）	其他	见习医师			
总计	4573	34030	54171	41328	16035	13107	18440	1894	1883	1186	3076	512	3062	1467	2348
医院	108	26265	30096	25908	8849	8240	13355	1189	1177	728	1338	312	1776	922	1490
综合医院	69	18966	22401	19375	6556	6128	10125	831	878	562	985	229	1272	690	1064
中医医院	9	3661	4867	4353	1611	1523	2071	268	194	110	209	46	256	73	185
专科医院	26	3286	2704	2117	663	574	1125	85	101	54	143	37	242	149	196
护理院	4	352	124	63	19	15	34	5	4	2	1	—	6	10	45
基层医疗卫生机构	4410	5555	19021	11838	5915	3724	3603	593	429	234	1298	177	456	290	471
社区卫生服务中心（站）	186	784	2634	2330	937	628	916	131	71	37	275	54	100	65	139
社区卫生服务中心	21	746	1908	1649	647	406	628	110	68	35	196	41	89	49	121
社区卫生服务站	165	38	726	681	290	222	288	21	3	2	79	13	11	16	18
卫生院	67	4749	6037	5288	2098	1380	1634	366	304	171	886	103	319	167	263
村卫生室	2984	—	7125	1160	1065	139	95	—	—	—	—	—	—	—	—
门诊部	54	2	493	443	172	149	185	7	46	22	33	1	9	12	29
诊所、卫生所、医务室	1119	20	2732	2617	1643	1428	773	89	8	4	104	19	28	46	40
专业公共卫生机构	46	1101	3956	2702	1006	886	1007	86	246	203	357	22	780	211	263
疾病预防控制中心	8	11	627	468	237	212	49	12	97	82	73	—	65	38	56
专科疾病防治院（所、站）	5	11	151	122	48	37	38	12	13	13	11	—	4	19	6
妇幼保健院（所、站）	7	1090	2148	1776	630	582	866	56	109	84	115	21	202	75	95
采供血机构	2	—	110	79	18	16	35	—	19	18	7	—	11	5	15
卫生监督所（中心）	3	—	77	61	—	—	—	—	—	—	61	—	5	7	4
计划生育技术服务机构	21	—	843	196	73	39	19	6	8	6	90	1	493	67	87
其他卫生机构	9	1109	1098	880	265	257	475	26	31	21	83	1	50	44	124
疗养院	2	1109	959	799	257	251	433	25	31	21	53	1	27	27	106
其他	7	—	139	81	8	6	42	1	—	—	30	—	23	17	18

重大疾病和传染病防治工作领导小组，领导小组办公室在市疾控中心实体化运作。实施疾控中心标准化和能力提升工程，全市7家疾控机构建成生物安全二级实验室，全部具备核酸和抗体检测能力。在各级疾控机构推进首席专家制度。依托全民健康信息平台开发应用传染病动态监测系统，145家医疗机构完成系统对接，采集数据量居全省第6位。推进市中心医院分院传染病医疗救治综合体扩建工程。强化多学科技术支撑，提升中医药应急急救能力、基层公共卫生应急能力，健全分级、分层、分流的传染病救治机制。19家二级以上医疗机构设置传染性疾病科，31家医疗机构建立发热门诊。实施公共卫生科研优先计划，健全医、防、教、研协同攻关机制，确定“中西医结合方案治疗新冠病毒急性呼吸道疾病疗效研究”等5个科研项目。落实医疗机构防护物资储备标准和要求，按照日均消耗上限满负荷运转不少于1个月的用量储备防护物资。

【**人才培养**】 培养高层次人才，入选省级人才工程1人，被评为“齐鲁卫生与健康领军人才” 1人，被评为“齐鲁卫生与健康杰出青年人才”6人，全年引进博士12人，市专业技术拔尖人才管理期内23人。完善专业技术人才梯队建设，取得卫生专业技术正高级职务资格87人，通过全科医生转岗培训结业统考理论考试224人，农村订单定向公费医护专业学生计划落实124人。推进人才重点建设项目，市中心医院与韩国全北大学大病院合作放射微球治疗肝癌项目进展顺利。

【**健康扶贫**】 全市脱贫享受政策贫困人口（含即时帮扶人口）8.84万人，核实患病贫困人口3.86万人。对患病贫困人口开展分类救治，至年末，已救治患病贫困人口3.86万人，其中患30种大病贫困人口9068人，救治率均达100%。落实各项便民惠民措施，累计减免医疗费用7810.77万元、惠及贫困人口41.5万人次，其中2020年度减免医疗费用3131.56万元、惠及贫困人口19.6万人次。免费救治贫困先心病儿童27人，减免195.6万元；免费救治贫困白内障患者4964人，减免1567.91万元。市卫生健康委被市委、市政府表彰为“全市脱贫攻坚先进集体”，连续4年在全市脱贫攻坚考核评估中获得“好”等次。

（李先虎　宋洪孟）

6月30日，“致敬身边最美‘逆行者’ 勇做新时代泰山‘挑山工’”——全市援鄂医疗队典型事迹报告会举行　（宋洪孟　供）

健康泰安建设

【**健康城市创建**】 开展健康泰安行动，市政府印发《健康泰安行动工作方案》，设立健康教育宣传栏、健康文化墙、健康文化大院、健康长廊、健康一条街等贴近居民的宣传阵地，宣传营养膳食、体育锻炼、健康管理、心理健康及合理用药等健康知识。推进卫生城市、健康城市、文明城市创建活动，对农贸市场、老旧小区、八小行业、物业服务等进行集中整治，营造健康生活环境。持续开展“一评二控三减四健”（健康评估，控烟、控酒，减盐、减油、减糖，健康体重、健康口腔、健康骨骼、健康心理）专项行动和健康生活方式“六进”（进家庭、进社区、进学校、进单位、进医院、进企业）活动。

【**健康促进工作**】 疫情期间，制作《中小学生防控新冠肺炎防护指南》动画视频，编印《新冠肺炎防控健康教育手册》《复工复产企业新冠肺炎疫情防控指导手册》《新冠肺炎防控知识手册》《新冠肺炎常态防控健康教育工作手册》《公民防疫行为准则》等宣传材料，印发新冠病毒防控知识宣传折页10万份。在全市开展健康科普巡讲活动144场次，覆盖1.61万人。泰

11月22—24日，全省国家基本公共卫生服务项目家庭医生签约服务培训班在泰安市举办。图为泰安市在会上作基本公共卫生服务项目工作典型发言 （宋洪孟　供）

山区通过省级健康促进县（市、区）评估验收，全市有5个县（市、区）创建为省级健康促进县（市、区）。全市居民健康素养水平达22.17%。

【宣传工作】 聚焦卫生健康重点工作，与泰安电视台合办"泰安健康网"，发布稿件3563篇，开办《健康新生活》《名医聊健康》《医疗满意在人民》电视栏目。与市电视台合作制作公益宣传短片、疫情专题片、疫情科普访谈节目，宣传医务人员典型事迹、疫情防控权威信息、科学防治措施等内容，在各级各类媒体刊发疫情防控专题稿件2500篇。通过运用市卫生健康委门户网站、官方微信公众号、官方微博，累计转载发布各类信息、稿件1594条（篇）。

【爱国卫生运动】 开展病媒生物防制工作，市政府拨付专项经费55万元，定期对泰安城区公园绿地、农贸市场、公厕、垃圾中转站等公共场所进行消杀，降低病媒生物密度，保障市民健康。向国家、省爱卫办新申报国家卫生乡镇6个、省级卫生乡镇4个、省级卫生先进单位83个、省级卫生村599个。年末，全市国家卫生乡镇、省级卫生乡镇、省级卫生村分别达16个、77个、1655个，占比分别达18.18%、87.5%、44.66%，创建数量和比例均位居全省前列。宁阳县、东平县被全国爱国卫生运动委员会命名为"国家卫生县城"称号，泰安市在全省率先实现国家卫生城市（县城）全覆盖。 （李先虎　宋洪孟）

医药卫生体制改革

【公立医院改革】 持续深化医药卫生体制改革，2020年，国家及省、市财政共下达深化医药卫生体制改革补助资金3341万元，预算执行率100%，其中医疗服务收入（不含药品、耗材、检查、化验收入）占公立医院医疗收入的比例29.83%，公立医院资产负债率67.01%，三级公立医院出院患者手术占比28.33%，公立医院平均住院日8.71天，公立医院百元医疗收入的医疗支出（不含药品收入）107.13元，全市二级以上公立医院共33家均较上年有所提高，完成中央对地方转移支付预算执行情况的绩效考核，提升公立医院服务质量。

【现代医院管理制度试点】 在全省率先全面启动建立完善现代医院管理制度建设工作，印发《泰安市建立完善现代医院管理制度建设的实施方案》《关于加快推进现代医院管理制度建设的通知》等文件，召开全市现代医院管理制度建设工作会议2次。全市所有二级以上公立医院均完成章程制订和备案工作。对全市二级以上公立医院开展现代医院管理制度建设和综合改革绩效考核，对排名前10名的单位，分第一名5万元、第2～4名各3万元、第5～10名各1万元3档进行资金奖励，激发公立医院进行现代管理制度建设和综合医改的主动性、创新性。

【分级诊疗与医联体建设】 推进全国分级诊疗试点和城市医联体建设试点，成立泰安市医疗发展集团，以市中心医院为主体，吸纳所有市直二级以上医疗机构参加。成立泰安市城区互联网慢病医疗联合体。成立跨区域专科联盟25个、远程协作网3个，县域就诊率达90%以上。

【政策法规】 创新普法宣传模式，分5个专题通过线上直播开展"法治大讲堂"活动，观看人数2万人次。开展《中华人民共和国基本医疗卫生与健康促进法》《中华人民共和国民法典》等法治宣传活动25次，发放宣传材料1万份，提供法律法规咨询服务1000人次。废止卫生健康领域规范性文件1件，修订完善2件。对50个文件进行合法性审核，未发现违反公平竞争相关规定的文件。对245项市级卫生健康领域权责清单进行修订，对656项政务服务事项进行梳理、修改规范并公示。做好行政审批衔接和政务服务集中进厅工作，全年办理政务服务事项4类767个。（李先虎　宋洪孟）

疾病预防控制和卫生应急管理

【重点传染病防控】　抓好H7N9禽流感、手足口病、艾滋病、结核病等传染病防治，全市传染病疫情防控保持平稳。全年报告法定管理传染病1.56万例，法定报告传染病发病率276.61/10万，同比下降45.14%。累计完成病毒性腹泻项目检测标本286份，布病检测102例。全市连续7年无狂犬病病例报告。全年无新发麻风病例报告。全年报告输入性疟疾10例，较上年减少44.4%，均规范处置，无死亡病例。加大艾滋病重点人群干预力度，全市现住址新增HIV/AIDS 118例，与上年持平，艾滋病继续保持低流行状态，新泰市获批第四轮国家与省共建艾滋病综合防治示范区。全市结核病定点医疗机构共登记肺结核患者1028例，活动性肺结核患者病原学阳性率62.01%，新病原学阳性耐药筛查率91.69%，高危人群耐药筛查率100%，耐药患者纳入治疗率100%，达到省结核病防治“十三五”规划目标要求。对746所各级各类学校、2.83万名留校学生开展结核病排查摸底工作。

【免疫规划管理】　儿童国家免疫规划单苗接种率达90%以上，1～6岁八苗全程接种率达90%以上，疫苗针对传染病发病率大幅下降，预防接种单位全部实行扫码接种，实现疫苗全程电子可追溯。继续保持消灭脊灰、消除白喉成果，首次实现全年无麻疹、风疹确诊病例。在泰安电视台《名医聊健康》栏目中，组织疾控专家普及新冠病毒疫情下的预防接种科学知识。

【慢性非传染性疾病综合防控】　通过地方病控制和消除考评省级抽查复核，完成地方病防治专项攻坚行动任务。加强和完善以死因、肿瘤、心脑血管疾病为主的慢病监测系统，提高监测质量。新泰市癌症中心被评为“山东省第一批县级规范化癌症中心”。联合市总工会举办全市重点癌症筛查及诊断技能竞赛活动。开展脑卒中高危人群筛查干预6427例，完成农村上消化道癌早诊早治筛查1.68万例、上消化道癌机会性筛查3.23万例，重点慢性病（肺、上消化道、结直肠疾病）机会性筛查558例。组织肿瘤专家开展“深入基层防癌”大讲堂活动，开展讲座20场次，惠及群众1万人。

【精神卫生工作】　提升精神卫生机构服务能力，改扩建机构9家，增加业务用房3.61万平方米，完成率114.1%；增加床位1215张，完成率138.7%。开通全市首个24小时免费心理咨询热线，累计接听热线770次。加强医疗机构心理科建设，全市74%的二级综合医院开设精神（心理）门诊，71%的基层医疗卫生机构设立心理咨询室。制定《泰安市严重精神障碍患者救治救助工作实施方案》，对严重精神障碍患者实行免费救治。市精神病医院通过省级验收，成为全市首家承担吸毒成瘾认定工作的医疗机构。全市共规范管理在册患者2.38万人，规范管理率97.09%，面访率98.48%，服药率98.43%，主要工作指标居全省前列。

【卫生应急管理】　成立8支108人的防汛防台风卫生应急队伍，统筹建立县级45支715人的卫生应急队伍。举办突发急性传染病防控、急救医学、传染病与突发公共卫生事件报告管理技能等各类卫生应急培训145场次，累计培训1.86万人次。依托远程视频调度指挥系统平台升级改造项目，实现省、市、县三级远程视频调度指挥系统互联互通。加强和完善疫情信息报告管理及疫情分析预测预警机制，全年接到预警信息1076条，初步判断疑似事件239条，现场调查排除193起，确认暴发疫情42起，继续关注4起；全市通过突发公共卫生事件信息报告管理系统报告突发事件相关信息105起，共报告发病数499例，死亡8例。市级开展突发事件公共卫生风险日常评估12次，对可能存在风险点逐一进行排查分析并提出应对措施和防控建议。（李先虎　宋洪孟）

医疗卫生服务

【服务能力建设】　实施医疗能力“攀登计划”，加强临床重点专科建设，年内19个专科获评省级临床重点专科，3个专科获评省级临床重点专科建设单位，3个专科获评县域省级临床重点专科，实现历史性突破。启动二级公立医院绩效考核工作，提升医疗服务能力和科学管理水平。加快县级医院标准化建设，增强县域医疗服务能力，肥城市人民医院、宁阳县第一人民医院通过三级医院评审。以“六大中心”（胸痛中心、卒中中心、创伤中心、危重孕产妇救治中心、危重儿童和新生儿救治中心、癌症中心）建设为重点，增强急危重症救治能力，建成国家级中心及建设单位5个、省级中心及建设单位16个。“六大中心”建设工作指标评价全省排名第一位，全国排名第18位。加强行风建设，开展漠视群众利益问题专项整治活动，纠治医药购销领域和医疗服务中的不正之风。举办援鄂医疗队典型事迹报告会，表扬优秀医师123人。

【医疗服务质量】 启动实施新一轮“改善医疗服务行动计划”，开展分时段预约诊疗、智能导医门诊、候诊提醒、临床路径管理，检验结果“一单通”，落实处方点评制度，推动抗菌药物科学化管理长效机制建设。设立肿瘤、疑难复杂疾病、多系统多器官疾病等多学科联合门诊，开展日间手术6286台次。设置7家互联网医院，规范互联网诊疗行为。二级以上公立医院实现优质护理服务全院覆盖。开展泰安市麻醉技能竞赛和重症医学技能竞赛。落实医疗救助，共救助患者71人次，支付基金186.36万元，基金使用比例达96.1%。开展“服务百姓健康行动”全国大型义诊活动周活动，服务4.87万人次，减免患者费用12.65万元。完成年度征兵体检工作，被评为“市征兵工作领导小组先进成员单位”。参与禁毒工作，被评为“全市三年禁毒人民战争成效突出集体”。

【医疗质量和安全管理】 调整完善28个市级质控中心，加强技术指导和质量控制。规范医疗废物分类，提升感染质量管理水平。全市4099家医疗卫生机构医疗废物年度产生量为3839.66吨，全部由医疗废物处置中心集中收集，安全妥善处置。推进血液安全管理，落实无偿献血用血费用直免，全市临床用血100%出自公民自愿无偿献血，无偿捐献机采血小板达100%，连续13届获“全国无偿献血先进城市”称号。推进平安医院建设，协调处理医疗纠纷，全市38家二级以上公立医疗机构以及部分基层医疗卫生服务机构加入医疗责任险，医患关系明显改善。

【药政工作】 全市28家公立医院、86家政府办基层医疗卫生机构和2926个实行一体化管理的村卫生室全面配备使用基本药物并实行零差率销售。全市有160家医疗卫生机构开通短缺药品监测网络，加强药学服务能力建设，积极转变药学服务模式，选定肥城市推进国家基本药物制度综合试点建设。

【“互联网＋医疗健康”发展】 启动电子健康卡暨“互联网＋医疗健康”惠民便民平台建设，为居民提供到医院就诊的预约挂号、就诊卡充值、线上分诊等服务。全市25家二级及以上公立医院、44家乡镇卫生院已实现与惠民便民服务平台的对接。完成全市统一的电子健康卡建设工作，实现以市为单位进行电子健康卡管理发放和应用、全市卫生健康机构一码通行的目标。

【科教工作】 申报2020年继续医学教育项目国家级16项、省级26项。做好泰安市科学技术奖提名推荐和97项科技进步奖材料报送，年内有1项、13项、34项成果分获泰安市科学技术进步奖一、二、三等奖。申报山东省第十二批适宜卫生技术推广项目2项。做好住院医师规范化培训考核，完成年度全市卫生专业技术人员任期考核。加强病原微生物实验室管理，按照《实验室生物安全通用要求》等国家相关要求，做好病原微生物实验室备案工作。

【泰安市医疗发展集团】 2020年，市委、市政府组建泰安市医疗发展集团。集团以泰安市中心医院为主，吸纳市直二级以上医疗机构加入，包括泰安市中医医院、泰安市中心医院分院、泰安市妇幼保健院、泰安市第四人民医院、泰安市肿瘤防治院、泰安市口腔医院、泰安市精神病医院，实施资源、人才、信息“三个共享”，建立新进人员、财务、资产、业务、药品耗材目录及配送目录“六统一”模式。集团拥有床位6500张，员工7300人，固定资产38亿元，年门诊量330万人次。

该集团围绕“抓好事业促产业，抓好产业促事业，产业事业双轮驱动”的总要求，着力推进全国城市医联体建设试点及“健共体”全国示范区创建工作，探索医疗、医药、医保、医养“四医联动”，破解公立医院发展难题，发挥市级公立医院在全市医养健康产业发展中的带动作用，加强政策统筹和部门协同，为市民提供更为优质的医疗保健服务。11月，举办“泰安市医养健康合作项目集中签约仪式”，促成泰安市政府、泰安市医疗发展集团与国内知名高校、企业的10项合作共建项目。集团分别与青岛大学、爱玛客服务产业（中国）有限公司、人民保健服务有限公司、深圳迈瑞生物医疗电子股份有限公司、上海联影医疗科技股份有限公司、微医控股（浙江）有限公司、山东海天智能工程有限公司、北京神康云科技有限公司等知名高校、企业建立战略合作关系，推动全市医养健康产业发展，促进医疗卫生健康事业和健康产业协同发展，助力卫生健康资源合理配置，提高卫生健康服务能力和公共卫生应急能力。

【泰安市中心医院】 泰安市中心医院始建于1948年，是集医疗、教学、科研、康复、预防、保健、康养于一体的三级甲等综合医院。医院有在职职工3900人，开放床位2700张。托管运营山东泰山社会福利中心（泰安市泰山医养中心），设计床位1600张的高新区医院正在建设中，初步形成“一体两翼”的发展格局。2020年，门（急）诊量132万人次，出院患者9万人次、开展手术3万台次，平均住院日7.98天，药占比28.38%。建立健全大部制和医院大质控组织体系，临床路径各项指标优于国家要求，单病种管理在全国三级公立医院考核中取得满分，急诊抢救成功率达98.42%，介入、微创、造血干细胞移植等新技术推陈出新，3D打印技术应用临床。通过“国家高级卒中中心”复审、获评中国心衰中心、国家标准化房颤中心示范中心、国家标准化心脏康复中心建设单位，获评省级临床重点专科12个、临床精品特色专科1个、特色专科建设单位1个，加速康复外科示范病房挂牌成立。引进国内首席专家5人，客座教授4人，开展合作项目2个。招聘高层次、紧缺专业人才170人，新增泰安市专业技术拔尖人才6人、高层次人才20人。1人获评“泰山学者青年专家”，2人入选“齐鲁卫生与健康杰出青年人才”。博士后科研工作站奋力攻关，获省级以上立项7项，全国综合评估中获良好等级。科研管理趋于完善，获山东省自然科学基金5项、山东省医学会临床科研专项2项、泰安市科技创新发展计划90项，完成山东省自然科学基金结题3项、山东省医药卫生科技发展计划结题2项、泰安市科技发展计划项目结题验收24项，获山东省医学科技奖2项，山东省药学会科学技术奖1项，山东省老年医学会科学技术奖2项，省卫生健康政策研究重点课题奖1项。GCP试验新增6个专业组备案资质，临床试验项目达21项，签署合同总费用700万元。住培医师结业统考理论合格率为93%、临床实践能力合格率为96%，其中全科、儿科等10个专业基地合格率为100%。青岛大学附属泰安市中心医院、青岛大学泰安医学中心签约落地。承担完成国家级继续医学教育项目4项、省级继续医学教育项目31项。在抗击新冠肺炎疫情工作中，医院被山东省委、省政府表彰为山东省先进基层党组织、山东省抗击新冠肺炎疫情先进集体，被泰安市委表彰为新时代泰山“挑山工”十面红旗单位。年内，先后获中国医院百强院、中国最佳医院管理团队奖、全国改善医疗服务示范医院、山东省文明单位、山东省2020年度优质服务单位等称号，94人受上级表扬表彰，全市现代医院管理制度建设和公立医院综合改革考核获第一名。

【山东第一医科大学第二附属医院】 山东第一医科大学第二附属医院创建于1974年，始称山东医学院楼德分院附属医院，1981年更名为泰山医学院附属医院，1987年搬迁至泰安，2019年2月，更名为山东第一医科大学第二附属医院。医院建筑面积11.5公顷，开放床位1800张，在职职工2068人，设有临床科室48个、医技科室8个，是集医疗、教学、科研、急诊急救、预防保健和康复于一体的三级甲等综合性医院。医院有副高级以上职称人员357人，享受国务院政府特殊津贴4人，泰山学者特聘专家6人，齐鲁卫生与健康领军人才2人，特聘二级教授4人，省级中青年学术骨干、重点科技人才3人，博士研究生导师2人、硕士研究生导师132人，92名专家担任国家级、省级学会副主任以上委员，252名专家担任国家级学会委员。医院先后与美国、新加坡等20个国家和地区建立友好合作关系，每年互派学者访问交流。设立人才专项基金，选派优秀医护人员到国内外研修学习。2020年，双聘泰山学者等6名医院学术带头人，引进学科带头人1人、实用人才3人。115人通过高级职称评审。医院成立“山一大知名专家泰安工作室”，打造“济泰一体，医疗先行”的惠民医疗服务品牌。首台手术准点开始率为96.76%，全年三、四级手术占比提高11.98%，日间手术占比提高2.8%。医院全年业务收入增长10%以上，以全省第7名的成绩通过公立医院绩效考核。建筑面积8000平方米的感染性疾病综合楼历时110天完成建设投入使用，建筑面积6.8万平方米的综合医技楼（公共应急临床中心）获立项审批。10兆直线加速器、ECT、3.0T核磁共振投入使用。新增医联体合作单位24家，派出专家1000人到协议单位开展坐诊、查房、讲课。成立急性血栓性疾病专科联盟，新增医学影像远程诊断协议单位6家。成立“肿瘤放化疗日间病房”。成立病床调配中心，实现全院范围跨科室收治病人，“全院一张床模式为疫情防控保驾护航”获全国改善医疗行动擂台赛优秀案例奖。医院10个专业获评省临床重点专科及建设单位，山东省肛肠病医院泰安分院、中华足踝外科教育学院专家工作站、中国胸外科肺癌联盟肺小节诊治中心泰安分中心、山东大学附属生殖医院技术协作单位相继挂牌。卒中中心获评山东省示范高级卒中中心，胸痛中心通过国家胸痛中心现场核查，创伤中心挂牌中国创伤救治联盟建设单位。召开首届科技大会，制定《科研奖励办法》《科技成果转化管理办法》，与大学6家院所签订合作协议。在抗击新冠肺炎疫情工作中，发热门诊累计接诊6.28万人次，完成核酸检测14.2万例次，筛查门诊就诊患者及陪人120万人次。选派37人次赴湖北、新疆及省市定点医院支援，完成网格化管理区域内13家医疗机构疫情防控指导帮扶工作。

【山东省泰山疗养院（山东省泰山医院）】 山东省泰山疗养院（山东省泰山医院）始建于1952年，是一所预防、医疗、保健、疗养、康复、养老并重的省直医疗机构，是泰安市基本医疗保险定点医疗机构。建院初期主要承担医疗保健服务工作，80年代末面向全社会各阶层开展医疗服务，2009年加挂山东省泰山医院牌子。院区占地面积11.87公顷，有职工577人，医疗卫生技术人员440人，其中主任医师21人、副主任医师24人、护士269人、临床药师4人、临床营养师2人。2020年，医院门诊就诊总数7.5万人次，住院患者4998人次。医院设8个内科专业（神经内科、心血管、消化、呼吸、泌尿、内分泌、肿瘤内科和老年病科），6个外科专业（普外、胸外、骨外、泌尿外、腔镜和痔瘘），8个中心（康复养老部、重症医学部、疗养保健部、临床检验中心、医学影像中心、健康管理中心、睡眠医学中心、眩晕脑血管病中心）及风湿免疫科、中医和中西医结合科、中西医结合肺病科、临床营养科、皮肤科、口腔科等临床科室，其中重症医学部被评为泰安市临床重点专科，中西医结合肺病科被评选为山东省中医药临床重点专科建设单位。新增东芝彩超阿波罗900、西门子大生化仪、飞利浦64排CT，相继应用三氧治疗、四肢多普勒血流检查、肺动脉血管CTA成像、肌骨超声等新技术，ICU北区扩建启用床位达27张，床位利用率100%。医院现有疗养床位176张。房间配备卫生间、电视机、温控设施等，高档房间还配备有数字电视、电话、冰箱、厨房等设施。医院配套设施齐全，功能完备，建有餐饮中心、接待中心、大中小型会议室及不同规格的活动室、健身房，可接待上百人的会议。年内，接待省级重点保健对象61家，厅局级、援鄂和“山新”普通保健对象549家，接待泰安、济宁、东营等地市疗养对象23家。签订2019年度科技合同13项（省中医药发展计划6项、泰安市科技计划3项、省医药卫生科技发展计划4项），立项省卫健委政策研究课题1项，申报泰安市科技计划6项，1项课题获泰安市科技进步二等奖，1人被评为山东省名中医药专家。在抗击新冠肺炎疫情工作中，医院选派4名医护人员参加山东省第十批支援湖北医疗队，奔赴湖北黄冈，2人获省委组织部、省人社厅、省卫生健康委联合颁发的“山东省抗击新冠肺炎疫情先进个人”称号。原创歌曲《战疫情　盼春归》《你的名字》《生命的印迹》登上“学习强国”平台。医院被授予“泰安市抗击新冠肺炎疫情先进集体”称号。

【山东省煤炭泰山疗养院】 山东省煤炭泰山疗养院（山东泰安煤矿医院、泰山景区医院）始建于1965年，是集医疗、预防、康复、教学、疗休养为一体的非营利性现代化综合医院，是山东省及泰安市干部保健定点医院，为省属公益二类事业单位、二级甲等综合医院。院区占地面积5.86公顷，注册床位434张，在职职工460人。2020年，山东省煤炭泰山疗养院收治住院患者5483人次，较上年减少200人次，减少率3.52%，治愈、好转率97.79%；门诊接诊3.88万人次，较上年增加4089人次，增长率11.77%；开展手术320台次，较上年减少122台次，抢救危重病人135人次，抢救成功率达95%以上；年均药占比为25.91%，较上年同期降低3.06%，其中门诊25.41%，住院25.97%；平均住院天数为9.85天，较上年基本持平；病床使用率54.77%，较上年减少1.69%。年内，建成高标准PCR实验室，完成胃肠镜2253例，内镜诊疗的专业特色和核心竞争力已成雏形。9月，通过国家标准化心脏康复中心认证，成为泰安第一家国家标准化心脏康复中心。开展腹腔镜胆囊切除及泌尿科微创手术，填补医院在此领域的空白。完成孔镜手术11例。组织院内集中培训学习14次，邀请齐鲁医院、泰安市中心医院的4名专家进行授课；先后选派2名医师到301医院进修、5名护士到上级医院进修学习。在抗击新冠肺炎疫情工作中，选派8名医护人员到天池留观点进行55天的医疗服务工作；选派10名医护人员到南昌机场参加泰安市"3·1"疫情防控工作专班。承担泰安城区东部发热病人的诊断治疗，泰安一中和北实小学生疫情防控保障、泰山景区居民发热患者的收治与网上会诊以及外地到泰安游客中发热患者的收治任务。被市委、市政府表彰为"泰安市抗击新冠肺炎疫情先进集体"。

（李先虎　宋洪孟）

基层卫生和妇幼保健

【基层卫生机构建设】 创建达到国家推荐标准的乡镇卫生院、社区卫生服务中心25家，全市累计达到国家推荐标准的乡镇卫生院、社区卫生服务中心36家，数量居全省第一位（全省共180家），受到国家卫健委通报表扬。建成社区医院10家，全市累计创建社区医院17家，机构占比和覆盖率居全省第一位。评审命名省级示范标准村卫生室60个、市级示范标准村卫生室92个。遴选20家特色科室作为建设单位重点培植。在乡镇卫生院、社区卫生服务中心建成发热哨点诊室（门诊）87个，在社区卫生服务站、村卫生室建成预检分诊点3121个。开展乡村医生执业再注册工作，全市完成再注册乡医7186人。

【基本公共卫生服务】 全市基本公共卫生经费标准提高到人均65元，12类基本公共卫生服务项目规范进行。建立居民健康档案489.16万份，建档率86.73%；65岁以上老年人健康管理57.94万人，管理率70.35%；高血压管理48.43万人，糖尿病管理17.74万人。泰安市在全省国家基本公共卫生服务项目绩效考核中获第一名，获国家和省级奖励资金574万元。

【家庭医生签约服务】 累计完成家庭医生签约198.88万人，其中患病贫困人口签约8.47万人，实现应签尽签；65岁以上老年人签约62.5万人，签约率达75.88%。全省基本公共卫生服务项目和家庭医生签约培训班在泰安举办，泰安市作典型发言。

【出生缺陷综合防治】 开展出生缺陷三级预防，继续实施免费孕前优生检查项目城乡人群全覆盖，免费孕前优生健康检查3.6万人，农村妇女免费补服叶酸预防神经管缺陷1.5万人；印发《关于进一步做好泰安市产前筛查与诊断工作的通知》，规范相关技术服务，继续针对产前血清学筛查、孕妇外周血胎儿游离DNA产前筛查、产前诊断三种方式进行减免，适用人群在孕期内可自主选择；继续实施新生儿四项免费遗传代谢病筛查，筛查率为99.92%。全市推行新筛网络管理系统，可实现孕妇参加筛查的同时即可办理报销，部分县（市、区）已经开展孕妇端手机App即时报销工作。

【妇幼健康服务】 全市发放母子健康手册3.4万册。全市农村妇女"两癌"（宫颈癌、乳腺癌）检查18万人，推动35～64岁农村妇女和全部建档立卡的贫困妇女"两癌"检查按照3年一个周期全覆盖。全市孕产妇HIV、梅毒、乙肝咨询与检测率达100%。开展市级妇幼保健特色专科评审工作，评选市级更年期保健特色专科3家、孕产期保健特色专科3家、新生儿保健特色专科5家。泰安市妇幼保健院妇女保健部被评选为省级更年期保健特色专科单位，泰安市中心医院被评为省级孕产期

2020年泰安市妇幼卫生保健情况表

表40

项　目	指　标	项　目	指　标%
孕产妇死亡率	10.66/10万	7岁以下儿童健康管理率	92.65
孕产妇系统管理率	92.54%	3岁以下儿童健康管理率	93.00
产后访视率	93.50%	6个月内婴儿母乳喂养率	95.40
新生儿死亡率	1.76‰	产前筛查率	92.48
婴儿死亡率	2.62‰	新生儿四项遗传代谢病筛查率	99.92
5岁以下儿童死亡率	3.870‰	新生儿听力筛查率	99.29
5岁以下儿童贫血患病率	3.42%	妇女常见病筛查率	83.82

保健特色专科建设单位。宁阳县推进国家级妇幼保健机构机制创新试点建设，在全国和全省推广经验。岱岳区妇幼保健院被遴选为山东省妇幼保健机构能力建设项目单位。岱岳区妇幼保健院新院启用，肥城市妇幼保健院新院建设一期项目已完成主楼封顶。（李先虎　宋洪孟）

卫生综合监督

【卫生监督“蓝盾”行动】 组织实施人类辅助生殖技术和产前诊断技术专项监督检查、尘毒危害专项执法、农村饮水卫生安全专项监督检查、消毒产品专项监督检查、医疗机构医疗废物专项整治、口腔诊疗活动中放射诊疗行为专项监督检查6项“蓝盾行动”，监督检查单位3168家，下达监督意见书2338份，立案254件。

【日常监督检查】 全市应监督单位15106家，实际监督15101万家，监督覆盖率99.97%。全市查处案件1202件，其中一般程序案件1051件，人均办案10.83件，罚款金额256.3万元。年内，国家下达泰安市双随机抽检任务1418件，任务完成1407件、任务关闭11家，任务完成率99.22%，任务完结率100%，实施行政处罚69件，罚款10.45万元。

【医疗卫生行业综合监管工作】 建立健全医疗卫生行业综合监管制度，以市政府名义印发《关于健全完善医疗卫生行业综合监管制度的通知》，明确职能部门权责分工，将综合监管纳入市政府督查事项，成立综合监管专项小组。迎接省医疗卫生行业综合监管工作实地督察，对各县（市、区）开展医疗卫生行业综合监管工作督察。召开全市医疗卫生行业综合监管专项小组第一次联席会议。

【食品安全风险监测】 举办食品安全风险监测培训班2期。29家二级以上哨点医院全部完成HIS系统改造升级，完成率100%，实现与国家报告平台的对接。完成520份化学污染物及有害因素监测样品，270份食源性致病菌监测样品，以及60份烤鱼片的河鲀毒素检测任务和24份生乳、巴氏杀菌乳的碱性磷酸酶专项监测任务，计划完成率103.04%。年内，全市累计上报食源性疾病病例10.88万例，报告食源性疾病暴发（食物中毒）事件48起。（李先虎　宋洪孟）

医养健康

【医疗养老深度融合】 全市医疗卫生许可证和养老许可证双证齐全的医养结合机构17家，纳入医保定点13家。36家养老机构内设立医疗机构，106家养老机构能为入住老年人提供医疗卫生服务。日间照料中心220家，有121家建立签约合作协议。建立医养结合培训基地5个，培训工作人员2100人次。推荐10名专家列入全省医养结合专家库。

【医养结合示范创建】 泰安市及6个县（市、区）均被确定为省级医养结合示范先行市及县（市、区），泰山区岱庙办事处等21个乡镇（街道）入选省级医养结合示范乡镇（街道）。慈恩老年颐养中心、颐博养老护养院、新泰市老年公寓等3家医养结合机构经验做法被评为全省首批医养结合典型案例。288家社区卫生服务站（村卫生室）被确定为全市首批医养结合示范站（室）。

【健康产业发展】 根据“康养福地”建设目标，调整成立产业专班。完成年度12个产业项目任务，年度完成投资14.5亿元，完成率115.1%。至年末，医药制造和医疗器械制造产业集群规模以上企业24家，营业收入56.2亿元、增长9.6%，利润

11月21日，泰安市医养健康合作项目集中签约仪式举行（宋洪孟　供）

15.16亿元、增长23.1%。7家医养健康领军企业实现营业税收34.4亿元，利税4.3亿元。10个重大支撑项目计划投资6.6亿元，实际完成投资8.2亿元，完成率124.2%。年内，医养健康产业增加值162亿元，占全年GDP比重5.9%，两项指标连续2年保持增长。（李先虎　宋洪孟）

职业健康

【健全职业病防治监管机制】 优化和整合职业卫生检测评价、职业健康检查、职业病诊断等方面的专家资源，组建泰安市职业健康专家库。印发《泰安市职业病防治工作联席会议制度》，明确联席会议主要职能、成员单位的职责，加强全市职业病防治监管工作制度保障。

【职业健康宣传培训】 开展“职业健康保护·我行动”主题宣传周活动，发送公益短信500万条，发放宣传折页、“明白纸”等材料10万份，《职业健康倡议书》1500份，张贴宣传海报1000份，悬挂标语、条幅1200条，制作宣传版面800块，举办线上培训班70次。对3810名用人单位的负责人、职业卫生管理人员进行职业卫生培训。联合市总工会组织举办职业中毒事件处置技能竞赛，在省级决赛中，泰安市代表队获团体三等奖和个人二等、三等奖。

【尘肺病防治攻坚和尘毒危害专项治理】 市卫生健康委等10部门联合印发《泰安市尘肺病防治攻坚行动实施方案》，在全市组织开展尘肺病防治攻坚行动。受市政府委托，市卫生健康委与县（市、区）政府、功能区管委会签订尘肺病防治攻坚行动目标责任书。年末完成各项防治目标。印发《泰安市矿山、冶金、化工、建材、汽车制造、铅酸蓄电池生产等行业领域尘毒危害专项治理工作方案》，在全市组织开展尘毒危害专项治理活动，完成治理工作。

【职业病防治项目和职业病危害项目申报】 利用国家专项资金，对煤工尘肺等24种职业病、185家用人单位工作场所的煤尘等12种职业病危害因素进行监测，对187家放射诊疗机构1840名放射工作人员的职业健康检查和个人剂量监测、182家放射诊疗机构设备性能及防护基本情况和72家非医疗机构放射工作单位等情况进行摸排调查，对全市2870家企业进行职业病危害现状调查，6个监测项目均超额完成省下达的目标任务。严格职业病危害项目申报备案，全市已有1580家用人单位通过新系统进行申报。

（李先虎　宋洪孟）

中医·中药

【中医药深化改革】 成立市委促进中医药发展工作领导小组，增设3个专门科室。印发《关于加强中医药行政机构和促进单位建设有关事项的通知》，持续健全完善中医药管理体系。联合人社、物价部门印发《泰安市中医优势病种收费方式改革工作方案》，全市实施优势病种改革的病例246例，为群众减轻费用28.94万元，节约医保资金支出50.5万元。持续巩固药品购销“两票制”（药品生产企业到流通企业开一次发票、流通企业到医疗机构开一次发票），强化中药饮片管理。

【中医药事业发展】 在6家中医医院成立治未病科，成立19名治未病专家组成的治未病质控中心，组建由55家成员单位组成的治未病专科联盟。加强中医药文化建设，有6家单位获评第二批全省中医药文化宣传教育基地和中医药文化建设示范单位。

【中医药产业发展】 加强以“泰山四大名药”（何首乌、紫草、黄精、四叶参）为代表的特色中药材规范化种植和深加工，加快中药深加工研发生产基地项目、泰山赤灵芝新产品研发项目等重点项目建设。引进培育一批中医药产业重点项目，扶持山东岳草堂等中医药骨干企业做大做强。支持山东广印堂现代中药研发产业基地项目落户泰安，推进容大中药标准煎煮服务及中药饮片生产加工项目建设。开展中医药产业调查。

【中医药服务】 打造邱家店卫生院康复基地、省庄镇卫生院中医康复病区、泰前社区卫生服务中心产后康复驿站、徐家楼社区卫生服务中心中医药特色康复科、丽景社区卫生服务站“康复之家”等“中医药+”特色服务。泰安市中医二院与老年护理院、康复疗养机构等开展合作，将体质辨识、针灸推拿、药膳调理等方式用于防治老年病、慢性病。举办第二届“泰山治未病论坛”暨第十一届“泰山膏方节”。

【中医药人才科教工作】 强化中医药领军人才队伍建设，至年末，

12月23日，泰安市中医药"三经传承"培训班在泰安市中医医院举行
（宋洪孟　供）

全市有全国名老中医药专家学术经验继承工作指导老师3人，全国中医医疗机构会计领军人才2人；国家基层名老中医药专家传承工作室3个，省名老中医药专家传承工作室4个；省名中医药专家9人，省基层名中医28人。依托泰安市中医医院建设"三经传承"（学经典、用经方、传经验）推广示范基地，邀请国医大师李佃贵教授到泰安设立传承工作室。持续开展"山东省五级中医药师承教育项目"和"全省乡村中医师'3+3'能力提升项目"，2个项目分别有20人、9人通过考核。启动实施第三批839人西医学习中医培训工作。吸纳44名专业人才，组建全市中医药应对重大公共卫生事件和疫病防治骨干人才库。

【泰安市中医医院】　泰安市中医医院始建于1980年，是国家三级甲等综合性中医医院，是全市中医医疗、教学、科研、康复预防保健中心，是山东中医药大学附属医院，山东第一医科大学、滨州医学院教学医院，国家中医住院医师规范化培训基地，国家中医全科医生规范化培训基地，国家药物临床试验基地。医院有各类专业技术人员1200人，其中博士、硕士340人，高级职称200人、中级职称600人，拥有享受国务院政府特殊津贴待遇1人，全国老中医药专家学术经验指导老师（博导）3人，山东省名中医药专家5人。医院开放床位1214张。医院设有国际欧亚科学院中医药院士泰安工作站、中国针灸学会泰安专家工作站、江学良专家工作室、国医大师李佃贵传承工作室，是山东省"三经传承"推广示范基地。拥有多个专科专病，肝病科、内分泌科为国家临床重点专科，肝病科、脑病科、肺病科、内分泌科、预防保健科为国家级中医重点专科，肝病科、脑病科为山东省首批重点学科，骨伤科、心血管科、肿瘤科、康复科、针灸科、脾胃病科为山东省中医药重点专科，肾病科、皮肤科、肛肠科、妇科、急诊和重症医学科为市级重点中医专科及特色专科。2020年，医院被确定为国家高级卒中中心，肺病科认证为全国PCCM规范化建设项目达标单位，新增急诊与重症医学科、妇科2个市级中医特色专科。医院自制制剂疗效显著，获国家批准文号的品种68个，自制特色代茶饮5个。新购置价值3300万元的256层CT、DSA、全自动生化分析仪及化学发光流水线等设备115台。年内，通过国家药物临床试验伦理项目9项，230人获省级GCP培训证书，肝病科与第三军医大学西南医院感染病专科医院联合成功申报山东省重大科技创新工程项目，获泰安市科学进步奖11项、山东中医药科学技术奖三等奖1项。医院先后获2020年度山东省中医医院管理先进案例优胜奖、优秀组织奖，山东省中医药文化宣传教育基地、全国卫生健康行业网络安全技能大赛优胜奖、省级医疗器械不良事件监测先进单位等称号。

（李先虎　宋洪孟）

人口和计划生育

【概况】　2020年，全市出生3.46万人，出生率为6.02‰，自然增长率为−1.3‰，出生人口性别比为106.2。

【人口稳定健康发展】　加强人口监测预警、生育政策配套、普惠性婴幼儿照护服务和计生家庭扶助关怀制度等方面的统筹规划。把计划生育工作作为公共财政保障的重要组成部分，健全完善稳定增长的投入保障机制。

【生育支持体系建设】　推进生育服务制度改革，构建支持生育的政策环境。优化已婚育龄妇女健康查体项目，逐步提升健康水平等健康服务转变。将完善生育支持、标准化母婴设施覆盖公共场所列入用人单位考核内容。泰山区、肥城市获“全国计划生育优质服务先进单位”称号。开展优生优育社区活动280场次，覆盖5万人次。为1149名0～3岁婴幼儿和孕妇赠送“疫苗卫士保障计划”“分娩无忧保障计划”保险。

【计划生育利益导向机制建设】 全市独生子女父母奖励费落实率达100%，发放奖励扶助和特别扶助金1.75亿元；走访慰问困难计生家庭8601户，发放救助金378.3万元。全市确定特殊家庭就医定点医院16家，发放就医卡6063人，建立特殊家庭信息档案3758人，开展家庭医生签约服务6350人次，对724户建档立卡贫困计生家庭实施精准救助；破产改制企业计生奖励遗留问题得到解决。通过“金秋助学”活动帮扶救助计生贫困大中专学生2438人，发放救助金204.19万元。落实失独（伤残）家庭住院护理补贴保险79.11万元，参保4553人；办理计划生育家庭意外伤害保险936.74万元，参保31.32万户。

（李先虎　宋洪孟）

红十字会工作

【“三救三献”工作】 推进“三救三献”（应急救灾、应急救护、人道救助，捐献血液、捐献造血干细胞、捐献遗体及人体器官组织）工作，树立“博爱泰山”红十字品牌。全年接收遗体捐献5例，角膜捐献3例，刻碑信息9例；造血干细胞成功捐献6例；为15名白血病患儿、2名先心病患儿分别申请小天使基金48万元、天使阳光基金3.5万元。全市全年采集造血干细胞血样525份，入库志愿者总计达7137人。实施中华骨髓库造血干细胞捐献“志愿者保留”项目。

【募捐工作】 新冠肺炎疫情发生后，市红十字会规范接收款物，主动接受监督，助力疫情防控，全年共接收捐赠款物合计2159.43万元。

【“博爱泰山送温暖”活动】 扩大救助覆盖面，重点对全市特困家庭、麻风病村村民等弱势群体，贫困尿毒症血液透析患者、贫困肿瘤患者，因大病灾害等原因造成家庭特别困难的部分建档立卡贫困家庭进行走访、救助，春节期间共走访、救助困难家庭200户。

（李先虎　宋洪孟）

医疗保障

【概况】 2020年，全市基本医疗保险参保人数达535.9万人，生育保险参保人数达68.9万人。基金收入73.1亿元，支出67.7亿元。市医保局继续保持“省级文明单位”称号，被省委组织部、省人社厅、省卫健委表彰为“山东省抗击新冠肺炎疫情先进集体”。

【疫情防控】 助力疫情防控。做好救治费用医保基金保障工作，将全市确定的定点救治医院全部纳入医保定点范围，应急预付、追加预拨医保基金4.56亿元，确保定点医院不因医保基金问题影响患者救治。落实患者救治费用补助政策，对新冠肺炎患者使用的药品和医疗服务项目，全部纳入医保基金支付范围。与12家药品批发企业和21家药品零售企业建立联防联供工作机制，保障医疗机构和零售药店的药品及防护用品供应。建立零售药店购买发热、咳嗽药品人员信息登记报告制度，发挥零售药店在疫情防控中的“哨点”作用。支持企业复工复产。2次出台阶段性降低职工医疗保险单位缴费费率的政策，减少参保单位缴费和个人支出5.6亿元。对受疫情影响，面临暂时性

6月9日，泰安市互联网医院医保服务签约仪式举行　　（焦裕斌　供）

生产经营困难的中小企业，缓缴职工医疗保险和生育保险费用，缓缴期最长6个月。帮助解决医药企业资金周转困难，各级医保经办机构向医保协议定点医疗机构预付3.31亿元，用于协议定点医疗机构以往采购药品和耗材的应付款项。

【医保基金监管】 成立市医疗保障基金监管工作联席会议，印发《泰安市打击欺诈骗取医疗保障基金专项治理工作方案》《全市医保定点医疗机构违规使用医保基金行为专项治理工作方案》等文件，开展医保基金使用问题自查自纠和打击欺诈骗保专项治理，迎接国家飞行检查和省市交叉检查，加强医保经办机构内控制度建设。全市5584家定点医药机构实现自查自纠、专项治理检查100%全覆盖，累计追回违规使用医保基金8837万元。构建新型医保基金监管体系，岱岳区医保信用诚信体系建设工作受到省医保局肯定。部署医保智能监控信息系统，事后审核系统覆盖全市200家定点医疗机构，事前事中监控系统已在12家二级以上公立医院部署完成。开展医保基金监管集中宣传月活动，鼓励群众举报和监督。

【医保扶贫】 抓好应保尽保，利用省医保扶贫综合信息管理系统进行信息动态比对，精准确定贫困人口参保数据，全市建档立卡贫困人口等4类人员的基本医保、大病保险、医疗救助100%全覆盖。贫困人口参加居民基本医疗保险个人缴费部分由县（市、区）财政按一档标准全额给予补贴。严格待遇落实，对符合认定条件的建档立卡人员在医保系统、医疗救助“一站式”即时结算平台中逐一进行标识，确保贫困人员及时享受到基本医保、大病保险、医疗救助等政策。将门诊慢性大病定点范围向基层延伸，将符合条件的贫困人口纳入保障范围。年内，全市办理门诊慢性病资格确认建档立卡人员4.93万人，报销门诊慢性病医疗费用3627万元。落实大病保险倾斜政策，起付标准降低到5000元，最低段报销提高到65%，最高段达到85%，并取消封顶线，为贫困人口支付大病保险费用5576万元。推进重特大疾病再救助“一站式”结算系统运行，完善医疗救助“一站式”即时结算平台系统，实现困难群众基本医疗、医疗救助一站式办结，通过“一站式”救助7.71万人次，支付资金3998万元。

6月18日，全省“互联网+医保+医疗+医药”慢病管理创新服务泰安现场会举行 （焦裕斌　供）

【健全完善政策体系】 在全省率先修订《泰安市医疗救助办法》，提高重点救助对象门诊慢性病救助标准，每人年内累计救助金额不超过3000元，比原有政策提高1000元。实施恶性肿瘤和白血病放化疗、重度精神病、尿毒症肾透析、器官移植抗排异治疗等5类重特大疾病门诊救助，救助封顶线为3万元。推进生育保险和职工医疗保险合并实施，自1月1日起参加泰安市职工基本医疗保险的在职职工同步参加生育保险。将机关事业单位职工纳入生育保险参保范围。提高居民医保筹资水平，居民基本医保政府补助和个人缴费标准分别由不低于520元和250元提高到不低于550元和280元。完善职工长期护理保险，全市共确定长期护理保险定点协议机构120家，年内，享受待遇3247人次，报销费用695万元。调整基本医疗保险有关政策，规范转诊转院、异地就医、医疗保险关系转移接续和缴费年限认定等规定。出台相关配套政策，明确谈判药品支付标准，推动实施国家医保谈判药品落地。

【慢病管理“泰安模式”】 以门诊慢病管理为切入点，以信息化建设为手段，建立全国第一家慢性病互联网医院，开出全国第一张互联网医保结算单，签订全国第一个互联网医院医保服务协议，创新“互联网＋医保＋医疗＋医药”慢病管理新模式，实现慢性病医疗健康管理服务水平提升、慢性病人群健康指数提升、慢性病患者医疗费用负担下降“两升、一降”目标。“互联网＋医保＋医疗＋医药”慢病服务新模式，在新冠肺炎疫情防控时期，能方便广大慢病患者就医购药，减少人群聚集和交叉感染风险。中央电视台、新华社等新闻媒体进行重点报道。省医保局在泰安市召开现场会，向全省推广泰安做法，全国 20 个市、县和单位到泰安学习考察。推进支付方式改革，区域点数法总额预算和按病种分值付费改革纳入国家试点，将全市三级综合定点医疗机构全部纳入日间手术按病种结算实施范围，日间手术病种由 27 个增加到 67 个，按病种付费病种达 182 种。

【重点领域改革】 集中带量采购改革。落实国家集采药品中选结果，第二批、第三批 87 个药品平均降价 53%，最高降幅分别达 93% 和 95%。组织全市 120 家公立医疗机构进行集采药品报量，指导医疗机构按照约定采购量做好药品采购和使用工作。将带量采购和采购回款纳入定点医疗机构服务协议内容，确保完成采购任务量和及时回款。两批集采药品落地，年节省医药费用近 1 亿元。做好国家组织冠脉支架集采成果落地实施，冠脉支架均价从 1.3 万元下降至 700 元，全市首年协议采购量为 3600 条。落实京津冀及黑吉蒙晋辽鲁联盟医用耗材（人工晶体）带量采购成果，人工晶体平均降价 46%。全省首批省级集采药品中选结果落地实施，首批 39 个中选药品平均降价 67.3%、最大降幅 98.6%。与济南、淄博、聊城等 6 市共同组建省会经济圈药品耗材采购联盟，健全完善药品耗材区域采购机制。医疗服务价格改革。制定和调整部分医疗服务价格，批复“工作重塑——脑机接口康复训练”医疗服务价格，出台泰安市“互联网＋医疗服务价格”和新冠病毒核酸检测医疗服务价格，规范院前急救和救护用车收费行为，重新公布急救服务项目收费标准。放开部分医疗服务项目价格，将市场竞争充分和个性化需求较强的 26 种医疗服务价格放开，由医疗机构自主制定价格。制定公布《泰安市公立医疗机构医疗服务项目价格》（2020 年版），涵盖医疗价格项目 5119 项。

【优化服务】 实施流程再造，制定《关于印发泰安市医疗保障经办服务“六统一”流程再造实施方案的通知》《关于深入推进医疗保障经办服务流程再造的十条意见》。修订完善《泰安市统一医疗保障经办服务办事指南 2020 年版》，发放各类宣传资料，加强政策宣传。按照减环节、减材料、减时限要求，医疗保障业务申办材料整体精简 30% 以上，办理时限整体缩短 50% 以上。医保经办服务事项“网上办”和“掌上办”不低于 90%，即时办结事项达 58% 以上，非即时办结事项比国家规定时限压缩 60% 以上。开展医保电子凭证和移动支付工作，全市参保人员医保电子凭证激活人数达 228 万人，激活率 43.2%，在全省 16 市中列第 6 位。全市 179 家定点医院全部接入国家异地就医直接结算平台，实现乡镇卫生院全覆盖。34 家门诊慢病定点医疗机构实现省内异地就医直接结算。开展标准化示范窗口建设，市直和泰山区、新泰市成功创建省级标准化示范窗口。医保信息化集成平台实现与原人社系统的拆分和独立运行，为加快全市医保信息化升级改造打下基础。

（焦裕斌）

体育

【概况】 2020 年，全市体育工作以“体泰心安”为统领，落实各项重点工作，努力形成“群体活动铺天盖地、竞技体育人才辈出、体育产业特色鲜明、体育彩票安全规范、体育科技便民利民、体育宣传广泛深入”发展格局，推动全市体育事业高质量发展。

【全民健身】 提前超额完成“城乡体育惠民工程”，新体育中心“三馆”主体框架完成超过 30%；新建社会足球场地 34 块，任务完成率 130.77%；为全市 110 个行政村配备健身器材，全市所有行政村实现健身器材全覆盖。实施老体育中心为民服务提升改造工程。开展“体泰心安”全民健身季活动，市县镇村共策划活动 918 项。新成立体育协会 2 个、俱乐部 9 个，市级单项协会发展到 56 个、俱乐部发展到 119 个。年内，全市人均体育场地面积达 2.19 平方米，超过全省 2.0 平方米标准。疫情防控常态化下创新开展“线上＋线下”相结合办赛新模式，“线上”组织活动 20 项，参与人数 61 万人；“线下”举办全民健身运动会赛事项目 500 项，参与人数 5 万人。连续 10 年获“山东省全民健身运动会优秀组织奖”。成功争取 2021 年山东省第四届冬季全民健身运动会和 2021 年山东省第十一届全民健身运动会举办权，成为省

2020 年泰安市承办省级以上比赛情况表

表 41

序　号	比赛名称	时　间	地　点	人　数（人）
1	2020 中国攀岩联赛（泰安站）	9 月 11—13 日	市体育中心	200
2	山东省男子拳击锦标赛	9 月 3—7 日	山东力明科技职业学院	780
3	山东省女子拳击锦标赛	9 月 7—13 日	山东力明科技职业学院	480
4	山东省男子跆拳道锦标赛	9 月 15—21 日	山东力明科技职业学院	860
5	山东省女子跆拳道锦标赛	9 月 22—25 日	山东力明科技职业学院	680
6	山东省空手道锦标赛	9 月 22—29 日	山东力明科技职业学院	520
7	山东省橄榄球锦标赛（女子甲乙组）	9 月 23—28 日	市体育中心	369
8	山东省拳击冠军赛	10 月 18—22 日	山东力明科技职业学院	373
9	山东省田径冠军赛	10 月 21—23 日	市体育中心	800
10	山东省排球冠军赛（甲组）	11 月 5—9 日	市体育中心	260
11	山东省跆拳道冠军赛	11 月 10—14 日	山东力明科技职业学院	381
12	山东省空手道冠军赛	11 月 17—19 日	山东力明科技职业学院	262

内首个同时举办冬夏季运动会的城市。国民体质科研监测覆盖 87 个单位、1 万人。

【竞技体育】 派出 1000 名运动员参加省锦标赛的足球、田径、网球、体操等 27 个大项比赛，取得金牌 72 枚、银牌 53.5 枚、铜牌 62 枚，金牌总数列全省第 6 位，创造泰安市参加省锦标赛历史最好成绩。在全省率先由政府层面制定出台引进优秀竞技体育人才学籍、户籍管理和经费保障工作机制。做好市县两级体校建设，市体校在校运动员 1000 人，开展训练项目 23 个，7 个县级体校共有在训运动员 2000 人，为全市竞技体育可持续发展提供人才保障。优化竞技体育项目布局，落实球类项目打省运战略，持续打造举重、拳击、柔道、摔跤、武术、射箭等传统优势项目，突破发展网球、水上、冰雪项目，市网球队在省网球锦标赛取得 3 金 2 银 1 铜及多项全省前八名的历史最好成绩，成立泰安市首个水上运动训练中心，联合泰山区在花样年华景区建设全省最大的“泰山冰雪文体中心”，包括奥林匹克滑雪馆、冰体馆、冰上演艺中心、素质教育中心、游泳馆等 5 个世界最先进气承式气膜馆，为市冰雪项目普及和组建市级首支冰雪运动队提供支撑。做好对上输送，全年共有举重、柔道、古典跤、武术、田径等项目的 25 名运动员输送到上级运动队。“体教融合”发展模式被山东体育新闻在全省推广。市体育中心、泰山外国语学校、卓易网球俱乐部三方签署《泰安市青少年网球队合作共建框架协议》，为市青少年网球运动员打造出从幼

9月11—13日，2020中国攀岩联赛“鲁普耐特”（山东泰安站）在市体育中心攀岩场地举行　（陈　阳　摄）

2020年泰安籍运动员在全国级以上比赛中获奖牌情况表

表42

序号	姓名	性别	比赛名称	项目	名次	时间	地点
1	徐　悦 田秀秀	女	2020年全国女子手球锦标赛	手　球	2	9月18日	重庆万州
2	王金祥	男	2020年全国拳击锦标赛	81kg级	2	9月22日	河南洛阳
3	张　倩 郭慧珍	女	2020年全国女排锦标赛	女子排球	2	9月23日	广东江门
4	李佳航	男	2020全国U19锦标赛	五人制	2	10月10日	辽宁盘锦
5	贾　宇	男	2020年全国空手道锦标系列赛第二站	84kg级	3	10月18日	山西太原
6	贾　宇	男	2020年全国空手道总决赛	84kg级	3	10月18日	山西太原
7	程　凯	男	2020年全国跆拳道锦标系列赛第三站	54kg级	3	10月20日	江苏无锡
8	马新洋	男	2020年全国公路自行车锦标赛	男子团体	1	10月25日	河北唐山
9	许奥宇	女	2020年全国中国式摔跤锦标赛	成年女子–48kg级	2	10月27日	陕西渭南
10	王　凯	女	2020年全国皮划艇锦标赛	四人艇500米	3	11月10日	浙江丽水
11	李洪凤	女	2020年全国女子山地自行车锦标赛	山地自行车	2	11月14日	江苏南京
12	徐兴达	男	2020年全国赛艇锦标赛	男子八人艇	3	11月20日	上　海
13	宗　鹏	男	2020年全国赛艇锦标赛	混合八人艇	3	11月20日	上　海
14	战丽媛 范长潇	女	2020年全国青年男女U16手球锦标赛	手　球	3	11月21日	安徽安庆
15	乔仁栋	男	2020年全国柔道锦标赛暨冠军赛	混合团体	3	11月23日	江苏溧阳
16	马　晓	男	2020年全国古典跤冠军赛	97kg级	2	11月29日	河南焦作
17	孔文豪	男	2020全国U19锦标赛	三对三	1	11月29日	浙江宁波
18	尚子豪	男	2020年全国青少年柔道锦标赛	少年男子–55kg级	1	12月3日	江西赣州
19	许奥宇	女	2020年全国青少年柔道锦标赛	少年女子–48kg级	2	12月3日	江西赣州
20	冯得鑫	男	2020年全国青少年柔道锦标赛	少年男子–60kg级	3	12月3日	江西赣州
21	卫一磐	男	2020年全国青少年柔道锦标赛	青年–66kg级	2	12月3日	江西赣州
22	查　宁	男	2020年全国柔道青少年柔道锦标赛	少年+90kg级	3	12月3日	江西赣州
23	陈梦涵	女	2020年全国柔道青少年柔道锦标赛	少年+70kg级	3	12月3日	江西赣州
24	公　钰	男	2020年全国青少年柔道锦标赛	青年男子–81kg级	3	12月4日	江西赣州
25	张浩然	女	2020年全国青少年柔道锦标赛	少年女子–52kg级	3	12月4日	江西赣州
26	韩文翠	女	2020年全国青少年U系列英式7人制橄榄球锦标赛	橄榄球	2	12月11日	江苏宿迁
27	王金祥	男	2020年全国拳击冠军赛	81kg级	3	12月15日	海南白沙
28	泰安市女子手球代表队	女	2020年全国业余体校手球锦标赛	u16	1	12月16日	山东潍坊

儿园至高中阶段 15 年"一贯制"发展新模式。

【体育产业】 克服疫情防控压力，承办第三十四届泰山国际登山比赛、2020 中国攀岩联赛（山东泰安站）、2020 全国竞走锦标赛三大国内最高水平年度赛事，泰山国际登山比赛是疫情发生后国家体育总局批复的第一个全国群众性赛事，探索创新的疫情常态化下黄绿分区办赛新模式被省体育局在全省推广。通过政策引导、资金支持、业务指导等方式，促进体育与健康、旅游、文化等多产业融合发展，在全市规划打造信鸽小镇、足球小镇、冰雪小镇、九女峰山地户外运动小镇、桃都运动休闲小镇、新泰见子山户外运动小镇六大体育特色小镇。作为"山东省体育消费季"全省 8 个试点城市之一，引导 24 家体育健身和培训企业向市民发放 5 批次、53 万元消费券，拉动消费 265 万元，为疫情期间重新激活市场和促进体育产业发展起到推动作用，并在此项工作中

2020 年第三十四届泰山国际登山比赛暨第二十五届
全国全民健身登泰山比赛个人成绩前三名一览表

表 43

组　别	名　次	姓　名	参赛单位	成　绩
男子组	1	桑克浩	省队	1 ： 01 ： 18
	2	丛巍巍	省队	1 ： 03 ： 47
	3	王东辉	省队	1 ： 06 ： 48
女子组	1	周　霞	省队	0 ： 38： 23
	2	林　霞	省队	0 ： 39 ： 17
	3	张　辰	省队	0 ： 39 ： 46

位列全省第三位，受到省体育局通报表扬。泰山国际登山比赛被国家体育总局评为"2020 中国体育旅游精品赛事"，泰山国际马拉松被评为"2020 中国体育旅游十佳赛事"。第三十三届泰山国际登山节被山东省体育局评为"山东省十大精品体育赛事"。泰安市体育中心、泰山信鸽小镇被省体育局命名为 2020 年度山东省体育服务综合体。泰山国际马拉松被山东省体育局命名为"2020 年度山东省体育产业示范项目"。新泰市被省体育局确定为体育赛事管理服务试点城市。制作的微电影《窗外小苹果》获评山东省首届体育优秀微电影奖。

【体育彩票】 全市体育彩票累计销量 6.11 亿元，市场占有率为 56.59%，中出大乐透 2000 万元和 1906 万元大奖各 1 注。为应对新冠肺炎疫情带来的影响，打造安全规范公益彩票，拓展销售渠道，与中国联通、中华保险、中国烟草合作，让其网点进行代理销售；注重市场营销，突出主力玩法，全年开展大乐透、顶呱刮、七星彩 3 种玩法市场营销 10 次，提高市民购彩积极性；通过腾讯课堂、QQ 视频会议等形式，组织全市体彩销售人员、工作人员开展网络课堂培训 46 场次；组织体彩志愿者开展公益活动 20 次，为农村贫困小学捐赠体育器材价值 1 万元。（靳立超）

9月19—20日，2020"海尔斯杯"全国竞走锦标赛在泰山西湖景区举行
（陈　阳　摄）

编辑　校对　　刘小笋

社会生活

人力资源社会保障综述

【概况】 2020年，全市人力资源和社会保障（简称人社，下同）系统按照省、市“重点工作攻坚年”部署要求，开展人社工作“换芯转型”攻坚行动，统筹做好疫情防控和各项人社工作。市人力资源社会保障局连续五年保持全国文明单位称号，被省委、省政府表彰为“勇于创新奖”先进集体，被人社部办公厅表扬为“新闻宣传工作做得好的单位”。市劳动就业办公室获“全省事业单位脱贫攻坚专项奖励记大功集体”荣誉。东平县人力资源社会保障局被中共中央、国务院表彰为全国脱贫攻坚先进集体。省委书记刘家义，副书记、省长李干杰对宁阳县《激活农民工人才资源的山东“鹤山经验”》作出批示。泰安市保障农民工工资支付工作获省考核“A”等次，位列全省第三名。全省人社系统窗口单位业务技能练兵比武决赛和保居民就业工作调度会、全省专项职业能力考核现场会、全省优化社保经办服务及全民参保工作现场会、全省劳动人事争议仲裁疑难问题现场研讨会在泰安召开。开展练兵比武活动，市人力资源社会保障局获全省人社系统窗口单位业务技能练兵比武二等奖，新泰市人力资源社会保障局1名员工获全国人社知识通称号，宁阳县人力资源社会保障局3名员工获全国“岗位练兵明星”称号，前述4名员工被省人力资源社会保障厅评为2020年度全省人社系统人社服务标兵。

【疫情防控】 落实关心关爱一线防控人员政策措施，为2860名一线医务人员发放补助1046.16万元，为914名疫情防控一线医务人员办理岗位聘用。开辟工伤保险绿色通道，将医护及有关防疫人员纳入工伤保险范围。开辟工伤认定服务直通车，为因公牺牲的公安干警李弦落实工伤保险待遇。用1天时间完成市人才交流服务中心办公场所搬迁，向市中心医院交接两栋楼近100个房间、4700平方米办公场地。做好党员到社区“双报到”、“四进”工作组和“第一书记”驻村帮扶共建以及疫情期间劳动关系协调等工作。

【审批流程优化】 以企业群众需求为导向，以数据应用共享为支撑，以优化业务流程为抓手，打造“四精八同”（精心、精简、精准、精致，同城、同标、同质、同效、同员、同链、同网、同台）服务新模式。在退休网上审批等工作中，推行“起点串联一链办好”“多点并联一次

4月1日，省委组织部副部长、省人力资源社会保障厅党组书记、厅长梅建华（前排右三）到泰安调研企业复工复产情况 （沈红叶 摄）

办好”“圆点通联一体办好”“节点直联一心办好”，将流程整合为“一套材料、一张表单、一个流程”，办好群众心中的“一件事”。创新提升窗口“综合柜员”，168项政务服务事项办理实现“只进一扇门”，155项业务实现一窗受理。创新打造“电话柜员”，将“社会保险基金监督举报受理”“继续教育平台的账号密码重置”等19个政务服务事项纳入“12333”“电话柜员”服务事项，全年办理3.40万件，接听电话咨询14.71万个，接听率在全省排名前列。创新构建“流动柜员”，为全市重点企业、重点项目配备“流动柜员”，深入企业开展“负距离”服务。《中国社会保障》杂志、山东新闻联播分别报道“三类柜员”经验做法。

【工作机制创新】 推进全面深化改革工作，争取国家级试点1项、省级试点5项，承办省级现场会4次，在省级会议上作典型发言12次，19项工作经验被省以上发文或简报推广，《山东新闻联播》报道全市人社改革经验7次。 （米士伟）

就业创业

【概况】 落实“六稳”“六保”要求，把稳就业和保居民就业摆在首位，强化政策扶持和企业用工保障，全市新增城镇就业4.6万人，期末城镇登记失业率2.08%。

【就业政策落实】 印发《泰安市人民政府关于积极应对新冠肺炎疫情做好稳就业工作的实施意见》，提出具体稳就业措施32项。印发《中共泰安市委办公室 泰安市人民政府办公室关于印发〈泰安市落实“六保”任务实施意见〉的通知》，明确“保居民就业”措施8项。开展“政策快递 服务到家”就业创业政策宣传服务专项行动，真正让政策走入百姓群众中。发放一次性用工补贴793.72万元、一次性创业补贴1038.7万元、公益性岗位补贴1709.48万元、创业担保贷款69993.7万元。

【解决用工需求】 利用各级网上招聘平台、“码上就业（复工）”小程序、泰山“集结号”等就业信息平台，开设招聘专区，为2508家企业发布岗位需求3.6万个，达成就业意向1.53万人。组织“春风行动·青鸟计划”访谈招聘直播活动24期，在线观看370万人次。建立完善部门协作机制，提供农民工复工返程服务，累计对接发出运输专车294辆，“点对点”运送复工劳动者6700人。举办2020金秋招聘月——泰安金秋招聘会暨职业技能提升对接会，近300家企业参加，提供工业、金融等20个重点领域岗位近万个，达成就业意向1100人。适应用工单位和求职者需求，适时重启劳务市场线下招聘，累计举办64场次，达成就业意向1700人。

【重点群体就业】 针对高校毕业生、农民工、困难人员等重点群体，制定具体扶持政策，鼓励重点群体就业创业。继续实施“三支一扶”（到农村基层从事支农、支教、支医和扶贫工作）招募计划，全市招募“三支一扶”人员122名。加强就业见习管理，1532人到全市280家就业见习基地见习，为1028名高校毕业生发放见习补贴484.1万元。积极宣传高校毕业生就业创业政策，推行电子报到证，简化就业报到手续，提升档案管理信息化水平，为高校毕业生提供优质高效便捷服务。出台《泰安市人民政府办公室关于优化城市管理采取“五允许、四规范、三到位”措施助力经济发展的通知》，鼓励引导各类群体多渠道就业创业，促进“小店经济”“夜间经济”发展。

【人力资源服务】 制定《泰安市人力资源服务机构助力脱贫攻坚行动实施方案》，组织开展“应对疫情助力贫困劳动力外出务工行动”等7项行动，为脱贫攻坚提供人力资源服务支撑。为减免中小企业租金的各级创业孵化示范基地（园区）、人力资源服务产业园区，给予最长3个月的运营补贴，共拨付运营补贴128.76万元。出台扶持政策，助力人力资源服务机构扩大发展规模、提升发展水平，打造高品质人力资源服务产业集聚区，全市新增人力资源服务机构25家。

【人社脱贫攻坚】 开展人社扶贫工作，推进“鲁力同新·新经济促就业助脱贫行动”，为建档立卡贫困劳动力和农民工等就业困难人员提供多渠道、多形式的灵活就业。做好居民养老保险扶贫工作，为3.32万名建档立卡贫困人员代缴居民养老保险费331.81万元，4.57万名建档立卡贫困人员享受居民养老保险待遇。开展鲁渝劳务协助，与重庆巫溪县精准对接，转移建档立卡贫困人员到泰安就业106人，巫溪就地就近就业255人，开展技能提升和职业技能培训255人次。统筹做好湖北籍高校毕业生和建档立卡贫困人员就业工作，195名湖北籍人员在泰安就业。

【创业带动就业】 组织参加第四届“中国创翼”创业创新大赛选拔赛暨第五届山东省创业大赛，泰安市5个项目获奖。开展全市第二届“十大返乡创业农民工”评选，助力乡村振兴和脱贫攻坚。组织开展泰安市创业培训师资提升培训班暨山东省第五届创业大赛创业好导师选拔赛，提升全市创业培训师资水平。加强创业载体建设，肥城市被评为山东省创业型城市，泰山区泰前街道等4个街道（乡镇）被评为省级创业型街道（乡镇），全市15个社区被认定为第四批省级“四型就业社区”。 （米士伟）

社会保险

【概况】 全市收缴养老、失业和工伤三项社会保险费94.12亿元。其中，参加职工养老保险147.11万人，收缴养老保险费66.74亿元；参加居民养老保险276.51万人，收缴居民养老保险费22.78亿元；参加失业保险66.05万人，收缴失业保险费1.93亿元；参加工伤保险89.53万人，收缴工伤保险费2.67亿元。全市发放养老、失业和工伤三项社会保险金145.4亿元。其中，企业职工和机关事业单位养老保险基金支出122.88亿元，32.69万名离退休人员受益；居民养老保险支出17.01亿元，95.93万名退休居民受益；失业保险金支出1.39亿元；工伤保险支出4.12亿元。落实各级社会保险减免缓政策，全年为1.54万家企业减免社会保险费22.1亿元。其中，大型企业299家，减免社保费1.53亿元；中小微、个体工商户及其他单位1.51万家，减免社保费20.57亿元。为1家企业办理缓缴社会保险费10.3万元。

【养老保险】 继续做好养老保险省级统收统支工作，共归集96.7亿元。连续第5次同步调整企业和机关事业单位退休人员养老金，惠及退休人员30.69万人。自居民基本养老保险制度实施后，第7次提高基础养老金最低标准，惠及全市95.4万名待遇领取居民。加快推进企业职工退休审批“网上申报、一链办理”，审批退休人员3200人。继续推进全民参保扩面工作，新增参保人员6万名。

【工伤保险】 实施“同舟计划”，在建筑业按项目参保基础上，推进铁路、水利、能源等工程项目扩面参保，全市1183个工程建设项目全部参加工伤保险，其中新建项目574个，在建项目609个，参保率100%。全市受理工伤认定案件2760件，其中工伤认定2697件、不予认定20件、不予受理19件。做好新矿、肥矿工伤保险纳入市级统筹工作。全年妥善应对工伤行政复议1起、行政诉讼案件1起。强化对县（市、区）工伤认定工作的指导和监管，对68件重大工伤案件进行备案和审核反馈。为5375人提高工伤职工和工亡亲属待遇标准，一级至四级工伤职工伤残津贴每人每月分别增加200元、185元、170元、160元，供养亲属抚恤金配偶每月增加65元，其他供养亲属每人每月增加48元。

【失业保险】 推进失业保险稳岗返还工作，通过大数据筛查比对、“不见面”服务的方式，为4102家企业发放稳岗返还补贴1.38亿元。用活失业保险基金，为8936名符合条件的企业职工发放技能提升补贴1415.05万元。自2020年2月起，将失业保险金标准上调至当地最低工作标准的90%，市直、泰山区、高新区、肥城市、新泰市失业保险金标准上调至1557元/人·月，岱岳区、宁阳县、东平县失业保险金标准上调至1395元/人·月，全市累计为8233人发放失业保险金9261.8万元；印发《泰安市人力资源和社会保障局关于印发扩大失业保险保障范围政策实施细则的通知》，为3.81万人发放阶段性失业补助金4641.20万元。2020年3—6月，阶段性提高每月价格临时补贴标准1倍，为4.63万人发放价格临时补贴1409.47万元。

【公共社保服务】 优化服务流程，编制服务指南，推出11项告知承诺制事项，实现56项政务服务事项在省、市政务平台统一受理和反馈。做好政务服务事项办件数据归集工作，归集数据1.1万条。推行自助缴费退差程序，实现社保缴费、退费线上办理，完成线上缴费3362万元、线上退费259万元。发行社会保障卡507万张，签发电子社会保障卡140万张，通过社会保障卡发放各项社会保险待遇54亿元。泰安市获批国家级惠民惠农财政补贴社保卡发放专项试点城市，通过社会保障卡发放36项惠民惠农补贴1766万元。在社保卡上加载残疾证信息，首批制卡2000张。实现2500万条电子证照等数据资源共享，首次在“社保缴费证明”“专业技术人员职称证书”等27项业务中推行电子签章，应用数量14.5万人次。

【劳动能力鉴定】 推进劳动能力鉴定网上申报，市直因病或非因工致残劳动能力鉴定网上申报100人。

组织劳动能力鉴定5批次2046人，其中工伤鉴定3批1299人，为1222人出具鉴定结论；病退鉴定2批747人，为715人出具鉴定结论。

【社保基金监管】 编印社会保险基金监管制度汇编，完善政策、经办、信息、监督四位一体风险防控机制。开展失业保险基金管理内控专项检查、社会保险基金管理风险检查发现问题整改“回头看”、企业职工基本养老保险提前退休问题专项核查，化解基金防控风险。所有险种待遇发放全面实现社银直连，降低基金管理风险。完成电子票据系统建设，实现社保申报、缴费、开票“一网通办”。开通“社会保险基金监督举报”网上举报投诉受理途径，全市受理立案举报投诉案件3件，追回各项基金损失164万元，兑现首例监督举报奖励资金。全年对30家重点单位下达催缴通知书，征缴社会保险费14.8亿元。

（米士伟）

人事人才

（参见“泰安市人民政府”类目）

工资收入分配

【机关事业单位工资管理】 完成2020年度绩效工资总量核定工作，对284家市属事业单位核定绩效工资总量，年绩效工资总量约7.8亿元。其中，全额拨款单位221个，年绩效工资总量约2.78亿元；差额拨款单位22个，年绩效工资总量约4.18亿元；自收自支单位41个，年绩效工资总量约0.84亿元。做好2019年度预防和治理“吃空饷”问题自查，对重点单位进行实地督查。做好市直28名盐业体制改革人员工资套改工作，审核全部档案，按时完成工资审批。主动对接组织、消防，按照上级规定对涉及人员工资套改、津补贴标准等进行审核、补发。审批831名新聘用、调入人员工资，核准507名市属单位退休人员有关情况，为1933名岗位变动人员调整工资；落实“省驻济以外事业单位纳入所在市级统一经办管理”相关规定，明确驻泰安省属事业单位工作人员退休条件复核、待遇核定发放等工作流程，即时审核14家单位127名人员退休条件。出台《泰安市支持鼓励事业单位科研人员兼职创新（在职创办企业）实施细则（试行）》，支持鼓励市属各高校、科研院所科研人员进行兼职创新或者在职创办企业。

【企业工资宏观管理】 在全市范围内集中开展2020年企业薪酬调查工作，涉及各类企业627户、职工13.6万人。全面推行企业工资集体协商制度，指导企业规范协商程序，建立正常的企业内部工资自主增长机制。

【国有企业工资改革】 规范国有企业负责人薪酬管理，做好国有企业负责人薪酬备案及监督检查工作，督促国有企业报送2018年度国有企业负责人年度薪酬分配情况，参照2019年度省管企业和其他市市管企业负责人基本年薪基数，确定全市市管企业、市直部门（单位）及泰安高新区、泰山景区管理企业负责人2019年度基本年薪基数。

（米士伟）

劳动关系

【优化营商环境】 开展营商环境评价攻坚行动，抓好营商环境评价各项工作任务的落实。建立“1235”“人社服务专员”工作机制，为全市2989家企业（项目）配备人社专员370名，建立“一对一”“一对多”服务机制，实现政企直联、政策直送、服务直达、需求直馈，深入企业开展“负距离”服务。开展人社政策宣传培训，线上线下同步宣讲，为1900家中小企业送上人社政策。

【和谐劳动关系】 建立完善协调劳动关系三方协作机制，推行“先商后法·和谐同行”工作模式，采取“345”工作法，建立“劳动合同协商、全程调解、劳动监察常态化化解”3项工作机制，开展“基层、集体、行政、专员”4项协商活动，强化“源头、三方、联系、创建、救济”5个联动，各部门协同配合、齐抓共管，创建新型和谐劳动关系。加强劳动合同管理，规范劳动用工行为，推进劳动用工备案制度，网上开户企业1.09万户、备案率100%，已建立工会的企业集体合同签订率93%。

【劳动人事争议调解仲裁】 全市立案受理劳动争议案件1295件（含上期未结22件），立案受理案件涉及劳动者人数1397人，当期结案1292件，结案案件涉案金额3036.32万元，仲裁结案率99.77%，调解成功率75.95%。新冠肺炎疫情期间，通过邮箱、电话等方式立案87件，涉案人数93人，涉案金额203.5万元。提供流动仲裁庭上门服务12次，通过要素式办案方式处理案件155件。全市各级劳动人事争议法律援助工作站受理援助案件100件，接待到访人员近千人。全市所有乡镇（街道）均开通“互联网＋调解”服务平台，受理案件48件，成功调解25件。开通网上仲裁庭，成功调处1起跨省劳动争议案件。设立拖欠农民工工资争议速裁庭，受理并结案拖欠农民工工资案件172件，涉案金额307.16万元。

【劳动监察】 为19户建设单位返还建筑劳务工资保证金1053.6万元。推广农民工工资监管平台应用，累计有795个工程建设纳入监管、涉及农民工15.8万名、代发工资19.2亿元，累计安装联网人脸识别考勤设备1600台。专项检查用人单位3866户，受理举报投诉3200起，立案132起，结案132起，按期结案率100%。为1023名劳动者追回工资待遇1352.31万元。开展清理整顿人力资源市场秩序专项行动，检查各类中介机构和单位341户。评选保障农民工工资支付工作“十佳项目”“标兵规范化项目”40个、优质服务银行5家。（米士伟）

社会救助

【概况】 至年底，全市保障城乡低保5.39万户9.0万人，发放低保金34614.3万元。保障城乡特困人员2.22万人，发放特困供养金20836.5万元。开展临时救助3952人次，发放临时救助金1016.8万元。

【社会救助政策】 年内，根据经济社会发展水平、人均收入水平和居民人均消费支出水平，建立健全科学规范的城乡低保和特困人员供养标准自然增长机制。4月，出台《泰安市最低生活保障管理办法》，强化低保政策与扶贫开发政策有效衔接，细化单人保政策、家庭收入及家庭财产认定办法、刚性支出及就业成本扣减办法，明确赡（抚、扶）养费计算办法及社会救助审批权限下放程序；严格落实低保渐退政策，对已脱贫享受政策建档立卡贫困户延长低保待遇6个月。

【社会救助标准】 2020年，全市城乡低保标准、特困人员基本生活标准分别为每人每月719元、537元，1007元、760元，较2019年分别增长23.9%、24.9%，22.1%、33.3%；失能、半失能、全自理特困人员照护标准分别为每人每月560元、280元、165元。全面落实特困救助供养政策，有集中供养意愿特困人员实现敬老院“愿进全进”，生活不能自理特困人员集中供养率56%。加大“救急难”机制落实力度，人均临时救助水平2572元，较上年提高570元。机构养育孤儿、社会散居孤儿、重点困境儿童基本生活保障标准分别提高至每人每月1770元、1410元、990元，较2019年分别增长26.4%、53.3%、98%。

【社会救助创新】 肥城市、岱岳区分别入选全国、全省社会救助改革创新项目试点；肥城市、泰山区、岱岳区被评为全省社会救助创新实践案例，获奖总数、获奖占比均列全省第一。肥城市在全省脱贫攻坚工作会议上作典型发言。泰安市困难群众救助、脱贫攻坚、审批权限下放等做法被民政部、省民政厅网站及《民政工作文选》等刊发，新泰市社会救助权限下放做法在山东电视公共频道播出。

【疫情防控】 做好慈善募捐工作，累计募集款（物）9193万元，其中全市各级慈善总（协）会接收款（物）4980万元。落实疫情防控举措，做好民政服务机构疫情防控工作。做好疫情防控期间困难群众救助工作，建立困难群众包帮责任制，为困难群众发放价格临时补贴9200万元。2人分别被评为全国民政系统抗击新冠肺炎疫情先进个人和优秀城乡社区工作者。（王先琪）

养老服务

【概况】 全市有养老机构116家、社区日间照料中心142家、农村幸福院1003家，各类养老床位4万张。年底，初步构建起居家为基础、社区为依托、机构为补充、信息为手段、医养相结合的养老服务体系，打造具有泰安特色的“养老泰安·养生泰山”养老服务品牌。

【居家和社区养老服务改革试点】 年内，泰安市被民政部、财政部确定为中央财政支持的居家和社区养老服务改革试点城市，获专项奖补资金1728万元。市民政局制定《泰安市居家和社区养老服务改革试点工作实施方案》，明确“1246”的目标任务，即完成优化居家和社区养老服务有效供给等12个方面的46项重点任务，重点推进街道综合养老服务中心、社区居家养老服务站和社区老年幸福食堂建设等工作。年底，在民政部试点成果验收中被评为“优秀”等次。

【养老服务政策】 市政府印发《关于支持养老服务发展的实施意见》，确定完善总体布局、健全服务设施、提升养老服务能力、加大扶持力度等5个方面重要任务。联合市自然资源和规划局、市住建局等部门制定印发《泰安市住宅小区配建社区养老服务设施用房规划建设、移交验收与管理使用办法》，对养老设施配建“四同步”（同步规划、同步建设、同步验收、同步移交）机制及部门职责进行细化并提出要求，将民政部门纳入同级国土空间规划委员会和土地资产管理委员会，配建的养老设施产权无偿移交给当地民政部门统一管理。实施后，累计移交养老设施用房17处、2万平方米。

【失能失智老人照护】 按照“集中居住、集中照护、集中经费”的原则，将农村特困人员中的失能老年人实行县级统管，全部集中到有能力的养老服务机构照护。做好全省失智老年人防走失试点工作，为符合条件的失智老年人发放智能防走失手环1244台，建立失智老年人走失预防和“四助找寻模式”长效机制。

【养老服务设施星级评定】 委托第三方评估机构对全市所有养老服务设施开展星级评定，对评定为三星级、四星级、五星级的养老机构和社区日间照料中心，评定周期内分别一次性补助10万元、15万元、20万元；对评定为一星级、二星级、三星级的农村幸福院，评定周期内分别一次性补助3万元、4万元和6万元，全市养老服务设施实现星级划分、规范管理。（王先琪）

基层社会治理

【概况】 年内，通过村级组织规范化建设、社区工作者薪酬体系建设、转变社区服务模式等工作措施，健全完善基层社会治理体系和城乡社区服务体系。按实际管理村（居）统计，至年底，全市有村委会3551个，其中泰山区115个、岱岳区437个、新泰市837个、肥城市587个、宁阳县553个、东平县706个、泰安高新区104个、泰山景区74个、徂汶景区138个；有城市社区居委会204个，其中泰山区74个、岱岳区42个、新泰市27个、肥城市30个、宁阳县12个、东平县10个、泰安高新区7个、泰山景区2个。

【社区治理】 至年底，全市84.6%的城市社区实行“一窗受理、全科服务”；35个社区完成便民服务大厅改造提升，便民服务自助终端实现城市社区全覆盖。全市社区专职工作者按标准配备率由年初70%提高至98%，人均月工资由3323元提高至4424元。市民政局在全市城市基层党建现场推进会上作典型发言。

【社区服务用房】 针对社区用房与小区开发不配套、部分社区服务居民缺场所等问题，牵头市委组织部等5部门，制定《泰城城区新建住宅区配建移交社区工作服务用房实施办法》，建立起全链条、闭环式配建移交长效机制，实现由街道社区追着开发商“要房子”向开发商主动“交房子”的根本性转变。实施后，累计接收服务用房6000平方米。《山东新闻联播》两次报道泰安市做法，《中国社会报》头版头条刊发相关经验。

【村（居）民自治工作】 年内，“四议两公开”（党支部会提议、“两委”会商议、党员大会审议、村民代表会议或村民会议决议；决议公开、实施结果公开）流程图实现村级全覆盖。集中开展“三务”（党务、村务、财务）公开、村规民约监督落实专项行动，提升全市村务公开规范化程度。出台《社区协商指导规程（试行）》，制定《村民议事协商指导意见》，加强基层民主协商。

【社会工作和志愿服务】 全市社会工作师总量1187人，注册登记志愿者增加到105万人，注册志愿服务组织总数1.02万个。实名注册志愿者人数、标识志愿服务组织数量达标率均为100%。《泰安市志愿服务促进条例（草案）》列入市人大立法计划。“助苗成长”项目被评为全省社会工作脱贫示范项目。

（王先琪）

专项社会事务

【概况】 年内，婚姻登记实现跨区域办理；流浪乞讨救助管理提档升级；绿色公益性公墓建设任务圆满完成；157条城区道路命名更名和起止点变更工作全面完成。累计销售福利彩票4.68亿元，增幅居全省第二。

【婚姻登记】 全市有婚姻登记处6处，全部为AAA级婚姻登记机关。全年办理结婚登记3.15万对；离婚登记9364对。组织申报婚俗改革试

8月25日，七夕节当天，“缘结泰山·情定七夕”主题结婚颁证活动暨新风雅韵婚俗文化展在泰山花样年华景区华天合乐园举办　（王先琪　供）

点单位，从深入开展婚姻家庭辅导、倡导简约适度的婚俗礼仪、培育文明向上的婚俗文化、传承良好家风家教等4个方面，推动婚俗改革。泰山区被省民政厅确定为全省婚俗改革试点。自8月1日起，在全市范围内开展跨区域办理婚姻登记工作，方便群众就近办理婚姻登记。

【流浪乞讨人员救助管理】　开展生活无着的流浪乞讨人员救助管理服务质量大提升专项行动，完善救助管理体制机制，救助管理服务实现提档升级。市救助站“寒冬送温暖”做法得到市委书记崔洪刚批示肯定，期间累计救助流浪乞讨人员477名。“打造泰山脚下战‘疫’‘温馨驿站’”做法被确定为全省民政系统入围创新案例。

【公益性公墓建设】　市级及各县（市、区）、功能区的公墓建设规划编制出台。每个县（市、区）1处县级、每个乡镇2处镇（村）级绿色公益性公墓建设任务全面完成。肥城市镇村公益性公墓建设经验在全省推广。

【地名管理】　印发《泰安市地名管理实施办法（试行）》，建立地名管理长效机制。分三批完成157条城区道路命名更名和起止点变更工作。牵头做好道路标识设置工作，累计新设、更换各类道路标志2305块。完成2部《守望地名》专题片拍摄工作。

【福彩销售】　全市有福彩销售场所542个，兼营设备189个。累计销售福利彩票4.68亿元，增幅居全省第二；筹集公益基金0.5亿元。

（王先琪）

社会组织管理

【概况】　至年底，全市经民政部门登记注册的社会组织3448家（市级1165家），其中社会团体1277家（市级452家）、民办非企业单位2163家（市级706家）、基金会8家（市级7家）。全市备案城乡社区社会组织2289个，其中农村社区社会组织1388个、城市社区社会组织901个。

【社会组织党建工作】　年内，依托民政局组建由局主要负责人任书记的社会组织党委，并登录“灯塔在线”，畅通党员发展、党费交纳渠道。抓实社会组织党组织和党的工作“双覆盖”，全市社会组织党建覆盖率95%以上，民政兜底管理的社会组织党建覆盖率100%。开展星级党建示范点创建活动。推行社会组织管理层党员和党组织班子成员“双向进入、交叉任职”，鼓励社会组织党组织书记和负责人“一肩挑”，探索建立党组织和管理层联席会议制度，打造“泰山红帆”党建公益品牌。

【社会组织扶持培育】　联合市委组织部、市财政局印发《关于党建引领促进社会组织高质量发展的实施意见》，推进党建示范点创建活动、“泰山红帆”公益行动、公益人救助制度设立、泰山慈善网建设等工作创新。举办“泰山红帆”公益项目路演大会，对优秀项目和社会组织进行奖补，出现汇元公益、温度公益、蓝峰救援等一批在全国有影响的社会组织。泰安市在上半年全省民政工作座谈会上作典型发言。

【社会组织监督管理】　落实分类监管举措，严厉查处违法违规行为。做好行业协会商会涉企收费清理排查工作，减免会费709.75万元。建立完善信用“红黑名单”制度，24家社会组织进入全市首批“红名单”，46家暂列异常名录管理。（王先琪）

老龄健康

【老龄健康体系建设】　联合11部门印发《关于对〈关于建立完善老

年健康服务体系的实施意见〉进行任务分工的通知》。开展“老年人心理关爱项目”工作，对7个项目点3758名65周岁及以上老年人进行信息调查、信息录入及情况反馈和健康状况干预。搭建“老年人心理疏导咨询服务热线”平台，累计提供咨询服务39万人次。成立安宁防护试点工作领导小组，制定《泰安市安宁疗护服务疾病和对象标准（试行）》《泰安市安宁疗护试点机构建设和管理服务能力评估标准》，建立安宁疗护教育培训基地和安宁疗护中心暨质量评估中心。对3909名失能高风险贫困老年人开展照护工作。

【老年人优待政策落实】 为全市1.46万名90～99周岁老年人发放高龄补贴2090万元；为355名百岁老人发放高龄补贴180万元。建立全省首个“老年人公证法律服务工作站”和“老年人法律援助工作站”，开展涉老法律法规宣传活动5次。印发《关于进一步加强老年人优待工作的通知》《关于设立“老年人消费绿色通道”的通知》等文件，明确以身份证代替老年证，取消老年证办理，落实60周岁以上老年人免费乘车等各项优待政策，推动大型商场超市建立“老年人消费绿色通道”。

【敬老爱老助老活动】 评选全国“敬老文明号”单位3个、全国“敬老爱老助老模范人物”7人。开展2020年泰安市“十大孝子”评选。疫情期间，对高龄、独居、空巢、失能、失智老年人进行疫情防控，开展“五个一”服务（开展一次走访调研、每天联系对接一次、每天上门服务一次、开展一次救助慰问、开展“一对一”生活照料服务）。开展“智慧助老”活动，帮助老年人跨越“数字鸿沟”、共享信息时代。结合“敬老月”活动，举办健康讲堂46场次，开展义诊巡诊、健康知识宣传、咨询服务活动468场次，服务老年人7万人次，发放各类宣传材料10万份，免费健康查体9.2万人。

【老龄健康文化宣传】 开展人口老龄化国情、省情、市情宣传教育和老龄健康知识宣传，发表相关新闻和信息稿件342篇，其中国家级11篇、省级137篇、市级194篇。开展“提升健康素养，乐享银龄生活”主题宣传周活动，共发放宣传资料6万份，制作宣传版面2600幅，参与答题竞赛1万人次。创建“泰安老年健康服务”微信公众号并在全市推广。与泰安日报社联合开办“泰安市老年电视大学”，促进老年人健康。（宋洪孟）

住房保障

【棚户区改造】 积极稳妥、因地施策、先急后缓地推进棚户区改造，2020年，省下达泰安市棚户区改造计划为新开工4062套，基本建成任务1.09万套。年内，新开工4062套，开工率100%；基本建成1.34万套，基本建成率123%，累计14万名群众“出棚进楼”。

【保障性安居工程】 调整规范公共租赁住房（以下简称公租房）保障政策，保障类型向“以租为主”转型升级，市场配置和政府保障相结合的住房制度逐步完善，城乡居民多元化住房需求得到满足。全市租赁补贴计划发放1100户，实际发放1578户325万元，任务完成率143%。公租房信息系统实现数据共享，录入房源1.15万套、在保家庭1.11万户。严格住房保障准入和退出制度，加强日常巡查和动态监管，市区保障房签约

11月17日，符合条件的居民领取第十批保障房钥匙　（陈　阳　摄）

交房518户，收缴公租房租金1092万元。规范国有房产运营管理，收缴直管公房租金403万元。组织公房安全检查，实施维修项目45项。

【老旧小区改造和既有住宅增设电梯】 印发《泰安市城镇老旧小区改造试点工作方案》《泰安市深入推进城镇老旧小区改造实施方案》，构建“市级指导、区级负责、街道主抓、社区组织”的老旧小区改造工作格局，分类制定改造方案，加大资金投入，加强绩效评价，改造任务按期完成，开工项目5个，惠及群众1302户。岱岳区堰岭小区被列为全国“共同缔造”改造试点项目。全年市区既有住宅加装电梯投入使用80部，7部在施工中。

【房屋安全管理】 加强房屋安全管理监督考核，开展全市房屋安全排查，排查房屋3.5万栋、4500万平方米，督促做好解危工作。加强房屋安全鉴定机构名录管理，及时更新信息，完善房屋安全档案信息管理系统，录入信息4.47万条、5876万平方米。（陈传奇）

住房公积金

【概况】 2020年，泰安市住房公积金管理工作围绕“安全、增值、服务”3大工作重点，牢固树立“法律、大局、风险、服务、创新、廉政”6种意识，超额完成各项目标任务，实现全市住房公积金工作快速健康发展。中心连续10年保持省级文明单位称号。

【住房公积金归集】 2020年，新开户单位1121家，净增单位1103家；新开户职工5.08万人，净增职工2.06万人；实缴单位6859家，实缴职工49.97万人，缴存额52.46亿元，分别增长19.16%、4.30%、21.07%。年末，缴存总额376.76亿元，比上年末增长16.17%；缴存余额146.57亿元，增长12.71%。受委托办理住房公积金缴存业务的银行9家。

【住房公积金提取】 全年为31.26万名缴存职工提取住房公积金；提取额35.92亿元，增长15.31%；提取额占当年缴存额的68.48%，比上年减少3.41个百分点。年末，提取总额230.19亿元，比上年末增长18.49%。

【住房公积金贷款】 全年发放个人住房公积金贷款35.1亿元，完成全年计划的220%，增长22%；累计发放个人住房贷款229.8亿元，贷款余额136.1亿元。个贷率93%（部控制标准90%），逾期率0.17‰（部控制标准1.5‰）。

【住房公积金增值收益】 2020年，全市实现住房公积金增值收益2.3亿元，比上年增长11%，增值收益率1.66%，高于部、省下达的1.5%的指标要求，居全省前列。提取廉租住房建设资金2.1亿元。累计实现增值收益20.7亿元，累计提取廉租住房建设资金15.2亿元。

【征收管理】 克服新冠肺炎疫情的影响，坚持做好公积金归集扩面工作，加大公积金催建催缴力度，扩大制度覆盖面。继续实施激励委托银行协助归集的政策，至2020年12月底，银行协助归集累计达8505人。分行业开展工作，市本级公安、法院、医院等行业均为其招聘人员开户缴存。强化政策宣传，在新闻媒体发布《致企业家的一封信》，编制《公积金百问百答》并在报纸专栏滚动刊登，利用微信公众号、网站、抖音等平台扩大宣传。

【贷款管理】 落实市委、市政府优化营商环境要求，调整规范信贷政策，办理住房公积金按揭贷款准入的房地产开发企业不再缴纳担保保证金。通过授权委托的方式实现不动产登记与公积金贷款的业务联办，将商转公业务扩大至全市商业银行住房贷款，全市为885户发放3.1亿元商转公贷款。为高层次人才设立贷款绿色通道，为86人发放贷款6060万元；为山东农业大学教职工集中贷款开辟绿色通道，解决506户教职工2.6亿元的贷款需求。加强信贷风险防控，强化逾期催收措施，实时监控贷款回收情况，及时防控逾期贷款的发展。

【财务管理和内部审计】 密切监控资金使用情况，合理调度资金，对超出公积金支取及贷款需求的活期资金，及时转存定期，并落实协定存款利率上浮措施，保证资金收益最大化。加强内部审计监督，完善内部审计工作办法，规范审计工作开展，全年抽查业务档案2.70万份。

【服务管理】 创新探索个性化延伸服务，开展志愿服务岗、绿色通道服务、高层次人才、预约服务、延时服务、双休日便民服务等个性化服务6项。优化业务流程，落实减证便民各项措施，编写通用服务指南并及时更新“12345”知识库。利用网上办事大厅、手机公积金App、“12329”公积金服务热线等渠道，增强政策宣传的吸引力和实用性。健全“12345”热线承办诉求机制，在每月市政府政务服务热线考核考评中，综合考核成绩均名列前茅，群众满意率、回复群众率和按期答复率连续居所在类别前3位。

【信息化建设】 完成数聚赋能工作，利用数据资源共享，将申请到的数据嵌入公积金业务系统中，用于住房公积金账户开设、账户提取、公积金贷款等业务办理的辅助查询，做到“让数据多跑路，职工少跑腿”。开展住房公积金电子证照推广应用工作，实现身份证、不动产权证书、不动产登记证明电子证照在公积金提取贷款线上线下业务办理中的应用。个人业务，通过跳转的方式实现政务事项梳理的所有提取业务、贷款预申请业务、企业缓缴降低比例申请业务的“一网通办”；单位缴存业务，通过省政务服务网直接登录中心单位网厅实现全程网办。

（沈孝强）

残疾人事业

【概况】 年末，全市有残疾人34.02万名，占全市总人口的6.16%。其中，视力残疾5.06万人，占14.86%；听力残疾8.22万人，占24.16%；言语残疾5205人，占1.53%；肢体残疾9.89万人，占29.07%；智力残疾2.27万人，占6.68%；精神残疾2.52万人，占7.40%；多重残疾5.55万人，占16.30%。市残联连续四年被评为“省级文明单位”。

【残疾人社会保障】 实施“阳光家园”计划，为854名符合条件的智力、精神和重度肢体残疾人提供托养服务补贴。为全市持证残疾人免费购买意外伤害保险。按照基准档对参加基本居民医疗和养老保险的二级以上重度残疾人给予政府补贴，为重度残疾人提前5年领取居民基本养老保险金做好服务，配合市民政局做好残疾人“两项补贴”（困难残疾人生活补贴、重度残疾人护理补贴）发放工作。简化、优化残疾人证办理程序，新增残疾人办证1.27万人。

【残疾人扶贫】 年内，残疾人接受实用技术培训908人次。组织实施“基层党组织结对助残扶贫”项目，按照每户残疾人家庭2000元的标准，扶持贫困残疾人172名，扶持资金34.4万元。对已脱贫仍享受政策的2.36万户建档立卡残疾人涉及的残疾人证“一次办好”、重度残疾人家庭无障碍改造、残疾人精准康复服务、残疾人大学生励志助学金及残疾人低保、两项补贴、危房改造等工作展开拉网式排查，逐一核实，符合条件的全部纳入。争取资金1000万元，为1.02万户有需求的建档立卡贫困重度残疾人进行家庭无障碍改造和辅助器具适配，完成率100%，残疾人脱贫攻坚任务顺利完成。

【残疾人就业培训】 残保金征收。与市发展改革委等6部门联合制发《关于落实残疾人就业保障金制度　更好促进残疾人就业有关问题的通知》。做好残保金网上年审工作，启用按比例安排残疾人就业年审系统，全年征收残保金5600万元，其中市级收入2020万元。实施残疾人就业创业工程。2020年，省市“共享阳光·残疾人就业创业工程”争取省级资金114.6万元，落实市级资金150万元。加大对残疾人就业基地、残疾人自主创业、网上创业、盲人按摩等项目的扶持力度，扶持省级残疾人就业示范基地2处、省级残疾人辅助性就业机构1处、残疾人自主创业标兵6名，扶持市级优秀残疾人就业基地16处、残疾人致富能手34名。拓展就业创业渠道。

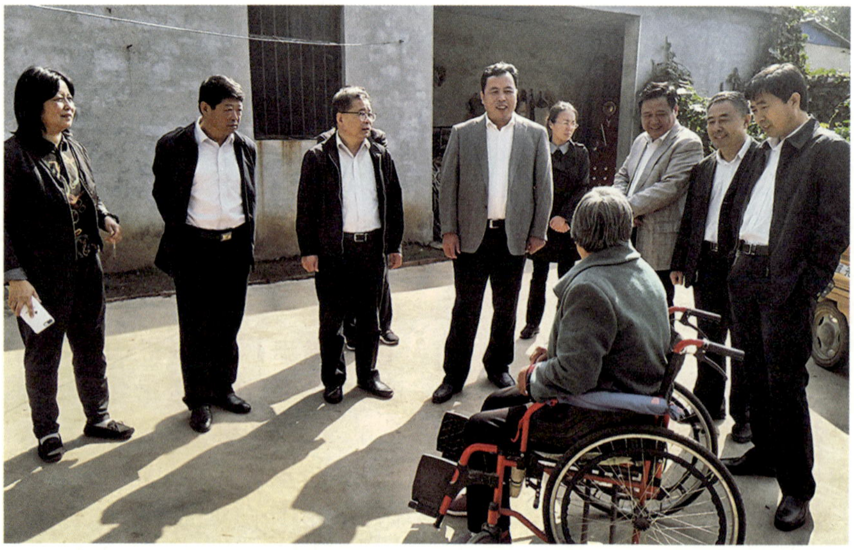

4月14—17日，市政府督查室、市残联组成联合督查组，到各县（市、区）督查建档立卡贫困重度残疾人家庭无障碍改造工作。图为督查组在东平县督查　　（田晓军　摄）

组织开展“轮椅售彩”项目，通过培训安置残疾人销售彩票，扩大收入来源。联合鲁普耐特集团开展残疾人绳工艺品编织培训、就业一条龙服务。“共享阳光·助力残疾人烟草零售户就业创业”活动效果显著。举办泰安市残疾人专场招聘会暨高校残疾人毕业生求职见面会。市残联与市成品油行业协会签订合作协议，并制定相关鼓励政策和措施。2020 年，全市城镇残疾人新增就业 527 人，任务完成率 267.51%；农村残疾人新增就业 1121 人，任务完成率 163.17%。残疾人大学生就业率 93.66%，位于全省前列。全市各级培训残疾人 2538 名，城乡残疾人新增培训 632 人，任务完成率 132.49%。

8月20日，泰安市残疾人专场招聘会暨高校残疾人毕业生求职见面会举办，60家企业提供400多个工作岗位，100余名残疾人达成就业意向 （司 刚 摄）

【残疾人教育】 继续规范义务教育阶段和高中、高等教育阶段各项助学、奖励政策，帮助残疾学生及残疾人家庭子女解决上学困难问题。全年投入 10 万元为 34 名学前儿童发放助学金。实施省残疾人励志助学金项目，投入 13.6 万元为 29 名残疾大学生发放助学金。与财政局联合出台《泰安市残疾大学生助学管理办法》，明确残疾大学生助学政策。

【残疾人康复救助】 以残疾儿童和建档立卡残疾人为重点，开展精准康复服务行动，为全市 7.8 万名有康复需求残疾人提供基本康复服务，免费为 7846 名残疾人提供各类辅助器具适配服务。协调拨付 1090.5 万元，对 1583 名 0 ~ 17 岁残疾儿童实施康复救助，康复服务覆盖率 100%。46 名听障儿童达到入学水平进入普通幼儿园。“共享阳光——关爱残疾儿童”救助项目总结暨“新的希望”全国脑瘫儿童公益项目启动仪式在泰安举办，15 名残疾儿童得到免费手术救助。组织 30 名听障儿童到省定点医院进行筛查，8 名儿童安装人工耳蜗。1 名符合条件肢体残疾儿童接受矫治手术救助。投入 50 万元，为 13 家民营儿童定点康复机构配发康复训练设备 27 台。以建档立卡贫困残疾人为重点，争取 430 万元为 1.53 万人提供家庭医生签约等康复服务，为 5911 人提供基本型辅具适配服务。投入 160 万元，康复训练脑卒中患者 1800 人。全市建档立卡贫困残疾人精准康复服务自查评估工作情况被《山东省残疾人工作简报》刊发推广。泰山区在全省率先完成贫困残疾人康复和辅助器具适配服务核查整改工作，并在中国残疾人福利基金会“凤凰健康助残”项目研讨会上作典型发言；泰山区推进残疾预防综合试验区创建工作，在全省推进残疾预防综合试验区创建试点视频会议上作典型发言。

【残疾人权益保障】 全年回复残疾人咨询问题 21 件，落实中国残联网站来信 2 件、省残联“12385”转办信访件 6 件，群众满意率、合理诉求满意率、回答群众率、按期答复率均为 100%。支持电信运营商结合残疾人需求，提供更大折扣的资费优惠，合理降低使用固定电话、移动电话、宽带网络等服务的费用，继续实行残疾人免费乘坐市内公交车、免费进入旅游景点等优惠政策。市、县图书馆、乡镇文化站设立盲文读物、盲人有声读物图书室和电子阅览室，对残疾人免费开放。

【残疾人组织建设】 2020 年，市残联机构改革全面完成。12 月 25 日，泰安市残联第七届主席团第二次全体会议召开。指导 6 个县（市、区）残联出台改革方案。市县乡成立残联 87 个，其中市级残联 1 个、县（市、区）残联 6 个、乡镇（街道）残联 80 个。社区（村）已建残协 1924 个。市县乡三级残联机关和事业单位工作人员 246 人。配备残疾人领导干部的市级残联 1 个、县级残联 6 个。建立市级及以下各类残疾人专门协会 33 个，其中市级各专门协会已建

5个、县级各专门协会已建28个。助残社会组织3个。

【残疾人文体宣传】 在泰安电视台新闻综合频道开办电视手语节目。在《山东省残疾人工作简报》刊发信息3篇，“山东残联”公众号发布信息30多篇，《山东残联》杂志刊登信息6篇。向市委办、市府办信息科报送信息60条，市残联网站发布信息200条。“全国助残日”期间，以“助残脱贫·决胜小康”为主题开展宣传活动，采访报道2名残疾人先进典型。组织参加“荔枝花开”华东地区残疾人创意设计大赛，获一等奖1名、二等奖3名、三等奖3名、优秀奖1名，市残联获优秀组织奖。1名听障残疾人创作的摄影作品《山东大汉》作为“学习强国”的推送内容，参加全国残疾人创意大赛作品展。组织开展残疾人健身周活动8场次。参加省特奥联谊活动1次。参加山东省第四届残疾人象棋锦标赛和第三届残疾人飞镖锦标赛1次。

【扶残助残活动】 开展贫困残疾人过暖冬过好年活动，为300名贫困残疾人每人发放1000元生活补助，走访慰问贫困残疾人1500户以上，发放面粉1万千克、食用油900千克，支出慰问经费90万元。疫情期间，市残联干部职工捐款1.51万元用于疫情防控工作，并对疫情影响下的20家盲人按摩机构进行走访帮扶；泰安市爱心企业山东蓝司令农业集团公司捐赠3000元爱心蔬菜帮助残疾群众解决生活难题；开展爱心助残公益活动，捐助听障儿童18名；宁阳县1名残疾人为执勤人员赶制棉皮鞋24双、向红十字会捐款2000元抗击疫情；市盲人协会组织全市盲人向疫区捐款1.42万元；市残疾人运动协会组织爱心人士向泰安慈善总会捐款1000元。全年开展视障文化服务6次，服务视障读者1088名。

【国家康复辅助器具产业综合创新试点工作】 2020年，泰安市通过国家辅助器具产业综合创新试点评估。民政部社会事务司副司长徐建中对泰安试点工作给予“组织领导坚强、园区建设有特色、企业发展良好，可以推广复制”的评价；民政部社会事务司残疾人福利处对泰安市试点工作给予“认识高、组织强、推进快、措施实、效果好”的评价。试点期间，牵头引进“光明智谷1967城市产业综合体”项目，主要建设双创企业培育发展和人才吸引集聚平台，提升全市创新创业发展水平。项目到位外资1000万美元。

【市残疾人培训服务中心】 在中国残联组织的全国辅具助力脱贫攻坚案例评选中，泰安市选送的《小转变 大幸福》获全国二等奖。在省残疾人辅具中心《关于对我省在“2020年全国辅助器具服务技能交流活动”中表现突出的单位及个人表扬的通报》中，市残疾人培训服务中心受到表彰。在“全省残疾人岗位精英职业技能竞赛暨残疾人就业服务机构工作人员职业指导竞赛”中，泰安市团体总分列全省第五名，获“优秀组织奖”“就业服务进步奖”“职业指导模范奖”，获“3D打印”竞赛第一名，并代表山东省参加“2020年全国残疾人岗位精英职业技能竞赛”。全年对全市864名残疾人进行线下培训，为全市674名贫困残疾人免费适配辅助器具。助残日期间，帮扶20家受疫情影响的盲人按摩机构和26个听障儿童家庭；完成14家新开办按摩机构“共享阳光”项目补贴资金审核、发放工作。全年康复听障儿童20名，10名听障儿童进入普通幼儿园接受教育。按照一人一策，培训就业年龄段建档立卡残疾人110名。完成39名就业年龄段建档立卡盲人的摸底和培训任务。

【市残疾人康复中心】 与市妇幼保健院合作开展儿童康复工作，提供儿童康复服务7000人次。与市中心医院分院合作开展成人康复工作，提供成人康复服务500人次、健康查体服务5900人次；以“阳光家园计划”为依托，合作开展集康复、托养、护理为一体的残疾人托养服务，打造“医康乐”托养模式，为9名重度肢体残疾人提供托养服务。与奥泰康复辅具有限公司合作开展假肢矫形器制作与适配工作，为残疾人制作、适配假肢矫形器172具，为320名假肢、矫形器佩戴者提供维修服务。举办泰安市首期脊髓损伤者“希望之家”生活重建培训班，为14名脊髓损伤者开展生活自立训练、独立出行能力训练、轮椅操控训练、二便训练等教学及康复训练。按照市委、市政府领导的批示，启动二期项目建设，打造泰安市残疾人康复区域中心和全市残疾人全生命周期康复就业基地。

（董　卫　李先锋）

民族宗教事务

【民族团结进步创建】 9月，开展第20个民族团结进步宣传月活动，宣传全市各级民族团结进步模范典型和工作成效。推进民族团结

6月16日，市委常委、统战部部长张红旗（前排左二）到青年路基督教堂调研宗教场所规范化建设工作　　（丁为飞　摄）

进步教育基地建设，争取上级资金37万元帮助建设岗上村红色记忆馆和升庄村爱国主义教育基地。开展民族团结进步创建“六进”（进机关、进社区、进企业、进医院、进乡村、进学校）活动，推进新泰市禹村镇民族团结交融发展区建设。全市有6个单位、6名个人被表彰为全省民族团结进步模范集体和模范个人，新泰市禹村镇政府在全省民族团结进步表彰大会上作典型发言，4个单位被命名为全省第五批民族团结进步示范单位，肥城市陆房战役纪念馆被命名为全省第三批民族团结进步教育基地，泰安一中、泰安二中、肥城市边院镇初级中学被列为省“铸牢中华民族共同体意识主题教育实践活动”试点学校。

【民族村乡村振兴】　年内，争取中央、省少数民族扶持资金466万元，争取市财政少数民族扶持资金200万元，实施帮扶项目32个。泰山区省庄镇东孙村、新泰市禹村镇山东西村被省民族宗教委认定为全省乡村振兴示范民族村，泰山区省庄镇岳庄村和肥城市边院镇凤凰村入选第三批中国少数民族特色村寨名单，泰安市在全省乡村振兴示范民族村创建经验交流会上作典型发言。

【民族事务管理】　加强少数民族流动人口管理，指导各县（市、区）建立14处少数民族流动人口服务管理站点和服务窗口。依法监督检查部分学校清真窗口设置、大型超市清真食品管理情况，规范管理清真食品生产企业。组织全市184名民族工作干部参加贯彻《山东省民族工作条例》和民族宗教执法人员培训。

【推进宗教中国化】　指导宗教团体制定“四进”（中华人民共和国国旗、宪法和法律法规、社会主义核心价值观、中华优秀传统文化）实施方案和坚持中国化方向工作方案。在肥城召开全市宗教活动场所“四进”暨规范化管理现场会，培树一批“四进”典型。开展宗教中国化宣传教育，组织全市性宗教团体常务理事以上人员到徂徕山抗日武装起义纪念馆等地开展爱国主义教育。支持市伊斯兰教协会以“坚持宗教中国化方向”为主题开展新编“卧尔兹”演讲比赛，邀请省伊斯兰教协会新编“卧尔兹”巡回演讲团成员作示范演讲和辅导报告。

【宗教团体建设】　举办两期宗教团体和部分宗教场所负责人培训班，学习《宗教团体管理办法》和坚持

6月30日，市委统战部到新泰市禹村镇东沈村回族联办小学开展全市民族团结进步宣传教育进校园活动　　（丁为飞　摄）

宗教中国化方向有关内容。推进市天主教爱国会换届工作。建立推行宗教团体班子及成员述职评议制度和教职人员年度考核制度，提升宗教团体建设规范化水平。

【宗教公益慈善】 新冠肺炎疫情发生后，各宗教团体和宗教界人士累计捐赠价值258万元的现金及物资。泰山碧霞祠向全市29户大病特困家庭捐款10万元、向泰山区财源街道捐赠文明城市创建资金10万元。

（丁为飞）

人民生活

【居民收入】 2020年，泰安居民人均可支配收入30937元，增长4.2%，增速比上年同期下降4.2个百分点。按常住地分，城镇居民人均可支配收入38901元，增长3.2%，增速比上年同期下降3.9个百分点；农村居民人均可支配收入19682元，增长5.7%，增速比上年同期下降4.1个百分点。工资性收入是主要来源。全市居民人均可支配收入中，人均工资性收入19715元，增长4.2%，占人均可支配收入的63.7%，拉动收入增长2.7个百分点，是居民收入的最主要来源。其中，城镇居民人均工资性收入25829元，增长3.3%；农村居民人均工资性收入11075元，增长5.3%。经营净收入是重要构成。全市居民人均经营净收入5791元，增长4.0%，占人均可支配收入的比重为18.7%，是居民收入的重要组成部分。其中，城镇居民人均经营净收入5140元，增长2.2%；农村居民经营净收入6710元，增长6.4%。转移净收入增长最快。全体居民人均转移净收入3585元，增长4.8%，占人均可支配收入的比重为11.6%，拉动收入增长0.5个百分点。其中，城镇居民人均转移净收入4949元，增长3.9%；农村居民人均转移净收入1658元，增长5.7%。

【居民消费支出】 2020年，全体居民人均消费支出18601元，增加499元，增长2.8%，增速比上年同期下降6.1个百分点。其中，城镇居民人均消费支出22995元，增加495元，增长2.2%，增速比上年同期下降5.7个百分点；农村居民人均消费支出12393元，增加373元，增长3.1%，增速比上年同期下降6.8个百分点。居民消费支出中，食品烟酒支出4756元，增长1.2%；衣着支出1359元，增长1.9%；居住支出3970元，增长2.0%；生活用品及服务支出1419元，增长2.7%；交通通信支出2388元，增长4.5%；教育文化娱乐支出2380元，增长4.8%；医疗保健支出1916元，增长4.0%；其他用品和服务支出412元，增长4.4%。

【粮食生产情况】 2020年，泰安市粮食播种面积37.17万公顷（557.62万亩），比上年增加298公顷（4500亩），增长0.08%；亩产461.02千克，增长1.82%，较全省平均亩产高22.55千克；粮食总产257.07万吨，比上年增加4.81万吨，增长1.91%。其中，夏粮播种面积16.57万公顷（248.53万亩），比上年减少329公顷（4900亩），下降0.2%，单产461.88千克/亩，比上年增加13.03千克/亩，增长2.90%，总产114.79万吨，比上年增加3.02万吨，增长2.70%；秋粮播种面积20.61万公顷（309.09万亩），比上年增加627公顷（9400亩），增长0.31%，单产460.33千克/亩，比上年增加4.41千克/亩，增长0.97%，总产142.29万吨，比上年增加1.79万吨，增长1.27%。

（赵　松　鲍海涛）

编辑　校对　　戚淑娟

应急管理

安全生产监督管理

【概况】 加强安全生产工作，提升自然灾害防治能力，做好新冠肺炎疫情防控，全力以赴防风险、除隐患、保安全，应急救援处置有力有序。年内，全市累计发生各类事故20起，死亡13人，分别下降23.1%、38.1%，未发生有影响的生产安全事故和自然灾害灾情。泰安市安全生产分级分类监管、重点领域精准整治、联调联战机制创建、综合减灾示范社区“以奖代补”和动态管理、加强地震监测等工作做法先后被省应急厅、省减灾委办公室、省地震局在全省发文推广。泰安市政府获得“2019年度全省安全生产先进市”称号，市应急管理局先后获得“全省抗击新冠肺炎疫情先进集体”“全省防震减灾工作年度考核先进单位”等称号。

【安全生产责任落实】 印发《关于贯彻落实习近平总书记重要批示精神进一步加强安全生产工作的实施意见》，从完善体制机制等方面提出23条新要求、硬措施。首次将安全生产考核和巡查同步进行，对61个部门单位进行考核巡查。全面实施“1+5+N”（市安委会，5个专业议事协调机构，13个专委会）安全监管新机制，健全完善月督导、季研判、半年报告、年终述职等制度。发挥13个专委会作用，先后对煤矿、危险化学品等行业领域开展月督导12次。

10月28—30日，2020山东（泰安）应急装备展览会暨应急产业发展论坛在泰安市举办 （田野 供）

【疫情防控和复工复产】 新冠肺炎疫情发生后，市应急局坚决扛起市疫情处置工作应急物资保障任务，成立工作组8个，先后与100多家国内外企业对接，通过广开渠道购、依托本地产、争取上级援、动员爱心捐，及时筹措到7大类50余种234.7万件防疫物资。协调解决复工复产、复学防疫物资60万件。帮助企业解决生产资质、原料供应等难题，实现泰安市医用口罩日产能由0到320万只的重大突破。针对企业复工复产，出台支持企业落实安全防范和复工复产10项措施，实施行政许可容缺受理等10项利企便民服务措施办法，开展“一企一策”“点对点”“键对键”服务，确保企业安全生产。

【精准整治】 危险化学品方面。建立“驻企指导员”制度，选派140名县、乡安全监管人员和安全专家，对危险化学品（简称危化品，下同）重点企业长期跟踪指导服务。探索实施重大危险源企业消地联合监管机制模式，对91处重大危险源开展专项督导检查。以见一次面、谈一次心、普一次法、检查一遍重点岗位、验证一遍重要工作进展成效、开展一次隐患整改“回头看”“六个一”为重点内容，对48家危化品生产企业逐一上门指导帮扶，累计出动执法人员108人次、专家127人次，整治各类问题隐患372项。非煤矿山方面。依法注销11家不具备安全生产条件的露天非煤矿山，组织地下开采石膏矿每季度开展1次互查互助“抱团保安”活动。冶金工贸方面。推行政府购买服务“机构+执法”模式，对冶金有色、粉尘涉爆、涉氨制冷、有限空间作业、涉煤气等重点企业进行精准整治，强化复工复产、设备检维修、动火等高风险作业和外包项目“四个关键”安全管理，检查企业1667家次。

【执法监察】 在全省率先推行以“清一次底、查一次体、建一本账”为内容的分级分类监管，明确市、县、乡3级重点监管企业，实行“红黄绿”挂牌动态差异化监管。其中，对177家标红色企业每季度、2391家标黄色企业每半年、5120家标绿色企业每年检查一次。对安全管理较好的14家企业实行公开承诺制度，市、县、乡3级一年内不再实施安全执法检查。印发《全市安全生产专项整治三年行动计划》，形成了“1+2+20”（1个三年行动计划，2个专题实施方案，20个专项整治实施方案）3年行动方案，组织开展安全隐患拉网式大排查专项行动和百日攻坚行动。全市应急系统累计检查企业3994家次，整治问题隐患8340项，立案239起，罚款350万元。

【安全发展基础建设】 加强安全发展示范城市创建，在全省率先开展城市安全风险评估，形成《城市安全风险白皮书》等一系列成果。在全省率先高标准建设完成安全生产特种作业实操考试基地。开展全市“大学习大培训大考试”活动，累计培训各类人员近30万人次。推进安全宣传“五进”（进企业、进农村、进社区、进学校、进家庭）活动，加强安全教育体验馆、应急科普基地建设。（田　野）

应急救援

【概况】 充实调整防汛抗旱、森林防灭火、防灾减灾等议事机构，制定完善工作规则和运行机制。印发《关于落实应急救援力量联调联战工作机制实施意见》。开展应急预案编修年活动。加强“1+10+N”（1支综合性应急救援队伍，10支市级应急救援大队，N支县级以下救援队伍）救援队伍建设，出台加强应急救援队伍建设的实施意见。完成10处直升机停机坪建设任务。组织开展化工园区应急救援队伍技术竞赛，全市累计开展各类型演练8989场次，参与人数21.1万人。加快危险化学品道路运输全过程监管信息系统建设。实施应急指挥中心升级改造，整合11个专业系统，汇聚500路监控视频。加快推进泰安航空护林站、泰山区域森林火灾应急能力中心、省森林火灾应急救援中心等项目建设。

【应急救援体制机制】 新成立水利防汛抗旱指挥部，构建形成市防汛抗旱指挥部统一领导，水利、城市、东平湖防汛指挥部协同配合，各成员单位分工负责、上下密切联动的“1+3”防汛指挥体制。调整市防震减灾工作领导小组，整合31个部门、企事业和社会组织救援力量成立全市地震应急救援综合队伍。市政府印发《关于落实应急救援力量联调联战工作机制的实施意见》。开展应急预案编修年活动，编制了《9种常见自然灾害和事故灾难突发事件应急处置手册》，督促指导修订完善总体、专项应急预案325个。

【应急救援力量】 加强“1+10+N”应急救援队伍建设，市政府向10支市级应急救援大队和民兵应急营授旗，分别与省地矿五院等单位签署应急救援合作框架协议。推动全市应急管理“三级机构、四级队伍”（市、县、乡应急管理三级机构，市、县、乡、村四级队伍）建设，指导开展乡镇（街道）“六有”（有班子、有机制、有预案、有队伍、有物资、有培训演练）和行政村（社区）“三有”（有场地设施、有装备物资、有工作制度）基层管理标准化建设。出台加强应急救援队伍的实施意见。完成首批265人的森林专职消防员招录，开展为期1个月的岗前封闭培训。强化应急保障战略协作，与上海金汇通航签订航空应急救援框架协议，同铁塔公司无人机等公司达成24小时有偿服务合作意向。完成10处直升机停机坪建设任务。组织开展化工园区应急救援队伍技术竞赛，全市累计开展各类型演练8989场次，参与人数21.1万人。

【应急科技保障】 实施应急指挥中心升级改造，汇聚500路监控视频，为安全监管、会商研判、决策指挥、科学救援提供保障。加快危险化学品道路运输全过程监管信息系统建设，41家涉重大危险源企业全部实现线上监控，6家地下非煤矿山全部建设应用井下无线通信和视频传输系统。10月28—30日，

2020 山东（泰安）应急装备展览会暨应急产业发展论坛在泰安市举办。

（田　野）

防灾减灾救灾

【概况】　印发《关于推进防灾减灾救灾体制机制改革的实施意见》，推进自然灾害防御9大工程。制定《第一次全国自然灾害综合风险普查总体方案》，确定“四大战役”（风险普查“大会战”、隐患治理“歼灭战”、监测预警“科技战”、灾害预防“人民战”）和“1+1+N”（坚持市普查办统筹协调开展全市普查工作，坚持1个专家技术团队提供技术支撑，坚持调动各级各部门单位能动性形成工作合力）工作模式，推进风险普查和省级试点等工作。建立灾情联合会商研判制度，及时发布会商信息。加强全市地震监测台站运维管理。成立泰安市“稳如泰山”灾害应急研究院，出台综合减灾示范社区“以奖代补”办法、示范创建动态管理办法。

【灾害监测预警】　强化监测预警，打好自然灾害防御攻坚战，建立与自然资源和规划、气象、水利、林业等部门每月一次联合会商研判制度，及时发布会商信息。加强全市地震监测台站运维管理，推进煤矿开采区专用地震监测台网建设；推进“国家地震烈度速报与预警项目”建设，完成55个一般站、3个新建基本站和2个改造基准站的设备安装和调试。加快推进泰安航空护林站、泰山区域森林火灾应急能力中心、省森林火灾应急救援中心、天眼护山、引水上山等项目建设。

【灾后重建和灾后救助】　出台灾区民房恢复重建服务规范等4个制度规范，编制应急物资储备10年规划，制定《2020年度救灾物资储备计划》，建立生活救助等7类应急物资社会化保障和供应机制并签署相关协议。汛期启用安置点4个，转移安置受灾群众353人。优化灾害民生保险方案和框架协议，扩大保险覆盖面，提高赔付标准，累计赔付646户、金额404.70万元。制定《震情跟踪工作方案》《建设工程抗震设防要求监督管理工作规范》。

10月16日，泰安市稳如泰山灾害应急研究院揭牌仪式　（田　野　供）

【防灾减灾基础建设】　出台《泰安市自然灾害灾情信息管理制度》，建立健全市、县、乡、村4级4067人的信息员队伍，分层分级开展培训10次，全年上报灾情9次，获得全省报灾演练三等奖。在全省率先成立泰安市“稳如泰山”灾害应急研究院，为全市综合减灾工作提供强有力的技术支持。在全省率先出台综合减灾示范社区“以奖代补”办法、示范创建动态管理办法，推荐3个国家级、8个省级示范社区和东平县参加省级示范县评选。泰安市综合减灾示范创建工作被省减灾委办公室在全省推广。

（田　野）

消　防

【概况】　全市消防救援队伍高举“誓言如山、尽责至善”的泰山卫士精神旗帜，团结带领广大指战员防风险、保稳定，战疫情、斗洪峰，提素质、正风气，完成全年任务目标。全市消防救援队伍共接警出动4800余起，抢救被困群众720人，保护财产价值4.3亿元，完成增援安徽、吉林抗洪抢险，以及第三十四届泰山国际登山节、山东省应急装备展览会等大型活动执勤安保任务，展现“火焰蓝”新形象。支队先后承担正规化建设、灭火救援作战编成、消防救援站开展防火工作等试点任务，持续深化公安局消防管理办公室、消防人员行业部门挂职等经验模式，3次在省级以上会议作交流发言，有3项工作被应急管理部、消防救援局推向全国。支队及支队主官被市政府授予二等功奖励，支队作为全省消防救援队伍唯一一个单位获评“全国文明单位”。省委书记刘

7月28日，市委副书记、市长张涛（右三）慰问消防指战员，观看抽水蓄能电站表演操法　　（王锦波　摄）

家义，省委副书记、省长李干杰，省委秘书长刘强，总队政委肖枭，总队长李建春等领导先后17次莅临调研指导。12月14日、24日，市委书记崔洪刚、市长张涛分别对全市社会面火灾防控工作作出批示肯定。

【思想政治工作】　抓组织建设。成立党建工作领导小组，推动机关党委实体化运行，开展基层党组织标准化规范化建设工作，打造党建规范示范点，组织党务知识培训，以点带面推动基层党组织全面进步、全面过硬。坚持“政治标准、岗位需要、素质过硬、群众拥护”用人导向，在改革转隶后首次干部选拔任用工作中，127人晋升职级、27人调整岗位。注重提质强能，开展全员练兵，组织岗位指战员分类培训，邀请国内外专家到支队指导，组织指战员外出学习培训。举办庆祝“泰山卫士”授称十周年系列活动，开设“党旗引领风帆劲”专栏，推送先进典型风采展29期，形成“学卫士、比贡献、创业绩”良好风气。

【消防队伍建设】　坚持“两严两准”建队标准，成立支队安全委员会，开展安全集中整治、作战训练安全管控等活动，针对“黄赌毒、网贷密、人车酒、钱财物”等风险点，开展“警示教育周”等活动，常态化抓好风险隐患排查，开展条令纲要宣传贯彻和专题教育，组织开展条令条例和安全、普法授课，引导各级强化规范意识和法治观念。推进中央巡视应急管理部和总队党委政治巡察问题整改，梳理措施意见，完善工作机制，净化队伍政治生态。支队注重建强专业处置队伍，以高层建筑、山岳救援、石油化工、战勤保障、水域救援、森林灭火6支专业队伍为龙头，围绕抗洪抢险、地震救灾等8类灾情，先后组建市级专业处置队伍6支、站级专业处置队伍16支。组建应急通信与无人机大队，明确工作职能。坚持“全员练、练全员”的指导思想，举办战训大讲堂和水域救援、安全员等专项培训班。年内，支队在全省执勤岗位练兵比武中获得第5名，在全省化工园区和化工监控点应急救援大比武中获得2个单项第一，在全省第二届“火焰蓝”应急通信比武中获得第二名。

【火灾防控】　坚持“以人民为中心”的发展理念，以推进“消防安全专项整治三年行动”为统领，制定重点项目清单，协同相关部门，分批开展联合督导。联合市司法局建立消防员执法资格认证，持续探索消防干部挂职政府部门机制，有5名经验丰富、素质过硬的干部被任命为市林业局等5部门综合办副主任等职务。深化公安局消防管理办公室实体化运行，净化社会消防安全环境。组织开展规范消防行政许可和处罚行为、优化消防执法营商环境专项行动，打造简洁高效的政务生态。严格执法质量考评，打造“线下＋线上”多元化宣传阵地，联合市教育局、团市委开展“消防安全教育示范学校”达标创建、志愿服务队建设工作，依托支队全媒体中心，与中央及省、市30家主流媒体建立媒体联盟矩阵，群众消防安全意识显著提升。

【后勤保障】　支队牢固树立“过紧日子”的思想，压减非刚性支出，开展节约型单位创建，出台10余项经费管理措施。支队配备多功能城市主战车、登高平台车、大功率泡沫车等执勤车辆，购置多种装备器材，全部配发执勤一线。采购干粉灭火弹、自生氧气面罩等专业器材，由市森林消防大队代储，森林防火装备进一步提档升级。贯彻“基层至上”，支队机关及4个大队获评绩效考核优秀等次。固化探亲家属接待、就医绿色通道、子女就餐“小饭桌”等举措，支队主官带队家访传递组织关爱，19名指战员子女如愿入学入托，313名指战员及家属免费参加疗养，在全省率先完成新标准工资、转业费及住房公积金发放工作，队伍幸福值、满意度不断提升。　（李　波）

编辑　校对　　刘　凯

景区·园区

泰山综述

【概况】 泰山，古称“岱”“岱山”“岱宗”，世称“东岳”，为“五岳之首”，位于山东省中部，主峰玉皇顶海拔高度1545米。泰山以其有容乃大的气魄将历史文化、自然景观、地质地貌完美和谐地融合在一起，被誉为“中华文化史的局部缩影”、中华民族精神的象征。1982年，被国务院公布为首批国家重点风景名胜区；1987年，被联合国教科文组织列为首例“世界文化与自然双遗产”；1992年，入选首批“国家森林公园”；2005年，首批列入全国文明风景旅游区；2006年，首批列入国家AAAAA级旅游景区、国家非物质文化遗产名录、世界地质公园。相继取得首批国家级服务标准化示范单位、全国旅游服务质量标杆单位、国家级全民健身登山基地、国家级海峡两岸交流基地、中国最美地质公园、中国最令人向往的地方、“中华十大名山”之首、首批“中国楹联名山”、首批“中国森林氧吧”榜单、首批“全国智慧旅游景区试点单位”、全国文明燃香试点单位、“中国旅游景区数字资产榜”第二名、2016最受微博用户关注景区TOP10、十一黄金周“旅游服务最佳景区”等称号，是名副其实的中华国山、世界名山。

【自然风光】 泰山自然风光优美、壮观，其景观特点以雄为主，“雄、奇、险、秀、幽、奥、妙”兼有，有旭日东升、晚霞夕照、黄河金带、云海玉盘、雾凇雨凇、碧霞佛光等自然奇观。泰山有保存完好的古建筑群26处、寺庙58座、古遗址128处，碑碣1239块、摩崖刻石1800余处，主要名胜古迹有岱庙、普照寺、王母池、经石峪、碧霞祠、日观峰、南天门、玉皇顶等，五岳独尊、十八盘、姊妹松、旭日东升等古迹、景观被应用到第五套人民币上。泰山主峰傲然拔起，环绕主峰的知名山峰有112座、崖岭98座、溪谷102条，构成群峰拱岱、气势磅礴的泰山山系。泰山因太古界岩层裂隙作用，水系十分发达，有名泉72处，山体总储水量30亿立方米，形成山泉密布、河溪纵横的灵秀景观。

【动植物资源】 泰山有高等植物1646种、哺乳类动物37种、爬行类14种、两栖类6种、鸟类317种，堪称生物多样性的天然资料库。泰山植被跨越3个温度带，层次分明，种类繁多，百年以上的古树名木1.81万株，森林覆盖率、植被覆盖率分别达95.8%、97%。泰山中草药资源丰富，名贵药材主要有灵芝、何首乌、紫草、四叶参、黄精和汶河的“九节香附”等，其中何首乌、四叶参、紫草和黄精同称“泰山四大名药”。泰山螭霖鱼、鹿角菜、苹果、板栗、核桃、山楂等土特产誉满中外。其中，生长在海拔800米以上深涧中的泰山螭霖鱼尤为珍贵，是泰山特有的鱼类，清代时为皇室贡品，是中国五大食用名鱼之一。

【地质资源】 2006年，泰山被联合国教科文组织批准为世界地质公园，总面积约418.36平方千米。泰山经历了28亿年的地质演化历史，过程复杂多变，地质活动强烈，形成典型而罕见的地质遗迹，历来为中外地质学家所瞩目。它是中国早前寒武纪地质研究历史最悠久、地质现象最丰富的经典地区，大面积出露的太古宙花岗岩——绿岩带，较完整地记录地球28亿年到25亿年的演化历史，是全球新太古代地质演化的一个窗口。泰山把人类文化与自然景观融为一体，完整地保存起始于28亿年前的新太古代、贯穿至当代文明的自然与文化长卷，具有极高的科学研究价值。

【文物资源】 泰山有保存较好的古建筑群26处、寺庙58座、古遗址128处、碑碣1239块、摩崖刻石

1800余处。泰山古建筑群整体呈现古代自然崇拜的信仰形式，涉及儒家文化建筑形式、皇家祠庙建筑形式、道家文化建筑形式、道家延伸的民间民俗信仰及地狱神魔文化建筑形式，是中国山岳信仰建筑的最早起源及最具代表性的名山范例。泰山碑刻时代之连续性、艺术之精湛、构景之巧妙均堪称一绝，著名的有秦《泰山刻石》、汉《衡方碑》《张迁碑》、晋《孙夫人碑》、南北朝《经石峪金刚经》、唐《纪泰山铭》、宋《青帝碑》、元《天门铭》、明《洪武碑》、清《摩崖碑》等，海内瑰宝秦李斯碑、“榜书之宗”经石峪刻石及封禅大典遗迹唐摩崖等具有重要的历史文化价值。

【历史文化】 泰山地区是中国古代文化重要发源地之一，在五万年前的旧石器时期，泰山周围已有人类活动的踪迹，在母系氏族社会阶段显露出文明的曙光。在五千年前的新石器时代，泰山南麓的大汶口文化、北麓的龙山文化，不仅影响到山东，而且影响到黄河中下游的广大地区。泰山自古被视为社稷稳定、政权巩固、国家昌盛、民族团结的象征，也成为几千年间中国唯一受过皇帝封禅的名山。相传远古时期，黄帝曾登过泰山，舜帝曾巡狩泰山。商周时期，商王相土在泰山脚下建东都，周天子以泰山为界建齐鲁。秦一统天下后，秦始皇、秦二世、汉武帝、汉光武帝、汉章帝、汉安帝、隋文帝、唐高宗、武则天、唐玄宗、宋真宗、清帝康熙、乾隆等古帝王接踵到泰山封禅致祭，刻石纪功；在官方封禅祭祀活动的推动下，泰山祠庙林立，儒家文化与佛、道两教融合发展，以东岳大帝、碧霞元君信俗、泰山石敢当习俗等为主要内容，以国泰民安为文化内核的东岳信仰得到长足发展，东岳庙、元君庙、泰山石敢当遍布全国并向海外辐射，使泰山文化具备超越任何一种宗教的广泛影响力和有容乃大的兼容性，形成中华文化史上“东岳之庙，遍于天下”的一个奇观。泰山还吸引众多的文化名人，孔子、管仲、司马迁、张衡、诸葛亮、曹植、李白、杜甫、刘禹锡、苏东坡、欧阳修、范仲淹、王世贞、姚鼐、郭沫若等均留下浩如烟海的颂岱诗文，孔子《丘陵歌》、曹植《飞龙篇》、李白《登岱六首》、杜甫《望岳》、苏辙《灵岩寺》、姚鼐《登泰山记》等均是不朽的名篇佳作，把游人从山神崇拜中引向游览观赏、求知审美的方向。 （丁 中）

泰山景区保护与管理

【概况】 2020年，泰山景区接待进山游客251万人次，恢复至2019年的60.11%；实现门票总收入2亿元，恢复至2019年的49.88%；泰山索道安全运送游客242万人次、收入2.42亿元，均恢复至2019年的62%；景区客运安全运送游客367万人次、收入1.15亿元，分别恢复至2019年的61.37%、64%。一般公共预算收入完成5.77亿元，增长3.25 %。地区生产总值增长5.7%，固定资产投资增长74%，工业增加值增长17.2%，规模以上工业营业收入增长20.9%，区县级税收增长10.21%，以上5项指标增幅均列全市第一。11月，泰山景区完成体制机制改革，机关15个局室重组为8个部和纪工委监工委；重新组建泰山旅游集团，履行开发、经营等职能；组建市政府直属机构泰山景区社会事务服务中心，统一管理所属乡镇村居的经济社会事务；双重管理公安、税务、市场监管、自然资源和规划、司法、生态环境等派驻部门。推进相对集中行政许可权改革试点，设立行政审批服务部，梳理完成首批市级县级审批事项清单，证照办理、税务登记、免费刻章实现“一窗通办、一次办好”。

【疫情防控】 新型冠状病毒肺炎疫情发生后，春节前紧急暂停贺年会、长春庙会等大型文旅活动。1月24日起博物馆闭馆，1月25日

2020年国庆、中秋假期，虎山阁重新整修后恢复对外开放（隋 翔 摄）

18时起发布泰山暂停开放公告，落实管理封控措施，主景区4个进山口及天外村广场东、南、西、北的4个通道全部封堵。1月26日起禁止村内村外的一切走亲访友、聚餐聚会，停止大型群众性活动，简办红白喜事。2月1日起，各家属院小区实行出入管制。2月2日起，迎胜农贸市场暂停营业，餐饮饭店全部关停，全部个体诊所暂停营业，景区所有取水点全部封堵。3月19日，泰山景区恢复开放新闻发布会召开，自3月21日8时起，泰山景区红门、天外村、桃花峪3条游览路恢复24小时开放。景区恢复开放后，贯彻落实习近平总书记"限量、预约、错峰"的指示精神，围绕"不聚集、不拥堵、不扎堆"的管控目标，强化最大游客量管控、预约购票管控、政策杠杆管控、重点环节管控、人防物防技防、进山流程管控、旅游品质提升7个环节，实现辖区零确诊病例、零疑似病例。在6月27日召开的全国假日工作调度总结会上，文旅部部长雒树刚在讲话中多次点名表扬泰山景区限量预约错峰等安全管控措施。在7月份召开的第五届中国景区创新发展论坛暨中国旅游景区协会二届五次理事会上，泰山景区获中国旅游景区协会颁发的抗击疫情特别贡献奖。

【营销宣传】 开展央视《直播黄河·泰山篇》《坐着高铁看中国·泰安篇》等直播、录播活动26次，各级各类媒体累计发布正面报道3600条，其中央视《新闻联播》5条、央视其他栏目53条、《山东新闻联播》20条、《泰安新闻》92条。完成《泰山"挑山工"》《挑山者》《我的青春在哪里》《走近泰山挑山工》等电影拍摄，开通《泰山金曲》《泰山故事会》广播栏目，举办"泰山大峡谷·山水大画廊"摄影比赛，泰山位居全国55家世界遗产新媒体传播力榜单第二名。"学习强国"全国平台采用52件、省平台采用397件，在各县（市、区）、功能区排名第一。完成《走向世界》专刊组稿，《泰山故事》丛书发行，《中华泰山文库》完成《泰山美韵》《泰山志》《泰山娘娘信仰》3部专著的出版，《挑山工》入选全国小学语文统编教材。与美团开展线上合作，推动票务系统全面升级，并将数据流量转化为3000万元现金收入和2000万元市场营销服务。发行"济泰同城 畅游泰山"优惠年卡，策划举办"新疆农产品进泰山""海峡两岸·情重泰山"等主题活动。实施名泉工程，完成改造提升14处、列入改造提升计划30处。泰山被省文旅厅列入山东"齐赏好景、悦听好声、游习好理、畅飨好味、悠游好趣、乐淘好品""六好"优质文化和旅游产品名录。

【旅游品质提升】 部署开展"旅游品质提升攻坚年"行动，实施服务质量、公共服务设施、环境卫生、经营秩序四大专项整治，投资600万元，实施软硬件提升项目21类45项；开展环境综合整治，组织"春洁活动""创城行动""环境攻坚战"等活动，完成25个AAA级旅游公厕改造提升。开展食品安全、餐饮服务质量等专项整治行动，规范整改食品经营业户800家。开展"放心消费在泰山"创建活动，推行"一码通"和"无理由退货"，从严从重从快打击欺客宰客等违法行为，维护旅游市场秩序。编制《泰山景区员工行为规范》《泰山景区游客中心内部设施完善及服务规范》，提供统一服务范本。受理咨询、求助、"12345"转办等事项27万起，妥善处置涉景区的社会关注事件101次，办结率均达100%。

（丁　中）

·文物保护·

【概况】 制定完善《泰山景区文物管理所管理制度》《泰山景区文物古建筑消防安全管理制度》《泰山景区文物安全突发事件应急预案》《泰山景区古树名木保护管理制度》《泰山景区林长制系列制度》《泰山景区林业工队（站所）管理制度》《泰山世界地质公园地质遗迹保护管理制度》，规范遗产保护工作程序。与山东省水下考古研究中心、市文旅局联合举办"考古学视野下古代泰山文明学术研讨会"，与中国文物保护技术协会联合主办全国"古建筑保护管理与利用发展"培训班，组织召开"泰山文化遗产提升"项目专家论证会。完成碧霞祠（一期）、后石坞庙古建筑修缮工程。上报泰山古建筑群防雷工程、关帝庙保护修缮工程、南天门抢险加固工程等5个项目的设计方案，争取上级文物专项资金1427万元。

【泰安市博物馆】 泰安市博物馆是一所集中展现泰山历史文化的地方性综合博物馆，1986年依托岱庙建馆，2013年被评为国家二级博物馆，负责全市文物的征集、保管、陈列、研究等工作，同时负责全国重点文物保护单位——岱庙的管理工作，属馆庙一体的机构设置。该馆是保护、研究和展示泰山历史文化遗产的教育机构，是泰安市对外宣传的重要旅游窗口，每年接待中外游客100万余人次。岱庙是古代帝王奉祀泰山神灵、举行祭祀大典的场所。始建于汉，拓于唐宋，经金、元、明、清历代维修，基本保持宋代格局。总占地面积10万平方米，是泰山历史上延续时间最长、规模最大、保存最完整的古建筑群。院内存有自秦汉以来的历代碑碣石刻300余通，有汉柏、唐槐为代表的古树名木240余株。1988年，岱庙被国务院公布为第三批全国重点文物保护单位，2010年被国务院公布为第三批全国古籍重点保护单位。泰安市博物馆有馆藏文物藏品2.08万件，主要类别有石器、陶器、瓷器、铁器、铜器、金银器、玉石器、印玺、砚墨、珐琅器、竹木牙角、字画、刺绣、碑帖、革命文物、钱币、碑刻石雕、古籍。其中，一级文物139件，二级473件，三级藏品3025件，古籍5111部、3.86万册（善本1万余册）。馆藏文物中一部分为泰安地区考古发掘出土和从社会征集来的各种历史文物，从不同侧面反映泰安在各个历史时代生产力及科学技术水平的发展情况，是泰安历史文化发展的实物见证。藏品中还有一部分为清代帝王供祀泰山神灵而进献的祭器，均为皇家制作，时代及来源明确，质地精良、工艺精美，代表当时物质生产与科学技术的最高水平，具有极高的艺术价值、历史价值。泰山祭器是泰山历史文化的特殊产物，也是泰安市博物馆藏品中独具特色的精华。

【泰山名泉保护工程】 按照“保护为主、抢救第一、合理利用、强化管理”的原则，结合泰山区域山水林田湖草生态保护修复工程，启动“泰山名泉保护工程”。对景区内53处名泉进行实地调查、拍照测量、登记造册，摸清名泉的具体位置、保护现状、周边交通、配套设施、水源、水质等，组织专家“一泉一策”开展有针对性的保护，对文化底蕴厚、保存现状好、过往游客量大、开发条件较成熟的名泉，进行维修、改善、提升。先后完成关帝庙灵泉、斗母宫龙泉、五松亭五松泉、中天门玉液泉、南天门万福泉、后石坞元君庙灵异泉和石乳泉、普照寺修德井、王母池王母泉、玉泉寺玉泉10处泉井的改造提升。对已修缮的泉井，结合泰山茶产业，推出“品茗赏泉”服务，设立茶亭茶棚，为游客提供茶水茶叶，做足“泰山水泡泰山茶”的文章。对具有一定维修保护价值、但基础设施不完善的30处泉井，制定分期综合改造提升计划，结合传说故事，打造品泉、赏泉、嬉泉、听泉、咏泉等情景体验式旅游线路，将名泉景点打造成可游、可品、可讲、可传播的新型旅游产品。

【碧霞祠（一期）修缮工程】 工程涉及的单体建筑主要有碧霞祠一进院落中的南神门（乐舞楼）、东神门、西神门、大山门、南神门东西倒座6座单体文物建筑，总占地面积1057.1平方米。主要措施：检修、更换破损瓦件、补配缺失和残损的脊饰构件，揭顶维修漏雨的屋面；墩结加固严重受损的木构件；挖补严重酥碱的青砖，清除墙面有损文物建筑原有风貌、不当及有害碎修的痕迹；检修门窗，按原有式样恢复；检修龟裂、脱落的油饰；依据可靠资料修复损毁的建筑局部，保护其完整和真实性。

【后石坞庙古建筑修缮工程】 工程涉及的单体建筑主要有碧霞元君殿、西配殿、山门、三官殿、七真殿、圣母寝宫楼、透天门，以及排水严重不畅通的院落地面，总占地面积4250平方米。主要措施：更换瓦件、补配缺失和残损的脊饰构件，揭顶维修漏雨的屋面；灌浆加固开裂的墙体，挖补严重酥碱的青砖，清除墙面有损文物建筑原有风貌、不当及有害碎修的痕迹；检修门窗；检修龟裂、脱落的油饰；依据可靠资料修复损毁的建筑局部，保护其

4月30日，泰山景区红门景点游客有序进山。游客错开“五一”小长假提前出游，不扎堆游玩，安全出游（赵文文　摄）

完整和真实性；修复和疏通原有的院落排水系统。（丁　中）

·林木管理·

【森林防火】 与32个部门和单位签订《泰山防火责任书》，张贴禁火令1.2万张，发放宣传卡、年历6万份；严格火源管控，全年查留火种、高香4万件，查处吸烟等违规用火行为1200余起，查堵违规进山人员4000余人次。推进泰山森林防火安全工程，“天眼护山”火情监测预警系统全面建成，实现泰山重点林区火情第一时间自动探测、自动报警、自动定位，圆满完成春季防火任务，实现主景区连续32年无较大森林火灾的目标；推进泰山区域森林火灾应急能力建设项目，完成施工现场清理任务；推进258处太阳能4G智能卡口，率先在全市开展卫星移动通信站建设；购置串联式水泵、森防摩托车等防火物资840件套；招录专职森林消防员90人、季节性护林员256人。强化督导检查，督促整改隐患12项、83件。

【森林抚育】 完成泰山区域山水林田湖草生态保护修复工程投资3293.2万元，抓实松材线虫病防控，全年监测调查面积3.33万公顷（50万亩）次；清理各类死树1.9万株，对所有死树进行镜检，发现有松材线虫树木19株；古树注药预防5万棵；地面防治466.67公顷（7000亩）次；飞防2333.33公顷（3.5万亩）次，基本实现了全年无疫情的目标。7月29日，国家林业和草原局在全国松材线虫病防治电视电话会议上再次向全国推广泰山“精准防控”经验。落实常规病虫害防控措施，全年拔除美国白蛾疫点17处，均为外源性侵入，实现连续13年“将美国白蛾拒之泰山景区之外”的目标。利用生物或无公害农药、人工清理、饵木和诱捕器诱杀、以虫治虫等措施，综合防控常发性森林病虫害赤松毛虫、舞毒蛾和松扁叶蜂等病虫害3000公顷（4.5万亩），实现常发性病虫害连续33年有虫不成灾的目标；完成泰山国家级中心测报点能力提升工程。院士工作站开展科研合作项目7项，“省林业重大灾害监测防控基础与应用技术研究”项目按计划推进，“松材线虫及其媒介昆虫松墨天牛化学防治药剂阿维菌素纳米新剂型研发”等4个项目取得重大突破，发表论文25篇，其中SCI论文11篇；申请发明专利5项。自主开发的松材线虫病信息化管理平台上线试运行。繁育泰山花楸苗木200多株，将泰山盐肤木纳入《山东省珍稀濒危及特有树种名录》。成立泰山爱鸟协会，实现泰山鸟类常态化监测，记录泰山野生鸟类346种。开展昆虫资源普查工作，记录泰山昆虫2000多种，采集标本3万多套，启动《泰山昆虫图鉴》编辑工作。

【“天眼护山”火情监测预警系统】 “天眼护山”火情监测预警系统依托铁塔公司通信基站，利用国内先进的热成像智能识别技术，结合烟雾辅助检测手段，实现林区24小时火情监测、自动报警、坐标定位。同步开发具有火点坐标、地图联动、队伍定位、趋势分析功能的泰山火情监测预警智能化指挥平台和手机终端应用软件，实现“一个平台、一部手机管泰山”。系统采用先进的双光谱热成像检测技术和稳定的架构体系，最节约的项目投资，实现“人防”向“技防”的转变、自建向购买服务的转变，建设周期短、覆盖区域广、监控准确度高，特别在浓雾等恶劣环境下对人工瞭望盲区进行有效弥补，解决景区林场防火面积大、责任重、防控手段少、成本高的痛点，提升泰山森林防火科技水平。工程分3期，自2019年12月动工，历时11个月完工，共建设预警监测点95处，实现涵盖泰山林场和谷山林场、大津口乡、黄前镇、下港镇的景区管辖范围火情监测预警全覆盖。年内，对一期的28个监测点位进行3个月的试运行测试，经测试，系统累计报警6036次，其中有效报警17次，分别是村民上坟烧纸5次、焚烧垃圾及林间用火行为12次，均为第一时间报警，发现快、报警早、定位准、无漏报。（丁　中）

·行政执法·

【概况】 推进综合执法改革，集中行使22个领域执法事项2251项（行政处罚事项2181项、行政强制措施70项），突出抓好重点领域执法，立案查处各领域案件180起、罚没款95.9万元，拆除各类违法建设33处、2182.91平方米，3处违建别墅全部处置到位，查处非法盗采山石案2起、盗采砂石案3起，封停山泉水取水点8处。依法治山工作被央视《中国之治》栏目推广，依法保护泰山石经验被中央依法治国办、司法部面向全国推广。

【重点领域执法】 开展旅游品质提升攻坚专项整治，多次组织查禁违规吸烟用火、食品安全检查、油烟排放检测、建筑工地整治、旅游秩序整治、交通秩序治理、经营秩序规范等专项行动，依法按程序办理重点案件24起，其中非法销售烟火案9起、拦车拉客案7起、使用高污染燃料案3起、倾倒建筑垃圾案3起、食品卫生案2起。推进全国文明城市创建，办理城市管理平台案件1004起，整治道路出入口11处，督促指导硬化美化5940平方米，制止库域游泳不文明行为80起，劝导不文明养犬行为100起，捕捉流浪犬20只，规范樱桃园天马山、红门白马石2处临时摊点群。加快违法建设查处"归零"，拆除各类违法建设33处、2182.91平方米，其中严格依法按程序强力拆除马套北大沙河非法占地二层楼房、马蹄峪非法占地违建别墅等违法建设。巩固泰山石和山泉水整治成果，以落实新修订的《泰山风景名胜区保护管理条例》为着力点，错时巡查、联防联动、加大处罚，查处大津口村、栗杭村非法盗采山石案2起，实施处罚4.5万元，查处下港镇石汶河区域盗采砂石案3起，封停山泉水取水点8处。

【提升执法效能】 加强综合行政执法队伍建设，开展案件办理卷宗评查、质量评比、绩效评定活动，梳理22个领域2251项行政执法事项，举办专题培训，打造忠诚、廉洁、公正、奉献、担当的执法队伍。完成党建、办公、办案等40项规章制度修订汇编，落实制度上墙、装备到位、卷宗规范、内务整洁等工作，形成用制度理事、用制度管人的良好机制。打造样板典型，提升执法队伍管理、案件办理和执法活动规范化、制度化建设，全力创建"国字号"执法品牌。转变执法理念，前移执法关口，落实柔性执法、审慎包容工作要求，公正、公平、公开办案，展现良好执法形象。强化宣传舆论引导，以《泰山风景名胜区保护管理条例》修订实施为契机，在"6·9"生态保护日和"12·4"国家宪法日组织开展法律"七进"（进机关、进学校、进社区、进乡村、进寺庙、进企业、进单位）宣传活动，营造知法、信法、守法氛围。创新执法模式，结合"智慧泰山"项目建设，强化人防、物防、技防措施，实施"互联网+行政执法"工作模式，开展网上巡查办案，实现数据汇聚共享，提高执法科技化水平。将执法装备、办公办案智能化改造提升纳入景区"智慧泰山"项目，确保巡查到位、监管到位、处罚到位，并借此培育新的工作亮点，打造风景名胜区行业"智慧景管"新标杆。

（丁　中）

·社会事务·

【概况】 2020年，泰山景区农业农村、教育卫生、民政残联、信访、退役军人和街道管理等各项事业取得较好成绩。景区安全饮水工程在各县（市、区）进度排名中位列第一，"三通"（通水、通电、通路）工程名列全市前茅，扶贫攻坚顺利验收，乡村振兴全市排名位次前移。"泰山板栗"产区被认定为山东省特色农产品优势区。为全省民兵森林防火规范化集训提供观摩现场，南天门退役军人服务站工作事迹被退役军人事务部组织的多家国家级媒体宣传报道20篇次。累计获第十批全国"一村一品"示范村镇等国家级称号2项、省级称号5项、市级称号5项，11人获省、市记功表扬。

【精准脱贫】 聚力脱贫攻坚，对20个省、市级贫困村挂牌督战、集中攻坚；投入资金795万元，完成温室大棚、光伏发电等扶贫产业项目35个；对已建成的144个扶贫产业项目加强运营管理，累计收益508万元，受益贫困人口1521人；建立对贫困户帮扶的长效机制，设置扶贫公益岗位，安置建档立卡贫困人口67人。落实扶贫政策，为1089户、2089人购买扶贫特惠保险，累计理赔1310人次、58.8万元，贫困群众住院政策范围内自付费用控制在10%以内；为58名贫困生落实"雨露计划"救助；开展"脱贫攻坚·慈善先行"救助活动；开展孝善养老扶贫，为83名老年人发放政府奖补资金，确保老年贫困群体稳定脱贫；投资55.4万元完成危房改造43户；投入资金48.8万元，累计为107户虽构不成危房，但存在裂缝、漏雨的房屋进行维修。加强扶贫督导检查，及时召开问题整改推进会、调度会；组织开展"县乡遍访核查"，完善景区、乡镇及贫困户扶贫档案。

【乡村振兴】 农村人居环境整治三年行动通过市级验收，下港村通过美丽乡村省级验收；完成30个村农村道路"三通"（村村通、巷巷通、户户通）建设任务，完成农村公路建设37.1千米，养护大中修41千米；投资3100万元，超额完成饮水安全两年攻坚任务；投资747万元，完成水库移民扶持资金项目；泰山板栗种植区入选山东省特色农产品优势区；下港镇获第十批全国"一村一品"示范村镇；艾洼村、曹家庄村纳入山东省乡村振兴"十百千"工程示范创建村名录，曹家庄村被列为国家首批十大地质文化村。推动迎胜城中村改造工程，完成3.2万平方米回迁楼建设，协调泰山区法院依法执行4户拆除；打造迎胜

“红色物业”试点，构建四级网格化管理体系和城市党建新格局。

【民生保障】 先后两次提高困难群众救助保障水平，全年发放各类民生保障资金1700万元。失能、半失能特困人员集中供养率达54.55%；提升敬老院软、硬件环境。加强规范化管理，全年未发生医疗纠纷及各类安全生产事故；大津口乡卫生院顺利通过一级甲等验收；家庭医生签约、履约率持续上升，在6个县（市、区）、3个功能区中排第6位。编制景区公益性公墓建设规划，推进选址定点和建设。完成“孤儿助学工程”项目和“孤儿健康体检”。推进残疾人证件办理工作，全面落实残疾人康复政策；将建档立卡贫困残疾人大病医疗保险报销率提高5%；为1183名重度残疾人发放养老金174.22万元。投资234万元完成义务教育学校改善与提升项目8个；投资300多万元完成保家庄和大林幼儿园建设；黄前、下港全面实现学校集中供餐。（丁　中）

泰山景区建设

【概况】 确立重点建设项目12个，专班推进、挂图作战、插旗考核。其中，红门广场建设和虎山公园改造提升、引水上山污水下山、泰安不夜城人防工程及岱庙南门广场改造、智慧泰山、泰山·金谷、文物古建保护提升、钟秀山庄养老中心、桃花源游客中心、迎胜居委会城中村改造、农村道路“三通”建设10个项目完成插旗考核，泰山森林防火安全和泰山区域森林火灾应急能力建设等项目有序推进。抓好山水林田湖草生态保护修复示范工程，景区范围内工程顺利通过验收。与山东慧商集团深度合作，引进外资1706万美元；投资1.38亿元参股青岛康隆投资合伙企业，实现营业收入3.4亿元，上缴税金1873万元。强化财政投资评审管理，审减资金2135.68万元。

12月9日，泰山景区红门广场、虎山公园和引水上山污水下山工程竣工启用。图为启用仪式（司　刚　摄）

【泰山景区引水上山污水下山工程】 该工程总投资9500万元，主要包括引水上山、污水下山两个部分。引水上山项目6月开工，在红门广场地下停车场处建设1000立方米蓄水池，将市政水源接入该蓄水池，新建直径159毫米埋地敷设管道，经四级加压后输送至中天门水厂，并对该水厂至岱顶的原有管道更新改造，再通过五级加压输送至岱顶蓄水池。引水上山项目新建和改造供水主管道总长约8千米，分支管道约12千米，新建泵站4个、改造泵站5个，红门至中天门管道流量为每日1200立方米，中天门至岱顶管道流量为每日900立方米，实现岱顶蓄水总量达到1.2万立方米并及时补充。污水下山项目4月中旬开工，主要解决中天门及以下区域的污水处理问题。该工程新建管道7.7千米，将中天门区域的污水在中天门下停车场集中收集，通过污水泵站加压输送至中天门后，通过直径300毫米污水管道自流下山，进入城市管网处理，实现中天门至红门沿线厕所、网点的零星污水一并收集、下山处理。根据总体规划，红门至中天门段管沟顶面采用毛石砌铺，将管沟建设成一条新的分流道路，缓解主盘道游客拥堵问题。工程于11月底顺利完工，从根本上解决长期困扰泰山保护发展的靠天吃水、旱涝不均、用水难、排污难等问题，实现“清水上得来，污水下得去”的目标。

【虎山公园改造提升工程】 虎山公园建于1989年，其间未进行过大的改造提升，尤其是虎山生态园关停和东北虎园外迁后，公园已难以满足人民群众的需求。2020年，市委、市政府将虎山公园改造提升工程列为为民要办的实事之一，决定将虎山公园建设成为集风景游赏、文化体验、休闲健身等于一体的城市公园。工程总投资1.2亿元，规划占地面积约20.6公顷，6月中旬开工，11月底基本完工。公园以“望岳、乐水”为主题，通过融格局、拓空间、富功能、建体系、树形象，提升景观品质和休闲旅游服务功能，重现“瑶池望岳”“虎山览胜”盛景。园内有弘扬道教文化的重要场所——王母池，有品茗休闲、赏景游玩的好去处——虎山阁、五岳亭、望岳亭、梳洗亭、嘉木堂以及网红景点涤尘泉亭，有方便市民休闲健身的1千米健康步道、室外游泳池，有为小朋友打造的儿童乐园和利用废弃大鸟笼改造成的“紫藤花屋”，是一处兼具旅游、健身、餐饮、休闲、娱乐、商务等多种功能的“城市会客厅”。

【桃花源游客中心项目】 该项目是景区“旅游品质提升攻坚年”的重点任务，旨在完善桃花源片区旅游配套设施，解决原停车场空间布局不合理、游客流线不科学等问题，打造集信息展示、游人集散、车辆停放等多功能于一体的综合性旅游服务基础设施。2020年3月开始规划设计，8月施工，总投资1700万元，由山东泰山旅游集团及所属景区客运公司承担建设。项目占地面积5074平方米，总建筑面积1121平方米，其中地上建筑面积970平方米、地下一层建筑面积151平方米；停车场加固改造面积2955.84平方米。至年底，已完成混凝土浇筑、柱梁加固、路面铺设等主体工程。

（丁 中）

泰山索道运营中心

【概况】 泰山索道运营中心（以下简称索道中心）主要负责泰山中天门、桃花源、后石坞3条客运索道的安全运营、维护和管理等工作。2020年，受新冠肺炎疫情影响，1月26日至3月20日停运55天，3月21日恢复对外运营。3条索道运送游客242万人次，实现运营收入2.42亿元。建成全国第一个索道安全双重预防体系，11月12日，中国索道协会在泰安召开全国客运索道安全双重预防体系建设泰山经验推介会。连续3次获评安全生产标准化一级企业，3条索道全部被评为“5S”索道。编制完成全省索道作业人员资格考试命题题库，在后石坞索道成功承办全省索道作业人员实际操作考试，主持编制的两项地方标准通过专家评审。完成为期2年的国家级服务业标准化试点任务。牵头引进泰山区“泰融易产融平台”项目，落实投资3120万元，项目顺利开工建设。年内，索道中心通过“省级文明单位”复核。

11月9日，新修建的红门广场 （隋 翔 摄）

【疫情防控】 根据疫情形势变化，统筹疫情防控和复工复产。从硬件、软件两方面查缺补漏、建章立制，制定全方位的防控措施和应急预案，提前实施中天门、桃花源两条索道年度检修，邀请疾控专家现场指导、全员培训，组织开展疫情防控应急演练，加强疫情防控知识宣传，提高员工和游客疫情防控意识和防控技能。严格落实测温、消毒，提醒戴口罩、保持安全距离等常态化防控措施，与泰山景区建立应急处置联动机制，营造安心舒心放心的旅游环境。全年疫情防控未出现任何纰漏。

【安全生产】 把安全生产标准化纳入日常、严在经常，以风险隐患排查暨月度安全生产例会为抓手，确保及时发现问题、消除隐患，保障设备运行安全。全年组织开展安全检查和月度安全例会12次，查摆整改各类安全隐患86项。完成3条索道抱索器及钢丝绳的无损探伤、油脂化验、工具仪表的测试校验和中天门索道主电机更换，在3个索道站6个配电室安装智能检测装置，实时提供电流、电压、功率因数、温度、湿度等设备参数及火险报警，确保索道供电系统稳定运行。全年未发生安全生产责任事故。

【运营服务】 坚持“以游客为中心，把游客当亲人”服务理念，围绕“提高游客满意度”实施标准化战略，搭建起包括服务通用标准体系、服务保障标准体系和服务提供标准体系的3大体系、21个子体系、248项标准，首创“弹性运营”“满厢定员”“分流减压”等多项索道运营服务新标准，完成了为期2年的国家级服务业标准化试点任务。“山东省服务标准化示范项目”通过山东省市场监督管理局立项。开展“微笑服务”，“阳光服务、绿色通道”服务品牌被评为市直机关优秀服务品牌，在全市政务服务热线办理工作考核通报中，“群众满意率”“合理诉求满意率”“回复群众率”“按期答复率”4项指标均达100%。

【增收节支】 受新冠肺炎疫情影响，上半年运营收入同比下降超过70%。索道中心先后开展“奋战七八月，全力促增收”“决胜九十月，冲刺新目标”等增收创收主题活动。7—10月，中天门索道运营1504小时，平均每天12.75小时，比2019年同期增加101小时。桃花源索道运营1392小时，平均每天11.6小时，比2019年同期增加62小时。全年运送游客242万人次，比全年计划任务多运77万人次，完成计划任务的146%，比2019年下降37.72%，运营恢复水平在国内索道系统处于前列。开展“开源节流、增收节支”“厉行节约、反对浪费”等节能降耗活动，制定出台并严格实施节约用电、节约用水、节约用车、节约用餐、节约办公耗材、节约设备备品备件等8个方面38项节能降耗实施细则，费用支出下降30%。

11月12日，全国客运索道安全双重预防体系建设泰山经验推介会在泰安召开 （王成华 供）

【全国客运索道安全双重预防体系建设泰山经验推介会】 11月12日，由中国索道协会主办、泰山索道运营中心承办的全国客运索道双重预防体系建设泰山经验推介会在泰安召开。全国55家客运索道运营企业的100名代表，就客运索道风险源定位、风险管控和隐患排查进行技术研讨和交流，现场观摩中天门和桃花源两条索道双重预防体系实践成果。泰山索道运营中心在会上作经验介绍。索道中心坚持把“预防为主、关口前移”作为安全生产的主要抓手，在索道安全双重预防体系建设中敢闯敢试、先行先试，攻克难点、创造亮点，2018年，参与编制山东省地方标准《客运索道使用安全风险分级管控和隐患排查治理实施指南》，为全省客运索道企业开展双重预防体系建设奠定技术标准基础；2019年，在全国率先完成客运索道行业安全双重预防体系建设，查摆确定索道风险点341个，逐一划分风险等级，明确管控层级和管控措施，创新实施隐患排查治理，为确保客运索道安全筑牢双重“防火墙”，为索道安全双重预防体系建设创造“泰山经验”。

（王成华）

泰安高新技术产业开发区

【概况】 泰安高新技术产业开发区（以下简称泰安高新区）位于泰安城区南部，是国家级高新技术产业开发区。辖区总面积277平方千米，辖北集坡、良庄、房村3个乡镇（街道），常住人口22.48万人。泰安高新区实行“管委会+集团公司”管理模式，“管委会”内设综合管理部、人力资源管理部、财政财务管理部、经济发展部、科技创新部、建设管理部、行政审批服务部、综合行政执法局八大部门，承担政策制定、发展规划、行政审批、综合协调服务等职能；“集团公司”作为开发建设市场化主体，承担投融资建设、招商引资、专业服务等职责。按照社会事务剥离的要求，成立社会事务服务中心，承担教育

6月5日，在中国泰山第六届国际高洽会开幕式上，市委书记崔洪刚（中）为“智汇高新·望岳攀登”泰安高新区首届高层次人才创业大赛获奖者颁奖　　（辛承振　供）

体育、卫生健康、农业农村、民政等社会事务协调职责。

至年底，全区实现地区生产总值（GDP）191.2亿元，增长5.5%，增幅全市第一；实现营业总收入603亿元，增长10.6%。固定资产投资增长7.3%。工商税收收入17.26亿元，增长2.6%。一般公共预算收入21.7亿元，一般公共预算支出26.7亿元。实际利用外资1.23亿美元，实现进出口总额29.4亿元。规模以上工业总产值362.2亿元，增长6.3%；规模以上工业营业收入386.6亿元，增长9.9%；规模以上工业增加值增长13.2%，增速列县（市、区）第1位。区内有注册企业6990家，其中国家级高新技术企业100家，高新技术产业产值占规模以上工业总产值的比重达76.12%，超出全市平均水平25个百分点。

【主导产业】　聚力打造“3+5”（输变电设备、矿用装备、汽车及零部件三大优势产业，生物医药、现代物流、新一代信息技术、新材料、数字出版五大战略性新兴产业）特色产业体系。年内，以泰开集团有限公司为龙头的输变电设备、以山东能源重型装备制造集团有限责任公司为龙头的矿山装备、以泰安航天特种车有限公司为代表的汽车及零部件等3个优势产业实现产值208.6亿元，增长6.4%，占全部规模以上工业总产值的58%。以山东路德新材料股份有限公司为代表的新材料、以山东众志电子有限公司为代表的新一代信息技术、以山东泰邦生物制品有限公司为代表的生物医药等3个战略性新兴产业实现产值89.8亿元，增长4%，占全部规模以上工业总产值的24.8%。

【双招双引】　全年新签约项目70个，合同签约额440亿元，其中投资10亿元以上项目10个、外资项目5个。全年实际到位资金25.29亿元，实际利用外资1.23亿美元。在全区创新创业的省级以上专家及博士学历高层次人才397名。其中，“两院”院士23名，泰山系列人才48名；博士学历人才199名（博士后31名），博士学历人才创办企业51家。2020年度新增硕士214名、博士5名，新增双一流毕业生101名。

【项目建设】　全年新开工项目34个、新竣工项目32个，在建项目53个，完成固定资产投资39亿元。其中，山能重装三三盾构机装备生产项目、一泰新型高压胶管研发与生产等13个项目实现当年开工当年竣工；健通生物基因重组人血清白蛋白项目列入省优选项目库；泰通生物QK320单克隆抗体、山东龙岳文化产业园、泰润智能装备制造项目等4个项目列入省“双招双引”重点签约项目；路德新材料二期、中翔智能矿山设备制造、隆基科技城新材料产业园、海绵城市新材料研发生产、年产300万平方米有机光柔性薄膜等12个项目列入市级重点项目；钜成未来信息技术（泰安产业园）、正威泰安产业基地2个项目列入插旗重点推动项目。

钜成5G新能源未来信息技术文化产业园项目。由上海钜成集团投资建设，计划总投资25亿元，建设周期两年，主要建设中国信息技术产业互联网博物馆、中国未来信息技术产业规划展示馆、LCoS芯片产业中心、智能驾驶产业中心、人脸识别平台和未来信息技术产业孵化器。产业园汇集50家以5G、人工智能、云计算、大数据为核心技术的高精尖企业，其中的慧新辰LCoS芯片综合基地建成后，在泰安形成一条LCoS芯片封装测试产线，是全球第八条、中国第四条LCoS芯片封测产线。同时，形成一个由全球顶级LCoS技术专家带头，以众多芯片设计专家、光学模组技术专家、芯片产线工艺专家为核心骨干的LCoS芯片研发中心。

山东土地集团泰山智造科技园项目。由山东土地集团投资建设，计划投资20亿元，建设以智能制造、5G应用、精密电子、健康医疗四大产业为主导的产业园区，包括生产厂房、创新与研发厂房及配套设施。园区建设统一规划设计、统一风格标准，围绕产业运营、办公服务、节能环保、绿色生态、智能智慧等方面，打造集智能、科技、人文、生态等要素为一体的标志性园区。

智能基础制造装备制造项目。由济南蓝象数控机械有限公司投资建设，计划投资2亿元，占地面积3.23万平方米，主要建设研发中心、生产车间、办公楼等，生产激光机、木雕机等高端数控设备。

机械工业出版社泰安物流产业园及数码印刷基地建设工程项目。该项目总占地面积10.87公顷（163亩）。11月7日，机械工业出版社泰安物流产业园及数码印刷基地建设工程项目奠基仪式在泰山新闻出版小镇举行。项目建成后，可增强机械工业出版社的生产能力并逐步向第三方物流发展，充实泰山新闻出版小镇业态，丰富小镇产业链，优化产业结构，提升出版水平。

【企业培育】 全年兑现落实各类奖励扶持资金4.08亿元。推荐山东大明协好金属科技有限公司、泰山恒信有限公司等8家企业进入市工业领军50强队伍；组织2家企业申报国家级单项冠军、7家企业申报省级单项冠军，已有3家企业获批2020年省级单项冠军；推荐泰山恒信有限公司等5家企业申报山东省创新工业产品名录，4项产品入选省首台（套）、首版次项目，成功申报10家省、市级研发中心。新增“四上”（规模以上工业企业，资质内建筑业、房地产开发经营企业，限额以上批零住餐企业，规模以上服务业企业）企业53家；营业收入过亿元的工业企业52家，实现营业收入362.1亿元，增长11.17%，占全部规模工业营业收入的93.7%。

【金融服务】 全区有金融机构和金融组织30家。其中，银行业机构10家，年末存款余额83.6亿元、贷款余额123.7亿元；5家民间融资机构、3家小额贷款公司累计投放59.6亿元；2家融资担保公司累计担保额140.3亿元；5家融资租赁公司融资租赁资产总额72.22亿元。做好企业融资，新引入国任财险公司，完善金融体系，增强金融供给能力。优化信贷流程，推进营商环境流程再造和服务提质优效。举办高新区银企签约会、科技型企业政策宣讲会，推动金企双方达成合作意向35.95亿元，实现资金到位20.11亿元。设立“人才贷”风险补偿资金，为5家企业办理“人才贷”业务3500万元。落实科技型企业及重点企业贷款贴息政策，为区内34家企业16.47亿元贷款贴息610万元。加大财政支持力度，为区内企业争取财源建设基金1亿元。鼓励上市挂牌，山东宇泰生物种业有限公司、山东汇氏环境科技集团有限公司等6家企业在齐鲁股权交易中心挂牌，全区上市挂牌企业21家。

【科技创新】 全年获批高新技术企业39家，净增20家，总数100家。全年有113家区内企业通过国家级科技型中小企业认定。13家企业入围全市科技创新型50强企业，总量居全市首位。成功获批山东省院士工作站1家、省级新型研发机构6家、市重点实验室5家、市级引资国外智力成果示范推广基地2家；12家市级产业技术研究院通过验收。培育省级以上人才13名，其中科技部“人才推进计划”1名、泰山产业领军人才1名；培养山东省外专双百计划团队10人（团队1个）。1人获第三届“创业齐鲁共赢未来”高层次人才创业大赛优

11月7日，机械工业出版社数字出版与现代物流基地项目奠基仪式举行
（辛承振 供）

6月5日，中国泰山第六届国际高洽会开幕。图为“双招双引”项目集中签约仪式现场　（辛承振　供）

胜奖。7人获市高层次人才创新创业大赛奖励；3人通过泰山英才考察；引进外国专家17人。成功获批科技项目19项，其中国家科技计划2项、省科技计划1项、省重大科技创新工程项目2项、省自然科学基金重点项目2项、市科技创新发展项目（政策引导类）9项、泰安高新区—省科院产学研协同创新基金3项。获泰安市科技奖6项，其中青年科技创新奖1项、科学技术进步二等奖2项、科学技术进步三等奖3项。

【齐鲁工业大学泰安成果转化中心落户高新区】　11月6日，泰安高新区管委会与齐鲁工业大学（山东省科学院）签订合作协议，“齐鲁工业大学（山东省科学院）泰安成果转化中心”成功落地高新区。双方围绕高新区着力发展的输变电设备、生物医药、新材料、智能制造、工业互联网与大数据、节能环保、医养健康等重点领域，本着“优势互补、互惠互利、务实高效、协同服务、共同发展”的原则，在科技成果转移转化、科技项目培育、研发平台共建、高端人才培养、科技合作、科技金融服务平台搭建等方面开展校地合作，为全区提供智库支持、成果导入、项目对接和新技术孵化。

【优化营商环境】　实现新开办企业1个工作日内完成营业执照办理、公章刻制、银行开户、涉税办理、社保登记等事项，比全省要求的3个工作日提速67%。统一为新开办企业免费刻制印章，发放政策包，每年为企业节省费用100万元。正威泰安金属新材料产业基地等6个项目纳入首批“绿卡”项目库。按照“减材料、减时限、减环节，并程序”要求，对高频事项成立工作专班，梳理审批事项53项，精减申报资料67%。深化推行“标准地”“带方案出让用地”拿地即开工模式，泰通生物科技产业园和泰润智能装备制造两个项目实现“拿地即开工”。2020年，全区新增注册企业1387户，增长5.79%。

【改善民生福祉】　推进文明城市创建工作，顺利迎接中央文明委测评，实现全国测评得满分、不丢分的目标。规划一路、龙腾二路等道路竣工通车，完成东天门大街绿化提升、龙祥路拓宽改造等9项绿化提升工程。农村道路“三通”工程全面完成，共建设158.28千米。完成43个村的污水治理任务，美丽乡村覆盖率达50%以上。累计落实各级财政专项扶贫资金1.05亿元，发展产业扶贫项目142个，31个省级贫困村全部摘帽退出，3463户、7036名建档立卡贫困人口全部稳定脱贫，贫困户兜底保障率77%。农村饮水安全两年攻坚行动圆满收官，全区自来水入户率95%以上，水质达标率100%，全区贫困户全部实现通水。完成10个村居的全民健身器材配备工作。农村学校塑胶操场改建工程加快推进，龙潭小学和明天小学建设顺利启动，18处幼儿园改扩建任务全部完成。

【综合执法】　坚持“管理、执法、服务”三位一体执法模式，围绕法治政府建设、营造良好营商环境工作重点，办理25个领域行政处罚案件420件。受理并回复“12345”信访投诉1176起。严厉打击热点难点领域典型违法行为，开展专项行动75次，办理相关案件20起。配合市城管、市场监管、公安、环保、交通等部门集中开展综合环境、食品卫生、环保等各类联合执法活动283次，出动执法及工作人员910人次。查处取缔非法洗磕砂生产线4条。协助拆除各类违章建筑2400平方米，清运渣土27万立方米。以环卫深度保洁、扬尘治理、市容秩序整治、疫情防控为重点，落实网格责任制，推进城市管理精细化。推进垃圾分类工作，投入500多万元，建成智能化垃圾分类试点2处。

区内主次干道机扫作业及深度保洁作业达100%，生活垃圾实现日产日清。深化农村人居环境整治，农村生活垃圾无害化处理率100%，新建公厕70座，完成农改厕3000户。

（辛承振）

泰安旅游经济开发区

【概况】 泰安旅游经济开发区位于泰安城区西部、泰山南麓。2020年，全区统筹推进疫情防控和经济社会发展，完成税费总额17.65亿元，形成地方级财政收入13.81亿元，其中一般公共预算收入11.22亿元，增长23.26%，税收占比超过96.5%。新增授信75.5亿元，实际到位66.57亿元，所辖两个公司分别获得AA+和AA信用评级；完成发债24.97亿元，发行利率创近三年省内同级别同期限同类型最低，平均融资利率较往年降低1.5%。继续保持“全国文明单位”称号，被省委、省政府表彰为“山东省爱国拥军模范单位”。

【产业集聚】 依托全区产业优势和发展潜力，强化产业内在关联度和配套紧密度，优化产业布局。年内，新签约项目11个，实际利用内资9.55亿元、外资6000万美元。南片区打造网络安全、体育文化、康养医疗和现代服务四大产业集群板块，重点培植“三宝园”孵化中心、文旅健身中心、泰安市立医院、开元盛世文旅城等产业核心中枢，通过中枢辐射带动作用，实施精准招商、以商招商、产业链招商，加速形成优势突出、特色显著的产业集群。北片区突出做大做强旅游度假产业，参照杭州西湖模式，建立以泰山西湖为中心的全域旅游模式，泰安秀都、泰山石敢当文化园、凤凰湾会议中心、望岳迎宾馆等项目相继落地。

【重点建设项目】 年内，44个重点项目完成固定资产投资95.88亿元，增长19.8%。泰山西湖、爱琴海购物公园、泰安老街等建成运营，成为“网红打卡地”。承担的2020年为民要办的十件实事中，泰安市立医院（一期）于4月16日正式开诊；泰山文旅健身中心“三馆”土建主体框架完成。文旅项目泰安秀都、泰山石敢当文化园、望岳迎宾馆、刘家山啤酒屋，科创项目北航泰山科创园，公共基础设施市立医院二期、崇智学校等有序推进。

【泰山西湖景区】 泰山西湖位于泰山脚下、泰安城区西部，湖水面积3.6平方千米。景区总占地10.5平方千米，总投资43亿元。景区分与国咸宁、平安万年、九省御道、天下太平、保佑九州、泰山石敢当六大主题区，通过凌空栈道和文化长廊有机连接，精致的苏州彩绘勾勒出朱漆廊柱环列、雕梁画栋生辉的画面。天下太平广场和泰山印象水畔舞台位于景区的核心位置，沿途由宫灯、花海点缀，以多样化的空间打造独树一帜的湖山美景。景区以泰山“挑山工”文化铸魂，将秀丽的湖光山色与厚重的泰山文化充分融合，展现泰山“挑山工”的坚韧品质和精神内涵。泰山西湖景区于2019年开始建设，2020

5月26日，泰山西湖巨型喷泉 （李德龙 供）

年“五一”正式开园，平均日游客量超3万人次，成为泰安网红打卡圣地。

【泰安老街】 位于长城路以西、天平湖路以北，国家AAAA级旅游景区泮河景区的核心地带，建筑面积约6万平方米，总投资11亿元。该项目采用中式建筑风格，由10栋独体建筑组成，以非物质文化遗产二十四节气为主题，讲述中国文化，沿河景观采用折线和曲线体现丰富多样的滨河景观效果，打造商业民俗文化街区。主要包含广场、水系、民宿客栈、私房餐饮、茶馆、特色小吃一条街等，集“古韵、生态、休闲、民宿”于一体。泰安老街在建筑组团中设计四组天幕体现春夏秋冬四季的不同变换，周边景观环境与天幕的展现相呼应；场地内布置具有参与性和体验性的景观雕塑，雕塑材质均采用铸铜或蜡像展现；水景通过景观拱桥连接，增加场地的层次效果，互动光影秀、互动感应灯布置在场地的南北两个区域，吸引游客参与游玩。该项目2018年开始建设，2020年5月28日正式开业运营。

【泰安市立医院】 位于天平湖路以南、英才街以北，总占地6.87公顷（103亩），总建筑面积39.6万平方米，总投资28.4亿元。按照国家三级甲等综合医院评审标准和JCI国际认证标准进行规划设计，分为一期、二期2个阶段统筹建设，总体规划开放床位1500张，其中医养结合床位400张。一期工程于2020年4月16日正式开诊。泰安市立医院顺应公立医院改革方向，秉承“高起点、高水平、高标准”的发展战略，实行“管办分开”模式，由世界500强、国内最大的医疗企业——华润集团运营管理，突出心脑血管诊疗特色，以专家型人才团队、特色型重点学科、数据信息智慧型、精细化医疗服务为特色，建设集医疗服务、医养结合、预防保健、教育科研为一体的临床医学的交流中心、科研转化的创新平台和人才荟萃的崭新高地。

【凤凰湾会议中心】 项目总占地13.33公顷（200亩），总建筑面积8万平方米，在原泰山美墅度假酒店的基础上改造建设凤凰湾会议中心，设置有高尔夫球练习场、游泳馆、度假酒店、会议中心等。该项目2020年启动建设，年底完成泰山美墅度假酒店的改造。

【泰安市第一污水处理厂配套湿地工程】 项目位于长城路以东、泮河以北，总投资2亿元，总占地12万平方米，湿地填料区9万平方米，日处理尾水5万立方米，建设人工湿地、污水净化、湿地景观及附属设施等。该项目2020年开始建设，年底完成总工程量的75%。

5月23日，喧嚣的泰安老街 （李德龙 供）

【泰安市崇信学校】 泰安市崇信学校由泰安旅游经济开发区投资建设，是泰安师范附属学校一体化管理的九年一贯制市直公办学校。位于泰山西湖东南侧，占地4.8公顷（72亩），总投资2.1亿元，总建筑面积5.4万平方米。学校设计规模54个班（小学30个班、初中24个班），容纳学生2550名，辐射周边10平方千米内近5万人。学校于2019年开始建设，2020年9月1日正式投入使用。

【北航泰山科创园】 该项目是泰安旅游经济开发区、泰安市财政局与北京航空航天大学合作共建的新型科技创新平台。位于文化路与龙潭路交叉口西北角。项目一期占地面积4.2公顷（63亩），总建筑面积4.3万平方米，总投资8亿元，2020年开工建设。北航泰山科创园以建设“知识密集、创新驱动、机制科学、环境上乘”的科技创新发展平台为目标，重点打造“一院两中心一基地”发展业态。“一院”为创新研究院，“两中心”为创新创业中心、文化交流中心，“一基地”为创新人才培养基地。“创新研究院”作为平台核心，牵引“两中心一基地”联合发展，“两中心一基地”通过成果转化、对外交流、人才培养等完善产业链、服务链、人才链，支撑反哺“一院”科学研究。

【提升营商环境】 认领775项行政权力，坚持以群众满意为标准，以服务群众和企业需求为导向，精简办事环节，优化办理流程，压缩审批时限，提升服务品质。开展“全程代办”服务，从项目立项到开工期间所有手续均由代办员全程协助办理，全年完成各类审批事项452项。开展预审预约服务，助力一次办成、一次办好，建立企业跟踪制度，实行专人包保企业，了解企业需求及难处，收集企业意见和建议。

【民生改善】 在城市管理网格化全覆盖基础上，成立路灯、园林、市政管理所，构筑责任到人、标准明晰、横向到边、纵向到底的城市管理网格。投资6000万元开展全国文明城市创建，先后出动志愿者、文明劝导员近万人次。开展植绿补绿行动，新建公园4处，新增绿化25.3万平方米。开展路域环境集中整治，改造提升公交港湾12处，修补沥青路面15.33万平方米。推进生活垃圾分类，新增垃圾分类收集点46处。泰安市立医院坚持义诊服务常态化，全年接诊4.42万人次。投资9.7亿元扩建泰安实验中学、开元中学，年内全部完工。9月1日，崇信学校正式招生。 （李德龙）

徂徕山汶河景区

【概况】 徂徕山汶河风景名胜区（以下简称徂汶景区）成立于2014年，位于泰安、泰山东南部。2017年4月至2019年9月属泰安高新区管辖；2019年9月，泰安市开发区体制机制改革后，市委、市政府将徂汶景区调整为独立的功能区。开发建设徂汶景区，是泰安市由依山而建向依山傍水发展的战略决策，是打造“北依泰山、南接徂徕、汶水环绕、山城一体”的现代化生态宜居名城的生动实践。2020年，徂汶景区辖徂徕镇、天宝镇、化马湾乡3个乡镇和滨河片区（管辖高新区划转的23个行政村），代管徂徕山林场，共138个村，常住人口17.01万人，规划总面积471平方千米。

区内自然生态环境优越。通过大汶河综合治理，在景区内修建3座橡胶坝，形成回水长度20千米、蓄水量4000万立方米的大水面景观，再现“汶水徂徕如画”的自然生态胜景。在此基础上规划建设的汶河国家湿地公园，湿地率86.7%，有水生植物10余种、200万株，栖息鸟类100余种，数量过万只，建有山东省最大的人工强化潜流环保湿地，是国家级湿地公园、国家级水利风景名胜区。

历史文化底蕴深厚。景区内的大汶河，发源于沂源市，汇入东平湖注入黄河，全长208千米，流经泰安市156.5千米，是中国古代文明的发祥地和中华民族繁衍生息的摇篮。景区内大汶口文化遗址、古博城遗址、泰山石敢当遗址等分布其间，帝王文化、封禅文化、道教文化、石敢当文化、隐逸文化在此交集，《诗经》《史记》等多有记载。汶河北岸的古博城是泰山南麓最早的城镇，泰山郡（县）治所，它建于春秋、扩在秦汉、盛于隋唐，已有2600多年的历史。宋初理学家石介创建的徂徕书院，名列当时金山、岳麓、石鼓书院四大书院之首，在中国书院历史上具有重要位置。截至2020年，景区内有文物保护单位64处，其中国家级文物保护单位1处、省级4处、市级17处，涵盖古遗址、古墓葬、古窟寺及石刻、古建筑、近现代重要史迹及代表性建筑等五大类文物。

区位交通优势明显。徂汶景区处于山东省“一山一水一圣人”黄金旅游线路的核心位置，北部有泰山封禅大典、方特欢乐世界、宝泰隆旅游度假区等多个国家AAAA级旅游景区，这些景区连点成片，形成泰安东部旅游文化隆起带。交通

6月28日，大汶河流域泮河（天泽湖）人工湿地水质净化工程改造提升建设项目竣工仪式举行　（司　刚　摄）

方面，北部有青（岛）兰（州）高速泰安东出口，可20分钟到达泰安高铁站；2020年10月建成的济（南）泰（安）高速将景区融入济南半小时经济圈。年内，景区不断完善交通路网建设，支持并承接济（南）泰（安）高速、青（岛）兰（州）高速、泰（安）楼（德）路以及济（南）枣（庄）高铁等重大交通基础设施建设相关任务，先后启动滨水景观大道、环山路、环湖路、唐夏路、徂徕山西路等主干路网建设，实现与泰安老城区、高铁新区快速连接。

【经济发展】　2020年，全区实现生产总值20.2亿元，增长4.0%；固定资产投资增长72.5%；一般公共预算收入5772万元（含1—5月统计在高新区的收入2051万元），增长19.13%；规模以上工业增加值增长6.6%；实际到位外资8741.8万美元，完成年度目标任务的218%。外贸进出口实现1.1亿元，完成年度目标任务的275%。

【体制机制改革】　徂汶景区管委会设综合部、人力资源部、财政财务管理部、经济发展部、自然资源和规划部、住房和开发建设部、文化旅游发展部、安全应急管理部等8个内设工作机构和社会事务服务中心。年内，巩固深化“党工委（管委会）+公司”管理体制，依托社会事务服务中心，申请设立滨河片区管理服务中心，管辖高新区划转的23个行政村。优化综合行政执法、行政审批服务等相关职能，应急管理部加挂综合行政执法局牌子，经济发展部加挂行政审批服务部牌子，在辖区内集中行使市政府授权的城市管理、水行政管理、农业管理、林业管理、旅游管理、人防管理（涉密事项除外）、防震减灾管理等方面法律、法规、规章规定的行政处罚权以及实施相对集中行政许可权。强化天泽集团公司开发运营职能，设立综合处、财务处、开发建设处、发展运营处、审计监督处5个处室，注册成立天泽自然资源综合开发有限公司和天泽市政工程有限公司，收购重组成立天泽文化旅游有限公司，代管泰安徂汶投资有限公司和泰安市大汶河综合开发建设有限公司，实现扁平化、集约化管理。深化全员绩效考核和薪酬改革，实行全员竞岗，建立绩效考核体系，制定出台《泰安市徂汶景区管委会绩效考核管理办法（试行）》《泰安市徂汶景区管委会市场化薪酬方案（试行）》。深化剥离社会事务管理职能，研究制定《区镇（片区）“属地管理”事项主体责任和配合责任清单》，共18个领域141项具体事项，明确区直部门和镇、片区主体责任、配合责任。

【招商引资】　2020年是徂汶景区招商引资工作的起步年。年内，制定出台《徂汶景区招商引资和支持企业发展政策》，围绕大健康、新材料等绿色产业，累计签约项目6个，总投资超360亿元。至年底，徂汶景区文化康养特色产业园项目一期工程以及台湾绿色复合基材生产基地项目配套设施建设工程均落地开工；北航科技园项目和山东国健泰安康养小镇项目前期工作积极推进。

【泰安二期抽水蓄能电站项目】　年内，项目前期工作进展顺利，完成项目林地占用手续、水利设施规划及群众地上附属物清表工作。徂汶景区垫资6.15亿元推进先期下库移民搬迁，并对接移民安置协议，争取国网新能源公司按时推进审批流程。12月23日，项目开工动员大会在北京召开，工程总投资101.86亿元。

【人工湿地改造提升项目】　项目投资1.5亿元，采用国内先进技术工艺将人工湿地原来的水平潜流优化提升为复合垂直流，日处理第四污水处理厂尾水12万吨，处理后水质达到地表三类水标准，有效改善泮河入大汶河水质。年内，徂汶景区与建设单位中铁十局对接，克服疫情等困难，解决工程原材料供应等问题，使该项目顺利竣工，成为2020年泰山区域山水林田湖草生态保护修复工程竣工的第一个插旗项目。

【汶河湿地生态保护与综合利用项目】 按照国家湿地公园的标准要求，优化提升原设计方案，确保汶河湿地的完整保护及两岸护坡的原生态设计。突出水质提升，针对大汶河两岸生活污水直排问题，聘请专业团队，制定整治方案，使排放水质达到环保标准。增加泮河保护、治理工程，拓展汶河湿地生态保护与综合利用项目建设内容，强化治理成效。

【博城社区建设】 该项目累计完成投资63亿元，着力打造安全、智能、高标准的乡村振兴齐鲁样板先行社区。年内，87栋住宅楼及7栋商业楼通过竣工验收，配套设施建设加快推进。12月25日，美丽宜居乡村建设博城社区旧村拆迁安置启动动员大会召开，成立工作指挥部，推动回迁安置工作。

【文物保护修缮工程】 山东省委旧址暨八路军山东抗日游击第四支队司令部旧址（光化寺）修缮工程。项目于2020年9月启动修缮，12月完成。投入资金151万元，重点修缮单体建筑山门、大雄宝殿、东配殿、西配殿等主要建筑。徂徕镇作书房修缮工程。2020年11月19日启动修缮，主要对玉皇楼、六逸殿、东厢房、西厢房遗址及建筑周围环境进行修缮，投入资金158万元。编制隐仙观市级文物保护性修缮方案，上报市文物局和市行政审批服务局。

【乡村振兴】 成立全区乡村振兴工作领导小组和产业、人才、文化、生态、组织、脱贫攻坚、财政保障7个工作专项组。对标12项插旗任务，统筹整合涉农资金1.47亿元，推进乡村振兴。天宝镇前寺村、化马湾乡河东村被评为首批山东省乡村振兴示范村。优势农产品产业（泰山茶、泰山板栗、泰山大樱桃等）总面积达6520公顷（9.78万亩），产值6.98亿元。推广粮食生产“十统一”服务1000公顷（1.5万亩）。“徂徕春”有机茶被评为第三批泰安市知名农产品企业产品品牌。樱桃现代农业产业园被评为2020年市级现代农业产业园。建成省、市、区级美丽乡村示范村34个，美丽庭院覆盖率15%以上，创建示范户5449个。党支部领办合作社模式在全区推广，在天宝镇市级乡村振兴先行区建立天宝镇“竹溪”先锋党建联盟。新时代文明实践中心建设覆盖率100%。

【民生事业】 推进脱贫攻坚工作，落实三级书记抓扶贫和领导干部包保责任制，派驻第一书记26名、驻村工作队队员28名，投入专项扶贫资金2155万元，建成并投入使用扶贫项目46个。强化低保、五保、残疾人等特殊困难群体人员救助，发放到位各类民生资金3118万元。启动济（南）泰（安）、青（岛）兰（州）高速连接通道、徂徕山西路等“两快两环四纵四横”骨干路网设计。投资1700万元完成唐夏路改造提升工程。投资3.97亿元开工建设环徂徕山乡村振兴大道，主要涉及化马湾乡、徂徕、房村、良庄、天宝5个乡镇，道路全长83千米。全年累计投入1294万元用于校舍维修及教学设施设备购置。投资194万元，落实防控物资准备工作，健全储备物资清单。新招聘中小学教师48人。

6月6日，徂汶景区美丽宜居乡村建设——博城社区 （王成柏 供）

8月10日，徂汶景区美景 （王成柏 供）

完成教师职称评审工作，203人通过市中小学教师职称高、中级评审委员会的评审。资助贫困生3737人次，发放助学金205万元。优质高中和普通高中升学率48%。通过建立医疗联盟等方式，推进全区卫生健康服务体系建设，区内3家乡镇卫生院全部升格为一级甲等卫生院；新招考医护人员8名。

【平安徂汶和法治徂汶创建】 成立平安徂汶建设领导小组，统筹推进平安徂汶建设。三年扫黑除恶专项斗争圆满收官，核结线索100条，累计打掉各类黑恶势力团伙6个，抓获各类违法犯罪嫌疑人80人，破获各类案件42起；推进安全生产专项整治“三年行动”，发现问题隐患1954项，全部整改到位；组织全区森林防灭火实战拉动演练。加强全区50座中小型水库、232座塘坝的安全运行管理，自查发现99个风险隐患点全部整改到位；开展瓦日铁路沿线环境综合治理专项行动，对铁路沿线18千米影响铁路运行的20处隐患、杨树1.81万棵、彩钢瓦920平方米，全部整改到位；完成林业有害生物防治2.84万公顷（42.6万亩），做好松材线虫病疫情防治工作。建立全区党工委全面依法治区领导小组，成立“执法、司法、守法普法、法治型干部队伍建设”4个协调小组，辖区3个乡镇、片区均建立“一委一办三组”领导组织机构，138个村实行依法治理乡村行动计划，县乡村“三级联动”的工作格局构建完成。 （王成柏）

编辑 校对 戚淑娟

县市区

泰山区

【概况】 泰山区为泰安市辖区，位于泰安市中部，东西南三面与泰安市岱岳区搭界，北部与济南市历城区、长清区毗连。因境内泰山而得名。全区行政区域面积337平方千米，辖7个乡（镇、街道）。年末常住人口80.25万人。

经济综合。全区实现生产总值473.7亿元，增长3.1%。其中，第一产业增加值8.6亿元，第二产业增加值128.8亿元，第三产业增加值336.3亿元。规模以上工业增加值增长3.6%。固定资产投资增长8.4%。一般公共预算收入33.8亿元，一般公共预算支出27.6亿元。社会消费品零售总额221.3亿元。进出口总额48.7亿元。

动能转换。启动实施传统产业优化升级、新兴产业培植壮大、产业集群集聚膨胀、骨干企业递进培植“四大工程”，新增“四上”企业110家，总数532家。培强省市级服务业载体16个，诺莱生物医学科技有限公司被认定为省级服务业创新中心。45个项目被列入省技术创新项目计划，植物染纺织工业化生产关键技术研究与应用入选2020年度省重点研发计划（重大科技创新工程）拟立项项目，实施技改项目51个、总投资81.5亿元。山东岱银纺织服装集团获“第九届全国纺织企业管理创新成果二等奖”“2020年度中国纺织工业联合会产品开发贡献奖”。开展1次集中开工、7次集中签约，签约项目33个，合同引资额228.54亿元，5000万元以上固定资产投资项目101个；列入省市重点项目20个。山东康平纳集团有限公司牵头创建国家先进印染技术创新中心，是全省首家、国内行业唯一。高新技术企业新增14家、总数64家。申报入选省级以上重点人才工程7人，其中国家级高端人才1人、泰山产业领军人才4人、泰山学者1人；开展第三届“泰山学者泰山行”活动，达成合作意向9个。

城市建设。擂鼓石大街中段和东段、灵山大街东段、青年路南段、迎胜路南延、北上高大街东延等一批“断头路”“丁字路”实现贯通，区内新增道路总长27.2千米，拆除各类房屋1661户、征地119.4公顷（1791亩）。完成青（岛）兰（州）高速、济（南）泰（安）高速泰山区段征地拆迁，青（岛）兰（州）高速12月底顺利通车，济（南）泰（安）高速10月底建成通车，成为省会经济圈最快速通道。321支志愿服务队伍、12万名“泰安小美”志愿者参与文明城市创建，累计清理凌乱架空线1400千米，修补翻修破损路面53.2万平方米，施划车位线10万个。

乡村振兴。编制完成乡村振兴三级规划，集中打造王林坡、北部山区、花样年华三大片区，王林坡、安家庄入选全省美丽村居建设省级试点。投资2300多万元实施农村饮水安全提升工程，21个村实现城市自来水供水。新改建“四好农村路”47千米，农村道路“三通”（村村通、巷巷通、户户通，下同）工程完成。美丽庭院建成率、美丽乡村覆盖率、农村改厕率分别为16%、90%、93%。东孙村被列入首批全省乡村振兴示范民族村，岳庄村被评选为中国第三批少数民族特色村寨。

环境治理。泰山区域山水林田湖草生态保护修复工程累计完成投资5.24亿元，征收土地295.13公顷（4427亩），总拆迁面积200万平方米，各项拆迁任务完成95%以上。开展“蓝天、碧水、净土”行动，解决大气污染防治问题110个，整治各类裸露土地20万平方米，城区公共绿地裸露土地绿化覆盖率、生活垃圾无害化处理率均达100%，全年空气质量优良天数238天。

民生事业。城镇居民人均可支配收入44894元，增长3.1%；农村居民人均可支配收入20760元，增长5.4%。区扶贫办、邱家店镇分别

2020 年泰山区、泰山景区乡镇（街道）基本情况表

表 44

乡镇（街道）名称			财　源	岱　庙	泰　前	徐家楼	上　高	省　庄	邱家店	黄　前	下　港	大津口
党委书记			侯世民	马云峰	张明强	黄　新	房宝玉	谢慧清	方增勇	李德胜	齐洪淼	—
乡镇长（主任）			徐　庆	高　强	张永智	徐　刚	李　进	丁大伟	尹　凯	袁　滕	边立峰	张继亮
行政区域土地面积（公顷）			1200	960	7029	1878	3032	7120	6144	10440	15475	5546
实有耕地面积（公顷）			—	—	—	67	554	2070	2972.04	1363	1863	331.6
村（居）民委员会（个）			29	20	26	16	25	41	44	29	34	7
户籍户数（万户）			—	—	3.94	1.34	1.74	1.74	2.05	1.19	1.23	0.44
户籍人口（万人）			25	17.3	13.74	3.73	6.99	6.08	7.16	3.41	3.99	1.27
地方财政收入（万元）			78548	120800	54712	18378	43400	6269	5861	5732	701	4227
农产品总量（吨）		粮　食	—	—	—	532	20	2835	3666.6	100	1020	—
		棉　花	—	—	—	—	—	—	—	—	10.87	—
		肉　类	—	—	—	—	—	360	3869.5	40.4	2182	40
		牛　奶	—	—	—	—	—	60	2624.2	—	—	—
教育	普通初中	学校数（所）	—	—	1	1	2	2	2	1	1	1
		在校生数（人）	—	—	563	468	1532	1383	1701	518	660	41
		专任教师（人）	—	—	42	62	113	184	171	66	73	361
	小学	学校数（所）	8	5	6	5	7	8	13	4	5	3
		在校生数（人）	5450	3933	6472	2438	4945	2743	1992	732	893	43
		专任教师（人）	245	196	201	118	164	147	94	90	107	55
卫生	医疗卫生机构（个）		—	—	27	11	23	40	48	26	32	7
	医疗卫生机构床位数（张）		—	—	1237	75	105	99	80	93	70	50
	执业（助理）医师数（人）		—	—	565	30	59	64	107	73	88	23
生活保障	城乡居民基本养老保险参保人数（万人）		—	—	0.93	0.91	1.32	1.17	1.21	1.74	2.39	0.44
	城乡居民基本医疗保险参保人数（万人）		—	—	2.92	2.12	3.58	3.88	3.98	2.68	3.41	1.14
	居民人均可支配收入（元）		—	—	—	—	—	—	—	—	—	20091
	居民人均消费支出（元）		—	—	—	—	—	—	—	—	—	5900
	享受最低生活保障金人数(人)		867	1194	369	404	635	746	644	359	620	286
	入住敬老院人数（人）		—	—	—	3	25	11	26	20	26	15
	敬老院数（所）		—	—	—	—	1	1	1	1	1	1

被表彰为全省脱贫攻坚先进集体、全省脱贫攻坚先进乡镇。投资3.7亿元完成冯玉祥小学、桑家疃小学、上高中心小学等5个项目的续建工程，新增学位2865个，解决“大班额”问题。加强基层养老服务设施建设，构筑立体式、多元化、广覆盖的养老服务体系，“幸福食堂”养老模式得到省领导肯定。全国首家慢病互联网医院“微医泰山互联网医院”正式运营。残疾人辅助器具全覆盖工作在全国会议上作为唯一县（市、区）代表作典型发言。实现新增就业5960人。完成老旧小区物业管理提升305个、585万平方米，市场化物业管理覆盖率86%，无人管理小区实现全部清零。

年内，泰山区先后获全国市辖区旅游综合实力百强区、全国计划生育优质服务先进区、全国基层中医药工作先进区、省级文明区、全省医养结合示范先行区、省级健康促进示范区、省农业“新六产”示范区等称号。

【泰山区涉诉纠纷人民调解委员会被表彰为全国模范人民调解委员会】 2017年，泰山区司法局抽调专职调解员和法律工作者成立泰山区涉诉纠纷人民调解委员会（以下简称调委会），常驻泰山区人民法院，跟随法官团队进行涉诉纠纷调解工作，推进人民调解向纵深发展。该调委会有专职调解员5人、兼职调解员12人，其中调委会主任1名、副主任3名，设调解室9个、个人品牌工作室1个。2020年，调委会接收调解案件1100件，调解成功252件，成功率22.9%，有效减轻群众诉累，缓解法官压力。12月，泰山区涉诉纠纷人民调解委员会被司法部表彰为全国模范人民调解委员会，1名调委会副主任被表彰为全国模范人民调解员。

【泰山区委统战部被表彰为山东省民族团结进步模范集体】 泰山区连续9年将少数民族帮扶工程列入全区“为民要办十件实事”，实施帮扶项目82个。连续两年在全区民族村、社区率先开展“创新争先、特色发展”活动；整合各方资源力量，对9个民族村、社区进行对口帮扶，打造幸福东孙、红色岗上、和谐岳庄、生态刘家庄等民族村乡村振兴示范点；依托财源街道清真寺社区打造泰安市少数民族流动人口管理服务站，促进少数民族村、社区经济发展和社会和谐稳定。6月，泰山区委统战部被山东省人民政府表彰为山东省民族团结进步模范集体。

【泰山区退役军人事务局被表彰为山东省爱国拥军模范单位】 该局自2018年11月组建后，围绕服务国防和军队建设大局，完成三级服务体系建设，建成街道（镇）、社区（村）退役军人服务站、双拥工作站195个；累计举办各类教育活动、群众性文化活动30场次；推荐全国及省、市、区等模范典型百余名，培养选拔一批退役军人担任基层党支部书记；为退役士兵办理保险接续，悬挂光荣牌；为立功现役军人送喜报；为符合条件的退役军人、优抚对象审批创业扶持贷款和困难帮扶资金；落实军人、军属优先优待和减免政策；引导开展社会化拥军活动，涌现出贾美荣拥军优属服务中心等社会化拥军组织和吴修强等社会化拥军个人。12月19日，泰山区退役军人事务局被中共山东省委、山东省人民政府、山东省军区表彰为山东省爱国拥军模范单位。（杨　扬）

岱岳区

【概况】 位于泰安市中部偏北。北依泰山，与泰山区和济南市长清区、历城区、章丘区毗邻，南与新泰市、宁阳县隔汶河相望，东与济南市莱城区接壤，西与肥城市连接。因泰山古时亦称岱岳而得名。全区行政区域面积1750平方千米，实际管理面积917平方千米（不含北集坡、徂徕、化马湾、良庄、房村、黄前、下港7个乡镇街道，下同）。辖11个镇（街道）。年末常住人口67.82万人。

全年实现生产总值341.64亿元，增长3.69%。其中，第一产业增加值44.35亿元，第二产业增加值113.0亿元，第三产业增加值184.29亿元；三次产业结构调整为12.98 ∶ 33.08 ∶ 53.94。固定资产投资增长7.9%。一般公共预算收入26.1亿元，一般公共预算支出38.4亿元。社会消费品零售总额110.1亿元。进出口总额38.3亿元。

全年实现农林牧渔业总产值85.2亿元，增长3%，其中农业产值57.17亿元、林业产值0.29亿元、牧业产值20.0亿元、渔业产值0.26亿元、农林牧渔服务业产值7.46亿元。获批省部共同打造乡村振兴齐鲁样板示范县暨率先基本实现农业农村现代化试点县、省级现代农业产业园，汶阳田“农作系统”入选第五批中国重要农业文化遗产。粮食播种面积6.17万公顷（92.05万亩），粮食总产45.49万吨。九女峰省级示范区加快提升，东西门“故乡的云”高端民宿二期、泰山茶研

2020年岱岳区、泰安高新区、徂汶景区乡镇（街道）基本情况表

表45

乡镇（街道）名称			粥店	天平	山口	大汶口	祝阳	范镇	角峪	马庄	满庄
党委书记			刘峰	朱涛	—	赵永东	王翠	庞林星	王宝元	张保卫	朱英文
乡镇长（主任）			白雪	孙丽丽	陈思亮	张义强	朱荣斌	刘明坤	董加军	李东	杜传军
行政区域土地面积（公顷）			9434	6435	5760	9073	8712	6868	6370	5724	11287
实有耕地面积（公顷）			—	—	2813.9	6058.9	4373.3	4300	3692.9	306	4638
村（居）民委员会（个）			36	37	43	45	56	39	29	36	42
户籍户数（万户）			2.65	1.07	1.47	2.24	1.90	1.95	1.12	1.67	2.37
户籍人口（万人）			7.30	3.48	5.03	7.21	5.66	6.05	3.35	4.97	7.35
地方财政收入（万元）			100404	41148	5777	11190	4853	4606	1408	3943	31072
农产品总量（吨）		粮食	—	—	850	75600	28500	36230	16400	53960	57611
		棉花	—	0.3	7.0	—	53.8	—	46.9	—	23.44
		肉类	180	—	1827	13058	3532.88	7000	3142	2410	7682
		牛奶	—	—	4676	3920	721.5	1500	—	5600	11251
教育	普通初中	学校数（所）	1	—	2	1	2	2	1	2	2
		在校生数（人）	1587	—	1380	1189	1521	1177	536	789	2689
		专任教师（人）	122	—	133	124	125	130	86	110	220
	小学	学校数（所）	8	7	5	5	4	5	3	4	7
		在校生数（人）	2460	1915	2395	1550	1348	1332	486	1057	3977
		专任教师（人）	129	231	140	146	119	106	72	89	270
卫生	医疗卫生机构（个）		34	52	37	58	47	55	27	34	45
	医疗卫生机构床位数（张）		60	270	99	99	99	70	50	50	460
	执业（助理）医师数（人）		26	142	41	51	68	109	36	24	98
生活保障	城乡居民基本养老保险参保人数（万人）		0.79	1.41	1.77	4.76	1.37	2.75	0.65	1.09	3.39
	城乡居民基本医疗保险参保人数（万人）		4.18	2.45	3.64	5.29	4.37	4.52	2.09	3.23	4.70
	居民人均可支配收入（元）		—	—	22480	19518	17963	—	—	18207	18920
	居民人均消费支出（元）		—	—	13791	10600	12008	—	—	5831	10053
	享受最低生活保障金人数（人）		384	199	361	626	373	412	375	534	363
	入住敬老院人数（人）		8	3	17	37	36	20	23	—	35
	敬老院数（所）		1	1	1	2	1	1	1	—	1

续表45

乡镇（街道）名称			夏　张	道　朗	北集坡	良　庄	房　村	徂　徕	天　宝	化马湾
党委书记			张和江	王建斌	王　卫	李新卫	公维刚	杨中军	郭吉勇	孔祥国
乡镇长（主任）			赵　磊	李安军	王　勇	王文强	彭　彬	王妍华	陈爱鹏	安增顺
行政区域土地面积（公顷）			11674	10536	10827	13681	9474	13315	14742	9982
实有耕地面积（公顷）			5663.1	3733	779	7547.0	4069	4066.7	6315.5	2793.8
村（居）民委员会（个）			71	43	52	40	31	34	50	31
户籍户数（万户）			1.96	1.32	2.19	2.48	1.85	1.79	2.77	1.18
户籍人口（万人）			6.34	3.38	6.91	7.45	5.98	5.73	7.97	3.59
地方财政收入（万元）			3793	7530	5802	1136	3065	3384	3510	3859
农产品总量（吨）		粮　食	33750	—	4942	23922.7	43000	8941.0	24393.4	3677.3
		棉　花	36.3	42.2	0.1	—	—	—	—	1.2
		肉　类	3398.15	2650	1267.5	10622	—	2028	5159	—
		牛　奶	7752	680	—	450	1867	1889	—	2099
教育	普通初中	学校数（所）	1	2	—	2	1	2	3	1
		在校生数（人）	1311	785	—	1446	805	780	2312	780
		专任教师（人）	112	116	—	145	119	130	208	72
	小学	学校数（所）	6	3	10	8	7	5	10	8
		在校生数（人）	1513	815	729	1810	1699	1060	2126	965
		专任教师（人）	114	88	477	155	175	115	218	107
卫生	医疗卫生机构（个）		61	38	80	40	30	48	60	33
	医疗卫生机构床位数（张）		64	65	600	70	80	50	40	50
	执业（助理）医师数（人）		136	43	224	50	31	42	43	50
生活保障	城乡居民基本养老保险参保人数（万人）		1.83	1.53	3.51	3.23	2.57	2.94	5.29	2.03
	城乡居民基本医疗保险参保人数（万人）		4.90	2.14	5.36	5.48	4.33	4.30	7.11	2.72
	居民人均可支配收入（元）		17794	—	—	1880	—	30937	18920	—
	居民人均消费支出（元）		12109	—	—	6000	—	18601	4200	—
	享受最低生活保障金人数（人）		1240	350	629	898	910	855	572	451
	入住敬老院人数（人）		25	12	7	14	14	22	10	11
	敬老院数（所）		1	1	1	1	1	1	1	1

学中心、黄精精深加工等第一、二、三产业融合项目加快建设，泰山茶、泰山黄精、葡萄酒、食用菌等10个优势产业做大做强。

全年实现工业增加值70.18亿元，增长4.25%。规模以上工业企业128家，规模以上工业增加值增长6.2%，实现营业收入254.8亿元、利润总额25.5亿元。高新技术产业产值占比55.31%。主要产品中，石膏板11亿平方米，水泥96.3万吨，玻璃纤维纱72万吨。资质以上建筑企业47家，完成总产值123.7亿元，增长3.3%；实现增加值42.82亿元，增长1.23%。进出口总额过千万元以上企业33家，其中过亿元的5家企业完成进出口总额27.78亿元，泰山玻璃纤维有限公司完成11.7亿元；完善泰山创谷跨境电商产业园，为19家企业提供网上平台，出口额达2000万元。实际利用外资10643万美元，增长602%。新开工项目50个，总投资额282.44亿元，其中当年签约当年开工项目26个，总投资额126.34亿元，开工过亿元的项目34个。

服务业实现增加值184.29亿元，增长4.17%。其中，批发和零售业增加值48.97亿元，交通运输、仓储和邮政业增加值5.66亿元，住宿和餐饮业增加值2.91亿元，金融业增加值23.62亿元，房地产业增加值41.9亿元，其他服务业实现增加值57.64亿元。34家规模以上服务业企业营业收入23.9亿元。道朗镇东西门村入选文化和旅游部公布的第二批全国乡村旅游重点村名单，岱岳区是全市唯一一个连续两年有村庄入选的单位。全年接待游客1290.75万人次，实现旅游收入31.31亿元。加快重点文旅项目建设，南部深挖大汶口文化内涵，推进项目以国家AAAAA级旅游景区标准规划设计，打造大汶口文化旅游品牌。提档升级太阳部落、泰山天颐湖、天乐城等老项目。西部九女峰乡村度假区建设完成春天里度假酒店、户外运动主题公园、神龙大峡谷观光栈道，主打乡村民俗旅游。

货物运输总量1400.8万吨，货物运输周转量19.5亿吨千米。济（南）泰（安）高速、青（岛）兰（州）高速实现全线通车。建成满庄龙山和夏张公路驿站，完成临沂至徐州段高速公路国家检查验收、国道G341黄海线公路服务品质提升年活动验收。实施泰东路、泰肥一级、国道G104、章新线、国道G341范镇段绿化提升和路域环境整治。升级改造货场路、凤凰路、开元路等城区道路16条；实施雨污管网改造整治工程27项，疏通、修复管网15.1千米；投资4.4亿元，新建、改造农贸市场15处。启动棚改1.41万套，主体封顶1.0万套，在全市率先铺开老旧小区改造试点，完成32个城中村改造工作。完成5G基站建设任务，实现岱岳城区5G网络信号基本覆盖。开展农村清洁行动，美丽庭院建成率15.6%；农村垃圾治理实现镇村居100%全覆盖；完成“四好农村路”106千米，农村道路“三通”1700千米，全区自来水入户16万户，厕所提升7.6万户。开展农村人居环境整治三年行动，农村无害化卫生厕所基本实现全覆盖，完成288个村生活污水治理，生活垃圾无害化处理率100%。新建集中供水站182处，改造农村自来水管网1093千米，自来水普及率98%。

全年新认定高新技术企业16家、重新认定4家。引进院士1名、教授13名、国外人才6名。建成校企“产学研”项目18个；省级研发平台4家、市级研发平台9家，其中市级重点实验室1家。至年底，省级平台总数30家、市级平台103家。2家企业获山东省科技进步三等奖，2家企业在“才入泰安·势如泰山”国际高层次人才创新大会上获二等奖。全区注册商标860件，有效商标6901件，4家企业分别入选“山东省制造业、服务业高端品牌培育企业”名单。专利申请量212件、

3月25日，泰安大汶口国家考古遗址公园的67公顷油菜花地

（隋 翔 摄）

授权量41件。有各级各类学校298所，其中幼儿园180所、小学60所、小学教学点14所、初中28所（九年一贯制12所）、高中4所、成教中心校11所、职业学校1所。在校生9.21万人，其中幼儿园2.34万人、小学3.08万人、初中2.09万人、高中1.26万人、职业学校4404人。近年间，岱岳区培养输送优秀空军战斗机飞行员35名、民航飞行员67名，录取人数位居全省第一、全国前列。2020年高考全区本科上线3779人，上线率77%，继续在全市领先。

城镇居民人均可支配收入38490元，增长3.3%；农村居民人均可支配收入18773元，增长5.5%。参加各项社会保险58.68万人次，其中企业职工养老新增参保7601人、工伤保险新增5821人、企业失业保险新增5866人。社会保险基金总收入13.87亿元，累计结余29.40亿元。城乡低保标准分别提高至每人每月719元、537元。城乡特困供养标准提高至每人每月1007元、760元。镇街敬老院11处，民办养老机构1处，城市社区老年人日间照料中心24处，农村幸福院107处。

年内，获评国家级节水型社会建设达标区、全省县域经济高质量发展进步县称号，被省委、省政府授予“省级文明区”称号。获山东广电“2020年度县域影响力奖”，是泰安市唯一获奖的县（市、区）。区检察院被评为全国文明单位（全区首个），道朗镇里峪村被评为全国文明村。

【双招双引】 以“补链、建链、强链”为目标，坚持走出去招商，引进一批具有战略性、引领性、支撑性的新产业项目。新签约项目51个，其中过10亿元项目16个，当年签约当年开工项目26个。实际利用外资1.06亿美元，超额完成年度外资目标任务。全年区外实际到位资金超过70亿元，增长17%。实施人才引领发展战略，举办“智慧岱岳·共创未来”高层次人才创新创业大赛；实施“平台联合建设、项目精准对接、人才共育共用”校地合作共建模式，先后与南京航空航天大学、西安交通大学、山东农业大学等16所大学建立合作关系，引进教授、博士等高层次人才15人。

【休闲农业发展的“岱岳模式”】 岱岳区重视休闲农业与乡村旅游业发展，明确“泰山观光·岱岳休闲”的目标定位，将特色农业发展与旅游资源开发有机结合，培育全国休闲农业与乡村旅游示范点1个，省级休闲、生态、旅游示范点11个，获全国休闲农业与乡村旅游示范县、山东省生态循环农业示范县等称号，打响“休闲岱岳”品牌，形成休闲农业发展的“岱岳模式”。至年底，全区有各类休闲、观光、采摘等园区256处，形成以特优农产品为基础的现代农业园区，以春天里峪、梨园人家为主的农家乐休闲区，以金陡山、汶口古镇为主的民俗生态区，以大汶河、西御道、九女峰为主的乡村旅游景区，四大区域协同发展，构建一年四季各具特色、各美其美的岱岳休闲旅游新格局，开创乡村新产业新业态蓬勃发展的良好局面。

【精致城市建设】 推进经济开发区13项基础设施建设，圣康东路、共青团路北段等6条道路建成通车，送马路等道路加快实施。采取“见缝插针”式绿化，挤出空间建设“街角公园”，做到还绿于民。修复城市边角空间改造建设的苹果乐园公园，实现环境改善和居民需求“双收益”。实施市政公用设施改造提升工程，改造提升吉祥路、杏坛街、杏林路等城市“毛细血管”。开展雨污分流改造工程27处。落实最严格的水资源管理，获评国家级节水型社会建设达标区。开展路域环境综合整治，因地制宜、一路一策，建设景观小品，硬化平交路口，加快提升绿化、美化、亮化水平，完成老泰肥路、泰东路、章新线、国道G104南段等道路的综合改造提升。

（程建民）

新泰市

【概况】 地处山东省中部，东接临沂市蒙阴县，南临济宁市泗水县，北与济南市钢城区相连，西靠泰安市岱岳区。取境内新甫山及泰山首字而得名。全市行政区域面积1933平方千米，实际管理面积1787平方千米（不含天宝镇）。辖20个乡（镇、街道）。年末常住人口127.45万人。

全年实现生产总值522.1亿元，增长3.6%。其中，第一产业增加值（不含农林牧渔服务业）57.7亿元，第二产业增加值202.3亿元，第三产业增加值262.0亿元。固定资产投资增长7.1%。一般公共预算收入40.9亿元，一般公共预算支出72.1亿元。社会消费品零售总额210.7亿元。进出口总额29.65亿元。年末，金融机构人民币各项存款余额832.2亿元、贷款余额506.1亿元。

全市农作物总播种面积9.4万公顷，其中粮食播种面积5.2万公顷。油料1.9万公顷，棉花232.2公顷，蔬菜及食用菌1.8万公顷。全年新增造林面积1390公顷，其中经济

2020 年新泰市乡镇（街道）基本情况表

表 46

乡镇（街道）名称			青　云	新　汶	新　甫	翟　镇	泉　沟	羊　流	果　都	西张庄	宫　里	谷　里
党委书记			史新国	李建军	孔　雨	刘渊东	陈　凯	李希刚	郭仕峰	李怀爱	范育民	井梓童
乡镇长（主任）			马桂前	泥德润	葛翔千	耿　燕	陈　涛	白宗成	李　元	孙法伟	张永珍	高慎波
行政区域土地面积（公顷）			12457	3579	5229	6436	9183	17222	4813	4700	8753	9480
实有耕地面积（公顷）			3602.7	562.2	1767	40000	3054.6	7985	2425.6	2400	6.4	5759
村（居）民委员会（个）			77	18	37	46	33	90	34	28	43	51
户籍户数（万户）			7.85	3.89	1.42	2.63	1.68	4.08	1.16	1.60	2.02	2.10
户籍人口（万人）			21.61	9.99	4.06	7.50	4.77	10.72	4.08	4.52	6.19	5.81
地方财政收入（万元）			42421	23870	1181	3947	6210	4855	6171	9616	5107	4142
农产品总量（吨）		粮　食	—	4506	4000	10587	20438	28800	22230	14000	26841	24100
		棉　花	2	3.3	—	107	54.9	—	—	—	9	—
		油　料	1161	218.9	834	739.4	1984.5	9220	1010	282.9	2919.7	5260
		水　果	47326	3421.3	40550	2529	3857.6	3821	2170	2674.550	5160.9	520
教育	普通初中	学校数（所）	3	1	—	2	1	2	1	1	1	1
		在校生数（人）	17666	1360	—	2825	2113	4788	1259	1649	1520	2185
		专任教师（人）	1232	96	—	170	156	173	80	104	125	135
	小学	学校数（所）	16	7	4	6	7	13	6	4	8	9
		在校生数（人）	22752	8531	1252	3025	2829	6464	1777	2603	2481	2790
		专任教师（人）	1345	447	116	214	154	262	120	150	190	174
卫生	医疗卫生机构（个）		99	31	36	49	35	65	30	26	41	39
	医疗卫生机构床位数（张）		2729	1739	120	150	140	107	30	150	30	50
	执业（助理）医师数（人）		1114	737	6	56	61	60	53	40	30	23
生活保障	城乡居民基本养老保险参保人数（万人）		4.72	1.70	1.08	3.27	2.28	6.40	2.56	2.89	3.94	4.06
	城乡居民基本医疗保险参保人数（万人）		10.63	4.56	3.75	5.37	3.52	9.19	3.28	3.81	5.19	4.77
	居民人均可支配收入（元）		31572	27405	25433	31696	17296	20626	12520	19025	18650	19626
	居民人均消费支出（元）		24218	20827	21056	9035	10096	15700	6250	14510	7600	9950
	享受最低生活保障金人数（人）		1616	408	658	797	598	1046	383	920	829	650

续表46

乡镇（街道）名称			楼　德	禹　村	石　莱	放　城	刘　杜	岳家庄	小　协	东　都	汶　南	龙　廷
党委书记			李兴胜	张　鲁	马　强	高　飞	肖　娟	张　彦	张　新	徐继刚	朱　峰	张仕峰
乡镇长（主任）			王道梅	朱衍博	张　凯	朱德学	栾玉国	刘文华	周　燕	周和永	刘昌利	刘苗苗
行政区域土地面积（公顷）			9384	8919	16314	6896	5158	6810	3907	6339	18522	15216
实有耕地面积（公顷）			4000	3300	8756.8	1740	2097.3	4031	1228.9	27000	5800	1126.7
村（居）民委员会（个）			36	36	69	23	28	25	18	33	85	53
户籍户数（万户）			2.51	1.81	2.34	1.36	1.06	1.55	1.77	2.65	3.79	2.21
户籍人口（万人）			7.63	5.78	7.00	3.53	3.29	4.02	4.91	7.20	11.04	6.26
地方财政收入（万元）			5756	1055	3345	2696	3192	2246	5037	3130	9955	5784
农产品总量（吨）		粮　食	46000	25500	15670	13250	7125.4	1050	2100	17360	32500	2500
		棉　花	—	33.8	43.8	—	16.3	9.8	16	9.52	36	—
		油　料	2300	4675	15824	7038	2237.5	4845	68	1981	10520	1800
		水　果	6400	2200	562	3600	4947.9	2800	—	5000	16760	116000
教育	普通初中	学校数（所）	1	1	1	1	1	1	1	1	2	2
		在校生数（人）	2857	2047	3306	118	832	1549	790	1481	3988	1682
		专任教师（人）	201	154	130	95	51	87	75	94	288	153
	小学	学校数（所）	9	8	10	6	6	5	5	7	10	7
		在校生数（人）	4451	2964	3590	1750	1346	2396	1067	1820	5477	2353
		专任教师（人）	260	172	233	128	91	86	115	195	369	171
卫生	医疗卫生机构（个）		37	38	63	24	30	22	21	28	79	50
	医疗卫生机构床位数（张）		508	99	63	38	50	42	280	91	389	105
	执业（助理）医师数（人）		130	25	33	22	15	21	114	12	83	28
生活保障	城乡居民基本养老保险参保人数（万人）		4.79	3.16	4.17	2.29	2.04	2.37	1.50	2.65	6.40	4.08
	城乡居民基本医疗保险参保人数（万人）		6.19	4.30	5.94	3.06	2.74	3.35	2.43	3.95	10.00	5.63
	居民人均可支配收入（元）		17685	17960	16133	14500	14040	12219	19762	17102	19340	18500
	居民人均消费支出（元）		5100	11494	14667	13900	9460	8410	8000	14021	18140	17110
	享受最低生活保障金人数（人）		757	1264	1086	485	233	901	153	1049	2386	1620

林 830 公顷。农用机械总动力 101.5 万千瓦，农用拖拉机 2.16 万台。农村用电量 2.4 亿千瓦时。全年农用化肥（折纯）施用量 3.2 万吨。有效灌溉面积 4.8 万公顷。规模以上工业企业 221 家，规模以上工业增加值增长 3.0%，实现营业收入 451.8 亿元。房地产开发投资 58.8 亿元，增长 41.9%。

全市等级公路通车里程 3546.1 千米，其中高速公路通车里程 124.4 千米。全市邮政业务总量 29843 万元，增长 18.1%。完成电信业务量 16605 万元。城市供水综合生产能力每日 17.5 万立方米，用水普及率 100%；集中供热面积 966.36 万平方米；绿地面积城区 3047 公顷、建成区 2923.5 公顷，建成区绿化覆盖率 44.9%，人均公园绿地面积 18.5 平方米。

有普通初级中学 31 所，专任教师 4346 人，在校生 5.55 万人；普通高级中学 9 所，专任教师 2073 人，在校生 2.40 万人；中等职业学校 3 所，专任教师 453 人，在校生 7680 人；小学 138 所，专任教师 5132 人，在校生 7.92 万人；幼儿园 374 所，专任教师 3698 人，在园幼儿 4.99 万人；特殊教育学校 1 所，专任教师 40 人，在校生 207 人。全年获得科技成果 45 项，其中重要科技成果 19 项。艺术表演场所 2 处。有广播电台 1 座、电视台 1 座。有各类卫生机构 49 所，其中医院及卫生院 42 所。实有床位 6560 张。全市各类卫生技术人员 7951 人。运动员表现突出，获国家级奖牌 8 枚，其中金牌 4 枚；获省级奖牌 99 枚，其中金牌 27 枚。全年体育彩票发行额 9304 万元。

城镇居民人均可支配收入 40106 元，增长 3.2%；农村居民人均可支配收入 19626 元，增长 5.6%。参加城镇基本养老保险 24.0 万人，参加居民养老保险 65.7 万人，参加基本医疗保险 116.8 万人。有各种社会福利收养单位（含敬老院）26 处、床位 4441 张。全年销售福利彩票 7539 万元，筹集社会福利基金 151 万元。

新泰市是全国百强县、全省县域经济 30 强县、全省重点建设的 15 个中等城市。先后获全国文明城市、国家卫生城市、国家园林城市、中国优秀旅游城市、全国绿化模范市、福布斯·中国大陆最佳县级城市、2020 中国乡村振兴百佳示范县市等称号，被确定为国家首批循环经济创建示范市、全国智慧城市试点市、全国首批农村产业融合发展试点示范县、全国首批百佳营商环境试点县市。在 2020 中国县域综合实力百强榜中居第 41 位，获评全省县域经济高质量发展进步县。

【新泰市被列为全国政务服务“好差评”国家标准试点】 2020 年，新泰市被国务院列为全国政务服务“好差评”国家标准试点。新泰市以群众满意度为“风向标”，主动对接群众需求，实施服务供给侧改革，推动建立政务服务绩效由企业和群众评判的“好差评”制度。该制度设置服务体系完备度、政策法规透明度、群众办事便利度、办事体验满意度 4 个维度，重点考评线上服务事项覆盖度、办事指南准确度、办事服务便民化、平台操作便捷性，线下服务态度、服务质量、服务效率、服务环境。至年底，全市 36 个服务类部门、6070 个政务服务事项、240 名窗口服务人员均接入“好差评”系统接受企业群众评价。按照“谁办理、谁负责”的原则，收到差评和投诉第一时间启动程序，安排专人回访核实。对筛选出的差评事项和投诉问题，交由责任单位限期整改。整改完成后，通过“12345”热线再次邀请群众对整改情况进行评价，核验整改成果，确保差评件件有核实、有整改、有反馈。将“好差评”评价结果作为窗口年度考核内容和窗口工作人员个人考核、评先创优和年度考核重要内容，定期评选服务之星、服务标兵等，倒逼政务服务提质增效。

【新泰市泰山保税区建设】 2020 年，新泰市泰山保税区被济南海关列入山东省海关十大重点支持项目。新泰成为“一带一路”承东启西的节点、鲁中商贸物流的支点和泰安跨境贸易发展的亮点。保税区一期规划面积 4.15 公顷（62.25 亩），投资 1.5 亿元，建设全省首个在营 9610 快递类海关监管场站，是全省唯一在营的跨境直邮海关监管场站，全年 200 万单，实现进口额 10 亿元。

【新泰市按下项目审批“快进键”】 年内，新泰市聚焦施工许可办理这一关键环节，研判工程建设环节特点，实行“分段施工许可”，化整为零，完成一个阶段的审批进行一个阶段实施，按下项目审批“快进键”，推动项目建设加快落地开工。把项目审批全流程办理环节由 25 个压减至立项用地、工程规划、施工许可、竣工验收 4 个阶段，申请材料由 137 项减少至 63 项，项目收费由 9 项精简至 2 项。聚焦主线，进行流程重塑，分段立项，分段施工，最大限度加快项目落地速度。将建设审批与工程施工并联交错推进，把施工许可划分为基坑开挖及支护工程、地下基建工程和地上主体工程 3 个阶段实施，明确每个阶段的办理标准，实行分段审批、分段建设。

山东新泰青云国际冷链智慧物流园项目一期工程从2019年12月25日拿到基坑及支护工程阶段施工许可证，至2020年3月24日项目完成所有建设审批手续，项目实际开工时间比正常程序提前3个月；向阳实验学校项目、吾悦广场项目拿到基坑及支护工程阶段施工许可证，提前开工建设。（刘 晓 刘仁航）

肥城市

【概况】 位于泰安市西部，东与泰安市岱岳区接壤，西与济南市平阴县、泰安市东平县为邻，南与宁阳县隔汶河相望，西南与济宁市汶上县以汶河为界，北与济南市长清区相邻。为“中国佛桃之乡”。因西周时期称肥子国而得名。全市行政区域面积1277平方千米，辖14个镇（街道）。年末常住人口89.38万人。

全年实现生产总值721.5亿元，增长3.5%。其中，第一产业增加值56.6亿元，第二产业增加值360.9亿元，第三产业增加值304.0亿元。固定资产投资下降16.3%。一般公共预算收入40.9亿元，一般公共预算支出60.65亿元。社会消费品零售总额186.4亿元。进出口总额37.0亿元。年末，金融机构各项存款余额739.2亿元、贷款余额359.3亿元。

粮食播种面积7.1万公顷，粮食总产49.0万吨，棉花总产917.6吨，油料总产0.9万吨，蔬菜总产117.3万吨，园林水果总产7.8万吨，水产品总产4228吨，肉、蛋、奶总产16.5万吨。全年新增造林面积0.19万公顷，林木绿化率27.1%。全市拥有农业机械总动力110万千瓦。规模以上工业企业202家，规模以上工业增加值增长3.6%，实现主营业务收入485.2亿元、利润27.2亿元。资质三级及以上建筑企业98家，实现建筑业增加值186.6亿元，增长4.6%。

公路通车里程2853.84千米，其中高速公路通车里程34.5千米。完成邮政业务总量1.31亿元。开工保障性安居工程380套，基本建成4019套，城市基础设施建设完成投资3.02亿元，村镇建设完成投资22.6亿元。城市空气质量良好率82.2%。污水集中处理率98%，垃圾无害化处理率100%。A级及以上旅游景区25家，全年接待旅游人数140万人次，实现旅游总收入14.1亿元。

有中等职业学校1所，在校生5711人。普通高中10所，在校生1.98万人。普通初中32所，在校生3.08万人。小学68所，在校生4.76万人。幼儿园155所，在园幼儿3.03万人。取得重要科技成果30项，获得市级及以上科学技术奖8项，专利申请量1550件，授权专利1024件。有档案馆1个、公共图书馆1所、文化馆1个，农村文化大院全覆盖。广播、电视人口综合覆盖率均为100%。医疗卫生机构600所，其中医院（卫生院）31个、社区卫生服务中心3个。各类卫生机构有床位5008张，卫生技术人员0.59万人。体育馆2座，新建公共健身工程32个。全年参加市级及以上体育比赛获奖牌8枚。

城镇居民人均可支配收入40854元，增长3.1%；农村居民人均可支配收入20595元，增长5.6%。居民基本养老保险参保人数51.07万人，居民基本医疗保险参保人数71.48万人。城镇最低生活保障人数0.15万人，农村最低生活保障人数1.32万人。

年内，肥城市在全国未来投资潜力百强、营商环境百强、工业百强中分列第33位、第37位、第80位，在全省分列第6位、第4位、第11位。成功入选全国文明城市、中国最具幸福感城市，获评全国首届公共资源交易百强县、全国电子商务进农村示范县、山东省首批法治政府建设示范市、山东省优质建筑安装服务基地、山东省省级创业型城市、全省乡村振兴“十百千”工程示范创建县、全省双拥模范城市等称号。

【泰安特种用钢产业集群产能置换一期项目竣工投产】 12月12日，泰安特种用钢产能置换一期项目投产仪式举行。项目自2019年6月立项，用1年时间完成投资135亿元，创造全省四大钢铁产业集群开工最早、竣工最快、完成投资最大的“特钢速度”。项目涵盖8条主要生产线，对于优化全省钢铁产业布局，实现集约、绿色、高效生产，促进传统动能转换具有重大意义。

【山东省级农业高新技术产业开发区批复设立】 7月14日，山东省政府正式批复，同意设立肥城省级农业高新技术产业开发区（以下简称肥城省级农高区）。肥城省级农高区重点规划建设核心区和示范区，其中核心区位于市区东郊，规划面积6.72平方千米，围绕肥城桃、有机蔬菜、高端商品粮等农业特色产业，以农业增效、农民增收、农村增绿为主攻方向，建设功能定位准确、产业特色鲜明、体制机制创新、创新资源集聚、产城融合发展的高新技术农业创新高地、人才高地、产业高地。

【肥城工业互联网创新中心建成】 2019年12月，肥城市人民政府与华为软件技术有限公司、山东征途

2020年肥城市乡镇（街道）基本情况表

表47

乡镇（街道）名称			新城	老城	王瓜店	仪阳	潮泉	桃园	王庄	湖屯	石横	安临站	孙伯	安驾庄	汶阳	边院
党委书记			崔绪昌	孙栋	杜辉	韩宁	于芳	王涛	李军	王继荣	李宝军	王开军	肖海霞	李开磊	梁乙广	—
乡镇长（主任）			孟宪栋	冉祥银	杨仁峰	马杰	李娟	赵健	李晓磊	欧阳光兵	王宜强	梁乙胜	董振	刘文涛	姬建芳	许兴斌
行政区域土地面积（公顷）			5532	7863	9210	9750	5288	10096	9360	8492	9451	13100	7097	13457	7950	11099
实有耕地面积（公顷）			1344	3722	3948	4046	2452	5896	5260	4467	4602	5911	3251	7019	4360	6752
村（居）民委员会（个）			43	30	37	49	11	40	53	53	48	48	17	71	53	80
户籍户数（万户）			5.13	3.07	2.85	1.35	0.86	2.08	1.81	3.04	3.01	2.15	1.02	2.82	2.68	2.89
户籍人口（万人）			14.03	7.97	8.37	4.58	2.18	5.60	5.30	8.06	8.41	5.81	2.97	8.58	7.63	8.21
地方财政收入（万元）			21148	3081	13428	28395	1164	2330	1196	2904	98934	6263	18247	19218	5209	12813
农产品总量（吨）		粮食	6142	18660	57000	23080	7471	58000	58950	29700	—	8580	36712	120000	47860	70098
		棉花	6.65	8.6	2.15	110.76	10	11.75	195	—	—	500	231.12	50	4.5	49.4
		肉类	12000	89000	3700	70.4	399	38400	3900	365	—	9920	121.4	42000	14710	3160
		牛奶	—	4620	960	—	5	—	—	—	—	—	—	3000	5440	82160
教育	普通初中	学校数（所）	—	2	2	—	1	1	2	1	1	1	1	2	1	2
		在校生数（人）	—	839	1857	—	350	917	1250	904	1346	872	630	1141	1560	1647
		专任教师（人）	—	139	194	—	47	99	103	140	125	133	59	170	129	152
	小学	学校数（所）	5	3	6	4	1	6	6	1	6	7	1	9	3	8
		在校生数（人）	—	1266	3408	1519	542	1090	1482	1352	2180	1271	891	1801	1900	2408
		专任教师（人）	1541	169	207	171	65	145	142	146	156	185	93	239	153	186
卫生	医疗卫生机构（个）		155	32	44	29	13	30	29	41	41	29	18	46	35	58
	医疗卫生机构床位数（张）		2270	100	1126	450	20	80	60	238	170	60	50	140	100	144
	执业（助理）医师数（人）		1216	74	287	75	12	37	28	53	66	32	28	88	55	98
生活保障	城乡居民基本养老保险参保人数（万人）		7.45	4.23	4.45	2.43	1.16	2.97	2.82	4.28	4.46	3.08	1.58	4.55	4.05	4.36
	城乡居民基本医疗保险参保人数（万人）		10.27	5.83	6.13	3.35	1.60	4.10	3.88	5.89	6.15	4.25	2.17	6.28	5.58	6.01
	居民人均可支配收入（元）		32265	21066	—	18955	20595	20595	20595	20595	—	20595	20595	20595	20595	21767
	居民人均消费支出（元）		19515	18628	—	—	17620	12615	17850	—	—	18804	—	14270	13387	12052
	享受最低生活保障金人数(人)		1254	1225	927	675	324	567	987	413	880	1237	624	1785	1551	1886

信息科技股份有限公司签订产业转型与升级合作协议，三方相互合作，共同建设肥城市数字底座。2020 年 10 月，投资 2 亿元的数字底座建设完成并上线运行。工业互联网创新中心以数字底座为依托，以华为公司和征途科技联合运营团队为支撑，以加快工业互联网赋能为突破口，将云计算、大数据、物联网、人工智能、5G 等新技术应用到企业生产、经营、管理等各个领域，加速产业数字化转型。工业互联网创新中心的建成，对推动肥城产业智慧化、智慧产业化，开展工业互联网人才培养，打造工业互联网创新城市新名片提供保障。

（庄惠丽　郝　航）

宁阳县

【概况】 位于泰安市西南、大汶河南岸。东临新泰市，西连汶上县，南面自东向西与泗水县、曲阜市、兖州区接壤，北隔大汶河与肥城市、泰安市岱岳区相望。西汉汉高祖于宁山之南置县，因山南为阳，更取“安宁祥和”之意，故名宁阳。全县行政区域面积 1125 平方千米，辖 13 个乡（镇、街道）。年末常住人口 66.81 万人。

经济综合。全县实现生产总值 251.75 亿元，增长 3.2%。其中，第一产业增加值 57.5 亿元，第二产业增加值 88.5 亿元，第三产业增加值 105.7 亿元。固定资产投资增长 7.1%。一般公共预算收入 13.17 亿元，一般公共预算支出 42.3 亿元。社会消费品零售总额 123.9 亿元。进出口总额 16.6 亿元。年末，金融机构各项存款余额 370.8 亿元、贷款余额 207.4 亿元。

产业发展。工业方面，设立 10 亿元的产业直投基金、2000 万元的工业发展奖励基金，用于培植新能源、绿色高端化工、高端装备制造、绿色建材、纺织服装、绿色造纸、食品加工等产业；实施重点工业技改项目 83 个，完成技改投资 36.5 亿元、增长 96.8%；筛选 100 家企业纳入“520”培植行动，规模以上工业企业净增 19 家，总数 135 家，规模以上工业企业增加值增长 6.1%，实现营业收入 256.3 亿元、利润总额 10.0 亿元；山东恒信高科能源有限公司、山东晋煤明升达化工有限公司等 22 个重点工业项目建成投产，智能化食品级特种纸、天源研发设计中心等项目进展顺利。农业方面，加快农业结构调整，蔬菜、苗木花卉、经济林面积分别达 2.49 万公顷（37.4 万亩）、5400 公顷（8.1 万亩）、8040 公顷（12.06 万亩），规模养殖场 488 个；举办 2020 中国农民丰收节暨“宁阳大枣”品牌全景发布会，宁阳大枣基地获评中国名优农产品示范基地称号；“宁阳黄姜”“乡饮大粉皮”通过国家地理标志商标认定，总数 6 个。举办蟋蟀世界杯、非物质文化遗产商品展等文旅活动，线上线下融合新零售加速发展，恒信铁路物流园开通运营，文庙历史文化街区入选全国文化和旅游投融资项目，亿丰时代广场被认定为山东省现代服务业集聚示范区。

城乡建设。城区供水、供热、供气普及率分别为 98.6%、75%、65%；城区绿化覆盖率 43.7%；城区深度保洁率 58.5%，12 条道路被评为省级深度保洁达标道路；被纳入国家新型城镇化示范县城名单，全省仅 10 个县市入选；被正式命名为“国家卫生县城”，被省文明委推荐为新一届全国文明城市提名城市，入选山东省 2020 年新型智慧城市建设试点名单。实施农村破旧房屋整治和村容村貌提升行动，完成农村人居环境三年整治任务，实现美丽乡村五年创建目标，美丽乡村覆盖率 90% 以上；全市农村人居环境整治、生活污水治理、饮水安全水平提升等现场会在宁阳召开；在全市率先完成农村道路“三通”建设任务。宁阳县被确定为山东省第一批农村改革试验区；东疏镇被评为省级“齐鲁样板”示范区、省乡村振兴示范乡镇，蒋集镇入选 2021 年山东省服务业特色小镇培育名单；18 个村被评为省级乡村振兴示范村，八仙桥街道青川围子村被表彰为全国文明村，乡饮乡南赵村被认定为全国乡村特色产业亿元村，东庄镇南故城村党支部书记卢运忠被评为全国劳动模范。

双招双引。全年签约项目 100 个，总投资 482.1 亿元，增长 37.71%；在省市举办的重点签约活动上签约项目 19 个，为全市最多；实际到位外资 8515.2 万美元。省级以上高层次人才、人才平台分别达 78 人、60 家。国家高新技术企业新增 7 家，总数 24 家，高新技术产业产值占比 41%；市级以上科研平台新增 12 个，总数 157 个，省级以上名牌产品及驰（著）名商标增加 14 个，总数 34 个；山东超威电源有限公司等 2 家企业入选山东省制造业“单项冠军”，山东彩山铝业有限公司被认定为省级“瞪羚”企业，中京数字产业园入选省级示范数字经济园区试点名单。

基础设施建设　争取济枣高铁设立宁阳东站，是整个济枣方向高铁新增的唯一一个高铁站。董梁高速宁阳段竣工通车，京台高速扩容宁阳段加快推进。国道 G342 吴家桥

2020 年宁阳县乡镇（街道）基本情况表

表 48

乡镇名称		文庙	八仙桥	泗店	东疏	伏山	堽城	蒋集	磁窑	华丰	葛石	东庄	鹤山	乡饮
党委书记		陈军	鲍怀东	赵丽娜	刘站	马祥波	贾德果	王艳苹	张玮	周乾坤	李国卿	刘玉华	孟令民	郭怀锋
乡镇长（主任）		马宁	张辉	宁辉	李琳	肖文博	孔建兵	孙维方	杜焕军	孔祥奎	宁鹏	褚峰	赵世民	刘恒桥
行政区域土地面积（公顷）		2820	2312	5606	8398	8432	11830	6500	15872	10809	13225	9965	9811	6787
实有耕地面积（公顷）		663.79	957.95	3995.27	5231.58	5593.07	7118.5	3717.47	7246.25	5522.73	7445.59	4699.88	6163.7	4853.76
村（居）民委员会（个）		16	24	36	49	59	62	32	92	59	27	45	46	15
户籍户数（万户）		2.82	1.31	1.26	1.79	2.13	2.75	1.32	3.64	2.96	2.19	2.00	1.86	1.18
户籍人口（万人）		7.46	3.83	4.39	5.97	6.68	8.07	4.01	11.52	8.68	6.73	6.28	5.57	3.70
地方财政收入（万元）		14057	4212	6455	1489	10181	17151	1231	33304	11420	8543	1663	7065	1211
农产品产量（吨）	花生	10	—	226.90	1339.39	1200.94	9668.72	6951.29	8727.22	11594.98	4199.7	15423.58	1892.12	56.02
	棉花	—	—	4.43	—	4.53	—	—	22.39	8.5	17.6	3.14	15.66	8.65
	瓜果	141.5	3	180.07	—	965	21	187	2812.2	—	61.5	509.46	681	756.68
	蔬菜及食用菌	12577.67	14155.66	76788.28	33511.47	202053.4	41144.28	40849.75	113555.10	250981.96	8376.79	35358.90	57202.82	5897.79
教育 普通初中	学校数（所）	原学校改为县属		1	1	1	1	1	2	1	1	1	1	1
	在校生数（人）	—	—	695	1151	1645	1365	866	2021	1322	930	1074	1358	908
	专任教师（人）	—	—	85	143	127	130	97	175	129	89	89	118	87
教育 小学	学校数（所）	9	3	5	5	5	8	4	10	9	6	6	7	3
	在校生数（人）	2428	2906	982	1418	2110	2131	1665	4111	1766	1650	1716	1838	1268
	专任教师（人）	722	256	153	161	204	237	126	268	286	203	164	168	106
卫生	医疗卫生机构（个）	22	23	31	48	52	60	29	87	59	46	36	44	34
	医疗卫生机构床位数（张）	1467	472	306	98	110	291	110	555	400	100	99	208	129
	执业（助理）医师数（人）	804	28	45	38	112	45	63	313	121	40	38	37	41
生活保障	城乡居民基本养老保险参保人数（万人）	1.59	1.11	2.17	2.88	3.10	4.80	2.31	3.54	3.82	2.65	1.20	3.19	2.25
	城乡居民基本医疗保险参保人数（万人）	6.15	2.03	4.03	4.64	5.48	6.20	2.90	6.44	5.79	4.71	4.57	4.17	3.41
	享受最低生活保障金人数（人）	340	384	610	1502	2088	1378	1250	1875	1036	1112	1052	1708	1009
	入住敬老院人数（人）	5	34	61	77	48	58	30	45	34	49	48	36	26
	敬老院数（所）	—	1	1	1	1	1	1	1	1	1	1	1	1

至汶上界段改造工程建成通车，环山路全线贯通，完成董梁高速连接线、龙岗路、高乡路等重点道路建设。济微路改线、宁磁快线、朝柴路3条重要干道纳入国家或省“十四五”规划。

民生事业。城镇居民人均可支配收入38434元，增长3.3%；农村居民人均可支配收入18704元，增长5.8%。脱贫攻坚圆满收官，91个省、市级贫困村实现摘帽退出、1.15万户2.49万人稳定脱贫。打响“宁·聚力”社区党建服务品牌。推进“健康宁阳”建设，县第一人民医院通过三级综合医院等级评审。教育、就业、社会稳定、安全生产等工作全面推进。

年内，宁阳县被评为全国县城新型城镇化建设示范单位、国家卫生县城、全国文明城市提名城市、全国基层中医药工作先进单位、全国农作物病虫害专业化“统防统治百县”、第一批“全国老年太极拳之乡”、农业农村部畜牧兽医局2019—2020年度畜牧业统计监测工作综合考评优秀生产监测县和优秀市场监测县、第三批山东省食品安全县、山东省第十届全民健身运动会先进单位、全省“安全生产月”活动优秀组织单位等称号。八仙桥街道青川围子村被评为第六届全国文明村，宁阳大枣基地被评为中国名优农产品示范基地，乡饮乡南赵村被评为2020年全国乡村特色产业亿元村。

【宁阳县被评为山东省食品安全县】 2020年，宁阳县巩固省级食品安全县创建成果，深化“食安山东”“食安泰安”品牌建设，开展“守护舌尖安全”整治，打好食品安全放心工程建设攻坚行动。清理规范食品小作坊319家，完成食品销售风险评级5008户；完成食品和食用农产品监督抽检3200批次，其中合格3114批次，合格率97.3%；抽检餐饮具30份，结果全部合格；全县124家学校食堂、75家小饭桌和13家敬老院食堂全部实现明厨亮灶，71家幼儿园和校外辅导机构食堂建成“远程可视化”监管系统。该县先后在中国食品安全大会、全省餐饮服务“互联网＋明厨亮灶”工作推进会上作典型发言和经验介绍。7月，《大众日报》以《“食安宁阳”呵护百姓“舌尖安全”》为题，对宁阳县食品安全监管先进经验和做法进行报道。11月2日，宁阳县被山东省食品药品安全委员会正式命名为“山东省食品安全县”。

【宁阳县被公布为省级农村改革试验区】 6月19日，省委农业农村委员会印发《关于公布第一批省级农村改革试验区及试验任务的通知》，宁阳县被公布为山东省第一批省级农村改革试验区，并承担3项农村改革试验任务，分别为“深化农村集体产权制度改革、发展多种形式股份合作”“健全支持农业生产全程社会化服务政策体系”“建立涉农资金统筹整合长效机制，提高财政支农资金使用效益”。成立农村改革试验区工作领导小组和工作专班，按照《宁阳县深化农村集体产权制度改革发展多种形式股份合作试验方案》要求，分解试验任务，全面启动试验工作。通过股份合作与联合，至年底，全县553个农业行政村集体经济收入全部在5万元以上，共实现收入1.8亿元。其中，收入5万～10万元的村58个，10万～50万元以上的村403个，50万元以上的村92个。

【洸府河成功创建省级美丽示范河湖】 12月29日，洸府河被山东省河长制办公室公布为省级美丽示范河湖。洸府河属淮河流域，宁阳县境内称洸河，发源于堽城镇泉头村皮山、茂山北侧，经兖州、济宁汇入南四湖，县境内长度33千米。该次创建省级美丽示范河湖的起止点为八仙桥街道庙东村北外环至泗店镇桃园村泗店桥段，涉及八仙桥街道、文庙街道、泗店镇3个乡镇（街道）、18个行政村，河段全长约11千米。年内，宁阳县依据《省级美丽示范河湖评定办法》，编制完成《泰安市宁阳县洸府河省级美丽示范河湖建设实施方案》；建立县、乡、村三级河长组织体系，设河长22名，设置河长公示牌21个；编制“一河一档”工作台账，建成宁阳县河湖长制管理信息系统，并上线运行，实现河湖管理静态展示、动态管理、常态跟踪。通过河道整治、堤防修复、防汛道路修筑、岸坡绿化、景观建设等项目实施，与洸河公园串联形成长约11千米的滨河观光带，实现“河畅、水清、岸绿、景美、人和”的河湖治理保护目标，通过省市验收，成为山东省首批省级美丽示范河湖。（侯胜男　徐　莹）

东平县

【概况】 位于泰安市西南部，东与肥城市毗邻，南与汶上县、梁山县接壤，西部隔黄河与东阿县、阳谷县、河南省台前县相望，北与济南市平阴县搭界，居大汶河下游。因《尚书·禹贡》中“大野既潴，东原底平”之说而得名。全县行政区域面积1340平方千米。辖14个乡（镇、街道）。年末常住人口

2020年东平县乡镇（街道）基本情况表

表49

乡镇（街道）名称			东 平	彭 集	沙河站	州 城	新 湖	商老庄	戴 庙	银 山	斑鸠店	旧 县	老 湖	梯 门	大 羊	接 山
党委书记			王建军	王 乾	吴晓剑	彭 宏	郭 东	李振兴	米厚章	姚来涛	李 杰	郑兴利	陈其林	—	张格柱	齐宝鹏
乡镇长（主任）			宋衍东	屈克志	刘圣玉	郑 燕	桑 鹏	潘 军	蒋恩振	—	杨 振	乔曙光	吴衍涛	—	毕思锋	郭光喜
行政区域土地面积（公顷）			16090	7490	6622	6599	10481	9291	8688	10451	7611	7091	11290	8976	8286	14937
实有耕地面积（公顷）			4462	4891	4466.7	3823	5002	3613	3994	3933	4225.5	2569	4703	5205.6	4733	128209
村（居）民委员会（个）			74	53	65	71	54	35	48	44	40	30	71	42	37	52
户籍户数（万户）			5.74	1.99	1.83	1.96	1.78	1.23	1.33	2.06	1.62	0.88	2.38	1.30	1.30	2.05
户籍人口（万人）			15.07	6.66	5.89	5.96	5.37	3.53	4.18	6.15	4.96	2.75	7.07	3.63	3.42	6.25
地方财政收入（万元）			11930	6353	1967	1798	2091	852	1268	6700	1726	2563	6536	5155	1167	2732
农牧产品总量（吨）		粮 食	53801	44727	124000	43067	97727.5	52400	40000	35100	29857.4	0.9	26790	13260	113	14.3
		棉 花	537	2.8	—	—	11.6	—	56.3	141.3	150	656.8	602.2	534.8	492	923
		肉 类	1121.5	2463.7	2800	1892.9	4990	3241.2	197.5	4767	3088.8	—	3000	1220.8	4700	0.7
		牛 奶	—	26.1	—	—	1515	—	850	236	—	—	50	—	—	0.3
教育	普通初中	学校数（所）	—	1	1	2	1	1	1	1	1	1	1	1	1	1
		在校生数（人）	—	1211	613	1216	854	480	454	1679	759	450	325	1320	434	0.1
		专任教师（人）	—	133	95	146	92	40	59	166	87	85	98	72	80	126
	小学	学校数（所）	14	6	8	6	5	4	5	7	5	2	7	5	5	7
		在校生数（人）	550	1600	1112	1525	1162	1780	1730	3600	1890	131	3684	1285	732	1385
		专任教师（人）	916	159	140	101	98	108	95	177	115	92	143	85	98	130
卫生	医疗卫生机构（个）		75	46	46	58	39	31	28	46	37	13	41	35	29	44
	医疗卫生机构床位数（张）		1608	60	60	604	40	35	159	89	110	20	265	59	36	50
	执业（助理）医师数（人）		693	53	37	167	35	24	69	72	42	15	46	30	20	42
生活保障	城乡居民基本养老保险参保人数（万人）		5.90	3.59	3.40	3.37	3.04	1.81	2.03	3.39	2.59	1.54	3.54	1.91	1.96	1.84
	城乡居民基本医疗保险参保人数（万人）		9.29	5.33	4.68	4.87	4.59	2.68	3.40	4.93	4.36	2.05	5.35	2.78	2.64	5.20
	居民人均可支配收入（元）		19630	18759	19350	18321	17675	18175	15122	19500	—	15420	15348	23069	17126	18237
	居民人均消费支出（元）		11928	9970	10750	15618	10851	10151	11025	9500	—	10000	9897	14264	10276	7293
	享受最低生活保障金人数（人）		1663	1522	1561	1956	1421	887	848	1212	882	314	3150	1195	1688	2462
	入住敬老院人数（人）		120	80	68	81	40	28	55	55	46	25	92	48	57	69
	敬老院数（所）		1	1	1	17	17	1	1	1	1	1	1	1	1	1

68.7 万人。

经济综合。全县实现生产总值216.88 亿元，增长 3.49%。其中，第一产业增加值 51.1 亿元，第二产业增加值 69.4 亿元，第三产业增加值 96.4 亿元；三次产业比例调整为 23.5 ∶ 32 ∶ 44.5。固定资产投资增长 7.1%。一般公共预算收入 13.09 亿元，增长 5.0%；一般公共预算支出 41.4 亿元，增长 4.8%。社会消费品零售总额 113.9 亿元。进出口总额 6.6 亿元。年末金融机构各项存款余额 370.0 亿元、贷款余额 275.8 亿元。

生态建设。2020 年，PM_{10}、$PM_{2.5}$ 平均浓度较 2015 年分别改善 43.5%、40%，空气质量优良天数增加 63 天，东平湖、大清河水质稳定保持在三类水标准以上。总投资 32.29 亿元的山水林田湖草生态保护修复工程，59 个项目高标准完工。开展植树造林，全面落实“林长制”，完成生态廊道 760 千米、荒山绿化 1200 公顷（1.8 万亩）、农田林网 1 万公顷（15 万亩），全县林地总面积 2.09 万公顷（31.35 万亩）。开展湿地修复建设，戴村坝、稻屯洼湿地提档升级，新建、修复湿地 1866.67 公顷（2.8 万亩），滨湖湿地公园通过国家试点验收。推进废弃矿区综合治理，实施矿山生态修复 386.67 公顷（5800 亩）、工矿废弃地整治 106.67 公顷（1600 亩）。

工业。东顺建成投产高档生活纸智能制造项目，“顺清柔”品牌价值达 181.16 亿元，位列中国品牌 500 强第 328 位；东顺工业园被山东省认定为“生活纸生产基地”。九鑫集团有限公司加快建设日化和绿色电镀产业园，获评国家专精特新“小巨人”企业、省“瞪羚”和“隐形冠军”企业。新东岳集团有限公司推进轮胎生产线智能化升级改造，“速至”被认定为中国驰名商标。东平中联水泥有限公司税收突破亿元大关，获评工信部能效“领跑者”单位。山东润声印务有限公司、山东省东平县华东纸业有限责任公司、山东鲁玻包装有限公司等中小企业加快发展。新增国家绿色工厂 2 家，省制造业单项冠军企业 3 家、技术创新示范企业 2 家。县经济开发区被评为国家级绿色工业园区。

重点项目。与山东文旅集团合作，改造升级景区，策划新上“大宋不夜城”等项目，规划建设“影视小镇”“旅游康养小镇”，环湖节点布局“田园综合体”。落实招商引资项目 159 个，到位资金 95 亿元。获批全省补短板、扩内需项目 8 个，总投资 13 亿元；全省专项债券项目 12 个，总债券额度 9.4 亿元。与中林集团合作，成立山东中林东平湖发展有限公司，探索发展“保水渔业”，实施“以鱼养水”工程；因地制宜发展“林＋中草药”模式，引导沿湖群众走“林上有产品、林中有旅游、林下有经济”的经营之路。

农业农村经济。调整农业种植方式和种植结构，规划建设接山现代农业循环产业园、新湖和商老庄龙虾产业园，促进传统产业转型升级、循环产业铸链成条。完成成片造林 2333.33 公顷（3.5 万亩）、农田林网 6666.67 公顷（10 万亩）、路边绿化 521 千米。

城乡建设。开展人居环境综合整治，推进“美丽庭院”建设，加快实施农村道路“三通”工程和农村生活污水治理，乡镇驻地绿化覆盖率 33.2%，村庄绿化覆盖率 30.1%。围绕“一主两副”发展格局，突出“大清河—城中河”定位，强化生态城市建设，规划建设 3 处山体公园，县城建成区绿化覆盖率 41%、绿地率 35%，人均绿地面积 18 平方米。白吉河生态提升、清河公园改造等工程加快推进。

脱贫攻坚。7 个省市重点扶持乡镇、178 个省市级贫困村、80 个扶贫工作重点村全部脱贫摘帽；全县 1.94 万户、5.57 万名建档立卡贫困人口全部实现稳定脱贫，226 个扶贫项目带动 2.7 万户增收。“三大工程”取得决定性成果，29 个社区全部建成，9.2 万名群众基本回迁入住。

社会民生。城镇居民人均可支配收入 33829 元，增长 3.5%；农村居民人均可支配收入 18175 元，

7月23日，东平湖沿湖景观 （李玉建 摄）

增长6.0%。探索以人为核心的“党建＋社区＋物业”社区治理模式，完善配套“水电气”等基础设施和“医学养”等服务功能，实行水电气暖统一定价、管理费用财政补贴。启动“三大工程”不动产证颁发工作，统筹推进产业园区、搬迁社区“两区共建”。全年发放各类社会保险待遇12.75亿元，为313家企业发放稳岗返还补贴753.64万元，惠及职工1.52万人。开发保洁保绿、林木养护、日间照料、扶贫专干等公益岗位1879个。实施义务教育薄弱环节改善与能力提升建设工程，“班班通”建设任务全面完成；本科上线2878人。国家紧密型县域医共体建设试点扎实推进，4家卫生院被命名为群众满意的乡镇卫生院，“大病不出县”“行走的医院”精准帮扶工程成果交流会在东平县举行。

年内，东平县被正式命名为国家卫生县城，获全国主要农作物生产全程机械化示范县、第三批节水型社会建设达标县称号；大羊镇、发展改革局获评全国易地扶贫搬迁典型社区，老干部局获评全国关心下一代工作先进集体，生态环境局获评全国污染源普查先进集体。

【山东中林东平湖合作项目签约仪式举行】 7月16日，东平县与中林森旅控股有限公司举行东平湖合作项目签约仪式。市委副书记、县委书记曲锋等出席签约仪式。双方共同签署《山东中林东平湖项目合作框架协议》，打造具有东平湖特色的全国渔业知名品牌，以“生态产业化、产业生态化”推动东平湖“人、鱼、水”和谐发展，助推生态立县、农业强县、文旅兴县、康养富县，把东平湖打造成黄河流域生态保护和高质量发展的示范。

【山水林田湖草生态保护修复工程完成投资23.34亿元】 东平县规划实施18个大项目、61个子项目，总投资32.29亿元。至年底，完工子项目33个，28个在推进中，完成投资23.34亿元。其中，水环境类项目实施26个子项目，总投资15.35亿元，完成投资8.53亿元；地质环境修复实施10个子项目，总投资2.92亿元，完成投资1.49亿元；土地整治整合实施9个子项目，总投资1.76亿元，完成投资1.59亿元；生物多样性保护改善实施16个子项目，总投资12.26亿元，完成投资11.73亿元。

【脱贫攻坚工作】 东平县有省、市重点扶持乡镇7个（省级6个、市级1个），省、市级贫困村178个（省级124个、市级54个），扶贫工作重点村80个（省级22个、市级58个），截至2020年9月30日，在国务院扶贫办建档立卡系统内享受政策人口8006户1.81万人（脱贫享受政策人口7894户1.77万人、即时帮扶户112户348人）。全县累计减贫5.6万人，所有贫困村摘帽退出，贫困人口稳定脱贫，建档立卡贫困群众人均收入由2016年的4421元增加到2019年的8045元，年均增长20%。东平县先后获全国移民后期扶持先进县、全省脱贫攻坚先进单位等称号，大羊镇西王社区被评为全国易地扶贫搬迁典型社区（山东省仅2个）。全国水库移民和全省人社扶贫、供销扶贫、易地扶贫搬迁、黄河滩区居民迁建现场会议先后在东平召开。中央电视台、《人民日报》等媒体报道成效和做法。 （李姗姗　赵　潇）

编辑　校对　　戚淑娟

人物·荣誉

新任市级领导人

杨洪涛　男，汉族，1966 年 10 月出生，山东烟台人。1986 年 10 月加入中国共产党，1988 年 7 月参加工作。大学学历，经济学学士。

1988 年 7 月毕业于山东经济学院财政系财政学专业。曾任省税务局征管处科员、省地方税务局办公室副主任、淄博市博山区副区长（挂职）等职。2002 年 9—12 月，淄博市博山区委副书记、副区长；2002 年 12 月至 2003 年 1 月，高青县委副书记；2003 年 1 月至 2007 年 1 月，高青县委副书记、副县长；2007 年 1—11 月，高青县委副书记；2007 年 11—12 月，淄博市淄川区委副书记、副区长、代区长；2007 年 12 月至 2010 年 12 月，淄博市淄川区委副书记、区长；2010 年 12 月至 2015 年 10 月，淄博市淄川区委书记；2015 年 10—11 月，淄博市委常委，淄川区委书记；2015 年 11 月至 2019 年 11 月，淄博市委常委、副市长；2019 年 11—12 月，德州市委副书记；2019 年 12 月至 2020 年 1 月，德州市委副书记、副市长、代市长；2020 年 1 月至 2021 年 8 月，德州市委副书记、市长。2021 年 8 月以后，泰安市委书记、党校校长。

刘泮英　男，汉族，1970 年 3 月出生，山东青州人。1992 年 11 月加入中国共产党，1993 年 7 月参加工作。省委党校研究生学历。

1993 年 7 月毕业于山东师范大学化学系化学专业。曾任潍坊市坊子区荆山洼镇组织干事、潍坊市坊子区人大常委会人事代表室副主任、潍坊市寒亭区区长助理、潍坊市潍城区副区长等职。2007 年 1 月至 2011 年 12 月，潍坊市潍城区委常委、副区长；2011 年 12 月至 2013 年 3 月，潍坊市潍城区委副书记；2013 年 3—4 月，潍坊市潍城区委副书记、副区长、代区长；2013 年 4 月至 2016 年 11 月，潍坊市潍城区委副书记、区长；2016 年 11 月至 2019 年 2 月，潍坊市潍城区委书记；2019 年 2 月至 2021 年 1 月，潍坊市奎文区委书记。2021 年 1 月以后，泰安市委常委、组织部部长。

成　丽　女，汉族，1972 年 2 月出生，山东日照人。1993 年 6 月加入中国共产党，1993 年 7 月参加工作。研究生学历，工商管理硕士。

1993 年 7 月毕业于临沂师范专科学校外语系英语教育专业。曾任日照市东港区日照街道党工委组织干事，日照市妇联权益儿童部、儿童部科员，日照市妇联儿童部副部长、部长，济宁市妇联副主席、党组成员，省妇联办公室副主任、研究室副主任、组织联络部部长等职。2015 年 5—6 月，泰安市政府副市长人选、党组成员。2015 年 6 月至 2021 年 5 月，泰安市政府副市长、党组成员。2021 年 5 月以后，泰安市委常委、统战部部长。

常绪扩　男，汉族，1970 年 5 月出生，山东东平人。1999 年 6 月加入中国共产党，1992 年 7 月参加工作。大学学历，经济学学士。

1992 年 7 月毕业于山东经济学院计划统计系计划统计专业。曾任泰安医药采购供应站业务员，泰安市劳动局培训教研室副主任，泰安市劳动和社会保障局劳动工资科科长、办公室（政工科）主任（科长），泰安市劳动和社会保障局党委委员、纪委书记，肥城市委常委、组织部部长，肥城市委副书记（正县级，援疆）、组织部部长，肥城市委副书记、泰安市援疆工作前方指挥部指挥（正县级），肥城市委副书记、新疆岳普湖县委副书记、泰安市援疆工作前方指挥部指挥（正县级）、党委书记，肥城市委副书记，肥城市委副书记、市政府市长，肥城市委书记、党校校长等职。2020 年 6 月至 2021 年 5 月，泰安市政府副市长、党组成员。2021 年 5 月以后，泰安市委常委、政法委书记。

辛海明 男，汉族，1965年6月出生，山东海阳人。1987年1月加入中国共产党，1987年7月参加工作。大学学历，工程硕士。

1987年7月毕业于山东农业大学农业经济系农业经济管理专业。曾任山东农业大学农业经济系助教，泰安市人大常委会机关党委专职副书记（正科级）、人事选举代表工作室主任科员。2002年3月至2005年7月，泰安市财政局纪委书记、党委委员；2005年7月至2011年5月，泰安市财政局副局长、党委委员；2011年5月至2017年1月，泰安市财政局副局长、党委委员，市国库集中支付管理办公室主任；2017年1—4月，泰安市审计局局长人选、党组书记；2017年4月至2019年1月，泰安市审计局局长、党组书记；2019年1—3月，泰山护理职业学院党委副书记、院长，泰安市审计局局长；2019年3月至2021年1月，泰山护理职业学院党委副书记、院长。2021年1月以后，泰安市人大常委会副主任、党组成员。

张　颖 男，汉族，1972年6月出生，山东东阿人。1992年12月加入中国共产党，1993年7月参加工作。省委党校研究生学历，工商管理硕士。

1993年7月毕业于聊城师范学院政治专业。曾任聊城市西王乡组织委员、聊城市委办公室正科级秘书、高唐县县长助理等职。2001年1月至2003年1月，高唐县副县长；2003年1月至2006年6月，高唐县委常委、办公室主任；2006年6月至2007年12月，聊城经济开发区党工委副书记、管委会副主任；2007年12月至2016年11月，高唐县委副书记、县长；2016年11—12月，高唐县委书记、县长；2016年12月至2021年5月，高唐县委书记。2021年5月以后，泰安市副市长、党组成员。

唐传营 男，汉族，1975年7月出生，山东沂源人。1994年12月加入中国共产党，1997年7月参加工作。中央党校研究生学历，公共管理硕士。

1997年7月毕业于山东轻工业学院无机材料系硅酸盐工程专业。曾任省经济协作办公室秘书处科员、省发展和改革委员会人事处副处长等职。2013年5—8月，省发展和改革委员会政策法规处处长（援青）；2013年8月至2016年7月，省发展和改革委员会政策法规处处长（援青），省对口支援青海干部管理组党委委员，青海省海北州发展和改革委员会党组成员、副主任（正县级、援青）；2016年7月至2017年6月，省发展和改革委员会政策法规处正处级领导干部；2017年6月至2018年7月，省铁路和机场规划建设办公室副主任（正处级）；2018年7月至8月，山东铁路投资控股集团有限公司党委委员；2018年8月至2021年8月，山东铁路投资控股集团有限公司党委委员、副总经理。2021年8月以后，泰安市副市长、党组成员。

模范人物选介

贾衍强 男，1969年5月出生，中共党员，初中文化。山东众成饲料科技有限公司610车间锅炉房锅炉工。2020年11月，获“全国劳动模范”称号。

参加工作后，他从事过不同的工种，2009年成为一名锅炉工。2013年起，他先从做好卫生开始，让80平方米的锅炉工作间变得墙壁白净，玻璃铮亮，实现穿着白衬衣上班的梦想，彻底颠覆传统锅炉房烟熏火燎、墙壁昏暗、黑水煤污遍地的形象。他结合工作，潜心钻研，先后改进煤机控制装置、锅炉除尘装置、蒸汽锅炉储煤斗内储煤量观察装置，并申请实用新型专利，一年能为公司节约用煤45吨。2015年，公司建立“老贾学堂”，他担任老贾学堂校长，牵头成立新生活委员会及“老贾办真事”爱心基金，走出锅炉房的岗位，服务于更多的一线员工。2019年，兼任肥城市王庄镇小张村“第一书记”，帮助小张村脱贫致富，为打好脱贫攻坚战贡献力量。他先后获泰安好人、肥城市优秀共产党员、桃都工匠、山东省劳动模范、泰安市优秀共产党员、全国五一劳动奖章、山东省优秀共产党员等称号。

周　涛 男，1976年10月出生，中共党员，大专文化，高级工。新汶矿业集团有限责任公司协庄煤矿安全管理中心安监员。2020年11月，获“全国劳动模范”称号。

1997年在协庄煤矿回采二区参加工作，在煤矿工作的23年，他立足本职，创新进取，长期坚守在煤矿生产一线，先后担任综采一队、回采一区班组长，综采二队车间工会主席、采煤项目二部副经理，安全管理中心安监员等职。工作中虚心学习技艺，将遇到的难点问题记在心上、记在本上，很快成为工区的生产骨干。为解决采煤工作面桥式转载机与刮板输送机合茬槽处飘链子问题，他研制应用“周涛防脱槽器”，解决困扰矿井安全生产多年的一大难题。在班组创新开展“岗位小课堂”“技术讲堂”等活动，利用工作现场的设备、人员和技术，实施“手把手”和“一对一”的业务培训，提高职工正规操作水平。创新实施“二十个想一想”安全工作法，总结提炼安全教育“五注重”“五流程”“五机制”“三个五”班组安全诚信管理法，在集团公司内部被推广。他个人及与他人共同完成技术革新30项，为矿井创造出几百万元的经济效益。他创新实施“一帮一”心理咨询日记法、基层车间工会劳动争议“四个一”（每月一会、每周一人、每日一事、每班一问）调解法等创新做法和案例，赢得职工的信任和理解。

宋现生 男，1966年12月出生，中共党员，高中学历。中国邮政集团公司泰安市分公司投递员。2020年11月，获“全国劳动模范”称号。

1996年，他成为一名徒步登泰山送邮件的邮递员，每天将投送的报纸、杂志和各种邮件进行分拣，放进30千克至40千克2个邮包，需要每周二、四、六把泰山沿线直到泰山极顶的各种邮件送达到每位客户手中。24年，磨烂200多双鞋子，徒步上下泰山8500次，上下台阶10970万阶，累计行程17万千米。不管春夏秋冬、严寒酷暑，不管路途多么艰险，他从没延误过一次班，也从没丢失过一份邮件，平均每年投递各类邮件近万件，投递准确率达100%。2020年年初，全国爆发新冠疫情，泰山景区全面封山，但隔离病毒不会隔离爱，为了保证山上客户及相关单位的用邮需求，他硬是摸索出一条不寻常路。他计算好时间，从后山小路出发，无论大雪封山还是山雨瓢泼，始终坚守在投递一线。在完成投递任务的同时，他义务为沿途值勤的民警、工作人员等捎带药品、包裹及生活用品，帮助解决他们的生活需求。他先后获最美泰安人、山东省道德模范、山东省富民兴鲁劳动奖章、感动泰安十大人物、山东省劳动模范等称号，获全国五一劳动奖章。

卢运忠 男，1954年10月出生，中共党员。宁阳县东庄镇南故城村党支部书记。2020年11月，获“全国劳动模范”称号。

作为党支部书记，他发挥“头雁”作用，带领班子队伍干事创业，使贫穷落后、人均纯收入不足1500元的南故城村走出贫穷，全村呈现出工业农业齐头并进，人民群众安居乐业的新面貌。工作中始终秉持“四心”，凭良心，把心思用在服务群众上；讲公心，凡事首先站在群众角度思考论证；有恒心，涉及群众切身利益的事情抓住不放，保证群众满意；用诚心，与群众掏心交流，真心服务，以实际行动换取群众的信赖和拥护。先后引进泰安蓝致制衣有限公司等9家投资500万元以上企业，集体收入迅速增长，为村各项事业的发展打下基础。同时，实施“筑巢引凤”工程，通过“建厂房，上企业，收租金”的方式，拓宽村集体增收渠道。借势造势发展民营经济，2020年年末全村有个体工商户147户，户均年收入可达10万元以上。抢抓新农村建设契机，2006年后开始拆旧建新规划建设郕城花园社区，建成住宅楼13栋、小康楼56户，安置居民530户，群众生活基本实现社区化。为解决群众看病难题，建设标准化村卫生室。建设文化大院、农家书屋、百姓讲堂和社区文化广场，丰富群众的精神文化生活。村集体先后投资1400万元建设4栋老年公寓，全村60岁以上320位老年人全部免费入住；建设启用老年人综合服务中心，内设老年康复中心、医疗室、老年活动中心、老年食堂，实现老有所养、老有所医、老有所住、老有所乐。他先后获山东省劳动模范、齐鲁和谐使者、泰安市优秀人大代表、泰安市优秀党务工作者、泰安市优秀共产党员、泰安市劳动模范、泰安市十佳敬老之星、泰安市优秀村民委员会主任、泰山先锋共产党员等称号。

李　弦 男，1982年6月出生，中共党员，大学本科学历，生前任泰安市公安局泰山分局网络安全保卫大队侦查中队指导员、警务技术员，三级警督警衔。2020年1月21日12时18分，时值新型冠状病毒感染肺炎疫情防控期间，李弦在加班开展有关违法案件网络侦查工作时，突发疾病倒在工作岗位上，抢救无效，不幸牺牲，年仅37岁。其生前曾立个人三等功1次，先后被嘉奖6次，多次被评为市、区优秀公务员和先进个人。牺牲后，被中共泰安市委追授“泰安市优秀共产党员”，被公安部追授“全国公安系统二级英雄模范”称号，2020年4月24日，被共青团中央、全国青联追授“中国青年五四奖章”。

从警以后，他忠实践行“对党忠诚、服务人民、执法公正、纪律严明”的总要求。在2011年“1·04”持枪杀人案件中，作为“泰山勇士”的一员，他第一时间赶到现场，主动驾驶车辆追击歹徒，最终与战友一起将犯罪嫌疑人制服。他先后主导参与侦办各类涉网犯罪案件634件，破获部督案件2起、厅督案件4起，累计抓获各类违法犯罪嫌疑人

408 名。在侦办“3·17”非法利用信息网络案中，他进行信息研判，在上百万条支离破碎的信息数据中抽丝剥茧，成功固定数千条证据，为案件告破提供数据支撑，发挥关键作用。在侦办 2019 年“5·12”组织考试作弊案中，他深挖彻查，迅速锁定并抓获犯罪嫌疑人 3 人，又经过连续 11 天的工作，研判确定一起预谋在全国夏季高考中组织考试作弊的重大案件。在侦破公安部“2019.6.19”诱骗组织中国妇女赴新加坡卖淫案中，飞赴新加坡执行抓捕任务，锁定并抓获犯罪嫌疑人。他是“市级网络侦察精英团队”骨干成员，从警 17 年完成从“新兵”到“尖兵”的蜕变。他是家人眼中的“工作狂”，经常加班加点、出差办案，无暇顾及患慢性疾病常年服药的妻子和 2 个年幼的孩子。特别是在新冠疫情防控期间，他加班加点开展有关违法案件网络侦查工作，奋战到生命最后一刻，用生命诠释出新时代人民警察的责任和担当。

张连波　男，1974 年 4 月出生，中共党员，大学文化，泰安市公安局泰山景区分局岱顶派出所所长，一级警督。2020 年 12 月，被山东省公安厅授予个人一等功。

2004 年部队转业入警后，他扎根基层，履职担当，勇做新时代泰山“挑山工”。为实现“零火情”，他狠抓森林防火和辖区“九小场所”消防安全，按照区域划分建立 8 个联户联防小组，带领各小组深入驻山单位和业户开展消防提醒和互查，对游客进行消防宣传教育。与景区职能部门融合作战，空中利用无人机开展防火巡查和监控，对全部护林员实施 GPS 卫星定位 100% 覆盖，实现防火巡查无盲区全覆盖，并建立“一景一警”包挂联络服务和重要古建筑“一景一策”制度，提升驻山单位消防安全能力。坚持“零风险”，把旅游安全摆在首位，严格落实游客进山实名登记、查验健康证明、热成像测温通行、进山游客最高限值等制度，做到疫情防控无死角。实施错时工作、动态调整，让民警跟着游客走、警力跟着警情走，通过主动分析研判各类要素，预防和打击各类侵害游客安全的违法犯罪行为。发挥岱顶战区联动机制，联合多部门快速反应、联合治理，杜绝旅游乱象发生。每逢假日，融合一线安保力量，盯靠在各重点区域、关键节点、高峰时段，确保岱顶全区域游客安全。在辖区沿途设置“纠纷调解室”“旅游民生服务站”“流动警务室”“境外人员服务站”，就近调解纠纷，全方位服务游客。他先后接受游客咨询 100 万人次，调解纠纷涉旅 300 起，救助走失、患病、受伤游客 2000 人；帮助寻找丢失物品 5000 件、价值 70 万元；挽救轻生游客 100 人。

先进个人名录（部分）

全国劳动模范

贾衍强　山东众成饲料科技有限公司锅炉工
周　涛　新汶矿业集团有限责任公司协庄煤矿安全管理中心安监员
宋现生　中国邮政集团泰安市分公司投递员
卢运忠　宁阳县东庄镇南故城村党支部书记

全国先进工作者

韩建军　市公安局交警支队泰山景区大队教导员
陈合义　泰山风景区南天门管理区书记、区长

2019 年度全国三八红旗手

钱继红　泰安市岱岳区法院徂徕法庭副庭长

抗击新冠肺炎疫情全国三八红旗手

刘　欣　泰山区岱庙街道花园社区党总支书记
王　睿　宁阳县妇幼保健院门诊手术室护士长

第十二届全国五好家庭

周　菊家庭
张丽红家庭
王　睿家庭

全国最美家庭

贾美荣家庭
冯少军家庭

全国抗疫最美家庭

林洪波家庭

共青团中央、全国青联追授第 24 届“中国青年五四奖章”

贾庆臣　山东省泰安市岱岳区角峪镇先锋村村民

2020 年度全国优秀少先队辅导员

李　娜　岱岳区岳峰小学少先队大队辅导员

2019 年度全国优秀共青团员

王心迪　肥城市泰西中学高三（11）班学生

全国公安系统二级英雄模范（追授）

共青团中央、全国青联追授“中国青年五四奖章”

李　弦　泰山公安分局网络安全保卫大队侦查中队指导员、警务技术员，三级警督

2019 年度全国扫黄打非先进个人

刘　军　市公安局治安支队副支队长，一级警督

全国公安系统抗击新冠肺炎疫情先进个人

戚　强　泰安市公安局治安警察支队副支队长

全国法院特赦实施工作通报表扬

张国强　泰安市中级人民法院审监庭副庭长

全国十佳公诉人提名、全国优秀公诉人

赵文涛　市检察院第一检察部副主任、二级检察官

2019 年度全国“扫黄打非”先进个人

刘　军　泰安市公安局治安警察支队副支队长

全国公安机关“昆仑”行动暨整治食品安全问题联合行动成绩突出个人

尚　峰　泰安市公安局食品药品与环境犯罪侦查支队副支队长

全国司法行政系统特赦实施工作中作出突出贡献个人

严劲松　泰安市司法局社区矫正工作科科长

2019 年度“1+1 中国法律援助志愿者行动实施十周年杰出贡献奖

杜红星　泰安市岱宗公证处主任

中国好人

李　弦　泰山公安分局网络安全保卫大队侦查中队指导员、警务技术员，三级警督

法文静　泰安市金兰乳业有限公司总经理

第二届全国文明家庭

张丽红家庭　东平县东平街道

第六届全国未成年人思想道德建设工作先进工作者

李存峰　市委宣传部未成年人思想道德建设科科长

全国抗击新冠肺炎疫情先进个人

姜　英（女）　华润泰安医药公司党委书记、总经理

齐鲁大工匠

温广勇　泰山玻纤设备动力部部长、高级技师

齐鲁工匠

崔立军　肥城白庄煤矿有限公司电工班班长

齐鲁最美职工

宋现生　中国邮政集团泰安市分公司投递员

山东省三八红旗手标兵

于彦萍　市交警支队副调研员、车管所所长

山东省三八红旗手

张　颖　泰安市税务局第一税务分局管理四股股长
孙启芳　泰山区邱家店镇刘家疃村书记、主任
张　丽　岱岳区人民法院刑事审判庭一级法官
庞　慧　泰安市汶粮农作物专业合作社理事长
聂树霞　新泰市人民医院妇科副主任
闫　芳　肥城市新城街道龙山社区党总支书记
张　凤　宁阳县第一人民医院急诊科主管护师
彭倩倩　山东儒原实业有限公司董事长
田双双　山东省双宁茶叶有限公司总经理
朱丽虹　泰山天外村票务交通管理站副书记、副站长
郑连霞　泰安市徂汶景区徂徕山林场党政办科员

山东省最美家庭

王　睿家庭
石学振家庭
林洪波家庭
冯少军家庭

刘顺勇家庭
孟庆功家庭
王秀风家庭

山东省“最美乡村女致富带头人”

法文静　泰安市金兰乳业有限公司总经理
阴丽云　山东桃子姑娘农产品有限公司总经理
王　梅　东平湖水泊食品有限公司总经理

齐鲁巾帼最美家政培训师

刘海晏　泰安农家女家政服务有限公司

齐鲁巾帼最美家政服务员

曲　霞　泰安农家女家政服务有限公司
王道爱　泰安农家女家政服务有限公司
李爱青　宁阳县晨光职业培训学校
柳晓霞　宁阳县晨光职业培训学校

2019 年度山东省优秀共青团干部

朱秀川　新泰经济开发区团工委书记
董　刚　肥城团市委副书记
陈海亮　宁阳县教体局团委书记、团宁阳县委副书记（兼职）、宁阳县少先队总辅导员

第二十三届“山东青年五四奖章”

岳彦博　力博重工科技股份有限公司董事长助理
黄琳琳　宁阳县第一人民医院主治医师

2019 年度山东省乡村“好青年”

张　昆　泰安圣丰机械制造有限公司总经理
焦圣贵　新泰市康源农业科技有限公司总经理
郝　楠　新泰市新泰好人公益志愿者协会副会长

山东省优秀共青团员

张传保　新泰市公安局楼德派出所科员

山东省青年志愿服务先进个人

邵亚文　宁阳县西部计划山东项目志愿者

山东省公安厅记个人一等功

张连波　泰安市公安局岱顶派出所所长，一级警督

山东省公安厅记个人二等功

马　东　宁阳县治安警察大队副大队长、二级警长
陈　龙　泰安市公安局网络安全保卫支队副支队长、警务技术二级主管，二级警督
张　瑞　新泰市公安局情报信息中心副主任、四级警长
苗振涛　肥城市公安局指挥中心秘书科科长，三级警长，二级警督
吕太国　宁阳县治安警察大队大队长、二级警长
杨　军　泰安市公安局泰山分局站前派出所副所长、二级警长，二级警督
王兆武　泰安市公安局岱岳分局马庄派出所所长、一级警长，一级警督
朱立虎　高新区分局治安管理大队大队长，一级警督
闫业国　市公安局刑侦支队副大队长，三级警督
王凯德　市公安局经侦支队副大队长、二级警长，一级警督
史继冰　泰安市公安局技术侦察支队科员、警务技术四级主管，三级警督
聂玉洲　泰安市公安局三级高级警长、法制支队支队长，一级警督
宋　涛　泰安市公安局警察公共关系处副处长、三级警长，二级警督
张　莉　泰安市公安局交通警察支队车管所副所长、警务技术二级主管，二级警督
张义民　泰安市公安局泰山分局迎胜派出所警长，一级警长，二级警督
张玉良　泰安市公安局技术侦察支队科员、警务技术四级主管，一级警司
侯树虎　泰安市公安局特巡警支队三大队四级警长，二级警督

山东省公安系统先进个人

王　宁　宁阳县公安局治安警察大队一中队副中队长、三级警长
刘　伟　泰安市公安局泰山分局刑事侦查大队副大队长、警务技术一级主管，一级警督

山东省科技管理系统先进个人

徐海鹏　泰安市科学技术局发展规划科科长
武甲勇　泰山区科学技术局党组成员、主任科员
崔玉军　新泰市科学技术局党组书记、局长

张茂节　东平县科学技术局党组书记、局长
韩庆东　泰山科学技术研究院党支部副书记、院长

第五届全省未成年人思想道德建设工作先进个人

房　艳　中共泰山区委宣传部副科级干部
宋　霞　泰安市东平县东原实验学校教师
刘　强　泰安高新区北集坡街道办事处中心小学校长
韩　冬　泰安市泰山景区社会事务服务中心科员
杨　帅　共青团泰安市委副书记
韩　婧　泰安市妇女儿童活动中心科员
苏明霞　泰安市泰山区教体局基础教育科科长
陈海燕　山东省泰山中学政教处主任、团委书记

山东好人之星

法文静　泰安市金兰乳业有限公司总经理
王庆英　肥城市安临站镇辛庄村村民
刘玉考　泰安市科协党组成员、二级调研员
宁阳七兄弟（李长春、李长水、陈长伟、杜广泉、代锋、杨传安、杜连军）泰安市宁阳县群众
张荣产　新泰市刘杜镇光明中村村民

2020 年省级学雷锋志愿服务先进典型

最美志愿者

赵权平　泰安市法律公益援助发展中心秘书长
陈爱红　宁阳县第二人民医院妇产科主管护师
李　锋　肥城市阳光公益协会会长
徐勤锋　新泰市向阳实验学校教师
韩增峰　泰前街道嘉德社区卫生服务站站长
袁　东　东平县公路事业发展中心青年志愿者服务队队长
李景光　东平信息港公益协会党支部书记、会长

第二届省级文明家庭

刘宗华、徐　芳家庭
马　刚、白满芝家庭
张宝文、段庆翠家庭
孟庆功、朱英华家庭
刘顺勇、曹　颖家庭
陈洪平、郭洪美家庭
韩彩霞、于淑兵家庭
冯少军、闫海红家庭
王　睿、赵　浩家庭
商传剑、梁秀芳家庭
张丽红、赵　锐家庭
蒋志国、顾泉岚家庭
侯存重、于心美家庭
张艾军、王学苏家庭
李焕忠、焦小玲家庭
国殿亭、邓芬芹家庭
王　玲、张维勇家庭
韩建军、张　燕家庭

山东省优秀共产党员

张灿宏　泰安市中心医院分院党委副书记、院长，副主任医师
边树举　泰安市建设工程质量监督服务站党支部副书记、站长
张　勇　泰安市泰山区疾病预防控制中心传染病防制科主任，副主任医师
张和江　泰安市岱岳区夏张镇党委书记
李　征　东平县人民医院党总支书记、理事长，主任医师

山东省抗击新冠肺炎疫情先进个人

张　利　泰安市中心医院急诊医学中心副主任医师（援鄂医疗队）
赵　玲（女）　肥城市中医医院介入手术室护士长、门诊部护士长（援鄂医疗队）
关卫勇　泰安市立医院副院长（山新医疗队）
张灿宏　泰安市中心医院分院党委副书记、院长，副主任医师
边树举　泰安市建设工程质量监督服务站党支部副书记、站长
张　勇　泰安市泰山区疾病预防控制中心传染病防制科主任，副主任医师
张和江　泰安市岱岳区夏张镇党委书记
李　征　东平县人民医院党总支书记、理事长，主任医师
吴　梅（女）　泰安高新区社会事务服务中心卫生健康办公室主任
吴　杰　泰安市泰山区政府党组成员、农高区副主任
严秀丽（女）　泰山区卫生健康局党组成员、副局长
张　栋　泰安市第一人民医院党委书记、院长
王　刚　新泰市人民医院感染科主任，副主任医师

徐希军　新泰市疾病预防控制中心党总支委员、副主任，副主任技师
孟庆明　肥城市人民医院呼吸与危重症医学科主任，主任医师
齐锋伟（女）　肥城矿业中心医院公共卫生科科长，副主任护师
杨东斌　宁阳县第一人民医院病理科主任，副主任医师
刘　玉　东平县委副书记、县长
郑志强　东平县人民医院医务科主任，副主任医师
李爱英（女）　泰安市泰山景区疾病预防控制中心主任，副主任技师
米守宁　北集坡街道社区卫生服务中心副主任
陈同利　泰安市立医院医院感染管理处副主任
刘庆升　泰安市徂徕镇卫生院院长
田书阳　泰安市政府副秘书长
黄　茜（女）　泰安市保健办公室副主任
李先虎　泰安市卫生健康委员会办公室副主任
任　峰　泰安市公安局刑事侦查支队五大队副大队长
张　雷　泰安市公安局刑事侦查支队办公室副主任
朱培新　泰安市工业和信息化局运行监测协调科科长
于晓鹏　泰安市交通运输局建设管理科科长
张元强　泰安市劳动就业办公室党委委员、副主任
张振男（女）　泰安日报社最泰安全媒体中心社会新闻部主任
刘　明（女）　泰安市纪律检查委员会监察委员会党风政风监督室副主任
于　丽（女）　泰安市政府办公室四级调研员
韩　伟　泰安市公安局食品药品与环境犯罪侦查支队四级警长
赵正华　泰安市中心医院感染科主任医师
杨会利（女）　泰安市疾病预防控制中心党委副书记、主任，主任医师
刘红芬（女）　泰安市中心医院分院党委委员、副院长，主任护师

全省事业单位脱贫攻坚专项奖励记大功个人

李红新　东平县扶贫开发领导小组办公室主任
冯德庆　泰安市财政资产管理中心副主任（新泰市翟镇兴隆屯村第一书记）
王　红　泰山区扶贫开发办公室督导组组长

山东省住房城乡建设系统先进个人

王印林　泰安市住房和城乡建设局党组成员、副局长
郝全胜　泰安市岱岳区房屋征收服务中心主任
李圣鑫　泰安市东平县住房和城乡建设局工程建设科科长、建筑工程管理服务中心主任
张晓东　泰安市城市路灯照明管理所副书记、所长
任成军　泰山区综合行政执法局党组副书记、副局长，区综合行政执法大队队长
秦　鲁　肥城市综合行政执法局老城执法中队中队长
贾靳超　泰安市住房公积金中心宁阳县管理部党支部书记

山东省就业创业工作先进个人

蒋永斌　市委组织部副部长，市人社局党组书记、局长，一级调研员
唐　勇　东平县龙山职业培训学校校长
陈志山　山东前程似锦人力资源公司董事长、总经理
王　辉　泰安环宇时代人力资源有限公司总经理
郑袭修　泰安凌云商社集团有限公司董事长
王奎祥　泰安泰山科技有限公司董事长

山东省“攻坚克难奖”先进个人

郑兴利　东平县旧县乡党委书记
李遵建　泰安市城市管理局党组副书记、二级调研员

山东省“勇于创新奖”先进个人

陈队范　山东康平纳集团有限公司党委书记、董事长
靳余通　新泰市行政审批服务局党组副书记、局长

山东省人力资源社会保障系统先进个人

蒋永斌　市委组织部副部长，市人社局党组书记、局长，一级调研员
邹　斌　泰安市泰山区委组织部副部长，区人力资源和社会保障局党组书记、局长
李学东　东平县委组织部副部长，县人力资源和社会保障局党组书记、局长

山东省双拥工作先进个人

吴百伟　泰安市委组织部干部一科科长
石念富　泰安市退役军人事务局双拥科科长
苏立扬　宁阳县退役军人事务局党组成员
孙允军　东平县双拥工作服务中心主任

山东省社会化拥军先进个人

毕秀环　泰安市女书画家协会党支部书记、主席
吴修强　泰安市三色旗退役军人志愿服务中心负责人
展延兰　肥城市矿务局退休职工

山东省爱国拥军模范

尹　勇　泰安市退役军人事务局副县级干部

2020 年度山东省“优秀兵支书”

耿进平　东平县银山镇耿山口村村支部书记

山东省军区基层建设先进个人

宋　宇　岱岳区人武部政治委员
牛纪宝　新泰市人武部部长
徐　泉　山东省军区泰安第三离职干部休养所政治委员

山东省军区机关服务基层优秀个人

禹继法　泰安军分区政治工作处干事

山东省军区决战决胜脱贫攻坚先进个人

刘德超　山东省军区泰安第一离职干部休养所副团职干事
马　军　东平县民兵训练基地主任
荆海军　肥城市基干民兵

山东省军区先进离退休干部

韩崇义　山东省军区泰安第二离职干部休养所离休干部

泰安军分区记三等功

郭振芳　泰安军分区政治工作处主任
刘　超　泰安军分区战备建设处文职参谋
董方亮　岱岳区人武部军事科长
毕晓阳　山东省军区泰安第三离职干部休养所正营职参谋
范忠宝　泰安军分区勤务队四级军士长

泰安军分区“四有”优秀军官

彭　鹏　泰山区人武部副部长
朱元钊　泰山区人武部军事科长
商　涛　新泰市人武部副部长
娄家亮　宁阳县人武部军事科长
李晓明　山东省军区泰安第一离职干部休养所正营职参谋
张国强　山东省军区泰安第二离职干部休养所副团职参谋
王志超　山东省军区泰安第二离职干部休养所正营职干事
张　东　山东省军区泰安第三离职干部休养所副团职干事

泰安军分区“四有”优秀文职人员

崔永涛　泰山区人武部政治工作科干事
赵　刚　岱岳区人武部保障科科长
伍炎军　新泰市人武部政治工作科科长
孔　伟　肥城市人武部军事科参谋
李　越　宁阳县人武部保障科助理员
李士琛　东平县人武部军事科参谋
孟巧玲　山东省军区泰安第一离职干部休养所门诊部主管护师
董广明　山东省军区泰安第二离职干部休养所所副所长
张衍菊　山东省军区泰安第三离职干部休养所门诊部医师

泰安军分区“四有”优秀士兵

陈保允　山东省军区泰安第一离职干部休养所勤务汽车分队分队长
汪光亚　山东省军区泰安第二离职干部休养所勤务汽车分队分队长
张正波　山东省军区泰安第二离职干部休养所四级军士长
刘　帅　山东省军区泰安第三离职干部休养所四级军士长
盛建涛　泰安军分区勤务队四级军士长
左天宇　泰安军分区勤务队下士
姜俊廷　泰安军分区民兵装备仓库上等兵

泰安军分区疫情防控先进医务工作者

赵立军　山东省军区泰安第一离职干部休养所副主任医师
李　娟　山东省军区泰安第一离职干部休养所护师
张义斌　山东省军区泰安第二离职干部休养所护士

张衍菊　山东省军区泰安第三离职干部休养所医师

泰安军分区疫情防控先进个人

张　强　泰山区人武部保障科助理员
于　霞　新泰市人武部保障科职工
李　越　宁阳县人武部保障科助理员
袁　伟　东平县人武部保障科助理员
李晓明　山东省军区泰安第一离职干部休养所正营职参谋
汪光亚　山东省军区泰安第二离职干部休养所四级军士长
耿利国　泰安军分区保障处职工
陈胜飞　泰安市民兵武器装备仓库中士

武警山东省总队记三等功

杨鲁宁　武警泰安支队勤务保障大队卫生队队长
亚祥虎　武警泰安支队执勤一大队大队长
肖　杨　武警泰安支队保障处战勤计划股股长

2020 年度泰安市“最美退役军人”

唐增胜　山东大唐宅配家居有限公司总经理
刘志刚　泰山区御碑楼社区党委书记、居委会主任
王云峰　肥城市金吉工贸有限公司经理
井　磊　山东国安物业管理有限公司总经理
张　军　岱青婆婆丁生物科技有限责任公司董事长
杨玉豹　公益岗驾驶员
王永尚　泰安市春天医药连锁总经理
范正安　泰安市泰山皮影研究院院长
于平国　泰安市委组织部机关党委专职副书记
焦彦鹏　市打击走私综合治理办公室主任
张　凯　市自然资源和规划局机关党委专职副书记
杨圣安　泰山养老服务协会党支部书记、泰山康乐年华居家养老服务中心主任
王大晶　泰安市公安局泰山分局岱庙派出所副所长
吴修强　将军宴餐饮管理有限公司总经理
李　强　山东乐惠生态农业发展有限公司总经理
潘　燕　济南车务段泰山站客运车间副主任
宋兆岩　瑞丽金康物业公司党委书记、总经理
韩　建　御道韩氏食品有限公司董事长
王培利　山东春潮集团有限公司董事长
刘　伟　山东创客智能科技（集团）有限公司董事长
赵业刚　山东能源新矿集团协庄煤矿治安保障部主任
邢伟忠　肥城市公安局桃花源派出所副所长、四级警长
胡维庆　肥城市蓝水滴助残公益发展中心理事长
邵　勇　宁阳县彩纳爱婴母婴用品专卖店总经理
李鸿鹏　东平县州城街道退役军人服务站业务站长
张树科　泰山管委红门管理区红门宫管理所所长
张传稳　泰安市税务局教育科副科长
刘温来　市委宣传部城市精神文明建设科科长
胡宗超　泰安市岱岳区迎胜消防救援站三级消防士
张士斌　岱庙街道东湖社区团支部书记、两委成员

2020 年度泰安市“优秀兵支书”

谷　志　泰山区财源街道后七里社区党委书记、主任
张登山　泰山区泰前街道傲徕峰社区党总支书记
张　磊　新泰市青云街道金斗社区党委书记
姚庆国　肥城市伊家沟社区党总支书记
姜兴耀　肥城市新城办事处龙山社区党总支书记
张　伟　泰山区省庄镇宦家峪村书记、主任
马文胜　岱岳区夏张镇南白楼五村村支部书记
杨永然　新泰市果都镇毛家庄村书记、主任
王村彦　新泰市刘杜镇光明北村书记、主任
邹宗国　肥城市王瓜店街道南仪仙村书记、主任
李克峰　泰安市肥城市边院镇西村书记兼村主任
张和强　山东泰安高新区良庄镇北宋村支部书记
曹玉华　宁阳县泗店镇罗河厂村支部书记
姜金光　泰安市东平县沙河站镇洪福寺村党支部书记
耿顺臣　徂汶景区天宝镇前寺村党支部书记
薛其闯　高新区良庄镇薛庄南村任支部书记
曹身平　泰山景区下港镇马蹄峪村支部书记
刘国栋　徂汶景区赵庄党总支部书记兼赵庄管区书记
段荣奎　泰安市东平县州城街道湖韵苑社区党委书记
卢运忠　宁阳县东庄镇南故城社区党委书记、主任

2020 年度荣立二等功泰安籍现役军人

柴　珽　泰山区泰前街道山水逸景紫郡小区
任　伟　泰山区邱家店镇李家庄村
陈　聪　岱岳区粥店街道大河小区
张建强　岱岳区满庄镇滩清湾村
邹晓凡　岱岳区满庄镇东林村
路鑫磊　泰安市岱岳区天平街道耿庄村
李红峰　新泰市青云街道甘露小区（甘露堂村）
韩清顺　新泰市新甫街道辉城村

陈珂欣　新泰市果都镇瑞谷庄村
郑胜峰　新泰市西张庄镇青城小区
刘仁昌　新泰市石莱镇东峪村
孙建坤　肥城市新城路百联副食品有限公司家属院
房　宁　肥城市安驾庄镇四分村 25 组
宋　波　肥城市湖屯镇栖幽寺村
付明振　肥城市王瓜店街道办事处邓李付村
郭　辉　肥城市汶阳镇郭店村
宋洪超　肥城市仪阳街道石坞社区
毛旭初　宁阳县伏山镇毛家村
朱子祥　宁阳县堽城镇
孟庆峰　宁阳县东疏镇郑庄村
仝会臣　宁阳县东疏镇后村
赵迎节　宁阳县鹤山镇鹅鸭厂小赵庄
于思涛　东平县东平街道一担土社区
王洪猛　东平县戴庙镇后吕庄村
宋绪泉　泰山景区大津口乡大津口村十四队

泰安市消防救援支队记功奖励人员

记二等功

孟帅帅　泰安市消防救援支队特勤大队二站副站长
胡朝翔　泰安市消防救援支队特勤大队副大队长

记三等功

闫志强　市消防救援支队副支队长兼灭火救援部部长
陶　磊　泰安市消防救援支队政治部主任
赵振国　市消防救援支队作战训练科
马　文　泰安市消防救援支队办公室三级助理员
张　阳　泰安市消防救援支队指挥中心主任
陈懿品　泰安市消防救援支队特勤大队二站站长
徐启帆　泰安市泰山区东关消防救援站三级消防士
蒋一必　市消防救援支队特勤大队二站二级消防士
由丰坤　市消防救援支队特勤大队二站四级消防士

泰安市人民政府记二等功

巩向海　泰安市消防支队支队长

武警泰安支队记三等功

钱　闯　执勤一大队执勤一中队代理中队长
邹　健　执勤一大队执勤一中队一排二班班长
孙　杰　武警泰安支队执勤一大队泰安中队一班班长
李金冠　执勤一大队肥城中队应急班班长
薛　军　执勤二大队执勤二中队政治指导员
王　闯　执勤二大队执勤二中队一排三班班长
王　强　执勤二大队新泰中队二班战士
戴森军　执勤二大队宁阳中队应急班副班长
于明磊　勤务保障大队警勤中队司务长

泰安市抗击新冠肺炎疫情特别贡献奖

刘雪梅（女）　山东迈科珍生物科技有限公司董事长

泰安市抗击新冠肺炎疫情先进个人

李素玲（女）　泰山区人民医院妇产科护士长，主管护师
邵明晓　新汶矿业集团中心医院重症医学科主任，主任医师
董　玲（女）　新泰市第二人民医院外四科（胸外泌尿外科）护师
李　玲（女）　宁阳县中医院监护室护师
陈　霞（女）　泰安市中心医院急诊科护士长，主管护师
陈　皓　泰安市中心医院重症医学科副主任医师
张志军　泰安市中心医院检验科主管技师
党兆强　泰山区泰前街道擂鼓石社区党委书记、居委会主任
谭春辉（女）　泰山区徐家楼街道社区卫生服务中心主任，医师
孙怀海　泰安市公安局泰山分局治安管理大队副大队长，二级警长
赵　健　泰山区发展和改革局党组书记、局长，四级调研员
冯　立　泰山区财政局党组书记、局长，处镇财政管理局局长，四级调研员
李　进（女）　泰山区上高街道办事处主任
刘西栋　泰山区委宣传部副部长
刘　魁　泰山区徐家楼街道党工委副书记
徐贵永　泰山区疾病预防控制中心检验科主任，副主任技师
王　鹏　泰安市中医二院医务科主任，副主任医师
张国华（女）　泰山区财源街道社区卫生服务中心主任，副主任医师
马静华（女）　泰山区泰前街道社区卫生服务中心主任，主管护师
吴海松　泰山区省庄卫生院党支部书记、

院长，副主任医师
范维青（女） 泰山区上高街道社区卫生服务中心主任，副主任医师
朱英文 岱岳区满庄镇党委书记，大汶口工业园党工委书记、管委会主任
刘树群 泰安市第一人民医院党委委员、副院长，主任医师
李金国 岱岳区老干部活动中心（老年大学）副主任（副校长）
季海波 岱岳区委办公室副主任，区直机关工委书记
孟广武 岱岳区委教育工委副书记，区教育和体育局党组成员、副局长
朱荣刚 岱岳区卫生健康局三级主任科员
朱支相 岱岳区纪委监委派驻第八纪检监察组组长
张科华 岱岳区妇幼保健院党支部副书记、副院长，副主任医师
梁爱红（女） 岱岳区疾病预防控制中心科长，副主任医师
赵伟平 岱岳区夏张镇卫生院党支部书记、院长，副主任医师
郭　涛 岱岳区马庄镇卫生院党支部书记、院长，医师
张　征 岱岳区山口镇卫生院党支部书记、院长，主任医师
王　晓 新泰市看守所党支部书记、所长，二级警长
祁银祥 新泰市疾病预防控制中心传染病防制科主任，主任医师
吴修才 新泰市中医医院副院长，主任医师
郗厚军 新泰市卫生健康局办公室主任，中级营养师
李秀波 新泰市新闻中心主任
杨新斌 新泰市财政局党组书记、局长
赵秀珍（女） 新泰市纪委监委党风政风监督室主任
刘　永 新泰市商务局党组成员、副局长
徐加超 新泰市文化和旅游局办公室主任
齐长青 新泰市交通运输行政执法大队大队长
刘　静 新泰市人民医院副院长，主任医师
赵　红（女） 新泰市第二人民医院护理部副主任护师
高　强 新泰市第三人民医院医务科主任，副主任技师
夏振黔 新汶矿业集团中心医院公共卫生科科长，主治医师
党光峰 新泰市羊流中心卫生院党支部书记、院长，副主任医师
李永霞（女） 新泰市妇幼保健计划生育服务中心检验科主任，主管检验师
吴瑞华 肥城市卫生健康局（市中医药管理局）党组副书记、局长
杜振华 肥城市疾病预防控制中心党总支副书记、主任，副主任医师
马艳丽（女） 肥城市人民医院医院感染管理办公室主任，主管护师
马　驰 肥城市中医医院医务科、科教科、信息科主任，主治医师
孙莉芸（女） 肥城市新城街道办事处党政办公室副主任
田军花（女） 肥城市安临站镇副镇长
王文静（女） 肥城市汶阳镇副镇长
杨庆国 肥城市公安局党委委员、副局长，四级高级警长
时向东 肥城市人民政府办公室副主任，肥城市民生服务中心主任
孙国庆 肥城市交通运输局党组成员
辛培乾 肥城市人民医院党委副书记、院长
李金英（女） 肥城市疾病预防控制中心（市检验检测中心）体检中心副科长，医师
田金凤（女） 肥城矿业中心医院重症医学科护士长，副主任护师
陈西勇 肥城市精神卫生中心（仪阳街道社区卫生服务中心）主任，主任医师
武瑞文 肥城市新城街道社区卫生服务中心办公室主任，主治医师
孟庆学 肥城市第二人民医院内一科副主任，主治医师
马祥波 宁阳县伏山镇党委书记
王凤霞（女） 宁阳县第一人民医院党委委员、副院长，主任医师
满　毅 宁阳县爱国卫生运动指挥中心副主任

韩树栋　宁阳县委办公室副主任，县重点工作推进中心主任
何　义　宁阳县政府办公室党组成员、副主任，四级调研员
桑晨锋　宁阳县市场监督管理局党组副书记、局长
史　鑫　宁阳县公安局党委副书记、政委，四级高级警长
刘　柯　宁阳县八仙桥街道社区卫生服务中心党支部副书记、主任，主治医师
胡大海　宁阳县中医院党委书记、院长，副主任医师
陈　坡　宁阳县妇幼保健院党总支副书记、副院长，主管药师
张建民　宁阳县疾病预防控制中心党支部书记、主任，副主任医师
刘　锋　宁阳县蒋集镇卫生院党支部委员、业务副院长，主治医师
贾圣华　东平县综合行政执法局党组副书记、综合行政执法大队大队长
杨传水　东平县疾病预防控制中心党总支委员、副主任，主任医师
吴绪晟　东平县卫生健康局党组成员、副局长
郭兴华　东平县公安局党委副书记、政委，四级高级警长
李　伟　东平县交通运输局副主任科员
赵　勉　东平县皮肤病防治所所长，副主任医师
何胜泉　东平县融媒体中心电视新闻中心主任
侯　炜　东平县公安局交通警察大队事故处理协调中心主任
陈　辉（女）　东平县中医院急诊科护士
刘　绘（女）　东平县人民医院院感科主任，主管护师
唐家勇　东平县中医院党总支委员、副院长，副主任医师
刘茂才　东平县第一人民医院党总支委员、执行理事、代院长，副主任医师
戴晓华（女）　东平县第三人民医院内科医生，医师
李西平　东平县沙河站镇中心卫生院副院长，药师
王　慧（女）　泰安高新区社会事务服务中心卫生健康办公室副科级干部
康凤强　泰安高新区经济发展部副部长
李　峰　泰安市市场监管局高新区分局二级主任科员
王　一　泰安高新区北集坡街道社区卫生服务中心主任，医师
侯　刚　泰安高新区房村镇卫生院副院长，主治医师
查传霞（女）　泰安高新区良庄镇卫生院院感科主任，护士
唐安然　泰安高新区应急管理办公室科员
赵平江　泰山景区下港镇下港管区党总支书记，茅茨舍村党支部书记
朱成杰　泰山景区天烛峰管理区办公室主任
吴金荣　大津口乡卫生院公共卫生科主任
江焕平　泰山景区黄前镇卫生院书记、院长
徐学军　泰山景区下港镇卫生院书记、院长
公维宁　泰山票务运营中心副书记、副主任，助理工程师
李　梅（女）　泰山景区公安分局治安大队副大队长，二级警长
夏希旺　徂汶景区滨河片区管理服务中心党委副书记、纪委书记
孔祥国　岱岳区化马湾乡党委书记
贺重德　岱岳区徂徕镇卫生院副院长
吕泰柱　泰安旅游经济开发区党工委委员、管委会副主任，高级会计师
赵　楠　泰安旅游经济开发区管理委员会自然资源和规划建设部部长
杨文峰　泰安市旅游经济开发区医院院长
孙世民　市纪委监委第五监督检查室副主任
田　昊　泰安市委办公室行政科副科长
张　帅　泰安市委组织部研究室副主任
吉东升　泰安市委宣传部对外宣传科科长
张西忠　泰安市委统战部二级调研员
杜丽华（女）　泰安市委政法委四级调研员
李国华　泰安市委市直机关工委组织部长
李　林　泰安市政府督查室副主任
赵上上（女）　市发展改革委价格管理科副科长
崔延庆　市教育局办公室科员，一级教师
齐　明　市科学技术局农村与社会发展科科长

王胜利　泰安市工业和信息化局消费品产业科（盐业科）科长，一级主任科员
许学军　市交警支队财务科副科长，二级警长
刘　伟　泰安市公安局高速公路交通警察支队岱宁大队副大队长，二级警长
邹　剑　泰安市自然资源和规划局办公室主任
张有胜　泰安市交通运输局办公室副主任
刘　坤　泰安市商务局商贸运行与消费促进科副科长
李岱峰　泰安市卫生健康委员会疾病预防控制与卫生应急科一级科员
田　野　泰安市应急管理局办公室主任
王自坦　泰安市市场监督管理局副局长
毕彦勇　泰安市林业局规划财务科科长
程立君（女）　市中级人民法院政治部教育培训处处长
刘仁广　市人民检察院四级高级检察官助理
夏庆涛　泰安市委党校副校长，一级调研员
明立东　泰安市机关事务服务中心副主任
王龙起　泰安市供销合作社联合社人事教育科副科长，市供销社派驻岱岳区道朗镇八楼村第一书记
程宏华　泰安市计划生育协会秘书长
孙　越　泰安市扶贫开发领导小组办公室社会扶贫组组长
张仁忠　泰安市工人文化宫党支部书记
孟　仲　泰安市煤炭工业中心副主任
张彦国　泰安市实验学校教师，一级教师
李洪军　泰安市中心医院神经内科副主任医师
宋庆超　市中心医院感染性疾病科主治医师
姜　智　泰安市中心医院老年呼吸科主任，主任医师
亓　琴（女）　泰安市中心医院护理部副主任，副主任护师
赵慧慧（女）　泰安市中心医院化疗科主管护师
李风华（女）　泰安市中心医院糖尿病代谢病科副护士长，主管护师
李　强　泰安市中医医院设备科科长，副主任技师
段　伟　泰安市中医医院检验科主管技师
侯佩强　泰安市疾病预防控制中心副主任，主任技师
傅连臣　泰安市疾病预防控制中心副主任、党委委员，副主任医师
赵爱华（女）　泰安市疾病预防控制中心消毒管理与病媒生物防制科主任，主任医师
魏希文（女）　泰安市疾病预防控制中心卫生检测检验科副主任，副主任技师
刘金英（女）　泰安市卫生健康监督执法局党总支委员、副局长，主任医师
宫　静（女）　泰安市卫生健康监督执法局人事科科长，副主任医师
马　琳（女）　泰安市卫生健康监督执法局医疗卫生监督科科员，医师
高恒亮　泰安市 120 指挥调度中心党支部委员、副主任，主管医师
王　欣（女）　泰安市中心医院分院设备科科长，副主任技师
郭秀芝（女）　泰安市中心医院分院职业病二科主任，副主任医师
李庆峰　市中心医院分院急诊科副主任医师
王光秀（女）　泰安市中心医院分院内科护士长，主管护师
李桂英（女）　泰安市第四人民医院急诊内科副主任医师
王吉彦（女）　泰安市第四人民医院康复科主治医师
张冠峰　泰安市妇幼保健院医务科主管药师
金延强　泰安市妇幼保健院中医科医师
周长来　泰安市精神病医院党委副书记、院长，副主任医师
刘　峰　泰安市精神病医院医务部主任，主治医师
张光明　泰安市肿瘤防治院党委委员、副院长，主任医师
姜　涛　泰安市口腔医院修复科主治医师
范风涛　泰安市红十字会中心血站业务科主任，主管技师
王庆松　山东省煤炭泰山疗养院普外科副主任，主治医师
吴　煜（女）　山东省煤炭泰山疗养院疗养科护士长，主管护师
李文勤　山东省泰安荣军医院医务科科长，副主任医师
王在亮　泰安市优抚医院党总支委员、三病

区主任，主治医师
李海燕　山东海燕医用材料制造有限公司董事长，高级工程师
李中虎　泰安市岱岳区颐养服务中心院长
黄屹峰　尤洛卡精准信息工程股份有限公司副董事长，高级工程师
丁林虎　泰山保安服务有限公司副总经理

泰安市优秀共产党员

党兆强　泰山区泰前街道擂鼓石社区党委书记、居委会主任
谭春辉（女）　泰山区徐家楼街道社区卫生服务中心主任，医师
朱英文　岱岳区满庄镇党委书记，大汶口工业园党工委书记、管委会主任
刘树群　泰安市第一人民医院党委委员、副院长，主任医师
王　晓　新泰市看守所党支部书记、所长，二级警长
祁银祥　新泰市疾病预防控制中心传染病防制科主任，主任医师
吴修才　新泰市中医医院副院长，主任医师
吴瑞华　肥城市卫生健康局（市中医药管理局）党组副书记、局长
杜振华　肥城市疾病预防控制中心主任，副主任医师
马艳丽（女）　肥城市人民医院医院感染管理办公室主任，主管护师
马祥波　宁阳县伏山镇党委书记
王凤霞（女）　宁阳县第一人民医院党委委员、副院长，主任医师
贾圣华　东平县综合行政执法局党组副书记、综合行政执法大队大队长
杨传水　东平县疾病预防控制中心党总支委员、副主任，主任医师
王　慧（女）　泰安高新区社会事务服务中心卫生健康办公室副科级干部
赵平江　泰山景区下港镇下港管区党总支书记，茅茨舍村党支部书记
夏希旺　徂汶景区滨河片区管理服务中心党委副书记、纪委书记
张　帅　泰安市委组织部研究室副主任
崔延庆　泰安市教育局办公室科员，一级教师
许学军　泰安市公安局交通警察支队财务科副科长，二级警长
田　野　泰安市应急管理局办公室主任
魏希文（女）　泰安市疾病预防控制中心卫生检测检验科副主任，副主任技师
丁林虎　泰山保安服务有限公司副总经理

新时代泰山“挑山工”标兵

冯德庆　泰安市财政资产管理中心副主任、党总支委员，市直选派新泰市翟镇兴隆屯村党支部书记
李　勇　泰安市文化市场综合执法支队科员
郭启锋　泰安市交通运输局二级调研员
刘　巍　泰安市水利移民管理中心副主任
赵乐祥　泰安市中心医院分院副院长
杜衍文　泰安市委宣传部四级调研员
张书祥　泰安旅游经济开发区党工委委员、管委会副主任
马　鑫（女）　泰安市房产管理服务中心机关党委专职副书记
胡成钢　华能泰山电力公司党委书记、董事长
杜国磊　泰安市特殊教育中心教师
孔令让　山东农业大学农学院院长、教授
于永祥　泰山区上高街道小井村书记、主任
赵传星　岱岳区山口镇党委书记，区现代装备制造产业园党工委书记
王　强　新泰市住房和城乡建设局党组成员、市园林绿化中心主任
闫　芳（女）　肥城市新城街道同圆社区党总支书记
吴延春　宁阳县东疏镇胡茂村书记、主任
王兴宝　东平县梯门镇东瓦庄村书记、主任
钟　伟　泰安泰山控股有限公司书记、董事长
姜卓兵　泰山景区消防队党支部书记、队长
徐　进　徂汶景区自然资源和规划部副部长

新时代泰山“挑山工”先进个人

李　勇　泰安市文化市场综合执法支队科员
刘　鹏　泰安市社会信用信息中心科员
冯　利　泰安市城市管理局党组成员、副局长
郭启锋　泰安市交通运输局二级调研员
冯德庆　泰安市财政资产管理中心副主任、

	党总支委员，市直选派新泰市翟镇兴隆屯村党支部书记
刘　巍	泰安市水利移民管理中心副主任
赵乐祥	泰安市中心医院分院副院长
杜荣存	泰安市委政法委政治部二级主任科员
程敬芹（女）	泰安市妇幼保健院儿科护士长
周　莹（女）	泰安市审计局社保科科长
杜衍文	泰安市委宣传部四级调研员
刘倩君（女）	泰山护理职业学院培训部副科长
侯庆鹏	泰安市纪委监委第五监督检查室主任
刘　辉	泰安市委办公室法规室主任
孔　妍（女）	泰安市人大常委会法制工作委员会法规科科长
宁爱民	泰安市政协机关党委专职副书记
李　竞	泰安市委党员教育中心教育培训科科长、一级主任科员
张　欣（女）	泰安市委统战部办公室（政策法规科）主任（科长）
范克传	泰安市机构编制实名制管理中心主任
张书祥	泰安旅游经济开发区党工委委员、管委会副主任
赵　刚	泰安市委政研室（改革办）经济研究科科长
马　鑫（女）	泰安市房产管理服务中心机关党委专职副书记
胡成钢	华能泰山电力有限公司党委书记、董事长
文学松	泰安金控集团党委副书记、总经理
侯世民	泰山区财源街道党工委书记
赵传星	岱岳区山口镇党委书记，区现代装备制造产业园党工委书记
张　新	新泰市小协镇党委书记
高　飞	新泰市放城镇党委书记、四级调研员
李宝军	肥城市石横镇党委书记（副县级）
韩　宁	肥城市仪阳街道党工委书记
马祥波	宁阳县伏山镇党委书记
郑兴利	东平县旧县乡党委书记
公维刚	泰安高新区房村镇党委书记
郭吉永	徂汶景区党工委委员，天宝镇党委书记
姜诗谦	泰安市中医二院副院长、党委委员、重症医学科主任
房恒青（女）	泰山区人民医院内科护士长
曹　将	泰山区纪委监委案件审理室主任
于永祥	泰山区上高街道小井村书记、主任
吴曰胜	泰山区省庄镇安家庄村书记、主任
黄　平	徐家楼街道大官庄村书记、主任
王仲建	泰山区邱家店镇北王庄村书记、主任
张士斌	泰山区岱庙街道东湖社区居委会委员、团支部书记
谭松军	岱岳区疾病预防控制中心副主任
王淑臣	岱岳区角峪镇扶贫办主任
杨兴利	岱岳区满庄镇中淳于村书记、主任
王培勇	岱岳区道朗镇北张村书记、主任
谢　龙（民盟）	泰安英雄山中学教师
施陈博	明佳科技公司总经理、总工程师
姜　英（女）	华润泰安医药有限公司总经理
张　鑫	山东长鑫物流集团有限公司董事长
张保举	新泰市青云街道新甫社区党委书记、居委会主任
靳庆芳（女）	新泰市宫里镇贺二村计生专职主任
王　强	新泰市园林绿化中心书记、主任
刘龙涛（回族）	新泰市公安局翟镇派出所四级警长
颜　慧（女）	新泰市第二人民医院呼吸内科副主任
卢　伟	山东润德生物科技有限公司董事长
王举东	新泰市贵和职业培训学校党支部书记
安　勇	新泰市汶南镇党委委员、人武部部长
闫　芳（女）	肥城市新城街道同圆社区党总支书记
马　勇	肥城市委宣传部副部长（副主任），市爱卫办主任
邓凡岭	肥城市城市社区建设促进中心党委副书记、主任
雷印智	山东益通安装公司党委书记、董事长
马学文	山东农大肥业科技有限公司党支部书记、董事长
王　征	山东征途信息科技股份有限公司董事长、总经理
岳荣玉	肥城市安驾庄镇岳庄村书记、主任
王英良	肥城市桃园镇屯头村书记、主任
吴延春	宁阳县东疏镇胡茂村书记、主任
乔贤华	宁阳县华丰镇良父社区党总支书记、南良父村书记、主任
潘教强	宁阳县公安局乡饮派出所所长
张　波	宁阳县第二人民医院党委委员、

重症医学科主任
李凤山　宁阳县教育和体育局党组成员
张宝清　宁阳康宁房地产开发有限公司党支部书记、总经理
刘　振　宁阳县人民法院民事审判一庭庭长
赵传昌　泰安晟泰汽车零部件有限公司总经理
王建军　东平经济开发区管委会主任
彭广会　东平县人民医院重症医学科主任
王庆峰　东平县交通运输局政工科科长
赵大林（女）　东平县行政审批局市场准入科科长
白　兵　东平县矿产业发展中心办公室主任
耿进平　东平县银山镇耿山口村党支部书记
王兴宝　东平县梯门镇东瓦庄村书记、主任
王修常　东平中联水泥有限公司财务负责人
孔　波（民盟）山东蓬勃生物科技有限公司总经理
李松和　山东众志电子有限公司董事长
钟　伟　泰山控股有限公司书记、董事长
刘洪宾　泰安市公安局高新区分局良庄派出所副所长
姜卓兵　泰山景区消防队党支部书记、队长
徐　力　泰山景区樱桃园管理区党支部副书记、副区长
夏文霞（女）　泰山景区竹林寺管理区林业科副科长
孔庆吉　泰山旅游客运有限责任公司总经理
宋其涛　泰山景区客运有限公司党总支书记、董事长、总经理
徐　进　徂汶景区自然资源和规划部副部长
杜国磊　泰安市特殊教育中心教师
赵兴旺　泰山中学团委副书记
李洪国　新矿集团协庄煤矿党委委员、矿长
史　青　肥矿集团单县能源公司总工程师助理、技术科科长
孔令让　山东农业大学农学院院长、教授
王　辉　山东科技大学资源学院学术副院长、教授
李　芳（女）　泰山学院教师教育学院副院长、教授
陈　龙　山能重装集团新汶分公司运输装备事业部智能焊接生产流水线班组长

泰安市脱贫攻坚工作先进个人

李永荣（女）　泰山区扶贫办主任
陈天祥　泰山区委党员教育中心副主任
李伟伟　泰山区纪委、监委科员
张永智　泰前街道党工委副书记、办事处主任
石法祯（女）　泰山区邱家店镇党委委员、宣传委员
梁国栋　泰山区扶贫办副主任
金　文（回族）岱岳区扶贫办综合协调组组长
王　坤　岱岳区教体局学生资助管理中心主任
苏　刚　岱岳区角峪镇二级主任科员
刘加亮　岱岳区马庄镇党委副书记
徐　文（女）　大汶口镇社会事务办公室副主任
王士强　岱岳区马庄镇扶贫办主任
杨俊峰（回族）岱岳区满庄镇扶贫办副主任
赵广太　岱岳区范镇扶贫办主任
庞继凯　岱岳区扶贫办副主任
侯诗荣（女）　新泰市委组织部副部长，市人力资源和社会保障局党组书记、局长
李作保　新泰市审计局党组书记、局长
王怀起　新泰市政府办公室副主任
张玉婷（女）　新泰市扶贫办社会扶贫组科员
赵　灿　新泰市医疗保险事业中心科员
杨　敏　新泰市乡镇财政管理服务中心副主任
高　飞　新泰市放城镇党委书记
李希刚　新泰市羊流镇党委书记
张永珍（女）　新泰市宫里镇党委副书记、镇长
李慎道　新泰市岳家庄乡党委副书记
李　波　新泰市民政局党组成员、副局长
安连久　新泰市刘杜镇党委委员、副镇长、武装部部长、扶贫办专职副主任
吴修波　新泰市楼德镇副镇长
王庆明　肥城市扶贫办副主任
张　芹（女）　肥城市扶贫办社会扶贫组组长
贺晓华（女）　肥城市扶贫办社会扶贫组副组长
张德奇　肥城高新区党工委书记、管委会主任
肖海霞（女）　肥城市孙伯镇党委书记
姬建芳（女）　肥城市汶阳镇党委副书记、镇长
李　敏（女）　肥城市潮泉镇党委副书记
梁永东　肥城市桃园镇人大主席
贾延青（女）　肥城市边院镇党委委员、组织委员
梁慧敏（女）　肥城市新城街道办事处科员
贾桂瑶（女）　肥城市湖屯镇扶贫办副主任
吴继士　宁阳县委组织部副部长，县人社局党组书记、局长、四级调研员
徐瑞萍（女）　宁阳县残联党组书记、理事长

卢慧书（女） 宁阳县卫生健康局党组副书记、局长
朱莉晶（女） 宁阳县农业农村局副科长
张学君 宁阳县扶贫办党组副书记
王　琪 宁阳县扶贫办综合协调科科长
赵　峰 宁阳县扶贫办项目管理科科长
郭怀锋 宁阳县乡饮乡党委书记
马祥波 宁阳县伏山镇党委书记
陈　勇 宁阳县堽城镇党委委员、副镇长
杜　军 东平县委组织部分管日常工作的副部长
王洪波 东平县供销社副书记、理事会主任
吴绪科 东平县扶贫办副主任
薛　萍（女） 东平县扶贫办副主任
李　莉（女） 东平县卫生健康局二级主任科员
刘成金 东平县税务局银山税务分局局长
王　凯 东平县水利局党组成员、副局长
张格柱 东平县大羊镇党委书记
展黎明（回族） 东平县州城街道党工委副书记
唐先辉 东平县接山镇党委副书记
李　旭 东平县戴庙镇工作人员
孟　芮（女） 东平县商老庄乡工作人员
杨　锋 泰安高新区社会事务服务中心农业农村工作办公室主任、扶贫办主任
彭　彬 泰安高新区房村镇党委副书记、镇长
高　磊 良庄镇副镇长、扶贫办主任
张　俊（女） 泰山景区扶贫办工作人员
李德胜 泰山景区黄前镇党委书记
边立峰 泰山景区下港镇党委副书记、镇长
王兴田 徂汶景区化马湾乡党委委员、宣传委员、武装部部长
周　良 徂汶景区天宝镇扶贫办副主任
刘庆升 徂汶景区徂徕镇卫生院院长
李宝奎 泰安市委组织部组织三科科长
鹿　露（女） 市委市直机关工委群众工作部部长
宋岱东 团市委青年发展和社会联络部部长
于春萌（女） 泰安市妇联发展部部长
杨启航 泰安市工商联党组成员、副主席
高　静（女） 泰安市残联教育就业部主任
霍　路 泰安市供销社合作指导科科长
张钦利 泰安市教育局学生资助管理中心主任
侯文萃（女） 泰安市科技局政策法规与创新体系建设科副科长
阴军伟 市发展改革委农村经济科科长
刘　明（女） 市工业和信息化局工业互联网科科长
陈丽娜（女） 泰安市民政局社会救助科科长
刘振乾 泰安市财政局党组成员、机关党委书记，市财政金融运行评价中心党支部书记
崔绍文 泰安市劳动保障监察大队副大队长
国殿海 市自然资源和规划执法支队主任科员
吕　华 泰安市生态环境局东平分局环境监察大队副大队长
袁　宁 市住房城乡建设局村镇建设科科长
刘秀秀（女） 市农业农村局计划财务科副科长
杨其伦 市商务局规划统计科科长
冯慧磊（女） 泰安市口腔医院医保科主任
司红新 泰安市国资委办公室副主任
王国超 泰安市体育局办公室科员
王　强 泰安市医保局科长
殷红燕（女） 泰安市林业科技推广服务站站长
梁孝东 人行泰安支行货币信贷管理科科员
李　晖 泰安市扶贫办综合协调组组长
姬建军 泰安市扶贫办综合协调组原副组长
张　涛 泰安市扶贫办规划财务组副组长
徐　磊 泰安市扶贫办督查统计组副组长
康凤楠 泰安市扶贫办综合协调组副组长

泰安市劳动模范

王传增 山东宏发重型机械公司车间主任
王鲁生 泰安金融控股集团党委书记、董事长
白亚琴（女） 泰安居然之家公司办公室主任
朱久永 盛华置业投资有限公司科员
安宝峰 嘉和重工机械有限公司总经理
孙其才 山东巨鼎餐饮有限公司职工
吴曰胜 泰山区省庄镇安家庄村书记、主任
陈　峰 山东一清环保设备有限公司副经理
赵庆功 泰山农村商业银行有限公司董事长
段全虎 华伟集团泰安巨菱钻探公司副总经理
徐志勇 岱银集团精纺车间电气主管
徐　峰 上高街道魏家庄村书记、主任
丁欣瑞 岱岳区角峪镇岳家庄村书记、主任
王在延 山东合信项目管理有限公司副总经理
王兆祥 泰山茶溪谷农业发展公司总经理
王铁锋 山东泰山保安服务有限公司总经理

王　磊　益海嘉里（泰安）油脂公司安全员
刘宏伟　山东省联合农药工业有限公司副总经理、工会主席
孙桂彬　泰安汉威集团有限公司董事长
苏晓川　泰安中联水泥公司骨料经营部副部长
李东强　岱岳区祝阳镇东强家庭农场经理
李志振　泰山石膏有限公司战略营销部副经理
张萍萍（女）　泰汶盐化工公司对外合作办公室科员
法文静（女）　泰安金兰奶牛养殖有限公司总经理
徐宗海　祝阳镇徐家汶村书记、主任
曹　惠（女）　泰山玻纤党委委员、总会计师
薛丽娜（女）　泰安市岳洋农作物专业合作社经理
王成喜　山东鲁房置业有限公司总经理
牛玉叶（女）　山东玉叶制衣有限公司服装设计师
刘方军　新泰市掌平洼杏梅专业合作社理事长
刘光洲　新泰市宏成畜禽养殖专业合作社理事长
刘修花（女）　新泰市城市管理服务中心职工
刘　豪　山东中玻节能环保发展有限公司技术副总经理
刘　霞（女）　新泰市放城镇刘霞家庭农场理事长
李心娟（女）　山东众客食品有限公司财务总监
李瑞英（女）　科赛尔化学科技有限公司科长
吴爱杰　山东新泰惠美农牧发展公司总经理
张淑同　新汶街道东良社区书记、主任
孟兆亮　新泰孟氏医院药品研发部主任
袁训军　山东新巨丰科技包装股份公司董事长
贾政起　国网新泰市供电公司总经理、副书记
董凤兰（女）　新泰中联泰丰水泥副总经理、工会主席
王秉勇　肥城市城市建设投资副总经理
邓来平　山东泰西水泥有限公司董事长
石香军　金塔机械集团有限公司车间副主任
史绪强　泰山轮胎有限公司三车间巨胎组长
冉雪峰　肥城新华印刷有限公司胶印车间机长
孙光雷　鲁泰建材科技集团有限公司职工
李庆果　肥城东升纸业董事长、总经理
李　勇　肥城市安临站镇站北头村书记、主任
杨吉军　肥城市老城街道河东书记、主任
汪西军　肥城市康农农业开发公司总经理
侯培广　肥城市汶阳镇西徐村书记、主任
耿　娜（女）　泰鹏集团有限公司技术研发部副部长
贾永强　肥城馨逸园农业专业合作社副理事长
韩先祥　鲁岳化工集团有限公司生产部部长
穆西广　山东中农嘉吉环保科技有限公司班长
王长义　宁阳县金鹤山粮食专业合作社理事长
王新广　宁阳县堽城镇保安村书记、主任
田　彪　金阳矿业集团金阳煤矿机电处处长
司传煜　山东恒信高科能源有限公司总经理
刘万林　山东万林科技发展有限公司董事长
许兴海　宁阳县八仙桥街道办事处青川围子村党支部书记、村民委员会主任
杜晓燕（女）　国网宁阳县供电公司班长
李西东　华阳农药纪委书记、工会主席
吴延春　宁阳县东疏镇胡茂村书记、主任
张　磊　晋煤明升达化工党委书记、董事长
陈业奎　山东金彩山酒业有限公司党委副书记、纪委书记、工会主席
单胥东　泰安友邦现代农业公司副总经理
赵旺青　华宁矿业集团有限公司技术处处长
袁德民　圣奥化工有限公司质量管理部科长
夏婷婷（女）　塔高矿业机械装备制造有限公司部长
王兴宝　东平县梯门镇东瓦庄村书记、主任
王修常　东平中联水泥党委委员、会计师
付兆刚　新东岳集团设备动力部工程师
刘广格　东平县彭集街道后亭村党支部书记
孙凤英（女）　中国邮政集团东平县分公司投递员
李艳艳（女）　东顺集团公司东顺超市中心店店长
杨周伟　东平县水利建筑安装公司总工程师
宋朝元　东平县老湖镇前埠子村书记、主任
周脉华　东平县新湖镇侯河村党支部书记
赵　峰　农行东平县支行党委书记、行长
胡正峰　山东润声印务有限公司印刷车间主任
侯　刚　瑞星集团股份有限公司车间副主任
梁吉强　东平县州城街道大梁庄村书记、主任
彭倩倩（女）　山东儒原实业有限公司董事长
刘　博　泰开高压开关有限公司书记、董事长
闫　磊　国家能源泰安热电设备班班长
李海军　蒙牛乳业泰安有限责任公司供应主管
陈书来　泰山恒信有限公司董事长
赵　森　泰安爱上三棵树家庭农场经理
郝　群　泰山集团股份客服中心副主任
刘均强　泰山景区客运有限公司车队班长
吴殿亮　泰山区大津口乡牛山口村书记、主任
倪庆军　泰安市栗欣源工贸有限公司车间主任

牛峰生　泰安市徂汶投资有限公司综合部经理
朱树刚　大汶河综合开发公司董事长兼总经理
孙丰军　泰安市岱岳区徂徕镇南上庄村书记
杨保国　焦桐园林市政工程有限公司总经理
王业平　新矿集团生产服务分公司经理
王　伟　新矿集团泰兴物业公司董事长、经理
王忠刚　新矿集团董事会秘书、办公室主任
姚玉涛　良庄矿业有限公司经营管理部部长
袁文生　内蒙古福城矿业有限公司技术部主任
高　坤　新矿集团翟镇煤矿技术研究中心主任
谢成军　新矿集团（伊犁）能源开发公司区长
李国臣　肥城曹庄煤矿党委副书记、工会主席
郭长林　肥城矿业集团单县洗煤厂书记
桑根洪　肥城白庄煤矿有限公司调度中心主任
王立忠　泰安烟草有限公司副总经理
王　波　泰山酒业集团股份有限公司工会主席
王　健　兴润建设集团有限公司工会主席
亓　健　联通泰安市分公司党委书记、总经理
艾广建　泰安至诚公路监理公司书记、经理
许　欣（女）　鲁商（山东）教育科技公司总经理
杜晋生　山东省农村信用社联合社泰安审计中心党委委员、副主任
李兆遂　中国铁塔泰安市分公司书记、总经理
李洪飞　军辉建设集团有限公司证件科科长
肖仁军　泰山抽水蓄能电站运维检修部主任
时　平　新华书店泰安分公司书记、总经理
汪　炎　东岳金财投资公司书记、董事长
沈文婷（女）　泰安银行宁阳葛石支行综合柜员
宋其燕（女）　泰安市公共交通公司驾驶员
张述鑫　工商银行泰安分行业务部总经理
陈　力　石横热电有限公司生产技术部主任
陈长清　交运集团宁阳交通石化加油站站长
邵　霞（女）　泰山酒业有限公司包装车间主任
周　菁（女）　泰山城区热力公司副经理
单保华　泰山燃气集团党委书记、董事长
赵洪岫（女）　光大银行泰安分行副行长
赵　磊　中国邮政集团泰安分公司副总经理
段　强　泰安煤机公司党委副书记、工会主席
倪西忠　东岳山庄有限公司书记、总经理
徐松苗　中铁（泰安）环境公司书记、总经理
郭桂林　泰山蓝天律师事务所主任、书记
韩天震　中国移动泰安分公司班长
韩　军　国网泰安供电公司景区供电所所长
薛　涛　中国银行泰安分行党委书记、行长
魏振超　泰山中联水泥公司党委书记、总经理

泰安市先进工作者

冯　立　泰山区财政局党组书记、局长
孙启勇　泰山白马石社区管理服务中心主任
周升举　泰山区人民医院党支部副书记、院长
赵　华　徐家楼街道办事处宅子小学教师
刘　峰　岱岳区粥店街道党工委书记
孙万胜　岱岳区委宣传部分管日常工作的副部长
邹　晓　市第一人民医院肿瘤血液内科主任
韩立元　岱岳区职业教育中心副书记、副主任
朱培绪　新泰市疾病预防控制中心书记、主任
刘汉卫　新泰市青云湖公园管理所所长
刘善平　新泰市人民医院医学影像科主任
余钦国　新泰市国有太平山林场办公室主任
沈桂强　新泰市税务局党委书记、局长
马　勇　肥城市委宣传部副部长
张　欣　肥城市龙山中学校长、党委书记
梁　栋　肥城市公安局禁毒大队指导员
雷复华　肥城市人民医院病理科主任
王　睿（女）　宁阳县妇幼保健院门诊手术室护士长
苏　康　宁阳县人民检察院第一检察部副主任、一级检察官
杨德宝　宁阳县司法局伏山司法所所长
陈慧慧（女）　宁阳县第二中学教师
王凤茂　东平县移民服务中心人秘科科长
刘富刚　东平县人民医院消化内科、呼吸内科、内镜中心主任
陈士民　东平高级中学教师
侯绪东　东平县扶贫办政策研究组组长
李　强　泰安高新区消防救援大队大队长
赵延湘　新矿集团副总工程师
王军海　泰安市肿瘤防治院党委书记
王荣涛　市委市直机关工委群众工作部职工
王　燕（女）　泰安市财政局党组成员、副局长
邓凡亮　市委编办综合科科长
卢宏亮　泰安一中教师
叶忠生　市人社局调研信息科科长
田　华　市重点建设项目办公室主任

朱培新	市工业和信息化局科长
乔　强	市政府办公室信息舆情室主任
刘金英（女）	泰安市卫生健康监督执法局副局长
许　峰	市人防办指挥信息保障中心主任
李　芳（女）	泰山学院教师教育学院院长
李　波	市林业局野生动植物保护站站长
李钦文	泰安市中心医院妇产科中心主任
杨化军	人行泰安市中心支行党委书记、行长
杨越超	山东农业大学资源与环境学院教授
张　莹（女）	泰山职业技术学院教育与艺术系主任
张　峰	泰安市文化馆副书记、副馆长
张基瑞	泰安市委统战部研究室主任
张绪民	泰安市教育局职成教研室副主任
陈海燕（女）	泰山中学政教处主任、团委书记
周　林	红十字会中心血站党支部书记、站长
周树国	泰安市委办公室四级调研员
郑冬梅（女）	泰安市人民检察院第八检察部主任
孟庆曜	泰安市委宣传部新闻科科长
赵文和	泰安银保监分局党委书记、局长
钱兆国	市农业科学研究院小麦研究所所长
郭　刚	泰安市纪律检查委员会办公室副主任
戚　强	泰安市公安局治安警察支队副支队长、公共秩序治安管理大队大队长
盛　强	泰安市救助管理站党支部书记、站长
阎　鹏	市中级人民法院民一庭副庭长
解培志	泰安市税务局社会保险费和非税收入科科长
鞠云峰	市企业国有资产管理中心科长

泰安市创建全国文明城市先进个人

记二等功

侯世民	马云峰	张明强
房宝玉	黄　新	刘　峰
朱　涛	王　卫	吕桂平
冯　利	王诗新	金胜利
常福生	李永乾	朱晓东
戴　冰	王传民	李存峰
油俊峰	李广学	孔　祯
张　强	姚学理（女）	孙启龙
李恒刚	李年华	颜丙洪
袁庆敏	苑胜龙	朱　涛
刘温来	姜德明	亓顺民
朱　杰	侯衍奎	魏　武
张　勇	刘　鹏	李　盟
吕怀玉	刘晶红（女）	韩志强
陈来明	刘义存	王庆涛
范宝品	王瑞勇	张耀民
闫　梁	付　强	闫长春
续丽敏（女）	张同武	杜衍文
惠培法	李　明（女）	赵　越
雷建民	张海林	张　辉

记三等功

谢慧清	方增勇	赵永东
王建斌	张继亮	韩　冬
孙星宇	付正杰（女）	卢传贞
张　兵	张衍伟	张　强
赵成帅	高吉周	李晓磊
马　元	贾誉广	安志强
战科任	乔　鹏	夏庆军
裴志国	徐立勇	黄　涛
刘　涛	耿　超	高　磊
武永明	杨正伟	方　明
宋洪锦	孔凡洪	展延安
张　青（女）	刘灿玉	孙万胜
尚智广	李京丰	李　静（女）
张　欣	杨和瑞	韩炳奎
陶　勇	李　玉	曲敬海
王玉森	孙明珍（女）	李先峰
张　凯	张恒春	李　锋
李冬梅（女）	彭元刚	朱司学
王成彦	米　峰	姜艳华（女）
任志国	张百庆	王　义
张建梅（女）	王　磊	武海强
王艳艳（女）	高建明	贾晋英（女）
安增涛	景　婧（女）	李化友
鹿　锋	任　军	张淑常
王海峰	于　冬	杨永智
宋洪涛	袁宪领	侯传坤
韩　翀	吕建奎	刘　丽（女）
王照峰	申温泉	孟凡玲（女）
刘树国	窦　勇	张跃民
王家民	董彦和	杨其岭
刘志强	李永坤	刘　锦（女）

任海滢（女） 于海涛 张　杰
刘倩君（女） 类亚彤（女） 孙　岩（女）
杨化军

2020 年度泰安最美教师

林芳玉　泰安市文化产业中等专业学校
徐　艳　山东省泰安第六中学
刘桂华　泰安市泰山区直属机关幼儿园
马　勇　泰安市岱岳实验中学
徐海峰　泰安市岱岳区开元中学
李　娜　泰安市岱岳区岳峰小学
彭　娟　泰安市岱岳区满庄镇第二中学
陈　红　新泰市第一实验小学
薛红梅　新泰市新甫街道上庄小学
李海军　肥城市第一高级中学
杜冬梅　肥城市白云山学校
李芳青　宁阳县洸河学校
欧阳健　宁阳县第一小学
刘　敏　东平高级中学
姜　扩　东平县实验小学
常　芳　泰安高新技术产业开发区第一中学
李华泉　泰安市岱岳区下港中心小学
关　成　泰安市岱岳区北集坡街道办事处赵庄小学
王　敏　山东省泰安第一中学
程　军　山东省泰安师范学校附属学校

泰安市教书育人楷模

张秀娟　山东省泰安迎春学校
刘朋朋　泰安市第一实验学校
侯　刚　山东省泰安第三中学
王丽妹　泰安第二十二中学
李守军　山东省新泰市第一中学
张红娟　新泰市平阳小学
赵聚荣　新泰市刘杜镇中心学校
秦　艳　新泰市实验幼儿园
杨淑萍　肥城市第三高级中学
杨风玲　肥城市王庄镇演马小学
范振霞　肥城市海亮外国语学校
刘晓梅　宁阳县职业中等专业学校
史　岩　宁阳县福和希望小学
臧　健　东平县第一中学
任雪寒　东平街道中心幼儿园
杨　娜　泰安市岱岳区房村镇北滕村小学
陈伦玉　泰安市岱岳区下港镇晨光小学
周圣凯　新泰市天宝镇第二初级中学
孙淑英　泰安市实验学校
魏庆正　泰安望岳中学

泰安市人民满意的教师

赵文丽　山东省泰安第六中学
张继明　泰安泰山实验中学
于　蕊　泰安市第一实验学校
吴乃温　泰安市泰山区省庄镇中心小学
孙桂芝　泰安市岱岳区范镇中心小学
王宝成　泰安第二十中学
罗文芹　泰安市岱岳区道朗镇第一中学
李代宽　山东省泰安第十九中学
翟代明　泰安市岱岳区职业教育中心
牛慧玲　新泰市新汶实验学校
夏凡久　新泰市第一中学北校
张佳丽　新泰市福田学校
时志卿　新泰市龙池中学
杨富昌　新泰市新汶中学
王　会　山东省新泰市第一中学东校
王　进　新泰市宫里镇汶城联办小学
王元英　新泰市青云中学
徐迎新　羊流镇羊祜学校
丁衍君　山东省新泰市第一中学
朱凤龙　新泰中学
乔成兰　肥城市第一高级中学
尚海莹　肥城市第六高级中学
王海英　肥城市龙山中学仪阳校区
韩　英　肥城市实验中学
宋华丽　肥城市湖屯镇初级中学
尉　娥　肥城市实验小学
江　萍　肥城市潮泉镇中心小学
贾雪鹏　肥城市孙伯镇中心小学
陈　伟　肥城市教师进修学校
杨爱玉　宁阳县第三小学
张桂敏　宁阳县实验幼儿园
王海峰　宁阳县复圣中学
吴　娟　宁阳县洸河学校
刘宗梅　宁阳县鹤山镇中心小学
刘娟美　宁阳县第五中学

王锦章　宁阳县第二十四中学
王尚水　东平高级中学
陈　静　东平县东原实验学校
万新华　东平县佛山小学
靖艳华　东平县州城街道第一中学
袁　媛　东平县梯门镇中学
李士香　东平县沙河站镇中学
付冬梅　泰安市实验学校万境水岸小学
张　凤　泰安市岱岳区黄前镇黄前小学
王鹏鹏　新泰市羊城聚才学校
高　娜　泰山护理职业学院
王红梅　山东省泰安第二中学
武洪梅　泰山学院附属中学
袁　泉　泰安市体育运动学校
刘春宁　泰安市直机关幼儿园

泰安市人民满意的校长

姚宗岭　山东省泰安师范学校附属学校
周　军　山东省泰山中学
刘建国　山东省泰安第六中学
伏圣娟　泰安市岱岳区智源小学
赵建彬　新泰市楼德镇中心小学
吴玉明　新泰市金斗中学
雷　鹏　肥城市实验小学
臧传勇　肥城市桃都中学
桑景阳　宁阳县第二中学
张乐宽　东平县东原实验学校

先进单位名录（部分）

第十二届全国家庭工作先进集体

宁阳县妇联

第五届全国 119 消防先进集体

泰安市公安局泰山景区分局岱顶派出所

第七届全国先进基层检察院

宁阳县检察院

全国法院先进集体

东平县人民法院宿城人民法庭

全国公共法律服务工作先进集体

山东东岳司法鉴定中心

公安部记集体一等功

泰安市公安局网络安全保卫支队

第二届全国文明校园

泰安师范学校附属学校
泰山中学

第六届全国文明单位

泰安市消防救援支队
中共泰安市委组织部
泰安市人民政府办公室
泰安市泰山区财源街道办事处
泰安市岱岳区人民检察院

全国“敬老文明号”

泰前街道社区卫生服务中心
泰安市泰山区同济健康咨询有限公司
肥城市法律援助中心

全国“万企帮万村”精准扶贫行动组织工作先进集体

泰安市工商联

第二次全国污染源普查先进集体

泰安市统计局

中国·国际数字政务服务博览会 2020 年度政务服务改革创新奖

泰安市行政审批服务局

全国邮政行业先进集体

泰安市邮政管理局
泰安市速比通商贸有限公司

2019 年度山东省五四红旗团支部

肥城市行政审批服务局团支部

山东省五四红旗团组织

共青团宁阳县委

山东青年五四先进集体

国家税务总局泰安市岱岳区税务局办税服务厅团支部

第八届山东省少先队辅导员技能大赛优秀组织

共青团泰安市委

山东省三八红旗集体

泰安市行政审批服务局
泰安市城市管理指挥调度中心
泰安市泰山区岱庙街道丽景社区居民委员会
泰安市泰山区妇幼保健计划生育服务中心
国家税务总局泰安市岱岳区税务局第一税务分局（办税服务厅）
泰安市岱岳区岳峰小学
新泰市行政审批服务局
肥城市社会保险事业中心服务窗口
肥城市行政审批服务局
宁阳县审计局
泰安芝心堂医药连锁有限公司
东平县财政局
东平县婚姻登记处
泰安市泰山景区游览证办理中心
泰安市泰山管委竹林寺管理区普照寺文管所
泰安市徂汶景区天宝镇第一初级中学

山东省“乡村振兴巾帼示范基地”

山东乐惠生态农业发展有限公司
泰安恒昌农业科技发展有限公司
宁阳县圣地农庄农业休闲观光专业合作社
东平果蔬康农业科技开发有限公司

第四届山东省家庭服务业职业技能大赛优秀组织奖

泰安市妇联

第四届山东省家庭服务业职业技能大赛优秀团队奖

泰安农家女（泰安农家女家政服务有限公司代表队）

山东大姐巾帼家政示范企业（门店）

泰安农家女家政服务有限公司
肥城市桃都大姐家政服务中心

山东省公安厅记集体二等功

泰安市公安局警务督察支队
泰安公安局市看守所
泰安公安局特巡警支队
肥城市公安局
宁阳县公安局侦破“7·23”非法经营成品油案专案组
东平县局刑事侦查大队
新泰市局电动自行车集中登记挂牌领导小组办公室

山东省公安系统先进集体

宁阳县公安局刑警大队
肥城市公安局

武警泰安支队记三等功

执勤一大队执勤一中队二排六班（班长　陈林海）
执勤二大队执勤二中队一排二班（班长　孝　科）

山东省科技管理系统先进集体

泰安市科学技术局
肥城市科学技术局
泰安高新技术产业开发区科技创新部

2020 年省级学雷锋志愿服务先进典型

最佳志愿服务组织

国网新源泰山公司“烛光”青年志愿服务队
泰安市城市管理局党员志愿服务队
泰安市岱岳区新时代文明实践巾帼志愿服务队
国网宁阳县供电公司彩虹先锋志愿服务队
泰安市泰山景区客运有限公司志愿服务队

最佳志愿服务项目

泰安市住建局“拥抱星星的孩子”关爱自闭症儿童志愿服务项目
泰安市岱岳区新时代文明实践中心“红马甲、小马扎、会拉呱、传万家”志愿服务项目
肥城市新时代文明实践中心“家门口的社区图书馆”志愿服务项目
宁阳县第一人民医院健康 365 志愿者服务队“‘救’在身边急救宣讲”志愿服务项目

新泰市新泰好人公益志愿者协会“志智双扶”精准助学项目

最佳志愿服务社区

泰安市岱岳区粥店街道光彩社区
泰安市泰山区岱庙街道迎暄社区
新泰市翟镇金岭湖社区
泰安市泰山区财源街道西七里社区
肥城市新城街道孙庄社区
肥城市安临站镇刘家村社区

新增省级文明单位

泰安市交通运输综合执法支队
泰安市财政资产管理中心（泰安市政府与社会资本合作管理办公室）
泰安市徂徕山汶河风景名胜区管理委员会
泰安市退役军人事务局
泰安市文化艺术中心
泰安市农业机械发展中心
泰安市土地收购储备中心
泰安市人民警察培训中心
泰安泰山控股有限公司
泰安市医疗保险事业处
泰安市泰山区疾病预防控制中心
泰安市泰山区综合行政执法局
中共泰安市岱岳区委机构编制委员会办公室
泰安市岱岳区工业和信息化局
中共新泰市委统战部
新泰市审计局
肥城市工业和信息化局
肥城市综合行政执法局
中共宁阳县委统战部
宁阳县公安局
中共东平县委政法委员会
东平县公安局
泰安市泰山区应急管理局
泰安市扶贫开发领导小组办公室

新增省级文明社区

泰安市泰山区财源街道西七里社区
泰安市岱岳区粥店街道高铁社区
新泰市新汶街道东良社区
肥城市新城街道桃都社区
宁阳县八仙桥街道邢家庄社区
东平县东平街道佛山社区
泰安市泰山区财源街道更新社区

新增省级文明村镇

泰安市泰山区邱家店镇北王庄村
泰安市泰山区省庄镇安家庄村
泰安市泰山区徐家楼街道万家庄村
泰安市岱岳区范镇
泰安市岱岳区粥店街道大官庄村
泰安市岱岳区天平街道周家庄村
泰安市岱岳区大汶口镇山西街村
新泰市羊流镇魏家庄村
新泰市新汶街道大河村
新泰市西张庄镇西白沙村
肥城市石横镇东衡鱼中心村
肥城市新城西付村
肥城市王庄镇张庄村
肥城市安临站镇刘家村
宁阳县磁窑镇韩家庄村
宁阳县东疏镇耿庄村
东平县东平街道史楼村
东平县彭集街道马流泽村
泰安高新区北集坡街道洪沟店村
泰山景区大津口乡范家庄村
泰山景区下港镇大林村
泰安市徂汶景区徂徕镇向阳村
泰安市徂汶景区滨河片区东夏村
东平县戴庙镇

第六届全省未成年人思想道德建设工作先进县（市、区）

新泰市
肥城市

第五届全省未成年人思想道德建设工作先进单位

中共泰安市泰山区委宣传部
泰安市岱岳区岳峰小学
中共宁阳县委宣传部
山东省泰安第五中学
泰安市文化市场综合执法支队

山东省抗击新冠肺炎疫情先进集体

泰安市中心医院党委
泰安市看守所党总支
新泰市疾病预防控制中心党总支
肥城市安驾庄镇党委
宁阳县文庙街道党工委
泰安市徂汶景区徂徕中心卫生院党支部
泰安市岱岳区卫生健康局
新泰市委统筹疫情防控和经济运行工作领导小组（指挥部）办公室
肥城市疾病预防控制中心
宁阳县卫生健康局
泰安市公安局泰山景区分局岱顶派出所
泰安市立医院
泰安市委办公室
泰安市卫生健康委员会
泰安市公安局
泰安市应急管理局

山东省先进基层党组织

泰安市中心医院党委
泰安市看守所党总支
新泰市疾病预防控制中心党总支
肥城市安驾庄镇党委
宁阳县文庙街道党工委

全省事业单位脱贫攻坚专项奖励记大功集体

泰安市劳动就业办公室

山东省住房城乡建设系统先进集体

泰安市房产管理服务中心
泰安市公用事业服务中心
泰安市城市管理指挥调度中心
新泰市综合行政执法局
泰安市住房公积金中心服务管理科

山东省就业创业工作先进集体

泰安市国库集中支付管理办公室
国家税务总局泰安市泰山风景名胜区税务局
泰安市劳动就业办公室
泰安市岱岳区大汶口镇便民服务中心
新泰市新汶街道办事处
石横特钢集团有限公司

2020 年度山东省新能源产业创先争优劳动竞赛优化营商环境二等奖

泰安市能源局

2020 年度全省机构编制工作绩效管理评价“优秀”等次

中共泰安市委编办

山东省“攻坚克难奖”先进集体

肥城市石横镇党委
新泰市泉沟镇党委
泰安市发展和改革委员会

山东省“勇于创新奖”先进集体

泰安市人力资源和社会保障局
泰安市全国城市基层党建示范市建设工作推进小组办公室

山东省双拥模范城（县）

新泰市
肥城市

山东省爱国拥军模范单位

泰安旅游经济开发区
泰安市泰山区退役军人事务局
泰安市岱岳区粥店街道办事处

山东省人力资源社会保障系统先进集体

泰安市岱岳区人力资源和社会保障局
新泰市人力资源和社会保障局
肥城市人力资源和社会保障局
宁阳县人力资源社会保障行政执法大队

泰安市人民政府记集体二等功

泰安市消防支队

山东省拥政爱民模范单位

岱岳区人武部

山东省军区战备工作先进单位

泰安军分区

山东省军区人武部建设先进单位

岱岳区人武部
新泰市人武部

山东省军区干休所建设先进单位

山东省军区泰安第三离职干部休养所

山东省军区决战决胜脱贫攻坚先进单位

岱岳区人武部

山东省军区机关服务基层先进处

泰安军分区政治工作处

泰安军分区战备训练先进单位

岱岳区人武部
新泰市人武部

泰安军分区安全管理先进单位

泰山区人武部
肥城市人武部
山东省军区泰安第三离职干部休养所

泰安军分区征兵工作先进单位

肥城市人武部

泰安军分区深化民兵调整改革先进单位

新泰市人武部
肥城市人武部

泰安军分区新闻报道和信息服务先进单位

岱岳区人武部
宁阳县人武部
泰安军分区战备建设处

泰安军分区疫情防控先进单位

岱岳区人武部
肥城市人武部
山东省军区泰安第三离职干部休养所

泰安市征兵工作领导小组先进成员单位

泰安市公安局
泰安市卫生健康委员会
泰安市教育局

泰安市征兵工作驻泰安高等院校先进单位

山东服装职业学院
山东交通职业学院

泰安市抗击新冠肺炎疫情先进集体

泰山区财源街道党工委
泰山区省庄镇党委
泰山区邱家店镇党委
泰山区工业和信息化局
泰山区教育和体育局
泰山区市场监督管理局
岱岳区大汶口镇党委
岱岳区道朗镇康庄村党支部
泰安市第一人民医院党委
岱岳区政府办公室
岱岳区发展和改革局
山东省泰安英雄山中学
泰安市公安局岱岳分局高铁派出所
新泰市汶南镇党委
新泰市市场监督管理局机关党委
新泰市应急管理局机关党支部
新泰市青云街道党工委
新泰市委办公室
新泰市政府办公室
新泰市教育和体育局
新矿集团孙村煤矿
肥城市新城街道党工委
肥城市教育和体育局机关党委
肥城市仪阳街道党工委
肥城矿业中心医院
肥城市商务局
肥城市市场监督管理局
宁阳县文庙街道北关社区党委
宁阳县磁窑镇党委
宁阳县工业和信息化局
宁阳县应急管理局
宁阳县疾病预防控制中心
东平县沙河站镇党委
东平县交通运输行政执法大队党支部
东平县市场监督管理局城区所党支部

东平县卫生健康局
东平县住房和城乡建设局
瑞星集团股份有限公司
东顺集团股份有限公司
泰安高新区北集坡街道党工委
泰安高新区良庄镇政府
泰安高新区房村镇政府
泰山风景名胜区管理委员会消防队党支部
泰山景区街道管理中心泰前居民委员会
徂汶景区社会事务服务中心党委
泰安市文化旅游发展集团有限公司
泰安泰山城市发展物业服务有限公司
泰安市建设工程质量监督服务站党支部
国网山东省电力公司泰安供电公司党委
泰安市口腔医院党总支
泰安市公用事业服务中心党委
泰安市医疗保险事业处党支部
泰安市城市管理局
泰安市行政审批服务局
泰安市委组织部
泰安市委政策研究室
泰安市委网络安全和信息化委员会办公室
泰安市民政局
泰安市财政局
泰安市人力资源和社会保障局
泰安市农业农村局
泰安市政府研究室
泰安市人大常委会机关
泰安市政协机关
泰安市文化和旅游局
泰安市地方金融监督管理局
泰山索道运营中心
泰安市信访局
国家税务总局泰安市税务局
泰安市畜牧兽医事业服务中心
泰安市 120 指挥调度中心
泰安市红十字会中心血站
山东省泰山疗养院
山东省煤炭泰山疗养院
山东第一医科大学第二附属医院
泰安金豪高分子材料有限公司
泰安泰山慈恩老年颐养中心
石横特钢集团有限公司党委
山东省泰安师范学校附属学校党委

泰安市先进基层党组织

泰山区财源街道党工委
泰山区省庄镇党委
岱岳区大汶口镇党委
岱岳区道朗镇康庄村党支部
新泰市汶南镇党委
新泰市市场监督管理局机关党委
新泰市应急管理局机关党支部
肥城市新城街道党工委
肥城市教育和体育局机关党委
肥城市仪阳街道党工委
宁阳县文庙街道北关社区党委
宁阳县磁窑镇党委
东平县沙河站镇党委
东平县交通运输行政执法大队党支部
泰安高新区北集坡街道党工委
泰山风景名胜区管理委员会消防队党支部
徂汶景区社会事务服务中心党委
泰安市建设工程质量监督服务站党支部
国网山东省电力公司泰安供电公司党委
泰安市口腔医院党总支
泰安市公用事业服务中心党委
石横特钢集团有限公司党委
山东省泰安师范学校附属学校党委

新时代泰山“挑山工”特别奖

泰安市援鄂医疗队
康平纳集团创建国家先进印染技术创新中心工作专班
擂鼓石大街中段建设工程指挥部

新时代泰山“挑山工”10 面红旗

泰安市中心医院党委
泰城排水管网雨污分流改造工程指挥部
岱庙广场建设工程指挥部
军地土地置换交接工作专班
“打造全国松材线虫病治理标杆”工作专班
岱岳区角峪镇先锋村“贾庆臣”疫情防控突击队
滨湖新区青云山青云湖建设工作专班
泰安特种建筑用钢产业集群项目推进专班

宁阳县化工产业转型升级工作指挥部
东平湖生态环境综合整治指挥部

新时代泰山“挑山工”先进集体

泰安市发展和改革委员会党组
泰安市文化旅游发展集团有限公司
泰安市农业农村局党组
泰安市人力资源和社会保障局党组
泰山区域山水林田湖草生态保护修复工程农村项目指挥部办公室
泰安市委疫情处置工作领导小组（指挥部）办公室综合协调组
泰安市卫生健康委员会党组
泰安市公安局党委
泰安市 3·1 专班（入境人员疫情防控工作组）
泰安市 2·5 专班（市中医医院疫情防控工作组）
肥城市公安局党委
泰安市市场监管局党组
泰安市教育局党组
国家统计局泰安调查队
泰安市应急管理局党委
泰安市工业和信息化局党组
国家税务总局泰安市税务局党委
泰安市地方金融监督管理局党组
泰安市退役军人事务局党组
泰安市住房和城乡建设局机关党委
泰安市“泰好办”政务服务突击队
泰安市科学技术局党组
泰安市政务服务热线管理中心
泰安市财政投资评审中心
泰安市国资委党委
泰安市国泰民安投资集团公司党委
泰安银行党委
山东泰山抽水蓄能电站有限公司党委
泰山区上高街道党工委
岱岳区大汶口镇党委
新泰市泉沟镇党委
新泰市龙廷镇党委
肥城市新城街道党工委
肥城市潮泉镇党委
宁阳县八仙桥街道党工委
宁阳县磁窑镇党委
东平县彭集街道党工委
徂汶景区徂徕镇党委
泰山区疾病预防控制中心党支部
泰山区泰前街道嘉德社区党总支
泰山区北上高大街建设项目工程指挥部
泰山区财源街道三联社区党总支
泰安市第一实验学校党委
泰山区农业农村局机关党委
泰山区邱家店镇刘家疃村党支部
泰安第一人民医院党委
岱岳区行政审批服务局市场准入服务区党支部
岱岳区综合行政执法大队第一党支部
泰安中联水泥有限公司党委
岱岳区大汶口镇南西遥村党支部
岱岳区范镇郑寨子村党支部
岱岳区粥店街道堰北社区党支部
新泰市委新冠肺炎疫情处置工作指挥部
新泰市发展和改革局党组
新泰市卫生健康局党组
新泰市住房和城乡建设局党组
新泰市青云街道东关社区党委
新泰市新汶街道中洛沟村党支部
新泰市西张庄镇小白沙村党支部
肥城市新城街道沙窝社区党总支
肥城市疾病预防控制中心党总支
肥城市信访局机关党支部
山东鲁泰建材科技集团有限公司党委
山东泰鹏集团有限公司党委
智慧能源物联网技术创新团队
肥城市边院镇东向西村党支部
宁阳县堽城镇保安村党支部
宁阳县葛石镇夏庄村党支部
国网宁阳县供电公司党委
宁阳县文庙街道文成园社区党委
海斯摩尔《壳聚糖纤维生物科技新材料》科研团队
宁阳县老干部活动中心机关党总支
东平县沙河站中心卫生院党支部
东平县东平街道护驾村社区党支部
东平县大羊镇前魏雪村党支部
东平县疫情防控指挥部临时党支部
国网东平县供电公司党委
新东岳集团党委

东平县司法局基层法律工作者协会党支部
山东泰邦生物制品有限公司党委
泰安高新区北集坡街道龙泉社区党支部
国家税务总局泰安高新技术产业开发区税务局党委
泰安泰山科技有限公司
泰山景区红门广场项目指挥部
泰山景区黄前镇大地村党支部
徂徕山林场党委
徂汶景区天宝镇前寺村党支部
泰安市徂汶投资有限公司党支部
泰安一中新校区第二党支部
泰山学院附属中学第五党支部
泰安师范附属学校第五党支部
新矿集团洗煤分公司党委
新矿集团翟镇煤矿综掘一区“红领尖兵”创客团队
肥矿集团曹庄煤矿采煤工区党支部
肥矿集团单县能源公司采煤二区党支部
山东农业大学资源与环境学院土壤肥料与植物营养系党支部
山东科技大学智能装备学院网络空间安全创新团队党支部
泰山学院旅游学院旅游业投资风险与管理创新团队
山东塔高矿业机械装备制造有限公司智能焊接专业公司党支部
山能重装集团新汶分公司再制造事业部

泰安市脱贫攻坚工作先进集体

泰山区上高街道办事处
泰山区徐家楼街道办事处
泰山区省庄镇政府
岱岳区扶贫开发领导小组办公室
岱岳区卫生健康局
岱岳区祝阳镇政府
新泰市教育和体育局
新泰市卫生健康局
新泰市龙廷镇政府
新泰市泉沟镇政府
新泰市西张庄镇党委
肥城市财政局
肥城市民政局
肥城市安驾庄镇党委
肥城市安临站镇党委
肥城市老城街道党工委
宁阳县教育和体育局
宁阳县民政局
宁阳县磁窑镇党委
宁阳县伏山镇党委
宁阳县鹤山镇党委
东平县发展和改革局
东平县民政局
东平县旧县乡党委
国网东平县供电公司
泰安雪龙制衣有限公司
泰安高新区社会事务服务中心
泰山景区下港镇党委
徂汶景区社会事务服务中心
泰安市委组织部
泰安市委统战部
泰安市残疾人联合会
泰安市发展和改革委员会
泰安市教育局
泰安市民政局
泰安市财政局
泰安市人力资源和社会保障局
泰安市住房和城乡建设局
泰安市交通运输局
泰安市水利局
泰安市农业农村局
泰安市卫生健康委员会
泰安市审计局
泰安市医疗保障局
泰安市委宣传部新闻科
泰安市文化和旅游局资源开发科
国网泰安供电公司
泰安同仁眼科医院
中华联合财产保险股份有限公司泰安中心支公司
山东乐惠生态农业发展有限公司

泰安市创建全国文明城市突出贡献单位

泰山区委区政府
岱岳区委区政府
泰安高新区党工委管委会
泰山风景名胜区党工委管委会
泰安旅游经济开发区党工委管委会

市城市管理局
市市场监督管理局
市公安局
市公安局交通警察支队
市教育局
市交通运输局
国家统计局泰安调查队
市委办公室
市人大常委会机关
市政府办公室
市政协机关
市纪委监委机关
市委组织部
市委宣传部（市文明办）
市委统战部
市委政法委
市财政局
泰安军分区机关

泰安市创建全国文明城市先进单位

市城市管理指挥调度中心、市城市管理行政执法支队、市环境卫生管理处、市园林绿化处、市城市广场管理处、市城市排水管理处、市城市管理局建筑渣土和工地管理服务中心、市城市管理服务中心、市城市路灯照明管理所、市城市道路桥梁管理所、市城市排水管网管理所、市政工程建设中心、市交通运输局道路运输中心、市公共交通有限公司、山东泰安交通运输集团有限公司、市市场监督管理综合执法支队、市食品药品检验检测研究院、市知识产权事业发展中心、市特种设备检验研究院、市产品质量监督检验所、市计量科学研究所、市纤维检验所、市公安局治安警察支队、市公安局警务保障处、市公安局出入境管理支队、泰安第二中学、泰安实验中学、泰安望岳中学、泰安市特殊教育中心、市公安局交通警察支队泰山区城东大队、市公安局交通警察支队泰山区城西大队、市公安局交通警察支队岱岳区大队、市委政策研究室（市委改革办）、市委编办、市文化和旅游局、市文化艺术中心、市委市直机关工委、市委老干部局、市委网信办、市政府研究室、市关心下一代工作委员会办公室、市发展和改革委员会、市国资委、市企业国有资产管理中心、市民政局、市救助管理站、市司法局、市信访局、市人力资源和社会保障局、市人才交流服务中心、市劳动保障监察大队、市自然资源和规划局、市生态环境局、市住房和城乡建设局、市农业农村局、市卫生健康委员会、市中医医院、市妇幼保健院、市中心医院、市应急管理局、市行政审批服务局、市工业和信息化局、市体育局、市统计局、市科学技术局、市水利局、市林业局、市退役军人事务局、市医疗保障局、市档案馆、市商务局、市审计局、市人民防空办公室、市中级人民法院、市人民检察院、市总工会、共青团泰安市委、市青少年宫、市妇女联合会、市科学技术协会、市科技馆（市青少年科技活动中心）、市残疾人联合会、市文学艺术界联合会、市社会科学界联合会、市归国华侨联合会、市工商业联合会、市委党校、市委党史研究院（市地方史志研究院）、市房产管理服务中心、市住房公积金中心、市社会保险事业中心、市行业管理办公室、泰安仲裁委员会办公室、中国国际贸易促进委员会泰安市委员会、市邮政管理局、市供销合作社联合社、泰山索道运营中心、市烟草专卖局（泰安烟草公司）、市水文局、山东黄河河务局东平湖管理局、中国银行保险监督委员会泰安监管分局、泰山玉产业发展管理中心、泰安金融控股集团有限公司、市农业机械发展中心、泰安日报社、市广播电视台、市机关事务服务中心、市畜牧兽医事业服务中心、市税务局、市气象局、市能源局、市地方金融监督管理局、泰安海关、市消防救援支队、山东广电网络有限公司泰安分公司、国网山东省电力公司泰安供电公司、山东农业大学、山东科技大学泰安校区、山东第一医科大学（泰安校区）、泰山学院、泰山职业技术学院、山东服装职业学院、泰安技师学院、泰山护理职业学院、山东医药技师学院、山东力明科技职业学院、山东财经大学东方学院、中国移动通信集团山东有限公司泰安分公司、中国联合网络通信有限公司泰安市分公司、中国电信股份有限公司泰安分公司、中国邮政集团有限公司泰安市分公司、中国人民银行泰安市中心支行、中国农业发展银行泰安市分行、中国建设银行股份有限公司泰安分行、中国工商银行股份有限公司泰安分行、中国银行股份有限公司泰安分行、中国邮政储蓄银行股份有限公司泰安市分行、中国农业银行股份有限公司泰安分行、交通银行泰安分行营业部、泰安银行股份有限公司、兴业银行股份有限公司泰安分行、山东省农村信用社联合社泰安审计中心、中国人民财产保险股份有限公司泰安市分公司、中国人寿保险股份有限公司泰安分公司、山东新华书店集团有限公司泰安分公司、泰山火车站、京沪高铁泰安站、山东泰山抽水蓄能电站有限责任公司、市大数据中心、市公用事业服务中心、市扶贫开发领导小组办公室、市公路事业发展中心、山东泰山路桥工程公司、山东泰安煤矿机械有限公司、泰山燃气集团有限公司、泰安市国泰民安投资集团有限公司、泰安泰山旅游集团有限公司、泰安市泰山国信科技发展集团有限公司、泰安市国友粮食储备有限公司、泰安市金土地测绘整理有限公司、泰山玻璃纤维有限公司、泰安志愿服务联合会、泰安市科普志愿者联合会、泰安市汇元公益事业发展中心、泰安市泰山小荷公益事业发展中心、泰安泰山救援中心、泰安市泰山慈善基金会、泰安市精神文明建设研究会、山东一庄文化传媒有限公司、国泰民安建设发展有限公司、山东康平纳集团有限公司、保丽金康物业管理有限公司、泰安万达广场商业管理有限公司、泰安光彩大市场、山东泰盈科技有限公司、山东泰山开元项目管理有限公司、山东泰安建筑工程集团有限公司、泰安富力万达嘉华酒店、泰安蓝海御华酒店、泰安丽景广场酒店、泰安市文明城市创建活动领导小组办公室、创建全国文明城市泰山区领导小组办公室、泰安市岱岳区创建全国文明城市领导小组办公室、泰安旅游经济开发区创建全国文明城市领导小组办公室、泰山景区文明城市创建工作领导小组办公室、泰安高新区创建全国文明城市领导小组办公室、泰安市徂汶景区党工委管委会、泰山区委办公室、泰山区人民政府办公室、泰安省级农业高新技术产业示范区管委会、山东泰山经济开发区管委会、泰山区纪委监委机关、泰山区委区直机关工委、市公安局泰山分局、泰山区委组织部、泰山区委宣传部、泰山区人大常委会办公室、泰山区政协办公室、泰山区司法局、泰山区行政审批服务局、泰山区委政法委、泰山区财政局、泰山区市场监督管理局、泰山区房产管理服务中心、泰山区文化和旅游局、泰山区综合行政执法局、泰山区教育和体育局、泰山区卫生健康局、泰山区委党校、泰山区农业农村局、国家税务总局泰安市泰山区税务局、泰山区人力资源和社会保障局、泰山区总工会、泰山区委统战部、泰山区岱庙街道、泰山区上高街道、泰山区泰前街道、泰山区财源街道、泰山区徐家楼街道、泰山区省庄镇、泰山区邱家店镇、泰山区财源街道东七里社区、泰山区岱庙街道花园社区、泰山区岱庙街道丽景社区、泰山区泰前街道嘉德社区、泰山区泰前街道三合社区、泰山区泰前街道圣华社区、泰山区泰前街道国华社区、泰山区上高街道双龙社区、泰山区徐家楼街道大官庄村、泰山区上高街道凤台村、泰山区上高街道北上高村、泰山区财源街道西七里社区、泰山区市场监督管理局七里市场监督管理所、泰山区综合行政执法大队财源中队、市公安局泰山分局三里派出所、市公安局泰山分局岱庙派出所、泰山区市场监督管理局五马市场监督管理所、泰山区综合行政执法大队岱庙中队、泰山区综合行政执法大队泰前中队、泰山区市场监督管理局泰前市场监督管理所、市公安局泰山分局岱宗坊派出所、泰山区上高街道郭家灌庄村、泰山区上高街道凤凰社区、泰山区上高街道訾家灌庄村、泰山区徐家楼街道大白峪社区、泰山区徐家楼街道下水泉村、泰山区徐家楼街道徐家楼社区、泰山区省庄镇后省庄村、泰山区邱家店镇吴家庄村、岱岳区纪委监委机关、岱岳区委办公室、岱岳区人大常委会办公室、岱岳区人民政府办公室、岱岳区政协办公室、岱岳区委组织部、岱岳区委宣传部、岱岳区委统战部、岱岳区委政法委、岱岳区委编办、共青团泰安市岱岳区委员会、岱岳区妇女联合会、岱岳区委党校、岱岳区文化和旅游局、岱岳区教育和体育局、岱岳区融媒体中心、市公安局岱岳分局、岱岳区人民法院、岱岳区人民检察院、岱岳区司法局、岱岳区行政审批服务局、岱岳区人力资源和社会保障局、岱岳区医疗保障局、岱岳区卫生健康局、岱岳区招投标服务中心、国家统计局岱岳调查队、岱岳区农业农村局、岱岳区水利局、岱岳区交通运输局、岱岳区商务局、岱岳区财政局、岱岳区金融发展服务中心、国家税务总局泰安市岱岳区税务局、岱岳区市场监督管理局、岱岳区住房和城乡建设局、岱岳区房产管理服务中心、岱岳区综合行政执法局、岱岳区职业教育中心、泰安光彩大市场管理服务中心、岱岳区粥店街道、岱岳区天平街道、岱岳区道朗镇、岱岳区范镇、岱岳区大汶口镇、岱岳区粥店街道光彩社区、岱岳区粥店街道大河社区、岱岳区粥店街道长城社区、岱岳区粥店街道堰北社区、岱岳区天平街道岩庄社区、岱岳区天平街道池子崖社区、岱岳区角峪镇河西村、泰安高新区北集坡街道、泰安市市场监管局开发区分局、泰安高新区综合行政执法局、泰安高新区建设管理部、泰安高新区纪工委监工委、泰安高新区房村镇、泰山景区综合行政执法局、市博物馆、泰山景区竹林寺管理区、山东泰山旅游集团有限公司、泰安市文化旅游发展集团有限公司、山东焦桐园林市政工程有限公司、泰安泰山城市发展工贸有限公司、徂汶景区徂徕镇、徂汶景区化马湾乡

编辑　校对　　刘小笋

附　　录

2020 年泰安市组织机构及负责人名录

市级领导班子

中共泰安市委员会

书　记	崔洪刚
副书记	张　涛
	曲　锋
常　委	郭德文
	李灿玉
	郝　红（女，4 月止）
	宋洪银
	高尚山
	李保泉（12 月止）
	张红旗
	刘洪海
	于瑞波（4 月起）
	隋　阳（12 月起）
秘书长	李灿玉
副秘书长	亓顺民（正县）
	杨军昌
	范福顺（正县）
	葛宝文
	董　磊
	侯红岩
	任　军
	乔国荣（10 月止）
	于海涛（12 月起）
	刘焕民（10 月起）
	魏剑峰
	彭元刚（12 月起）

泰安市人民代表大会常务委员会

主　任	唐福泉
副主任	张书盈
	王淑玲（女，党外）
	陶长江
	刘学保
	曹步山
秘书长	朱　杰
副秘书长	蒋庆蓬（正县）
	崔拥军（党外，正县）
	刘焕民（10 月止）
	李　平（12 月止）

泰安市人民政府

市　长	张　涛
副市长	宋洪银
	鞠向群
	成　丽（女）
	赵德健
	袁久党（党外）
	常绪扩（6 月起）
秘书长	张　韧（12 月止）
副秘书长	于文龙（正县）
	田书阳（正县）
	侯延奎（正县）
	张　耀（正县）
	董　光（正县，12 月起）
	李　勇
	田　萌

中国人民政治协商会议泰安市委员会

主　席　　周桂萍（女）
副主席　　徐恩虎（党外）
　　张庆明（党外）
　　刘　君（党外）
　　王昌元（党外）
　　姚　霆
　　马纯勇
　　程　明
　　孙岱峰（党外）
秘书长　　杨荣和（1月起，11月止）
副秘书长　　周长欣（正县）
　　王　波（正县）
　　孙德常（党外）
　　陈师超

中共泰安市纪律检查委员会、泰安市监察委员会

书记、主任　　郝　红（女，4月止）
　　于瑞波（4月起，副主任、代主任）
常务副书记、副主任
　　张　勇
副书记、副主任
　　杨永成
　　王华山
常委、委员　　娄本亮
　　张同武
　　张　亮
　　朱玉山
　　杨成栋
　　曹玉楼

市委工作部门

市委办公室（市档案局、市委保密办、市国家保密局）

主　任　　亓顺民
副主任　　高　斌（12月止）
　　彭元刚（12月止）
　　刘忠强（12月起）
　　尚晓琳（女，12月起）
　　吕效刚（12月起）

市委组织部（市公务员局、市委非公有制经济和社会组织工作委员会）

部　长　　高尚山
分管日常工作的副部长
　　李千弘（正县）
副部长　　蒋永斌（正县）
　　李作超（正县）
　　郝　燕（女，正县）
　　刘式堃（正县）
　　贾玉亮
　　李光玖

市委宣传部（市新闻办、市文明办）

部　长　　刘洪海
分管日常工作的副部长
　　吕怀玉（正县）
副部长　　张耀民（正县，11月止）
　　王传宝（正县）
　　边永彬
　　苌　晶（女，1月止）
　　雷建民（1月起）
　　王艳艳（女，12月起）

市委统战部（市台办、市民宗局、市侨办）

部　长　　张红旗
分管日常工作的副部长
　　刘卫东（正县）
副部长　　刘　华（正县）
　　高树顺（正县）
　　张庆峰（正县）
　　柴　力（正县）
　　乔敬田（正县）
　　杨　灏（12月止）
　　王林琳（女，12月起）

社会主义学院

常务副院长　　杨　灏（12月起）

市委政法委

书　记　　郭德文
分管日常工作的副书记
　　韩志强（正县，12月止）
　　张　涛（正县，12月起）
副书记　　袁　超（正县）
　　杨传文（正县，5月止）

李　彤（正县）
魏　宏（正县）
高建明（正县，5 月起）
常庆智

市委政研室（改革办）

主　任　李卫国
副主任　李洪洲
刘义存
曹克河（2 月起）

改革办

专职副主任　马德芳
刘向军（12 月止）

市委网信办

主　任　步衍金
副主任　冯　忠（6 月止）
张　磊
孟庆军

市委编办

主　任　李作超
副主任　张卫国
王万福
耿　建

市委市直机关工委

书　记　王国强
副书记　张爱国
徐　伟（女，2 月止）
吕　川（6 月起）
仇安源（12 月起）
纪工委书记　吕　川（6 月止）
纪检监察工委书记
吕　川（6 月起）

市委巡察办

主　任　娄本亮
副主任　刘光辉

市委老干部局

局　长　郝　燕（女）
副局长　苏宝菊（女，正县）
鞠晓帆
刘智广

市离退休干部党工委

书　记　郝　燕（女）
专职副书记　刘智广

市政府工作部门

市政府办公室（市大数据局、市政府外事办公室）

主　任（局长、主任）
于文龙
副主任（副局长、副主任）
苗庆民（12 月止）
李天波
彭恒玖
陈建军（9 月止）
孙　健（12 月起）
党组书记　张　韧（12 月止）
党组副书记　于文龙（正县）

发展和改革委员会（市新旧动能转换综合试验区建设办公室）

主　任　董世武
副主任　任广军（正县）
梁立元（正县，6 月起）
田　华（6 月止）
贾明清
张金萍（女，正县）
党组书记　董世武
党组副书记　任广军（正县）

教育局

局　长　梁久军（2 月止）
戴　冰（2 月起）
副局长　苏雪峰（女，党外，正县，2 月止）
鞠允平（正县）
徐炳伦（9 月止）
常希贞（正县，9 月起）
刘兴成（6 月起）
张衍新（9 月起）
党组书记　梁久军（1 月止）
戴　冰（1 月起）
党组副书记　刘应新（9 月止）
鞠允平（正县，9 月起）
纪检组组长　曹长钰

市委教育工委

书　记　高尚山（5 月起）
常务副书记　戴　冰（5 月起）
副书记　刘应新（5 月起）

鞠允平（5月起）

科学技术局（市外国专家局）

局　长　张庆云
副局长　梁晨阳
　　陈书林
　　王东之
党组书记　张庆云
党组副书记　刘桂选（正县，12月止）
　　梁晨阳（12月起）

工业和信息化局（市民营经济发展服务局）

局　长　黄正玉
副局长　徐从军
　　刘元忠（12月止）
　　马庆忠
　　张　彬（12月起）
党组书记　黄正玉

市公安局

局　长　鞠向群
政　委　高黎明（5月止）
　　亓景会（5月起）
副局长　亓子海（正县）
　　徐志刚（正县，6月止）
　　亓景会（正县，5月止）
　　王泽劲（正县，6月起）
　　鄂宏超（满）（2月起）
党委书记　鞠向群
党委副书记　高黎明（正县，5月止）
　　亓景会（正县，5月起）

民政局

局　长　刘兆泉
副局长　董　峰
　　王　华
　　赵丽东
党组书记　刘兆泉
党组副书记　鹿　锋（正县）

司法局

局　长　高建明（6月止）
　　张培峰（6月起）
副局长　任伟建
　　王序东
　　杜衍娜（女）
　　吕传庆
党委书记　高建明（5月止）
　　张培峰（5月起）

财政局

局　长　刘　斌
副局长　孙　磊（正县）
　　王庆涛
　　王　燕（女）
党组书记　刘　斌
党组副书记　孙　磊（正县）

人力资源和社会保障局

局　长　蒋永斌
副局长　刘金安（正县）
　　乔　磊
　　于赛英（女）
　　杜　彤（女，2月起）
党组书记　蒋永斌
党组副书记　刘金安（正县）

自然资源和规划局

局　长　陈锦勇（12月止）
　　宋宪春（12月起）
副局长　宋宪春（11月止）
　　王　涛
　　韩　明（党外）
　　从建永
　　伊廷禄
党组书记　宋宪春
党组副书记　陈锦勇（正县，11月止）
　　陈京国（正县）

生态环境局

局　长　戴　冰（2月止）
　　李华民（2月起）
副局长　王炳建
　　李向农
　　庞英元
党组书记　戴　冰（1月止）
　　李华民（1月起）

住房和城乡建设局

局　长　张广银
副局长　王海峰（正县，12月止）
　　许　伟（正县，12月止）
　　王印林
　　赵传星（12月起）
党组书记　张广银（12月止）
　　许　伟（12月起）

党组副书记　王海峰（正县）
纪检组组长　续丙西

城市管理局

局　长　吕桂平
副局长　冯　利
赵维立
尹　红（女，12 月起）
党组书记　吕桂平
党组副书记　李遵建

交通运输局

局　长　季春秋（1 月止）
吴国庆（1 月起）
副局长　王诗新
袁立新
杨福民
党组书记　吴国庆
党组副书记　安增利（正县，5 月止）

水利局（市南水北调工程建设管理局）

局　长　王　骞
副局长　孙庆进（正县）
张继德
李怀岭
党组书记　王　骞
党组副书记　郑中其（正县，6 月止）

农业农村局（市扶贫开发办公室、市畜牧兽医局）

局　长（主任、局长）
姜士科
副局长（副主任、副局长）
许立波（回）
王耀辉
王　民
刘　伟
党组书记　姜士科

扶贫开发领导小组办公室

主　任　姜士科（5 月止）
臧玉海（5 月起）
副主任　臧玉海（5 月止）
马新华
李伟嵩（5 月起）
王　宁

商务局（市投资促进局）

局　长　王志翔
副局长　王成岩
张　斌
刘　媚（女）
党组书记　王志翔
党组副书记　裴黎明（正县）

文化和旅游局（市新闻出版广电局、市文物局）

局　长　李华民（2 月止）
苏雪峰（女，党外，4 月起）
副局长　刘　水（12 月止）
宋韶峰
张安军
陈士强
党组书记　王新民（2 月止）
侯卫国（2 月起）
党组副书记　李华民（正县，1 月止）
张朝晖（12 月起）

卫生健康委员会（市中医药管理局）

主　任（局长）
张步军
副主任（副局长）
沈桂春
徐学森
牛启富
陈增江（4 月止）
张伟英（女，4 月起）
党组书记　张步军
党组副书记　沈桂春
纪检组组长　袁明山（9 月止）
李　永（10 月起）

退役军人事务局

局　长　魏　勃
副局长　李学军（6 月起正县）
聂圣江
陈绪峰（6 月起）
党组书记　魏　勃
党组副书记　李学军（6 月起正县）

应急管理局

局　长　王立军（1 月止）
副局长　倪建军
宋锡军（正县）
邵洪文（12 月止）
李　强
张古斌
乔田海（12 月起）

党组（委）书记
宋洪银（副厅，兼）
党组（委）副书记
倪建军

市审计局

局　长　杨承修
副局长　刘　安
程　波
吴　思（女）
孟恒新（2 月止）
张　伟（女，2 月起）
党组书记　杨承修
党组副书记　张仁安（正县）

市政府国有资产监督管理委员会

主　任　刘太荣（1 月止）
蔡丽霞（女，1 月起）
副主任　陈　刚（6 月止）
唐衍刚（6 月止）
金　飞（回）
李　勇（挂职，4 月止）
颜　峰（女，6 月起）
张桂振（12 月起）
党委书记　蔡丽霞（女）

行政审批服务局（市政务服务管理办公室）

局　长（主任）
宋鸿鹏（10 月止）
乔国荣（10 月起）
副局长（副主任）
马连启
刘树国
肖培庆
段崇民（6 月起）
党组（委）副书记
宋鸿鹏（8 月止）
乔国荣（10 月起）

市场监督管理局（市知识产权局）

局　长　张京洲
副局长　孙和新（12 月止）
赵东润（12 月止）
张　斌（12 月止）
王自坦
刘秀文（女）
孙洪英
杨树国
陈　政
韩　哲（挂职）
刘　民（12 月起）
刘建广（12 月起）
朱晓东（12 月起）
党组书记　张京洲

体育局

局　长　许　兵
副局长　谭晓蕾（女，党外）
杨振德（5 月起）
党组书记　许　兵

统计局

局　长　董彦和
副局长　刘　林（12 月止）
高　伟
沈　峰
朱元柱（12 月起）
党组书记　董彦和

医疗保障局

局　长　肖和元
副局长　刘建国（6 月止）
张吉峰
石文东
党组书记　肖和元
党组副书记　刘建国

人民防空办公室

主　任　梁国言
副主任　朱效建（6 月止）
薛建旺
王化民（6 月起）
吴　斌（兼，2 月起）
党组书记　梁国言
党组副书记　魏文峰（2 月起）

市政府研究室

主　任　杨建全
副主任　石　斌
于善波
党组书记　杨建全

地方金融监督管理局（市金融工作办公室）

局　长（主任）
任树凯
副局长（副主任）

陈克忆（12 月止）
王凤坤
刘　彬（女）
金　辉（12 月起）
党组书记　任树凯

信访局

局　长　葛宝文
副局长　李广生（6 月止）
曹永先
赵克俊（女）
郭连勇（6 月起）
党组书记　葛宝文

能源局

局　长　徐兆兵
副局长　刘　勇（正县）
王太阳
党组书记　徐兆兵

林业局

局　长　葛茂金
副局长　李　杰（6 月止）
张德涛
焦　明（6 月起）
王玉坚
党组书记　葛茂金

市政府派出机构

泰安高新技术产业开发区、泰安经济开发区管理委员会

党工委书记　李诚实（10 月止）
刘　斌（10 月起）
主　任　刘　斌（10 月起）
副主任　李诚实（10 月止）
赵　胜
石振房
张安富
赵兴伟
王海涛
纪工委书记、监工委主任
亓习忠

泰山风景名胜区管理委员会

党工委书记　亓利群
主　任　王光锋（8 月止）
肖玉果（11 月起）
党工委副书记　肖玉果
万庆海
副主任　肖玉果（11 月止）
姜　林
马生平
陈传帅（1 月起）
纪工委书记、监工委主任
周生华

泰安旅游经济开发区管理委员会

主　任　杨荣和（11 月止）
邱仲慧（11 月起）
副主任　张书祥（正县，11 月止）
杨　义（12 月止）
张秀琛
李安元
吕泰柱
张　成（挂职，7 月起）
党工委书记　杨荣和（11 月止）
张书祥（11 月起）
党工委副书记　邱仲慧（正县，11 月起）
纪工委书记　谷志坚

泰安市徂徕山汶河风景名胜区管委会

党工委书记　田庆勇
主　任　田庆勇
党工委副书记　梁进涛
周鹏飞（1 月起）
副主任　周鹏飞（1 月起）
赵　春
董　杰
郑佳军
赵　新
张寒冬（1 月起）
李冬梅（女）（1 月起）
纪工委书记、监工委主任
纪复旺

市委、市政府直属事业单位

市委党校（市行政学院、市社会主义学院）

校　长　崔洪刚
常务副校长　吕军德（副厅）

副校长	韩志强（12 月起）
	梅长冬
	夏庆涛
	陈卫东
	牛兰春
	张文华

市委党史研究院（市地方史志研究院）

院　长	王敬泽
副院长	周美广（6 月止）
	张　博
	曹成义
	李耀德

泰安日报社

社　长	张洪洲
副社长	赵利泽（满族）
	吕文佳（女）
总编辑	韩西德
副总编辑	郑其国（9 月止）
	曲　岩（女）
	李建中
	张文圣
	车　军
党委书记	张洪洲
副书记	韩西德
	何麦之
	张宏强

广播电视台

台　长	胡开剑
副台长	吴　涛
	周　健
总编辑	胡开剑（1 月止）
	苌　晶（女，1 月起）
副总编辑	亓修举
	亓雪峰
党委书记	胡开剑
党委副书记	苌　晶（女，正县，1 月起）
	付　强

档案馆

馆　长	侯红岩
副馆长	万长江（7 月止）
	孙　暄（女）
	侯卫国
党组书记	侯红岩

机关事务服务中心

主　任	于海涛
副主任	朱开用（12 月止）
	陈兆金
	明立东
	尹逊桐（12 月起）
党组书记	于海涛

仲裁委员会办公室

主　任	于　锋
副主任	刘月永（党外）
	武如军
	李　鹏
党组书记	于　锋

住房公积金中心

主　任	王　峰（回）
副主任	吕长文
	蒲英标
	杨　皓
党组书记	王　峰（回）

供销合作社联合社

理事会主任	张　莉（女）
理事会副主任	靳兆宏（6 月止）
	王建国
	苏礼平
	李庆涛（8 月起）
监事会主任	靳兆宏（8 月起）
监事会副主任	李庆涛（6 月止）
	李昌友（8 月起）
党委书记	张　莉（女）

泰山索道运营中心

主　任	葛遵瑞
副主任	陈　旭
	王　军
	吴杞强
党委书记	贾代常
党委副书记	葛遵瑞
	李西军

社会保险事业中心

主　任	许向群
副主任	梁卫言
	刘仰军
	张　健
党委副书记	许向群

民营经济发展服务中心（9 月由行业管理办公室更名）

主　任　　陈　强（9 月起）
副主任　　孙清华（9 月起）
　　　　　魏云芹（女，9 月起）
　　　　　程乐宁（9 月起）
党委书记　　陈　强（9 月起）
党委副书记　　孟兆慧（9 月起）

房产管理服务中心

主　任　　张　涛（12 月止）
　　　　　王海峰（12 月起）
副主任　　宋　岩
　　　　　方恒利
党委书记　　张　涛（12 月止）
　　　　　王海峰（12 月起）
党委副书记　　张　群

公用事业服务中心

主　任　　宫晓芳（女，党外）
副主任　　李　林
　　　　　张　峰
　　　　　国东民
党委书记　　许　伟
党委副书记　　李　林
　　　　　张　杰
纪委书记　　吕爱原（女）

河湖管理保护服务中心

主　任　　李　全
副主任　　王兴燕（女，正县）
　　　　　程传民
　　　　　孙启凯（党外）
党委书记　　王兴燕（女）
党委副书记　　李　全（正县）

农业机械发展中心

主　任　　苗明峻
副主任　　梁孝祥
　　　　　王荣军
　　　　　白常顺
党委书记　　苗明峻
党委副书记　　邢介斌

畜牧兽医事业服务中心

主　任　　鹿道新
副主任　　刘宣生
　　　　　孟宪敬
　　　　　张训茂
党委书记　　鹿道新
党委副书记　　柳桂霞（女，6 月止）

法院、检察院

泰安市中级人民法院

院　长　　朱云三（1 月起）
副院长　　孙岱峰（党外）
　　　　　林建森
　　　　　李成涛
党组书记　　朱云三
党组副书记　　林建森

泰安市人民检察院

检察长　　苏金森
副检察长　　刘学刚（5 月止）
　　　　　吴新村
　　　　　王敬政
　　　　　黄建民
党组书记　　苏金森
党组副书记　　刘学刚（5 月止）
　　　　　吴新村（5 月起）

人大、政协、纪委机关

人大专门委员会

法制委员会

主任委员　　刘栋梁
副主任委员　　刘向阳
　　　　　刘凤芝（女）

监察和司法委员会

主任委员　　石　岩（女）
副主任委员　　杨传文（8 月起）

财经委员会

主任委员　　赵　明
副主任委员　　梁望东（党外）

农业与农村委员会

主任委员　　朱叙民
副主任委员　　侯　力
　　　　　李渊祥

城乡建设与环境资源保护委员会

主任委员　　乔建博
副主任委员　　张建国

张兴华

教育科学文化卫生委员会

主任委员　刘　康

副主任委员　何广文

王德全

民族侨务外事旅游委员会

主任委员　孟祥彬（回）

副主任委员　周光林

社会建设委员会

主任委员　徐　鑫

副主任委员　孙卫连

孙培国

人大机关办事机构和工作机构

办公室

主　任　蒋庆蓬

副主任　陈业荣

张海军

井　泉

人事选举代表工作室

主　任　刘　锋

副主任　郭　霞（女）

宋长亨（6 月起）

研究室

主　任　刘文明

副主任　王衍婷（女）

辛振华

法制工作委员会

主　任　刘凤芝（女）

副主任　张文珂

孔　妍（女，6 月起）

财政经济工作委员会

主　任　梁望东（党外）

副主任　谷红卫

预算工作委员会

主　任　王照星

副主任　王文忠（12 月止）

农村经济工作委员会

主　任　李渊祥

副主任　王子强

郭建华（女，6 月起）

城乡建设环境保护工作委员会

主　任　张建国

教育科学文化卫生工作委员会

主　任　王德全

副主任　彭长青

民族侨务外事旅游工作委员会

主　任　周光林

监察和司法工作委员会

主　任

社会建设工作委员会

主　任

政协专门委员会

提案委员会

主　任　黄东葵

副主任　董　军

经济委员会

主　任　马玉军

副主任

人口资源环境委员会

主　任　刘焕星

副主任　郭大年

教科卫体委员会

主　任　王天宇

副主任　陈占峰

社会法制和民族宗教委员会

主　任　杨　红（女）

副主任　陈建中

韩克双

文化文史和学习委员会

主　任　张亚莉（女）

副主任　贾汇红（女，党外，6 月止）

港澳台侨和外事委员会

主　任　张　清（女，党外）

副主任

委员联络工作委员会

主　任　周建国

副主任　王建雷（9 月起）

农业和农村委员会

主　任　贾汇红（女，党外，6 月起）

副主任　郑中其（6 月起）

政协机关办事机构和工作机构

办公室

主　任　陈师超

副主任　单光德

李伟忠

研究室
主　任　　　毕研坤
副主任　　　张学亮

委员活动工作室
主　任　　　黄会平（女）
副主任　　　张庆民（6月起）

提案委员会工作室
主　任
副主任　　　徐宗林

经济委员会工作室
主　任
副主任　　　郭泉浩（6月起）

人口资源环境委员会工作室
主　任
副主任　　　张西环（女）

教科卫体委员会工作室
主　任　　　陈占峰
副主任　　　刘雪菲（女）

社会法制和民族宗教委员会工作室
主　任　　　韩克双
副主任　　　李洪奎

文化文史和学习委员会工作室
主　任　　　贾汇红（女，党外，6月止）
副主任　　　程　鹏（女，党外，2月起）

港澳台侨和外事委员会工作室
主　任
副主任　　　刘　宁
　　　　　　朱宏伟（6月起）

委员联络工作委员会工作室
主　任　　　孙　健（副县，12月止）

农业和农村委员会工作室
主　任　　　孙文献（副县级，6月起）

市纪委监委内设机构

办公室
主　任　　　王昌莉（女，10月起）

组织部
部　长　　　季　勇

宣传部
部　长　　　公鲁华

研究室
主　任　　　郭启辉（10月起）

党风政风监督室
主　任　　　杨培水

信访室（市国家公职人员违法违纪举报中心）
主　任　　　孙　鹏（9月止）
　　　　　　皇甫继伟（10月起）

案件监督管理室
主　任　　　杨成栋（10月止）
　　　　　　孙　雷（10月起）

第一监督检查室
主　任　　　毛尚纯

第二监督检查室
主　任　　　石金城

第三监督检查室
主　任　　　徐京波（副县）

第四监督检查室
主　任　　　杜伯岑（副县）

第五监督检查室
主　任　　　侯庆鹏（副县）

第六审查调查室
主　任　　　马金涛（副县）

第八审查调查室
主　任　　　张继军（2月止）
　　　　　　杨振国（10月起）

案件审理室（政策法规室）
主　任　　　柏宜民

纪检监察干部监督室
主　任　　　朱玉山（10月止）
　　　　　　巩如雷（10月起）

市纪委市监委派驻纪检监察组

第一纪检监察组
组　长　　　王新慧（正县）

第二纪检监察组
组　长　　　马贵昌（正县）

第三纪检监察组
组　长　　　李和军（正县，11月止）

第四纪检监察组
组　长　　　王　蕾（女，正县）

第五纪检监察组
组　长　　　张丽娟（女，正县）

第六纪检监察组
组　长　　　于京山（副县）

第七纪检监察组
组　长　　　刘爱科（副县）

第八纪检监察组
组　长　　　张　冰（副县）

第九纪检监察组
组　长　　　盛东风（正县，4 月止）
　　　　　　刘　旼（10 月起）
第十纪检监察组
组　长　　　李海平（副县）
驻市法院纪检监察组
组　长　　　赵兴杰（女，正县）
驻市检察院纪检监察组
组　长　　　吕丰强（副县）
驻市公安局纪检监察组
组　长　　　田志云（女，正县）
驻市教育局纪检监察组
组　长　　　曹长钰（副县）
驻市卫生健康委员会纪检监察组
组　长　　　袁明山（副县，9 月止）
　　　　　　李　永（副县，10 月起）
驻市住房城乡建设局纪检监察组
组　长　　　续丙西（副县）

民主党派

中国国民党革命委员会泰安市委员会
主　委　　　徐恩虎
副主委　　　林国志
　　　　　　杨维仁
　　　　　　刘清廷
　　　　　　朱　丽（女）
秘书长　　　李　芳（女）

中国民主同盟泰安市委员会
主　委　　　孙岱峰
副主委　　　张春庆
　　　　　　丁　爽（女）
　　　　　　张　清（女）
　　　　　　周　奎
秘书长　　　徐建英（女）

中国民主建国会泰安市委员会
主　委　　　张庆明
副主委　　　黄屹峰
　　　　　　尹洪宗
　　　　　　魏云刚
　　　　　　陈　文（女）
秘书长　　　戚　锋

中国民主促进会泰安市委员会
主　委　　　王昌元
副主委　　　董　洁（女）
　　　　　　吕忠堂
　　　　　　苏雪峰（女）
　　　　　　贾汇红（女）
秘书长　　　孙圆景（女）

中国农工民主党泰安市委员会
主　委　　　徐　坤
副主委　　　陈玉社
　　　　　　赵晓民
　　　　　　吕学爱（女）
　　　　　　梁群言
秘书长　　　巩相会（12 月止）

致公党泰安市委员会
主　委　　　梁望东
副主委　　　张丽霞（女）
　　　　　　鞠达青
　　　　　　李传泰
秘书长　　　卢晓堂

九三学社泰安市委员会
主　委　　　刘　君
副主委　　　孙启凯
　　　　　　刘　峰
　　　　　　诸葛玉平
　　　　　　肖　玲（女）
秘书长　　　刘彦涛

群众团体

总工会
主　席　　　张书盈
常务副主席　郭　青（正县）
副主席　　　李宝荣
　　　　　　陈长举
　　　　　　欧阳宏飞（女）
党组书记　　郭　青
党组副书记　李宝荣

共青团泰安市委员会
书　记　　　苏伟丽（女）
副书记　　　杨　帅
　　　　　　刘荣星

肖顺利（12 月起）

妇女联合会

主 席 陈晓娜（女）
副主席 付望舒（女）
马 俏（女）
国文丽（女）
党组书记 陈晓娜（女）
党组副书记 张伟贞（女）

科学技术协会

主 席 张秀峰（女）
副主席 闫 敏（女）
王 倩（女，6 月止）
范宝品
武建堂（7 月起）
党组书记 张秀峰（女）

文学艺术界联合会

主 席 张德臣
副主席 孙 黎
孙启琥
秘书长 田纪宏（副县）
党组书记 张德臣
副书记 周 鹏

社会科学联合会

主 席 贾志秋
副主席 李光冉
王元军
秘书长 梁国华（副县）
党组书记 贾志秋
副书记 米清国（回）

工商业联合会（总商会）

主 席（会长）
王淑玲（女，党外）
副主席（副会长）
高树顺
杨启航
周 晓
张建之
秘书长 周 晓
党组书记 高树顺
副书记 亓金海

残疾人联合会

理事长 刘学永
副理事长 尹燕青
刘海力
党组书记 刘学永

归国华侨联合会

主 席 刘 华
副主席 吴 蕾（女，党外）
党组书记 刘 华

中国贸促会泰安市委员会、中国国际商会泰安商会

会 长 陈 勇
副会长 张桂明
玄冬梅（女）
党组书记 陈 勇

各县市区领导班子

泰山区

区 委

书 记 赵 斌（6 月止）
王爱新（女，8 月起）
副书记 王爱新（女，8 月止）
毕华年（3 月止）
徐立勇（3 月起）
常 委 王 强
赵永斌
王冠祥
刘兴钰
刘 伟（正县，5 月止）
姚学理（女）
朱光胜（3 月起）

人 大

常委会主任 李殿勤（3 月止）
陈庆业（6 月起）
常委会副主任 王志亮（3 月止）
刘 凤（女，党外）
葛安华（12 月止）
史书超
李志科（2 月止）
王玉贞（6 月起）
王景银（6 月起）

政 府

区 长 王爱新（女，8 月止）
副区长 徐立勇（3 月止）

赵永斌（6 月起）
杨启典（5 月止）
刘　伟（正县，5 月止）
苏春明
黄　涛
倪海亮（6 月起）
司家强（6 月起）

政　协

主　席　陈庆业（3 月止）
毕华年（6 月起）
副主席　王德玉（12 月止）
李战德（党外）
张　玲（女，党外）
甄永莲（女）
孙圆景（女，党外）

纪委、监委

书记、主任　王　强

法　院

院　长　刘国锋（6 月止）

检察院

检察长　王增爱

岱岳区

区　委

书　记　刘昌松
副书记　王长勇
孔凡洪（正县）
常　委　雷建民（1 月止）
展延安（回）
刘　琳
袁义明
赵国强
张　青（女）
刘灿玉
孙启龙（1 月起）
高文嵩
宋　宇（2 月起）

人　大

常委会主任　徐永涛
常委会副主任　张　军
孙启印
吴秀峰
唐晓飞（女，党外）
李振华

政　府

区　长　王长勇
副区长　刘　琳
杨昭晖（5 月止）
孙启龙（1 月止）
朱延华（女）
钱振华（1 月起）
张　强
刘爱强（5 月起）

政　协

主　席　李效军
副主席　游志成（党外）
法臣文（回，党外）
肖　玲（女，党外）
方增群（12 月止）
刘桂华（女）
徐建英（女）

纪委、监委

书记、主任　展延安（回）

法　院

院　长　高广权

检察院

检察长　郝永生

新泰市

市　委

书　记　刘钦海
副书记　赵书刚（6 月止）
宋鸿鹏（8 月起）
桑　民（2 月起）
常　委　刘　军
桑　民（2 月止）
夏念新（12 月止）
赵文坡
仇安源（12 月止）
李　玲（女）
惠志国
苏永涛（2 月起）
梁　欣（12 月起）
李　斌（12 月起）

人　大

常委会主任　马秀义（12 月止）
常委会副主任　亓桂峰
郭志强（12 月止）

渠红梅（女，回，党外）
朱致义
安　原

政　府

市　长　赵书刚（6 月止）
副市长　桑　民（2 月止）
吴振吉（3 月止）
苏永涛
李　斌（12 月止）
王洪亮（3 月起）
周典红（女）
李　彬（3 月起）

政　协

主　席　韩学锋（12 月止）
副主席　薛宝良（12 月止）
张传军（党外）
殷培文（党外）
赵连军（12 月止）
徐加柱（党外）
马丽丽（女，回，党外）

纪委、监委

书记、主任　刘　军

法　院

院　长　吕　华（6 月止）

检察院

检察长　范　军

肥城市

市　委

书　记　常绪扩（6 月止）
马保文（10 月起）
副书记　殷锡瑞
辛　涛（12 月止）
王勇强（12 月起）
常　委　戴先锋
名树伟（2 月止）
王勇强
王志勇
付　玲（女）
贾同国
赵　伟
桑逢智（2 月起）
张尽峰（2 月起）
尹延涛（12 月起）

人　大

常委会主任　赵燕军（12 月止）
常委会副主任　王同华（女，党外）
宁洪法（2 月止）
张　伟
李向东
刘　益
李建民（5 月起）

政　府

市　长　殷锡瑞
副市长　王志勇
赵兴广（回，党外）
鄂宏超（满）（2 月止）
孙　琪（女，12 月止）
桑逢智（2 月止）
田茂金（3 月起）
陈正一（3 月起）

政　协

主　席　侯庆洋（12 月止）
副主席　杜尊春（12 月止）
杨淑贞（女，党外）
邹家强（2 月止）
付振江（党外）
李红伟（女，党外）
刘　琴（女，党外）
名树伟（2 月起，12 月止）

纪委、监委

书记、主任　戴先锋

法　院

院　长　石　军

检察院

检察长　杨希沧

宁阳县

县　委

书　记　毕黎明
副书记　王立军
崔　媛（女）
张培峰（5 月止）
常　委　刘　明（3 月止）
董　骞
张　涛（12 月止）
赵相鑫（2 月起）
张　鹏（12 月起）

王广浩
于师义（3月起）
许　军（3月起）
周鹏飞（1月止）
张继军（2月起）

人　大

常委会主任　李为群（3月止）
刘　明（5月起）
常委会副主任　靳恩松（12月止）
张树法
周慎凯（12月止）
马海荣（女）

政　府

县　长　王立军（5月起）
副县长　刘　明（3月止）
董　骞（5月起）
柳桂敏（女，党外）
于师义（3月止）
许　军（3月止）
朱晓亮
武启军（5月起）
范长征（5月起）

政　协

主　席　侯　涛（12月止）
副主席　尚　勇（党外，12月止）
连桂荣（党外）
辛艳珍（女，党外）
董先思
戴　伟（党外）
韩庆军（5月起）

纪委、监委

书记、主任　张继军（5月起）

法　院

院　长　杨福桐

检察院

检察长　尚晓兵（6月止）

东平县

县　委

书　记　曲　锋
副书记　刘　玉
李培国
常　委　陈传帅（1月止）
陈　锋（12月止）
张立国（12月止）
刘向军（12月起）
徐彩虹（女）
李广义
陈文远
安郁杰
李生广（2月起）
郑　利（2月起）
王　冰（12月起）

人　大

常委会主任　刘思宏（12月止）
常委会副主任　侯圣玉（12月止）
李元申（党外）
陈兰芳（女）
王成明
牛之春

政　府

县　长　刘　玉
副县长　陈传帅（1月止）
程　鹏（女，党外，2月止）
王洪亮（3月止）
李生广
王　冰（12月止）
许洪顺（5月起）
李便宁（女，5月起）
赵　磊（5月起）

政　协

主　席　刘祥涛
副主席　吴绪季（党外）
王金艳（女，满族，党外）
王成生（12月止）
孟　光（党外）
仲光亮（5月起）

纪委、监委

书记、主任　陈文远（5月当选监委主任）

法　院

院　长　张海鹏

检察院

检察长　赵平原

中央、省属驻泰安单位

国家税务总局泰安市税务局

局　长　郝　玲
副局长　张鲁光（4 月止）
崔　健
李　达（4 月止）
刘先军（11 月止）
郭宝德
李西坤（6 月止）
宋来竹
孙雷春（6 月止）
潘　武（11 月止）
曾凡秀（11 月起）
党委书记　郝　玲
党委副书记　张鲁光（4 月止）
纪检组长　肖翕然

气象局

局　长　姚广庆
副局长　张兴强
徐学义
党组书记　姚广庆
纪检组长　玄绪峰（7 月止）
徐德力（7 月起）

泰安海关

关　长　王作来（11 月止）
副关长　周升扬（11 月止）
肖永琪
党委书记　王作来（11 月止）
纪检组长　郭京鹏（11 月止）
刘贵福（11 月起）

中国人民银行泰安市中心支行

行　长　杨化军
副行长　庞建敏
孙世超
郑玉坤
张　俊（7 月起）
党委书记　杨化军
党委副书记　庞建敏
工会主任　高露蒙（女）
纪委书记　康　琴（女）

中国银行保险监督管理委员会泰安监管分局

局　长　赵文和
副局长　蒋代明（8 月止）
尹　程（8 月起）
党委书记　赵文和
纪委书记　李　亚

中国工商银行泰安市分行

行　长　祝广成（4 月止）
马庆东（4 月起）
副行长　陈福五（11 月止）
赵书骞（12 月起）
杨万鲁
孙殿军
党委书记　祝广成（4 月止）
马庆东（4 月起）
纪委书记　梁化新（3 月止）
亓建忠（3 月起）

中国农业银行泰安分行

行　长　孟宪军
副行长　戴国文（3 月止）
祁奕奕（5 月起）
刘学德
王会堂（6 月止）
王　超
孙　辉（挂职，10 月起）
党委书记　孟宪军
党委副书记　戴国文（3 月止）
纪委书记　李　强

中国银行泰安分行

行　长　薛　涛
副行长　冯德厚
张桂浩
孙克祥
张培真（女，11 月起）
党委书记　薛　涛
纪委书记　曹国民

中国建设银行股份有限公司泰安分行

行　长　宋旭东
副行长　刘海潇（2 月起）
李　军
孙　良
王万里
党委书记　宋旭东

党委副书记　刘海潇
纪检组组长　朱坤礼

交通银行泰安分行

行　长　王子敬（6月止）
　　姜鲁荣（6月起）
副行长　孙　正
　　于军伟（8月起）
　　刘书伟（8月起）
　　陈　磊（女，12月止）
党委书记　姜鲁荣（6月起）
党委副书记　王子敬（6月止）

中国农业发展银行泰安市分行

行　长　辛俊峰
副行长　耿大伟（1月止）
　　张效会
　　国　虎（1月止）
　　董　征（1月起）
党委书记　辛俊峰
纪委书记　张效会

山东省农村信用社联合社泰安审计中心

主　任　辛士勇
副主任　杜晋生（11月起）
　　时培行（12月止）
　　董海涛（11月止）
党委书记　辛士勇
纪委书记　董海涛（11月起）

中国人寿保险股份有限公司泰安分公司

总经理　岳文成（6月止）
　　王洪涛（6月起）
副总经理　段崇申
　　赵洪臣
　　董军建
党委书记　岳文成（6月止）
　　王洪涛（6月起）
纪委书记　赵洪臣

泰安供电公司

总经理　刘加国（1月止）
　　梁作宾（1月起）
副总经理　杭　民
　　刘国明
　　高　山
　　吴　斌
党委书记　杭　民
党委副书记　刘加国（1月止）
　　梁作宾（1月起）
纪委书记　李　龙

中国电信股份有限公司泰安分公司

总经理　宋　亮
副总经理　耿立明（1月止）
　　侯启敬
　　信明亮（1月止）
　　张红杰（5月起）
　　徐海蛟（1月起）
党委书记　宋　亮
纪委书记　耿立明（1月止）
　　徐海蛟（1月起）

中国移动通信集团山东有限公司泰安分公司

总经理　陈　勇
副总经理　朱　晖
　　杨传鑫
　　贾景坤
党委书记　陈　勇
纪委书记　朱　晖

中国联合网络通信有限公司泰安市分公司

总经理　李新宇（4月止）
　　亓　健（4月起）
副总经理　聂树秋
　　王　平（5月止）
　　苗　凯
　　刘文军（5月起）
工会主席　王　平（6月止）
党委书记　李新宇（4月止）
　　亓　健（4月起）
党委副书记　聂树秋
纪检组长　侯　忠

中国邮政集团公司泰安市分公司

总经理　姚志刚（6月止）
　　盛尊涛（6月起）
副总经理　秦　博
　　王拥军（11月止）
　　尚庆涛
　　赵　磊
　　尹　澎（4月止）
　　尹世团（4月起）
党委书记　姚志刚（6月止）
　　盛尊涛（6月起）

纪委书记　　尚庆涛

泰安市邮政管理局

局　长　　王　军（6 月起）

副局长　　王　军（6 月止）

　　张　锐（女）

党组书记　　王　军（6 月起）

纪检组长　　张　锐（女）

烟草专卖局（公司）

局　长　　方士浩（3 月止）

副局长　　靳　新（3 月起）

　　张洪强

总经理　　方士浩（3 月止）

副总经理　　王立忠

党委书记　　方士浩（3 月止）

纪委书记　　初　旭（2 月止）

泰安市水文局

局　长　　侯恩光（12 月止）

副局长　　侯　元

　　段建筑

　　张　哲（5 月起）

党委书记　　侯恩光（12 月止）

党委副书记　　侯　元

纪委书记　　张春霞（女）

山东科技大学泰安校区

管委会主任（院长）

　　王少鹏

管委会副主任（副院长）

　　蒋金泉（1 月止）

　　王以功（1 月止）

　　贾长响（1 月止）

　　逄杰文（1 月起）

　　周　洋（1 月起）

　　方亨福（1 月起）

党委书记　　王少鹏

党委副书记　　刘传玺（1 月止）

　　王　民（1 月起）

纪委副书记　　宋传文

山东农业大学

校　长　　张宪省

副校长　　嵇景涛

　　吴衍涛

　　辛　杰（1 月起）

　　张　然（女）

　　司金贵

　　郝玉金（1 月起）

党委书记　　徐剑波

党委副书记　　张宪省

　　朱　莉（女）

　　杨天梅

纪委书记　　张明志

泰山学院

校　长　　秦梦华

副校长　　李玉洋

　　王雷亭

　　于鸿远

　　殷　敏

　　彭淑贞

党委书记　　范　真

党委副书记　　秦梦华

　　李进京

纪委书记　　张永法（10 月止）

新汶矿业集团

董事长　　葛茂新

总经理　　辛恒奇（11 月止）

　　何希霖（12 月起）

副总经理　　公建祥

　　佟　强（11 月止）

　　何希霖（11 月止）

　　唐　军（11 月止）

　　张殿振

　　王乃国（12 月起）

党委书记　　葛茂新

党委副书记　　辛恒奇（11 月止）

　　何希霖（12 月起）

　　刘真伦（4 月止）

　　于祖联（12 月起）

纪委书记　　辛生业

肥城矿业集团

董事长　　姚　峰

总经理　　桑红星（4 月止）

　　刘真伦（4 月起）

副总经理　　张强玉

　　李　伟

　　任国顺

　　孙传福

工会主席　　张　斌

党委书记　　姚　峰
党委副书记　　桑红星（4 月止）
　　刘真伦（4 月起）
　　张　斌
纪委书记　　油石坤

高职高专院校

泰山职业技术学院

党委书记　　张勇华
院　长　　毕于民
党委副书记　　毕于民
　　马培安（12 月止）
　　张清民
副院长　　马培安（12 月止）
　　张小烨（女）
　　刘洪东
　　王文林
纪委书记　　项　岚（女）

山东服装职业学院

党委书记　　闫恂秋（8 月止）
　　张　韧（10 月起）
院　长　　戴　磊（2 月止）
　　马培安（10 月起）
党委副书记　　戴　磊（2 月止）
　　马培安（10 月起）
　　侯长城（12 月止）
副院长　　王建洪
　　刘贞锋
　　殷广胜
纪委书记　　刘光珍（女）

泰山护理职业学院

党委书记　　孙兰俊
院　长　　辛海明
党委副书记　　辛海明
　　马腾文
副院长　　张宗起
　　宗希富（5 月止）
　　荆丽艳（女，5 月起）
　　王安民
纪委书记　　张广健

泰安技师学院

党委书记　　袁久亮
院　长　　贾　军
党委副书记　　贾　军
　　张建国
副院长　　马成禄（5 月止）
　　张　凯
　　刘圣涛
　　宗希富（5 月起）
纪委书记　　李志学

（市委组织部　供）

2020 年中央及省主要媒体关于泰安的重要报道索引

《人民日报》

《山东泰安：城管服务小驿站　服务群众大作为》（7 月 1 日）

《泰安市为民担当破解房地产开发历史遗留问题》（8 月 4 日）

《光明日报》

《母亲生日当天，他倒在“抗疫”一线！》（2 月 2 日）

《战“疫”转型两不误　泰安餐饮业“危”中寻“机”》（2 月 26 日）

《贾庆臣：倒在战“疫”一线的志愿者先锋》（3 月 1 日）

《山东：勇做新时代泰山“挑山工”》（6 月 1 日）

《山东：“五种模式”全力保障企业用工需求》（10 月 13 日）

《经济日报》

《生命定格在防控一线——追记山东泰安市公安局泰山分局网络安全保卫大队侦查中队指导员李弦》（2 月 19 日）

《立足“新闻＋出版”，拉长壮大产业链——泰山脚下的新闻出版特色小镇》（7 月 23 日）

《农民日报》

《一个贫困县的生态梦——山东东平县践行“两山”理念实现从脱贫攻坚到绿色发展的跨越》（6 月 15 日）

《中国城市报》

《山东省泰安市：点燃澎湃发展动能　勇做新时代泰山“挑山工”》（10 月 12 日）

《中国经济导报》

《“产业兴市”挺起泰安高质量发展脊梁——访全国人大代表、山东省泰安市委书记崔洪刚》（5 月 26 日）

《抓“六稳”促“六保”　山东泰安以挑山工精神推进项目建设》（8 月 5 日）

《中国县域经济报》

《潜心产业　实干争先——山东泰安以“挑山工”精神推动县域经济高质量发展》（6 月 1 日）

《大众日报》

《从泰山石到泰山生态泰安铁“四禁”捍卫“双遗产”》（1 月 18 日）

《泰安市委书记崔洪刚：推动九大改革攻坚任务全面落实落地》（3 月 21 日）

《路通了，民心就通了！泰安：群众盼了二十年的“断头路”今日通车》（5 月 31 日）

《泰山“实”敢当》（6 月 11 日）

《九女峰 19 村“串珠成链”》（6 月 15 日）

《既干好“自己的事”，也做好“我们的事”》（11 月 6 日）

中央电视台

《你好 2020　山东泰山　五岳独尊　旭日东升》（1 月 1 日）

《天南地北　南迎新年　泰山脚下祈福国泰民安》（1月1日）

《【不忘初心　牢记使命】山东泰安：让群众更有获得感》（1月2日）

《山东战疫情　泰安首例确诊患者出院了》（2月4日）

《各地过佳节　元宵送温情》（2月18日）

《战疫情特别报道【山东泰安】8.6万台农机开足马力　服务春耕生产》（3月1日）

《山东：泰山景区3月21日8时起恢复开放迎客》（3月20日）

《防控为先　各地重点景区有序开放》（4月18日）

《视频连线：泰山景区：防控为先　限量放开》（5月5日）

《扎实做好“六稳”“落实”“六保”中国在行动——山东泰安：国家先进印染技术创新中心组建》（6月9日）

《深入践行“两山理念”　走绿色高质量发展之路》（8月14日）

《【直播黄河】九曲黄河　水润齐鲁　风景泰山这边独好》（9月29日）

《坐着高铁看中国：高铁标杆推动区域经济高质量发展祝福祖国尽享欢乐》（12月10日）

山东电视台

《泰安：敢于担当　勇做新时代泰山“挑山工”》（1月3日）

《泰安市泰山区开展“泰安小美”文明实践志愿服务》（1月12日）

《【众志成城　抗击疫情】基层党员冲锋在前筑牢抗击疫情防线》（1月27日）

《【众志成城　抗击疫情】山东各市党政领导班子靠前指挥　全力抓好疫情防控工作》（1月28日）

《【众志成城　抗击疫情】山东：联防联控 基层党员干部冲锋在前》（1月31日）

《泰安市互联网医院服务逾7万人次》（2月22日）

《泰安：为复产复工企业减免社保金13亿元》（3月6日）

《【统一思想　狠抓落实　奋力夺取“双胜利”】泰安至伊宁复工专列启程》（3月16日）

《泰安市委书记崔洪刚：强化四个攻坚，咬定目标不放松，坚决完成好今年各项攻坚任务》（3月18日）

《泰安：“四进”攻坚　冲锋“疫”线勇担当》（3月31日）

《泰山旅游主干道擂鼓石大街贯通》（5月1日）

《泰安：“园区+X”创业模式助力乡村振兴》（6月6日）

《国家先进印染技术创新中心落户山东》（6月9日）

《泰安：改革攻坚　勇做新时代泰山“挑山工”》（6月13日）

《【牢记嘱托　落实“四个扎实”】泰山区域：山青水绿　焕发新生机》（6月16日）

《泰安：审批服务流程再造　完成时间提速50%》（6月20日）

《市委书记专访 | 泰安市委书记崔洪刚：以人民为中心　谋划高质量发展新蓝图》（11月20日）

《【牢记嘱托　走在前列　全面开创】泰安：培育“双50强”　助推工业提档升级》（12月9日）

人民网

《初心使命永不忘　战“疫”时刻看担当——泰安市各级党组织和广大党员干部防控新型冠状病毒感染的肺炎纪实》（1月31日）

《泰安市“不见面”办理审批事项3.84万件》（3月4日）

《泰安民生工程“擂响战鼓”擂鼓石大街中段道路建设工程开启春季施工》（3月13日）

《泰安市擂鼓攻坚奏强音 擂鼓石大街中段主线贯通》（5月1日）

《泰安市为民担当破解房地产开发历史遗留问题》（7月11日）

《百企联百村 激活乡村振兴“新引擎”——泰安市开展“百企联百村”行动综述》（10月11日）

新华社客户端

《泰山基金小镇揭牌　打造资本聚集区和金融人才高地》（3月25日）

《山东泰安：让菜篮子透出幸福感》（4月13日）

《我国印染领域唯一的国家制造业创新中心落户山东泰安》（6月10日）

《泰山新闻出版小镇上榜国家特色小镇典型经验案例》（7月12日）

《山东泰安泰山区“脱贫攻坚”谱幸福画卷贫困群众绽笑颜》（7月15日）

《赢向未来——来自齐鲁大地上的学思践行》（11月6日）

《山东首个钢铁数字工厂在泰安扬帆起航》（12月14日）

海外网

《2020第十二届环泰山T60大徒步活动鸣枪开赛》（12月7日）

中国发展网

《泰山脚下“大城管”：“三位一体”精细梳理城市管理脉络》（1月2日）

文件选目

泰安市人民政府、市政府办公室文件

泰政发〔2020〕1号《泰安市人民政府关于印发〈泰安市人民政府工作规则〉的通知》

泰政发〔2020〕3号《泰安市人民政府关于印发泰安市政府信息公开管理办法的通知》

泰政发〔2020〕4号《泰安市人民政府关于印发实施健康泰安行动加快推进健康泰安建设工作方案的通知》

泰政发〔2020〕5号《泰安市人民政府关于积极应对新冠肺炎疫情做好稳就业工作的实施意见》

泰政发〔2020〕6号《泰安市人民政府关于切实做好第七次全国人口普查的通知》

泰政发〔2020〕7号《泰安市人民政府关于推进全市职业教育创新发展的实施意见》

泰政发〔2020〕8号《泰安市人民政府关于印发泰安市加强政务诚信建设实施方案和泰安市加快推进社会信用体系建设构建以信用为基础的新型监管机制实施方案的通知》

泰政发〔2020〕10号《泰安市人民政府关于印发第三十四届泰山国际登山节暨2020中国泰安投资合作洽谈会总体方案的通知》

泰政发〔2020〕11号《泰安市人民政府关于加快推进农业机械化和农机装备产业转型升级的实施意见》

泰政发〔2020〕12号《泰安市人民政府关于印发泰安市推进省会经济圈一体化发展分工方案的通知》

泰政办发〔2020〕1号《泰安市人民政府办公室关于转发市发展改革委泰安市2020年国民经济和社会发展计划的通知》

泰政办发〔2020〕2号《泰安市人民政府办公室关于应对新型冠状病毒感染的肺炎疫情支持中小企业渡难关稳发展的实施意见》

泰政办发〔2020〕3号《泰安市人民政府办公室关于推进全市自然资源资产产权制度改革的实施意见》

泰政办发〔2020〕5号《泰安市人民政府办公室关于印发〈泰安市建立政务服务“好差评”制度工作方案〉的通知》

泰政办发〔2020〕6号《泰安市人民政府办公室关于健全完善医疗卫生行业综合监管制度的通知》

泰政办发〔2020〕7号《泰安市人民政府办公室关于进一步加强全市中小学和幼儿园食堂管理的通知》

泰政办发〔2020〕11号《泰安市人民政府办公室关于印发医疗卫生领域市与县财政事权和支出责任划分改革实施方案的通知》

泰政字〔2020〕11号《泰安市人民政府关于废止部分市政府行政规范性文件的决定》

泰政字〔2020〕12号《泰安市人民政府关于修改部分市政府行政规范性文件的决定》

泰政字〔2020〕13号《泰安市人民政府关于印发泰

安市网络预约出租汽车经营服务管理暂行办法的通知》

泰政字〔2020〕18 号《泰安市人民政府关于公布 2020 年新列入市重点建设项目名单的通知》

泰政字〔2020〕35 号《泰安市人民政府关于公布泰安市 2020 年度国有建设用地供应计划的通知》

泰政字〔2020〕38 号《泰安市人民政府关于支持养老服务发展的实施意见》

泰政字〔2020〕43 号《泰安市人民政府关于 2019 年度泰安市科学技术奖励的决定》

泰政字〔2020〕45 号《泰安市人民政府关于实施市级财政资金股权投资改革试点的通知》

泰政字〔2020〕55 号《泰安市人民政府关于加快泰安市产业技术创新研究院（山东产业技术研究院泰安分院）建设发展的实施意见》

泰政字〔2020〕56 号《泰安市人民政府关于公布首届泰安市政府顾问名单的通知》

泰政字〔2020〕60 号《泰安市人民政府关于规范行政审批服务划转事项工作的通知》

泰政字〔2020〕61 号《泰安市人民政府关于扎实推进行政许可“市县同权”改革有关工作的通知》

泰政字〔2020〕63 号《泰安市人民政府关于统筹完善社会救助体系的实施意见》

泰政字〔2020〕66 号《泰安市人民政府关于推进山东省智慧康养创新创业共同体建设的实施意见》

泰政字〔2020〕77 号《泰安市人民政府关于印发泰安市自然资源统一确权登记工作方案的通知》

泰政字〔2020〕84 号《泰安市人民政府关于支持泰安高新区建设国家创新型特色园区的实施意见》

泰政字〔2020〕97 号《泰安市人民政府关于印发泰安市科学技术奖励办法的通知》

泰政字〔2020〕101 号《泰安市人民政府关于同意东平县职业中等专业学校更名的批复

泰政字〔2020〕105 号《泰安市人民政府关于〈泰安市公益性公墓布局专项规划（2020—2035 年）〉的批复》

泰政字〔2020〕107 号《泰安市人民政府关于公布市政府行政规范性文件清理结果的决定》

泰政字〔2020〕108 号《泰安市人民政府关于公布第九批市级非物质文化遗产代表性项目名录的通知》

泰政办字〔2020〕1 号《泰安市人民政府办公室关于印发泰安市建设综合农事服务中心推进粮食生产“十统一”实施方案的通知》

泰政办字〔2020〕4 号《泰安市人民政府办公室关于切实做好企业复工复产和重点项目建设疫情防控工作的通知》

泰政办字〔2020〕5 号《泰安市人民政府办公室关于公布关心关爱疫情防控一线医护人员十项措施的通知》

泰政办字〔2020〕6 号《泰安市人民政府办公室关于认真落实鲁政办字〔2020〕17 号文件精神加快外商投资企业复工复产推进外商投资的通知》

泰政办字〔2020〕7 号《泰安市人民政府办公室关于做好疫情防控期间招商引资工作的通知》

泰政办字〔2020〕9 号《泰安市人民政府办公室关于支持文化和旅游企业应对新冠肺炎疫情共渡难关的通知》

泰政办字〔2020〕11 号《泰安市人民政府办公室关于印发泰安市大力推进工程项目网上审批加快重点项目落地建设专项行动方案的通知》

泰政办字〔2020〕12 号《泰安市人民政府办公室关于全力做好疫情防控期间金融服务保障　强力支持企业持续稳定发展的通知》

泰政办字〔2020〕13 号《泰安市人民政府办公室关于应对新冠肺炎疫情支持消费品批发零售业住宿餐饮业健康发展的实施意见》

泰政办字〔2020〕16 号《泰安市人民政府办公室关于加强全市森林消防专业队伍建设的实施意见》

泰政办字〔2020〕17 号《泰安市人民政府办公室关于公布泰安市人民政府 2020 年立法工作计划的通知》

泰政办字〔2020〕18 号《泰安市人民政府办公室关于调整公布科技创新型企业 50 强名单的通知》

泰政办字〔2020〕19 号《泰安市人民政府办公室关于公布 2019 年度泰安市首席技师名单的通知》

泰政办字〔2020〕20 号《泰安市人民政府办公室关于明确大力拓展消费市场加快塑造内需驱动型经济新优势重点任务细化落实工作分工的通知》

泰政办字〔2020〕21 号《泰安市人民政府办公室关于启用泰安市工业和信息化局等部门 2 号印章的通知》

泰政办字〔2020〕23 号《泰安市人民政府办公室关于印发泰安市进一步促进外贸稳定增长政策措施的通知》

泰政办字〔2020〕24 号《泰安市人民政府办公室关于印发建立健全生态文明建设财政奖补机制实施方案的通知》

泰政办字〔2020〕25 号《泰安市人民政府办公室关于开展"春暖花开·畅享泰安"促进消费活动的通知》

泰政办字〔2020〕28 号《泰安市人民政府办公室关于做好新冠肺炎疫情防控期间支持民办幼儿园平稳健康发展的通知》

泰政办字〔2020〕29 号《泰安市人民政府办公室关于加快推进 5G 产业发展的实施意见》

泰政办字〔2020〕30 号《泰安市人民政府办公室关于印发泰安市城市品质提升三年行动实施方案的通知》

泰政办字〔2020〕31 号《泰安市人民政府办公室关于公布泰安市生猪定点屠宰厂（场）名单的通知》

泰政办字〔2020〕32 号《泰安市人民政府办公室关于印发泰山和谐使者选拔管理办法的通知》

泰政办字〔2020〕33 号《泰安市人民政府办公室关于优化城市管理采取"五允许、四规范、三到位"措施助力经济发展的通知》

泰政办字〔2020〕34 号《泰安市人民政府办公室关于印发泰安市政府顾问工作实施细则的通知》

泰政办字〔2020〕35 号《泰安市人民政府办公室关于开展告知承诺制改革试点工作的通知》

泰政办字〔2020〕37 号《泰安市人民政府办公室关于印发 2020 年泰安市政务公开重点工作任务分解表的通知》

泰政办字〔2020〕39 号《泰安市人民政府办公室关于印发〈泰安市全面推进基层政务公开标准化规范化工作实施方案〉的通知》

泰政办字〔2020〕40 号《泰安市人民政府办公室关于印发数字泰安 2020 行动方案和加快推进数字基础设施建设实施方案的通知》

泰政办字〔2020〕41 号《泰安市人民政府办公室关于提高城乡居民最低生活保障标准和特困人员救助供养标准的通知》

泰政办字〔2020〕43 号《泰安市人民政府办公室关于印发泰安市深入推进城镇老旧小区改造实施方案的通知》

泰政办字〔2020〕44 号《泰安市人民政府办公室关于推进城镇低效用地再开发的实施意见》

泰政办字〔2020〕45 号《泰安市人民政府办公室关于公布第五届泰山乡村之星名单的通知》

泰政办字〔2020〕46 号《泰安市人民政府办公室关于公布市政府 2020 年重大行政决策事项目录的通知》

泰政办字〔2020〕47 号《泰安市人民政府办公室关于印发泰安市行政调解办法的通知》

泰政办字〔2020〕48 号《泰安市人民政府办公室关于开展第一次全国自然灾害综合风险普查的通知》

泰政办字〔2020〕53 号《泰安市人民政府办公室关于印发泰安市重污染天气应急预案的通知》

泰政办字〔2020〕55 号《泰安市人民政府办公室关于全市退役军人免费乘坐市内公交车和免门票费游览旅游景区的通知》

泰政办字〔2020〕56 号《泰安市人民政府办公室关于公布第十四批农业产业化市级重点龙头企业名单的通知》

泰政办字〔2020〕57 号《泰安市人民政府办公室关于调整市政府 2020 年重大行政决策事项目录的通知》

泰政办字〔2020〕58 号《泰安市人民政府办公室关于印发泰安市燃气管理办法的通知》

泰政办字〔2020〕60 号《泰安市人民政府办公室关于印发〈泰安市市级国有资本经营预算管理办法〉的通知》

泰政办字〔2020〕61 号《泰安市人民政府办公室关于推进市级财政科技创新资金整合的实施意见》

泰政办字〔2020〕62 号《泰安市人民政府办公室关于加快推进氢能产业发展的实施意见》

2020 年泰安市国民经济和社会发展统计公报

泰安市统计局
国家统计局泰安调查队
2021 年 3 月 23 日

2020 年，全市上下坚持以习近平新时代中国特色社会主义思想为指导，勇做新时代泰山“挑山工”，统筹推进“五位一体”总体布局，协调推进“四个全面”战略布局，牢牢把握稳中求进工作总基调，全市经济社会经受住空前考验，经济运行逆势上扬，社会大局和谐稳定，“十三五”实现圆满收官，全面建成小康社会取得决定性进展和历史性成就。

一、综合

经济运行逐季递进好转。经山东省统计局统一核算并反馈，2020 年，全市实现地区生产总值 2766.5 亿元，按可比价格计算，比上年增长 3.5%，分别比一季度、上半年和前三季度提高 10.2 个、3.2 个、1.7 个百分点。分产业看，第一产业增加值为 299.7 亿元，增长 2.3%；第二产业增加值为 1080.4 亿元，增长 3.5%；第三产业增加值为 1386.4 亿元，增长 3.6%。三次产业结构调整为 10.8 ∶ 39.1 ∶ 50.1。

就业形势保持良好。城镇新增就业 4.6 万人，其中，失业人员再就业 2.4 万人。城镇登记失业人员 2.3 万人，登记失业率为 2.1%，低于控制目标。

物价水平温和上涨。居民消费价格总指数（CPI）比上年上涨 2.6%，全年各月涨幅基本平稳。其中，食品烟酒价格上涨 9.9%，衣着价格上涨 2.3%，生活用品及服务价格上涨 0.7%，教育文化娱乐价格上涨 2.4%，医疗保健价格上涨 0.1%，居住价格下降 2.8%，交通和通信价格下降 2.6%。

2020 年居民消费价格指数（以上年为 100）

表 50

指标名称	累计比（%）
居民消费价格总指数	102.6
食品烟酒	109.9
粮食	112.2
鲜菜	117.5
畜肉	141.9
水产品	99.1
蛋	94.3
鲜瓜果	92.4
衣着	102.3
居住	97.2
生活用品及服务	100.7
交通和通信	97.4
教育文化和娱乐	102.4
医疗保健	100.1
其他用品和服务	99.2

二、重点战略

脱贫攻坚圆满收官。累计发放扶贫小额信贷资金 10.3 亿元，新建产业扶贫项目 203 个，7.2 万户、14.5 万名建档立卡贫困人口全部实现稳定脱贫；354 个省级贫困村、251 个市级贫困村全部摘帽退出；东平湖库区移民避险解困、易地扶贫搬迁、黄河滩区迁建“三大工程”取得决定性进展，易地扶贫搬迁全部实现回迁入住，黄河滩区居民迁建工程提前完成。

泰山区域山水林田湖草生态保护修复工程加快推进。截至 2020 年年底，累计完成投资 144.8 亿元，已完工项目 54 个、子项目 302 个。累计完成采煤塌陷地治理 9320.1 公顷，矿山生态修复 1151.4 公顷，地质公园及地质遗迹保护 244.9 平方千米，地质灾害防治工程 6

项，土地整治 2.7 万公顷，新增耕地 4485.1 公顷，新增湿地 659.9 公顷，城市重要集中式饮用水源地水质达标率 100%，大汶河流域水生态环境有效改善，东平湖Ⅲ类水质达标稳定性显著提高。

动能转换初见成效。坚决化解淘汰落后产能，累计清理取缔散乱污企业 4200 余家，关闭退出煤矿 2 处、产能 65 万吨、安置职工 1991 人，主动关停粗钢生产线 10 余条、削减落后产能 200 多万吨。技术改造升级成效显著，工业技改投资比上年增长 30.6%，其中制造业技改投资增长 32.1%；“四新”经济投资增长 7.1%，占全部投资的 57.3%，“四新”经济增加值占地区生产总值的比重提高到 27.6%。新认定国家级高新技术企业 156 家，净增 96 家，总数达到 368 家，高新技术产业产值占规模以上工业总产值的 51.1%。

乡村振兴深入实施。培强农业产业集群，实施高标准农田项目 43 个，建成高标准农田 1.67 万公顷（25 万亩）；九女峰先行区获中国文旅融合示范奖；创建齐鲁样板省级示范区 3 家。深化三产融合，国家级现代农业产业园 1 家、省级 3 家；国家级休闲农业与乡村旅游示范县 2 个、示范点 2 个，省级示范县 3 个、示范点 10 个；全国一村一品示范村镇 11 个。壮大产业主体，国家级规模以上龙头企业 4 家、省级 42 家；省级农业生产性服务组织 11 个。深入开展农村人居环境整治三年行动，农村生活垃圾无害化处理村庄全覆盖；集中供水率达到 98% 以上；2785 个行政村实现农村道路“三通”。

三、农业

农业经济总量稳步增加。全市农林牧渔业增加值 326.8 亿元，按可比价计算，比上年增长 2.5%，其中农林牧渔服务业增加值 27.2 亿元，增长 5.4%。农林牧渔业总产值 578.6 亿元，增长 2.8%。

粮食生产再获丰收。粮食播种面积 37.17 万公顷（557.6 万亩），比上年增长 0.1%。其中，夏粮播种面积 16.57 万公顷（248.5 万亩），下降 0.2%；秋粮播种面积 20.61 万公顷（309.1 万亩），增长 0.3%。粮食总产 257 万吨，增长 1.9%。其中，小麦总产 115 万吨，增长 2.7%；玉米总产 127 万吨，增长 1.3%。粮食单产 6915 千克 / 公顷，增长 1.8%。

畜牧生产总体稳定。年末生猪存栏 97.8 万头、家禽存栏 3318.8 万只、牛存栏 10.8 万头、羊存栏 63.3 万只；全年生猪出栏 122.5 万头、家禽出栏 11628.6 万只、牛出栏 6.1 万头、羊出栏 96.3 万只。从产量情况看，猪肉产量 10.0 万吨，牛肉产量 1.4 万吨，羊肉产量 1.5 万吨，禽肉产量 19.6 万吨，禽蛋产量 14.1 万吨，牛奶产量 23.9 万吨。

“绿满泰安”成效显著。全市完成造林作业面积 6133.33 公顷（9.2 万亩），新建完善绿色廊道 425.5 千米，建设高标准农田林网 4266.67 公顷（6.4 万亩），完成森林抚育面积 4333.33 公顷（6.5 万亩）。新发展特色经济林 1733.33 公顷（2.6 万亩），总面积 11.53 万公顷（173 万亩），经济林果品总产量 100 万吨。新增苗木花卉 533.33 公顷（8000 亩），总面积 2.94 万公顷（44.1 万亩）。中药材面积发展到 5466.67 公顷（8.2 万亩），其中泰山黄精种植面积 1000 公顷（1.5 万亩）。民营林场发展到 102 家，总经营面积 8000 公顷（12 万亩）。森林覆盖率达到 25.8%。国家级林业龙头企业 2 家，省级 36 家。国家级核桃示范基地 2 处，省级标准化示范园 29 处、全省十佳旅游观光果园 10 处，“齐鲁放心果品”品牌 23 个，绿色、有机果品认证面积 5.67 万公顷（85 万亩）。

四、工业

工业生产平稳收官。全部工业增加值 670.8 亿元，按可比价计算，比上年增长 3.6%。规模以上工业增加值增长 5.4%，其中，采矿业下降 0.3%，制造业增长 6.1%，电力、热力、燃气及水的生产和供应业增长 8.6%。重点行业拉动有力。金属制品业，电气机械和器材制造业，电力、热力生产和供应业，汽车制造业，食品制造业增加值比上年分别增长 82.3%、9.6%、10.8%、35.0% 和 22.1%，合计拉动全市规上工业增加值增速 5.0 个百分点。

主要产品产量保持增长。水泥产量 814.7 万吨，比上年增长 6.5%；化学农药产量 1.8 万吨，增长 17.7%；电力电缆产量 11.3 万千米，增长 17.3%；钢材产量 497.9 万吨，增长 2.0%；液体乳产量 35.1 万吨，增长 12.7%。

工业效益总体平稳。规模以上工业企业实现营业收入 2136.1 亿元，比上年增长 1.3%；利润总额 95.8 亿元，下降 9.1%；规模以上工业企业营业收入利润率为 4.5%。工业产品产销率为 99.3%，提高 0.6 个百分点。

五、固定资产投资、房地产、建筑业

固定资产投资平稳增长。固定资产投资比上年增长 2.9%，其中基础设施投资增长 6.2%，占全部投资的

2020年泰安市主要工业产品产量

表51

产品名称	产　量	单　位	增　长（%）
玻璃纤维纱	72.3	万吨	-5.5
改装汽车	9318	辆	-3.2
原 煤	1268.9	万吨	-9.7
发电量	120.0	亿千瓦时	-0.8
化学肥料	89.7	万吨	-14.0
水泥	814.7	万吨	6.5
石膏板	10377.6	万平方米	-14.4
化学农药	18039.4	吨	17.7
电力电缆	11.3	万千米	17.3
工业锅炉	10402.2	蒸吨	-5.8
液体乳	35.1	万吨	12.7
机制纸及纸板	61.3	万吨	151.8
原盐	119.7	万吨	0.1
塑料制品	9.0	万吨	-34.5
钢材	497.9	万吨	2.0
纱	8.7	万吨	-39.4

30.8%，拉动全部投资增长1.9个百分点。工业投资增长9.4%，其中制造业投资增长11.4%。三次产业投资结构调整为2 ∶ 34 ∶ 64。

房地产市场健康运行。房地产开发投资264.1亿元，比上年增长28.3%，其中住宅投资216.5亿元，增长29.0%。商品房施工面积2683.4万平方米，增长11.8%，其中住宅施工面积2176.0万平方米，增长14.6%。商品房销售面积461.3万平方米，增长12.2%，其中住宅销售434.1万平方米，增长11.5%；商业营业用房销售18.8万平方米，增长8.0%。年末商品房待售面积101.5万平方米，增长27.8%。

建筑业持续壮大。建筑业实现增加值411.7亿元，按可比价计算，比上年增长3.4%；实现总产值1056亿元，增长6.2%。骨干企业培植成效显著，403家资质以上建筑业企业中一级资质企业43家，二级资质企业151家。兴润集团、军辉集团、益通安装、信邦集团产值超百亿，进入全省建筑业30强企行列。

六、服务业

服务业支撑作用持续显现。服务业实现增加值1386.4亿元，按可比价计算，比上年增长3.6%，占地区生产总值的50.1%，拉动生产总值增长1.8个百分点，对经济增长的贡献率为51.6%。规模以上服务业实现营业收入177.0亿元，其中32家过亿元企业实现营业收入122.2亿元，占规模以上服务业的69%；利润总额11.3亿元，增长28.8%；营业收入利润率为5.0%，比上年提高4.0个百分点。

旅游持续复苏提振。年末共有旅行社179家、星级饭店29家、持证导游2384人、A级景区81家；泰山景区接待进山进景点游客278.6万人、比上年下降51.0%；全市接待国内外游客5040万人次，实现旅游总收入482.1亿元，分别恢复至上年水平的61.0%和53.9%。

邮政电信加快增长。邮政行业业务总量30.6亿元，比上年增长27.8%，其中快递业务量1.1亿件，增长33.0%；业务收入15.7亿元，增长18.3%，其中快递业务收入8.9亿元，增长31.2%。电信业务总量27.1亿元，增长2.1%；移动业务收入22.4亿元，增长1.5%。年末固定电话户数78.5万户，下降4.3%；移动电话585.0万户，与上年持平；宽带网用户159.3万户，增长6.3%。

交通运输成果丰硕。交通建设投资完成154.4亿元，比上年增长16.4%。年末公路通车里程16702.4千米，公路密度达到215.2千米/百平方千米。完成济泰高速、董梁高速等6个高速公路项目，高速公路通车里程475千米，增加190.6千米。普通国省道优良路率达到95.1%。新改建农村公路667千米，完成大中修工程1047.2千米，改造危桥10座，建设农村客运站点148个；硬化农村道路6017千米。全市营业性运输车辆39776辆，运输船舶124艘。完成公路客运量1154万人，铁路客运量469.9万人，水路客运量3.4万人；完成公路货运量7167万吨，铁路货运量747.8万吨，水路货运量24.9万吨。

七、内外市场

各类市场主体更加活跃。全年新登记各类市场主体7.6万户，比上年增长4.1%，其中新登记个体工商户4.7万户，增长3.2%；新登记企业2.7万户，增长2.8%。年末市场主体发展到49.3万户，比上年增长13.4%，其中个体工商户35.6万户，增长11.7%；各类企业12.8万户，增长18.7%。

消费市场回补步伐加快。实现社会消费品零售总额1022.4亿元，比上年下降3.0%，分别比一季度、上半年、前三季度回升14.2个、8.8个、3.7个百分点。其中，三季度、四季度分别增长 3.3% 和 7.2%。面对疫情冲击，消费市场表现出较强韧性，从限额以上批发和零售业企业看，金属材料类销售额增长 22.4%，烟酒类销售额增长7.5%,汽车类销售额增长2.4%。受疫情影响，在线教育、远程办公、电商经济等新兴服务业逆势增长，新一代信息技术服务业营业收入增长 5.9%，限额以上单位中通过公共网络实现的商品零售额增长 46.4%。

对外贸易逆势增长。全年外贸进出口总额 211.9 亿元，比上年增长 24.8%。其中出口 145.9 亿元，增长 10.4%；进口 66.0 亿元，增长 75.5%。出口商品中，机电产品出口 49.9 亿元，增长 22.2%；农产品出口 11.9 亿元，增长 5.7%。

利用外资增长迅速。全市外商投资批准项目 80 个，比上年增长 60.0%；合同外资额 27.6 亿美元，增长 243.5%；实际到账外资额 6.8 亿美元，增长 48.7%。

八、财政、金融

财政收支平稳增长。实现一般公共预算收入 229.2 亿元，比上年增长 2.0%。其中税收收入 165.1 亿元，增长 0.5%。一般公共预算支出 434.8 亿元，增长 4.9%，其中各项民生支出 339.2 亿元，增长 5.5%，占一般公共预算支出的 78%。

国内税收收入保持稳定。全市国内税收收入（不含海关代征两税、非税收入）289.9 亿元，比上年增长 0.5%。分税种看，国内增值税 148 亿元，下降 1.8%；企业所得税 47.4 亿元，增长 14.7%；个人所得税 14.5 亿元，增长 29.2%。

信贷规模持续扩大。金融机构人民币存款余额 4559.6 亿元，比上年增长 11.4%，其中，个人存款 3060.9 亿元，增长 14.9%，占全部存款的 67.1%。全市金融机构人民币贷款余额 3136.3 亿元，增长 16.3%，其中，中长期贷款 1922.4 亿元，增长 14.6%；短期贷款 1009.2 亿元，增长 13.6%。金融存贷比调整为 68.8%，比上年提高 2.9 个百分点。

风险防范化解成效突出。累计处置不良贷款 82.9 亿元，不良贷款率下降为 1.86%，低于全省平均水平。重点企业风险全部可控，化解 21 家重点骨干企业 137 亿多元的资金链紧张、互保风险和债券违约风险。

保险业健康发展。年末保险公司 59 家，实现保费收入 142.9 亿元，比上年增长 6.3%，其中，财险保费收入 30.9 亿元，增长 5.5%；人身险保费收入 112.0 亿元，增长 6.6%。保险赔付 39.9 亿元，增长 10.8%，其中，财险赔付 18.5 亿元，增长 15.5%；人身险赔付 21.3 亿元，增长 7.0%。

九、社会事业

教育事业稳步推进。9 所普通高校当年招生 4.1 万人，在校生 13.6 万人，专任教师 6145 人。14 所中等职业学校在校生 3.8 万人，专任教师 2334 人。211 所普通中学在校学生 30.7 万人，专任教师 26433 人。504 所小学在校学生 30.8 万人，专任教师 20768 人。学龄儿童入学率、成人识字率均达到 100%，小学毕业生升学率达到 100%，初中升入普通高中升学率达到 57.2%。

文化事业繁荣发展。拥有公共图书馆 7 个，文化馆 7 个，美术馆 9 个；88 个乡镇（街道）全部建成综合文化站；100% 村（社区）建成基层综合性文化服务中心。省级以上文化产业示范基地 14 家，其中国家级 1 家。国有文物收藏单位 33 家，可移动文物 6.5 万件（套），共 17 万件。世界文化遗产 3 处，重点文物保护单位国家级 15 处、省级 77 处、市级 144 处。博物馆 44 家，其中，非国有博物馆 35 家，藏品 44.9 万件。现有市级以上非遗项目 489 个，其中国家级 11 个、省级 42 个。各级开展文化惠民活动 3.7 万场次。

档案事业稳步发展。全市馆藏档案资料总量 152 万卷（件），馆藏资料 128379 册，照片档案、音像档案 29344 张（盘），提供查档服务 13967 人次、提供利用档案资料 32972 件次。

卫生健康质量提升。拥有卫生机构 4564 家，其中，医院 108 家，卫生院 67 家，社区卫生服务中心 21 家，卫生防疫防治机构 18 家，妇幼保健院 7 家。各类卫生机构拥有床位 34030 张，卫生技术人员（不含村卫生室）41328 人，其中，执业（助理）医师 13107 人，注册护士 18440 人。全市 9 批 77 名医疗救援队员逆行出征、驰援湖北，105 名医护人员支援青岛。

体育事业蓬勃发展。新建社会足球场地 34 块；新成立体育协会 2 个、俱乐部 9 个，市级单项协会发展到 56 个、俱乐部发展到 119 个，全市人均体育场地面积达到 2.19 平方米，所有行政村实现健身器材全覆盖。参加省锦标赛取得 72 枚金牌；成立首个水上运动训练中心；泰山国际登山比赛、泰山国际马拉松获评中国体育旅游精品赛事。全市销售体育彩票 6.11 亿元。

学校体育健康发展。创建全国青少年校园足球特色学校 39 所，全国校园足球特色幼儿园 18 所，全国青少年篮球体育传统特色学校 7 所，全国青少年排球体育传统特色学校 5 所，全国青少年冰雪体育传统特色学校 5 所。

十、城乡建设

城市基础设施日益完善。全年实施道路工程 13 项，总长度 49.9 千米。打通擂鼓石大街、灵山大街等多条“卡脖子”路，迎胜路南延工程竣工，市内首条高架路通车，城市路网体系日益完善。西部热源项目、徂汶净水厂、山口净水厂等建设工程顺利推进，完成城燃企业储气能力 3160.35 万立方米，公用事业保障能力稳步提升。

城市品质稳步提升。完成 28 个城中村改造，开工面积 42.3 万平方米，完成投资 18.5 亿元。完成棚户区改造开工 4062 套；完成 5 个老旧小区改造提升项目，涉及 1302 户、13.1 万平方米；26 个老旧小区加装电梯 80 部。新增城市清洁取暖面积 336.2 万平方米。

村镇建设提质增效。城乡融合发展试验区创建工作全面启动。全年实现 9.87 万农业转移人口市民化，农村危房改造 904 户，农村无害化厕所改造 6861 户。

十一、环境保护和安全生产

环境保护成效凸显。2020 年，SO_2、NO_2、PM_{10}、$PM_{2.5}$ 平均浓度分别为 14 微克 / 立方米、29 微克 / 立方米、82 微克 / 立方米、46 微克 / 立方米，空气优良天数 242 天。主要河湖大汶河、东平湖 COD 均值分别为 15.6 毫克 / 升、15.6 毫克 / 升，氨氮均值分别为 0.22 毫克 / 升、0.18 毫克 / 升，省控以上断面消除劣五类水体。建成乡镇大气监测站 78 个，城市大气微站 229 个。新建 60.6 千米污水收集管网、3 座污水处理厂，新增污水日处理能力 10.5 万吨。在污水处理厂下游建设 6 处人工湿地水质净化工程，新增湿地面积 659.9 公顷。

污染防治攻坚成效明显。建成 16 个危险废物处置设施，基本实现辖区危险废物境内处置。农村环境综合整治完成率达到 119.7%，农村生活污水治理完成率达到 62.2%。35 蒸吨以下燃煤锅炉提前 1 年全部淘汰，一段式煤气发生炉全部淘汰。

安全生产形势持续稳定。七个行业领域（农林牧渔业、采矿业、商贸制造业、建筑业、交通运输和仓储业、其他行业等）发生各类生产安全事故 20 起，死亡 13 人。

减灾救灾有序推进。下拨各类自然灾害救灾资金 477 万元，救助困难群众 30724 人。灾害民生综合保险赔付 2351 户，赔付金额 1052.4 万元。

十二、居民生活和社会保障

居民收支平稳增长。全市居民人均可支配收入 30937 元，比上年增长 4.2%，其中城镇居民 38901 元，增长 3.2%；农村居民 19682 元，增长 5.7%。全市城乡居民收入比（以农村居民为 1）由上年的 2.02 缩小至 1.98，城乡收入比缩小 0.04。居民人均消费支出 18601 元，比上年增长 2.8%。其中城镇居民 22995 元，增长 2.2%；农村居民 12393 元，增长 3.1%。恩格尔系数为 25.6%，比上年下降 0.4%。

社会救助和养老服务成效显著。城市低保、农村低保标准分别提高到每人每月 719 元、537 元，城市特困和农村特困人员基本生活标准分别为每人每月 1007 元、760 元；建立特困人员照护标准与城市最低工资标准相挂钩的自然增长机制，失能、半失能、全自理特困人员照护标准分别达到每人每月 560 元、280 元、165 元。机构养育孤儿、社会散居孤儿、重点困境儿童基本生活保障标准分别提高至每人每月 1770 元、1410 元、990 元。新建城市社区养老服务设施 20 处，新增护理型床位 1200 张，培训养老护理员 3300 名。福利彩票销量 4.7 亿元，筹集公益金 0.5 亿元。

社会保障逐步健全。年末职工养老保险、居民养老保险、失业保险、工伤保险参保人数分别为 147.1 万人、276.5 万人、66.1 万人、89.5 万人，分别收缴保险费 66.7 亿元、22.8 亿元、1.9 亿元、2.7 亿元。发放养老、失业、工伤三项保险金 145.4 亿元，增长 13.7%。全市基本医疗保险参保人数 535.9 万人，比上年末增加 1.6 万人，其中职工医疗保险 111.7 万人，居民医疗保险 424.2 万人。收缴医疗保险费 74.5 亿元，增长 3.6%；医疗保险基金支出 67.3 亿元，增长 2.4%。

备注：本公报中数据为初步统计数；全市生产总值、各产业增加值、人均生产总值按现价计算，增长速度按可比价格计算；2020 年开展第七次全国人口普查，人口相关数据将通过《泰安市 2020 年第七次全国人口普查主要数据公报》进行公布。

编辑　校对　　刘小笋

索　　引

说明：

1. 本索引分为主题索引、图表索引。图表索引，以图表题名（不含时间）标目。
2. 索引款目按汉语拼音字母（同音字按声调）顺序排列。
3. 款目后的阿拉伯数字表示内容所在的页码，数字后的字母 a、b、c 分别表示版面区域。
4. 同一主题的内容在文中多处出现的，在其款目后用不同的页码标明。
5. 特载、大事记、附录不做索引。

主题索引

K

L

M

N

P

Q

R

S

T

W

X

Y

Z

图表索引

D

F

J

编辑　校对　　刘小笋